全球教育监测报告

教育领域的非国家行为体：

谁能主动选择？谁将错失机会？

联合国教科文组织　编

教育科学出版社
·北　京·

《教育2030：仁川宣言和行动纲领》指出，《全球教育监测报告》的任务是作为“可持续发展目标4以及其他可持续发展目标中的教育事宜的监测和报告机制”，并“作为可持续发展目标总体后续行动和审查的一部分，报告国家和国际战略的实施情况，协助保证所有利益相关方为承诺负责”。《全球教育监测报告》由设在联合国教科文组织的一个独立团队编写。

如需引用本报告，请按如下格式著录文献来源：
联合国教科文组织. 全球教育监测报告2021/2：教育领域的非国家行为体：谁能主动选择？谁将错失机会？. 北京：教育科学出版社，2022.

联合国教育、科学及文化组织2021年出版
（法国丰特努瓦广场7号，75352巴黎07 SP）

联合国教科文组织出版的原著ISBN：978-92-3-100506-0

书名原文：Global Education Monitoring Report 2021/2: Non-state Actors in Education: Who Chooses? Who Loses?

图片设计：Optima Graphic Design Consultants Ltd
ISBN UNESCO：978-92-3-500047-4(print/pdf)

封面摄影：Jaap Joris Vens / Super Formosa Photography
封面图片说明：上学的不同路线（荷兰）。
插图：Housatonic SRL Unipersonale
漫画：Julio Carrión Cueva(Karry)和Miguel Morales Madrigal
本报告及相关资料均可从以下网址下载：
Bit.ly/2021gemreport

谁能主动选择？谁将错失机会？

摘要

非国家行为体的作用不仅限于提供学校教育，同时还涉及对各个教育等级和影响领域的干预。《全球教育监测报告2021/2》除了对可持续发展目标4（SDG 4）的进展情况（包括受新型冠状病毒肺炎疫情影响的新证据）进行述评外，还敦促各国政府将所有机构、学生和教师视为一个系统的组成部分。标准、信息、激励措施和问责制应有助于各国政府保护、尊重和实现所有人的受教育权，同时使政府正视存在的特权或剥削。虽然公共资助的教育不一定是公立教育，但其教育过程、学生学习成果和教师工作条件方面的差别应该消除。效率和创新不应是商业秘密，相反，它们应该被广泛传播并成为所有人的实践。为了实现这一目标，需要保持公共教育政策过程的透明度和整体性，以阻断既得利益。

这份报告所提出的问题——谁能主动选择？谁将错失机会？——恳请政策制定者从以下基本选择的角度来审视与非国家行为体的关系：公平与自由选择，鼓励自主性与制定标准，不同经济能力和需求的人口群体，可持续发展目标4下的迫在眉睫的承诺与那些将逐步实现的承诺（如中等后教育），教育部门与其他社会部门。

有两种在线工具为第五期《全球教育监测报告》提供了支持：“以文件增强教育评价”（PEER）——描述世界教育系统中的非国家活动和法规的政策对话资源；“世界教育指标可视化”（VIEW）——整合资源并长期提供新的毕业率估计的新网站。

3.5亿名儿童
在接受非国家行为体的教育

联合国教科文组织（UNESCO）是指联合国教育、科学及文化组织，寻求通过教育、科学和文化方面的国际合作来建立和平。联合国教科文组织认为，政治和经济部署不足以维系各国人民持久且真诚的支持。和平必须建立在对话和相互理解，以及人类知识和道德团结的基础上。本着这一精神，联合国教科文组织开发了教育工具以及文化和科学项目，以加强国家间的联系，帮助各国采用国际标准，并促进思想的自由流动和知识共享。

战争起源于人之思想，故务需于人之思想中筑起保卫和平之屏障。

前言

本期《全球教育监测报告》的主题反映了我的整个人生轨迹。我曾经历过私立教育、公立教育以及各种人生选择。我的教育始于非公立的幼儿园和小学，接着，我就读于塞拉利昂的一所公立中学，然后考入美国一所世界一流的非州立大学，毕业后作为研究型科学家加入了肯尼亚的一家跨国公司。现在，我正在将我从这些不同经历中学到的一切，运用于我在塞拉利昂政府的教育和创新工作中。

作为一名内阁部长，我现在对教育领域的所有国家和非国家活动都有明确的监督职责，因此我非常赞成本报告对全世界系统治理方法的重视。本报告承认，公立教育和私立教育之间的区别越来越模糊，这使得那些主张明确二分法的论点越来越无关紧要。

我认为，作为首席创新官，我的目标是推动构建一个充满活力且能够为塞拉利昂所有教育行为体服务的国家创新和创业生态系统，并为其提供支持。而这恰好呼应了本报告的呼吁，即确保所有国家和非国家行为体能够共同努力，建立一个有效、有活力和公平的教育体系，从而造福于所有人。从这个意义上讲，本报告呼吁各国政府为各种行为体的互动、协调和合作创造空间和条件，而这正是我的想法。最大程度地发挥各方的专长将获益良多。

事实是，公共系统需要创新才能保持其适切性，而这需要新的思维。当我进入公共教育系统时，我们所做的第一件事就是建立一个与21世纪相匹配的新课程框架。我们根据实际需求构建了教师培训模块。本报告呼吁所有国家都借鉴这种做法。同时，依靠政府、雇主和工人自身贡献的技能发展系统更有可能跟上劳动力市场的动态。

任何在公共部门工作的人都知道，公立教育是一种传统制度，顾名思义，很难对其进行改革。但是，随着社会向数字化和全球化快速而激烈地转变，教育体系也需要跟上节奏。更重要的是，如果跟上了节奏，就会有很多收获。政府与私营部门的伙伴关系可以帮助全面调动资源和专门知识，并鼓励那些能够快速推进的举措，而政府依靠自身无法实现这样的速度。我们最近向行政人员发放了平板电脑，以帮助他们跟踪学生成绩、出勤率和教育预算。我们已经全面实现了2015年以来学校人口普查数据的数字化，现在正对这些数据进行调查，以跟踪那些被落下的孩子。所有这些都增强了我们的能力，使我们能够在公共部门产生大范围影响。

没有资金，我们的许多倡议都将寸步难行。但是本报告要求我们在急切寻求资金时要谨慎行事，并考虑以下问题：我们的合作伙伴将哪些战略利益放在首位？他们的支持是否与政府的优先事项一致，是否能够避免重复或注意力分散，是否能够灵活适应我们不断变化的需求？本报告建议部分提出的问题值得我们所有人思考。人们会问我们："谁在主动选择？"有时答案可能并不明确。人们还会问："谁在错失机会？""为什么总是相同的群体？"

许多人一直在伪称非国家行为体在今天的教育中没有或不应该发挥作用，而本报告显示，非国家行为体已经在发挥作用，并且未来将会继续发挥作用。教育关乎未来。无论您在私营部门还是公共部门工作，我都建议您读一读《全球教育监测报告2021/2》中的建议，以确保您不会落后于它所提出的变革愿景。

大卫·莫尼纳·森格博士
塞拉利昂基础和中等教育部部长兼首席创新官
《全球教育监测报告》咨询委员会主席

鸣谢

本报告的问世离不开众多人士的贡献。《全球教育监测报告》小组感谢他们的支持，感谢他们为此付出的全部时间和心血。

《全球教育监测报告》咨询委员会及其主席大卫·莫尼纳·森格为本报告提供了宝贵的支持。我们特别要感谢各投资方的投入与担当，没有它们的资金支持，本报告不可能完成。

我们还要感谢联合国教科文组织所发挥的领导作用。联合国教科文组织总部的许多个人、部门和单位，尤其是教育部门和管理与支持服务局，日复一日地支援我们的工作，对此我们深表感激。联合国教科文组织统计研究所扮演着关键角色，为我们获取其数据提供了支持。我们要感谢该研究所所长Silvia Montoya和各位尽职尽责的工作人员——特别是作为我们在世界教育不平等数据库和可持续发展目标4（2030年教育）指标技术合作小组框架内伙伴关系的一部分所提供的密切合作，尤其是在制定国家可持续发展目标4基准过程中所给予的帮助。此外还要向联合国教科文组织区域和地方办事处网络的众多同事表达谢意。

《全球教育监测报告》小组还要感谢撰写背景文件并为本报告的分析提供启示的研究人员：Desiree Acholla、Philip G. Altbach、Fabian Barch、Jörg Baten、Karina Batthyány、Hélène Binesse、Xavier Bonal、Francesca Bonomelli Carrasco、Federico Bruno、Dana Brakman Reiser、Mark Bray、Anne Campbell、Alejandro Caravaca、Sebastien Cherng、Lee Crawfurd、Martial Dembélé、Hans de Wit、Jonas Edlund、Brent Edwards、Clara Fontdevila、Ulrike Hanemann、Susannah Hares、Marie-France Lange、Thibaut Lauwerier、Daniel C. Levy、Arvid Lindh、Rita Locatelli、Mohammad Naeim Maleki、Zachariah Mampilly、Tatiana Mikhaylova、Christopher Millora、Adriana Morales-Perlaza、Lara Patil、Valentina Perrotta、Annie Rappeport、Serena Rossignoli、Robin Shields、Renu Singh、Geneviève Sirois、Malini Sivasubramanian、Vanessa Sperduti、James Stanfield、Wondwosen Tamrat、Antoni Verger、Qingru Wang、Anthony Welch、Quentin Wodon和Adrián Zancajo。

我们还要感谢许多机构及其中的研究人员，他们提供了本报告分析所参考的背景文件：班贝克大学（Annette Scheunpflug、Mark Wenz、Jean Kasereka Lutswamba、Samuel Mutabazi、Frederick Njobati、Claude Ernest Njoya、Christine Nyiramana、Onja Raharijaona、Mimii Brown Rubindamayugi），剑桥教育集团（Sophie Archambault、Sabine Kube-Barth），全球经济、社会和文化权利倡议（Sylvain Aubry、Meredith Galloway），国际教育成就评价协会（Diego Cortés、Yuan-Ling Liaw、Mojca Rožman、Rolf Strietholt），教育政策中心网络（Lana Jurko、Raffaella d'Apolito），英国教育研究基金会（Katarzyna Kubacka、Ahmad Jawad Ashgar、Jenny Price、Gustavo Lopes、Shannon Lindsey），卡西米政策研究基金会（Marvin Erfurth、Janaan Farhat、Natasha Ridge），受教育权倡议（Frank Adamson、Delphine Dorsi），SIL非洲学习与发展中心（Manasseh Wekundah、Barbara Trudell），“街头儿童”联盟，东英吉利大学（Anna Robinson-Pant）以及格拉斯哥大学（Yulia Nesterova、Queralt Capsada-Munsech）。我们还要感谢卫生计量与评估研究所（Joseph Dieleman、Emmanuela Gakidou、Hussain Jafari、Emilie Maddison、Angela Micah、Erin Mullany、Trang Nguyen、Aislyn Orji、Ian Pollock、Goli Tsakalos）的支持。

我们邀请《全球教育监测报告》之友小组就建议草案提供了反馈，在此，我们感谢他们的参与以及提出的宝贵意见。我们之所以没有列出他们的名字，是因为我们知道，在这样一个困难的问题上，他们的意见很难得到完全认同。

一个独立专家小组审阅了《全球教育监测报告》主题部分的草稿，并提供了宝贵的反馈意见。他们是Stephen Ball、Gregory Elacqua、Maria Marta Ferreyra、Pooja Gianchandani、Harry Patrinos、Nirmala Rao和Antoni Verger，我们感谢他们所做的贡献。Prachi Srivastava提供了一些评论观点，为本报告的概念说明提供了启示。

特别感谢得到了开放社会基金会支持的《全球教育监测报告》的研究员：Nicolás Buchbinder、Elizabeth Buckner和Wei Zhang（2020年小组）；Leena Bhattacharya、Fernanda Gándara、Emmanuel Manyasa、Muhammad Afzan Munir、Saba Saeed和Danqing Yin（2021年小组）。

Andy Quan是本报告的编辑，我们感谢他的辛勤工作。

我们还要感谢联合国教科文组织内外为本报告的设计、制作、印刷和翻译而付出辛劳的人员和公司，他们是Rebecca Brite、Erin Crum、Julio Carrión Cueva（Karry）、Miguel Morales Madrigal、Housatonic SRL Unipersonale（Cecilia Negri、Elena Vasumini）、Optima和Strategic Agenda。

特别感谢Arete Stories、Dean Swift、di:ga和Rooftop对《全球教育监测报告》外联工作的支持，并感谢联合国儿童基金会和救助儿童会同意我们大量使用它们的图片。感谢Blossom（Alberto Zanardo）、HiTeki（Hossein Aghvami）和Interactive Things（Gerhard Bliedung、Christian Siegrist和Benjamin Wiederkehr）为《全球教育监测报告》 所提供的网页设计和开发方面的支持。

最后，我们对在各方面支持本小组工作的短期顾问们和实习生们致以谢意：Ritika Agarwal、Marie Renée Andreescu、Moussa Garba、Sun Min Lee、Aziah-Katiana Tan和Jieyu Wang。我们还要感谢巴黎第一大学–先贤祠–索邦大学索邦经济学院的学生，他们为国家概况的编写做出了贡献：Camila Araceli Maciel、Manuel Esteban Arias和Jakob Hannerz。

《全球教育监测报告》小组

组长：*Manos Antoninis*

Daniel April、Bilal Barakat、Marcela Maria Barrios Rivera、Madeleine Barry、Katherine Black、Nicole Bella、Celia Eugenia Calvo Gutierez、Daniel Caro Vasquez、Anna Cristina D'Addio、Dimitra Dafalia、Dmitri Davydov、Francesca Endrizzi、Constanza Ginestra、Chandni Jain、Priyadarshani Joshi、Maria-Rafaela Kaldi、Josephine Kiyenje、Craig Laird、Katie Lazaro、Kate Linkins、Camila Lima De Moraes、Kassiani Lythrangomitis、Anissa Mechtar、Claudine Mukizwa、Yuki Murakami、Manuela Pombo Polanco、Judith Randrianatoavina、Kate Redman、Maria Rojnov、Laura Stipanovic、Ulrich Janse van Vuuren、Juliana Zapata、Lema Zekrya、Jiaheng Zhou

《全球教育监测报告》是一份独立的年度出版物。它得到了一些国家政府、多边机构和私人基金会的资助以及联合国教科文组织给予的便利和支持。

Canada

OPEN SOCIETY
FOUNDATIONS

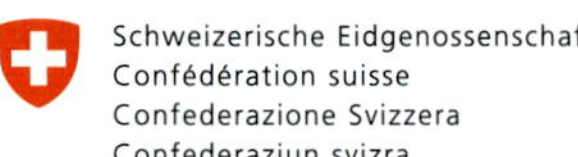

Swiss Agency for Development
and Cooperation SDC

有关本报告的更多资讯，敬请联系：
Global Education Monitoring Report team UNESCO,
7, place de Fontenoy 75352 Paris 07 SP, France
电子邮件：gemreport@unesco.org
电话：+33 1 45 68 07 41
www.unesco.org/gemreport

印刷之后发现的差错和遗漏将在网络版上予以更正，网址为：www.unesco.org/gemreport

已出版的《全球教育监测报告》

2021/2年 《教育领域的非国家行为体：谁能主动选择？谁将错失机会？》
2020年 《包容与教育：覆盖全民，缺一不可》
2019年 《移徙、流离失所和教育：要搭建桥梁，不要筑起高墙》
2017/8年 《教育问责：履行我们的承诺》
2016年 《教育造福人类与地球：为全民创造可持续的未来》

已出版的《全民教育全球监测报告》

2015年 《2000—2015年全民教育：成就与挑战》
2013/4年 《教学与学习：实现高质量全民教育》
2012年 《青年与技能：拉近教育和就业的距离》
2011年 《潜在危机：武装冲突与教育》
2010年 《普及到边缘化群体》
2009年 《消除不平等：治理缘何重要》
2008年 《在2015年之前实现全民教育——我们能做到吗？》
2007年 《坚实的基础：幼儿保育和教育》
2006年 《扫盲至关重要》
2005年 《全民教育——提高质量势在必行》
2003/4年 《性别与全民教育——向平等跃进》
2002年 《全民教育——世界走上正轨了吗？》

目录

教育领域的非国家行为体

重要信息

教育的任何领域都有非国家行为体参与其中。

简言之，如果没有非国家行为体，国家将会多承担3.5亿名儿童的教育责任。同时，非国家行为体的参与还影响到儿童使用的教科书、食堂的食物、儿童得到的额外支持、儿童学习的技能等等。

大多数人支持公共教育。

在34个中等收入和高收入国家中，75%的人希望在教育上增加公共开支，在教育越不平等的国家，这一支持率越高。同时，几乎有90%的人认为应当以公共教育为主。

但是，这种支持在一些低收入国家和中等收入国家已经逐渐弱化。

在公立学校供不应求、质量下降的地方，许多家庭“用脚投票”。全球私立学校的比例在大约10年内增加了7个百分点：到2013年，在初等教育中的比例增加到了17%；到2014年，在中等教育中的比例增加到了26%。此后，这些比例大体上保持不变。在中亚和南亚，私立初等教育入学人数在总入学人数中所占比例为36%，私立中等教育入学人数的这一比例为48%。

公共教育不是免费的。

家庭教育支出占全球教育总支出的30%，在低收入国家和中低收入国家则占39%。部分原因是较富裕的家庭试图让自己的孩子获得竞争优势。但是，家庭教育支出中很大一部分用在了政府承诺免费提供的学前、初等和中等教育上。约有8%的家庭借款支付教育费用；在低收入国家，这一比例上升到12%；在海地、肯尼亚、菲律宾和乌干达这一比例则为30%或更高。

公共教育往往缺乏包容性。

许多公共教育系统未能防止社会分层和隔离。基于国际学生评估项目的数据，一项关于学校中社会多样性的指数显示，阿根廷、巴西、智利和墨西哥在2018年均出现了严重的社会隔离，但只有智利因其系统中私立学校比例高而受到了批评。

没有哪种类型的教育提供者提供的教育质量比其他的更好。

来自30个低收入国家和中等收入国家的数据显示，一旦考虑到家庭特征，就读私立学校的表面溢价就下降了一半到三分之二。在49个国家的样本中，最富裕家庭孩子就读私立学校的可能性几乎是贫困家庭孩子的10倍。而能够择校的父母之所以这样做，是因为宗教信仰、便利性和学生的人口学特征，而不是出于教育质量的原因，家长很少掌握关于教育质量的足够信息。

在需求较高的地方，监管、监测和执法能力往往较低。

“以文件增强教育评价”（PEER）网站对211个教育系统的分析表明，监管往往侧重于注册、批准或许可（98%），教师认证（93%），基础设施（80%）和生师比（74%）。监管最可能忽视质量或公平：67%的教育系统对收费标准进行了规范，55%禁止私立学校开展选拔性招生程序，27%禁止营利，只有7%有支持弱势群体获得教育的配额。私人补习在48%的国家不受监管，仅在11%的国家受商业法监管。

非国家行为体在幼儿教育、技术教育、高等教育和成人教育中尤其涉足较深。

这有时是以牺牲公平和质量为代价的。民办幼儿教育和高等教育的成本普遍较高，这意味着城市精英在这些民办教育机构中的人数过多。在美国，追求利润最大化的大学与学生学习结果的退步有关。通过市场竞争或技能发展系统提供私人培训的机构，如澳大利亚的职业教育与培训资金援助计划（TVET FEE-HELP）和印度的国家技能发展公司，被迫重新思考问责制和监督程序，以提高民办教育的质量，改善就业能力结果。

政府需要将所有教育机构、学生和教师视为一个系统的一部分。

标准、信息、激励措施和问责制应有助于政府保护、尊重和实现所有人的受教育权，并应防止政府对特权或剥削视而不见。公共资助的教育不一定是公立教育，但其教育过程、学生学习成果和教师工作条件方面的差别应该消除。效率和创新不应是商业秘密；相反，它们应该被广泛传播并成为所有人的实践。为了实现这一目标，需要保持公共教育政策过程的透明度和整体性。

一个身着校服的男孩和一位少年僧侣在不丹街头相遇。

摄影：Mikkel Ostergaard/Panos Pictures

第1章

导言

重要信息

非国家行为体参与教育引发了关于两个问题的激烈辩论。

- 教育在多大程度上是公共投资，或私人消费品?
- 受教育权对国家和非国家行为体的责任有什么影响?

公共教育得到了大力支持。

- 在10个中等收入国家和25个高收入国家中，75%的受访者支持增加公共教育支出，其中在捷克共和国的支持率最低，为52%，在菲律宾最高，为95%。收入越不平等，对增加公共教育支出的支持率就越高。
- 总体而言，89%的受访者认为提供学校教育的主要责任在于政府。印度（46%）、菲律宾（63%）和智利（76%）的受访者对公共教育的支持率最低，反映了他们对民办教育的强烈支持。
- 虽然教育可培养人们加强社会凝聚力的意识，但是，受教育程度较高的人往往会最先排斥公共教育。

在不同国家，非国家行为体参与教育的差异很大。

- 在一些国家，由于文化、宗教和历史原因，非国家行为体长期以来一直是教育系统的基础。
- 而在另外一些国家，非国家行为体的作用受到了限制。
- 一些国家将择校作为一种慎重的策略来改革教育系统。
- 但是，在许多较贫困的国家，民众对公共教育的信任逐渐降低。

三个核心问题推动了支持或反对民办教育的辩论。

- 支持者认为非国家行为体是有成本效益的，而反对者认为，即使存在明显的成本优势，那也是因为根本问题没有得到直接解决。
- 支持者认为非国家行为体真正填补了空白，其中一些人希望对教育进行调整，以适应其信仰和原则，而反对者认为公平和包容受到了挑战，因为弱势群体较难获得非国家行为体所提供的机会。
- 支持者断言，公共教育系统已经发展成为庞大的中央集权官僚机构，且缺乏自主性，而反对者认为，非国家行为体的创新往往被夸大了，且无法被复制。

本报告澄清了教育领域中反复出现的关于国家和非国家行为体的下述误解。

- 可以明确区分国家和非国家行为体。
- 私有化程度已知。
- 教育领域的私有化应归咎于私营部门。
- 公共教育是公平的。
- 家长择校依据的是教育质量方面的可靠信息。
- 竞争会促使学校改进。
- 私立学校和私立大学更好。
- 私营部门是解决失学问题的要素之一。
- 私营部门是解决教育资金缺口的要素之一。
- 法规可以解决所有关于民办教育的问题。

《教育2030：仁川宣言和行动纲领》是实现可持续发展目标4的路线图，强调了非国家行为体在教育中的关键作用（**专栏1.1**）："国家主导的行动将推动变革；然而，仅靠政府无法实现宏伟的教育目标。政府需要包括非国家行为体在内的所有利益攸关方的支持。"（UNESCO，2015，§86）

该纲领（§10）认为教育是：

- "一种公共利益，国家对此负有责任"和"一项共同的社会事业，其中隐含着公共政策制定和实施的包容性过程"，其中民间社会组织和私营部门等"在实现优质教育权方面发挥重要作用"，同时国家在"制定和规范标准与准则方面发挥重要作用"；
- "一项基本人权和一种赋权"，为实现此人权和赋权，各国必须"确保人人都能平等获得具有包容性且公平的优质教育"。

尽管人们认识到，实现受教育权需要众多利益攸关方的共同参与，而且非国家行为体的作用在过去30年里愈加重要，但非国家行为体参与教育还是引发了激烈的辩论，特别是针对两个关键概念：教育在多大程度上是一种公共利益或私人利益，一种投资形式或消费形式；如何理解受教育权对国家和非国家行为体的责任所产生的影响。

专栏1.1:

这份报告对教育领域非国家行为体的定义非常宽泛。

在本报告中，"非国家"是一个宽泛且笼统的术语，不仅指参与教育供给的个人和组织，同时还指参与教育筹资和影响国家履行保障受教育权义务的个人和组织。

因此，该词是指：

- 受益于教育和（或）支付教育费用的个人（例如，商品和服务的使用者或购买者、纳税人）、提供教育的个人（例如，学校的所有者、送教上门的教师），以及对教育的内容、方式和实施表达意见（例如，通过参与学校管理、通过政治程序）的个人。
- 提供教育相关商品和服务的私营公司（作为所有者或管理者），以及（直接或间接）资助和影响教育的私营公司。
- 独立于私营实体的慈善基金会，此类基金会主要影响教育政策，但也在供给和融资方面发挥一定的作用。
- 非政府组织、民间社会组织、工会和亲教组织，它们可能提供、资助并影响教育。
- 提供教育证据和知识的学者、研究人员和智库（包括由政府资助的）。
- 影响关于非国家行为体在教育中作用的辩论的媒体。

上述描述清楚地表明，"非国家的"和"私人的"这两个词是不可互换的。更确切地说，私人行为体是非国家行为体的一个子集。

教育既是一种公共利益，也是一种私人利益

政府并不总是领导教育工作。作为人类生存的核心部分，教育在历史上是自发和非正式地组织起来的。从18世纪末的欧洲开始，各国看到了通过受过教育的劳动力发展经济的机会，以及通过公立学校培养和增强民族认同感的机会。这“决定性地打破了其之前的自愿和多元化学习形式，那时教会、家庭和行会就可满足其自身需求”（Green，2013，p. 12）。

于是，各国政府准备承担提供这种公共利益的高昂成本，因为它给社会和经济带来了更广泛的利益。如果没有国家供给，个人可能不会在教育上投入那么多，并因此丧失社会方面的发展潜力。对于20世纪新独立的国家来说，建立公共教育系统是摆脱殖民主义的标志。公共教育的目标无一例外是宣扬崇高的理想或支配性的意识形态。新的体制取代并吸收了由当地社区和宗教组织管理的传统教育体制。

然而教育也被认为是一种私人利益。接受更多的教育可以改善个人的发展机会，也可能会将其他人排除在这些机会之外。教育成为实现差异化和进步的工具：那些设法爬上更高教育阶梯的人更有能力获取更高的生活水平和更高的回报。由于教育系统无法让人人都身居高位，因此家庭会尽其所能，确保后代能够跻身社会上层。

这种竞争产生了需求，进而推动了教育产品和服务的供应。根据国情和民族性格，在直接提供教育或让人赢得优势的其他服务（如补课）的过程中，就可能形成市场。此外，教育是一项成本高昂的事业，而各国政府在提供资金的充足程度上有所不同。有些国家被迫甚至主动选择缩小公共教育系统，将负担转移给家庭。因此，在世界范围内，各国对于教育的公共管辖权有所不同，同时公民对政府承担教育责任的期望也不尽相同。

受教育权涉及权利和自由

大约75年前，受教育权就已被载入国际人权文书，例如1948年的《世界人权宣言》、1966年的《经济、社会及文化权利国际公约》以及1989年的《儿童权利公约》。这些文书涵盖了权利及自由两方面的内容。个人有权免费接受义务初等教育，且随着国力提升，这一权利应逐步扩展到更高水平的教育。但人们也认为，个人有权根据自己的宗教和道德信仰来建立学校或为子女选择他们喜欢的学校类型，前提是这些学校符合政府的最低标准。这些标准应确保教育能够使人的个性和尊严感得到充分发展，加强对人权和基本自由的尊重，并使人们能够真正融入一个自由的社会。此外，教育还应增进所有国家及所有族裔、种族和宗教团体之间的理解、包容和友谊（United Nations，1948；1966）。

1999年，经济、社会及文化权利委员会颁布了《第13号一般性意见》，详细阐述了受教育权以及由此产生的国家义务。其中提出了四项原则：学校的数量必须足够多，同时须配备相应的基础设施、接受过培训的教师及教学材料；学校必须面向所有人，没有歧视，也不存在物质、技术或财务方面的障碍；课程和教学方法必须得到认同、有意义、文化契合且质量较高；教育必须具有灵活性，能够适应不断变化的社会和社区需求（OHCHR，1999）。

如果让各国负责落实这些原则，则关于它们应该如何参与其中存在若干问题。国家是否应该提供、资助或监管教育？是否应该参与所有方面？参与程度如何？虽然国家有义务尊重、保护和实现公民的受教育权，但各种非国家行为体，从慈善机构到营利性组织，其形式、组织和动机各不相同，也都在众多教育系统中发挥着重要作用。这些行为体的活动可能需要也可能不需要与政府进行合作。那么，究竟应该鼓励、限制还是阻止这些非国家行为体参与教育呢？答案可能因国家背景、教育水平及活动类型的不同而有所差异。政府可能会满足民众的需求，也可能会引导民众的需求。

对公共教育的支持力度很大

教育选择决定孩子的人生。父母不仅要对财务成本和收益进行简单计算，还要考虑多种相互关联的因素。关于教什么、怎么教、由谁教和在哪里教的选择，反映了家长和其他教育利益攸关方相互抵牾的世界观和愿望。这些选择涉及两个主要方面：资源的控制与分配（社会经济意识形态）以及改变社会的价值观和信念（社会文化意识形态）。那些认为政府在经济治理和分配方面应比市场发挥更大作用的人，以及那些在性别、宗教、平等和环境方面持有开明而非保守价值观的人，往往支持增加对教育的公共支出，并支持政府在教育供给方面发挥主要作用。[1]

教育选择具有高度的政治性，并或明或暗地反映在政治议程中。除了个人意识形态和环境因素外，各国对社会挑战以及政府、人民和机构应如何相互联系的理解也各不相同。这些理解影响着人们对政府应该推行哪些政策以及哪些人应该从中受益的态度。

关于支持公共教育的研究绝大部分来自高收入国家。在经济合作与发展组织（OECD）的17个成员中，除芬兰外，大多数受访者都希望增加公共教育支出。国家社会经济不平等程度越高，人们就越希望增加公共教育支出，最贫困的家庭尤其如此。国家教育不平等程度越高，最富裕的家庭就越倾向于增加公共教育支出，因为他们将最先受益（Busemeyer，2012）。

最近在丹麦、法国、德国、爱尔兰、意大利、西班牙、瑞典和英国进行的一项态度调查证实了人们对公共教育支出的高度支持，而且人们对教育支出的支持高于其他领域：当受访者被要求在八个潜在的额外支出领域中优先选择一个时，教育是28%受访者的首选，医疗保健以22%位居第二。在教育领域，人们对各等级教育的支持也有所不同，对初等和中等教育（62%）的支持高于学前教育（50%）和高等教育（47%）。虽然77%的受访者支持择校，但超过60%的受访者反对私立学校在国家教育系统中发挥重要作用。对私立学校的支持率平均为34%，其中瑞典最低，为14%，爱尔兰最高，为49%（Busemeyer et al.，2020）。

受本报告委托，对2016年国际社会调查项目（ISSP）关于政府作用的特别模块数据的分析，利用35个国家的样本研究了公共教育支持问题，包括10个中等收入国家在内（Edlund and Lindh，2021）。总体而言，75%的受访者希望增加教育支出，其中在捷克共和国的支持率最低，为52%，在菲律宾最高，为95%。收入越不平等，对增加公共教育支出的支持率就越高（McCall，2016）；捷克共和国是收入不平等程度最低的国家之一，而菲律宾则是不平等程度最高的国家之一。平均而言，中等收入国家的民众（89%）比高收入国家的民众（68%）更支持增加公共教育支出（**图1.1**）。

总体上，89%的成年受访者认为提供学校教育的主要责任在于政府，6%的受访者则认为在于家庭，同时还有5%的人认为在于其他机构（私营公司和营利性组织；非营利性组织、慈善机构和合作性组织；宗教组织）。少数国家的受访者统计数据属于异常值。比如印度（46%）[2]、菲律宾（63%）和智利（76%）的受访者对公共教育的支持率最低，这反映出他们受到了民办教育的极大影响（**图1.2**）。

意识形态在一定程度上是许多国家人们所持态度的原因所在。从对公共支出和公共教育态度的影响显著性来看，社会文化意识形态（80%的国家）是社会经济意识形态（40%的国家）的两倍。在较贫困的国家，社会经济意识形态对于人们对公共教育支出态度的影响较弱，对于人们对公共教育供给态度的影响则较强（**图1.3**）。但总之，意识形态很重要。这就是为什么思想是支持或反对非国家行为体在教育领域发挥作用的争论焦点。

在探讨关于民办教育的三个关键争论之前，我们发现一个与教育本身作用有关的值得反思的研究结果。在所分析的国家中，我们发现，在46%的国家较高的教育水平与支持增加公共教育支出的态度有

1 该部分借鉴了埃德隆德和林德（Edlund and Lindh，2021）的研究。

2 这份关于教育领域非国家行为体的区域报告专门针对南亚。

图 1.1:

国家越不平等，人们就越希望增加公共教育支出

2016年部分国家支持增加或大幅增加公共教育支出的成年人百分比以及衡量收入不平等程度的基尼系数

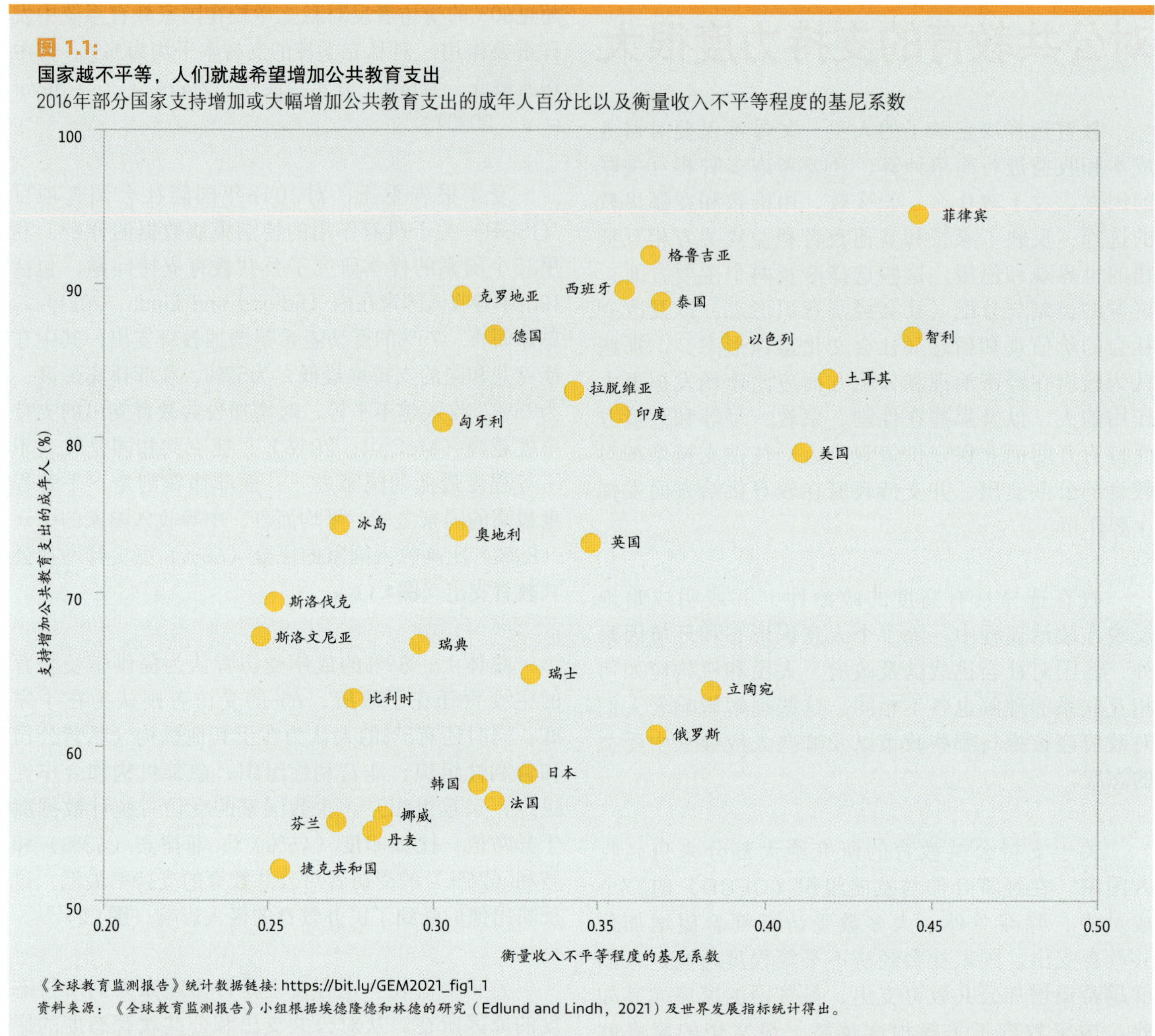

《全球教育监测报告》统计数据链接: https://bit.ly/GEM2021_fig1_1

资料来源：《全球教育监测报告》小组根据埃德隆德和林德的研究（Edlund and Lindh，2021）及世界发展指标统计得出。

关，在三分之二最富裕国家中，这种因果关系比在三分之一最贫困国家中要强得多（64%对15%）。相比之下，只有在9%的国家中（其中有15%最富裕国家，而没有一个最贫困国家），较高的教育水平与人们对政府在教育供给中发挥更大作用所持积极态度有关。实际上，家长的受教育水平越高，他们的收入就越高，进而将孩子送入私立学校的可能性也就越大。而这构成了一个道德悖论（Swift，2003）：教育理应能够培养人们支持社会包容性和凝聚力的态度，然而，人们抱怨普遍（特别是在私立教育不断扩张的国家）——精英们将会最先排斥公共教育，从而导致社会认为公共教育质量很差，并进而使人们更坚定地认为公共教育无法得到改善。

各种不同的论点推动了支持或反对民办教育的争论

教育领域非国家行为体的支持者和反对者就国家和非国家行为体在提升教育效率、促进公平与包容以及创新方面的能力和合法性争论不休。不同人通过是否认为教育是一种可以通过市场采购的商品或服务，以及人们是否应能够选择教育的角度，来看待这些议题。

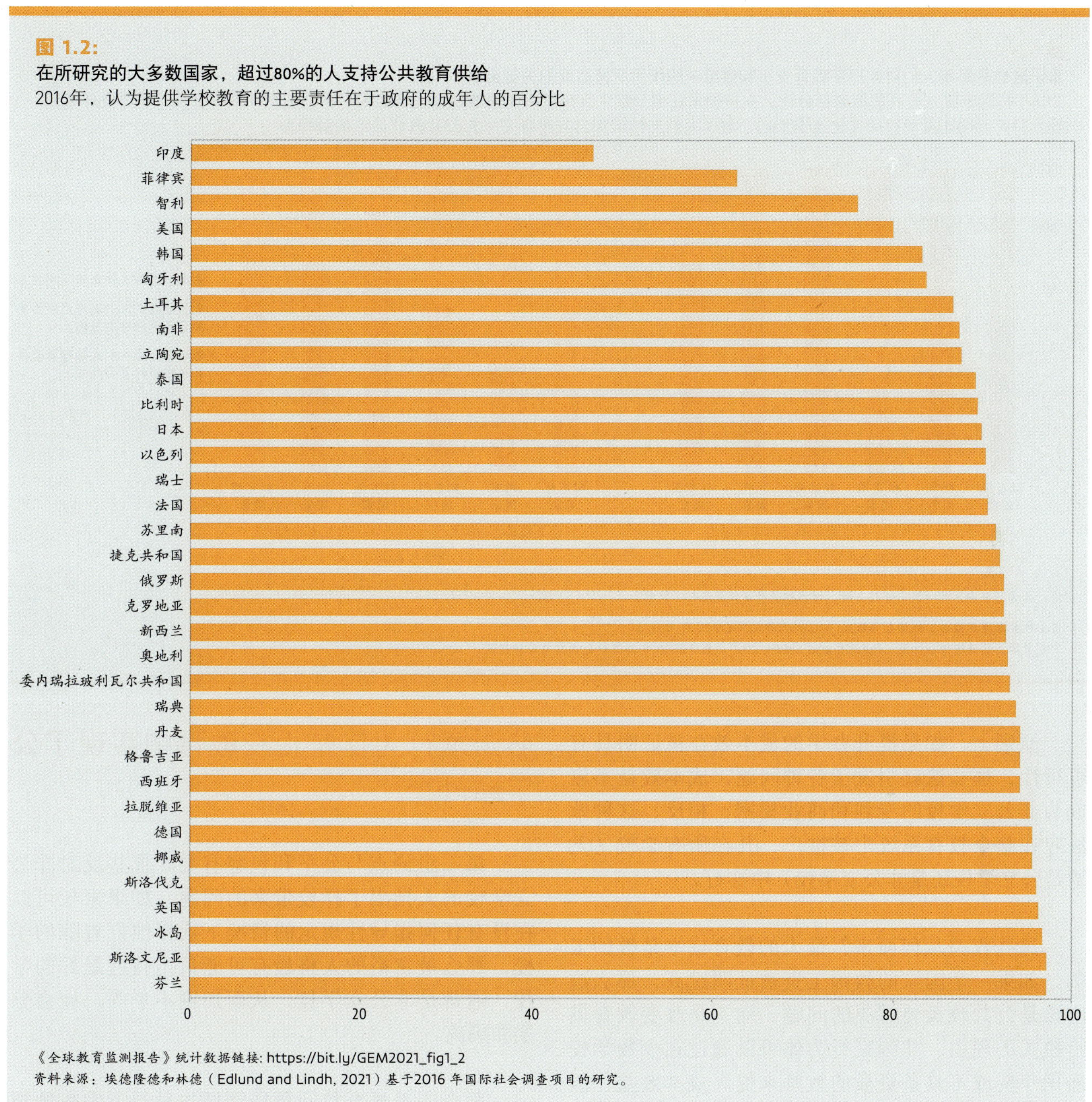

图 1.2:

在所研究的大多数国家，超过80%的人支持公共教育供给

2016年，认为提供学校教育的主要责任在于政府的成年人的百分比

《全球教育监测报告》统计数据链接：https://bit.ly/GEM2021_fig1_2

资料来源：埃德隆德和林德（Edlund and Lindh, 2021）基于2016 年国际社会调查项目的研究。

非国家行为体在教育方面是否更具成本效益优势?

民办教育活动的支持者认为，由于国家无法满足家长对教育的全部需求，因此势必产生民办教育。非国家行为体有各种激励措施来提供国家无法提供的教育产品和服务。不管非国家行为体的动机是慈善、信仰和思想，还是利润，如果教育产品和服务的供给是对需求的回应，那么就有可能形成一种市场机制。

有人认为常规市场不适合教育，并且，还有些人提议并在少数情况下尝试创建一种计划型教育市场：生产者（包括非营利性和营利性机构）会竞标公共合同，而消费者则会用代金券而非现金来购买服务（Le Grand，2003）。通过这样一个准市场，政府不仅可以努力增加教育供给，同时还可以实现其他目标，例如提升成本效益。要做到这一点，民办教育需要比公共教育更具成本效益优势。

图 1.3:

意识形态是影响人们对政府在教育支出和供给中的作用所持态度的关键因素

2016年按国家收入分列的国家百分比，支持国家在再分配中发挥更大作用的社会经济意识形态，和在性别、宗教、平等及环境问题上持有开明态度的社会文化意识形态，对于人们支持增加公共教育支出和公共教育供给的解释力

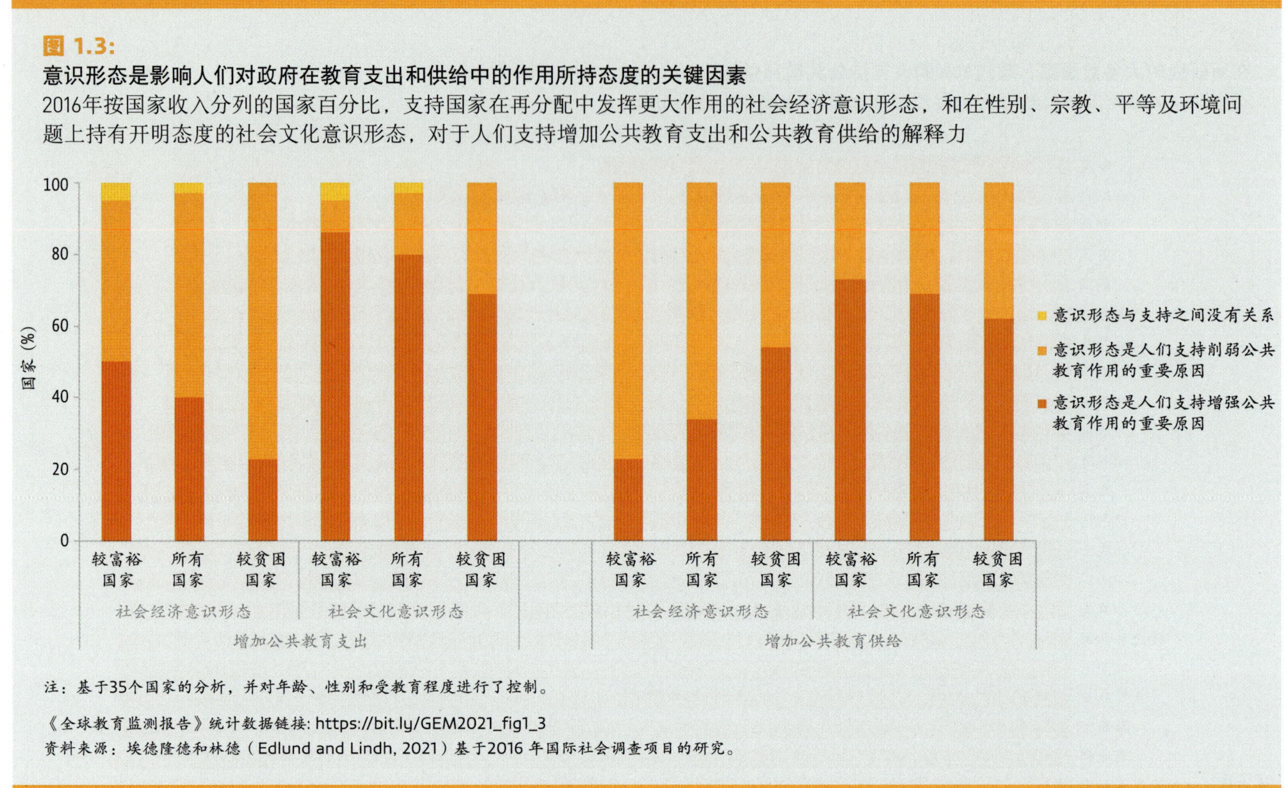

注：基于35个国家的分析，并对年龄、性别和受教育程度进行了控制。

《全球教育监测报告》统计数据链接: https://bit.ly/GEM2021_fig1_3

资料来源：埃德隆德和林德（Edlund and Lindh, 2021）基于2016 年国际社会调查项目的研究。

原则上，如果提升办学的成本效益被证明具有可行性，那么这就引发了各种问题。成本效益不应成为非公立学校的专利和商业秘密；相反，这种做法应在整个教育系统中被推广，并在所有学校（无论是公立学校还是非公立学校）中实行。

这些收益从何而来？最大的教育成本是教师工资。如果一个国家的教师工资被证明过高，那么这应该是公共政策要解决的问题，而不是改变教育供给模式的理由。非国家行为体可以通过在少数学校雇用年轻或不具备资质的教师来提高成本效益，但这不是一个可持续的解决方案。或者，民办教育机构可能会倾向于减少投入，将重点放在那些结果可以衡量的学科上，因为这可能会影响他们的经费，同时忽视其他学科，因此这也是不可持续的。

最后，在公立和非公立学校之间进行可靠的成本比较是有难度的。例如，公立学校倾向于为偏弱势群体提供服务，而这些群体的教育成本更高，且更有可能位于农村地区，那里的教育成本同样更加高昂。

非国家行为体是否在教育中实现了公平和包容？

第二组论点与公平和包容有关。那些反对非公立学校的人指出了择校带来的问题。如果家长可以在没有任何指导性规定的情况下选择他们青睐的学校，那么最富裕的人将最有可能负担得起最好的学校，通常是非公立学校，从而加剧不平等、社会分层和隔离。

联合国受教育权问题特别报告员最近发布的报告指出，由于各类学校的入学费用高昂，因此教育私有化加剧了社会隔离和群体分化，而且私立学校往往在它们所提供的教育质量方面误导不了解情况的家长（Singh，2015）。

使教育产品或服务市场化涉及公平问题。家长做决策时需要准确的信息。但是，缺乏关于学校特点的资料，或者即使有，资料获取也不平等，因为弱势群体难以获取这些信息。此外，机构可能不愿意向一些难以接触到的人群提供服务，例如生活在偏远地区的群体（Srivastava，2020）。

2019年，人权、学术和宣传专家制定了10项“关于各国提供公共教育和规范私人举办教育的人权义务的指导原则”，即“阿比让原则”（Skelton et al.，2019）。该原则的目的是提供一种规范性框架，为讨论和评估私有化在教育中的作用提供指引，以指导各国执行相关国际法（Adamson et al.，2021）。该原则认可政府资助那些符合政府标准的非公立学校。其中一些原则要求建立公共问责、监管和合规监测机制。

民办教育的支持者支持这些机制，认为民办教育机构非但没有侵犯受教育权，反而有助于实现这一权利。这种观点认为，国际法没有规定国家必须如何履行其教育义务。因此，只要政府承担起规范其履行合理义务的监管责任，就可以选择将公共教育和私立教育相结合（Emmerson，2020）。

在许多情况下，非国家行为体填补了教育供给方面的真正空白，这往往体现在为被公共系统忽视的弱势群体提供教育上。政府通常不愿意在非正规居住区设立学校。一项对巴基斯坦8个最大城市的贫民窟和欠服务地区的调查发现，25%的地区缺少学校；而在其余地区，74%的学校是私立学校（CHIP Training and Consulting，2020）。非国家行为体在危机和紧急情况下同样做出了宝贵贡献。例如，2015年尼泊尔发生地震灾害后，一些非政府组织在政府难以迅速到达的地方提供了辅助教育设施（Street Child，2021）。而在萨尔瓦多，在遭受暴力和帮派侵扰的城市地区，非公立学校的入学率是全国平均水平的两倍（USAID et al.，2018）。

另一组考虑因素与包容性有关。有些人认为政府不应该在提供教育方面扮演主要角色，他们质疑政府决定教育内容的权威性或提供达到理想标准的教育的能力。其原因涉及宗教、政治意识形态、母语和残疾学生的无障碍学习环境。《世界人权宣言》起草委员会的成员们没有忘记德国纳粹执政期间利用公共教育向青少年灌输纳粹思想的教训。他们想要提出一个与有争议的义务教育相对的提法，该提法在1948年5月仅以1票优势获得通过。此外，他们受到了自己国家及其他国家背景的激励。1948年11月，在黎巴嫩的主导下（在黎巴嫩，教育传统上是按宗教派系划分的），联合国大会以17票对13票（7票弃权）的微弱优势，通过了关于父母有权“选择给予其子女何种教育”的条款（Stanfield，2021）。

在许多国家，一些群体更希望教育契合他们的信仰和原则。由于担心当地公立学校威胁到他们希望的抚养孩子的文化、种族、语言或宗教共同体的价值观，因此家长可能提出理由，证明他们需要单独的民办教育。但各国政府可能会辩称，这与其确保公平和包容性教育的承诺相冲突，并干扰了其采用统一标准、一视同仁地为所有儿童提供同等质量的教育。

然而，出于各种原因，政府或明或暗地将责任委托给了非国家行为体。在战后环境中，政府可能会允许非国家行为体提供教育，例如向少数民族提供教育，并将其作为一种建设和平的措施。政府可能会允许宗教团体开办学校，尽管其中一些学校可能会以引发争议的方式脱离国家课程大纲，例如在科学或公民教育课程中。

虽然在大多数国家，残疾儿童的教育历来由非公立慈善机构提供，但随着时间的推移，一些政府通过了关于全纳教育的立法，要求所有儿童都进入当地的主流学校。然而，如果对此类转变的准备不充分，那么这些学生可能会遭受偏见和诬蔑。而那些认为公立学校无法满足孩子需求的家长可能会把孩子送回非公立特殊学校。平行教育系统应该由谁负责？是对主流学校资助不足的国家，还是响应家庭需求的非国家行为体？相反，迫于竞争压力的非公立学校可能会排斥一些学生，包括残疾儿童，而这违反了教育中公平和无歧视的核心原则。

最后，不同的非国家行为体以截然相反的方式影响着教育的公平和包容性。一些民间社会组织及慈善基金会（近期）都开始倡导教育应具有包容性，并支持立法和政策改革。但是，当这些行为体的宣传力度如此之强，以至于成功引导了公众议论并决定了政策改革时，问题就出现了：这种影响是否合法？是否破坏了民主进程？

非国家行为体是否会为教育带来更多创新？

非国家行为体参与教育的支持者声称，这有助于增强创新。许多改变了对教育学理解的观点出现在公共教育系统的边缘，甚至是系统之外。对著名教育思想家生平的回顾表明，许多人质疑公共教育系统的教育能力（IBE，2006）。他们呼吁从根本上彻底改革或绕开这些系统。许多人被他们试图改进的系统所排斥，或者找到了更有利的环境来实施他们的想法，虽然其中一些想法最终被引入公共教育，但通常被大打折扣。

公共教育系统已经发展成为庞大的中央集权机构，可能会忽视其所服务的人群。对公共教育系统常见的一种批评是其削弱了自主性，强迫实行标准化，并打击了学生和教师的积极性。而非国家行为体可以解决未得到满足的需求，为敬业的教育工作者提供机会，使他们在无须承受行政规则负担的情况下进行教育和管理方面的创新。一项针对3000项教育创新（“一种打破以往惯例的想法或技术，即使它对世界来说并不新鲜，但在特定背景下它通常是新颖的”）的分析表明，60%的教育创新由非政府组织实现，26%由营利性组织实现，12%由公共行为体实现（Winthrop，2018，p. 6）。从内容（例如创业教育）到投入（例如补充阅读材料），从制度（例如教师激励）到监督（例如问责制），非政府组织在各个领域都进行了创新。

但是，创新通常是一个流行语，出自“创新者”口中，并可能会出于筹款或宣传的目的而被夸大。为了争取竞争优势，民办教育机构可能会指出公共教育中不成功之处，从而播下不信任的种子。但是，在小规模受控环境中表现为成功的创新，可能并不是创新，更不用谈其可复制性了。

一些非国家行为体正在测试他们的创新能否在公共教育系统中奏效。“促进非洲学校平等”是一个总部设在英国的非政府组织，在乌干达和赞比亚经营着32所中学。该组织与乌干达教育部合作来调整并实施其支持与监督模式下的各个组成部分（Chu and Channa，2019）。印度非政府组织“布拉罕”（Pratham）实施了“阅读印度”计划，该计划直接与学校和社区合作，并间接与邦和地方政府合作，支持基础读写能力和计算技能的培养（Banerji and Chavan，2016）。“新学校21”（Escola Nova 21）是一个由非国家行为体和巴塞罗那省议会组成的联盟，旨在加强西班牙加泰罗尼亚地区的公立学校系统。该联盟合并了学校转型项目，并试行了全系统变革协议（Escola Nova 21，2020）。但这些都是例外，非国家行为体很少有支持国家教育的动机。

对于公共教育系统来说，实现创新是一项复杂的任务：需要对改革进行试点，并测试其可推广性，且可能会遇到官僚主义、组织能力差距、教师和父母缺乏动力、财政手段有限以及政治干预和反对等挑战。但是，公共教育系统并没有消极地对待创新，且存在各种各样的机制来引入变革。

关于创新的争论往往因关键概念被以相互矛盾的方式提及而变得模糊不清。那些反对所谓的公共教育系统的僵化、千篇一律和缺乏差异性等缺点的人诋毁标准化；而那些捍卫教育公平的人在推动标准化，他们努力废除择校并倡导开设共同核心课程以确保所有学校都达到标准。虽然他们不认为标准化必然意味着方法的统一，但他们认为，民办教育更有可能导致这种意义上的标准化，同时认为竞争压力（往往是受私立教育机构的影响）会加速迈向统一的趋势。归根结底，标准化是否会阻碍创新，取决于定义了哪些标准，如何衡量和评估这些标准，有哪些激励实现这些标准的措施，以及建立了哪些反馈机制以便学校可以从最佳实践中吸取经验教训。当使用狭隘的学习成果来定义标准时，风险就会增加。

像“问责”“自主”“选择”这样的术语，既被推崇，同时也被妖魔化为教育的组织原则，它们通常与非国家行为体在教育中日益重要的作用有关。例如，世界银行推动私立教育的依据是：地方决策和财政分权的概念；学校在资源、人员和教学内容方面的自主权；标准和问责机制；以及家长的意见（Baum et al.，2014）。但是，如果赋予地方政府、学校和家长更多的权力，则可能会加剧贫富地区之间、城乡学校之间，以及受教育程度不同的家长之间分配的不平等。尽管选择是市场竞争的驱动因素，但在教育领域中，选择可能不会以同样的方式发挥作用。虽然可以根据这些理念的优缺点来对其进行研究，但其未必能够证明非国家行为体，特别是私营教育机构发挥更大作用具有合理性。

误解 1.

可以明确区分国家和非国家行为体。

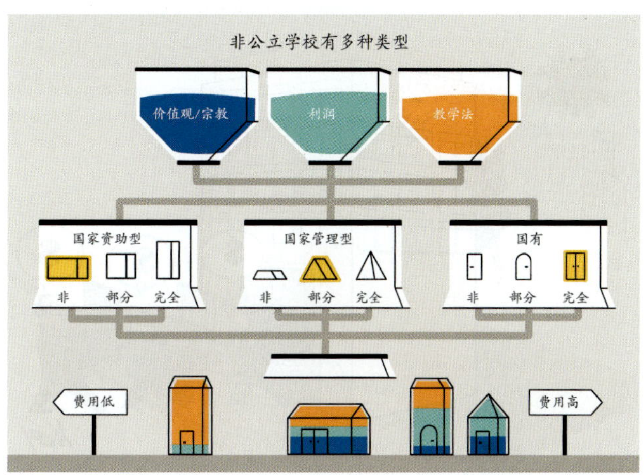

关于教育领域的国家和非国家行为体的误解盛行

本报告调查了来自世界各地的大量证据，以研究非国家行为体在教育中的作用。如上所述，从为教育花钱的贫困父母，到其市场支配地位能够左右教育系统的公司，任何不代表国家的行为体都被视为在教育中拥有发言权和利益的非国家行为体。本报告不仅从私立学校的传统角度审视了教育领域的非国家行为体，同时还考察了其他直接和间接活动——从私教辅导和评估系统，到对大学研究议程和益智玩具销量的影响。本报告描绘了影响不同年龄段人群（从受照料的幼儿到接受专业培训的成人）的，主要由非国家行为体提供的活动。本报告澄清了关于教育领域的国家和非国家行为体的10个反复出现的误解。

对教育领域非国家行为体的讨论通常涉及二元分类：公立学校和私立学校。然而在实践中，情况更加复杂，区别也远没有那么明显。非国家行为体具有高度的异质性。它们出于与思想、价值观、信仰和兴趣有关的各种原因而涉足教育领域。其中许多行为体与政府达成了正式或非正式的组织安排，包括承包和建立公私伙伴关系，因此模糊了区分的界限。虽然行为体通常有明确的目的（如供给、融资、监管、管理），并有商定的职权范围（如目标、时间期限、资源共享），但管理它们的过程并不具有条理性、有序性、合理性或协作性。国家和非国家行为体内部及其之间的权力没有得到平等分配或平衡。各行为体的兴趣既不是共生的，也并非聚焦于提高质量或效率，或哪怕主要聚焦于此。它们可能是具有不同的、不完整的或靠特权获得的信息的行为体之间讨价还价的结果。正式规则是通过非正式规范以及隐藏的牟利做法来促成的，包括追逐经济利益、合法性，以及影响力或权力的扩张（Srivastava，2020）。

误解 2.

私有化程度已知。

对非国家行为体作用趋势的描述往往依赖于私立教育机构入学人数在总入学人数中的比例。在10年的时间里，这一比例增长了7个百分点，在初等教育中达到了17%，在中等教育中则达到了26%，而自2014年以来，这一比例一直相对稳定。但是，如果这些统计数据将未注册的机构排除在外，它们就低估了私有化的程度；如果将所有意图和目的都具有公共性质的私立教育机构归为私有机构，则又高估了私有化的程度。同时，它们也没有反映出这样一个事实，即职业技术和成人教育主要是在工作中进行的，这超出了政府的职权范围。即使在没有正式的民办教育的国家，包括古巴（Gonzalez，2014）和朝鲜民主主义人民共和国（Hui，2019）在内，私人补习行业近年来也有所增长。各国如何解释公立学校教师在课余时间给学生上课以增加收入这一现象呢？一个将教科书、评估或数据管理，甚至是餐饮和交通都外包出去的教育系统还有多大的公共性可言呢？由说客推动出台的政府政策是否仍可被视为公共政策？

误解 3.

教育领域的私有化应归咎于私营部门。

民办教育的反对者们通常将私立学校的增长归咎于私营部门，但这种增长似乎只是征候，而并非原因。绝大多数私立学校都是独资学校。其出现是为了回应父母对公立学校因受到忽视而质量下降这一真实问题的担忧。许多低收入和中等收入国家在公共教育方面的问题可能并不是它们自己造成的。严格的结构调整方案往往会减少用于公共教育和其他服务的资金。那些花费数十年时间才建立起来的机构很快就分崩离析，而且再也无法恢复。当质量明显下降时，富裕家庭和一部分相对贫困的家庭就会离开公共教育系统，这将削弱对公共教育系统的支持，并导致其资金不足。还有一些相关因素也可能会加剧这种情况，包括政治领导人中存在的精英主义，这会提高领导人对不平等的容忍度，同时减少他们保护公共教育及受益于公共教育的弱势群体的承诺。

误解 4.

公共教育是公平的。

还有一个误解，即公共教育是免费的。家庭往往因隐性收费、本可避免的自付费用和用来弥补公立学校未提供服务的额外支出而承担着高额的教育费用。很少有（贫困国家完全没有）政策和方案针对边缘化人群，使他们受益于公共教育支出。虽然人们常常批评教育系统向民办教育机构敞开了大门，从而加剧了不平等，但许多公共教育系统未能防止社会分层和隔离。基于国际学生评估项目的结果，一项关于拉丁美洲学校中社会多样性的指数发现，阿根廷、巴西、智利和墨西哥在2018年均出现了严重的社会隔离（OECD，2019），但只有智利因私立机构在初等教育和中等教育入学中所占比例较高而受到了批评。

误解 5.

家长择校依据的是教育质量方面的可靠信息。

非公立学校和择校的支持者的一个基本假设是，父母作为消费者，能够获得关于好学校的信息，并有效利用。实际上，正如上一条误解所暗示的那样，这也是一种谬见。学校之间的差异很小。尽管参观一所学校可了解其质量方面的更多信息，但即使这样，也很少有信息来源（如果有的话）可供远距离确定哪所学校更好。好学校的定义标准是有争议的，不能仅凭分数来概括。而对于大多数国家来说，确定学校将孩子的学业成果提高了多少所需的数据过于复杂，难以管理，更不用说传达了。无论如何，家长往往会忽略这些信息。他们在选择吸引他们的学校时，是出于其他原因：宗教信仰、便利性以及学生的人口学特征。事实上，家长通常会寻找那些学生在其中享有他们所渴望的社会地位的学校，并从他们的社会关系网中寻求建议。最后，实际上，对于许多家庭，尤其是农村地区的家庭来说，根本就不存在择校这个概念。

误解 6.

竞争会促使学校改进。

学校在必须竞争时不一定会有所改进

非国家教育活动支持者的另一个信条是，改变胜于现状。公共机构转型缓慢，公共教育机构在满足个人和社会对相关技能的需求方面尤其迟钝。不称职的公务员往往会受到袒护，既得利益者阻碍可以提高效率和质量的创新。竞争性教育机构及选择机构的机会应确保公立学校能够加快必要的改革。在日常生活中，责任感和良性竞争会激励一些人进步。在经济领域，企业为了生存而竞争，因为营利是其存在的原因。但目前还不清楚这种动力在教育中是如何发挥作用的。由于这个主题很复杂，因此很少有研究能够证明竞争对整个教育系统会产生影响，即使有这方面的研究，研究结果也没有定论。更糟糕的是，竞争可能会导致非公立学校迎合家长的愿望，而与良好的教学实践背道而驰。例如，学校会选择英语作为教学语言，而不顾及学生在家说何种语言。

误解 7.

私立学校和私立大学更好。

私立学校和私立大学是否优于公立学校和公立大学是一个有争议的话题。媒体报道且家长关注的学校排名表的常用依据是对公立和私立学校考试通过率的比较。大学排名也是如此，作为学校表现的基本参照，排名的数量和知名度都有所增加。在实践中，在对学校进行比较时，应考虑学校和大学类型的差异。学生的录取情况各不相同。一方面，经济条件较好、受过良好教育、有很高抱负的父母更有可能选择私立学校。而另一方面，私立学校也能够对学生进行筛选，以最大限度地提高学生取得优异成绩的可能性。通常（尽管并非总是）学生资质越高，学校就越能轻松实现这些容易教的学生的潜力。当这些因素得到控制时，公立和私立学校之间的差距通常会被大幅缩小或消除。这只是比较标准之一。是否应该只比较学生的最终成绩，而不比较每类学校和大学对提高学生成绩的贡献？是否应该比较学业成果，而不比较生活技能？应该在人生的哪个阶段比较结果？

误解 8.

私营部门是解决失学问题的要素之一。

由于有超过3.5亿名中小学学生在私立学校就读，因此有时人们认为，非国家行为体可以帮助提高入学水平，并有助于实现可持续发展目标4。诚然，如果这些学生转到公共教育系统，则危机将不可避免，比如在新型冠状病毒肺炎疫情期间，有些国家的学生就因财务问题或对学校的不满而从私立学校退学。但是，非国家行为体的运作规模不足以为实现普遍完成初等和中等教育做出贡献。私立学校在城市地区正在蓬勃发展，那里的入学率水平已经接近普及。但私立学校在农村地区基本上不存在。在低收入和中等收入国家，最富裕五分之一家庭的孩子上私立学校的可能性是最贫困五分之一家庭的同龄孩子的10倍。低收费私立学校提高公平性的潜力被夸大了。

误解 9.

私营部门是解决教育资金缺口的要素之一。

《教育2030：仁川宣言和行动纲领》对“私营部门、慈善组织和基金会能够发挥重要作用，利用其……商业专长和金融资源来加强公共教育”寄予厚望，因为“私营部门已经成为一个贡献者，具有补充教育资源的巨大潜力”。全球教育伙伴关系制定了其“私营部门战略”，以“参与、共同创造和利用私营部门的……资金”来推进其目标。这些文件指出，私营部门可以填补资金缺口，以实现可持续发展目标4。但到目前为止，还没有证据表明它们愿意或有能力这样做。但私营部门也可以在其他许多方面做出贡献。显而易见的是通过纳税，特别是在国内税收动员率低、逃税和避税的机会普遍存在的低收入和中低收入国家。企业可以避免腐败，还会干扰有关公共教育支出的游说。私营部门在技能培养方面处于领先地位，但还可以做得更多。企业可以根据国家规定，在托幼服务方面发挥更大的主导作用。

建议

非国家教育活动的多样性往往不为人所理解。在管理、所有权、融资、动机、营利取向、收费以及与国家的各种关系等方面，存在着各种各样的非公立学校类型，远非简单的公立与私立的二分。此外，非国家行为体的作用远超出了提供学校教育的范围，还涉及许多其他干预措施（例如，从学习评估到补习），面向各个教育等级（例如，从接受照顾的幼儿到学习外语的成年人），并通过多种渠道施加影响（例如，从游说到研究）。政策制定者面临的问题不仅在于非国家行为体参与教育是否符合商定的质量标准，还在于非国家行为体会以何种方式帮助或阻碍确保教育公平和包容性的努力。

在政府保护和落实受教育权的任务中，与资金和教育供给有关的两个战略方向显得尤为突出。首先，各国政府2015年承诺，所有儿童和青少年都将免费享有公共资助的1年学前教育及12年初等与中等教育。然而，有三分之一的国家用于教育的经费不足国内生产总值（GDP）的4%和公共总支出的15%（这是国际公认的最低标准），所以显然，许多国家在资金方面没有兑现承诺。

其次，各国政府需要确定其在提供和管理教育方面将发挥多大的作用。他们对择校和非国家行为体的看法存在较大分歧。在一些国家，由于文化、宗教和历史原因，非国家行为体长期以来一直是教育系统的基础；而在另一些国家，非国家行为体的作用有限。一些国家将择校作为一种改革教育体系的慎重策略。

但是对于许多较贫困的国家来说，向择校的转变几乎是在不知不觉中发生的。正当加速大众教育的运动刚起步之际，1980年代及1990年代初，公共教育支出被大幅削减，从而导致公共教育质量出现下滑。一些群体，尤其是但不仅限于那些富裕群体，开始寻求对自己教育需求的满足，并排斥公共教育系统。随着对学校教育的需求以前所未有的速度增长，各国政府认为监管超出了他们的能力范围。同时人们对政府提供教育的信任被打破，对教育公共融资的支持因此被削弱。

各种非国家行为体在教育的许多方面变得更加引人注目。企业不仅要决定教育是否是一项有利可图的活动，如何推销它们的产品和服务，还要决定对谁负责：仅仅是股东还是还有其他人？非政府组织和民间社会组织会选择重点领域并决定如何处理这些问题：它们应该填补空白还是倡导国家来做这些事情？一些基金会也确定了优先事项，并选择了影响社会以及与教育系统紧密合作的方式方法。教师及其组织做出的选择同样可能会增强或削弱公众对公共教育系统的信任。

本报告再次发问——谁能主动选择？谁将错失机会？——是想恳请政策制定者从以下基本选择的角度来审视与非国家行为体之间的关系：自由选择和公平，这是教育作为一项人权的两极；鼓励自主性（即提高系统所有方面的质量）和制定标准（即提高所有学习者的素质）；不同经济能力和需求的人口群体；它们当前做出的承诺（即可持续发展目标4规定的12年免费教育）和那些将逐步兑现的承诺（例如中等后教育）；教育部门和其他社会部门。

与此同时，正如本导言中的证据所表明的那样，大多数家长希望他们的孩子能够进入当地有包容性的高质量公立学校；他们不希望学校质量参差不齐，因为这会迫使家长寻找比当地学校更好的学校。他们更希望自己的孩子在当地学校有一个有保障性的名额，而不是不得不参加一个有选择性和竞争性的录取程序。尽管家长对子女教育的重视程度可能有所不同，但没有家长愿意为本应由教育系统提供的东西自掏腰包。

基于这些想法，我们提出以下建议，以帮助完善教育规则（#RighttheRules），使教育公平在资金、质量、治理、创新和政策制定方面得到保护。这些建议的目的是利用非国家行为体可以做出的贡献，在不牺牲公平性的情况下提供优质教育。调动这一潜力也可以促使各国政府有针对性地解决影响公共教育的低质量和不平等问题。这些建议主要针对各国政府，政府有责任保护和实现受教育权。但是，这些建议也可供所有致力于支持实现可持续发展目标4的教育行为体用作宣传工具。因此，这些建议呼吁所有行为体，无论是国家行为体还是非国家行为体，都要遵守教育规则（#RightbytheRules）。

必须通过协调、协作和合作，以具备参与性、透明且公平的方式，在标准、信息、激励和问责的基础上建立强有力的法律框架和有利的政策与监管环境。相关机制在各政府机构和各种方案之间都必须具有一致性，反映非国家行为体、家长和社区的投入，并借鉴其他国家的良好做法。这些机制不应淡化政府保障受教育权的责任。

不同于重视将选择和市场机制作为提升教育效率和促进教育创新的杠杆，本报告从公平和包容的角度审视了国家行为体和非国家行为体。公平和包容是所有国家在2015年签署的两项承诺。因此，本报告建议各国政府在与非国家行为体有关的法律、政策和方案中，从公平和包容的角度明确回答以下五个核心问题。

1. 教育资助是否偏爱某些学习者而排斥其他学习者？

履行承诺，免费提供1年学前教育及12年初等和中等教育——但是，如果可以确保公平，公共资助不一定意味着公共教育。

在许多国家，非但没有免费教育，家庭还被迫支出一大笔钱，即使他们把孩子送到公立学校也是这样：在肯尼亚、赞比亚和津巴布韦，子女就读于公立学校的家庭负担超过60%的教育支出。在低收入和中等收入国家，约有16%和8%的家庭分别通过存款和借款来支付学费，这通常是政府支出不足的结果。

各国政府应对儿童和青少年免费提供高质量的教育。政府要确保家庭不需要为其政府承诺免费提供的教育产品和服务支付费用。取消正式费用显然是一个开始，但这远远不够，因为此类费用通常只占总成本的一小部分。向所有学生免费提供学习材料，并且不强收无助于学习的昂贵费用，如校服费用，也是必要措施。

政府需要通过家庭收入和支出调查来监测自费教育支出。通常情况下，政府关注的唯一款项就是正式费用，而往往不会关注其他记录不详细、加剧不平等的费用，如私人补习费用。需要评估旨在为弱势学习者提供资源的政策的有效性，而不能只是设想其效果。

所有教育机构，无论是国家机构还是非国家机构，都必须向学生提供相同的条件。支持加强公共教育系统必须是优先事项之一。但是，由政府资助教育的承诺并不意味着所有的教育都必须由政府提供。在芬兰和荷兰，资助与否不取决于学校类型，而是取决于学生人数，同时还会为来自弱势背景和有特殊教育需求的学生配备额外的资金。公平的基础是将所有教育机构视为具有共同规则、共同财政支持和监督机制的单一系统的一部分。

任何使供给多样化的尝试，都应以确保公平的方式进行设计。鼓励多样化供给的国家，例如外包公立学校的管理事务，补贴私立学校的运营成本或资助家庭就读他们选择的学校，很容易最终使家庭富裕的学生受益。任何向非国家行为体提供资金支持的机制，都需要避免三个常见的设计缺陷：显性或隐性的学生选拔，显性或隐性收费，以及营利性的学校运作。这些都会对公平构成威胁。

学校不应选择学生。既然各国承诺教育无歧视，那么这一原则就必须体现在学校的录取政策中。而这个问题对公立和非公立学校都有影响。同时，家庭和学生的选择权也被写入了公约和法律。然而，择校同样会加剧不平等。较贫困的家庭往往选择较少。他们获得的信息不够准确，无法做出合理选择，或者可能缺乏有效利用信息的技能。即使有关学校的信息是公开的，也可能是无关紧要或误导性的：学校质量的衡量标准往往是狭隘的、低级的，而且会受到学校操纵数据以提高自身吸引力的影响。为了避免令人失望的后果，政府应充分资助学校，并确保所有学校均符合质量标准。选择权不应被用来弥补政府在教育领域问责机制的不足。

由国家资助的民办教育机构不应收取任何费用。虽然所有国家都应致力于确保学前、初等和中等教育免费，但许多国家离这一理想还很远。在一些国家，往往是收入不平等程度高于平均水平的国家，存在许多独立的收费私立教育机构。即使是依赖政府的私立教育机构也要收费。除了确保政府及时为受资助学校提供充足的资金外，作为一个中间步骤，所有政府都应设置学费上限并禁止收取附加费用。截至2021年，55%的国家没有对儿童保育费用设置上限，30%的国家没有制定法规来控制初等和中等教育收费水平。印度的几个邦设有收费监管委员会。或者，政府可以通过建立一个参考价格来计算对非公立学校贫困学生的支持水平，从而间接管理费用，如智利和科特迪瓦的做法，或者引入累进费用和针对最弱势群体的其他财政支持政策。

逐利行为与保证学前教育、初等和中等教育免费的承诺不一致。归根结底，政府应该比企业更重视公平。一些临时措施，例如规范或禁止营利性行为，可以用来平衡加剧不平等的择校政策。目前，只有17%的国家禁止营利性的学前教育，28%的国家禁止营利性的初等和中等教育。

2. 是否所有学生都得到了他们有权获得的高质量教育，还是有些学生受到了不公平对待？

建立适用于所有公立和民办教育机构的质量标准。

人们非常关注非公立学校是否优于公立学校。但是非公立学校的选择性录取使这个问题很难回答。大多数研究表明，如果公立学校和非公立学校之间存在任何差异，那么一旦考虑到学生的背景，它们之间的差异就非常小。政府需注意的主要问题是各所学校是否均符合相同的标准。确保学生公平获得优质教育是政府的责任。

政府需要建立适用于所有教育机构的质量标准。质量标准不仅包括投入，还涵盖过程和结果，目的是保护那些最易受损害的人。此外，质量标准还应涵盖安全性（从教师行为到基础设施）和包容性（从无歧视到课程）。这些标准不应过于苛刻，以免分散教育与学习资源，尤其是对于条件较差的学校。质量标准应该与学校的所在地联系起来，并帮助学校提高。应该评估每所学校是否达到质量标准，无论其是公立学校还是非公立学校，并将评估结果公之于众以增加责任感。

在所有学校，教师应作为专业人士受到重视。教师资格和专业发展机会不应因机构而异。在一些国家，民办教育机构的成本效益优势是通过低薪招聘不具备资质的教师来实现的。教师劳动力市场的分割以及教师工资和工作条件的广泛不平等，都是教育系统运转不良的明显信号。各国政府需要逐步解决造成这种失衡的所有根本原因。无论是在私立系统还是在公立系统，教师的劳动权利都应得到保护。这一点在新型冠状病毒肺炎疫情期间得到了突出体现：许多私立学校的教师被减薪或终止合同。

需要建立质量保障机制来监控和执行标准。一些民办教育机构可能由于历史或文化原因而享有相当大的自主权，且不愿意接受关于它们是基于信仰的还是以利润为导向的审查。政府通过学校督导、评价和学习评估进行监督，应该成为面向所有教育机构的普遍做法。在设计这些机制时，应考虑到国家实施这些机制的能力。

各国需要加强职业技术教育和高等教育的质量保障流程。当政府越来越多地补贴个人或与公司签订合同以促进培训时，政府需要保护最弱势的群体，因为他们很容易受到欺诈。同样，提供最低质量水平的教育及从事不当行为的营利性大学应受到审查。在巴西，市场竞争主管部门一直在努力阻止市场集中化。在美国，10家最大的营利性教育公司中有7家被判有欺骗性商业行为，包括掠夺性招聘和营销策略不当。

政府需要防止私人补习对教育系统的质量和公平产生负面影响。各国需要通过调查来监督私人补习。相应政策可包括，支持那些可能无法受益于此类服务的人，例如日本的政策；要求私人补习教师具有教学许可证，如马来西亚的政策；规定私人补习的标准，如俄罗斯和乌克兰的政策；在线注册以便更好地进行监督，如韩国的政策。中国最近禁止了网上私人补习，担心这会对公共教育产生负面影响。包括肯尼亚和巴基斯坦在内，很多国家已经禁止在职教师进行私人补习。但是，执行此类禁令可能会导致非正规市场的出现。当务之急应该是解决根本问题，比如教师工资低以及期末考试的高利害相关性。

3. 法规是有效可行，还是会造成损害弱势学习者利益的意外后果？

建立适用于所有公立和民办教育机构的监督和支持流程。

对民办教育活动的监管应确保其在基础设施、课程、学习材料或教师证书方面达到公平和包容的标准。但在实践中，规则往往设计不善或执行不力，从而为不当行为敞开了大门。法规需要将信得过的民办教育机构视为合作伙伴，而非对立方。法规需要保护最弱势群体免受剥削。

各国政府需要有一个清晰的愿景和框架，说明其希望非国家行为体如何参与，并通过法规传达这一愿景。当一个并行的私人补习体系蓬勃发展时，它与促使学生获得公共教育的机会就是有矛盾的；当私人托幼市场从一开始就为幼儿提供不平等的机会时，促进公平就很难实现；当私立机构造成社会隔离并仅为某些人提供高标准教育时，促进优质教育的发展就存在悖论；当某些学校可以设定自己的录取标准和收费时，促进包容性也就变得不现实。各国政府应就这些问题制定明确的政策，并通过法规来解决这些问题。法规的重点不应是行政细节和不切实际的投入标准，如土地和基础设施要求，而应是与卫生、安全、质量和公平有关的教育过程和结果。应定期审查法规，并以透明和参与性的方式逐步调整法规，同时邀请公立和非公立学校提供意见。

教育机构应始终作为教育实体受到教育主管部门的监管，而绝不能仅仅作为商业实体受到市场监管机构的监管。一些教育机构作为幼儿保育和教育、私人补习和职业培训的企业受到监管。还有一些教育机构受到社会保护部门或宗教事务部门的监督。责任分散意味着教育系统没有被视为一个整体，从而导致重复和缺口。

法规必须简单、透明和高效。矛盾之处在于，在最需要监管、腐败的可能性最大的地方，监管能力最低。同时，如果缺乏监管和执行规则的能力，法规就会变得无关紧要，且适得其反。各国政府需要制定更加可行的监督标准，在具有包容性的过程中听取所有利益攸关方的意见。在撒哈拉以南非洲城市，包括阿克拉、坎帕拉和拉各斯，向政府官员行贿很普遍，且只有一小部分民办教育机构进行了注册。缺乏监管能力还导致“全球北方”（Global North）这样的非国家行为体在职业技术和高等教育领域中出现腐败，涉及非法录取、过度营销、不公平的工作人员待遇和挪用补贴等问题。

政府需要诚实地说明其想要监管的原因。正如政府为公立和非公立学校制定共同标准一样，也应该制定共同的监管和支持程序。政府必须对所有学习者进行监管，不能忽略那些在民办教育机构就读的学习者，这些学习者往往处于更加不利的地位。此外，政府还需要与民办教育机构建立信任关系，鼓励其注册，消除规则的独断性，并传达正确的激励措施，使它们有效办学、造福学生。同时，政府需要保护那些被家长送入私立学校的孩子，并传达这样的信息：政府关心所有孩子的教育，无论他们上的是什么类型的学校。

4. 好的教育理念被培育了还是被扼杀了？

通过教育系统促进创新的传播，以实现共同利益。

没有人能够包揽所有的好点子。教育是一项社会事业，也是一个复杂的系统。政策制定者应该能够识别优秀实践和创新，并给予好的理念以发展的时间和空间。政策制定者面临的挑战是如何鼓励创新，特别是当公众可能更倾向于从众而非实验的时候。但是，什么样的条件会促进或阻碍可解决教育系统重大挑战的创新呢？这种创新如何才能惠及所有人，而不仅仅是少数人？

政府应与所有行为体合作建立一个为所有人服务的教育系统，并优先采用协商的方式。需要建立一种信任的文化才能促进创新。创造条件并为多个行为体提供互动和合作的平台，可以帮助公共教育系统和培训系统从不同的观点和不同的专业知识来源中受益并且创新，以保持适切性。这对于系统中受快速变化影响最大的部分（如技能开发）尤其重要。

首先，政府需要在公共教育系统中培育创新。各国政府需要传达这样的信息：政府致力于追求卓越。政府应该监测学习及其决定因素，评估良好做法的策源地，汇编有关此类做法的信息，提供资源使从业人员能够交流经验，试行好的理念并加以推广。政府需要教育方面的新理念，应将那些能够提出这些理念的人聚集在一起。为了实现这一目标，政府需要培训教育行政人员，使其能够识别并提出此类理念。

政府也应该从非国家行为体那里吸取经验教训。自主、情境化和灵活的教与学方法，尤其是涉及边缘化的学习者时，可以催生新的见解。虽然政府可能不会经营教育系统的非国有部分，但其有责任进行监督。诚然，许多政府在监管和评估公立学校系统方面尚且能力不足，更不用说监管和评估非公立学校了。

政府的作用是营造合适的环境来催生创新。教育不应该被视为一个教育“生产者”想要去战胜其他教育提供者的市场。相反，新的理念需要被分享、检验，如果得到证实，就会被采纳，同时国家应通过教育系统传播这些理念，非国家行为体应出于共同利益而不仅仅是经济动机而自愿提供这些理念。

5. 是否所有的声音都有平等的机会来影响教育领域的公共辩论?

保持公共教育政策过程的透明度和完整性，以阻断既得利益。

创新案例所反映的是有必要保护教育免受狭隘经济和政治利益影响。政策制定者应该对多种声音持开放态度，他们也需要警惕大声叫嚷的人和搬弄是非者。同时，所有行为体都应该在谈判桌上有一席之地，与政府人员在教育立法、政策和法规方面的沟通也必须是透明的。那些既得利益者可能致力于增加自己的市场占有率或政治权力，而不是为了公共利益。那么，如何保持公共政策过程的完整性呢？新型冠状病毒肺炎疫情期间，这个问题变得更加重要，使政府面临着艰难的决定，比如对教育技术的选择。

政策制定者需要考虑所有利益攸关者而不仅仅是权贵们的见解和观点。一些强势的行为体有可能左右政策制定者，迫使后者将自己的观点纳入政策。这可以通过秘密游说来实现，或通过“旋转门”来完成游说者和政策制定者之间的双向角色转换。一些行为体普遍认为，教育质量已经下降到只有政府以外的激进解决方案才能有所帮助的程度。正如利比里亚将公立学校外包给非公立管理者的失败经验所表明的，解决复杂的教育问题没有捷径可走。尽管如此，即使非国家行为体为教育系统提供了提高质量和以公平为导向的解决方案，也有人会质疑非国家行为体的参与，然而这将适得其反。

政府需要监督和防范既得利益者的游说，以防止其对公共政策产生不当影响。为了保持人们对公共政策过程的信任，政府可以根据能力采取一系列提升透明度的措施。这些措施包括进行公开和包容的协商，举办立法委员会听证会，接收政府或法院请愿书，制定促进披露向政党捐款和与高级政府人员会面的信息的法案，禁止政府人员离职后担任可从中获取私人利益的职位，和禁止游说者及其赞助者担任公职。这些建议同样也适用于包括联合国教科文组织在内的国际组织，所有这些组织都需要制定与非国家行为体接触的明确政策，并将公平和包容放在首位。

在泰国那空是贪玛叻的一所伊斯兰学校里，
孩子面露微笑。

摄影：Tarik Abdel-Monem

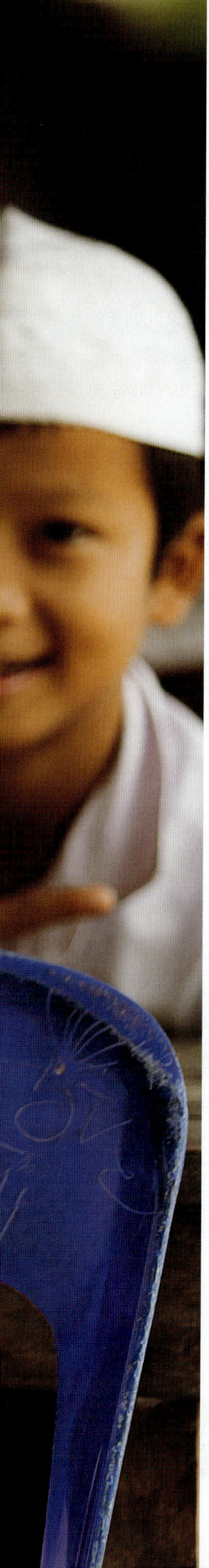

第2章

供给

重要信息

非国家行为体以多种形式存在，为3.5亿名儿童提供教育。

- 非公立学校在管理、资金、价值观、是否营利和收费方面各不相同。
- 全世界私立教育机构在初等教育中的占比从2002年的10%增加到了2013年的17%，在中等教育中的占比从2004年的19%增加到了2014年的26%。此后，该比例基本保持不变。
- 营利性学校在中等收入国家和高收入国家很少见。智利和阿拉伯联合酋长国是例外，这两个国家分别有26%和39%的15岁儿童就读于此类学校。
- 在过去的十年中，国际学校的数量几乎翻了一番。同时低收费的私立学校也在激增。在加纳和尼日利亚的拉各斯，分别约有18%和70%的此类学校未注册。

私立学校往往拥有更好的资源，因此能够吸引来自更富裕家庭的学生。

- 最富裕家庭的孩子就读私立小学的概率是最贫困家庭孩子的10倍。考虑到同伴效应和选拔因素，在所分析的40个较富裕国家中，私立学校的优势几乎消失了；同时在31个低收入国家和中等收入国家，就读于私立学校的增值下降了一半到三分之二。
- 在拉丁美洲国家中，公立学校的学生比私立学校的学生更希望参与政治。
- 一项针对14个国家的审查发现，人们择校首要考量的是学术质量、教师素质、地理位置和安全性，同时宗教、种族和文化也很重要。在7个撒哈拉以南非洲国家，家长对宗教学校的满意度要高于公立学校。
- 在实行择校政策的国家，社会隔离有所增加。从1998年到2015年，美国大部分地区最低收入家庭学生的社会隔离率增加了约15%，其部分原因是特许学校的增加。

除教育外，非国家行为体还参与了辅助服务。

- 甚至在撒哈拉以南非洲等私人补习曾经不常见的地区，私人补习也在增长，这会影响教育系统的质量、教师行为以及平等。在印度和缅甸，提供私人补习的老师在日常教学上投入的精力较少。
- 教科书产业日益商业化。监督力度因国家不同而差别迥异：50个国家中有12个国家没有制定教科书的审批程序。
- 近年来，许多公司都迈入了教科书、评估系统和在线学习行业。市场化可能加剧不平等，并弱化责任感。
- 政府正在将更多的教育配套服务，包括通勤、技术和食品外包出去，但其质量并不总是能够得到保障。几项研究发现，在美国的一些地区，私人管理的学校食堂提供着更不健康的食品。

关于教育领域非国家行为体讨论的关键在于，人们认为私立学校的学生人数一直在增长，然而，至少有三个关于非国家行为体提供教育服务的重要问题值得更加仔细地研究。首先，很难对世界各地的学校进行简单分类。可以使用多种方式对学校进行分类，从而显示出学校的丰富多样性。因此，要确定非国家行为体在教育领域的扩张对教育系统所产生的影响并非易事。

其次，非公立学校具有多重影响，但这些影响并没有以同样的分析深度被探讨。对学生个体学习成果的影响，无论是从短期还是从长远来看，包括教育以外的领域，都受到了最多的关注。然而，关于民办教育机构对教育系统的影响，特别是对公平、质量和效率的影响，存在一些重要的，有时也是棘手的问题。进入一个并行的民办教育系统难道仅仅是富裕家庭或雄心勃勃的家长对孩子的安排吗？民办教育系统将改进还是损害公立系统？

最后，非国家行为体参与的教育供给不仅限于教学。他们还参与提供了其他学习及配套商品和服务。因此，本章还描述了通常会涉及非国家行为体的辅助服务，例如私人补习、学习材料以及打扫卫生和餐饮等外包商品和服务。

非公立学校的入学率一直在增长

很难对民办教育机构进行简单分类。可以用教育机构与国家的关系、其目标及收费等来对其进行分类（图2.1）。然而，所有这些分类都具有连续性，类型之间的界限并不总是很清晰。分类方法在多大程度上可以在各国通用，取决于数据的可获得性和国家教育系统的独有特点；在某些国家/地区，其他分类维度可能比本文列出的分类维度更加重要。但是，无论采用何种分类方法，有证据表明，非国家行为体在教育供给中的作用一直在增加。

图 2.1:
有多种方法可以对教育机构进行分类

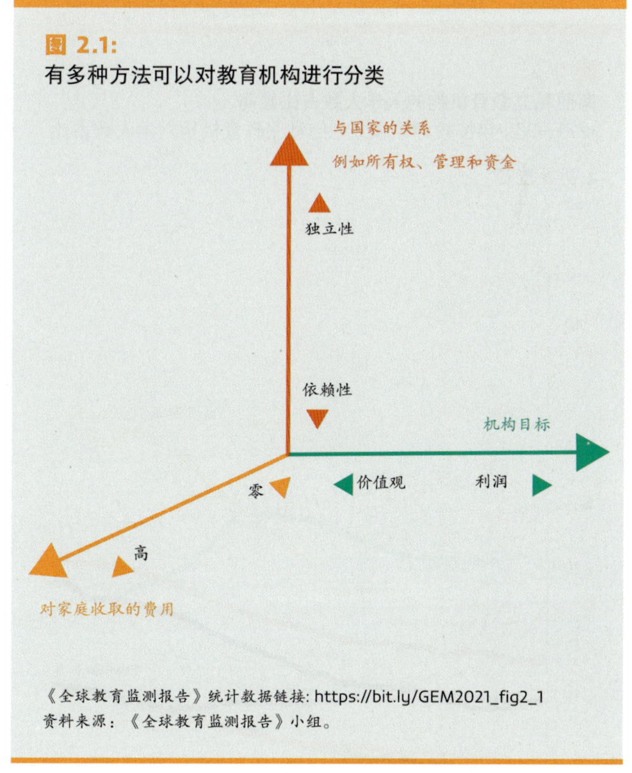

《全球教育监测报告》统计数据链接: https://bit.ly/GEM2021_fig2_1
资料来源：《全球教育监测报告》小组。

所有权、管理和资金是非公立部门的常用界定标准

联合国教科文组织统计研究所（UIS）是公立和私立教育机构入学数据的主要来源。它将私立教育机构定义为“不是由公共权力机构运营，而是由诸如非政府组织、宗教团体、特殊利益集团、基金会或商业企业等私立教育机构（无论是否以营利为目的）控制和管理的机构”。全世界私立教育机构的比例在大约10年内增加了7个百分点，在初等教育中的比例从2002年的10%增加到了2013年的17%，在中等教育中的比例从2004年的19%增加到了2014年的26%，但此后基本保持不变。

“中亚和南亚的私立学校入学人数占比最高：在初等和中等教育中所占比例分别为36%和48%。”

区域差异很大。中亚和南亚是迄今为止私立学校入学人数占比最高的地区：2019年，在初等和中等教育中所占比例分别为36%和48%，同时也实现了自2000年以来最大的绝对增长。而在其他区域，这一比例一般不会超过20%。在初等教育领域，私立教育机构入学人数占比增长较快的区域是北非和西亚、东亚和东南亚，占比增加了一倍或更多，但仍处于世界最低水平，约为10%。欧洲和北美的私立教育机构小学入学人数占比增幅最小，保持在10%左右，但中学入学人数占比的增幅最大，从2006年的9%增加到了2014年的15%。在撒哈拉以南非洲以及拉丁美洲和加勒比，私立教育机构占比的增长低于全球平均水平（**图2.2**）。

图 2.2:
南亚私立教育机构的入学人数占比最高
1990—2019年按教育等级分列的私立教育机构入学人数占比

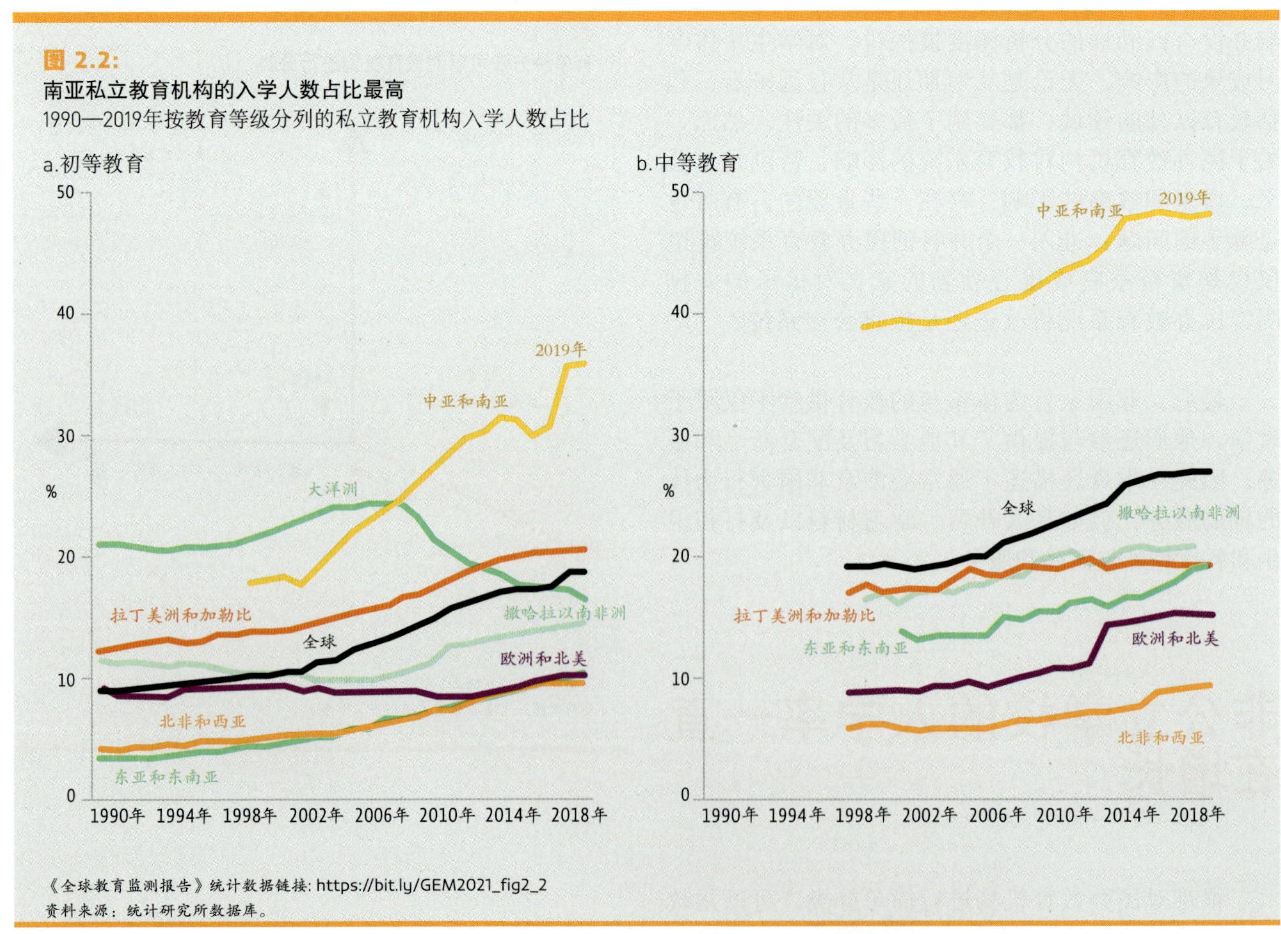

《全球教育监测报告》统计数据链接：https://bit.ly/GEM2021_fig2_2
资料来源：统计研究所数据库。

私立教育机构所占比例与国家收入之间不存在任何关系。受印度影响，私立教育机构在中低收入国家中所占比例最高，而在低收入、中高收入和高收入国家中的占比相差不大。然而，在一些较贫困的国家，总体入学率较低，但私立教育机构的入学人数占比高于平均水平，这可能表明私立教育机构填补了需求缺口。在13个国家，私立教育机构至少贡献了20%的初中入学率，而净入学率才不到50%；其中，10个国家位于撒哈拉以南非洲，主要是西非国家，2个在中美洲（危地马拉和洪都拉斯），1个在南亚（巴基斯坦）（图2.3）。

这些数据中通常没有记录民办教育的一个维度，即由非国家行为体经营的国有学校。本报告分析发现，在有私人行为体的96个国家中的29个国家，在有宗教信仰行为体的83个国家中的17个国家，在有其他非国家行为体的81个国家中的19个国家都存在这种情况。

联合国教科文组织统计研究所对私立学校的定义侧重于管理和运营，但忽略了是否接受公共资金的私立学校之间的区别。本报告分析发现，在204个国家中，有171个国家存在政府资助的非公立学校：在115个国家中这包括私立学校，在120个国家中这包括宗教学校，在81个国家中这包括非政府组织学校和社区学校。国际学生评估项目将从公共来源所获资金占比少于50%的私立学校定义为“独立私有型”，将其余私立学校定义为“非独立私有型”（OECD，2019a）。在50个教育系统样本中，私立学校的平均占比为19%，对2018年国际学生评估项目数据的分析表明，大约46%的私立中学属于非独立型，而54%是独立型。

与管理关系一样，非国家行为体反过来资助国有学校的关系也鲜为人知。本报告分析发现，77个国家中31个国家的私人行为体、57个国家中8个国家的宗教行为体，以及64个国家中21个国家的基金会或慈善组织都属于这种情况。但是，无法根据现有信息来评估这种支持的资金数额。

图 2.3:

在部分较贫困的国家，尽管总体入学率很低，但私立教育机构在初级中等教育中的入学人数占比很高

2018年或最近年份，私立教育机构在初级中等教育中的入学人数占比以及经调整的净入学率

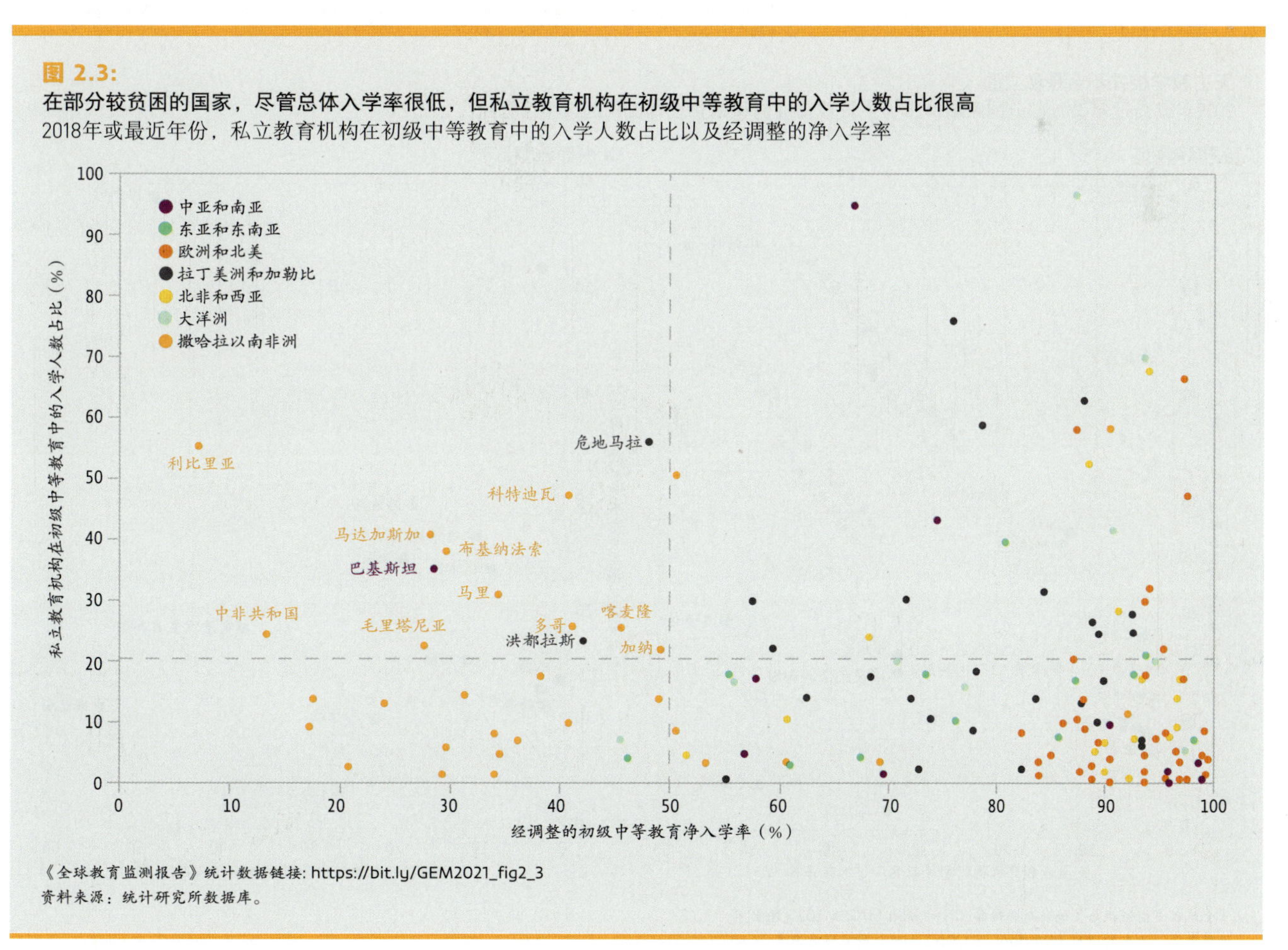

《全球教育监测报告》统计数据链接: https://bit.ly/GEM2021_fig2_3

资料来源：统计研究所数据库。

“在196个国家中，有124个国家设有宗教学校。”

非公立学校因其创始人截然不同的办学动机而有所差异

许多学校教育系统的根基都指向宗教或社群教育目标。宗教学校、社区学校或非政府组织学校的办学动机通常源于特定价值观或慈善义务。

宗教学校在世界大部分地区仍然很重要。本报告分析发现，在196个国家中，有124个国家设有宗教学校。在比利时等国，基于基督教信仰的学校教育是国有的，并享有补贴（Wodon，2021）。据估计，从1995年至2016年，全球天主教学校的初等教育和中等教育入学人数增长了43%（Wodon，2019）。截至2018年，有3500万名儿童在天主教小学上学，其中大多数学校位于讲英语的东非地区。约有1900万人就读于天主教中学，其中有些是公立的，有些则是私立的（Wodon，2021）（**图2.4**）。

本报告对宗教学校进行分析后发现，在喀麦隆、马达加斯加和坦桑尼亚联合共和国，六分之一的小学和中学由基督教教派管理，而在刚果民主共和国和卢旺达，这一数字则超过了二分之一。政府和教会的合作涵盖了教育系统的各个方面，包括录取程序、教师资格和薪资以及对课程标准的管控，合作的有效性在各个国家不尽相同。在喀麦隆，政府没有补贴教会的教师工资、培训和学校建设费用，这促使教会在债务减免谈判中要求政府给予补偿。相反，在卢旺达，国家资助的教会学校能按时收到工资，并且国家课程也是协同规划的（Scheunpflug and Wenz, 2021）。最后，宗教信仰是一些家庭选择完全脱离教育系统，让孩子在家上学的一个常见原因（**专栏2.1**）。

图 2.4:

天主教学校并不全是私立的

2019年或最近年份，部分国家就读于天主教教育机构和私立教育机构的学生百分比

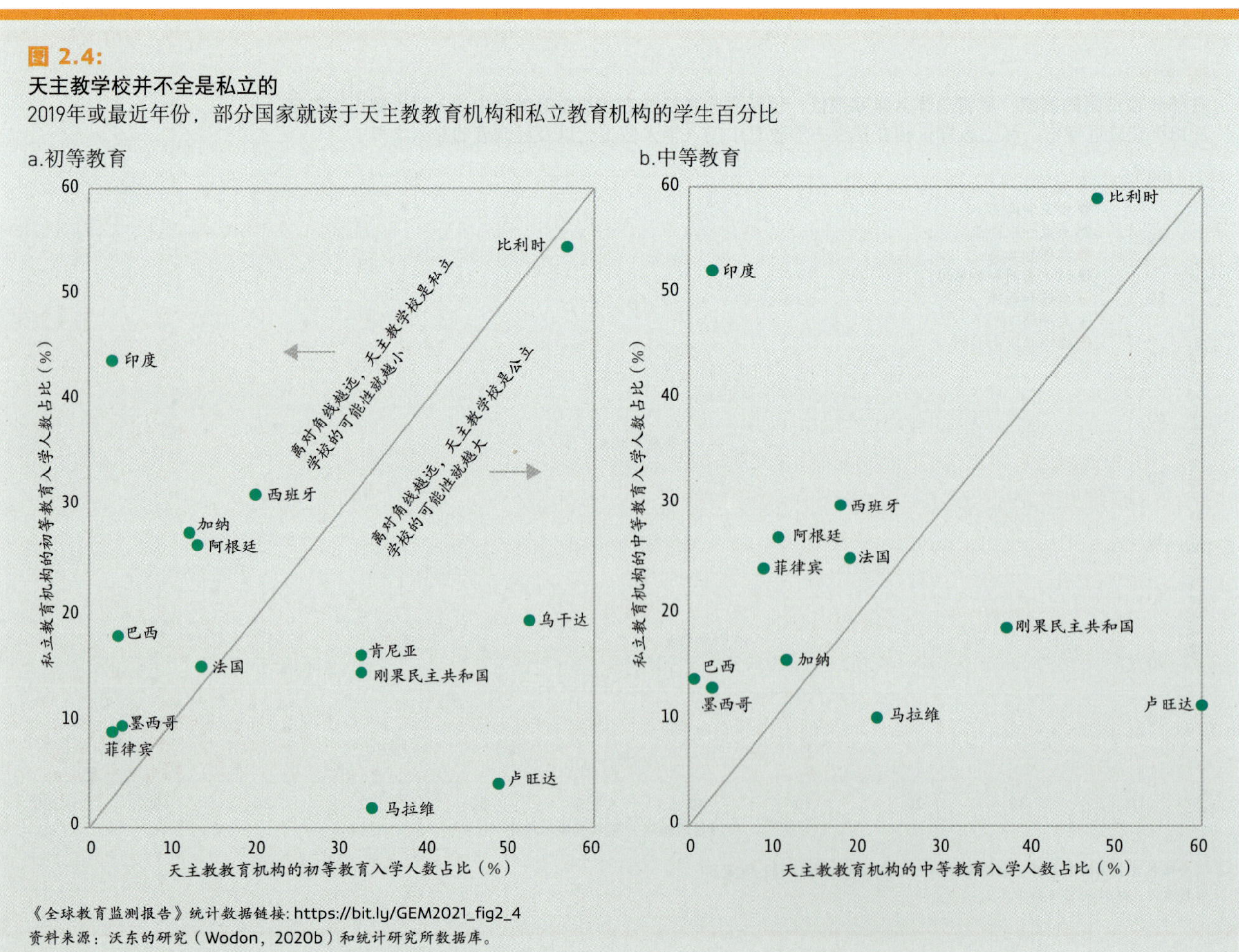

《全球教育监测报告》统计数据链接：https://bit.ly/GEM2021_fig2_4

资料来源：沃东的研究（Wodon，2020b）和统计研究所数据库。

专栏2.1:

一些家庭选择脱离公立和非公立学校，在家教育孩子

当父母觉得教育系统不能满足他们对安全、质量或内容的期望时，他们就会选择在家教育孩子。这可能是出于实际考虑，如住所较为偏远或孩子患有严重疾病，但也可能是出于观念、宗教或政治原因。在美国，大约3%的学生在家接受教育，这是全球最高比例（Ray，2017）。2016年的一项调查发现，在家教育的主要原因是对学校环境的担忧（34%），对教学的不满（17%），以及希望为孩子提供宗教教育（16%）和道德教育（5%）（US Department of Education，2019）。

在其他情况下，关于家庭教育的证据基础有限，但人们的兴趣正在增长（Kunzman and Gaither，2020），这在很大程度上是由全球保守主义运动的倡导导致的（Permoser and Stoeckl，2020）。在巴西，尽管在家上学是非法的，但2019年仍约有2.2万名学生在家接受教育。2018年最高法院的一项裁决宣布，在家上学并不违宪，但需要接受进一步监管。2021年7月，国民议会下院宪法和司法委员会批准了一项允许学生在家上学的法律草案，这是该国政府的重点工作之一（Costa，2021）。

在家上学也反映了家长对主流教育的强烈不满。在英国，一项调查发现，24%的在家教育是由健康原因或特殊教育需求等情况导致的（Smith and Nelson，2015）。而在澳大利亚，家长选择家庭教育的主要动机似乎是对学校环境和课程质量的担忧（Jackson，2017）。

新型冠状病毒肺炎疫情封校期间，家庭教育的必要性得到了体现，但由于母亲在家庭教育中承担了更大责任，因此这加剧了性别失衡。美国人口普查局发起的“家庭脉动调查”发现，2020年4月—5月学生在家上学的比例上升至5.4%，在2020年9月/10月则为11% （Eggleston and Field，2021）。在家上学会对母亲的就业产生不利影响，但不会影响父亲（Petts et al.，2020）。

在50多个国家，包括西非（如尼日利亚和塞内加尔）（d'Aiglepierre and Bauer，2018）、北非和西亚（如摩洛哥、沙特阿拉伯和土耳其）、南亚（如孟加拉国和巴基斯坦）以及东南亚（如印度尼西亚和马来西亚）的国家，正式和非正式的初等教育和中等教育场所均提供伊斯兰教育，其中有的国家穆斯林人口占多数，有的则占少数。与基督教学校一样，伊斯兰教学校的组织安排从国有到私人补贴，再到私人独立各不相同，因此不能将其全都归为公立学校或私立学校（Daun，2018）。在巴基斯坦，2017—2018年有410万名学生在3.1万多所宗教学校学习，这些免费宗教学校可为贫困人口提供学前教育到中等后教育。这些学校的学生占总入学人数的8%，占私立学校入学人数的18%（Pakistan Ministry of Federal Education and Professional Training，2021）。

“在巴基斯坦，宗教学校入学人数占私立学校入学人数的18%。”

除了管理和资金外，伊斯兰教学校在教学方法以及宗教教育和世俗教育之间的平衡方面也存在很大差异。在2000年代中期之前，马来西亚曾经有五种类型的宗教学校：联邦学校、州立学校、州伊斯兰教委员会学校、人民学校以及私立学校。后两者教授国家课程，但在其他方面独立于政府。政府则一直致力于宗教教育与世俗教育的融合（Hamid，2017）。到2019年，宗教学校被合并为两大类：教育部和国家宗教部门下属的314所公立中小学宗教学校，以及由教育部与国家宗教部门或学校董事会联合控制的221所接受国家资助的宗教学校（PEER中的国家资料）。

尼日利亚设有各种公立学校、国家资助学校以及独立的伊斯兰学校。2018年，近200万名学生就读于伊斯兰教小学（其中三分之一的学生就读于私立学校），10.9万名学生就读于伊斯兰教初中（其中一半学生就读于私立学校），36.4万名学生就读于赞加亚（Tsangaya）教育系统或传统的古兰经学校（其中三分之二以上的学生在私立学校就读）（Nigeria UBEC，2019）。公立学校将宗教教育与世俗教育相结合，由政府和信教人士

“2015年，赞比亚的社区学校有2400多所，入学人数约占初等教育入学总人数的20%。”

或宗教组织联合管理。同时，国家资助的伊斯兰教学校也被合并，并采用政府批准的课程。独立的宗教学校包括赞加亚学校、对宗教问题涉及更多的伊斯兰教学校，以及综合的伊斯兰教学校（PEER中的国家资料）。

在非政府组织学校与国家的关系中也可以观察到类似的丰富性，使得更加难以对其进行简单分类。本报告分析发现，在196个国家中，有74个国家设有非政府组织学校和社区学校。这些学校往往在正规教育系统的边缘运作，专注于边缘化的失学儿童，可提供灵活的学习方法（Rose，2007）。它们可能是自发性的基层干预措施，也可能是对捐助资金做出的有计划的回应。在最好的情况下，成功的干预措施最终会被纳入主流教育系统，达到国家标准并成为公共教育服务的补充。

在南亚，有两个有据可查的案例——一些大型的、自主发展的非正规教育系统正逐渐被纳入主流教育系统。在孟加拉国，当1970年代早期至中期的飓风、战争和饥荒沉重打击了该国之后，一些非政府组织开始在农村地区开展慈善工作，包括开展非正规教育项目。到2000年代初，接受这些非政府组织教育的学生人数达到了150万，约占小学生总数1600万人的9%。在非政府组织学校就读的学生中，大约70%是女孩。该系统逐渐被正规化，就读于非政府组织学校的学生从2010年代初开始参加初等教育毕业考试，使他们能够过渡到正规的中等教育。到2018年，该系统已开始收缩；在非政府组织学校就读的学生人数下降至67.4万名，不到总入学人数的4%（Bangladesh Directorate of Primary Education，2019；Campaign for Popular Education，2005）。

在阿富汗，1996—2001年塔利班政权终结后，以社区为基础的教育系统解决了偏远地区儿童（特别是女孩）获得教育的主要障碍。在地方政府、社区和非政府组织的合作下，该制度在2015年覆盖了33.4万名小学生，约占小学生总数630万名的5%。此外，在2018年，阿富汗制定了一项政策来将这一制度正规化。“2017—2021年国家教育战略计划”设想在短期内对该制度进行扩展，并最终在2030年前收缩（Afghanistan Ministry of Education，2016；Bakshi，2020）。但是该国最近的政治事态发展使这些计划面临巨大风险。冲突与危机——往往是非政府组织参与教育的背景，会使政府有限的力量及其收并服务的能力不堪重负（**专栏2.2**）。

社区学校是撒哈拉以南非洲扩大教育的重要力量。一些国家的教育系统长期以来是以社区经营和支持的学校的形式存在的，例如肯尼亚和坦桑尼亚联合共和国的哈兰比（harambee）中学，以及喀麦隆和乍得的自发学校（écoles spontanées）（Rose，2007；Martin，2003）。在赞比亚，在经历了严重的金融危机之后，由于结构性调整政策限制了国家提供基本服务的能力，因此出现了一场社区学校运动，学校数量从1996年的38所增加到2015年的2400多所，入学人数约占小学入学人数的20%。尽管所有学校在2011年之后都必须采用国家课程，但只有少数学校成为公立学校，并且只得到了有限的额外政府资助。国家依靠非政府组织和地方社区来进行资金和管理支持、基础设施和能力发展（Bamattre，2019）。赞比亚社区学校秘书处负责与政府协调理念、资金支持和课程改革（Chilangwa，2019）。

大规模干预是例外。更常见的情况是，非政府组织会解决特殊群体的教育问题，如残疾儿童的教育问题，这些群体可能缺乏公共服务。国际非政府组织一般由自己的财源或捐助项目资助，经常在一些较贫困的国家通过基于社区的恢复重建来提供教育。

2020年，一个关注残疾儿童教育的国际非政府组织——“人道与包容”，在27个国家实施了52个项目（Humanity and Inclusion，2021）。在中欧、东欧及高加索地区，非政府组织在提供教育服务方面发挥了主导作用，在某些情况下，它们进行了转变和调整，将面向残疾儿童的教育从医疗方法向全纳教育过渡。在亚美尼亚，全纳教育改革的重点是将残疾儿童送入主流公立学校，但当地学校与在基层开展活动的非政府组织之间的合作却并不

专栏2.2:

虽然，在紧急情况下民办教育可以缓解压力，但对可持续性的担忧仍然存在

非国家行为体经常在贫弱和受冲突影响的地区提供教育，例如在难民营或国内流离失所者营地。大多数非国家教育计划相对较小，其范围、规模和长期可持续性是关键问题，特别是它们依赖于人道主义资金，而这类资金往往是短期且不确定的（UNESCO，2019）。同时非国家行为体的强势参与甚至会阻碍国家履行其职责。

在阿富汗，非政府组织“街头儿童”与政府合作，为100个社区教育中心提供支持，这些中心通过课程加速将6年的学校教育压缩为3年，然后将学生转交给当地教育部门，为其转到附近的公立学校做准备。这些中心表现出很强的连续性，在喀布尔的非正式定居点，90%的学生转入公立学校，一年后85%的学生留了下来。然而，国家由于力量有限，没有承诺确保将这些中心纳入国有部门（Street Child，2021）。

紧急情况下的一个重要问题是，可在多大程度上利用当地非政府组织的能力来实施相关方案，这牵涉到国家教育系统的长期可持续性。为了降低风险，美国捐助机构倾向于与国际服务提供商合作，仅会在能力水平较高的国家选择本地承包商（Harris and Brunjes，2021）。美国国际开发署推行了采购改革，以将更多资金投向当地承包商。但是，由于担心风险增加、责任感下降以及对腐败的监控不力（Dunning，2013），该机构通常仍与选定的非政府组织合作伙伴（主要是美国的）合作（USAID，2019）。

在海地，2010年地震后，政府只收到了1%的人道主义援助；取而代之的是，许多非政府组织和私人承包商负责提供服务。在海地开展活动的非政府组织数量未知。估计其数量在343个（已在规划部注册）到1万多个（据天主教国际关系研究所统计）之间。对非政府组织和私人行为体激增的批评主要集中于资金流向、缺乏协调阻碍了教育的提供，以及非政府组织平行结构的建立进一步削弱了政府渠道等方面（Hsu and Schuller，2020；Ramachandran and Walz，2015）。

对叙利亚难民危机的应对也包含大量的非国家活动。2016年对参与教育的非政府组织进行的调查发现，共有144个组织，其中45%是民间社会组织，32%是企业，10%是基金会。总体而言，61%的私人行为体没有将教育作为它们的使命。大量私人行为体参与叙利亚难民教育导致整个系统欠缺协调以及对技术解决方案过度依赖（Menashy and Zakharia，2017，2021）。

合拍（Nazaryan，2021）。并非所有的非政府组织都能顺利完成这种过渡，而且建设性地参与政府服务。

肯尼亚非政府组织带头向那些被排除在政府教育系统之外的群体（如街头儿童）提供教育服务。在肯尼亚，徘徊于街头的儿童的教育留给了当地的非政府组织、慈善机构和宗教团体（Burkholder，2020）。“街头儿童”是一个致力于在全世界促进街头儿童权利的全球联盟，它使人们注意到了非政府组织在新型冠状病毒肺炎疫情期间为街头儿童和家庭提供的正规和非正规服务是如何被中止的（尽管存在非正式支持网络难以应对的因素）（Edmonds and Macloeo，2021）。

非政府组织、社区组织和捐助者在倡导向少数族裔和语言少数群体提供教育方面发挥了一定作用。在多民族玻利维亚国、危地马拉、墨西哥和秘鲁，有100多万名原住民学生就读于跨文化双语学校，同时政府也越来越多地参与其中（Cortina，2017）。危地马拉实施的“开放的机遇”（Abriendo Oportunidades）项目由人口理事会以及当地伙伴和国际伙伴发起，其关注重点是8至18岁的原住民女孩，利用基于权利的文化相关课程来培养生活技能并帮助其构建资产、为其提供实践专业培训（Population Council，2020）。

营利性中小学是例外

反对营利性独立私有型学校的一个基本论点是，它们破坏了公平，妨碍了政府作为教育责任承担者发挥作用。但供应商的营利取向往往不易辨别。首先，数据可能不足以区分营利性和非营利性（**第3章**）。其次，注册要求可能会掩盖实际营利能力或财富的差异。在英国，“营利性”机构被认为只占教育系统的一小部分：72%的独立学校注册为慈善机构（ISC，2021）。

> 在瑞典，2019—2020年76%的独立学校学生就读于以有限公司形式运营的学校。

但是，不以营利为基础的学校可能会有运营利润，而另外一些学校则可能会选择被归类为“营利性”学校，以增加自主权，并减少与作为慈善信托机构运营相关的监管（Martin and Dunlop，2019）。

2015年国际学生评估项目向校长们提出了一个问题，这个问题使人们得以深入了解到营利性教育在中等收入国家和高收入国家的所占比例：此类学校只占少数。智利和阿拉伯联合酋长国是例外，在这两个国家中分别有26%和39%的15岁儿童就读于营利性学校（**图2.5**）。存在大量营利性教育机构可能表明政府对以市场为基础的教育政策的支持。在瑞典，2019—2020年，76%的独立学校学生（占中小学入学率的14%）就读于以有限公司形式运营的学校（Holmström，2020）。

海湾阿拉伯国家合作委员会成员国的移民率为全球最高，这些国家通常对非国民的教育有具体规定。而在几乎90%的人口都有移民背景的阿拉伯联合酋长国，教育供给依赖于营利性的国际学校（Kamal，2018）。除了巴林既不收取移民学费，也不限制移民在公立学校入学之外，其他国家的课程和学费往往会按移民社群而分为不同等级。例如，印度课程学校的学费通常比英国和美国课程学校低75%（Kippels and Ridge，2019）。

非公立学校的收费水平各不相同

人们常常混淆教育中的营利与收费。然而，这二者之间的关系并不像想象的那么密切。许多非营利学校会收费。而收取多少费用则可能是政策决定的结果，以覆盖非公立学校的入学成本（**第4章**）。

费用多少因消费者的支付能力而异。收费范围两端的国际精英私立学校和低收费私立学校这两种学校日益增加，国际精英私立学校的数量从2011年的7655所增加到2021年的12372所，其中57%以上位于亚洲（ISC Research，2021）。国际精英私立学校通常提供国际课程，如国际文凭课程，并使用英语作为教学语言（Bunnell et al.，2020）。全球大型连锁私立学校包括经营着70多所学校的捷世（GEMS）教育集团，学校遍及亚洲、欧洲和拉丁美洲的康尼塔（Cognita）教育集团，以及在全球20个国家/地区办学的赛倍思（SABIS）国际教育集团（L.E.K. Consulting，2020）。

图 2.5:
很少有国家/地区拥有规模可观的营利性教育机构
2015年部分国家/地区按就读中学类型分列的15岁学生百分比

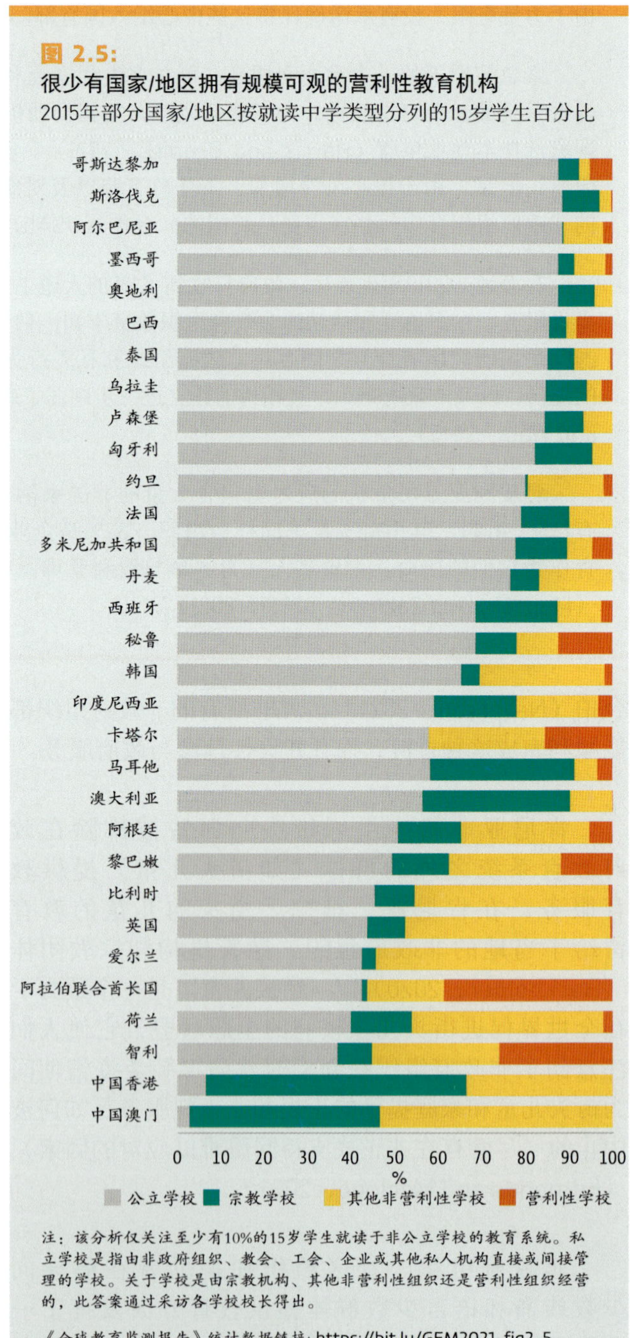

注：该分析仅关注至少有10%的15岁学生就读于非公立学校的教育系统。私立学校是指由非政府组织、教会、工会、企业或其他私人机构直接或间接管理的学校。关于学校是由宗教机构、其他非营利性组织还是营利性组织经营的，此答案通过采访各学校校长得出。

《全球教育监测报告》统计数据链接：https://bit.ly/GEM2021_fig2_5
资料来源：《全球教育监测报告》小组根据2015年国际学生评估项目数据库所做的计算。

> 在尼日利亚的拉各斯，只有大约30%的私立学校获得了批准。

此类学校可能无法完全融入国家教育系统。在沙特阿拉伯，国际学校的男女同校环境与主流学校的男女分校结构形成了鲜明对比（Hammad and Shah，2018）。在斯里兰卡，由于英语教学和外国课程的日益流行，因此在2017年至2019年，国际学校的入学人数增加了73%。389所国际学校中只有7所在教育部注册，其余学校均注册为私营企业（Central Bank of Sri Lanka，2020）。

“低收费”、“低成本”或“负担得起”的私立学校是指低收入国家和中等收入国家中各种价格适中的学校。同样，这些词语也被用来描述澳大利亚、加拿大、英国及美国花费较低的私立学校教育（Walford，2011）。对于私立学校是否被认为是低收费，目前还没有一个普遍认可的标准。尽管相关信息通常不完整，但目前采用了多种有关所有权结构的各种定性描述性标准以及关于费用水平的定量客观标准（Acholla，2021）。

绝大多数的低收费私立学校都是独资学校。其运营专业水平、基础设施质量以及学校管理者和所有者的背景可能存在很大差异。撒哈拉以南非洲和南亚的城市地区的大多数此类学校未注册（Härmä，2021）。在尼日利亚的拉各斯，2011年的一次学校普查发现，只有26%的私立中小学进行了注册，即使到2018年，也只有大约30%的私立学校获得了批准（Ugbodaga，2018）。2018—2019年，加纳的3.6万家私立基础教育机构中有18%未注册（Acholla，2021）。

更大规模的运营涉及从合作办学到连锁办学等各种各样的组织方式。教会组织，而非个体企业家，可以在冲突后、低收入等环境下创办低收费的私立学校（Härmä，2021），并从宗教金融中介机构获得大量资金和其他支持（Acholla，2021；Sivasubramaniam，2021）。企业连锁学校包括小型或大型国家网络（例如，菲律宾的APEC学校，坦桑尼亚联合共和国的银叶学院；印度海得拉巴的MA理想学校，尼泊尔的平等学校），非营利性区域或国际经营者模式（例如，乌干达和赞比亚的“促进非洲学校平等”，卢旺达的“非洲女教育家论坛”，巴基斯坦的“公民基金会”），以及计划进行大规模扩张的国际营利性连锁学校（例如，加纳的欧米伽学校以及在印度安得拉邦、肯尼亚、尼日利亚和乌干达的桥梁国际学院）（Acholla，2021）。而关于低收费私立学校的讨论有时只集中在最后一种模式上（Espindola，2019）。尽管国际连锁学校仅占小部分市场份额，并且不太可能成为低收入环境中的主要教育机构（Hares and Crawfurd，2021），但由于它们的营利取向和对捐助者资源分配决策的潜在影响，所以它们在研究和政策讨论中受到了与其所占比例不相符的重视（UNESCO，2017；Verger et al.，2018）。

由于这些对低收费私立学校的定性定义界限不明确，因此人们提出用收费水平来定量地定义可负担性（**表2.1**）。印度尼西亚政策研究中心根据省级最低月工资计算出了雅加达的学费上限（Rahman，2016）。印度国家公共财政和政策研究所对那些家庭生活在消费支出分布最底层40%的儿童就读的学校采用了学费分层制度，并确定了两个限额：“基础”学校每年的学费低于115美元，“标准”学校每年的学费低于215美元（Bose et al.，2020）。

公立和非公立学校在招生人数和资源方面有所差异

政策制定者确定了适合其需求的学校类型以后，紧随而至的关键问题就是非公立学校会对学生和教育系统产生何种影响。如果要对政策进行切实的分析，则应注意公立和非公立学校的区别不仅仅在于运营、管理、资金、动机和收费水平，国家和非国家行为体在招收学生和获取资源方面也存在差异。只有考虑到这些差异，才能准确地比较公立和非公立学校的表现。

公立和私立学校在招收学生方面有所不同

大多数家庭无法择校，且很少有贫困家庭的孩子能够进入私立学校。一些覆盖了全球小学的学校和家庭调查显示，在42个国家样本中，私立学校入学占比中位数为17%，最富裕家庭（39%）的孩子就读于私立学校的概率几乎是最贫困家庭（4%）孩子的10倍。在有数据记录的42个国家中，31个国家中最贫困家庭的孩子就读于私立学校的比例不到7.5%。

在一些国家，富裕家庭脱离公共教育的程度令人震惊（**图2.6**）。在刚果，最富裕家庭孩子就读私立学校的比例为87%，而对于最贫困家庭来说，这一比例仅为6%。在洪都拉斯，该比例分别为92%和3%：几乎所有富裕家庭的孩子都上私立学校，而几乎所有贫困家庭的孩子都上公立学校。即使在私立学校入学人数占比很高的国家，最富裕家庭孩子和最贫困家庭孩子就读私立学校的差距仍然比较明显：在智利，虽然每两个孩子中就有一个在私立小学上学，但来自最富裕家庭的孩子有87%上私立小学，而来自最贫困家庭的孩子只有20%上私立小学。只有印度尼西亚的情况相反：如前一节所述，来自较贫困家庭的儿童由宗教教育机构提供服务。

认为私立学校为贫困人口服务的观点是错误的。对1950年以来乌干达中等教育的研究发现，新的私立或天主教学校并没有建在服务不足的地区（Wodon，2020a）。部分原因可能是，在大多数穷人居住的农村地区，很少会有家庭把孩子送入私立学校（Härmä，2021）。但即使在农村地区，正如巴基斯坦年度教育状况报告所显示的那样，最富裕家庭孩子上私立学校的可能性也要比最贫困家庭孩子高出3到4倍。即便在有73%的孩子就读于私立学校的尼日利亚拉各斯市区，就读于中等收费和高收费私立学校的最贫困家庭学生比例也分别只有33%和17.5%（Cambridge Education，2021）。

“在42个国家样本中，最富裕家庭孩子（39%）就读于私立学校的概率几乎是最贫困家庭孩子（4%）的10倍。”

当家长能够择校时，他们会基于不同的标准择校

并不是所有家长都可以择校。社会经济地位会直接关系到家长是否可以在学校之间进行选择、他们使用什么标准以及他们做出决定的信息依据是什么。人们普遍认为，择校范围越大，家长就越有可能找到符合自己偏好的学校，保持积极并使他们的孩子能够取得更好的成果。然而，贫困的家长通常选择面较窄，获取信息的渠道有限，同时他们对公共服务的不满也得不到重视。在尼泊尔，选择中等收费私立学校的较富裕父母最积极也最满意，而将孩子送入质量不佳的公立学校且别无选择的较贫困父母则积极性和满意度也较低（Joshi，2014a）。如果选择有限，即使他们可以选择，选择本身也不会赋予他们权利。例如，虽然美国一些城市贫困地区的家长有择校权，但当地的学校不如可供富裕家庭选择的学校好（Ellison and Aloe，2019；Jabbar and Lenhoff，2020）。

在能够选择的情况下，家长会基于所感知到的或实际的学校质量进行择校，但也会基于可能与质量无关的其他维度，依赖客观信息以及诸如社交网络或亲眼看到的学校基础设施状态之类的捷径进行择校（Joshi，2014a，2014b）。一项对来自14个国家的26项家长择校研究的综述发现，择校的首要原因是学术质量、教师素质、地理位置以及安全性（Rohde et al.，2019）。在择校时，来自17个经合组织成员国的家长优先考虑安全环境（92%将其归类为重要或非常重要）、积极愉快的学校氛围（89%）及学业成绩（81%）（OECD，2019b）。

为了评估教育体验的质量，家长会将班级规模、教师的素质和敬业程度、学校的响应能力、纪律和安全以及教学语言作为参考。在刚果民主共和国金沙萨，在子女就读于私立学校的家长中，有45%的家长表示，他们更愿意将子女送入公立学校，但前提是后者必须在教师素质、敬业程度和出勤方面保证安全和质量（Cambridge Education，2021）。

表 2.1:

采用定性和定量标准对低收费私立学校加以界定

关于所有权的定性标准	独资	按商业和教育背景及技能、财务可持续性、收费范围和政府监管来区分	紧急创建的 创办已久的
	规模较大	按扩张策略、资金运作和可用性、政府和国际行为体的参与来区分	合作伙伴关系 企业连锁
关于收费水平的定量标准	相对标准	■ 低于贫困线家庭收入的11%（Tooley，2013） ■ 低于家庭收入的10%（Lewin，2007） ■ 低于家庭预算的4%（Barakat et al.，2014）	
	绝对标准	■ 小学收费每月低于1天的收入（Srivastava，2007） ■ 中学收费每月低于2天的收入（Srivastava，2007） ■ 低于最低工资的50%（Stern and Heyneman，2013） ■ 低于1.25美元/天（极低收费）；低于2美元/天（低收费）（Tooley and Longfield, 2016）	

资料来源：《全球教育监测报告》小组根据阿乔拉（Acholla，2021）的研究得出的数据。

图 2.6:

私立学校为富裕人群服务

2013—2015年按财富五分位数分列的私立小学入学人数占比

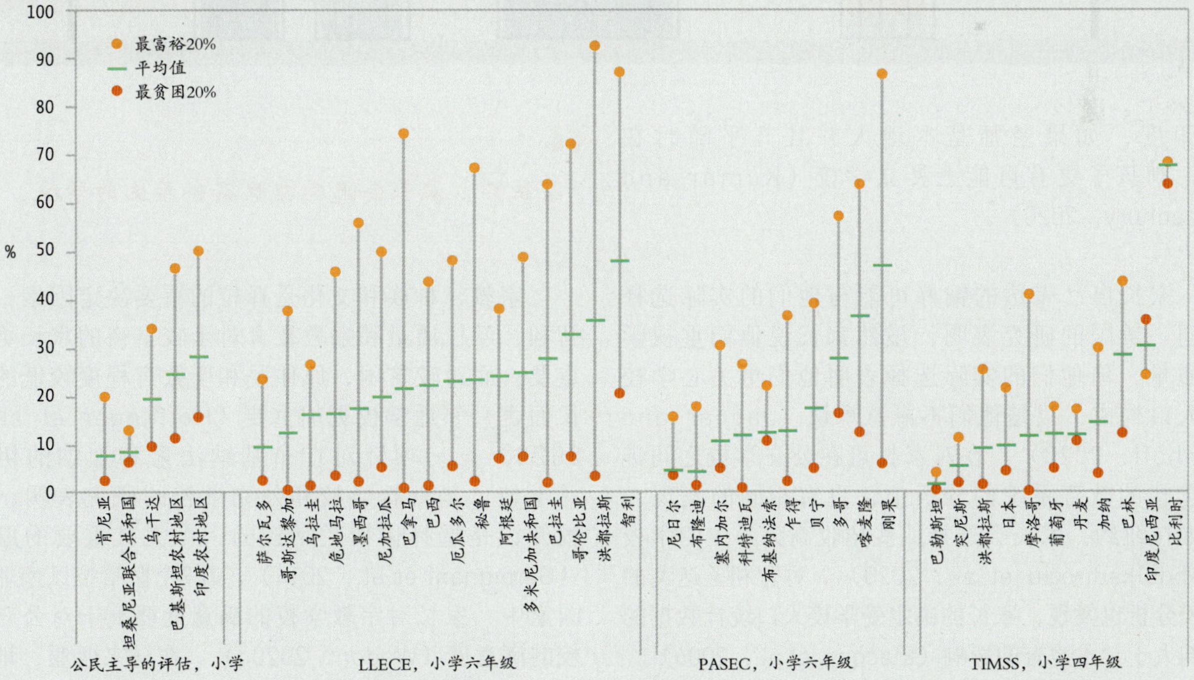

注：LLECE（拉丁美洲教育质量评估实验室），2013年；PASEC（非洲国家教育部长会议系统分析项目），2014年；TIMSS（国际数学与科学趋势研究），2015年。

《全球教育监测报告》统计数据链接: https://bit.ly/GEM2021_fig2_6

资料来源：帕特勒和桑德弗（Patel and Sandefur, 2020）基于对公民主导的评估、LLECE、PASEC和TIMSS数据分析得出的结果。

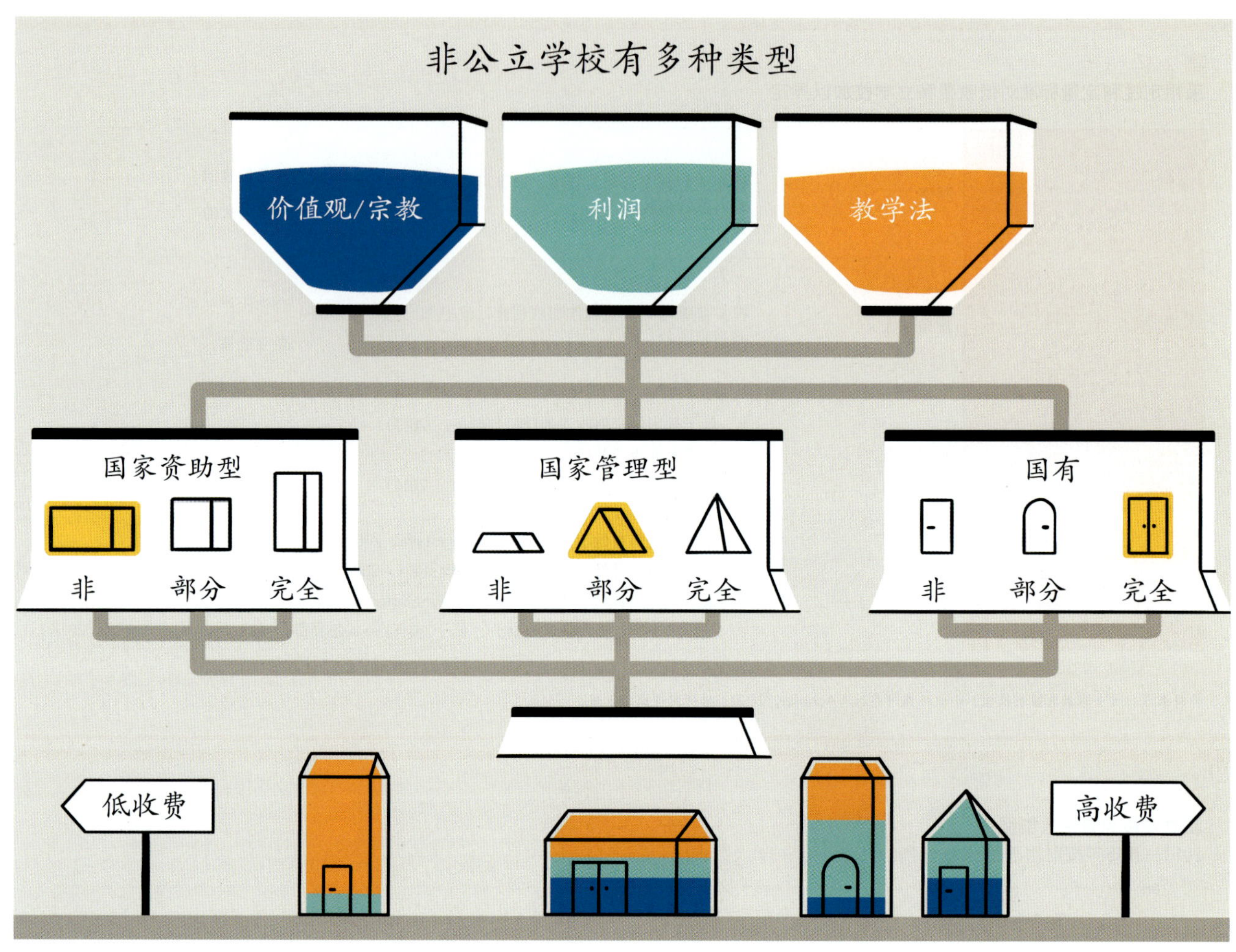

在印度，如果老师是本地人并且几乎随时在岗，则孩子更有可能上私立学校（Kumar and Choudhury，2020）。

家长自己表达的偏好可能与他们的实际选择不同。美国的研究表明，虽然家长说他们重视学术质量，但他们的实际选择表明他们更关心学校的人口构成，只是他们不愿意承认（Jabbar and Lenhoff，2020）。在对家长可在公立学校之间进行选择的教育系统的分析中，也有相同的发现，例如在纽约，家长会选择那些招收高分学生的学校（Abdulkadiroğlu et al.，2020）。对智利圣迭戈的择校分析也发现，家长的决定受学校人口统计数据的影响大于学术声誉的影响（Elacqua et al.，2006）。在尼泊尔，虽然家长择校时更注重学术因素，但也有一些家长明确表示，选择公立学校可能会对其社会地位产生负面影响（Joshi，2014b）。

> “在纽约，家长会选择招收高分学生的学校。”

宗教、种族和文化是择校的重要决定因素。在智利，学校质量和宗教教育对于较富裕的家长更为重要，而对较贫困、原住民和受教育程度较低的家长而言，邻近学校更加重要（Hofflinger et al.，2020）。一项针对在布基纳法索和加纳的伊斯兰学校、基督教学校和公立学校的研究表明，宗教知识是选择伊斯兰学校的一个尤其重要的原因（Gemignani et al.，2014）。在7个撒哈拉以南非洲国家中，家长对宗教学校的满意度要高于对公立学校的满意度（Wodon，2020c）。在马来西亚，地理位置、种族（体现在教学语言中）以及学校的“名气”是选择中文授课小学或马来语授课小学的首要原因（Ting and Lee，2019）。一项对荷兰1.5万名小学新生的分析发现，受教育程度较高的父母比受教

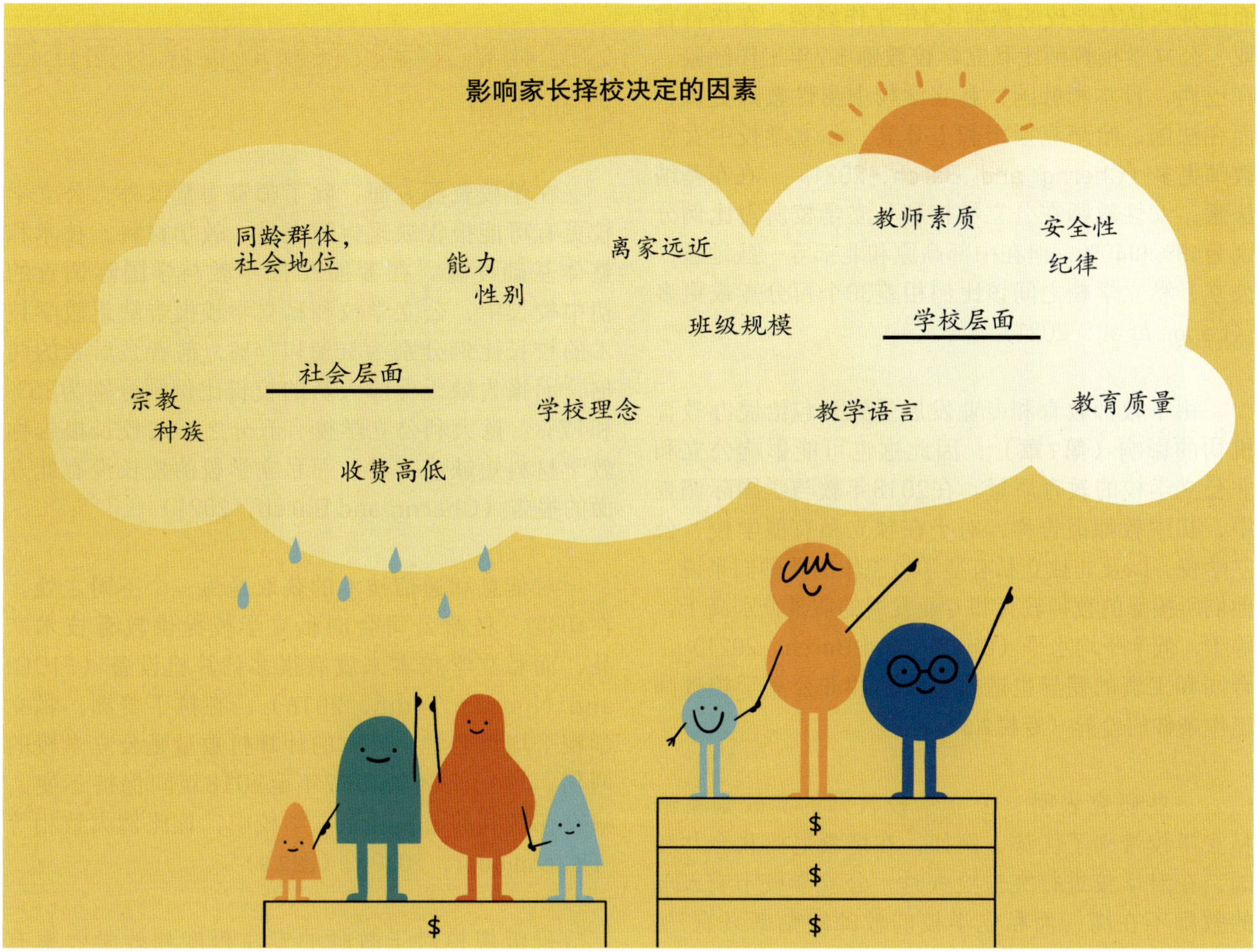
影响家长择校决定的因素
同龄群体，
社会地位
能力
性别
离家远近
教师素质
安全性
纪律
班级规模
学校层面
社会层面
宗教
种族
学校理念
教学语言
教育质量
收费高低
$
$
$
$

育程度较低的父母对学校质量有更强烈的偏好，同时宗教派别和教育理念是其择校的更重要预测因素（Borghans et al.，2015）。

当父母做出对家庭支出有重大影响的决定时，与性别相关的文化因素就会起到一定作用。一项对印度旁遮普邦学校学习和成就项目数据的分析发现，女孩上私立学校的可能性比男孩低6个百分点（De Talancé，2020）。在印度哈里亚纳邦，我们发现家长会将男孩送到英语授课的私立学校，而把女孩送到印地语授课的公立学校（Narwana，2019）。在印度尼西亚，女孩更有可能被非公立宗教学校录取，这可能表明宗教是她们父母做出选择的原因之一（Asadullah，2018）。在塞拉利昂，家长更重视女孩的安全，因此更有可能选择公立学校而不是私立学校（Dixon and Humble，2017）。在埃及，年轻女性表示，她们的家长出于安全考虑，为她们选择了离家更近的公立学校，而不是需要搭乘公共交通工具才能到达的私立学校（Krafft et al.，2019）。

和我们一样的人
和我们不一样的人

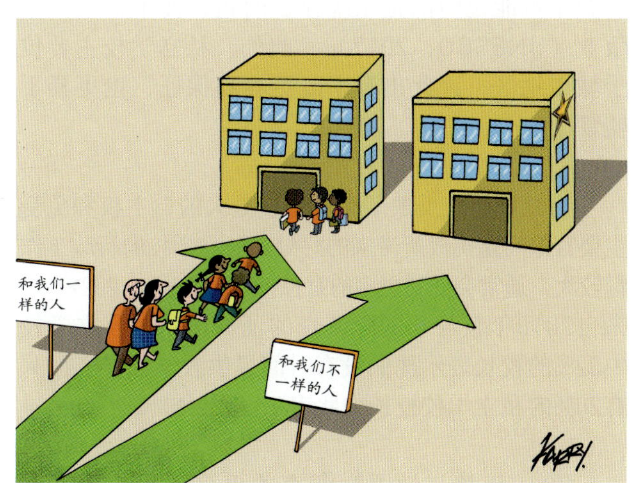

教师特征因学校类型和环境而异

公立和私立学校的教师特征通常不同，如年龄、性别、受训经历及工作条件。2018年，参与教与学国际调查（TALIS）的教育系统中的公立学校教师平均比非独立私有型学校的教师多2年工作经验，而比独立私有学校的教师多3年工作经验。在格鲁吉亚，公立学校教师比私立学校教师多7年工作经验。在巴西、日本和韩国，私立学校中男性教师更多；而在法国、哈萨克斯坦和土耳其，私立学校中女性教师更多（Cherng and Barch，2021）。在布基纳法索，女性教师在公立学校和私立学校所占比例分别为48%和40%，但在中部高原和北部等一些地区，公立、私立学校之间该比例相差30个百分点或更多（Lange et al.，2021）。

由于教师教育和专业发展受到外包给民办教育机构的影响（**第7章**），因此这也可能影响公立和非公立学校的教育质量。在2018年教与学国际调查中，初中教师报告称，对于在独立私有型学校、公立学校，以及非独立私有型学校工作的教师们来说，他们所接受的教师教育和专业发展的质量分别高于、等于、低于平均水平（Cherng and Barch，2021）。合同和工资的差异也造成了公立和非公立学校教师工作条件的差异（**专栏2.3**）。

一些研究表明，公立学校教师的高缺勤率给私立学校带来了优势。例如，在坦桑尼亚联合共和国，在对学校进行突击检查时，公立学校中有20%的教师不在岗，而私立学校的教师缺勤率只有7%（Sabarwal et al.，2020）。然而，公立学校的高缺勤率可能说明的是系统存在问题，而不是教师不敬业（UNESCO，2017）。此外，私立学校主要位于城市地区，因此出勤率既更容易保证，也更易于监督（Lange et al.，2021）。

有几项研究反映了私立学校更大的自主权和免受主要官僚问题挑战所带来的好处。公立学校的行政工作量较大，通常会受到更多的官僚控制（Singh，2021）。来自2018年教与学国际调查的证据显示，公立学校中32%的校长表示他们没有时间提供教学领导，而只有20%的私立学校校长如此表示（**图2.8**）。

2018年教与学国际调查的更多证据表明，在初级中等教育层面，独立私有型学校的教师和校长报告称学校氛围最好，其次是公立学校，最后是依靠政府的私立学校。这进一步证明，即使在私营部门内部，也存在相当大的结构差异。在俄罗斯，独立私有型学校中34%的教师非常赞同他们的学校具有相互支持的协作文化，而公立学校和非独立私有型学校的这一比例则分别为18.5%和12.5%（Cherng and Barch，2021）。

公立和私立学校在获取资源方面往往有所不同

在学校资源方面，除了师资力量以外，公立学校更有可能报告缺乏保障人员、教学材料、技术和整体基础设施。在参加2018年教与学国际调查的初中校长中，公立学校和私立学校报告缺乏教学技术的校长比例分别为30%和14%，前者是后者的两倍，而报告缺乏保障人员的校长比例则分别为35%和17%。意大利公立学校有五分之一的校长报告称教学材料短缺或不足，而私立学校的校长没有此方面的报告（Cherng and Barch，2021）。

对信息和通信技术的获取是另一个不同之处。在印度，私营公司会向私立学校提供教育技术产品，而私立学校本来就有很多计算机设备（FICCI and Nielsen India，2016）。在拉丁美洲，私立学校平均每名学生拥有的计算机数量是公立学校的两倍。这一比例在2009年至2018年间保持不变。只有在智利的公立和私立学校中，该比例大致相等（Buchbinder，2020）（**图2.9**）。

班级规模对于教师的专注程度和教学效率有很大影响。2018年，在32个教育系统中，私立中学的平均班级规模略低于公立学校，但在其他一些国家，此差距较大。在俄罗斯，私立学校的平均班级人数为12人，公立学校为19人（OECD，2020a）。

供水和卫生设施的差异各不相同。在布基纳法索和冈比亚，公立学校的供水条件更好，而肯尼亚、马里和塞内加尔的私立学校供水更好。在马里，87%的私立学校、68%的公立学校、49%的宗教学校和37%的社区学校设有运转正常的厕所。2016年，在不丹，僧侣学校的基本供水覆盖率高于非僧侣学校，但基本卫生设施覆盖率较低（UNICEF and WHO，2018）。

由于缺乏按学校类型分列的数据，因此无法更全面地说明投入方面的其他差异，特别是对于设有大量低收费私立学校（据报道，这些学校的设施和资源都很差）的较贫困国家而言（Härmä，2021）。在为本报告进行的分析中，刚果民主共和国金沙萨和尼日利亚拉各斯的家长批评低收费私立学校的设施不合格且非常有限（Cambridge Education，2021）。

专栏2.3:

合同差异影响了私立和公立学校教师的工作条件

不同的学校合同安排会产生不同的影响。有些人认为公共部门的终身职位和合同保障是对公立学校教师表现问责不充分的主要原因。还有些人认为，不稳定的契约制教学对公立和私立学校都有负面影响。

在许多国家，公立和私立学校教师之间存在着合同上的差异。总体而言，在接受2018年教与学国际调查的较富裕国家教育系统的公立初中教师中，81%的教师是全职教师，而独立私有型学校的这一比例为54%。在土耳其，96%的公立学校教师得到了终生雇用，但对于私立学校教师，这一比例仅为27%（Cherng and Barch，2021）（**图2.7**）。在印度、肯尼亚、尼日利亚和巴基斯坦，低收费私立学校教师的工资只有公立学校教师的八分之一到一半（GCE，2016）。在菲律宾，APEC学校付给教师的工资仅是公立学校教师工资的一半（Riep，2015；Singh，2021）。在乌干达，桥梁国际学院教师的月薪还不到公立学校教师工资的一半（Riep and Machacek，2016）。

图 2.7:

私立学校教师不太可能被全职雇用

2018年按学校类型分列的全职初中教师的百分比

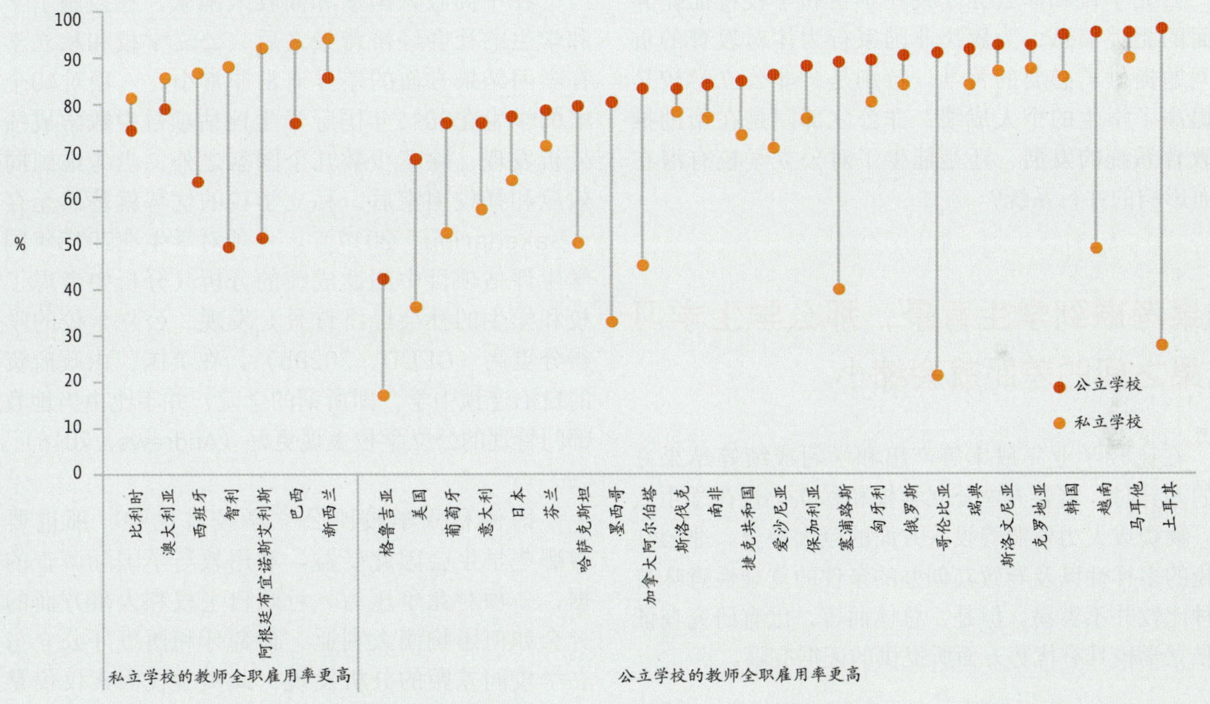

《全球教育监测报告》统计数据链接: https://bit.ly/GEM2021_fig2_7

资料来源：程和巴克（Cherng and Barch, 2021）基于2018年教与学国际调查得出的数据。

而私立学校的教师之间也同样存在合同安排的不平等。一项对15个撒哈拉以南非洲国家的调查显示，平均约有20%的教师在私立学校工作，该比例在纳米比亚最低，为5%，在冈比亚最高，为38%。其中，有固定期限的合同制教师的月收入中位数约为终身制教师的71%（Evans et al.，2020）。即使在公立学校教师中，也有许多人是在与私立学校教师相似的条件下被聘用的，而后者工资更低且福利更少（Lauwerier and Akkari，2019）。这种做法带来了一批与公立教师并存的培训不够、收入微薄、年轻且缺乏经验的教师（Chudgar et al.，2014）。

签订临时合同的非公立学校教师的积极性有可能会下降。他们在压力下工作，以确保其学生比公立学校的学生表现更好，但同时面临的失业风险却更大（Lange et al.，2021）。在哥伦比亚波哥大，25所特许学校（这些学校是由私人经营者用公共资金建立的）的教师报告工作条件较差（Edwards Jr and Termes，2019）。在几内亚，公立学校教师抱怨基础设施差且教室过于拥挤，而私立学校教师则需面对工作缺乏保障和工资较低的问题（Botta Somparé and Wotem Somparé，2018）。依靠那些资格水平较低且合同安排不平等的教师付出更大的努力是难以长久的，尤其是当非公立学校的教师开始要求与公立学校教师拥有同等权利的时候（Singh，2021）。

专栏2.3续：

在较富裕国家的公立与非公立部门之间，也存在教师工作条件的这种差异。在英国，一项对1.8万所学校进行的分析将地方教育部门管理的公立学校与由政府资助的自治学校进行了比较，发现后者中不合格教师的比例更高，从而导致学生受教于合格教师的机会更加不平等（Martindale，2019）。在韩国，教育服务外包影响了教师的职业精神（Bates et al.，2019）。

非公立学校对个人和教育系统教育结果的影响存在争议

> 在较富裕的国家，在控制了学校和学生的社会经济背景之后，公立学校和私立学校在学习结果方面的差异通常非常小。

公立学校和非公立学校在学生和学校特征差异方面的相关信息，为解决非国家行为体对教育的贡献问题提供了必要的背景。特别是，非公立学校是否提高了学生的个人成绩？非公立部门是在帮助推动教育系统的发展，还是催生了对公立学校有潜在负面影响的并行系统？

如果考虑到学生背景，那么学生学习结果之间的差距就会缩小

在比较学业完成率等产出和学习成绩等结果方面的差异时，需要考虑公立学校和私立学校在学生入学、物资或人力资源等投入方面的巨大差异。非公立学校的多样性以及导致其创办的条件的复杂性意味着这种比较并不容易。但是，总体而言，已有研究在证明私立学校具有优势方面所提供的证据有限。

在中高收入国家和高收入国家，在控制了学校和学生的社会经济背景之后，公立学校和私立学校在学习结果方面的差异通常非常小。一项对40个国家的学生在2012年国际学生评估项目中数学成绩的分析发现，除了少数几个国家之外，当考虑到同伴效应和择校因素后，私立学校的优势就荡然无存了（Sakellariou，2017）。一项对学生在2018年国际学生评估项目中阅读成绩的分析（分析中考虑了学校和学生的社会经济背景）发现，公立学校的学生得分更高（OECD，2020b）。在英国，由政府资助的自治连锁中学，即所谓的学院，并不比由当地教育部门管理的公立学校表现更好（Andrews，2016）。

即使私立学校比公立学校有优势，那也要看看哪些学生会因此受益。利用教与学国际调查的数据，一项对竞争压力、行政自主权和人事方面的差异会如何影响澳大利亚、葡萄牙和西班牙公立与私立学校间差距的分析发现，此类学校因素仅仅是成绩较好学生间差距的产生原因，却不是那些成绩最需要提高的学生间差距的产生原因（Delprato and Chudgar，2018）。

在美国，人们关注两种旗舰性政策工具：一种是由政府资助、自治并对办学结果负责的特许学校；另一种是教育券，这是提供给父母的资金，供他们的孩子上其喜欢的学校。而研究则显示出不同的结果。在一些州，如纽约州，特许学校确实提高了学生成绩；但在另一些州，如亚利桑那州，特许

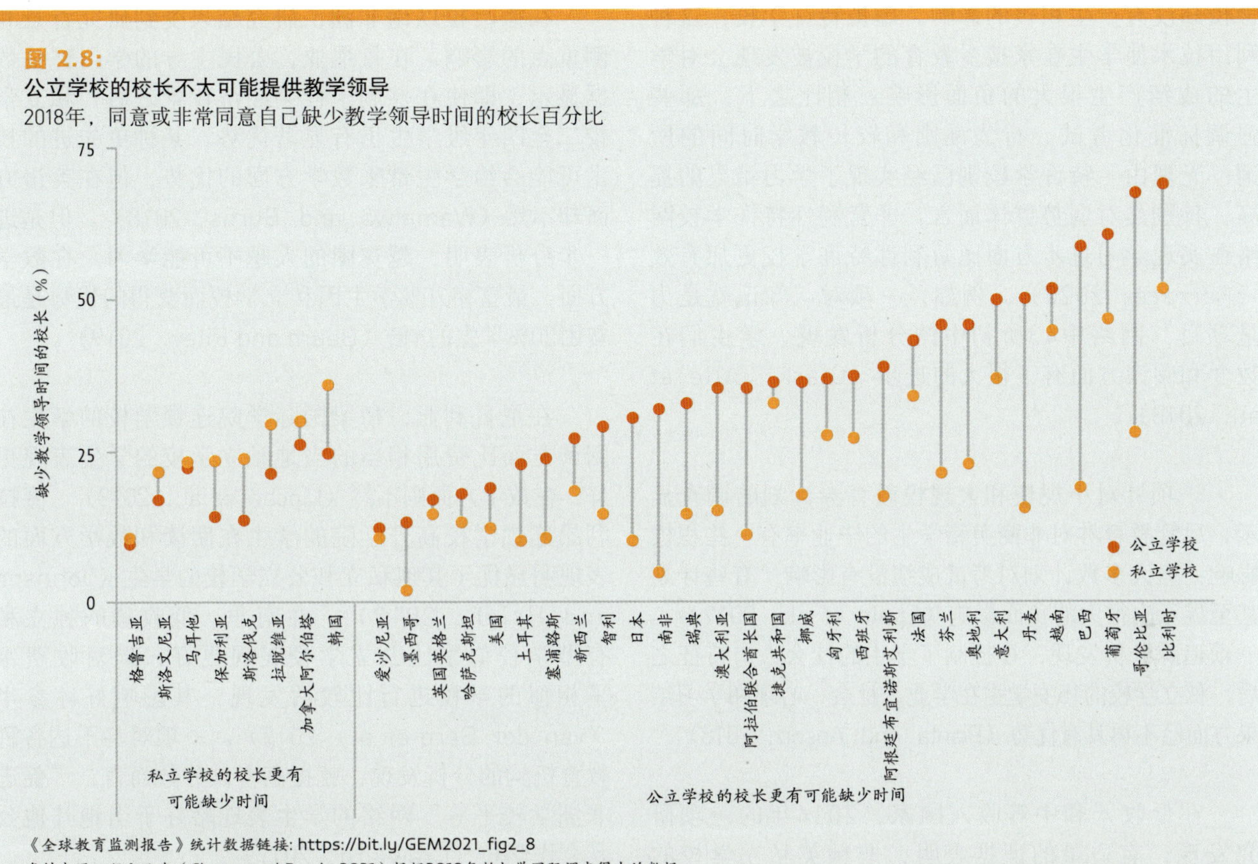

图 2.8:

公立学校的校长不太可能提供教学领导

2018年，同意或非常同意自己缺少教学领导时间的校长百分比

《全球教育监测报告》统计数据链接: https://bit.ly/GEM2021_fig2_8

资料来源：程和巴克（Cherng and Barch, 2021）根据2018年教与学国际调查得出的数据。

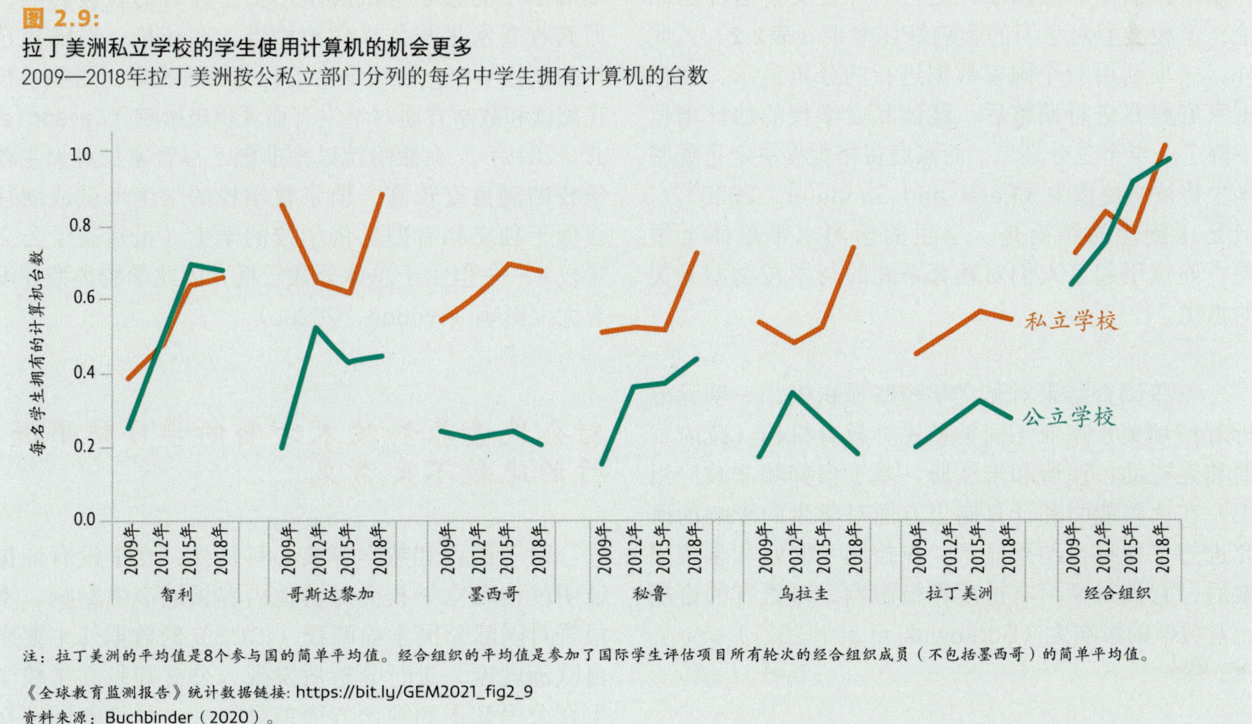

图 2.9:

拉丁美洲私立学校的学生使用计算机的机会更多

2009—2018年拉丁美洲按公私立部门分列的每名中学生拥有计算机的台数

注：拉丁美洲的平均值是8个参与国的简单平均值。经合组织的平均值是参加了国际学生评估项目所有轮次的经合组织成员（不包括墨西哥）的简单平均值。

《全球教育监测报告》统计数据链接: https://bit.ly/GEM2021_fig2_9

资料来源：Buchbinder（2020）。

学校却没有产生积极的影响。虚拟特许学校，这种利用技术使学生在家接受教育的学校被发现会对学生的成绩产生很大的负面影响。相比之下，那些强调标准化考试、行为准则和较长教学时间的所谓“无理由”特许学校则已经实现了学习结果的提高，特别是对弱势群体而言。非营利性特许学校网络在实现学习进步方面比营利性特许学校更加有效（Ferrare，2020）。例如，一项对“知识就是力量项目”网络中43所初中的分析发现，学生们在数学和阅读方面有了很大的进步（Clark Tuttle et al.，2013）。

一项针对小规模和大规模教育券计划的调查显示，尽管教育券对非裔美籍学生的毕业率有一些积极影响，但大多数计划对考试成绩没有影响，有些计划甚至显示出很大的负面影响（Epple et al.，2017）。一项追踪分析发现，在控制了学生的社会人口特征之后，私立学校的15岁学生在学业、社会、心理和学习结果方面已不再具有优势（Pianta and Ansari，2018）。

在低收入和中等收入国家，2014年的一项研究发现，有适量的证据表明，非精英私立学校的儿童比公立学校的同龄人学得更多（Day Ashley et al.，2014），但最近对13项研究（主要针对南亚和撒哈拉以南非洲国家）进行的综述支持这样的结论：学校类型对学习的影响好坏参半（**表2.2**）。此外，一项利用31个国家数据进行的分析显示，在根据家庭财富进行调整后，就读私立学校的估计增值下降了一半至三分之二，而家庭富裕程度决定了哪些学生将被学校选中（Patel and Sandefur，2020）。但是压倒性的结论是，学生的学习水平总体上很差，而这引起了人们对教育系统的与学校类型无关的担忧。

一些调查结果对私立学校略显积极。一项元分析对17项关于南亚不同类型民办教育机构（政府资助和无资助、注册和未注册、基于信仰和非政府组织）在读写能力和计算能力方面对学生的影响的研究进行了探讨，结果显示，在控制了家庭和学校因素后，它们对学习有适度积极影响，对语言的影响比对数学的影响大（Borkowski et al.，2021）。

在撒哈拉以南非洲，研究结果受到研究背景和侧重点的影响。在肯尼亚，公民主导的学习评估数据显示，即使在控制了社会经济背景之后，私立学校二至四年级学生仍有显著优势。某种更先进的技术可能会给学生带来数学方面的优势，但在英语方面却不然（Wamalwa and Burns，2018）。但是进一步分析表明，越贫困的人越不可能学习。在数学方面，最富裕20%学生因私立学校而获得的优势是最贫困20%学生的4倍（Baum and Riley，2019）。

在尼日利亚，桥梁国际学院连锁学校的学生在阅读方面比费用相当的当地私立学校的学生表现更好，在数学方面则不然（Lipcan et al.，2018）。塞拉利昂连锁学校高升学院的学生在阅读和数学方面的表现明显优于其他私立和公立学校的学生（Johnson and Hsieh，2019）。在南非，低收费的独立私有型学校似乎比公立学校表现更好，但对收费水平相似的学校进行比较后发现，其影响好坏参半（van der Berg et al.，2017）。一项对乌干达各种教育机构的分析发现，就提高考试分数而言，“促进非洲学校平等”网络的学生表现略好于当地其他公私合作学校（Crawfurd，2017）。

一项对哥伦比亚宗教学校的评估发现，这些学校对学生的数学考试成绩产生了显著的积极影响，而其收费水平与公立学校相当。在秘鲁，对随机选择的宗教学校一年级学生进行分析后发现，这些学校在阅读和数学方面对学生有显著积极影响（Lavado et al.，2019）。在撒哈拉以南非洲，尽管家长对天主教学校的满意度较高，但宗教学校的学生考试成绩往往低于独立私有型世俗学校的学生（虽然高于公立学校）——但由于总体分数较低，因此学校类型并没有太大影响（Wodon，2020c）。

对公民素养和技术方面的学习结果进行的比较不太常见

除了阅读和数学等核心科目外，几乎没有证据证明就读私立学校会对其他内容领域产生影响。本报告对国际公民素养调查（ICCS）的数据（主要来自欧洲国家）进行分析后发现，公立和私立学校学生在公民知识和观念方面差异很大，尽管各国存在

表 2.2:

在部分低收入国家/地区和中等收入国家/地区，私立学校教育影响学习结果的证据（摘要）

国家/地区	所评估的学习结果	对学习的影响
埃塞俄比亚	数学及皮博迪图片词汇测验：2002—2013年收集的在2013年年满12岁的儿童数据	**好坏参半。**对数学有积极影响，对词汇测验则不然（Eigbiremolen，2020）。
印度安得拉邦与特伦甘纳邦	数学、实用英语和可迁移技能：九年级学生	**积极影响**（Rolleston and Moore，2018）。 **好坏参半。**对解决算术问题有积极影响，对更具挑战性的基于推理的问题则不然（Kumar，2018）。
印度德里	数学、印地语和英语：教育券计划启动时的5至6岁儿童	**好坏参半。**4年后，对英语有正面影响，对印地语则有负面影响（Dixon et al.，2019）。6年后，对英语没有积极影响，但对印地语的负面影响增强（Crawfurd et al.，2021）。
印度拉贾斯坦邦和奥里萨邦	数学：九年级学生	**好坏参半。**对拉贾斯坦邦农村和城市地区的学生有积极影响，对奥里萨邦的学生没有影响（Azam et al.，2016）。
肯尼亚内罗毕	英语和斯瓦希里语的读写能力及数学：小学生	**无影响。**除了正在实施特定教学改进计划的学校，低成本私立学校的学生与公立学校相比没有显著提高（Zuilkowski et al.，2020）。
利比里亚（合作学校）	英语和数学：学前班至五年级学生	**好坏参半。**一些学生在1到3年之后学习会有所进步，但机构之间的差异很大（Romero et al.，2020）。
巴基斯坦旁遮普省（教育基金）	五门学科：五年级学生	**负面影响。**总体考试成绩略有下降（Crawfurd，2018）。
秘鲁	数学及皮博迪图片词汇测验：2002—2013年收集的在2013年年满12岁的儿童数据	**无影响。**在控制了学生之前的成绩后，私立学校对学习没有影响（Eigbiremolen et al.，2020）。
坦桑尼亚联合共和国	斯瓦希里语、英语和数学：七年级学生的考试，九年级学生的评估	**积极影响。**私立中学学生在所有三门学科中都表现较好（Brandt，2018）。

资料来源：《全球教育监测报告》小组根据黑尔斯和克劳弗德（Hares and Crawfurd. 2021）的研究得出的数据。

差异的具体表现不同。国际公民素养调查侧重于4个内容领域（社会和系统、原则、参与、身份），将这4项分数加在一起就可以得出公民知识的综合得分。在私立学校学生占学生总数至少10%的国家，私立学校学生的得分要高得多。印度尼西亚、卢森堡和俄罗斯除外，在这些国家，公立学校的学生在公民知识方面具有绝对优势。然而，在考虑到学生背景和生师比后，总体优势就下降了45%，而且在比利时弗兰芒语区、捷克共和国和意大利等地的教育系统中，这种优势消失了（IEA，2021）（**图2.10**）。

在学生与公民和公民身份有关的价值观、信仰、态度、行为和行为意向方面，在所观察到的公立和私立学校间的差距中存在更多变化。在17个国家中，有10个国家的私立学校学生对选举的预期参与度更高；只有在印度尼西亚，公立学校学生的预期参与度更高。相比之下，17个国家中有8个国家的公立学校学生对积极参与政治活动（加入政党、工会、政治或社会事业组织，作为候选人参加选举，或在竞选期间提供帮助）的期望更高；只有爱尔兰的私立学校学生对此方面的期望更高。两个有趣的例子是墨西哥和秘鲁，在这两个回家，公立学校的学生对投票的期望较低，但对积极参与政治活动的期望较高（IEA，2021）。

几乎没有证据表明就读于私立学校会影响长远结果

少数几项试图评估择校对受教育程度和其他未来结果所产生的长期影响的研究大多来自高收入国家（Egalite and Wolf，2016）。在美国佛罗里达州和密尔沃基市，参加教育券计划的学生比公立学校的学生更有可能考入大学并从大学毕业。然而，对低

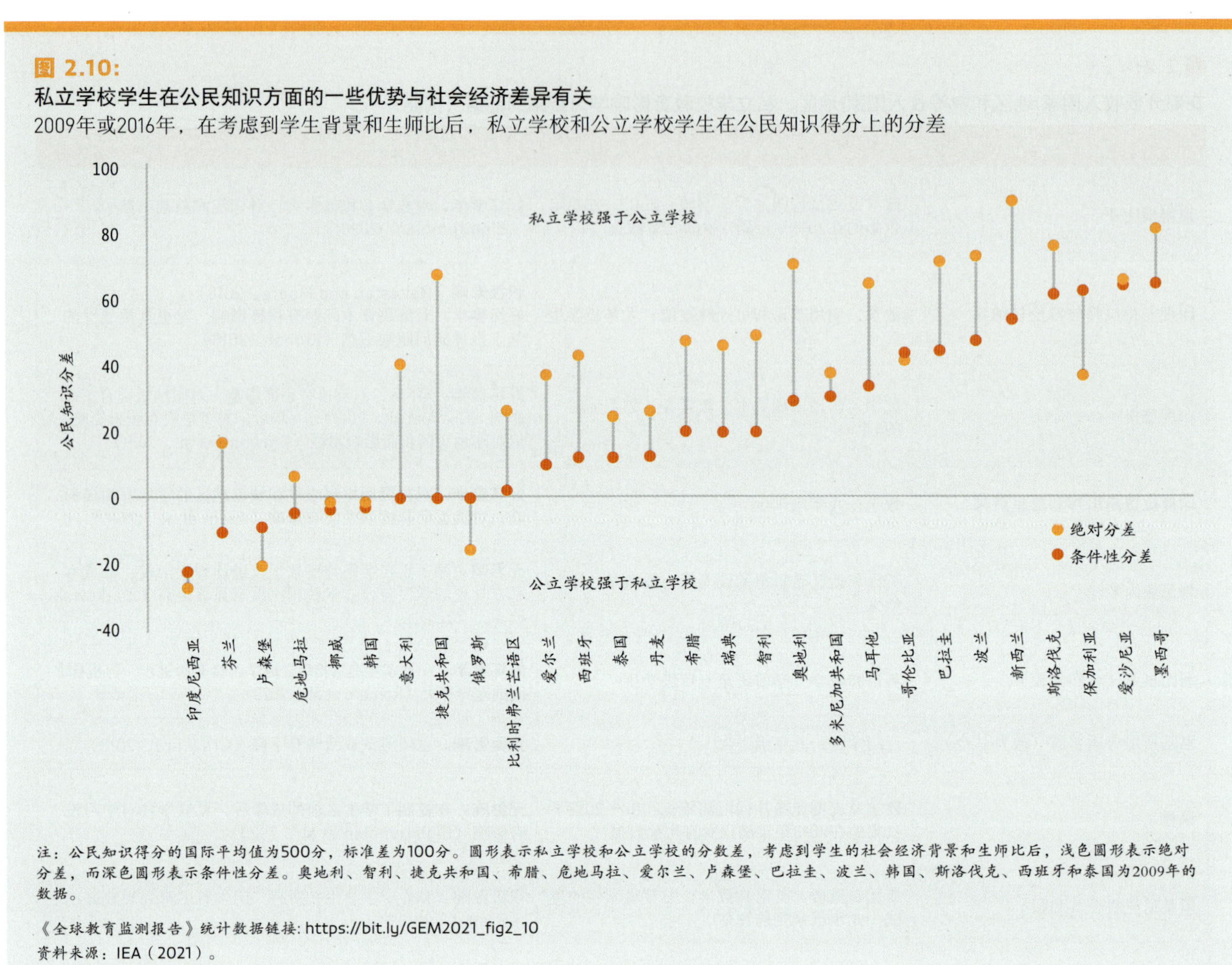

图 2.10:

私立学校学生在公民知识方面的一些优势与社会经济差异有关

2009年或2016年，在考虑到学生背景和生师比后，私立学校和公立学校学生在公民知识得分上的分差

注：公民知识得分的国际平均值为500分，标准差为100分。圆形表示私立学校和公立学校的分数差，考虑到学生的社会经济背景和生师比后，浅色圆形表示绝对分差，而深色圆形表示条件性分差。奥地利、智利、捷克共和国、希腊、危地马拉、爱尔兰、卢森堡、巴拉圭、波兰、韩国、斯洛伐克、西班牙和泰国为2009年的数据。

《全球教育监测报告》统计数据链接：https://bit.ly/GEM2021_fig2_10

资料来源：IEA（2021）。

收入家庭的学生来说，这对他们完成高等教育会产生负面影响（Chingos et al.，2019）。在芝加哥，就读于“无理由”且纪律管束严格的特许学校的弱势背景“幸运儿”，他们接受高等教育并在学校至少学习两年的可能性比那些“未被选中的人”高10个百分点（Davis and Heller，2019）。对美国一所大型公立大学的数据进行分析后发现，天主教中学的学生，包括那些来自弱势背景的学生，比就读于其他私立宗教中学、私立非教派中学和公立中学的学生更有可能毕业并获得科学、技术、工程或数学学位（Fleming et al.，2018）。

其他研究结果则没有显示出这种积极影响。一项澳大利亚的追踪调查分析显示，在控制了受教育程度之后，就读学校的类型与24岁时的就业状况、职业或收入之间在统计学上没有显著关联（Chesters，2018）。英国英格兰和威尔士的追踪分析发现，在控制了学生特征后，在1980年代上私立的选拔性宗教学校的大部分明显长期影响都不复存在（Sullivan et al.，2018）。

最近两项基于英格兰纵向数据的研究也显示，私立学校在学生社会层面的结果方面没有优势。就读于私立学校的经历使人在21岁时不那么害怕风险，并且更容易更早开始饮酒，但该经历不会对其社会情感的发展产生影响（von Stumm and Plomin，2021）。上过私立学校的人在25岁时的工资会高出17%，社会阶层向下流动的概率会降低12个百分点，但上私立学校对慈善捐赠或参加志愿团体没有影响（Green et al.，2020）。

民办教育可以对整个系统产生影响

非国家行为体不仅可对个人教育结果产生影响，而且会对整个教育系统产生影响。除了前面讨论的例子之外，在合同制教师对教师职业的影响方面，有两种影响常被放在一起研究——社会隔离和竞争。

分类和社会隔离是择校的意外结果

在参加2018年国际学生评估项目的66个教育系统的53个系统中，就读于私立学校的学生的社会经济地位指数明显高于就读于公立学校的学生。这一差距在拉丁美洲尤其明显，特别是在巴西、哥伦比亚、哥斯达黎加和巴拿马。尽管在2009—2018年，此差距缩小的教育系统数量多于此差距扩大的教育系统数量，但这一差距总体上持续存在。在2010年代，此差距显著缩小的国家包括哈萨克斯坦、波兰、英国和美国，而明显扩大的国家有德国、约旦、卢森堡和瑞士（**图2.11**）。

社会隔离也可能存在于以公立学校为主的教育系统中（OECD，2019a），但许多研究认为，择校政策和非公立学校的增长正在使教育系统分层（Hernández，2019；Srivastava, 2020）。

社会隔离被认为是智利实施教育券普及政策所产生的一个关键后果（Zancajo，2019）。择校加剧了学生隔离，使之在居住隔离之外雪上加霜（Santos and Elacqua，2016）。在瑞典，30个城市

> “择校政策和非公立学校的增长正在使教育系统分层。”

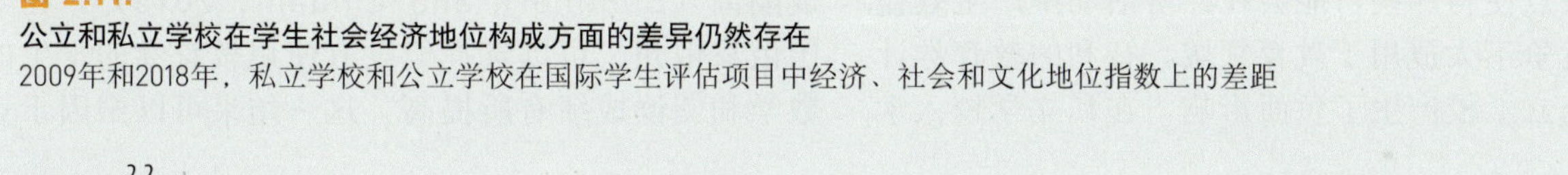

图 2.11:

公立和私立学校在学生社会经济地位构成方面的差异仍然存在

2009年和2018年，私立学校和公立学校在国际学生评估项目中经济、社会和文化地位指数上的差距

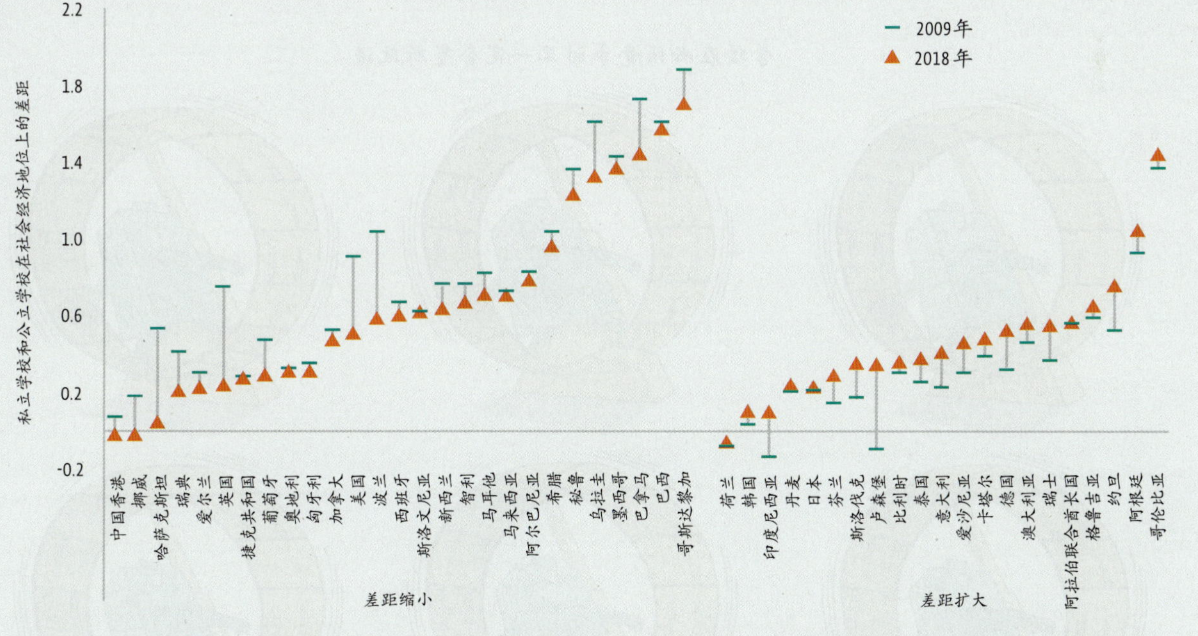

注：国际学生评估项目中学生的社会经济地位是通过经济、社会和文化地位指数来评估的，这是一个综合分数，考虑了父母受教育水平、父母职业和家庭财产等信息，包括家里可用的书籍和其他教育资源的数量。经标准化后，经合组织国家学生该指数的平均值为0，标准差为1。

《全球教育监测报告》统计数据链接：https://bit.ly/GEM2021_fig2_11

资料来源：《全球教育监测报告》小组基于经合组织的研究（OECD，2020b）所进行的估计。

中有29个存在隔离程度严重的初中；而在其中的16个城市，社会隔离似乎主要是由择校造成的。在外国出生和（或）受教育程度较低的家长的孩子几乎全部就读于市立学校，而在瑞典出生和受过良好教育的家长则脱离市立学校，选择独立学校（Kornhall and Bender，2019）。美国的特许学校则被认为加剧了当前的社会隔离（Wells et al.，2019）。地区级数据显示，在1998年至2015年间，大型学区最贫困学生的社会隔离上升了15%，而特许学校的存在是一个关键因素（Marcotte and Dalane，2019）。

与非公立学校竞争可能无助于提高公立学校的学习结果

择校的吸引力之一在于这样一种观念：竞争将促使公立学校进行改进。公立学校可能会因此改变运营方式以提高质量、改变课外活动、强调招聘和市场化，甚至试图吸引最优秀的学生。然而，教育的某些特点使得那些可能会在经济活动中产生效益的市场竞争不太适用于教育领域。智利的教育券计划就对公立学校产生了负面影响。在私立学校入学率较高的城市中，公立学校的考试成绩较低，而精英私立学校和公立学校之间的考试成绩差距更大，同时公立学校和私立学校家长之间的社会经济差距也更大（Hsieh and Urquiola，2006）。对2002年和2013年市级学校考试成绩的比较发现，考试成绩会随着父母教育等资源的增加而增加，但与学校竞争无关（Hofflinger and von Hippel，2020）。2008年定向教育券的引入促使学校争夺学生，因为定向教育券使得学费更高的学校对贫困学生更具吸引力（Urquiola，2016）。

在尼泊尔，公立学校的学习成果似乎与私立学校的竞争程度无关。但是，在私立教育增长较快的地区，公立和私立学校的学习成果差距更大，这表明存在社会分层（Joshi，2020）。

相比之下，在瑞典，一项从1988年到2009年的追踪分析发现，随着独立私有型学校入学率的增加，学生在24岁时按学科划分的成绩和平均成绩有所提高，竞争提高了学生的学习能力，而没有造成隔离（Böhlmark and Lindahl，2015）。在美国俄亥俄州，可以选择但没有使用教育券的学生的数学和阅读成绩有所提高，这一结果可以归因于竞

学校在必须竞争时不一定会有所改进

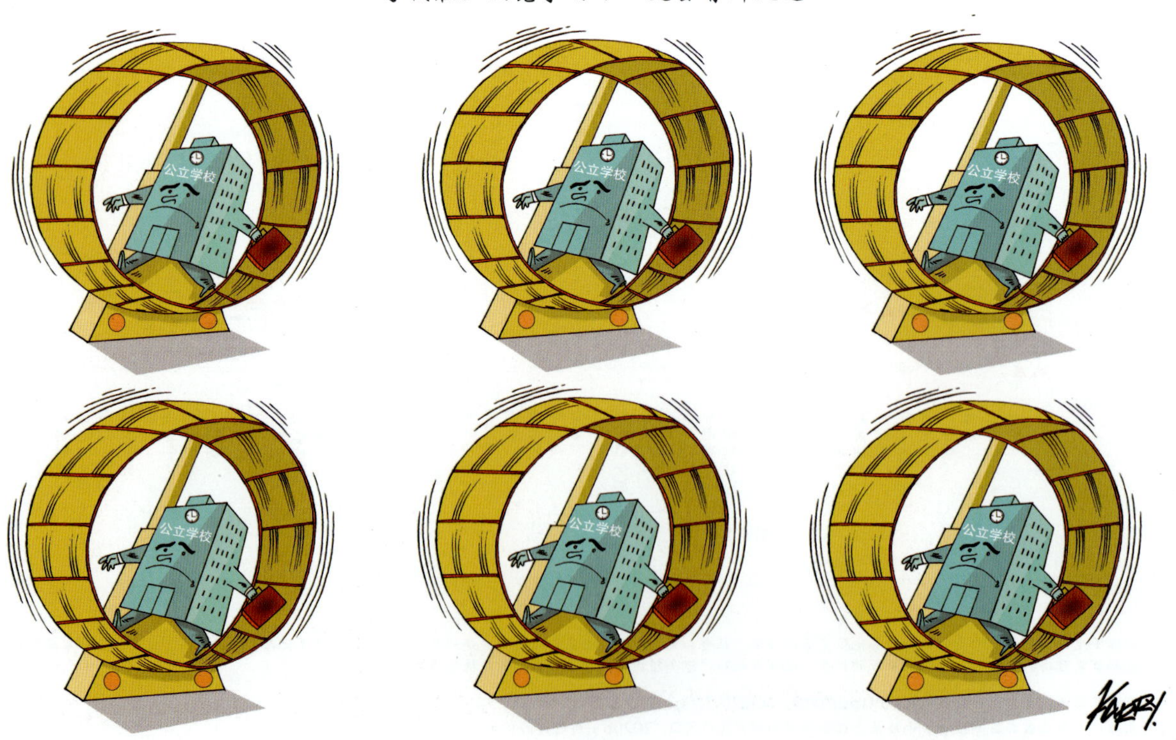

争产生的影响（Figlio and Karbownik，2016）。对美国纽约市特许学校所产生影响的分析发现，当特许学校和公立学校位于同一地点时，特许学校对传统公立学校学生在数学和英语方面的积极影响最大（Cordes，2018）。

如果公立学校在财政资源或自主权方面没有得到积极回应，仅仅是附近有私立学校或其他学校可能不足以激励公立学校采取任何改进措施。一项对巴基斯坦“基金会援助学校”计划（一种公私伙伴关系）的分析表明，此类学校对附近公立学校的入学情况产生了负面影响（Ansari，2021）。而在美国新奥尔良市，大多数学校的校长都认为，特许学校的数量太多，对学生的争夺非常激烈。超过一半的学校报告称与私立学校存在竞争关系（Jabbar and Li，2016）。

在某些情况下，竞争可能会集中在教师身上。美国引入特许学校后，师资力量薄弱的学校的教师素质有所下降（Austin，2020）。在北卡罗来纳州，当某个师资力量薄弱的公立学校附近开办了一所特许学校之后，前者聘任的新教师更少，教师素质也略有下降。与此同时，学校还提高了教师薪酬，以留住高质量的教师（Jackson，2012）。在新奥尔良市，重大改革取消了教师的谈判力和保护措施，以使招聘策略更具灵活性和差异性。改革似乎导致了招聘模式的变化——特许学校在城市外寻找候选教师，而公立学校则在当地寻找（Jabbar，2018）。

公立和私立学校之间的竞争有多种形式，包括教学语言的选择。一些公立学校转而使用国际语言，这是私立学校常用的一种营销手段，但也代表了竞争的负面后果。在黎巴嫩（Bahous et al.，2011）、摩洛哥（Chakrani，2017）、尼泊尔（Joshi，2016）和菲律宾（Termes et al.，2020）均观察到了这种反应。

关于扩大公立学校的择校范围会对私立学校产生何种影响，目前的证据有限。在加拿大不列颠哥伦比亚省实行开放招生制度后，学生对公立学校的选择范围更大，并且可以在其服务区域以外的地区入学。公立学校竞争的加剧导致私立世俗学校和天主教学校的入学人数下降，但并没有影响人们对其他宗教学校和其他基督教私立学校的需求（Cohn，2020）。

非国家行为体提供学校教育以外的教育产品和服务

非国家行为体不仅提供教育服务，还提供学习配套服务，如课外补习，以及课堂上使用的产品，如教学材料和技术设备。这种参与在一些国家可能意义重大，会对教育系统的效能和发展产生潜在影响。

课外补习是教育私有化的另一种形式

对课外补习的需求与学生准备高利害考试的需求有关。越来越多的家庭长期依赖这种支持，从而让孩子获得相对优势。这种需求与人们对公立甚至私立学校教育质量的不满有关。[1]

两种主要的供给模式是教师供给和公司供给。在低收入国家和中等收入国家，包括柬埔寨、埃及、加纳、缅甸、土耳其和乌兹别克斯坦，教师直接参与课外补习。这种服务往往出现在扩张迅速但资金不足的教育系统中：工资低导致教师寻求额外收入。此外，还有其他原因促使教师直接参与课外补习。比如，在缅甸仰光的8所学校中，48%的教师称他们提供了补习服务（Bray et al.，2020）。随着补习这种做法逐渐融入学校文化，通常很难将其禁止。

部分高收入国家，包括澳大利亚、法国、日本、韩国、英国和美国，实施了禁止教师提供此类服务的法规，从而形成了以教辅公司为主的教辅服务职业化（Zhang，2020）。在包括澳大利亚在内的一些国家，那些之前可能认为破坏公共教育是不负责任的家长，受到了市场营销的影响，而这种营销实际上使补习合法化了（Doherty and Dooley，2018）。从教师的角度来看，收入并不是他们从事课外补习的唯一原因。例如，捷克共和国大约三分之一的教师有一份额外的工作来补充收入，但兼职做私人教师的年轻教师也会因为希望积累在核心学科领域的教学经验而这样做（Šťastný et al.，2021）。

1 本节借鉴了张（Zhang，2020）的研究。

在俄罗斯，42%的应届毕业生称他们在准备大学入学考试时接受过私人补习服务。

虽然这些例子表明私人补习几乎是普遍现象，但没有可做全球比较的接受私人补习的人数估计。这至少在一定程度上是因为此类服务没有标准化，因补习类型（例如个人补习或依附机构补习）、形式（例如线下或线上）、侧重点（按科目）和时间（例如定时或按小时数）而有所不同。因此，单个国家的估计值仍然是关于这一现象规模的主要信息来源。在俄罗斯，42%的应届毕业生称他们在准备大学入学考试时接受过私人补习服务（VCIOM，2019）。与此同时，据估计，28%的教师在提供私人课程（ISSEK，2018）。研究表明，补习现象通常随着教育等级的提高而增加。在埃及，36%的小学生、53%的初中生和84%的普通高中生在2013—2014年接受了课外补习（Sieverding et al.，2019）。

这种现象也蔓延到了课外补习原本不常见的区域，如撒哈拉以南非洲（**专栏2.4**）和北欧。2014—2015年，德国对4000名家长的调查结果显示，约5%的小学生和18%的中学生接受了课外补习（Klemm and Hollenbach-Biele，2016）。在英国英格兰和威尔士，27%的11岁至16岁学生在其学生时期至少接受过一次私人补习，而伦敦学生的这一比例高达41%（Sutton Trust，2019）。

随着时间的推移，课外补习这一现象在许多国家也越来越普遍。在孟加拉国，2000年至2010年间，农村地区支付私人补习费用的家庭比例从28%上升至54%，同时城市地区的这一比例从48%上升至67%（Pallegedara and Mottaleb，2018）。在柬埔寨，2015年18%的小学生、54%的初中生和72%的高中生接受了课外补习，较2004年平均上升了7个百分点（Marshall and Fukao，2019）。在斯里兰卡，1995年至2016年间，城市家庭支付课外补习费用的百分比从41%上升到了65%，而农村家庭的这一比例从19%上升到了62%（Abayasekara，2018）。在乌克兰，称接受中学教师私人补习的学生比例从2006年的34%上升到2011年的53%，2016年几乎达到80%（OECD，2017）。

来自世界上人口最多的两个国家的数据显示，教育等级、地点、学校类型以及时间不同，课外补习的普遍程度也有所不同。在中国，约三分之一的小学生和一半的高中生接受课外补习，而城市地区的高中生接受课外补习的概率是农村地区高中生的两倍。在印度，约30%的高中生接受课外补习，这一比例在城市学生中比在农村学生中高约10个百分点（**图2.12a**）。在印度农村，2010年至2018年间课外补习的普遍程度仅略有增长，但公立和私立学校的学生均接受了课外补习（ASER，2019）（**图2.12b**）。

私人补习的增长还与特定技能相关的个人驱动式学习以及按照自己节奏学习的愿望增长有关。在韩国，学生对标准化数学课程及其进度的不满促使许多学生寻求定制化教学（Kim and Jung，2019）。

专栏2.4:

撒哈拉以南非洲的私人补习格局正在发生变化

课外补习主要集中在撒哈拉以南非洲的富裕地区，例如，毛里求斯2013年有81%的六年级学生接受了私人补习。虽然家庭购买力较弱是限制课外补习扩张的一个因素，但南非与东非教育质量监测联盟（SACMEQ）提供的调查数据显示，2007年至2013年期间，即使在一些最贫困的国家，补习服务也从低水平迅速上升，如马拉维（从5%上升到14%）和莫桑比克（从10%上升到21%）。相对较低的平均水平掩盖了城市地区的高普及率。在埃塞俄比亚城市地区，67%的高年级小学生接受过私人补习。

教师工资低和城市的高失业率可能会推动补习，因为在这种情况下，私人补习属于临时就业。在贝宁，60%的补习老师是大学生、中学生、非正规部门工人或失业者。在布基纳法索的瓦加杜古，该比例为49%。

撒哈拉以南非洲互联网普及率较低，因此移动技术在学习中的应用有限，这意味着面对面教学远远超过了基于技术的教学。然而，在新型冠状病毒肺炎疫情期间，一些公司在实体补习中心被关闭的情况下，继续在互联网上提供服务。

资料来源：贝磊（Bray，2021）的研究。

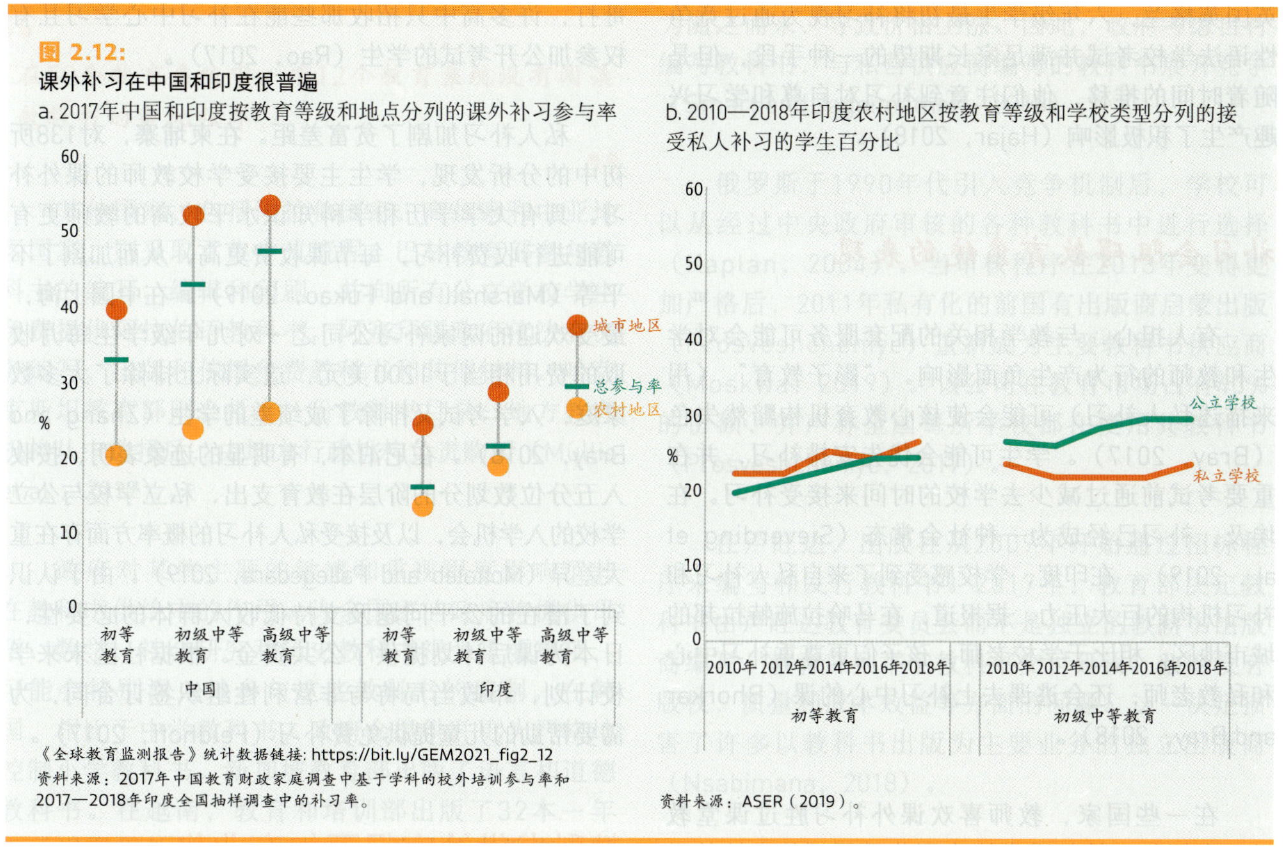

图 2.12:

课外补习在中国和印度很普遍

a. 2017年中国和印度按教育等级和地点分列的课外补习参与率

b. 2010—2018年印度农村地区按教育等级和学校类型分列的接受私人补习的学生百分比

《全球教育监测报告》统计数据链接：https://bit.ly/GEM2021_fig2_12

资料来源：2017年中国教育财政家庭调查中基于学科的校外培训参与率和2017—2018年印度全国抽样调查中的补习率。

资料来源：ASER（2019）。

课外补习对学生个体学习结果的影响尚不明确

研究人员试图了解私人补习对学生个体学习结果的影响，例如考试成绩和考试通过率。有些研究已经发现，私人补习对表现落在最后的学生有积极影响。在印度和巴基斯坦，尽管表现最差的最富裕的孩子的表现仍然优于接受学费资助的最贫困的孩子，但相比于富裕家庭的儿童，私人补习对贫困家庭儿童学习成绩的提高幅度更大（Alcott and Rose，2015）。根据中国教育专家小组的调查数据，一项严格的准实验研究表明，私人补习与农村初中生英语成绩的高分数正相关。在大多数群体中，私人补习也与自我报告的负面情绪有关，虽然概率较小（Sun et al.，2020）。

其他研究结果则更加不明确。对德国两个追踪数据集的分析发现，较长的补习时间或资历更深的老师对中学生的表现没有系统性积极影响。但是，如果学生拥有更多的先前知识，并由掌握更多内容知识且教学经验更丰富的、接受过培训的教师指导，那么补习就会更加有效（Ömeroğulları et al.，2020）。在美国也得出了类似的结论。在美国，补习对社会经济地位较高的学生的影响更大，他们更有可能首先接受补习（Choi，2018）。在韩国，私人补习与中学生在韩语、英语和数学方面的认知表现呈正相关，但与他们的情感表现（即他们对该科目的兴趣和态度）呈负相关（Kim and Hong，2018）。

在印度，对德里贫民窟的补习情况进行分析后发现，费用决定了接受补习与否，但没有发现补习能提高学生考试成绩的证据（Berry and Mukherjee，2019）。斯里兰卡的一项评估显示，平均而言，5个月的补习对五年级学生的考试成绩没有影响（Cole，2017）。

不管证据如何，都存在一个重要的参数，即家庭和学生对于补习的备考价值的看法。在中国，接受补习的学生的自信心更强，与父母的关系也更好（Zheng et al.，2020）。在德国，对补习的支持与十年级学生对学校的满意度正相关，即使补习并没有提高他们的考试成绩（Guill et al.，2020）。在

国际出版商、捐助者和当地利益集团之间的相互作用常常使这种转变复杂化。自1970年代以来，埃塞俄比亚政府控制的教科书编写和发行机构一直负责提供教科书，但教育部在发展伙伴的支持下于2009年建立了一个采购程序。世界银行的一项分析发现，教科书的编写、印刷和发行因竞争性招标而有了显著改善。2013—2014年，在7个小学科目和13个中学科目中，首次实现了学生人手一册教科书。在埃塞俄比亚，由于当地竞争对手能力不够，要满足竞标过程和标准的要求，就需要在国际出版商中进行选择（Woldetsadik and Raysarkar，2017）。

1990年代初，坦桑尼亚联合共和国在捐助者的影响下将教科书供应推向市场，目的是建设地方出版业，但捐助者的做法却帮助保护了跨国公司的主导地位。最终，在牛津大学出版社和麦克米伦等国际出版商于2010年代初卷入腐败丑闻后，9家当地出版商被选中为学校提供标准教科书。但是，国内和国际出版商、精英团体和政府部门模糊不清的界限以及它们之间的紧张关系还是导致了教科书市场上的相互勾结。2014年，政府终止了以市场为基础的制度，重新恢复了国家对教科书供给的完全控制（Languille，2016）。肯尼亚、卢旺达、乌干达和坦桑尼亚联合共和国的大多数教科书出版现在都掌握在非洲国家自有的区域出版商手中。例如，国际出版商朗曼出版集团公司将其肯尼亚公司和当地教科书版权均出售给了肯尼亚政府所有的朗霍恩（Longhorn）公司（Read，2015）。

在非洲法语国家，法国出版业占主导地位。这些国家的政府与国际出版商之间的关系使得地方出版商很难与其竞争。加蓬的教科书行业由埃迪瑟夫（Edicef）主导，埃迪瑟夫是世界上最大的出版商之一——法国阿歇特出版集团的教科书出版部门。阿歇特出版集团在当地的合作伙伴是加蓬出版（Éditions Gabonaises），该公司拥有垄断地位并接受国家补贴（Gary，2018）。在喀麦隆，官方的教科书推荐目录大部分由埃迪瑟夫、贝林和纳唐等法国出版巨头占据（Nkeck Bidias，2019）。虽然相关激励措施为当地出版商提供了一些空间，但是空间有限。在塞内加尔，政策允许招标向国内出版商而不是国际出版商倾斜（de Lesseux，2018）。马里政府与私营公司合作，以提升自己的出版能力（Canada Government，2018）。

在科特迪瓦，阿歇特出版集团拥有主要出版社NEI-CEDA70%的股权，该出版社在2011年由新科特迪瓦出版（Nouvelles Editions Ivoiriennes）和非洲出版发行中心（Centre d'Edition et de Diffusion Africaines）合并而成（Hachette Livre，2019）。当地出版商表示，政府与NEI-CEDA的紧密联系使其能够自1980年代以来一直在教科书市场上占据主导地位（Niakaté，2018）。在最近的世界银行资助项目招标中，政府允许国家标的略高于国际标的（Rogez，2020）。然而，本报告对2020—2021年度所需教科书目录的分析显示，尽管有包括埃比尔尼（Eburnie）和《博爱晨报》集团（FratMat）在内的其他该国公司在场，但仍有56%的教科书由NEI-CEDA出版（Côte d'Ivoire Ministry of National Education，2020）。

一些大型提供商推动了教育内容的数字化和标准化

在较大的出版行业中，由于技术的快速发展，因此很难发现教科书出版的市场趋势。霍顿·米夫林·哈考特出版公司、圣智学习出版公司、麦格劳-希尔公司、培生集团和学乐集团主导着英语教育出版。其他大型市场中的知名个体出版商包括巴西的未来教育公司、中国的中原出版传媒集团、法国的阿歇特集团、印度的昌德大街（S. Chand）集团和俄罗斯的启蒙出版集团（Wischenbart，2019）。在巴西，国家竞争监管机构批准了该国私营教育行业的市场领导者克罗顿教育公司收购未来教育公司，并认为该交易不会减少竞争（BSIC，2018；Competition Policy International，2018）。昌德大街集团供应教科书，并在全国拥有5000多家分销商和经销商（S. Chand and Company Ltd，2021）。

“在埃塞俄比亚，由于当地竞争对手能力不够，要满足竞标过程和标准的要求，就需要在国际出版商中进行选择。”

“近年来，许多公司都迈入了面向学生和教师的教科书、评估系统和在线学习行业。”

近年来，许多这类公司通过迈入面向学生和教师的教科书、评估系统和在线学习行业，扩展并改变了其在教育系统中的功能。此外，家长发现这些公司对个性化学习需求的侧重很有吸引力（Wischenbart，2019）。在美国，人们认为五家老牌企业的运作模式类似于垄断联盟。每名学生每年的平均学区费用约为250美元，这对贫困地区来说是不小的数目（Zook，2017）。市场集中会加剧不平等。教科书定价会引发恶性循环：那些负担不起最新教科书（这是许多标准化考试的基础）的学校，其考试成绩就会差一些，进而导致学校资金减少。主要供应商同时还加入了包括组织考试和评分的公司在内的联盟。这给了学校和教师使用大型出版商教科书的额外动机（Broussard，2014）。个性化学习同样也正在发展，尽管没有证据表明此类学习对学生有效（Pane，2018）。

培生集团是全球教育出版市场的领导者，它已经将其广告语从“全球最大的教科书和在线教材出版商”改为“全球数字化学习公司”，更加注重在线教育和测评。其庞大的产品范围包括英语学习应用程序、学习平台、补习应用程序、课堂评估、认证、虚拟学校以及在线学习服务（Pearson，2019）。其2025年的数字化战略侧重于教学的常规化，以及将技术工具的使用纳入补充性教学专业知识。这些发展可能会不利于公立学校更广泛的目标的实现，同时，倾向于通过教育平台提供个性化学习，有可能将客户锁定在其专有的在线服务中（Sellar and Hogan，2019）。

作为数字化扩张策略的一部分，大型公司普遍将其平台和应用作为面向学生的“解决方案”进行运作，内容包括补习、语言学习、个性化评估，以及针对教师和学校领导的在数字化学习方面的专业发展和教师培训。包括未来教育公司在内的一些公司提供与核心内容、数字化学习、教师提升、双语教学、社会情感学习以及电子商务相关的解决方案和平台，覆盖了3400多家私立合作学校（Wischenbart，2019）。昌德大街集团正在将线上和线下补习与应用程序和数字化项目相结合，其愿景包括加强对分析和洞察、数字内容、直播课程、评估和教师内容的整合（S. Chand and Company Ltd，2021）。

除了教科书出版商之外，亚马逊、谷歌和微软等科技巨头也已进军在线教育领域，这一趋势因新型冠状病毒肺炎疫情期间在线学习的扩大而得到了强化（Williamson and Hogan，2020）。

脚本化课程及其高度结构化的课堂和相关技术是许多批评和关注的焦点。澳大利亚的教师和学校领导认为，这种服务会导致公立学校教师的非职业化，缩减其自主权，并增加他们对自身被取代的担忧（Hogan et al.，2018）。人们认为脚本化课程会限制教师和学生在课堂上的思维参与（Fitz and Nikolaidis，2020）。在美国纽约州，学校提供了脚本化的“参与纽约”（EngageNY）模块，以帮助学生达到“州共同核心标准”。接受采访的教育工作者虽然对这些模块的某些方面表示赞赏，但对以下设想存有警惕：可以通过使学生达到高标准来纠正由残疾和贫困造成的不平等（Timberlake et al.，2017）。

在低收入国家和中等收入国家也可以看到类似的趋势，在这些国家，低收费私立学校的一个潜在目标是使教案“不受教师影响”，这样，即使是不合格的教师也可以教学生，正如我们在欧米伽学校、高升学院和桥梁国际学院精心制定的教案中所看到的那样（Härmä，2021）。对桥梁国际模型进行分析后发现，该模型通过脚本化课程、全球定位系统和自动化技术为学校创造了市场，并缩减了教师的自主权（Riep，2017）。

> 2019年，美国的州和地方教育部门发布了近5.4万份投标和征求建议书。

政府正在将更多教育配套服务外包出去

选择在内部提供教育配套服务还是将其外包出去，这取决于公共资金管理是否健全。配套服务是教育预算中仅次于教师工资的最大支出，但令人惊讶的是，人们对良好做法知之甚少（LaRocque，2008）。对美国教育技术采购流程体验进行分析后发现，面对推销各种各样产品的、数以千计的教育技术供应商，学区和学校通常应接不暇（Morrison et al.，2019）。

2019年，美国的州和地方教育部门面向12个产业集群内的公司发布了近5.4万份投标和征求建议书，而其中10个集群与课堂教学没有直接关系（Parkin and Irby，2019）。在密歇根州，一项长期跟踪关键配套服务合同承包的研究发现，将三项关键服务（餐饮、托管和交通）中的任意一项承包给私营部门供应商的地区百分比在10年内翻了一番，从2005年的36%上升到了2015年的70%（Hohman and Slasinski，2019）（**图2.13**）。

图 2.13:

美国密歇根州学区配套服务的外包越来越普遍

2005—2019年将配套服务外包出去的学区百分比

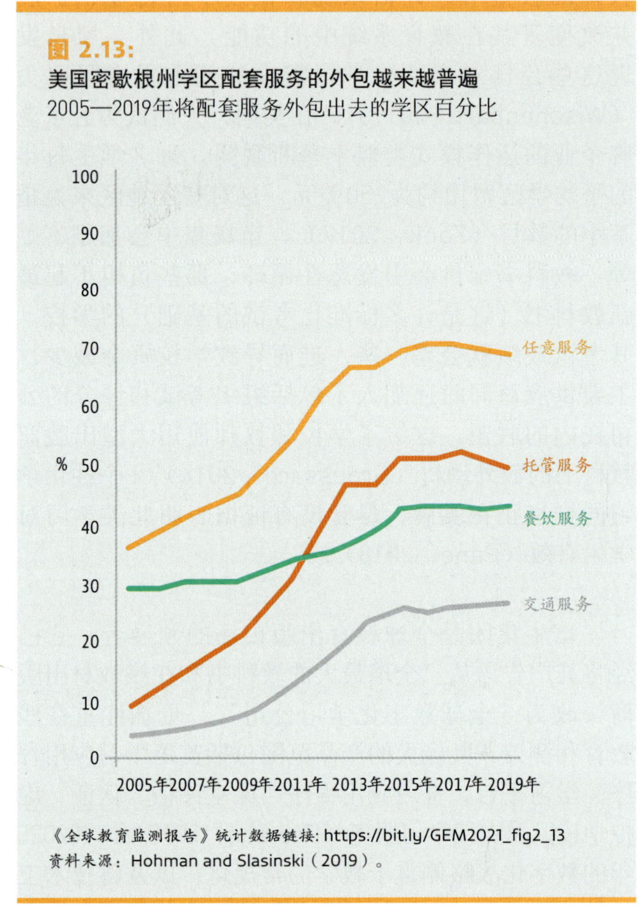

《全球教育监测报告》统计数据链接：https://bit.ly/GEM2021_fig2_13

资料来源：Hohman and Slasinski（2019）。

外包的批评者担心私有化会破坏公共服务和职业精神。对14项侧重于教育、就业和医疗保健等社会服务领域合同承包的研究进行全面综述后发现，记录在案的后果主要是负面的。其中包括劳动力构成的变化（劳动力规模缩小，年轻的低薪员工取代了有经验的员工）、工作条件变差（工作节奏更快、绩效要求更高，而安全措施则变差）、工资和福利变差，以及员工满意度降低（工作稳定性下降、压力和倦怠感增加）（Vrangbæk et al.，2015）。值得注意的是，有关外包的现有文献主要集中在美国，且很少包含对非教学性教育服务的分析。

通过强调成本效益，外包可以为教学节省出时间和资金。一项对得克萨斯州1000所州立学校服务承包情况的分析发现，学区外包服务每增加1个百分点就意味着分配给核心教学职能的资源将减少0.05个百分点。然而，承包量增加也与教育成绩的提高有关（Rho，2013）。

托管服务的外包通常会导致劳动标准和结果变得更差。澳大利亚的一项分析发现，增加保洁人员承包的主要结果是承包商激增、克扣工资的情况增加、清洁时间减少，以及职业健康和安全标准降低（Gerrard and Barron，2020）。2012年，美国芝加哥将保洁服务承包给两家大公司的决定导致学校的卫生状况变得越来越差，学校进行了关于在2020年终止合同的讨论（Ravitch，2020）。

餐饮外包对学生的健康和劳动标准有重大影响。在美国，教育领域餐饮服务外包的近50%份额集中在了7个州。学校行政人员称，高昂的劳动力成本是外包的主要原因。自学校系统开始外包以来的50年里，产生的主要后果包括劳动标准下降、知名品牌的预包装食品使用量增加，以及以培养终身消费者为目的的营销力度加大。一些研究发现，私人管理的食堂所提供的健康食品较少（Gaddis，2020）。

一项对巴西圣卡塔琳娜州负责有机食品采购的446个社会行为体进行的分析认为，由于外包降低了家庭农场的销售量，让儿童食用由公司采购的食品，因此挫伤了外包方案的质量（de Andrade Silverio and Araújo de Sousa，2014）。对承包商的选择具有广泛影响。一项对美国加利福尼亚州的分析发现，与提供更加健康的校餐的企业签订合同可以提高学生的成绩（Anderson et al.，2018）。一项对意大利那不勒斯小学生的研究显示，餐饮公司越大，学生对食物的满意度就越低（Maietta and Gorgitano，2016）。

学生的健康和体育教育是另一个大量外包的领域。对澳大利亚、爱尔兰、英国、美国以及中国香港的健康和体育服务外包的分析发现，学校的健康相关工作高度市场化和网络化，这对教师的工作产生了影响（Macdonald et al.，2020）。例如，在澳大利亚，体育教育机构的参与内容逐渐从在1950年代提供体育器材转变为在1990年代提供课程材料，再到最近，外部机构直接参与学校系统，尽管它们并不具备教学资格。昆士兰州五分之四的学校将体育教育的某些方面外包了出去（Sperka，2020）。

结语

在世界许多地方，民办教育的比重一直在上升，这是一个有其历史根源的重要现象。同时公立教育机构和民办教育机构之间的区别也并不总是很明确。了解教育机构之间的差异有助于更好地理解其趋势、对学生和系统的影响，以及相应的政策响应，从而改善受教育机会、促进教育公平和提升教育质量。

仅仅比较公立学校和非公立学校的效能是不够的，因为这些比较没有考虑到这些学校的目标、学校的招生人数以及可用资源方面的不同。在考虑到这些差异之后，非公立学校并没有很大优势。与此同时，很少有研究能考虑到教育供给的相对成本，或跳出最基本的结果进行审视。

此外，不仅应从学生个体的角度，还应从整个系统的角度来研究非国家行为体参与教育所产生的影响。虽然非国家行为体提供核心教育可以在短期或中期填补空白，但这会导致社会隔离和不平等，并且尚未能够令人信服地提高包括公立学校在内的所有学校的质量。

除核心教育外，辅助产品和服务在挑战、支持或阻碍教育系统的表现以及教师和学生的权益方面发挥着多种多样的作用甚至常常背道而驰。大型出版商和技术公司牵头对内容数字化的推动，正在加速解决公平获取技术和数字化学习的需求。

从新型冠状病毒肺炎疫情危机中汲取的最宝贵教训之一就是，当政府允许一个自由放任的制度发展，而不对其加以合理的监管和资助时，教育系统是何其脆弱。这将危及学生的教育和教师的工作。因此，建立更具危机抵御能力的教育系统应该是当务之急。

在肯尼亚的卡贾多镇，学生们在拥挤的教室里学习。

摄影: Jake Lyell/Alamy Stock Photo

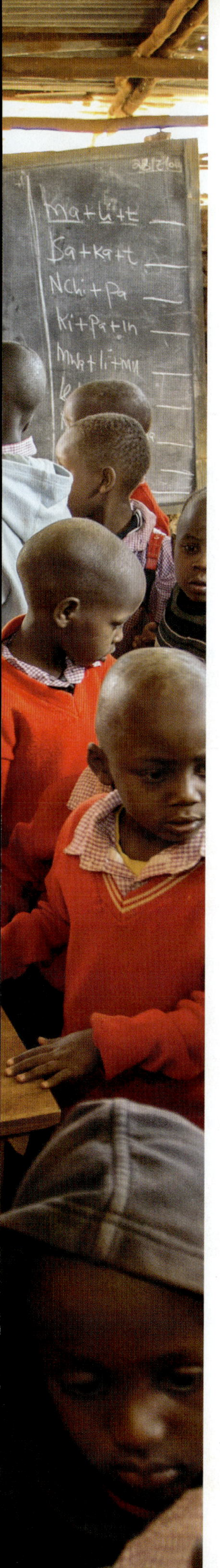

第3章

治理和监管

重要信息

善治和有效监管是政府提供优质公平教育的关键。

- 在96个国家，部门计划或战略描述了非国家行为体在提供教育或其他服务方面的作用。
- 教育的责任会被分散到政府各部委之间，并按行为体类型进行分配。在13%的国家，非国家行为体的教育活动的质量保障由多个主管部门共同负责。
- 并非所有针对教育系统的治理措施都会对全体学生、教师和学校一视同仁。

筹资机制对治理也有影响。

- 在大多数国家，非国家行为体接受政府资助的形式有很多种：79%的国家为每名学生提供补贴，23%的国家为家长提供补贴，27%的国家为学校提供贷款和赠款，61%的国家为教师工资或运营支出提供支持。
- 尽管公私伙伴关系的影响力最终取决于其设计，但对关于伙伴关系模式的98项研究所进行的全面综述发现，在至少三分之二的研究中，补贴、教育券和特许学校计划对公平的影响是负面的。

在所有法规所涉及的目标中，公平和质量往往排在较低的位置。

- 几乎所有系统都规定了准入和运营方面的要求，包括注册和许可，但只有53%的系统有关于教师资格认证的规定。大约55%的国家禁止选拔性的录取程序。约27%的国家禁止在初等和中等教育中营利，67%的国家设置了学费上限。
- 至少有27个国家统计了未注册学校的数据。在乌干达，14%的小学和13%的中学没有注册。

执行不力和问责不严削弱了法规的有效性。

- 在一些低收入和中低收入国家，复杂、昂贵或冗长的注册程序使教育机构对获得官方认证望而却步。截至2021年，尼日利亚拉各斯州政府仅批准了约2万所私立学校中的四分之一。

各国政府要求教育机构遵循标准。

- 81%的国家制定了法规，要求非公立学校必须参加大规模评估。
- 如果非公立学校不遵守规定，几乎所有国家都会对其实施处罚，关闭学校或吊销执照。大约54%的国家同时还规定了关闭学校的期限。
- 约有90个国家制定了教师和学校工作人员的道德或行为准则，这些准则通常涵盖民办教育机构。

私人补习很少受到监管。

- 私人补习在48%的国家不受监管。只有53个国家在教育法规中对私人补习进行了规范，而19个国家仅在商业法中对此进行了规范。
- 在31%的国家中，法规规定了私人补习教师所需的资质；10个国家明确禁止教师从事私人补习。

教育领域的非国家活动越广泛，人们就越关注政府作为保障受教育权主要责任者在确保对教育系统进行指导、监督、监测和问责上的作用。通过履行立法和制定政策的职能，各国政府应建立健全监管框架，确保所有行为体在相同条件下运作，确保所有人都能享有受教育权，并确保公共资金得到高效、有效和公平的利用。

公共产品和公共服务领域的治理范围包括供给、分配和监管。尽管应该指出，监管也会影响供给和分配，但监管可被定义为治理工作中处理"事件和行为流动"的一部分（Braithwaite et al.，2007）。正如2009年《全球教育监测报告》将教育治理定义为"连接教育领域众多行为体的过程、政策和体制安排"（UNESCO，2008）一样，治理和监管显然包含正式和非正式的规则和规范。

人们希望经由善治实现多重目标。不同机构侧重善治的不同方面。最近一个全面的定义包括：参与，在提供服务和处理投诉方面对公众做出回应，效率和效力，公开和透明，尊重法治，道德行为，能力发展，创新和开放以求变，可持续性和长远导向，健全的财务管理，促进人权、文化多样性和社会凝聚力，以及问责制（Council of Europe，2018）。

本章讨论了非国家教育活动方面的善治，尤其强调了通过监管来促进实现人权。人权框架既包含父母为子女选择教育的权利，也包含所有儿童接受优质教育的权利；同时，至少1年的学前教育和12年的初等和中等教育应该免费。然而，这些权利的实现水平可能参差不齐。在家长可以不受限制进行择校的地方，最边缘化的人群面临着受到社会隔离和歧视的风险，从而加剧了不平等。如果学校可以自由收取费用，并通过设定自己的入学标准来选择学生，那么它们就会给予来自最富裕家庭的和最优秀的学生特权。行使选择、建立和管理学校的合法权利，可以通过履行1966年《经济、社会及文化权利国际公约》第13条所规定的义务来实现，即"符合国家所规定的最低标准"，但是这样做可能会违背教育系统追求公平和包容的义务以及坚持可得性、可及性、可接受性和适应性的原则。

并非所有针对教育系统的治理措施都会对全体学生、教师和学校一视同仁。在某些情况下，教育的责任会被分散到政府各部委之间，并按行为体类型进行分配。一些国家对会导致教育公平和质量受到忽视的监管漏洞视而不见，另一些国家则对非国家行为体进行了过度监管，至少在政策文件上是这样的，但没有达到宣称的预期结果，同时也没有采取一致的方法来监督公立教育机构。还有一些国家追求的治理方法存在行为体和各级教育之间界限模糊，且权力、利益和责任交叉重叠的问题（Zancajo et al.，2021）。对于政府来说，要在监督过少与过度监管之间把握好尺度是一个挑战，前者可能导致无计划的扩张，加剧不平等，而后者可能会阻碍民办教育机构为教育系统做出贡献。

本章将讨论有关于个体机构及其运营规则设计的法规（例如，基础设施、许可、资助、财务运作、营利和税收优惠）；教育系统的整体设计，民办教育机构是其一部分，包括公平入学规则（例如，入学、择校和收费）和公平质量规则（例如，劳动力、课程和学习材料）；以及这些规则的实施，包括后续行动（例如，质量保障、处罚和问责）（**图3.1**）。该分析借鉴了《全球教育监测报告》"以文件增强教育评价"（PEER）网站对211个教育系统的研究。

教育系统的治理往往被分散化

各国治理教育领域非国家行为体的方式多种多样，这往往与这些行为体的出现和运营启动方式有关。现代教育系统的特点是多级治理，近几十年来的改革趋向于地方分权——中央机关继续负责监测和监管，但将执行责任下放到地方一级。地方分权可以采取多种形式，重点是与地方行政机构的关系（如分权、权力下放和授权）、与学校的关系（如校本管理、自治和外包管理），以及与家长的关系（如择校）。民办教育机构会受到不同程度的监管，这些监管通常反映了民办教育机构是否以及如何获得资金。例外情况是，一些地方的市场运营不受监管，尤其是对于课外补习而言。

历史、文化和意识形态会影响国家治理非国家行为体的方式

各国中央政府管理民办教育机构的方式各不相同。在全球范围内，39%的国家在国家一级设有一个单独的管理民办教育机构的部门或机构，隶属于负责初等和中等教育的部委。在撒哈拉以南非洲，这一比例达到56%，而在北非和西亚，该比例高达73%。在83%的国家，教育部单独负责非国家行为体的质量保障，而在13%的国家，该责任由多个部门共同承担。

在一些国家，管理民办教育机构的责任由各部委、部门或其他行为体分担。如果责任重叠、划分不明确或在实践中被非正式规则取代，那么责任的分散化可能会对系统监管产生负面影响。在长期冲突导致公共行政不稳定的国家，情况往往如此。在刚果民主共和国，多年冲突后中央政府职能的弱化以及非国家行为体作为主要教育机构的出现，致使国家和非国家行为体之间进行"协商"治理（Titeca and de Herdt，2011）。省级教育主管部门、宗教组织代表和私人行为体在管理地方服务供给方面发挥着重要作用，导致各省在学校系统监管方面的巨大差异（Cambridge Education，2021）。

在96个国家，部门计划或战略描述了非国家行为体在提供直接教育或其他服务方面的作用。但是各国在教育领域与非国家行为体的合作方式存在差异。历史、文化和意识形态通常会交织在一起，影响国家治理非国家行为体的方式。1974年，独立后不久的孟加拉国通过了《小学（接管）法》，将3.6万所社区小学国有化，这在一定程度上是为了兑现对世俗教育的承诺（Hossain et al.，2002）。其2010年的教育政策进一步推动更多的小学成为公立学校，指出"初等教育的责任不能委托给私立机构或非政府组织"（Bangladesh Ministry of Education，2010，p. 6）。在孟加拉国，非政府组织一直在为数百万弱势小学生提供服务；而中学，无论是世俗中学还是宗教中学，都几乎完全由私人掌握，尽管它们得到了国家补贴。

"在96个国家，部门计划或战略描述了非国家行为体在提供直接教育或其他服务方面的作用。"

图 3.1:
法规涵盖了非国家行为体的教育活动的各个方面

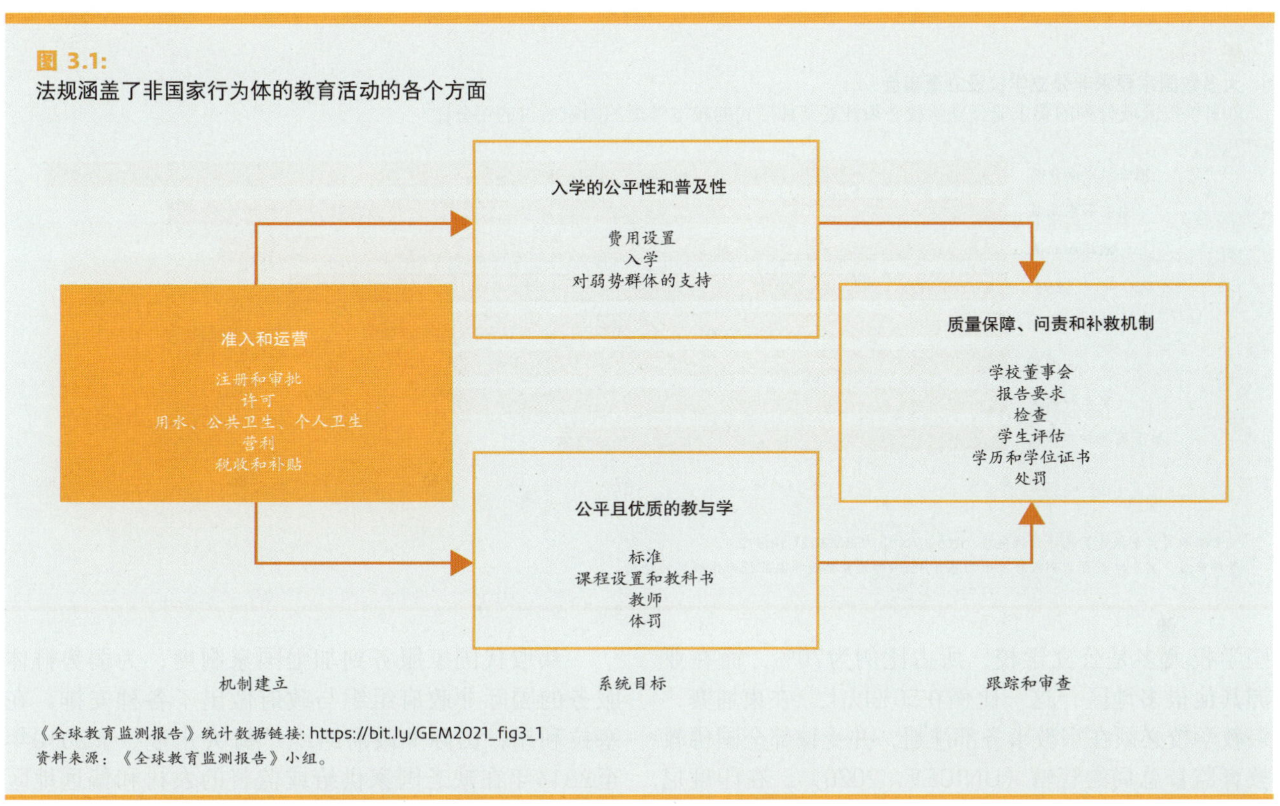

《全球教育监测报告》统计数据链接：https://bit.ly/GEM2021_fig3_1
资料来源：《全球教育监测报告》小组。

摩洛哥在2008年《教育和教学宪章》中设定了一个目标，即到2024年，私立教育机构的入学人数在整个教育系统中的占比达到25%。2015—2030年的战略愿景将私立教育称为“公共教育在普及和实现公平方面的合作伙伴”。从2009—2010学年至2018—2019学年，私立学校的数量增加了91%，而公立学校的数量增加了15%。在幼儿教育领域，政府与私营部门合作的意愿最为明确，教育部幼儿教育合作与促进局甚至更名为私立学校教育合作与促进局（Abdous，2020）。

自1980年代初以来，许多国家给予了学校更多的自主权，使学校在课程设置、资源分配，以及教师方面（某些情况下）自行做出决定。在全球范围内，74%的国家都制定了法规，要求非公立学校必须实行某种形式的校本管理（**图3.2**）。45%的国家明确要求所有类型的非公立学校必须设立董事会，但只有14%的国家要求政府资助的学校设立董事会。大约64%的国家还规定了学校董事会的构成。

董事会的作用各不相同，但在某些国家可能具有实质性作用。在比利时弗兰芒语区，学校董事会享有相当大的自主权。例如，虽然以公平为导向的赠款是按照规范分配给学校的，但由于学校可以决定如何支配这笔资金，因此各学校之间的财务状况存在显著差异（Shewbridge et al.，2019）。在阿曼，2017年的一项部长级决定要求学校必须设立一个至少由5名董事组成的董事会，负责向教育部报告。其中1名董事会成员必须代表家长，同时至少2名成员必须有教育经验。学校所有者、合作伙伴或利益相关者可以成为董事会成员，并且有权对治理程序进行投票。此外，每所私立学校还必须设立一个家长委员会，教育部长对其构成和组织结构规定了特定条件。在津巴布韦，非公立学校分别占小学和中学的22%和27%，且主要由个人、信托机构、农场、教会和公司经营（Zimbabwe Ministry of Primary and Secondary Education，2021），学校发展委员会鼓励家长和社区参与学校管理（PEER中的国家资料）。

在许多国家的入学人数中，宗教学校占很大比例，这对治理模式产生了一定影响（Wodon，2021a，2021b）。从全球来看，在22%的国家中，除教育部以外，还有一个宗教事务部或其他机构管理着宗教学校。在北非和西亚（例如埃及和突尼斯），这

图 3.2:

大多数国家要求非公立学校设立董事会

2021年按区域分列的要求非公立学校必须开展某种形式的校本管理的国家所占的百分比

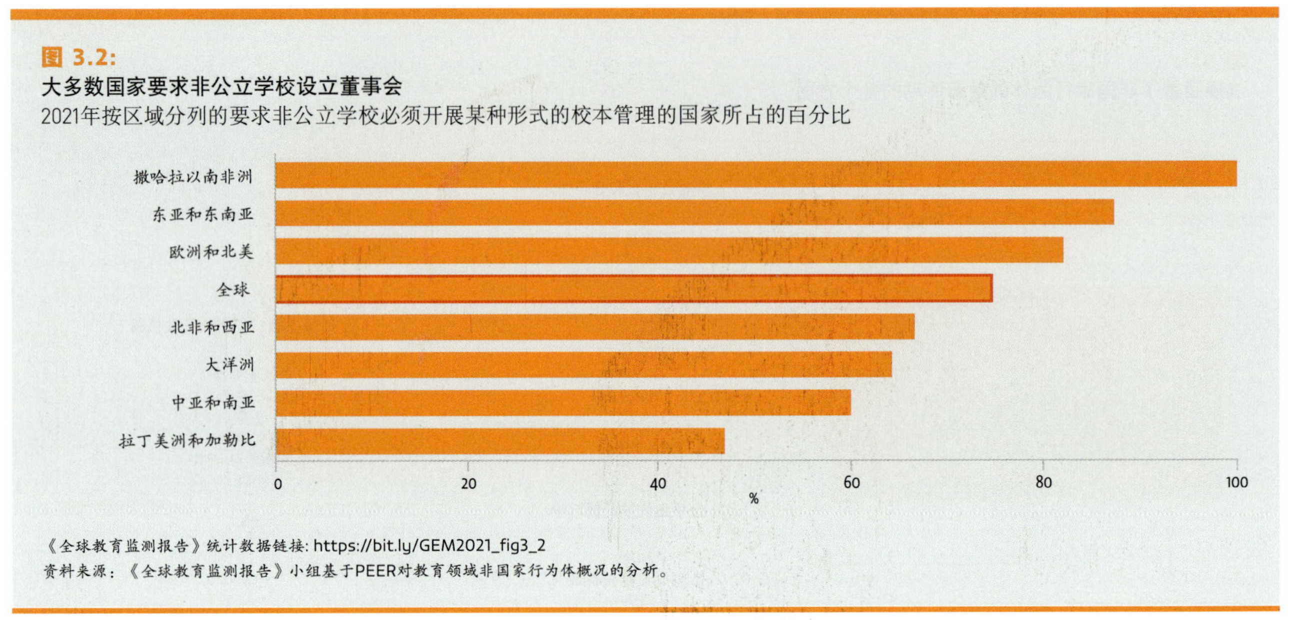

《全球教育监测报告》统计数据链接: https://bit.ly/GEM2021_fig3_2

资料来源:《全球教育监测报告》小组基于PEER对教育领域非国家行为体概况的分析。

些学校大多是公立学校，所占比例为70%，而在亚洲其他很多地区，这一比例在50%以上。在柬埔寨，宗教学校必须在宗教事务部注册，并受该部全国佛教教育监督总局的管辖（UNICEF，2020）。在印度尼西亚，公立和私立伊斯兰学校由宗教事务部负责管理（Jackson，2016）。在撒哈拉以南非洲国家，针对宗教学校的学校政策各不相同（**专栏3.1**）。

在讨论非国家教育行为体和国家教育行为体在脆弱环境或紧急情况中的作用时，经常会出现协调和支持方面的问题。如何避免重复并找到不足之处？1998年，洪都拉斯在遭受飓风“米奇”袭击后，明确划分职责使洪都拉斯社区教育项目在向农村和贫困地区提供教育服务的过程中取得了成功，同时家长直接参与了管理。教育部则负责该项目的协调、筹资和监督工作（Honduras Ministry of Education，2020）。

> *从取代国家服务到加强国家制度，为弱势群体服务的国际非政府组织与政府做出了各种安排。*

从取代国家服务到加强国家制度，为弱势群体服务的国际非政府组织与政府做出了各种安排。在塞拉利昂，国际非政府组织“街头儿童”于2010年至2014年在缺乏国家供给或监督的农村和偏远地区建立了300多所学校。随着“街头儿童”工作规模和范围的扩大，其在可持续性方面的问题暴露了脱离国家运营的局限性。此后，“街头儿童”开始与国家协调合作，以确保学校的合法性、互补性和应对危机的能力。该国已批准并接受了30多所学校，并对其基础设施和员工进行了核证，以确保符合国家标准（Street Child，2021）。

在索马里，由于内战和国家权力机关的崩溃，以前的教师建立了应急协会。2018年，该国共有14个这样的协会，管理着为25万多名学生提供服务的1000多所附属学校，其中规模最大的是1990年代成立的“正规私立教育网络”和“正规教育学校协会”。相比之下，教育、文化和高等教育部仅管理着93所学校、3.2万名学生。这些协会可颁发国外认可的学历和学位证书，并帮助重编了教学大纲。学校需要在国家注册并遵守协会标准才能成为应急协会成员。索马里教育部为了规范非国家教育系统，并与私立教育机构协调，设立了应急和私立教育司，同时，课程和质量保障司设立了关于课程、

专栏3.1:

在撒哈拉以南非洲，政府与宗教在宗教学校中的关系已逐渐改变

撒哈拉以南非洲地区的各国对宗教学校的公共政策各不相同（Scheunpflug and Wenz，2021）。在喀麦隆，26%的学校由教会经营。政府并没有履行资助教师的承诺。由于教会教育系统依赖于学费，因此教师的工资很低，特别是在人口较贫困的地区（Lange et al.，2021；Wodon，2020a）。在科摩罗，全国教育咨询委员会负责审查所有与公立或私立教育有关的法律草案，但由伊斯兰事务部支持古兰经学校的教育。在吉布提，2020年的一项法律规定，穆斯林事务、文化和瓦克夫资产部负责“制定并提出伊斯兰教育和传播阿拉伯-伊斯兰文化的基础”。在马达加斯加，宗教学校在教育系统中发挥着重要作用，教育部负责监督三种信仰（天主教、新教和伊斯兰教）的学校董事会，国家支付教师部分工资。

刚果民主共和国在1974年将宗教学校国有化，但在1977年，该国政府和4个宗教团体（天主教、新教、基班古会和伊斯兰教）签署了一项公约，引入了一种国有、受监管但共同管理的系统（Scheunpflug and Wenz，2021）。该公约将公共教育部门划分为1个基于国家和4个基于信仰的网络，每个网络都有自己的管理机构。属于基于信仰网络的公立学校由宗教和国家教育办公室共同管理，这使得管理更加复杂。这些网络间接负责一半以上教师的工资发放，并且可以在没有国家监管的情况下在当地建立学校及招聘员工。宗教网络还可开办私立学校，与公立学校展开竞争，以吸引学生。2019年，政府实行免费教育，取消了所有初等教育费用。宗教网络需要在省教育局注册学校和教师，才可以获得国家资助（Cambridge Education，2021）。

在肯尼亚，教会根据1968年颁布的《教育法》将其学校移交给地方当局，而没有选择成为出资方。2013年的《基础教育法》将出资方定义为“对基础教育机构的学术、资金、基础设施和精神发展方面做出重大贡献和影响的个人或机构”。这增加了国家对学校的权力，并赋予每个新成立的县教育委员会任命学校董事会主席的权利，以及教师服务委员会任命校长的权力，并让国家在这些机构的管理中发挥更大的作用。虽然在有关教师的决定上会征求教会等出资方的意见，但它们不再拥有对校长的否决权，它们的责任往往限于与基础设施和学生精神关怀相关的问题（D'Agostino et al.，2019）。

在卢旺达，由非宗教团体运营的天主教学校于1966年被国有化，而少数宗教团体学校和新教学校未被国有化。在种族灭绝大屠杀后，宗教学校的数量有所增加。教会和国家之间的合作非常紧密。政府会为教会学校的教师支付工资，同时禁止小学和政府资助的中学收取学费。被归类为政府资助学校的非公立宗教学校将在建设和翻新方面得到支持。在坦桑尼亚联合共和国，所有学校在一党执政期间都被收归国有，但基督教学校在1985年后获得独立。

教师管理和对公立和私立教育机构进行督导的部门（Altai Consulting，2018）。

在土耳其，非国家组织和私营企业为叙利亚难民建立了官方认可的临时教育中心，该中心最初处于国家较为宽松的监管下。2013年9月，一份监管通知宣布，难民营内外的教育服务必须由国家教育部及其在当地任命的工作人员进行规划、协调和监测（Tezel Mccarthy，2017）。在此过程中，运营这些中心的非国家行为体获得了认可。然而，由于这些中心的教育质量受到质疑，因此国家教育部于2016年9月采取了一项政策，逐步淘汰了这些中心，并将所有叙利亚学生转入了公立学校（UNESCO，2019）。

对民办教育机构的资助可能会影响治理安排

在大多数国家，非国家行为体接受各种形式的政府资助：79%的国家为每名学生提供补贴，23%的国家为家长提供补贴，27%的国家为学校提供贷款和

“在大多数国家，非国家行为体接受各种形式的政府资助。”

赠款，61%的国家为教师工资或运营支出（如教科书或技术设备支出）提供支持。在83%的政府支持非公立学校的国家中，宗教学校都是受益者。1976年以来，萨尔瓦多教育部支付了一些天主教学校教师的工资。政府设置了教学岗位配额，而总教区则决定如何在各学校之间分配这些配额。教会通常拥有基础设施，通过学校领导委员会来管理学校，并可以聘用和解雇教师。然而，政府会通过下达指示并检查学校的运作情况来监管学校（USAID et al.，2018）。

非公立学校，尤其是宗教学校，在游说方面成效显著。在澳大利亚，学校资助机制历来倾向于私立学校而非公立学校。在2011年的一次重要审查之后，2013年颁布的一项教育法设定了该国第一个全国范围内的学生最低人均补助标准，并制定了一个公式，以确定对弱势学生（受贫困、残疾、原住民身份和英语水平低下影响）和弱势学校（农村和小型学校）的额外支持。考虑到私立学校的收费能力，其获得的最低人均补助将有所下调。然而，改革被淡化了。政府承诺任何学校都不会失去资源，这巩固了历史上的不平等分配。天主教学校被赋予了应用该公式的自由裁量权。各州没有被强制遵守联邦目标。本可以帮助资金不足的学校迎头赶上的联邦资金被推迟了五年拨付，这意味着资金过剩的学校“失去”其优势的速度将会非常缓慢（Goss et al.，2016）。最终，在2007—2008学年至2016—2017学年间，私立学校获得的资金增幅超过了公立学校（Baker，2019）。

在大多数情况下，需求成为授权新的由政府资助的私立教育机构的唯一教育规划标准。位于巴基斯坦旁遮普省的旁遮普教育基金会是一个半自治组织，旨在促进公私伙伴关系，以扩大教育机会并提高教育质量。其项目包括教育券计划、私立学校补贴项目、公立学校管理外包服务以及新学校项目（Ansari，2020），它鼓励个人和组织创办学校，但须符合与申请人教育背景和居住地有关的基本条件。由于其目标是覆盖那些原本无法上学的群体，因此这些学校必须设在半径一公里内没有正规学校的地区，并至少为350人提供服务。自2007年以来，该基金会已建立2500多所学校（Punjab Education Foundation，2021）。但是，在授权教育机构时，这种基于需求的方法可能会加剧学校隔离和学校之间的社会分层。

在秘鲁，政府与选定的非营利行为体就其经营公立学校［即完全按照教育部规定运营并由政府支付教师工资（根据协议）的学校，或在一般性经费、教师工资、设备和建筑方面接受政府财政支持（混合融资）的学校］的事宜进行了协商。学校必须事先获得正式认证，并应满足《私立教育机构条例》规定的最低要求。经营协议包括定期检查设施、课程和学习材料，以及与公立学校使用相同的教学日历。资金的划拨并非基于注册学生的数量，而会根据具体情况划拨固定费用（Rossignoli，2021）。

在乌干达，公私伙伴关系采取按学生人数向私立中学发放补助金的形式来招收符合条件的学生，不再向学生另收费用。从2007年到2016年，850所学校参与了该项目，涉及入学人数占总入学人数的46%。2010年的一项框架性政策要求，在需求识别、价值评估和选项分析的基础上，通过竞标来选择学校，然后与竞标成功的申请者商定条款。然而，政府在这方面缺乏能力，也缺乏明确的问责机制，特别是对支付资金的地方政府而言（ISER，2016，2017）。此外，对于参加评估的利益相关者而言，他们既不清楚实施准则，也不清楚选择合作学校背后的理由（O'Donoghue et al.，2018）。因此，该项目从2018年后陆续停止（Ahimbisibwe，2018）。

为了提高对民办教育机构的资助，需要制定更严格的标准，不仅要考虑教育需求的水平，还要考虑申请政府资助的学校如何提高公平性和多样性（Zancajo et al.，2021）。在爱尔兰，政府提供给私立教育机构的资助以一些基本要求为基础，例如相关设施标准和官方课程的实施（Buchanan and Fox，2008）。自2011年以来，教育与技能部引入了一种招标程序，用于核准新成立的私立教育机构能否获取政府资助。该程序可甄别出那些由于人口变化而需要增加学校投入的地区，并公布了竞标要求。这一程序使政府机关能够加强对政府资助的学校的控制，并保证新的教育机构的多样性（Ireland Department of Education and Skills，2020）。

> 少数几个国家建立了公私教育伙伴关系。

一些低收入国家和中等收入国家还在特许学校项目的特定领域利用采购或招标程序来选择新的政府资助教育机构。竞标的重点是选择能够管理公立学校的组织。但据报道，竞标在实施方面存在问题。在利比里亚合作学校（PSL）项目中，由于政府与连锁学校桥梁国际学院之间的初步协议（该协议表明承包合同中存在垄断）存在争议，因此采用了竞争性投标（Romero et al.，2020）。即便如此，竞标过程仍被认为缺乏足够的竞争性和透明度（Cameron，2019）。

教育管理组织在巴基斯坦信德省的特许学校项目中采用了一种包含两个阶段的竞标程序。首先，根据投标方的管理经验、拟定的工作计划、专业概况和实现业绩和效率目标的策略，对投标方的技术能力进行评估。然后，根据财务提案对合格的机构进行评估（LaRocque and Sipahimalani-Rao，2019）。

少数几个国家建立了公私教育伙伴关系：从1980年代的智利开始，有8个国家实施了教育券计划（Elacqua，2012），而14个国家建立了特许学校。但令人担忧的是，涉及公私伙伴关系的治理安排会对公平产生负面影响。尽管所产生的影响最终取决于制度设计，但对关于公私伙伴关系模式的98项研究所进行的总体综述发现，在至少三分之二的研究中，补贴、教育券和特许学校计划对公平的影响是负面的（Verger et al.，2021）。英国英格兰（**专栏3.2**）和美国路易斯安那州（**专栏3.3**）的例子凸显了这些问题，这两个地方的治理改革将大多数学校分别转变为学院学校和特许学校。

支持公私伙伴关系的一个核心观点是其所显现的成本效益。但并不是每个人都相信这是真的，或者相信它们削减成本的方式取得了相应的回报。由于教师工资是目前教育中最大的成本项目，因此需要通过降低教师工资来提高成本效益。但是教师的工资已经低于其他专业人员（**第19章**）。一项全球调查显示，在35个国家中的28个国家，教师的实际起薪低于人们认为的公平水平（Dolton et al.，2018）。不过，也有例外：在一些国家，国有部门和非国有部门之间，或在国有部门内部，被永久聘任的教师和合同制教师之间的工资差距很大，这表明教师劳动力市场存在分割现象，一些教师的工资过高（Crawfurd and Pugatch，2020）。

有关这种影响的研究大部分来自南亚。该地区的教师平均收入低于其他专业人员（Béteille et al.，2020），同时教师之间的收入差距也很大。雇用年轻、没有资质、就业选择有限的女教师被认为是巴基斯坦私立学校低成本商业模式的一个关键因素（Andrabi et al.，2007）。在旁遮普省，4个公私伙伴关系项目的生均成本是3至9美元，而公立学校的生均成本是9美元。生均成本之所以较低，是因为教师的工资成本较低（Crawfurd and Hares，2021）。在印度的安得拉邦，虽然领取到教育券的私立学校学生的表现与没有领取到教育券的公立学校学生表现大致相当，但其单位成本不到公立学校的三分之一，教师工资成本不到公立学校的六分之一（Muralidharan and Sundararaman，2015）。尽管如此，仍不确定公私伙伴关系是否是解决教师劳动力市场分割问题的有效方法。有效的治理要求将教育系统视为一个整体，找到直接和可持续的方法来解决失衡和低效问题。

另一个反对的观点是，由于大多数分析依赖于不充分的成本数据，因此对成本效益的明确评估遭到了妨碍（Levin and Belfield，2015）。尤其是私立连锁学校，它们通常由资金雄厚的总部支持，后者可提供课程和其他方面的支持，而这些支持并不计入总体成本（Crawfurd and Hares，2021）。对上文提到的利比里亚合作学校项目（该项目将93所公立学校外包给了8所私立教育机构）的评估就说明了这个问题。很难估计这些教育机构是如何交叉补贴其活动的。不当行为歪曲了数据：一家承包商解雇了学校里四分之三的教师（可能是表现最差的教师），并将因此而多出来的无人指导的学生推给了邻近的未参加该合作学校项目的学校。学习结果因承包商而异，其成本也各不相同。经过3年的运营，该合作

专栏3.2:

英格兰的学院学校——一种可能并不公平的激进治理改革

英国英格兰的学院学校是在过去的20年中教育改革使治理发生了重大转变的一个例子。这些学校享有相当大的自主权，虽然它们是国家系统的一部分，但其运营可不受地方行政部门的控制，从而形成了一个独特的治理环境。

第一批得到“赞助”的学院学校作为一项改善贫困地区中学的补救项目，于2002—2003学年成立（Eyles et al.，2017）。这些学院学校由政府直接批准并资助，以慈善信托机构的形式成立，侧重于特定的课程领域。随后，2010年颁布的《学院学校法》允许所有公立小学或中学转为学院学校。该法案引入了两种“转制”模式。那些被教育标准权威机构——英国教育标准局（Ofsted）评为“优秀”（或者越来越多地被评为“良好，有突出特点”）的学校，即所谓的“转制型”学院学校，其申请过程很快，且不需要赞助方。而被评为“需要改进”或“不合格”的学校则可以通过寻找愿意为其提高标准的赞助方来自愿转制。潜在的赞助方只需与家长或教职员工讨论一所或多所学校的转制可能性，并向教育部登记其申请意向即可（Ladd and Fiske，2016）。

赞助型和转制型学院学校享有类似的地位和义务。原则上，由于此类学院学校可以选择自己的课程，且不必遵守关于教师薪酬和条件的法定指导，因此它们比其他公立学校拥有更大的自主权。非营利信托机构（免税慈善机构）与教育大臣之间的合同是学院学校获得资助并得到批准的必要条件。信托机构可以通过一份合同运营一所或多所学院学校，或者，多个单合同学院学校可以组成总体信托机构或其他形式的合作伙伴关系（West and Wolfe，2018）。截至2019—2020学年，43%的国家资助学校（招收53%的学生）是学院学校：78%的中学和36%的小学。其中84%是多学院学校信托机构的一部分（National Governance Association，2020）。全国共有29个多学院学校信托机构所拥有的学校超过25所（British Education Suppliers Association，2021）。

2014年，大多数学校表示，转制是“获得更大的自由，以它们认为合适的方式使用资金”和“提高教育标准”的一种方式（Eyles et al.，2018，p.129）。然而，绝大多数学校领导认为影响学校政策的应该是他们自己的团队，其次是校长和地方行政长官，而只有1%的受访者认为应该是私人行为体（IPSOS Mori and the Key，2018）。根据法律，多学院学校信托机构是一个法律主体，其中的学校个体将不再作为独立的法律主体存在。决策权被核心治理机构所掌握。随着学校自主权的削弱，少数人在没有真正监督的情况下加强了对学校的控制。2016年的《教育和收养法》增加了教育大臣和8名地区学校专员的权力，这8名专员代表教育大臣行事，但并非通过民主议会程序任命（West and Wolfe，2018）。

到2017年，大约70%的此类学校都是转制型学院学校。随着项目的重点从解决表现不佳转向提高自主性，学院学校似乎招收了更多来自富裕家庭的学生（Eyles et al.，2018；Bertoni et al.，2020）。2010年之前的学院学校项目与中学学习成绩的提高有关（Eyles and Machin，2019），但在转制型初等学院学校，成绩则没有被影响（Eyles et al.，2018）。

2016年的白皮书《让人人接受卓越教育》表达了该国到2022年将所有中小学转为学院学校的意图。尽管国家资金分配发生了变化，但不平等现象仍然存在，并且根据学校地位状况有加剧的趋势。例如，地方当局必须将每名学生的最低资助转给他们所在的学校，而学院学校信托机构却不必这么做，而且也不必明确规定整笔资助的再分配。最贫困的五分之一学校生均资助按实值计算下降了1.2%，而最富裕的学校生均资助增加了2.9%（NAO，2021）。

学校项目的生均成本是政府在每个孩子身上花费的3倍左右，而学习结果却提高得不明显（Romero et al.，2020）。

最后一个反对观点是，私立学校少花政府的钱，是因为家庭承担了部分费用（**第4章**）。对38个经济合作与发展组织成员及其伙伴进行分析发现，按购买力平价计算，2016年天主教学校为政府节省了630亿美元，但之所以能够节省出这些费用，是因为负担都转移给了家庭（Wodon，2020b）。

专栏3.3:

路易斯安那州学校管理的变化对学生产生的影响引发争议

在美国路易斯安那州，2003年的一项改革建立了一个“学校重建”学区，目的是改造那些根据《不让一个孩子掉队法案》的问责措施被列为不合格的学校。“卡特里娜”飓风过后，新奥尔良的大多数学校都遭到了破坏，2005年的一项法案提高了学校由“学校重建”学区接管所需的最低成绩。同时，国家接管权力也延伸到了有30多所“不合格”学校，并且学校中至少有50%的学生成绩低于最低成绩的地区（Sanders，2018）。这些学校要么由“学校重建”学区直接管理，要么转为由该学区监管的特许学校（The Learning Landscape，2015）。

从2005年到2015年，特许学校的数量从20所增加到了130所。在新奥尔良，91%的学生就读于特许学校，这些特许学校通常是“知识就是力量计划”（KIPP）和类似于“知识就是力量计划”的“无理由”学校，该项改革认为贫困不应成为低期望或表现差的借口。一项研究将被接管的学校与未被接管的学校进行了对比，发现前者的学生在学习方面取得了很大进步（Abdulkadiroğlu et al.，2016）。尽管如此，到2013—2014学年，“学校重建”学区的学校在学生考试百分位排名中仍位列第17位，且毕业率较低（Deshotels，2015）。也有一些研究发现美国城市特许学校对学生考试成绩产生了积极影响，同时指出这并不是唯一的重要发现（Cohodes and Parham，2021）。

改革加剧了社会隔离，导致公立学校出现了等级体系，影响了黑人学生的受教育机会（Gumus-Dawes et al.，2013）。同时基于考试的问责制也随着特许学校的扩张而加强。关于学校是否应该关闭的决定日益取决于学校在标准化测试中的表现，这给学校带来了巨大压力。对表现差的学校的处罚和严格的纪律要求使学校停学率有所上升，其他整改措施也有所增加（Hernández，2019），从而将弱势学生赶出了教育系统，并对学校与教育者的关系产生了消极影响（Coco et al.，2020）。当教师工会合同到期时，特许学校不需要雇用具有资质的教师，新教师的素质较差（Barrett and Harris，2015），且主要是白人：黑人教师的比例从71%下降到49%，而非白人学生比例依然保持在95%左右（Hernanáez，2019）。

尽管《特许学校绩效契约》要求教育部和特许学校相关授权人员监督学校的表现，但缺乏财政监督就意味着会引发管理不善和欺诈行为，包括将资助用于中饱私囊、支持特权企业和不兑现服务，金额达数千万美元（Center for Popular Democracy and Coalition for Community Schools，2015）。2016年5月，路易斯安那州通过了一项法律——从2018年7月起，学校从“学校重建”学区回归原来的董事会管理，从而解决了延续13年的问题（Sanders，2018）。

问题出在对教育领域其他商品和服务的承包与外包采购的治理上，这些做法在多大程度上降低了成本并不乐观。1992年，英国通过了私营机构融资倡议（PFI），这是一种基于公私伙伴关系的采购模式，其中包括近100项教育交易，价值35亿英镑（Pratap and Chakrabarti，2017）。2018年，当主要合作伙伴——该国历史最久的建筑公司之一卡里林公司破产后，该模式就终止了。由于私营机构融资倡议项目中最大的离岸基金在2011—2015年的利润总额为18亿英镑，但没有纳税，因此这种金融操作遭到了强烈批评（Sherratt et al.，2020）。一项对爱尔兰教育基础设施项目的公私伙伴关系的审查发现，与传统采购流程相比，其速度并不快，也没有产生更大的资金效益（O'Shea et al.，2019）。

> “问题出在对教育领域其他商品和服务的承包与外包采购的治理上，这些做法在多大程度上降低了成本并不乐观。”

除了基础设施外，人们还强烈希望将非教学服务外包出去，以降低成本。尽管较贫困的国家出现了令人关注的案例（**专栏3.4**），但大多数分析来自高收入国家，尤其是美国。在新奥尔良，承包增加了公共教育的总运营支出，进而增加了行政支出，而用于教学的支出却减少了（Buerger and Harris，2020）。明尼苏达州将学校交通私有化的措施并没有降低成本（Thompson，2011）。实际上，对12年来343个学区的样本以及外包前后数据进行的进一步分析发现，外包导致总交通成本增加了21%，生均成本增加了约16%（Puozaa，2016）。食品服务公司也未能节省成本，其往往在食品和劳动力上支出较少，而在酬金和供应上的支出较多。所专栏3.4：

在刚果民主共和国，外包教师的工资并没有兑现

特别是在贫弱的环境中，支付教师工资的系统薄弱是一个关键问题。由于官僚体系僵化且无法进入金融系统，教师可能会连续几个月领不到工资。一些国家试图通过私人参与来解决这一问题，例如较贫困的国家会通过移动支付计划来提高金融包容性并按时向教师支付工资（Trucano，2014）。

2011年，刚果民主共和国国家和银行之间的公私伙伴关系取代了宗教组织和教师之间关于支付教师工资的原有机制。虽然该项目改善了城市的状况，但没有解决主要问题：如何向缺乏银行服务的偏远农村地区教师支付工资。该项目鼓励银行在金沙萨而不是在农村开设新的分行。这种做法忽略了一个事实，即2014年该国只有4%的成年人开设了银行账户，其中三分之二在金沙萨和加丹加省。为了覆盖其余地区，银行为教师设立了临时支付点，试图与移动电话公司分包工资支付，并分包其他服务。据报道，几年后交易成本大幅增加。教师无法从宗教学校网络直接获得报酬，而必须自行做出大多数安排。这最终导致天主教教会转而通过其网络和基础设施来进行支付（Brandt and De Herdt，2020）。

有费用节省都是由于雇用了小时工，付给他们的工资更低、福利更少，同时食物的质量也因此下降了（Gaddis，2020）。

监管对教育公平和教育质量的关注不够

理想情况下，监管的目的是调动一切可用资源来推动教育发展，以满足每名学习者和教育者在学术、社会情感和福祉方面的需求，同时实现与公平、包容、质量、创新和效率有关的理想系统成果。

本报告调查了211个教育系统中涉及非公立学校的建立、运营、质量、公平和问责制的法规。调查发现，有些领域已被全面纳入监管范围。同时几乎所有系统都规定了准入和运营方面的要求，包括注册和许可。此外，关于教室面积和生师比的规定也很常见。相比之下，较少有国家对教师资格认证、课程设置或录取程序进行监管，而这些可以带来更公平的入学机会（**图3.3**）。

办学法规可能非常官僚化

教育机构需要先注册，然后才能获得运营学校的许可证，同时需满足法律（针对个人或公司所有者）和物质条件。在智利，只要教育机构具备所有者（公法或私法或市政当局规定的法人）、法定最低资本和适当的基础设施，就会得到批准。所有者必须包含一名法定代表人和一名管理人，他们必须持有专业学位或学士学位，并且从未因反工会行为、不缴纳社会费用、侵犯基本权利或危害家庭、违反社会道德和性操守，或与毒品有关的罪行而被定罪。教育部会保存一份所有者公共登记册和官方承认的教育机构公共登记册，其中载有每所学校的相关信息。一名所有者管理的学校数量不受限制。在洪都拉斯，任何自然人或法人，包括社区、企业和非营利性组织，都可以创办和管理非公立学校。《非政府教育机构条例》要求他们具备财务和教学能力，并且没有未决的法律责任。

在80%的国家，法规侧重于空间要求，如地块、建筑尺寸和教室面积；74%的国家对生师比或每间教室的学生人数做出了相关要求（**图3.4**）。在印度，各邦对于空间的规定各不相同。安得拉邦规定了最小生均土地面积。拉贾斯坦邦和卡纳塔克邦设定了所拥有地块的最小面积。北方邦使用两个标准来审批学校：最小生均面积（9m²）和教室面积（180m²）（Ambast et al.，2017）。在马达加斯加，根据2017年颁布的一项法令，私立学校必须位于安静、卫生和安全的地方，并且申请人必须提交场地平面图，以及地契或该场地的法律状态的行政证书。

法规还涉及用水和卫生设施，这可能会对女孩能继续接受教育产生重要影响。在有数据的国家中，47%的国家要求学校使用单性别厕所。在斐济，2011年的一项政策规定了基础设施最低标准，包括合理的卫生设施、每15名儿童有一个按性别分开的厕所以及安全饮用水。此外学校还必须遵守学校卫生和职业卫生与安全政策。

各级政府分担学校注册的责任，但通常最高级别政府会参与最终决定。在阿尔巴尼亚，创办私立教育机构，包括宗教团体机构和开设外语项目的机构，需要部长理事会根据教育部长的提议做出决定。在阿尔及利亚，每所学校都必须就申请的可受理性寻求省一级的批准，如果获得批准，则由部长颁发许可证。不丹在2018年颁布的指导方针要求先向负责评估土地所有权和登记的市政当局提交一份意向书和一份总体规划，然后在与教育部进行联合核实。经济部必须审批一份详细的项目报告，以便提案获得许可证。对于中学，需要满足的要求更多。以色列可发放至少为期一年的不可转让许可证。获得正面评价（“绿色”）的老牌机构可以获得较长期的许可证，而新创办、正在发展、获得有条件评价或负面评价（“红色”）的机构，则可以获得一年期许可证。许可证由教育部负责更新和检查。

图 3.3:

很少有系统对民办教育机构的问题（比如公平性）进行监管

按主题分列的具有特定法规的教育系统百分比

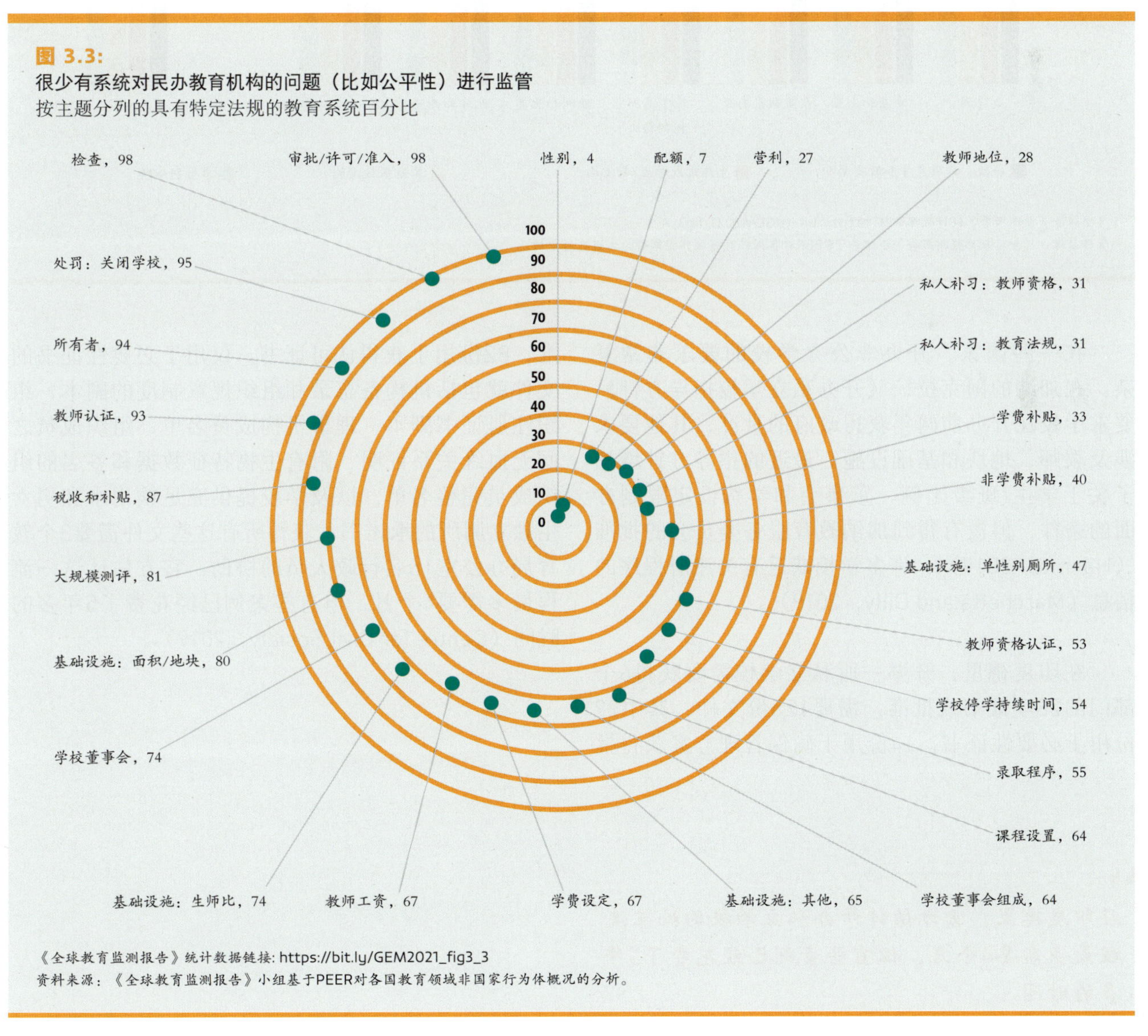

《全球教育监测报告》统计数据链接：https://bit.ly/GEM2021_fig3_3

资料来源：《全球教育监测报告》小组基于PEER对各国教育领域非国家行为体概况的分析。

图 3.4:
办学法规往往侧重于基础设施
2021年按区域分列的有与基础设施相关的办学法规的国家所占的百分比

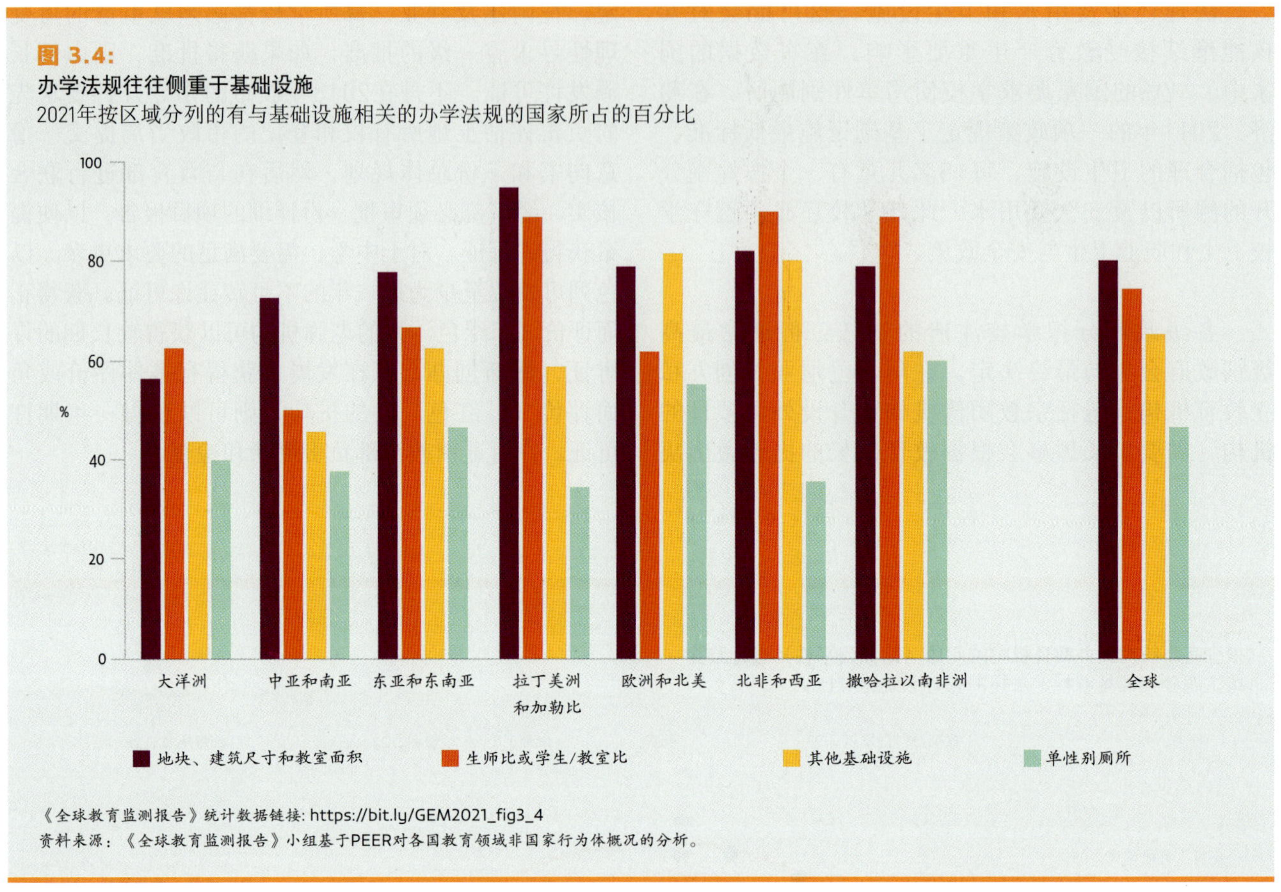

《全球教育监测报告》统计数据链接: https://bit.ly/GEM2021_fig3_4
资料来源：《全球教育监测报告》小组基于PEER对各国教育领域非国家行为体概况的分析。

在一些国家，开办非公立学校的要求非常复杂。在加纳的阿克拉，《开办私立学校指导方针》要求学校在开办前两年获得政府的批准，其他要求涉及教师、地块和基础设施。最近的指导方针增加了关于学生/班级比例、董事会和学费设定限制方面的条件，但没有得到加纳教育服务委员会的批准（Härmä，2019）。许多学校缺乏有关注册程序的信息（Marchetta and Dilly，2019）。

在印度德里，开办一所私立学校需要获得6个部门的28项证书或批准，需要125份文件，其中29份用于必要性证书，14份用于确保管理方案获得批准，82份用于获得认可证书。仅用于必要性证书的文件就包括机构备忘录和组织规章制度的副本、组织注册证书副本、理事机构成员名单、组织成员之间无血缘关系证明、附有生物特征数据和签名的组织成员完整名单，以及学校提供充足饮用水和男女生独立厕所的承诺书。获得所有这些文件需要3个教育局办公室16名行政人员的协助。官方估计这一流程最多需要4个月，但有些案例已经花费了5年多的时间（Centre for Civil Society，2019）。

> 在印度德里，官方估计开办私立学校的批准流程最多需要4个月，但有些案例已经花费了5年多的时间。

财务法规与国家支持相互配合

对于与营利、学费设定和奖励措施有关的财务运作，特别是在政府支持民办教育机构的情况下，存在特定规则。

部分国家禁止营利

在194个国家中，约有27%，即52个国家依法禁止在初等和中等教育中营利（**图3.5**），尽管这通常只适用于政府资助的学校。在过去的10年中，已有21个国家出台或修订了此类法规。2013年《澳大利亚教育法》规定，独立学校必须不以营利为目的才能获得公共资助。智利2015年的《包容法案》规定，禁止接受公共资金的所有者营利，并且必须将公共捐款完全用于教育。在中国，2018年的法规禁止一至九年级的教育营利；2021年修订的《民办教育促进法》进一步限制了民办学校的营利机会，并要求民办学校将部分利润再投资于学校发展（Che，2021；Jones et al.，2021）。刚果民主共和国2014年颁布的框架法案规定，学费收入必须用于提高教育质量。印度2009年的《受教育权法案》要求私立学校注册为非营利性组织或信托机构，并将所有盈余用于慈善目标。然而，由于缺乏核心法律框架、人员不足，以及政治承诺不够，因此对慈善机构的治理遭到了削弱（Central Square Foundation，2020）。

在俄罗斯，根据教育法，那些能够通过提供服务而产生收益的教育组织属于非营利性组织，并且不能在其成员之间分配利润。但是，1994年颁布的《民法典》允许非营利性组织创利，前提是利润需被用于实现组织目标，同时《非营利性组织法》规定可以通过提供商品和服务创利（PEER中的国家资料）。

图 3.5:

禁止学校营利的国家只有四分之一强

2021年按区域分列的制定有关学校营利的法规的国家所占的百分比

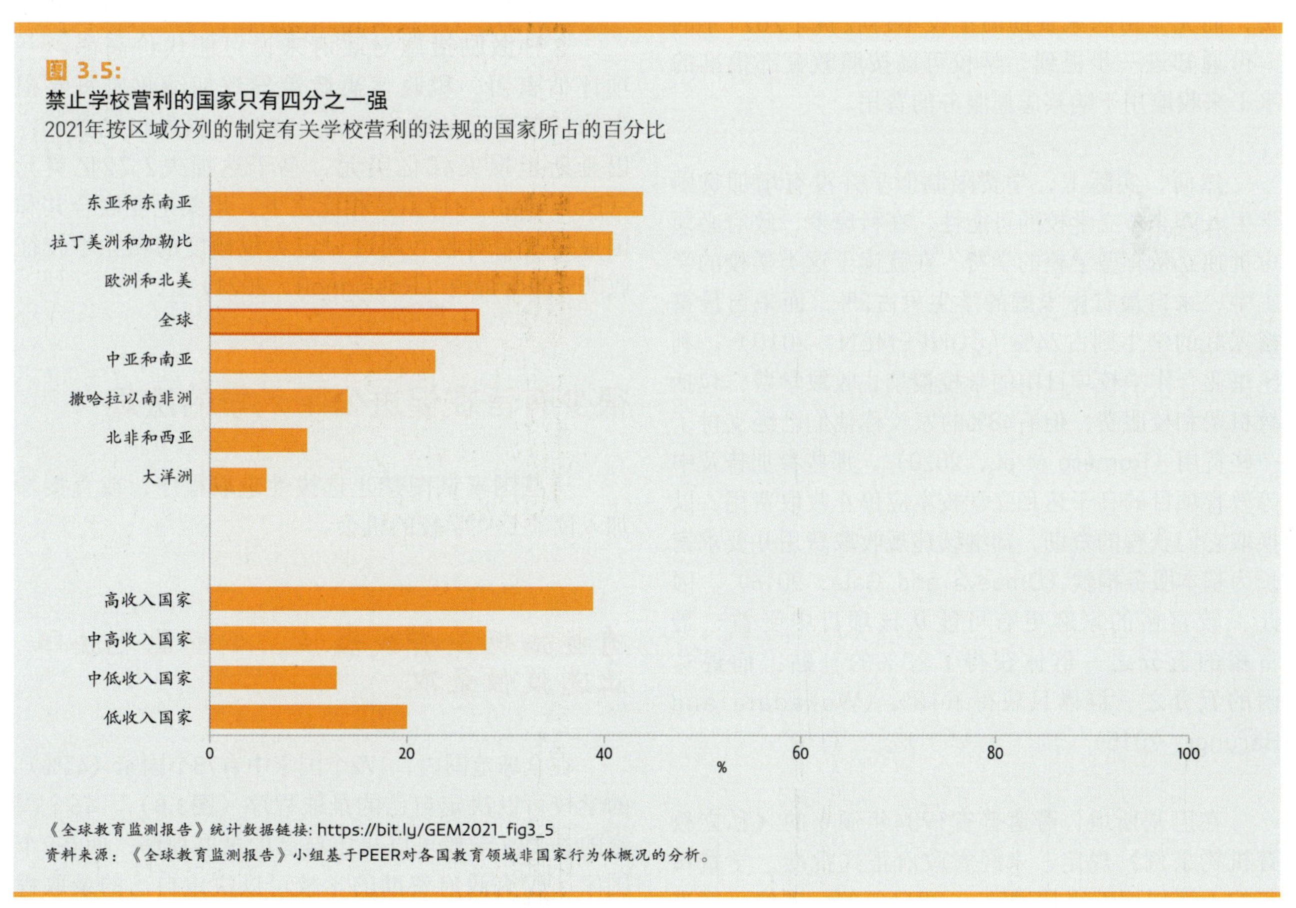

《全球教育监测报告》统计数据链接：https://bit.ly/GEM2021_fig3_5

资料来源：《全球教育监测报告》小组基于PEER对各国教育领域非国家行为体概况的分析。

> 67%的国家对非公立学校学费设置了上限和其他限制。

收费标准通常受到监管，但学生并没有因此更容易入学

在173个国家中，有116个国家（67%）对非公立学校学费设置了上限和其他限制。各国教育部通常必须审批学费上涨申请或可以对此进行限制。在不丹，教育部必须审批私人行为体的收费标准，并规定收入必须用于学习材料或教师发展项目等。在多米尼克，私立以及私人资助的学校未经部长批准不得增加费用，如经批准，则必须至少提前一个学期发出通知。在多米尼加共和国，教育部可以监管并设定私立学校的收费标准。在以色列，2020年一份关于家长付款的通知明确规定，教育部将根据入学人数、概况和政府资助的预算百分比来审批学费，而完全由国家资助的学校不得收费。2021年的一份通知进一步提到，学校可以按照教育部批准的水平来收取用于购买志愿服务的费用。

然而，实际上，学费限制似乎并没有增加贫困学生入读非公立学校的可能性。在科摩罗，政府必须审批独立私有型学校的学费，在就读于这类学校的学生中，来自最贫困家庭的学生只占2%，而来自最富裕家庭的学生则占24%（CONFEMEN，2010）。利比里亚合作学校项目中的学校被禁止收取学费，包括教材费和校服费，但有48%的家长称他们已经支付了一些费用（Romero et al.，2020）。那些参加普及中等教育项目的乌干达私立学校本应停止收取费用，以换取它们获得的资助，却继续违规收取费用并要求家长为基本服务捐款（Omoeva and Gale，2016）。因此，较富裕的家庭更有可能从该项目中受益：最富裕的五分之一群体获得了20%的补贴，而最贫困的五分之一群体只获得了10%（Wokadala and Barungi，2015）。

在巴基斯坦，旁遮普省1984年颁布的《私立教育机构条例》规定，未经省政府正式批准，学费每年的上涨幅度不得超过5%。2016年的一项修正案进一步规范了收费结构，禁止学校让家长为特定供应商的校服和教科书支付额外费用。但是付费是接受教育券资助的不成文要求。参与项目的学校会先收取一年的额外费用，然后才允许学生申请可能获准参加的教育券计划。这些学校的大多数学生都能负担得起一部分费用（Afridi，2018；Ansari，2020）。

大多数国家给予民办教育机构财政和税收优惠

在200个国家中，有173个国家（87%）的民办教育机构享受免税和其他财政激励。巴基斯坦设立了五个基金会，通过赠款、贷款、国家基础设施、社区设施和其他服务来支持创办和维持非公立中小学。菲律宾政府以教育券、合同管理、赠款、贷款和技术援助等形式向非公立学校提供赠款、补贴和税收优惠。1998年的一项法案规定了获得资助的标准，包括学费、学校表现和位置，以及学生的社会经济需求。教育部每年的伊斯兰教学校基金还可补贴私立伊斯兰教学校的运营费用。

这种激励措施对政府来说可能代价高昂。一项评估表明，税收优惠政策导致加纳政府每年损失约12亿美元的政府收入，肯尼亚损失11亿美元，巴基斯坦损失40亿美元，乌干达损失2.72亿美元（Balsera，2017）。相比之下，坦桑尼亚联合共和国最近开始对收入超过一定免税额度的私立学校征收30%的所得税（Rossignoli，2021）。

很少有旨在促进公平入学的法规

一些国家试图禁止选拔性录取程序，或直接增加入读非公立学校的机会。

有些法规虽有威慑性，但可能无法阻止选拔性录取

在全球范围内，172个国家中有78个国家（45%）的学校可以决定自己的录取程序（**图3.6**）。46个国家的非公立学校可以决定自己的录取程序，而在9个国家，仅有政府资助的学校可以决定自己的录取程序。所有国家都支持无歧视原则，以确保教育机会公平，但宗教学校在选择学生方面有更大的自由。

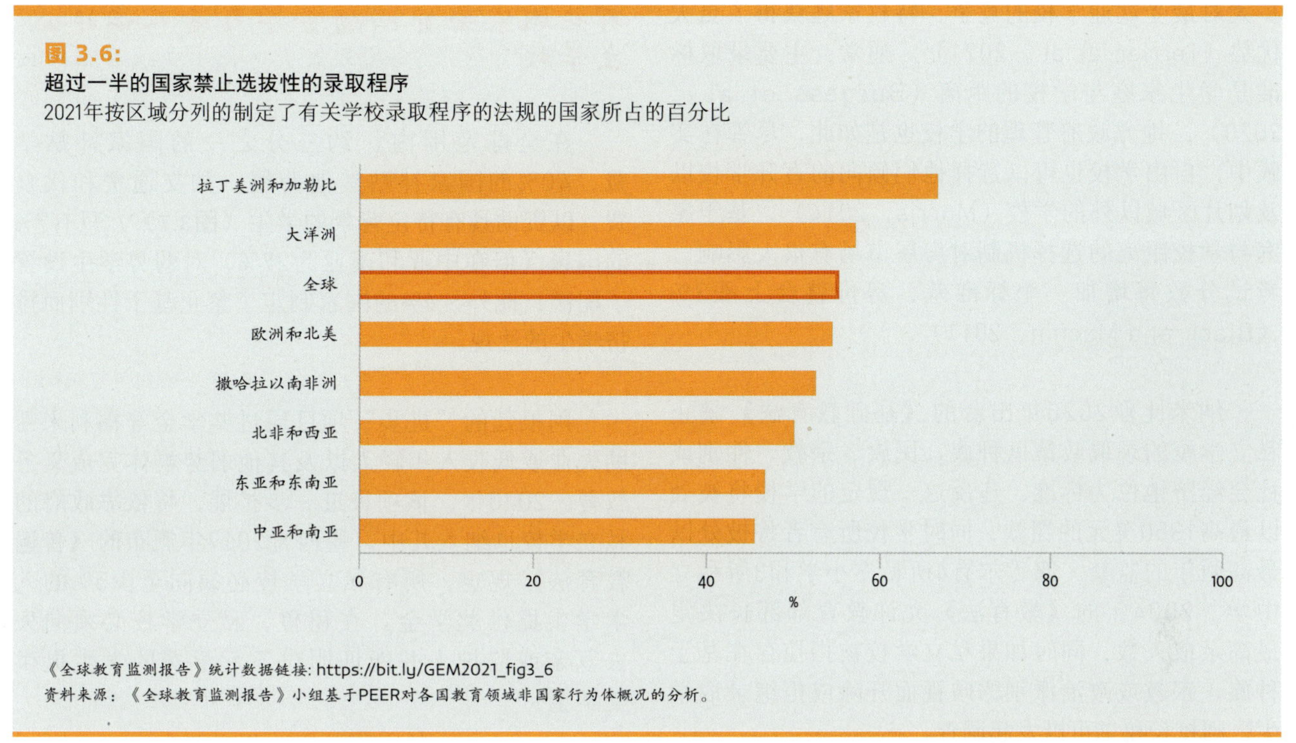

图 3.6:
超过一半的国家禁止选拔性的录取程序
2021年按区域分列的制定了有关学校录取程序的法规的国家所占的百分比

《全球教育监测报告》统计数据链接: https://bit.ly/GEM2021_fig3_6
资料来源:《全球教育监测报告》小组基于PEER对各国教育领域非国家行为体概况的分析。

> 智利2015年颁布的《包容法案》禁止选拔性录取。

在智利，在2015年颁布的《包容法案》禁止选拔性录取之前，私立受补贴学校会通过面试、测试或游戏等环节，根据学生的社会经济特征或宗教信仰来选拔学生（Carrasco et al.，2017；Santos and Elacqua，2016）。在秘鲁，私立学校只要遵守2021年《私立基础学校条例》中关于无歧视和禁止对一年级学生进行评估的指导方针，就可以自由制定自己的录取程序。在委内瑞拉玻利瓦尔共和国，私立学校的创办和运营禁止采用以性别、种族、宗教或经济地位为由歧视学生的录取标准。

爱尔兰的教育系统长期以来一直由天主教会主导。但是，民族和宗教的持续多样性致使2018年《教育（入学）法》要求所有学校的录取政策都必须符合2000年《平等地位法》，这意味着学校必须明确声明不会基于学生的性别、公民或家庭地位、性取向、宗教、残障情况、种族或特殊教育需求而歧视学生。录取标准同样也不得包括家长是否曾经在这所学校就读，或者孩子的名字何时被列入入学名单（Doyle et al.，2020；Kenny，2020）。与此同时，少数民族学生仍然可以入读符合其信仰的学校。同时，允许宗教学校发表特殊声明，如果能够证明拒绝某些学生入学“对维护学校的宗教精神至关重要”，那么就可以这样做（Ireland Government，2018）。在荷兰，私立宗教学校与公立学校不同，可以规定师生应遵守的原则，但不允许存在基于性取向或性别身份的歧视（Netherlands Government，2021）。

在英国英格兰，只要遵守《学校招生法》《人权法》《平等法》，私人管理的学院学校和自由学校在申请人数过多时可就以控制录取标准。学校不得面试家长（Department for Education，2021）。申请人数过多的学校必须公开招生标准，并且家长可以提出申诉（Roberts and Danechi，2021）。最初，学校可以自动选择将其列为首选意向学校的学生。该政策在2008年被废止，因为担心它有利于特权家庭。然而，政策禁令产生了相反的效果，通过扩大对最受欢迎学校的竞争，特权家庭获得了更大优势（Terrier et al.，2021）。通常，主要录取标准是学生家庭与学校的距离（Burgess et al.，2020）。地方政府管理的学校也是如此，尽管在实践中，自由学校也可以选择他们倾向的直升学校以及划片区域以外的学校（Morris，2014）。基于家庭与学校距离的选择机制对房屋市场有很大影响。考试分数每增加一个标准差，房价就会上涨3%（Black and Machin，2011）。

纳米比亚2020年出台的《基础教育法》禁止私立学校的录取政策以种族、民族、宗教、性别或社会经济地位为标准。违反这一规定的学校将被处以最高1350美元的罚款，同时学校所有者将被处以最高两年的监禁。塞舌尔有4所私立小学和3所私立中学，2004年的《教育法》允许教育部部长决定最高录取人数，同时如果私立学校被指控存在基于种族、宗教或政治派别的歧视而开除或拒绝录取学生，则校长秘书可以发起调查。

有些国家会资助弱势学习者入读非公立学校

在全球范围内，约三分之一的国家补贴学费，40%的国家补贴其他费用，如交通费和伙食费，以资助具有特定背景的学生（**图3.7**）。只有7%的国家（但在中亚和南亚为27%）对弱势学生设置了配额，此外，4%的国家制定了禁止基于性别而排挤学生的法规。

阿根廷的“进步”项目通过奖学金等福利来帮助失业或低收入年轻人以及其他弱势群体完成义务教育。2020年，该项目进一步扩展，将依靠政府的私立学校也纳入其中。墨西哥2019年颁布的《普遍教育法》规定，所有私立学校必须向至少5%的入学学生提供奖学金。在秘鲁，私立学校必须向失去双亲或监护人并能证明付不起学费的学生提供奖学金。

在印度，2009年颁布的《受教育权法案》要求私立学校为贫困和弱势儿童预留25%的低年级入学

图 3.7:

三分之一的国家帮助弱势学生支付私立学校学费

2021年按区域分列的制定有关资助弱势学生入读私立学校法规的国家

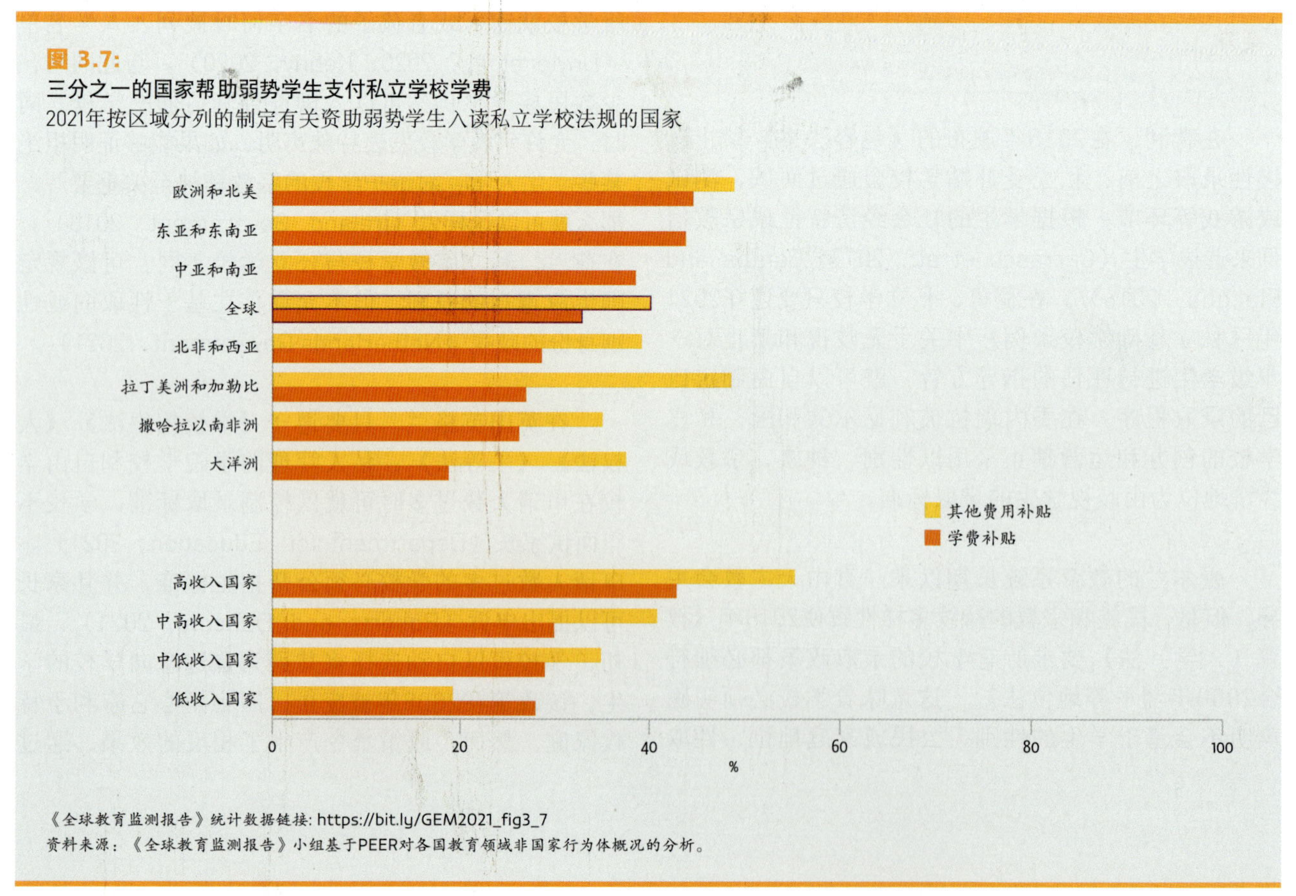

《全球教育监测报告》统计数据链接：https://bit.ly/GEM2021_fig3_7

资料来源：《全球教育监测报告》小组基于PEER对各国教育领域非国家行为体概况的分析。

名额，并且由政府报销他们的学费（**专栏3.5**）。尼泊尔2018年出台的《免费义务教育法》要求十二年级以下的私立学校向其10%（学生人数不超过500人的学校）、12%（学生人数在500至800人之间的学校）或15%（学生人数在800人以上的学校）的学生提供奖学金（Jha，2019）。但是，私立学校对该法律提出异议，并拒绝遵守（Singh，2019）。在巴基斯坦，2017年出台的《国家教育政策》规定，所有营利性学校都必须为至少10%的入学学生提供免费教育，以支持那些“值得资助的儿童”；2011年在伊斯兰堡首都区、2013年在信德省和2014年在旁遮普省，省级法律也做出了类似承诺。

自1989年颁布《政府援助私立教育学生和教师法案》以支持实施1988年《免费中等教育法》以来，菲律宾一直为入读私立学校的学生提供补贴。其中两个组成部分面向学生：教育承包服务（ESC）以及自2013年以来的高中教育券计划（SHS VP）。教育承包服务是一种学费补贴，平均每人每年补贴160美元，允许学生从“拥挤”的公立中学转到私立中学。2017—2018学年，该项目资助了3300所私立学校的97万名学生。执行该

> 在菲律宾，2019年的一项审计发现，教育承包服务项目中没有针对弱势学生的指导方针。

专栏3.5:

在印度，《受教育权法案》关于私立学校的条款中雄心勃勃的公平目标尚未实现

2009年《受教育权法案》第12（1）（c）条规定，印度的非少数族裔独立私有型学校应为贫困和弱势背景的儿童预留至少25%的低年级入学名额。邦政府将向学校报销非公立学校学费或公立学校生均支出，以较低者为准。

但这一条款在实施过程中遇到了几个问题（Day Ashley et al.，2020）。2010—2016年，高等法院和最高法院根据该法提起的诉讼中，约有四分之一涉及这一条款（Ambast and Gaur，2017）。邦教育部门没有足够的人员来通知申请人、处理申请、监督私立学校在基础设施和教师规范方面的合规情况以及处理上诉（Mehendale et al.，2015）。

学校抱怨说，报销过程缓慢、难以获得报销费用、报销费用低于预期水平，这导致它们提高了向其他学生收取的费用。也有人认为，邦政府低估了公立学校生均支出，且没有公开计算结果（Kingdon and Muzammil，2018）。

不仅程序不透明，申请程序和资格证明也过于复杂，这有时会引起腐败指控（Mehendale et al.，2015）。在许多邦，录取过程通过计算机化的受教育权抽签进行，这要求申请成功的学生在一到两周内与指定的录取学校联系。尽管该系统试图减少学校在选择申请人方面的自由裁量权，但由于它需要申请人能够熟练操作计算机并访问互联网，因此对家庭提出了挑战（Wad et al.，2017）。

根据国家儿童权利保护委员会的数据，到2021年，36个邦和属地中只有16个实施了这一条款（Sharma，2021）。2020年，马哈拉施特拉邦预留名额的使用率为69%，是历年最高比例，但只有41%的独立私有型学校注册了受教育权招生。新型冠状病毒肺炎疫情危机加剧了某些问题，学校不允许所谓的受教育权学生参加在线课程，并反对在封校期间禁止收费的指示（Sarasvati，2020）。据估计，在印度各地，2018—2019学年有430万名儿童受益，但卡纳塔克邦、中央邦、拉贾斯坦邦和泰米尔纳德邦占总数的68%。北方邦只使用了不到2%的预留名额（Indus Action，2018，2019）。

同时学校似乎在确保儿童融入集体方面投入很少，因此人们担心受教育权学生可能会被其他学生看不起和遭到歧视（Mehendale et al.，2015）。但是，有迹象表明学校在社会凝聚力方面取得了成功（Joshi，2020），因此这一条款通常被认为是积极的，就算在精英学校中没有发现，但至少在低学费学校中存在这个积极现象。受益儿童虽然不是最贫困的儿童，但最终进入了他们原本可能无法进入的学校（Dongre et al.，2019）。但人们仍然担心，他们到了更高年级后是否还会得到可能需要的资助。

项目的私立教育援助委员会负责对私立学校进行认证并决定每所学校的招生名额（Saguin，2019）。2019年的一项审计发现，该项目没有针对弱势学生的指导方针，也缺乏认定公立学校“拥挤”的程序，同时绩效指标也不完备（Philippines Commission on Audit，2019）。

高中教育券计划可为那些希望入读私立学校十一年级和十二年级的十年级学生提供经济支持。所有公立学校的十年级学生都有资格获得全额教育券，而私立学校的学生则可以获得教育券额度的80%。2017年，超过120万名学生使用教育券升入了十一年级和十二年级，相当于总入学人数的47%、私立学校入学人数的94%。由于教育券的金额和获取资格与学生背景无关，因此它可能也使较富裕的学生受益，从而加剧了不平等现象（World Bank，2020）。

确保非公立学校的质量是监管的核心目标

非公立学校的质量保障机制和程序侧重于教育投入、过程，其次是产出。在经合组织成员中，公立初中在课程、教师认证、班级规模、国家测评和考试方面受到的监管比非公立学校更加频繁（**图3.8**）。

与国家课程大纲保持一致是监管的重点

由于课程在培养国家认同感方面起着关键作用，因此课程大纲是监管的关键领域。只有9%的国家没有通过法规要求非公立学校使用国家课程大纲，而15%的国家只要求政府资助的学校使用国家课程大纲。智利为所有官方承认的学校制定了学前、基础和初级中等教育的强制性课程大纲。学校必须维护无歧视原则，同时须符合国家学习标准。2007年《普遍教育法》规定，学校可以制订自己的计划和课程，只要符合基准课程的总体目标。同时只要教育部批准，私立教育机构就可以设定补充性目标，例如第三语言或偏向于艺术、科学或宗教的目标。中国于2021年修订的《民办教育促进法》要求民办学校使用国家课程大纲。

图 3.8:

在经合组织成员中，针对公立学校和非公立学校的关于教育质量的法规各不相同

经合组织成员国中，2018年制定有关初级中等教育质量法规的国家数量

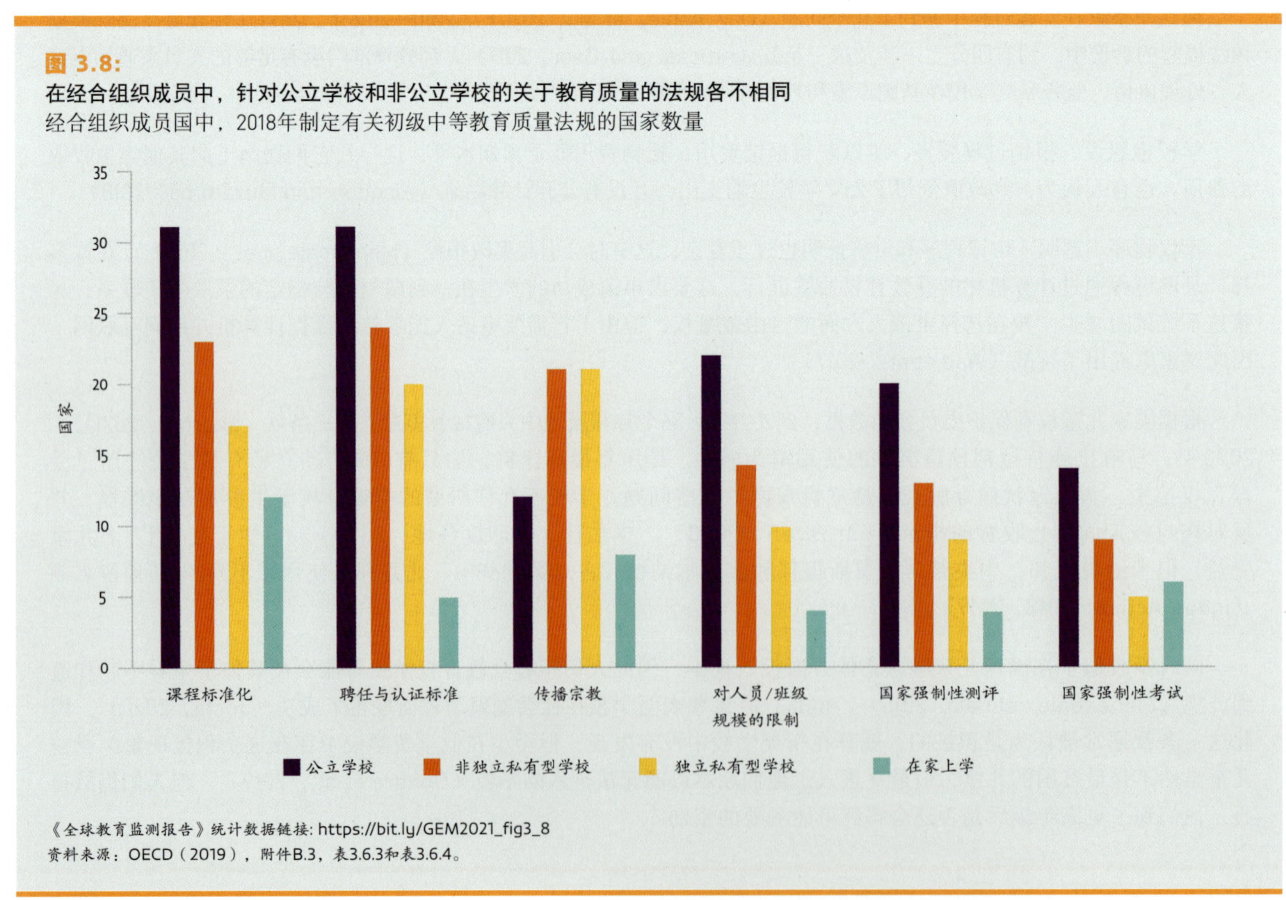

《全球教育监测报告》统计数据链接：https://bit.ly/GEM2021_fig3_8

资料来源：OECD（2019），附件B.3，表3.6.3和表3.6.4。

> 在许多国家，宗教和教学语言是导致公立学校和私立学校之间产生隔阂的两个因素。

在澳大利亚的新南威尔士州，已注册私立学校的教育计划必须与教育部批准的教育标准局教学大纲和指导方针保持一致。未被授权提供十一年级或十二年级证书的已注册学校可以申请批准修改一个或多个教学大纲结果。在昆士兰州，私立学校的教育计划必须符合《澳大利亚年轻人教育目标墨尔本宣言》，并采用国家课程大纲或澳大利亚课程、评估与报告管理局认可的课程。

在许多国家，特别是在北非和西亚国家，宗教和教学语言是导致公立学校和私立学校之间产生隔阂的两个因素。尽管阿拉伯语是该区域大部分国家的官方教学语言，但私立学校广泛使用的是英语和法语。在该区域，大多数国家都强制要求学校教授阿拉伯语和伊斯兰研究，而在获得批准的情况下，学校可以根据自己的选择，采用其他地方认可的课程进行教学。在科威特，非公立学校必须遵循通识教育目标，尊重伊斯兰价值观，并教授当地文化和阿拉伯语。在沙特阿拉伯，私立学校必须教授阿拉伯语和伊斯兰研究，即使他们采用国际课程（Arab News，2013）。阿拉伯联合酋长国将伊斯兰研究（针对穆斯林学生）、阿拉伯语和社会研究（针对所有学生）列为私立学校的必修科目。阿曼和苏丹禁止非公立学校使用违背伊斯兰价值观的阅读材料（Al Qasimi Foundation for Policy Research，2021）。

在黎巴嫩，国家课程以阿拉伯语讲授，从一年级开始引入第一外语（法语或英语），从七年级开始引入第二外语。然而，在许多私立学校中，小学阶段就已开始教授第二外语。小学之后，课程以阿拉伯语（人文和社会科学）和第一外语（数学和科学）教授（Zakharia，2016）。在摩洛哥，阿拉伯语是官方教学语言，但是已经出现了昂贵且具有择优性的双语私立学校（以法语和英语或西班牙语授课），这些学校为富人提供了相对优势，使其能够获得接受高等教育以及进入利润更高的劳动力市场的机会（CMEPT，2014）。

斐济的非公立学校可以采用自己的课程，但须经教育部部长批准，同时必须教授与健康卫生、公民教育和国家利益方面有关的特定课程。此外，小学必须将斐济语和斐济印地语作为必修科目进行教授。在巴基斯坦信德省，非公立学校必须教授信德语，并且课程“至少应与政府批准的课程相符”（Sindh Government，2002，p.4）。

在教育系统中，对待宗教的方式多种多样，当涉及课程、安全和录取等问题时，对宗教学校进行监管往往是一项挑战（**专栏3.6**）。有些国家在公立和非公立学校中都强调世俗教育。坚持去宗教化原则的法国，没有将宗教列为学校科目。斐济1978年颁布的《教育法》允许学校提供非强制性的宗教教学，但大多数科目必须保持世俗性，否则涉事机构将面临不被承认为学校的风险。相比之下，在图瓦卢，教育部部长在与教育咨询委员会协商后批准了两所非政府学校的课程，但如果课程出现“持续性的重大偏离，或宗教没有被作为课程的一个组成部分”，则教育部部长可取消其注册。

法规还涉及教师认证和工作条件

几乎所有国家（93%）都制定了关于非公立学校的中小学教师认证或培训的法规。在过去的十年中，已有80个国家通过或修订了法规。大约53%的国家制定了关于非公立学校教师资格认证的法规，北非和西亚的这一比例为30%，东亚和东南亚则为82%。

> 大约53%的国家制定了关于非公立学校教师资格认证的法规。

专栏3.6:

维持宗教学校的自主性和问责制往往是一项挑战

宗教学校是许多国家教育的核心部分，可能存在争议。反对国家资助的呼声通常很强烈，因为宗教学校可能会强加特定的宗教教学，同时人们认为此类学校会在各族群之间增加隔阂，特别是通过选择性录取。另一个令人担忧的问题是，宗教学校可能比其他学校更不愿意接受审查，尤其是在它们没有得到公共资助的情况下（Maussen and Bader，2015）。世界各地的例子表明，仅靠制衡有时是不够的。

基于宗教信仰的选择性录取政策在宗教学校很常见。在英国英格兰，此类学校可以根据复杂的标准观察申请人的宗教虔诚性，对其进行排名（Burgess et al.，2020）。例如，教育部发布了警告通知：一所伊斯兰教学校要求男生和女生通过独立的入口分开入校，同时该校所有班级和活动均按性别对儿童进行了分隔（Lowrie，2017）。还有一所犹太教托儿所，也按性别将儿童分开，从而加深了孩子们对性别的刻板印象（National Secular Society，2018）。在美国北卡罗来纳州，一所天主教学校的招生政策明确将信奉非基督教或坚持非基督教行为的家庭视为“反常和变态”的，将其排除在外（Kahlenberg，2020）。

人们常常担忧宗教学校在儿童保护方面的工作是否充分到位。阿根廷和智利已出现家长对性虐待和体罚提起诉讼的案例（Bishop Accountability，2021）；在法国，一所传统天主教学校因被控虐待儿童而被关闭（RFI，2017）；英国（IICSA，2019）和美国（ProPublica，2021）也出现了类似案例。据报道，缅甸的佛教僧侣学校存在体罚和性虐待的情况，这些学校招收了至少30万名儿童，但神职人员的豁免权阻碍了调查（Phillips，2018）。尽管塞内加尔的古兰经学校（daaras）试图融入国家教育系统，但仍然游离于系统之外（RFI，2019）。据估计，2017—2020年有17名学生死于“暴力、过失或危害行为”，这导致教师们呼吁在这个问题上打破沉默（Senghor，2020）。教师强迫学生乞讨并对他们进行严重虐待和忽视的案例屡被曝光（Human Rights Watch，2019）。

体罚是南亚学校存在的一个主要问题。在不丹，2010年教育部的一项评估发现，126所僧侣学校中有11所采用了殴打、打屁股和鞭笞等惩罚手段。在印度，妇女和儿童发展部2007年对11个邦的儿童进行的一项调查发现，至少有一半的女孩经历过某种形式的暴力，包括在私立学校和宗教学校（UNICEF，2016）。在巴基斯坦，学校和宗教学校里的性虐待是一个长期普遍存在的问题（Zafar，2020），而且有报道称警察由于收受贿赂而不会追究神职人员的法律责任（Gannon，2017）。

国家课程要求和宗教学校的课程之间经常出现矛盾，特别涉及宗教、科学和性教育等学科。在英格兰，一份关于600多所宗教公立中学（涉及天主教、英格兰教会、伊斯兰教和犹太教）的报告发现，三分之二的学校根据宗教教义来进行性与关系的教育，包括认为宗教婚姻之外的性行为是不道德的、离婚不被承认、同性恋不能被接受（National Secular Society，2018）。在英格兰伯明翰，一所未注册的伊斯兰学校的教科书竟然提倡杀死同性恋者（Titheradge，2018）。在美国，极端正统的犹太学校（私立宗教学校）在每天放学前会教授90分钟的数学、科学和英语基础课程，但在有重要宗教活动时会取消课程（Hassan，2021；New York Times，2021）。

由于担心有些宗教学校会散布宗教仇恨并使青少年变得激进，因此宗教学校也须接受检查。在肯尼亚，人们发现与极端组织有联系的机构会利用伊斯兰教学校来传播激进的圣战意识形态（Mkutu and Opondo，2021）。在巴基斯坦，一项对学生的调查发现，伊斯兰教学校的学生的观点比世俗学校学生的更加极端（Hanif et al.，2021）。一项针对旁遮普省伊斯兰教学校学生的调查发现，45%的人认为伊斯兰教学校参与了政治活动，同时42%的人认为它们参与了极端主义活动（Qadri，2018）。

在布基纳法索，非公立学校教师必须具备所需的文凭或能力资格。此外，他们必须持续接受认证培训。带班或教学需由地区基础教育和扫盲主任许可。但是在撒哈拉以南非洲的其他几个国家，许多私立学校的教师没有接受过专业培训（Lange et al.，2021）。在几内亚，私立学校对员工资质的要求不如公立学校严格（Somparé and Somparé，2018）。乌干达桥梁国际学院80%至90%的教师都未经认证（Education International，2017）。

在海湾合作委员会成员国，要获得教学岗位的资格，教师必须符合各国教育部在执照和认证方面的标准。在巴林和阿拉伯联合酋长国，小学教师必须持有教育学学士学位，中学教师则必须持有所教授学科的学士学位，同时辅修过教育学。巴林教育部要求教师必须通过学科水平考试。阿拉伯联合酋长国教育部最近提出了教师认证许可方面的要求，这表示教师培训和资格认证都在朝着更加标准化的方向迈进（Al Qasimi Foundation for Policy Research，2021）。

大约三分之二的国家制定了关于非公立学校教师工资方面的法规。但在工作条件方面，只有28%的国家的非公立学校教师得到了与公立学校教师类似的法律保护。而且，只有15个国家的此类法规涵盖了所有类型的非公立学校。在23个国家，只有在政府资助的学校工作的教师才能获得同等待遇。

在智利，2016年颁布的国家教师政策法律在入职要求、定期评估和政府支持的专业发展方面提出了更为严格的要求（Mizala and Schneider，2019）。尽管私立学校强烈反对，但该法律的最终版本涵盖了公立和私立补贴学校的所有教师（Treviño et al.，2018），废弃了按合同类型（公法与私法）聘用教师的差异。但在萨尔瓦多和危地马拉，私立学校的教师因受《私人工作法》的约束而不被视为公务员。在菲律宾，非公立学校可自行招聘教师，但所聘教师必须符合2011年相关手册规定的资格和标准。非公立学校的教师就业条件是通过薪金等级、教学时间和专业发展方面的指导方针而受到监管的。然而，与公立学校的教师不同，非公立学校的教师不必接受国家课程方面的培训，并且在教学方法上更加自由。

撒哈拉以南非洲地区的法语国家存在多种教师工作安排，但通常分为四种合同类型，比如在多哥：公务员教师、私人教师、临时教师，以及志愿或社区教师。其工作条件在工作保障、薪金等级、社会保障及养老金、家庭福利和获得继续专业发展机会等方面各不相同。志愿或社区教师的工资往往低于最低工资，且没有社会保障金或医疗保险。私立学校的合同制教师在不断增加，与公立学校的教师相比，这类教师的资历较低、教学经验较少，也缺乏培训（Lange et al.，2021）。

埃塞俄比亚政府赞成给予私立和公立学校的所有合同制教师领取养老金的权利，其中，私立学校尽管在工资方面有自主权，但差异很大。在苏丹，50%的私立学校教师都是合同制教师。在坦桑尼亚联合共和国，独立私有型学校可以按照《教育和培训政策》的规定设定教师工资，以及调动和解雇教师。在乌干达，私立学校更喜欢雇用男性教师。所有在私立学校工作的教师都有合同，但通常是口头合同（International Task Force on Teachers for Education 2030, 2020）。

新型冠状病毒肺炎疫情危机严重影响了私立学校教师的工作条件。在学校关闭且无学费收入之后，学校所有者难以支付教师工资。在印度的卡纳塔克邦，中小学联合管理机构的相关人员透露，截至2020年9月，已有50%的教师被解雇，而其余教师只能领取一半工资（Shrinivasa，2020）。在布基纳法索、喀麦隆、科特迪瓦、塞内加尔和多哥的天主教学校也发现了类似问题，这些学校陷入了严重的财务困境，难以确保教师领到工资（Lange et al.，2021；Wodon，2020a）。

执行不力往往会削弱监管

尽管监管措施广泛存在，但往往停留在纸面，实施滞后。有效的投诉和补救机制可能不存在或无法发挥作用。

许多非公立学校从未注册

由于贫困国家的学校注册程序通常烦琐、缓慢，且容易发生腐败，因此许多学校在没有执照且不符合最低标准的情况下运营。对印度贾坎德邦4个区的审计发现，2013—2015年在运营的547所私立学校中，352所提交了认证申请，但只有101所符合要求。2016年年中，它们提交的申请卡在了初等教育局。在古吉拉特邦，2012年《国家受教育权规则》生效四年后，有2000多所独立私有型学校在没有认证证书的情况下运营（India Comptroller and Auditor General，2017）。

> 对撒哈拉以南非洲5个城市1000所学校进行的一项调查发现，56%的学校没有注册，其中三分之一至少已经运营了5年。

撒哈拉以南非洲的情况也类似。由于政府缺乏贯彻这些法规的能力且缺乏资源来配备督导员，因此虽然出台了更加严格的办学法规，但许多非正规学校仍未注册或未得到承认（Baum et al.，2018）。对5个城市1000所学校进行的一项调查发现，56%的学校没有注册，其中三分之一至少已经运营了5年（CapPlus，2017）。在布基纳法索，政府对13个地区检查后发现，649所学校没有达到最低注册标准。其中，65%被认定为“未被认证，但在教育部的支持下可以补登”，其他35%则被认定为“未被认证且无法补登”，并被勒令关闭（Ouédraogo，2018）。

尼日利亚在注册方面面临相当大的挑战。在拉各斯州，新注册的私立学校数量从2019年的729所增加到了2020年的1660所，增加了一倍以上。但截至2021年，政府只批准了该州约2万所私立学校注册申请中的四分之一（Premium Times，2021）。在一项对私立学校校长的调查中，62%的校长不认为或极度不认为申请过程很容易，并且57%的校长不认为或极度不认为大多数要求对于所有类型学校来说都是可以达到的（Binci et al.，2016）。在阿日罗米–伊菲罗顿地方政府地区，只有不到1%的学校按要求支付了费用，74%的未注册学校称缺乏专用建筑、基础设施不足和无法拥有自己的地块是其未注册的原因（Baum et al.，2018）。在马可可贫民窟地区，约40%接受调查的学校表示，它们将继续保持未注册状态，主要是因为它们不可能达到规定的要求（Härmä and Adefisayo，2013）。在联邦首都区阿布贾，2016年66%的非公立学校处于未注册状态（Härmä，2019）。

虽然未注册的学校往往在政府的监督之外运营，并被排除在官方行政数据之外，但本报告发现，至少有27个国家在其统计数据中记录了此类学校。布基纳法索教育部每年都会发布一份未授权学校名单，并会通过其网站、新闻媒体和社交媒体公布此名单（Lange et al.，2021）。乌干达教育体育部会按注册状态将非公立学校分为已许可、已注册或未注册三类。2017年，14%的小学和13%的中学被登记为未注册状态。

各国对此反应各不相同，一些国家放宽了注册要求并协助学校达到这些要求，另一些国家则勒令未注册的学校立即关闭。在加纳，政策执行较为灵活，学校可先开始运营并招收学生，然后再申请注册。但与此同时，学校报告称，由于政府官员收受贿赂，因此在申请过程和例行检查中对一些严重问题视而不见。约67%的学校报告称在2017年接受了检查（Härmä，2019）。在乌干达，非公立学校很少因未达到标准而关闭。政府人员会帮助它们达到最低标准，并制定学校改进计划。此外，对土地最低要求的评估也较为灵活，并会给予教育机构额外的时间来达到其余所有标准。

相比之下，在肯尼亚，在一所未注册的学校发生致命事故后，政府下令关闭所有未注册的学校，而不区分那些已经完成了一半政府注册程序的学校和那些根本没有注册甚至没有向教师服务委员会备案的学校（Cheruiyot，2019）。在南非约翰内斯堡，两所非法学校因没有在豪登省教育部注册而于2020年被关闭。此外，有些教师缺乏教学所需的合法身份证明文件及南非教育工作者理事会要求的文件（Maphanga，2020）。

然而，一些国家缺乏强制关闭学校的能力，比如尼日利亚。在阿布贾，虽然质量保障部有权关闭550所非法运营的学校，却缺乏关闭学校并提供其他服务的资源（Härmä，2019）。尽管如此，2021年，奥孙州政府仍以未达到最低标准为由关闭了600多所托儿所和小学，宣布“向那些‘暴发式发展的学校’宣战”，并“对系统中的‘滥竽充数’者和未达到规定标准的学校零容忍”。

行政部门表示，任何希望开办新学校的人都需要持有尼日利亚教师注册委员会签发的证书（Premium Times，2021）。

质量保障和处罚机制旨在提高标准

在全球范围内，所有国家都强制要求对非公立中小学进行督导，然而只有81%的国家将这项义务延伸到了所有类型的非公立学校。各国通常会确定督导内容、学校应达到的标准，以及警告和处罚等可能采取的措施。关闭学校或吊销执照是最极端，同时也是最常见的处罚形式，几乎所有国家都有。在54%的国家，法规还决定了关闭学校的时限。

在布基纳法索，2004年的一项指示允许教育部根据私立教育常设委员会的建议，关闭不符合标准的私立基础学校。教育部通常以过度拥挤、不卫生或校舍危险等理由关闭私立学校。尽管还存在其他问题，比如教师并不总是签有书面合同，没有按照正规薪酬体系支付教师工资，教师也未被纳入社会保障体系，但在关闭原因中没有提到这些（Lange et al.，2021）。相比之下，毛里塔尼亚则没有规定要求依赖政府的私立学校接受督导。即便此类学校被督导，那也不会因为督导结果遭到任何处罚，并且它们免受基于考试结果的处罚（World Bank，2016）。

在北非和西亚，包括阿尔及利亚、利比亚和伊拉克在内的国家要求非公立学校的学生参加国家层面的中学考试。苏丹也是如此，但通常会让国际学校免于执行此项要求，因为其课程可能需要学生参加其他考试。在拥有相当大规模的民办教育机构的阿拉伯联合酋长国，“按照教育部规定的条件”，非阿拉伯私立学校的中学毕业证书相当于国家证书（United Arab Emirates Cabinet，2008）。

在不丹，私立学校必须评估并审查自身表现。大多数学校每年还须接受教育部的评估，同时其学生要参加国家考试。教育部如果收到私立学校未遵守某项准则的通告，就将调查这些问题，如果发现通告属实，则将向学校发出书面警告，并可能建议停学或终止许可证，甚至关闭学校。

印度2009年颁布的《受教育权法案》规定，除非符合该法案附件中的规范和标准，否则学校将不被允许开办或不会被认证。如果违规行为超过三年，那么当局必须撤销对学校的认证，如果所有者继续经营学校，那么将被处以巨额罚款。在卡纳塔克邦，教育部部长声称要关闭1400多所不符合该法案的私立学校（Deccan Chronicle，2014）。2016年，印度旁遮普邦关闭了1170所私立学校。代表印度5.54万所私立学校的国家独立学校联盟报告称，超过1.5万所学校因不合规而收到关闭通知（Iyer and Counihan，2018）。

在菲律宾，自1970年代以来，私人认证一直有效，可以应付政府监管方面的问题。过去，政府可以在准入方面对私立学校进行限制，以保护公立学校免受竞争。被承认的非公立学校可以自愿申请认证，这是一种菲律宾认证机构联合会认可的质量认证形式。如果获得批准，该认证可以赋予学校更大的自主权，解除受监管状态（学校不必接受定期评估）并带来国家财政援助。与政府标准相比，私立学校的自主程度取决于它们所获得的认证等级。但是，联邦和教育部之间仍然存在问责权问题（Rossignoli，2021）。

斐济的所有非公立学校均须接受常务秘书授权的行政人员的外部评估，后者有权在事先通知或不通知的情况下随时入校检查。2014年《学校标准监督和督导政策》要求学校必须向地区教育行政人员提交自我评估审查，后者必须至少每三年审核一次。如学校在收到官方警告后仍不遵守规定，则可能会被取消注册证书，或被常务秘书下令关闭。在格鲁吉亚，申请由国家教育质量提高中心签发的认证是自愿的，但当学校考虑参加政府的教育券计划时，该认证是必要条件。经授权和官方认证的学校有权颁发证书。

法规还覆盖了补习的其他方面。韩国由于考虑到接受补习的群体太庞大，因此只要求公司注册，而不要求个体从业者注册，但后者需要满足某些要求。其他一些国家的法规涉及提供补习的场所（例如埃塞俄比亚、俄罗斯和乌兹别克斯坦）或补习时长（例如韩国和俄罗斯）。在哈萨克斯坦和乌兹别克斯坦，补习机构必须建立学院体系，将补习老师召集在一起，以促进专业发展，并就课程和教学方法进行讨论。有些法规还涵盖了所提供课程的内容（如哈萨克斯坦和巴基斯坦）。

但关于补习老师资质的法规不太常见。本报告对国家概况的分析表明，91个国家中有28个国家存在这种规定。马来西亚要求补习老师持有教学许可证，且其管理人员必须至少具有3年的教学经验或在相关领域至少有6个月的从业经验。韩国也有类似的要求。俄罗斯和乌克兰要求补习老师必须达到特定的标准。在有些国家，由于私人补习市场不断扩大，因此政府试图引入一些系统来监测和确保教学质量，例如使用在线注册和在线平台，如中国和韩国（Zhang，2020）。澳大利亚课外补习协会颁布的行为准则提供了有关广告标准、资格、消费者信息、退款政策和商业道德方面的指导方针（Australian Tutoring Association，2021）。日本全国学塾协会发布了供补习公司参考使用的自愿标准以及儿童和数据保护指南（Bray and Kwo，2014）。英国2013年成立了课外补习协会，该协会为补习老师制定了职业道德规范并为公司制定了行为规范来使这一新兴行业专业化（Tutors' Association，2021）。

关于是否应该允许公立学校在职教师提供课外补习这一有争议的问题，已知有四种方法可以防止课堂中出现腐败和低质量教学：禁止、劝阻、批准后允许，以及放任（Bray and Kwo，2014；Zhang，2020）。乌克兰没有明确禁止公立学校教师从事私人补习（OECD，2017），2016年，36%的学生报告称接受了在校教师的私人补习（Civil Network OPORA，2016）。在毛里求斯，政府多次试图解决此问题而未果，同时一份报告称私人补习业是一种“营业额达数十亿卢比”的平行教育系统（Think Mauritius，2019，p. 42）。

基于PEER国家概况的分析表明，10个国家明确禁止所有教师从事私人补习，11个国家禁止公立学校教师从事私人补习，还有10个国家虽然也禁止教师从事私人补习，但没有具体说明教师类型。印度从1996年开始采取措施禁止公立学校教师从事私人补习。2015年，特里普拉邦高等法院禁止所有依赖于政府的学校和私立学校的教师从事私人补习（Barman，2020）。俄罗斯于2020年修订的《教育法》禁止教师在“会导致利益冲突的情况下”（当教师对物质利益的兴趣对其主要工作产生了负面影响时，可能就会发生利益冲突）向同一所学校的学生提供有偿教育服务。因此，在某些情况下，教师可以收费为自己的学生提供补习。

结语

确保包容、公平和优质的教育需要所有行为体共同努力履行其职责。虽然问责制应从政府开始，但重要的是要认识到教育领域行为体的多样性和相互依赖性。

各国分担教育责任的方式差异很大。改进责任分担机制可以提高教育系统的有效性和公平性。虽然允许非国家行为体参与教育具有好处，但需要健全的治理和监管框架提供支撑。然而，在许多国家，监管并不完善。而在另一些国家，即使制定了法规，政府也没有足够的财力和人力来确保法规得到遵守。腐败和贿赂根深蒂固，使最弱势群体处于教育成本高昂、质量低下的风险之中。复杂、昂贵且漫长的注册过程可能会阻碍相关学校获得许可和批准，并迫使学校在未被认证的状态下运营。

最终，各行为体需要相互依赖以实现共同的教育目标。实现这些目标需要协作和沟通。各国政府需要将教育系统视为一个单一实体，确保公立和非公立学校都有标准可依，并确保所有教育行为体都能对其活动和结果负责。支持合规行为并保障有效投诉和补救机制的有效监管框架是存在的，而且可以复制。这对于确保每名学生都能学习是至关重要的。

印度尼西亚，一名男孩上学前向他的父母挥手告别。

摄影：Robbi Akbari Kamaruddin/Alamy Stock Photo

第4章

财政

重要信息

各国政府对非国家行为体的资助方式各不相同。

- 政府可能不支持、部分支持或完全支持民办教育机构。在加拿大，虽然政府承担了30%的私立学校开支，但所承担的公立学校开支却高达94%。瑞典政府承担私立和公立学校的所有开支。
- 各国补贴的成本各不相同。在孟加拉国，政府支付非公立中学和宗教学校教师的工资，这两类学校占入学人数的96%。在印度，6%的中小学由“政府资助”，接受教师工资补贴，但只有6个邦承担学费以外的费用。
- 有些政府对私立学校征税，还有些政府则通过融资机制来促进学生择校。智利从1981年起就实行了教育券政策。2008年，学校根据其边缘化学生的比例获得了额外的资助。2015年，智利规范了录取程序，不再允许接受补贴的学校收费。

家庭负担了很大一部分教育资金，尤其是在最贫困的国家。

- 据估计，低收入和中等收入国家三分之一的家庭教育支出来自子女就读于公立学校的家庭。在15个国家，子女就读于公立学校的家庭教育支出的39%用于购买校服和其他用品。
- 家庭教育支出存在不平等现象。在阿根廷、哥斯达黎加、菲律宾和赞比亚，最贫困的20%家庭在教育上的支出几乎为零，而最富裕的20%家庭在教育上的支出占国内生产总值的0.5%至1.7%。
- 高收入国家的公立学校也会收取额外费用。根据2018年国际学生评估项目，59个国家中有7个国家的公立学校接受家长的强制性赞助，38个国家的公立学校接受家长的自愿性赞助。
- 家庭在私人补习上的支出也在不断增加。在荷兰，家庭的补习支出在2005年至2016年间增长了160%。在缅甸，补习支出占家庭教育总支出的42%。

私人教育机构通常依靠的是家庭自付费用。

- 在51个中高收入和高收入教育系统中，有28个系统的大多数私立中学至少有80%的收入来自学费。
- 新型冠状病毒肺炎疫情严重影响了依靠学费收入的私立学校。在巴拿马，高达40%的父母无法支付每月的分期付款。在厄瓜多尔，在2020学年开始时，公立学校的入学人数增加了6.5%，即增加了12万名学生。
- 大约六分之一的家庭靠存钱支付学费；大约8%的家庭还需要借钱支付学费，在海地、肯尼亚、菲律宾和乌干达，这一比例超过了30%。

捐助者设想私营部门能够发挥强有力的作用，但对营利性教育机构持谨慎态度。

- 全球教育伙伴关系、国际金融公司（IFC）和欧洲议会最近宣布，它们将不会对营利性行为体提供资助。
- 世界银行和亚洲开发银行支持混合融资和公私伙伴关系，尽管这给教育领域带来好处的证据尚不明确。

许多国家都在纠结是否应向民办教育机构提供公共资金，以及这种资金是否会损害教育公平。实现联合国2030可持续发展目标4涉及家庭为教育支付了多少钱，以及是直接自付费用还是通过税收间接支付。同时，随着慈善行为体的影响力越来越大，它们的方法和动机也在受到审视。

本章分析了政府在通过各种机制（包括公私伙伴关系）为非国家教育机构提供资金方面的作用，以及新型冠状病毒肺炎疫情对非公立教育融资的影响，此外还分析了家庭赞助及其对教育不平等所产生的影响，最后讨论了民办教育的捐助者和慈善融资及其在利用私人融资方面的努力。

政府直接或间接地为非国家教育机构提供资助

各国和地区政府在是否资助民办教育机构的问题上各执己见：它们可能会也可能不会在财政拨款上区分公立和非公立学校；可能会也可能不会补贴私立学校；可能会将教育管理的一个或多个方面外包出去；可能资助也可能不资助学生入读自己选择的公立或私立学校（Patrinos et al., 2009）。

与公立学校相比，政府为私立学校提供的资金通常更少，更不频繁。2017年，经合组织成员对公立中小学学生的生均支出为9515美元，但对私立学校的生均支出为6064美元。但是，其中存在很大差异：在加拿大，虽然政府承担了30%的私立学校开支，但所承担的公立学校开支高达94%，而瑞典则承担了私立和公立学校的所有开支（OECD，2020a）。

在参加2018年国际学生评估项目的68个教育系统中，29个系统没有学生就读于政府提供80%以上资金的私立学校。在德国，虽然没有学生就读于私立学校，但96%的公立学校学生就读于那些政府提供80%以上资金的学校。芬兰的所有学生都就读于政府提供80%以上资金的公立或私立学校（**图4.1**）。

在参加了多轮国际学生评估项目的教育系统中，只有在包括秘鲁、卡塔尔和阿拉伯联合酋长国在内的少数几个国家，独立私有型学校的入学人数占比有所上升，这些学校从政府获得的资金不到其资金的50%。越来越多的国家，其非独立私有型学校的入学人数占比有所上升，这些私立学校至少从政府获得了其资金的50%。在智利、匈牙利、瑞典和英国，非独立私有型学校的入学人数比公立学校的入学人数增长更快。在印度尼西亚和韩国，其增长速度甚至快于独立私有型学校的入学人数（OECD，2020b）（**图4.2**）。

> “与公立学校相比，政府为私立学校提供的资金通常更少，更不频繁。”

图 4.1:

很少有国家和地区为私立学校提供大量资金

2018年就读于政府提供80%以上资金的公立或私立学校的学生所占的百分比

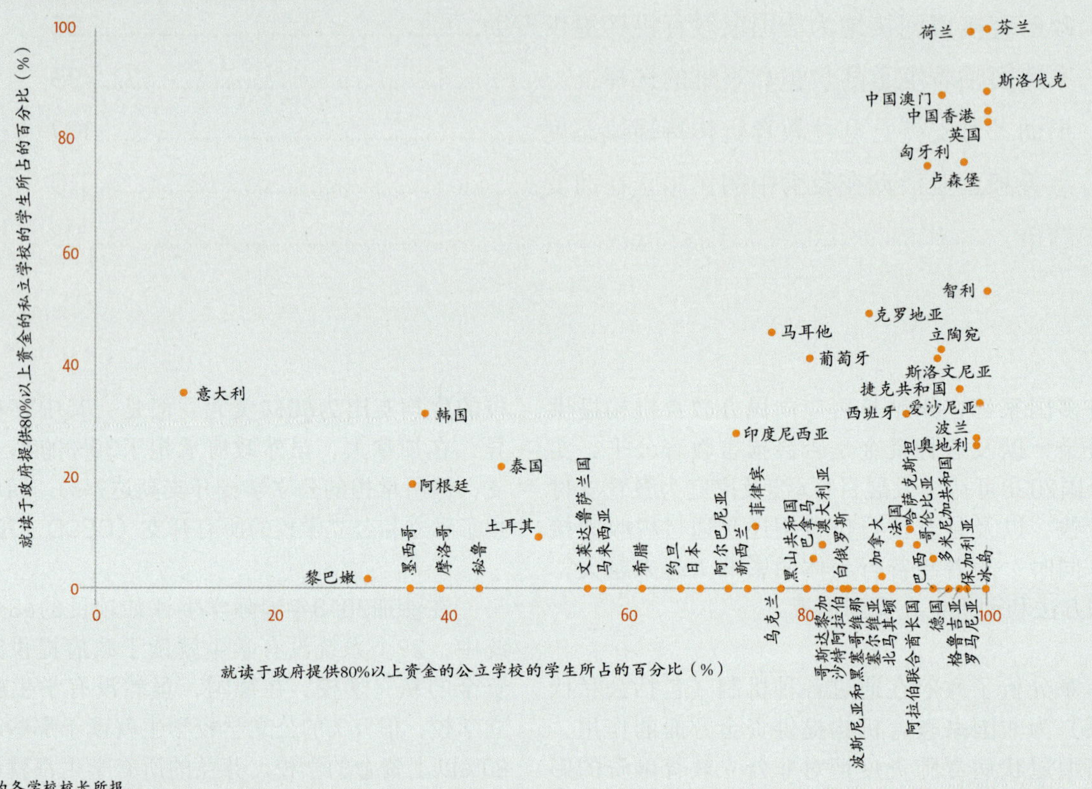

注：数据为各学校校长所报。

《全球教育监测报告》统计数据链接：https://bit.ly/GEM2021_fig4_1

资料来源：《全球教育监测报告》小组基于2018年国际学生评估项目数据库所做的分析。

图 4.2:

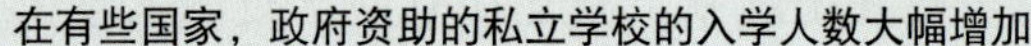

在有些国家，政府资助的私立学校的入学人数大幅增加

2000—2018年部分国家公立、独立私有型和非独立私有型学校的入学人数占比

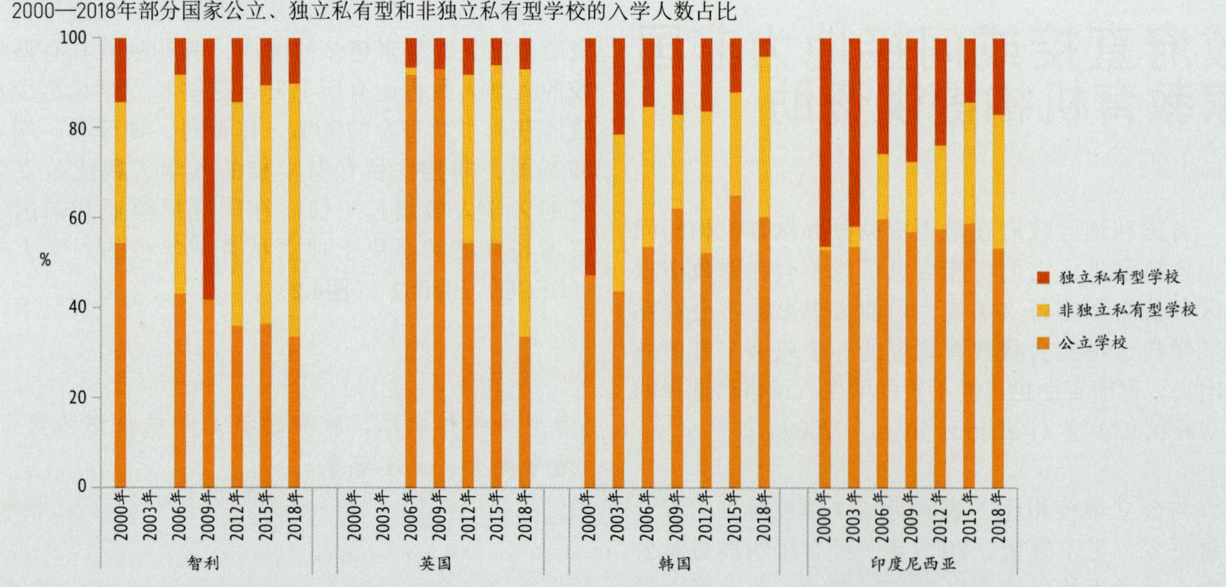

注：数据为各学校校长所报。非独立私有型学校从政府获得的资金至少为其资金的50%。独立私有型学校从政府获得的资金不到其资金的50%。

《全球教育监测报告》统计数据链接：https://bit.ly/GEM2021_fig4_2

资料来源：《全球教育监测报告》小组基于国际学生评估项目数据库所做的分析。

许多中等收入和高收入国家的政府会通过融资机制来促进学生择校，有些国家则向弱势学生倾斜。智利的融资机制众所周知，在过去的15年中该机制得到了逐步改革，以解决其最初设计所带来的高度不平等和社会隔离问题（Santiago et al.，2017）（专栏4.1）。阿根廷的私立教育国家资助体系从1947年就开始向为贫困家庭服务的私立学校提供财政援助（Narodowski and Moschetti，2015）。在布宜诺斯艾利斯，50%的学生就读于私立学校，其中75%就读于享受补贴的私立学校。这些学校可以获得高达教师和校长工资成本80%到100%的补贴，有些学校甚至还被批准按月收取少量费用（Moschetti and Verger，2020）。

专栏4.1:

智利一直在逐步改变其学校融资政策，以提高公平性

智利1981年推出了通用教育券政策。学校资助系统跟随学生，并向非独立私有型学校（2015年占基础教育学生人数的53%）提供与由地方政府管理的公立学校（占学生人数的39%）数额相同的生均补贴（Santiago et al.，2017）。但是，该政策允许营利性非独立私有型学校收取附加费，从而导致了严重的社会隔离和过度牟利。2013年，在为营利性学校提供的公共资金中，有约5亿美元被学校所有者截留，而没有再投资于教育（Stuardo and Cayuela，2019）。

为了应对自2000年代中期以来重大社会运动的压力，政府试图解决这些后果。2008年，优惠学校补贴项目发现贫困家庭学生的教育费用较高，因此增加了教育券金额，同时学校也根据其边缘化学生的比例获得了额外的资助。2015年，《包容法案》试图通过规范录取和选拔程序，并不再允许接受国家补贴的学校收取费用，来缓解社会隔离现象，同时要求营利性学校转制为非营利性学校：到2018年，97%的学校已开始转为非营利法人实体（Stuardo and Cayuela，2019）。

一些评估结果表明，该国教育系统的公平性和有效性有所提高。对2008年改革进行分析后发现，公立学校和免费私立学校学生的考试成绩有所提高（Murnane et al.，2017）。另一些评估结果发现，取消附加费并提高提供给贫困学生的教育券金额，使贫困家庭能够选择以前负担不起的学校，这加剧了贫困社区的竞争（Neilson，2013）。但是一项审计发现，学校并没有将收入用于已批准的额外改进或为弱势学生改善教学质量（Feigenberg et al.，2019）。

最后，2016年的国家教师政策将所有非独立私有型学校的教师纳入公务员序列，估计成本约为国内生产总值的1%。教师最低工资水平的提高对私立学校产生了一定影响（Mizala and Schneider，2020）。

在荷兰，宪法允许公立和私立学校接受同等的公共资助。虽然大约三分之一的学生就读于公立学校，三分之二的学生就读于基督教学校和其他非独立私有型学校，但资助水平与学校类型无关，而与学生人数有关。学校会获得用于教职员工和运营费用的一揽子赠款，以及为来自弱势社会经济背景和有特殊教育需求的学生提供的额外资金（OECD，2016）。

在印度，少数私立学校自1970年代以来一直在接受资助款和显性或隐性补贴。2009年颁布的《受教育权法案》要求私立学校向低收入家庭的儿童提供25%的一年级入学名额；作为交换，政府会报销这些儿童的学费（Sarin et al.，2015）。

一些旨在将私立教育纳入公共资助体系的公私伙伴关系项目，如哥伦比亚波哥大的特许学校、菲律宾的教育服务承包项目和乌干达的普及中等教育项目，其目标也是增加贫困学生入读私立学校的机会（Aslam et al.，2017）。

政府只资助非公立学校的一部分支出

《全球教育监测报告》小组进行的一项综合分析显示，只有84%的国家设有政府“资助”或“补贴”的私立学校，并明确定义了教师工资和（或）非工资项目（如教科书和其他学习材料）的支付款项。

在那些以私营部门为主要教育机构的国家中，政府倾向于支付教师工资，这是在经常性费用中占比最大的开支。在孟加拉国，少数公立中学学生数仅占总入学人数的4%，超过1.6万所非公立中学和7600所宗教学校每月都会收到政府用于支付教师工资的款项；世界银行资助的一个正在进行的项目旨在使月度支付凭证机制合理化并更具战略性，以填补教师缺口，但由于新型冠状病毒肺炎疫情的影响，该项目目前陷入

停滞（Bangladesh Ministry of education，2018；World Bank，2020）。在其他国家，支付款项里则不包含教师的工资费用。在海地，超过85%的小学由非政府组织、教会和营利性机构管理（World Bank，2018）。2017—2027年教育计划规定，可以向非公立机构（特别是低学费的私立学校）提供公共资金，以补贴教师工资。

能否获得资助取决于学校的绩效、学校注册状态以及收费水平等因素（Haiti Ministry of National Education and Professional Training，2018）。然而，实际上，该系统缺乏足够的国内资金，而捐助资金也不能用于支付教师的工资（World Bank，2018）。

在其他国家，政府资助的私立机构规模要小得多。在印度，6%的中小学在2019—2020学年被列为“政府资助”学校（但在马哈拉施特拉邦、梅加拉亚邦和喀拉拉邦，该比例分别高达22%、28%、43%），可获得教师工资补助（India Ministry of Education，2021）。但是，由于这些受资助学校已经多年没有收到非工资补助金，同时又不被允许上涨收费来收回部分成本，因此其财务可持续性受到了影响（Dore，2013）。只有6个邦支付除学费以外的费用，如课本、文具、校服和交通。报销手续可能会被拖延很长时间：在拉贾斯坦邦的斋浦尔，报销手续滞后了6个月（Sarin et al.，2015）。

科特迪瓦一直在资助私立学校，从1990年代末开始，该国将补贴额度与教师资格、班级规模、收费范围和考试成绩挂钩（Sakellariou and Patrinos，2009）。2010—2011学年至2017—2018学年间，就读于受资助中学的学生人数翻了两番（Education Partnerships Group，2019）。但是，扩招对预算构成了挑战，而该项目也并非以接受教育的公平性为目标。此外，许多私立学校设施差，由于补贴款项迟发和难以按时提高学费而面临财务问题，因此影响了教师工资的及时发放（Koutou and Goi Bi，2019）。

政府很少为非公立学校在建设、装修或设备方面的支出买单。在17个经合组织成员的教育系统中，有7个系统的私立学校没有资格获得公共资助（OECD，2018c）。而对于其他系统来说，资格和筹资情况则各不相同。在捷克共和国，私立学校的资金由地方政府自行解决。在丹麦，私立学校可从中央政府获得基于教育活动的赠款。在瑞典，非独立私有型学校获得的资助与公立学校相当。比利时弗兰芒语区要求私立教育机构使用利用公共补贴建立的教育设施开展至少30年的教育活动，然后，它们就可以选择出售这些建筑物，而无须将股权返还给政府。因此，学校设施的所有权可能会成为一个难以解决的问题（Nusche et al.，2015；OECD，2017，2018a）。

在印度尼西亚，中央、省和地区政府通过四种机制为基础教育提供资金：直接一次性投资并持续支付工资；在用电等公用事业方面提供补贴；针对某些运营费用提供赠款；对贫困家庭提供奖学金或其他援助。公立学校可从所有这些机制中获得资金。但是，占所有私立学校35%且归宗教事务部管辖的伊斯兰教学校和伊斯兰寄宿学校［被称为伊斯兰习经院（pesantren）］，只能通过最后两种机制获得部分资金。由于这些学校被排除在了省和地区级资金补助（这些资金由教育部而非地区事务部下放）的范围之外，因此，伊斯兰教学校和伊斯兰习经院私下筹集资金并将成本转嫁给家庭（Joshi，2018）。

有些国家提倡择校，而另外一些国家将私立学校视为公司并对其征税。乌干达政府在2014—2015学年预算中对私立中小学征收了公司税。在三个地区对所有者和其他利益相关者进行的访谈和焦点小组座谈表明，税收导致了学费的上涨（Kasozi-Mulindwa and Okware，2019）。

私立学校的资金受到了新型冠状病毒肺炎疫情的严重影响

新型冠状病毒肺炎疫情严重影响了私立学校，特别是那些依靠学费获得收入的学校。对媒体报道的初步综述显示，在至少25个国家，包括喀麦隆、莫桑比克、尼日尔、越南和赞比亚，私立学校教师

> “2019—2020学年，印度6%的中小学被列为“政府资助”学校，而喀拉拉邦的这一比例高达43%。”

> 阿富汗、加拿大、爱尔兰、巴基斯坦和巴拿马将私立学校排除在了作为赈济新型冠状病毒肺炎疫情的附加教育资金的范围之外。

和合同制教师失去了工作或遭受了减薪（Carvalho and Hares，2020）。

在尼日利亚，在接受可持续教育与企业发展（SEED）资助的715所低收费私立学校中，大多数学校自闭校以来没有收取过任何费用，也无法支付租金，因此有可能会被责令迁出（Niazi and Doorly，2020）。在多米尼加共和国、埃塞俄比亚、加纳、莫桑比克、尼日利亚、塞内加尔、乌干达和赞比亚，657所低收费私立学校中，99%的学校称收入大幅下降，平均降幅达80%（Opportunity EduFinance，2020）。

有些国家则试图确保私立学校教师和合同制教师能够继续领取工资。尼日利亚推出了一揽子低息贷款刺激计划，以支付私立学校教师的工资。科特迪瓦同意向工资已被拖欠3个月的1万多名合同制教师支付工资（Carvalho and Hares，2020）。作为中小企业总体项目的一部分，加纳对私立学校提供了资助（Niazi and Doorly，2020）。越南扩大了现金转移方案，以覆盖私立学校教师。在卢旺达，收入低于一定门槛的私立学校教师可免缴个人所得税（IMF，2021）。联合国难民事务高级专员办事处确保了布基纳法索、乍得、马拉维和莫桑比克的教师在闭校期间仍能领取工资（Carvalho and Hares，2020）。加纳全国私立学校协会成功倡导了对中小企业支持的包容性。肯尼亚私立学校协会推出了一个在线平台，支持所有私立学校的远程学习（Niazi and Doorly，2020）。然而，包括阿富汗、加拿大、爱尔兰、巴基斯坦和巴拿马在内的其他政府，将私立学校排除在了作为赈济新型冠状病毒肺炎疫情的附加教育资金的范围之外（Carvalho and Hares，2020）。

在有些国家，政府重点关注如何应对新型冠状病毒肺炎疫情期间大量学生从私立学校转到公立学校的问题。在秘鲁，对1.2名万名要求将子女转到公立学校的父母进行调查后发现，一个关键原因是他们不满意私立学校在线教育服务的质量。教育部在公立学校中增加了10万多个学位，估计需要1900多万美元才能聘用至少1700名运营人员、1500名教师、2000名教育助理和900名行政人员。同时，秘鲁教育部还开发了一种基于学位可用性的算法，以将学生分配到最近的公立学校（Alvarez et al.，2021）。

家庭面临着沉重的负担和艰难的选择

每个家庭都会投入资源，以确保他们的孩子能够接受尽可能高质量的教育，获得竞争优势，从而改善他们的生活机遇。家庭直接赞助的程度可能与政府供给程度、政府对公平的重视程度以及税收的再分配效应有关。家庭负担的分配以及家庭的选择机会影响整个教育系统。在教育方面自付费用的动机可能是政府支出低，这迫使父母支付费用；同时也可能是出于财富、雄心或来自同伴的压力，父母致力于为孩子赢得优势。

本报告的分析表明，在高收入国家，家庭支出占教育支出的16%，而在低收入和中等收入国家则占36%。作为国内生产总值的一部分，该支出占高收入国家国内生产总值的1%，占低收入和中等收入国家国内生产总值的2.3%（**第21章**）。在初等和中等教育中，家庭教育支出占萨尔瓦多国内生产总值的1.2%、摩洛哥的1.5%、印度的1.8%、加纳的2.5%。

> 在高收入国家，家庭支出占教育支出的16%，在低收入和中等收入国家则占36%。

有四个问题值得注意。第一，并非所有支出都来自子女就读于非公立中小学的家庭。据估计，在低收入和中等收入国家，家庭支出的三分之一来自子女在公立学校就读的家庭。

在危地马拉和巴基斯坦，子女就读于初等和中等私立学校的家庭的支出约占初等和中等教育家庭支出总额的80%；而在中国和肯尼亚，子女就读于初等和中等公立学校的家庭的支出约占初等和中等教育家庭支出总额的60%（**图4.3**）。

第二，家庭支出涵盖范围广泛，从正式和非正式费用到校服、课本、文具、交通、私人补习和寄宿。难以进行比较分析，因为调查对支出项目进行了不同的分类，有些项目在某些国家和某些学校类型中比其他项目更为重要，例如在15个低收入和中等收入国家，对于子女就读于公立学校的家庭，其教育支出的39%用于校服和学习用品，相比之下，对于孩子在非公立学校就读的家庭，这一比例仅为17%（**图4.4**）。

第三，对于子女就读于非公立学校的家庭，大部分支出都花在了学费上；而对于子女就读于公立学校的家庭，支出主要指向学费以外的项目。在本报告分析的24个低收入和中等收入国家样本中，支付给学校的费用占家庭教育支出的64%：对于子女就读于公立和非公立学校的家庭而言，该比例分别为45%和71%。在阿根廷、埃塞俄比亚和尼日利亚，公立学校的学费非常低；但在肯尼亚、乌干达和赞比亚，公立学校学费却很高。

图 4.3:

在许多低收入和中等收入国家，初等和中等教育家庭支出占国内生产总值的1%以上

2010年代部分国家按学校类型分列的初等和中等教育家庭支出占国内生产总值的比例

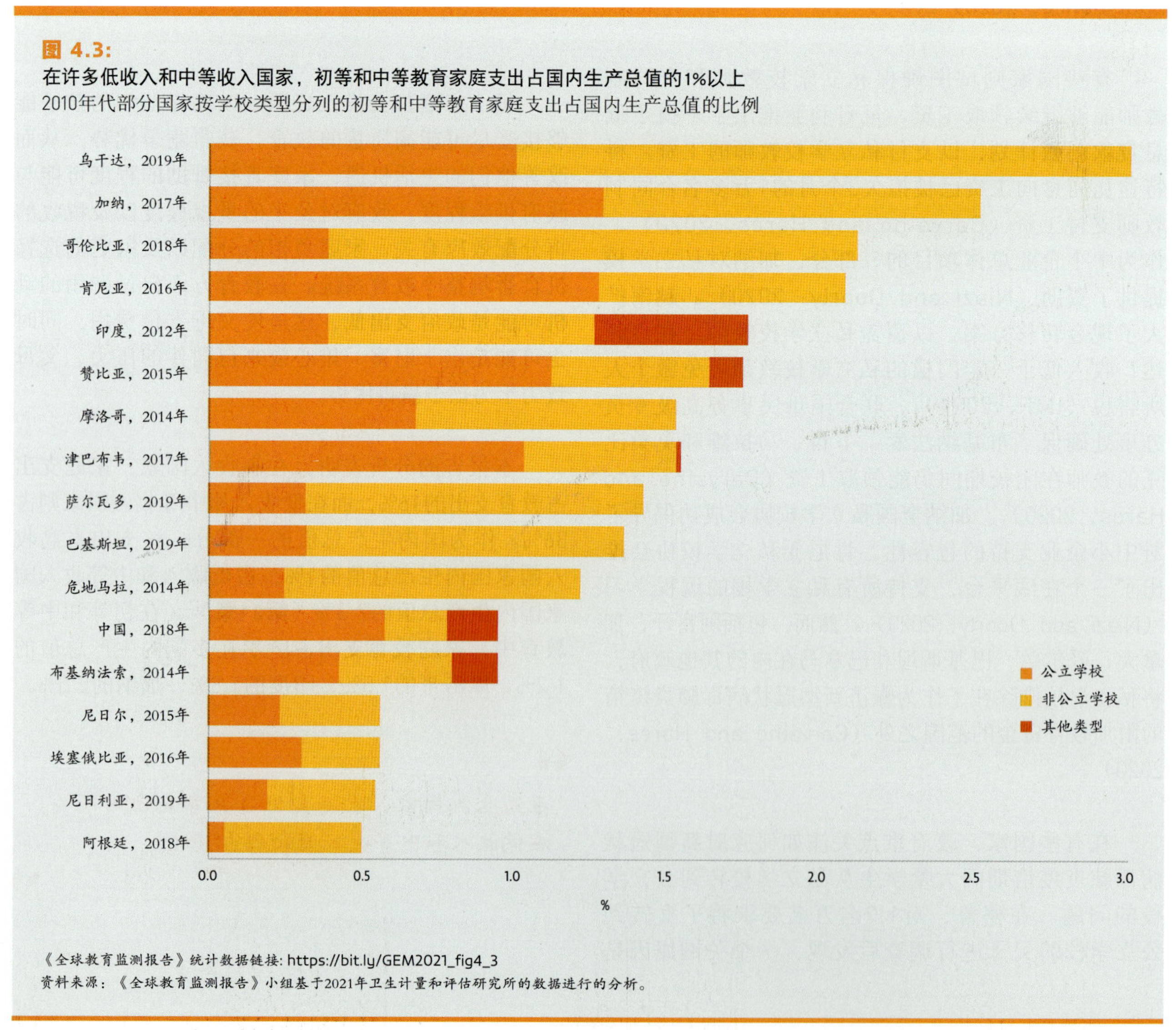

《全球教育监测报告》统计数据链接：https://bit.ly/GEM2021_fig4_3

资料来源：《全球教育监测报告》小组基于2021年卫生计量和评估研究所的数据进行的分析。

图 4.4:

对于子女就读于非公立学校的家庭来说，主要支出项目是学费，而子女就读于公立学校的家庭的主要支出项目是其他费用

2010年代部分国家按学校类型和支出项目分列的初等和中等教育家庭支出占国内生产总值的比例

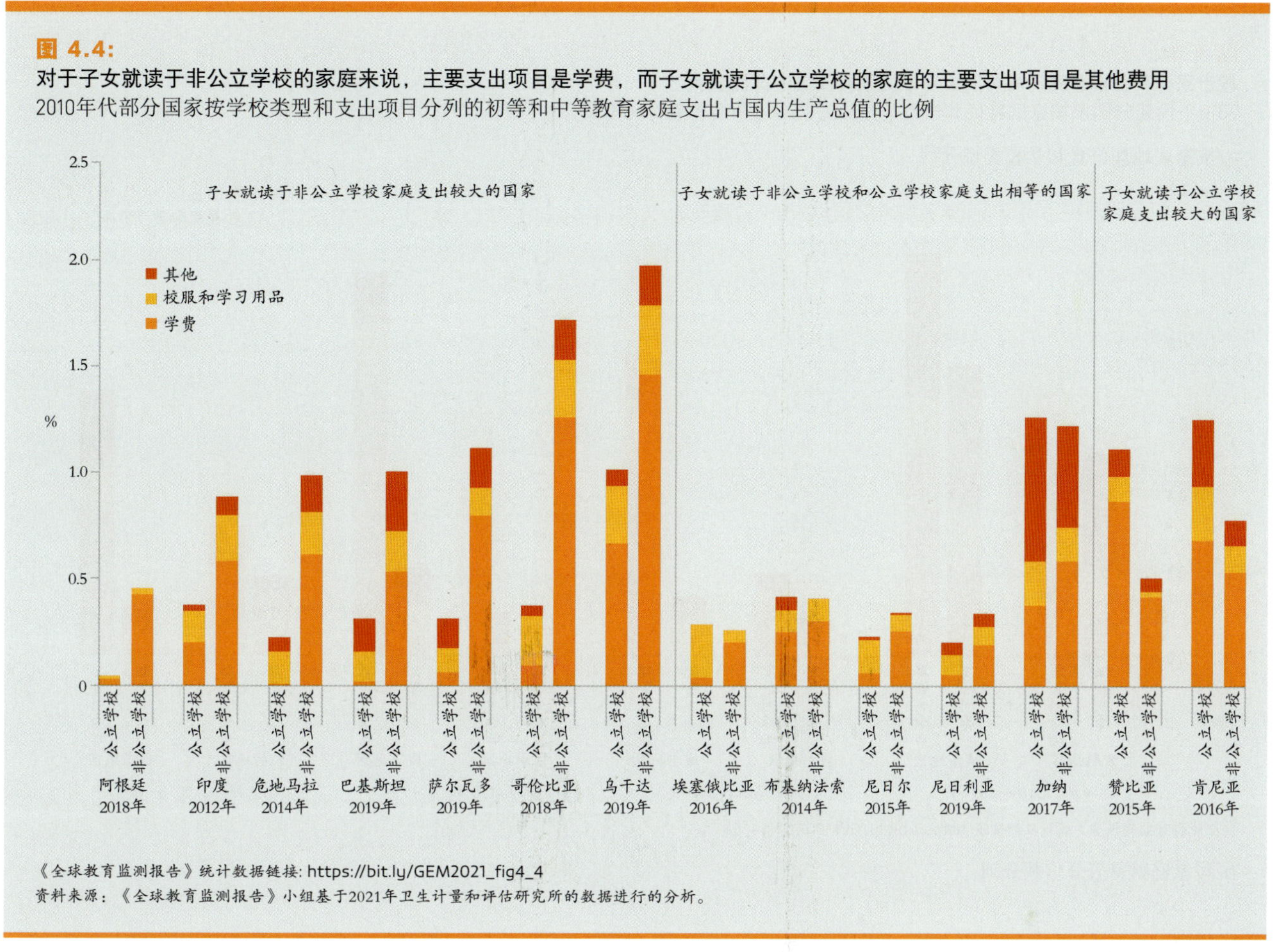

《全球教育监测报告》统计数据链接：https://bit.ly/GEM2021_fig4_4

资料来源：《全球教育监测报告》小组基于2021年卫生计量和评估研究所的数据进行的分析。

> *在24个低收入和中等收入国家，支付给学校的费用占家庭教育支出的64%。*

第四，家庭教育支出不均衡，城市和富裕家庭的教育支出占比较大。城市由于人口密度大且对教育的需求更高，因此民办教育的历史更久。城市家庭的教育支出在国内生产总值中的占比高于农村家庭，同时城市家庭在初等和中等教育中的很大一部分支出流向了民办教育机构；对于危地马拉和巴基斯坦的城市家庭，子女就读于非公立学校的开销是子女就读于公立学校开销的5倍（**图4.5a**）。

在阿根廷、哥斯达黎加、菲律宾和赞比亚，最贫困的20%家庭在教育上的支出几乎为零，而最富裕的20%家庭在教育上的支出占国内生产总值的0.5%至1.8%（**图4.5b**）。性别不是家庭支出模式的主要决定因素，尽管在某些国家，性别偏见一直影响着家庭内部的资金分配（**专栏4.2**）。许多家庭的支付能力在新型冠状病毒肺炎疫情期间受到了影响。

公共教育往往不免费

人们期望政府能够承担公立学校的全部运营成本，尽管有些情况下，学校至少在一定程度上依靠学费收入。在2018年的黎巴嫩，38%的公立高中学生就读于至少80%的资金来自学费的学校；在墨西哥，这一比例为29%。约旦和摩洛哥约有十分之一的学生就读于此类学校（**图4.6**）。即使是完全由政府资助的学校，通常也不会对家长免费。有充分证据表明学校要求家长支付教科书和校服费用。

图 4.5:

城市家庭和富裕家庭的教育支出在家庭教育支出中占比较大

2010年代部分国家按家庭特征和学校类型分列的初等和中等教育家庭支出占国内生产总值的比例

a. 按家庭地理位置和学校类型分列

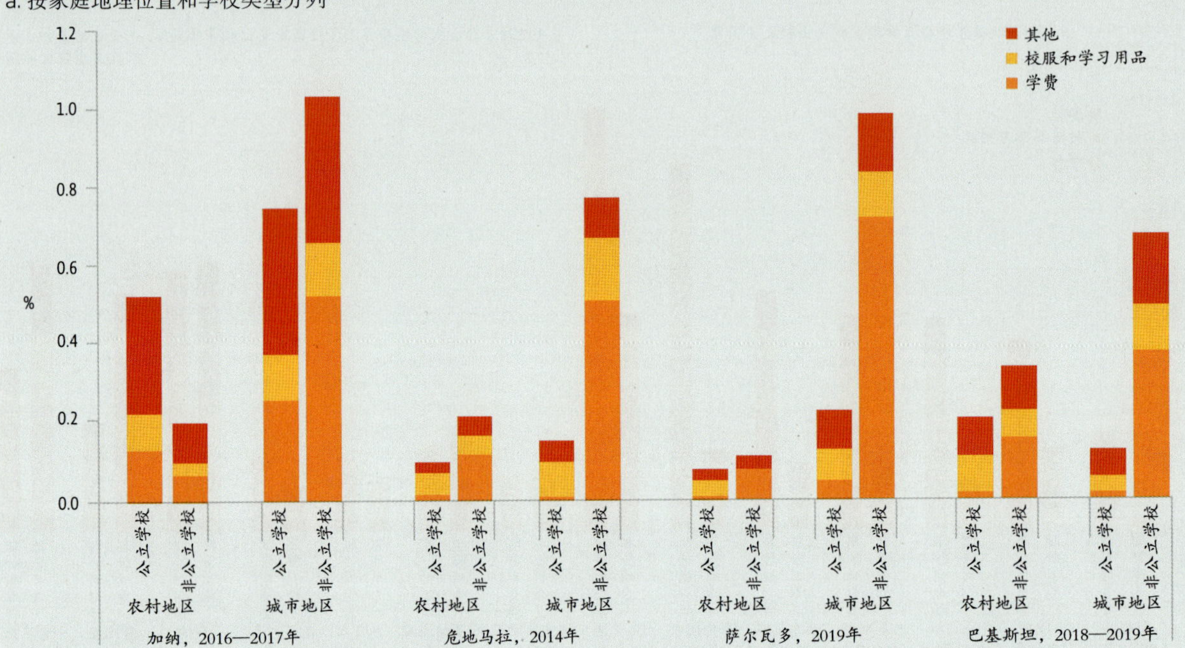

《全球教育监测报告》统计数据链接: https://bit.ly/GEM2021_fig4_5a

b. 按家庭财富五分位数分列

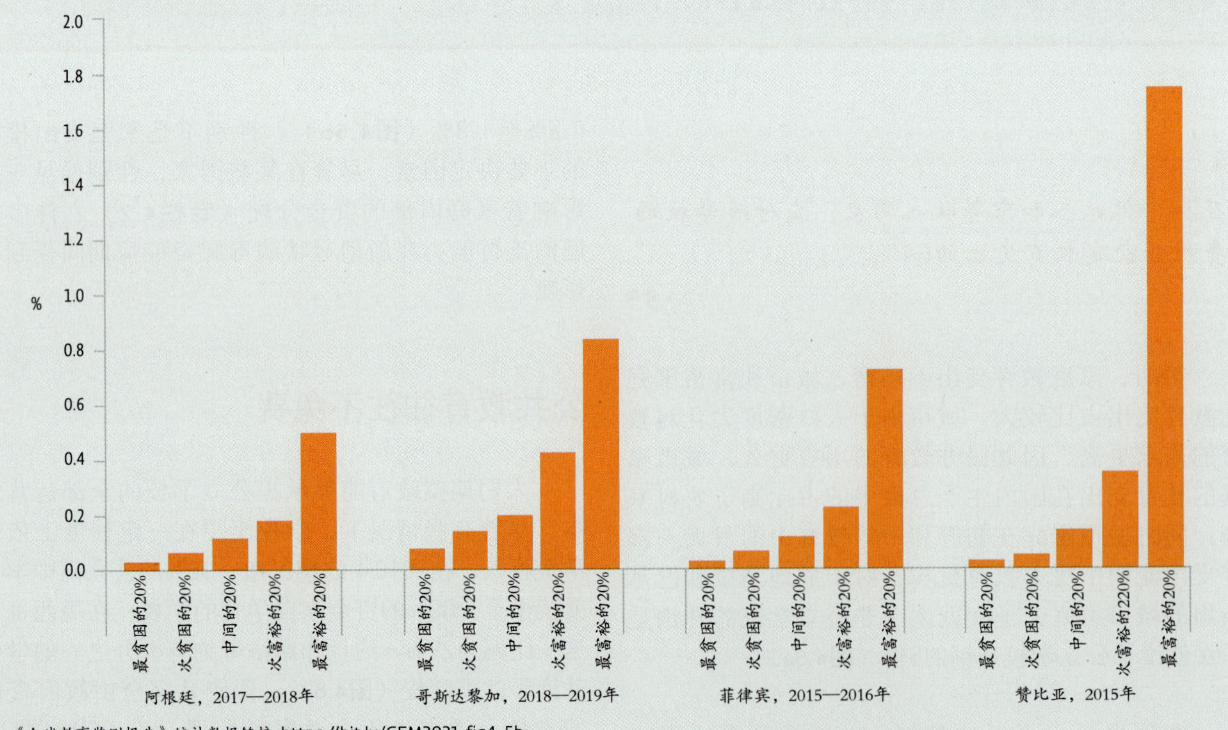

《全球教育监测报告》统计数据链接: https://bit.ly/GEM2021_fig4_5b

资料来源：《全球教育监测报告》小组基于2021年卫生计量和评估研究所的数据进行的分析。

专栏4.2:

家庭内部教育支出的差异反映了不断变化的性别规则和性别机遇

家庭在教育方面的自付支出并不总是能够在家庭成员之间平均分配（UNESCO，2020）。这种偏见是由对就业和收入前景的预期以及对老年人的照顾等因素决定的，并不总是只针对女孩或男孩（Rodríguez Takeuchi，2020）。在拉丁美洲和加勒比，男孩受教育程度落后于女孩，家庭在中等教育中为男孩支出较少（Acerenza and Gandelman，2019）。但是在那些存在不利于女孩利益的性别歧视的国家，家庭更愿意送男孩而不是女孩去私立学校。一项关于2010年至2015年间教育私有化对利比里亚、马拉维、莫桑比克、尼泊尔和坦桑尼亚联合共和国女孩上学机会所产生影响的研究发现，当父母必须支付教育费用时，会优先考虑男孩（Iversen and Begue，2017）。

在印度，追踪研究显示，家庭教育支出在性别方面的差异随着时间的推移而发生了变化。从1995年到2014年，有利于男孩的决定从选择哪个孩子上学转变为选择哪个孩子入读私立学校（以及花多少钱），从小学适龄儿童转向了中学适龄儿童（Datta and Kingdon，2019）。在印度尼西亚，女孩更有可能进入宗教学校，而男孩则更有可能入读私立中学。这一决定与伊斯兰宗教学校较低的费用及文化偏好有关（Asadullah，2018）。

在私人补习方面的支出同样也存在性别差距。在印度，女孩在初等和初级中等教育阶段接受私人补习的可能性比男孩低2个百分点，在高级中等教育阶段比男孩低4个百分点（Azam，2016）。在韩国，性别差距在逐渐缩小。在学术科目上非学校教育支出所体现的性别差距变化为：2007年长子的支出每月高出10美元，2012年长子的支出每月仅高出1美元，到了2016年则变成女孩的支出每月高出6美元（Choi and Hwang，2020）。

图 4.6:

大多数国家和地区的私立学校主要依靠学费收入

2018年按学校类型分列的就读于80%以上资金来自学费的中学的学生所占的百分比

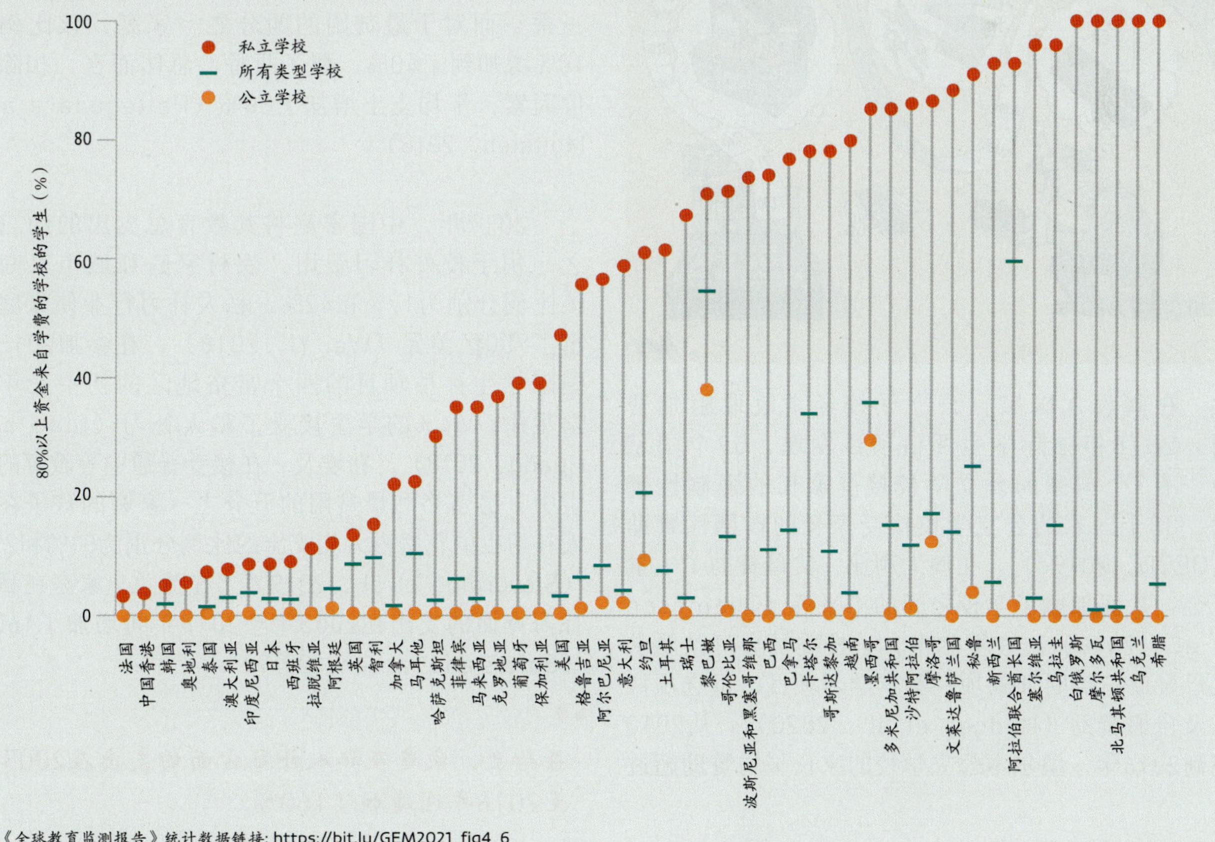

《全球教育监测报告》统计数据链接：https://bit.ly/GEM2021_fig4_6

资料来源：《全球教育监测报告》小组基于2018年国际学生评估项目进行的分析。

低收入国家缺乏免费提供公共教育的资金。在乌干达，家庭需要定期以现金方式支付非正规的学生费用，尽管这被法律所禁止。农村地区收取费用的公立学校比例从2005—2006学年的40%增加到了2011—2012学年的80%。如果社区中存在有竞争关系的私立学校，那么这些学校更有可能收取更高的费用。公立学校收取的高额非正规费用（相当于家庭消费总支出的4%）导致贫困家庭儿童的入学率下降了13%，但没有导致非贫困家庭儿童的入学率下降（Sakaue，2018）。在坦桑尼亚联合共和国的农村地区，尽管政府实行了免费教育政策，但仍有四分之三以上的家庭认为小学缴费是强制性的，并指出，如果拖欠缴费，则孩子可能被开除或受到惩罚（Lindsjö，2018）。

取消非正规的学生费用可以带来巨大的好处。冈比亚推出的一项奖学金方案涵盖了校服、书籍和其他用品的非正规费用，使取消向女孩收取正规学校费用的政策趋于完善，同时将女性入学率提高了13%，且将参加九年级考试的女孩比例提高了11个百分点（Giordono and Pugatch，2015）。

在高收入国家，公立学校经常收取附加费用。2018年国际学生评估项目发现，59个国家中，有7个国家的公立学校接受家长的强制性赞助，38个国家的公立学校接受家长的自愿性赞助（OECD，2019c）。在澳大利亚，父母赞助了大量资金，从而加剧了学校之间的不平等（Thompson et al.，2019）。在墨尔本，学校委员会可以要求父母赞助三类附加款项：基本学习项目、可选项目以及自愿赞助（Hedges et al.，2020）。从2013年到2016年，墨尔本公立学校的家长平均赞助超过了700美元，富裕地区学校的家长赞助是最贫困地区学校家长赞助的3倍多（Rowe and Perry，2020）。一项对英国学校商业领袖的调查发现，18%的学校曾要求家长自愿为学校的主要活动赞助。由于预算被大幅削减，因此此类家长赞助变得非常重要（Coughlan，2017）。在美国，家长教师协会的收入从1990年代中期到2010年增加了两倍，超过4.25亿美元，从而加剧了学校之间的不平等（Brown et al.，2017）。

私人补习费用对许多家庭来说是一笔不小的开销

迄今为止的分析表明，向学校支付的学费和其他款项只占家庭总支出的一部分，但对于将子女送入私立学校的家庭来说，这些费用占比最大。

在某些国家，私人补习费用是家庭最大的教育支出项目。在孟加拉国，支付私人补习费用的城市家庭比例从2000年的48%增加到了2010年的67%，农村家庭的相应比例则从27%增加到了54%，翻了一番；而对于最贫困的四分之一家庭，该比例从10%增加到了40%，翻了两番。总体而言，扣除物价因素，平均支出增加了80%（Pallegedara and Mottaleb，2018）。

2017年，中国家庭将其教育总支出的约三分之一用于校外补习费用，农村家庭和城市家庭的该比例分别为17%和42%。私人补习行业使家庭支出了700亿美元（Wei Yi，2018）。在参加2015年国际学生评估项目的四个富裕地区的初中三年级学生中，64%的学生接受了私人补习（Liao and Huang，2018）。在埃及，在接受普通中等教育的学生中，最富裕和最贫困的五分之一家庭的孩子在私人补习上的花费占人均支出的比例分别为51%和29%（Sieverding et al.，2019）。在荷兰，家庭在私人补习方面的支出在2005年至2016年间增加了160%（Elffers and Jansen，2019）。

> “在荷兰，家庭在私人补习方面的支出在2005年至2016年间增加了160%。”

在缅甸，私人补习支出占2009—2010学年家庭教育总支出的42%：58%的九年级学生和79%的十一年级学生认为私人补习是一个中等或沉重的经济负担（Bray et al.，2020）。在斯里兰卡，2012—2013学年私人补习费用占家庭教育支出的一半；而农村家庭、泰米尔家庭和穆斯林家庭，以及那些受教育程度较低的家庭，不太可能在此类教育上花钱（Pallegedara and Kumara，2020）。

私立教育机构依赖于家庭的自付费用

私立学校的运营对学费收入的依赖程度差异巨大。2018年国际学生评估项目的数据显示，在51个教育系统中，有28个系统的大多数私立中学至少80%的收入来自学费。在某些区域，支持与不支持私立学校的国家反差巨大（例如阿根廷与乌拉圭、澳大利亚与新西兰、拉脱维亚与白俄罗斯）（**图4.6**）。

在阿拉伯联合酋长国的首都迪拜，政府只向占总人口10%的本国公民提供免费公共教育（Winchip，2020）。而移民群体的教育则由高度分层的营利性私立教育机构提供（Kippels and Ridge，2019）：被评为“优秀”的学校的平均费用约为1.3万美元，分别是被评为“一般”和“不合格”的学校的3倍多和5倍多（Azzam，2017）。在一项对3000个家庭的调查中，64%的家庭表示，他们没有从雇主那里获得关于教育费用的任何资金支持（Rizvi，2019）。

在较贫困的国家，为低收入家庭开设私立学校是因为这些家庭的孩子无法进入公立学校，而这些学校通常位于贫民窟。对父母行为的分析凸显了家庭如何牺牲其他必要支出来让孩子在私立学校接受教育。在尼日利亚的拉各斯，与富裕家长不同，贫困父母在支付了学校费用后，就无力承担医疗费用了（Härmä and Siddhu，2017）。对肯尼亚内罗毕47所学校的分析发现，孩子上低收费私立学校给家庭带来的经济负担太大，与英语、斯瓦希里语或数学成绩微不足道的提高不相称（Zuilkowski et al.，2020）。在肯尼亚和其他低收入及中低收入国家，最贫困的父母往往不得不把孩子送去那些未注册、收费较低（**图4.7**），但也可能设施较差、教学质量较差的学校。

图 4.7:

未注册学校的收费水平可能低于已注册的低收费私立学校

2016—2020年部分国家低收费私立学校的年平均收费

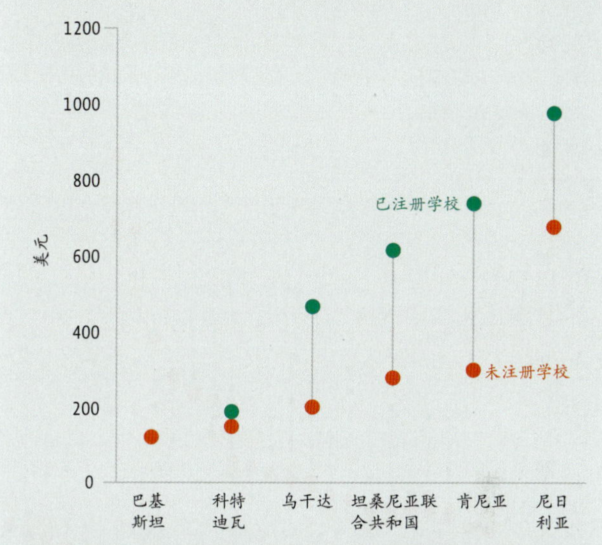

注：样本包括1130所学校，其中55%是已注册学校。根据2020年美元不变价格对费用进行了调整。

《全球教育监测报告》统计数据链接：https://bit.ly/GEM2021_fig4_7

资料来源：Acholla（2021），根据独立研究人员、国际机遇组织（Opportunity international）和资本及其他交流组织（CapitalPlus Exchange）所收集的数据。

贫困的父母会采用各种策略来解决费用问题。有些父母会根据学校招生人数来协商折扣。有些父母则会交一定的费用以确保为孩子在学校占个名额，而校服、教科书和其他材料的费用一概不付。还有些父母则会贷款，然后用小额分期付款的方式还清。印度和尼日利亚的学校所有者们则制定了一些计划来应对不定期的付款（Härmä，2020）。

大约六分之一的家庭靠存款来支付学费。根据本报告对2014年全球金融包容性指数数据库进行的分析发现，约有8%的家庭在借款，高收入国家的这一比例为6%，低收入国家为12%。在低收入和中低收入国家，最贫困的40%和最富裕的60%的家庭借款支付学费的比例相当，尽管最富裕的家庭会存钱。在海地、肯尼亚、菲律宾和乌干达，30%以上的最贫困的40%家庭靠借款来支付学费（**图4.8**）。

> “大约六分之一的家庭靠存款来支付学费。”

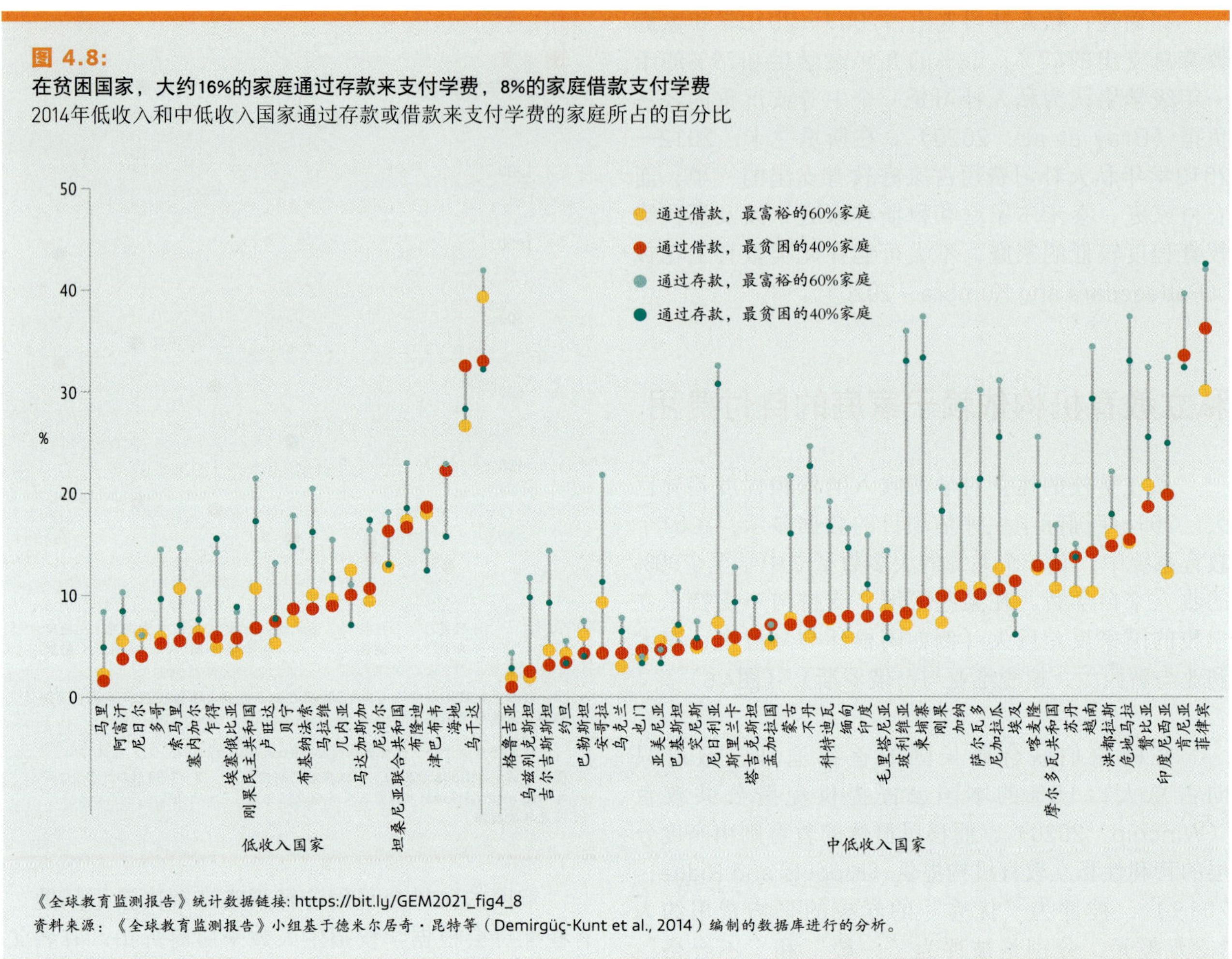

图 4.8:

在贫困国家，大约16%的家庭通过存款来支付学费，8%的家庭借款支付学费

2014年低收入和中低收入国家通过存款或借款来支付学费的家庭所占的百分比

《全球教育监测报告》统计数据链接: https://bit.ly/GEM2021_fig4_8

资料来源：《全球教育监测报告》小组基于德米尔居奇·昆特等（Demirgüç-Kunt et al., 2014）编制的数据库进行的分析。

储蓄账户、数字化支付和创新平台旨在为家庭支付学费提供支持（Braniff，2016；Mbole and Kimathi，2019）。在乌干达，一种名为ReadyPay的太阳能发电系统为用户提供小额贷款，允许那些已经还清了家用太阳能系统贷款的人，将其股本作为贷款抵押来支付学费，从而使原本无法获得信贷的家庭能够支付教育支出（Mattern and Garcia，2021）。一系列新兴的金融服务商尤其致力于为低收费私立学校的所有者提供支持（**专栏4.3**）。此类解决方案的重点是稳定家庭支出，这样父母就能够以小额多次的方式支付费用。这些方案既没有减轻也没有消除家庭的经济负担。

新型冠状病毒肺炎疫情给家庭带来了重大资金挑战

据估计，在新型冠状病毒肺炎疫情期间，拉丁美洲、南亚和撒哈拉以南非洲的家庭教育支出可能下降了6%至10%（Le Nestour et al.，2020）。

专栏4.3:

金融服务商应运而生，支持低收费私立学校

在金融体系发达的国家，私立学校可以筹集资金，但在其他国家，特别是对于低收费的私立学校，缺乏资金的获取途径可能是一个严峻的挑战。因此，金融服务商如雨后春笋般涌现，它们往往注重宗教、慈善或公平。其中，“陶冶”（Edify）和国际机遇组织是两个最大的教育支持机构，向15个国家的独资低收费私立学校提供贷款，同时还为技术、运营资本以及基础设施的改善和扩建提供资金。

除融资外，这些机构和其他机构，如印度尼西亚政策研究中心、巴基斯坦的卡胥夫（Kashf）小额信贷银行和尼日利亚的可持续教育与企业发展项目，都可以帮助所有者发展其在规划学校改进和企业管理方面的能力。可持续教育与企业发展认为教育机构应具有多样性，并将其归为三类：有抱负的、新兴的或蓬勃发展的教育机构。可持续教育与企业发展通过这种分类来提供学校转型计划，以及适合其水平的培训、辅导、资金和伙伴关系（Acholla，2021；Sivasubramaniam，2021）。

> 新型冠状病毒肺炎疫情期间，拉丁美洲、南亚和撒哈拉以南非洲的家庭教育支出的可能下降幅度高达10%。

许多家庭因失业和收入减少而难以支付学费，并因此从私立学校退学。在巴拿马，私立学校协会报告称，35%到40%的家长无法支付每月的分期学费（Alvarez et al.，2021）。在厄瓜多尔，公立学校的入学人数在2020学年开始时上升了6.5%（1.2万名学生）（Olsen and Prado，2020）。

有些私立学校可能已经做好了向远程和混合教育转型的准备。即便如此，家庭有时还是觉得得到的服务不值这个价。在哥伦比亚，家长对教学质量表达了不满，并起诉私立学校，要求降低费用。在秘鲁，子女就读于私立学校的家长中有90%对虚拟课堂颇有微词（Alvarez et al.，2021）。

印度最高法院驳回了家长们因新型冠状病毒肺炎疫情而要求延期支付学费的请求（Thomas，2020）。2021年2月和3月对5个邦的1052名学校所有者进行的一项调查显示，几乎所有学校都陷入了收费困境。在哈里亚纳邦，超过80%的父母未能支付费用。学校的所有者们推测，父母可能已经把孩子转到了公立学校或收费较低的私立学校，或者转而向私人补习和培训中心支付费用（Centre for Civil Society，2021）。

由于预见到了这些挑战，哥伦比亚政府在2020年7月将信贷额度延长了长达6个月，以解决支付费用方面的困难，且对贫困家庭的宽免比例较高；然而，只有2%的子女就读于私立学校的家庭因此受益（Alvarez et al.，2021）。厄瓜多尔的《人道主义救援法》提议，为失业的私立学校学生父母每月提供高达学费25%的补助。决定让孩子从私立学校退学的父母，将得到孩子能进入公立学校的保证。墨西哥城联邦区政府为从私立学校转到公立学校的所有学生每月直接支付一笔款项（Berlanga et al.，2020）。2020年10月，巴拿马通过向按月付费的家庭提供直接资助来帮助私立学校，但额度仅为所需资金的3%左右（Alvarez et al.，2021）。

捐助者对支持营利性教育机构持谨慎态度

由于援助额度在捐助国家的国民总收入中所占的份额一直保持不变，且贫困国家的经济增长速度快于富裕国家，所以援助作为某些领域（包括教育领域在内）资金来源的相对重要性一直在下降。因此，捐助者对可能有助于提高援助效率的想法持开放态度。虽然一些捐助者对营利性教育机构持谨慎态度，但也有一些捐助者被民办教育的理念及其最大限度提高私人投资效率的潜力所吸引。

日本国际协力机构在其2015年的立场文件中指出，私立学校的增加，以及私营部门的增强和非政府组织的进一步参与，对同时确保公平的入学机会和教育质量构成了挑战。然而，该机构承认，教育合作正在发生变化，私营部门行为体逐渐被纳入多方利益攸关方伙伴关系（JICA，2015，2016）。

美国国际开发署为私营部门参与教育制定了一项积极的战略，该战略的前提是非公立学校可填补教育供给方面的空白。该战略与其总体私营部门参与政策相一致，描述了投资于非公立学校的大量私人资本，并寻求通过战略伙伴关系来利用和塑造这种投资，以帮助最边缘化的群体。在危机和冲突背景下，人们认为非公立学校的作用极其重要（USAID，2018b）（**专栏4.4**）。

英国2018年推出的教育援助政策指出，非国家行为体是撒哈拉以南非洲和南亚的主要学校教育机构，并特别提到了巴基斯坦的旁遮普教育基金。该政策旨在帮助决策者制定合理的监管机制，并使公私伙伴关系和非公立学校能够参与增加贫困儿童和边缘化儿童的入学机会（DFID，2018）。英国发展金融机构——英联邦投资集团（CDC Group）已在教育领域投资约6000万美元，占其投资组合的2%；作为其影响力投资战略的一部分，该集团支持所有私立学校，无论学校是否以营利为目的（CDC Group，2019）。

> 一些捐助者被民办教育的理念所吸引。

结果，例如完成率或特定学习成果的实现。多边金融机构资助的一个例子，是圣保罗的巴西中等教育社会影响债券。印度拉贾斯坦邦的印度教育女童发展影响债券从2015年持续到了2018年，承诺资本为28万美元（Gustafsson-Wright et al.，2017；Gustafsson-Wright et al.，2015）。由于印度良好的监管环境和鼓励企业参与的激励措施，该国提供了更多试验影响债券的机会（专栏4.5）。

> 尽管公私伙伴关系倡导者认为签订合同可以提高效率，但证据并不充分。

专栏4.5：

印度已成为基于结果的教育融资实验室

印度已经成为教育领域社会影响债券的试验场。印度优质教育（QEI）发展影响债券已从2018年持续到2022年，在教育领域同类影响债券中规模最大，耗资1100万美元，借鉴了惠及7000名儿童的“教育女孩”债券的经验（Edwards，2019）。QEI的目标是帮助30多万名小学学龄的贫困儿童，提升他们的学习成果（Ecorys，2019b）。QEI包括一个广泛的联盟：瑞银慈善基金会是风险投资方，而英国亚洲信托基金、迈克尔和苏珊·戴尔基金会、喜剧救济（Comic Relief）、米塔尔基金会、拉里·埃里森基金会和英国电信公司则是成果出资方。同时英国外交、联邦和发展事务部负责提供技术援助。

资助机制的新颖性和所涉及的声誉风险促使人们选择具有良好记录的机构：卡瓦亚（Kaivalya）教育基金会、智慧之地（Gyan Shala）、全面发展协会、教育倡议，以及布拉罕信息技术基金会。一项评估发现，设计和启动该机制以及筹资需要大量成本（Ecorys，2019a，2019b）。虽然第一年结果显示其对学习成绩的影响好坏参半，从而导致一些表现不佳的项目被取消，但结果总体上被认为将会步入正轨（Edwards，2019）。2020年8月公布的第二年的结果较为积极：学习成绩提高了很多，孩子们的学习速度是对照组学校同级孩子的两倍，并且大大超过了预期目标（Quality Education India Development Impact Bond，2020）。

最近，由塔塔信托和全球影响力投资指导委员会发起的影响力融资平台——“印度社会融资”旨在到2030年融资20亿美元，其中10亿美元将通过印度教育成果基金直接提供给民办教育服务机构，其余10亿美元将用于支持印度影响力基金，以促进教育、卫生和住房领域的债转影响力（Mehendale and Singh，2020）。

然而，社会影响债券的有效性受到了质疑（Dey and Gibbon，2018），同时基于结果的教育融资的有效性也受到了质疑（UNESCO，2018）。尽管预测较为乐观，但双边和多边捐助者实施的公共投资计划中，平均每1美元仅在低收入和中等收入国家动员了75美分的私人投资，其中在低收入国家只动员了37美分。由于此类资金很少用于教育，因此首先要做的应是更合理地确定援助目标（Attridge and Engen，2019）。

慈善和企业活动在教育中的作用正在演变

公司和慈善行为体包括企业（跨国企业、多国企业和本地企业）、个人企业家、天使投资者、（国际和区域）私人基金会、风险慈善机构、企业慈善机构、企业社会责任单位、社会创新资助者、影响力投资基金、社会企业组织以及咨询公司（Srivastava and Read，2019）。

这些类别之间的界限有时很难分辨，而各行为体的参与动机也从慈善到企业利益各不相同。慈善基金会的活动往往与商业利益无关，即使它们的财富来自商业运营。而企业活动往往与商业利益密切相关。在某些情况下，企业通过非政府组织或国际组织提供资金；在另外一些情况下，企业参与企业社会责任活动，并可能直接提供商品和服务（UNESCO，2012）。

一些富有的个人和特定的企业参与了一些倡议，既让人们关注他们的贡献，又旨在动员同行采取相应行动。由比尔·盖茨和沃伦·巴菲特于

> 企业活动往往与商业利益密切相关。

2010年发起的“捐赠誓言”，鼓励超级富豪们将自己的大部分财富投入慈善事业。2014年，销售力（Salesforce）和阿特拉斯（Atlassian）等科技公司也发起了意图类似的“1%承诺”（Patil and Brakman Reiser，2021）。

随着慈善和企业活动的发展，有必要了解这些非国家行为体为教育提供了多少支持，以及他们如何与政府和捐助者竞争、互补或合作（**第5章**）。

虽然慈善基金会的支出正在增长，但仍然杯水车薪

尽管人们认为慈善基金会在教育上的支出在不断增长，但相对而言仍然杯水车薪。2015年，其教育支出约为26亿美元，占《财富》世界500强企业社会责任预算总额的13%。其中，30%用于初等和中等教育。支出主要流向了企业的原籍国，并往往符合其商业利益，同时可支持其供应链（Varkey Foundation et al.，2015）。一项对22个中等收入国家的110位商业领袖进行的调查指出，一半的受访者愿意为本国提供长期教育解决方案，五分之一的受访者出于宗教和哲学目的资助，另有五分之一指出教育对其企业的发展目标非常重要。大约60%的企业建立了免税基金会来促进非营利性教育。有些企业发现这种活动可提高其声誉（Giacomin et al.，2019）。

经合组织私人慈善事业促进发展全球调查从143个基金会收集了关于教育资助的信息，并估计，从2013年到2015年的3年时间里，教育领域获得了21亿美元的资助。这相当于所有慈善捐赠的9%，使教育成为仅次于卫生的第二大受资助领域。26%的教育资助用于基础教育和中等教育，受资助最多的国家是印度、肯尼亚和巴西（**图4.10**）（OECD，2019b）。第二项调查从88个基金会收集了有关教育资助的信息。据估计，这些基金会在2016—2019年总共支出了23亿美元，平均每年5.8亿美元。国际慈善资金被分配给了初等和中等教育（37%）、中等后教育（31%），以及其他教育等级和教育领域（32%）。排名前15位的基金会提供了教育资助总额的70%，而最常见的资助方式是赠款。国家基金则完全专注于中等后教育（OECD，2021）。

企业对教育的资助受到严格审查

大企业和富豪越来越多地认为自己能够影响教育系统，包括通过融资影响教育系统。然而，批评人士说，他们使民主问责制受到了侵蚀，且提供的是不完整的短期解决方案，正如他们造成了社会和经济生活机会分配不均一样（Giridharadas，2019）。而关于企业社会责任规范、透明度和纳税义务的争论才刚刚开始（McCluskey，2015；Meiring and Krugel，2018）。

关于企业活动，如果政府能够控制大型企业的避税和逃税行为，那么公共教育系统可能会得到更好的资助。据估计，全球税收体系每年损失4270亿美元，其中2450亿美元与企业将利润转移到避税地有关，而1820亿美元与个人转移利润有关。低收入和中低收入国家的损失相当于其税收收入的5.8%（Tax Justice Network，2020）。

国际货币基金组织官方估计，如果将合法避税计算在内，因避税地利润转移所造成的损失甚至更高，每年在5000亿至6000亿美元之间。该组织还估计，低收入和中等收入国家每年税收损失达2000亿美元，超过了官方发展援助总额（Shaxson，2019）。2021年7月达成的全球最低企业税协议是纠正这种情况的一个重要举措。但是，间接损失可能更高。对国际货币基金组织数据的分析显示，虽然2017年全球官方外国直接投资总额达到40万亿美元，但约有15万亿美元是对没有实际活动的空壳公司的“幽灵”投资（Damgaard et al.，2019）。

企业，而非个人，是主要的捐助者。2018年，在美国最富有的前20个人中，有10个人将不超过其净资产0.1%的资金用于慈善捐赠（Khan，2020）。鼓励企业进行慈善捐款的税收优惠政策助推了此类捐赠的增长。在中国，基金会的数量从2006年至2016年增加了430%（Global Chinese Philanthropy Initiative，

> 国际货币基金组织估计，因避税地利润转移，低收入和中等收入国家每年税收损失达2000亿美元。

2017）。企业因此有资格享受重大税收优惠，并拥有满足其要求的资源和先进技术。由于中国企业的创始人与其企业被密切关联在一起，并与企业保持着持续的联系，因此富有的创始人会通过其企业而非个人努力（或者以及个人努力）来从事慈善事业（Johnson and Saich，2018）。此外，企业社会责任活动被视为一种洗刷其因避税和财富积累而受到声誉玷污的方式。企业甚至通过增加企业社会责任活动来期望政府减轻其严重避税所产生的后果（Col and Patel，2019）。

在印度，《所得税法》第80G节规定了面向慈善机构和捐助者的激励措施，这些机构的相当一部分收入因此被免于征税（Patil and Brakman Reiser，2021）。印度通过2013年出台的《公司法》第135条，成为第一个依法强制要求企业承担社会责任的国家。净资产超过7900万美元、年营业额超过1.4亿美元或净利润达到70万美元的印度公司，必须将3年平均净利润的2%捐给慈善机构（Chadha and Nandwani，2020）。在实施的前4年，64%符合条件的企业报告称开展了企业社会责任活动。报告显示，24%的企业有自己的基金会，同时52%的企业设立了企业社会责任部门（Samhita Social Ventures，2018）。教育一直是最大的受助领域，吸收了企业社会责任支出总额的37%，平均每年6.26亿美元，但这仅相当于各邦公共教育支出总额的1.5%（Chadha and Nandwani，2020）。此外，由于三个相对繁荣的邦获得了国内全部慈善资金的60%，因此目前的企业社会责任资助可能会加剧教育融资的不平等（OECD，2019a）。

图 4.10:

印度、肯尼亚和巴西获得的初等教育和中等教育慈善资助份额最大

2013—2015年按受援国分列的初等和中等教育慈善资助

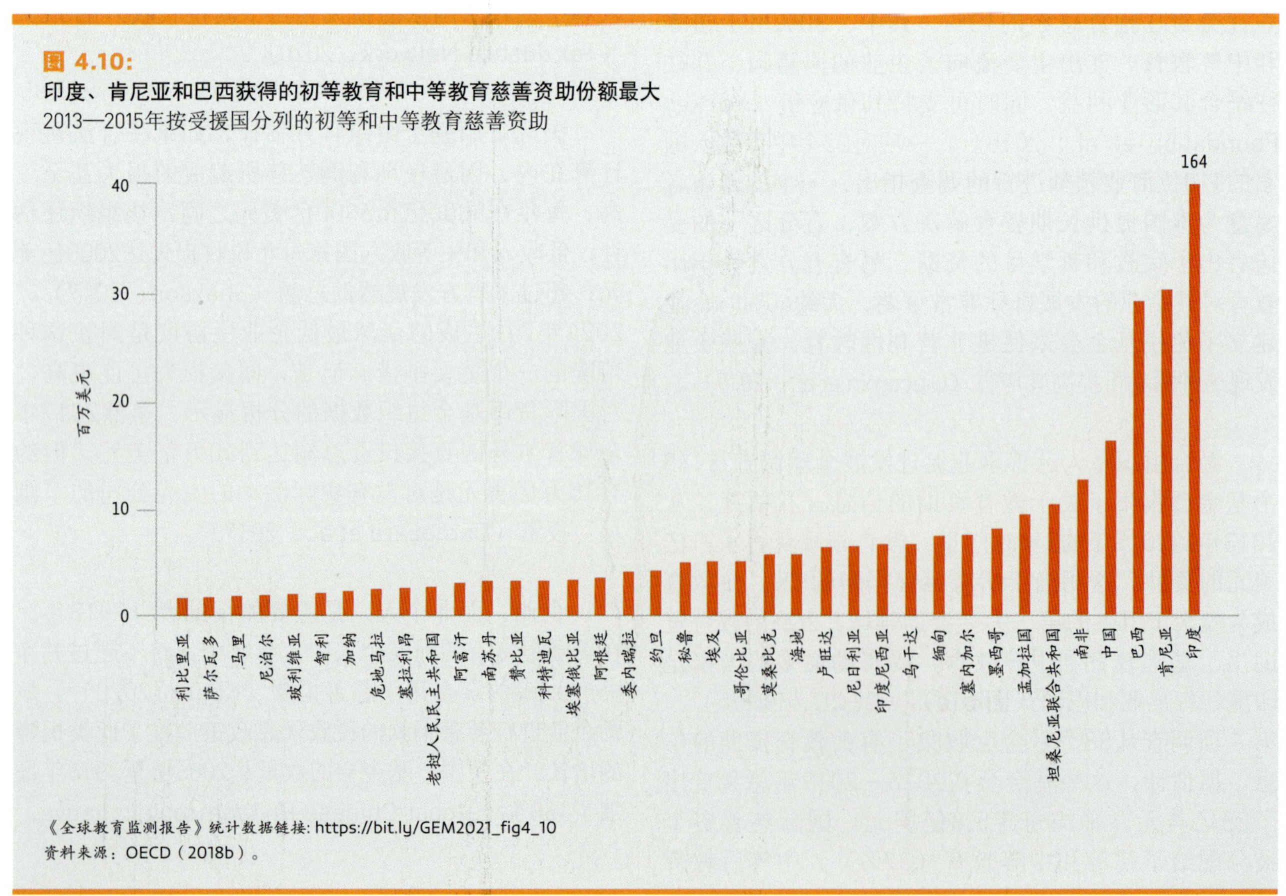

《全球教育监测报告》统计数据链接：https://bit.ly/GEM2021_fig4_10

资料来源：OECD（2018b）。

结语

教育领域的非国家行为体既接受资助也提供资助。各国政府对其民办教育机构的财政支持差异很大，这很大程度上取决于政府是否决定为非国家行为体提供资助，而历史和政治因素对这一决定也有所影响。政府可能不支持、支持一部分或支持所有民办教育机构，且承担的费用类型可能也有所不同。一些高收入国家的政府通过援助项目为民办教育机构提供了财政支持，即使这与促进公平等其他援助政策目标背道而驰。

一些政府选择帮助家庭支付私立学校费用，以此支持择校政策。大多数国家的私立学校都依靠学费收入，这一事实在新型冠状病毒肺炎疫情带来的教育危机期间尤为明显。但是家庭不仅仅需要支付私立学校的学费，还需要支付非学校支出，比如私人补习费用，并且许多家庭还要支付公立学校的一些通常是非正规的，但被认为是强制性的费用。较富裕的家庭更有可能在教育方面自付费用，这进一步加剧了不平等，而对于贫困家庭来说，此类费用的负担要沉重得多。

公平和效率是讨论慈善机构和企业在资助教育方面所发挥的作用的两大主题。事实证明，公私伙伴关系在基础设施项目中的影响小于预期。尽管那些试图促进私人资金用于实现教育成果的混合方法还处于试验阶段，但人们却对这类方法很感兴趣。

一家总部位于伦敦的跨国出版和教育公司——培生教育集团出版的商业书籍。

摄影：Chris Batson/Alamy Stock Photo

第5章

影响力

网络成员通过相互引用来强化其信息，从而加剧了两极分化。同时，这些网络对其成员负责，各成员在各自的背景下面临不同的情况。在这方面，全球教育运动（GCE）的案例很有意思。该机构以基于权利的教育方法为基础，认为“强大的公共系统”是其六大战略领域之一。但是，其成员对非国家行为体，特别是私人行为体的看法比人们想象的要更加多样化（**专栏5.1**）。

“人民学习行动”（PAL）网络是一个组织，其成员通过个人和集体努力，有效地提高了人们对非洲、亚洲和拉丁美洲国家面临的主要教育挑战的认识（PAL Network，2020）。其成员实施了各种各样的国家教育活动，但有一个共同活动——公民主导的评估，即家庭调查，以衡量儿童的基本学习技能，挑战政府在收集和分享教育成果数据方面的缺陷和不良记录。虽然“人民学习行动”网络是一个非国家行为体，但其成员对政府的角色有多种不同看法。其成员不仅在背景和对评估的态度上差异很大，在行动方法和伙伴关系方面也是如此。在塞内加尔，其成员与中央政府合作，并参与了国家教育改革。在印度和巴基斯坦，其成员与地区教育部门合作。在墨西哥，它们主要在地方一级运营，不依靠教育政策（Alcott et al.，2018）。

“人民学习行动”网络的印度成员布拉罕（Pratham）自2005年以来一直致力于进行年度教育状况报告，这是世界上规模最大的公民主导的评估。虽然其结果使历届政府都感到不快，但其扩大成本效益和教育效益模式的方法通常考虑到了政府，并支持公共教育系统。年度教育状况报告的研究和数据已被用作议会讨论的主要宣传工具，并被政府资源引用。其关于基本读写能力和计算技能作为学习的“迫切和必要的先决条件”的提法被纳入《2020年国家教育政策》，发挥了重大影响作用（India Ministry of Human Resource Development，2020）。“中央广场基金会”也是一个非国家行为体，为政府的战略重心转移做出了贡献。但它明确倡导“为负担得起的私立学校系统创造一个有利环境”，将其作为迈向基础学习的重要方法之一（Central Square Foundation，2020）。这两个组织的董事会成员几乎都有私营领域的背景。

> “2015年，代表私立学校的巴西全国教育机构联合会对《残疾人法》规定的将残疾人纳入主流教育的义务提出异议。”

相比之下，关于国家提供公共教育和监管私人参办教育的人权义务的《阿比让原则》的起草委员会成员和签署方明显缺乏私营领域背景（Skelon et al.，2019）。由人权法专家起草的原则文本被认为是对“私人参办教育……如果不加以制止，就可能会严重破坏实现受教育权所取得的进展”的回应。与该原则有关的某些非政府组织也参与了对桥梁国际学院的批评，后者是由500多所营利性学校组成的连锁学校，当时在印度、肯尼亚、利比里亚、尼日利亚和乌干达办有学校。这些非政府组织游说肯尼亚和乌干达政府禁止桥梁国际学院办学，并在这两国法院胜诉（ActionAid Uganda et al.，2018；Ball，2017）。此外，它们还向合规顾问监察员办公室（国际金融公司项目的一个追索机制）投诉，指控桥梁国际学院违反了课程、卫生、安全以及劳工标准（**第4章**）。

在阿根廷的布宜诺斯艾利斯，即使是国家资助的私立学校，也会通过面试和笔试来筛选申请人。2018年，非政府组织“平等与正义民间协会”对布宜诺斯艾利斯自治市教育部提起集体诉讼，称这是非法的，且地方政府职责有失。2015年，代表私立学校的巴西全国教育机构联合会对《残疾人法》规定的将残疾人纳入主流教育的义务提出异议。该联合会在最高法院辩称，将残疾人纳入主流教育是州政府的责任，且该规定侵犯了其成员管理学校的自由。他们声称无歧视不具有约束力，而是一种选择。但法院驳回了这一诉讼，理由是民办教育机构有义务分

专栏5.1:

非政府组织对民办教育机构持不同观点

各行为体群体对民办教育机构并不持统一立场。民间社会组织往往对私营和营利性行为者的作用持批评态度，或至少持谨慎态度，对教育的日益私有化和商品化表示关切，并认为教育是一种公共利益，必须保持在民主控制之下（Croso and Magalhãs，2016）。

全球教育运动作为一项以基于权利的教育方法为基础的运动，是一个帮助协调民间社会组织的平台，强调国家负有确保所有人都能免费享有优质教育的主要责任。然而，该组织的许多成员在非国家行为体和私人行为体占主导地位的国家开展工作，因此它们需要在宣传时考虑到这一点（Pearce，2017）。

本报告对全球教育运动成员的一项调查显示，它们所持有的立场多种多样（National Foundation for Educational Research，2021）。在49个受访机构中，43%的机构对营利性教育持负面看法，但16%的机构表示支持；同样，在对公私伙伴关系的看法中，这两个比例分别为35%和31%。大约三分之一的受访机构在这两个问题中都持不确定看法。相比之下，三分之二的受访机构支持非营利行为体，如社群学校和非政府组织学校，赞赏它们对支持那些住在偏远地区儿童的教育所做的贡献（**图5.1**）。

大多数成员把向政府施压视为首要工作，以确保非国家行为体不会侵犯受教育权。相应地，在其优先工作事项中，有些成员高度重视向政府提供支持，以监管甚至资助非国家行为体（**图5.2**）。尼日利亚全民教育民间社会行动联盟表示，虽然它反对教育收费，但非国家行为体已经参与教育，而国家无法保证所有公民的受教育权，因此，该联盟的工作重点是确保非公立学校能够提供优质、安全的学习环境。

图 5.1:

民间社会组织对民办教育机构的看法不统一

2020年全球教育运动成员在与非国家行为体参与教育有关的三个问题上的立场

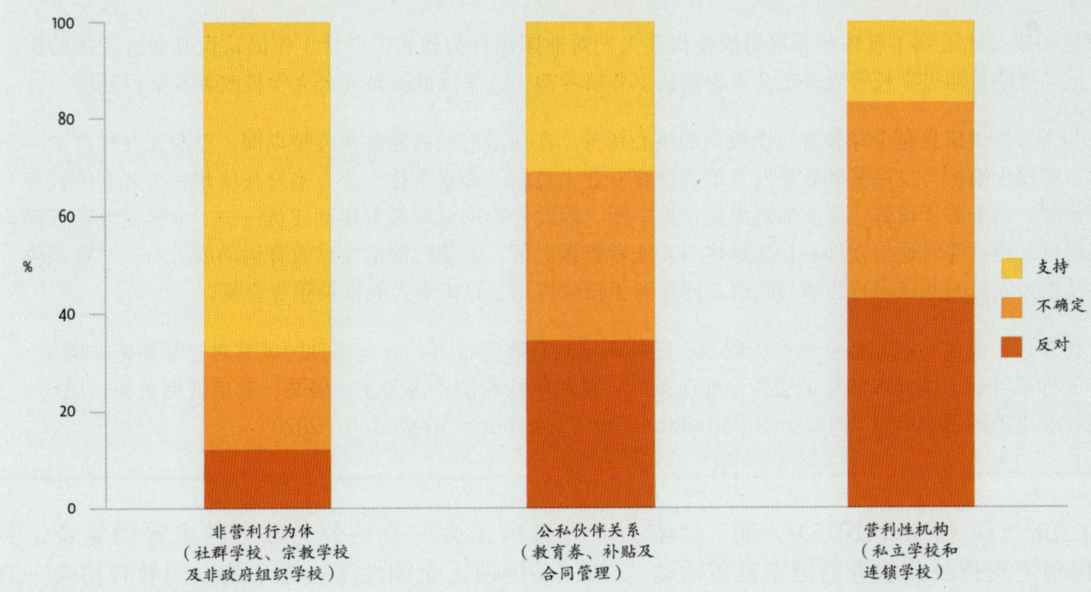

注：根据49个受访机构的答复。

《全球教育监测报告》统计数据链接: https://bit.ly/GEM2021_fig5_1

资料来源：National Foundation for Educational Research（2021）。

专栏5.1续：

图 5.2:

民间社会组织的宣传活动在给政府施加压力的同时，也鼓励其监管甚至资助民办教育机构

2020年全球教育运动成员在与非国家行为体参与教育有关的三个问题上的立场

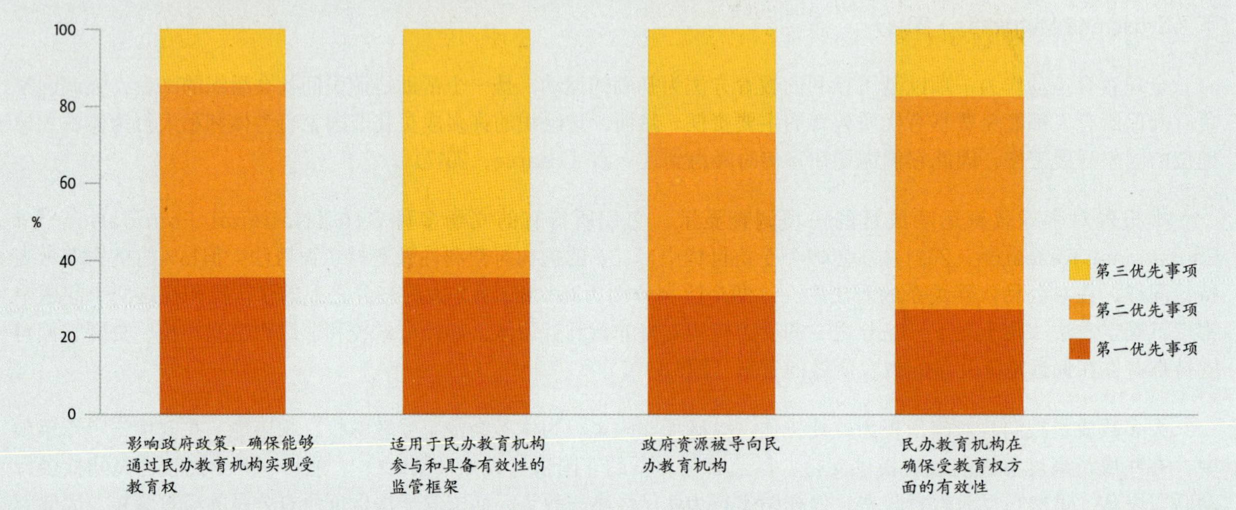

注：根据29个受访机构的答复，它们被要求列出工作中的第一、第二和第三优先事项。

《全球教育监测报告》统计数据链接：https://bit.ly/GEM2021_fig5_2

资料来源：National Foundation for Educational Research（2021）。

全球教育运动成员还提到了媒体和基层组织在提高人们对非国家行为体相关监管工作的认识方面所发挥的作用。在印度，运动战略是通过学校管理委员会来提高认识并培养能力，并以此支持非公立学校改善其学习环境。

影响政党并为其提供信息是全球教育运动成员的核心任务。在新型冠状病毒肺炎疫情期间，巴西议会批准了一项宪法修正案，将用于维护与发展基础教育以及培养教育专业人员的基金永久化，该方案旨在使州和市之间的教育资源得到均等分配。由于关于该修正案的面对面运作被中断，因此巴西的全球教育运动成员——“全国受教育权运动”动员了其成员，通过即时通信软件和社交媒体与立法者直接对话。孟加拉国的全球教育运动成员——“普及教育运动”在被其视为成员的非国家行为体与政府之间起到了桥梁作用，这二者之间以前很少交流。

有些全球教育运动成员与国际社会也有所联系。巴基斯坦教育联盟报告称其与捐助国就其对巴基斯坦非国家行为体的支持进行了对话，以确保其在做援助分配决策时，以基于权利的考虑为主。但是，其他证据表明，民间社会组织对捐助者决策的影响有限（National Foundation for Educational Research，2020）。

担建设包容性社会的责任（ACIJ，2019）。而“全球北方”国家也出现了支持公共教育的国家宣传活动（专栏5.2）。

教师工会一直是公共教育的主要倡导者。例如，美国两大全国性工会之一的全国教育协会一直积极参与改善教师工作待遇的集体谈判和宣传运动。该协会通过其“大公立学校基金”赠款计划赞助了支持公共教育的项目，截至2018年，该计划已

专栏5.2:

在魁北克，倡导者对私立学校的公共资金和公立学校的私人费用提出了质疑

在加拿大魁北克省，2019年的一项法案旨在规范家长对公立学校的资金赞助（National Assembly of Québec，2020），该法案影响了至少20%就读于提供"特殊项目"（如艺术、体育、国际课程）的选择性公立学校（Québec Government，2020）的儿童。该省12%的学生就读于私立学校，这些学校中的大部分仍然由国家资助。大约65%的私立学校接受国家直接补贴，每名学生的补贴金额约为公立学校学生的60%（Québec Ministry of Education，2021a），但如果算上特殊项目或教育服务的额外补贴和税收抵免（Québec Ministry of Education，2021b），这一比例将上升到79%（Mouvement l'école ensemble，2021）。

人权与青年权利委员会反对该法案，认为从2007年开始，家长参与"特殊项目"的费用被合法化，这侵犯了《人权与自由宪章》所保障的公民免费受教育权（Human Rights and Youth Rights Commission，2020）。此外，"学校联合运动"（一项由家长发起的运动）也反对该法案，并呼吁终止对私立学校提供的所有直接或间接公共资助，并禁止公立学校进行选拔性招生（Vigneault，2020）。该组织发布了一份关于魁北克教育系统与加拿大其他省份相比的公平性报告（Mouvement l'école ensemble，2019）。2020年3月，该组织提请经济、社会及文化权利委员会要求魁北克政府对三级学校系统（私立、公立及选择性公立）负责（Vigneault，2020）。

发放120笔赠款，价值3200万美元（Coons，2018）。此外，该协会还参与影响联邦和州政治，资助竞选活动，并支持那些反对有利于择校和私立教育利益的政策的政客，无论他们属于哪个党派（Marianno，2018）。

同时，教师工会也积极反对公共教育的商业化，他们认为这会破坏公共教育。全球教师工会联合会——"教育国际"质疑在拉丁美洲广泛采用公私伙伴关系，而非为同样目的服务的公共机构。该组织批评了哥斯达黎加政府与奥马尔·登戈基金会（一家向教育部出售数字教育材料和教师培训服务的私人基金会）的关系；多米尼加共和国政府与教育商业行动［一个通过"开放"（Aprendo）项目提供教师教育课程的商业组织］的关系；乌拉圭政府与西博基金会（Fundación Ceibal，一个已与全球学习网络签订了合同的公共资助中心，全球学习网络是一家销售标准化的教学模式、教师培训、数字资源及测评流程的公司）的关系（Education International，2021a；2021b；2021c）。

在一些国家，工会受到了批评，被认为破坏了加强公共教育的努力。希腊是欧洲三个没有教师考核系统的国家之一（European Commission et al.，2018）。学校督导成为一种政治压制和控制手段，损害了督导的声誉，于1980年代被废除。后来历届政府（有时根据外部建议）试图建立一种替代性支持与问责机制，但遭到了教师工会的反对（OECD，2017；Papakonstantinou and Kolympari，2019）。民意调查显示，75%的人赞成由校长和两名议员对教师进行评估的提议（Alfavita，2021）。然而，当政府在2021年通过了一项关于新学校和教师评估程序的法律后，小学教师工会试图通过指示各学校提交一份相同的学校自我评估和改进计划来破坏这项法律；而该国8300所学校中有250所这样做了（Lakasas，2021）。

某些工会活动对公共教育质量的影响和人们对其的信任所产生的影响是另外的有争议的问题。一项美国文献综述发现，教师罢工行动对学生学习没有显著影响（Cowen and Strunk，2015）。一些研究表明，在工会化程度较高的地区，更多的低水平教师被解雇，而更多的高水平教师被保留，从而提高了教育成果（Han，2020）。在那些法律限制公共雇员进行集体谈判的州，强大的工会对学生学习产生了积极影响（Han and Keefe, 2020）。但是对加拿大（Baker，2013）、哥伦比亚（Alvarado et al.，2021）和南非（Wills，2014）教师罢工的研究发现，罢工对学生学习产生了负面影响。一项对阿根廷32年来约1500次罢工的分析估计，小学平均经历的罢工持续时间为88天，导致学生工作后的收入减少了3%（Jaume and Willén，2019）。儿童保育的中断（Jaume and Willén，2021）使父母对公共教育产生了负面看法，特别是弱势群体，父母在决定离开公立学校时提到了私立教育的稳定性问题（Moschetti and Verger，2020；Narodowski et al.，2016）。

“为所有人而教”是一个全球性组织，其组织网络遍及60个国家，为资源不足的学校提供成绩优异的应届毕业生担任教师，将他们定位为未来的教育领导者和变革者。在其8.3万名校友中，73%仍在教育领域工作（Teach for All，2021）。美国的“为美国而教”组织一直是年轻人的培训基地，这些年轻人随后可能会进入其他行业，例如公司和慈善部门，在那里他们还可以继续进行公共教育改革。在分裂严重的教育政治世界，该组织不支持任何政策取向，并声称独立于其资助方，其中包括择校方法的坚定支持者沃尔顿家族基金会（Sawchuk，2016）。但是有些人指出，“为美国而教”的校友独自创办或合作创办了几个特许学校网络。在新奥尔良，公立学校转变为特许学校（**第3章**），而经验丰富的教师则被其他有证书的教师和“为美国而教”的人员所取代。批评人士还质疑了对在美国背景下形成的，可能不适用于其他地方的思想的推广（Crawford-Garrett and Thomas，2018）。

虽然非国家行为体旨在通过宣传来影响政策，但在某些情况下，它们已成为事实上的政策制定者（Moschetti et al.，2019）。作为英国英格兰教育治理改革（**第3章**）的结果，“方舟”已成为39所学校的管理机构（Ark，2021）。“方舟”可与政府进行政策对话，提供技术建议，撰写报告，进行评估并提出解决方案（Junemann and Ball，2013）。2015年，“方舟”成立了国际教育伙伴关系小组，委托其对公私伙伴关系进行一次重大审查（Aslam et al.，2017）。该小组在非洲和南亚参与了一些备受瞩目的活动（EPG，2021）（**专栏5.3**），包括为利比里亚设计伙伴关系学校，甚至由于“政府能力有限”而负责监督工作（Ark，2017）。

专栏**5.3**:

一种输出型公私伙伴关系模式——南非西开普省的合作学校

虽然西开普省在教育方面的表现优于南非其他省份，但仍然存在严重的不平等现象。为了改善教育系统，省政府于2016年启动了“合作学校项目”，这是一个公私伙伴关系项目，由非营利性学校运营机构在教育伙伴关系小组的支持下，资助和支持表现不佳的免费公立学校（Ark，2021）。该项目从5所学校开始，到2019年扩展到14所中小学，目标是覆盖该省所有公立学校的15%（Western Cape Education Department，2020）。

改革有两种形式。首先，表现不佳的“过渡”学校将被移交给私人运营机构进行管理，目的是通过有针对性的额外支持来改善学习成果，包括为学校现有教师及更多教师提供支持。其次，新学校将被立即移交给学校运营伙伴，以管理用于教师工资和学校管理的一揽子拨款。过渡时期的新教师及新学校的新教师是按合同聘用的学校雇员，不再被视为公务员。

其融资模式借鉴了印度和英国的政策要素（Junemann and Olmedo，2020）。治理结构需要进行重大立法改革。《省级学校教育法案》的修正案包括设立一个独立的学校评估机构和两种新型学校，即合作学校和捐助者资助型学校。该法案还规定合作学校运营伙伴在学校管理机构中有代表权，给予它们至少50%的投票权以及对学校的有效控制权限。

公开听证会争论不断（Parliamentary Monitoring Group，2018）。教师工会和民间社会组织表示反对，声称修正案不符合《宪法》和1996年《学校法》。一种观点认为，如果教育部部长有权将某所学校指定为合作学校，就会引起利益冲突，因为教育部部长还将任命评估机构。另一种观点认为，竞争性的公立学校政策有可能会将最弱势群体抛在后面。2019年7月，平等教育法律中心向西开普省高等法院就修订后的法案提出质疑（Equal Education，2018）。该决定原定于2020年10月公布，但目前尚未公布。

该模式的一个重要影响是模糊了国家和非国家行为体之间的界限。公立学校转制的责任由国家移交给了私人行为体。虽然国家负有管理合同的监管责任，但提供公共服务的问责制性质已发生了变化（Sayed and Soudien，2021）。

> 虽然非国家行为体旨在通过宣传来影响政策，但在某些情况下，它们已成为事实上的政策制定者。

在瑞银慈善基金会的支持下，国际教育伙伴关系小组与前英国国际发展部共同主办了一个论坛，讨论如何扩大民办教育，该论坛的报告指出：关于民办教育在基础教育中的作用的辩论往往是由意识形态而不是强有力的证据驱使的。该报告指出，证明民办教育更好或能够惠及最贫困儿童的证据有限（Wilton Park，2017，p. 1）。

“方舟”以及创新·发展·进步基金会、“可想象的未来”、维托尔基金会，都是“全球学校论坛”的创始成员，其使命是加强和支持非国家行为体。该论坛是一个由58个成员组成的全球网络，为46个国家的1.7万所学校提供支持，旨在分享专业技术、知识、数据和证据，发起并影响全球对话。同时该论坛还会举办会议，促进低收费私立学校在“全球南方”的发展，并倡导将其提升到政治议程的高度（Global Schools Forum，2021）。

“陶冶”是一家以宗教信仰为基础的社会企业，致力于在全球范围内改善并扩大基督教教育，同时推动低收费私立学校的发展。“陶冶”的业务分布在撒哈拉以南非洲的布基纳法索、埃塞俄比亚、加纳、利比里亚、卢旺达和乌干达，拉丁美洲的多米尼加共和国、危地马拉和秘鲁，以及印度西南部。其在乌干达的试点项目始于2019年，覆盖了近700所学校（Sivasubramaniam，2021）。“陶冶”加纳分公司也与大约700所学校建立了关系（Brion，2020），并与当地的小额贷款机构（包括当地基督教小额贷款机构）合作，为这些学校的扩张提供资金，同时还为欧米伽连锁私立学校的教室建设做出了贡献。“陶冶”为学校提供教师培训、会计培训以及学校领导培训（Sivasubramaniam，2021）。

阿克希亚帕特拉基金会是一个非营利性组织，经营着世界上规模最大的非公立学校午餐计划，为印度至少14个邦的1.9万所公立学校和政府资助学校的180万名儿童提供午餐（Srinivasaraju，2020）。其制定的菜单严格遵守宗教价值观。阿克希亚帕特拉基金会因被指控其提供的饮食在文化上与所服务的社区不相符，也不符合合同规定的营养标准而受到批评，并与邦政府陷入纠纷。尽管如此，由于该组织的规模大、价格有竞争力、捐赠了资金及具有20年的经验等优势，邦政府仍然与其续签了合同（Nathan，2019）。

在世界许多地方，宗教在教育领域中都是一个引起分化的问题。现在出现了一些基层宗教组织，会在课程和学习材料上做文章。在秘鲁，包括“全国亲家庭协调组织”和“父母在行动”在内的团体在2016年以“不要惹我的孩子”为口号，要求取消基于性别的全国课程（Muñoz，2020）。2012年，在课程推出之前，政府建立了一个国家教材库，8500所私立学校向该库上传了教材。但是，在这些基层组织的力挺下，许多学校拒绝执行（Ciriaco，2019）。

巴西的无党派学校运动始于2004年，他们认为教师往往在政治上过于激进，而父母有权确保他们的孩子接受道德和宗教教育（Fernandes and Ferreira，2021）。该运动已经为地方、州和联邦各级制定了立法草案（Escola Sem Partido，2021），鼓励一些城市批准相关法案，禁止在学校课堂上讨论性别问题（Cancion，2018）。阿拉戈斯州2016年颁布的一项法律禁止教师在课堂上进行政治教化，并为教师开设了道德课程（Brazil Ministry of Education and Culture，2016；Junqueira，2016）。这些法律作为审查教师的一种形式，在州和联邦法院受到质疑，并在某些情况下被判违宪（Cancion，2018；Cappelli，2020）。尽管如此，一些政客还是鼓励学生拍摄并举报教师，导致教师进行自我审查并回避有争议的话题，以免遭到报复（Fagundez，2018）。

在加拿大安大略省，各种运动和网络一直在争取扩大对除天主教私立学校以外的非公立教会学校的公共资助，但目前为止都没有成功。1985年，由于历史和宪法原因，政府决定将公共资金的资助期延伸到安大略省天主教学校的中学毕业阶段，但不包括其他宗教团体的学校。尽管有人就该决定向最高法院提出了上诉，但最高法院认为该决定符合宪法（Dickinson and Dolmage，1996；MacLellan，2012）。1980年代，“多信仰教育公平联盟”将宗教组织和安大略基督教学校联盟召集在一起，游说政府将国家资助扩大到符合省级要求的非天主教私立宗教学校。而其他协会，包括加拿大公民自由协会，则主张修改宪法，取消对宗教学校的公共资助。

商业领域对教育的影响很大

2013年，《华盛顿邮报》报道称，投资银行宜必思资本估计当时“全球教育市场”的规模为4.4万亿美元，且预计到2017年将为6.3万亿美元，有些人认为“对于那些将学校改革视为赚大钱之道的人来说，这是个好消息”（Strauss，2013）。正如本报告（**第4章和第21章**）所示，将全球教育支出作为一个市场的提法具有误导性，因为其中大部分与市场机会无关：70%的支出由政府分配，主要用于支付工资；而剩下的30%大部分由家庭支出，用于日常开支。对全球教育智库（HolonIQ）、教育科技（EdTechX）和初创教育（Emerge Education）等领先服务供应商发布的报告进行的文本分析显示，它们将教育技术描述为必不可少的，而将这类公司描述为推动者和颠覆者。如果乐观的预测未能实现（例如，到2019年，宜必思的资本估算只达到5.3万亿美元），则责任就隐含地落在政府身上（Mármol Queraltó，2021），以此来构成对政府增加采购的间接压力。

企业对教育的投资一直在增加，尽管基数较低。风险投资从2014年的20亿美元增长到2018年的40亿美元，集中在中国（50%）、美国（20%）、印度（10%）和欧洲（8%）（HolonIQ，2019）。新型冠状病毒肺炎疫情暴发之前，由于个性化学习分析与大数据访问的挂钩以及学校和评估公司之间的合作，全球中小学教育测试和评估采购金额预计将在2020年至2024年间增长60亿美元（其中约45%的增长在北美）（Technavio Research，2020）。此后，新型冠状病毒肺炎疫情被称为市场的“动摇者”（Educapital，2020），此外教育技术与物流、娱乐和数据保护是风险投资更加关注的为数不多的几个领域（KPMG，2020）。数字学习平台供应商迅速做出反应，支持向在线学习转变，特别是在较富裕国家，并帮助保持了学习的连续性。在这种背景下，政府需要确保用户隐私的安全（Coleman，2021）。

> “企业供应方对数字学习产品有效性的声明可能会产生误导。”

对于学校和教师在学校停课期间有关远程学习最佳产品的提供，问题仍然存在。此外还有一个更加广泛的问题：企业供应方对数字学习产品有效性的声明可能会产生误导。政府需要帮助保证其质量，尤其是在使用了公共资金来资助学校采购这些数字学习产品的情况下。在英国英格兰，英国教育供应商协会在教育部的支持下建立了一个网站，为学校和教育工作者提供产品。当意识到“找到适合您学校的教育技术可能很困难”后，该网站向用户保证，每个特色产品“都将配有一个案例研究，展示其他教师如何使用该产品”。此外该网站还为印度中等教育中央委员会提供产品和服务（LendED，2021）。

在美国，2002年出台的《不让一个孩子掉队法案》规定，学区和学校须采用由“科学研究”支持的项目，才有资格获得联邦资助。2015年颁布的《让每个学生都成功法》取代了上述法案，其中增加了使用“循证干预”的要求。但是，各公司对评估其产品的研究施加了强大的影响，然后通过网站、宣传册和交易会来宣传其有效性。综上，急需建立独立的质量保障机制。

美国政府因此建立了一个“有效教育策略资料中心”（Mayo-Wilson et al.，2021；Polanin et al.，2021）。但这些努力并非没有批评者。有些人提出了程序问题，质疑联邦机构的权威，因为依赖私人承包商的它们可以选择展示哪些研究结果（Schoenfeld，2006）。有些人则质疑从少量研究中得出结论的可靠性，即使研究遵循了严格的标准（Reeves and Lin，2020；Slavin，2008）。还有一个主要批评是，到2020年年初，在该资料中心的10600

> 在德国，民间社会倡议组织——高等教育观察核对了公共数据库中关于大学每年从行业赞助和研究资助中获得15亿欧元的信息。

多个产品审查研究中，只有188个产品（不到2%）被列为强效或中度有效（García Mathewson and Butrymowicz，2020）。

学术研究有望产生一些新知识，可为争论提供信息。然而，对引文模式进行网络分析后发现，研究成果的应用可能带有选择性和偏向性（Verger et al.，2019）。研究的框架，例如对教育问题是否以“学习危机”或“教育狭隘化”的形式来表述，以及主题的选择，例如重点是教师问责制还是教师专业发展，都会影响研究结果。

以政策为导向的研究可能会受到资助者的严重影响（Reckhow and Tompkins-Stange，2018）。虽然行业资助对研究来说可能是必要的，但为了避免不当影响，研究还需要具有透明度。在德国，民间社会倡议组织——高等教育观察（Hochschulwatch）核对了公共数据库中关于大学每年从行业赞助和研究资助中获得15亿欧元的信息，以及行业代表在学校董事会中的任职信息（Hochschulwatch，2021）。大学赞助在联邦层面不受监管。德国各州采取的方法不同。北莱茵-威斯特法伦州和不来梅州正在制定高等教育机构申报行业合作关系的规则。在巴伐利亚州，大学被明确排除在该州关于公共预算赞助捐款的官方报告之外。高等教育观察与德国基金会联合会（Stifterverband，一个由企业、慈善机构和私人研究资助者组成的协会）一道，为接受资助的教席制定最佳实践指南、面对利益冲突的意识建设、自我审计工具以及行为准则，其最终目标是确保高等教育机构被纳入公共信息自由和公共问责立法的范围，并确保第三方资助协议是公开的。

私营部门在其他方面也是教育领域的重要参与者。日本经济团体联合会（Keidanren）代表着1400多家在东京证券交易所一部上市的主要大型公司（Keidanren，2021），与日本商工会议所和日本经济同友会一同，对政策制定产生着强大的影响力。日本经济团体联合会副会长是文部科学省下属中央教育委员会的负责人（MEXT，2020）。在2000年代中期，该联合会表示强烈支持择校、竞争、营利性教育、强制性的标准化测评，并且提议对消费者公开教育结果（但遭到政府反对）（Takayama，2013）。日本经济团体联合会关于初等和中等教育改革的最新提议涵盖了从编写代码到全球公民意识的一系列广泛问题（Keidanren，2020）。其建议包括加大对全球信息与治理（GIGA）学校项目的投资。文部科学省旨在通过该项目与私营部门合作培养数字化人才，以满足日益多样化社会的需求，并解决日益扩大的不平等（MEXT，2020）。

以营利为目的的行为体利用游说机构来增加公共政策中的商业利益，包括通过它们用来描述教育的话术来游说。随着时间的推移，通过政策反馈和锁定效应，国家已对这些行为体产生依赖。在瑞典，解除教育管制一经颁布，就引发了一个自我强化的过程，改变了公众对公共服务供应的看法，并赋予企业对公共政策的工具性权利（Busemeyer and Thelen，2020）。

对学校的赞助备受争议。资金和实物赞助可以资助受益学校，但如果资助夹杂着营销，赞助的效果则会适得其反（Bakir et al.，2017）。在澳大利亚对教师和校长的一项调查中，有些人支持以实物形式提供教育技术和体育器材，但大多数人反对超市和快餐连锁店以使用公司标志为交换条件提供资金支持（Hogan et al.，2018）。在中国，烟草行业的企业社会责任活动破坏了控烟工作的努力。作

> 对学校的赞助备受争议。资金和实物赞助可以资助受益学校，但如果资助夹杂着营销，赞助的效果则会适得其反。

为“希望工程”农村发展计划的一部分，该行业赞助了100多所小学，但新校舍上却带有公司标志以及关于烟草的正面信息。一项对云南省学校的研究发现，家长和教师认为这种赞助对孩子没有负面影响（Fang et al.，2020）。

在菲律宾，“认捐一所学校”项目可使私人行为体享受税收优惠，以换取对学校的财政支持。尽管包括可口可乐、生力啤酒和斯坦菲可在内的合作伙伴公司无法作为菲律宾关于校内食品营销承诺的签署方在学校推广其产品，但参与规则并未明确禁止替代性推广策略或品牌露出（Reeve et al.，2018）。作为政府支持的志愿者项目“全国服务学校周”的一部分，零食公司亿滋对19所学校提供资助，但作为学校供餐计划的一部分，该公司已向其他40所学校提供了其产品（Vivas，2020）。

全球企业教育联合会（GBC-Education）呼吁其200多个成员利用专业知识、领导力和资源，使教育在国家和全球层面上具有突出的政治意义。其目标领域包括幼儿教育、青年技能教育、应对紧急情况教育和残疾人全纳教育。它描述了企业参与教育的四种途径：通过“全球融资工具”和国内教育融资提供资金资源；提供实物和技术支持（包括通过员工参与）；制定全球战略和国内政策，以确保企业在教育方面有发言权；倡导教育并引领思想（Global Business Coalition for Education，2021）。在全球融资领域，全球企业教育联合会支持联合国秘书长全球教育特使戈登·布朗建立国际教育融资机制的努力，这是一种创新方法，将扩大开发银行向中等收入国家提供教育项目贷款的能力，并使贷款条件对各国都更具吸引力（Global Business Coalition for Education，2019）。一些观察人士表示，如果联合会成员专注于促进税务透明化，那么它们的影响可能会更大（ActionAid，2018）（**第21章**）。

动员创新融资是教育成果基金（EOF）的出发点，这是一项植根于风险资本和私募股权的计划。在全球影响力投资指导小组的支持下（GSG and The Education Commission，2019），该计划侧重于说明按教育成果提供资金的优势（GSG，2021）。虽然以成果为导向是一项援助实效原则，但按成果提供资金却不是，而且它违背了国家所有权原则（**第21章**）（Savedoff，2019）。该方法假设，当各国实际上财政拮据时，需要激励措施。在其他发展干预措施中，投入与结果之间的联系显而易见，而在教育领域则不同，这种联系并不简单。最后，如果把努力集中在一个教育指标上，则极有可能会产生意想不到的后果（UNESCO，2018）。自2020年以来一直主持教育成果基金的联合国儿童基金会长期支持公私伙伴关系。私营部门占其收入的22%（UNICEF，2020），包括企业赞助。

联合国与工商界之间的合作以两份文件中所包含的原则为基础：一份是《全球契约》，它提供了一个总体价值框架（人权、劳工标准、环境和反腐败）；另一份是由人权理事会批准的《工商业与人权指导原则》（United Nations，2015）。联合国个别组织，如粮食及农业组织和世界卫生组织，都制定了关于工作人员及合作伙伴在与包括私营实体在内的非国家行为体接触方面的公开战略和准则。此类准则可应对风险，包括利益冲突、对规则和标准设定的影响、信誉和声誉，以及对合作伙伴形象的粉饰（FAO，2013；WHO，2016，2018a，2018b）。在联合国框架之外，全球教育伙伴关系还制定了详细的私营部门参与战略（GPE，2019）。

国际组织和基金会对教育具有特别的影响力

世界银行影响着政策的设计与实施。世界银行的贷款条件影响了政府项目的运作，而且其试点项目影响了其他发展机构的战略。在私立教育方面，几十年来，世界银行的立场一直影响着私人行

> 世界银行利用技术援助、项目报告、调查研究和国际活动来加强其作为知识中介的地位。

为体在学校费用和学校教育方面的政策方向。1980年代，公共教育收费被认为是可取的。世界银行对私人参与的官方态度在2000年代初发生了变化，在其他国际行为体，特别是民间社会组织的强烈反对下，世界银行明确取消了对学校费用的资助。在民办教育方面，世界银行的教育战略已从大力支持私营部门参与，发展为承认风险，但仍建议将公私伙伴关系作为一种可用的策略（Edwards Jr et al., 2021）。

世界银行利用技术援助、项目报告、调查研究和国际活动来加强其作为知识中介的地位。该集团根据“系统方法提高教育成果”来促进学习的前13个政策领域之一，是关于私营部门参与的板块，其前提是“私立教育工作者为教育做出了重大贡献，且增进政府与私立学校之间的交流对于提高教育公平和质量至关重要”（Baum et al., 2014, p.8）。世界银行对10个国家的分析建议：扩大除赞比亚以外所有国家的民办教育，增加对除斯威士兰和赞比亚以外所有国家为私人行为体提供的公共资金，并放宽对除孟加拉国、毛里塔尼亚、斯威士兰和赞比亚以外所有国家的监管（DeCoster, 2019）。

慈善组织也会通过各种方式影响政策。在美国，它们通过生产知识、支持宣传运动及传播良好实践来推广特许学校（Verger et al., 2016）。比尔及梅琳达·盖茨基金会是支持特许学校运动的机构之一；它对华盛顿公立特许学校联盟所发起的运动的资金支持，是2012年华盛顿州特许学校投票倡议获得通过的关键（Au and Lubienski, 2016）。参与教育政策的基金会面临的挑战有：使其工作与国家教育政策进程保持一致（即避免被视为自行其是）、与多个利益相关方合作，以及寻找合适的政治时机。巴西的莱曼基金会组织了广泛的磋商，以实现国家核心课程标准的目标（**专栏5.4**）。乌拉圭采取的方法则支持私人行为体在立法中发挥更大的作用（**专栏5.5**）。

专栏5.4:

非国家行为体对巴西实行最低标准产生了影响

巴西的社会经济和教育不平等程度很高。这种权力下放的结构将提供基础教育的责任大部分交给市级政府，这意味着贫穷的地方政府很难赶上较富裕的地方政府。2014—2024年《国家教育规划》的第七个目标激励各方应对这一挑战（OECD, 2021）。

2013年，巴西慈善组织莱曼基金会帮助建立并资助了“国家共同基础运动”（Movimento pela Base Nacional Comum），这对引入国家学习标准发挥了重要作用（Costin and Pontual, 2020）。成员们成功地修改了《国家教育规划》，纳入了制定此类标准的时间表。该基金会组织了相关活动来倡导引入标准，开发了知识产品并将其推荐给参与起草的官员，建立了一个政治家和专家网络以支持标准的建立（Tarlau and Moeller, 2019），并创建了一个有影响力的政策思想网络（Avelar and Ball, 2019）。自始至终，该基金会支持技术辩论而不是政治辩论，这使其能够通过其专业知识来影响该进程（Tarlau and Moeller, 2019）。

标准的支持者们认为，这些标准将导致人们对所有人在学业上的表现都抱有很高的期望，从而促进教育公平。反对者们则坚持认为，由于教育系统中人力和财力资源分配普遍不平等，因此仅靠标准是不够的（Ready, 2018）。第一版国家公共课程基础（BNCC）推出后，一个共有1200万人参与的在线咨询紧接着开展了（Costin and Pontual, 2020），一个由大学专家组成的技术团队整合了咨询意见。第二版国家公共课程基础是在2016年政治危机最严重的时候公布的。在政府更迭之前，对起草的控制权从国家转移到了地区和地方各级，这使该进程得以在政局动荡中幸存下来。此外，巴西还举办了地方研讨会来收集教师的反馈意见。国家公共课程基础于2017年被采用，为说明如何增强非国家行为体对教育改革的影响力提供了一个强有力的例子（Avelar and Ball, 2019）。

各种非营利性组织专注于影响关于创新的公共教育政策。自2017年以来，总部位于芬兰的全球非营利性组织“教育一百”（HundrED）一直在审查、选择、汇集及传播包括协作性学习、创造性和批判性思维、项目化学习和游戏化学习等领域的创新。每年，它都会选出并展示100项创新，评估其

专栏5.5:

在乌拉圭建立对私立教育的支持

在乌拉圭，私立机构的入学人数在中等教育中占比为12%，远低于全球和拉丁美洲的平均水平，部分原因可能是早期的政教分离。此外，在大量移民的背景下，公立学校在国家建设中发挥了强有力的象征性作用，与民主化和社会凝聚力联系在了一起。而私人行为体在教育治理中几乎没有发挥作用。与阿根廷、智利和哥伦比亚不同，乌拉圭的监管框架并不鼓励私人行为体参与教育（Bordoli et al.，2017a，2017b）。

该国最高教育管理机构——国家公共教育管理局（ANEP）是一个自治机构，旨在确保教育规划不受政治干预。治理结构的特点之一是教师工会的参与。教师工会过去曾阻止私人行为体参与教育（Marrero，2014；Moschetti et al.，2019）。批评人士认为，国家公共教育管理局并不是完全自治的，其作用没有发挥出来，因为影响教育的政治僵局依然存在（Bogliaccini and Rodríguez，2015）。

自2000年代初以来，免税制度向私营部门倾斜，且新法规允许建立与教育供给有关的公私伙伴关系，同时还可以通过免税捐赠来为私人教育行为体提供一种间接公共资金（Bordoli et al.，2017a，2017b）。这些发展带来了机会，可以使舆论转而支持教育领域的私人行为体。

近年来，新的利益相关者，例如公民倡议组织“21世纪教育”（Eduy21），以及经济与社会现实研究中心（CERES，一个与美国智库布鲁金斯学会有联系的智库），一直在敦促政府制定有利于市场的教育政策，认为公共教育系统未能成功改革以满足当代需求（Moschetti et al.，2019）。经济与社会现实研究中心与“21世纪教育”在各行政层面组织了活动，以构建一个政策网络，并吸引媒体关注其关于教育处于危机中的言论。2017年，经济与社会现实研究中心开始举办公民会议，根据政策研究提出教育政策解决方案，为其教育改革立场寻找证据（Moschetti et al.，2019）。

这种方法上的变化在2020年7月全面实施的《紧急状态法》中得到了明显体现，该法共有476条，而其中关于教育的条款就占了78条。该法改变了乌拉圭教育的核心方面，主要涉及公共教育的方法。例如，“公共”一词不再出现在现在所谓的“国民教育系统”中。私人行为体现已被纳入协调机制和省级教育委员会。

2008年《教育法》第14条规定：“不得与任何国家或国际组织签署任何直接或间接将教育视为营利性服务或鼓励其商业化的双边或多边协议或条约。”（Uruguay Ministry of Education and Culture，2008）而新法第129条规定：“不得与国家或国际组织签署将教育降为营利性服务的双边或多边协议或条约。”（Uruguay Government，2020）其他条款对社会行为体参与制定教育政策进行了限制，并建议监管教师的工作（Martinis，2020）。

影响力和扩大规模的潜力；在2021年被选中的创新中，69%来自非营利性组织。“教育一百”探讨了哪些因素可以使公共教育系统有效采用创新，以及系统应如何支持创新的实施（Leponiemi et al.，2020）。

其他组织则侧重于在各个领域实现系统变革。在科特迪瓦，雅各布斯基金会作为其社区教育转型项目的参与方，与政府合作扩大了一项旨在提高基础读写能力和计算技能的补充性教育项目（Curtiss Wyss and Perlman Robinson，2021）。在印度，“菩提树”与德里市政公司建立了公私伙伴关系，运营着3所为边缘化儿童服务的示范性学校，培养孩子们的创新思想，以期最终在公立学校对他们进行测试。还有3个项目也是与邦政府合作开展的，侧重于教师技能、问责制和激励措施，其中导师制是该方法的一部分（Peepul India，2020）。

金融教育是非政府组织影响公共教育政策议程的另一个尝试领域。在美国，非营利联盟“起跳点”（Jump$tart）为初等和中等教育课程制定了金融教育标准（Alsemgeest，2015）。

> “2019年，美国对教育的慈善捐款达到640亿美元。”

经济教育委员会为四年级、八年级和十二年级制定了国家标准，并与学校和地区合作设计并开设了金融素养课程，同时向学生和教育工作者提供了自己的课程（Kasman et al.，2018）。截至2020年年初，21个州已将该学科纳入高等教育课程，还有同等数量的州正在讨论通过制定法案将金融教育引入校园（Carrns，2021）。

世界上一些最大经济体的财富增长可能与科技公司有关，这些公司特别重视教育。科技领域的慈善家们，鉴于其公司的超大规模及其产品和平台的普及度，可以迅速产生深远的影响（Patil and Brakman Reiser，2021）。2019年，美国对教育的慈善捐款达到640亿美元。在中国，慈善资助的绝大部分一直以来都提供给了教育领域。迅速发展的慈善行业由科技公司的捐款所主导，这些公司在提供资金的同时，还利用自己的平台来吸引和鼓励捐助者。2017年，中国企业对教育的捐款达到了230亿美元。

关于慈善资金流向的数据（**第四章**）低估了慈善机构在利用网络、技术平台和产品进行政策倡导方面的影响力及其所产生的影响（Patil and Brakman Reiser，2021）。慈善基金会不仅为特定活动提供资金，而且拥有战略利益。例如，对44家基金会的调查发现，有39个基金会还参与了宣传活动。它们越来越关注长期影响和可持续性：14家基金会提到它们经常与政府合作，18家与捐助者合作，其他基金会则转向营利性模式或开发了受赠方融资模式。慈善工作也变得更加以数据为导向和以证据为基础：三分之二的基金会设有评估人员、小组或部门，并对基金会所有项目和赠款进行监测和评估。但是各基金会很少轻易公开信息（OECD，2018）。

在慈善基金会日益关注非营利工作的同时，以慈善为目的的公司活动也在增长（Srivastava，2020）。在美国，慈善部门与商业部门联系密切，因此慈善工作会围绕企业效益开展。“风险慈善机构”和“慈善公司”指向混合形式的筹资，将投资资本逻辑与慈善目标及活动（例如教育）融为一体。其特点是投资者高度参与，投资者们往往在提供资金资源的基础上还会提供智力和社会资本。

捐赠金额最高的风险慈善机构包括各种来自家族财富的基金会。这些大型慈善机构会为其他与教育相关的风险慈善机构提供资金，例如特许学校成长基金和新学校风险基金。风险慈善机构不仅包括建立在个人家庭财富基础上的全国性基金会，还包括商业领袖共同开展的地方慈善事业，如芝加哥复兴学校基金（现为“芝加哥儿童至上”）和芝加哥公共教育基金。“陈-扎克伯格倡议”主要关注教育，尤其是个性化的技术辅助学习。而受赠方顶尖公立学校所开发的基于项目的教学以及以学生为导向的学习，已被38个州和哥伦比亚特区的近400所学校采用（Pane，2018；Schultz，2018）。

有些倡导教育市场化的基金会支持第三方动员，并虚假地标榜自己为草根带头人。这类前沿团体声称自己代表特定的利益，例如关于家长和学生的利益，实际上却是在追求这些组织自身的利益（Camera，2020）。在美国，“家长革命”主要接受慈善资助，这些资助被用来雇用私人公司收集请愿书或家长签名，以游说政府进行教育改革（Lubienski et al.，2012）。一个关于政策倡导网络在美国5个城市所发挥作用的调查项目表明，资助者会使用中介组织来将知识生产者与知识用户联系起来，并且这些网络的各种策略旨在激励非国家行为体的行动（Lubienski，2019）。

非国家行为体通常以议会委员会为目标。在美国的两个联邦立法机构中，听证会是影响政策的关键直接场合（Wang，2020）。委员会（由专家组成）和党团会议（由致力于共同目标的成员组成）也可以审议立法提案。例如，关于教育创新

> 媒体通过对事件和观点的报道，在影响教育政策舆论、代表行为体利益或为其提供宣传渠道方面发挥着重要作用。

和机会的国会核心小组“试图强调将基于市场的原则应用于教育如何能够提高学生的学习成绩”（Legistorm，2020）。2017年，黑人核心小组表达了对即将上任的教育部部长可能会“从根本上削弱美国公立学校系统”（Congressional Black Caucus，2017）的担忧，因为此人此前曾在密歇根州推行并支持了一项有利于择校的政策（Michigan Campaign Finance Network，2006）。大多数游说活动都是在州一级进行的。择校支持者联盟（主要是基金会和富有的捐助者）以及反对者联盟（主要来自劳工运动）在州立法中发挥了重要作用（Kirst，2007；Vergari，2007）。但是各种行为体的立场已经发生了相当大的变化（尤其是随着更多数据变得可获取），从而迫使宣传更加有据可依（DeBray-Pelot and McGuinn，2009）。

“全球家庭教育交流”是一个支持家庭教育的国际非政府组织（GHEX，2020）。总部位于美国的家庭学校法律辩护协会是其成员之一，是最大的此类倡导组织，代表了那些选择在家教育孩子的家庭的利益。该组织成立于1980年代初，通过个性化的支持、资源和宣传，为超过10万个成员家庭提供帮助。该组织设有一个查找相关法规的全球外联小组（HSLDA，2021），为各国的宣传活动提供资金（McShane，2020），并为起草法规提供技术协助。据报道，协会代表在国民议会上作证后，巴拿马于2021年1月通过了一项承认在家教育的法律（Donnelly，2021；Lara，2021）。

意大利的“公平市场”（Agorà della Parità）是一个有50多个非营利性组织参加的论坛，这些组织由“公平独立学校”（一种公私混合型学校，其文凭被认为等同于公立学校的文凭，为10%的义务教育适龄人口服务）的管理者和家长组成（Istat，2019）。2021年，他们发起了修改新型冠状病毒肺炎疫情紧急资金法的运动，以将非公立学校纳入最初仅仅适用于公共教育系统的此项法案（Linkiesta，2021）。结果，该法案除了向公立学校拨款3.5亿欧元之外，又为“公平独立学校”拨款6000万欧元，条件是采取透明化措施，要求学校公布其资产、支出及人员数据（Italy Parliament，2021）。在意大利，将公共资金划拨给“公平独立学校”（其中一半以上是天主教学校）是一个有争议的话题。国家不直接向非公立学校提供资金，但“公平独立学校”已被法律承认为可提供公共教育服务的机构（Huffington Post，2020）。

媒体通过对事件和观点的报道，同时也会通过其措辞（例如关于教育领域的市场机会），在影响教育政策舆论、代表行为体利益或为其提供宣传渠道方面发挥着重要作用（Connell，2013；Olmedo，2013）。在智利，两家主流媒体《第三日报》（*La Tercera*）和《水星日报》（*El Mercurio*）支持教育券制度（Grau and Olmedo，2012），认为国家在阻碍教育自由方面负主要责任（Cabalin，2015）。有些媒体网络与教育行业有直接联系，例如英国《金融时报》及其前所有者、教科书出版商培生集团（Verger et al.，2016）。在印度，英文报纸和娱乐业传统上反映了富裕观众的兴趣，包括私立学校费用和课外补习等话题。印度电视上的英语新闻节目经常出现支持私立教育的专家，同时还会邀请私立学校校长和行业企业家就国家政策发表评论（Thapliyal，2018）。

结语

在公共教育和民办教育的问题上，各种行为体都参加了往往激烈异常的辩论。非国家行为体作为支持者或反对者在其中发挥较大作用的那些措辞，都是经过字斟句酌的，以影响公众舆论。各种行为体会采用这种话术，通过宣传、游说、研究、融资和营销来发挥影响力。对政府官员来说，一个具有挑战性的问题是，是否有足够的机制来确保此类活动的合法性，确保公共教育政策过程的透明度不会受到损害，并确保狭隘的利益既得者们不会以牺牲针对学习者的公平和包容为代价而发展壮大。

在菲律宾棉兰老岛马隆贡的一个乡村，孩子们在由救助儿童会的一名学龄前教师主持的阅读俱乐部里玩耍和学习。

摄影：Save the Children

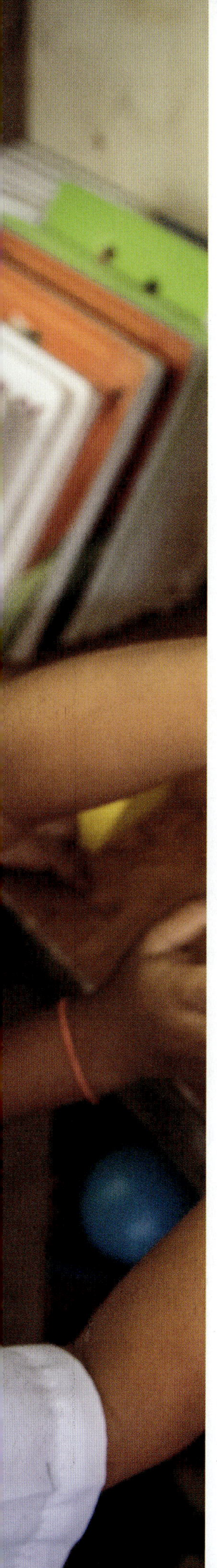

第6章

幼儿保育和教育

重要信息

非国家行为体主导着3岁以下儿童的教育。

- 2018年，私立教育机构的入学人数占3岁以下儿童总入学人数的比例，在高收入国家为57%，在中等收入国家为46%。
- 在189个国家中，有26个国家的法律要求某些雇主至少要支持或为其员工提供保育服务。但是，基于工作的幼儿保育和教育基本上限于在正规部门就业的家庭，而在低收入和中等收入国家，在正规部门就业的人仅占就业人口的30%。

学前教育领域的民办教育机构正在增加。

- 私立教育机构入学人数在学前教育总入学人数中的占比从2000年的28.5%上升到了2019年的37%。
- 在大洋洲，有些国家几乎100%的学龄前学生都进入了民办教育机构。在萨摩亚，62%的儿童保育中心属于教会，其余38%为私立性质。
- 各国趋势有所不同。在有些国家，如阿尔及利亚和哥伦比亚，民办教育机构正在减少，而在其他国家，如中国和秘鲁，则正在增加。

家庭仍然负担不起民办教育机构提供的幼儿保育和教育。

- 在加纳，就私立教育的费用占家庭年消费的比例而言，最富裕的家庭为6%，最贫困的家庭为17%；埃塞俄比亚的相应比例为4%和21%。
- 在经合组织国家，2019年，有两个孩子（分别为2岁和3岁）的双薪家庭的净保育费用是女性平均收入的17%，在德国和意大利，该比例为0，在爱尔兰和斯洛伐克约为三分之一，在日本和英国则为50%。在美国，对一个黑人家庭来说，该比例达56%。

大多数国家在治理碎片化的教育供给系统方面都举步维艰。

- 许多国家缺乏全面的监管框架或未能实施这些框架。
- 法规往往侧重于与注册、批准和许可有关的行政要求。民办教育机构在某些国家注册为企业或商业实体。在赞比亚卢萨卡，儿童保育中心必须在市议会的卫生和商业部门进行注册，且其教育业务将不被考虑。
- 在42个国家，多个部门共同负责质量保障。有些国家甚至可能单独为民办教育机构制定质量保障程序，例如菲律宾。

非国家行为体虽然接受并支出资金，但其产生的教育成本往往仍由家庭负担。

- 政府提供补贴、赠款、税收优惠和激励措施，如提供启动资金或公共土地，以鼓励民办教育。巴哈马的教育券计划仅向质量合格的私立幼儿园提供。
- 总共有79个国家对幼儿保育和教育费用做出了规定。挪威允许私立学前班获得“合理”的利润，但收到的任何政府赠款和费用均必须用于满足政府的目标和条件，以使儿童受益。

在出生后的头几年，儿童的认知发展最快，但也是他们最脆弱的时期。幼儿保育和教育历来是家庭的责任，特别是妇女的责任。然而，近年来，人们日益认识到，获得优质的幼儿保育和教育服务可为儿童，特别是弱势儿童提供更多发展优势，例如社会情感支持和认知刺激。由于幼儿保育和教育服务可以使母亲腾出时间从事正式工作，可为家庭和国家带来潜在经济收益，因此发展此类服务显得更加紧迫。

> 到2030年，在低收入和中低收入国家，那些需要却无法获得儿童保育服务的小学入学年龄以下的儿童的人数预计将增加2500万。

到2030年，在低收入和中低收入国家，那些需要却无法获得儿童保育服务的小学入学年龄以下的儿童的人数预计将增加2500万（Devercelli and Beaton-Day，2020）。在这些国家，学前教育入学率低是因为供给不足，而非需求较低。许多家庭愿意为幼儿保育和教育服务付费。供给方面的缺口促使私立教育机构、非政府组织、宗教组织和社会团体进入该领域。但是，在幼儿保育和教育供给中作用巨大的非国家行为体可能会以牺牲弱势群体的利益为代价，加剧入学机会的不平等。世界各国政府逐渐认识到，有必要扩大免费义务幼儿保育和教育，通过降低成本来提高入学率，同时监督民办教育机构是否符合标准。随着幼儿保育和教育服务的持续增长，了解非国家行为体所带来的机遇和挑战至关重要。

本章反映了本报告在幼儿期背景下涵盖的主题，探讨了非国家行为体作为教育机构、企业、资助者、影响者和创新者如何运作，此外还讨论了随着幼儿保育和教育系统的扩展，政府角色的转变。本章重点关注了参加日托、托儿所或幼儿游戏班的3岁以下儿童，以及上幼儿园或学前班的3岁至入学年龄儿童。对质量和公平的讨论贯穿始终。

非国家行为体主导着3岁以下儿童的保育和教育服务

许多国家没有关于幼儿保育和教育服务的标准化可比数据，特别是与其他教育等级相比。这是因为某些类型的供给多种多样，而且往往是非正规的。原则上，幼儿保育和教育项目具有适当的教育成分，即由受过培训或有认证的具有教学资格的工作人员提供服务，每天至少2小时，每年100天。无论是在学校、教育中心还是家庭环境中，这些服务都应受国家政府认可的监管框架的治理。然而，有些国家承认这些项目虽是其幼儿保育和教育系统不可或缺的一部分，但其教育成分却不够充实。还有些国家拥有非正规设置或未注册的幼儿保育和教育服务，这些服务虽未被纳入数据，但从教育角度来看，对某些家庭至关重要。

在高收入国家中，非国家行为体主导着幼儿保育和教育服务。2018年，33个高收入国家的私立教育机构的入学人数占其3岁以下儿童总入学人数的57%。这种现象有历史根源。在法国和意大利，私人慈善机构和教堂引入幼儿保育和教育服务后，国家才逐步颁布法律，引入并扩大其服务（Kamerman，2006）。

在澳大利亚、爱尔兰、荷兰、新西兰和英国，幼儿保育和教育主要由营利性的私营部门负责。在新西兰，私立教育机构占3岁以下儿童入学人数的99%。其中，营利性私营服务的占比从2002年的23%上升到2019年的41%，社区服务的占比则下降了（Gallagher，2017；Neuwelt-Kearns and Ritchie，2020）。在英国，82%的幼儿就读于私立教育机构。在英格兰，2019年私营企业提供了75.5万个保育名额，占总数的46%。那一年，儿童保育市场价值估计为67亿英镑，其中私立营利性教育机构占总额的82%（Department of Education，2019；LaingBuisson，2020）。

> 2018年，33个高收入国家的私立教育机构的入学人数占其3岁以下儿童总入学人数的57%。

宗教组织和非政府组织是许多国家的主要教育机构。在德国，2017年73%的入学者进入了私立学校。在为3岁以下儿童提供服务的项目中，约有三分之一是天主教或新教教会的项目（Blome，2018；Strehmel，2019），另外三分之一是非政府组织提供的项目，只有3%的教育项目属于营利性部门（European Commission/EACEA/Eurydice，2019）。

在有些国家，基于家庭的服务是幼儿保育和教育供给的主要部分（Kaneko et al.，2020）。2012年，美国有30%的3岁以下儿童接受家庭服务：15%的孩子由之前与其有关系的人无偿服务，7%的孩子由之前与其有关系的人有偿服务，还有7%的孩子由与其之前没有关系的人有偿服务（Paschall，2019）。2019年，欧盟26%的3岁以下儿童在自己家中或保育员家中接受专业儿童保育人员提供的保育服务，此外其他亲戚、朋友或邻居也会帮忙照顾：19%的儿童托育时间少于30小时，7%的儿童托育时间超过30小时（Eurostat，2021）。在法国，保育员是3岁以下儿童的主要保育服务提供者。家庭直接支付费用，但可以通过保育津贴中的保育补贴获得补助金，补助金数额取决于家庭收入（European Commission/EACEA/Eurydice，2021b，2021c）。

在芬兰，尽管公立机构占主导地位，但私立教育机构的入学人数占比从2013年的13%上升到了2019年的24%。私立教育机构包括本地企业和非营利性机构，而连锁机构的引入推动了其增长。三大营利性连锁机构的总收入从2015年的4600万欧元增加到了2019年的1.46亿欧元（Ruutiainen et al.，2021）。这一增长与为父母提供了私人服务津贴以及市政府扩大幼儿保育和教育服务的外包有关，市政府寻求降低成本并鼓励父母根据孩子的兴趣领域（例如语言和音乐）、可选择的教学法（例如蒙台梭利法）以及地理位置的便利性进行选择（Kumpulainen，2018）。以色列的幼儿教育毛入学率几乎翻了一番，从2013年的33%增至2018年的62%。但是，只有25%的婴幼儿被送入了经过认证的日托中心，这些日托中心由劳动、社会事务和社会服务部负责，且必须符合特定标准（Vaknin，2020）。

虽然在许多高收入国家，民办教育的份额保持稳定或缓慢增长，但在智利和丹麦却有所下降。在智利，私立学校的入学人数占比从2013年的30%降至2018年的10%，而同期毛入学率却从19%增至25%。2009年智利推出了“智利与您一起成长”项目，目的是将幼儿保育和教育服务的覆盖面扩大到4岁以下的弱势儿童（Chile Government，2021）。大约23%的保育中心由私人非营利性的英特格拉（Integra）基金会管理，该基金会可通过一项行政协议直接接受国家资助（Chile Undersecretary of Early Childhood Education，2019）。

> 在33个中等收入国家，非国家行为体的入学人数占幼儿教育发展项目入学人数的46%。

在33个中等收入国家，19%的3岁以下儿童通过幼儿教育发展项目入学；非国家行为体的入学人数平均占46%，而公立机构的占比从阿塞拜疆、俄罗斯和乌克兰的不到2%到多米尼克和土耳其的100%不等，入学人数处于低水平。总体而言，低收入和中等收入国家政府很少资助儿童保育，考虑到其他预算压力，这项费用被认为无法承担（Penn，2019）。基于雇主的教育供给在较富裕的国家比较常见，而在较贫困的国家才刚崭露头角（**专栏6.1**）。各国面向3岁以下儿童的幼儿保育和教育供给的趋势有所不同。萨尔瓦多等国家一直在向以公立教育机构为主体而转变，而在有些国家，非国家行为体占主导地位。在牙买加，所有幼儿保育和教育服务均由营利性机构、宗教机构及非营利性私人机构运营（World Bank，2019a）。在南非，根据2018年家庭普查，有38%的4岁以下儿童接受了正规保育服务，坊间证据表明，大多数服务是私人提供的，且往往没有登记，主要面向弱势群体（Alfers，2016；Statistics South Africa，2019）。

专栏**6.1:**

基于雇主的日托服务有时是强制性的，但大多数儿童被拒之门外

基于雇主的幼儿保育和教育服务与激励措施包括提供保育券、补贴、母乳喂养资助以及由雇主运营或赞助的工作场所内或场所外的保育中心。提供儿童保育项目的雇主可以从减税或抵免的税收优惠中受益，也可以得益于补贴、实物支持和积极的公众形象（IFC，2019；UNESCO，2020）。在189个国家中，有26个国家的法律要求某些雇主至少要支持或为其员工提供保育服务。在有些国家，雇主必须向某个年龄以下的儿童提供幼儿保育和教育服务，例如智利和巴拉圭规定此年龄为2岁（IFC，2019）。

在不丹，基于工作的保育中心涉及企业、联合国儿童基金会和教育部之间的伙伴关系（Tshomo，2017）。运营指导方针规定，除教育部批准的费用外，各中心不得收取其他费用（Rao et al.，2020）。印度的《产妇福利法》（1961年颁布，2017年修订）要求所有员工人数超过50人的雇主须在公司场所或员工所在社区为5岁以下的儿童提供保育服务。政府提供税收优惠、实施指导方针并会对违规行为进行处罚，但雇主们表示，他们在课程、标准和第三方机构的选择等质量问题上缺乏指导（IFC and Bright Horizons，2019）。在斯里兰卡，1939年的《产妇福利条例》规定“雇有规定数量的女工”的雇主必须开办并运营一个托儿所（IFC et al.，2018）。实际上，雇主倾向于将幼儿保育和教育服务外包给私人学前教育机构。而有些雇主开发了一种“工作场所联盟模式”来分摊运营成本（Warnasuriya et al.，2020）。

关于此类服务的命令往往得不到执行。在柬埔寨，雇有100名及以上女性雇员的雇主本应该设立一个日托中心或承担雇员的日托费用。但一项对工厂合规性的评估发现，43%的工厂没有设立能够正常使用的保育室或日托设施，也没有支付保育津贴。另有38%的工厂虽没有设立能够正常使用的保育室，却支付了保育津贴，但这其中又有超过40%的工厂的支付额不合理（ILO and IFC，2018）。另一项调查发现，在雇有100名以上女性员工的公司中，只有22%的公司在工作场所或附近提供保育服务，而在报告称支付了保育津贴的47%的公司中，每个孩子每月的津贴只有3美元到25美元不等（IFC，2020）。

主要挑战仍然是，基于工作的幼儿保育和教育服务基本上限于在正规部门就业的家庭，而在低收入和中等收入国家，在正规部门就业的人仅占就业人口的30%（Devercelli and Beaton-Day，2020；ILO，2018）。在加纳，私立机构占幼儿保育和教育服务毛入学率的98%。在其首都阿克拉的42个市场中，对于作为搬运工、街头小贩和商贩的妇女来说，其保育选择有限，只有7个保育中心，其中3个是营利性的，费用可能会很高，特别是在得不到市政府或市场交易商协会资助的情况下（ILO and WIEGO，2019）。在非洲城市（如肯尼亚内罗毕）的非正规聚落，对保育服务的需求是一个主要的政策问题（Hughes et al.，2021）。在卢旺达的吉塞尼，联合国儿童基金会和一个全国性非政府组织“为人民发展而行动”在市场附近建立了6个幼儿保育和教育中心，这样，那些跨过刚果民主共和国边境来这些市场做买卖的母亲就可以将孩子交给经过培训的看护人员照顾（UNICEF et al.，2021）。

有些基于社区的小规模儿童保育方案也提供幼儿保育和教育。在乌干达，7%的幼儿保育和教育中心扎根于社区（Uganda Ministry of Education and Sports，2017）。在有些国家，政府已接受并制定了此类方案，以充分利用这种将保育、教育、健康和营养融为一体的方法的潜力（Hayden and Wai，2013）。在拉丁美洲，1980年代这类方案在哥伦比亚（社区福利家庭）、危地马拉（社区家庭项目）和尼加拉瓜（PAININ）（Diker，2001）很受欢迎。在秘鲁，2019年私立机构的入学人数占比为17%，政府和社区联合开展了"摇篮计划"（Cuna Más）家庭访问项目，提供儿童保育、教育游戏班以及营养、安全、保护和卫生等综合保育服务（Josephson et al.，2017）。

把孩子托付给亲戚（如祖父母和兄弟姐妹）或朋友、邻居、临时保姆或全职保姆的非正规安排可能是一些家庭的唯一选择。在经合组织国家，26%的3岁以下儿童接受的是这种非正规的保育安排（OECD，2019b），尤其是在幼儿保育和教育机构很少的国家（**图6.1**）。在英国，有35%的儿童接受非正规的保育服务。祖父母是最常见的照顾者，有时还需要与正规机构相结合，后者可以提供园后照顾服务（Simon et al.，2015）。然而，这些非正规安排并没有被纳入幼儿保育和教育的定义中。未经培训的保姆和家政工人可能无法提供适合儿童发展的保育服务。美国大约10%的家政工人是保姆，其平均年龄为26岁，其中女性占大多数，且在所有家政工人中工资最低（Wolfe et al.，2020）。

在最贫困的国家，许多儿童几乎得不到照顾。在乍得和刚果民主共和国，过去一周有一半5岁以下儿童被单独留在家里或与兄弟姐妹在一起。让哥哥或姐姐照顾孩子可能会妨碍前者上学和玩耍的权利，同时哥哥或姐姐由于缺乏经验，可能会对幼儿的学习和福祉产生负面影响（Gromada et al.，2020）。

> *在经合组织国家，26%的3岁以下儿童接受的是非正规的保育安排。*

图 6.1:

缺乏幼儿保育和教育服务机构与非正规保育服务的占比较高有关

2017年部分国家3岁以下儿童接受非正规保育安排的比例及通过幼儿教育发展项目入学的毛入学率

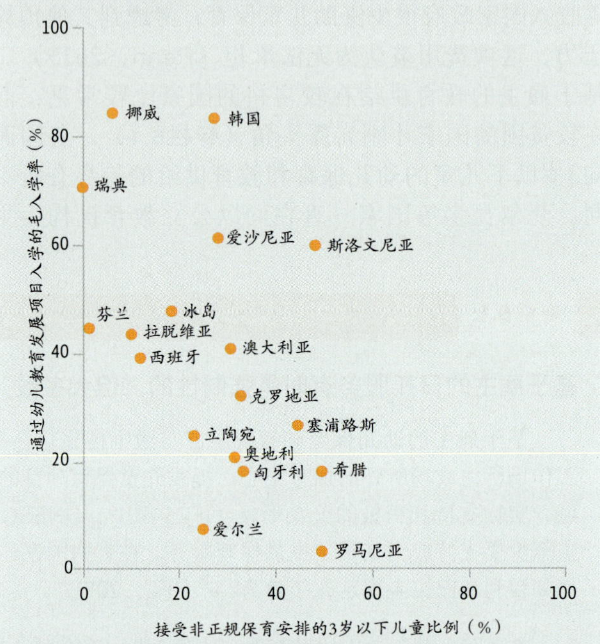

注：韩国的儿童保育数据是2009年的，美国的是2011年的，马耳他和瑞士的是2014年的，冰岛的是2015年的。非正规保育是指无偿照料，但在澳大利亚和韩国除外，在这两个国家是指由亲戚、朋友或邻居提供的有偿或无偿照料。幼儿教育发展项目通常是为3岁以下儿童设计的。

《全球教育监测报告》统计数据链接：https://bit.ly/GEM2021-fig6_1

资料来源：OECD（2019b）及统计研究所数据库。

非国家行为体在学前教育中比在基础教育中更为引人注目

2000年至2019年，私立教育机构中的儿童在学前教育总入学人数中的总体占比从28.5%上升至37%，远远高于初等（19%）或中等教育（27%）。这一比例从东欧国家（包括白俄罗斯、摩尔多瓦共和国和乌克兰）的不到1%，到许多国家和地区［特别是加勒比海（如安圭拉、安提瓜和巴布达以及英属维尔京群岛）和太平洋地区（如萨摩亚）的小岛屿发展中国家］的95%以上不等（**图6.2**）。

图 6.2:

私立教育机构（尤其是面向低龄幼儿的私立教育机构）中的儿童在学前教育入学人数中所占比例很高

2019年或最近年份在学前教育阶段就读于私立教育机构的儿童比例

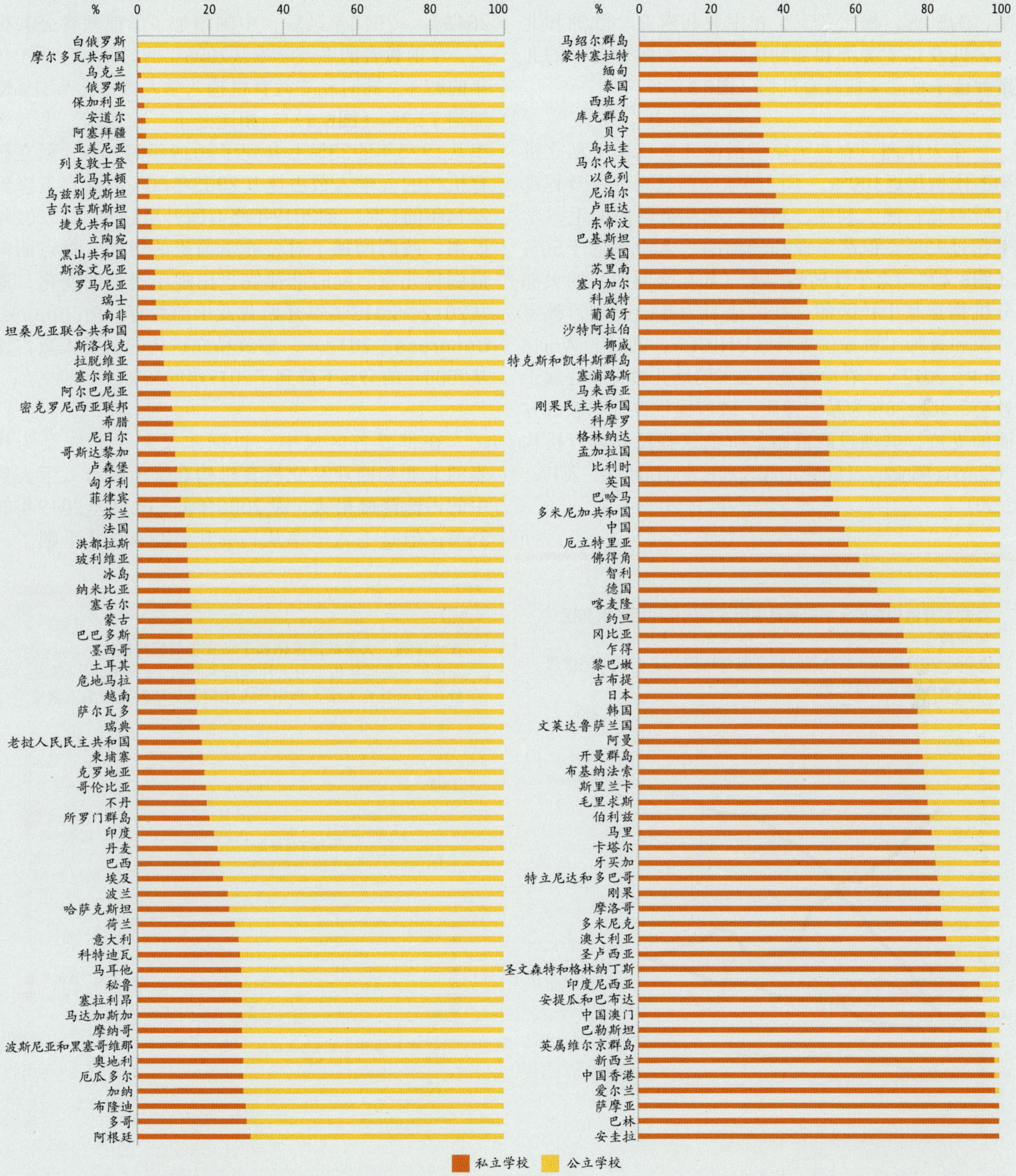

% 0 20 40 60 80 100

白俄罗斯
摩尔多瓦共和国
乌克兰
俄罗斯
保加利亚
安道尔
阿塞拜疆
亚美尼亚
列支敦士登
北马其顿
乌兹别克斯坦
吉尔吉斯斯坦
捷克共和国
立陶宛
黑山共和国
斯洛文尼亚
罗马尼亚
瑞士
南非
坦桑尼亚联合共和国
斯洛伐克
拉脱维亚
塞尔维亚
阿尔巴尼亚
密克罗尼西亚联邦
希腊
尼日尔
哥斯达黎加
卢森堡
匈牙利
菲律宾
芬兰
法国
洪都拉斯
玻利维亚
冰岛
纳米比亚
塞舌尔
蒙古
巴巴多斯
墨西哥
土耳其
危地马拉
越南
萨尔瓦多
瑞典
老挝人民民主共和国
柬埔寨
克罗地亚
哥伦比亚
不丹
所罗门群岛
印度
丹麦
巴西
埃及
波兰
哈萨克斯坦
荷兰
意大利
科特迪瓦
马耳他
秘鲁
塞拉利昂
马达加斯加
摩纳哥
波斯尼亚和黑塞哥维那
奥地利
厄瓜多尔
加纳
布隆迪
多哥
阿根廷

% 0 20 40 60 80 100

马绍尔群岛
蒙特塞拉特
缅甸
泰国
西班牙
库克群岛
贝宁
乌拉圭
马尔代夫
以色列
尼泊尔
卢旺达
东帝汶
巴基斯坦
美国
苏里南
塞内加尔
科威特
葡萄牙
沙特阿拉伯
挪威
特克斯和凯科斯群岛
塞浦路斯
马来西亚
刚果民主共和国
科摩罗
格林纳达
孟加拉国
比利时
英国
巴哈马
多米尼加共和国
中国
厄立特里亚
佛得角
智利
德国
喀麦隆
约旦
冈比亚
乍得
黎巴嫩
吉布提
日本
韩国
文莱达鲁萨兰国
阿曼
开曼群岛
布基纳法索
斯里兰卡
毛里求斯
伯利兹
马里
卡塔尔
牙买加
特立尼达和多巴哥
刚果
摩洛哥
多米尼克
澳大利亚
圣卢西亚
圣文森特和格林纳丁斯
印度尼西亚
安提瓜和巴布达
中国澳门
巴勒斯坦
英属维尔京群岛
新西兰
中国香港
爱尔兰
萨摩亚
巴林
安圭拉

私立学校 公立学校

《全球教育监测报告》统计数据链接: https://bit.ly/GEM2021-fig6_2
资料来源：统计研究所数据库。

随着私立教育机构入学人数的占比增加，学前教育的毛入学率从34%上升至62%，绝对入学人数翻了一番，从1.06亿增加到了2.14亿。东亚和东南亚的私立教育机构的入学人数在总入学人数中的占比最高，为55%。相比之下，在中亚和南亚、欧洲和北美，以及拉丁美洲和加勒比，仅有约四分之一的儿童就读于私立学前教育机构（**图6.3**）。

在大洋洲，有些国家学龄前儿童就读于私立机构的比例接近100%，不同国家学前教育的普及程度有所差异：澳大利亚、新西兰和瓦努阿图的毛入学率超过90%，但萨摩亚和汤加的毛入学率低于50%（**图6.4**）。太平洋岛屿国家（如瓦努阿图）的大部分机构是基于社区的，社区成员为基础设施、教室资源和教师工资提供支持（UNICEF，2017；World Bank，2012）。在萨摩亚，62%的幼儿教育中心属于教会，其余38%为私立性质。政府提供课程和教师方面的支持，并通过政府赠款资助这些民办教育机构（Samoa Ministry of Education, Sports and Culture，2019，2020）。

图 6.3:

私立教育机构在扩大学前教育中所发挥的作用因国家和区域而异

2000—2019年按区域分列的私立教育机构入学人数在学前教育入学人数中所占比例

《全球教育监测报告》统计数据链接：https://bit.ly/GEM2021-fig6_3
资料来源：统计研究所数据库。

东亚和东南亚国家做出了巨大努力，采用不同的战略来增加学前教育入学人数。在中国，自1990年代以来，公立幼儿园数量一度大幅减少，私立幼儿园和非政府组织幼儿园发挥了补充作用（Li et al.，2016）。2010年以后，中国增加了学前教育公共投入，学前教育的毛入学率从2006年的43%上升至2019年的89%，同时私立教育机构入学人数占比从31%增加到了57%（**图6.5**）。相比之下，在越南，毛入学率从1995年的33%上升到了2019年的96%，私立教育机构的入学人数占比从2003年60%的高点下降到2014年的12%，到2019年略有回升至16%。自2002年以来，政府增加了对公立学前班的资助，重点面向最弱势儿童。同时菲律宾也出现了类似的变化，即从2012—2013学年开始普及学前教育（Philippines Congress，2012），导致私立机构的入学人数占比从2000年的49%下降到了2019年的12%。

在世界各区域中，以阿尔及利亚和埃及为代表的北非和西亚私立教育机构在学前教育入学人数中的占比降幅最大，从2000年的53%降至2019年的36%，但是毛入学率从17%升至32%，几乎翻了一

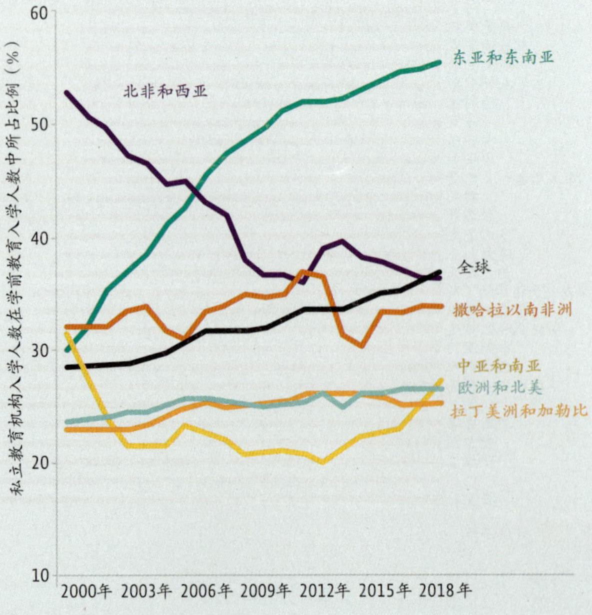

图 6.4:

在大洋洲，大多数国家依赖于私立学前教育机构

2019年或最近年份部分大洋洲国家的私立教育机构入学人数在学前教育入学人数中所占比例及学前教育的毛入学率

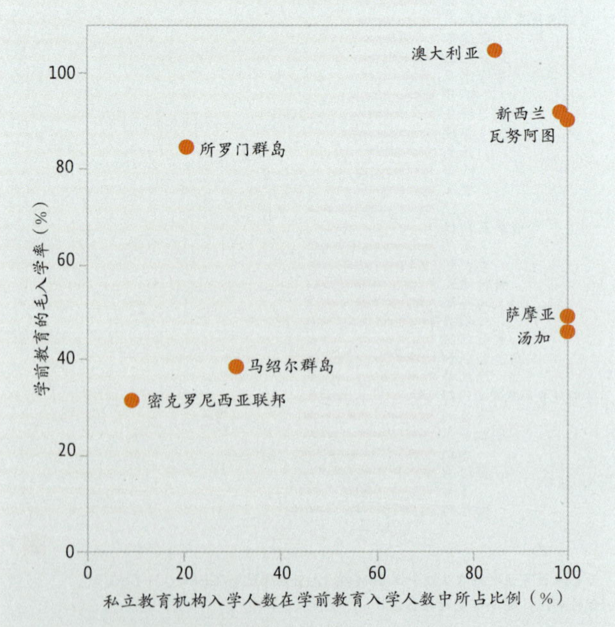

《全球教育监测报告》统计数据链接：https://bit.ly/GEM2021-fig6_4
资料来源：统计研究所数据库。

> 2000年至2019年，私立教育机构中的儿童在学前教育总入学人数中的总体占比从28.5%上升至37%。

番。约旦和摩洛哥的私立教育机构入学人数占比也有所下降，从2000年的100%分别降至2019年的72%和84%。在约旦，私营部门通常为5岁以下的儿童提供学前班，而国家在孩子上小学前一年为其提供学前班（Jordan Ministry of Education and UNICEF，2020）。相比之下，2000年至2018年间，以色列私立教育机构入学人数在学前教育中的占比从5%增加到了36%，而科威特从26%增加到了45%。

其他区域的私立教育机构入学人数在学前教育入学人数中所占比例保持稳定。在拉丁美洲和加勒比，私立教育机构的入学人数占比一直保持在25%左右，但平均水平掩盖了各国之间的较大差异。秘鲁的私立教育机构入学人数占比从2000年的16%增加到了2013年的31%，翻了一番。但是在哥伦比亚，由于实施了主要由非政府组织支持的战略及法律，并得到了其相应的资金支持，私立教育机构的这项占比下降了一半，从2000年的41%下降到了2019年的21%（Cárdenas and Cadena，2020）。

在撒哈拉以南非洲，与初等和中等教育不同，虽然私立学前教育机构的入学人数占比保持稳定，约为三分之一，但总入学率一直在增长。在一些入学人数快速增长的国家，人们会首选公立机构。在埃塞俄比亚，毛入学率从2010年的4%上升到了2015年的29%，而在2010年《国家幼儿保育和教育政策框架》出台后，私立学校的入学人数占比从95%直线下降到了18%。该政策促进了附属于公立小学的0级班或学前班的发展（Kim et al.，2022）。在2014年推出了免费学前教育的坦桑尼亚联合共和国，学前教育毛入学率从2014年的33%上升到了2019年的42%，而私立教育机构入学人数占比则仅略有上升，从5%上升到了7%。

图 6.5:

私立教育机构在扩大学前教育中所发挥的作用因国家和区域而异

2000—2019年，东亚和东南亚以及拉丁美洲部分国家的私立教育机构在学前教育入学人数中所占比例及学前教育的毛入学率

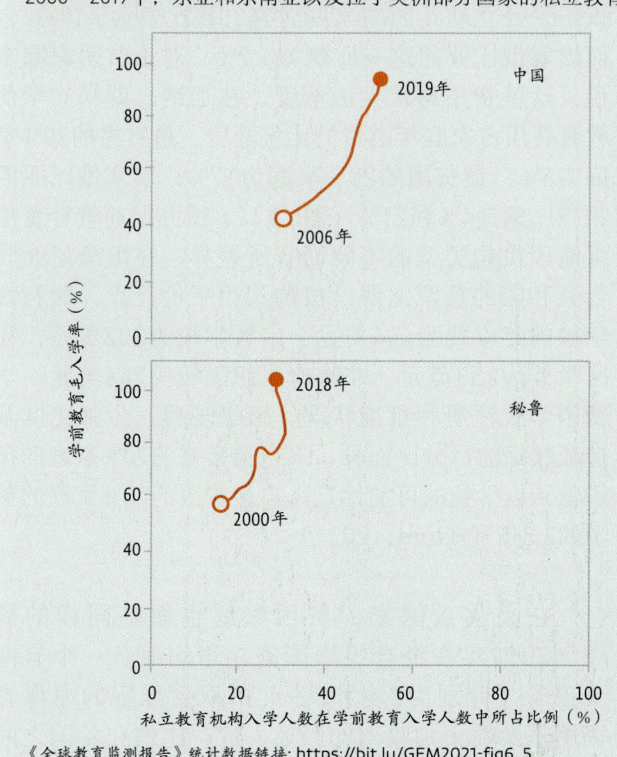

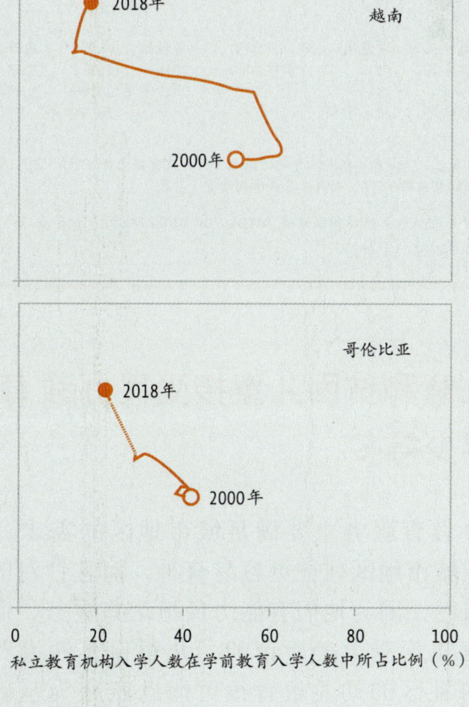

《全球教育监测报告》统计数据链接: https://bit.ly/GEM2021-fig6_5

资料来源：统计研究所数据库。

官方的行政数据很少包含非官方民办教育机构的数据。家庭调查显示，在7个撒哈拉以南的非洲国家中，有6个国家的行政数据低估了民办教育机构入学人数的比例（Baum，2021；Baum et al.，2018；King et al.，2020）。平均而言，两个来源之间的差异为20个百分点。在马拉维，根据行政数据，民办教育机构入学人数在学前教育入学人数中的占比为7%，但2016—2017学年的家庭调查数据显示该比例为63%（**图6.6**）。未注册的教育机构在质量、治理、监管和公平方面令人担忧。

图 6.6:

相当大一部分学前教育儿童就读于未注册的民办机构

2010年代部分国家按家庭调查数据和行政数据分列的民办机构入学人数在学前教育入学人数中的所占比例

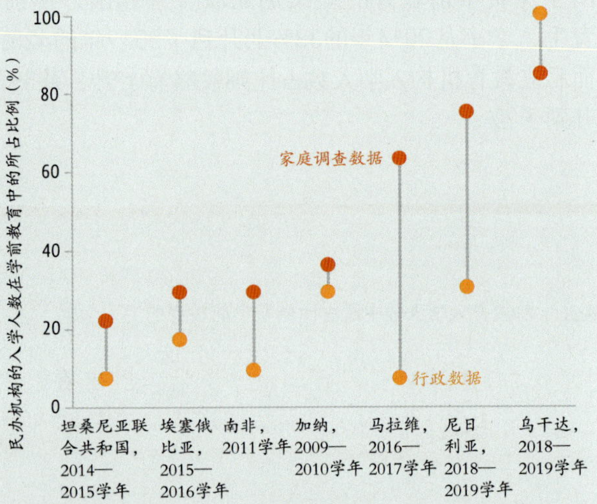

民办机构的入学人数在学前教育中的所占比例（%）

家庭调查数据

行政数据

坦桑尼亚联合共和国，2014—2015学年　埃塞俄比亚，2015—2016学年　南非，2011学年　加纳，2009—2010学年　马拉维，2016—2017学年　尼日利亚，2018—2019学年　乌干达，2018—2019学年

注：在尼日利亚，有关民办机构入学率的最新可用行政数据来自2010—2011学年，比收集家庭数据早8年；因此，应谨慎判读这一差距。

《全球教育监测报告》统计数据链接：https://bit.ly/GEM2021-fig6_6

资料来源：Baum（2021）。

农村儿童和贫困儿童接受民办教育的机会要少得多

民办教育服务主要满足城市地区的需求，这种服务在城市地区往往更容易获得，而且针对的是较富裕家庭，因为他们有能力负担这些服务。而高收入国家也深受北美所谓的“儿童保育沙漠”之苦：农村社区的幼儿教育很可能以家庭为基础或根本不存在。在美国，五分之三的农村社区缺乏儿童保育服务，它们主要依靠家庭照顾儿童（Home Grown，2020；Malik et al.，2018）。

> “一项对9个低收入和中等收入国家的调查发现，在其中5个国家，城市儿童上私立幼儿园的可能性明显高于农村儿童。”

本报告对9个低收入和中等收入国家的调查发现，在其中5个国家（厄瓜多尔、加纳、尼日利亚、南非和乌干达），城市儿童上私立幼儿园的可能性明显高于农村儿童（Baum，2021）。然而，在城市地区，家庭可能只能选择私立机构。例如，2019—2020学年埃塞俄比亚3个城市地区的私立幼儿园毛入学率远高于全国平均水平（10%）：亚的斯亚贝巴（104%）、迪雷达瓦（31%）和哈拉里（45%）（Ethiopia Federal Ministry of Education，2020）。生活在非正规聚落的贫困家庭往往根本无法获得公共保育服务（Caddy，2017）。例如，在肯尼亚内罗毕的一个大型贫民窟，94%的教育机构都是私立的；平均而言，每个家庭步行范围内有5个私立教育机构（Bidwell and Watine，2014）。

私立学前教育的费用会非常高。加纳家庭在这方面的支出占其年度预算的9.4%（相比之下，对于孩子上公立幼儿园的家庭而言，该比例为5.1%），而埃塞俄比亚的这一比例为4.9%。对于贫困家庭来说，这笔费用通常无法承受。在加纳，就私立学前教育费用占家庭年消费的比例而言，最富裕的20%家庭为6%，最贫困的20%家庭为17%；埃塞俄比亚的相应比例是4%和21%（**图6.7**）。民办学前教育费用可能因机构类型的不同而有所差异。在坦桑尼亚联合共和国的莫罗戈罗，按购买力平价计算，营利性学校的年收费为444美元，宗教学校为302美元，社区学校为253美元，非政府组织学校为246美元。学费因学校注册和批准状况、班级规模、生师比以及持证教师的百分比而异。来自最富裕的20%家庭的孩子上私立学校的可能性是来自最贫困的20%家庭的孩子的3.5倍（Baum，2021）。

在高收入国家，贫困家庭也面临同样的挑战。2019年在经合组织国家，平均而言一个有两个孩子（分别为2岁和3岁）的双薪家庭的净保育费用是女性平均收入的17%，这一比例在各国之间差异很大，捷克共和国、德国和意大利为0，在爱尔兰、斯洛伐克和瑞士约为三分之一，在日本和英国为50%。其中有些国家的目标是支持有效免除贫困家庭的费用（如瑞士），而在另一些国家，费用对于低收入家庭和中等收入家庭来说一样高（如斯洛伐克）。尽管采取了一些措施，但在爱尔兰和英国等私立教育机构较多的国家，贫困单亲家庭的净保育费用是女性收入的25%（OECD，2020）。

在几乎不提供支持的国家，家庭需要在支付幼儿保育和教育服务费用或放弃工作来照顾孩子之间做出艰难选择。在美国，父母在幼儿保育和教育上的花费约为420亿美元，而联邦、州和地方政府的花费为340亿美元（Gould and Blair，2020）。每个5岁以下儿童的家庭年支出约为9600美元，占家庭收入中值的18%，或个人最低工资的64%（Schulte and Durana，2016）。有两个幼儿的黑人中等收入家庭将不得不将其收入的56%用于保育，远高于任何其他群体（Novoa，2020）。

图 6.7:
对于最贫困的人来说，私立学前教育的费用极其高昂
2010年代，部分撒哈拉以南非洲国家按家庭消费五分位数分列的私立机构学前教育费用中位数（每孩）占家庭平均消费支出的比例

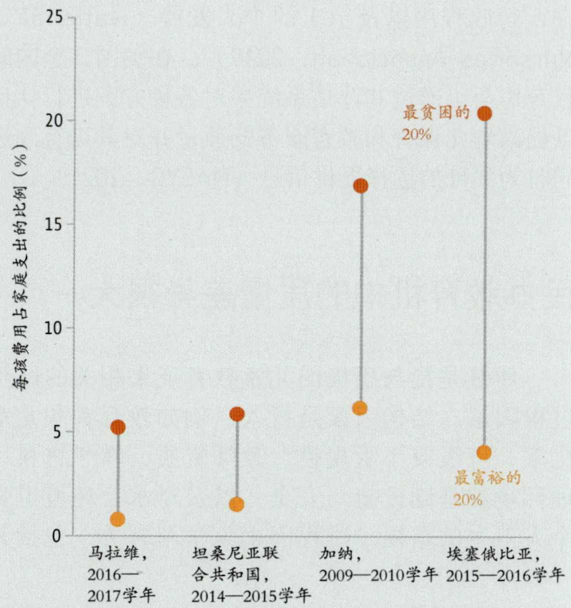

每孩费用占家庭支出的比例（%）
25
20
15
10
5
0
最贫困的20%
最富裕的20%
马拉维，2016—2017学年
坦桑尼亚联合共和国，2014—2015学年
加纳，2009—2010学年
埃塞俄比亚，2015—2016学年

《全球教育监测报告》统计数据链接：https://bit.ly/GEM2021-fig6_7
资料来源：Baum（2021）。

> 在美国，有两个幼儿的黑人中等收入家庭将不得不将其收入的56%用于保育。

在9个经合组织国家，很少有幼儿保育和教育中心的负责人报告称，他们的学生中至少有十分之一来自弱势社会经济背景。但在其中4个国家（智利、丹麦、以色列和土耳其），称其有学生来自弱势群体的公立幼儿保育和教育中心负责人的比例明显高于私立幼儿保育和教育中心负责人的比例（OECD，2019c）。荷兰为幼儿提供了两级幼儿保育和教育服务：较富裕的地区可以选择付费的全时私人保育服务；而在贫困地区，非全时的幼儿游戏班更为普遍（Penn，2019）。

民办教育对治理和监管提出了挑战

在幼儿保育和教育领域，非国家行为体的范围和数量以及民办教育的体量使治理和监管变得复杂化。然而，良好的治理和监管安排可以改善教育机会、教育公平及教育质量，并防止出现与教育机构类型和父母支付能力相挂钩的并行系统。

当非国家行为体主导教育供给时，就需要强有力的治理

幼儿保育和教育涉及一套复杂的服务，特别是面向3岁以下儿童的服务，大多数国家都难以妥善管理这些服务。善治需要在横向（部门之间）和纵向（将责任下放给区域和地方行为体）上进行强有力的协调、协作和合作（Britto et al.，2017；Yoshikawa et al.，2018）。然而，非国家行为体的治理方式因国家而异。从单一领域和集中模式到混合、多层和跨部门模式，非国家行为体的多样性和民办教育的体量使治理变得更加复杂。

治理工作可能由教育部与另外的部门（如社会政策部或妇女事务部）或机构来领导，有时与总统办

公室挂钩，特别是在拉丁美洲（如智利、哥伦比亚和乌拉圭），但也有其他地方是如此（如菲律宾和塞舌尔）（Loizillon and Leclercq，2016；Marzonetto and Rodríguez，2017；OECD，2016；Seychelles Government，2011；Vargas-Barón，2015）。在日本，内阁府牵头实施了儿童和儿童保育综合支持系统，以确保教育和卫生两省法规保持一致（Japan Government，2014）。在新加坡，幼儿园和儿童保育中心提供的7岁以下儿童民办教育由独立幼儿发展局（受教育部和社会与家庭发展部监管）负责治理和监管（ECDA，2020）。

宗教机构通常会导致治理分散化。在马里，国家教育部负责监管幼儿园，而领土管理部和地方政府则负责古兰经学校。在索马里，幼儿保育和教育通过传统的古兰经学校、综合古兰经学校，以及由当地非政府组织和大型城市中心的私人基金会经营的私立幼儿园和托儿所提供。联邦教育、文化和高等教育部负责制定幼儿保育和教育政策及服务标准指导方针，并进行监督和评估，而宗教事务部则制定基于伊斯兰教的幼儿保育和教育综合课程，任命幼儿保育和教育培训人员并对其提供培训支持（PEER中的国家资料）。

权力下放进一步增加了复杂性。需要明确职责，以避免重叠和失调。在挪威，公立和非公立教育机构的治理被下放给市政府，后者可以决定是否增加民办教育的占比，以满足父母的需求（Norway Ministry of Education and Research，2014）。在美国，治理结构的分散化，加上对私立教育机构的依赖，促使联邦、州和地区各级制定了不同的监管框架和独立的支持系统（Karch，2013；Miller et al.，2017）。

政府通过伙伴关系使非国家行为体参与其中。孟加拉国“幼儿发展网络”是一个由来自政府、非政府组织和国际组织的172名成员组成的伙伴关系，成立于2005年，旨在通过信息共享、技术指导和能力建设进行宣传和加强合作。该组织参与制定了2008年的《普及学前教育业务框架》，其中包括国家标准，并侧重于引入为期1年的学前教育，明确非国家行为体的职责，以加强政府的能力（Zahar and Khondker，2017）。在巴西，2007年成立的“全国幼儿网络”在大约10年的时间里将其成员从10个发展到200多个组织。其目标是在2022年之前在各级政府推行《全国幼儿计划》（Rede Nacional Primeira Infância，2018）。哥斯达黎加的“全国保育和儿童发展网络”于2014年依法成立，目的是将各种教育机构和部委凝聚起来；然而，其团结协作仍有待努力（FLACSO，2020）。

使包括父母在内的社区一级利益相关者参与进来，可以支持地方一级的治理（Vargas-Barón，2015）。本报告分析发现，包括不丹、科特迪瓦、莱索托、摩洛哥、新西兰、尼日尔、韩国、多哥和突尼斯在内的有些国家希望幼儿保育和教育中心能够使家长通过管理委员会或民选代表参与其决策。

民办教育机构同时也会进行自治。在法国（Fédération Française des Entreprises de Crèches，2021）和荷兰（Expertisecentrum Kinderopvang，2021），民办教育机构协会构建了平台来监督教育中心的质量并跟踪进展。在英国，国家日托协会（一家代表私立托儿所利益的慈善机构）建立了质量保障制度，强调法规遵守、行政程序以及员工的个人发展（National Day Nurseries Association，2019）。在美国，全国幼儿教育协会可通过其评估系统来对各种方案进行认证，以提高幼儿保育和教育服务的质量并对其进行改进，同时为父母的选择提供信息（NAEYC，2021）。

民办教育机构的质量差异很大

质量是指与积极的儿童教育成果相关的结构和过程因素。结构因素是投入，例如教育者和儿童的比率、班级或小组规模、教师资质、教学材料、物理环境和基础设施、安全，以及对水、环境卫生和个人卫生的重视。过程因素与学习有关，包括儿童

“教育机构的质量与其类型无关，而与国家背景和政策环境有关。”

参与的活动、激励，以及教职员工与儿童的互动，所有这些都很难测量（UNESCO，2016b）。政策制定者面临的挑战是制定标准并确保这些标准能够得到落实，以最大限度地缩小各类教育机构之间以及各类教育机构内部的质量差异。

在民办教育机构是否能够提供优质服务的问题上，证据存在分歧。实际上，答案与教育机构的类型无关，而与国家背景和政策环境有关。在巴西，私人承包的托儿所和幼儿园的基础设施质量指数值明显高于公立托儿所和幼儿园（Evans and Kosec，2012）。相比之下，一项对印度农村的研究发现，公立教育中心的玩具和游戏更多（Gupta，2020）。在蒙古，私立幼儿园在课堂质量要素（例如课程结构、活动、读写能力和数学）方面得分较低，但在互动质量方面得分较高（World Bank，2017）。在葡萄牙和美国，公办教育的特点是过程质量水平较高（Slot，2018）。总体而言，在经合组织国家，面向3至6岁儿童的公立幼儿保育和教育中心在师生互动方面优于私立教育机构（OECD，2018）。

关于撒哈拉以南非洲结构因素的研究也得出了相互矛盾的结果。一项对埃塞俄比亚的斯亚贝巴37所幼儿园进行的调查发现，占多数的私立幼儿园总体表现较好，但私立和公立幼儿园均未达到标准（Admas，2019）。在加纳，私立幼儿园的设施条件更好，这应该得益于2011年推行的全国公私伙伴关系政策（Pesando et al.，2020）。在肯尼亚，公立和私立保育中心之间没有显著差异：教室和教具的质量都不合格。但公立保育中心的供水、卫生和娱乐设施更好，而私立教育机构不符合政府服务标准指导方针（Sitati et al.，2016）。在尼日利亚，营利性私立教育机构的生师比较高（Baum，2021）。

高收入国家往往制定了有关教育工作者资格、认证和工作条件的法规。在芬兰，对所有教育机构都具有监管效力的《幼儿教育和保育法》确保公立和私立保育中心在员工受教育水平方面通常不会有显著差异（Finland Government，2018）。此外，西班牙除阿斯图里亚斯地区外，对公立而非私立保育中心负责人提出了最低资格要求（European Commission/EACEA/Eurydice，2019）。

对教学实践的研究没有得出一致的结论。在丹麦，与私立幼儿园的员工相比，公立幼儿园的员工会更多地使用与过程质量相关的实践。在冰岛，公立保育中心对儿童计算技能的促进作用不如私立保育中心（OECD，2019c）。

在许多低收入和中等收入国家，与公共部门的同行相比，私营幼儿保育和教育工作者往往准备不足，专业发展机会较少。由于加纳对私立幼儿保育和教育教师没有最低要求，因此参加加纳教育署培训课程（Ghana Ministry of Finance，2019）的私立学前班教师只有8%，而公立学前班教师的这一比例为75%（Wolf et al.，2018）。一项对巴基斯坦旁遮普省139所学校的研究发现，公立学校教师的受教育水平更高，但是教师的受教育水平普遍较低且几乎没有接受过专门的幼儿保育和教育培训（Jamil and Saeed，2018）。在赞比亚，越来越多的私立幼儿园教师获得的是未经认可的私立大学的认证，而公立幼儿园的教师必须获得赞比亚幼儿园协会的认证（Edwards et al.，2019）。

对高收入国家教学实践方面的研究相对较少。在加纳，公立幼儿园在“表扬孩子的积极行为、激发课堂互动、促进合作学习以及使用特定工具帮助学习”方面得分较高（Pesando et al.，2020）。私营部门内部可能存在差异。在肯尼亚，经批准的私立幼儿园在师生互动指标上的得分明显高于未经批准的机构，这些指标包括活动之间的等待时间、教师对儿童问题的解答、教师对开放式问题的使用，以及教师帮助儿童解决问题（Baum，2021）。

许多国家的目标是确保民办教育完全或部分符合国家课程或学习标准。丹麦的课程强调游戏、好奇心及社会关系的重要性，公立和私立教育机构都是如此（Denmark Ministry of Children and Education，2020）。菲律宾鼓励对4岁以下儿童使用整体课程（Philippines Congress，2013；Philippines ECCD Council，2015），并通过政府批准的菲律宾幼儿发展检测目录来监测国家标准和能力素质（Philippines ECCD Council，2019）。

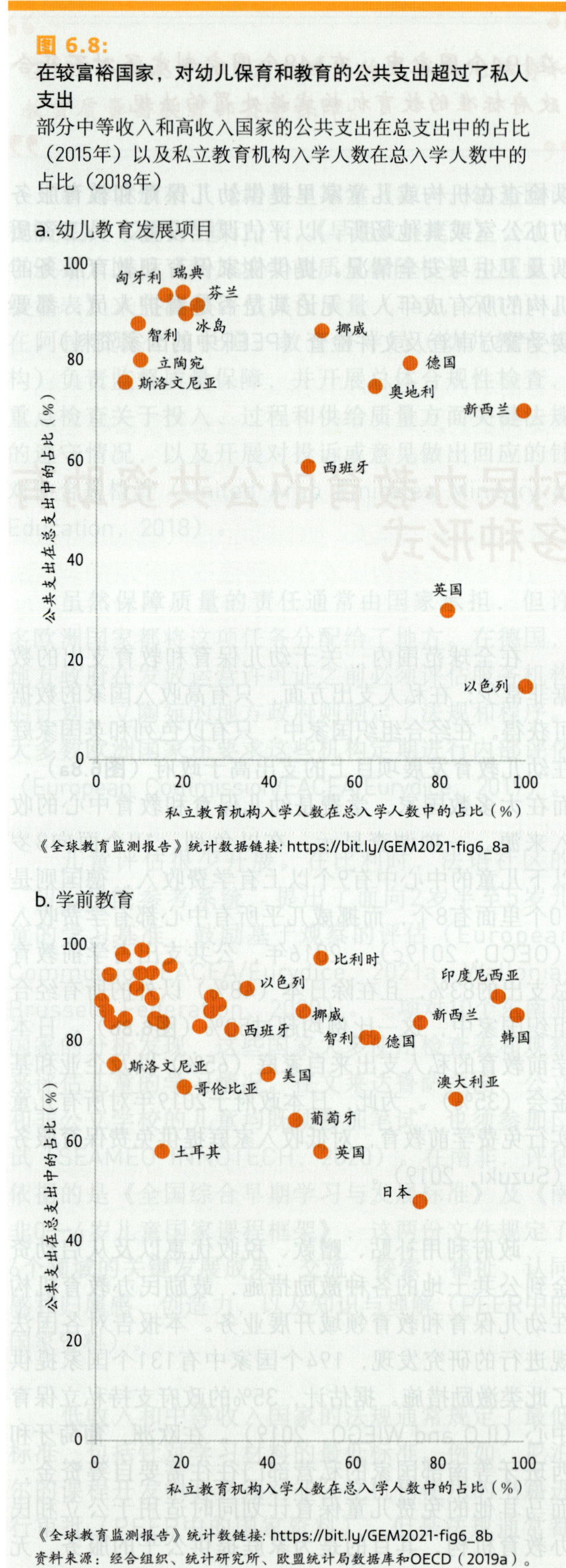

北欧国家会将资金拨给市政府，由后者决定如何补贴公立和非公立保育服务。丹麦有4类日托机构：市政机构、自治机构、外包机构和私立机构。无法直接提供日托服务的市政府必须要么资助另一个市政府的日托机构，承担父母支付给私立日托机构的费用，要么为他们提供育儿补贴。而这些机构必须每年向市政府报告受资助的儿童人数。2020年，政府通过了一项新的父母日托支付计划，以帮助受新型冠状病毒肺炎疫情影响的弱势群体。该计划使市政府和私立教育机构均可以免除或减少经济困难家庭的费用（PEER中的国家资料）。

在印度尼西亚，幼儿保育和教育的适龄儿童几乎全部去了私立教育机构，而政府也于2011年开始向幼儿教育中心提供运营补贴，投资于设施改善和项目发展。然而，每个孩子42美元（UNESCO,2019）的补贴仅覆盖了年度花费的一小部分，据估计，非正规游戏班每个孩子的年度费用为151美元，而正规幼儿园为256美元（World Bank，2020）。在日本，县政府会向公立和私立日托中心、幼儿园和综合中心提供补贴，并称其为设施型福利。此外，私营日托中心还会通过市政府获得管理费用补贴。在此之前，这些补贴是提供给家长的（Abumiya，2015）。

新西兰在2000年代中期推出了两类公共补贴。第一类鼓励教育机构增加注册教师的占比并提高质量（New Zealand Ministry of Education，2020）。第二类向机构提供补贴，使它们能够为3至5岁的儿童提供每天最多6小时、每周最多20小时的幼儿保育和教育服务，而不向其家庭收取额外费用（Education Counts，2021）。一项评估发现，该政策提高了两孩母亲的劳动参与率，但出乎意料地降低了单孩母亲的劳动参与率和收入（Bouchard et al.，2021）。

在南非，社会发展部会为那些就读于已注册幼儿发展中心且家庭收入低于标准的儿童每年提供305美元的补贴。据估计，该政策惠及了已注册中心近80%的儿童，但这些儿童只占接受幼儿保育和教育所有儿童的30%多一点，因为大多数儿童都就读于因注册条件烦琐而未进行注册的中心（South Africa Department of Social Development，2020；Wills and Kika-Mistry，2021）。特立尼达和多巴哥教育部运营或协助了138个幼儿保育和教育中心，并补贴了63个中心的教师和看护人员的工资，这些中心由非政府组织“全民志愿服务”管理，该组织负责其余的运营和基础设施费用。691个私人中心没有得到任何资助（Araujo et al.，2013；Trinidad and Tobago Ministry of Education，2021）。

有些政府可能会将免税措施作为对某类教育机构的激励措施。乌克兰教育和科学部计划到2024年扩大私立幼儿园网络，根据《税法》第197条，在支付校舍租金方面给予相关教育机构优惠，并免除其税款（PEER中的国家资料）。

政府承包是提供并资助幼儿保育和教育服务的一种常见方式。在巴西，接受日托和学前服务的儿童中有8.2%就读于占私立教育机构总数29%的政府承包的私营机构（INEP，2020）。在菲律宾，“幼儿保育和发展方案承包计划”使官方认可的社区级私立教育机构能够提供服务并受益于补贴，以建立和管理保育中心，并获得教育、社会福利和卫生部门提供的技术和运营援助（PEER中的国家资料）。

教育券方案寻求通过民办教育机构来增加适龄儿童接受学前教育的机会。根据巴哈马的“普及学前教育计划”，当政府运营的学校名额被占满时，政府每年将为最多1000名儿童提供价值2000美元的教育券，并将其直接支付给符合国家标准的经批准的私立幼儿园（Bahamas Ministry of Finance，2019）。在中国香港，由于学前教育券计划被认为助长了不平等现象（Wong and Rao，2015），因此于2017年被“免费幼儿园教育政策”取代，从按需资助系统转变为供应资助系统。此前，84%的由非营利性组织运营的幼儿园会收到按学生人数提供的教育券，以补贴运营成本，但条件是费用须受到监管。而新政策使幼儿园能够得到政府补贴，为所有3至6岁的儿童提供半天服务（Rao and Lau，2018）。

“

有79个国家对幼儿保育和教育费用进行了监管。

”

政府法规不允许民办教育机构收取高额费用并利用家庭优势。本报告分析发现，79个国家对幼儿保育和教育费用进行了监管。加纳、菲律宾和越南对没有接受政府补贴的独立私有型学校收取的学费和其他费用水平进行了限制；此外，如果机构上涨费用，还须咨询政府意见（PEER中的国家资料）。在菲律宾，《早期教育法案》要求政府通过幼儿保育和发展委员会监督收费水平，以确保费用“负担得起”并“在合理范围内”，但是政府并没有规定收费标准（Philippines Congress，2013）。地方政府也设定了此类限制。在尼日利亚拉各斯州，学前教育学费和其他费用每年不得超过120美元（Baum，2021）。

各国对营利导向的容忍程度各不相同。在加拿大，法规往往没有涵盖营利导向，但运营机构必须是非营利性公司才能在纽芬兰和拉布拉多省以及努纳武特地区获得许可证（PEER中的国家资料）。在冰岛，只有当利润被循环投资于幼儿保育和教育中心的发展时，才允许营利性机构运营，但法规的漏洞会使这些机构扩大业务范围，例如通过新建筑物实现其他获利机会（Dýrfjörð and Magnúsdóttir，2016）。爱尔兰2013年颁布的《儿童与家庭服务机构法》禁止开办营利性机构。在希腊，虽然私立中心可以以营利性或非营利性实体的形式建立，并遵守适用于商业公司的规定，但政府只向以非营利性实体形式建立的中心提供财政援助（PEER中的国家资料）。挪威的《幼儿园法》允许私立幼儿园获得“合理”的利润，但其收到任何政府拨款和费用的前提都是必须满足政府的目标和条件，使儿童受益。南非2015年出台的《全国综合幼儿发展政策》允许营利性幼儿保育和教育机构运营，但此类教育机构只有在和国家签订合同向弱势群体提供服务的情况下才有资格获得政府援助。

为了实现公平，有的国家实施了一些政策，通过直接或有条件的现金福利、实物支付、教育券、育儿假和税收抵免，使来自特定群体或特殊背景的儿童有机会接受幼儿保育和教育。荷兰会为孩子就读于非公立幼儿保育和教育机构的父母提供税收优惠（Knijn and Lewis，2017）。沙特阿拉伯推出了与收入相关的教育券，以增加低收入家庭儿童在已注册私立幼儿保育和教育中心的入学人数；根据“古拉”（Qurrah）计划，政府会向月收入低于2100美元的职业妇女发放儿童保育券（Saudi Arabia Government，2021）。芬兰的法规旨在确保不同类型幼儿保育和教育服务之间具有公平性，然而，来自该国的证据表明，录取政策和学费会导致公共部门和私营部门之间的消费者分层（Ruutiainen et al.，2021）。

扩大公共教育供给可能是向家庭提供支持的最直接途径。总共有63个国家出台了关于免费学前教育的法律规定，还有51个国家推出了有关义务学前教育的法律规定。这些国家大多数位于欧洲和北美以及拉丁美洲和加勒比（UNESCO，2021）。

非国家行为体为幼儿保育和教育进行创新和宣传

非国家行为体，如民间社会组织、基层组织、学术界、基金会和企业，可通过教育机会和教育质量方面的创新以及提高知名度的宣传，为幼儿保育和教育做出贡献。

历史上不乏一些尽心竭力的教育家，如弗里德里希·福禄倍尔、玛丽亚·蒙台梭利、约翰·海因里希·裴斯泰洛齐，以及鲁道夫·施泰纳，他们为早期儿童教育的教学和组织奠定了基础，在正规公共教育系统之外或边缘工作，以追求以儿童为中心和帮助儿童自主学习的愿景。开创性的瑞吉欧方法于1940年代末出现在意大利北部，该方法源于受到当地政府支持的基层组织活动（Aljabreen，2020）。

美国的学术研究人员提请人们关注幼儿教育项目的长期有效性，并鼓励公共部门扩大此类计划的规模（Schweinhart，2016）。科学研究，特别是神经科学方面的研究，已经证实了这些实证方法在关于幼儿适应性发展经验方面的许多洞见，尤其是生活经验如何影响大脑，以及其对学习、行为和发展的影响（Center on the Developing Child，2021；Lancet，2016；Stack，2013）。

> 在斯洛文尼亚，非国家行为体推动将罗姆儿童纳入学前教育，并帮助他们顺利过渡到小学。

在世界各地，包括智利和约旦在内的各国政府都邀请体制外专家参与，以建立共识，并掌握正在制定的国家幼儿保育和教育战略和政策（Herrera et al.，2016；Sultana，2009）。在北马其顿这个儿童在获得幼儿保育和教育方面存在严重不平等的国家，非国家行为体在欧洲联盟的支持下，动员服务机构、民间社会组织、政策制定者及教师培训机构等各种网络来促进和提高幼儿保育和教育的公平和质量（Step by Step，2019）。在斯洛文尼亚，非国家行为体在罗姆非政府组织的参与下，推动将罗姆儿童纳入学前教育，并帮助他们顺利过渡到小学（Ionescu et al.，2019）。在美国，利益集团为幼儿保育和教育政策的出台做出了贡献（Karch，2013）。此外，非政府组织在促进为弱势群体提供幼儿保育和教育方面也发挥了重要作用（**专栏6.2**）。

但并非所有非国家行为体都产生了积极影响。企业会通过广告影响家庭。而政府也没有对所谓的学习产品是否适合幼儿的发展阶段进行监管（**专栏6.3**）。

劳动者工会，包括儿童保育工作者工会，是影响幼儿保育和教育的另一种力量。在加拿大，魁北克省中央工会的1万名家庭日托工作者成员于2020年9月举行了罢工，要求提高工资，其工资低于日托中心未经培训工作者的工资，甚至低于法定最低水平（Education International，2020）。作为欧盟委员会提高就业质量努力的一部分，欧盟就影响其成员的问题咨询了各个儿童保育专业工会的意见（European Public Service Union，2017）。挪威教师工会和幼儿园助教工会受邀参加关于立法修正案和战略实施的政策讨论（Norway Ministry of Education and Research，2014）。在国际非政府组织“喜剧救济”组织的资助下，坦桑尼亚教师工会与国际教师工会联合会“教育国际”合作，在两个农村地区实施了一个为期4年的项目，为幼儿保育和教育工作者建立能力档案，提高其专业教学水平，并为大约350名教师获得文凭提供了支持（Education International，2021）。

有些国际性非公立网络，如“幼儿发展行动网络”，开展了全球宣传工作，其成员也积极参与其中（Zonji，2018）。此外，“非洲幼儿网络”“阿

专栏6.2:

非国家行为体为那些最需要帮助的群体提供幼儿保育和教育

许多非国家行为体会为可能被排除在正规幼儿保育和教育系统之外的儿童和家庭争取利益。有些孩子在艰苦的环境中长大；承受着会影响他们的社会情感发展、教育发展以及行为的极端压力（Haskins，2014；Murray et al.，2012；Zeanah et al.，2017）。非国家行为体可以通过幼儿保育和教育提供支持。

那些面向母亲被监禁的儿童的托儿所和共同居住项目可以使母亲与孩子在一起生活和互动，以支持孩子在关键阶段的发展（Goshin et al.，2014；Poehlmann-Tynan and Turney，2021）。对巴西和肯尼亚的研究表明，并非所有母亲被监禁的儿童都有这样的机会（Cheruiyot，2019；Stella et al.，2016）。然而，与被监禁的父母接触可能并不总是符合儿童的最大利益，甚至可能不利于孩子的发展（Dwyer，2014；Martin，2017；Smith and Gampell，2011）。

是否有资格入读监狱托儿所因国家而异。有些国家的法律规定，只有当妇女在狱中分娩、孩子到了某个年龄，或被判某种类型的刑事处罚时才能获得这些服务（Halter，2018；Warner，2015）。保加利亚的儿童与空间协会帮助在监狱服刑的罗姆儿童父母，培养他们的育儿技能，确保儿童的福祉和权利（Brett，2018）。智利的非公立英特格拉基金会会为在监狱服刑的母亲和2岁以下儿童提供专门的营养计划和适合儿童发展的教育（Chile Undersecretary of Early Childhood Education，2019）。

非政府组织和宗教组织会帮助那些出生在困境中的儿童。罗马尼亚的“布加勒斯特早期干预项目”强调了对在收容所中的幼儿提供支持的重要性（Zeanah et al.，2017）。在菲律宾，“和睦人生”（Kaisahang Buhay）基金会为可能缺乏家庭支持的贫困工薪父母提供一系列服务，包括含有教育内容的日托服务，以鼓励他们不要将子女送入收容所（Bold，2006；Kaisahang Buhay Foundation，2021）。

专栏6.3:

商业对儿童早期发展的影响可能有害

非国家行为体在幼儿保育和教育中的影响途径不仅仅是直接提供服务。企业会通过广告以及使家庭接触据称有利于儿童学习和发展的产品来影响并经常误导他们。例如，广告可能会声称某些游戏能够为幼儿进行科学或编码启蒙，并宣称这是孩子学习的关键，却没有研究来支持这种说法；事实上，某些游戏反而会阻碍儿童的社会情感发展和教育发展（Clark et al.，2020；Lieber，2020）。从儿童幼年时期就推出一些有针对性的品牌、标识和社交媒体，会影响儿童和父母对玩具及其教育价值的认知（Burroughs，2017；Vaala and LaPierre，2014）。

越来越多的儿童接触到了数字化和模拟学习工具（如互动媒体、应用程序和其他软件）、电视节目和触摸屏设备，这些都与不断发展的教育娱乐产业有关。美国一项跟踪儿童从出生到8岁使用媒体的研究发现，2岁至4岁的孩子平均每天使用触摸屏设备约2.5小时，使用时间随着年龄的增长而增加，73%的孩子使用此类设备观看电视和视频，而仅仅1%的儿童将其用于完成作业（Rideout and Robb，2020）。一项对1万多名学生的分析发现，来自低收入家庭的学龄前儿童和各种收入水平的黑人儿童，以及过度活跃的儿童和表现出攻击性行为的儿童，更有可能在小学毕业时成为科技产品的频繁使用者（Morgan et al.，2021）。

初创公司已经开始进入这个被认为会增长的市场。美国一家公司2020年筹集了5000万美元，用于开发并扩展针对提高2至8岁儿童读写能力的个性化早期学习应用程序（Rauf，2020）。在中国，掌通家园、贝聊、智慧树等平台旨在改善幼儿园与家长之间的沟通，通过定制化的育儿计划指导家长。有些平台可向幼儿园提供免费试用（Deloitte，2018）。

针对幼儿的教育娱乐和数字化学习工具引起了人们对亲子互动过少、不良的应用程序设计、不充分的学习内容，以及过度使用数字设备所带来的网络安全和健康问题的担忧（Britto et al.，2013；Liu and Hwang，2021；Reid Chassiakos et al.，2016）。

> 基金会在幼儿保育和教育宣传中发挥着重要作用。

拉伯幼儿发展网络”“亚太幼儿区域网络”等组织在区域一级也开展了这些工作，这些组织将非国家行为体也视为其成员。它们可帮助分享信息，并提供更多的能力、专业知识和资源，以调整幼儿保育和教育的发展，使之适应各自国家的国情（Vargas-Barón，2015）。

基金会在这些网络中非常活跃，在幼儿保育和教育宣传中发挥着重要作用。伯纳德·范里尔基金会在强调儿童早期教育的重要性、提供资金支持以及汇集专业知识方面拥有70年的经验。其目前的战略侧重于父母教育、将幼儿教育重点纳入城市规划，并就扩大幼儿发展计划提供建议。例如，该基金会研究了如何使旗舰公共项目，如巴西的“快乐童年”（Criança Feliz；Datla，2021）和秘鲁的“摇篮计划”（Datla，2018）实现可持续发展，以及如何确保贫民和难民能够方便地接受幼儿保育和教育（Arup and Bernard van Leer Foundation，2020）。非国家行为体动员幼儿保育和教育支持和宣传的其他例子包括，主要活跃于中亚和东非地区的阿迦汗基金会，以及通过国际渐进协会主要在中欧、东欧和高加索地区开展工作的开放社会基金会（Vargas-Barón，2015）。

结语

在公共部门没有能力为家庭和学龄前儿童提供幼儿保育和教育服务的领域，非国家行为体对需求做出了回应。非国家行为体，包括非营利性组织、非政府组织、宗教组织、基于社区的组织，以及营利性私人行为体，可提供从未注册和非正规的幼儿保育到正规的学前教育等多样化的服务。然而，尽管有这一系列的教育机构，但由于费用高昂并缺乏资金资助，许多弱势家庭的孩子仍难以获得这些机会。此外，由于不同类型的公立和民办教育机构的质量差异很大，因此需要建立统一的质量标准以及更加强有力的监管和质量保障机制。

许多国家的民办教育机构不断增加，同时非国家行为体在影响政策制定方面的作用显而易见。虽然政府在学前教育领域扩大公立教育机构的努力在某些情况下使入学率有所上升，但需要加快对所有民办教育机构和目标群体的治理和监管工作。在新型冠状病毒肺炎疫情不断重创该行业的情况下，确保建立有效的机制将至关重要。

阿亚、亚玛玛、鲍尔瑟姆和阿亚（从左至右）是在约旦光明技术大学学院学习护理的叙利亚难民学生。她们说，实验室将帮助她们身临其境地体验其未来工作的医院的环境。

摄影：UNHCR/Lilly Carlisle

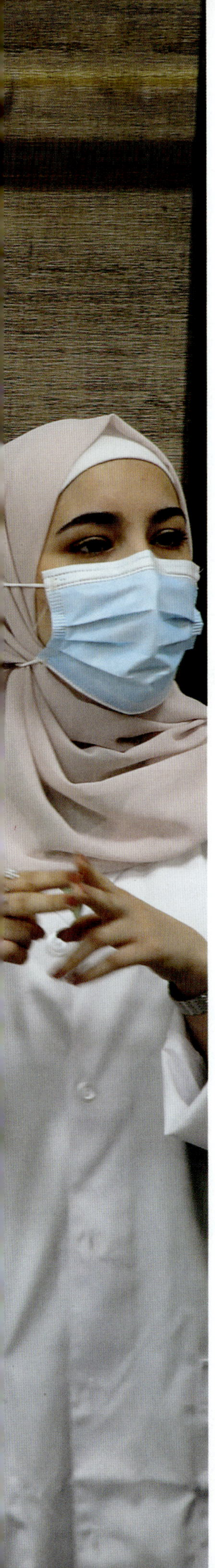

第7章

高等教育

重要信息

就读于非国家行为体运营院校的学生占高等教育学生的三分之一以上，这一比例在2010年代保持稳定。

- 在131个国家中，有96个国家的私立教育在高等教育中的占比高于其在中等教育中的占比。

民办高等教育可对系统质量构成挑战。

- 关于该行业营利导向的影响，人们意见不一。在美国，随着追求利润最大化的动机越来越强，学生学习成果也逐渐变差。
- 由于民办院校专注于应对劳动力市场需求，因此其创新动力可能会变弱。在印度，大约40%的私立学院只提供一个研究领域。
- “全球南方”的大量教师在民办院校接受培训。智利和墨西哥出于质量考虑而禁止这种做法。
- 民办院校的教职员工可能只能兼职工作，通常是从公立院校来此兼职，而这对教学质量构成了威胁。莫桑比克已禁止这种做法。

民办院校可能会改善或阻碍人们获得高等教育的机会。

- 民办院校更有可能选择那些有支付能力的群体。在哥伦比亚，2018年城市地区学生入读民办院校的比例比农村地区高出17个百分点。
- 民办院校可以提供更大的灵活性。在巴西，非公立大学68%的学生都选择了夜校，这使他们可以在白天工作。

法规可以保障教育质量和不同背景、能力及资源的学生的高等教育可负担性。

- 质量保障机制是最近才出现的，往往更加侧重于学校的创办和运作，而非教育质量和结果。孟加拉国直到2017年才建立了认证框架。截至2019年年中，秘鲁32所私立院校中的大多数都没有获得认证。
- 促进公平的法规并不常见，通常仅存在于接受公共资金的院校。罗马尼亚政府为农村中学的学生和罗姆学生保留了免学费的名额，但仅限于就读公立大学。

私立高等教育的融资模式对公平和质量有所影响。

- 政府可通过税收减免和研究赠款来直接资助民办院校，或通过奖学金和学生贷款间接资助民办院校。在澳大利亚，政府承担高等院校支出的55%，其中近三分之一是对家庭的援助。
- 民办院校还可通过贷款和债券来增加收入。截至2019年年中，大学债券发行量已达到114亿美元，较上年增长一倍以上。

家庭承担了更高比例的高等教育费用。

- 70多个国家实施了学生贷款计划，通常由政府补贴，但这可能会导致学费上涨，如巴西。
- 有些非国家行为体通过奖学金和贷款帮助学生支付费用。在孟加拉国，非公立大学必须将2%至5%的收入专用于奖学金或助学金。

几乎所有国家都通过将国家和非国家行为体相结合的方法来保障高等教育。但是，非国家行为体的参与对实现可持续发展目标之具体目标4.3的关键方面——教育质量和可负担性——提出了问题并构成了挑战。此外，公立和非公立高等教育之间的界限很模糊，非国家行为体不仅参与提供服务，而且参与资助和影响公立院校及整个领域。

民办院校会影响系统质量。例如，如果它们专注于满足劳动力市场需求的特定技能，那么它们可能就会阻碍创新。民办院校的教学人员不太可能是全职教授。此外民办院校还会影响可负担性。例如，它们可能面向的是那些有能力支付高等教育费用的群体，即使在某些情况下，它们瞄准的是面临被排斥风险的群体。

对非公立高等教育的监管方式多种多样，通过质量保障机制来保障最低标准的做法也是如此。促进公平的法规并不常见。民办院校的融资模式，例如其获得公共资金的途径及其对收费的依赖程度，也会影响教育质量和公平。有些院校除了收费之外，还得到了非国家行为体的支持。此外，贷款、奖学金和收入分成协议等，为家庭承担更高比例的高等教育费用提供了支持，其中也包括支付民办院校的费用。

超过三分之一的大学生就读于民办院校

衡量非国家行为体在提供高等教育方面的参与程度是一个挑战。院校的多样性意味着公立和民办院校之间的区别很模糊。联合国教科文组织统计研究所将私立教育机构定义为由非政府组织控制和管理的机构，或其理事会主要不是由公共部门选出的成员所组成的机构。根据这一定义，全球约有33%的学生就读于私立教育机构，这一数字近年来一直保持不变。中亚和南亚（49%）以及拉丁美洲和加勒比（54%）的比例最高（**图7.1a**）。但是区域平均水平掩盖了国家之间的巨大差异（**图7.1b**）。

尽管没有足够的可比数据可用来确定长期趋势，但民办院校的学生占比在2010年代似乎保持相对稳定。该比例在有些国家有所上升，而在有些国家有所下降（**专栏7.1**）。有些国家的政策侧重于扩大高等教育领域中的公共教育供给，而这却缩小了民办院校的规模。在哥伦比亚和菲律宾，通过建立新的公立院校来扩大公共教育供给，导致了入读民办院校的学生比例有所下降，即使绝对人数仍持续上升（Levy，2015b）。

此外，国家对非国家行为体的态度还会随着时间的推移而改变，这一事实体现在其监管框架中，如越南（**专栏7.3**）。在埃及，第一批民办院校被视为那些无法进入公立院校学生的低质量保底学校。1970年，法律框架要求国家审批院校的收费结构、科目、课程内容、学生群体规模以及教职员工的聘用情况。随着时间的推移，在开放更多精英非公立大学的同时，法律框架也做了相应调整，对此给予了一定的灵活性和自主权（Altbach et al.，2021）。在苏联解体之后的中欧和东欧，民办院校出现了监管真空，引出了重大挑战，而各国政府对此反应不够及时（Levy，2013）（**专栏7.4**）。

专栏7.3:

越南的非公立高等教育法规反映了对私人经济活动的态度变化

对非公立高等教育的监管反映了更广泛的政治考量。在越南，变化迅速但模棱两可的法规反映了该国对经济私有化的逐步接受（Altbach et al.，2021；Chau et al.，2020）。第一所民办大学是在1988年由一群知识分子创办的，那是在名为“Doi Moi”的重要市场经济改革推行两年后。该国随后又花了5年时间来推动非公立高等教育规范化（Quang，2017）。

1990年代初的第一个法律框架规范了3类民办院校：由社会和专业协会建立的“基于人民”的院校；由国家创办但由私人资助的“半公立院校”；以及个人或企业设立的“私立院校”。私立院校实际上在2005年才开始运作，而第二年，政府就取缔了“基于人民”的院校和“半公立院校”，敦促他们采用营利模式。这一转变导致法规模糊不清，并致使许多院校关闭（Chau et al.，2020；Quang，2017）。然后，2012年，非营利性大学再次被批准运营，这在私立院校中埋下了混乱的根源。

2010年代，向更有利于市场的环境转变的势头越来越强。高等教育改革议程的目标之一是，到2020年私立院校的入学率应达到40%（Welch，2021）。2014年，政府鼓励公立院校根据一项新的财政自治方案来筹取非国家资助，这导致学费大幅增加（Altbach et al.，2021）。如今，该国拥有65所非公立大学，招收了约15%的学生。虽然有些大型私营企业和教育集团已经进入市场，但没有宗教大学或民间社会大学（Chau et al.，2020；Henaff et al.，2020）。

“未经认证的院校往往是弱势群体就读的院校，这引起了人们对公平的关注。”

质量保障机制旨在确保院校达到最低标准

大多数国家都有关于创办、运作和关闭民办院校的监管框架，旨在确保院校达到最低质量标准。而在有些国家，直到最近才制定了这些框架。孟加拉国直到2017年才制定了认证框架来评估大学或课程是否达到了最低质量标准（Bangladesh University Grants Commission，2018）。而针对非公立与公立院校的质量标准通常有所不同（Asian Development Bank，2012；Ferreyra et al.，2017）。

在有些国家，当缺乏认证和监管民办院校的资源时，此类院校的爆炸式增长就给监管带来了挑战（Levy，2013）。截至2018年，印度尼西亚4500所高等教育院校中，约90%是民办院校，招收了59%的学生。1990年代中期成立的国家认证委员会仅对民办院校进行认证，此后该委员会承担了所有项目的认证责任。2009年，有3000个学术项目需要评估；2013年，大约20%的认证决定都被延迟。紧急措施允许有些院校在没有认证的情况下运作。2017年，只有不到2%的高等教育院校获得了最高等级的认证。而有些院校则没有经过认证的项目。2018年底，为了控制民办院校日益严重的质量问题，政府宣布将吊销大约1000所民办院校的许可证（Dilas et al.，2019）。在利比亚，未经认证的民办院校的迅速增加也带来了类似问题，导致政府在2021年关闭了20所未能达到质量标准的非公立大学和学院，而这一决定对这些院校的学生和教职员工产生了重要影响（El-Galil，2021）。

缺乏资源或监管机构能力不足可能是一个挑战。在刚果民主共和国和墨西哥，有些院校在认证尚未颁发或持有不同等级的临时认证的情况下就开始运营（Gérard，2020）。通常，未经认证的院校往往是弱势群体就读的院校，这引起了人们对公平的关注。在秘鲁，在相对不太富裕的学生就读专栏7.4：

在中欧和东欧，非公立高等教育的增长在转型初期不受监管

苏联的终结导致中欧和东欧大多数国家的非公立高等教育空前增长。以国家为中心的模式迅速转型，这往往是在缺乏法律框架的情况下进行的（Dobbins and Knill，2009；Slantcheva and Levy，2007）。在1989年后的5年内，保加利亚、匈牙利和俄罗斯的民办院校的占比已达到10%，而波兰则超过20%（Slantcheva and Levy，2007）。在俄罗斯，到1994年，150多所高等教育院校中没有一所获得认证（Tomusk，2003）。

在阿尔巴尼亚，政府在1990年代试图通过增加公立院校来满足人们日益增长的高等教育需求。但是，资金不足以及对新创办公立院校数量的严格控制限制了这种教育供给。2005年，换届后的政府推出了有利于市场的政策。到2013年，近50所民办院校获得了许可证（Kajsiu，2015），而民办院校的学生占比也从2004年的1%上升到了2012年的21.5%。然而，这种扩张引起了人们对教育质量和欺诈的担忧（Clark，2016；Erebara，2014；Kajsiu，2015）。经过调查，2014年，18所涉嫌发放伪造或可疑文凭的民办院校被关闭（Erebara，2014）。2015年的一项法律旨在合并公立和民办院校，使所有高等教育院校都成为非营利性院校，通过允许公立院校提高收费来增加资金，以及使民办院校有资格竞争公共资助。然而，其中几个目标并没有实现（Raxhimi，2019）。

在罗马尼亚，扩张甚至更加迅速。到1995年，四分之一的高等教育入学新生进入了民办院校（Slantcheva and Levy，2007）。非国家行为体最初只宣称自己是提供高等教育的机构。直到1993年，政府才制定了院校认证和文凭认可方面的法律框架，而该法律直到1996年才生效（Nicolescu，2007；Vîiu and Miroiu，2015）。2000年，政府出台了一项法规，对民办院校的收入征收10%的税（Fried et al.，2007）。后来，法规强调了质量保障机制的重要性，并允许民办院校竞争公共资助，这使几所不合标准的民办院校被关闭，并帮助提高了其余院校的合法性（Korka and Nicolescu，2007；Vîiu and Miroiu，2015）。

然而，欺诈案件仍在继续污染着这个领域。2009年，罗马尼亚最大的民办院校斯皮鲁·哈雷特大学的10万多名毕业生在违规行为被曝光后，被取消文凭，并被贴上了非法授予的标签（UWN，2009）。2019年，在对欺诈性考试进行调查的过程中，该校的一名副校长被捕。而其他院校也被指控为那些没有上课和不会说罗马尼亚语的学生颁发了虚假文凭（Romania Insider，2017，2019）。这导致在民办院校就读的学生比例从2009年42%的最高点下降到了2018年的13%。这一趋势反映了因人口下降而导致的总体入学人数下降，以及因实施一系列反欺诈措施，通过高中毕业考试的学生比例从2009年的81%下降到了2011年的44%（Salmi et al.，2015）。

的32所民办院校中，大多数是营利性院校，且到2019年中期还没有获得认证（Benavides and Hagg Watanabe，2020）。在印度和墨西哥，民办院校获得政府认证是自愿的（Gérard et al.，2020；Ravi et al.，2019）。在危地马拉，主要的公立大学负责为民办院校颁发许可证并对其进行监管（Ferreyra et al.，2017），从而引发了利益冲突问题。

有些国家将认证工作外包给了非国家行为体。在认证并非强制性的墨西哥，民办院校会寻求获得私立高等教育院校协会或美国认证机构颁发的认证（Gérard et al.，2020）。菲律宾有几家民办认证机构，其中包括两个基于教会的机构（Tanhueco-Tumapon，2020）。在美国，自19世纪以来，质量保障一直由非公立协会负责（Ma and Abbott，2016）。美国律师协会可自行对法学院进行认证。在大多数州，只有那些获得美国律师协会认证的学校，其毕业生才被允许参加律师资格考试（The Princeton Review，2021）。有些人认为，认证机构之间的竞争可能会鼓励创新并提高效率，而另一些人则强调了政府管理的质量保障结构所具有的优势，包括统一了标准并降低了执行成本（Ma and Abbott，2016）。

一旦投入运营，质量控制往往就会基于投入和产出，侧重于基础设施、学生人数和教职员工的资质。基于成果的质量保障（侧重于学生评估、学生调查或研究结果）并不常见，可能会引起争议。

（图7.5）。一项对109个国家的调查发现，民办院校将过度依赖家庭资助视为新型冠状病毒肺炎疫情期间的一项财务风险（Marinoni et al.，2020）。在埃塞俄比亚，差不多所有民办院校都几乎完全依赖收费，新型冠状病毒肺炎疫情对财务状况造成了严重打击。迫于学生的压力，民办院校同意降低25%的学费，许多院校将员工工资削减了50%以上（Tamrat，2021）。在加纳，大约50%的民办院校学生都因无法支付费用而离开了校园。在乌干达，民办院校报告称难以支付账单和教师工资（Levy et al.，2020；Tamrat，2021）。除了学费收入下降外，家庭在食宿上的支出也有所下降。在美国，大多数拥有校内住房的高等教育院校可从这些辅助来源获得10%至25%的收入（Kelchen，2020）。

院校对收费的依赖程度至少在一定程度上与其能否获得政府资助有关。在有些国家，民办院校获得的公共资助最少。在阿根廷，非公立大学不能直接或间接获得任何公共资助（Altbach et al.，2021）。但是，在大多数国家，民办院校至少可以获得一部分公共资助。在西欧和北欧，私人控制的高等教育院校通常至少有50%的资金来自公共来源。在芬兰、冰岛和英国，所有私人控制的院校至少有50%的资金来自公共部门（OECD，2020）。

政府通过税收减免和提供研究补助金直接资助民办院校，或通过给学生提供奖学金和贷款的形式间接资助民办院校。在澳大利亚，政府是高等教育院校总支出55%的源头，而其中近三分之一以财政援助的

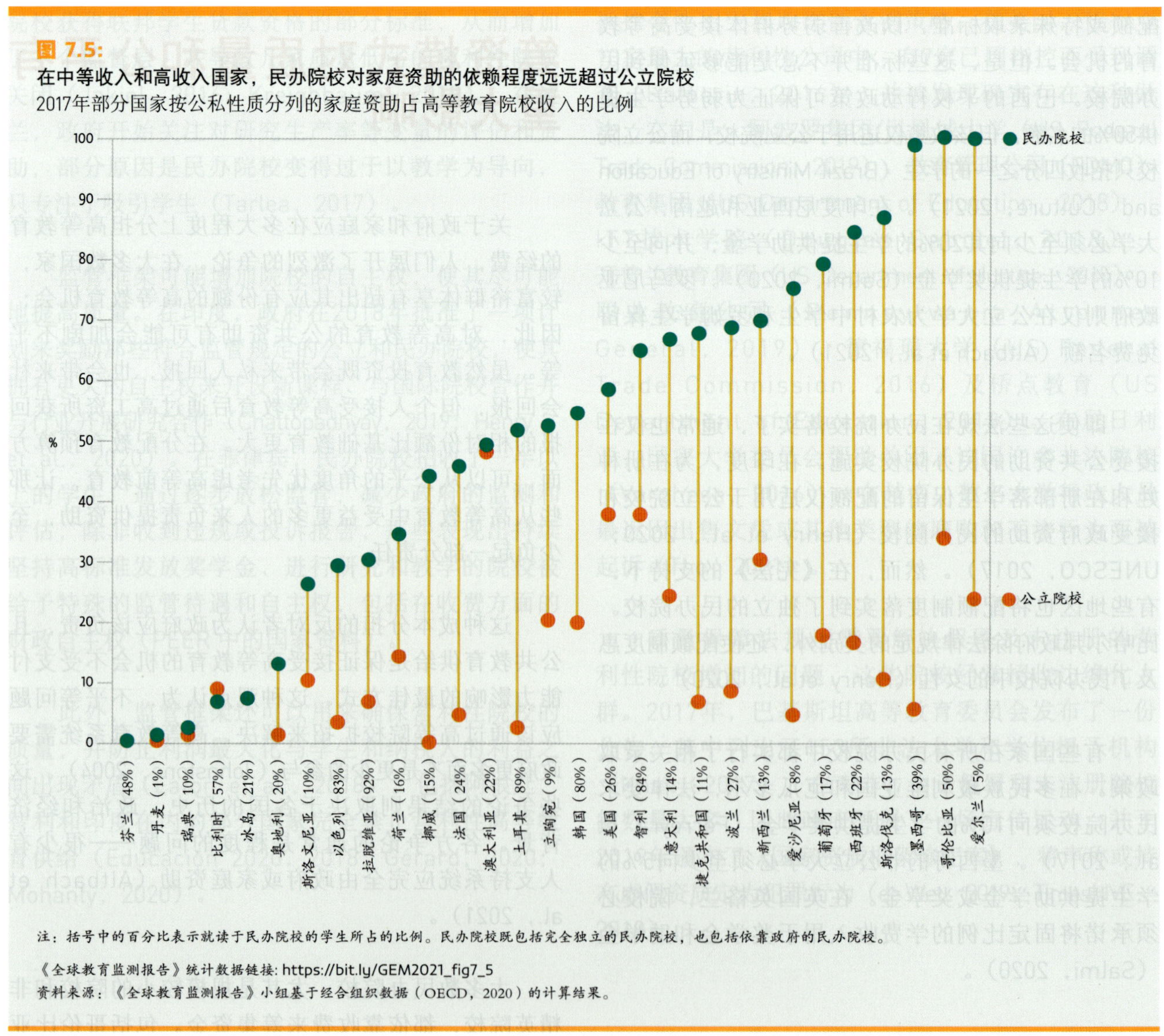

图 7.5:

在中等收入和高收入国家，民办院校对家庭资助的依赖程度远远超过公立院校

2017年部分国家按公私性质分列的家庭资助占高等教育院校收入的比例

注：括号中的百分比表示就读于民办院校的学生所占的比例。民办院校既包括完全独立的民办院校，也包括依靠政府的民办院校。

《全球教育监测报告》统计数据链接：https://bit.ly/GEM2021_fig7_5

资料来源：《全球教育监测报告》小组基于经合组织数据（OECD，2020）的计算结果。

形式转移支付给了家庭（OECD，2020）。在印度尼西亚，大多数学生就读于民办院校，政府会将一小部分教职员工编为公务员并为其提供补贴，同时允许院校竞争公共资助。在马来西亚，就读于民办院校的学生有资格参加学生公共贷款项目，该项目覆盖了这些院校大约一半的收入。泰国政府专门为民办院校设立了一项基金，帮助它们进行设施改善和人力资源开发（Welch，2021）。

公共资助的程度也可能取决于院校类型。在比利时，政府会资助基于教会的院校，这些院校招收了超过一半的学生。在有些拉丁美洲国家，包括智利、多米尼加共和国和尼加拉瓜，国家会向历史最悠久的非公立大学提供与公立大学相同水平的资助（Salmi，2020）。在日本和韩国，声望卓著的非公立大学可获得大量政府资助（Welch，2021）。

获得公共资助有助于提高非公立教育的质量。一个重要的例子是，民办院校如果获得了公共研究补助金的资格，就会增加其从事研究的可能性，进而可增加它们对资历更深的教授的吸引力（Teixeira et al.，2016）。包括印度尼西亚和泰国在内的有些国家已经朝着竞争中立的方向迈进（Welch，2021）。政府也可以有针对性地或有条件地提供资金，以促进特定议程的落实。印度的大学补助金委员会（India University Grants Commission，2021）和爱尔兰的残疾学生基金会（Ireland Higher Education Authority，2021；Salmi，2020）既资助公立院校，也资助民办院校，以为残疾学生提供服务。

家庭被支持以承担更高比例的高等教育费用

不管是公立院校还是私立院校，家庭对高等教育的资助都在增加。然而，将高等教育费用转嫁给家庭并不一定意味着所有家庭最终都会支付费用或者支付同等费用。学生资助系统，无论是由政府还是由非国家行为体资助和支持，都对公平有重大影响（Chapman，2016）。

院校可以通过学费补贴直接获得资助，尽管这种对就读于民办院校学生的援助往往作用有限。

> “70多个国家推出了学生贷款项目，其中大多数由政府补贴。”

这通常发生在民办院校占比较大的国家，在这些国家，政府会向公立和民办院校的学生提供有针对性的学费补贴。在巴西和智利，超过70%的学生就读于民办院校，而政府会向就读于特定民办院校的低收入学生提供有针对性的学费补贴（Ferreyra et al.，2017；Salmi，2020）。

在有些国家，同样主要是那些民办院校占比较大的国家，政府会通过奖学金、助学金和贷款，将公共资金直接提供给公立和民办院校的学生。在科特迪瓦，政府为在民办院校攻读高级技术文凭短期专业课程的学生提供奖学金（Salmi，2020）。在哥伦比亚，政府管理的学生贷款机构ICETEX会为得不到充分服务的群体提供奖学金，帮助他们进入公立和民办院校学习。例如，阿尔瓦罗·乌尔库埃·乔库埃（Álvaro Ulcué Chocué）基金可为原住民群体提供支持（ICETEX，2020）。

70多个国家推出了学生贷款项目，其中大多数由政府补贴（Salmi，2020；Ziderman，2017）。这两类院校的学生通常都能获得贷款，但是借款限额可能无法支持他们入读学费更加昂贵的院校。在越南，公立和民办院校的低收入学生都可以获得公共学生贷款，但是最高金额相对较低，可覆盖公立院校学费的84%左右、民办院校学费的52%左右（Doan et al.，2020）。贷款在改善受教育机会公平性方面成败参半（**第12章**）。此外，学生贷款可获得性的提高可能导致学费上涨，如巴西（de Mello and Duarte，2020）和美国（Eaton et al.，2018；Goldin and Cellini，2014）。

非国家行为体可以通过公司、基金会、非政府组织、慈善机构以及民办院校自己提供的奖学金来帮助学生支付高等教育费用。孟加拉国《高等教育战略计划：2018—2030年》规定民办院校必须将其收入的2%至5%用于奖学金或助学金（Bangladesh University Grants Commission，2018）。在乌拉圭，民办院校为多达30%的学生提供奖学金

（Ferreyra et al.，2017）。在美国，非营利性民办院校一直在提高学费收入中用于资助的比例，2018年这一比例达到46%（NACUBO，2019）。

非国家行为体也可提供学生贷款。例如，商业银行经常发放和收取贷款（Chapman，2016；Ziderman，2017）。一个例子是，通过资产净值而不是债务或收入分成协议来为教育融资（专栏7.5）。

有些非国家行为体资助院校的方式不仅限于费用

民办高等教育院校正在探索各种方法，使其收入来源和类型多样化，而不仅仅依靠收费。一种方法是通过贷款筹集资金。跨国公司是高等教育市场的重要债权人，特别是在低收入和中等收入国家。世界银行的非洲高等教育卓越中心项目侧重于加强入选院校的能力，使其能够在重点领域实现卓越并提升其科研能力（Salmi，2017）。2019年，该项目扩大到了布基纳法索、吉布提、加纳、几内亚和塞内加尔的科学、技术、工程和数学院校，到项目结束时，将花费4.5亿多美元（World Bank，2019b）。国际金融公司专门向民办院校提供贷款，到2017年，已为职业技术和高等教育项目融资近14亿美元。到目前为止，最大的受援区域是拉丁美洲和加勒比（48%），其次是东亚和太平洋（13%）以及欧洲和中亚（12%）（IFC，2018）。

除了贷款，债券日益成为高等教育院校的另一种资金来源（Katsomitros，2018）。新型冠状病毒肺炎疫情期间，债券市场达到了创纪录的水平。到2020年年中，全球高校债券发行量已达114亿美元，是2019年的两倍多。债券市场的主要参与者是澳大利亚、巴西、加拿大、新加坡和美国的院校（Bahceli，2020）。然而，进入债券市场可能会拉大院校之间的差距，因为那些声誉和信用评级较好的院校更有可能吸引投资者。例如，在美国，即使所有非营利性院校都享受免税待遇，公立院校的信用评级也往往高于民办院校（Howard，2020）。

专栏7.5:

收入分成协议是一项基于市场资助高等教育的举措

奖学金和贷款可能不足以扫除高等教育的所有资金障碍。奖学金需要捐助者的资助，不可退还，覆盖面有限并通常集中于特定群体。而贷款则需要抵押品，但有些学生可能无法找到担保人。

收入分成协议旨在填补这一空白。这些协议可通过股权而不是债务来为高等教育提供资金。投资者为学生的高等教育提供资助，作为交换，他们可以在一定年限内获得学生未来收入的固定份额。支付期限和收入分成取决于项目的估计价值。和与收入挂钩的贷款一样，还款取决于毕业生的收入，但与贷款不同的是，还款并非基于所欠的本金。为了避免还款额度过高，许多院校将总还款额上限设为初始借款额的1.5倍至2.5倍（Salmon，2020）。

收入分成协议可以与院校、潜在雇主或直接投资者达成，他们将成为学生未来收入的资产所有者。拉丁美洲和美国（Salmon，2020）越来越多地采用这种协议，并正在扩展到非洲国家。例如，明煌投资（Brighter Investment）汇集了潜在的捐助者，并通过收入分成协议将他们与来自发展中国家的学生联系起来，这些学生希望有人能够资助他们攻读已获批准的项目学位（Salmi，2017）。2019年，明煌投资与加纳政府签署了一项伙伴关系协议——提供优秀学生的信息，帮助他们在相关雇主那里就业，使用税务记录和养老金储蓄来找到他们，以及通过财政部强制还款（Mathot，2019）。

许多收入分成项目都侧重于资产净值。总部位于德国的非营利性组织“机会”（CHANCEN）向在卢旺达基加利的阿基拉妇女协会学习的女性提供了收入分成协议。收入超过80美元的毕业生需要在8年内每月将其净收入的9%用于还款（CHANCEN，2021）。“机会”正在筹集资金，以将该项目扩大到撒哈拉以南非洲的1万名学生（CHANCEN，2020）。

收入分成协议的支持者指出，投资者不仅为不确定的收入前景提供了保障，而且承担着风险，因此这些投资者有强烈的动机来帮助毕业生找到好工作。批评人士则表示，此类协议限制了学生的机遇以及项目的经济价值。他们还呼吁更新有关高等教育融资的法规，使此类协议受到法律的规范（Salmon，2020）。

> 到2020年年中，全球高校债券发行量已达114亿美元，是2019年的两倍多。

公私伙伴关系也使高等教育院校的收益得以多样化。在中国，有些公立院校通过与私营企业家合作开发并出售学校周围的住房来创收（Welch，2021）。在墨西哥，有些公立院校已将民办院校并入其计划，以换取按民办院校劳动力占比计算的合并费（Gérard，2020）。在美国，公立院校和民办院校的捐赠基金非常重要，以至于被称为附属于大学的对冲基金（Gilbert and Hrdlicka，2017）。一种批评观点表示，有些大学已将重点从教育和科研转向投资。另一种批评观点是，由于捐赠基金免于缴税，因此其大部分收益被用于支付基金经理的高额薪酬和奖金，而没有被用于学生、员工或院校（Samuels，2013；Taylor，2016）。

撒哈拉以南非洲的有些公立大学通过市场活动创收。加纳大学将招待所和土地租赁（用于私人旅社）等服务进行了私有化（Varghese，2016）。在肯尼亚，内罗毕大学将产品（书店、餐馆）和服务（临床化学、放射诊断、兽医农场和殡仪馆）进行了商业化（Provini，2019）。在尼日利亚，伊巴丹大学提供咨询并设立了捐赠基金（Varghese，2016）。在整个地区，为了促进并协调其创收活动，各院校建立了公司，这些公司对院校治理产生了相当大的影响（Wangenge-Ouma，2018）。

慈善基金会是高等教育院校的另一个直接资金来源。根据美国教育促进与支持委员会的年度调查，2020年，美国各基金会向高等教育院校捐款164亿美元，校友捐款110亿美元，合计占高等教育院校总筹款的56%（Kaplan，2021）。经合组织对在发展中国家运作的143个基金会进行的一项调查发现，2013年至2015年期间，慈善家们以奖学金或为院校提供资助的形式向高等教育捐赠了约5.49亿美元。其中很大一部分慈善资金是通过世界银行或双边捐助者等中介组织提供的，目的是汇集资源、扩大贡献规模（OECD，2019）。

基金会也一直在与政府合作，以更好地确定融资目标。“撒哈拉以南非洲教育”成立于2016年，利用罗伯特·博世基金会的种子基金，在该区域发展高等教育，目的是提高撒哈拉以南非洲学者所进行的教育研究的受关注度，收集高等教育教职员工的信息，并评估奖学金的有效性和可获得性。此后，包括雅各布斯基金会、万事达卡基金会和肖夫勒基金会在内的其他捐助者也加入了该组织，在区域和地方各级开展合作（ESSA，2019；OECD，2019）。

非国家行为体通过多种机制影响高等教育

非国家行为体会通过多种机制影响高等教育。令人担忧的是，商业性私人行为体可能会影响民办院校，使之符合自己的利益，例如调整研究重点或扩招，而不顾教育质量。然而，其他非国家行为体可以促进公平或整个行业的发展。

近年来，许多政府都在鼓励非国家行为体与学术研究建立更紧密的关系。在孟加拉国，政府鼓励公立和非公立大学通过合作研究、承包研究及咨询与业界合作。虽然高等教育战略计划提出了透明度准则和道德准则，但目前尚未落实到位（Bangladesh University Grants Commission，2018；World Bank，2019a）。在法国，旨在促进私营部门开展公共研究的2020年《PACTE法案》允许公立大学的研究人员投入50%的时间为私营公司工作，并最高可拥有其资本的32%（Caulier，2020）。然而，民间资助高等教育研究并非没有争议。在由制药公司或医疗设备公司赞助的临床研究中，得到积极结果的可能性有所增加（Lundh et al.，2018）。批评人士还认为，如果允许私营公司承包特定主题的研究，则会削弱院校的自主权（Oliveira，2015）。

> 营利性院校中已经出现了有影响力的上市高等教育集团，拥有强大的游说力量。

非国家行为体会为自己的运营和扩张进行游说。巴西民办高等教育院校协会正在向政府施压，要求其改变认证程序，以便使民办院校得到认证（O Sul，2019）。天主教大学国际联合会拥有200多名成员，其战略目标之一是与经合组织、联合国教科文组织和世界经济论坛等国际机构合作，以增加公众对天主教大学的支持（FIUC，2021）。非国家行为体通过提供资助所发挥的影响力也可以通过参与讨论和建立共识来实现。例如，奖学金计划的工作人员可以与伙伴大学建立长期关系并与其合作，从而影响大学的实践、优先事项或课程（Campbell，2021）。

营利性院校中已经出现了有影响力的上市高等教育集团，拥有强大的游说力量。在美国，营利性院校的入学人数约占高等教育院校总入学人数的5%（NCES，2019），大多数代表营利性教育机构游说的顶级捐助者都是营利性高等院校的所有者。政客们收到了营利性高等教育院校提供的大量捐款（Arke，2020；Halperin，2016）。自2010年以来，不断萎缩的营利性市场促使许多公司在发展中国家创办了高等教育院校（Green，2018；Knobel and Verhine，2017）。总部位于美国的劳瑞德教育集团是世界上最大的高等教育集团，在其进行公开募股的鼎盛时期共有100万名学生，其中海外院校的学生人数占95%（Debter，2017）。此后，该集团开始收缩，关闭或出售了在印度和土耳其等多个国家的海外院校，并正在出售位于巴西和美国的剩余院校：截至2021年年中，劳瑞德教育集团各院校招收了18.4万名学生，目前该集团计划只在墨西哥和秘鲁保留4所大学（Laureate，2021）。

事实上，这些公司的一个重要目标地就是巴西（Knobel and Verhine，2017），在那里，营利性院校的入学人数占高等教育总入学人数的一半以上（INEP，2020）。巴西10家最大的高等教育公司的收入估计超过33亿美元。其中位列第一的克罗顿集团招收了超过80万名学生（Cunha，2018）。高等教育公司被认为对政客们有很大的影响力。在上任之前，巴西财政部部长对私立教育公司进行了大量投资，其中许多公司都因腐败和欺诈指控而受到调查，而他的妹妹一直在担任全国私立大学协会的副会长（Chiaverini，2018；Guasco Peixoto，2018）。政界的其他政客也收到了大型营利性公司的大量竞选捐款，这使人们担心监管可能会受到不当影响（Leray de Lima，2018）。媒体怀疑，向那些帮助提高公立学生贷款可获得性的候选人捐款，反过来又会帮助各院校增加入学人数（Pompeu et al.，2016）。

有些国家的治理改革反映出向更商业化流程的转变，同时借鉴了私营部门的管理风格，包括学校理事会的组成。早在1992年，英国就对高等教育理事会的组成进行了改革，要求大多数成员必须是独立的，并在“工业、商业或特定职业的就业方面表现出一定能力”（Bennett，2002）。加拿大大学教师协会对理事会成员越来越多地由营利性企业人员担任，而使大学向公司式管理转变表示关切（CAUT，2018）。

在埃塞俄比亚，亚的斯亚贝巴大学引入了一种“业务流程再造”的管理方法，试图优化效率并改进工作流程。在肯尼亚，基于结果的管理方法在国家和公立院校之间引入了注重衡量绩效和产出的绩效合同。南非政府引入了基于绩效的资助框架，设定了具体的入学人数和产出目标。这种改革有成有败。在埃塞俄比亚，有些学者不赞成将注意力从学术能力转向运营能力。但是在肯尼亚，人们认为是这项改革将内罗毕大学推向了全国排名的前列（Varghese，2016）。

民间社会行为体一直是高等教育改革的重要倡导者。例如，罗马尼亚纯净大学联盟在监督高等教育院校的廉正和透明度方面发挥了重要作用，并发布了廉正排名，以增强高等教育院校的廉政意识和责任感（Mungiu-Pippidi and Dusu，2011）。非国家行为体还牵头开展了高等教育中若干与公平有关的宣传行动。2016年，一个由23个国家的141所大学组成的网络——地中海大学联盟（UNIMED），与罗马大学、巴塞罗那大学、法国教育服务中心、欧洲大学协会和联合国难民事务高级专员办事处一起，建立了“在这里”（inHERE）联盟和项目，以使难民和流离失所的学生能够巩固知识并加强交流（Salmi，2020）。

研究网络和学术团体通过组织会议和研讨会以及出版同行评议期刊来帮助加强高等教育部门的建设。然而，低收入和中低收入国家缺乏这样的机构。研究机构约占富裕国家非营利性教育机构的17%，但在贫困国家几乎不存在此类机构（Owens，2017）。

结语

非国家行为体在提供、资助和管理高等教育方面发挥着重要作用。在大多数情况下，它们的作用与政府的作用相互交织、相互依存，因此这两类行为体之间的界线往往模糊不清。

在全世界高等教育领域，民办院校的学生占学生总数的三分之一以上，远远高于其在初等或中等教育中的比例。非国家行为体不仅通过提高家庭的参与，而且通过建立市场机制和公私伙伴关系，从而在高等教育融资中起着关键作用。因此，这些行为体在影响法规和政策制定以及塑造整个高等教育体系方面发挥着重要作用。

非国家行为体参与高等教育既带来了挑战，也带来了机遇。它们对法规和政策制定的影响也是如此。无论国家和非国家行为体如何分担责任，各国政府都有一些方法来确保高等教育系统不断努力提高教育质量和公平。

金属加工学徒在德国雷姆沙伊德金属和电气工业职业培训中心工作

摄影：Rupert Oberhäuser/Alamy Stock Photo

第8章

职业技术教育和成人教育

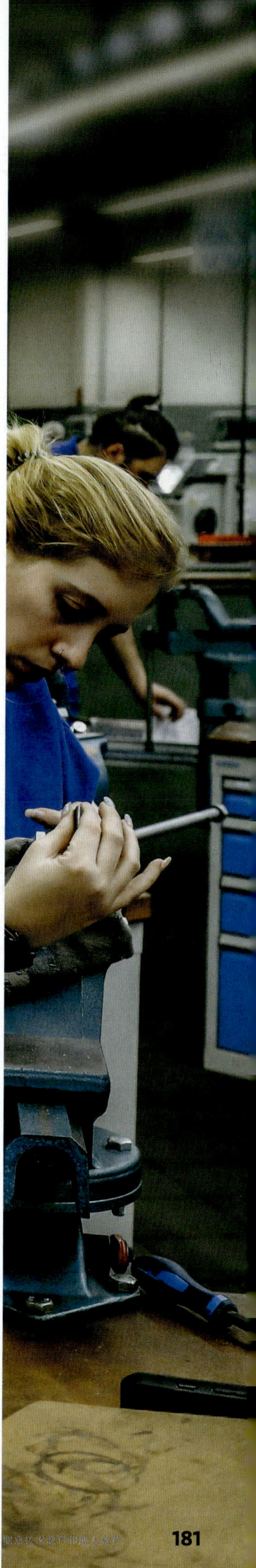

重要信息

初始技能发展由公立机构主导。

- 在经合组织国家，大约20%的高级中等职业教育学生和40%的中等后非高等职业教育学生就读于私立教育机构。
- 在有些国家，职业技术教育通过私立教育机构得到扩张。摩洛哥通过三方对话重组了培训机构，使其能够更好地回应企业的需求。

继续技能发展由私立机构主导。

- 在欧洲，2016年雇主赞助的职业相关培训占非正规职业相关培训的85%。提供内部和外部继续职业培训的公司比例从2005年的48%上升到了2015年的59%。
- 在中低收入国家，近三分之一的公司为全职正式员工提供培训；而在低收入国家，只有四分之一的企业这样做。

与非国家行为体的合作对于预测技能需求以及将非正规学习纳入公认框架至关重要。

- 将技能与资格挂钩，并确保对在正规系统之外获得的学习进行认证非常关键。但是，雇主不太愿意认可非正式和非正规学习，这仍然是政府的一项任务。
- 质量保障机制需要基于可执行的认证标准以及可信的技能测试和证明。在乌干达，由于注册过程非常复杂，因而只有四分之一的私立培训机构进行了注册。
- 与非国家行为体的合作往往侧重于技能需求识别和标准定义。但是在摩尔多瓦共和国，通过技能委员会与雇主组织和工会之间建立的社会对话平台也有助于确定课程。

国家和民间融资的恰当组合可以为最佳的技能发展提供支持。

- 政府通过向公共中心或竞争程序提供赠款来直接资助培训。一部分成本可以通过学费或向公司征税来收回。大约70个国家采用税收资助型培训基金。
- 政府可以补贴学生或工人的培训费用，或鼓励公司投资培训。在欧洲，公司总劳动力成本中只有不到2%用于培训。
- 个人学习账户、教育券和助学金直接或间接承担了培训费用。在新加坡，超过50万名学生受益于生均365美元的补助，这笔补助用于提高技能和参与当地劳动力培训。

非政府组织和社区组织是成人教育的主要提供方。

- 近80%的国家报告称自2015年以来与非政府行为体在成人教育领域进行了合作，并受益于其强大的网络和灵活的学习途径。但是，与非公立成人教育机构的磋商很少。
- 私立教育机构在营利性市场最为活跃。在阿根廷和秘鲁，大约40%的英语学习者在私立机构学习。

成人会通过各种方式获得工作和生活技能。正规的职业技术教育与培训倾向于培养已掌握传统技能的毕业生。但在实践中，各经济体会不断创造需要新技能的就业岗位，这些岗位需要尽快得到填补，而正规系统无法跟上如此快速变化的节奏（ILO，2020c）。由于公司是工人技能的主要提供方，因此一个关键的政策问题是如何确保这种投资水平对社会是最佳的。公共部门实际上不可能让人们获得所有技能并提供资助。最后，有些技能，甚至可能是大多数技能，通常是在正规或非正规环境之外获得的，个人可通过非正式途径来获得终身学习机会，而这正是可持续发展目标4旨在促进实现的目标。

本章由两部分组成。第一部分讨论了非国家行为体在正规和非正规工作技能发展中的作用，探讨了它们在供给以及在监管、治理和融资机制中的作用。第二部分论述了非国家行为体在成人学习和教育中的作用。这些行为体在成人教育中发挥的主导作用远远超过其在儿童和青年教育中的作用，因此，政府在供给、融资和监管方面的作用较小，但在促进教育、培训和学习活动方面的作用较大。

> 大多数接受正规职业教育的学生就读于公立机构，但是私立教育机构的入学人数占比在高等教育阶段有所提高。

除初级技能外，非国家行为体在职业技术教育中占主导地位

根据国家背景的不同，职业技术教育与培训的形式可以有很多种。它“可以在中等教育、中等后非高等教育和高等教育阶段进行，包括基于工作的学习、继续培训和专业发展，这可以使学习者获得资质”（UNESCO，2016a，p.9）（**图8.1**）。政府负责提供并监管服务，旨在促进公平和质量。然而，其影响通常仅限于初级技能，并且对不断变化的需求反应缓慢。随着工人需要提高技能，非国家行为体直接参与技能发展的程度有所增加，且与政府的合作也变得必不可少（Dunbar，2013；Glick et al.，2015）。

2019年，15—24岁群体中，有5%参加了职业技术教育与培训项目，撒哈拉以南非洲的比例最低，为1%；欧洲的比例最高，为18%。在全球范围内，约有1%的初中（ISCED-2级）学生和20%的高中（ISCED-3级）学生参加了职业导向的教育项目；在经合组织国家中，2018年高级中等教育学生中的这一比例超过了五分之二（43%）。相比之下，在经合组织国家，92%的中等后非高等教育（ISCED-4级）学生和96%的短周期高等教育（ISCED-5级）学生参加了职业教育项目（OECD，2018）。2018年，在全球范围内，接受中等后非高等教育的学生中，89%选择的方向是职业教育。

专栏8.1:

在不同国家，非国家行为体可能会促进或阻碍职业技术教育与培训的公平性

那些存在被排斥风险的群体获得多少正规职业技术教育与培训的机会，以及这对公平性的影响，因国情不同而异。在较贫困的国家，严格的入学要求和供给不足的现实意味着正规的公立职业技术教育与培训的少数名额往往会被城市相对富裕的年轻人所占据。在撒哈拉以南非洲的大部分地区，由于正规校本培训对学业成绩有严格要求，再加上培训机构集中在城市，因此贫困和农村青年无法获得职业技术教育与培训的机会（Afeti，2018）。在南亚，正规职业技术教育与培训的最低要求往往是8年学校教育，这就排除了最贫困的群体和生活在农村地区的群体（Mehrotra，2017）。在某些情况下，非国家行为体可解决这一问题。在印度尼西亚，为弱势群体提供服务的宗教机构一直是教育扩张的合作伙伴。公立和宗教职业中学都可提供正规的职业技术教育与培训，这些学校均颁发国家中等教育证书（Triyono and Moses，2019）。

民间社会组织可为政府政策未涵盖其需求的群体提供服务。一项对北非和西亚85个相关民间社会组织的调查显示，它们的大部分活动致力于提供职前职业技术教育与培训，并为弱势群体提供培训，如弱势青年、失业者、移民和难民以及残疾人（Foubert and Folisi，2019）。在低收入国家和中等收入国家，非政府组织和私立机构也往往是面向妇女并由政府外包的职业培训项目的重要执行机构。这些项目的质量控制和监督程序通常具有挑战性（Chinen et al.，2017）。有些拥有慈善部门的企业试图提供公平的职业技术教育与培训机会。谷歌的慈善部门通过2019年发起的“数字东盟”计划，资助了东南亚国家联盟10个国家贫困农村社区的数字技能教育机构（The Asia Foundation，2020）。

在较富裕的国家，正规的职业技术教育与培训往往面向弱势群体。然而，有些学生，特别是那些有移民背景的学生，并没有受益于平等的机会。这一群体在获得学徒资格方面尤其会受到歧视，即使在监管严格的双系统模式下也是如此，在这种模式下，培训在教育机构和工作场所同时进行。对学徒进行最后选拔的企业可能会助长根深蒂固的歧视。在德国和瑞士，被贴上外国青年标签的移民学生的申请更有可能被拒绝，特别是会被中小企业拒绝（Imdorf，2017）。社会伙伴和非政府组织倡导基于工作的学习的适切性和预备项目的必要性（Jeon，2019）。在德国，联邦青年融合课程面向青年移民和难民，以帮助他们获得职业技术教育与培训的机会。教育机构被要求与咨询服务机构合作，以帮助移民和难民获得有关继续教育、工作和职业机会的实用信息，并与当地的“青年移徙服务机构”合作，后者是一个社会支持网络，其专业人员每周至少进行一次探访，与参与者建立联系（Germany Federal Office for Migration and Refugees，2015）。

雇主开展正式和非正式的学徒制培训

学徒制一般是指在职和脱产学习相结合的一种职业教育和培训形式，使学生能够掌握特定职业的知识和技能。私营企业通过和职业技术教育与培训机构沟通，参与培训设计，确保学生从学校到工作的过渡更加顺利，减少潜在的技能不匹配（ILO，2019b）。

正式的学徒制并不十分普遍。本报告对国际劳工组织“学校向工作岗位过渡情况调查”数据的分析发现，在33个国家的15—35岁的被调查者中，只有不到五分之一的人至少做过一次学徒，且该经历是其教育的一部分。

低收入国家的青年不太可能参加正式的学徒工作，这可能与劳动力市场和培训系统的非正式性有关（**第12章**）。就非正式学徒而言，他们不受课程约束，而受社会规范和传统的约束，他们毕业后并不会获得官方承认的资格证书（ILO，2019b），例如在非洲（AFDB，2020）。这种基于手工艺大师与受训者之间协议的非正式机会通常是获得技能的唯一方式，受训者承诺以学徒的身份工作，以换取大师的指导。在塞内加尔，非正式学徒制针对的是没有接受过教育的群体，服务于41.8万名青年，而相比之下，该国只有5.4万人接受了正规职业技术教育与培训（World Bank，2018a）。

> 在33个国家的15—35岁的年轻人中，只有不到五分之一的人至少做过一次学徒，且该经历是其教育的一部分。

> 使技能发展适应当前需求的调整主要发生在传统教育之外。

如果没有充分的监管和认可，与学徒制相关的激励措施就会被削弱，从而会减少潜在的参与人数。在埃及，人们将大部分传统非正式学徒工作与廉价劳动力联系在一起，不认为这是有一个吸引力的工作。据报道，学习过程大多是被动的，且从师傅到学徒的知识转移也很有限。薪酬极低，无法保证就业。劳动力学徒参与率估计为0.1%，而丹麦为4.8%（Chankseliani and Anuar，2019）。博茨瓦纳、加纳、肯尼亚、南非和津巴布韦等国管理着其独特的学徒制度，这些国家的学徒制度与其他正式的职业技术教育与培训项目并行。纳米比亚和卢旺达等其他国家已经计划或正在建立基于雇主参与的国家学徒和实习框架，以提高其吸引力和培训的可信度（Arias et al.，2019）。

中介组织可以促进与雇主的对话，以改善学习、提供信息并确保合适的匹配，特别是为中小企业提供帮助。这些中介组织可能包括营利性和独立机构或雇主协会（ILO，2019a）。包括雇主和雇员代表在内的丹麦地方贸易委员会可确保双方进行密切联系。德国工商总会负责支持受训者并与企业进行调解（Chankseliani et al.，2017）。在英国英格兰，2012年成立的学徒培训机构是营利性或非营利性的临时安置机构。这些机构代表雇主负责招聘、雇用并安排学徒进行培训。它们被列入国家注册范畴，主要由雇主提供资金，资金包括管理费和至少达到最低学徒工资水平的学徒薪酬（ILO，2019a）。

除了促进对话之外，中介组织在对各方的动员中也发挥着重要作用，特别是在没有坚实的学徒制传统的国家。受瑞士模式的启发，非营利性学徒中介“职业智慧”（CareerWise）旨在吸引并联系当地雇主、学徒、学区和政府机构，以使学徒制在美国科罗拉多州成为可能。中介组织可帮助吸引并动员雇主从学校招募学徒，在基于工作的3年制学习项目中为他们提供帮助，并确保高保留率（Katz and Elliott，2020）。

继续技能发展由私营企业所主导

私营企业在正规的职业技术教育与培训中的作用越来越大，同时它们始终引领着继续培训，为劳动力市场中的青年和成人提供知识和技能，或者发展、更新和提升现有知识和技能。在数字化和全球化的背景下，企业的作用变得更加重要，这导致工业化国家高技能和低技能工作的相对占比均有所增加，而中等技能职业的相对占比却有所下降（Nedelkoska and Quintini，2018）。正规的职业技术教育与培训针对的是低技能职业，这些职业易被淘汰且易被自动化技术所取代（ILO，2020b；UNESCO-UNEVOC et al.，2019）。

使技能发展适应当前需求的调整主要发生在传统教育之外（World Bank，2019b），同时，非正规和雇主赞助的培训超过了正规教育和培训。在欧洲，雇主赞助的职业相关培训在2007—2016年有所增加，约占非正规职业相关培训的85%。2016年，成人参加非正规培训的可能性是正规教育的6倍（Eurostat，2021）。“继续职业培训调查”显示，提供内部和外部继续职业培训的企业比例从2005年的48%稳步上升到了2015年的59%（CVTS，2005，2015）。

在澳大利亚，尽管雇主表示对职业技术教育与培训系统感到满意，但仍有二分之一的雇主更青睐未经认证的培训，以满足其员工技能发展的需求，并在多数情况下不依赖外部培训机构（NCVER，2019）。与采用国家认可的培训的雇主相比，更多雇主表示对这种安排感到满意。国家认可的培训可用于职业发展和满足强制性要求，而非正规教育可服务于高度具体和契合的培训需求，其实现方法更加灵活（White et al.，2018）。在比利时，一项为期10年的研究表明，那些将参加在职培训的员工比例提高了然而，低收入国家和中等收入国家往往认为国家行为体在职业技术教育与培训的规划和实施中发挥了最重要的作用。本报告研究了孟加拉国、中国、印度、菲律宾、卢旺达、南非和坦桑尼亚联合共和国的质量保障系统，发现这些系统所采取的政策都是允许私立教育机构运营的同时，使发展计划支持职业技术教育与培训通过公私伙伴关系进行扩张。即便如此，它们的职业技术教育与培训系统仍然高度集中，而非国家行为体影响这些系统的机会非常有限（Nesterova and Capsada-Munsech，2021）。企业和教育机构之间的互动往往侧重于技能鉴定，而非课程开发（Sanchez Puerta et al.，2016）。

有些区域出现了合作的迹象。北非、中欧、东欧、高加索和中亚地区对职业技术教育与培训政策和系统的规划与管理采取了高度集中化的模式，对此进行的评估发现了一个向更具参与性的治理方法发展的微弱趋势。在所研究的8个国家（阿尔巴尼亚、约旦、哈萨克斯坦、摩洛哥、摩尔多瓦共和国、塞尔维亚、突尼斯和乌克兰）中，非国家行为体，特别是雇主，参与了三方理事会的协商和行政咨询（Arribas and Papadakis，2019）。

摩尔多瓦共和国的职业技术教育与培训系统经历了重大的结构调整和现代化过程，以增强社会、区域和地方伙伴在政策制定中的机构作用。改革后的法律框架包含2014年《教育法》、《2011—2015年综合教育发展战略》、《2013—2020年职业教育和培训发展战略》和《2012—2020年中小企业发展战略》，职业教育和培训社会对话平台通过技能委员会与雇主组织和工会建立了制度化的伙伴关系，帮助确定职业标准和课程（Arribas and Papadakis，2019）。

蒙古的职业技术教育与培训改革基于与主要利益攸关方的广泛协商，为需求驱动型系统制定新法规和融资机制提供信息。2007年，包括各部委、雇主和工会在内的所有社会伙伴签署了一份谅解备忘录，为系统一级的参与式治理铺平了道路。此后，2016年国家职业技术与培训项目一直试图加强这种社会伙伴关系，以帮助扩大供给并提高质量（UNESCO and Mongolia Ministry of Labor and Social Protection，2019）。

“企业和教育机构之间的互动往往侧重于技能鉴定，而非课程开发。”

对12个东亚和东南亚国家的评估表明，在多个行为体的参与下，职业和培训机构制定了职业或能力标准。大多数国家与行业代表（例如柬埔寨、印度尼西亚和菲律宾）、由雇主和雇员组织构成的三方团体（例如韩国）或公私培训机构和培训者（例如马来西亚、泰国和越南）进行了合作（Bateman and Liang，2016）。

在菲律宾，私营部门参与制定政策并设计基于行业的培训项目已成惯例。在国家政策制定机构——技术教育和技能发展局的22名理事会成员中，私人行为体有14名。该局负责制订发展计划、能力标准、课程以及评估规程。半导体和电子行业培训课程是该局与行业代表共同设计的，在受训者就业能力方面被证明取得了成功（OECD，2017）。

依靠政府、雇主和雇员三方参与的技能系统能够很好地应对不断变化的经济和劳动力市场动态。当雇主团体参与政策制定和系统开发，而不仅仅担任咨询角色时，其更有可能做出贡献。在新加坡，雇主组织作为由副总理兼财政部部长领导的包容性“未来经济委员会”的一部分，参与国家技能规划。所有成员都将参与界定和调整将在未来5—10年内推动国家经济和工业发展的技能组合（ILO，2020a）。

为了共享能力和资源，多国建立了公私伙伴关系，以鼓励合作并更好地了解劳动力市场对能力和资格的需求。在越南，汽车制造商“越快”（VinFast）于2018年建立了一个培训机械和机电工程师的中心。通过与德国工商总会的协议，培训师可以获得基于德国标准的证书（Viet Nam News，2018）。此后，该公司与政府就开发联合培训项目展开了对话，该项目由越快公司出资，在5所公立职业学院实施（Viet Nam News，2020）。

在荷兰，2010年进行的职业技术教育与培训改革最初旨在创建两个公私伙伴关系：高级中等职业教育创新工艺中心和高等职业教育卓越中心。在其接受政府拨款的同时，相关公司也被邀请共同出资。这使教育机构能够满足公司的特定能力需求。创新项目是重点，如家庭护理智能机、三维打印、安全领域的数字化及环保领域的技能。一个区域投资基金帮助增加了此类公私伙伴关系的数量，鼓励所有职业技术教育与培训中心参与竞争。在2011—2019年，中心的数量从7个增加到了160多个，培训了约8.4万名学生，9800多家公司和5000名教师参与其中（ETF，2020b）。

组织行业技能委员会是另一种合作形式，旨在提高培训质量和适切性、预测各行业之间和行业内部的需求（ETF，2020a），并促进社会对话（ILO，2020a）。这些理事会的组成和职能各不相同，它们将特定行业的行为体聚集在一起，为该行业劳动力的技能培训和教育发展做出贡献（ILO，2019c）。波兰于2016年设立了行业技能委员会，旨在促进社会伙伴、企业家、公众和教育机构之间的合作。这些委员会可提供关于所需技能和相关学习机会的建议，并在技能使用和实践方面发挥宣传作用。金融行业技能委员会参与实施了行业资格框架，并根据欧洲标准将其纳入综合资格体系（OECD，2019c）。在欧洲社会基金的支持下，波兰企业发展局将委员会的数量从7个（对应7个行业）增加到了17个（对应17个行业）（Chłoń-Domińczak et al.，2019；Polish Agency for Enterprise Development，2021）。

国家和民间融资的恰当组合可以为最佳的技能发展提供支持

技能传授虽然提高了生产率，并且可以利用多个行为体来实现这一点，但其存在仍低于最佳水平。归根结底，这都是资金不足的结果。同时，有几个障碍需要克服。由于专业教育工作者短缺，且昂贵的设备很快就会被淘汰，因此在正规的职前职业技术教育与培训中，生均成本通常很高。公司不愿意在培训上投资，因为担心接受过培训的工人会身怀技能跳槽到工资更高的竞争对手那里。工人在培训方面的投资受到资金、时间和社会规范的限制。从社会和经济角度来看，这种情况并不令人满意。任何解决方案都不仅需要更多的资金，还需要就如何分担成本达成共识。政府可通过为公立中心或竞争程序拨款，直接为职业技术教育与培训提供资金，有时也会使公立职业技术教育与培训中心和私立职业技术教育与培训中心相互竞争。有些成本可以通过学费或对公司征税来收回。政府可以补贴学生或工人的培训费用，或鼓励公司投资于培训（Ziderman，2016）（**图8.3**）。

培训机构资金多元化有优势也有风险

在东欧、北非、西亚、中亚（Arribas and Papadakis，2019）、撒哈拉以南非洲（Arias et al.，2019）以及东亚和太平洋地区（Palmer，2017），正规的职业技术教育与培训机构传统上由政府直接拨款资助。然而，现在有了多元化的迹象。

对公司征收的专项培训税是公立和私立职业技术教育与培训机构的一个常见补充资金来源。这些机构既需要一个大型正规部门来提供足够的资金，又需要一个强有力的行政部门来有效使用这些资金。在塞内加尔，截至2015年，通过对公司收益征收3%的税而筹集的资金中，只有5%流向了职业技术教育与培训；而其中只有一半被分配给了培训，其余部分则被用于支付运营成本（UNESCO，2018）。

对公司征收的培训税被用来设立国家培训或技能发展基金，这些基金可以相对独立于政府预算运作。然而，这往往还不够。在坦桑尼亚联合共和国，超过80%的职业教育和培训基金是通过征税筹集的。但是，筹集的收入中只有三分之一拨给了职业教育培训局，其余的则列入总预算。拥有4名或4名以上员工的公司贡献其工资总额的6%。雇主们抗议说，这项征税是在有限协商的情况下推行的，且被用来支付与培训无关的开支，而公立职业技术教育与培训中心在各项事务中优先于其他机构，同时私营部门没有参与基金的管理（Arias et al.，2019）。

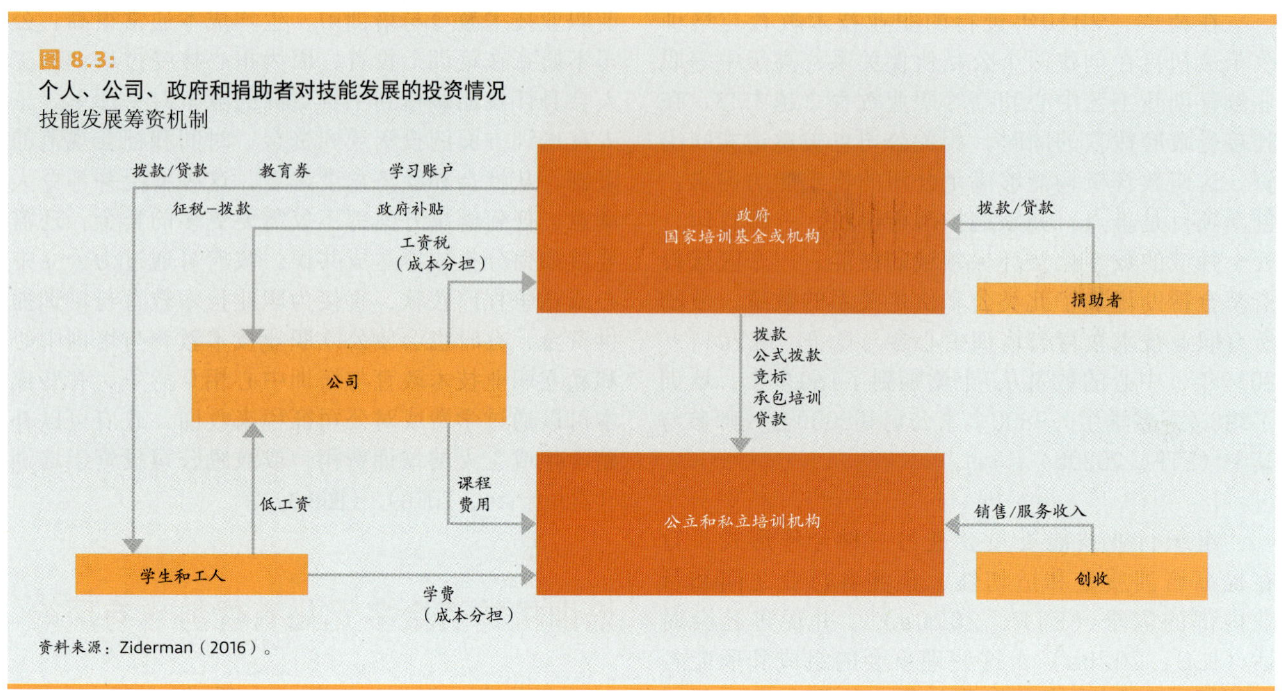

> 有些国家通过竞争性采购职业教育服务来使非国家行为体参与培训的提供。

当这些基金被用于某个特定行业时，它们可能会更好地发挥作用（Krishnan and Gelb，2018）。在赞比亚，为建筑业设立的培训基金得到了雇主们的大力支持。这种面向特定行业的基金避免了普通基金的高额管理成本（UNESCO，2018）。至少部分由雇主管理的征税资助型培训基金通常被认为更加成功。在巴西，国家雇主联合会在工业、商业、农业和运输业培训基金中发挥着重要作用，并具有强烈的主人翁意识（Palmer，2020）。

有些国家通过竞争性采购职业教育服务来使非国家行为体参与培训的提供。在拉丁美洲和加勒比，"年轻人"（Jóvenes）青年培训项目自1990年代以来已在8个国家实施，针对的是受教育程度较低的失业青年和社会经济弱势青年。很多公司通过谅解备忘录参与培训设计，而私人培训师则是在公众监督下通过竞标应聘的（Glick et al.，2015）。该项目根据劳动力市场的需要提供全面的培训，包括咨询和软技能培训。同时，竞争促进了培训机构的参与（OECD，2020b）。

市场竞争并不总能带来理想结果。在澳大利亚，职业技术教育与培训"学费帮助"贷款项目可为职业技术教育与培训学生提供贷款。2012年，该项目通过《国家技能和劳动力发展协议》得到了扩展，同时促进了获批机构提供经补贴的培训。然而，该项目对教育机构的资格几乎没有管控，从而形成了低价值私人课程市场，其中有些机构使用了欺骗手段，包括虚假营销和虚高收费（Australian National Audit Office，2016；UNESCO，2017a）。许多学生在不知不觉中负债累累，也没有掌握市场需要的技能。在参议院教育和就业参考委员会进行调查后，该项目在2017年被职业技术教育与培训学生贷款项目所取代。后者引入了更为严格的教育机构遴选和课程资格标准，并限制了贷款上限。同时，已注册教育机构必须在网上公布其学费明细（Australia Department of Employment，Skills，Small and Family Business，2017）。

为了对不断增长的劳动力进行培训，政府动员私人行为体建立技能发展系统。近年来最著名的项目之一是印度国家技能发展公司。该公司成立于2008年，是一个以行业为导向的非营利性公私伙伴关系机构，旨在吸引和促进私人投资，以建立技能发展生态系统。在一个被认为具有财务风险且利润有限的行业中，私人培训机构获得了软贷款，以较低的资本投资提供培训（Nambiar，2021）。然而，政府大力度的激励措施（覆盖了前三年四分之三的成本）并未导致资金投入，因此引起了人们对质量的担忧（Mehrotra，2018）。该公司不断变化的多种角色阻碍了其运作，导致其在政府资金使用和贷款发放方面所承担的责任有限。为了克服这些缺点，该公司重新定义了监督程序和指标，不仅考虑受训者人数，还考虑学习成果和学生就业能力。此外，该公司还引入了发展影响债券，作为与可衡量目标挂钩的替代筹资机制（Nambiar，2021）。

对公司的激励措施无助于弥合培训缺口

企业在培训方面往往投资不足。在欧洲，继续职业培训调查显示，在拥有250名或更多雇员的公司中，培训占总劳动力成本的2%，在拥有50—249名雇员的公司中这一比例为1.5%，在较小的公司中这一比例为1.2%。对培训资金的净拨款仅占公司总劳动力成本的很小一部分（CVTS，2015）。与其他资产相比，在培训方面的投资也很有限。2018年，在欧盟国家、英国和美国，平均只有9%的企业投资用于员工培训，不到机械设备支出的五分之一（EIBIS，2018）。

搭便车问题在一定程度上解释了这种情况。公司担心，如果接受过培训的员工跳槽，那么它们的投资就会失去回报。此外，制度因素也可能是部分原因。当许多工人签订的是临时合同时，雇主对其进行培训的动机就不会太强。接受欧洲投资银行调查的企业表示，由于缺乏需求、对公立机构抱有期望、成本障碍以及获得信贷的渠道有限，因此它们在培训方面的投资不足。在那些研发投资大、受过高等教育人口比例较高的国家，公司往往会在培训上投入更多。即便如此，提供培训的动机始终低于直接从劳动力市场获取所需技能的动机（Brunello and Wruuck，2020；EIBIS，2018）。

征税–拨款项目直接支持雇主为其员工提供在职继续培训或外部培训。这些项目包含费用报销或免税（Ziderman，2016）。在新加坡，技能发

> “提供培训的动机始终低于直接从劳动力市场获取所需技能的动机。”

展费是企业每月向技能发展基金缴纳的一项强制性费用，与员工人数成正比，是社会缴款的补充。该基金通过向公司拨款，使公司能够支付员工在继续教育和培训系统接受外部培训的费用，从而资助员工参与继续教育项目。至关重要的是，培训必须与该国的经济发展相关，并培养出经得起检验的技能（Kuczera and Field，2018；SkillsFuture Singapore，2020a）。

在南部非洲发展共同体国家，包括博茨瓦纳、马拉维、毛里求斯、纳米比亚和南非，报销直接培训费用是激励雇主培训动机的最常见形式。在南非，某项目为雇主提供了一笔相当于其纳税额20%的补助金（Palmer，2020）。

法国鼓励雇主通过学徒发展基金以及通过学徒税征收的培训费来提供学徒培训。这些资金被分配给中介机构和地区实体，它们会向雇主提供1600欧元的税收抵免和每个学徒至少1000欧元的津贴。雇主还可以享受社会保障税减免，并可以将它们缴纳的部分学徒税分配给当地培训机构（Kuczera and Field，2018）。

向学生和工人提供款项是增加培训的另一种方式

对于想要投资于培训的学生和工人来说，负担能力是一个制约因素。在东亚和太平洋地区，学费在国家内部和国家之间差别很大，具体取决于教育机构的类型。在斐济、巴布亚新几内亚和所罗门群岛，学费是私立教育机构的最大资金来源。在菲律宾，学费占公立职业技术教育与培训资金的0.5%—5%，而营利性职业技术教育与培训系统的这一比例几乎达到70%（Palmer，2017）。政府可以通过直接向个人提供款项来支持其培训，而无论个人是否得到了学习者捐款。

个人学习项目包括个人学习账户、储蓄或终身学习账户和津贴，如教育券和补助金，可用于支付直接或间接培训费用（**第12章**）。

个人学习账户允许随时间积累受培训权，并在个人参加课程时调动相应资源。法国于2015年推出了“个人培训账户”。通过对公司征收培训税来资助个人，使个人能够在不同的工作中转移其受培训权，而与其就业状况无关。所有接受培训的劳动力都有资格从该账户中受益，该账户每年为他们提供500欧元，总计5000欧元，用作接受认证培训的资金。政府于2018年对该项目进行了改革，以解决持续存在的机会不平等以及与就业状况相关的不利条件等问题。当账户持有人将资金用于继续培训时，此类账户允许雇员积累雇主资源，以及政府有时补充的资源（OECD，2019a）。

在美国，芝加哥、纽约市和华盛顿州建立了终身学习账户，以帮助工人接受与工作相关的培训。另一个州，缅因州，由州劳工部协调并在缅因州妇女、工作和社区中心的支持下，于2005年启动了终身学习账户，以帮助工人进行教育规划。这些账户与高等教育储蓄项目“下一代”（NextGen）相关联，后者会将培训捐款分配给低收入工人和中等收入工人（Fitzpayne and Pollack，2018）。

教育券项目直接向个人提供款项，以支付课程费用、学习材料费、交通费或每日津贴等费用，具体视参与情况而定。新加坡的“技能创前程”（SkillsFuture）信贷可为每个25岁以上的公民提供365美元的开放补助，用于技能发展（Fitzpayne and Pollack，2018）。个人可以在由不同行为体提供的多个领域的合格课程中进行选择。2019年，50万公民参加了继续培训并受益于该补助（SkillsFuture Singapore，2020b；SkillsFuture Singapore and Workforce Singapore，2020）。新加坡15—64岁居民劳动力的培训参与率从2015年的35%上升到了2019年的48.5%（Singapore Ministry of Manpower，2019）。

> *在新加坡，2019年有50万公民参加了继续培训，并从“技能创前程”信贷项目中受益。*

个人激励政策的有效程度和公平程度取决于其设计。在利比里亚，一个旨在支持妇女向工作过渡的项目可提供培训、就业安置、实习以及交通和儿童保育津贴，并因此提高了妇女的就业能力（Elder and Kring，2016）。就近、灵活的时间安排以及明确与就业能力挂钩十分重要。在肯尼亚，参加职业培训教育券项目的女性中，有一半提到住所与培训中心距离较近是她们报名的主要原因之一。巴基斯坦的“技能促进就业”项目未能吸引到学习者，尽管学习者有权使用教育券。虽然政府提高了日津贴水平，并在农村中心设立了培训点，但仍只有四分之一的目标群体报名（World Bank，2019b）。

非国家行为体是成人学习与教育领域的驱动力量

2015年联合国教科文组织《关于成人学习与教育的建议书》指出，成人学习与教育是指“通过各种被称为社区教育、大众教育或通识教育的方式”，在读写能力和基本技能、继续培训和职业发展，以及积极的公民意识这三个领域“认识与获取交流和适应能力的持续活动和过程”（UNESCO，2016b，pp. 6–7）。与职业技术教育与培训一样（成人学习与教育在很大程度上和职业技术教育与培训有所重叠），成人学习与教育指的是可以获得与工作相关或无关的技能的一系列正规、非正规和非正式教育。

由于学习机会广泛但有关数据匮乏，因此很难评估非国家行为体参与成人学习与教育供给的占比。2016年欧洲成人教育调查的结果显示，只有不到五分之一的成年人参加了与工作无关的教育，相比之下有五分之四的成年人为了工作而继续学习。大多数非正规教育和培训由非国家行为体提供，如雇主和雇主组织（38%）、商业机构（10%）、非营利性协会（7%）以及个人（5%）（Eurostat，2021）。

在经合组织国家，11%的成年人至少参加过一次与工作无关的非正规教育，而有38.5%的人至少参加过一次与工作有关的培训。匈牙利和瑞士的受访者在与工作无关的学习方面最积极，有四分之一的人参与其中，而希腊和立陶宛的成年人最不积极（OECD，2021）。

然而，总体估计在描述非国家行为体发挥主导作用的具体背景方面用处不大。这里列举了这一广泛领域中的两个例子：非政府组织、民间社会组织和社区在成人扫盲方面，特别是在非主要语言教育方面的作用；以及营利性行为体在外语教育等商业化领域日益显著的作用。

非政府组织和社区组织主导着成人课程

非政府组织和民间社会组织等国家行为体向传统上被排除在正规教育之外的弱势成人群体伸出援手。各国政府通常依靠这些组织的服务实施国家成人扫盲和第二次机会计划。非政府组织在加强白俄罗斯、摩尔多瓦共和国和乌克兰的成人教育中心方面发挥了关键作用（Lukyanova and Veramejchyk，2017）。在刚果民主共和国，政府2012年的扫盲和非正规教育战略几乎完全通过非政府组织实施（UNESCO，2017b）。伊朗伊斯兰共和国报告称其将大部分成人教育服务外包给了非政府组织（UIL，2019a）。摩洛哥与近1200个非政府组织签订了提供扫盲教育的合同（UNESCO，2017b）。这些组织与社区合作，动员有影响力的地方领导人来确定社区需求并鼓励人员参与（**专栏8.2**）。例如，巴基斯坦的国家扫盲计划就以与社区的密切伙伴关系为基础，社区参与了该计划的制定及其在社区成人学习中心的实施（Hanemann，2015）。

民间社会组织历来会挑战政府的扫盲政策，给成人教育带来重大变化，尤其是在拉丁美洲。在巴西，大众文化运动和基础教育运动等社会运动始于1960年代。这些运动反对自上而下的成人教育运动，主张通过大众教育来增强人们和社区的变革力与创造力。大众教育具有明确的政治内涵，代表着从外部强加的教学思想中解放出来的思想和社会转型的可能性（Streck and Zanini Moretti，2018）。

> “欧洲大多数非正规教育和培训由非国家行为体提供，如雇主和雇主组织、商业机构、非营利性协会以及个人。”

专栏8.2:

社区在成人扫盲中心的发展中发挥着重要作用

在全世界，社区在成人教育中都发挥着重要作用。在印度尼西亚，社区学习中心依靠社区计划，但需要获得省级或地方政府的正式许可，其中有些由非政府组织运营。在泰国，社区和宗教领袖根据部委关于资源的指导方针和条例，参与社区学习中心的管理（NILE and UIL，2016）。

在有些国家，政府在建立社区学习中心和确保其财务可持续性方面发挥了重要作用。在韩国，终身学习中心被纳入基于社区的项目，并由地方和国家政府共同资助。在蒙古，终身学习中心可以依附于正规教育机构，依靠其设施和人员（NILE and UIL，2016）。在日本，社区学习中心被称为公民馆，主要由地方政府资助，而自1990年代以来，也可以开设以学习者学费为经费的私立中心（Stromquist and Lozano，2018）。

在当地社区能够提供大力支持的情况下，宗教机构发挥了重要作用。在阿富汗，宗教扫盲在提供成人扫盲方面具有最悠久的传统，许多清真寺都参与教育活动。以价值观为导向的课程促进了妇女和村民等本来会被排除在教育机会之外的群体的参与。宗教中心依靠社区支持。如果非政府组织或民间社会组织打算在某个村庄开设扫盲课程，则可能需要获得当地宗教领袖、长老和村长的同意与支持（Robinson-Pant et al.，2021）。

监测可持续发展目标中的教育目标

2021—2022年全球教育监测摄影比赛获奖作品。卡马拉一家正在参加《随波阅读》互动性每日广播节目，这是一项家庭扫盲行动，由线上数字化学习中心、国际农场广播电台、语言与扫盲教育者协会（塞拉利昂）和“我们关爱”基金会（利比里亚）共同实施，在塞拉利昂和利比里亚因新型冠状病毒肺炎疫情而关闭学校期间帮助孩子们继续进行学习。

摄影：Stephen Douglas

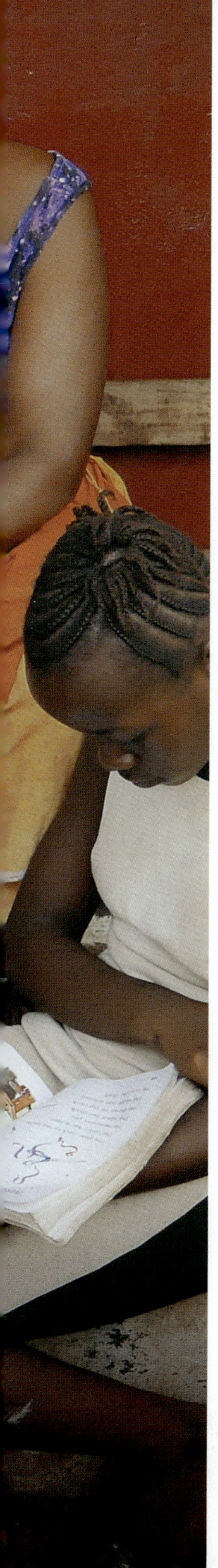

第9章

导言

重要信息

2015年，作为《教育2030行动纲领》的一部分，各国承诺为可持续发展目标4的指标建立中期基准。设定可持续发展目标4基准可实现多个目标：

- 根据气候变化议程中国家自主决定贡献的方法，记录每个国家对全球教育议程的预期贡献。
- 鉴于各国的起点不同，将进度监测置于具体背景中考虑。
- 使对国家、区域和全球教育议程的监测关联起来，以促进一致性。
- 重点关注特定关键教育指标的数据差距。
- 突出强调加强国家计划的必要性，这方面可能缺乏具体目标。
- 通过全球可持续发展目标4合作机制来支持对话，并推动集体行动。

联合国教科文组织统计研究所和《全球教育监测报告》小组已动员国际社会为可持续发展目标4的7个指标设定基准。截至2021年10月，应联合国教科文组织的邀请，39%的国家提交了国家基准值，10%的国家承诺提交基准值，15%的国家承诺将某些目标作为欧洲联盟和加勒比共同体区域教育监测框架的一部分。

此外，截至2021年10月，由于新型冠状病毒肺炎疫情，全球学校的关闭时间至少占学年总天数的55%。

可持续发展目标4的官方统计数据还反映了疫情前的情况：

- 三分之二的国家教育统计单位不得不推迟数据收集或延迟到下一学年。
- 实地考查家庭调查的延误和数据解读问题，这些问题将影响对实现可持续发展目标4进展的理解。
- 学习评估也受到了影响。例如，2021年的国际学生评估项目被推迟了一年。

各种面对面调查和电话调查初步证明了学校复课后学生辍学的可能性。在埃塞俄比亚、加纳和塞内加尔，辍学率没有变化，但复读率有所上升。

信息源的多样性，再加上研究方法、样本、时间和背景的差异，意味着要了解新型冠状病毒肺炎疫情产生的影响仍然具有挑战性。

在《全球教育监测报告》的支持下，联合国教科文组织统计研究所正在报告“为未来做好准备”的儿童比例，也就是那些已经完成小学或初中学业并在阅读和数学方面已达到最低熟练水平的儿童，换句话说，这是一个结合了两个具体目标4.1全球指标的衡量标准。在撒哈拉以南非洲，虽然29%的小学生达到了学习目标，但高辍学率意味着只有18%的小学适龄儿童达到了目标。

随着实现《2030年可持续发展议程》的中点临近，监测框架的发展已取得重大进展，各国已开始设定具体目标。然而，新型冠状病毒肺炎疫情使这项工作严重受挫。不仅用于监测教育进展的标准工具受到影响，而且已设定的具体目标可能也需要重新考量。本导论提出了一些关键问题，并为接下来的12章（本报告的监测部分）中的全球教育进展评估提供了背景。

一些国家已提交了国家可持续发展目标4基准

联合国秘书长发布的《2014年综合报告》为《2030年可持续发展议程》奠定了基础，该报告呼吁建立一种“共同责任文化，一种基于……进展基准的文化”（§146）。此外，该报告还要求协调《2030年可持续发展议程》的4个监测层面：全球、区域、专题和国家（United Nations，2014）。

2015年，教育部门在《教育2030行动纲领》中做出了回应，该纲领呼吁各国为可持续发展目标指标建立“适当的中期基准（如2020年和2025年）”，认为其“对于解决与长期目标相关的问责不足问题不可或缺”（§28）（UNESCO，2015）。该纲领隐含地指出，虽然进展速度已知，但国家的起点却不尽相同：在评估各国的进展时，应参照这些起点，并考虑各国是否能在过去的进步速度的基础上有所提高。

近年来，气候变化议程强调了国家自主决定贡献的重要性，这有助于各国的团结。这些贡献“体现了各国为减少国家排放和适应气候变化影响所做的努力”（UNFCCC，2021a，2021b）。《教育2030行动纲领》中设想的可持续发展目标4基准将这种方法引入了教育。

设定可持续发展目标4基准可实现多个目标。第一，如前所述，基准反映了在给定初始条件的情况下，各国准备为全球教育议程做出的贡献。理想情况下，国家应设定更加宏伟的目标，而不仅仅满足于“一切照旧”，并确保相对于过去的趋势能够取得一定进展。第二，国家基准有助于将进度监测置于具体背景中考虑，使其与各国预期实现的目标关联起来。第三，通过与各国和区域组织对话，基准设定进程可以将国家、区域和全球教育议程与监测框架联系起来，以促进一致性和对不同背景的相互理解。第四，跟踪基线和基准可以将注意力集中在特定关键教育指标的数据差距上。第五，设定基准可以突出强调加强国家计划的必要性，这方面可能缺乏具体目标。最后，也是最重要的是，设定基准是一个关键工具，可通过不断改革的全球可持续发展目标4合作机制来支持对话，并推动集体行动。

联合国教科文组织统计研究所和《全球教育监测报告》小组已努力动员国际社会向着实现可持续发展目标4基准的目标迈进。2019年，在关于可持续发展目标4指标的技术合作组织（TCG）会议上，可持续发展目标4的7个符合政策相关性和数据覆盖标准的指标被批准用于设定基准（**表9.1**）。

在2020年10月，《全球教育会议宣言》敦促各国“加快进展，并提出可持续发展目标4关键指标的有价值且现实的基准”（§10）（UNESCO，2020）。在与联合国教科文组织在曼谷、贝鲁特和圣迭戈的区域办事处以及非洲联盟、加勒比共同体、中美洲一体化体系中的中美洲教育和文化协调系统、欧盟、太平洋共同体及东南亚教育部长组织等区域组织的合作下，联合国教科文组织统计研究所和《全球教育监测报告》小组在2021年上半年牵头开展了广泛磋商。这一做法推动了《全球教育监测报告》提出的关于加强区域组织在可持续发展目标4中的作用的议程（UNESCO，2017）。联合国教科文组织统计研究所发布了一系列报告，说明可持续发展目标4与区域教育监测框架的一致性，例如《非洲大陆教育战略（2016—2025年）》（UIS，2021a）；该系列的下一份报告将涵盖亚洲和太平洋地区、阿拉伯国家、拉丁美洲和加勒比，以及欧洲和北美。

> “基准反映了各国准备为全球教育议程做出的贡献。”

表 9.1:

可持续发展目标4的基准指标

	指标	基准值
幼儿期	(4.2.2) 参与有组织学习的儿童比例（正规初等教育入学年龄前一年），按性别统计	1
初等教育和中等教育	(4.1.1) 儿童和青年人 (a) 在二年级或三年级，(b) 在初等教育结束以及 (c) 在初级中等教育结束时至少达到最低的（ i ）阅读和（ ii ）数学熟练水平的比例，按性别统计	6
	(4.1.2) 完成率（初等教育、初级中等教育、高级中等教育）	3
	(4.1.4) 失学率（初等教育、初级中等教育、高级中等教育）	3
公平性	高级中等教育完成时的性别差距	1
教师	(4.c.1) 按教育等级统计的符合最低资格要求的教师比例	4
资金	用于教育的公共支出总额占 (a) GDP (b) 公共支出总额的比例	2

注：最后一列列出了基准值的总数（如果包括所有教育等级和学科）。性别差距指标于2021年获得批准，但未及时供各国提交基准数值。因此，各国被要求分别提交针对2025年和2030年的19个基准值。

资料来源：UIS（2021d）。

2021年年中，联合国教科文组织提请各国在2021年10月1日前提交2025年和2030年7项指标中6项的国家基准值。各国被要求提交纳入其国家教育部门计划的具体目标，无论具体目标年份如何。为了帮助完成这项工作，联合国教科文组织统计研究所和《全球教育监测报告》小组发送了一个模板，其中包含按国家和指标分列的基线及近年来的值。如果各国在其计划中没有设定关于这些指标的具体目标，那么它们可以使用两个指示值进行讨论：如果继续以平均进展速度（最低速度或“一切照旧”）来进行改进，以及如果它们按照改进速度最快的三分之一国家的进展速度（可行）来进行改进，那么将会达到什么程度。最后，还根据公开的各国教育部门计划汇集了各国具体目标，以防各国不反馈报告。

39%的国家在截止日期前提交了国家基准值，平均提交了所要求的19个基准值中的11个。此外，10%的国家启动了这一进程，并承诺提交其基准值。另有14%的国家虽没有提交基准，但作为欧盟和加勒比共同体成员国，已经承诺将某些具体目标作为区域教育监测框架的一部分，这些具体目标至少在某些指标上与可持续发展目标4相一致。在18%的国家，其国家计划至少设定了一部分关于基准指标的具体目标。约12%的国家的计划没有设定具体目标，而8%的国家则根本没有计划（**图9.1**）。

关于2025年和2030年基线值和各国提交的国家基准值的信息在教育相关数据的新门户——全球教

图 9.1:

三分之二的国家参与了可持续发展目标4的基准制定过程

截至2021年10月，按国家可持续发展目标4基准提交状况分列的国家比例

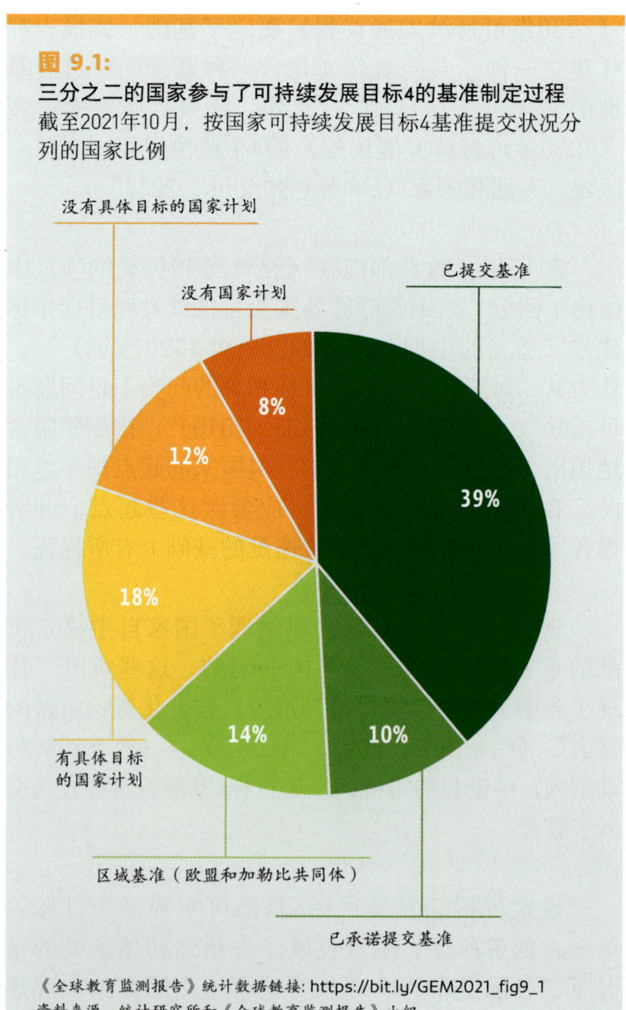

《全球教育监测报告》统计数据链接: https://bit.ly/GEM2021_fig9_1

资料来源：统计研究所和《全球教育监测报告》小组。

育观测（GEO）中有所介绍（UIS，2021c）。可以通过全球教育观测来访问关于教育进展（SCOPE）、教育不平等（WIDE）和教育概况（PEER）的《全球教育监测报告》网站，全球教育观测以来源广泛的数据为基础，旨在改进可持续发展目标4的进展监测。

联合国教科文组织统计研究所和《全球教育监测报告》小组将在2022年初发布一份基线报告，分析这一进程的结果，同时对照2025年和2030年可持续发展目标4的关键指标，来强调国家、区域及全球目标。这些调查结果将成为一个关键议题，因为联合国秘书长将在2022年9月召开教育变革峰会，届时可持续发展目标4预计将成为讨论的焦点。此类报告将成为全球合作机制的一部分，为政策对话提供信息。

从2022年起，有一系列挑战需要面对。我们将概述一个进程，以帮助各国设定缺失的教育目标，并尝试通过对话和能力发展来解决国家指标和全球指标之间的不一致问题。此外，我们还将为第七个指标，即高级中等教育完成率的性别差距设定基准。我们将加强与区域组织教育议程的合作，这些议程在促进这一进程中发挥了关键作用。最后，随着数据的发布，至少有部分国家可能需要在国家基准中考虑新型冠状病毒肺炎疫情的潜在影响。

新型冠状病毒肺炎疫情影响了实现可持续发展目标4的前景和监测进展的手段

自新型冠状病毒肺炎疫情发生以来，联合国教科文组织一直在监测学校关闭情况。除了学校因学期放假而关闭了学年总天数的四分之一外，在2020年2月至2021年10月期间，学校关闭天数占总天数的28%，部分关闭天数占26%。2020年4月完全关闭或部分关闭的天数占95%，达到了最高值；在2020年9月至2021年8月期间，学校完全关闭或部分关闭天数占总天数的一半。截至2021年10月，学校完全关闭天数占总天数的7%，部分关闭天数占总天数的24%（图9.2）。一个重要说明是，即使绝大多数学校可能已经关闭，很多国家仍将这些学校划归为部分开放。

> 在2020年9月至2021年8月期间，学校完全关闭或部分关闭天数占总天数的一半。

图 9.2:

在过去的20个月里，学校完全或部分关闭的天数至少占总天数的55%

2020年2月至2021年10月，按月份分列的学校开放状态在总天数中的占比情况

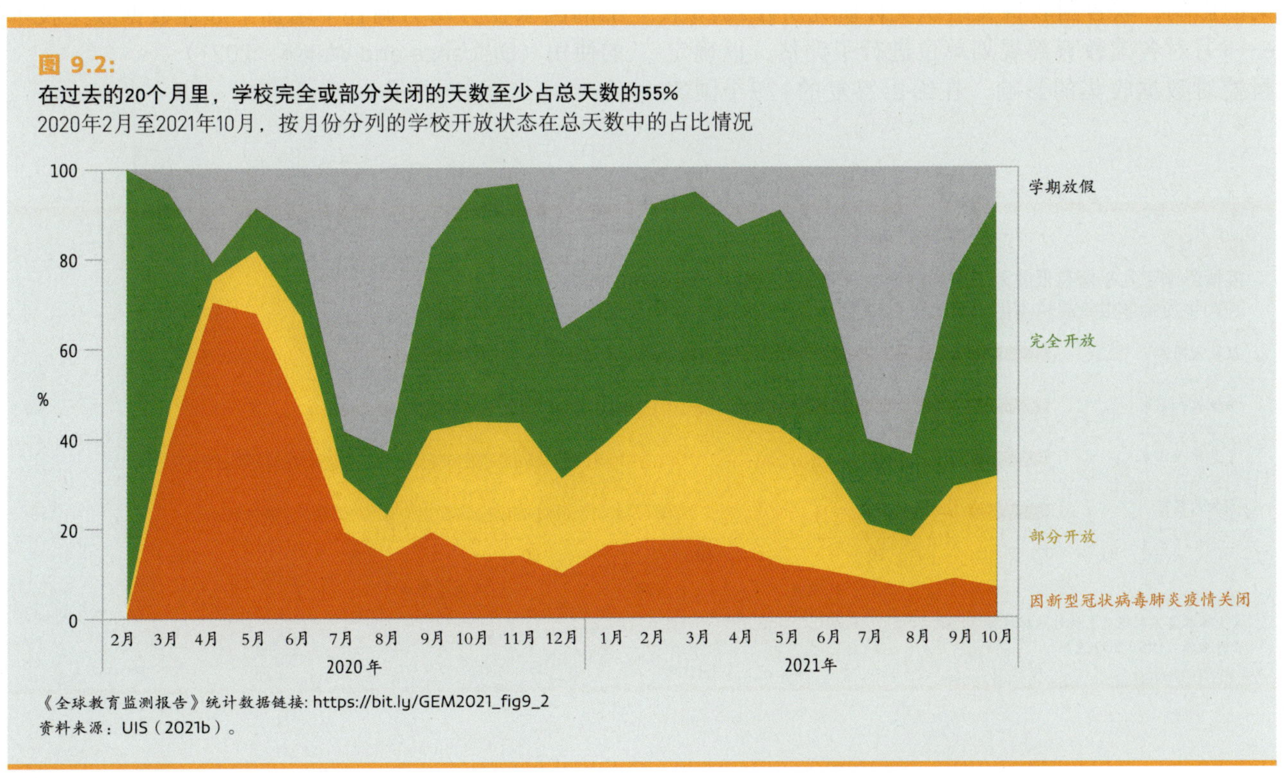

《全球教育监测报告》统计数据链接：https://bit.ly/GEM2021_fig9_2

资料来源：UIS（2021b）。

监测国家应对新型冠状病毒肺炎疫情危机的政策的主要工具是联合国教科文组织、联合国儿童基金会和世界银行联合进行的一项调查。调查共进行了三轮，覆盖了150个国家，时间分别是2020年5—6月、2020年7—10月（UNESCO et al.，2020）以及2021年2—4月（UNESCO et al.，2021）。经合组织参与了第三轮。该调查虽然提供了总体情况，但也有明显的局限性，特别是自我报告的方式，且缺乏实时的持续观察。此外，由于观测以国家为单位，因此没有评估国家内部的差异：地区之间，这在分权的国家尤其重要；学校之间，包括公立和私立学校之间的差异；更为重要的是，学生之间的差异，这将能够凸显出结果的不平等分配。此外，这些调查没能记录未按计划实施国家政策或涉及多个决策者的情况。有些区域性调查试图解决这些问题；例如，在亚洲进行了一组研究，其中包含1项针对大洲、3项针对区域及14项针对国家的研究（UNESCO and UNICEF，2021）。

本报告监测部分提供的官方数据基于联合国教科文组织统计研究所于2021年2月发布的数据，该数据反映了疫情前的情况，为评估破坏程度提供了基线，但未能反映破坏本身。

可持续发展目标4官方统计数据的发布本来就不可避免地滞后，现在又受到了疫情对常规数据收集的影响。联合国教科文组织统计研究所在2020年6—9月对各国教育部规划单位进行了评估，以确定封控对数据收集的影响。在给出答复的129个国家中，三分之二的国家教育统计单位表示，由于在实现报告要求的能力方面受到了中度或重度影响，因此不得不推迟数据收集或将其延迟到下一学年（**图9.3**）。即使在推迟了年度学校普查之后，许多国家仍难以保持较高且及时的学校回复率（UIS, 2020c）。甚至在受疫情影响较小的系统中也出现了重要的概念性问题，例如在学校关闭时哪些人被算为学生，哪些人在收听教育广播节目以及哪些人在积极参与。可持续发展目标4的标准指标，包括关于学习环境的指标，未能预见到这些学习环境是在家里而不是在学校。在新型冠状病毒肺炎疫情之类的紧急情况下，行政数据通常不太适合解决其中许多问题。

此外，调查的管理也受到了疫情的严重影响，标准作业经常被迫停止。在以面对面访谈为主要数据收集方式的国家中，近三分之二的国家停止了（至少是暂时停止了）劳动力调查数据的收集，而在具有一定远程数据收集能力的国家中，约有四分之一的国家也停止了这项工作（Discenza and Walsh，2021）。在使用网络或电话调查等替代性技术时，由于更加难以联系到弱势群体，因此提问的范围缩小了，答复率下降了，而样本也存在偏差。另外，受访者在接受面对面采访时的回答可能会不同于接受电话采访时的回答，结果可比性也因此受到了影响。普查员不仅接受的培训较少，而且受到的监督也较为有限（Gourlay et al.，2021）。尽管如此，仍有60%以上的国家在劳动力调查中增加了远程数据收集技术的使用（Discenza and Walsh，2021）。

图 9.3:

疫情影响了几乎所有低收入国家和中低收入国家报告教育统计数据的能力

2020年为全球报告提供本国教育统计数据能力受新型冠状病毒肺炎疫情影响的国家比例

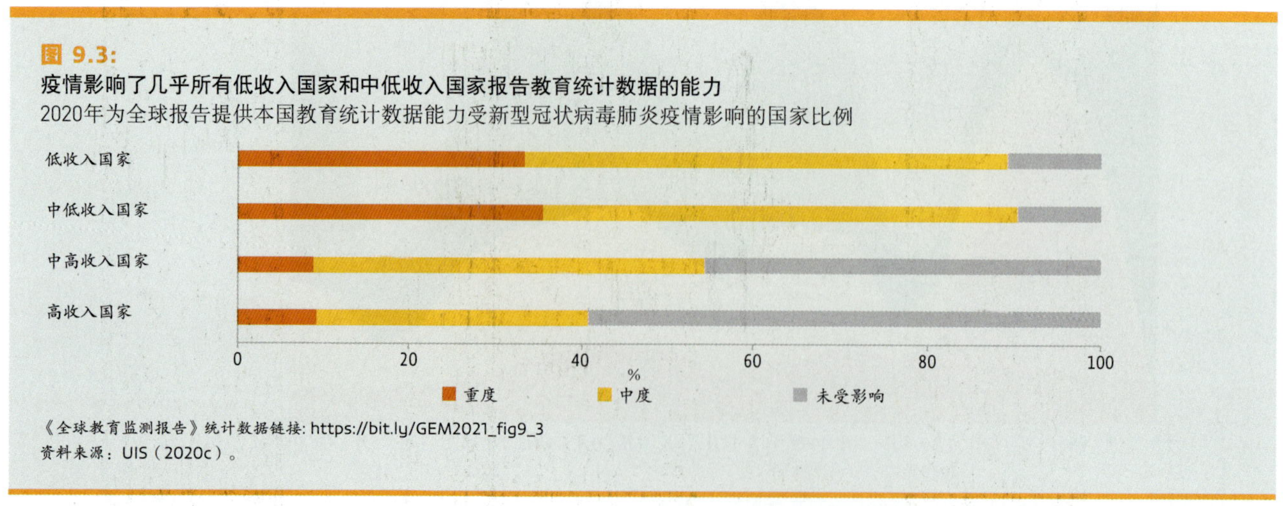

《全球教育监测报告》统计数据链接: https://bit.ly/GEM2021_fig9_3

资料来源：UIS（2020c）。

有些大型家庭调查项目转为电话调查。世界银行开展的生活水平测量调查在布基纳法索、埃塞俄比亚、马拉维、马里、尼日利亚和乌干达进行了电话追踪调查。其中包括5个教育问题，涵盖疫情前的就读率和学校关闭期间的活动，例如老师布置的作业、移动学习应用程序的使用，以及收听收看广播和电视课程的情况（World Bank，2021）。联合国儿童基金会多指标聚类调查（MICS）项目在伯利兹、格鲁吉亚和蒙古引入了多指标聚类调查结合电话追踪调查的方法（UNICEF，2021）。但是人口和健康调查（DHS）项目没有进行电话调查。在暂停实地调查7个月后，该项目于2020年9月恢复了在加蓬和卢旺达的数据收集工作，但直到2021年才在安哥拉、柬埔寨、科特迪瓦、莱索托、莫桑比克、缅甸和坦桑尼亚联合共和国等其他国家恢复了数据收集（ICF，2020）。

超过25项多指标聚类调查及人口和健康调查计划在2020年进行，或者在疫情暴发时正在进行。因此，受疫情影响的实地调查延误和方法方面的问题将影响对实现可持续发展目标4进展情况的了解。例如，与前几轮调查相比，根据学校关闭持续时间的不同，调查对象可能会对与就读有关的问题产生误解。数据分析需要清楚地确定开展实地调查的时间以及当时受调查学校的运作方式。

此外，学习评估也受到了影响。例如，2021年的国际学生评估项目被推迟了一年。这是疫情暴发后的第一项大型跨国评估，其结果将反映疫情对学习成果的影响、哪些国家受到了影响，以及后果是否主要由弱势学生承担，从而加剧了不平等。然而，虽然面临挑战，研究工作还是有助于对学习损失的程度有一个新的理解（**第10章**）。

> 受疫情影响的实地调查延误和方法方面的问题将影响对实现可持续发展目标4进展情况的了解。

广泛的信息来源有助于洞悉新型冠状病毒肺炎疫情的影响

虽然要对新型冠状病毒肺炎疫情产生的短期影响进行全球比较还需要更多时间，但有些研究活动已显示了其影响。在第10章至第19章中，我们针对可持续发展目标4每个具体目标的专门章节提供了这些不同的见解。

分析一开始依赖于疫情前的信息和模拟。例如，关于学习评估的学生背景问卷的证据显示了中等收入国家和高收入国家学生使用设备、利用计算机学习，以及家庭环境的水平。有些家庭调查提供了关于广播、电视和互联网使用情况的更加细微的信息，包括互联网在最贫困和最富裕群体之间的分布，以及互联网的速度和可靠性。在全球范围内，只有三分之一的儿童和六分之一的最贫困儿童能够上网，也就是说，远程学习模式会将大多数学习者排除在外，而扩大这种模式的努力将在中短期内加剧不平等（**图9.4**）。

图 9.4:

三分之二的儿童和青少年无法上网

2020年，按国家收入组别分列的家庭接入互联网的儿童和25岁以下青少年所占百分比

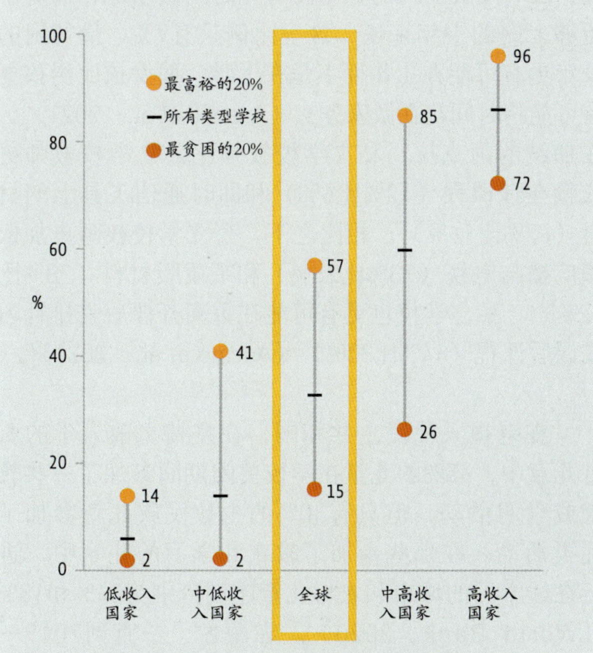

《全球教育监测报告》统计数据链接：https://bit.ly/GEM2021_fig9_4
资料来源：UNICEF and ITU（2020）。

关于校历中断对学习所产生影响的研究，无论其背景是假期休息还是地震等紧急情况，都被用来模拟学校关闭产生的潜在影响。有些研究收集了教师的主观观点。在一项对英国英格兰1300所小学和900所中学进行的大规模研究中，18%来自最贫困学校的学生被其老师认为在学习上落后4—6个月，相比之下，来自最不贫困学校学生的这一比例为5%（Sharp et al.，2020）。

随着疫情的大面积暴发，更为复杂的调查中加入了时间使用维度的指标。例如，互联网调查显示，在第一波新型冠状病毒肺炎疫情中，花在教育和学习上的时间减少了（德国减少了一半，意大利减少了三分之一），同时在有屏设备上花费的无价值时间增加了，尤其是在儿童在疫情之前成绩不佳或没有从父母的陪伴中受益的情况下；此外还发现学校提供的援助方案也存在不平等现象（Grewenig et al.，2021；Mangiavacchi et al.，2021）。由于隐私限制，通常无法获得来自在线学习平台的信息。一项对日本用户活动日志数据的分析显示，在封控期间，中学生的学习时间有所增加，但对于那些之前在家中就能访问该平台的学生来说，学习时间增加得更多（Ikeda and Yamaguchi，2021）。

一项针对厄瓜多尔中学学龄少年的电话调查发现，23%无法上网的少年没有花时间做功课，而对于能够上网的少年来说，这一比例只有9%。最贫困的少年更有可能在工作而不是在上学，而女孩比男孩更有可能将时间花在做家务上（Asanov et al.，2021）。在加纳的阿克拉，私立学校教师比公立学校教师更依赖在线课程（42%比6%）和即时通信工具上的材料（62%比16%）；相比之下，公立学校教师更加依赖广播与电视（78%比26%）和纸质版材料（78%比32%）。私立学校也更有可能在重新开课后安排补习或课后课程（44%比33%）（Aurino et al.，2021）。

在老挝人民民主共和国，在疫情之前入学的所有儿童中，45%的儿童在学校关闭期间参加了一些教育或学习活动，但只有30%的少数民族儿童参加了此类活动。在那些参加了教育和学习的儿童中，进行在线学习的城市和农村儿童比例分别为34%和18%（World Bank，2020）。在蒙古，一直到2019—2020学年末学校才结束关闭，而2021年2月又再次关闭。第二次关闭时进行的一项电话调查发现，只有71%的学生在关闭一周前参加过任一类型的学习。其中，88%的学生参加了电视课程，23%参加了交互式数字课程（Mongolia National Statistics Office and UNICEF，2021）。

各种面对面调查和电话调查提供了学校复课后学生可能辍学的初步证据。在埃塞俄比亚，一项分别在学校关闭和部分复课时进行的调查发现，到2020年11月下半月，几乎所有儿童要么已经返校，要么打算在学校复课时返校（Agness et al.，2021）；这些调查结果与2020年9月的调查结果相似（Akmal et al.，2020）。在加纳和塞内加尔，辍学率没有变化，仍然保持在2%的较低水平，但复读率在加纳增加了两倍，从3.5%增至10.5%，该比例在塞内加尔增加了一倍，从6.3%增至11.4%（Abreh et al.，2021；Mbaye et al.，2021）。

信息源的多样性，再加上研究方法、样本、时间和背景的差异，意味着要了解新型冠状病毒肺炎疫情产生的影响仍然具有挑战性。关于可持续发展目标4的各项具体目标受到了何种影响的进一步见解将在之后的章节提供，包括对学习损失这一关键问题的探讨。

可持续发展目标4监测框架不断发展

在可持续发展目标指标跨机构专家组（IAEG）发布了《2020年全面审查》之后，全球指标集在2025年之前不会改变。根据2020年审查的结果，我们做出了两项微小但重要的调整。第一项调整是更新了可持续发展目标指标4.1.1的元数据，这样，不仅能够按照学生总体的比例，而且能够按照完成每一级教育和学习（可持续发展目标指标4.1.2）的青少年群体的比例来报告阅读和数学方面的最低熟练水平（UNSD，2021）。例如，全球学生中达到最低阅读水平的儿童比例为51%，但如果将没有完成初等教育的儿童计算在内，那么这一比例为43%。在普遍完成初等教育的区域，这项调整对指标没有影响，但在撒哈拉以南非洲，指标4.1.1b的值从29%下降到了18%（**图9.5**）。完成率是指按时（即法定毕业年龄后3—5年）完成学业的比例，但也可以用最终完成学业的比例来表示，以将青少年包括在内，特

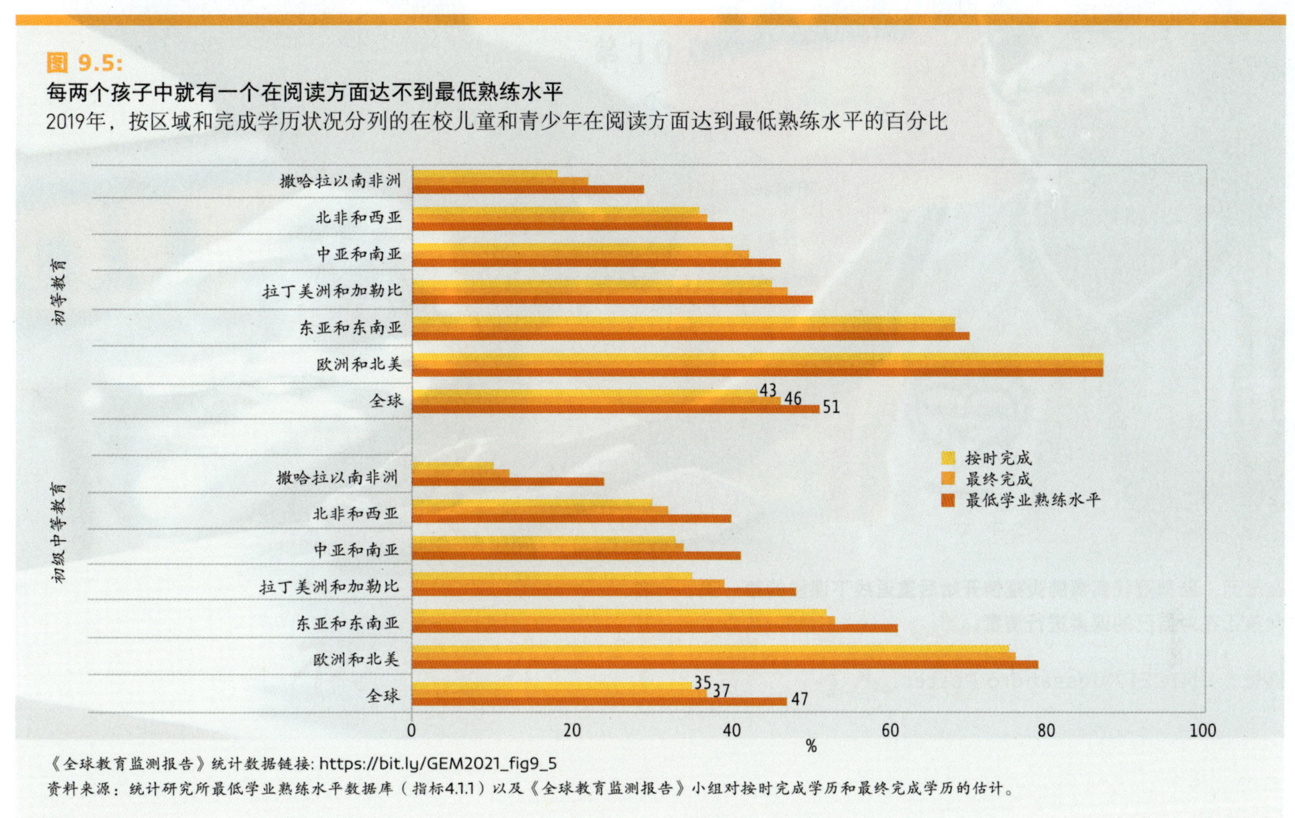

图 9.5:

每两个孩子中就有一个在阅读方面达不到最低熟练水平

2019年，按区域和完成学历状况分列的在校儿童和青少年在阅读方面达到最低熟练水平的百分比

《全球教育监测报告》统计数据链接: https://bit.ly/GEM2021_fig9_5

资料来源：统计研究所最低学业熟练水平数据库（指标4.1.1）以及《全球教育监测报告》小组对按时完成学历和最终完成学历的估计。

别是在最贫困的国家，青少年完成学业时年龄甚至更大（**第10章**）。

第二项调整针对的是可持续发展目标指标4.2.1的目标年龄组。年龄组划分与指标的更新方法和可用数据来源不一致，已将5岁以下儿童调整为24—59月龄儿童（**第11章**）。

技术合作组织是跨机构专家组在教育领域的对口机构，由联合国教科文组织统计研究所和《全球教育监测报告》小组共同领导，在2020年和2021年举行了两次线上会议。该组织得到了加强，有5个工作组处理与不同数据来源有关的问题：行政数据、学习评估、家庭调查、教师数据及支出数据（UIS，2020a，2020b）。研究的关键问题包括可持续发展目标4的基准制定程序、区域和全球平均值的计算以及人口数据的使用。此外还研究了两项联合国教科文组织统计研究所数据收集流程的创新，以扩大覆盖面。第一项创新是，联合国教科文组织统计研究所直接汇编并统一了来自国家报告的数据，以填补数据空白；这种方法在170个国家产生了大约6000个额外数据点，并且可以在新的存储库中访问源文档（UIS，2021e）。第二项创新是其试行了一个模板，如果成功，该模板可以取代当前的联合国教科文组织统计研究所调查，以简化并加快数据提交过程，同时还能缩小数据缺口。

监测部分的阅读指南

与每一期《全球教育监测报告》一样，接下来的12章提供了关于可持续发展目标中教育方面进展的最新信息。第10章至第19章介绍了实现7个具体目标（4.1至4.7）和3种实现途径（4.a至4.c）的进展情况。每一章还重点讨论了与监测相关的某些方面，并概述了新型冠状病毒肺炎疫情对每个具体目标所产生影响的新证据。第20章讨论了其他3个可持续发展目标（能源；工业、创新和基础设施；可持续生产和消费）中与教育有关的问题，第21章介绍了教育财政的情况。

自2015年以来，普及和完成教育的全球目标已从初等教育扩展到中等教育，并且随着这一目标的深化，纳入了可带来有意义学习成果的优质教育。本章首先讨论了就读和完成情况，然后讨论了学习成果，并凸显了学习成果与就读和完成情况的相互关系。

就学机会

世界上有数百万儿童、青少年和青年没有任何上学的机会。新型冠状病毒肺炎疫情导致学校长期关闭，进一步拖延了实现普及学校教育目标的努力。在疫情前的最后一个学年，有6400万名小学适龄儿童、6300万名初中适龄青少年及1.32亿名高中适龄青年失学。这些数字与10年前相比几乎没有变化，延续了2000年代持续下降后开始的停滞状态（**图10.1**）。不上学的各种原因不仅包括缺乏教育供给，还包括教育供给的质量不吸引人或适切性较低（**焦点10.1**）。

并非所有国家都会定期报告详细的入学数据，以便估算失学儿童和失学率。缺少行政数据的国家中包含那些有大量失学儿童的国家。因此，全球失学人数是估计值，部分基于估算。根据实际观察到的最后一个值进行估算所得到的结果会偏向于较为平稳的趋势：如果某个大国仍未报告其实际改善情况的数据，那么全球估计值将继续反映该国上次报告数据时较高的失学人数。

图 10.1:

小学适龄儿童的失学人数10年来几乎保持停滞状态

2000—2020年失学儿童、青少年和青年人数

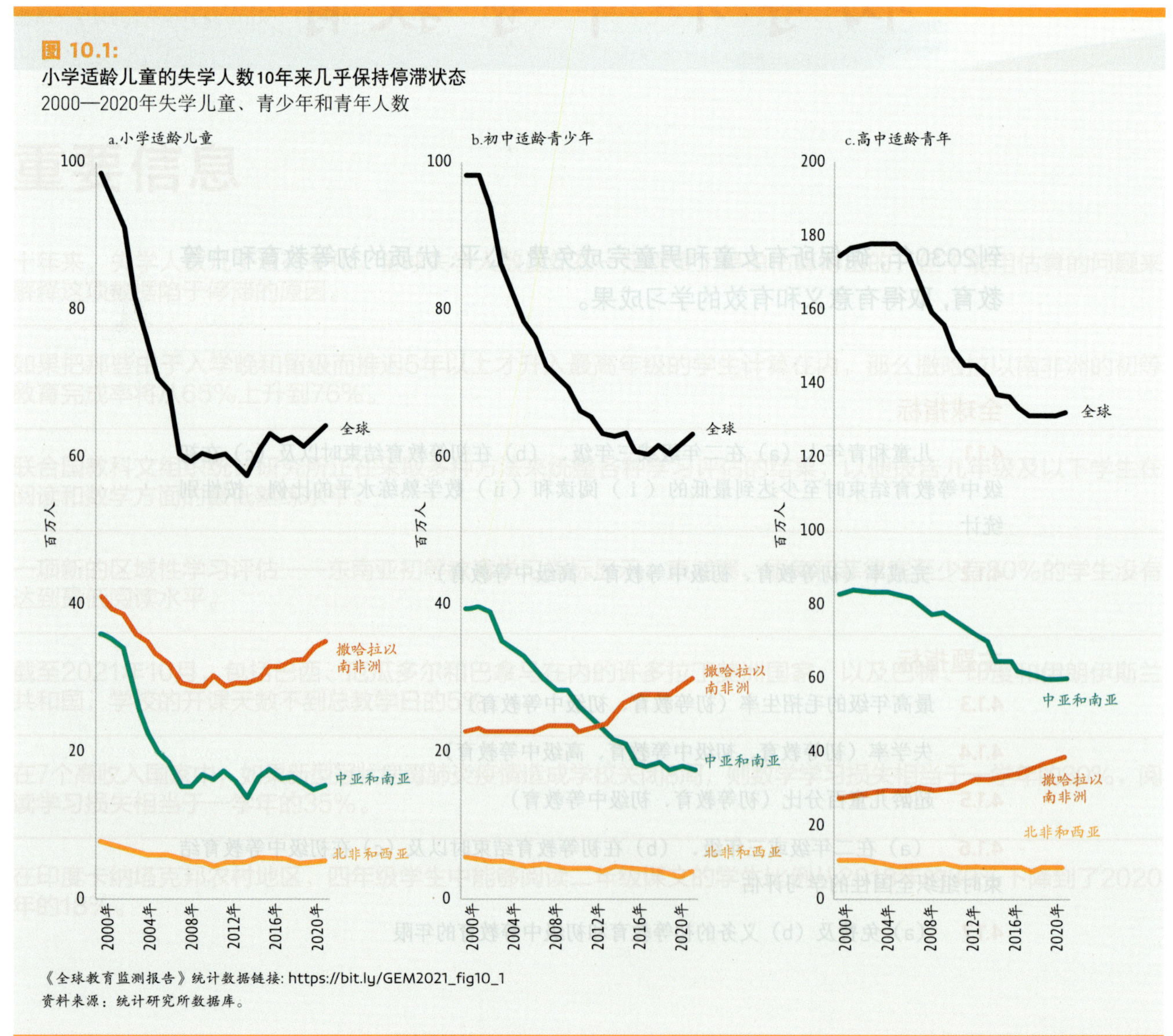

《全球教育监测报告》统计数据链接: https://bit.ly/GEM2021_fig10_1

资料来源：统计研究所数据库。

然而，不能简单地用估算的问题来解释全球失学率陷于停滞的原因。即使在提供了最新数据的国家中，一些失学人口数字庞大的国家也没有显示出改善的趋势，如印度尼西亚和南非。对于所有失学人口众多的国家来说（这些国家的失学人口已被估算并纳入了最近的全球数字估计值），这一趋势甚至在停止报告之前就已经陷于停滞了（**图10.2**）。

迄今为止，联合国教科文组织统计研究所报告的全球和区域失学率（指标4.1.4）和失学人数的估计值完全基于关于入学人数的行政数据和联合国人口估计值。《全球教育监测报告》与联合国教科文组织统计研究所之间的合作项目正在进行中，以将家庭调查数据纳入这些估计值，对不同来源的数据进行相互验证，填补行政数据的空白，并建立一个连贯的时间序列。然而，这可能不会改变失学率总体停滞的结果。印度和尼日利亚是世界上失学儿童绝对人数较多的两个国家，它们没有根据行政数据得出的估计值。在这两个国家，最近的家庭调查显示，失学率预期很难会有较大改善，尽管缺乏行政数据。印度在2020年发布的数据证实，失学率仍保持在5%。

图 10.2:

即使用家庭调查数据代替缺失的行政数据，这也只是证实了失学率已陷于停滞

2000—2019年按行政数据可得性分列的儿童失学率

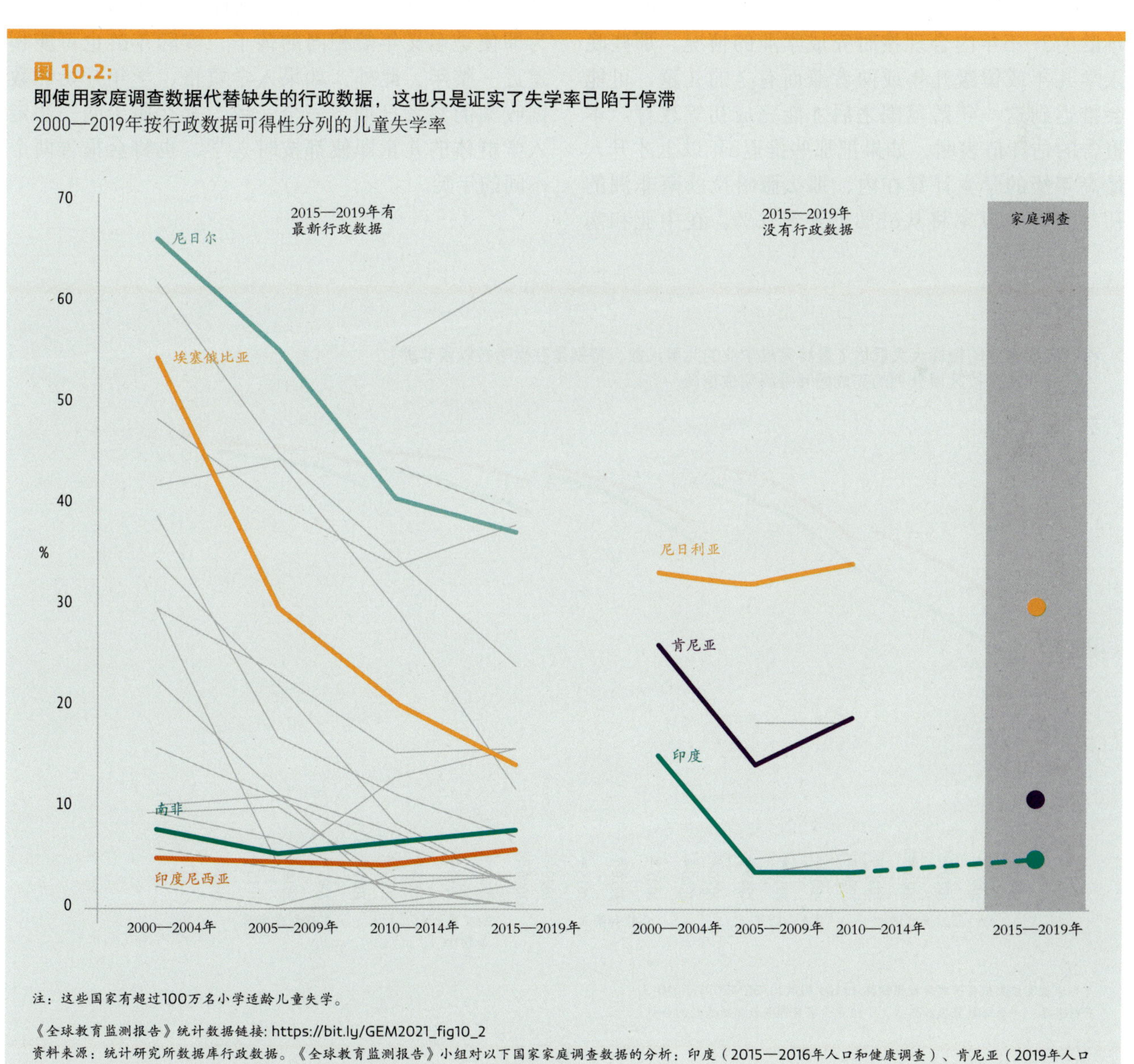

注：这些国家有超过100万名小学适龄儿童失学。

《全球教育监测报告》统计数据链接：https://bit.ly/GEM2021_fig10_2

资料来源：统计研究所数据库行政数据。《全球教育监测报告》小组对以下国家家庭调查数据的分析：印度（2015—2016年人口和健康调查）、肯尼亚（2019年人口普查），以及尼日利亚（2016—2017年多指标聚类调查及2018年人口和健康调查）。

《全球教育监测报告》对数据来源进行了整合，以估算出完成率（全球指标4.1.2）的一致时间序列（**专栏10.1**）。除撒哈拉以南非洲只有三分之二的儿童完成初等教育外，所有区域的初等教育完成率都接近或超过90%。这一比例在以每年大约1个百分点的速度增长。但是，撒哈拉以南非洲比中亚和南亚落后约20年。在2000年代，这两个区域的初等教育参与率和完成率处于相似的水平，而中亚和南亚经历了相对快速的增长（**图10.3**）

然而，就儿童能否最终完成初等教育而言，撒哈拉以南非洲可能已经比2000年的中亚和南亚的形势更好。指标4.1.2衡量的是在小学最高年级的理论年龄的3—5年内合理按时完成学业的情况。那些晚入学几年或留级几年或两者兼而有之的儿童，可能会推迟到这一年龄范围之后才能完成初等教育。本报告的估计值表明，如果把那些推迟5年以上才升入最高年级的学生计算在内，那么撒哈拉以南非洲的初等教育完成率将从65%上升到76%。在中亚和南亚以及拉丁美洲和加勒比，如果将晚完成学业的学生考虑在内，完成率将会提高4个百分点。

> 除撒哈拉以南非洲只有三分之二的儿童完成初等教育外，所有区域的初等教育完成率都接近或超过90%。

学业延迟完成与学业成果较差有关。因此，超龄就学本身是有研究意义的，指标4.1.5（年龄至少超过所在年级理论年龄2岁的儿童的百分比）反映了超龄就学的情况。这个指标忽略了一年的差异，因为即使是名义年龄相同的孩子，实际年龄也可能相差近一整年。此外，如果入学资格、学年开始和数据收集的参考日期不完全一致，那么属于同一法定入学群体的儿童即使都按时入学，也将会报告两个不同的年龄。

图 10.3:

按时完成学业的指标大大低估了最终完成学业的儿童人数，特别是在撒哈拉以南非洲

2000—2020年按区域分列的完成率和最终完成情况

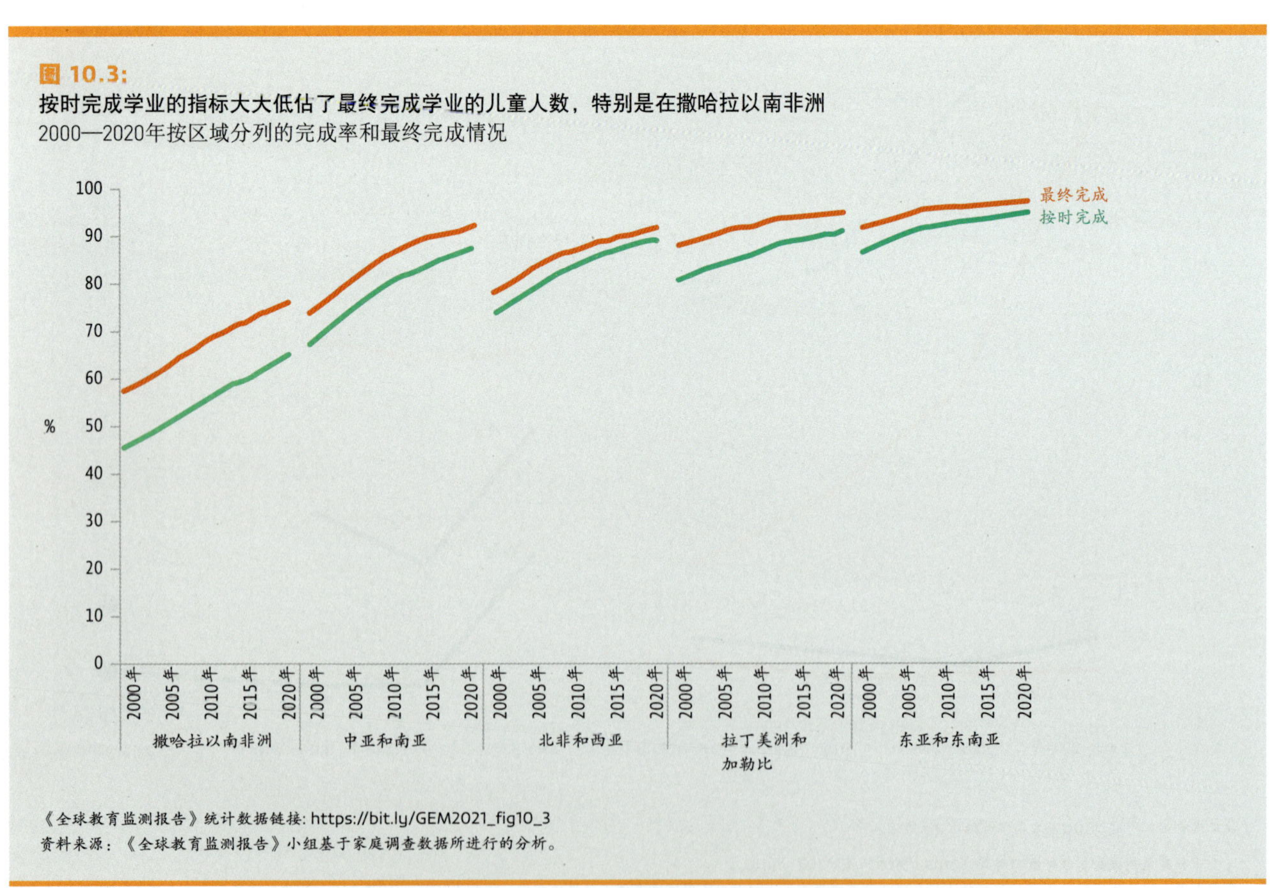

《全球教育监测报告》统计数据链接: https://bit.ly/GEM2021_fig10_3

资料来源：《全球教育监测报告》小组基于家庭调查数据所进行的分析。

专栏10.1:

一个可供了解完成率估计值的新资源

2015年，联合国呼吁进行一场数据革命，鼓励使用多种数据来源，并纳入以前在全球监测中被忽视的方面，如公平性。近年来，《全球教育监测报告》关注的重点是如何更有效地利用来自多个调查来源的信息，支持可持续发展目标4的监测。

2020年，可持续发展指标机构间专家组批准了联合国教科文组织统计研究所的一项提案，将小学、初中和高中完成率作为具体目标4.1的第二项全球指标。该提案预计可能需要用一个统计模型来解决与使用家庭调查数据有关的挑战，如时间滞后及不同来源之间估计值的不一致；但这也是机遇，如建立连贯的长期时间序列和按人口群体分列的数据。《全球教育监测报告》小组开发了一个模型（Dharamshi et al., 2021），该模型调整了以前用于估计儿童和孕产妇死亡率等的健康指标，解决多种来源的问题，并将其用在了教育领域（Alkema et al., 2016; You et al., 2015）。这些估计值被用来支持联合国教科文组织统计研究所报告区域和全球总体数据。

一个新网站（www.education-estimates.org）介绍了该模型及其结果，以使该方法更易于被各国使用。该网站用地图标出了各国之间的差异，而图表则突出显示了计算国家估计值的来源。一个类似的资源将展示《全球教育监测报告》和联合国教科文组织统计研究所正在进行的工作，以根据行政数据和调查数据来综合估算失学率。

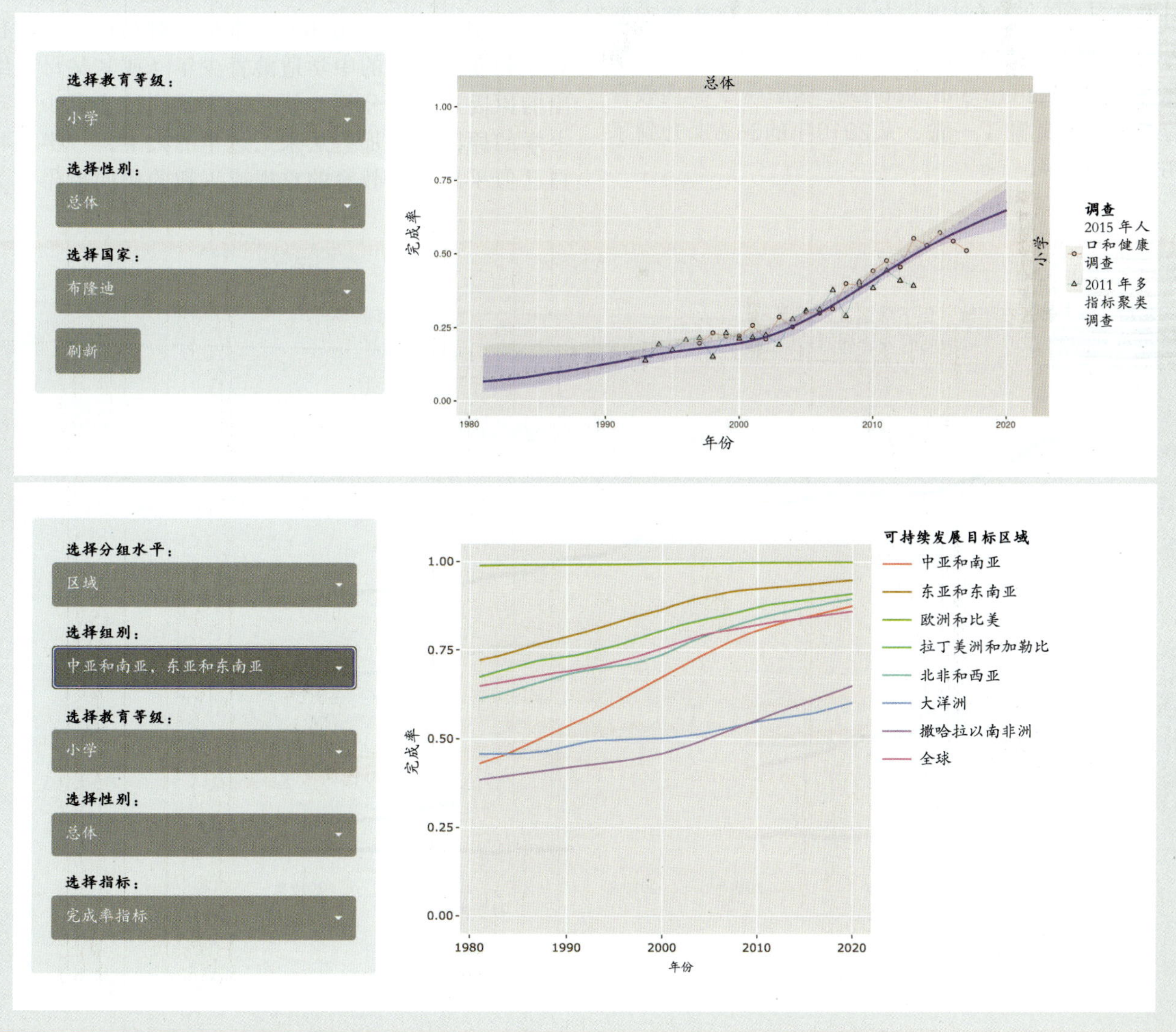

“

在全球范围内，10%的儿童和青少年在小学和初中阶段都至少超龄两年。

”

在全球范围内，10%的儿童和青少年在小学和初中阶段都至少超龄两年。所有区域的超龄入学人数一直在缓慢下降，但在撒哈拉以南非洲仍然很高，那里23%的小学儿童和31%的初中普通教育青少年都严重超龄（**图10.4**）。这就是该地区的按时完成率和最终完成率之间差距最大的原因。

在老挝人民民主共和国，2010—2020年，超龄小学生的比例从35%降至7%。该国将超龄入学视为一项重大挑战，因此在《教育部门发展框架》中引入了“6岁就读一年级”政策，并在《2011年教育部门发展计划》中对此进行了详细说明。该政策强调为5岁儿童提供学前教育，以确保他们做好小学入学准备（Somsanith and Noonan，2020）。学前教育的参与率因此翻了一番，从2010年的36%上升到了2020年的71%。

焦点10.1：需求因素如何阻碍普及教育？

2020年，2.6亿名儿童、青少年和青年失学。对阻碍他们接受教育的原因和障碍进行研究，可以帮助政府制定更好的政策来解决这个问题。那些基于“建好学校，学生就会来上学”这一想法的侧重于教育供给的政策，如果不能满足社区对学校教育的需求，那么它们就只能取得有限的成功。社区往往已经将教育放在优先地位，即使在紧急情况下也是如此。但是低质量的学校和不适当的课程可能会导致孩子们失去希望并不愿上学。

上学的障碍可以分为3种：情境障碍（生活环境）、倾向障碍（个人态度）和制度障碍（结构条件）（UNESCO，2020）。本报告对马拉维、尼日利亚和塞拉利昂的中学适龄青少年（或其父母）给出的原因进行了分析，使我们了解到这些青少年不上学的原因。在那些从未上过学的人中，一半人将自己似乎缺乏对教育的重视或兴趣的倾向障碍作为

图 10.4:

超龄入学人数正在下降，但下降速度很缓慢

2000—2019年按教育等级和区域分列的超龄学生比例

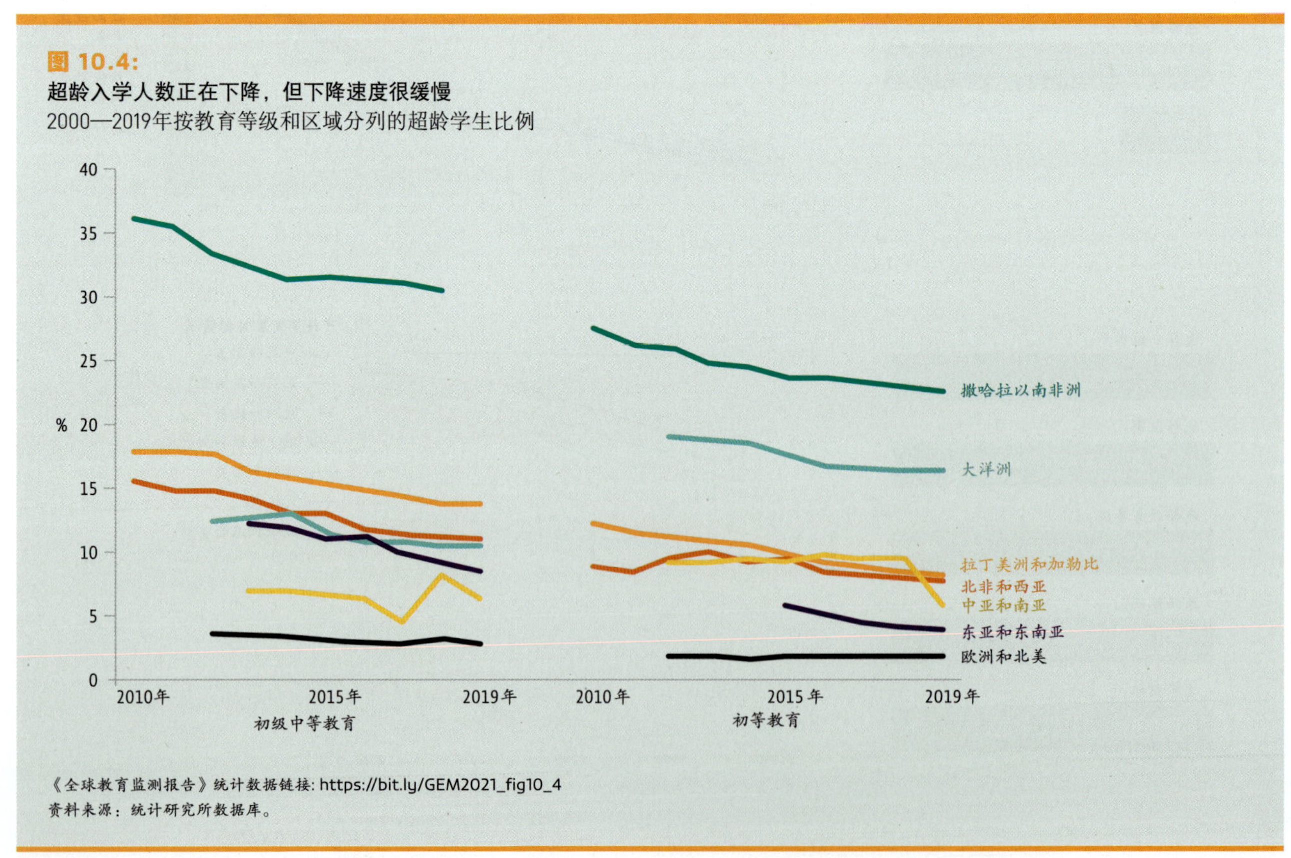

《全球教育监测报告》统计数据链接：https://bit.ly/GEM2021_fig10_4

资料来源：统计研究所数据库。

他们不上学的主要原因。只有在尼日利亚，制度障碍（例如附近缺乏学校）是阻碍年轻人上学的原因。在马拉维，那些曾经上过学但最终辍学的人当中，倾向障碍仍然是重要原因，但在塞拉利昂和尼日利亚，其重要性分别下降了一半和三分之二。在尼日利亚和塞拉利昂，情境障碍，特别是缺乏资源，使得至少40%的青少年无法重返校园。婚姻和怀孕使大约10%的青少年（主要是女孩）无法接受教育（**图10.5**）。

障碍类型不同，应对政策也不同。随着各国逐步实行义务教育，至少在159个国家是这样的（UNESCO，2019），学校的数量得以增加。2013年马拉维实行义务教育后，政府推出了学校建设项目，以增加学校供给（Malawi Government，2013）。此外，各国还引入了自动升级制度，从而消除了导致留级和最终辍学的另一个制度障碍。在塞拉利昂，5%的辍学者是因为考试不及格而辍学，2%因为被开除而辍学。

> “许多国家试图通过降低学费来解决最大的情境障碍，但只有46个国家能保证12年免费教育。”

许多国家试图通过降低学费来解决最大的情境障碍，但只有46个国家能保证12年免费教育（UNESCO，2019），与学费不相关的家庭支出仍然是一个主要负担（**第4章**）。自2019年以来，至少有5个撒哈拉以南非洲国家（莫桑比克、圣多美和普林西比、塞拉利昂、乌干达、津巴布韦）要么取消了限制怀孕女孩上学的政策，要么实施了允许她们继续上学的政策。除了确保所有学校优先招收妊娠后的年轻母亲或女孩外，乌干达2020年修订的关于少女怀孕的政策还包括指导学校如何打击对怀孕学生或年轻父母造成影响的歧视和污名（Human Rights Watch，2021）。

图 10.5:

在那些从未上过学的人中，缺乏对教育的兴趣、动力或重视是其不上学的常见原因

2016—2019年按不上学的主要原因分列的受访者（12—17岁失学青少年或其父母）比例

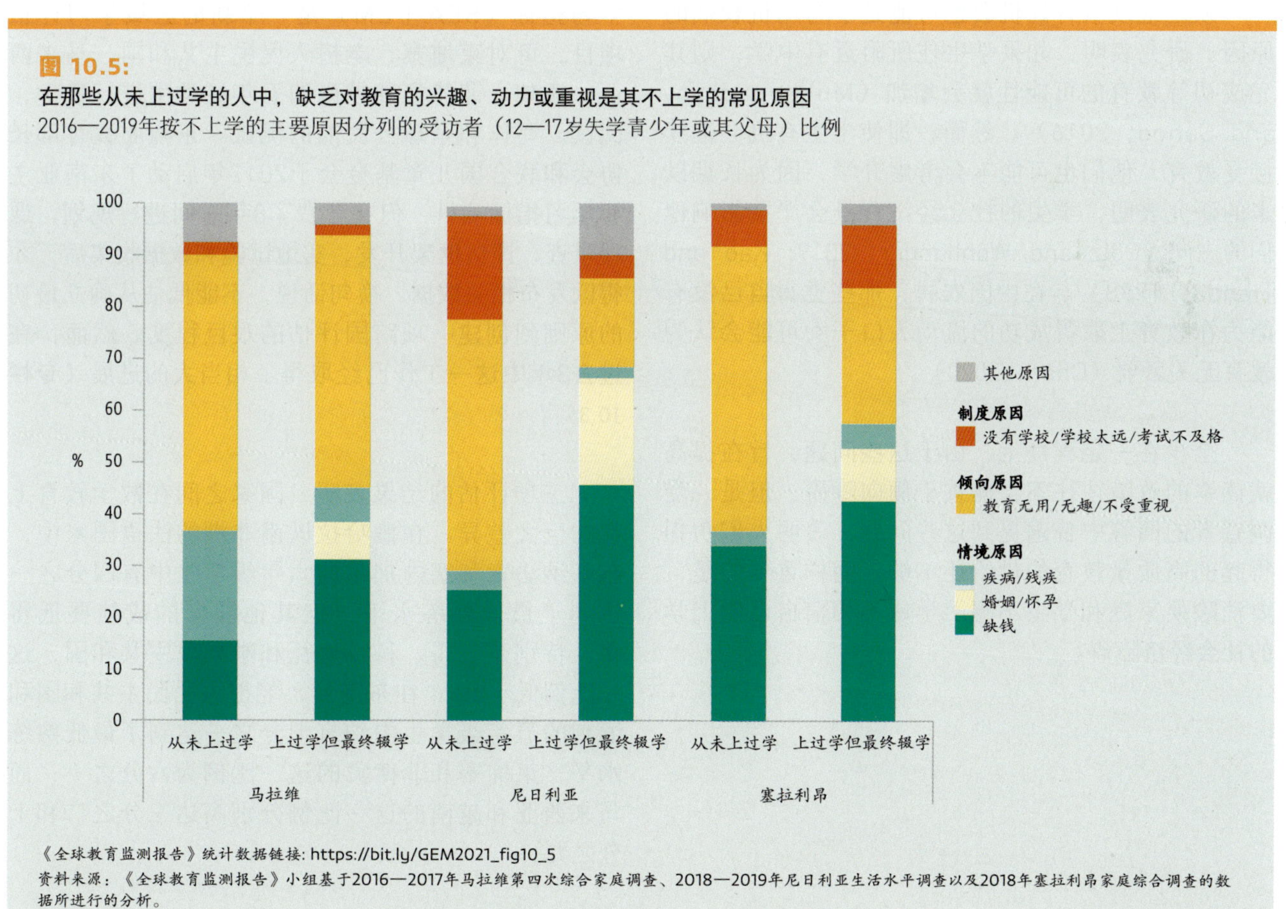

《全球教育监测报告》统计数据链接：https://bit.ly/GEM2021_fig10_5

资料来源：《全球教育监测报告》小组基于2016—2017年马拉维第四次综合家庭调查、2018—2019年尼日利亚生活水平调查以及2018年塞拉利昂家庭综合调查的数据所进行的分析。

克服倾向障碍可能更难。在某些情况下，人们甚至可能都没有意识到需要解决这些问题。对教育“缺乏兴趣”可以作为借口，从而将教育成就低下的责任从政策制定者转嫁给个人，特别是那些被诬蔑为懒惰的边缘化群体中的人。倾向障碍可能反映出的并不是需求不足，而是隐性成本高或所提供的教育质量较差。在乌干达国家专家小组的调查中，“教育无用”这个回答选项可能是对一般教育的批评，也可能是对当地提供的特定教育的批评，或两者兼而有之（Uganda Bureau of Statistics，2019）。

缺乏兴趣也可能反映了消极的学习经历。在南非，23%的在18岁前辍学的学生认为学习成绩差是辍学的主要原因（Statistics South Africa，2018）。在尼日利亚，据报道，7%的辍学儿童因为“学不会”而辍学（Nigeria National Bureau of Statistics，2019）。

缺乏继续教育的机会也可能是学习动机较低的原因。研究表明，如果学生住所附近有中学，则其完成初等教育的可能性就会增加（Mukhopadhyay and Sahoo，2016）。然而，即使学生有机会继续接受教育，他们也可能不会考虑升学，因为长期以来的研究表明，学生的社会经济背景会严重影响他们的志向（Gölz and Wohlkinger，2019；Kao and Tienda，1998）。在中国农村，那些觉得自己没有能力在教育上取得成功的流动人口子女可能会认为教育无关紧要（Chen，2020）。

至少在一定程度上，由于这些问题，旨在提高就读率的政策往往不会侧重于倾向障碍。但是，受调查者的回答中普遍提到这些问题，表明人们负担得起的高质量教育的供给还不够。同样重要的是，要消除使家庭和学生不想上学或不相信自己能上学的社会经济障碍。

学习

可持续发展目标全球指标4.1.1是指在初等教育和初级中等教育结束时阅读和数学方面达到二年级或三年级最低熟练水平的学生百分比。2019年开展了三次大型跨国学习评估，就在学校因新型冠状病毒肺炎疫情关闭，大多数孩子转而在家学习，父母进而在孩子的学习中发挥更大作用之前。然而，即使在学校关闭之前，父母对孩子学习的投入也一直很大（**专栏10.2**）。

第二轮非洲国家教育部长会议系统分析项目（PASEC）评估了撒哈拉以南非洲15个法语国家二年级和六年级学生的阅读和数学技能。第七轮国际数学与科学趋势研究评估了64个中等收入国家和高收入国家四年级和八年级学生的技能。东南亚主要学习指标（SEA-PLM）是一个新的区域学习评估项目，可对柬埔寨、老挝人民民主共和国、马来西亚、缅甸、菲律宾和越南的五年级学生进行数学、阅读、写作和全球公民能的测试。东南亚教育部长协会和联合国儿童基金会于2012年启动了东南亚主要学习指标项目，但在花费了8年时间进行规划、课程审查、评估框架开发、实地试验和数据收集后，才得以发布相关数据。换句话说，不能低估从确立最初的原则到创建一项跨国评估的艰巨程度。然而，在过去3年中这一工作已经取得了相当大的进展（**专栏10.3**）。

三项评估的结果表明，国家之间在数学教育上存在巨大差异。在撒哈拉以南非洲的法语国家中，布基纳法索和塞内加尔的六年级学生中有四分之一达到了最低熟练水平，但其他国家的成绩要低得多，特别是乍得、科特迪瓦和刚果民主共和国，这一比例低于5%。在东南亚，老挝人民民主共和国和缅甸的五年级学生中约有十分之一达到了最低熟练水平，柬埔寨和菲律宾的这一比例为六分之一，而马来西亚和越南的这一比例分别高达三分之二和十分之九。

专栏10.2:

在新型冠状病毒肺炎疫情之前，学生在家里得到了多少功课方面的帮助？

近几十年来，在许多国家，父母陪伴孩子的时间一直在增加，至少部分原因是人们越来越认识到父母对孩子的陪伴会对孩子的发展产生积极影响（Dotti Sani and Treas，2016；Ortiz-Ospina et al.，2020）。新型冠状病毒肺炎疫情开始时，帮助孩子学习这一互动形式变得尤为重要。

有些研究发现，父母参与孩子的教育通常会带来积极的成果，例如家庭作业完成率更高、学习成绩更好等（Patall et al.，2008）。然而，情况并非总是如此。学习效果取决于多种因素，如孩子的年龄和能力、课程内容、家庭作业的类型、父母的参与情况，以及父母对材料的理解等（Gonida and Cortina，2014；Robinson and Harris，2014）。

并非每个人都会花同样的时间来帮助孩子学习。首先，在国家层面有很大的差异，这可能反映了各国的文化和经济背景。在印度，95%的父母至少花一些时间帮助孩子学习，平均每周12小时。在日本，只有55%的父母花时间帮助孩子学习，且每周少于3小时（**图10.6**）。从各国来看，帮助孩子学习的父母比例与其投入时间的强度之间为正相关。

在国家内部，不同社会经济背景的家庭也存在显著差异。受教育程度较高的富裕父母更有可能帮助孩子学习（Varkey Foundation，2018）。即使父母在外工作的时间更长、机会成本更高，这种关系也往往保持不变，这表明，至少部分差距可能归因于这一群体在养育价值观上的差异（Bonke and Esping-Andersen，2011；Brown，2006；Buchanan et al.，2018；Cha and Song，2017；Guryan et al.，2008）。对这种差距的另一种解释是，受教育程度较低的父母可能觉得没有准备好或没有能力帮助他们的孩子。缺乏学科知识可能是他们在学业上帮助孩子的主要障碍（Varkey Foundation，2018）。

图 10.6:

帮助孩子学习的父母比例越高，他们就越有可能在这方面花更多的时间

2017—2018年部分国家帮助孩子学习的父母比例及其每周帮助孩子学习的平均小时数

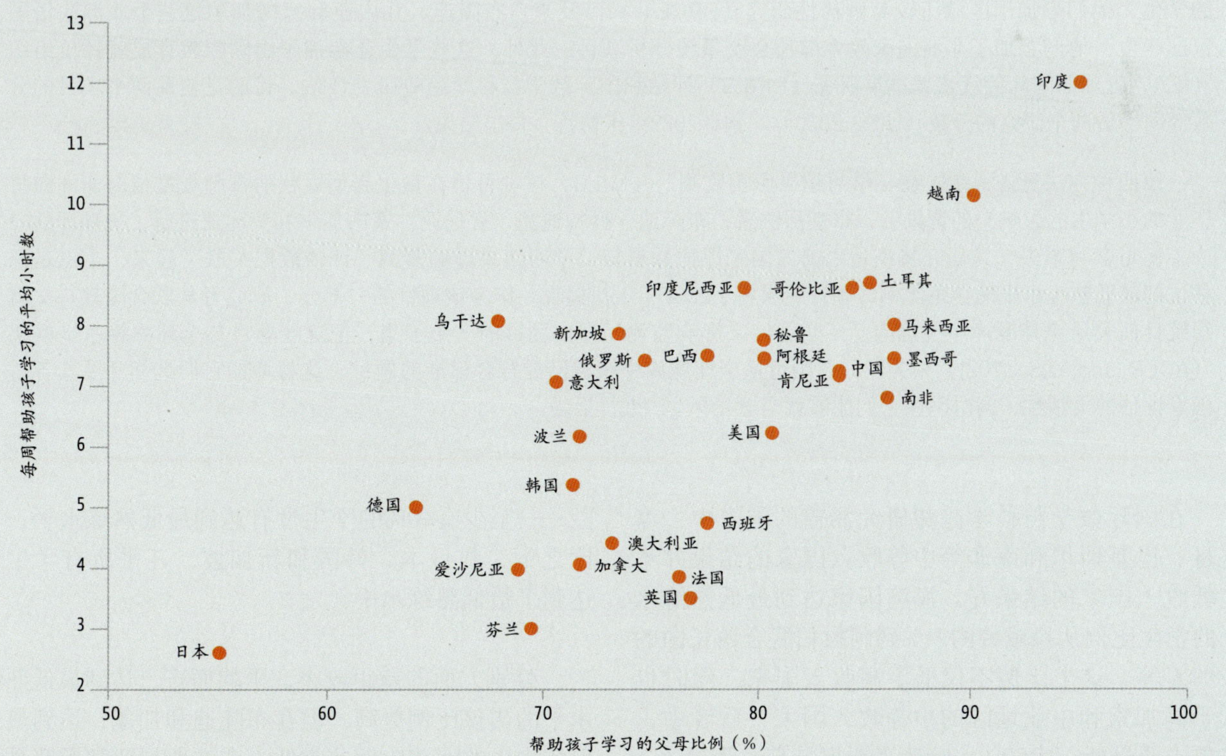

注：这些数据来自一项在线调查，因此可能仅代表印度、印度尼西亚、肯尼亚、秘鲁和乌干达等互联网普及率较低国家的城市网民。

《全球教育监测报告》统计数据链接：https://bit.ly/GEM2021_fig10_6

专栏10.3:

联合国教科文组织统计研究所在统一各种学习评估结果方面取得了进展

在过去几年中，联合国教科文组织统计研究所通过全球监测学习联盟（可持续发展目标4指标技术合作组织下设的一个工作组），试图系统性地解决各国在报告全球指标4.1.1方面面临的问题。其工作基于全球熟练水平框架的建立，该框架包含一个核心概念，定义了最高至九年级的学生在阅读和数学方面应达到的最低熟练水平。这些熟练水平以联合国教科文组织国际教育局制定的全球阅读和数学内容参考框架以及国家和跨国内容与评估框架为基础（UIS and USAID，2020a，2020b）。

由于对世界上所有学习者进行同一项测试既不可行也不可取，因此联合国教科文组织统计研究所一直在采用多种方法，根据各国所采用的评估方法应能够符合质量标准的原则，来统一不同评估方法得出的结果。这些方法的复杂性和稳健性依次递增。

第一种方法，也是最简单的方法，是所有主要的跨国评估项目就各自的熟练水平如何与全球最低熟练水平保持一致达成共识。其共识基于对每种熟练水平叙述性描述的比较，是目前上报的全球指标4.1.1中大多数数据的基础（UIS，2018）。

这种共识未考虑国家层面的评估，这是因为各国评估在课程覆盖面以及评估框架和题项设置方面均有所不同，所以无法直接比较。因此，第二种方法是引入一种手段，使各国将其评估与全球熟练水平框架挂钩。这种方法被称为“政策挂钩”，包括组织研讨会，国家课程和评估专家以及教师（主要负责方）将在会上审查国家评估项目如何与全球熟练水平保持一致。每名参与者都将主观地评估学生正确回答每道题所需的知识和技能水平。然后，各参与者将对达到最低熟练水平的学生是否能够正确回答每道经过统整的题目对其进行评级（UIS and USAID，2020c；USAID，2021）。这项标准设定工作可以估算出超过最低熟练水平的学生比例。包括孟加拉国、吉布提、印度、莱索托、尼泊尔和卢旺达在内的10多个国家已经在初等和初级中等教育中试行了这一方法。

更复杂的统计方法试图将所有评估联系起来。第三种方法涉及来自哥伦比亚和危地马拉这两个拉丁美洲国家的学生，他们参加了区域比较与解释性研究（ERCE）；以及来自布隆迪、几内亚和塞内加尔这三个非洲法语国家的学生，他们参加了非洲国家教育部长会议系统分析项目。此外，这些学生还参加了由国际教育成就评价组织（IEA）管理的国际阅读素养进展研究（PIRLS）评估和国际数学与科学趋势研究评估。目的是使前两个项目的分数等同于后两个研究的分数（UIS，2020）。预计2022年年初将会得出结果。

第四种方法更进一步。在“学习结果影响监测”（MILO，该项目旨在量化新型冠状病毒肺炎疫情对非洲即将毕业的小学生的影响）的背景下，布基那法索、布隆迪、科特迪瓦、肯尼亚、塞内加尔和赞比亚进行了一项评估。为了衡量学习损失，该研究将疫情之前的国家评估数据与“学习结果影响监测”评估数据关联了起来，重点是评估达到最低熟练水平的学生比例。预计结果将于2022年年初揭晓。作为该项目的一部分，研究者从联合国教科文组织统计研究所全球题库中挑选出了“学习结果影响监测”评估题目的一个子集，把这些题目与全球熟练水平框架（ACER and UIS，2021）相关联。各国可从全球题库中获得已经符合标准的题目，这将增加它们继续开展其各自国家评估的灵活性，同时确保它们能够就全球指标4.1.1进行报告。

在国际数学与科学趋势研究涵盖的国家中，摩洛哥、巴基斯坦和南非等中等收入国家的结果并不比低收入国家的结果好。海湾国家达到最低熟练水平的学生比例从科威特的21%到阿拉伯联合酋长国的53%不等。这个比例不仅低于高收入国家，同时也低于高加索和中亚地区的中等收入国家，后者中，格鲁吉亚最低，为53%，哈萨克斯坦最高，为71%。在高收入国家中，相对落后的国家包括法国和新西兰——至少有40%的学生没有达到最低熟练水平。相比之下，在日本、韩国和新加坡，几乎所有学生都达到了最低熟练水平。

性别方面的差距较小，平均而言，达到最低熟练水平的男孩比例更高。但在布隆迪和加蓬，达到最低熟练水平的女孩比例非常低。在波斯尼亚和黑塞哥维那、加拿大和智利也发现了明显的性别差距。但在东

> 塞内加尔和喀麦隆小学高年级学生达到最低阅读水平的比例分别为41%和30%，但计入辍学率后，这两个国家的该比例约为24%。

南亚国家，尤其是柬埔寨和马来西亚，以及阿曼、沙特阿拉伯和南非，男孩的表现更差（图10.7）。

阅读方面的平均成绩与数学相似，但性别差距不大。在参加了非洲国家教育部长会议系统分析项目和东南亚主要学习指标的撒哈拉以南非洲和东南亚国家中，只有在布隆迪、乍得和刚果民主共和国，女生成绩低于男生成绩。在贝宁、喀麦隆和塞内加尔，尤其在柬埔寨和马来西亚，男生的成绩要比女生低得多（图10.8a）。在马达加斯加、尼日尔和菲律宾等其他国家，性别差距相对较大，但这些国家的总体学习水平较低。

这些结果适用于小学高年级的孩子。具体目标4.1侧重于“取得有意义和有效的学习成果”的情况，从而将这两种结果联系了起来。假设尚未读完小学的儿童没有达到最低学业熟练水平，那么结合关于完成率和学习的信息，就可以更真实地反映所

图 10.7:

所有学生在数学方面都达到最低熟练水平的目标还远远未能实现

2019年按性别分列的小学生即将毕业时在数学方面达到或超过最低熟练水平的百分比

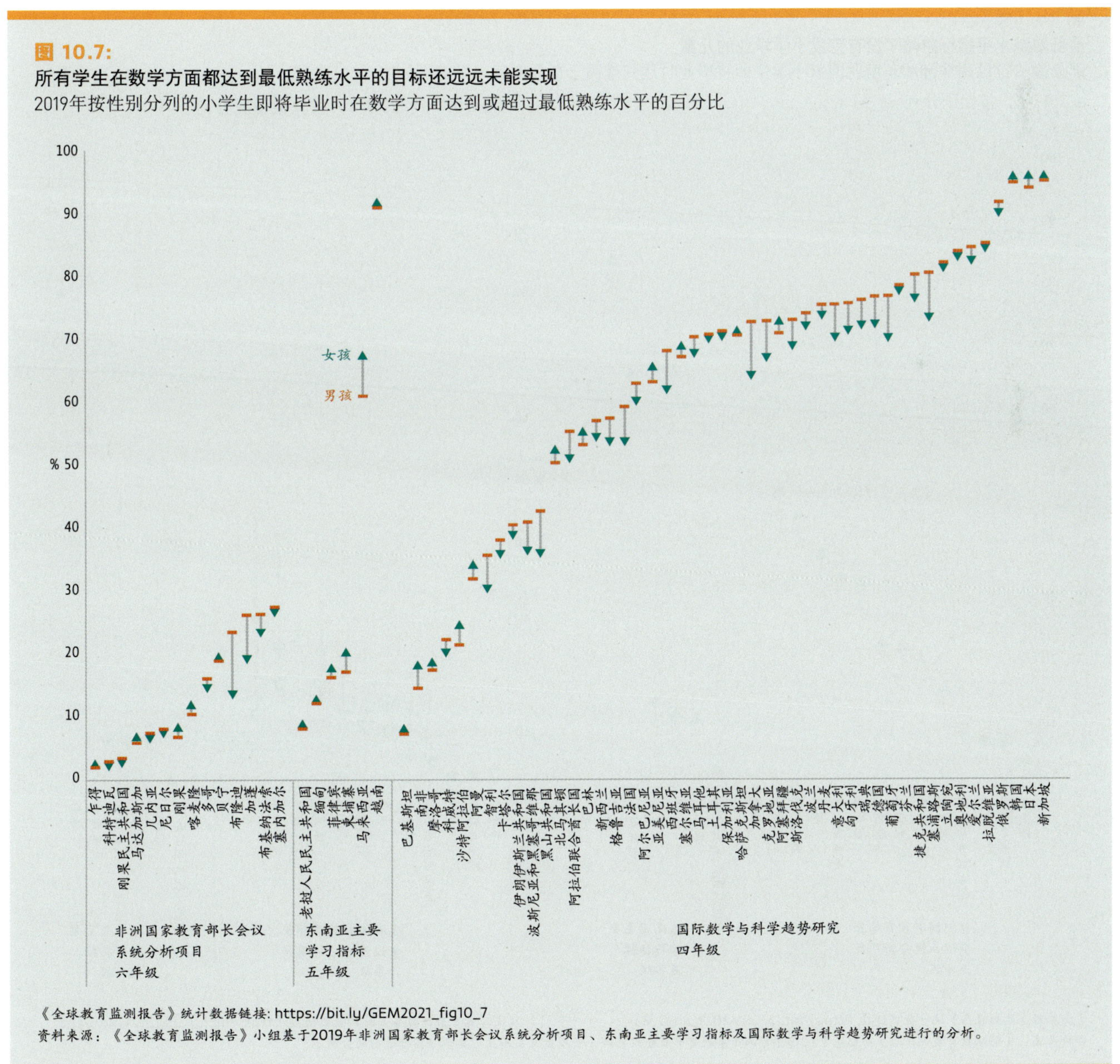

《全球教育监测报告》统计数据链接: https://bit.ly/GEM2021_fig10_7

资料来源：《全球教育监测报告》小组基于2019年非洲国家教育部长会议系统分析项目、东南亚主要学习指标及国际数学与科学趋势研究进行的分析。

有小学适龄儿童的学习成绩。例如，塞内加尔和喀麦隆的学生达到最低阅读水平的比例分别为41%和30%，但由于这两个国家的辍学率都很高（塞内加尔更高），因此计入辍学率后，这两个国家的该比例约为24%。在科特迪瓦和几内亚，所有学生中达到最低学业熟练水平的比例为22%，但在所有儿童中，该比例仅为13%（**图10.8b**）。

2021年，可持续发展指标跨机构专家组一致认为，全球指标4.1.1可以按完成情况分类，以引起对所有儿童学习成果的关注，而不仅仅是那些能够通过教育系统取得进步的幸运儿童。这种分类方法体现了可持续发展目标之具体目标4.1的精神，即希望所有儿童都能完成各级教育并取得有意义的成果。联合国儿童基金会多指标聚类调查提供的证据也支持辍学儿童没有达到最低学业熟练水平的假设。其关于基础学习技能的模块可评估7—14岁的儿童是否掌握了基础技能，无论他们是否在校。在大多数低收入国家和中低收入国家，所有失学儿童均未能掌握这些技能。即使在莱索托和津巴布韦等国家，貌似有一定数量的少部分失学儿童掌握这种技能，但这种情况实则也被高估了。多指标聚类调查定义的基本技能远低于指标4.1.1的最低熟练水平。此外，样本中的许多儿童在完成初等教育后就离开了学校，当时他们应该已经掌握了基本技能（**图10.9**）。

图 10.8:

最低熟练水平指标忽略了没有完成小学学业的儿童

部分撒哈拉以南非洲和东南亚国家小学生即将毕业时达到或高于最低阅读水平的百分比

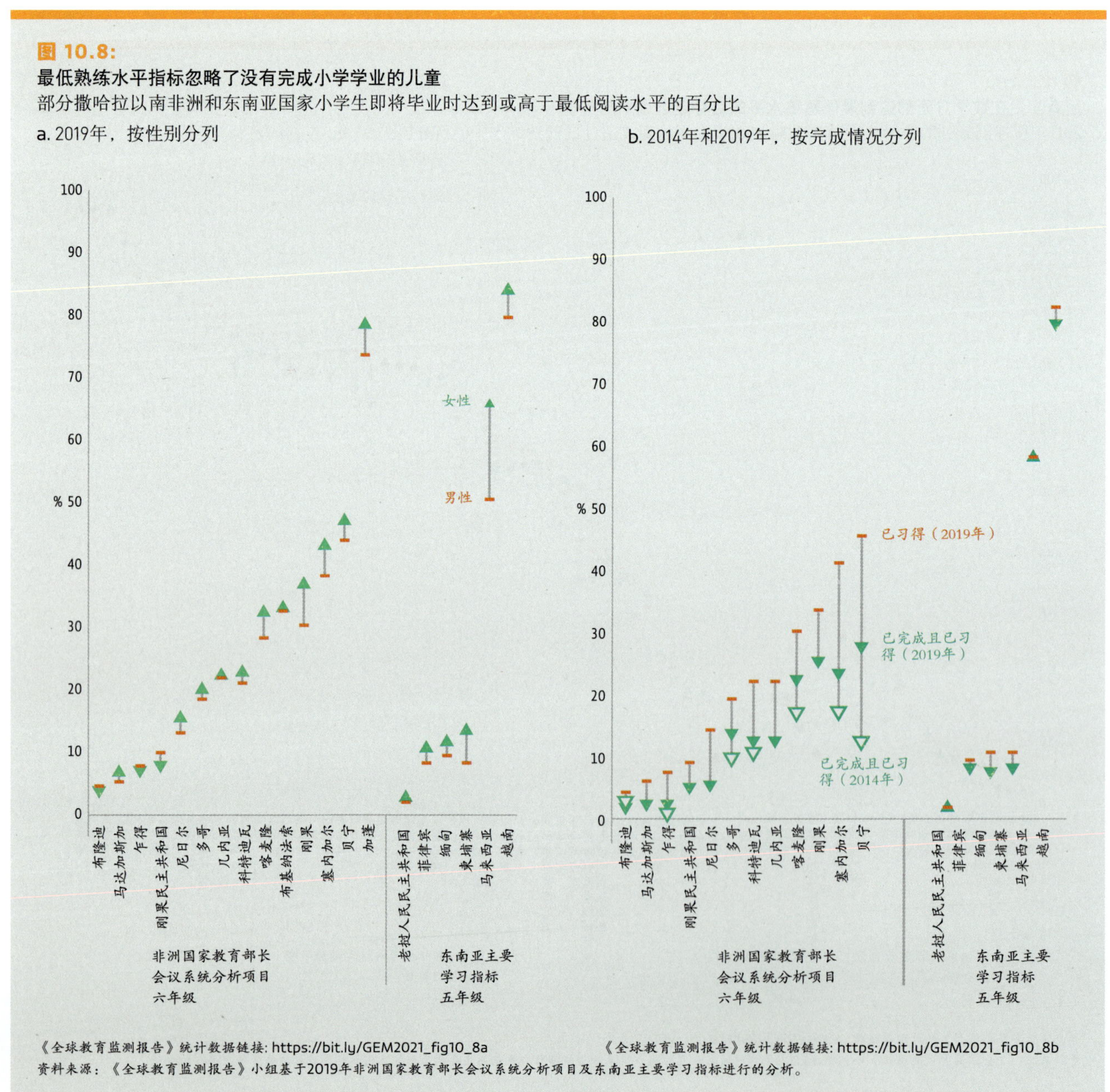

《全球教育监测报告》统计数据链接：https://bit.ly/GEM2021_fig10_8a

《全球教育监测报告》统计数据链接：https://bit.ly/GEM2021_fig10_8b

资料来源：《全球教育监测报告》小组基于2019年非洲国家教育部长会议系统分析项目及东南亚主要学习指标进行的分析。

虽然第一轮东南亚主要学习指标项目只提供了一个断面的评估结果，但非洲国家教育部长会议系统分析项目已经实施了2轮，国际数学与科学趋势研究也已实施了7轮，因此能够分析确保所有学生到2030年都能达到最低熟练水平的趋势和各国潜力。

在非洲国家教育部长会议系统分析项目中，几乎所有参与国家的二年级学生在两个科目中的成绩均有所提高，尤其是在数学方面（**图10.10**）。在刚果、科特迪瓦、尼日尔和塞内加尔，2014—2019年的平均进步速度非常快，如果持续下去，到2030年就可以实现目标；贝宁紧随其后。但是，所有国家的六年级学生都有些脱节。现有的方法不支持将各年级之间的结果联系起来，即使在同一调查项目中也是如此，因此在解读这些结果时需要慎重一些。此外，关于个人学习随年级递增会如何进步的证据并不完整（**焦点10.2**）。

所报告的所有儿童的进步情况（**图10.8b**）提出了这样一个问题：进步是因为更多儿童完成了初等教育，还是因为在校儿童学到了更多知识？本报告的分析表明，在所分析的10个国家中，有7个国家在学业完成情况方面的进步更大。只有贝宁、刚果和尼日尔在学习成果方面的进步更大。但是，周期相对较短、变化幅度较小以及估计不精确，限制了这种分析的准确性。

图 10.9:

从未上过学或过早辍学的儿童甚至没有掌握基本的阅读和数学技能

2017—2019年部分低收入国家（地区）和中低收入国家（地区）按教育状况分列的7—14岁儿童掌握基本阅读和数学技能的百分比

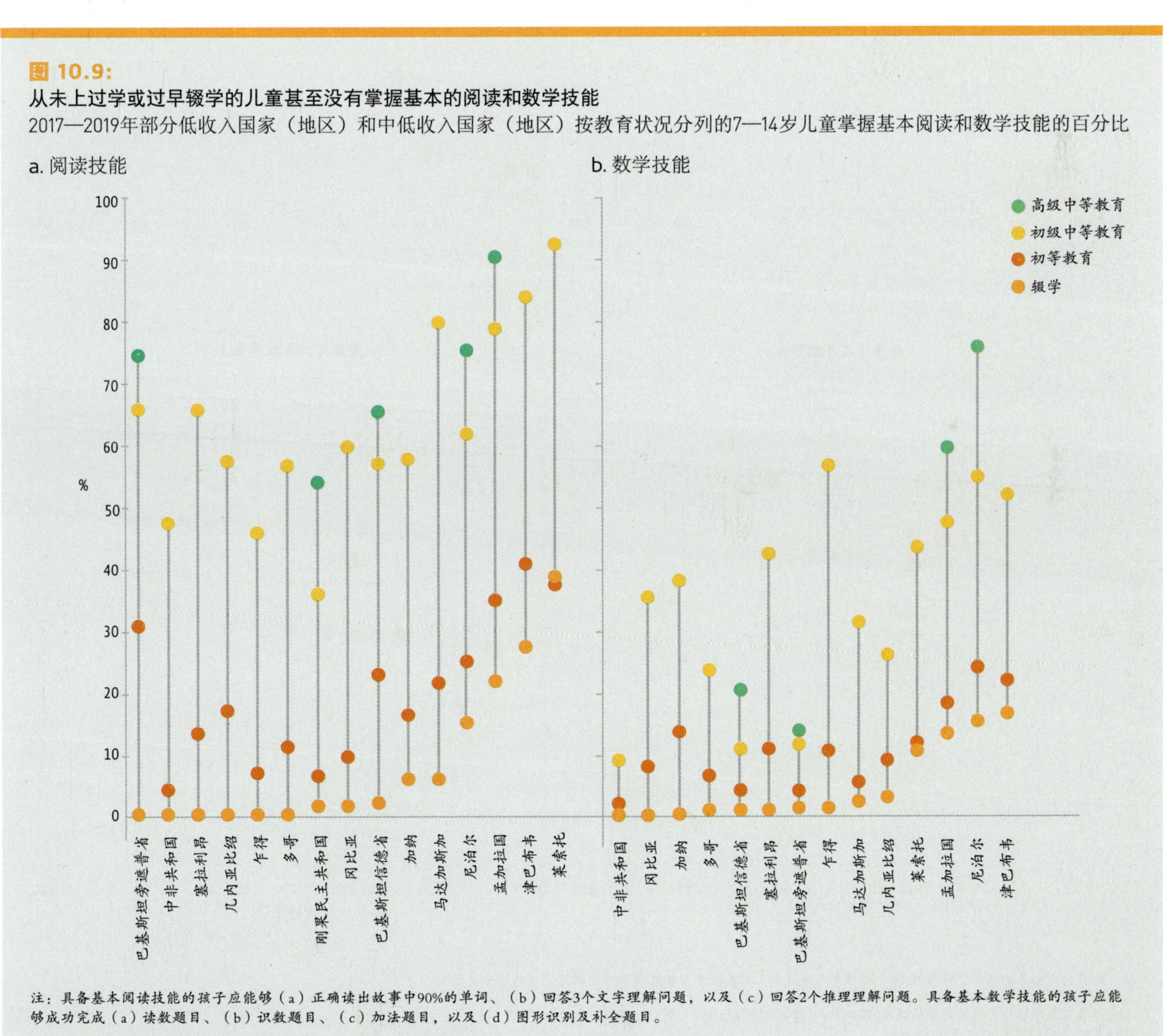

注：具备基本阅读技能的孩子应能够（a）正确读出故事中90%的单词、（b）回答3个文字理解问题，以及（c）回答2个推理理解问题。具备基本数学技能的孩子应能够成功完成（a）读数题目、（b）识数题目、（c）加法题目，以及（d）图形识别及补全题目。

《全球教育监测报告》统计数据链接：https://bit.ly/GEM2021_fig10_9

资料来源：多指标聚类调查结果报告。

图 10.10:

在撒哈拉以南非洲的法语国家中，据报道，二年级和六年级学生的学习成果进步趋势有所不同

2014年和2019年按年级和学科分列的至少达到最低熟练水平的学生百分比

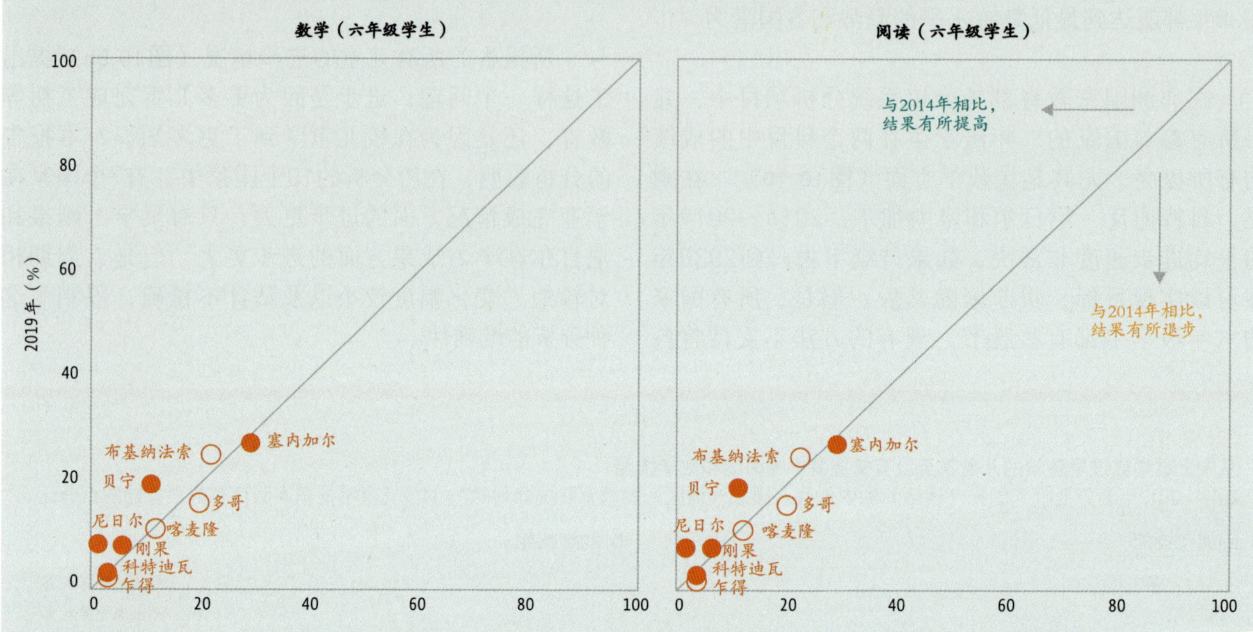

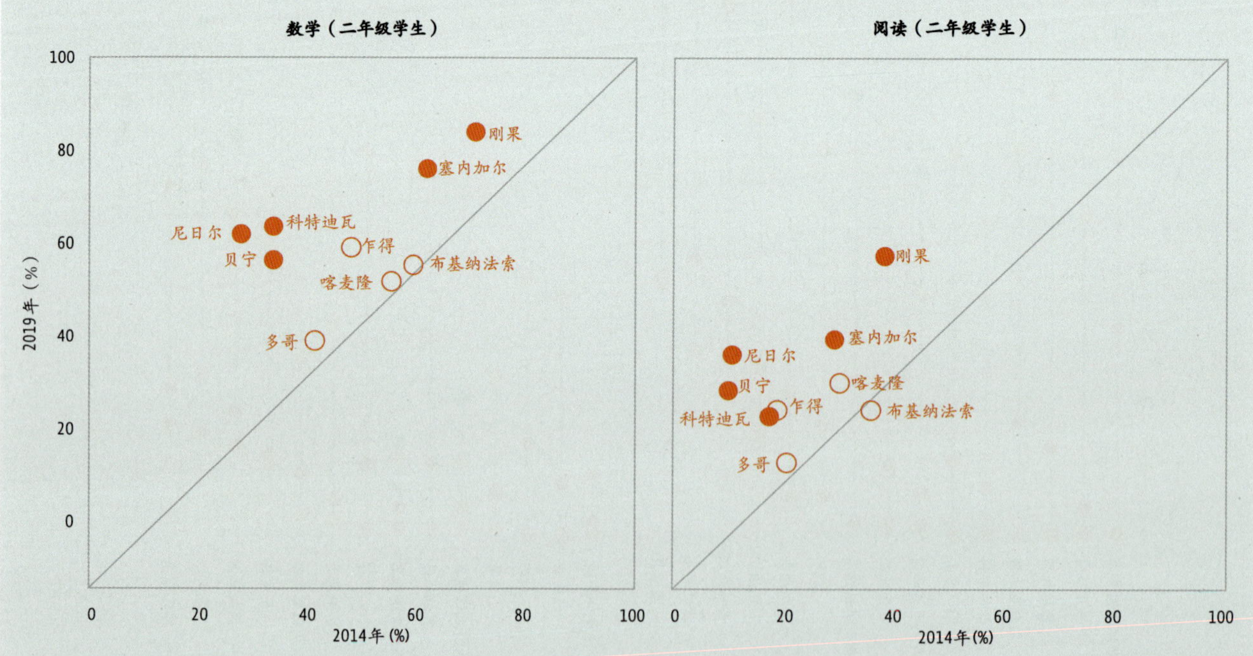

注：标有彩色圆点的国家是那些2014—2019年二年级学生在最低学业熟练水平方面取得了快速进步的国家。

《全球教育监测报告》统计数据链接：https://bit.ly/GEM2021_fig10_10

资料来源：PASEC（2015，2020）。

国际数学与科学趋势研究评估在数学方面的国际基准较低，低于具体目标4.1.1中的最低熟练水平。2015—2019年，达到国际数学与科学趋势研究低基准的学生比例的平均年增长在四年级为0.3个百分点，在八年级为0.5个百分点。超过这些平均值的国家包括智利，其相应比例从2003年的41%增长到2011年的57%，再到2019年的70%，即其增长率至少比平均值快3倍。在其他国家，例如约旦和罗马尼亚，该比例几乎没有增长。即使在资源充足的国家，要使最后10%的学生达到最低基准也具有挑战性。在美国，1995年86%的学生达到了国际数学与科学趋势研究国际低基准，2019年该比例为87%；在新西兰，这一比例从1995年的89%稳步下降到了2019年的82%（**图10.11**）。

为了提高用于监测指标4.1.1的学习成果数据的国家覆盖面，联合国教科文组织、世界银行和联合国儿童基金会商定在2021年中期订立一个学习数据契约。该举措旨在精简财政和支持能力发展，努力使所有国家至少能够衡量两个年级学生至少两门学科的学习情况，且在五年内至少进行两轮评估（UIS et al.，2021）。2015—2019年，在46%的高收入国家、17%的中高收入国家、29%的中低收入国家和37%的低收入国家中，至少有两个年级的学生接受了至少两门学科的评估。低收入国家往往重视较低年级的评估（**图10.12**）。高收入国家则往往重视中等教育的评估，尽管有相当多的小学生仍未达到最低熟练水平。

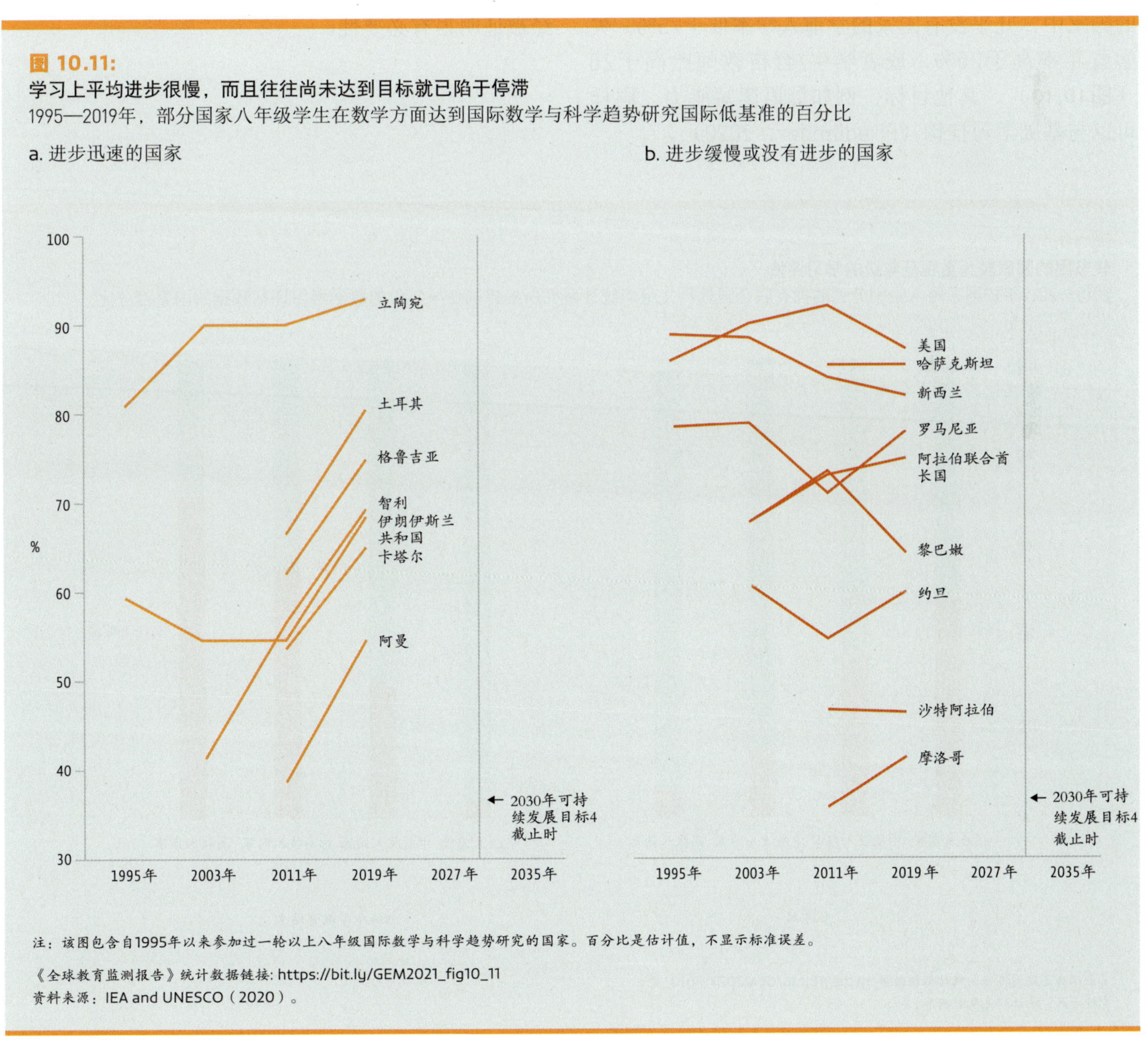

图 10.11:
学习上平均进步很慢，而且往往尚未达到目标就已陷于停滞
1995—2019年，部分国家八年级学生在数学方面达到国际数学与科学趋势研究国际低基准的百分比

注：该图包含自1995年以来参加过一轮以上八年级国际数学与科学趋势研究的国家。百分比是估计值，不显示标准误差。

《全球教育监测报告》统计数据链接：https://bit.ly/GEM2021_fig10_11
资料来源：IEA and UNESCO（2020）。

> 高收入国家往往重视中等教育的评估，尽管有相当多的小学生仍未达到最低熟练水平。

例如，根据2019年国际数学与科学趋势研究的数据，2019年欧洲国家四年级学生在数学方面低于这一水平的比例从拉脱维亚的15%、荷兰的16%到西班牙的35%和法国的43%不等（Mullis et al.，2020）。

小学阶段的基础学习成果被视为实现可持续发展目标4的关键，但这在多大程度上能够证明只注重这些技能具有合理性？人们对这个问题的争论非常激烈（CGD，2021）。实际上，在至少三分之二的学生能够在即将小学毕业时达到最低阅读熟练水平的国家中，几乎没有国家的学前入学率低于75%，失学青年率高于25%，或者学生/合格教师比高于25（**图10.13**）。其他目标，例如母语读写能力，同样可以与基础学习挂钩（Friedlander，2020）。

高质量的学前教育对教育成果有积极影响，但仅仅提高学前教育就读率可能还无法实现这一点。较高的高级中等教育参与率可能说明初等教育质量较高，但反之则不成立。提高教师配置率本身并不能改善学习。然而，这些关系表明，教育系统往往会作为相互关联的系统来运行。在没有相对强大的学前和中等教育或充足的教师供应的情况下，还没有取得良好基础学习成果的先例。这些及与可持续发展目标4其他具体目标相关的维度在理论上可能不是基础学习的必要条件，但到目前为止在实践中已经被证明很有必要性。

图 10.12:

较贫困的国家较为重视低年级的学习评估

2015—2019年按国家收入组别分列的拥有联合国教科文组织统计研究所报告的任一年份的数学学习评估数据的国家百分比

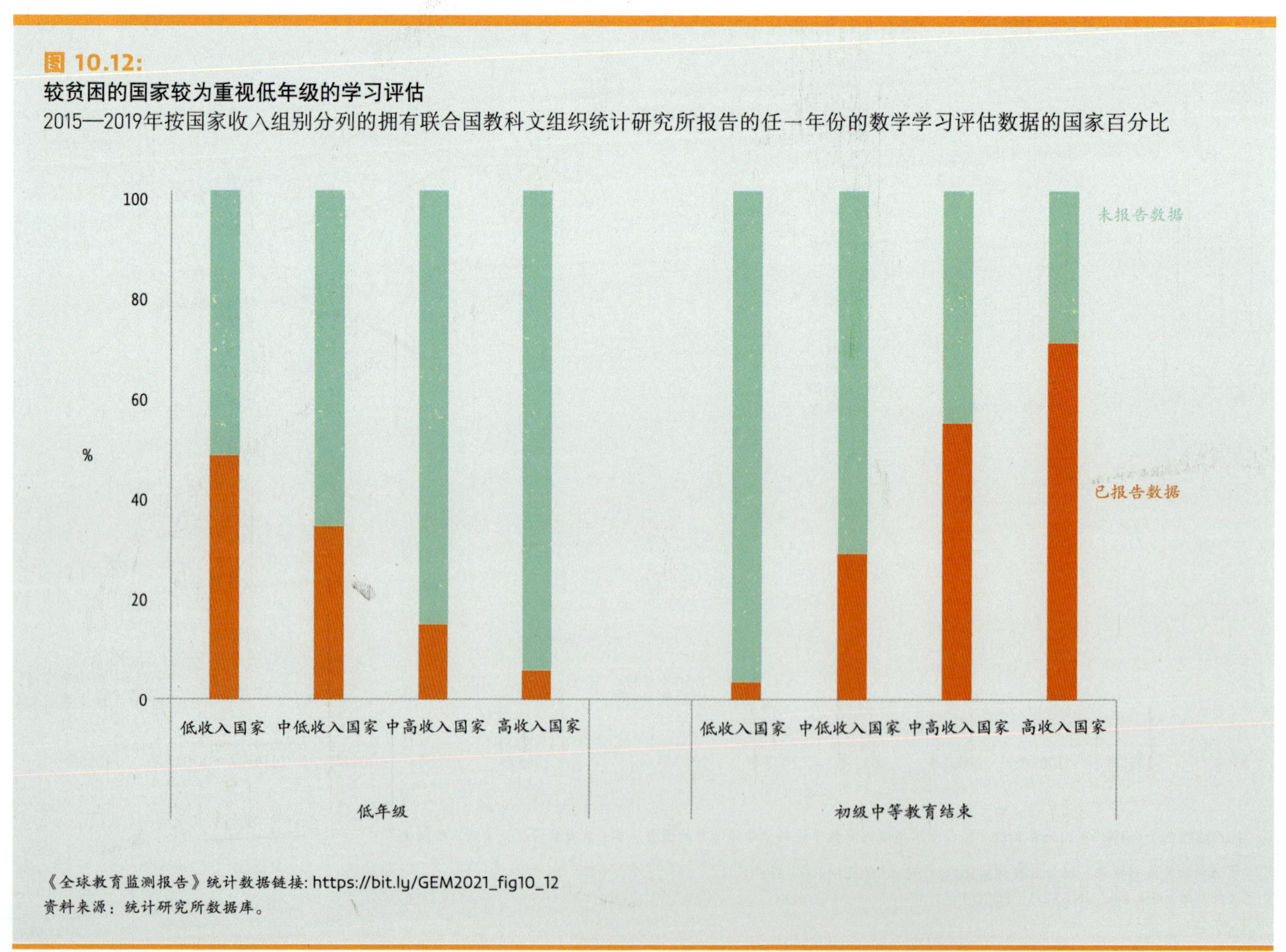

《全球教育监测报告》统计数据链接：https://bit.ly/GEM2021_fig10_12

资料来源：统计研究所数据库。

图 10.13:

如果没有教育系统其他方面指标的良好表现，则任何国家都无法确保能够使所有学生掌握基础学习技能

2015—2019年，相对于其他教育指标，小学生即将毕业时在阅读方面至少达到最低熟练水平的百分比

a. 高级中等教育适龄青年的失学率

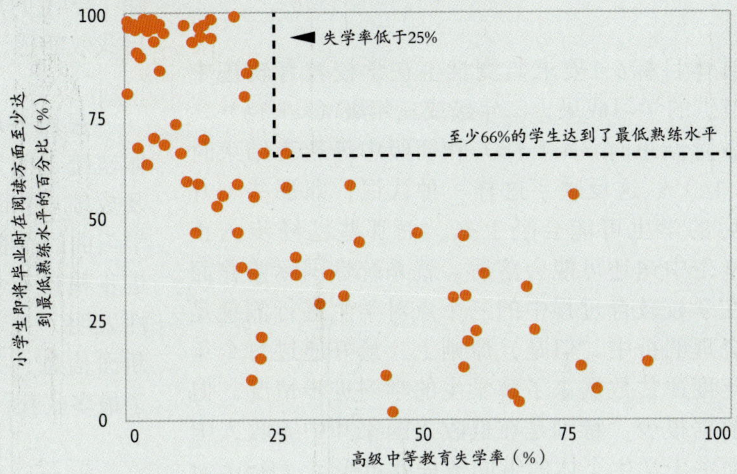

b. 儿童在法定初等教育入学年龄前一年参与有组织学习的比例

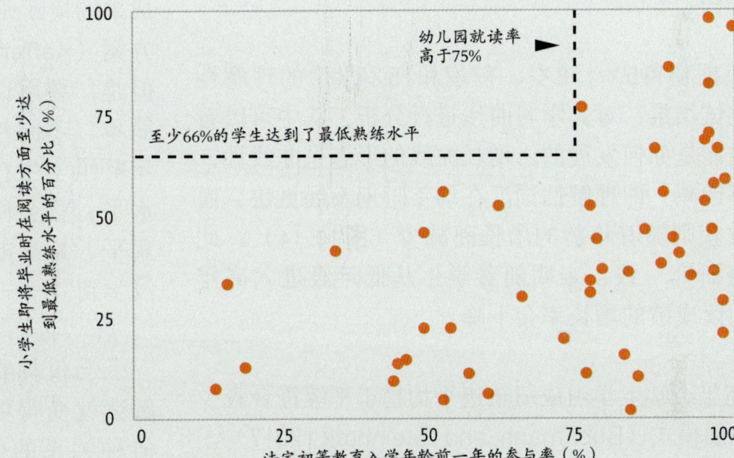

c. 初等教育中的学生/合格教师比

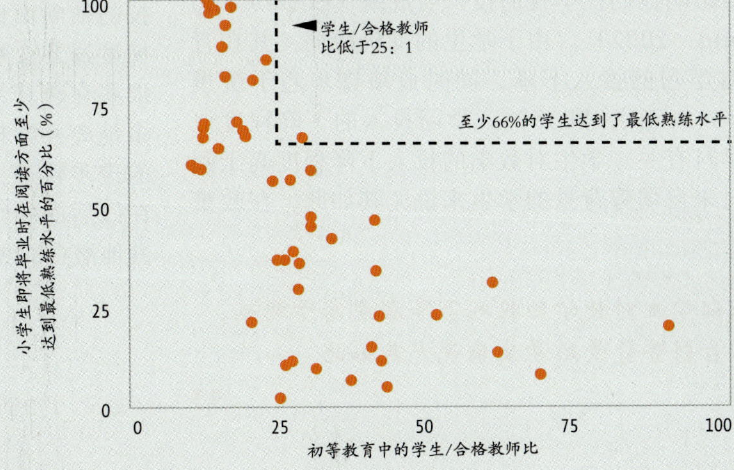

《全球教育监测报告》统计数据链接：https://bit.ly/GEM2021_fig10_13

资料来源：统计研究所数据库。

焦点10.2：学习并非以线性方式进步

具体目标4.1要求监测学生在学校教育轨迹中三个节点的学习成果：二年级或三年级（4.1.1a）、初等教育结束时（4.1.1b）和初级中等教育结束时（4.1.1c）。这反映了这样一种认识，即那些一开始落后的学生可能会赶上来，而那些已经步入正轨的学生中途还可能会落后。就系统性国际监测而言，在学校教育过程中的三个点对学生进行测量是一种合理的折中。但是，原则上，最好通过每个年级的年度评估数据来了解学生的学习进步情况。但这类数据很少，特别是在低收入国家和中等收入国家，而关于学生个体的纵向数据就更少了（Bau et al.，2021）。

根据秘鲁5岁、8岁、12岁和15岁学生的理解性词汇测试结果，对其学习曲线进行分析，从中可以看出其技能是如何发展的。增长曲线的形态呈非线性，变化率递减，即理解性词汇在幼年时期发展更快，而学习收获则随着年龄的增长而减少（**图10.14**）。此结果与研究一致，表明随着学生从低年级进入高年级，阅读成绩的增长率会下降。

高年级学生学习成绩轨迹平均趋于平缓符合青少年的发展模式（Buchmann and Steinhoff，2017）。理论模型和经验证据表明，学生在青春期的志向和动机会影响他们在学校的投入与成绩（Eccles and Wigfield，2002）。由于学生的动机减弱，其在青春期对学习的投入下降，同时成绩进步趋于缓慢（Akos et al.，2015）。学习投入的下降程度似乎与学科有关。学生对数学的投入下降程度高于阅读，对来自弱势背景的学生来说尤其如此。在政策方面，研究呼吁关注学生对特定学科的兴趣，以及教学实践、教师支持和父母支持对学生在校投入程度的影响（Lam et al.，2016）。同样，研究强调，除了学生的成绩外，还需要关注学生的信念，包括自我效能感、自我概念和动机。

> “青春期学生对数学的投入下降程度高于阅读，对来自弱势背景的学生来说尤其如此。”

虽然平均模式在某种程度上是可预测的，但个体轨迹之间差异很大。由于儿童在初始成绩水平以及成绩增长量和增长时段方面均存在差异，因此其学习曲线存在质的差异（Helbling et al.，2019）。进步快慢与学生初始成绩水平高低无关。这种异质性表明，关于某学生在某一点上具有较高成绩的横断面信息，并不一定意味着该学生到目前为止取得了最多收获，或者该学生最终将取得最高成绩。

尽管存在一定的局限性，但不同年龄段儿童学习成果的横断面数据为表征其学习曲线提供了一种替代方案（Kaffenberger，2019；Silverstein，2021）。但是，要解读不基于个体纵向观察的学习轨迹并不简单。不同年龄组学生的持续进步，即连续的不同年龄组学生在其教育过程中越来越早地达到相同的水平，将会使整体横断面学习曲线比个体轨迹更加扁平。扁平的学习曲线意味着学生在学校“什么都没学到”——得出这种结论时应该非常慎重。

当仅拥有那些仍在上学的学生的评估数据时，解读就变得更具挑战性。关于学习与辍学之间存在何种关系的假设引导着相关的结论。在许多情况下，成绩最差的学生更有可能辍学，因而在基于学校的横断面评估曲线中，学习随年级增加而提高的梯度通常会被高估，这似乎是可信的。此外，如果那些在教育系统的过渡环节（例如小学结束时）过多地离开学校的成绩较差学生会遵循“先慢后快”的进步轨迹，那么让他们继续留在学校将会使学生在以后的年级中平均学习成绩提高更快，此外还有其他潜在的积极结果。

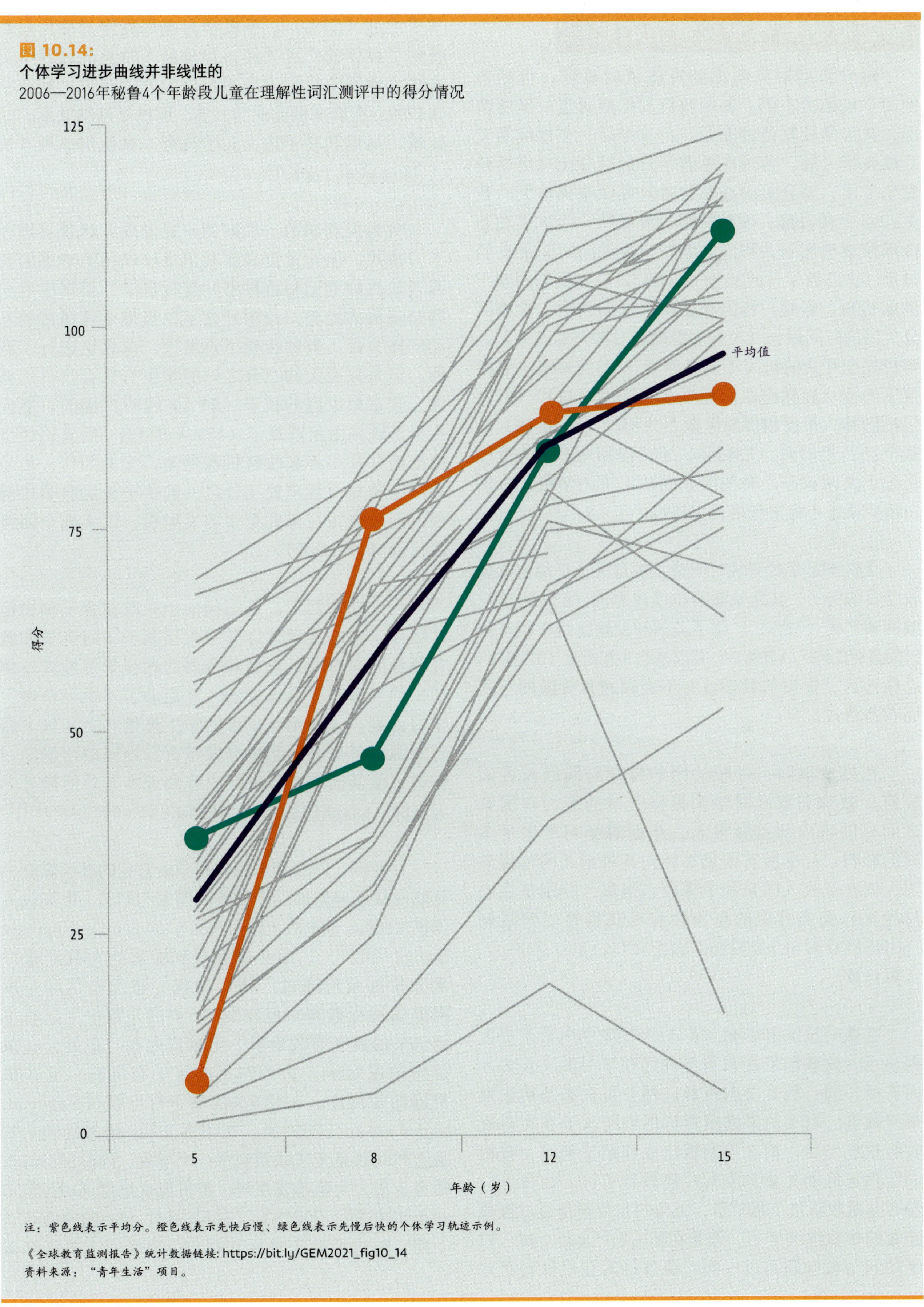

注：紫色线表示平均分。橙色线表示先快后慢、绿色线表示先慢后快的个体学习轨迹示例。

《全球教育监测报告》统计数据链接: https://bit.ly/GEM2021_fig10_14

资料来源："青年生活"项目。

新型冠状病毒肺炎疫情的影响

随着新型冠状病毒肺炎疫情的蔓延，世界各地的学校被迫关闭，各国政府匆忙应对这一紧急情况，并为学校复课做准备。一年半后，在连续暴发几波疫情之后，各国在总教学日的百分比（当学校完全关闭、部分关闭或开放时）方面差异较大。截至2021年10月底，孟加拉国、科威特、菲律宾和委内瑞拉玻利瓦尔共和国是学校全面关闭时间最长的国家（占总教学日的85%—93%）。较富裕的国家，例如智利、阿曼、韩国和美国，以及加纳，学校部分关闭的时间最长（至少占总教学日的75%以上）。学校完全开放的时间不到总教学日5%的国家主要在拉丁美洲（包括巴西、厄瓜多尔和巴拿马），但也包括巴林、印度和伊朗伊斯兰共和国（**图10.15**）。截至2021年11月，伯利兹、牙买加和乌干达的学校仍处于关闭状态。有些国家则从未关闭学校，包括白俄罗斯、布隆迪和塔吉克斯坦。

大洋洲是学校开放时间最长的地区，平均占常规教学日的85%，其次是撒哈拉以南非洲（57%）以及欧洲和北美（53%）。拉丁美洲和加勒比是学校开放时间最短的地区（25%）；其次是北非和西亚（31%）。总体而言，损失的教学日并不会因教育等级的不同而有差别。

在疫情期间，学校关闭的持续时间以及各国政府、教师和家庭对学生提供支持的能力在国家之间和国家内部差异很大，从而对学习产生了不同的影响。几乎所有国家都转向某种形式的远程学习，但在低收入国家和中等收入国家，特别是在农村地区，此类方案的可用性和可获得性受到限制（UNESCO et al.，2021b；UNESCO et al.，2021c）（**第14章**）。

在撒哈拉以南非洲，来自6个国家的电话调查数据显示，这些国家在采用各种远程学习解决方案方面有所不同。教育类电视和广播节目在布基纳法索最受欢迎，40%的家庭报告称他们的孩子在收看或收听这些节目。而在埃塞俄比亚和尼日利亚，有相同比例家庭的儿童只收听广播教育节目。在马里，没有儿童收听过广播节目，35%的儿童则是通过教师布置的作业继续学习。但是在所有6个国家，孩子们平均只与教师联系过一次。课外补习在尼日利亚尤其受欢迎（39%）。手机学习应用程序的使用虽然受到了媒体的广泛关注，却是最不常见的远程学习方法，使用手机学习应用程序的儿童在尼日利亚不到17%，在埃塞俄比亚为12%，而在布基纳法索、马拉维、马里和乌干达，几乎没有儿童使用这种方法（Dang et al.，2021）。

对塞拉利昂的一项案例研究发现，尽管有远程学习模式，但儿童更喜欢利用学校提供的熟悉的资源（如教师笔记和教科书）进行自学。根据应对埃博拉疫情的经验，该国开设了以当地语言播放的互动广播节目。教师接受了再培训，课程也进行了调整。但是只有大约三分之一的学生有机会收听广播课，较富裕家庭的孩子（41%）收听广播的可能性几乎是较贫困家庭孩子（15%）的3倍，后者因经济拮据而往往买不起收音机和电池。无论如何，信号和网络覆盖面较窄使三分之一的孩子无法收听广播课。而政府正在采购更多的发射机，以实现全面覆盖（Sengeh，2021）。

在北非和西亚，各国倾向于采取混合干预措施以确保学习的连续性，其中包括基于不同背景和教育等级的面对面、混合和全面的远程学习模式。例如，约旦采用了混合方法，并启动了“学习桥梁”学习计划，为四至九年级的学生提供线上和线下教育资源，每周会向学生分发带有二维码的印刷学习材料，使其能够获取音频内容和课本之外的额外学习资源（UNESCO et al.，2021a）。

在亚洲，网络和电视课程是最常见的教学媒介。互联网接入率方面，中低收入国家为41%，中高收入国家为68%，而高收入国家为86%（Asian Development Bank，2021）。南亚国家受到的影响尤其严重。孟加拉国政府通过广播、电视、移动电话和互联网提供远程教育。但在5—15岁的儿童中，只有不到50%的孩子有收音机、电脑或电视。但是，在最富裕的家庭中，大约91%的孩子有电视；而在最贫困的家庭中，只有9%的孩子有电视（Rahman and Ahmed，2021）。在印度，75%的教师表示其最大的问题是无法联系到每一个学生，同时51%的教师表示最大问题是要在网上维持课堂纪律（UNESCO and UNICEF，2021b）。在尼泊尔，58%的家庭可以上网，但这取决于种姓和收入，而学习主要依靠课

图 10.15:

各区域的学校关闭持续时间差异很大

2020年3月至2021年10月，按学校关闭状态和区域分列的教学日分布情况

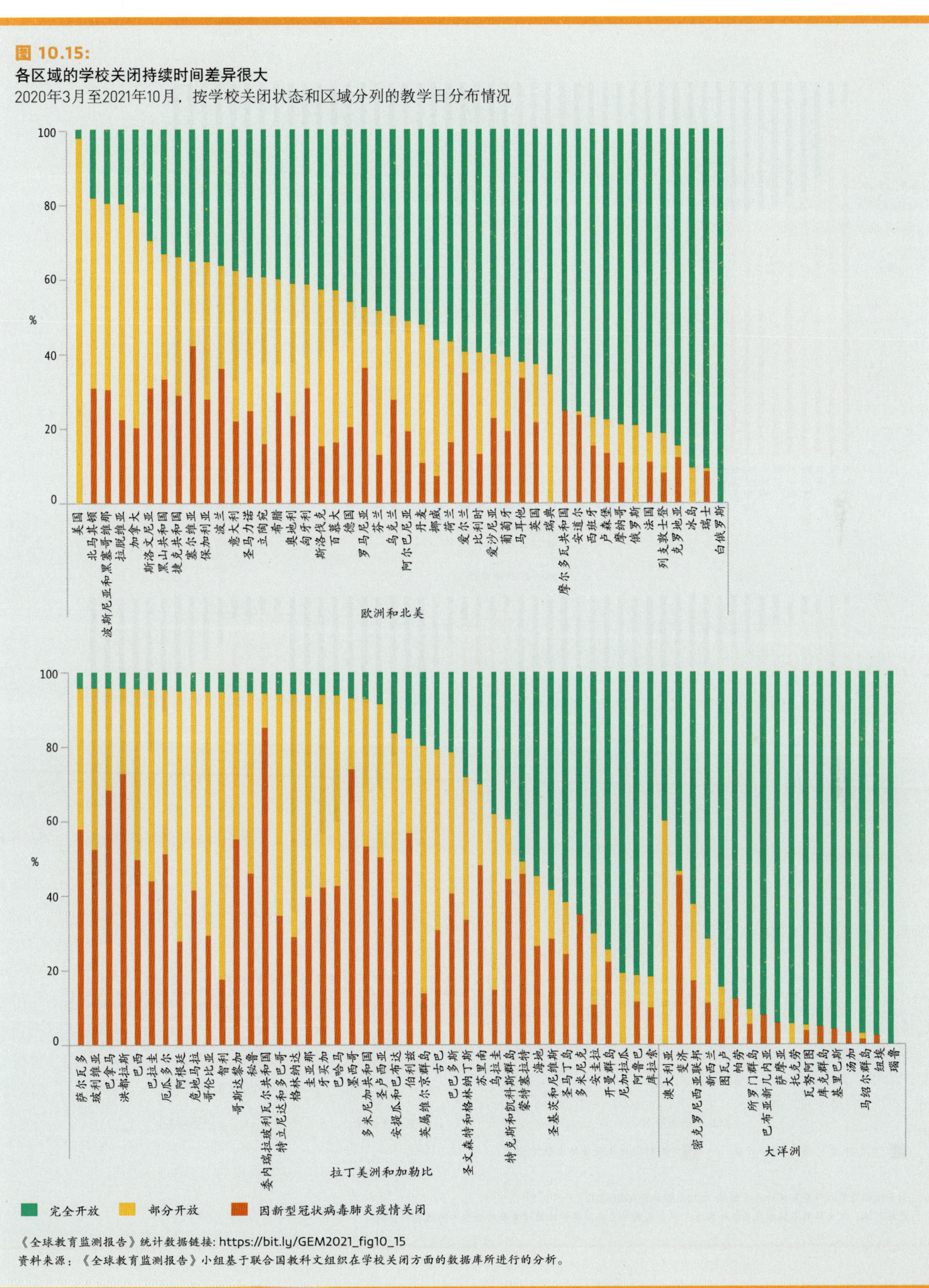

《全球教育监测报告》统计数据链接：https://bit.ly/GEM2021_fig10_15

资料来源：《全球教育监测报告》小组基于联合国教科文组织在学校关闭方面的数据库所进行的分析。

图 10.15续：

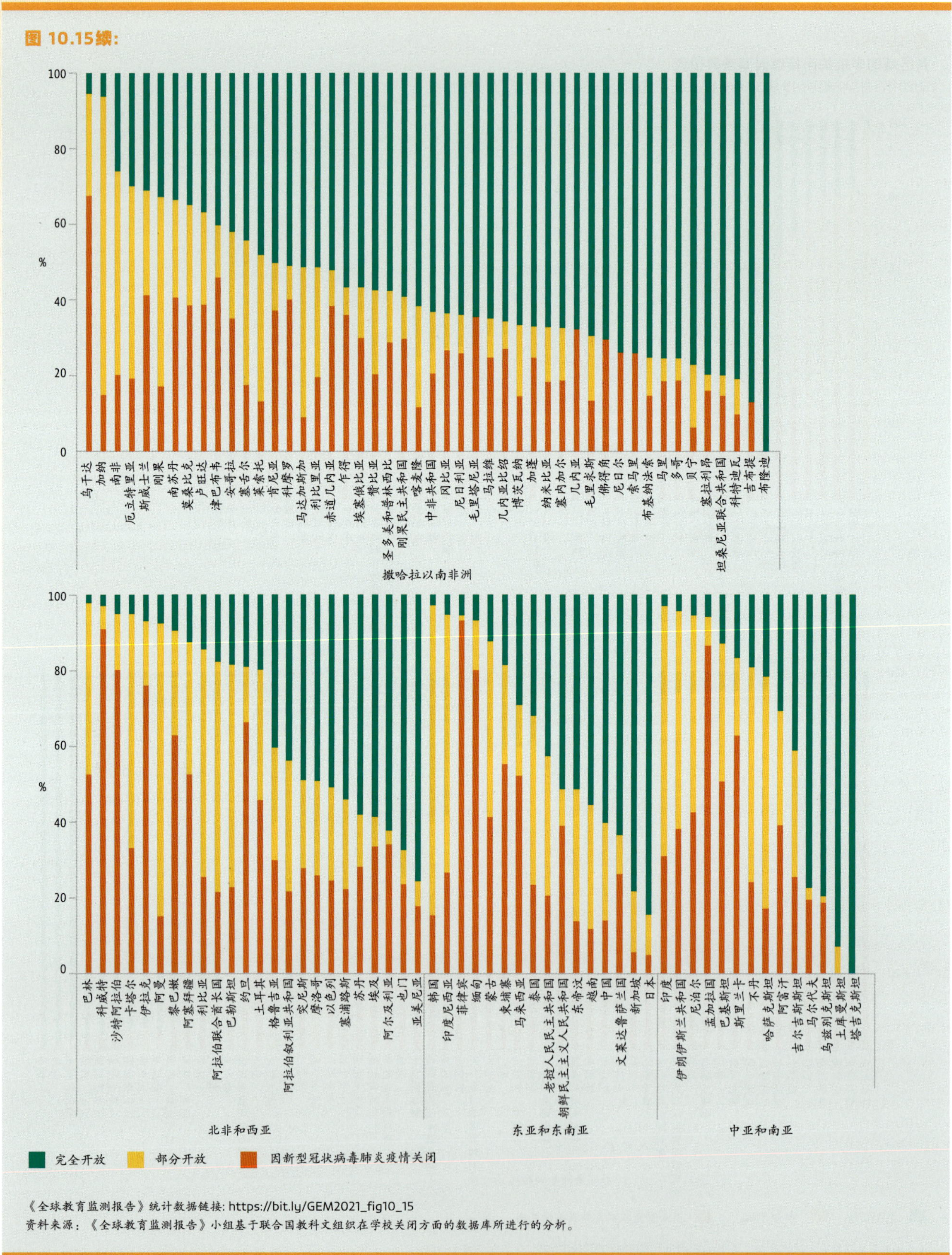

《全球教育监测报告》统计数据链接：https://bit.ly/GEM2021_fig10_15
资料来源：《全球教育监测报告》小组基于联合国教科文组织在学校关闭方面的数据库所进行的分析。

本（77%）（Radhakrishnan et al.，2021）。在巴基斯坦，60%的家庭有电视，但只有大约一半的学生收看过电视课程（Crawfurd et al.，2021）。

东亚和东南亚及太平洋地区在进行快速技术转型时遇到了新型冠状病毒肺炎疫情。在整个东亚和太平洋地区，估计有8000万名儿童无法通过任何远程学习方式获得教育。在老挝人民民主共和国，能够通过家用设备接入互联网的家庭比例从2017年的不到2%增加到了2020年的43%。但是，由于只有49%的农村家庭拥有电视，因此学习受到严重干扰（UNESCO and UNICEF，2021d）。“在家学习”计划是印度尼西亚的国家对策核心。考虑到即使在面对面教学期间，学生水平也低于标准，因此人们担心课程没有得到充分调整，从而导致该国在2020年8月发布了一项侧重于基础技能的应急课程（UNESCO and UNICEF，2021c）。

在中国，2020年1月至6月，互联网用户数量增加了8600万人。四家国有移动运营商增设了基站，以改善网络信号覆盖范围及扩大带宽，并为贫困家庭或偏远地区的儿童提供了优惠或免费上网套餐。一项名为“停课不停学”的国家计划，根据互联网的接入情况，为学生提供了一系列工具。国家中小学网络云平台和国家中小学网络云课堂提供了一至十二年级的电子教科书和教师开发的资源。一项公私合作机制免费提供了95家公司的产品和服务。中国同时对课程进行了调整，平衡了远程学习的时间、结构和内容。中国教育电视台第四频道每天播出14个小时的节目，覆盖了农村地区近3亿人口。在对这一巨大努力的评估中，确定了几个潜在的改进领域，包括更好地整合网络和电视模式，加强资源库的管理，同时将当地需求、教师能力和学生学习水平纳入考虑。评估发现，如果有一份推荐清单，并配有操作手册及培训，那么多样化的平台将能更好地发挥其作用（UNESCO and UNICEF，2021a）。

在拉丁美洲，学校关闭的持续时间最长，各国根据信息和通信技术资源的可用性设计了一系列远程学习策略。然而，据报道，最贫困和最富裕的家庭在互联网接入（45%对98%）和计算机拥有率（29%对94%）方面存在巨大差距。智利、哥伦比亚和乌拉圭选择了网络学习解决方案，而通网率较低的国家则提供电视和广播课程（IADB，2020；British Council，2021）。

由于学校长期关闭，学生的学习受到威胁

新型冠状病毒肺炎疫情使各国付出了巨大代价，社会和家庭遭受的生命损失和经济困难得到了广泛关注。然而，学校关闭对年轻人学习的潜在影响可能是这场疫情代价最高昂的长期后果之一，可能会跨越几代人。许多国家正在为学习水平的大幅下降做准备，因为远程学习模式只是一种弥补课堂教学时间损失的不完美替代品，而且根本上并不总是可用、可获得及可负担的。

关于学校关闭在多大程度上阻碍了实现可持续发展目标4的努力的证据，最初依赖于三组研究。第一组研究从停学环境（如暑假的影响、自然灾害造成的学校关闭以及更普遍的学生旷课）的相关研究中得出了结论。第二组研究通过假设疫情期间学生学习的情景和远程方案的有效性，模拟了学校关闭的后果。第三组研究基于教师、家庭和学生的调查反馈，了解了他们对学校关闭所产生影响的看法。

模拟推演指出了潜在的重大学习损失。一项基于埃塞俄比亚、肯尼亚、利比里亚、乌干达和坦桑尼亚联合共和国的低年级学生阅读评估数据的研究表明，从长期来看，学校关闭一整年所造成的学习损失可产生三年的累积影响（Angrist et al.，2021）。另一项利用国际学生评估项目发展数据所进行的模拟显示，学校关闭三个月可能会导致一年的学习损失（Kaffenberger，2021）。根据国际阅读素养进展研

究数据所做的一组模拟分析预测，南非的学习损失比实际上学天数的损失多出至少25%（Gustafsson and Nuga，2020）。对亚洲和太平洋地区进行的模拟分析预测了学习损失，太平洋地区（大部分学校保持开放）的学习损失最少，占调整后学年的8%，而南亚（学校关闭时间最长）的损失最多，这一比例为55%（Asian Development Bank, 2021）。

随着新型冠状病毒肺炎疫情后数据逐渐公布，一些对学校关闭前后观察到的学生表现的实际变化所进行的评估也陆续出现。但是这些研究之间没有直接可比性。研究设计和背景的变化限制了可以探究的内容。有些研究侧重于学生返校后体现的短期影响，另一些研究则考察了学生在复课后体现的长期影响。研究因学科和学校水平而异，并且从教师、家长和学生那里收集的背景信息也有所不同，尤其是关于学生如何继续学习的信息，这对于了解学校关闭所产生影响的潜在机制至关重要。

大多数使用新型冠状病毒肺炎疫情后数据的研究均是在高收入国家进行的（Hammerstein et al.，2021；Zierer，2021）。总体而言，研究结果指出了典型的（但不仅限于）负面和异质性影响，这些影响因学科、教育等级和背景而异。对澳大利亚、比利时、中国、德国、荷兰、瑞士和美国的研究表明，假设一年的学习效果相当于0.4个标准差，那么在学校平均关闭8周的情况下，数学学习损失相当于一学年的30%，而阅读学习损失相当于一学年的35%（Hammerstein et al.，2021）。

日本的一项研究发现，四至六年级的学生在学年结束时弥补了数学的短期学习损失（Asakawa and Ohtake，2021）。在澳大利亚、德国和荷兰发现了远程学习产生积极影响的证据（Gore et al.，2021；Meeter，2021；Spitzer and Musslick，2021）。

然而，有明确的证据表明，教育等级和社会经济地位不同，远程学习所产生的影响也就不同。小学生似乎比中学生受到的影响更大，这可能是由于他们的自律能力较差（Tomasik et al.，2021）。同样，学校关闭对来自弱势社会经济背景的学生更为不利，因为他们的信息和通信技术设备较少、信息和通信技术技能较低，得到的父母支持也较少（van de Werfhorst，2021）。

在法国，学校在2020年只关闭了大约两个月，在2020—2021学年复课后进行的年度大规模全国评估显示，二年级学生的阅读能力略有下降，但数学能力没有受影响。在六年级的学生中，这两门学科的成绩实际上均有所提高（France Ministry of National Education，2021a，2021b）。意大利的一项大规模全国评估发现，在阅读和数学方面都低于最低熟练水平的初中生比例上升了5个百分点，高中生比例上升了9个百分点。最弱势的学生损失更大，尤其是这个群体中那些最初熟练水平较高的学生（INVALSI，2021）。

低收入国家和中等收入国家缺乏直接的学习评估。由联合国教科文组织统计研究所实施的迄今为止规模最大的研究——“学习结果影响监测”的结果预计将在2022年年初公布。这项研究对布基纳法索、布隆迪、科特迪瓦、肯尼亚、塞内加尔和赞比亚即将毕业的小学生进行了评估，以便与疫情前的国家评估进行比较（**专栏10.3**）。

个别国家的研究显示，学习进步有所减慢。在埃塞俄比亚，一项研究对大约3000名六年级学生进行了评估，这些学生已经返校，并在疫情前的四年级开始和结束时分别接受过测试。他们的学习水平有所提高，但这些被抽样的学生受益于45天的补课。结果显示，学习进步低于预期水平，且这种影响在农村地区更为严重，从而扩大了城乡差距（Kim et al.，2021）。一项对肯尼亚农村地区约1000名学生的研究发现，53%的学生数学成绩下降，平均损失了1.1年的学习时间，同时，疫情对四年级学生的影响（69%）超过了对八年级学生的影响（31%）（Whizz Education，2021）。在南非，相对于疫情暴发前的同龄人，2020年二年级和四年级学生损失的阅读技能相当于一个学年的57%—81%；对于那些初始技能水平较高的学生来说，这种影响更大（Ardington et al.，2021）。

在南亚，长期以来由民间主导的年度教育状况报告（ASER）评估显示，低年级学生的学习水平有所下降。在印度卡纳塔克邦农村地区，2018—2020年，三年级学生不识字的比例从9%上升到17%，不认识个位数的比例从5%上升到11%。所有年级的学生中，能够阅读二年级课文的学生比例均有所下降，四年级学生的降幅最大（从33%降至18%）；在进行除法运算方面，也观察到了类似影响，但影响较小（ASER，2021）（**图10.16a**）。在巴基斯坦，对16个地区进行的年度教育状况报告家庭调查发现，一年级和三年级学生在基础技能方面的学习损失程度类似，但五年级学生没有损失（**图10.16b**）。有证据表明，女孩受影响更大。在三年级学生中，能够阅读乌尔都语、信德语或普什图语课文的女孩比例从21%下降到了14%，而男孩的该比例仅从17%下降至16%。

在拉丁美洲，对巴西圣保罗季度标准化考试的分析表明，中学生只学到了没有疫情时他们在学校所学内容的27.5%，而那些学校复课了的学生的学习损失则较低（Lichand et al.，2021）。在哥伦比亚，学生的成绩比前一年低5分或0.1个标准差，这大约是一个学年进步的四分之一。家里有计算机且可以上网的学生的考试成绩会高1分（Abadía-Alvarado et al.，2021）。

这些不同的证据结合在一起，证实了学校关闭确实对学生学习产生了负面影响。如果以可持续发展目标4的最低熟练水平来定义损失，那么中等收入国家受到的影响可能大于低收入国家和高收入国家，这是因为低收入国家学生的初始水平本来就非常低，而高收入国家学校关闭的时间较短且学生有更多机会进行在线学习。尽管如此，许多方面仍然是未知的，包括学习水平是否会反弹，或者新型冠状病毒肺炎疫情是否会对学习产生长期影响。最终，国际社会将需要等待预计将于2023年年末发布的大规模国际评估结果，以获得更多答案。

图 10.16:

在南亚，低年级学生的学习成绩有所下降

a. 2018年和2020年印度卡纳塔克邦农村地区按年级及阅读和数学技能分列的学生比例

b. 2019年和2021年巴基斯坦按阅读和数学技能分列的一、三、五年级学生比例

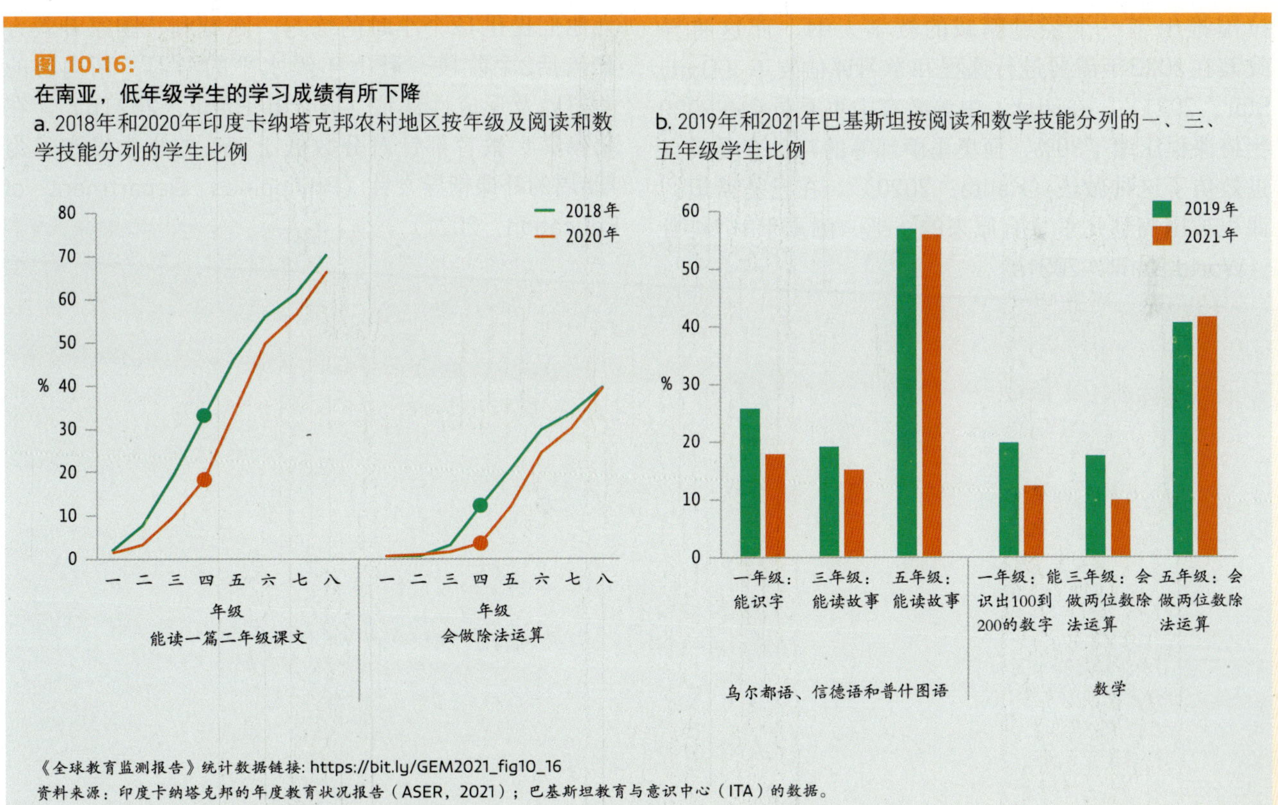

《全球教育监测报告》统计数据链接：https://bit.ly/GEM2021_fig10_16

资料来源：印度卡纳塔克邦的年度教育状况报告（ASER，2021）；巴基斯坦教育与意识中心（ITA）的数据。

需要采取补救措施来支持弱势学生

当疫情来袭时，许多国家面临艰难的选择。多民族玻利维亚国取消了该学年，同时因农村和偏远地区通网率较低而无法进行网上授课（Dube，2020；Eulich，2020）。肯尼亚原本于2020年7月决定重复该学年，但随后宣布将在2021年5月底前结束两个学期，以便使所有学生能够在2021年6月至2021年12月之间完成新学年的学业（Oduor and Gikandi，2020）。2020年，多达70%的国家已经调整或计划调整教学时间，同时24%的国家报告称，当学校复课后将增加上课时间。巴布亚新几内亚将两周的假期减半，而卢旺达将学年从1—12月调整为9月至来年6月（Nugroho et al.，2020）。

截至2021年，41%的国家报告称延长了学年，而42%的国家报告采取了降低学习损失的措施，例如优先考虑课程的某些领域或某些技能（UNESCO et al.，2021c）。作为恢复计划的一部分，孟加拉国推出了一个经过删减的教学大纲，而这将导致其在2023年需要进行课程和学习评估改革（Daily Star，2021）。在印度，中等教育中央委员会在2020年将课程压缩了30%，而奥里萨邦等的邦教育委员会也效仿了这种做法（Kalita，2020）。在巴基斯坦，课程被压缩到几乎只有原来的一半，侧重于3个科目（World Bank，2021a）。

随着学校复课，三分之二的国家报告称在初等和中等教育中实施了补救措施（UNESCO et al.，2021c）。意大利在封控期间为初中弱势学生提供了免费的个人在线补习。补习教师都是大学生，他们自愿每周工作3—6小时。一项评估发现，该计划提高了学生（特别是弱势学生）的学业表现，并对学生（尤其是移民学生）的社会情感技能和心理健康产生了积极影响（Carlana and La Ferrara，2021）。2020年，英国英格兰教育部推出了一项10亿英镑的资助计划。三分之二的资金用于按学生人数给学校分配全员补课奖金，其余资金用于国家补课方案，为最弱势儿童提供多达600万次15小时的补习课程。2021年该项目又获得7亿英镑拨款，包括为中学生提供暑期补课（House of Commons，2021）。

在柬埔寨，补偿学习计划首先会评估学生的高棉语和数学等5项核心能力。根据结果，教师将对学生进行分组，并按照他们各自的熟练程度每月为他们提供12个小时的练习。在智利，国家补救方案包括3个阶段：赶上年级水平的学习、新内容的学习以及形成性评估（World Bank，2021b）。在菲律宾，教育部针对分数低于75%的学生发布了为期6周的补课指导方针（Philippines Department of Education，2021）。

劳拉和她的母亲正在参加每周两次的阅读亲子活动，该活动是菲律宾救助儿童会推出的“第一次阅读”幼儿教育计划的一部分。

摄影：Save the Children

重要信息

在全球范围内，在2019年结束的学年中，75%的儿童在正规初等教育入学年龄前一年接受了学前教育，但在撒哈拉以南非洲、北非和西亚，这一比例约为50%。

在61个低收入国家和中等收入国家，36—59月龄儿童的平均就读率为37%，城乡之间的差距为16个百分点，最富裕和最贫困的五分之一群体之间的差距为34个百分点。

家庭学习环境往往很差：在大约70个低收入国家和中等收入国家中，只有23%的5岁以下儿童家中至少有3本书，同时只有62%的儿童家中有一名成人陪伴儿童进行了4项或更多活动。

在巴西，180万名3岁以下的儿童由于缺少日托场所而在白天得不到照顾，只有32%的3岁以下儿童能够入托。最贫困的儿童受影响最大：34%的最贫困儿童没有日托场所，相比之下，最富裕儿童的这一比例仅为7%。

新型冠状病毒肺炎疫情在调整面向幼儿的远程学习、监测和评估儿童发展以及应对支持不足的不利家庭环境方面，给幼儿教育带来了挑战。

只有55%的国家向学前教育教师提供了指导，以确保疫情期间学习的连续性，相比之下，有近70%的国家为其他等级的教育提供了指导。

第11章

具体目标 4.2

幼儿期

到2030年，确保所有女童和男童可以获得优质的幼儿发展、保育和学前教育，使他们为初等教育做好准备。

全球指标

4.2.1 24—59月龄儿童中健康、学习和社会心理健康正常发展的儿童比例，按性别统计

4.2.2 参与有组织学习的儿童比例（正规初等教育入学年龄前一年），按性别统计

主题指标

4.2.3 5岁以下儿童拥有积极的、激发潜能的家庭学习环境的百分比

4.2.4 幼儿教育毛入学率，包含（a）学前教育和（b）幼儿教育发展项目

4.2.5 法律框架所保障的（a）免费和（b）义务的学前教育年限

幼儿保育和教育是所有其他教育发展成果的基础。全球指标4.2.1旨在体现儿童的入学准备情况，这一概念反映在36—59月龄儿童的幼儿发展指数（ECDI）中，并通过联合国儿童基金会多指标聚类调查中的10个问题进行衡量。该指标被定义为儿童在以下4个领域中至少3个领域正常发展的百分比：读写与计算、身体、社会情感，以及学习发展。鉴于这项测量存在弱点，因此联合国儿童基金会作为监管机构，开发了“幼儿发展指数2030”，这是一个针对24—59月龄儿童的更稳健的工具，于2020年3月获得联合国统计委员会的批准。“幼儿发展指数2030”由学习、健康和社会心理健康3个领域的20个问题组成，还将通过未来数轮多指标聚类调查进行评估。

但是，要到2020年代结束后才可能使用新工具收集数据并确定趋势。与此同时，原来的幼儿发展指数是分析许多国家2010年代幼儿发展趋势的唯一来源。在大多数国家，最贫困和最富裕的家庭之间儿童正常发展的百分比差距要么没有变化，要么甚至有所扩大。虽然在孟加拉国、乍得、吉尔吉斯斯坦和老挝人民民主共和国，差距缩小了，但是在吉尔吉斯斯坦，这是因为两个群体的表现都在变差（**图11.1**）。

图 11.1:

幼儿发展中的贫富差距

2010—2015年和2017—2019年部分国家按家庭财富分列的幼儿发展指数

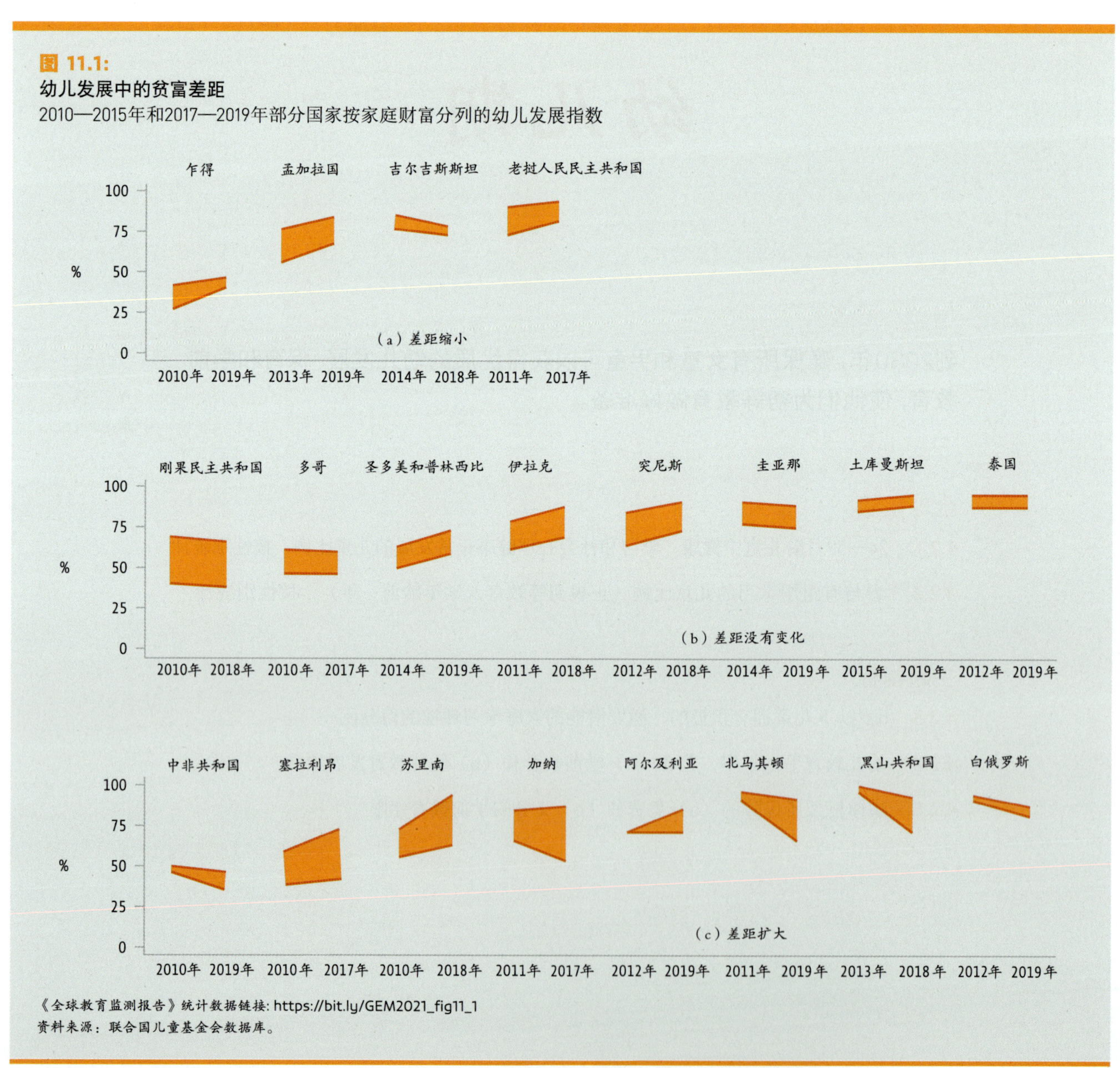

《全球教育监测报告》统计数据链接：https://bit.ly/GEM2021_fig11_1

资料来源：联合国儿童基金会数据库。

总体而言，在贝宁、塞拉利昂、东帝汶和多哥，只有略多于半数的儿童发展正常，而布隆迪只有40%的儿童发展正常。未能正常发展的儿童较多的国家，其学前教育参与率也往往较低，而学前教育可以帮助他们为入学做好准备（**图11.2**）。

在全球范围内，75%的儿童在正规初等教育入学年龄前一年入学（全球指标4.2.2），但在撒哈拉以南非洲、北非和西亚，该比例仅为50%左右。相比之下，在拉丁美洲和加勒比，95%的儿童在初等教育开始前一年接受了学前教育（**图11.3**）。

同时，61%的学龄前儿童进入了学前教育机构（主题指标4.2.4）。这两个指标之间有差异，是因为各自的年龄组不同。学前教育毛入学率的参考年龄组覆盖面较大，从初等教育开始前一年至四年不等，具体因国家而异。而年幼儿童的入学率往往较低。这两个指标之间的差距在东亚和东南亚为零，但在中亚和南亚为24个百分点。在孟加拉国、柬埔寨、萨尔瓦多、巴拉圭和卢旺达，初等教育入学前一年入读学前教育机构的儿童人数与36—59月龄就读学前教育机构的儿童人数之间的差距超过了60个百分点。

在低收入国家，只有五分之一的学龄前儿童接受了学前教育，但即使在高收入国家，也有六分之一的儿童没能入学（**图11.3**）。欧盟在提高入学率方面加大了力度，并最终批准了《欧盟儿童权利战略》和《欧洲儿童保障》（**专栏11.1**）。

相对较低的幼儿保育和教育参与率，部分反映出只有少数国家才能够保证哪怕一年的免费义务学前教育，指标4.2.5旨在体现这一点。最近对193个国家的法律框架进行综合考察后发现，63个国家实施

图 11.2:

未能正常发展的儿童人数较多的国家，其学前教育参与率也往往较低

2016—2019年，部分国家在正规初等教育入学年龄前一年参加有组织学习的儿童比例以及36—59月龄儿童正常发展的比例

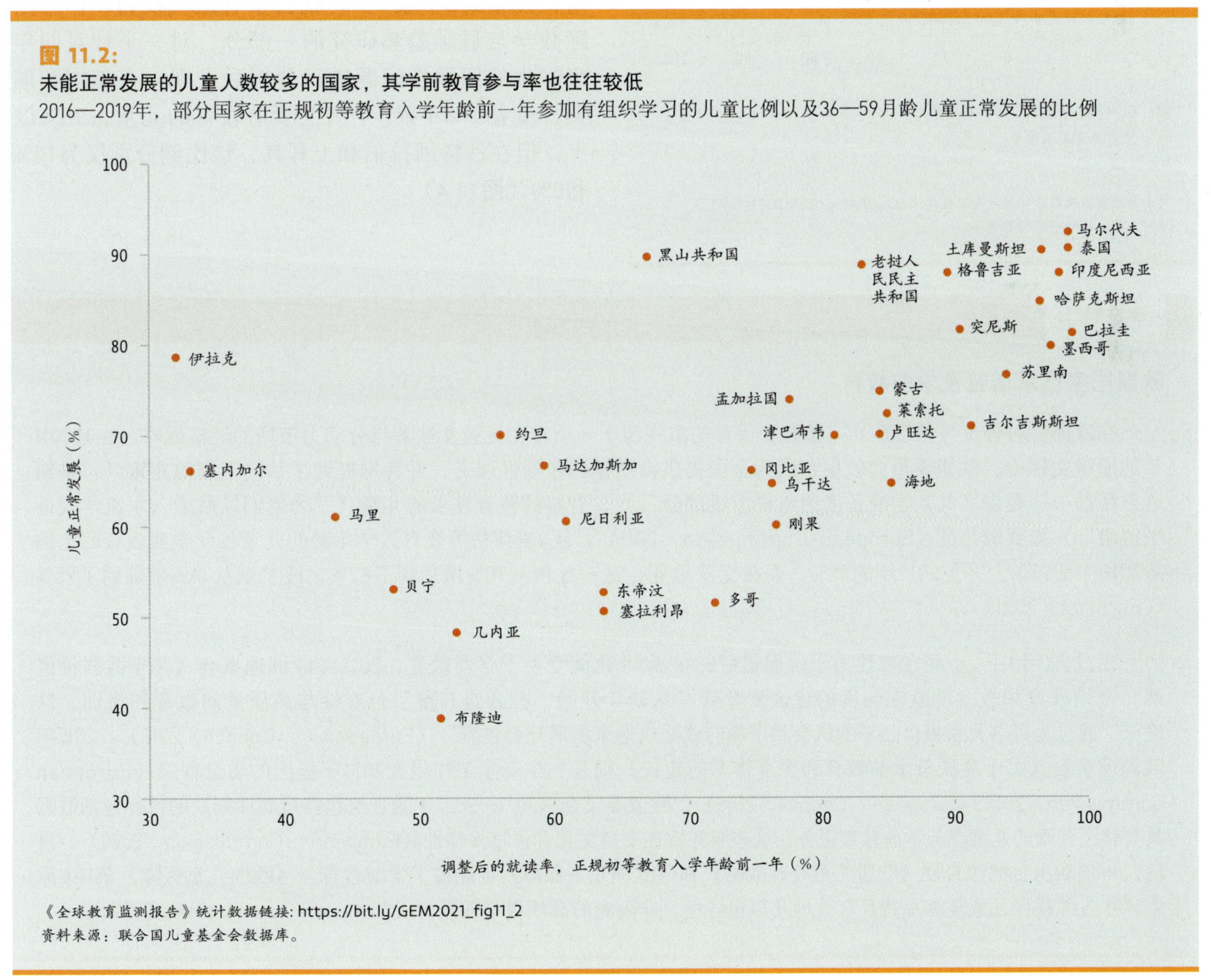

《全球教育监测报告》统计数据链接：https://bit.ly/GEM2021_fig11_2

资料来源：联合国儿童基金会数据库。

图 11.3:

四分之一的儿童在预期开始接受初等教育的前一年没有上学

2020年按区域和收入组别分列的儿童在正规初等教育入学年龄前一年参与有组织学习的比例以及学前教育毛入学率

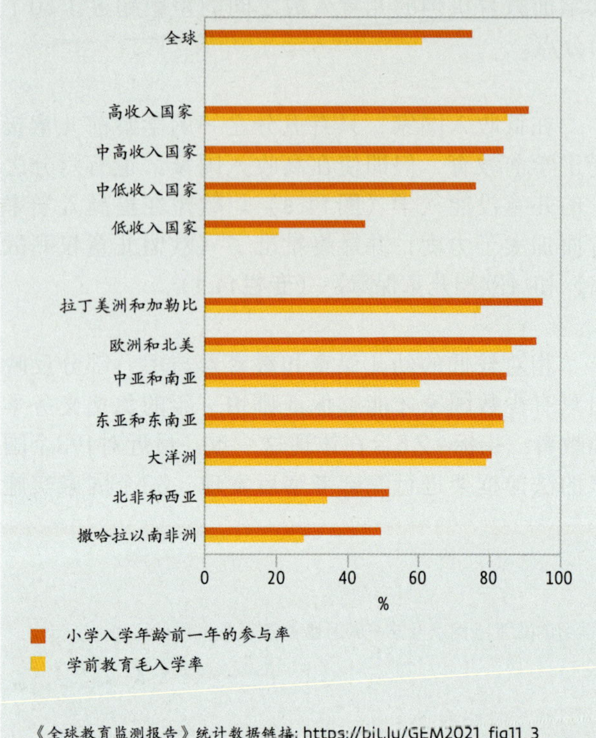

《全球教育监测报告》统计数据链接：https://bit.ly/GEM2021_fig11_3

资料来源：统计研究所数据库。

> 在韩国和瑞典，受益于3年或3年以上学前教育的儿童占90%以上，但在沙特阿拉伯和土耳其，该比例分别仅为12%和8%。

免费学前教育的法律规定，而只有51个国家推行义务学前教育（UNESCO，2021b）。

每个国家都应确保所有儿童至少完成一年的学前教育，而许多中等收入国家和高收入国家已经提供了更多的幼儿教育机会（**焦点11.1**）。在法国、匈牙利、以色列和墨西哥，儿童从3岁开始可享受学前教育（OECD，2020a）。在拉丁美洲，阿根廷、多民族玻利维亚国、巴西、哥伦比亚、古巴、多米尼加共和国和萨尔瓦多，政府认为儿童从出生起就有受教育的权利。其他国家，如哥斯达黎加和洪都拉斯，儿童到3岁或4岁时就会享有这项权利。作为国际数学与科学趋势研究的一部分，对一个针对四年级学生的回顾性问题进行分析后发现，在韩国和瑞典，受益于3年或3年以上学前教育的儿童占90%以上，但在沙特阿拉伯和土耳其，该比例分别仅为12%和8%（**图11.4**）。

专栏11.1:

欧盟国家已承诺普及学前教育

在欧洲，对普及与包容性幼儿教育和保育的重视源于一项旨在促进女性参与劳动力市场的经济战略。在其2011年的通讯文件中，欧盟委员会敦促各国为全民提供高质量的包容性服务，并特别提到了移民家庭的儿童（“早期语言帮助……是提高其入学准备度的重要组成部分”）、有特殊教育需求的儿童（“为他们以后融入主流学校铺平道路”）和罗姆儿童（European Commission，2011）。从4岁到初等教育入学年龄的儿童接受学前教育的比例从2010年的93%上升至2019年的95%，而在克罗地亚，这一比例从70%增加到了82%，波兰则从76%增加到了95%（Eurostat，2021）。

在过去3年中，一些宣言致力于确保最后5%的幼儿也能受益于学前教育。2018年欧洲理事会《关于共同价值观、全纳教育和教学的欧洲向度的建议》呼吁“从幼年开始，在各级开展”包容性与高质量的教育和培训，以确保“通过为每名儿童提供公平的机会和平等的成功机遇来实现社会包容”（European Council，2018）。2019年欧洲理事会《关于高质量学前教育和保育体系的建议》则是一个专家工作组在2014年提出的质量框架（European Commission，2014；European Council，2019）。欧盟委员会《2021—2027年融合与包容行动计划》的目标包括鼓励具有移民背景的儿童参与学前教育服务，这些服务旨在支持文化和语言多样性（European Commission，2020）。最后，一项新出台的综合性《欧盟儿童权利战略》和《欧洲儿童保障》也涵盖了学前教育。《欧洲儿童保障》第11条原则呼吁各国确保儿童能够免费且有效地获得包容性、非隔离的高质量学前教育（European Commission，2021a）。

在数百万被剥夺了学前教育的儿童中，最贫困的儿童和生活在农村地区的儿童占比过高。在2012—2019年参加多指标聚类调查或人口和健康调查的61个国家中，36—59月龄儿童接受学前教育的平均百分比为37%。城市地区的儿童（47%）比农村地区的儿童（31%）更有可能获得学前教育。在学前教育总体就读率仍然很低的国家，城乡差距尤其大，包括布隆迪、科特迪瓦、几内亚、几内亚比绍、伊拉克和塞拉利昂，这些国家的城市儿童学前教育就读率至少是农村儿童的6倍。基于财富的就读率差距更大。最富裕儿童接受学前教育的平均比例（58%）是最贫困儿童（24%）的2倍多。喀麦隆、刚果、莱索托、尼日利亚、塞尔维亚和土库曼斯坦的就读率差距尤其大，这些国家最贫困儿童的就读率比最富裕儿童的就读率至少低60个百分点（**图11.5**）。

学习始于家庭，因为儿童可以在家里操作物品和材料、发展语言，并探索周围的世界。在关键的发展阶段，儿童需要发展认知能力和更广泛的技能，从而为上学做好准备。弱势背景儿童的交流、语言和读写能力水平较低。

主题指标4.2.3衡量儿童是否身处一个积极且富有激励性的家庭环境，其形式是考察成人是否参与了一系列活动：阅读或看图画书，讲故事，唱歌，带儿童出门，玩耍，命名、计数和（或）绘画。育儿实践，比如给儿童读书、使用复杂的语言、热情互动和积极反应，都会得到更好的发展结果（Winter，2010）。有人给儿童读书对儿童来说很重要，可以帮助他们发展和提高阅读技能（Fletcher and Reese，2005）。对于生活在最贫困家庭的儿童来说尤其如此。在巴基斯坦旁遮普省，有人为其读书的最贫困儿童中有29%掌握了基本的阅读技能，而没有得到这种支持的儿童的这一比例只有15%。在最富裕家庭的儿童中，这种差异不太明显（Brossard et al.，2020）。

图 11.4:
许多高收入国家和地区的儿童至少接受了3年的学前教育
2019年至少接受过3年学前教育的四年级学生

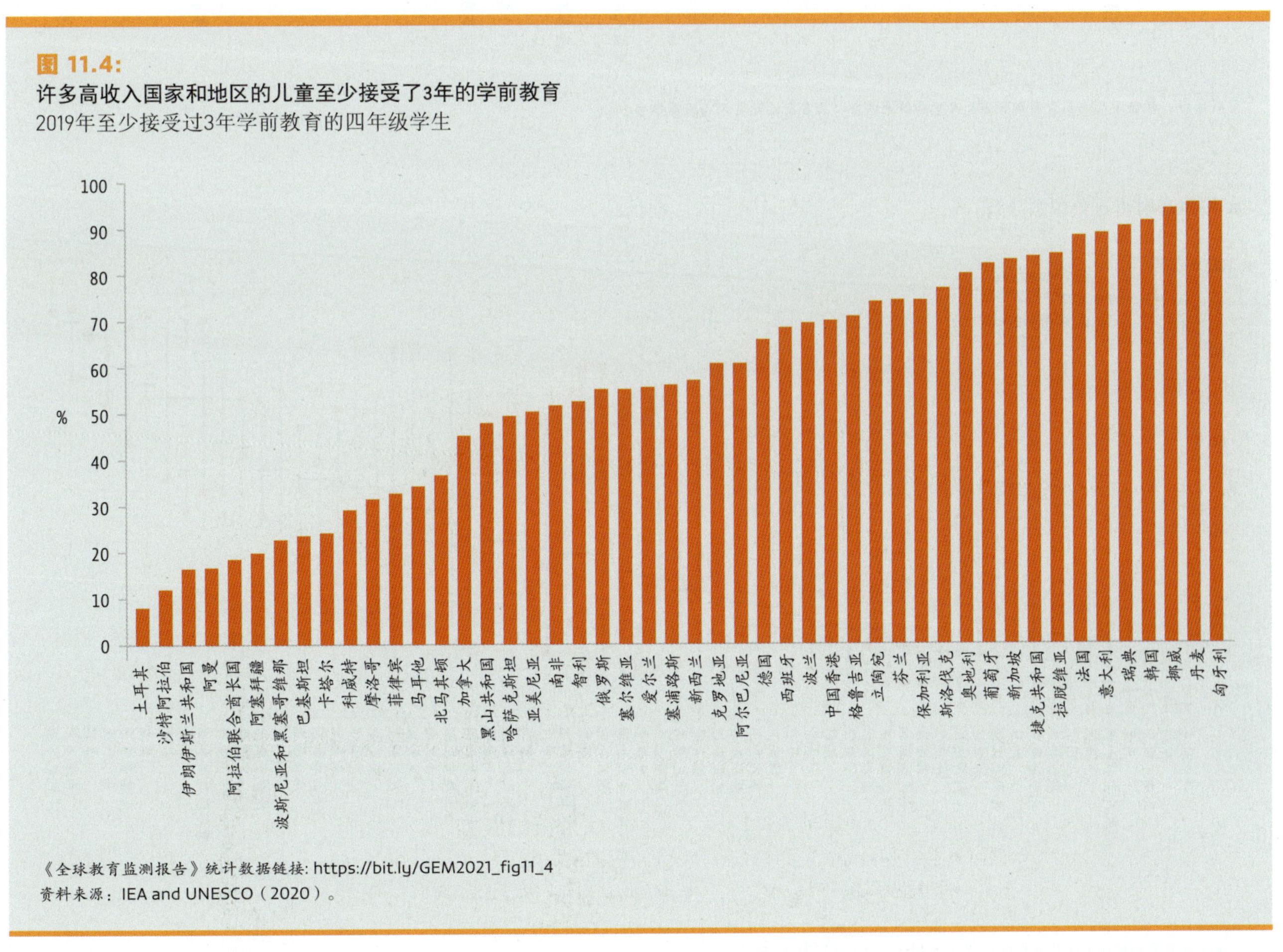

《全球教育监测报告》统计数据链接: https://bit.ly/GEM2021_fig11_4
资料来源：IEA and UNESCO（2020）。

图 11.5:

贫困儿童和农村儿童获得学前教育的可能性较低

2012—2019年部分国家36—59月龄儿童目前接受学前教育的百分比

a. 按所处地区分列

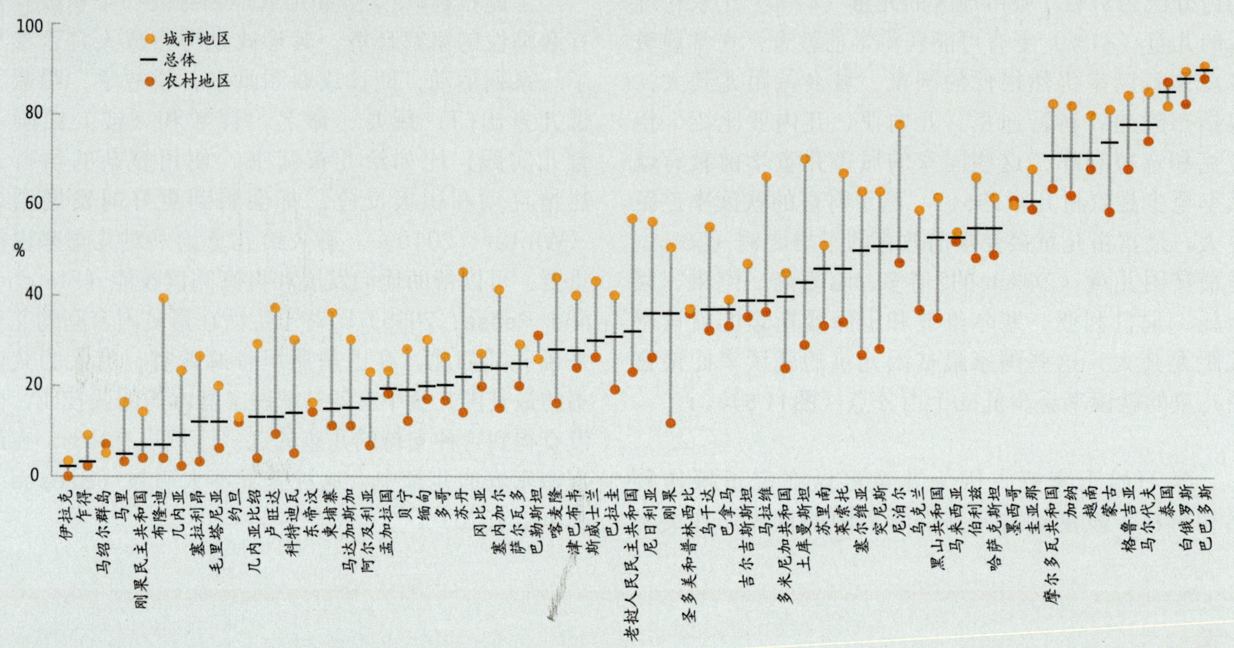

资料来源：联合国儿童基金会数据库、人口和健康调查以及多指标聚类调查国家报告。

b. 按家庭财富五分位数分列

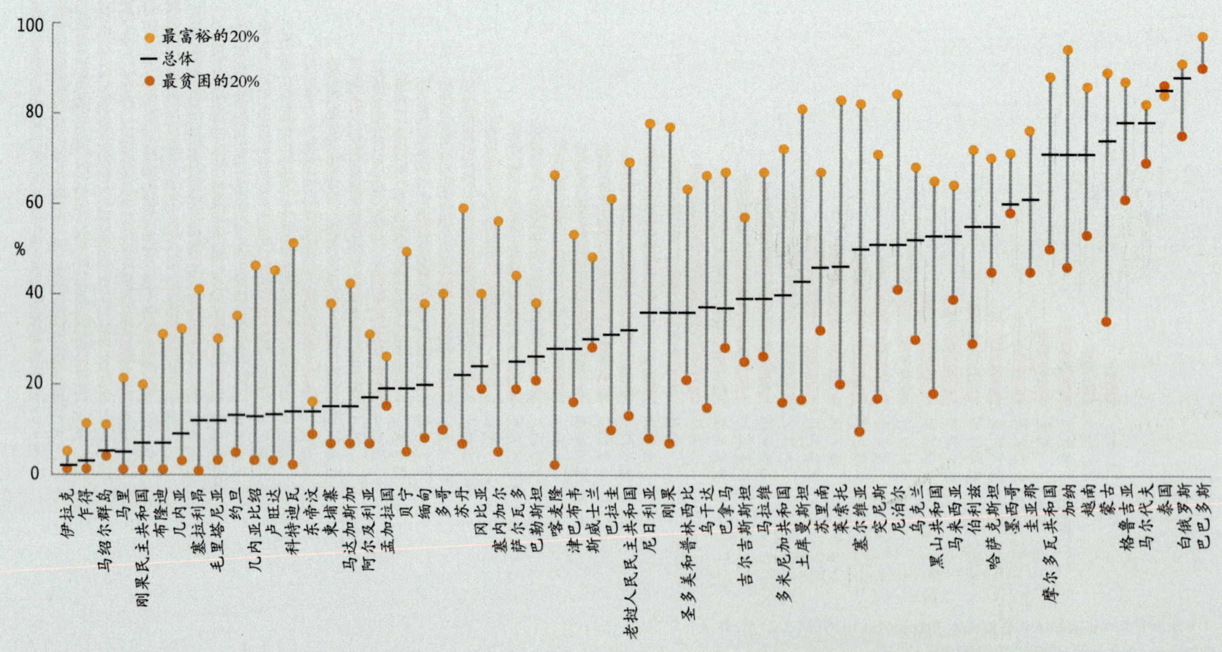

《全球教育监测报告》统计数据链接: https://bit.ly/GEM2021_fig11_5

资料来源：联合国儿童基金会数据库、人口和健康调查以及多指标聚类调查国家报告。

> 在巴基斯坦旁遮普省，有人为其读书的最贫困儿童中有29%掌握了基本的阅读技能，而没有得到这种支持的儿童的这一比例只有15%。

2012—2019年，在提交了多指标聚类调查或人口和健康调查数据的71个国家中，平均62%的儿童家中有一名成人陪伴儿童进行了4项或更多活动。在冈比亚、塞拉利昂和多哥，这一比例低于20%。最富裕家庭的儿童（73%）比最贫困家庭的儿童（49%）更有可能有成人陪伴其进行学习和激励性活动。在几内亚、海地、毛里塔尼亚和巴拉圭等国家，财富差距在早期激发性教育中体现得很明显，在这些国家，最富裕家庭中与成年人一起进行4项或4项以上活动的儿童比例是最贫困家庭儿童的2倍。

刺激大脑的活动（例如共同阅读）受到制约的一个重要因素就是书籍的可获得性。在70个低收入国家和中等收入国家，23%的儿童家中至少有3本书。在其中一半的国家，这一比例不到十分之一，在撒哈拉以南非洲的8个国家，这一比例甚至不到百分之一。

焦点11.1：幼儿保育和教育从婴儿出生时就已开始

虽然《联合国儿童权利公约》第28条没有明确将受教育权扩展到初等、中等和高等教育之外，但第6条规定，儿童有权“最大限度地”发展，且第29条规定，教育应以“最大限度地”发展儿童的能力为目标。在《联合国儿童权利公约》第7号一般性意见中，这被解释为支持受教育权“从出生开始”（United Nations，2006）。数十年来的神经科学研究已经为早期学习和促进儿童发展的因素提供了有力证据。当一个儿童到了3岁时，其大脑的90%已经发育完成（Winter，2010）。

3岁以下儿童参与幼儿保育和教育项目的人数往往有限，但在有些中等收入国家和高收入国家，0—1岁儿童的参与率超过20%，2岁儿童的参与率超过60%（**图11.6**）。在古巴，50多年来幼儿保育和教育项目一直是优先事项，0—1岁儿童和2岁儿童的入学率分别达到了80%以上和100%。古巴从妇女怀孕开始就提供以教育、保健和儿童保护为重点的强有力的部门间干预措施，同时社区和家庭也大力参与，特别是通过“教育您的孩子”计划，扩大了幼儿保育和教育在农村或偏远地区的覆盖面（Laire，2016）。

其他国家试图通过监管来增加儿童接受幼儿教育的机会。丹麦、爱沙尼亚、芬兰、德国、拉脱维亚、挪威和斯洛文尼亚保证家长的育儿假结束后，所有儿童均能根据监管框架获得幼儿保育和教育的名额（OECD，2020a）。加纳和莫桑比克已将婴儿从出生起获得幼儿保育和教育的权利纳入将逐步实现的政策目标（Ghana Ministry of Women and Children's Affairs，2004；Mozambique Ministry of Education and Human Development，2020）。

面向幼儿的幼儿保育和教育的可负担性是一项挑战，私人资金在支出中占比相当大（**第6章**）。在哥伦比亚和以色列，私人资金占幼儿教育发展项目支出的80%以上，而在学前教育项目中，这一比例不到30%（OECD，2019）。尤其面向3岁以下儿童的学前教育，在大多数国家都供不应求，而婴儿在刚出生时可能得不到公共补贴。在斯洛文尼亚，所有3—6岁的儿童都能免费接受学前教育。在卢森堡，儿童从3岁开始就可接受免费学前教育，自2017年10月以来，教育券系统可为1—4岁的儿童在非正规教育机构提供20小时的免费保育服务（Luxembourg National Youth Services，2020）。

在巴西，180万名3岁以下的儿童由于缺乏日托机构而在白天得不到照顾；只有32%的3岁以下儿童能够入托。最贫困的儿童受影响最大，34%的最贫困儿童没有幼儿保育和教育名额，相比之下，最富裕儿童的这一比例仅为7%（IBGE，2018）。里约热内卢推出了抽签系统以增加低收入社区儿童接受学前教育的机会，但即使如此，入托仍然是一项重大挑战。目前政府正在采取措施，通过增加“社区母亲”和非正式儿童保育服务来解决这一问题（Attanasio，2017；Walker，2019）。

> 在巴西，34%最贫困的儿童没有幼儿保育和教育名额，而最富裕儿童的这一比例仅为7%。

即使在高收入国家，能否获得幼儿保育和教育的机会仍然在很大程度上取决于社会经济背景。在法国和爱尔兰，低收入家庭和高收入家庭中0—2岁儿童的参与率差异超过50个百分点。相比之下，在丹麦和瑞典，只有2%的低收入家庭表示希望提供更多能够负担得起的儿童保育机会（OECD，2020b）。当地政策可以提供帮助。丹麦奥胡斯在2014—2017年开展了“生命的安全起点”项目，以促进健康访视员与托儿所教育者之间的合作，为新生儿父母提供支持，并增强他们关于可增进其子女福祉的活动的信任和知识（European Commission，2021b）。

参与的类型各不相同。在许多国家，面向幼儿的项目只有非全时服务，甚至每周只有几个小时。在荷兰和英国，3岁以下儿童平均每周接受幼儿保育和教育服务的时间不足20小时（OECD，2017）。尽管对于幼儿而言，全时与否孰优孰劣尚无定论，但3岁以下儿童每周接受幼儿保育和教育的小时数可以对父母参与劳动力市场发挥重要作用。在高收入国家，该数据与女性的全职就业率密切相关（OECD，2018）。

然而，官方的参与数据只反映了部分情况。幼儿保育和教育项目必须符合《国际教育标准分类法》（ISCED）中规定的有关强度、意向教育目标和工作人员的标准。ISCED-0级有两个子类别：ISCED-01级覆盖幼儿教育发展项目，通常针对2岁以下的儿童，而ISCED-02级覆盖学前教育，一般为3岁至初等教育前阶段。幼儿参加注册项目的比例尤其高，这些注册项目可提供ISCED范围之外的正式服务，例如法国的托儿所或葡萄牙的托儿所。在日本，3岁以下儿童参加ISCED-01级项目的比例为2%，而参加ISCED范围之外注册项目的比例为32%。

面向幼儿的幼儿保育和教育通常缺乏官方认证，因此可能无法完全记录在数据中。从尼泊尔的

图 11.6:

在有些国家，许多3岁以下儿童接受了幼儿保育和教育

2018年部分中等收入国家和高收入国家3岁以下儿童接受幼儿教育的百分比

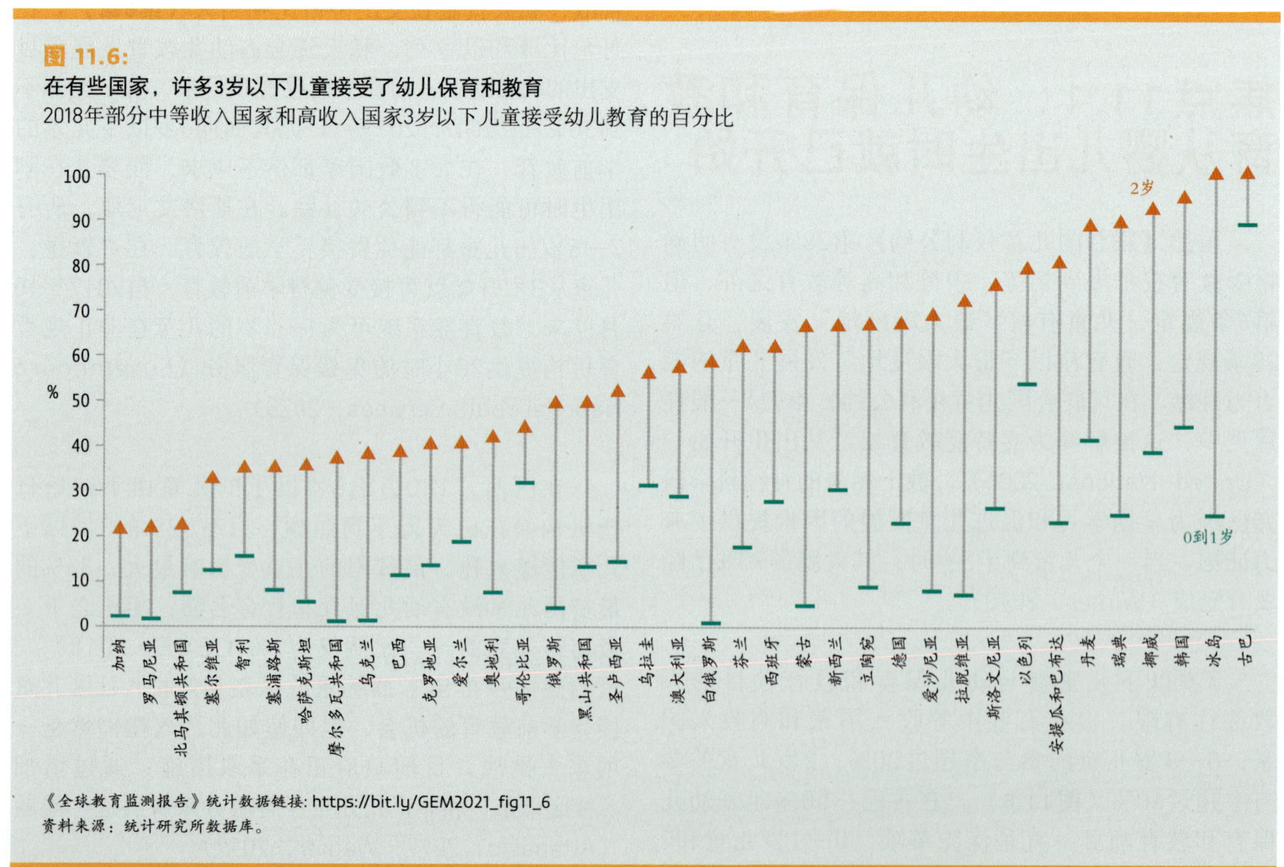

《全球教育监测报告》统计数据链接：https://bit.ly/GEM2021_fig11_6

资料来源：统计研究所数据库。

学前教育（World Bank and UNICEF，2020）到加拿大的无照家庭育儿服务（Varmuza et al.，2019），许多国家都已经认识到了未注册的民办教育机构的问题，特别是面向3岁以下儿童的服务中所存在的问题。在印度，大量未注册的非公立幼儿保育和教育中心对问责制和行政数据收集构成了挑战（Rao et al.，2021）。

新型冠状病毒肺炎疫情的影响

在2020年4月初学前班和幼儿园关闭的高峰期，超过1.8亿名儿童的学前教育中断（Nugroho et al.，2021）。2020年，学前班平均关闭了78天，从高收入国家的46天到中低收入国家的122天不等（UNESCO et al.，2021）。一项研究估计，各类学校在2020年3月至2021年2月期间的关闭，相当于190亿人次的教学损失，将导致1100多万名儿童偏离正常发展轨道，而损失集中在低收入国家和中低收入国家，从而将加剧全球不平等（McCoy et al.，2021）。

截至2021年年中，还有60多个国家尚未完全重新开放学前学校。在2020年，幼儿学习者不仅比中小学生损失了更多的教学日，而且在低收入国家和中等收入国家，他们获得远程学习机会的可能性也更小（Nugroho et al.，2021）。在全球范围内，报告称在2020年学校关闭时至少有75%的学前学生接受了远程教育的国家比例为46%，远低于相同情境下75%及以上的小学生接受远程教育的国家比例（64%）（UNESCO et al.，2021）。对26个低收入国家和中等收入国家进行的一项调查发现，19个国家有全国性的在线学习平台，14个国家有面向幼儿的学习内容，但只有6个国家有针对教师的指导或培训，而且只有巴基斯坦对参与情况进行了监测（Galevski et al.，2021）。据报告，在资源充足的环境中，幼儿教育工作者适应了远程教学，甚至在指导有限或没有指导的情况下也获得了信心（McKenna et al.，2021）。但大多数国家因障碍太多而无法确保学习的连续性。

即使在可以进行远程学习的国家，也面临着欠缺对教师的培训、难以调整面向幼儿的远程学习，以及缺少支持的不利家庭环境等挑战。在55%的国家中，学前教师接受了确保学习连续性的指导，而为其他教育等级教师提供了指导的国家比例接近70%（UNESCO et al.，2021）。缺乏对远程教学的准备是一个重大挑战，特别是如何利用技术开展适合儿童发展的活动，以及如何与可能无法就其孩子的反应和学习情况提供反馈的看护人员合作（Atiles et al.，2021）。在远程模式下，教师只能收到活动结果，如图片、视频、活动表单等，无法亲自监督并评估儿童的发展（Oktavianingsih and Arifiyanti，2021）。在一项针对幼儿教育工作者的在线调查中，58%的亚太地区幼儿教育工作者无法监控学习进度，这是他们除了缺乏互联网和设备之外面临的最大挑战；在撒哈拉以南非洲，46%的教育工作者报告了这一挑战（UNESCO，2021a）。

教育工作者指出，在教学转移到网上进行的情况下，幼儿因缺乏自律能力而无法长时间看着屏幕，因此很难解释这些活动。一项针对中国家长的调查显示，虽然他们使用了由幼儿教师指导的免费在线学习资源，但85%的家长表示，他们的孩子每次上网学习时间不超过30分钟，同时约三分之一的儿童每天上网学习时间不到15分钟（Dong et al.，2020）。远程学习课堂的规模发挥了重要作用：美国的一项研究发现，在超过10名学生的班级里，儿童的发言机会更少，积极性更低，也会更快失去兴趣。幼儿可以在15—20分钟的时间里保持专注，而学龄前儿童保持专注的时间为30分钟。两个年龄段的儿童对歌曲、引人入胜的故事和音乐或运动的反应都很好（Szente，2020）。

大约四分之三的国家制定了支持父母和看护人员的政策和措施：62%的国家报告称提供了指导家长在家辅导孩子学习的材料，但只有44%的低收入国家至少向部分父母提供了此类材料，而高收入国家的这一比例则为71%。最常用的措施包括提供关于继续在家学习的指导、技巧或材料。45%的高收入国家的学校通过定期电话随访加强了家长为孩子在家学习提供支持的指导方针，但只有22%的低收入国家做到了这一点（UNESCO et al.，2020）。

除了会对学习产生长期影响外，幼儿教育设施的关闭和家庭内的有限互动剥夺了儿童在家庭以外获得社会和认知刺激的机会（Yoshikawa et al.，2020）。这种缺失被比作“影子疫情”（Howard-Jones et al.，2021）。儿童会在其他儿童和成年人积极的陪伴下茁壮成长，而远程学习无法取代这些经历（Pascal and Bertram，2021）。许多儿童面临着社会孤立和更大的压力。美国马萨诸塞州的一项研究发现，61%的父母注意到了儿童社会情感发展受到的负面影响，53%的幼儿教育工作者注意到了行为变化；在这些教育工作者中，77%的人报告了负面变化，例如经常发脾气、哭闹以及难以与父母分离，而23%的人报告了与适应性和心理韧性相关的积极变化（Hanno et al.，2021）。

对于有残疾和心理健康问题的儿童以及处于安全风险中的儿童来说，压力的增加尤为严重。在美国，虽然有近一半接受调查的教育工作者表示他们使用了不同的策略来与处于危险或有特殊需求的儿童互动，但只有6%的教育工作者与言语治疗师等服务方进行了合作（McKenna et al.，2021）。远程教育触达弱势学生需要多利益攸关方的共同努力，以及教师与专业机构的合作。在喀麦隆和北马其顿，广播和电视节目以及印刷的学习材料没有为有视觉和听觉障碍的儿童进行改编（Galevski et al.，2021）。对于某些儿童来说，失去与教师的联系意味着他们的安全将受到威胁。对墨西哥城总检察长办公室收到的家庭暴力受害者数据的分析显示，所报告的虐待儿童发生率下降了21%—30%，在贫困城区下降的幅度更大，这可以归功于教育工作者在早期发现和报告方面发挥的作用（Cabrera-Hernandez and Padilla-Romo，2020）。

即将毕业的护士学员在塞拉利昂弗里敦的医学与联合健康科学学院参加考试。

摄影：UNICEF/Olivie Asseli

重要信息

2012—2015年，在33个低收入国家和中等收入国家的15—35岁受访者中，近五分之一的人表示，作为其教育的一部分，他们至少在雇主那里有过一次实习或学徒经历。

在四分之一的国家中，中等职业教育没有衔接高等教育，因此降低了其吸引力。

高等教育毛入学率达到39%，自2000年以来每年增长约1个百分点，范围从撒哈拉以南非洲的9%到欧洲和北美的78%不等。

在19个国家（多数为高收入国家）中，约40%的学生获得了高等教育贷款。在巴西和智利，超过40%的学生至少推迟了3个月还款。

在35个欧洲国家中，成人教育活动的90%由雇主赞助，40%由雇主提供。

在澳大利亚、英国、韩国、俄罗斯和瑞士，受过高等教育的成人一生中接受过10次及以上培训的可能性是受过中等教育的成人的两倍。

新型冠状病毒肺炎疫情期间，职业技术教育与培训受到了影响，因为多达80%的课程侧重于实践技能，而这些技能应通过实际操作掌握。

在美国，2019—2021年，本科入学人数下降了6.5%，而四年制私立营利性院校和两年制公立院校的入学人数至少下降了13%。

第12章

具体目标4.3

职业技术教育、高等教育和成人教育

到2030年，确保所有女性和男性平等地接受可负担的优质职业技术教育和高等教育，包括大学教育。

全球指标

4.3.1 此前12个月中青年和成人参与正规和非正规教育与培训的比例，按性别统计

主题指标

4.3.2 高等教育毛入学率，按性别统计

4.3.3 职业技术教育项目（15—24岁）参与率，按性别统计

具体目标4.3及其指标涉及普通中小学以外的教育机会，即职业技术教育与培训（TVET）、高等教育和成人教育。在许多国家，大多数学习者很少有这样的机会。国家之间存在巨大差异，这可能反映出相比于助力措施，各国在制约因素方面存在更大差异。

职业技术教育与培训

职业技术教育与培训虽然可推动经济增长，包括改善社会包容状况（Ali Asadullah，2019），但仍存在资金不足问题，且经常受到忽视。在低收入国家，平均只有1%的年轻人受益于职业技术教育与培训（**图12.1**）。在某种程度上，这反映了中等教育的总体参与水平较低。然而，仅与普通中等教育衔接的职业技术教育与培训机会并不是一个真正的选择。此外，对表现不佳的职业技术教育与培训机构最常见的批评之一，就是它过于以学校为本，而与雇主的需求脱节（ILO，2020）。而旨在加强这种联系的学徒制的可获得性仍然很低（**专栏12.1**）。

图 12.1:

在低收入国家，很少有人受益于职业技术教育与培训

2015—2019年部分低收入国家15—24岁群体的职业技术教育与培训参与率，以及普通高级中等教育的总净入学率

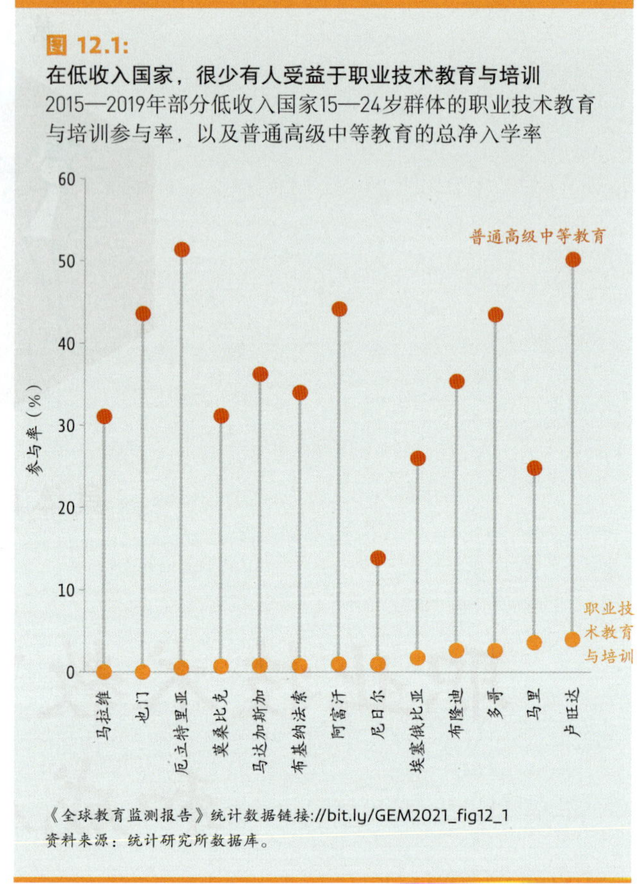

《全球教育监测报告》统计数据链接：//bit.ly/GEM2021_fig12_1

资料来源：统计研究所数据库。

过去15年中，有些国家大大增加了15—24岁的年轻人参加职业培训的比例（**图12.2**）。所有这些国家在政治意愿和承诺的支持下做出了巨大努力，以扩大职业教育的供给并改革现有的培训系统。

在乌拉圭，美洲开发银行的贷款为1990年代末系统改革和重新启动职业技术教育与培训系统铺平了道路（Cardozo，2008），随后，新的教育立法框架于2008年制定（INEEd，2014）。多年来，该国职业技术教育与培训系统的改革包括：建立国家就业和职业培训研究所；开展工作场所学习，包括学徒制；承认先前的学习；以及制定国家资格框架，该框架预计将确保在该国运营的约1000家机构（包括私营机构）的培训质量（ILO，2019）。

捐助机构的援助在推动亚美尼亚职业技术教育与培训系统的现代化方面也发挥了关键作用。2007—2013年，欧盟提供了约4000万欧元，以将职业技术教育与培训学院翻新改造为地区卓越中心（Arribas and Papadakis，2019）。在与欧洲职业教育领域相贯通的新监管框架内，亚美尼亚在2011—2019年将中等职业教育学生的比例增加了一倍以上（ETF，2020）。

在布隆迪和印度尼西亚，对现有职业技术教育与培训中心进行现代化改造并建立新的中心有助于吸引学生。在布隆迪，2011年有2万名学生参加了职业课程（World Bank，2014），并且，布隆迪在每个城市都建立了贸易教育中心，并与商业部门建立伙伴关系来帮助加强当地的培训供给，此后，参加职业课程的学生在2017年达到了约8万人（Burundi Ministry of Education and AFD，2018）。印度尼西亚在扩大义务教育范围的同时，扩大并振兴了中等职业学校和中等后社区学院，作为重新启动职业技术教育与培训系统的一部分（OECD and Asian Development Bank，2014）。与私营公司建立伙伴关系有助于扩大参与率，并使职业课程更加匹配劳动力市场需求（Triyono and Moses，2019）。

专栏12.1:

在低收入国家和中等收入国家，学徒制仍然很少见

学徒制是在学校环境外提供职业技术教育与培训的一种方式。[1]精心设计的学徒制可以应对技能短缺问题，支持青年掌握复杂的技能，顺利从学校过渡到工作，并最终降低青年失业率（Aivazova，2013）。奥地利、德国和瑞士等有着深厚学徒制传统的国家成功保持了较高的青年就业率。这3个国家都高效地利用了职业培训项目，尤其关注潜在的辍学者（Dolado，2015）。

在许多低收入国家和中等收入国家，学徒制不太普遍，也不太正规，这与劳动力市场的高度非正规性以及职业技术教育与培训以学校为本而与市场脱节有关。因此，关于其普遍程度的统计数据很少。一个可能的数据来源是国际劳工组织2012—2015年在33个国家开展的“从学校到工作的过渡调查”。其中包括以下问题：“作为教育的一部分，您是否在雇主那里有过一次（或多次）实习/学徒经历？”平均而言，年龄在15—35岁的受访者中，近五分之一的人表示有过此经历。

在中欧和东欧的中高收入国家，学徒制的普遍程度往往较高。在摩尔多瓦共和国、塞尔维亚和乌克兰，40%—50%的年轻人有实习或学徒经历。普遍程度因自我评估的贫困程度而异。在自称贫困的家庭中，11%的人做过实习生或学徒，而富裕家庭中这一比例为28%。英国等高收入国家将高地位实习作为一种策略，使有特权的年轻人能够调动家庭资源以领先于同龄人（Wright and Mulvey，2021）。

做过实习或学徒的人的百分比会在30岁左右达到顶峰。在利比里亚（男性为15%，女性为7%）和马拉维（男性为9.5%，女性为4%），男性做实习或学徒的比例是女性的两倍，但平均而言，性别差距很小。

部分证据表明，学徒制可以替代正规的职业技术教育与培训。中等职业教育（8%）和中等后教育（11%）毕业生做学徒的比例最低。可能是由于与实习相结合，因此受过普通中等教育（36%）或中等后教育（23%）的人比仅受过初等教育（19%）的人做学徒的比例更高。在正规部门工作的人当中，做过学徒或实习的人的比例要高得多。

一批子样本受访者共同完成了一份日志，给出了其持续时间超过3个月的劳动力市场活动的完整记录。但是这一记录中仍将（持续时间最短为3个月的）学徒和实习混为一谈，同时将学习期间所接受的培训排除在外（因此可能会忽视其中所包含的实习）。采用了这种更为严格的标准后，学徒制的普及程度在日志作者这个小样本群体中仅占2%，这样的数据无法支持进一步的细分。然而，对这些数据的分析证明，学徒培训尚未在低收入国家和中等收入国家发挥其潜力。

1　此专栏基于博诺梅利的研究（Bonomelli，2021）。

与印度尼西亚一样，在哥斯达黎加，义务教育的扩张意味着需要大幅增加职业学校的数量（OECD，2017）。职业技术教育与培训参与率的上升也是资金增加以及社会与经济各方参与的新协调机制的结果。入学要求变得不那么严格（Guzmán，2011），同时通过新的技术服务和专业化扩大了供给（Alvarado Calderón and Mora Hernández，2020；Beirute Brealey，2018）。结果，入读公立职业技术学院的学生比例从2010年的22%增加到了2018年的32%（Camacho-Calvo et al.，2019）。

巴西重新启动职业培训的特点是加强跨部门合作，并重视最弱势家庭的学生。2011年设立的国家促进技术教育与就业方案（PRONATEC）要求联邦机构提供免费职业课程，并资助培训和学徒项目，以解决长期存在的辍学和培训参与率低的问题（Rambla et al.，2020）。国家促进技术教育与就业方案旨在促进各部委之间的合作，可以要求提供各个领域具体的培训计划。然而，由于培训往往反映的是培训机构的能力，而不是实际的需求（OECD，2020c），因此并没有达到预期的参与率和质量（OECD，2015）。2014年，巴西政府开始减少国家促进技术教育与就业方案的资金（UNESCO-UNEVOC and National Council for the Federal Network of Vocational Institutions，2018）。

图 12.2:

近年来部分国家的职业技术教育与培训参与率有所增加

2005—2019年部分国家职业技术教育与培训的参与率（15—24岁）

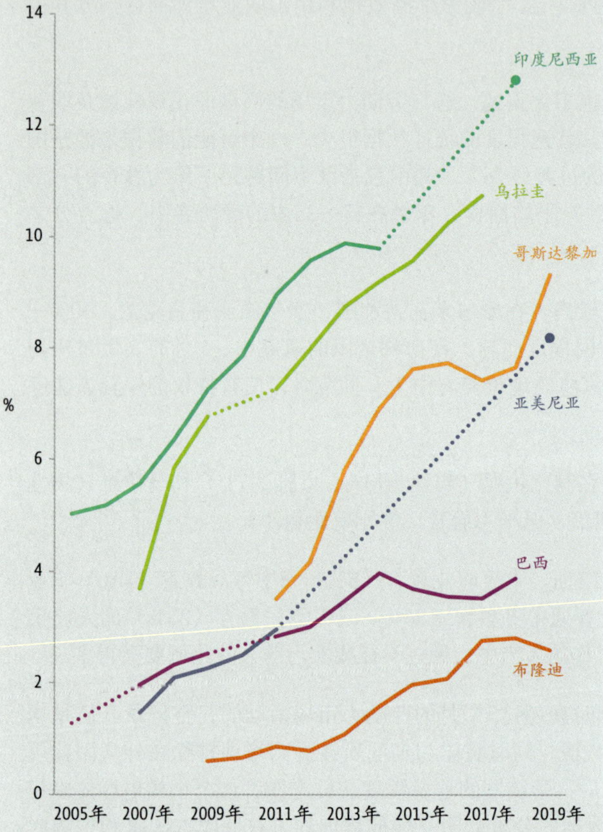

%

14
12
10
8
6
4
2
0

2005年 2007年 2009年 2011年 2013年 2015年 2017年 2019年

印度尼西亚
乌拉圭
哥斯达黎加
亚美尼亚
巴西
布隆迪

《全球教育监测报告》统计数据链接: https://bit.ly/GEM2021_fig12_2

资料来源：统计研究所数据库。

如果中等职业教育被视为“死胡同”，那么其可能就不会是一个有吸引力的选择（Field and Guez，2018）。而如果中等职业教育文凭无法像普通中等教育证书那样提供直接继续接受高等教育的选择，那么前者的吸引力就会更差。在约四分之一的国家中，所有形式的中等职业教育都是如此（图12.3）。相比之下，在30%的国家，所有中等职业教育的毕业生都可以直接接受高等教育。在其他国家，衔接或不衔接高等教育的中等职业教育并存。联合国教科文组织、经合组织和欧盟统计局的数据收集工具要求提供那些直接对接高等教育的职业技术教育与培训入学人数的详细信息，但这些数据并不是定期公布的。

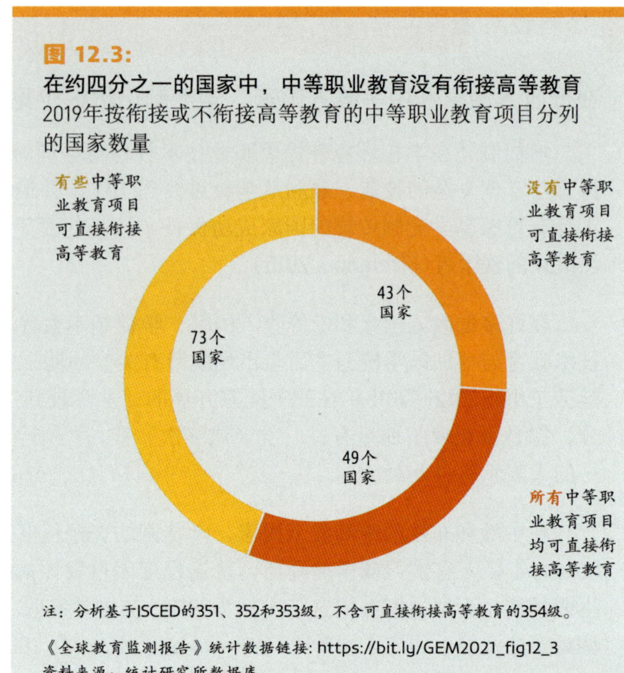

图 12.3:

在约四分之一的国家中，中等职业教育没有衔接高等教育

2019年按衔接或不衔接高等教育的中等职业教育项目分列的国家数量

注：分析基于ISCED的351、352和353级，不含可直接衔接高等教育的354级。

《全球教育监测报告》统计数据链接: https://bit.ly/GEM2021_fig12_3

资料来源：统计研究所数据库。

如果中等职业教育毕业生缺少接受高等教育的机会，则可以通过各种方式开辟途径。可升级当前的中等职业教育形式，以满足高等教育入学要求（例如，像巴西那样通过与普通高级中等教育相结合）；可将向中等职业教育毕业生开放的中等后教育形式升级为高等教育；可引入直接衔接高等教育的新形式的中等职业教育；或者可引入入学条件限制较少的新形式的高等教育，类似于德国、荷兰和瑞士等欧洲国家的“应用科学大学”（Field and Guez，2018）。在实践中，高等教育方面的改革更为普遍，例如将职业学位（如护理学位）提升至高等教育水平，或者以开放大学的形式建立后备的但得到充分认可的高等院校。

> “在30%的国家，所有中等职业教育的毕业生都可以直接接受高等教育。”

在塔吉克斯坦，一所公立技术专业大学于1990年代在大学结构内创建了一所高中，为九年级和十年级的学生提供基础技术教育。结业考试同时也是大学入学考试（Sabzalieva，2020）。最近，丹麦的EUX项目（2010年试点，2015年扩展到24个职业）为中等职业教育开辟了一条衔接高等教育的途径（Jørgensen，2015）。这一混合项目在之前的一项可同时授予职业资格和高等教育入学资格的举措上有所改进，但与先后获得两个资格证书相比，该混合项目被认为几乎没有节省时间。然而，仅仅开辟途径是不够的。由于EUX项目的要求很高，因此只有2%的职业技术教育与培训学生能够参加该项目（Jørgensen，2017）。在爱沙尼亚，职业技术教育衔接高等教育的路径原则上是开放的，但在2016年，只有21名职业技术教育与培训学生利用了一年的额外时间获得了高等教育入学资格（Musset et al.，2019）。

高等教育

2019年，全球接受高等教育的女性达到1.18亿人，男性达到1.10亿人。高等教育的毛入学率为39%，自2000年以来以平均每年约1个百分点的速度稳步增长。各区域的数值从撒哈拉以南非洲的9%到欧洲和北美的78%不等。

这些数字来自关于高等教育入学的行政数据。在许多国家，关于实际就读人数的调查数据所反映的情况有所不同（**图12.4**）。除了入学或就读数据中的错误外，如果许多学生就读的学校因缺乏认可或认证而未被计入官方统计，那么入学人数可能会低于实际就读人数。相反，如果许多学生只是名义上入学，特别是在免学费和学生身份可享有交通补贴等津贴的情况下，那么入学人数可能会高于实际就读人数。在德国的有些州，在过去20年里推行高等教育收费而随后又重新实行免费政策的做法，一直伴随着关于名义上入学却不参加教育的争论，包括纯粹为了获得与学生身份相关的额外津贴而入学的法律风险和实际利弊。在德国，2013年、2014年和2015年夏季学期，只有不到30%的新入学学生参加了物理开放学位课程或参加了考试（Düchs and Ingold，2016）。

毛参与率是指被招入或就读某一特定教育等级的任何年龄的人数与相应年龄段的人数的比值。在可获得数据的情况下，只考虑适龄个人入学和就读的净比率更好，它几乎取代了初等和中等教育的毛参与率。但是在高等教育中，按年龄分列的入学数据很少用于国际统计，因此无法计算净入学率。此外，与较低等级的教育，特别是义务教育不同，有关在特定年龄入学的标准要低得多。为了计算高等教育的毛参与率，通常采用紧接着高中年龄段之后的5年作为年龄标准。

但是，更高年龄群体接受高等教育很普遍。在撒哈拉以南非洲的许多国家，年轻人在传统的5年年龄段之后接受高等教育的可能性甚至比在这5年的头2年中接受高等教育的可能性更大（**图12.5**）。在有最新数据的一半国家中，大龄群体的就读率要高出一倍甚至更多。大龄就读可能反映了毕业延迟，但也是入学较晚的结果，这本身并不存在问题。但是，由于高等教育中新生和继续就读学生的年龄差异很大，因此可能使对毛参与率的比较失真。

具体目标4.3要求高等教育是人们负担得起的。在较低等级的教育中，私立学校往往由公共部门资助或直接被公共部门承包，与此不同，私立高等教育几乎总是要求学生或其家庭支付全部费用。考虑到高等教育有望带来更高的终生收入，因此高昂的学费也常常被视为一项有价值的投资——尽管并非所有人都能实现这一预期。但是，从一生的角度来看，高等教育具有可负担性，这并非意味着这种教育在前期就能让人负担得起。主张高等教育成本分担的经济理由主要在于潜在的入学者不会面临信贷限制。各种各样的学生贷款已经发展成为一个价值万亿美元的市场。然而，这些学生贷款在实践中并不总是能够达到其目的。设计不当的学生贷款或类似安排不仅对许多毕业生来说是不可持续的，而且对政府来说也是一个不良的收入来源（**焦点12.1**）。

图 12.4:

高等教育入学人数可能高于或低于实际就读人数

2015—2019年高等教育的毛就读率和毛入学率

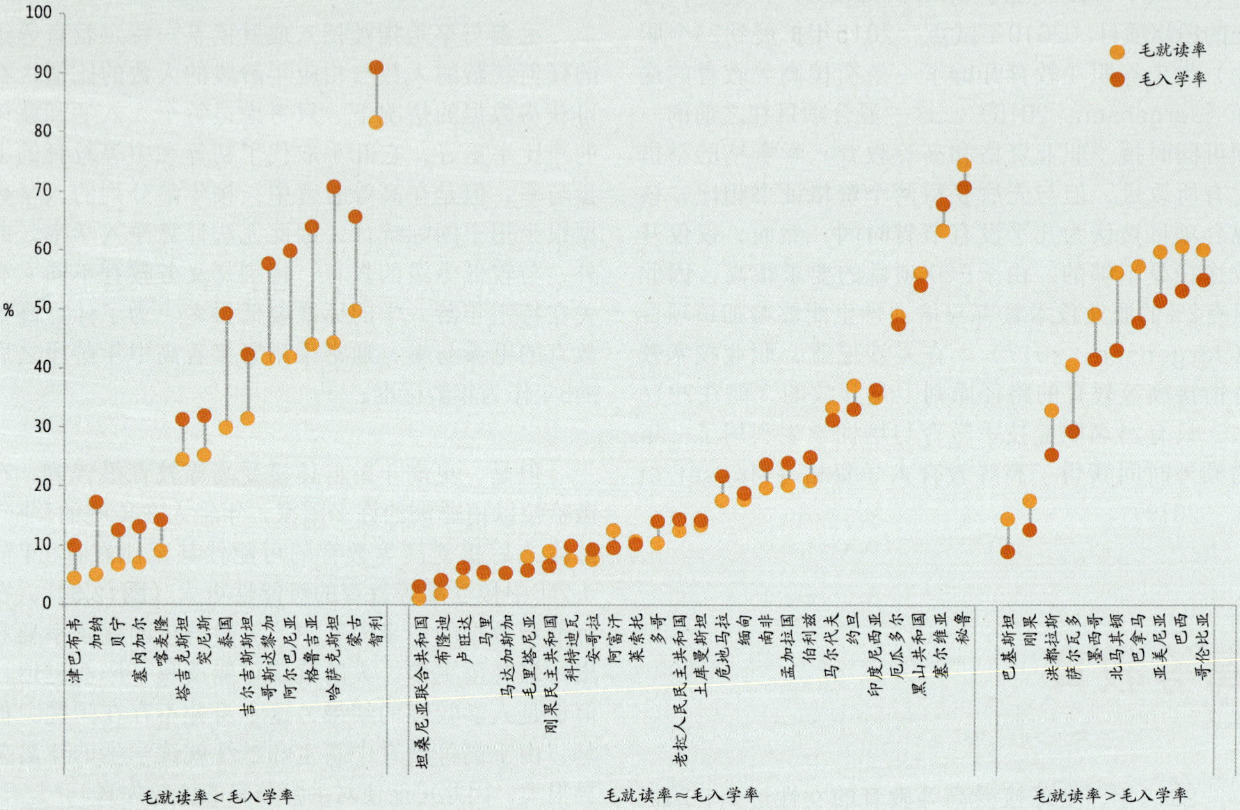

100
90
80
70
60
%
50
40
30
20
10
0
毛就读率
毛入学率
津巴布韦
加纳
贝宁
塞内加尔
喀麦隆
塔吉克斯坦
突尼斯
泰国
吉尔吉斯斯坦
哥斯达黎加
阿尔巴尼亚
格鲁吉亚
哈萨克斯坦
蒙古
智利
坦桑尼亚联合共和国
布隆迪
卢旺达
马里
马达加斯加
毛里塔尼亚
刚果民主共和国
科特迪瓦
安哥拉
阿富汗
莱索托
多哥
老挝人民民主共和国
土库曼斯坦
危地马拉
缅甸
南非
孟加拉国
伯利兹
马尔代夫
约旦
印度尼西亚
厄瓜多尔
黑山共和国
塞尔维亚
秘鲁
巴基斯坦
刚果
洪都拉斯
萨尔瓦多
墨西哥
北马其顿
巴拿马
亚美尼亚
巴西
哥伦比亚
毛就读率＜毛入学率
毛就读率≈毛入学率
毛就读率＞毛入学率

《全球教育监测报告》统计数据链接: https://bit.ly/GEM2021_fig12_4

资料来源：统计研究所数据库。

图 12.5:

人们较晚接受高等教育是撒哈拉以南非洲许多国家的常态

2015—2019年部分撒哈拉以南非洲国家，人们在高等教育理论年龄范围1年后和理论年龄范围的头2年中高等教育就读率的比率

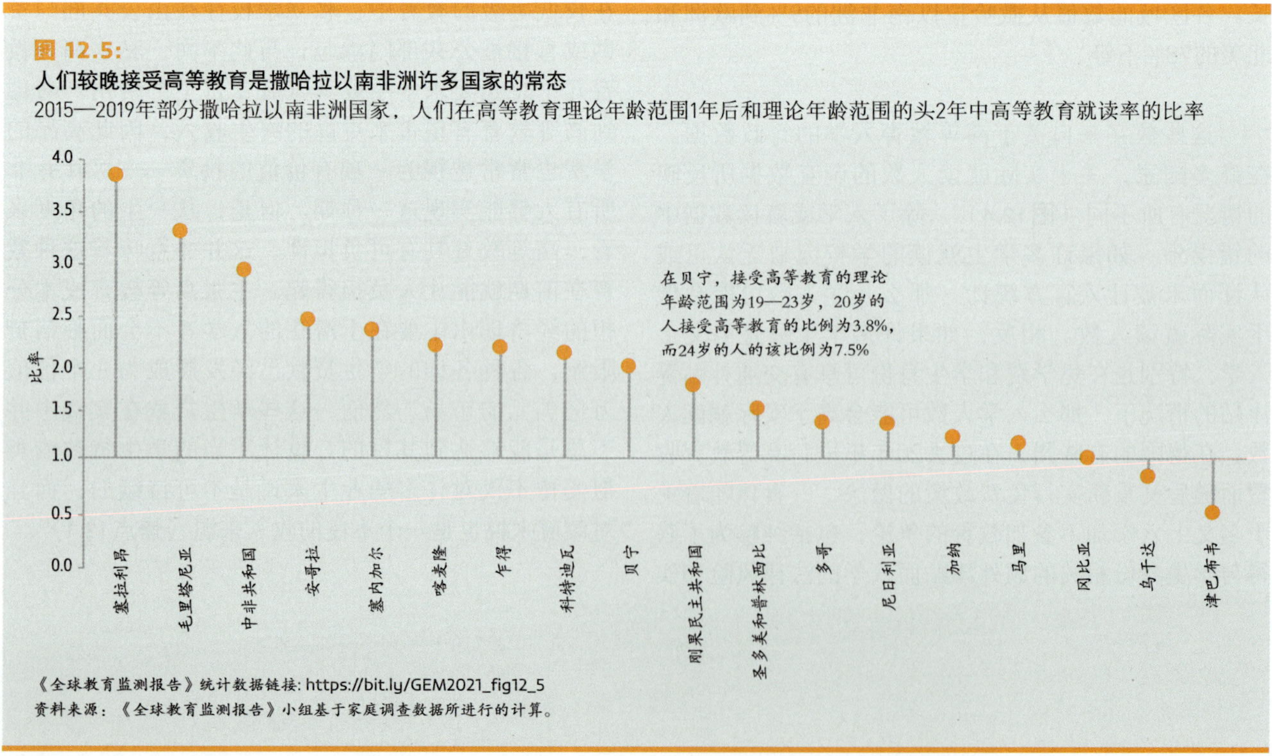

4.0
3.5
3.0
2.5
2.0
1.5
1.0
0.5
0.0
比率
在贝宁，接受高等教育的理论
年龄范围为19—23岁，20岁的
人接受高等教育的比例为3.8%，
而24岁的人的该比例为7.5%
塞拉利昂
毛里塔尼亚
中非共和国
安哥拉
塞内加尔
喀麦隆
乍得
科特迪瓦
贝宁
刚果民主共和国
圣多美和普林西比
多哥
尼日利亚
加纳
马里
冈比亚
乌干达
津巴布韦

《全球教育监测报告》统计数据链接: https://bit.ly/GEM2021_fig12_5

资料来源：《全球教育监测报告》小组基于家庭调查数据所进行的计算。

焦点12.1：许多家庭难以偿还学生贷款

为推动高等教育可负担化，学生贷款已成为一种越来越受欢迎的工具。目前有70多个国家都推出了不同程度的学生贷款。在19个以高收入国家为主的国家中，获得公共或政府资助学生贷款的高校学生的平均比例为40%，从瑞士的1%，到南非的42%，再到新西兰的84%不等（图12.6）。与学费补贴或奖学金和助学金相比，学生贷款可以在政府支出更少的情况下增加入学机会，甚至有助于提高公平性、毕业率和毕业生在劳动力市场上的表现。学生贷款还包括生活费用，使学生能够脱离对父母的经济依赖（Ziderman，2017）。

然而，学生贷款往往达不到其增加入学机会和提高可负担性的承诺。在巴西，2009—2015年发放的220万笔新生贷款中，只有不到一半为新生所用；大多数新贷款均由已经入学或无论如何都会入学的学生获取（Brazil Ministry of Economy，2017）。在美国，国家学生债务的增加很大程度上导致学费飙升，而并没有增加新入学人数（Lucca et al.，2017）。

根据人口群体或项目类型的不同，学生贷款的接受率可能也有所不同。研究表明，在某些族裔、移民群体或较贫困家庭中占比较大的厌恶风险者，不太可能接受学生贷款（Boatman et al.，2017）。在日本，贫困家庭对债务的厌恶使学生从普通高中转向职业高中，阻碍了他们进入高等院校（Furuta，2021）。

许多学生在成年后背负的高额债务使人们质疑学生贷款是否真的可负担。毕业时的平均债务因国家而异，取决于学费和生活费水平、助学金或学费补贴的金额以及贷款偿还条件。在英国英格兰，近95%的高校学生背有学生贷款，而毕业时的平均债务为5万美元（OECD，2019）。如果学生还款有困难，则还款额度可能会迅速上升，因为机构可能会收取滞纳金，或者像在美国一样，聘用营利性收债机构催债，而这将导致还款金额在原始金额的基础上增加30%—40%（Kolodner，2021）。

图 12.6：

在有些国家，几乎所有学生都能获得贷款，而在其他国家则几乎没有学生能获得贷款

2018年或最近数据可得年份，部分国家获得公共或政府资助学生贷款的高校学生比例

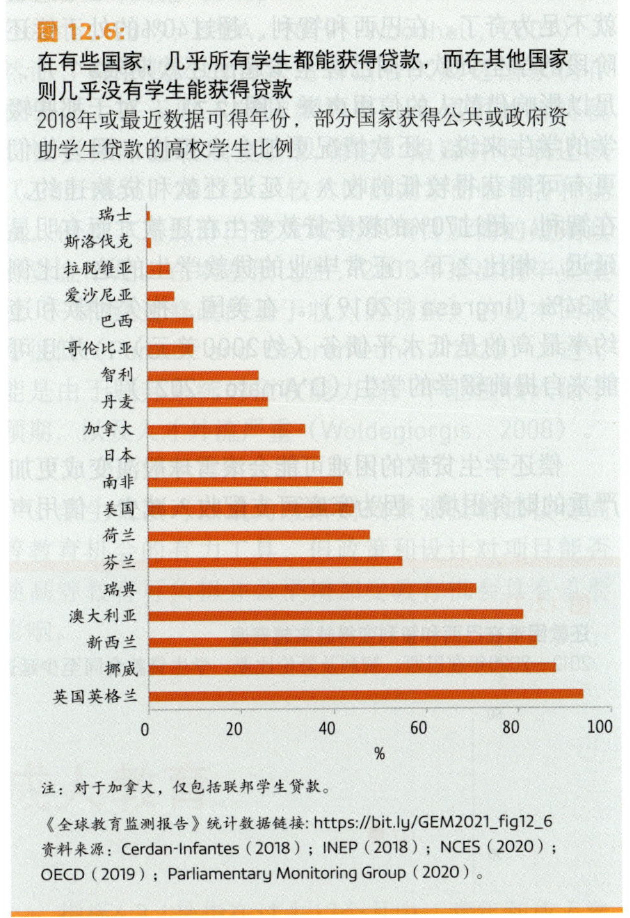

注：对于加拿大，仅包括联邦学生贷款。

《全球教育监测报告》统计数据链接：https://bit.ly/GEM2021_fig12_6

资料来源：Cerdan-Infantes（2018）；INEP（2018）；NCES（2020）；OECD（2019）；Parliamentary Monitoring Group（2020）。

重要的不是债务的绝对值，而是学生的偿还能力。在许多国家，学生贷款还款金额在借款人收入中的占比过高，特别是对最不富裕的毕业生而言。在巴西，一项模拟实验估计，25—37岁的底层五分之一女性毕业生的还款负担从100%到55%不等（Dearden and Nascimento，2019）。在印度尼西亚，还款负担从相对高收入地区（爪哇）的约30%到相对低收入地区（苏门答腊）的约85%不等（Chapman，2016）。在越南，模拟分析显示还款负担在20%—85%变化。即使是发达国家的毕业生，也同样面临着高额的还款负担，从美国的公职律师的50%到前东德女性的70%不等（Chapman，2016；Chapman and Lounkaew，2015）。

> “在许多国家，学生贷款还款金额在借款人收入中的占比过高，特别是对那些最不富裕的毕业生而言。”

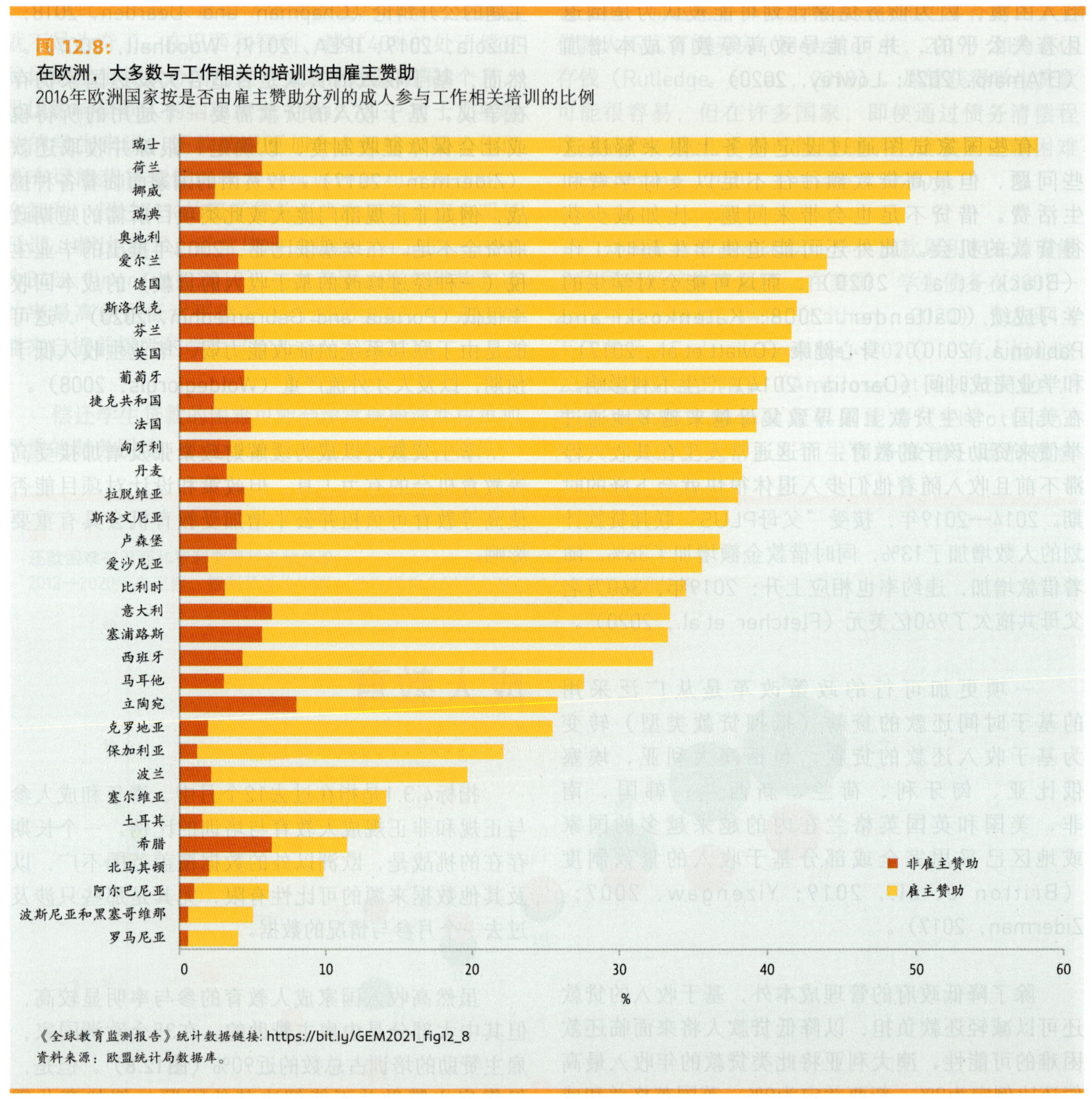

很明显，私人雇主作为赞助者发挥了重要作用（尽管数据包含公共部门所提供的赞助）。在所研究的35个国家中，雇主及其组织提供的职业相关培训占40%（**图12.9**）。因此，教育和培训政策需要针对处于劳动力市场之外无法获得雇主赞助的培训机会的个人（Henehan，2020）。社区学习中心可以满足这一需求（**焦点12.2**）。即使对于已就业人员来说，参与培训的时间也可能与赞助一样重要，这表明政府需要以学习假的形式进行干预（**焦点12.3**）。理论上，在没有补贴的情况下，雇主可能会对员工的培训投资不足。实际上，这项证据并不充分。

> 在35个欧洲国家中，雇主及其组织提供的职业相关培训占40%。

指标4.3.1的数据来源提供了对培训参与情况的简要说明，但并不总能反映其分布情况。可比较的面板数据文件（CPF）统一了来自澳大利亚、德国、韩国、俄罗斯、瑞士、英国和美国的历时最长的国家纵向调查。该文件显示了按受教育程度、就业状况和工作保障（美国除外）等特征分类的培训参与情况信息（Turek et al.，2021）。

平均而言，在2010—2019年，15%的受访者表示在前一年参与过培训，而在至少10年的观察中，31%的受访者表示至少参与过一次非正规的与工作相关的培训。大多数人一生中只接受过一次（40%）或最多两次（20%）培训，成人教育是极少数人反复追求的目标。28%的参与者表示参与了四次或四次以上的终生培训，其中29%的培训持续了3年或3年以上。

图 12.9:

非国家行为体提供了大部分与工作相关的培训

2016年欧洲国家按培训提供机构类型分列的成人参与工作相关培训的比例

《全球教育监测报告》统计数据链接：https://bit.ly/GEM2021_fig12_9

资料来源：欧盟统计局数据库。

教育资格是培训最具影响力的决定因素。一项与其他国际可比数据相一致的研究结果表明，受教育程度较高的成人更有可能继续学习。此外，这些人更多地成为各行各业的频繁学习者：受过高等教育的人（66%）一生中接受10次或10次以上培训的可能性是受过中等教育的成人（33%）的两倍（图12.10）。因此，培训的频率，就像整体参与状况一样，往往会进一步加剧教育不平等。那些已经接受过更多教育的人不仅更有可能得到深度培训，而且得到的培训次数也会更多。

焦点12.2：许多国家的社区学习中心数量激增

人们越来越认识到，社区学习中心在提供满足当地社区需求的教育机会方面发挥着重要作用。这些中心遍布世界各地，在许多国家都有悠久的传统，例如欧洲的民众中学、拉丁美洲的大众教育中心以及北非和西亚的社区发展中心（Gartenschlaeger，2017）。尽管名称和起源不同，但社区参与仍然是其标准特征（NILE and UIL，2016）。

在2009年第六届成人教育国际会议上，《贝伦行动框架》明确承认了社区学习中心的职能及其对可持续发展目标的贡献，该框架呼吁各国建立多用途社区学习空间或中心，以使全民都能有机会参与全方位的成人学习和教育计划（UIL，2010）。《教育2030：仁川宣言和行动纲领》重申需要“广泛提供面向非正规学习和教育及成人学习和教育的学习空间和环境，包括社区学习中心网络”（UNESCO，2015）。如果采用正规学校教育以外的跨领域教育方法，则社区学习中心可以作为学习、信息传播和网络中心。社区中的学习经验非常适合开展旨在提高学员整体能力的多种活动，其多学科教育方法可满足为了工作、生计和健康的学习（UNESCO，2016）。

图 12.10:

接受过高等教育的成人可能会经常参与培训

2010—2019年部分高收入国家按教育等级分列的人们在一生中接受的培训次数和相应人数比例

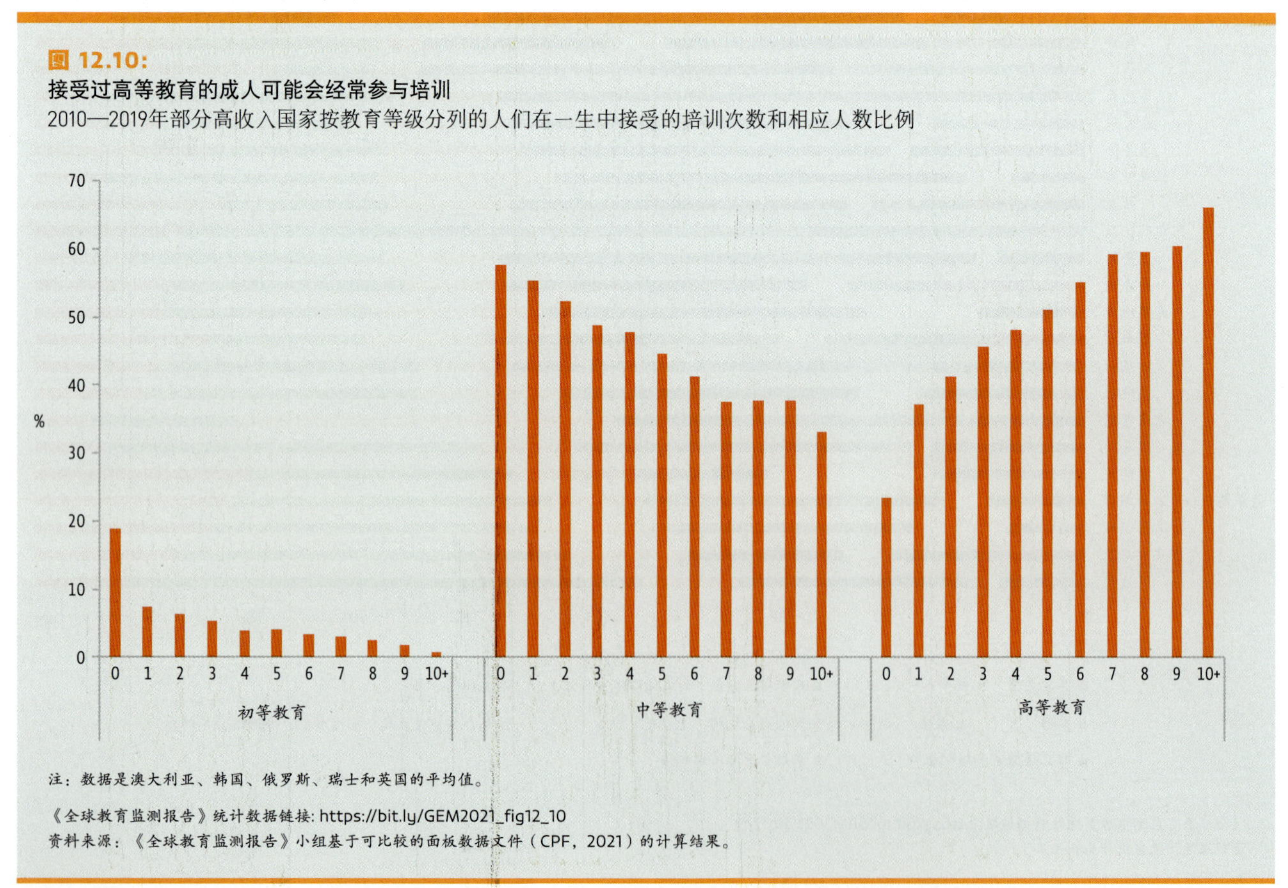

注：数据是澳大利亚、韩国、俄罗斯、瑞士和英国的平均值。

《全球教育监测报告》统计数据链接: https://bit.ly/GEM2021_fig12_10

资料来源：《全球教育监测报告》小组基于可比较的面板数据文件（CPF，2021）的计算结果。

> 在印度尼西亚，大多数社区学习中心由非国家机构（通常是非政府组织）领导。

2000年以来，全球社区学习中心的数量迅速增长，尤其是在亚洲。在越南，其数量在2002—2010年增长了14倍以上；到2014/2015年，该国共有1.1万个社区学习中心（NILE and UIL，2016）。尼泊尔经历了类似的指数式增长，社区学习中心从2000年的不到20个增加到了2012年的1900个（Govinda，2017）。

地方和国家政府，以及非政府组织等非国家行为体，对社区学习中心的建立和管理提供了支持，并为社区参与提供了财政和人力资源。在有些国家，非国家行为体的作用更加突出。在印度尼西亚，大多数社区学习中心由非国家机构（通常是非政府组织）领导。同样，非政府组织管理着孟加拉国全部约5000个中心（NILE and UIL，2016）。

尽管社区学习中心有所增加，但其分布却有所不同。在尼泊尔，对全国扫盲运动的一项评价指出，由于缺乏对地方社区学习中心的资助，农村地区开设的班级有限，从而使扫盲战略的实施进展受到阻碍（Nepal Ministry of Education and UNESCO，2017）。相比之下，泰国每个街区都设有一个社区学习中心。作为信息中心和教育机构，这些社区学习中心提供非正规教育，包括文化活动、职业培训、防灾课程和环境保护培训。在柬埔寨，尽管财政支持有限，但地方社区仍努力保持了社区学习中心的活力，提供裁缝、传统音乐、美发、石雕、编织、木工、信息和通信技术以及英语方面的培训。为了向偏远地区提供培训，社区学习中心开展了“移动生活技能”行动，利用面包车提供培训（Govinda，2017）。

在社区得不到服务的情况下，部分国家建立了地方一级学习知识的中心。摩洛哥有16500多个扫盲中心，但只有8700个设在农村地区。为了满足农村地区对各种课程的需求，政府在全国各地设立了200个社区学习中心，提供扫盲和扫盲后课程，主要面向妇女，同时提供职业培训和学前班（Chaker，2017）。在乌克兰，成人教育中心集中在州教育机构所在地的大城市。同时还建立了由非政府组织管理的平行中心，以向地方社区提供以职业为导向的培训项目，以及文化和休闲课程（Lukyanova and Veramejchyk，2017）。

在印度尼西亚，除社区学习中心外，还于2017年重新启动了社区职业培训中心，作为人力部项目的一部分，以鼓励偏远地区的职业教育，使人们能够接受培训并学习新技能，从而成为合格的工人。截至2020年，全国已建立2127个中心，并计划在2021年再建787个中心。这些中心建立于1970年代和1980年代，以满足制造业的需求，为求职者、学生以及工人提供非正规的汽车、纺织、电子以及信息和通信技术课程，作为其职业发展的一部分。然而，由于人们对其基础设施、设备和工作人员素质不太满意，因此参与率低于预期（OECD and Asian Development Bank，2014）。

社区学习中心的特点是提供适应地方需求的广谱学习。在坦桑尼亚联合共和国，1970年代成立的民俗发展学院可提供成人教育、社区发展和职业培训。这些学院开设了得到坦桑尼亚职业教育和培训局的认可与批准的一至两年职业课程，以及在校园和社区进行的短期课程。每所学院都能满足社区的需求，并为学员提供资源和设施（Rogers，2019）。

缅甸的社区学习中心开设了多种学习活动，包括第二次教育机会和专题培训，内容涉及卫生保健、家庭关系中的沟通技巧以及农业技术和实践等对农民特别重要的问题。这些中心还可作为一个多层面的网络，使村民和外部行为体之间能够进行社会联系，这样就能与其分享知识和技能并调动资源（Pham Le，2018）。在其他情况下，这些中心可以满足新出现的需求和具体需求，并依靠其能力来为最边缘地区的人民提供服务。墨西哥已经建立了32个数字融合中心，首都墨西哥城以及每个州都设有一个，以提供免费的基本数字技能项目和创业课程，特别面向青年和女孩（OECD，2020a）。

焦点12.3：在高收入国家，学习假是促进成人教育的一种手段

可持续发展目标4旨在促进“人人享有终身学习机会”，全球指标4.3.1旨在体现这一方面，但令人有些惊讶的是，这方面并未明确包含在任何单个具体目标中。除了这一指标在各国仍然存在相当大的数据差距之外，直接监测所有成人享有参与教育和培训的**机会**的程度也很重要。[1]

人们发现时间和成本约束阻碍了工人继续接受培训。带薪学习假是一种方案，可以使工人在不失去工作和收入的情况下投入更多的时间参与培训。因此，国际劳工组织认为学习假是促进继续教育权的一种关键手段。国际劳工组织《关于带薪学习假的第140号公约》于1974年通过，并在35个国家得到批准，该公约将带薪学习假定义为工人出于教育目的在工作时间内获得的规定时间的假期，并可得到适当的经济补助。

除了过时的欧洲概览性资料之外，还没有关于学习假法规的系统性跨国比较资料（Cedefop，2012）。大多数国家会通过立法来管理学习假，但是有少数国家，如荷兰，几乎完全依靠集体谈判协议。这种协议可能有数百个，且规则各不相同。即使在学习假是通过国家立法管理并由国家支付费用的国家，也可能无法获得国家层面的休假人数统计数据，尤其是在德国和墨西哥等联邦制国家。

为了填补这一数据空白，本报告的一项研究分析了可以获得数据的27个国家的情况。根据各国保护工作者受培训权的程度，可以将国家分为4类，分类标准为：是否存在具体的规范性文书、休假期间的报酬，以及确定哪些工作者有权享有此类假期的资格标准的广度。总体而言，雇主资助和保证重返工作岗位等福利，与最低工作年限等标准挂钩，但是其具体要求的差异很大。

第一组国家不保证工作者享有这种假期的权利。可能存在有关这种假期的协议，但没有关于享有权的法规。第二组国家限制了学习假的权利。加拿大和哥斯达黎加只为公职人员提供学习假。在智利，只有年龄在18—24岁的人才有资格申请无薪学习假。在英国，只有员工人数超过250人的公司的工作者才有资格休学习假，且学习假是无薪的。在第三组国家，人们享有适度的学习假权利，各国对带薪休假均有规定，但对不同群体（如公共部门和私营部门）、地区或行业有所区别，通常将休假时间限制为每年不超过30天。在第四组国家，学习假权利受到高度保护，且人们普遍享有带薪休假（包括长期休假）的权利。在奥地利，学习假最长可持续1年，芬兰为2年，挪威为3年，而瑞典则没有明确的限制。在芬兰，学习假对教育普及有很大的积极影响，特别是对于受教育程度较低的群体（Kauhanen，2021）。

学习假规定与成人教育和培训的总体参与情况之间没有明确的关系。这并不奇怪，因为即使是力度最大的计划也只能惠及一小部分工人。奥地利是少数几个公开提供学习假休假人数分类数据的国家之一。2019年该国有21147人受益，其中近60%是女性。然而，这还不到约450万劳动力的0.5%。2013年，法国约3000万劳动力中，只有41440人休了学习假，占0.13%。然而，即使如此之低的年参与率也可能占到整个职业生涯参与率的5%—20%。

指标4.3.1主要反映非正规教育的参与情况。通常，对于学习假资格，存在课程出勤率或考试方面的证明要求。更直接的对比是参与正规教育和培训的已就业人员的比例。欧盟平均水平仅为4.2%（Eurostat，2021b）。学习假对那些参与全日制长期课程的人的作用可能更大，特别是对于参与自由选择的课程的人。

1　本节基于鲍贾尼等人的研究（Batthyány et al.，2021）。

> *在乌拉圭，工人可以获得相对较短的学习假，特别是在私营部门工作的工人，且这一权利受到强有力的法律保护。*

指标4.3.1还包括雇主自己举办的培训。平均而言，欧盟70%的企业会向其雇员提供持续的职业培训（Eurostat，2021a）。在包括斯洛文尼亚在内的一些国家，学习假只能用于雇主关注的课程或学习。即使课程选择在原则上更加灵活，通常也需要雇主酌情同意，而员工可能有权向监管机构或工会提出申诉。法国提供了非常强有力的保护：雇主不得拒绝符合条件的为期1年的个人学习休假申请。然而，即使有这样的规定，雇主也可能会将休假的开始时间推迟9个月，这需要员工几乎提前1年制定计划。

依赖雇主的善意和支持可能会导致休学习假的人太少。集体谈判协议带来了灵活性，使雇主和工人能够根据领域、行业或公司的组织方式，就应如何提供休假达成一致意见。在有些国家，费用由专项基金承担。在奥地利，费用由雇主、政府和工人提供的资金支付。同样，在法国，私人雇主为工人培训支付的资金由一个第三方机构负责收取。

在乌拉圭，工人可以获得相对较短的学习假，特别是在私营部门工作的工人（每周工作36—48小时的员工每年有9天假），且这一权利受到强有力的法律保护。工人就业6个月后就有资格享受学习假。雇主不得拒绝，且必须在员工休学习假期间支付全额工资。适度的权利和强有力的保护相结合，是资源有限情况下的一种可行战略。因此，在经济发展允许的情况下，延长学习假是一件渐进变化的事，而不是要推行一种新的手段。

新型冠状病毒肺炎疫情的影响

职业技术教育与培训受到了新型冠状病毒肺炎疫情的严重影响。2020年5月的一项全球调查发现，90%的受访者经历过学校关闭，而98%的受访者经历过工作进修的中断。二分之一的低收入国家和三分之一的中低收入国家不得不取消所有培训。在92个国家中，13个国家的大多数受访者在疫情之前定期进行远程学习；而在疫情期间，这一数字达到46个国家，即50%，从低收入国家的12%到高收入国家的72%不等。近四分之三的受访者报告称，认证测试也被推迟（ILO et al.，2020）。

远程教学给职业技术教育与培训带来了挑战。因为高达80%的课程侧重于实践和软技能，这些技能应通过面对面的学习来掌握（Commonwealth of Learning，2020）。对27个经合组织国家的调查显示，尽管存在疫情，但某些基于工作的学习和学徒制培训仍在继续，同时有些国家在重新开放教育机构时优先考虑职业教育。在荷兰，职业中学的学生继续在学校学习。在波兰，实践课是在采取一些限制措施的条件下面对面进行的，而理论课转为网上进行。大约81%的国家对学校或教室设施进行了调整，而73%的国家则以线上线下相结合的模式安排学生返校（OECD，2021a）。在厄瓜多尔，学生们在家里进行实践活动，并将已完成作业的照片和视频发给老师进行批改（Hoftijzer et al.，2021）。

培养教师一直是一个主要问题。巴勒斯坦将重点放在使职业技术教育与培训教师具备提供远程教学的能力上，同时发现缺乏相关的能力框架（Samara，2021）。南非的一个旨在使职业技术教育与培训讲师教育专业化的能力发展项目，不得不对其方法进行调整以适应在线研讨会，同时解决互联网接入和获取设备方面的不平等问题（Scheepers and Gebhardt，2021）。但在某些情况下，疫情并没有中断提升职业教育的长期努力。印度尼西亚正在进行一项改革，其中包括使职业教师教育专业化的进程，以及为在职但未获得证书的教师引入在职模式。在线平台通过一个学习管理系统，使这项改革得以继续（Setiawan and Hamdani，2021）。

在低收入国家和中等收入国家，包括在撒哈拉以南非洲国家，获取设备和互联网接入是一个障碍（Kamaté and Siahoué，2020）。在斯里兰卡，提供远程学习的职业技术教育与培训机构的比例从疫情前的36%，增加到了有92%的机构在疫情期间可提供至少一门在线课程。但是，只有五分之一的家庭拥有台式机或笔记本电脑，且96%能够参与在线课程的学生大多通过低科技解决方案进行（Hayashi et al.，2021）。因此，对于提供远程学习而言，使用多种方法而不是仅仅依靠高科技解决方案非常重要。在印度，斯韦阿姆・普拉巴“家庭直播”电视频道提供职业教育课程。在卢旺达，甚至在疫情之前，就已将非智能手机与交互式语音应答结合起来，用于培训社区卫生工作者（Hoftijzer et al.，2020）。

疫情期间，由于有些国家鼓励私营公司通过数字工具和平台提供远程培训，因此政府和非公立服务机构之间的合作有所加强（OECD，2020b）。亚美尼亚的一个非政府组织——国家远程学习网络，为国家教育技术发展中心培训技术学院和学校的培训员。与工会的合作为一线员工的培训提供了支持。英国国家医疗服务体系（NHS）专业人员协会（一个由卫生和社会部门工作者组成的协会）和健康技能委员会（卫生部门技能委员会）合作开设了一个关于新型冠状病毒肺炎的免费在线培训课程（Skills for Health，2020）。

疫情表明，那些对经济至关重要但遭受严重影响的领域的工作依赖于职业培训，职业培训可以满足迫切需求，并增强人们抵御危机的能力。多米尼加共和国国家技术和职业培训学院为旅游业开设了一门健康相关新规程的课程（ILO/Cinterfor，2020）。

高等教育学生在疫情之前比其他教育等级学生进行远程学习的频率更高，而且包括职业技术教育与培训学生在内的许多高校学生还参与了实践课程。在一项对53个国家的调查中，只有3个国家报告称完全转为在线高等教育，19个国家以在线模式为主，28个国家采用远程和面对面教学的混合方式（UNESCO，2021）。但是，对撒哈拉以南非洲的一项调查发现，到2020年年中，超过80%的学生经历过课程中断，只有39%的学生在提供远程学习选项的学校就读，而在西非，后者的比例低至17%（Mawazo Institute，2020）。

各国对网络平台的选择各不相同。在拉丁美洲，60%的大学采用了魔灯（Moodle），其次是谷歌课堂（30%）、自主开发的平台（21%）和黑板（Blackboard，7%）（IESALC，2021）。阿拉伯国家的许多大学使用魔灯或包括脸谱（Facebook）和优兔（You Tube）在内的社交媒体，基于通过大学网站发送的电子出版物授课（Lassoued et al.，2020）。哥伦比亚创建了合作平台CO-LAB，可以在大学之间共享优质的教学实践和数字资源。埃及与微软合作推出了首个大学远程学习数字平台。俄罗斯启动了一个名为“20.35大学”的平台（OECD，2021b）。在中国，各大学在22个平台上开设了2.4万门在线课程，其中包括教育部选择的1291门具有竞争力的优质课程和401门以虚拟实验为特色的课程（Sun et al.，2020）。

可以从至少10个方面来评估转向在线学习的准备情况：业务连续性计划、应急管理办公室、电力、互联网、学习管理系统、视频会议、数字内容资源、教学与学习单位、接受过培训的教师，以及网络安全（Salmi，2020）。在疫情之前，80%的拉丁美洲大学拥有适合远程教育的学习管理系统和在线平台，而8%的大学在疫情后部署了这些系统和平台。然而，只有68%的教师经常使用这些平台，学生的这一比例为80%（IESALC，2021）。在越南，2016年只有2%的高校学生参与远程学习，主要是因为法规禁止高等院校只开设在线课程。在疫情期间，200多所院校中有110所都转为在线教学。年长的教师在使用在线平台和在线即时通信群组进行讨论和共享作业方面得到了支持（Pham and Ho，2020）。

对于需要校本资源的实践课程来说，向远程学习的转变最具挑战性。在印度，65%的医科学生错过了基于解剖、模型、显微切片和与导师交流的传统解剖学课程；此外，83%的学生说他们缺乏设备和互联网带宽（Singal et al.，2021）。在撒哈拉以南非洲英语国家，73%从事研究的学生报告称实验室或实地研究活动已被暂停（Mawazo Institute，2020）。兽医课程转为网上进行，通过视频展示过程，有时还会使用三维虚拟工具（Mahdy，2020）。在病理学中，显微镜可视化被用来替代混合模式，混合模式允许学生在遵守社交距离规则的情况下进入实验室（Kwon et al.，2020）。

疫情对入学人数的影响不明确。与人们通常认为的相反，当经济机遇减少时，入学人数往往会增加，美国在2007—2008年金融危机中的经历可证明这一点（Barr and Turner，2013）。但是，在封控限制下，上大学所面临的挑战可能会产生相反的效果。来自美国的最新证据表明，2019—2021年，本科入学人数下降了6.5%，但这种影响是高度不均衡的：4年制营利性私立院校和2年制公立院校的入学人数至少下降了13%，另一方面，尽管受到国际学生流动性下降的潜在影响，但顶尖院校和研究生课程的入学人数却有所上升（**图12.11**）。根据非可比数据对57个国家进行的一项全球评估显示，这种影响没有明确的模式。2019年和2020年，报告入学人数增加的国家数量大致等于报告入学人数减少的国家数量。然而，亚美尼亚、匈牙利和委内瑞拉玻利瓦尔共和国报告入学人数至少减少了20%（UNESCO，2021）。自2007年以来，2021年巴西大学入学考试的申请人数最少，尤其是黑人、棕色人种和原住民学生（Pinheiro，2021）。

疫情造成的不均衡影响超出了入学和获得生活条件的范围。在欧盟国家，41%勤工俭学的学生失去了工作，其中29%是暂时性的，而12%是永久性的；20%的学生担忧生活费没有着落。然而，75%的学生的学费水平保持不变，只有16%的学生受益于灵活的付款计划或付款取消（Farnell et al.，2021）。在拉丁美洲，超过60%的公立高校和90%的私立高校给学费打了折扣（IESALC，2021）。

在**成人教育**方面，许多传统课程被暂停，并转向了数字平台。成人学习者很可能会在不利的经济条件下辍学（Singh et al., 2021）。在爱尔兰，国家资格框架1—4级的认证减少了25%（O'Reilly, 2021）。据估计，在经合组织国家，参与非正规学习的人数减少了18%，参与非正式学习的人数减少了25%，损失因公私性质、封校持续时间和技能水平而异。在参与非正式和非正规学习的机会方面，中等技能和低等技能工人的减少量是受过高等教育的成人减少量的两倍多（Paciorek et al., 2021）。

在疫情期间，成人教育团体与学习者保持着联系。加拿大魁北克省的扫盲组织给学习者打了电话，以确保他们了解政府的措施（Brossard, 2020）。英国的一个非政府组织——学习与工作研究所，与合作伙伴一起开发了一个工具包，以评估在线学习解决方案在为那些处于不断萎缩的行业和职业中的人们培养职业适应性技能和学习积极性方面的有效性（Sadro et al., 2021）。人口群体网络在为弱势群体提供教育援助方面也发挥了重要作用。在埃及，妇女与社会协会在其优兔频道上分享了教育、社会和创意内容，来帮助母亲们（UIL, 2020b）。

地方当局也利用他们在非正规和非正式学习方面的经验来缓解新型冠状病毒肺炎疫情造成的影响。在秘鲁利马，“我在家学习”项目用针对不同家庭成员的内容来促进代际学习，包括以10种土著语言和手语制作的面向正规教育学生的材料以及教育与娱乐电视和广播节目（UIL, 2020a; UNESCO, 2020）。

图 12.11:

在美国，高等教育入学率的变化因教育等级和院校类型而异

2019—2021年美国按教育等级、公私性质和院校等级分列的高等教育入学率变化情况

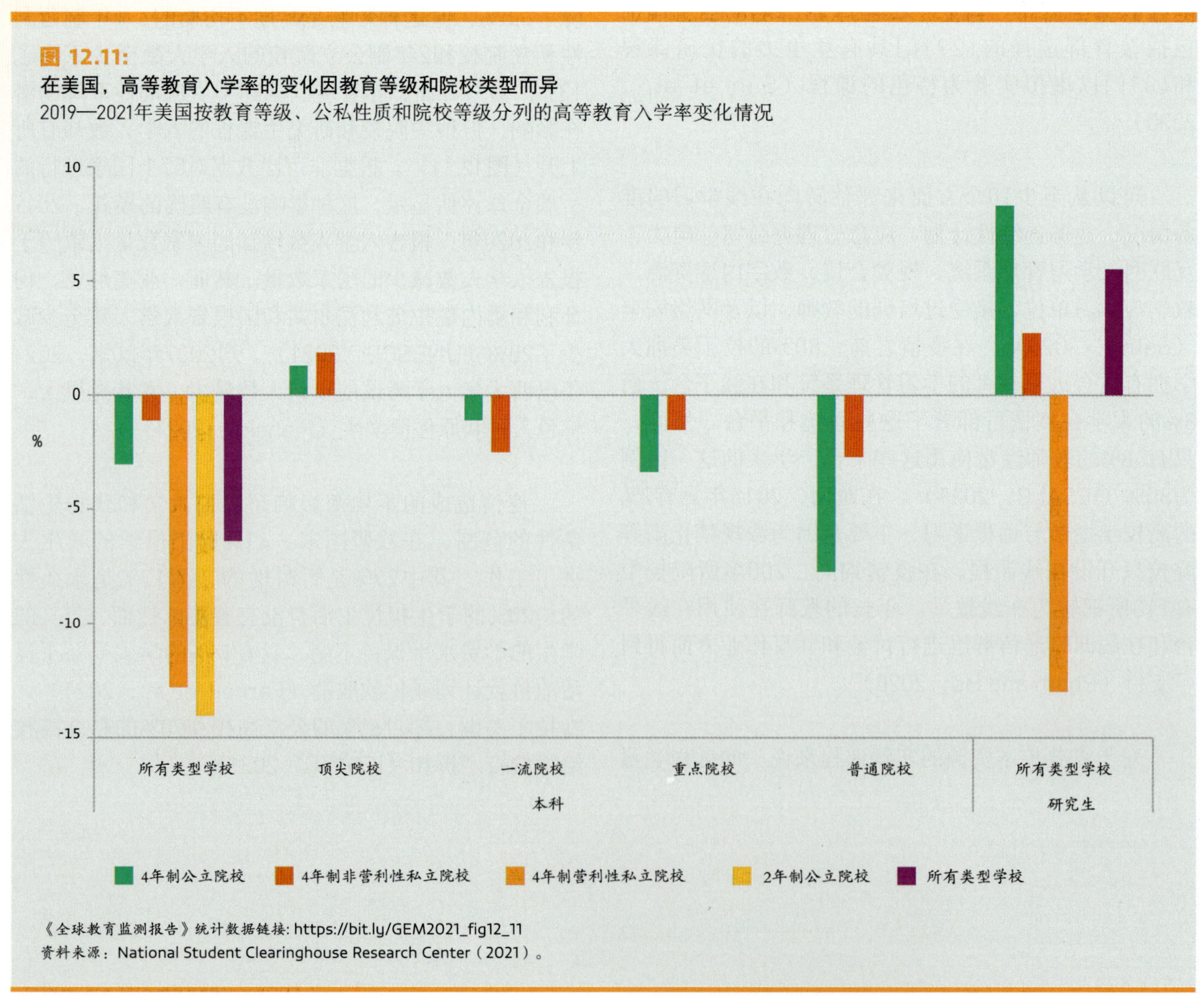

《全球教育监测报告》统计数据链接: https://bit.ly/GEM2021_fig12_11
资料来源：National Student Clearinghouse Research Center（2021）。

在具备数字化学习基础设施的国家，在线进行的继续学习取得了积极成果。在经合组织国家中，在线学习的灵活性和连续性促使更多人参与了一些成人教育课程。各国政府通过免费或补贴课程来支持这种学习，其通常与针对学习者和教师的其他行为体合作。加拿大安大略学校董事会与苹果公司合作，为教师提供数字教材，包括免费的虚拟补习课程（OECD，2020a）。

然而，由于通网率较低、数字技能的欠缺以及缺少足够的设备，因此并不总能确保可开展在线学习。在某些情况下，向使用手机应用程序的转变填补了此缺口。在全球范围内，2017—2018年，手机用户平均比固定宽带用户多7.5倍（Kovacevic and Jahic，2020）。为了解决通网率低的问题，南非私立成人教育机构——媒体工作角（Media Works Cape）通过瓦次艾普（WhatsApp）提供课程，使学习者能够提问和分享视频，从而促进了虚拟学习（Carroll，2020）。研究显示，在疫情之前，WhatsApp是撒哈拉以南非洲国家首选的学习交流应用程序，而脸谱网由于消耗数据更多，因此更加昂贵（Madge et al.，2019）。

20岁的马哈茂德目前正在约旦伊尔比德的经典时尚（Classic Fashion）公司完成为期6个月的培训合同，这为难民进入劳动力市场提供了机会。

摄影：UNHCR/Mohammad Hawari

重要信息

在91个国家中，约有一半国家的成年人不具备可持续发展目标4监测的9项核心信息和通信技术技能。学校教育是信息和通信技术技能的一个强有力的预测因素：在古巴、基里巴斯和津巴布韦，受过高级中等教育及以上教育的人平均至少拥有9项核心技能中的7项。

在乍得20至24岁的年轻人中，98%的女性和90%的男性从未使用过互联网，而在突尼斯，该比例分别为36%和31%。

在2018年国际计算机和信息素养研究（ICILS，多维数字素养的主要跨国比较指标）中，所有参与研究的12个中高收入和高收入国家的女孩表现明显优于男孩。

在参加了2018年国际学生评估项目的国家中，35%的15岁学生表示在过去的1年中从未在学校学习过有关复利的知识，该比例从芬兰的15%到意大利的63%不等。

计算思维（通过逻辑和算法推理解决问题）越来越多地出现在欧洲和东亚国家的课程中。

新型冠状病毒肺炎疫情导致的封控和学校关闭使基本数字技能成为学习和获取技能的先决条件。同时，数字技能也在获取最新信息、预约医疗服务以及日益数字化的公共服务方面（如在巴拿马）发挥了关键作用。

第13章

具体目标4.4

工作技能

到2030年，大幅提升拥有相关技能（包括为了就业、体面工作和创业而应具备的技术和专业技能）的青年和成人数量。

全球指标

4.4.1 具备信息和通信技术技能的青年和成人比例，按技能类别统计

主题指标

4.4.2 达到数字化读写技能最低熟练水平的青年和成人比例

4.4.3 青年和成人受教育程度比例，按年龄组和教育等级统计

全球指标4.4.1衡量的是作为计算机相关技能间接衡量标准的信息和通信技术的近期使用情况。在家庭调查中，受访者报告了他们在过去3个月中是否进行了9项活动中的任何一项，从发送带有附件的消息到连接和安装新设备，再到编写计算机程序。国际电信联盟（ITU）作为全球指标的共同监管机构，在2019年对技能组合进行了一些调整，例如，使其适应移动设备相对于计算机与日俱增的重要性，但这些调整尚未反映在报告的数据中。

指标4.4.1的框架相对于各国当前的信息和通信技术技能水平而言具有引领性。在91个有数据的国家中，只有10个国家的大多数受访者表示，他们至少具备9项技能中的5项（**图13.1**）。在大约一半的国家中，大多数成人没有掌握任何技能，且低收入和中低收入国家在国际电信联盟基础数据中所占比例不足。因此，发展中国家的政策必须解决数字技能的短缺问题，并部署对技能要求较低的技术。例如，肯尼亚的移动支付服务M-Pesa可以与手机短信搭配使用，无须使用智能手机（James，2021）。

指标4.4.2旨在直接评估“达到数字化读写技能最低熟练水平的青年和成人比例”。数字素养是一个复杂的概念，超越了孤立的信息和通信技术使用技能。2018年国际计算机和信息素养研究虽然并不完全符合正在形成的关于数字素养和相关最低熟练水平的可持续发展目标4框架的共识，但它是目前唯一可以用比较的方法来衡量多维数字素养的尝试，尽管其样本侧重于八年级学生，且几乎完全来自高收入国家（地区）。此外，2018年国际计算机和信息素养研究包含一个关于计算思维的可选模块，该技能与数字素养相关，但与之不同（**焦点13.1**）。

> 发展中国家的政策必须解决数字技能的短缺问题，并部署对技能要求较低的技术。

图 13.1:

各国（地区）人民掌握数字技能的程度不均衡

2015—2019年部分国家或地区拥有9项信息和通信技术技能的成年人百分比

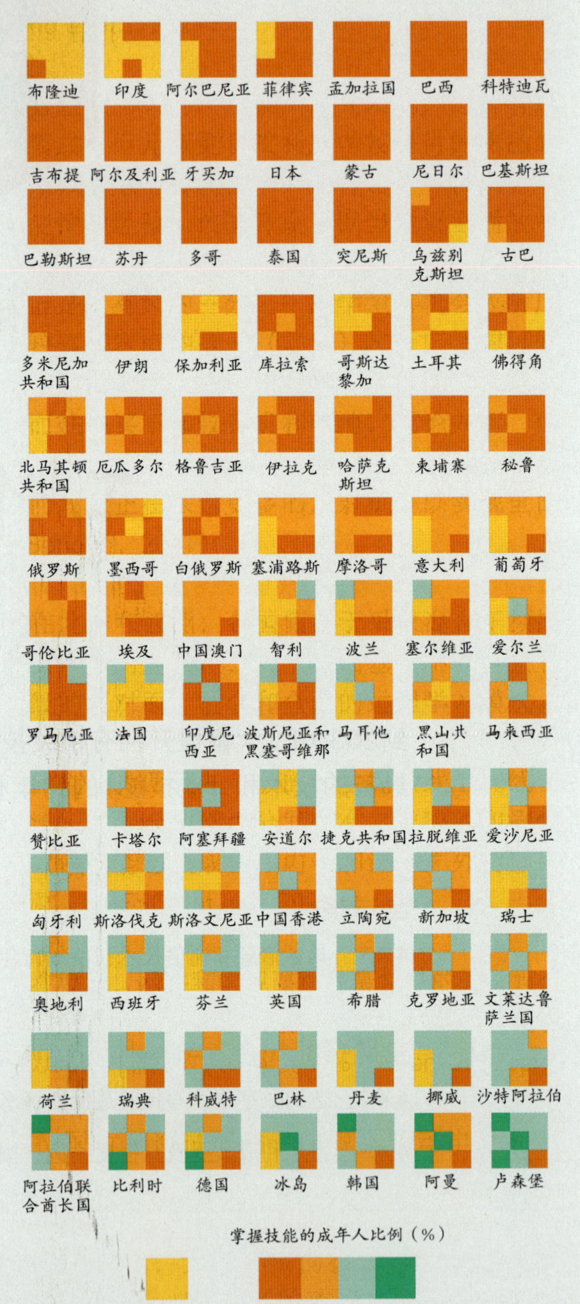

《全球教育监测报告》统计数据链接：https://bit.ly/GEM2021_fig13_1

资料来源：统计研究所数据库。

国际计算机和信息素养研究衡量的数字素养因国家（地区）而异。在所有参与研究的教育系统中，女孩的得分都高于男孩，即使在那些平均成绩较高的系统中也是如此。在韩国，女孩在国际计算机和信息素养研究量表（该表的值被标定为500）中的得分比男孩高出近40分，无论以何种标准衡量，这个差距都很大（图13.2）。

第六轮多指标聚类调查包括一个模块，其中包含有关9项信息和通信技术技能以及受访者是否曾经使用过计算机或互联网的问题。这些数据覆盖了15—49岁的成人，并可以按个体特征对技能水平进行分类。在低收入国家和中等收入国家，具有信息和通信技术设备和互联网接入是信息和通信技术技能普及的底线。乍得即使在20—24岁的群体中，也有98%的女性和90%的男性报告称从未使用过互联网；老挝人民民主共和国的这一比例分别为61%和63%，而突尼斯分别为36%和31%。

按受教育程度分列的信息和通信技术技能的普及程度在不同国家显示出了明显的差距（图13.3）。在古巴、基里巴斯和津巴布韦，受过高级中等教育或高等教育的人平均掌握了9项技能中的7项以上，与数字先进社会相当。但在伊拉克、老挝人民民主共和国和塞拉利昂，即使是受教育程度最高的群体所掌握的技能平均也不到两项。在大多数国家，没有完成初级中等教育学业的年轻人掌握任何信息和通信技术技能的情况很少。因此，普及中等教育将在实现具体目标4.4的所有努力中发挥重要作用。

> “在伊拉克、老挝人民民主共和国和塞拉利昂，即使是受教育程度最高的群体，所掌握的信息和通信技术技能平均也不到两项。”

图 13.2:

女孩在总体数字素养中得分更高

2018年按性别分列的数字素养得分情况

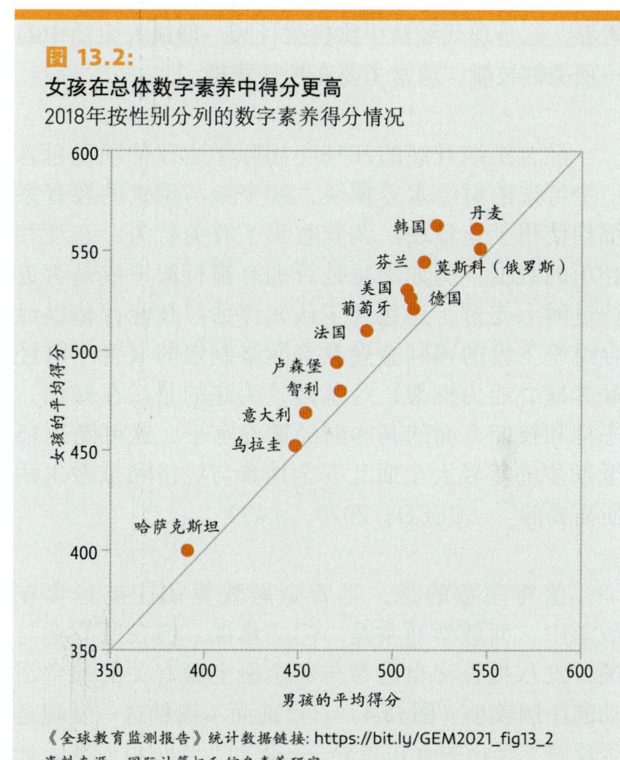

《全球教育监测报告》统计数据链接: https://bit.ly/GEM2021_fig13_2

资料来源：国际计算机和信息素养研究。

图 13.3:

在低收入国家和中等收入国家，学校教育是信息和通信技术技能的一个强有力的预测因素

2017—2020年部分国家按教育程度分列的20—24岁群体使用过的平均信息和通信技术技能数量

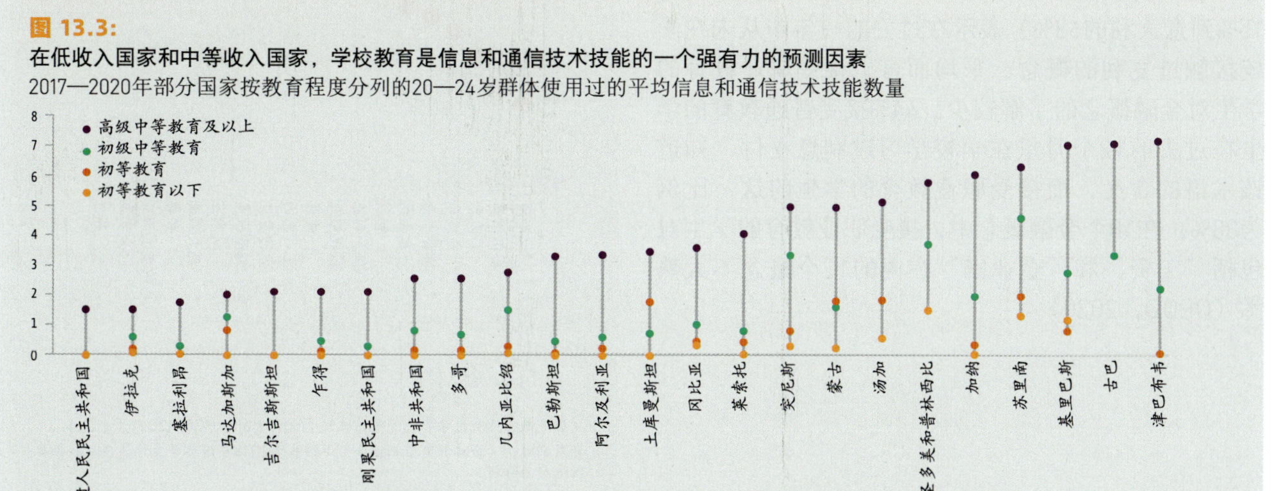

《全球教育监测报告》统计数据链接: https://bit.ly/GEM2021_fig13_3

资料来源：《全球教育监测报告》小组基于多指标聚类调查数据所进行的分析。

在几乎所有国家，有效使用数字工具的基本能力都越来越重要，这使其成为少数可在全球范围内监测的可比劳动力市场技能之一。然而，具体目标4.4的范围（“包括为了就业、体面工作和创业而应具备的技术和专业技能”）显然要广泛得多，它包括众所周知难以衡量的软技能。至关重要的是，它还包括财经素养，这是现代经济中维持生计和一般成人生活中的一项关键技能，通常主要在校外获得。

经合组织开展的2018年国际学生评估项目包含一个可选的财经素养模块，20个参与调查的教育系统均使用了该模块。调查收集了有关行为、态度和经历的数据，例如学生是否拥有银行账户或是否进行过网上支付，还包含了认知评估。技能评估以经合组织下设的国际金融教育网络制定的《青年财经素养核心能力框架》为基础，关注的是“在知识、态度和技能方面的基本财经素养水平，这可能是15至18岁的年轻人全面且安全地参与经济和金融生活所需要的”（OECD，2020，p.43）。

值得注意的是，尽管金融教育往往被包含在数学中，而数学通常是一门必修课，但在所有参与国，女孩报告称自己参与和金融主题有关的课堂活动的比例较小（图13.4）。目前尚不清楚这一发现是否反映了经历的真正差异——例如，当小组或个人选择任务主题时是否存在性别差异，或性别偏见是否会在回忆中表现出来。

并非每个人都有机会在学校学习重要的金融概念。在参与调查的国家中，35%的学生（从芬兰的15%到意大利的63%）表示在过去的一年中从未在学校接触过复利的概念。平均而言，接受职业教育的学生对金融概念的了解较少。44%接受普通教育的学生在过去的12个月里在学校学习过利息支付，知道该术语的含义，而接受职业教育的学生的这一比例为38%。在18个金融概念中，接受职业教育的学生对包括“工资”和“企业家”在内的12个概念不太熟悉（OECD，2020）。

“并非每个人都有机会在学校学习重要的金融概念。”

图 13.4:

女学生报告称较少接触金融专题

2018年，回忆起在过去的12个月里有时或经常在学校课堂上遇到关于“与金融机构打交道时消费者权利”的讨论的15岁学生的百分比

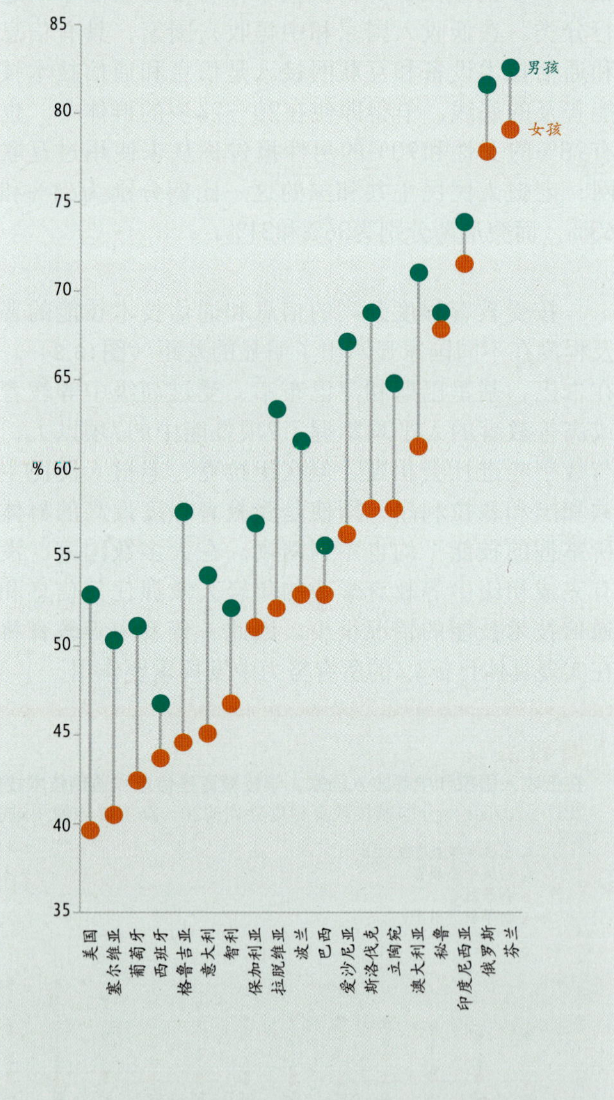

《全球教育监测报告》统计数据链接：https://bit.ly/GEM2021_fig13_4

资料来源：《全球教育监测报告》小组基于2018年国际学生评估项目数据库所进行的分析。

在墨西哥，一项为期6周共48小时的免费商业扫盲项目对农村女性微型企业经营者创造利润产生了积极影响，这种影响甚至延续到了两年半以后（Calderon et al.，2018）。但是，对于支持生计的培训的评估，应从更广泛的角度看待其对参与者能力和福祉的影响，而不是狭隘地仅关注收入等直接结果（DeJaeghere et al.，2020）。作为多管齐下的干预措施的一部分，金融教育尤其有作用。低收入国家和中等收入国家对年轻人的金融教育方案以及性健康和生殖健康教育进行的系统检视表明，金融教育可以对强化与艾滋病病毒有关的知识和态度以及减少冒险行为产生积极影响（Lee et al.，2020）。这一结果不仅源于社会条件的改善，还源于自信心、谈判能力及自我效能的提高。

焦点13.1：计算思维是数字素养的重要组成部分

计算思维通常被认为是指通过逻辑和算法推理来解决问题，是数字素养的一个重要组成部分，并被纳入可持续发展目标4主题指标4.4.2的全球数字素养框架（Law et al.，2018）。虽然计算思维经常在与计算机有关的环境中被提及，但它越来越被认为是一种可以在各种领域发展并应用的认知过程，与是否使用数字设备无关。

2018年国际计算机和信息素养研究是首个针对学生计算思维成绩的跨国评估，测试了学生识别哪些现实问题适合用计算公式解决，以及开发可用于计算机的算法解决方案的能力（Fraillon et al.，2019）。评估结果凸显了国家间和国家内的数字鸿沟（**图13.5**）。那些来自较为优越的社会经济背景的学生（以家庭藏书数量为标准），并在家里讲测试语言的学生，其得分始终明显高于同龄人。

同时，评估结果显示出了性别差距，男孩的得分高于女孩，这与国际计算机和信息素养研究的另一个领域——计算机和信息素养的结果形成了对比。鉴于评估的结构，男女生之间截然不同的结果可能反映了男孩和女孩对信息和通信技术使用态度的差异。女孩在一般学校相关任务中更擅长使用信息和通信技术，但男孩在执行专门的信息和通信技术任务（例如创建程序）时往往表现更好，也更有信心（Fraillon et al.，2019）。虽然在具有类似结构的国家评估中也发现男性表现较好（Román-González et al.，2017），但研究人员对计算技能的不同应用方式进行了评估，例如在基于叙事的计算机游戏上，却发现女孩的表现优于男孩（Howland and Good，2015）。

图 13.5:

较富裕的学生和男孩在计算思维方面往往得分更高

2018年部分高收入国家学生的计算思维平均得分

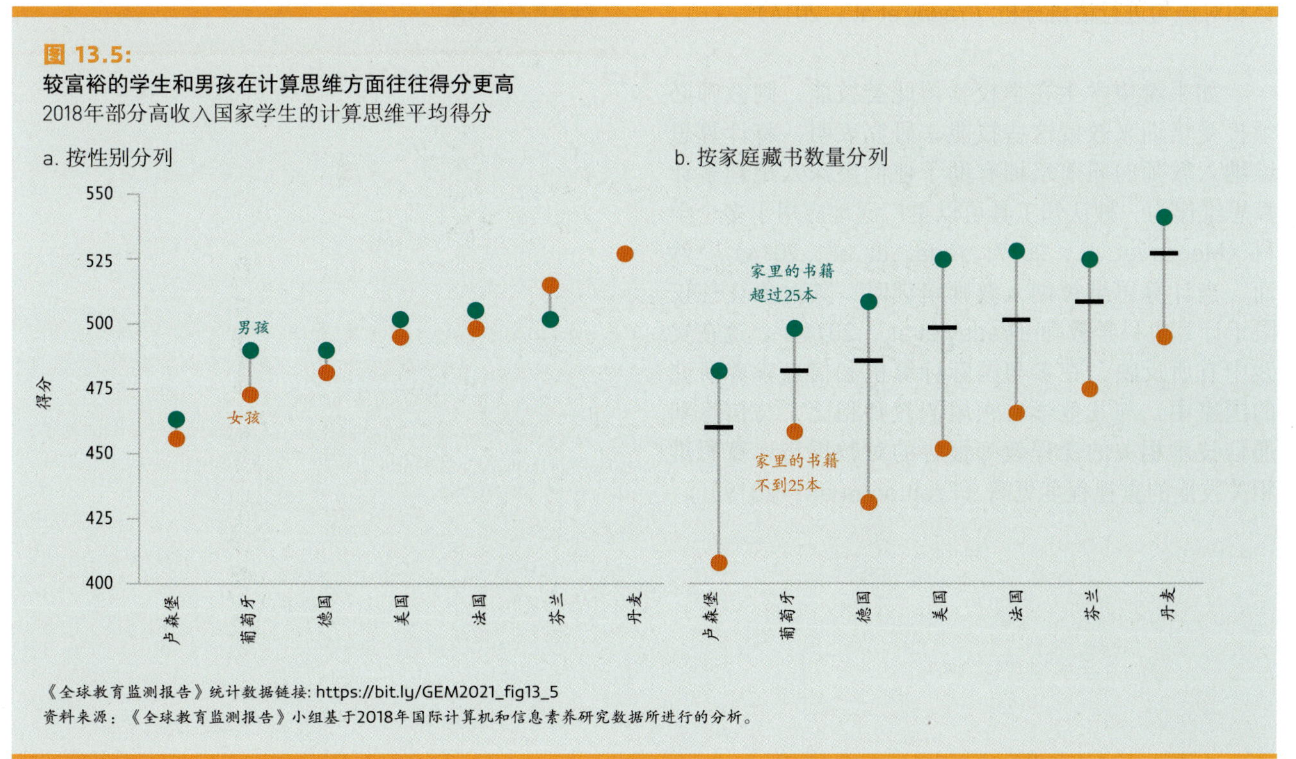

《全球教育监测报告》统计数据链接：https://bit.ly/GEM2021_fig13_5

资料来源：《全球教育监测报告》小组基于2018年国际计算机和信息素养研究数据所进行的分析。

> 人们越来越认识到计算思维对每个人来说都是一种必要工具，这促使有些国家，特别是东亚和欧洲国家，将其纳入国家课程。

人们越来越认识到计算思维对每个人来说都是一种必要工具，这促使有些国家，特别是东亚和欧洲国家，将其纳入国家课程（Román-González et al.，2017；Seow et al.，2019）。在韩国，课程中明确包含了计算思维实践，例如开发基于技术的产品、创建算法以及编写和评估代码（Fraillon et al.，2019）。芬兰从一年级开始就将算法思维和编程作为一项跨学科活动必修课（Seow et al.，2019）。

将计算思维融入学校教育不仅仅指增加对信息和通信技术的使用。在参与国际计算机和信息素养研究的国家中，在学校更频繁地使用信息和通信技术来完成与学校有关的任务的学生并不一定比他们的同龄人得分高（图13.6）。教孩子如何编码也还不够。尽管计算机编程往往是计算思维的主要情境和应用之一，但研究表明，具有编程经验的学生并不一定能够将这些技能迁移到非编程情境中。因此，计算思维教育的重点已转向将计算思维作为一种可迁移的、可应用于多个领域的更高层次概念，向学生教授（Voogt et al.，2015）。计算思维在其他学科中的非数字化应用的例子包括识别社会研究中的人口趋势和对语句进行话语分析（Yadav et al.，2014）。

如果希望学生在学校学习此类技能，则教师必须接受培训来教授这些技能。研究表明，将计算思维纳入教师的职前培训有助于他们更深入地理解计算思维作为一种认知工具可以更广泛地应用于多个学科（Mouza et al.，2017；Yadav et al.，2014）。然而，当计算思维被纳入教师培训时，其对象往往仅限于计算机科学教师（Yadav et al.，2014）。这在实践中有所反映。在参与国际计算机和信息素养研究的国家中，与其他学科领域的教师相比，与信息和通信技术相关的课程教师报告的对教授与计算思维相关技能的重视程度更高（Fraillon et al.，2019）。

图 13.6：

使用计算机不是培养计算思维的必要条件

2018年部分国家按在学校以学校相关目的使用信息和通信技术情况分列的计算思维能力排名靠前的学生所占比例

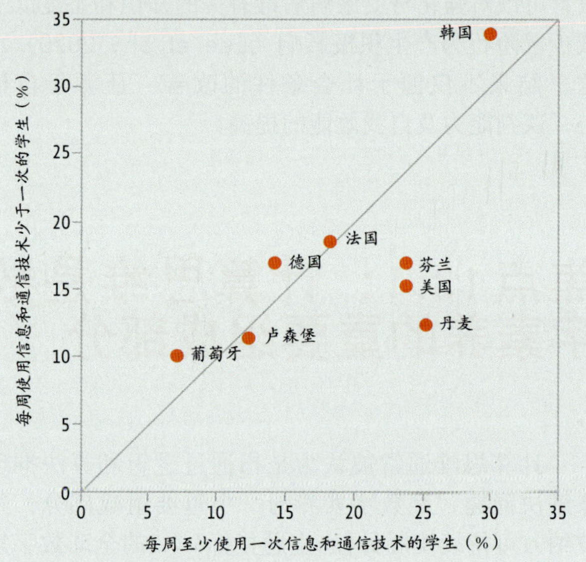

《全球教育监测报告》统计数据链接：https://bit.ly/GEM2021_fig13_6

资料来源：《全球教育监测报告》小组基于2018年国际计算机和信息素养研究数据所进行的分析。

新型冠状病毒肺炎疫情的影响

自疫情开始以来，人们对数字技能的要求与日俱增，使其成为教育、培训和技能建设的核心优先事项。新型冠状病毒肺炎疫情加速了劳动力市场的数字化转型，数字经济不断扩张，工作性质迅速变化（ILO，2020）。在对跨国公司和大型国有企业进行的一项调查中，84%的公司表示准备将工作流程数字化，这可能会将其44%的员工转为远程办公（World Economic Forum，2020）。

新型冠状病毒肺炎疫情也引发了更广泛的社会数字化：从社交联系到产品购买和交付，甚至是抗击疫情本身。数字技能一直是获取最新信息、预约医疗服务和使用移动应用程序跟踪病毒接触者的关键（Binda，2020）。公共服务的数字化进程也加快了。在巴拿马，居民身份证的补办需要本人前往办理两次，而政府试运行了一个可进行远程补办的在线平台，并创建了一种实物转账系统，提供与身份证相关联的数字代金券，从而将身份证变成借记卡，用于在疫情期间购买生活必需品（Reyes et al.，2021）。封控和学校关闭使基本数字技能成为学习和获取技能的先决条件。

对于某些人来说，需求的空前增长加速了他们对数字技能的学习。非洲开发银行的“就业编码”平台的用户数量在疫情暴发后一周内增加了40%（Doroba et al.，2020）。失业者提高数字技能的愿望可能更加强烈。对在线学习平台Coursera的分析表明，不断增加的在职学习者侧重于个人发展课程，而无业学习者侧重于掌握新的数字技能，如数据分析、计算机科学和信息技术（World Economic Forum，2020）。

但是，对于那些缺乏基本素养或无法使用互联网和设备的人来说，培养数字技能的机会并不平等。在尼日利亚，私立学校教师得到了帮助他们转向远程教学的设备和培训，而公立学校教师只收到了电视和广播课程的学习时间表（Azubuike，2021）。在肯尼亚卡库马等难民营，封控中断了向无法上网的年轻人提供数字技能培训的项目（ILO，2020）。同时，不太可能掌握数字技术的老年人，也受到了社会加速数字化带来的尤为沉重的打击。一项对17个欧洲国家的调查显示，即使在高收入环境中，50岁或以上的群体也只有不到一半的人在疫情前使用互联网（Seifert，2020）。那些没有掌握基本技能的人被远远抛在了后面。一项对墨西哥老年人数字素养的研究发现，在疫情期间，那些参加了基础课程的老年人因不具备继续接受培训的必要技能而导致辍学率接近80%。而那些参加了高级课程的老年人则能够继续并有效地提高他们的技能（Martínez-Alcalá et al.，2021）。

人们呼吁各国政府发挥更大的作用。在向世界经济论坛报告的企业中，只有21%的企业能够获得公共资金以支持员工进行再培训或提升技能（World Economic Forum，2020）。提高数字技能和缩小数字鸿沟可能还需要对教育和培训系统进行改革。2020年，南非通信和数字技术部提议对基础教育课程进行修订，以纳入计算、编码和一系列其他数字技能（BusinessTech，2020）。作为欧盟数字教育行动计划（2021—2027年）的一部分，各国旨在为教师建立培养数字素养的共同准则，收集有关学生数字技能的数据，并推出欧盟关于学生数字能力的目标（European Commission，2021）。同时，也更加紧迫地需要对全球努力进行监管和协调，以遏制与数字技能提升热潮相关的风险，如威吓、科技成瘾及信息误导（Jackman et al.，2021）。

非国家行为体也参与其中。超过3000万人参加了由领英学习、微软学习和GitHub学习实验室提供的免费在线课程，其中一些与数字化转型有关的课程最受欢迎（Smith，2021）。微软还与非洲银行集团泛非经济银行（Ecobank）等当地合作伙伴展开合作，为中小企业过渡到日益数字化的世界提供必要的数字技能（Monteiro，2021）。万事达卡与美国国际开发署合作，在印度启动了“基拉纳”项目，旨在提供数字素养技能培训服务，以扩大女性经营的商店获得金融和数字服务的机会（Corneille，2020）。智利于2019年启动了一项公私伙伴关系——“智利数字人才”，目的是为1.6万弱势人口提供与数字经济相关的技能培训，该项目为在疫情期间失业的人提供了3000份奖学金（Fundación Chile，2020）。

墨西哥的一位三年级教师阿雷利参加了由救助儿童会组织的工作坊，这些工作坊可帮助教师了解儿童的情感需求。这所学校的大多数孩子都有一两个近亲在美国生活。

摄影：Caroline Trutmann Marconi/Save the Children

重要信息

柬埔寨、刚果、冈比亚、加纳、海地、马拉维和卢旺达在一代人的时间内就几乎消除了高级中等教育完成率中曾经存在的巨大性别差距。

在家庭财富之外，儿童贫困是教育成果的一个更加有力预测因素。加纳比孟加拉国略富，但该国3至4岁没有书籍或玩具的儿童比例是孟加拉国相应比例的5倍。

非国家武装团体会对其控制地区的教育机构采取以下三种方法之一，每种方法都会对公平性产生影响：建立自己的教育系统，对其控制下的平民进行直接教育；宣称对教育系统拥有一定的控制权，同时保留关键要素；把教育系统的控制权留给现有的教育机构。

在乍得、冈比亚和多哥等西非和中非地区的国家，7至14岁的儿童在家讲教学语言的比例不超过5%。

新型冠状病毒肺炎疫情期间对19岁青少年的电话调查显示，与疫情前相比，埃塞俄比亚70%的年轻女性和35%的年轻男性花了更多时间做家务，而秘鲁42%的年轻女性和26%的年轻男性花了更多时间照顾孩子。

在黎巴嫩的6至14岁叙利亚难民接受教育的比例从2020年的67%下降到了2021年的53%。20%拥有远程学习机会的儿童无法参加远程学习。

第14章

具体目标4.5

平等

到2030年，消除教育中的性别不均等，确保弱势人群（包括残疾人、土著民族和脆弱环境中的儿童）平等地接受各级教育和职业培训。

全球指标

4.5.1 本表中所有教育指标（凡可划分群体的）均等指数（女/男，农村/城镇，最贫困五分之一/最富裕五分之一，以及其他数据可得的方面，如残疾程度、移民人口、受冲突影响）

主题指标

4.5.2 初等教育学生中，第一语言或母语是教学语言的百分比

4.5.3 将教育资源重新分配给弱势人口的政策可基于具体的公式测算的程度

4.5.4 生均教育支出，按教育等级和资金来源统计

4.5.5 教育援助总额用于最不发达国家的百分比

具体目标4.5聚焦于教育中的不平等。在可持续发展目标4监测框架中，衡量不平等的主要标准是均等指数，该指数作为全球指标4.5.1，可比较两个群组关于任何指标的观测值。计算均等指数只是多种可行的衡量不平等的方法之一，这些方法的特点各不相同，能体现不平等的不同方面。跟踪进展情况非常复杂，因为即使对于一个单一的衡量标准，如均等指数，也可以根据几个不同的指标（例如就读率、完成情况、学习情况）、不同的教育等级（例如初等教育、初级中等教育、高级中等教育）和一系列个体特征（例如性别、地域、财富）来分析不平等。将指标、教育等级和个体特征结合在一起，会产生大量可能的排列。同时，还有许多方法可以定义并衡量其中一些特征，例如代表社会经济地位的财富（**焦点14.1**）。此外，许多其他特征也会影响教育不平等，包括冲突（**焦点14.2**）和语言（**焦点14.3**），对于这些，有各种方式来描述学习者面临的环境。

均等指数突出了弱势群体和特权群体的相对状况。例如，就初级中等教育完成率的城乡差距而言，显然埃塞俄比亚的均等指数较低（0.20），因为其完成率差距（农村地区为12%，城镇地区为59%）大于坦桑尼亚联合共和国（0.35；农村地区为17%，城市地区为48%）。但是，当每个人的状况都变得更糟时，均等指数的值反而会升高。乌拉圭（0.95）的均等指数略高于厄瓜多尔（0.92），但在城镇和农村地区，前者的完成率都低于后者（**图14.1**）。这种比较突出了在不考虑基础指标值的情况下研究均等指数的风险。

性别不平等仍然是一个关键问题，理解不同级别和不同地方的各种挑战可能需要具备明察秋毫的能力。总体而言，在过去的25年中，女孩的入学率有了显著提高，接受初等和中等教育的女孩人数增加了1.8亿，世界在缩小初等和中等教育完成率的差距方面取得了令人瞩目的进展。

图 14.1:

当每个人的绝对状况都变得更糟时，均等指数的值反而会升高

2018年或最近数据可得年份，部分国家按地区分列的地区均等指数和初级中等教育完成率

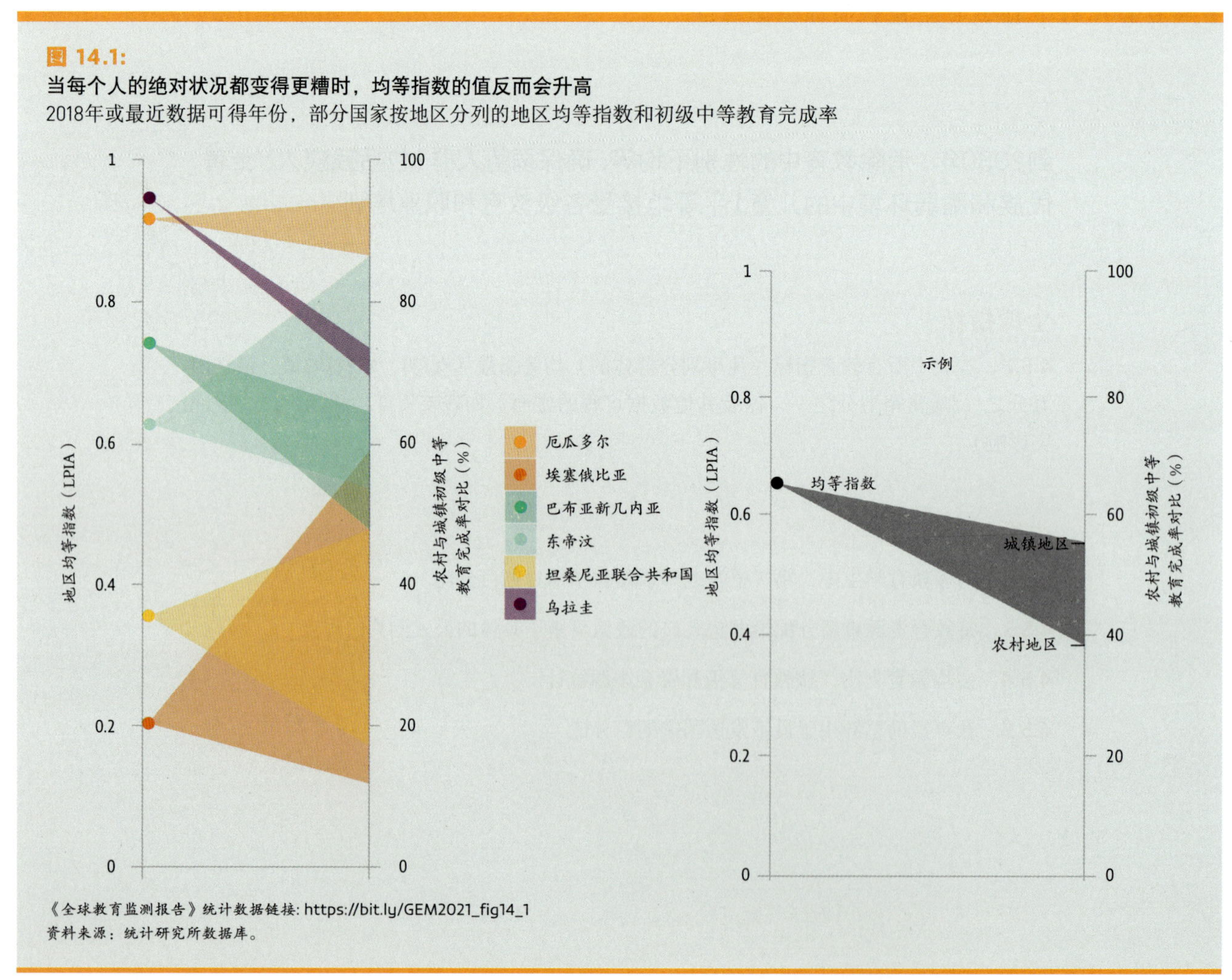

《全球教育监测报告》统计数据链接: https://bit.ly/GEM2021_fig14_1

资料来源：统计研究所数据库。

女孩的初等教育平均完成率提高了近20个百分点，达到87%。提高速度最快的是中亚和南亚，1995年，仅仅有比半数多一点的女孩完成了初等教育，而仅仅一代人之后，就几乎有90%的女孩完成了初等教育。

女孩在高级中等教育阶段仍处于劣势的国家，其性别差距也最大。按性别差距的特点可将国家分为三类：在过去25年里，女孩弱于男孩的国家，男孩弱于女孩的国家，以及那些从女孩弱于男孩转变为男孩弱于女孩的国家。在初等教育中，大多数女孩弱于男孩的国家已经稳步走向性别均等。而在高级中等教育中，大多数男孩弱于女孩的国家却进步甚微（**图14.2**）。然而，总体而言，1995年以来的进步有利于女孩。过去那些女孩落后的国家，现在平均来说女孩正在迎头赶上。在差距方向发生变化的国家，通常也是朝着对女孩有利的方向转变。在女孩已经享有优势的国家，平均而言，优势还在进一步扩大。

> 在过去的25年中，女孩的初等教育平均完成率提高了近20个百分点，达到87%。

一个地区的性别均等情况可以从总体人口的角度来看，也可以以国家为分析单位来看。这两种观点可能会得出不同的结果。观察整体人口加权的均衡分布，可以得到更全面的情况。在撒哈拉以南非洲的所有国家中，大约一半国家的女性在中等教育毛入学率方面没有或略有劣势。然而，在女性入学率仍然较低的国家，这一比例要低得多，而在女性

图 14.2:
女孩完成学业的相对机会比男孩提高得更快，但在某些国家仍然面临更大的挑战
1995—2019年按教育等级和性别差距分列的完成率的经调整的性别均等指数

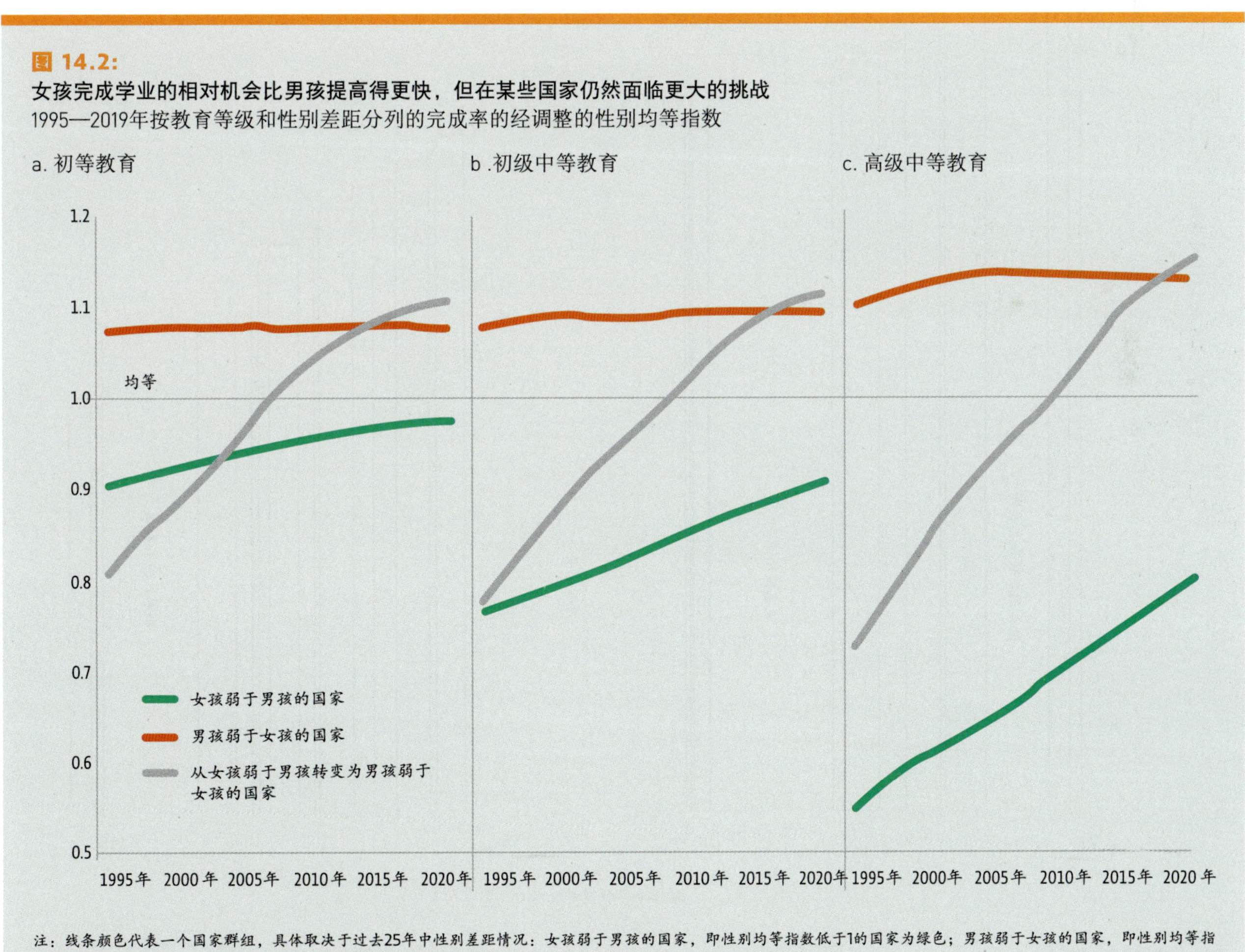

注：线条颜色代表一个国家群组，具体取决于过去25年中性别差距情况：女孩弱于男孩的国家，即性别均等指数低于1的国家为绿色；男孩弱于女孩的国家，即性别均等指数高于1的国家为橙色；从女孩弱于男孩转变为男孩弱于女孩的国家，即性别均等指数从小于1变为大于1的国家为灰色。

《全球教育监测报告》统计数据链接：https://bit.ly/GEM2021_fig14_2
资料来源：《全球教育监测报告》小组基于家庭调查数据所进行的分析。

处于劣势的国家，如刚果民主共和国、埃塞俄比亚和尼日利亚，平均而言人口较多（**图14.3**）。

高级中等教育是女孩可能处于严重劣势的教育等级（例如在贝宁、乍得和尼日尔），但也可能是她们享有优势、条件迅速向她们倾斜的教育等级。许多国家都出现了这种情况，包括那些相对于特定区域的同龄人而言距离实现可持续发展目标4最远的国家。加勒比的海地、东南亚的柬埔寨、西非的冈比亚和加纳、中非的刚果、东非的卢旺达和非洲南部的马拉维，都几乎在一代人的时间内消除了曾经存在的巨大性别差距。在最近发生的冲突之前，也门在高级中等教育完成率的性别均等方面也取得了快速进展（**图14.4**）。

在2021年8月塔利班接管阿富汗之前，阿富汗在男孩和女孩方面都取得了巨大的绝对进步，这也反映了南亚其他地区的快速进步。阿富汗女孩的（初等教

图 14.3:

在撒哈拉以南非洲的一半国家，女孩在中等教育中并不处于明显劣势

2019年或最近数据可得年份，撒哈拉以南非洲按累计中等教育学龄人口数分列的中等教育毛入学率的性别均等指数

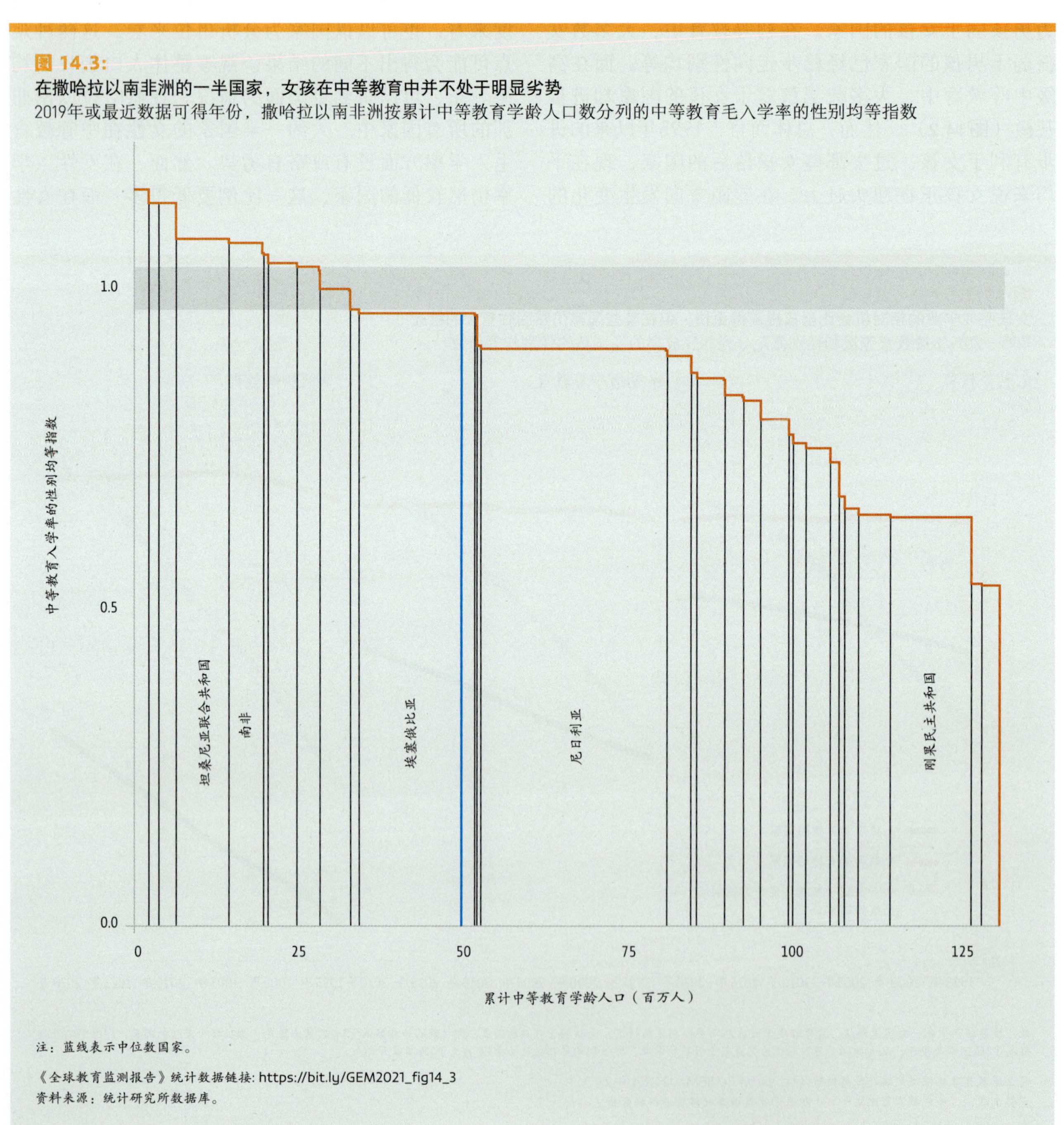

注：蓝线表示中位数国家。

《全球教育监测报告》统计数据链接: https://bit.ly/GEM2021_fig14_3

资料来源：统计研究所数据库。

图 14.4:

在所有区域，女孩在高级中等教育完成率方面的性别差距都正在缩小

1995—2019年高级中等教育完成率的经调整的性别均等指数

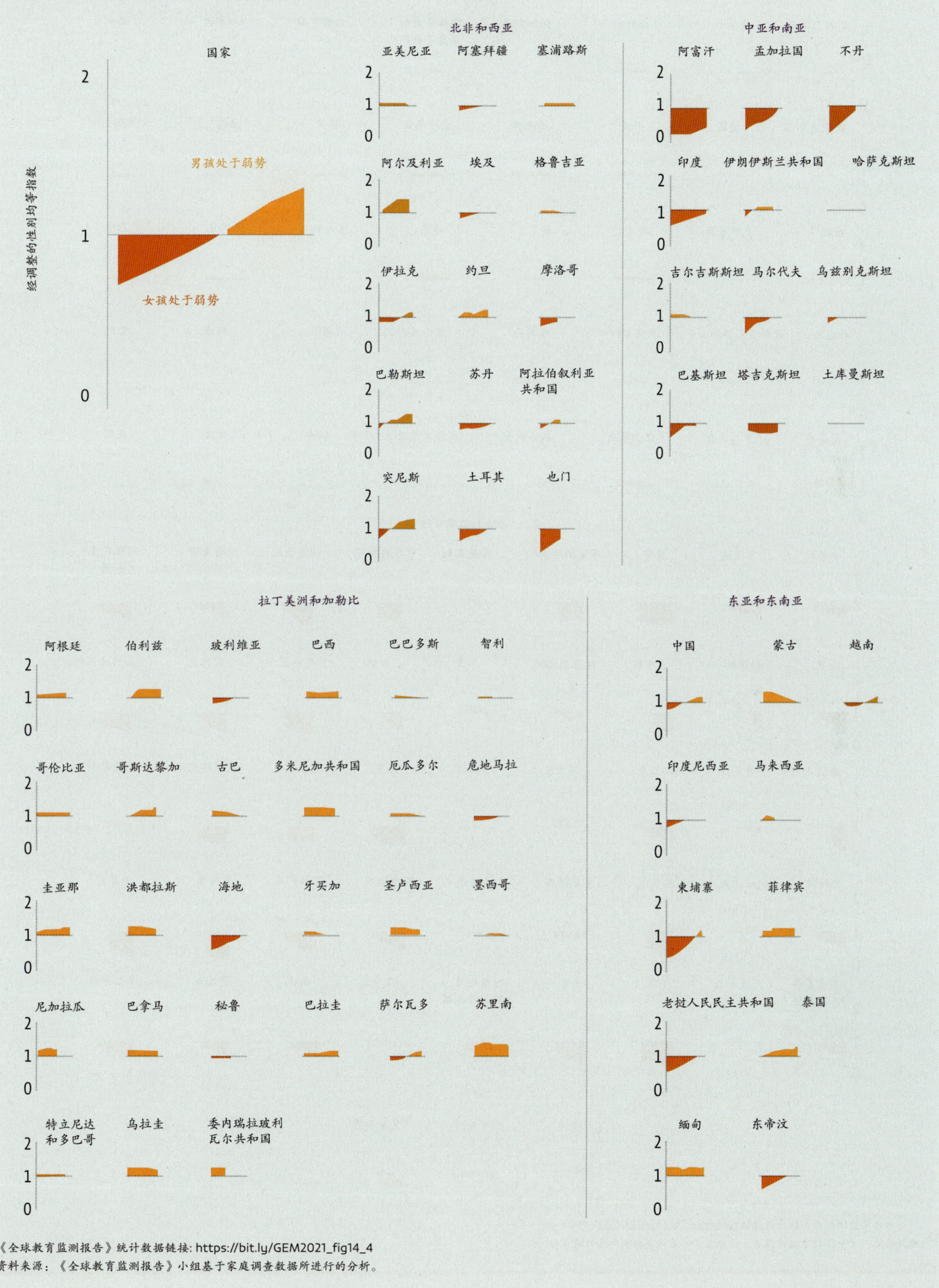

《全球教育监测报告》统计数据链接: https://bit.ly/GEM2021_fig14_4

资料来源：《全球教育监测报告》小组基于家庭调查数据所进行的分析。

图 14.4续:

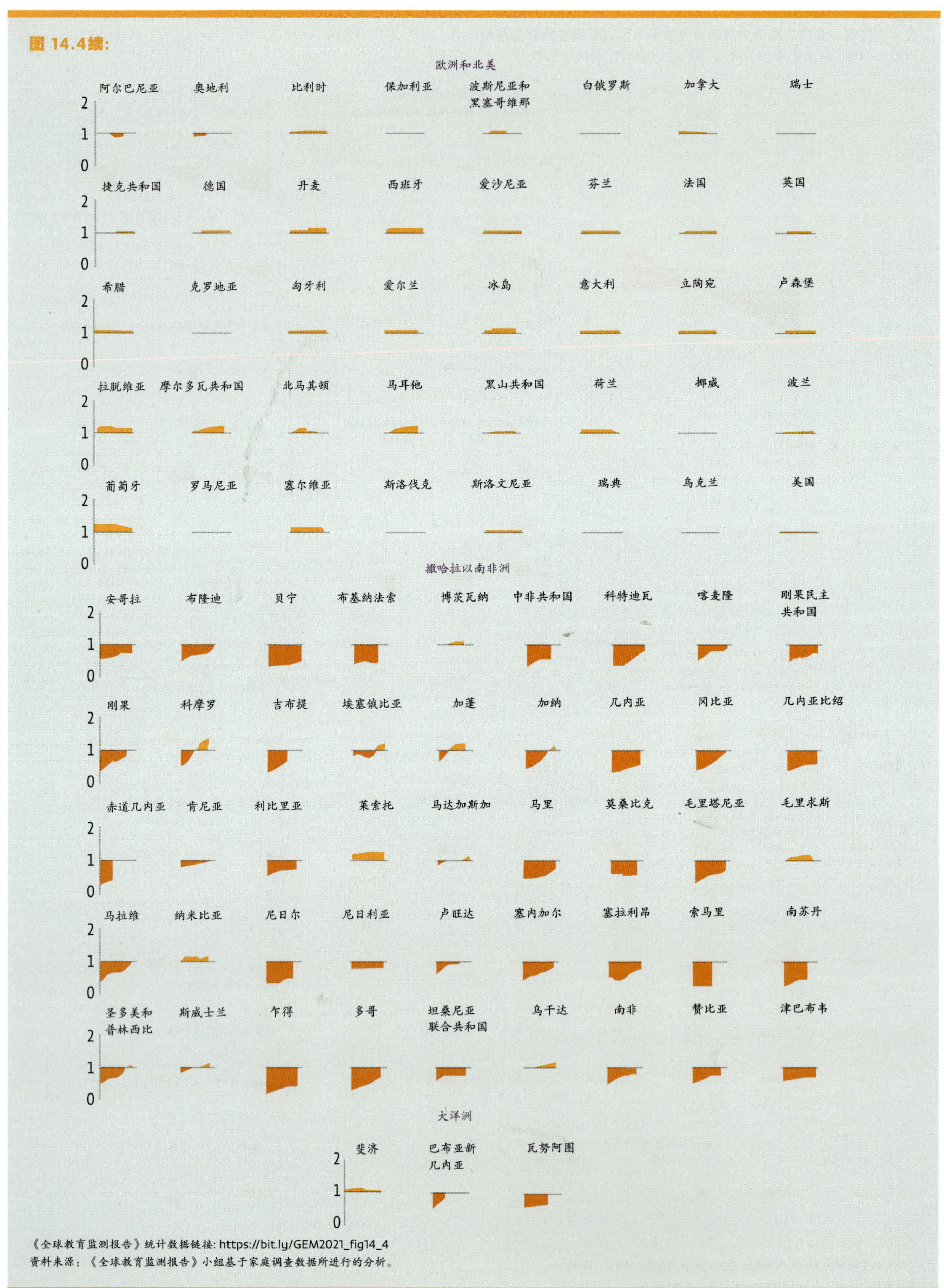

《全球教育监测报告》统计数据链接: https://bit.ly/GEM2021_fig14_4
资料来源:《全球教育监测报告》小组基于家庭调查数据所进行的分析。

> 在2021年8月塔利班接管阿富汗之前，阿富汗女孩的（初等教育）完成率从1995年的6%上升到了2018年的约50%。

育）完成率从1995年的6%上升到了2018年的约50%，相当于印度在1995年的水平。初等教育完成率的性别均等可能在一代人的时间内就实现，但是最新的发展表明，这个成果可能很脆弱（**图14.5**）。

均等，即两个群体（比如男孩和女孩）在教室上课或通过考试的人数相等，是教育公平的必要条件，而非充分条件。性别歧视和其他不利因素根深蒂固，且会通过诸如偏向性课程和有偏见的日常课堂互动等形式表现出来。即使就反映个人选择的结果而言，例如在高等教育中对科学、技术、工程和数学领域的选择不平等，也应该引人质疑其在多大程度上是自由做出的或受社会规范和期望约束的。

图 14.5:

南亚在初等教育的性别均等方面取得了令人瞩目的进展

1995—2019年按性别和性别均等指数分列的初等教育完成率

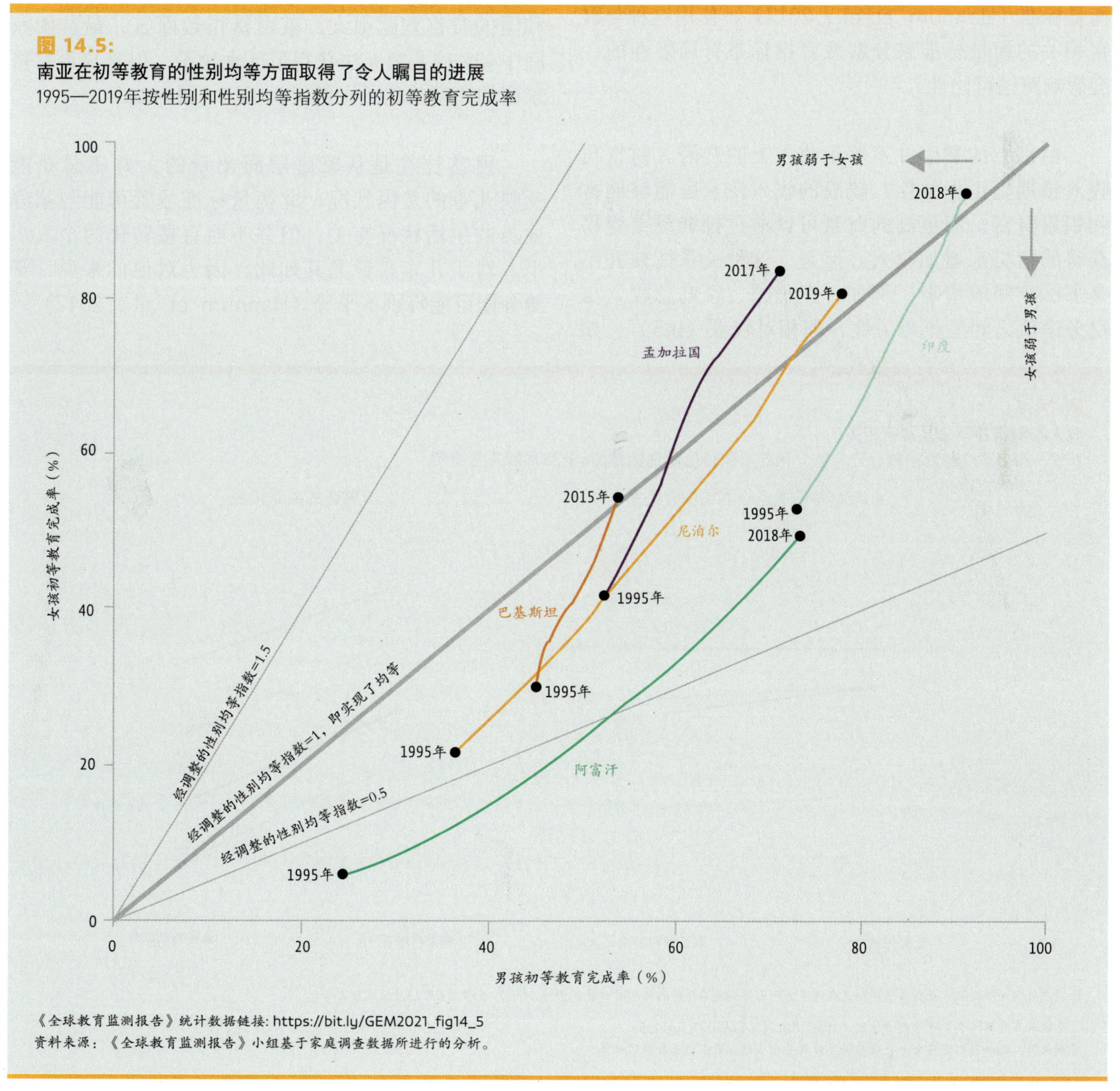

《全球教育监测报告》统计数据链接：https://bit.ly/GEM2021_fig14_5

资料来源：《全球教育监测报告》小组基于家庭调查数据所进行的分析。

焦点14.1：家庭财富并不能反映出贫困的所有层面

减少贫困是国际社会在《2030年可持续发展议程》中不让任何人掉队的工作核心，可以通过多种方式定义。用于监测可持续发展目标1的国际贫困统计数据是基于对收入或消费的衡量的。但是，用于监测其他可持续发展目标（包括关于教育的可持续发展目标4）进展的国际多用途家庭调查往往无法提供估算贫困所需的详细信息。相反，此类调查根据家庭财产和房屋设施采用了一个估算贫困的替代性衡量标准（Hannum et al.，2017）。使用这种与财富相关的衡量标准来分解教育指标是有局限性的，会影响跨国可比性。

财富上的贫困并不等于收入上的贫困。财富与收入预期呈正相关性：较高的收入使家庭能够储蓄和积累财富，而更高的财富可以通过投资或更容易获得的信贷来增加收入。但是，这种关系往往并不是那么牢固或清晰。例如，在美国，家庭总收入与财务净值之间呈正相关性，但相对较低（0.5）；如果仅考虑工资或薪金收入，那么与财务净值的相关性会进一步下降（0.2）（Keister，2018）。财富与收入之间的低相关性可能意味着家庭花费了他们的收入而没有储蓄，或者他们收入低但通过继承等方式拥有高财富。

在过去一天中获得最低食物量的儿童比例可以代表收入，而非所积累的财富。在许多国家，在按财富五分位数划分的五个群体中，无法获得最低食物量的6至23月龄儿童比例大致相同。例如，在刚果民主共和国，66%无法获得与其年龄相符的最低食物量的儿童几乎平均分布在按财富五分位数划分的五个群体内（**图14.6a**）。相比之下，老挝人民民主共和国的贫富差距很大：就财富指数而言，最贫困家庭中40%的儿童无法获得最低食物量，但来自最富裕家庭的儿童的这一比例仅为13%（**图14.6b**）。

财富往往是从家庭层面衡量的，并不总是能反映儿童的贫困状况。此衡量标准尽管可能与家庭成员的生活状况有关，但并不能直接转化为个人水平。对于儿童来说尤其如此，因为对他们来说，资源分配可能特别不平等（Hannum et al.，2017）。

图 14.6:

收入和财富并不总是紧密相关

2017—2018年按财富指数五分位数分列的未获得最低食物量的6至23月龄儿童比例

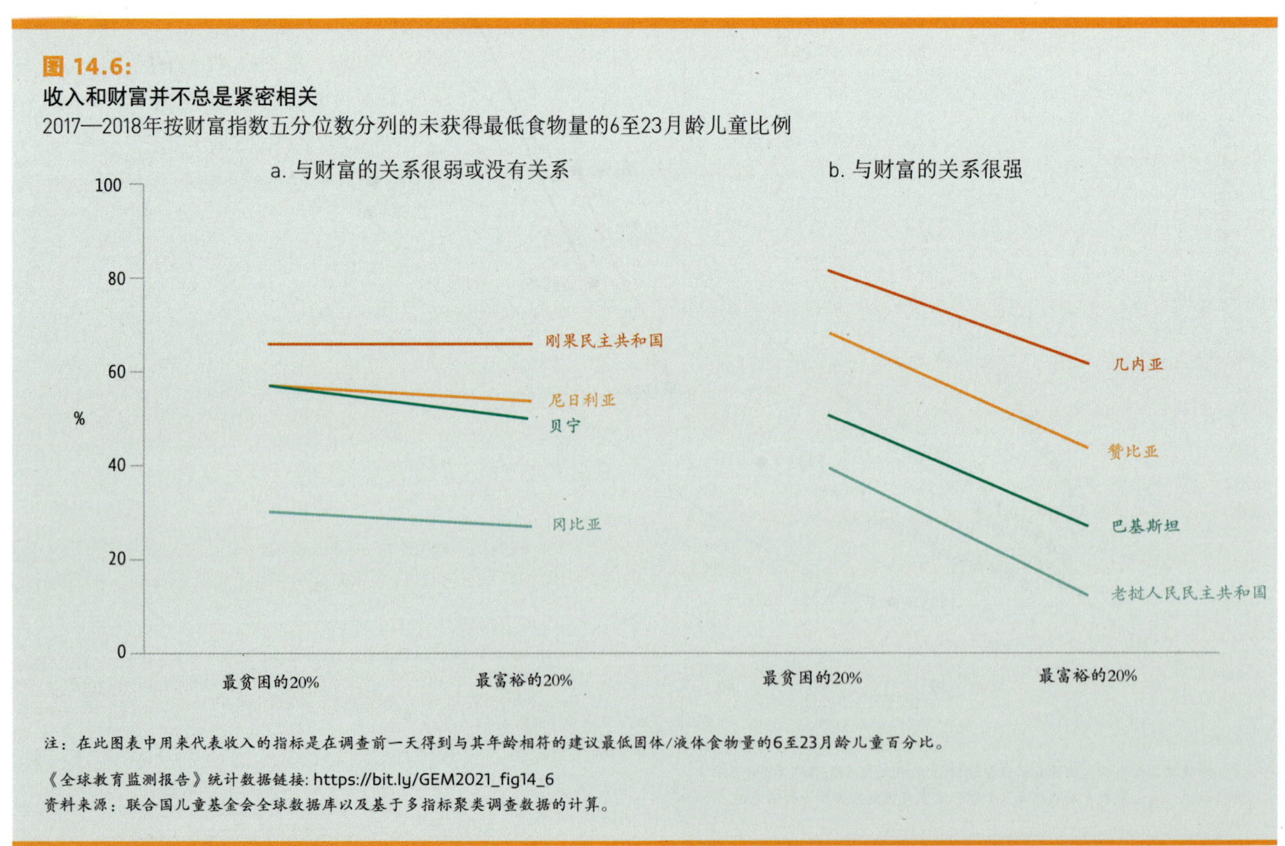

注：在此图表中用来代表收入的指标是在调查前一天得到与其年龄相符的建议最低固体/液体食物量的6至23月龄儿童百分比。

《全球教育监测报告》统计数据链接：https://bit.ly/GEM2021_fig14_6

资料来源：联合国儿童基金会全球数据库以及基于多指标聚类调查数据的计算。

> 财富往往是从家庭层面衡量的，并不总是能反映儿童的贫困状况。

可持续发展目标之具体目标1.2是首个明确提到儿童的全球减贫目标。人们由于日益认识到儿童的需求和生活水平可能不同于同一家庭中的成人，因此制定了针对儿童的贫困衡量标准（Guio et al.，2018）。在欧盟2009年和2014年进行的收入和生活状况调查中，关于贫困的特别模块包含有关儿童专用商品的问题，例如鞋、衣服、书籍，以及参加庆祝活动、学校旅行和假期等社会活动（Eurostat，2014）。

另一个例子是联合国儿童基金会进行的多维重叠贫困分析，旨在通过包括书籍和玩具的可获得性等各种层面来确定和量化儿童贫困。在低收入国家和中低收入国家，3至4岁贫困儿童的比例存在很大差异，与国家财富无关。例如，虽然加纳的人均GDP略高于孟加拉国，但前者没有书籍或玩具的3至4岁儿童比例几乎是后者的5倍（33%比7%）（**图14.7a**）。在国家内部，儿童贫困的普遍程度也不是完全由家庭财富决定的。在贫困儿童人口方面，巴勒斯坦78%的贫困儿童生活在该国最贫困的家庭中，而乍得的这一比例只有27%。事实上，在有些国家，10%的贫困儿童生活在最富裕的家庭中，而超过30%的来自最贫困家庭的儿童并不贫困（**图14.7b**）。

与家庭财富一样，儿童的贫困程度也是教育成果的一个重要预测因素。在多哥，没有书籍或玩具的3至4岁儿童参加幼儿教育的可能性明显低于拥有至少一件此类物品的儿童。该国大约40%的3至4岁儿童都没有这两种物品，他们接受幼儿教育的可能性与生活在40%最贫困家庭中的儿童的可能性没有显著差异。但在多哥，如果不考虑家庭财富，那么在所有财富水平上，那些没有书籍和玩具的儿童接受幼儿教育的可能性平均会再低4个百分点。

这种影响在最富裕家庭的孩子身上表现得最为明显，在这些家庭中，缺乏书籍和玩具的儿童接受幼儿教育的可能性会从32%降到26%，降低6个百分点（**图14.8**）。将各种不同的衡量标准综合在一起，就可以更加全面地了解家庭的经济状况。

焦点14.2：许多孩子在叛军控制的学校上学——有时他们的全部学校生活都在叛军控制下

具体目标4.5呼吁监测弱势儿童的教育状况，包括那些生活在暴力冲突中的儿童。[1]迄今为止，相关注意力一直集中在受冲突影响国家的失学儿童人数以及对学生、教师和教育设施的袭击上。人们对教育供给本身如何受到冲突的影响的关注较少，特别是当它处于叛乱分子（即非国家武装团体）的控制下时。

由于数据可靠性问题，估计非国家武装团体控制的学校的儿童人数是一项挑战。此外，叛乱分子对领土的控制经常发生变化，即使在其直接控制的领土上，他们的教育供给也很少统一，而更像是各种各样举措的拼凑。此外，对于处于暴力冲突环境中的儿童和教育工作者来说，受教育的机会以及受教育的意义均会受到影响。对于反对政府的团体来说，在政府范围之外维持学校教育可能是一种抵抗行为（Selvik，2021）。

叛乱分子治理是指非国家武装团体在与平民和国际行为体的交互中所采取的行动，诸如提供公共服务、进行机构建设、制定规范和规则以及发出象征性的呼吁（Branch and Mampilly，2005；Kasfir，2005；Mampilly，2011）。非国家武装团体有许多理由去治理并向平民提供公共物品，特别是提供教育，这些理由涉及物质利益的可能性、叛逃的风险、自身的意识形态信仰，也许最重要的是迫于当地社区或国际行为体所带来的压力（Huang and Sullivan，2020）。

1 本节基于马姆皮利（Mampilly，2021）的研究。

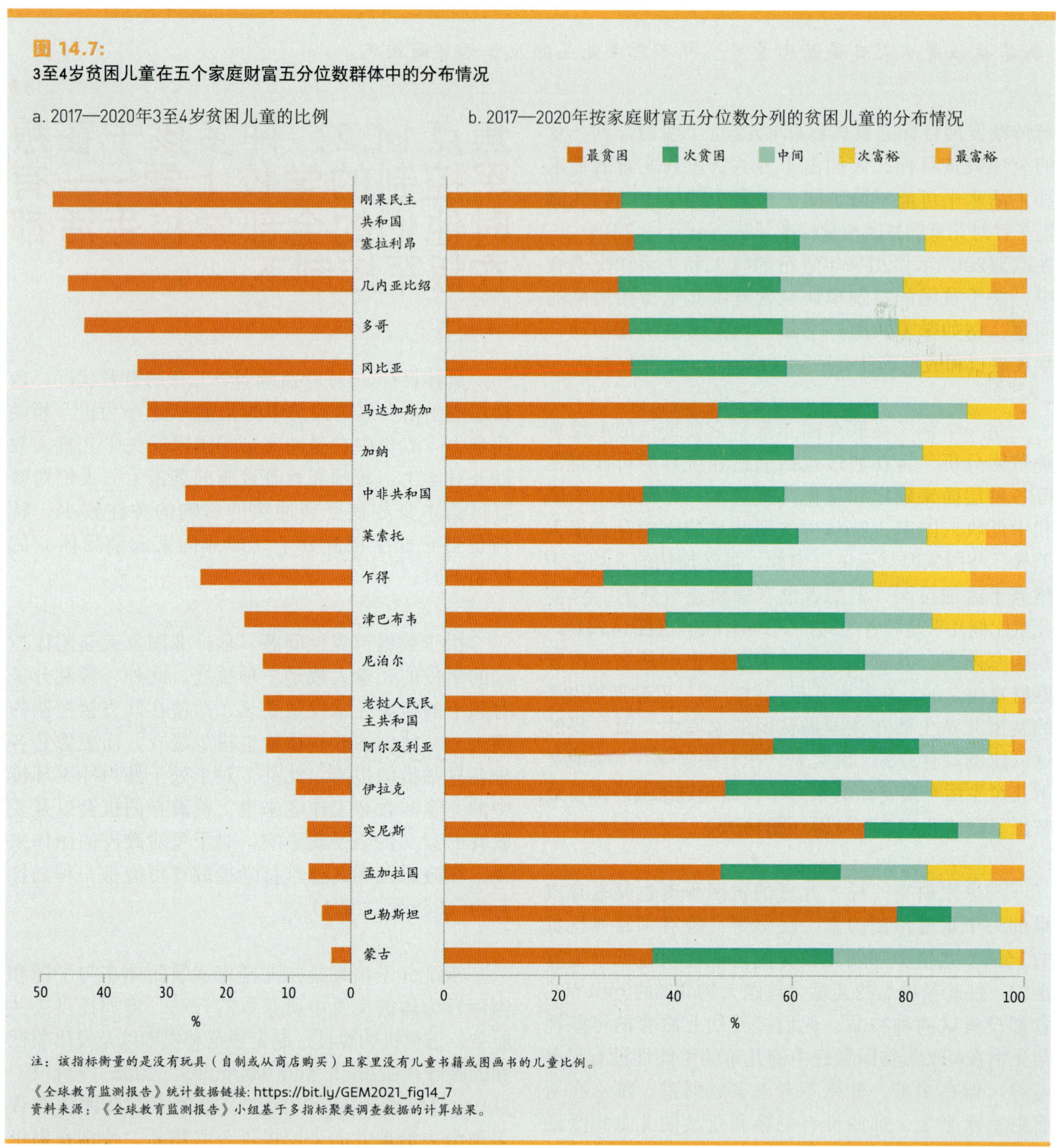

注：该指标衡量的是没有玩具（自制或从商店购买）且家里没有儿童书籍或图画书的儿童比例。

《全球教育监测报告》统计数据链接：https://bit.ly/GEM2021_fig14_7
资料来源：《全球教育监测报告》小组基于多指标聚类调查数据的计算结果。

非国家武装团体可能采取三种笼统的方法中的一种或多种。首先，这样一种团体可以建立自己的教育系统，对其控制下的平民进行直接教育，特别是如果该团体的领导人对现有系统持怀疑态度，并明确表示反对国家控制的学校。索马里的伊斯兰叛乱组织——“青年党”（Al Shabaab）就是一个例子。“青年党”在其控制的领土上建立了学校，这些学校强调宗教教育，并被视为叛乱分子招募新兵的主要来源（Hiraal Institute，2018）。其他团体则认为控制课程是一个机会，可以让年轻人以有利于扩大其斗争的方式进行社会化发展（Palmer，2020）。

但是，直接控制教育系统可能会占用大量的物质和人力资源，同时也无法获得社区支持。因此非国家武装团体可能会寻求宣称对教育系统拥有一定的控制权，同时保留关键要素，包括课程、教学人

图 14.8:

即使不考虑家庭财富，那些缺乏书籍和玩具的孩子接受幼儿教育的可能性也会很低

2017年多哥按家庭财富和儿童贫困情况分列的3至4岁儿童接受幼儿教育的可能性

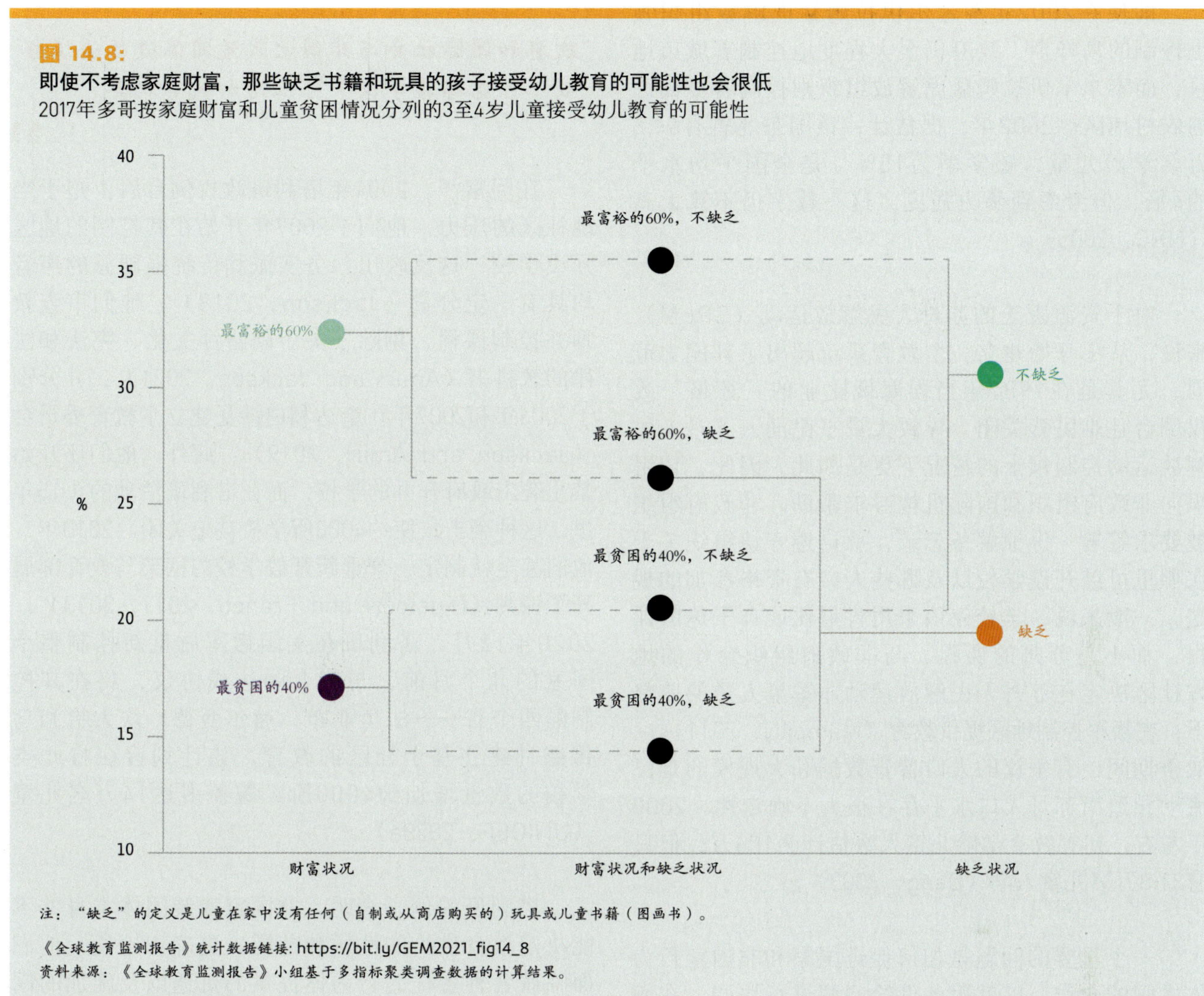

注：“缺乏”的定义是儿童在家中没有任何（自制或从商店购买的）玩具或儿童书籍（图画书）。

《全球教育监测报告》统计数据链接：https://bit.ly/GEM2021_fig14_8

资料来源：《全球教育监测报告》小组基于多指标聚类调查数据的计算结果。

员、行政人员以及基础设施。虽然这意味着会牺牲一些控制权，但所需资源要少得多。在哥伦比亚，哥伦比亚革命武装力量（FARC）的教育活动主要针对新兵和干部，而非普通民众（Arjona，2015）。而有些叛乱团体倾向于不打乱国家课程，或采用邻国课程。

最后，有些非国家武装团体可能会选择将其控制领土上的教育系统的控制权和责任留给现有的教育机构，不管是政府、宗教组织、私人行为体还是地方社区委员会，有时是默许，有时是通过达成协议的方式。然而，武装团体可能袭击这些学校及其人员，并将此视为对当局的威胁。

有些例子说明了这些选择所引发的一些紧张关系。在长达26年的斯里兰卡内战期间，泰米尔伊拉姆猛虎解放组织（LTTE）控制了前东北省的大部分地区，特别是从1991年到2005年，当时他们建立了一个复杂的治理体系。迫于其所依赖的当地社区的压力，叛乱分子与政府达成了一项复杂的协议，以确保在其控制的地区提供教育。一个负责在政府教育部与地方社区之间进行协调的教育委员会，为领取政府工资的教师提供进入叛军控制领土的通道。学校保留了国家课程的版本，辅之以泰米尔伊拉姆猛虎解放组织提供的更多意识形态材料，同时学生能够继续参加国家政府考试（Mampilly，2011）。

> “非国家武装团体可能会出于物质利益、叛逃风险、自身的意识形态信仰，或迫于当地社区或国际行为体的压力而提供教育。”

即使在2002年泰米尔伊拉姆猛虎解放组织领土控制的高峰期，政府仍很大程度地控制着城市地区，而泰米尔伊拉姆猛虎解放组织则控制着更偏远的农村地区。2003年，据估计，该国东北省有64.8万名学龄儿童，辍学率为15%，是全国平均水平的4倍，但考虑到暴力强度，这一数字仍不算太高（NRC，2005）。

对于资源匮乏的苏丹人民解放运动（SPLM）来说，从零开始建立一个教育系统超出了其能力范围，尤其是在1987年当埃塞俄比亚的“德格”政权倒台且难民营关闭，导致大量平民涌入苏丹人民解放运动控制领土的情况下更是如此。因此，该组织向非政府组织和国际机构寻求帮助。非政府组织被要求签署一份谅解备忘录，承诺遵守该组织关于在哪里可以开设学校以及哪些人口有资格参加的规定。一般来说，学校应该采用肯尼亚或乌干达的课程，而不是苏丹的课程。与非政府组织合作的地方社区决定在苏丹人民解放运动非军事人员的监督下，在叛军控制地区提供教育（Mampilly，2011）。战争期间，有争议的人口普查数据和大规模的难民流动导致南苏丹人口水平存在很大不确定性。2000年左右，初等教育学龄儿童人数估计为106万，但只有31.8万名儿童入学（Deng，2003）。

一个重要的问题是如何促进国家和非国家行为体之间的合作，以就服务供给问题进行协调。在缅甸教育联盟和世界银行的支持下，缅甸教育伙伴关系项目于2018年启动，以摒弃残存的不信任，并促进教育部与民族基础教育提供方（EBEPs）之间的对话，这些非国家行为体为超过42万名儿童提供了教育服务（Myanmar Ministry of Education，2020）。通过开展一系列具有包容性、参与性和对冲突敏感的工作坊，该举措寻求促进、建议并支持对话，以建立伙伴关系框架和相关路线图，从而促进教育部与两个民族基础教育提供方（克伦教育与文化部和孟族教育委员会）之间的合作。通过该举措，民族基础教育提供方在缅甸教育供给中的作用将得到承认，同时他们所服务的儿童的需求也将反映在国家规划中。对话的重点是建立负责任的协调和沟通机制以及质量标准，以支持对由民族基础教育提供方管理的学校的教师、课程和学生学习的认可。

“政府和国际社会与非国家武装团体进行谨慎接触（可能存在争议）可以增加教育机会。”

在阿富汗，2001年塔利班政权倒台后，迫于当地社区的压力，他们于2007年开始在其控制的地区开设学校，这反映出，务实派和传统强硬派的声音均具有一定分量（Jackson，2018）。他们审查教师并控制课程，剔除了关于阿富汗文化、宪法和法律的教科书（Amiri and Jackson，2021），并分别于2006年和2007年在奎达和白沙瓦建立了教育委员会（Jackson and Amiri，2019）。此外，他们还开始禁止袭击政府开办的学校，而在塔利班活动的头15年里，这种袭击致使约4000所学校被迫关闭。2010年，他们甚至就制定一个重新开放学校的框架与教育部展开了谈判（Giustozzi and Franco，2011，2013）。2020年12月，塔利班在美国撤军后重新控制整个国家的几个月前，与联合国达成协议，将在其控制的四个省——法里亚布、赫尔曼德、坎大哈和乌鲁兹甘建立基于社区的教育。该计划旨在将此类学校的数量增加到4000所，覆盖多达14万名儿童（UNICEF，2020a）。

塔利班的例子表明，非国家武装团体本身并不能决定教育供给的性质和范围。更确切地说，他们面临着各种各样的行为体提供的机遇以及施加的制约。教育是平民需要的最宝贵的服务之一，如果不能提供这种服务，则可能会招致当地社区的不满。

即使在塔利班统治最黑暗的日子里，当地指挥官也面临着来自平民社区的压力，使得学校公然无视中央委员会的规定而继续运行（Feroz and Lakanwal，2020）。政府和国际社会与非国家武装团体进行谨慎接触（可能存在争议）可以增加教育机会。虽然这种合作显然会带来一些风险，但由于能为学龄人口带来好处，因此可能是值得的——特别是，如果不这样做，一整代儿童都将失去接受教育的机会。

焦点14.3：关于接受母语教学的儿童人数的信息越来越多

指标4.5.2，即初等教育学生中第一语言或母语是教学语言的百分比，承认了教育中语言多样性的挑战。尽管多语言学习的理论和实践证明了当地语言的好处，但许多教育系统仍倾向于使用官方或殖民语言。语言脱节对学习者的社会和认知都会产生不利影响（Adamson，2020）。用母语教学，尤其是在学校教育的早期阶段，有助于认知、身份认同和文化发展，并为学习其他语言和使用数学奠定坚实的基础（Outhwaite et al.，2020）。

“第一语言”和“母语”这两个词的用法含混不清，且尚不清楚两者是否可以互换。直觉上，母语是在社区或家庭中使用的语言，但是在同一家庭中可以使用多种语言。可持续发展目标4的技术合作组织将“母语”定义为“家庭中最常用的语言”，同时将“教学语言”定义为“课堂教学中最常用的语言”（UIS，2018）。

然而，指标4.5.2无法准确反映课堂的实际情况。例如，一种常见的、自发的、教师特有的课堂语言实践是语码转换或语言间的交替。某些教育系统会在某个年级从一种语言过渡到另一种语言。在这种过渡式的路径中，如果将测量点放在初等教育低年级或高年级，则母语在教学中的使用就可能会被高估或低估，从而影响数据解读。因此建议将重点放在初等教育的前四年，因为在这个阶段，母语教学的教学优势最大。

为了保持母语教与学的积极效果，在向用第二语言进行教学过渡之前，孩子的母语需要得到充分发展。在加纳，在2016—2017学年，参加以母语为基础的补充基础教育课程并转学到公立学校的4万名儿童的读写能力发展轨迹有所不同。那些转到以英语为教学语言的公立学校的学生未能掌握本可通过加速完成母语课程所获得的一些技能，因此在读写能力方面的表现不如继续以本国语言接受教育的同龄人（Carter et al.，2020）。

政治关切使实践进一步复杂化。在印度，“三语模式”是1968年通过的一项雄心勃勃的语言政策，并在2020年的国家教育政策中得到重申，该政策呼吁所有学生在学校学习三种语言，其中至少两种应该是印度本土语言。然而，该政策收效有限。印度人会说22种规定语言中两种的比例从1971年的12%上升到了2011年的25%，各邦之间差异很大。在北方邦，这一比例从24%上升到了33%，而泰米尔纳德邦的这一比例保持在2%不变。在按照指标4.5.2衡量进展时，需要考虑到会影响义务教育教学语言的选择的政策因素（Bhattacharya and Chandrasekhar，2020）。

第六轮联合国儿童基金会多指标聚类调查中引入的基础学习技能模块中的一个问题提供了丰富的见解：孩子们被问及老师在课堂上使用的语言是否与他们在家里使用的语言相同（Hattori et al.，2017）。在乍得、冈比亚和多哥等西非和中非国家，7至14岁的儿童在家讲教学语言的比例不超过5%（**图14.9**）。在许多国家，财富与孩子说教学语言的可能性呈负相关。这可能是因为家庭较贫困的儿童往往生活在语言同质的农村地区，那里的教师使用的是当地语言，而家庭较富裕的儿童则往往生活在语言多样化的城市地区，在那里教师使用官方语言（**图14.10a**）。在有些国家，初等教育和初级中等教育儿童在家讲教学语言的比例并不接近，这通常反映了国家政策。例如，2012年基里巴斯通过了一项语言政策，要求儿童在三年级从基里巴斯语过渡到英语（Kiribati Government，2016）（**图14.10b**）。

图 14.9:

在撒哈拉以南非洲的许多国家或地区，只有一小部分学生在家说教学语言

2017—2020年部分低收入和中等收入国家，7至14岁儿童在家说教学语言的百分比

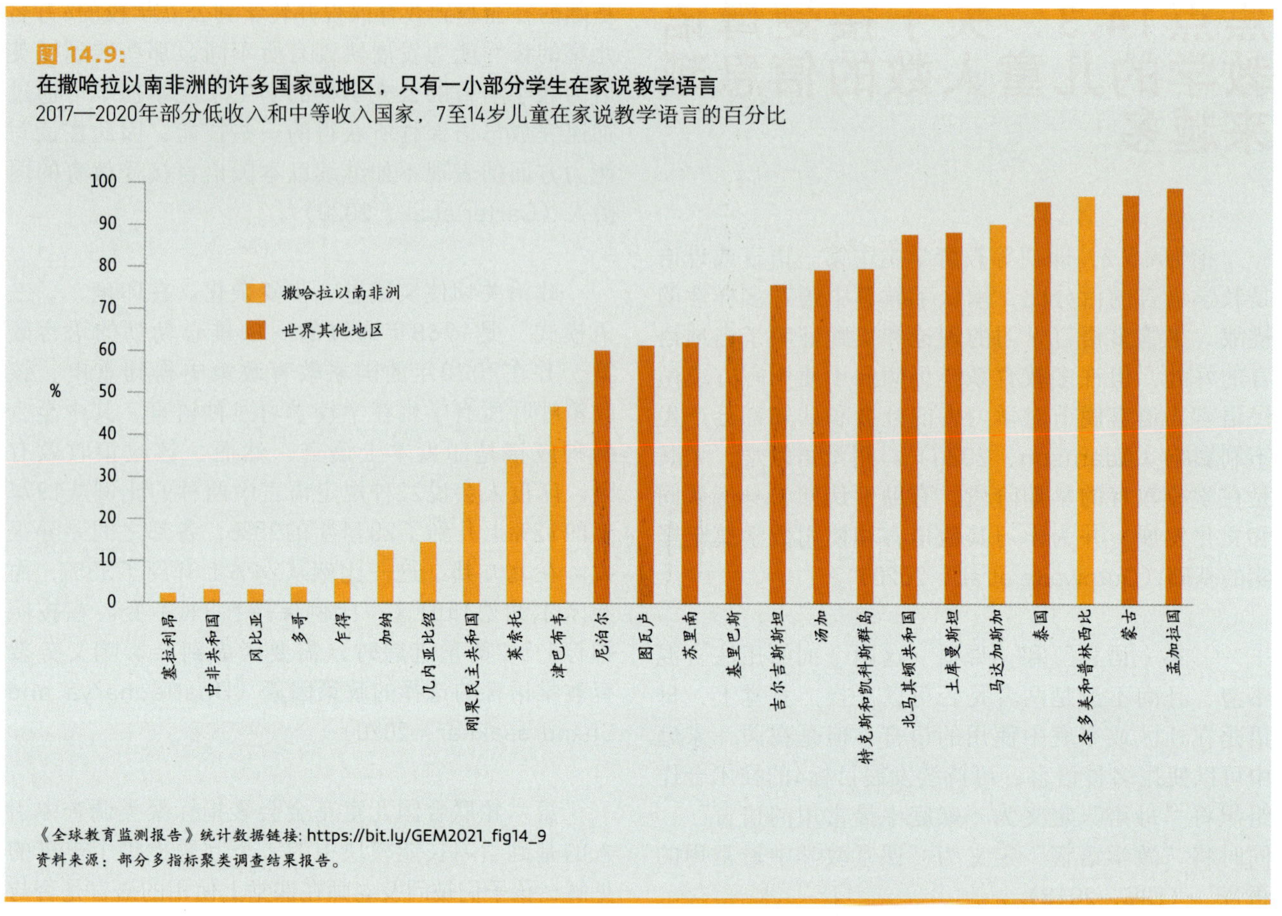

《全球教育监测报告》统计数据链接: https://bit.ly/GEM2021_fig14_9

资料来源：部分多指标聚类调查结果报告。

> 在乍得、冈比亚和多哥等西非和中非国家，7至14岁的儿童在家讲教学语言的比例不超过5%。

因此，需要语言政策方面的信息来补充和解读有关教学语言经验的数据，例如多指标聚类调查提供的数据。当关于教学语言经验的数据缺失时，如果把关于语言政策的信息与其他来源的信息相结合，也可以得到学生所面临的语言现实的大致情况。上述来源包括“民族语”（Ethnologue）（SIL International，2021），其中不仅估计了说某种语言的人口，还列出了每个国家在教育中使用的语言，以及学龄人口估计和入学率。这种将民族学数据和语言政策信息相结合的方法被用来评估21个非洲东部和南部国家的情况，在这些国家，接受母语教育的儿童比例从安哥拉、吉布提、科摩罗、莫桑比克、卢旺达和坦桑尼亚联合共和国的0%到埃塞俄比亚的96%不等。许多国家的母语政策覆盖了大多数儿童，但其中乌干达，特别是肯尼亚的政策，只侧重于有限的几种语言（Wekundah and Trudell，2021）。与多指标聚类调查数据相比，利用这种方法在津巴布韦得到了相近的结果，但高估了莱索托的情况，并低估了马达加斯加的情况（**图14.11**）。

采用类似的方法得出了最近的一项估计数据，即在低收入和中等收入国家，有37%的儿童学习母语以外的语言：27%的儿童说少数民族的书面语言，10%的儿童说不太常见的语言，每种语言的使用者均相对较少，这是教育系统难以解决的问题（World Bank，2021）。

图 14.10:

多种因素会使教学语言同时也可能是儿童母语

2017—2020年部分低收入国家和中等收入国家，按特征分列的7至14岁儿童在家说教学语言的百分比

a. 按财富分列

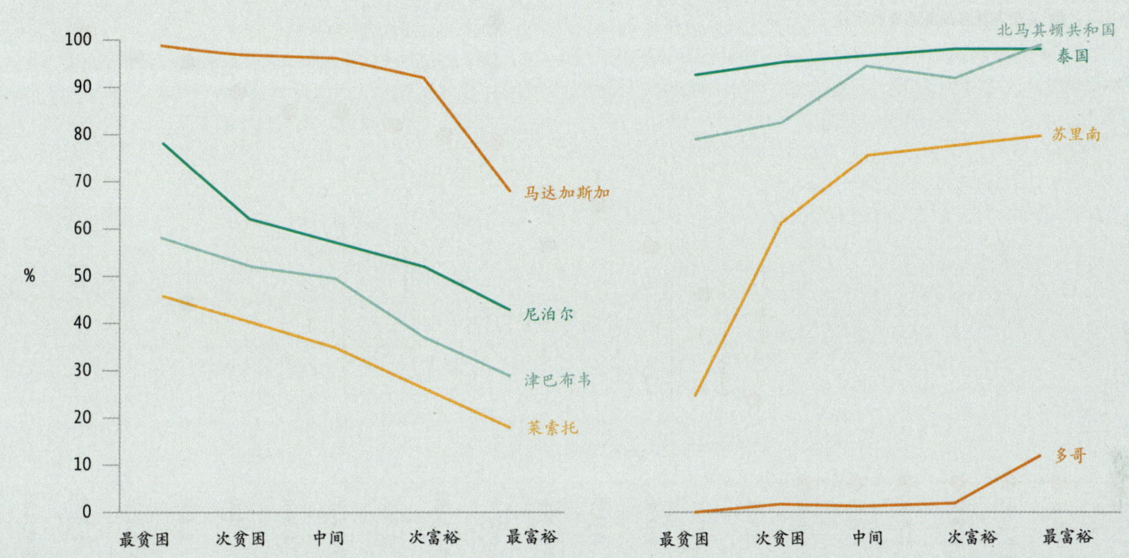

b. 按教育等级分列

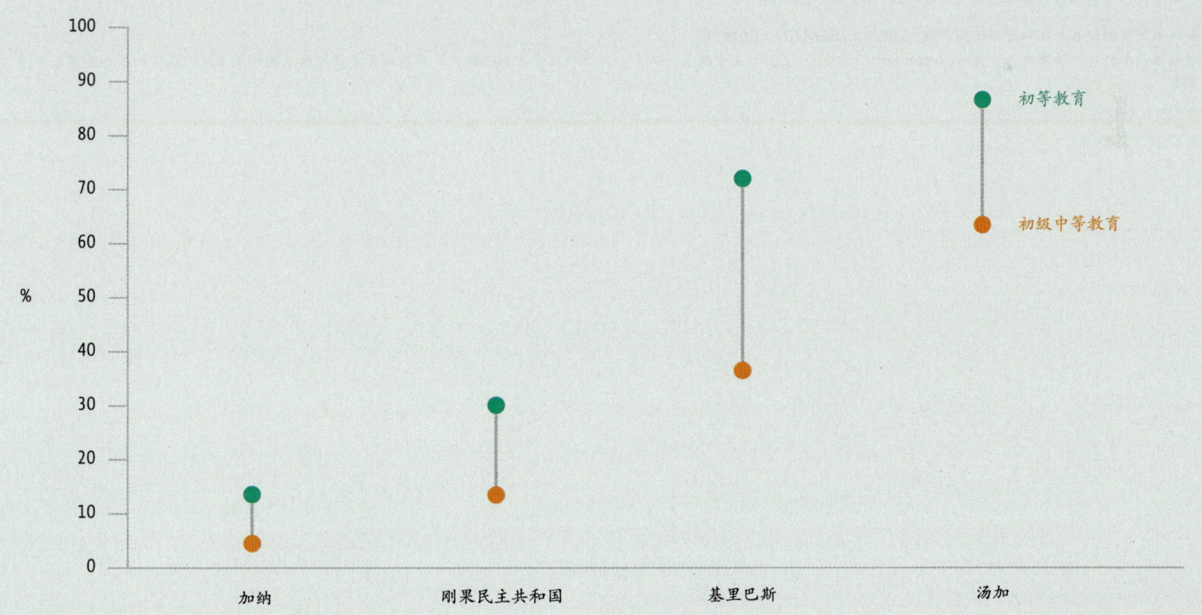

《全球教育监测报告》统计数据链接: https://bit.ly/GEM2021_fig14_10

资料来源：部分多指标聚类调查结果报告。

图 14.11:

在非洲东部和南部的21个国家中，超过四分之一的国家不提供母语教育

2021年用两种不同方法估计的非洲东部和南部国家接受母语教学的初等教育学龄儿童百分比

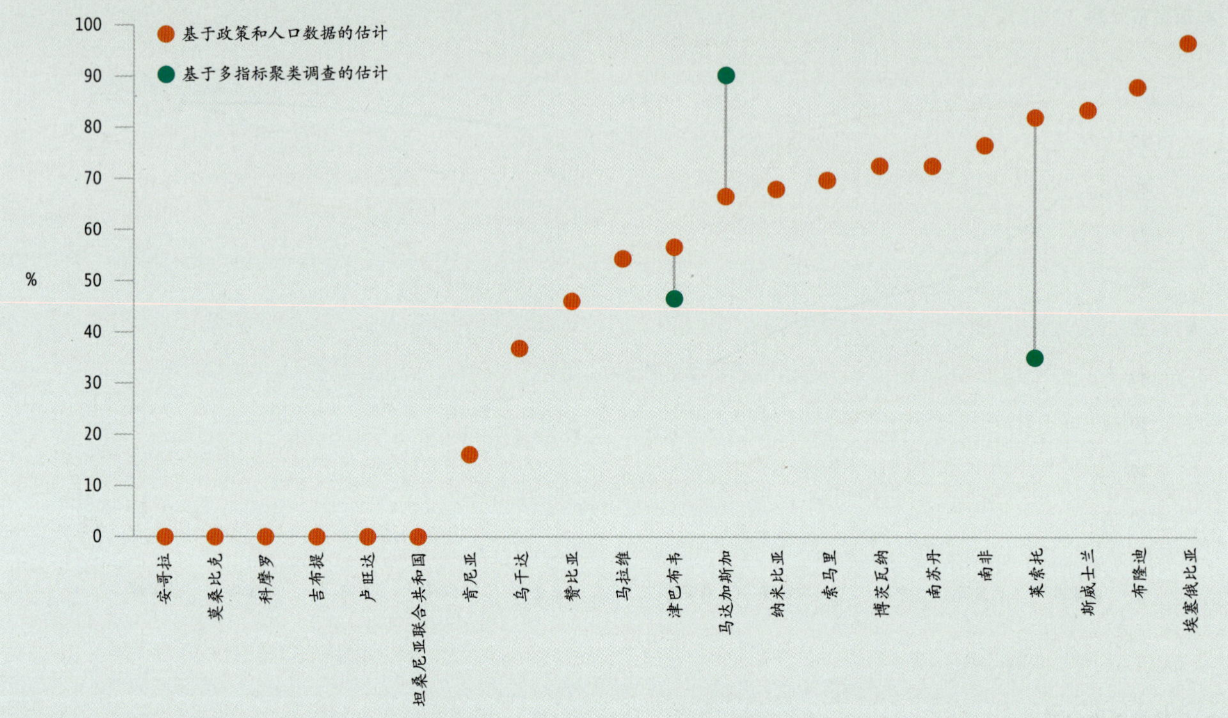

注：莱索托、马达加斯加和津巴布韦的数据指向7至14岁的儿童。

《全球教育监测报告》统计数据链接: https://bit.ly/GEM2021_fig14_11

资料来源：韦孔达和特鲁戴尔（Wekundah and Trudell，2021）关于政策、语言、人口和入学数据的研究；多指标聚类调查结果关于莱索托、马达加斯加和津巴布韦的报告。

新型冠状病毒肺炎疫情的影响

新型冠状病毒肺炎疫情给教育带来的最严重的后遗症，就是对弱势学习者造成了过度影响。首先，国家之间在获得学习机会方面存在很大的不平等。在政策方面，高收入国家学校完全关闭的天数占总教学日的21%，而低收入国家和中等收入国家的这一比例为31%。比广播和电视能更好确保学习连续性的在线平台的使用率在高收入国家为96%，高于中等收入国家的92%和低收入国家的58%（**图14.12a**）。就家庭生活条件而言，富裕国家的学生比贫困国家的学生更有可能进行在线学习；而撒哈拉以南非洲最多只有6%的学生能够通过互联网上课，约30%的学生通过电视上课（**图14.12b**）。将67个低收入国家和中等收入国家的政策和家庭层面与应急准备层面相结合的“远程学习就绪指数”估计，超过2亿学生生活在31个提供远程学习准备情况最差的国家（UNICEF，2021）。

其次，各国内部在学生的软硬件条件方面存在相当大的不平等（Human Rights Watch，2021）。即使在那些接近普及宽带接入的国家，如荷兰，弱势学生也会遇到家庭条件更差（缺少自己的学习空间）、使用设备的机会更少、家庭支持更少（父母直接帮助、检查家庭作业、联系教师并获取学校反馈信息等行动较少），以及学校支持更少（因为他们所就读学校的资源较少）的问题（Bol，2020）。在美国，37%收入低于3万美元的父母表示，他们的孩子不得不在智能手机上做作业，相比之下，收入超过7.5万美元的父母的这一比例为16%，他们的孩子可能会通过电脑做作业。此外，23%的最贫困人口不得不使用公共无线网络，但最富裕人口中的这一比例仅为4%（Schaeffer，2021）。

这种不平等将会转化为学习上的不均衡结果（**第10章**）。在美国加利福尼亚州，对四至八年级学生开展的英语学习评估进行分析后估计，英语学习者的学习滞后3.8个月，而英语母语学生滞后2.3

图 14.12:
较贫困国家的学生获得互动式远程学习的机会要少得多

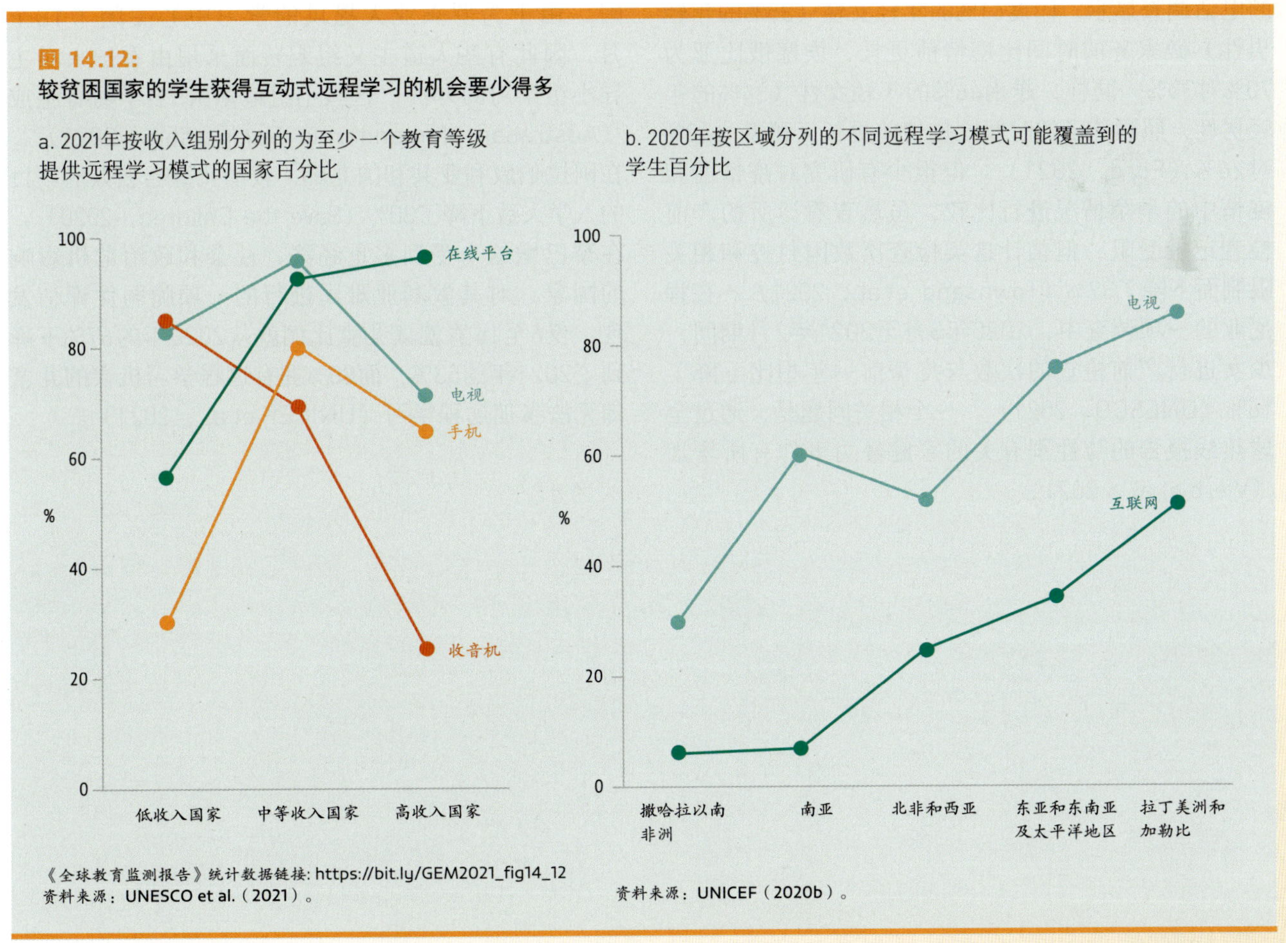

《全球教育监测报告》统计数据链接：https://bit.ly/GEM2021_fig14_12
资料来源：UNESCO et al.（2021）。

资料来源：UNICEF（2020b）。

个月，贫困学生滞后3.3个月，但非贫困学生仅滞后1.2个月（Pier et al.，2021）。在分析了远程学习对12个州三至八年级学生考试通过率所产生的影响后发现，从面对面学习转向完全混合或网上学习模式加剧了负面影响，数学和英语测试通过率分别平均下降了10个和4个百分点。对于没有黑人或西班牙裔学生的学区，转向完全混合或网上学习模式使通过率降低了4个百分点；而对于黑人和西班牙裔学生占50%的学区来说，通过率降低了9个百分点（Halloran et al.，2021）。

恢复措施可能也不公平。只有四分之一的国家提供现金、食品、交通或学费减免等激励措施，以帮助弱势家庭的女孩或儿童重返学校（UNESCO et al.，2021）。

男孩和女孩在使用设备、时间利用和早孕风险方面可能有不同的结果。孟加拉国、约旦和巴基斯坦的有些家长表示不愿意让女孩使用智能手机（UNESCO，2021）。疫情期间对19岁青少年进行的电话调查显示，印度61%的年轻女性（35%的年轻男性）做家务的时间比疫情前更长，埃塞俄比亚为70%对35%。同样，越南46%的年轻女性（34%的年轻男性）照顾孩子的时间比疫情前更长，秘鲁为42%对26%（Ford，2021）。但很少有研究对疫情前和疫情中的早孕情况进行比较。虽然查看诊所的产前检查记录受阻，但估计这类检查次数因封控和相关限制而下降了39%（Townsend et al.，2021）。在肯尼亚的一项调查中，2020年3月至2021年2月期间，少女进行产前检查的次数与疫情前一年相比下降了16%（UNESCO，2021）。一个相关问题是，通过全球热线报告的与性别有关的家庭暴力事件有所增加（Viero et al.，2021）。

远程学习安排往往使残疾学习者得不到支持。一项对残疾儿童父母的全球调查发现，只有19%需要帮助的儿童有机会获得手语翻译，而远程学习方案往往无法使用手语。同时只有23%的儿童能够得到课程音频的文本（World Bank and IEI，2020）。对37个国家进行的一项调查发现，38%的残疾儿童家长无法帮助其孩子学习，而正常儿童家长的这一比例为28%（Save the Children，2021）。同时残疾儿童家长赚钱养家的能力也受到严重影响（Bannink-Mbazzi et al.，2020）。最后，世界各地的学生都深切感受到学校关闭造成的精神创伤，对残疾学习者来说尤其严重。在美国，报告患上重度抑郁症的残疾大学生人数大约是普通学生的两倍（Sutton，2020）。

移民和难民群体也受到了严重影响。一项针对印度国内移民的调查发现，学校关闭使被迫跟随父母到砖窑工厂的儿童人数增加了67%（Aide et Action，2021）。在某些情况下，这是因为为这些儿童设立的季节性宿舍被迫关闭（Suffian，2021）。而难民儿童则在各个方面都受到了影响。在孟加拉国，由于为罗兴亚人提供的学习中心关闭了18个月，因此有些人道主义组织转而采用由看护人员主导小组学习的方法，这些小组最多由5名学习者组成（Australian Humanitarian Partnership，2021）。在阿拉伯叙利亚共和国北部，救助儿童会创办的项目的入学人数下降了30%（Save the Children，2020）。在黎巴嫩这个受到多重经济、社会和政治危机影响的国家，对其叙利亚难民进行的一项脆弱性评估发现，仅6至14岁就读儿童比例就从2020年的67%下降到了2021年的53%，而20%拥有远程学习机会的儿童却无法参加远程学习（UNICEF et al.，2021）。

来自非洲妇女扫盲计划的“Yao”语指导教师玛莎·玛卡拉妮正在检查马拉维一个妇女扫盲班的学习情况，这项计划旨在使妇女掌握其母语的基本读写能力。

摄影：Ari Vitikainen/Finnish Bible Society

重要信息

在撒哈拉以南非洲，2015年至2020年，女性青年识字率每年增长不到一个百分点。该区域超过四分之一的年轻妇女是文盲。

全球扫盲进展停滞不前：东亚和东南亚低读写素养的绝对人数大幅下降至5200万，但在撒哈拉以南非洲，这一人数却增加至1.27亿以上，抵消了这一进步。

如果没有采用直接评估的方法，识字率就会被高估。在18个低收入国家和中低收入国家完成初级中等教育学业的所有20至24岁的年轻人中，几乎有一半的人连一个简单的句子都看不懂。

来自德国和美国的关于成人读写能力评估的新数据显示，读写技能并没有像人们之前认为的那样有所下降。但是美国在扫盲方面存在长期挑战：在295个县（几乎占全国所有县的十分之一），超过三分之一的成年人达不到最低熟练水平。

对42个撒哈拉以南非洲国家1950年代至1980年代出生群体的调查和普查数据的分析显示，最贫困的成年人的基本计算能力没有进步。

甚至在新型冠状病毒肺炎疫情之前，远程教育也是实施初级扫盲计划的一种不受欢迎的授课模式。在巴西，2021年颁布的一项关于青年和成人第二次入学机会项目的规章明确规定，与初等教育课程大纲相对应的课程必须以面对面授课的方式进行。

第15章

具体目标4.6

读写和计算

到2030年，确保所有青年和相当大比例的成人，无论男女都能够读写和计算。

全球指标

4.6.1 特定年龄人口获得特定水平的（a）读写和（b）计算能力的百分比，按性别统计

主题指标

4.6.2 青年和成人识字率

4.6.3 文盲青年和文盲成人参与扫盲项目的比例

全球指标4.6.1超越了识字与文盲之间的传统二元对立，旨在反映读写和计算能力的连续发展的熟练水平。然而，自2017年以来，没有国家报告关于全球指标4.6.1的新数据。自经合组织实施国际成年人能力评价项目（PIAAC）和世界银行开展就业与生产技能项目（STEP）以来，以多级熟练水平来衡量读写能力的方法学进展（Grotlüschen et al.，2020b）尚未推动新的数据收集工作。

因此，这两个项目仍然是了解读写熟练水平状况的关键来源。国际成年人能力评价项目的第一个周期收集了2011年至2017年39个国家（主要为高收入国家）的数据。第二个周期定于2022—2023年进行，预计2024年公布结果。就业与生产技能项目采用了国际成年人能力评价项目量表，并在2012年至2017年主要对17个中等收入国家的城市地区进行了评估。

在国际成年人能力评价项目量表上，最低读写熟练水平是指在给定干扰信息的情况下，能够匹配文本和信息，以及（或）转述/进行低级推理的能力。这比通常与成人识字率相关的熟练水平更高。成人识字率指向主题指标4.6.2，是一种对识字率的二分法，可以自我评估（“你能阅读和写字吗？”），也可以通过简单的句子阅读测试进行直接评估。不过，目前已有关于此方面的长期数据以及大多数国家在此方面的数据。

“识字率的性别差距在15岁至24岁群体中为2.1个百分点，在65岁及以上群体中为11.5个百分点。”

在全球范围内，在15岁及以上的成年人中，女性和男性的识字率分别为83.3%和90.1%——相差大约7个百分点。识字率的性别差距在15岁至24岁群体中为2.1个百分点，在65岁及以上群体中为11.5个百分点。虽然时间不断推移，但是进展仍然缓慢。在低收入国家和撒哈拉以南非洲，女性青年识字率每年增长不到1个百分点。在撒哈拉以南非洲，超过四分之一的年轻女性是文盲（**表15.1**）。

随着青年识字率的提高速度超过了老年人识字率的提高速度，扫盲项目越来越需要找到覆盖老年人的方法。在除撒哈拉以南非洲以外的各个区域，老年人在人口中所占比例越来越大。在北非和西亚，其占比从2000年的4.7%上升到了2020年的5.8%，预计到2030年将达到7.6%；在中亚和南亚，相应的数字分别为4.3%、6.1%和8.0%。在尼泊尔，一个面向老年人的试点扫盲班（为期8个月，共332小时的课堂教学）发现了诸如记忆力差等具体的认知挑战，并发现需要为老年人量身定制学习和教学材料（Ayyappan，2020）。

表15.1:

2015年和2020年或最近数据可得年份青年、成人和老年人识字率

	青年（15—24岁）识字率（%）				成人（15岁以上）识字率（%）				老年人（65岁以上）识字率（%）			
	女性		男性		女性		男性		女性		男性	
	2015年	2020年	2015年	2020年	2015年	2020年	2015年	2020年	2015年	2020年	2015年	2020年
全球	89.4	90.8	92.5	92.9	81.8	83.3	89.3	90.1	68.5	72.5	81.2	84.0
撒哈拉以南非洲	70.6	74.2	78.6	79.5	56.3	59.6	71.5	72.8	24.5	27.0	48.0	50.6
北非和西亚	87.4	87.5	91.5	90.9	74.1	74.9	86.4	85.8	42.1	45.0	65.5	66.4
中亚和南亚	85.2	89.6	90.2	92.4	63.0	67.7	79.5	82.4	28.8	33.0	56.1	61.6
东亚和东南亚	98.8	99.0	98.8	99.0	93.4	94.6	97.2	97.6	71.4	79.1	88.6	92.0
拉丁美洲和加勒比	98.5	98.8	98.1	98.5	92.7	94.1	93.6	94.9	77.0	81.1	81.4	84.9
大洋洲	...	...	...	...	...	...	...	...	...	...	...	...
欧洲和北美	...	...	...	...	...	...	...	...	...	...	...	...
低收入国家	66.1	70.7	75.4	76.3	50.2	54.1	67.3	68.9	26.7	27.9	47.0	49.2
中低收入国家	85.0	88.2	89.8	91.3	66.3	70.0	80.8	82.9	37.5	40.9	59.9	64.0
中高收入国家	98.5	98.5	98.6	98.6	93.5	94.5	96.7	97.1	74.9	80.9	87.8	91.1
高收入国家	...	...	...	...	...	...	...	...	...	...	...	...

资料来源：统计研究所数据库。

在提高识字率方面的缓慢进展意味着，从绝对值来看，不具备读写能力或读写能力差的人数，尤其是妇女人数，几乎没有变化。东亚和东南亚妇女文盲人数大幅下降至5200万，但在撒哈拉以南非洲这一人数却增加至1.27亿以上，抵消了这一进步（**图15.1**）。

随着读写能力的衡量方法从自我报告转向直接评估，识字率统计数据可能会变得更差。几十年来，人口普查数据和家庭调查数据通常将任何完成初等教育学业的人记录为识字，而没有询问其实际识字水平，更没有开展测试。但是，越来越多的人注意到学生在学校的学习成果很差，这表明许多儿童和青少年甚至在初级中等教育毕业时都没有达到最低阅读熟练水平。最近的人口和健康调查（DHS）反映了这一更加重要的认识，即学校教育并不一定会使学生掌握读写能力。尽管由于操作原因，这些调查仍局限于相对简单的识字测试，但现在这些测试适用于所有受访者，而无论其受教育程度如何。

结果证实，假设所有中等教育毕业生都识字意味着真正的识字水平以前被高估了。虽然指标4.6.2定义的是15至24岁的青年识字率，但将重点放在20至24岁的青年识字率上更适合于充分反映完成中等教育所产生的影响。在最近获得人口和健康调查数据的18个国家中，几乎30%的初级中等教育毕业生没有达到基本的识字水平（能够阅读一个简单的句子）。即使在高级中等教育毕业生中，六分之一的人仍然是文盲；在贝宁，只有64%的高级中等教育毕业生能读懂一个简单的句子。反过来说，从未接受过学校教育并不等于文盲：在所有从未上过学的年轻人中，30%的人能够阅读，在印度尼西亚和缅甸这一比例高达50%（**图15.2**）。

图 15.1:

20年来，文盲妇女的总人数几乎没有变化，而在撒哈拉以南非洲，这一数字甚至有所上升

1999年和2019年按区域分列的15岁及以上妇女文盲人数

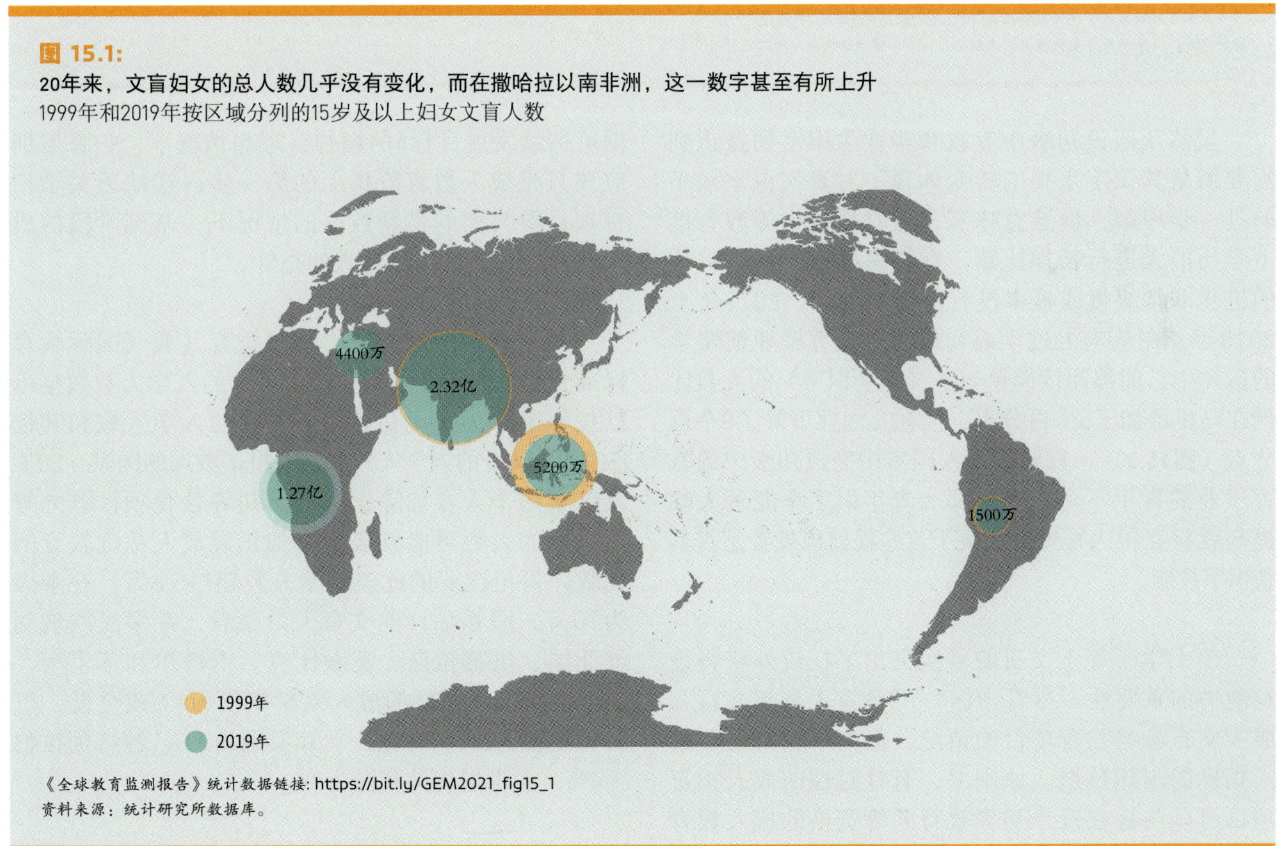

《全球教育监测报告》统计数据链接：https://bit.ly/GEM2021_fig15_1
资料来源：统计研究所数据库。

> 假设所有中等教育毕业生都识字意味着真正的识字水平以前被高估了。

图 15.2:

即使是中等教育毕业生也不能假定他们已经具备了识字能力

2015—2019年部分国家按受教育水平分列的20至24岁人口的识字率

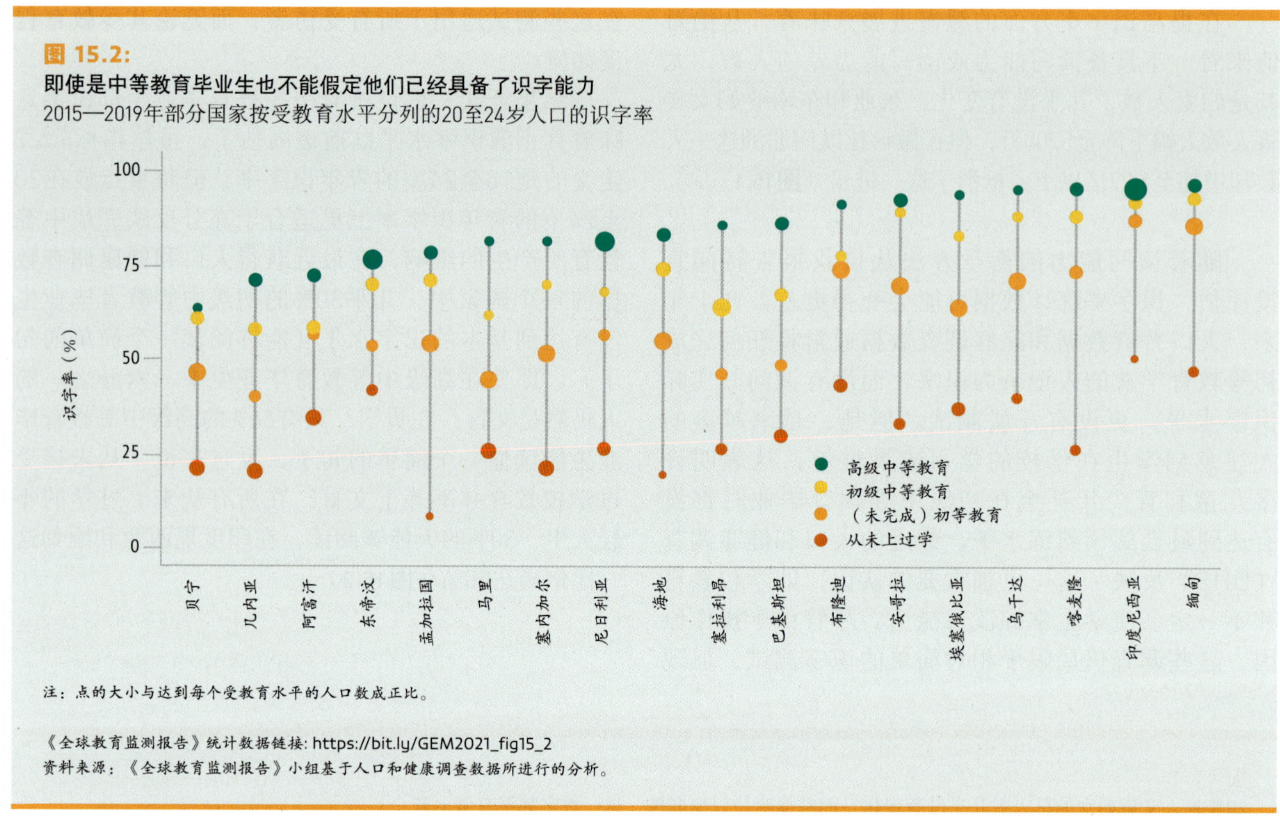

注：点的大小与达到每个受教育水平的人口数成正比。

《全球教育监测报告》统计数据链接: https://bit.ly/GEM2021_fig15_2

资料来源：《全球教育监测报告》小组基于人口和健康调查数据所进行的分析。

虽然从假设初级中等教育毕业生识字到意识到需要衡量其识字水平的转变体现了对真实识字水平的进一步理解，但这意味着只能对那些中等教育以下学历的人进行长期比较。在许多国家，这一群体的进步非常缓慢或根本没有进步。例如，2012年至2018年，在从未上过学或初级中等教育毕业前辍学的群体中，能够阅读简单句子（完全识字）的人数比例在马里增加了5个百分点，但在几内亚下降了8个百分点（**图15.3**）。只要低收入国家中完成初级中等教育学业的青年不到一半，那么青年识字率能否大幅提高就将在很大程度上取决于这些提前离校者是否具备识字技能。

不上学不等于文盲的事实突出了在校外获得读写能力的重要性。尽管指标4.6.3侧重于青年文盲和成人文盲参与扫盲项目的情况，但尚未获得关于这一指标的国际数据。原则上，有针对性的成人扫盲项目可以与旨在授予初等教育同等资格的成人教育项目区别开来。然而，获得持久性的基本读写能力需要很长的时间，同时追踪研究不断证实需要后续项目来巩固新掌握的读写技能（Lang，2021）。根据可持续发展目标4的精神，理想情况下，扫盲培训应该只是成人教育阶梯上的第一步。在缺乏关于扫盲项目参与率的最新数据的情况下，基础阶段的成人教育项目足以作为考查的指针。

对于有些国家来说，初等教育（或《国际教育标准分类法》第一级，ISCED-1）的入学人数数据可以按年龄分为正规初始初等教育的入学人数和其他ISCED-1项目的入学人数。在上报了数据的国家，20岁及以上的个人参加除正规初始初等教育项目以外其他项目的人数可能就表示参加正规成人基础教育的人数。哥伦比亚的此类入学人数超过5.6万，在泰国为10万。联系估计的文盲人口来看，在多民族玻利维亚国、洪都拉斯、莫桑比克、卡塔尔和苏里南，其他ISCED-1项目的成人入学率仅为1%或更低，巴林和秘鲁为2%，哥伦比亚和泰国为3%，沙特阿拉伯为4%，多米尼加共和国为8%。

在哥斯达黎加，相应的数字为28%，这表明成人基础教育项目覆盖了更多的人，而不仅仅是读写能力差的人。公共教育部为未完成初等或中等教育

图 15.3:

在大多数国家，那些没有至少完成初级中等教育学业的群体的读写素养充其量只是停滞不前

2010—2014年和2015—2019年，中等教育程度以下的青少年识字率

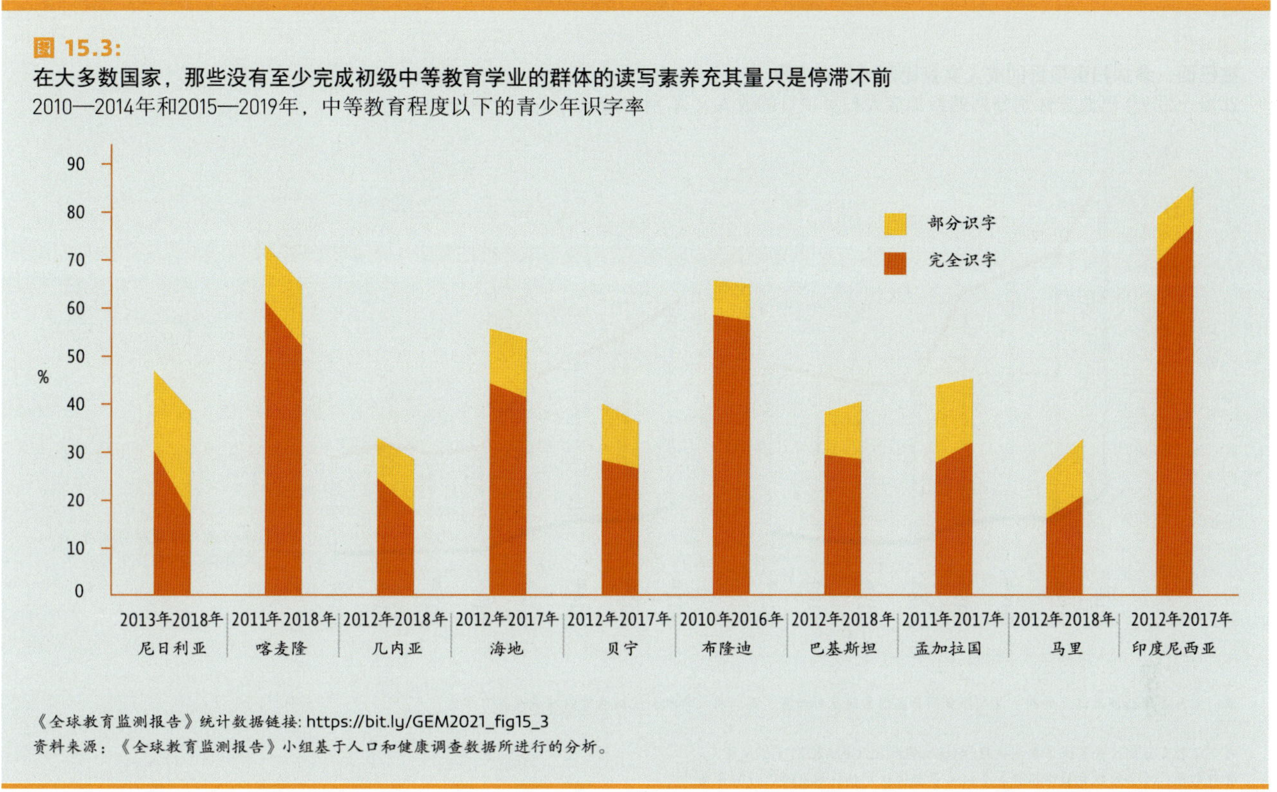

《全球教育监测报告》统计数据链接: https://bit.ly/GEM2021_fig15_3

资料来源：《全球教育监测报告》小组基于人口和健康调查数据所进行的分析。

的青年和成人建立了成人教育中心和夜校网络。然而，由于不识字者参与扫盲项目的积极性很高，哥斯达黎加推出了一项大规模的扫盲举措，即国家扫盲计划（PLANALFA）。该计划于1998年启动，旨在到2015年将文盲人数减半，并在2025年彻底消除文盲。2012年，参加扫盲项目的人数为7300人（Zúñiga et al., 2015），占该国8.7万文盲人口的8.4%。联合国教科文组织统计研究所估计，该国2018年成人文盲人数为8.4万人，近10年来几乎没有变化。

印度有间接证据，2018年，该国暂停了初等教育水平的正规成人教育计划，导致初等教育总入学人数下降了近2300万，占2.53亿（估计值）成人文盲的9%。

巴西拥有更完整的数据，因为年度全国住户抽样调查（PNAD）记录了成人文盲在3类项目中的参与情况：常规基础教育，第二次入学机会基础教育以及成人扫盲项目。2012年至2019年，参加成人扫盲项目的女性在所有成人文盲中的占比从2.7%下降到了1.4%，男性则从2.2%下降到了0.7%。但这是参与率的下限，因为一些在项目开始时不识字的人可能在调查时已经获得了识字技能。因此，衡量目前成人文盲的入学人数可能会低估这些项目对减少文盲的贡献。相反，衡量所有成人在项目中的入学人数则会高估成人文盲的参与率。这两项估计值分别为参加成人教育项目的文盲比率的下限和上限（**图15.4**）。有证据表明，此参与率很可能已经下降，按照这种速度发展，将不利于实现到2030年普遍识字的目标。

> 不上学不等于文盲的事实突出了在校外获得读写能力的重要性。

图 15.4:

在巴西，参加扫盲项目的成人文盲比例一直在下降

2012—2019年巴西按性别分列的参加成人扫盲项目的成人文盲/所有成人在成人文盲中的占比

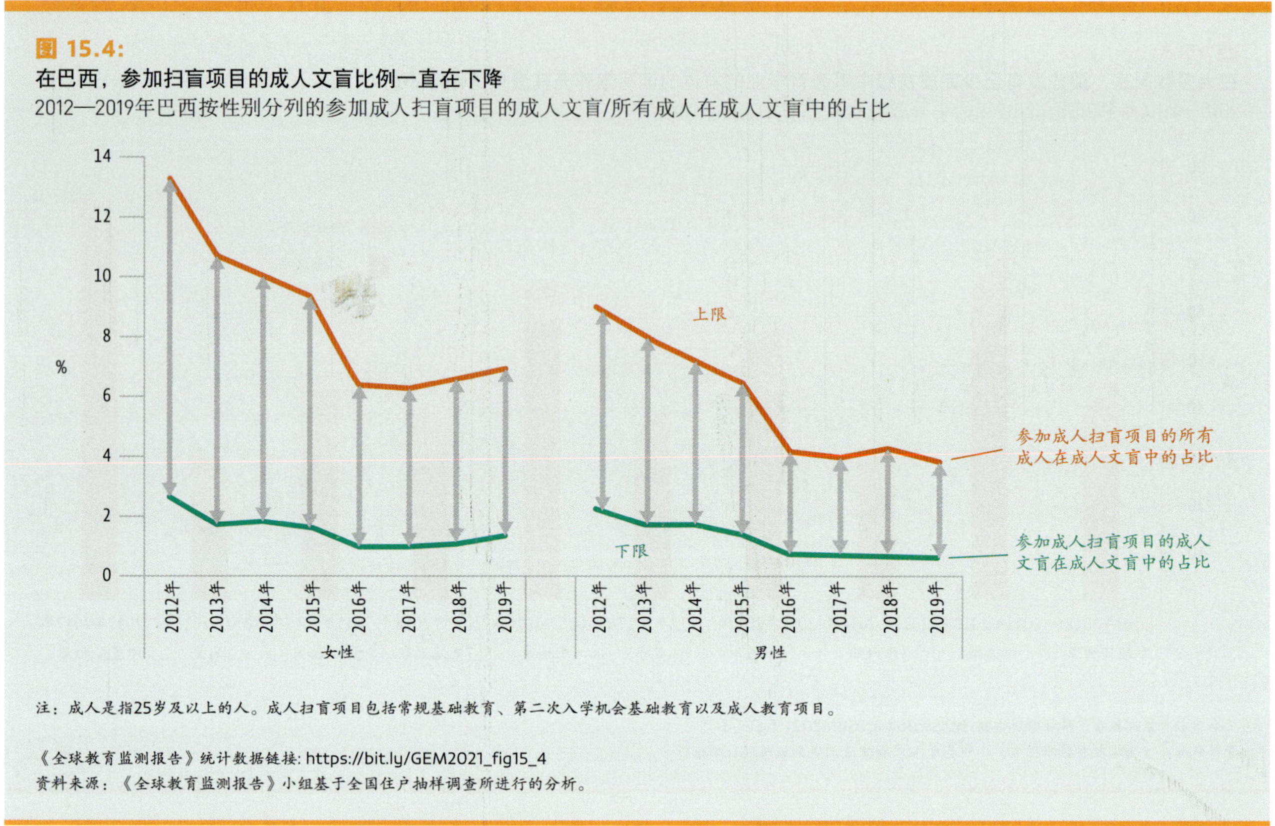

注：成人是指25岁及以上的人。成人扫盲项目包括常规基础教育、第二次入学机会基础教育以及成人教育项目。

《全球教育监测报告》统计数据链接: https://bit.ly/GEM2021_fig15_4

资料来源：《全球教育监测报告》小组基于全国住户抽样调查所进行的分析。

近年来，将国际成年人能力评价项目的结果与2003—2007年成人扫盲和生活技能调查以及1994—1998年国际成人扫盲调查的结果进行比较后发现，高收入国家成人的读写素养可能正在下降（Desjardins，2020）。但德国和美国的最新趋势证据使人们对这一说法产生了怀疑。

两轮德国扫盲调查显示出积极的趋势（Grotlüschen et al.，2020a）。18至64岁的成人中，掌握1至3级较低读写技能的成人比例从2010年的14.5%降至2018年的12.1%。同时，掌握4级以上较为熟练读写技能的成人比例从60%上升到了68%。但是其他分析表明，这些趋势在很大程度上是由人口构成的变化，尤其受教育程度的提高所驱动的。对国际成年人能力评价项目在国家层面扩展的另外三波追踪数据进行的分析显示，在个人层面上读写技能平均提高很少，但此平均水平掩盖了年龄较大群体读写技能的下降：被年龄较小群体读写技能的提高所抵消了（Reder et al.，2020）。

在美国，16至65岁的成人中，未达到读写技能最低2级水平的总体百分比略有上升，从2012年至2014年的18%上升到了2017年的19%（NCES，2020a）。年轻群体的下降幅度更大，而那些中等教育学历以下的人的读写素养实际上却有所提高。然而，几乎所有这些变化都在误差范围内。因此，来自这两个国家的证据表明读写素养并没有下降，无论是由于工作文化的变化，使人们无须处理太多的连续书面文本，还是其他原因。

在美国，可以观察到社区读写素养存在巨大差异。美国“技能地图”（NCES，2020b）使用其较大的合并样本来进行小范围估计，以生成3142个县的技能概况（Krenzke et al.，2020）。即使在某一个州内，如得克萨斯州，低于最低读写水平的成年人比例也不尽相同，从博登县的9%到凯内迪县的70%不等。在美国的295个县中，超过三分之一的成人低于最低读写熟练水平。

具体目标4.6包括读写和计算。成年人的计算能力是一套多方面的技能，远远超出了学校所教的算术问题。计算的五个领域——公民、数字、金融和商业、健康、工作场所（UIL，2020）突出了与可持续发展目标之具体目标4.4、4.7及其他目标的联系。与读写素养一样，这些日常领域的计算能力也是一种社会实践。例如，计算能力较低的成人可

> 即使是关于简单计算能力的数据也很缺乏。

能会采用各种策略，例如通过数药丸来遵守医嘱（Chamberlin，2019）。

然而，即使是关于简单计算能力的数据也很缺乏。除了国际成年人能力评价项目所进行的调查之外，没有任何具有国际可比性的关于成人计算能力的数据来源。与关于读写技能的数据（有些国家的基本数据可以追溯到100多年前）不同，没有直接衡量计算能力的时间序列。尽管如此，间接测量可以提供一种不平等的迹象和计算能力的长期变化趋势（**焦点15.1**）。

焦点15.1：几十年来，非洲最贫困人群的基本计算能力一直停滞不前

计算能力很重要。计算数量和比例对于生产和贸易中的许多活动都至关重要，甚至在家庭活动和农业中也很重要（Tollnek and Baten，2017）。[1] 与健康有关的活动同样需要对比例和精确用时进行计算判断。总体而言，计算能力对经济增长以及移民在主要目的地国家的经济成功都有积极影响（Hanushek and Woessmann，2012）。尽管计算能力很重要，但人们对计算能力的评估远不及对读写素养的评估，特别是因为数据稀缺（Lilenstein，2018；Pritchett，2013）。撒哈拉以南非洲和弱势群体尤其如此。

学习评估，如非洲国家教育部长会议系统分析项目，填补了学童计算能力方面的数据空白，但这些评估由于参与国家和测量方法多年来的变化而受到一定限制（Dickerson et al.，2015）。最近，联合国儿童基金会开展的多指标聚类调查纳入了针对儿童的基本计算能力评估，并且“人民学习行动”网络开展的国际计算能力通用评估（一项由公民主导的评估）工作正在取得进展。

然而，这些举措并没有提供关于成人计算能力和过去几十年趋势的信息。与读写素养不同，人口普查没有将计算能力的信息包括在内的惯例。

然而，也有一些技术可以根据过去的调查和人口普查数据来提取对计算能力的间接估计值，即使这些调查和普查并没有明确包括关于计算能力的评估或问题。特别是，这类数据中的年龄积算数可提供对基本计算能力的可行间接估计，这一点已得到充分证实（A'Hearn et al.，2009；Tollnek and Baten，2016）。年龄积算是一种特殊的年龄错报，计算能力较差的调查受访者通常将其年龄取为5的倍数。在根据人口统计模式估算出高于预期的超报年龄数量之后，就可以通过计算正确说出自己年龄的人的百分比获得基本计算能力的代用衡量标准。

这种测量方法与其他跨文化、跨时期和跨区域的教育和学习测量如出一辙，包括1950年以后的发展中国家测量（Crayen and Baten，2010），甚至可以追溯到古罗马和与欧洲接触之前的印加古国（Juif and Baten，2013）。这一基本指标反映的处理简单小整数的能力远低于可持续发展目标4所要求的最低熟练水平。因此，大多数人，甚至是最贫困的人，都超过了这一门槛。尽管如此，这一衡量标准依旧适合研究历史上的计算能力变化趋势。

本报告通过分析多指标聚类调查和人口普查数据，追踪了42个撒哈拉以南非洲国家在1960年代和2010年代之间出生的人口群体的计算能力。关于计算能力的间接衡量标准（基于年龄积算）在地方层面与基于学校的计算能力评估结果高度相关（**图15.5**），证实了计算能力缺陷的持续性和代用衡量标准的有效性。在所有参与非洲国家教育部长会议系统分析项目的西非和中非国家中，其相关性高达0.8，在尼日尔甚至达到了0.95。同时在欧洲和拉丁美洲也观察到了这种高度的持续性（Baten and Hippe，2018；Baten and Juif，2014）。

在喀麦隆、冈比亚、马里、毛里塔尼亚、尼日利亚、苏丹和塞拉利昂，社会经济差异对计算能力的影响尤其明显。在尼日利亚，50至59岁群体中计算能力的差距高达19个百分点，最贫困群体中有44%的人具有计算能力，而最富裕群体的该比例为63%。平均而言，随着时间的推移，最贫困群体的计算能力提升微乎其微，并且不能持续（**图15.6**）。

1　本节基于巴滕（Baten，2021）的研究。

图 15.5:

对成人计算能力的间接估计与儿童的计算能力高度相关

布基纳法索按地区分列的基于年龄积算的40岁至50岁群体计算能力与儿童计算能力的比较

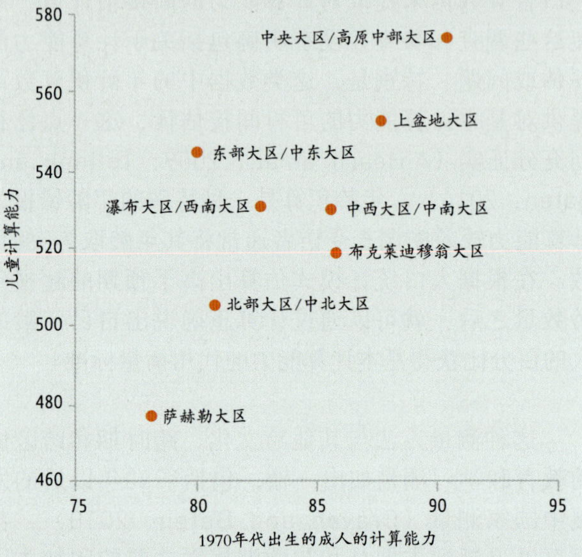

580
560
540
520
500
480
460
75
80
85
90
95
儿童计算能力
1970年代出生的成人的计算能力
中央大区/高原中部大区
上盆地大区
东部大区/中东大区
瀑布大区/西南大区
中西大区/中南大区
布克莱迪穆翁大区
北部大区/中北大区
萨赫勒大区

《全球教育监测报告》统计数据链接: https://bit.ly/GEM2021_fig15_5

资料来源：Baten（2021），基于2006年人口和住房普查及2014年非洲国家教育部长会议系统分析项目的评估数据。

图 15.6:

近几十年来，成人的基本计算能力提高缓慢，最贫困群体则根本没有提高

按出生年代和财富分列的18个非洲国家民众的计算能力

90
88
86
84
82
80
78
计算能力
较富裕的80%
最贫困的20%
1950年代
1960年代
1970年代
1980年代

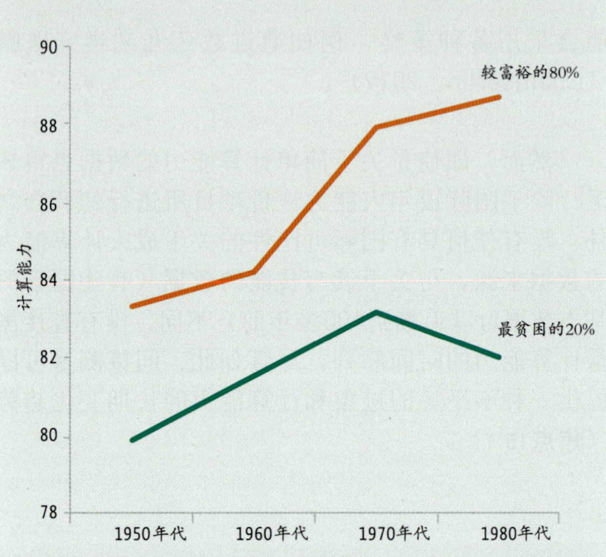

注：这些国家是具有多指标聚类调查样本的国家，样本可以追溯到1980年代：贝宁、乍得、中非共和国、刚果民主共和国、斯威士兰、加纳、几内亚、莱索托、马达加斯加、马拉维、马里、毛里塔尼亚、莫桑比克、塞拉利昂、南苏丹、苏丹；多哥和津巴布韦。

《全球教育监测报告》统计数据链接: https://bit.ly/GEM2021_fig15_6

资料来源：Baten（2021）。

这些趋势在男女群体中都一样。总的来说，在这种初级计算水平上，性别差距非常小，除了3个国家之外，所分析的所有国家的性别差距都不到5个百分点。然而，在计算能力方面，城乡差距和财富差距很大。在苏丹，农村地区所有年龄群体的计算能力都落后10个百分点以上。对于目前年龄在40岁至50岁之间的人群，冈比亚、毛里塔尼亚、尼日利亚、塞拉利昂和苏丹的城乡差距尤其大。

受过教育的人与未受过教育的人在计算能力上的差距尤其大，这在意料之中，这种差异在塞内加尔达到22个百分点，在喀麦隆达到24个百分点。在喀麦隆、肯尼亚、马拉维、尼日利亚和塞内加尔，无论是未受教育的人还是受过教育的人，计算能力的提高幅度都很小。例如，在塞内加尔没有接受过教育的人中，1950年代和1970年代出生的人中分别有69%和70%会计算。喀麦隆接受过一些教育的人的计算能力略有提高，从84%提高到了89%。但在大多数国家，进步有限，甚至略有退步，肯尼亚的未受教育群体就是如此。这意味着计算能力的整体提高几乎可完全归因于学校就学率的提高，这与对读写素养的调查结果一致（Barakat，2016）。

值得注意的是，在刚果民主共和国，人们的计算能力非常高，在1960年代出生的群体中，95%以上的人都具备计算能力，即便在最贫困的人群中也是如此。实际上，在16世纪早期的刚果王国和库巴王国等王国中，精英群体的计算能力就已经非常高了（Baten and Alexopoulou，2021）。

> “非洲国家民众计算能力的整体提高几乎可完全归因于学校就学率的提高。”

新型冠状病毒肺炎疫情的影响

人们认识到，读写能力和计算能力对于健康素养和有效的疫苗接种活动至关重要，必须成为公共应急反应和重建计划的组成部分（Lopes and McKay，2020）。此外，计算能力，不仅仅是数学技能，还包括更广泛的理解和使用定量信息的能力，是降低对新型冠状病毒肺炎疫情错误信息的易感性的最可靠的预测指标（Roozenbeek et al.，2020）。印度的一项研究发现，参加成人扫盲项目（该项目开展于新型冠状病毒肺炎疫情在印度传播之前，且没有关于疫情的具体材料）的妇女比不识字的妇女更了解新型冠状病毒肺炎。超过80%刚获得识字能力的妇女知道感染症状，相比之下，文盲对照组中这一比例仅为16%（Das et al.，2021）。

从概念上讲，计算能力——在一系列情况下积极主动地使用各种工具进行评估和分析数值推理的能力（O'Sullivan et al.，2021）——显然是理解与疫情有关的许多公共辩论、政策决定和建议的先决条件。指标和图表在社会对新型冠状病毒肺炎疫情的理解（包括条件衰退率和动态平均值等相当复杂的概念）中发挥了巨大作用。同时，这也创造了一个教学机会，使学习者能够根据他们正在经历的现实世界现象，对数学和统计产生更深刻的理解（Ancker，2020）。

然而，成人读写和计算项目受到了新型冠状病毒肺炎疫情的严重打击。联合国教科文组织在2020年进行的一项快速评估表明，90%的成人扫盲项目部分甚至完全暂停（UNESCO，2020c）。此外，各国发起的教育应对计划大多没有包含此类项目（UNESCO，2020b）。例外情况包括乍得和塞内加尔，前者将成人和非正规教育纳入了新型冠状病毒肺炎疫情应对计划，后者则在制定了面向儿童和青年的远程学习应对计划后，成立了一个工作组，重点关注青年和成人的基础教育（UNESCO，2020c）。

对拉丁美洲和加勒比的一项调查发现各国政府的反应各不相同。在疫情前就已建立了完善的在线、广播或电视课程的国家更有能力为学习者提供其他远程教育选择。然而，仅有基础设施还不够。虽然乌拉圭拥有该区域最高的互联网连通率和设备拥有率，但成人教育项目没有使用统一的材料或课程，相反，教育工作者为每个社区设计了本地课程，这使他们难以适应远程学习（Kalman and Carvajal，2020）。

在许多国家，各种部门和行为体之间的伙伴关系对于成人学习和教育的可持续性供给至关重要。在坦桑尼亚联合共和国，代表50多所民俗发展学院的全国性非政府组织——卡里布坦桑尼亚组织，与教育部、科技部、行业组织和媒体合作编制和传播学习材料（UNESCO，2020a）。然而，在全球范围内，教育机构面临着严重的困难。停课后，许多成人扫盲教师的工资都已停发。还有一些人则失去了工作。就算那些没有失业的人也只能利用其较差的设备来勉强维持远程学习（Apena，2021；UNESCO，2021）。

甚至在新型冠状病毒肺炎疫情之前，远程教育也是实施初级扫盲计划的一种不受欢迎的授课模式。即使在高收入国家，最弱势群体通常也无法获得恰当的工具（UNESCO，2020c），或缺乏使用这些工具所需的读写能力。在拉丁美洲，许多教育工作者认为阅读和写作的学习应依靠面对面的互动，这反映了弗莱雷批判教育学的立场，即机械性技能只是读写能力的一小部分（Kalman and Carvajal，2020）。在巴西，2021年6月颁布的一项关于青年和成人第二次入学机会项目的法规明确规定，与初等教育课程大纲相对应的课程必须以面对面授课的方式进行，而远程学习仅限于与初级或高级中等教育相对应的课程（Brazil Ministry of Education，2021）。2019年至2020年，参加初等教育水平第二次入学机会项目的人数下降了10%（INEP，2021）。

对于可以继续运行的项目来说，与学习者保持联系并提供学习材料是一项挑战。封控在关闭学习中心的同时，也关闭了面向低收入群体的可联网场所，如图书馆和餐馆（Smythe et al.，2021）。在加拿大安大略省，扫盲机构向学习者出借设备，并通过电话提供支持（UNESCO，2020c）。人们通常会使用非数字化解决方案。在哥斯达黎加，学习者可以亲自领取作业单和其他学习材料，并就如何与家人一起学习这些材料获得建议（Kalman and Carvajal，2020）。

另一个挑战是使学习者在各种相互冲突的优先事项中坚持继续学习。在学校关闭期间，家长的育儿责任增加，同时需要加班来弥补工资损失，这使得许多人难以继续完成学业。在塞拉利昂，一个向初次学习者教授基本读写和计算的本地成人教育项目通过在该项目内建立一个社区银行，从而解决了这一挑战。该银行旨在通过提供贷款、支持学生创业和鼓励储蓄来缓解经济压力，特别是妇女承受的压力（Partners in Health，2021）。

在后疫情时期，成人读写和计算项目可能将变得更加重要。学校关闭和随之而来的辍学可能会增加人们对第二次入学机会项目的需求。在美国，历史上参加成人教育课程的人数在经济衰退期间呈上升趋势，由此判断，在疫情之后可能也会上升（Lotas，2021）。在拉丁美洲，一项估计预测多达100万名学生可能会辍学，因此成人教育需求可能会增加17%（Kalman and Carvajal，2020）。

在菲律宾，一名年轻的志愿者通过回收塑料瓶来教育孩子们帮助保护环境的重要性。

摄影：Roxanne Paraiso

重要信息

仅有10个国家报告称，就全球公民教育和可持续发展教育而言，在从政策到评估的所有4个领域充分反映或纳入了与具体目标4.7相关的联合国教科文组织1974年《关于促进国际了解、合作与和平的教育以及关于人权与基本自由的教育的建议书》的指导原则。

在24个国家应用了联合国教科文组织的性教育考查和评估工具后发现，只有3个国家为9至12岁的学生提供了“高级”课程内容。

在经合组织国家，大约五分之四的学生报告称其学校课程涵盖了全球公民意识和可持续性方面的问题。

来自2019年国际数学与科学趋势研究的数据显示，环境科学方面的学习熟练水平自2015年以来一直停滞不前，只有30%的学生达到了熟练水平。

关于气候变化宣传与教育的一系列新的国家概况（《全球教育监测报告》与“监测和评估气候宣传与教育项目”之间的伙伴关系）显示，在20个国家的教育法中，仅有8个国家的教育法体现了对气候变化的关注。

新型冠状病毒肺炎疫情暴露出教育系统未能实现团结和多边主义的理想，全世界已经见证了许多南辕北辙的反应，从疫苗民族主义到仇外政策和歧视性思想的传播。新型冠状病毒肺炎疫情还使健康素养成为人们关注的焦点。

第16章

具体目标4.7

可持续发展教育和全球公民教育

到2030年，确保所有学习者获得促进可持续发展所需要的知识和技能，这其中包括通过教育来实现可持续发展和可持续生活方式、人权、性别公平、推广和平与非暴力文化、全球公民意识、赞同文化多样性和文化对于可持续发展的贡献。

全球指标

4.7.1 （ⅰ）全球公民教育和（ⅱ）可持续发展教育作为主流被纳入（a）国家教育政策、（b）课程大纲、（c）教师教育和（d）学生评估的程度

主题指标

4.7.2 提供基于生活技能的预防艾滋病教育和性教育的学校百分比

4.7.3 世界人权教育计划的框架在国家层面实施的程度（依据联合国大会决议59/113）

4.7.4 学生中表现出充分理解全球公民和可持续发展议题的人数百分比，按年龄组或教育等级统计

4.7.5 初级中等教育毕业年级学生熟练掌握环境科学和地理科学知识的百分比

4.7.6 国家教育政策和教育部门计划对国家教育系统中需要加强的广泛技能的认识程度

具体目标4.7比可持续发展目标4议程的其余部分更进一步，聚焦于学习者需要学习什么才能实现可持续发展目标4的转型目标。全球指标4.7.1考察了“（i）全球公民教育和（ii）可持续发展教育作为主流被纳入（a）国家教育政策、（b）课程大纲、（c）教师教育和（d）学生评估的程度”。该指标的数据来源是各国对联合国教科文组织1974年《关于促进国际了解、合作与和平的教育以及关于人权与基本自由的教育的建议书》（简称1974年《建议书》）的磋商。1974年《建议书》提出了关于教导和平与非暴力、人权与基本自由、文化多样性和宽容以及人类生存和福祉的指导原则。

最新的数据来自2016—2017年的第六次磋商。这些数据表明，1974年《建议书》的执行情况仍然不令人满意，只有10个国家在从政策到评估的所有4个领域充分反映或纳入了指导原则。在执行中的阻碍方面，各国提到缺乏资源（29个国家）的频数是提到需求不足（10个国家）、固有的教育挑战（7个国家）或不同的政治优先事项（5个国家）频数的3倍或以上，并以此作为其停滞不前的原因（**图16.1**）。

> 公民意识教科书比历史或社会研究教科书更有可能关注个人人权，而非集体社会正义。

各国报告了主要讲授指导原则的科目。科学类科目是唯一最常见的主要途径。值得注意的是，公民课或伦理课并非在所有国家被作为开端课程，即使是在开设了这些科目的国家，它们也不是讲授指导原则的主要途径（**图16.2**）。

图 16.1：

大部分国家表示缺乏资源是其在执行1974年《建议书》的指导原则方面滞后的原因

各国对2016—2017年就1974年《建议书》磋商的回应中所提到的关于阻碍或促进进展的具体因素

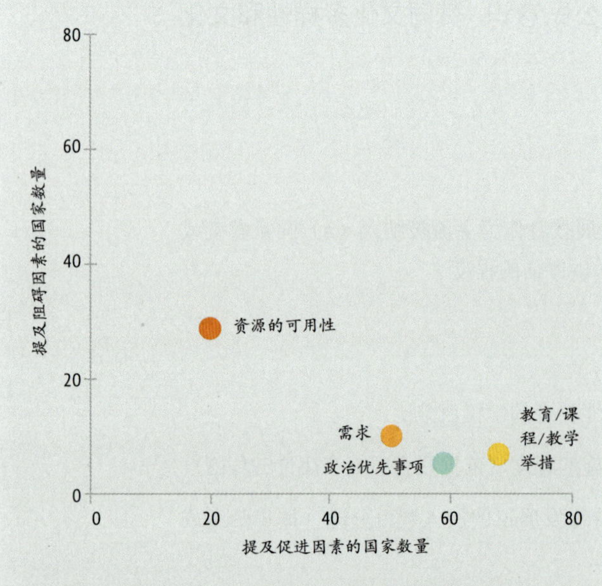

《全球教育监测报告》统计数据链接：https://bit.ly/GEM2021_fig16_1

资料来源：《全球教育监测报告》小组基于各国对2016—2017年就1974年《建议书》磋商的回应情况所进行的分析。

图 16.2：

公民课和伦理课通常不用于讲授1974年《建议书》的指导原则

2016—2017年，各学科在“主要讲授指导原则的科目”方面被定为5分以上（满分10分）的国家数量

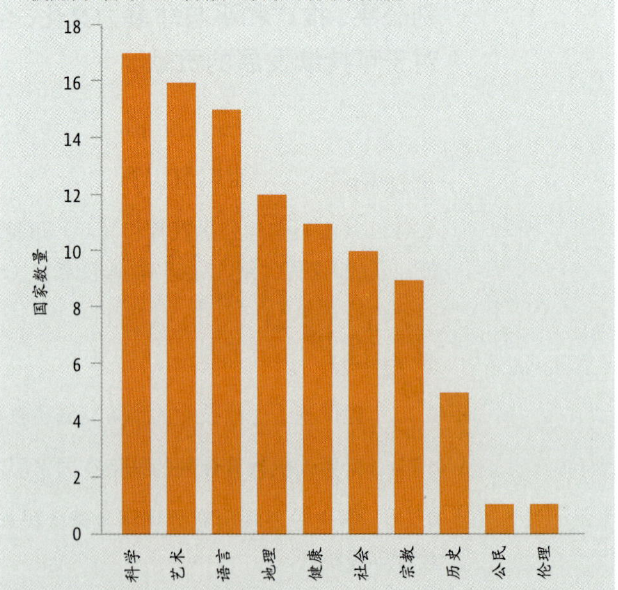

《全球教育监测报告》统计数据链接：https://bit.ly/GEM2021_fig16_2

资料来源：《全球教育监测报告》小组基于各国对2016—2017年就1974年《建议书》磋商的回应情况所进行的分析。

对1950年至2011年来自80个国家的556本中等教育教科书的考察显示，公民意识教科书比历史或社会研究教科书更有可能关注个人人权，而非集体社会正义（Skinner and Bromley，2019）。

2022年第七次磋商将使用2021年联合国教科文组织大会上讨论的一份经过改进的调查表，并将要求各国提供可支持国家报告的书面证据。原则上，气候变化属于指标4.7.1的范围，但气候变化教育理应更受重视（**焦点16.1**）。

指标4.7.2考察了基于生活技能的预防艾滋病病毒教育和性教育的提供情况。总共有42个国家报告称100%的学校提供此类教育，而包括阿尔及利亚、孟加拉国和哥斯达黎加在内的17个国家报告称没有学校提供此类教育。总体而言，70%的国家根本没有报告任何数据。使用经验性校本信息而不是法定课程内容作为来源的比例通常很低，例如在布基纳法索只有2.5%的初等教育学校开展了相关教育，在尼日尔为6%。然而，塞拉利昂23%的初等教育学校、赞比亚62%的初等教育学校提供此类教育（**图16.3**）。

许多国家只报告了一个教育等级的数据。在报告了各级学校数据的国家，基于生活技能的预防艾滋病病毒教育和性教育在中等教育中比在初等教育中更加普遍。适合初等教育年龄的专题涉及了解某些身体部位的私密性、接受关于这些知识的好奇天性、可以保护身体的行为，包括预防艾滋病病毒的知识。这些都是修订后的联合国《国际性教育技术指导纲要》所建议的面向5至8岁儿童的专题（UNESCO，2018）。特别是，该指导纲要建议在

> 鉴于第一次月经周期出现得越来越早，12岁可以被视为针对月经初潮做好准备的最后机会。

图 16.3:

在全球范围内，接受预防艾滋病病毒教育和性教育的可能性差异很大

2019年或最近数据可得年份，提供基于生活技能的预防艾滋病病毒教育和性教育的学校的百分比

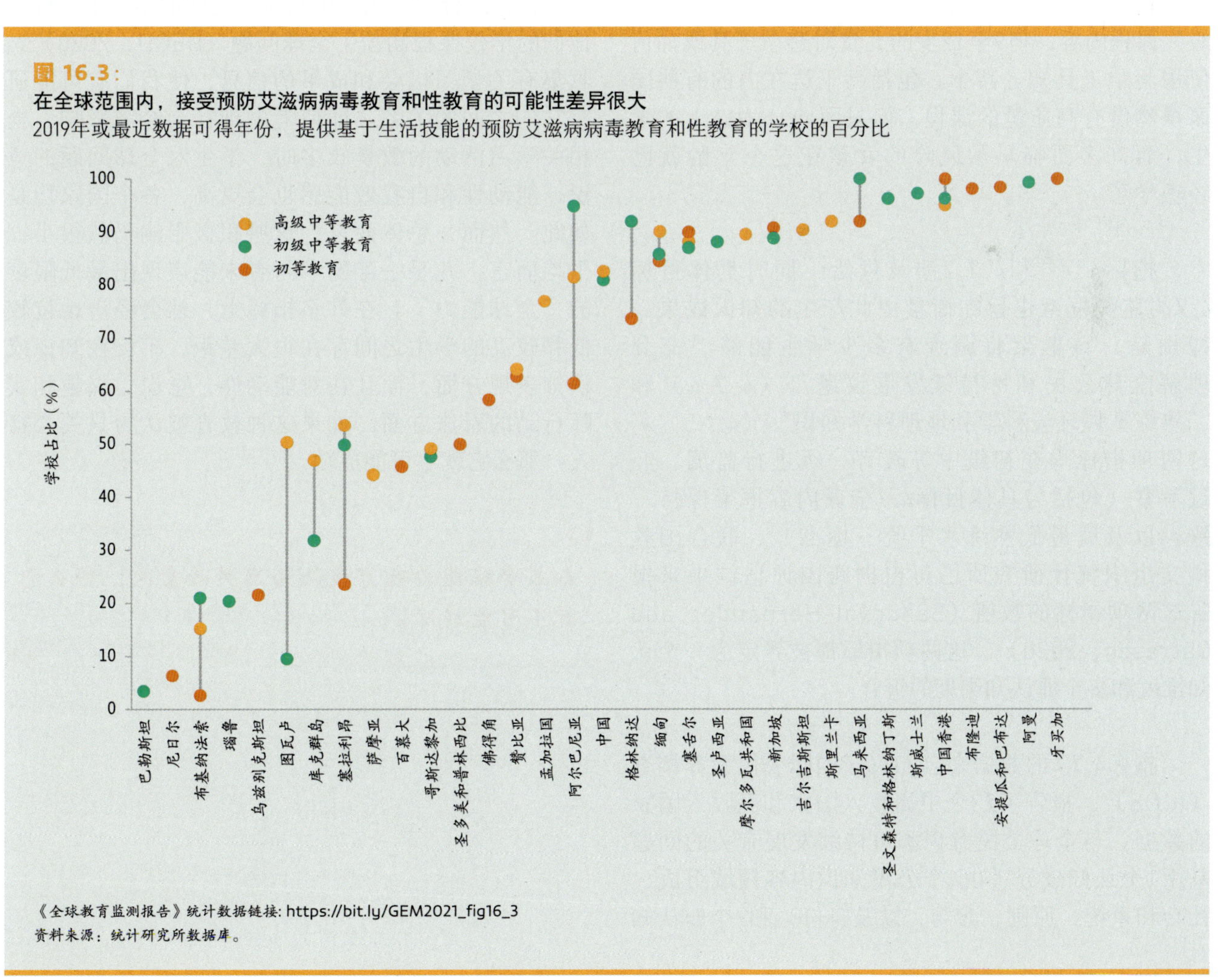

《全球教育监测报告》统计数据链接：https://bit.ly/GEM2021_fig16_3

资料来源：统计研究所数据库。

学习者经历青春期和月经之前，即在9至12岁，就对其讲授青春期和月经知识。鉴于第一次月经周期出现得越来越早，估计低收入和中等收入国家2002年出生群体中的女孩平均在13岁之前就经历了月经初潮（Leone and Brown，2020），12岁可以被视为针对月经初潮做好准备的最后机会。

联合国教科文组织于2012年开发的性别教育评价工具（SERAT）已经过修改，以反映最新的《国际性教育技术指导纲要》。性别教育评价工具是最近发布的关于全面性教育的全球进展报告的基础（UNESCO，2021b），与指标4.7.2的单一指标概要相比，该工具对全面性教育的供给情况进行了更加深入的考查，包括按年龄和特定专题进行考查。在24个国家中，只有3个国家被评估为提供了关于9至12岁的性健康和生殖健康的“高级”课程内容，5个国家被评估为具有“完备”内容。即使在得分相对较高的国家，仍然存在差距。在马拉维，虽然开设了关于性和性行为以及性健康和生殖健康的“高级”课程内容，但9至12岁的儿童对避孕药具或如何使用验孕工具知之甚少。包括乌干达在内的有些国家虽然设有高质量的课程，但只面向15岁以上的学生，而许多面临早孕风险的女孩在这个年龄就已经辍学了。

指标4.7.1和4.7.2涉及供给，同时具体目标4.7的监测框架也旨在衡量由此产生的知识成果。特别是，该框架将调查有多少学生能够“充分理解全球公民和可持续发展议题”（4.7.4）和“熟练掌握环境科学和地理科学知识”（4.7.5）。这两项指标均在初级中等教育一级进行监测。经过考察（包括与具体目标4.7全球内容框架保持一致，以及就最低熟练水平统一标准），联合国教科文组织统计研究所已可根据跨国评估结果来报告这两项指标的数值（Sandoval-Hernandez and Carrasco，2020）。这两项指标都被界定为一个认知维度和多个非认知维度的组合。

指标4.7.4的数据来自2016年国际公民素养调查（ICCS），报告了23个中高收入国家和高收入国家的数据。与全球公民意识和可持续发展有关的问题基于1个认知成分（由4个公民知识内容领域组成：社会和系统、原则、参与，以及身份）和7个非认知成分（全球–地区、多元文化主义、性别平等、和平、自由、社会正义、可持续发展）展开，而充分理解上述问题的学生百分比从多米尼加共和国、拉脱维亚和荷兰的约40%，到克罗地亚、韩国和瑞典的近70%不等。然而，这7个非认知成分并非都与认知成分呈正相关。例如，较高的认知分数与学生的态度正相关，这些学生更善于识别什么对民主有利（例如选举政治领导人、抗议不公平的法律）、什么对民主不利（例如媒体集中、政府中的裙带关系、政府干涉司法机构），但与表达对自己居住国（全球–地区）的高度积极态度负相关（**图16.4**）。

经合组织开展的2018年国际学生评估项目收集了关于“全球能力”的认知和非认知层面的信息，这些信息与指标4.7.4所涉及的全球公民意识的概念部分重叠，但是联合国教科文组织统计研究所并没有将此纳入报告，因为与国际公民素养调查不同，此国际学生评估项目模块预计不会定期重复。平均而言，经合组织国家中约五分之四的学生报告称，他们的学校课程涵盖了全球问题（OECD，2020）。收集有关学习机会和成果的信息，使我们有可能研究它们之间的关系。即使考虑到社会经济影响，当相关学习活动的数量较多时，学生对全球问题的意识、能动性和自我效能感也会更高，各个国家均是如此。然而，总体而言，这些积极影响仍然很小，平均而言，几乎一半的学习者未能表现出最低限度的“全球能力”。在许多指标上，社会经济地位较低和较高的学生之间存在很大差距，不仅在知识或认知表现方面，而且在对能动性、意识、兴趣和实际行动的看法方面。如果这种教育被认为只关心富人，那么它就不可能成功。

“如果全球能力教育被认为只关心富人，那么它就不可能成功。”

图 16.4：

学生全球公民意识的各个非认知成分与认知成分关系的理解不尽相同

2016年充分理解与全球公民意识和可持续发展有关的问题的认知成分和7个非认知成分之间的相关性

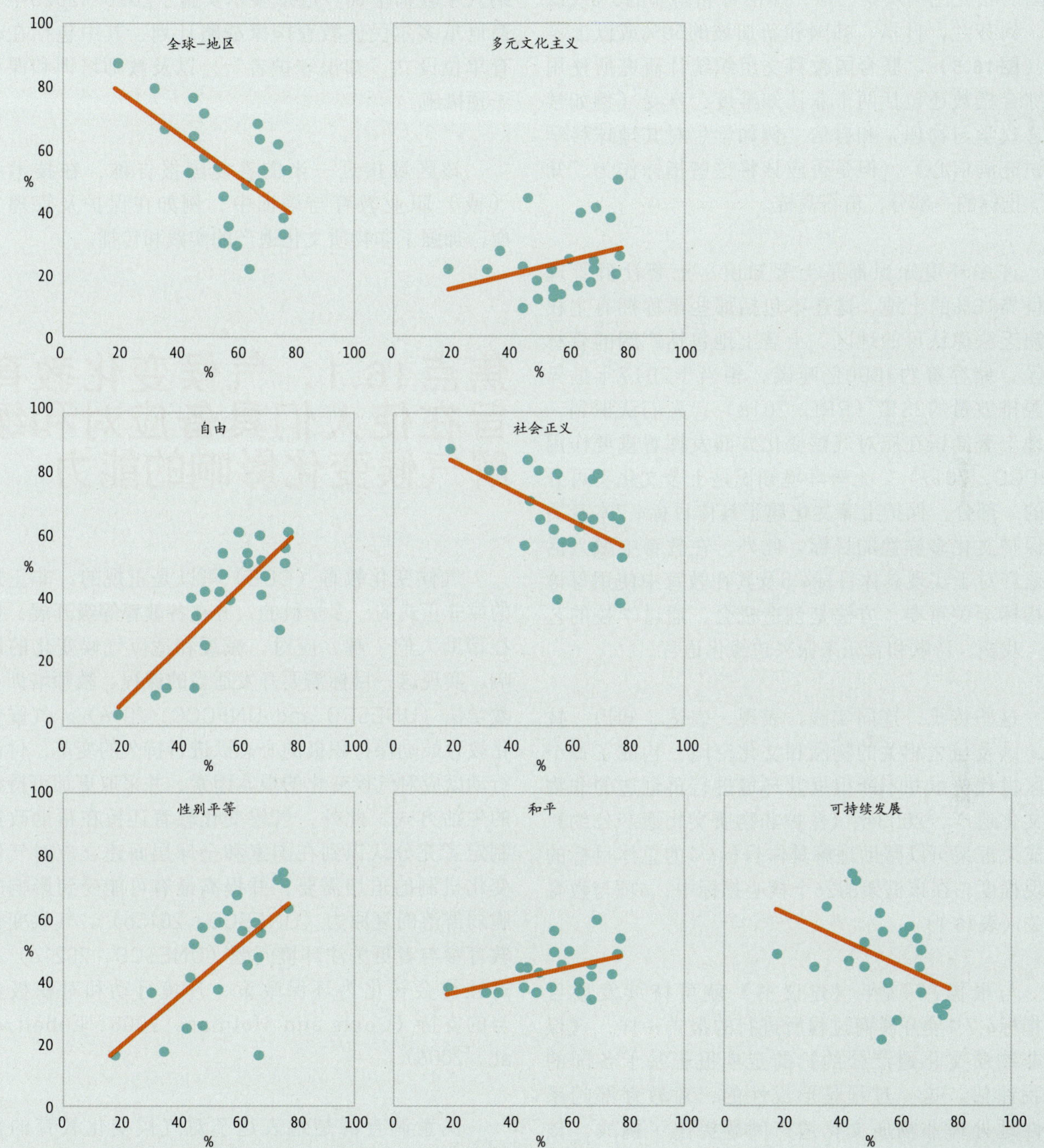

注：数据来自23个国家的八年级学生。理解与全球公民意识和可持续性发展有关的问题的非认知层面是指对居住国（全球–地区）、所有族裔/种族群体的平等权利（多元文化主义）和性别权利（性别平等）的态度，欺凌和虐待（和平）的个人经历，对什么有利于民主（自由）的看法，对与社会运动相关的公民意识（社会正义）的重要性的看法，以及对世界未来威胁的反应（可持续发展）。

《全球教育监测报告》统计数据链接：https://bit.ly/GEM2021_fig16_4

资料来源：统计研究所数据库。

来自2019年国际数学与科学趋势研究关于指标4.7.5的数据显示，环境科学方面的学习熟练水平一直停滞不前，只有大约30%的学生达到了熟练水平。各国的相应比例从黎巴嫩、摩洛哥和南非的5%或以下，到芬兰、日本、韩国和新加坡的50%或以上不等（**图16.5**）。联合国教科文组织统计研究所使用的综合指数还包括两个非认知维度：享受（例如学生喜欢学习物理）和自信（例如学生对其地球科学知识充满信心）。但是否应该将这些指标作为“知识”指标的一部分，值得商榷。

许多环境知识都是土著知识。土著社群管理着世界18%的土地，这还不包括那些声称拥有主权但缺乏法律认可的地区。土著土地包括广阔的森林地区，储存着约3000亿吨碳，相当于2017年世界能源排放量的33倍（RRI，2018）。人们认识到，当地土著知识在应对气候变化方面发挥着重要作用（IPCC，2019）。土著环境知识是土著文化不可分割的一部分，保护土著文化属于具体目标4.7本身关于保护文化多样性的目标。此外，在教育中融入活态遗产对于实现具体目标4.5及其在教育中使用母语的指标至关重要，方法是创造机会，通过学校的艺术、戏剧、诗歌和音乐来振兴边缘化语言。

这些传统，连同实践、表现、表达、知识、技能，以及与之相关的物品和文化空间，构成了每个社区世代传承并不断根据其环境进行再创造的非物质文化遗产。2003年《保护非物质文化遗产公约》的成果框架可以帮助理解具体目标4.7的总体目标的实现程度。在该框架的26个核心指标中，4项与教育有关（**表16.1**）。

与根据1974年《建议书》就可持续发展目标指标4.7.1展开磋商过程所进行的报告一样，《保护非物质文化遗产公约》的定期报告基于各国的自我评估。这一过程是形成性的，对教育部门系统性地处理非物质文化遗产问题提出了挑战。该公约缔约国大会在2018年第七届会议上批准了一个区域报告周期，2021年从拉丁美洲和加勒比开始。在该区域做出答复的27个国家中，有21个国家（近四分之三）报告称，将会把保护自然和文化空间以及表达非物质文化遗产的记忆场所作为初等教育或中等教育课程大纲的一部分。

然而，只有12个国家表示这是一个独立的科目；21个国家将这些专题作为展示其他科目的手段；只有15个国家将非物质文化遗产及其保护措施纳入了教师培训。厄瓜多尔实施了2020—2025年非裔厄瓜多尔民族教育国家战略计划，其中包括在教育单位设立“知识守护者”，以及教师培训和课程干预措施。

该区域接近一半的答复国报告称，在技术和（或）职业教育与培训中，例如在保护及管理方面，加强了非物质文化遗产的实践和传播。

焦点16.1：气候变化教育旨在使人们具备应对和缓解气候变化影响的能力

气候变化教育（CCE）可以是正规的、非正规的或非正式的，多学科的，并在各教育等级开展，旨在帮助人们了解、应对、减缓和适应气候变化的影响。实现这一目标需要开发适当的课程、教师培训和教学法（UNESCO and UNFCCC，2016）。气候变化教育鼓励保持积极的心态以进行持久的变革，付诸行动以应对气候变化的根本因素，并采取更加可持续的生活方式。此外，气候变化教育还旨在帮助政策制定者充分认识到在国家和全球层面建立应对气候变化机制的迫切需要，并提高最有可能受到影响的脆弱群落的复原力（UNESCO，2015b）。气候变化教育参与者更关注环境问题（UNESCO，2021c），这往往会转化为环保政策、环境行动和对积极参与的支持（Coan and Holman，2008；Lubell et al.，2006）。

民意调查清楚地表达了对气候变化教育的需求。全球调查显示，大多数人关注气候变化，愿意改变生活方式以减轻其影响，并支持政府进一步采取相关行动。2020年的一项调查显示，人们普遍认识到迫切需要政府和民间社会组织协同推进应对气候变化的议程（World Economic Forum，2020）。结果还表明，全球超过一半的受访者，特别是南亚的受访者，对气候科学充满信心。全球绝大多数受访者表

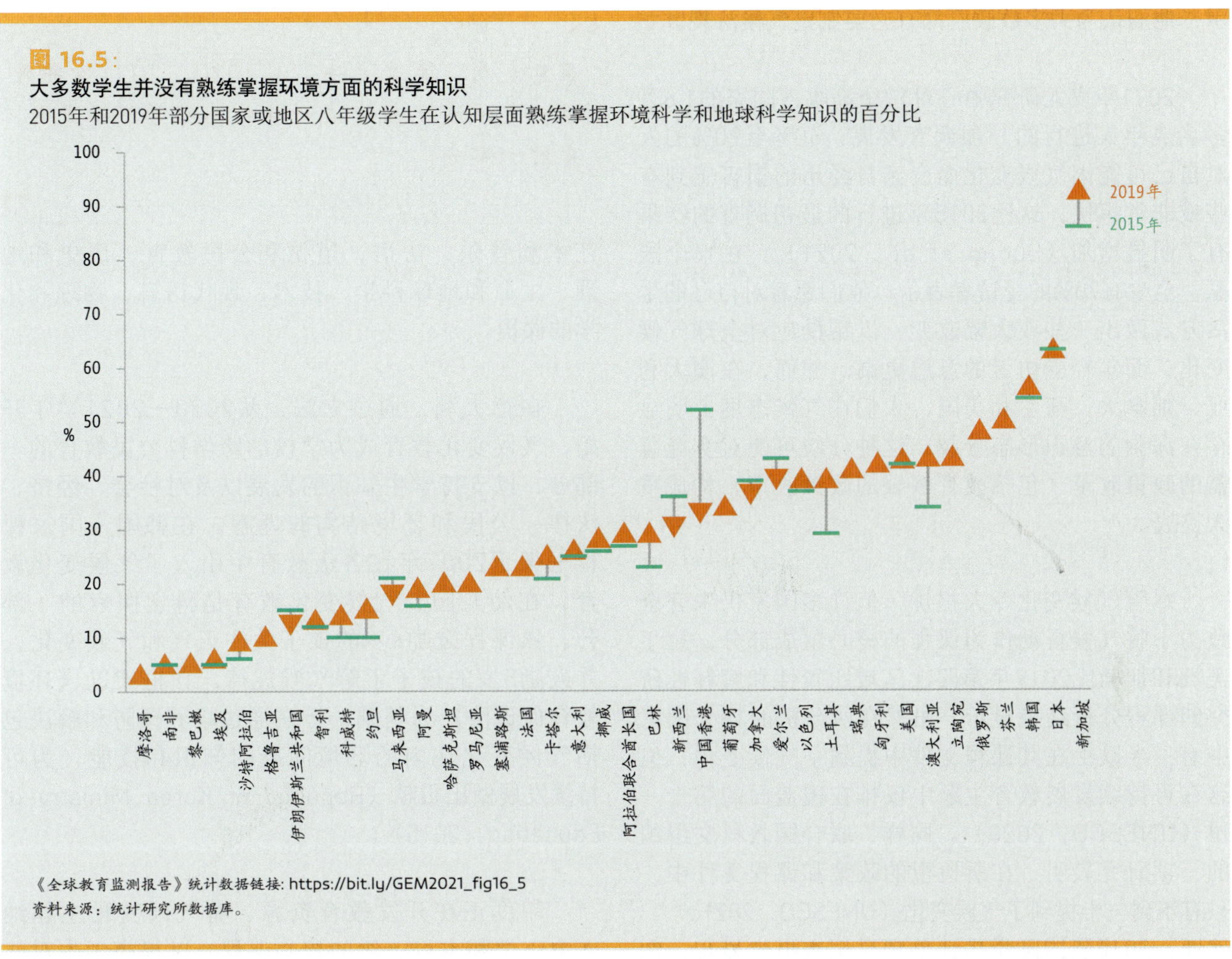

图 16.5：

大多数学生并没有熟练掌握环境方面的科学知识

2015年和2019年部分国家或地区八年级学生在认知层面熟练掌握环境科学和地球科学知识的百分比

《全球教育监测报告》统计数据链接：https://bit.ly/GEM2021_fig16_5

资料来源：统计研究所数据库。

表 16.1

非物质文化遗产定期报告中的教育指标

专题领域	核心指标
传播和教育	4.正规和非正规教育在多大程度上加强了非物质文化遗产的传播并促进了对非物质文化遗产的重视
	5.非物质文化遗产及其保护措施在多大程度上被融入初等及中等教育、纳入相关学科的内容、用于加强关于非物质文化遗产的教学和学习，以及对本国和其他国家非物质文化遗产的重视
	6.中等后教育在多大程度上支持了非物质文化遗产的实践和传播，以及对其社会、文化和其他方面的研究
政策以及法律和行政措施	12.教育领域的政策以及法律和行政措施在多大程度上反映了非物质文化遗产的多样性及其保护和实施的重要性

资料来源：UNESCO（2021a）。

示，他们认为大多数政府都有必要制定气候法规。

2021年皮尤研究中心对17个高收入国家的1.6万多名成年人进行的一项调查发现，60%至90%的人对自己可能因气候变化而会亲身经历的损害感到有些或非常担忧，这比2015年进行的最初调查的结果有了明显增加（Luong et al.，2021）。在16个国家，至少有70%的受访者表示，他们愿意对自己的生活方式做出一些或大幅改变，以帮助应对全球气候变化，而年轻受访者的意愿更高。然而，在澳大利亚、加拿大、荷兰和美国，人们在气候态度上明显存在深刻的意识形态分歧。这种分歧可能对实施急需的政策改革（包括教育领域的政策改革）构成重大挑战。

尽管气候变化令人担忧，但许多国家仍未完全致力于将气候行动作为课程的核心组成部分。拉丁美洲和加勒比2019年第四次区域比较性和解释性研究的课程分析结果显示，虽然在所分析的18个国家中有一半以上在其课程文件中提到了气候变化，但这在可持续发展教育主题中仅排在覆盖面的第十一位（UNESCO，2020）。同样，联合国教科文组织的一项研究表明，在所检视的政策和课程文件中，只有不到一半提到了气候变化（UNESCO，2021c）。然而，2018年国际学生评估项目调查报告显示，在经合组织国家课程通常包括的七大全球问题中，校长最常报告的问题是全球变暖和气候变化。该研究表明，在经合组织国家，88%的学生所就读的学校的课程中包含了这一专题（OECD，2020）。

有些国家正在踌躇满志地推行教育改革，以确保高质量的气候变化教育。各国正在做出巨大努力，以通过跨学科而不是单一学科的方式来解决气候变化教育问题。在法国，《教育促进可持续发展手册》指出，在2020—2021学年开始时，第一、第二、第三和第四周期的课程加强了关于气候变化、

“在意大利，通过立法，从2020—2021学年开始，气候变化教育成为学校的跨学科公民教育的一部分。”

艺术和音乐、法语、道德和公民教育、历史和地理、生命和地球科学、技术、现代语言、物理和化学的课程。

在意大利，通过立法，从2020—2021学年开始，气候变化教育成为学校的跨学科公民教育的一部分，以支持学生知识的发展以及对社会、经济、法律、公民和环境结构的理解。在韩国，国家课程框架于2007年在各级教育中引入了气候变化教育。在幼儿园，气候变化教育是科学探索的一部分。该课程鼓励4岁的孩子关注天气和气候变化，并鼓励5岁的孩子了解气候规律。该框架以《环境教育促进法》为基础，旨在通过培养预防和解决包括气候变化在内的环境问题的知识和技能，为可持续发展做出贡献（Republic of Korea Ministry of Education，2015）。

印度正在开发教育资源，将气候变化主题纳入中小学和本科一级的核心课程，以提高学生对气候变化原因和影响的认识。一个团队建立了一个来自世界各地的关于气候变化的教学资源库，可用于数学、科学、人文和社会科学领域的特定学科专题。这种将气候变化教育融入现有课程的新教学方法使学生能够在核心科目中发展分析和沟通技能（Shashidhara，2019）。

气候变化会引起诸如焦虑、同情和愤怒之类的情绪，这些情绪会影响人们的行动。然而，很少有国家重视非认知层面的问题，如社会和情感成分及价值观。在卢旺达，2015年国家课程框架将气候变化、

环境和可持续性纳入学习材料，这些材料也旨在培养可持续生活的价值观，这一意图在《2019—2024年教育领域战略计划》中得到了证实。

许多国家已在理论和实践方面都将气候变化教育纳入其课程大纲（Chiba et al.，2021），并采用以解决问题为导向的参与性方法，使学习者有能力成为变革的推动者（UNESCO，2015b）。在伊拉斯谟计划（Erasmus+）可持续发展教育项目中，成功的方法通常包括开展一些实际活动，如收集废物、植树和组织环境运动等（European Commission，2021）。自1990年代中期以来，哥伦比亚国家教育部一直在管理学校环境项目，这些项目确定了环境优先事项的形势，并侧重于适合学校校情的行动，整合各领域的知识、学科和技能，以解决跨学科问题（Colombia Ministry of National Education，2005；Mora-Ortiz，2015）。

与环境和气候的紧密联系促使人们产生了更多的行动意图和改变行为的意愿（Dietz et al.，2020；Zelenika et al.，2018）。因此，各国试图优先考虑以行动为导向的教学和基于本地的学习，特别是在高级中等教育中（UNESCO，2021c）。在英国英格兰，由青年领导的“未来教育”运动旨在使所有学校建筑到2030年实现净零碳足迹。为此，英国教育部正在提供资金，帮助学校变得更具可持续性（Burns，2020）。

笼统地说，就教学法而言，一种有效的气候变化教育方法的目标是在培养能够对气候变化教育进行批判性思考的学生，和培养有同理心的、致力于采取行动来改善生活环境的学生之间取得平衡（Chang，2015）。这将促进与同伴的合作和互动，以激发变革。前瞻的举措需要具备长远的眼光才能推动行为改变。由于许多信息都只存在于国家文件中，而非各国向《联合国气候变化框架公约》秘书处提交的国家自主贡献文件中，因此关于各国在教育系统中应对气候变化的立场，几乎没有可靠的国际信息（SEPN，2020）。

> “在20个国家的样本中，只有40%的国家教育法关注气候变化。”

“以文件增强教育评价”网站发布了一系列新的有关气候变化宣传和教育的国家概况，旨在改进证据基础。这是《全球教育监测报告》与监测和评价气候宣传与教育（MECCE）项目之间合作的结果，该项目由可持续性和教育政策网络主办，并由加拿大社会科学人文科学研究理事会资助，提供了各国在《联合国气候变化框架公约》第六条、《巴黎协定》第十二条（气候赋权行动）和可持续发展目标之具体目标4.7方面进展的一个比较视角。第一套20个国家的概况于2021年11月发布，涵盖了世界所有区域和各收入水平群体。第二套多达50个国家的概况按计划将在2022年发布。

这些概况介绍了气候变化的背景，初等、中等、技术、职业、高等、教师和成人教育中的气候变化教育（政策、课程、教师教育和评估），气候变化宣传（公众意识、公众受教育机会、公众参与），以及监测情况。初步分析表明，在所分析的20个国家中，除1个国家外，其他所有国家的教育部都很重视气候变化工作；除2个国家外，所有国家都制定了包含教育内容的国家气候变化法律、战略或计划；除3个国家外，所有国家都设有监测机制来跟踪气候变化教育的进展情况。然而，只有40%的国家教育法和45%的教育部门规划关注气候变化。75%的国家课程大纲提及气候变化，略高于三分之一的国家有明确聚焦气候变化教育的法律、战略或计划。90%的国家侧重于在初等教育和中等教育中开展气候变化教育，70%的国家侧重于在职业技术教育和高等教育中开展，55%的国家侧重于在教师教育中开展（**图16.6**）。

图 16.6：

各国在加强教育对气候变化的重视程度上仍有空间

2021年将气候变化教育纳入法律、计划和政策的国家的百分比

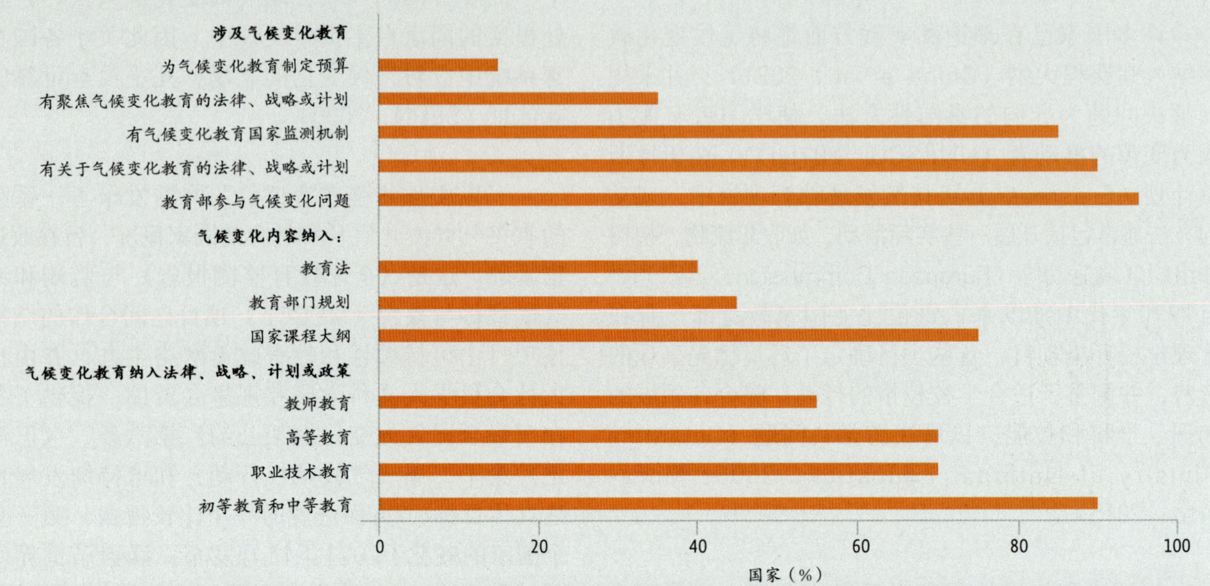

注：《全球教育监测报告》和监测和评价气候宣传与教育团队对以下20个国家概况的分析：阿塞拜疆、孟加拉国、哥伦比亚、库克群岛、哥斯达黎加、多米尼加共和国、冈比亚、印度尼西亚、意大利、摩洛哥、缅甸、新西兰、卡塔尔、韩国、卢旺达、南非、瑞典、塔吉克斯坦、图瓦卢和津巴布韦。

《全球教育监测报告》统计数据链接：https://bit.ly/GEM2021_fig16_6

资料来源："以文件增强教育评价"网站。

新型冠状病毒肺炎疫情的影响

在这个日益相互关联但未来岌岌可危的星球所面临的各种挑战面前，可持续发展教育和全球公民教育才是有效的解决之道。此类教育旨在使学习者能够积极参与到发展更具包容性且更加安全的社会中（UNESCO，2015a）。然而新型冠状病毒肺炎疫情暴露出，教育系统未能实现团结和多边主义的理想，国家内部和国家之间日益加剧的不平等引发了道德上的担忧。尽管疫情具有迅速蔓延和变异发展的性质，需要全球性的解决办案，但世界目睹了许多背道而驰的反应，从疫苗民族主义到仇外政策以及歧视性思想的传播（Farge，2021；United Nations，2020）。

新型冠状病毒肺炎疫情还使健康素养成为人们关注的焦点。在疫情期间，教育和健康意识之间众所周知的联系得到了证实。在沙特阿拉伯，受过高等教育的人更加了解并更有可能采取个人保护措施（Bazaid et al.，2020）。健康素养与根据医疗卫生机构的建议做出决策有关（Turhan et al.，2021），此外还与较低的疫苗忧虑程度有关（Biasio，2017），这是降低新型冠状病毒肺炎传染率的一个关键因素。将健康素养列为基础教育课程必修科目的呼声越来越高（Molnar，2021）。美国圣迭戈县承诺提供200万美元以提高学生的健康素养（San Diego County Office of Education，2021）。

然而，就在这些问题变得越来越紧迫的同时，疫情导致许多政府加大了对核心科目课程的关注，以最大限度地降低读写素养或计算能力方面的学习损失。然而，这种关注面的窄化有可能会破坏教育中存在的广泛的人文向度（International Commission on the Futures of Education，2020）。20%以上的低收入国家和40%以上的中低收入国家和中高收入国家计划减少教学内容，并将其作为应对新型冠状病毒肺炎疫情措施的一部分（UIS，2020）。在阿富汗，新型冠状病毒肺炎疫情应对计划设想通过远程学习来继续教授核心科目，通过“自学”来继续进行社会科学科目的学习（Afghanistan Ministry of Education，2020）。在英国英格兰，教育部宣布取消2020—2021学年的非核心科目，以增加英语和数学的课时（Staton and Hughes，2020）。

还可以通过非正式和非正规的成人教育来开展健康素养教育。在南非，参加了涵盖健康素养知识的大型成人扫盲活动的人们提高了其理解卫生信息的能力（Lopes and McKay，2020）。所实施的举措不仅必须提供准确的健康信息，而且必须通过各种行为体，包括卫生保健组织、基于社区的伙伴关系，以及跨部门合作，来促进健康素养的长期提高（Damian and Gallo，2020）。2021年，美国卫生与公共服务部向73个地方政府拨款2.5亿美元，同时通过与当地社区组织合作来提高得不到充分服务的群体的健康素养（US Department of Health and Human Services，2021）。

在安提瓜岛圣约翰的玛格丽特公主中学，11岁的杰伦妮·杰拉尔德与同学们坐在一起交谈。在2017年9月飓风“厄玛”过后，杰伦妮和她的家人从巴布达岛被疏散到安提瓜岛。

摄影：UNICEF/Roger LeMoyne

重要信息

对于有些孩子来说，学校设施优于家庭设施。在利比里亚，很少有家庭拥有基本的卫生设施，但69%的学校都有。与此相反，在洪都拉斯，拥有基本卫生设施的学校和家庭的比例分别为12%和84%。

对于最不发达国家的大多数人来说，家庭接入互联网仍然遥不可及，但有些国家正在努力提高学校的接入率。不丹在1999年才引入互联网，但现在98%的学校都能上网。

在大多数国家，五分之一的学生至少每月都会遭受欺凌，在高收入英语国家，这一比例更高，为三分之一。

对学校的袭击仍在继续。2020年，马里发生了500多起针对学校的袭击事件。

校历的编排会影响教育系统的质量和公平。在孟加拉国，季节性劳动力需求与年度学校考试之间的重叠导致农业家庭学生的辍学率提高了7个百分点。

虽然卫生措施可以确保新型冠状病毒肺炎疫情期间上学安全，但这些都涉及费用问题。2021年年初，不到10%的低收入国家报告称采取了基本措施，例如提供充足的肥皂、干净的水、口罩以及环境卫生和个人卫生设施，以确保所有学生和教职员工的安全，高收入国家的这一比例为96%。

第17章

具体目标4.a

教育设施和学习环境

到2030年，建设和升级适应儿童、残疾人和对性别问题敏感的教育设施，提供安全、没有暴力、包容和有效的学习环境。

全球指标

4.a.1 按服务类型统计的提供基本服务的学校比例

主题指标

4.a.2 在过去12个月中遭受过欺凌的学生百分比

4.a.3 针对学生的袭击数量，包括个人和机构

“

在科特迪瓦，87%的高中有互联网接入，但只有17%的家庭能上网。

”

可持续发展目标之具体目标4.a的核心是呼吁为所有人“提供安全、没有暴力、包容和有效的学习环境”。如果环境不合适，就无法进行高质量的学习，更不用说还会威胁到儿童福祉了。当前制定的具体目标4.a基于这样一个假设，即教育设施可提供学习环境，但新型冠状病毒肺炎疫情已经明确地提醒我们，当采用远程学习方式时，学习者也可能会位于其他环境中。除了实体设施外，诸如校历等学校和学习组织形式的其他方面，都会对有效性和公平性产生切实影响（**焦点17.1**）。

学校可能是一些儿童接触水、环境卫生和个人卫生设施的唯一场所。能够在家中取水是使儿童，特别是女孩摆脱会影响其正常上学的取水任务的一个重要先决条件。在尼泊尔，每天花一个小时取水会使女孩的小学完成率降低17个百分点（Dhtital et al.，2021）。学校提供的设施优于或劣于学生家庭设施的程度因国家而异。在利比里亚，很少有家庭拥有符合国际基本标准的卫生设施，但69%的学校拥有这样的卫生设施；而在洪都拉斯，学校和家庭的此比例分别为84%和12%。在许多最贫困的国家，对于大多数儿童来说，学校或家里都没有基本设施（**图17.1**）。尤其令人担忧的是，这些标准是如此基本，比如只是自来水配肥皂，但就连这样的标准也很少有学校能够达到。在包括美国在内的有些高收入国家，尽管有人担心学校基础设施摇摇欲坠，但即使不是全部，也有大部分学校达到了这样的标准（Pulkkinen，2021）（**焦点17.2**）。

互联网接入是教育的另一个关键因素。虽然大多数撒哈拉以南非洲国家都制定了一些关于信息和通信技术的计划或政策（Burns et al.，2019），但很少有国家能够成功实施。在科特迪瓦，87%的高中有互联网接入，但只有17%的家庭能上网。《2016—2025年教育部门计划》包含在中学增加信息和通信技术的使用的规定，如多媒体教室和教师职业发展（Côte d'Ivoire Government，2017）。在卢旺达，2019年62%的高中有互联网接入，虽然这一比例很低，但它是2016年低收入国家总体比例的两倍。卢旺达在2016年推出了一项雄心勃勃的信息和通信技术教育政策。项目预算在2017—2018年的最高点几乎达到1500万美元，占教育预算的比例超过6%。该项目包括课程改革、教师培训和管理支持，反映其吸取了2008年“每童一电脑”计划令人失望的结果所带来的教训（Rwanda Ministry of Education，2016）。

近年来，发展中国家的家庭互联网接入率迅速上升，但对最不发达国家的大多数家庭来说，家庭互联网接入仍然遥不可及（**图17.2**）。然而，其中有些国家已经设法提高了学校的互联网接入率。不丹是2018年最不发达国家之一（Razzaque，2020），直到1999年才引入互联网甚至电视（BBC，2019），但现在98%的学校都已经接入了互联网并用于教学目的，尽管家庭互联网接入率只有44%。

关于基本设施的指标4.a.1用学校的百分比表示。该指标既没有说明有多少学生可以使用这些设施，也没有反映出失学儿童如果上学可以使用哪些设施。一项将每个国家的学校百分比与儿童人数相结合的估计显示，有8.18亿名儿童所在的学校缺乏基本卫生设施（Joint Monitoring Programme，2020）。实际上，学校的规模差异很大，有些学校的学生人数不到100人，而有些则有数千名学生。而且，该指标衡量的是设施的存量和质量，而不是是否有足够的水龙头和洗漱池。可以合理地认为，小型学校（主要位于偏远地区和农村地区）比大型学校（主要位于城市地区并位于专门的建筑物中）更不可能达到指标标准。在这种情况下，在没有基本设施的学校上学的儿童数量将大大减少。

图 17.1:

在许多低收入国家，家庭和学校都缺乏基本的生活设施

2019年或最近数据可得年份，拥有基本设施的家庭和学校的百分比

a. 基本卫生设施

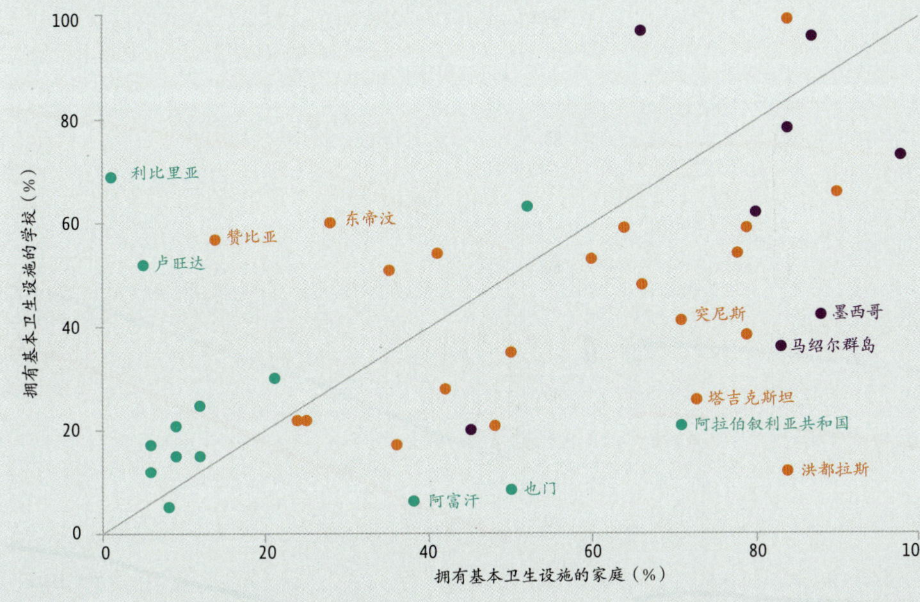

注：标准是有自来水配肥皂。

《全球教育监测报告》统计数据链接：https://bit.ly/GEM2021_fig17_1a

资料来源：世界卫生组织/联合国儿童基金会联合监测项目数据库。

b.互联网

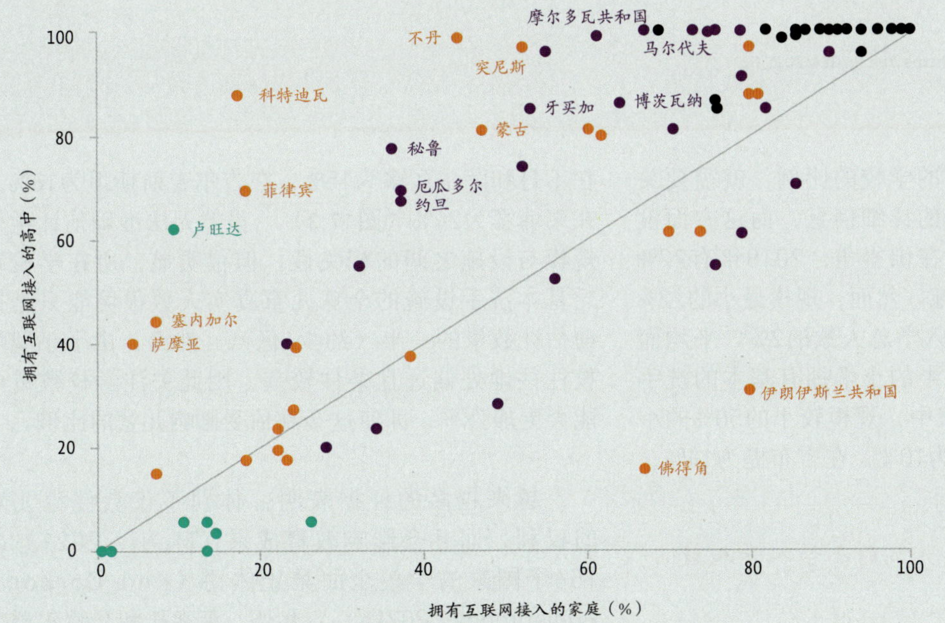

注：互联网接入水平按各学校水平的中位数计算。

《全球教育监测报告》统计数据链接：https://bit.ly/GEM2021_fig17_1b

资料来源：国际电信联盟和统计研究所数据库。

图 17.2：

最不发达国家很少有家庭能够提供可进行在线学习的环境

2009—2019年按国家发展状况分列的家庭拥有计算机和互联网接入的百分比

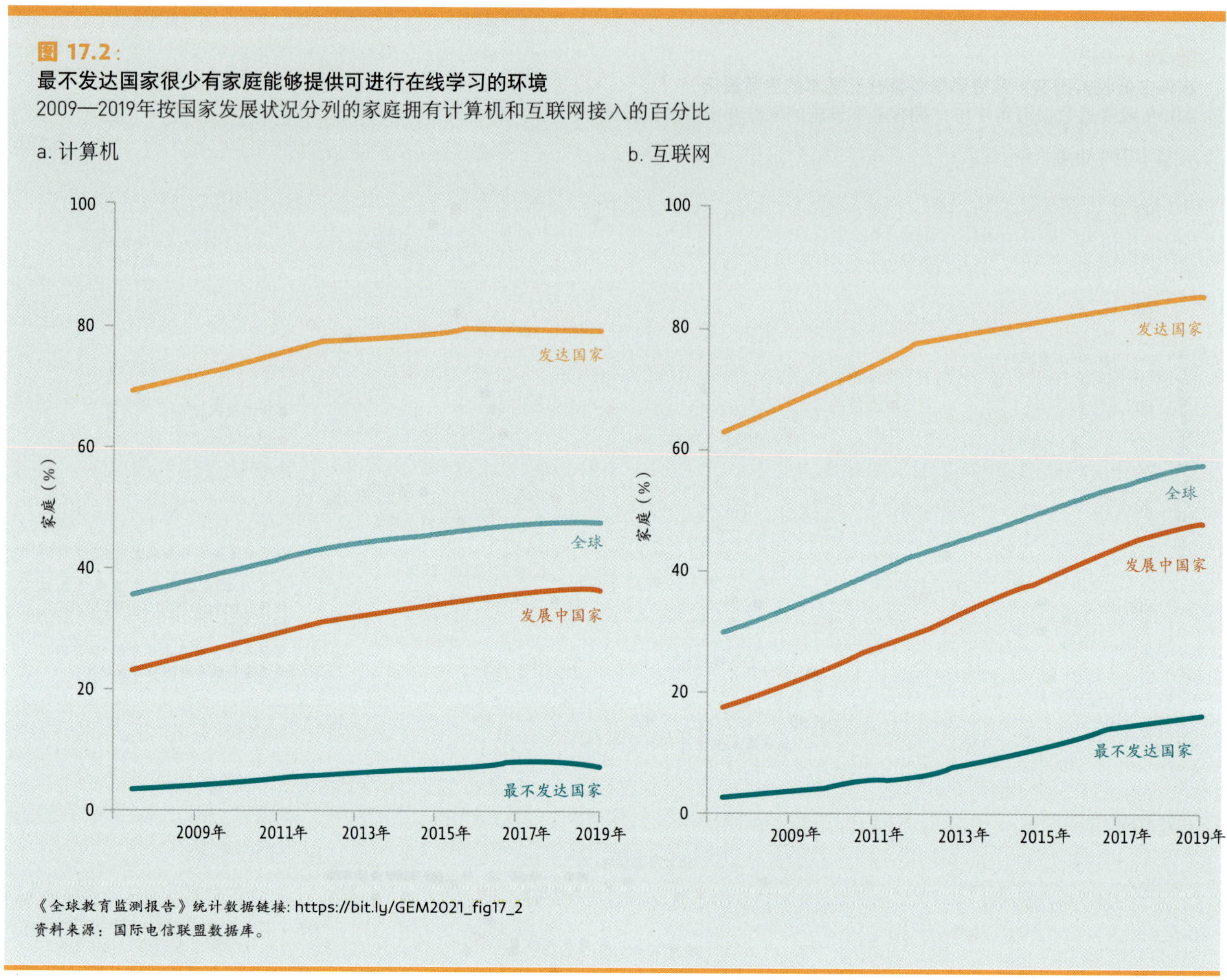

《全球教育监测报告》统计数据链接：https://bit.ly/GEM2021_fig17_2

资料来源：国际电信联盟数据库。

要估计拥有基本设施的学校的比例，就需要关于不同规模学校分布情况的详细信息，而这方面没有全面的国际数据来源。在佛得角，2018年有22%的小学缺乏基本的洗手设施。然而，规模最小的22%的小学只承接了初等教育入学总人数的2%。平均而言，中低收入国家只有一半的小学拥有基本的洗手设施。在6个中低收入国家中，规模较小的50%的小学入学人数占比在佛得角为10%，在吉布提为14%，在不丹和萨尔瓦多为15%，在吉尔吉斯斯坦为16%，在柬埔寨为24%（**图17.3**）。虽然无法准确估计学校规模与设施之间的相关性，但很明显，所在学校缺乏基本洗手设施的全球儿童真实人数很可能只是目前估计数量的一半（约少4亿）。然而，由于小型学校往往地处偏远且条件较差，因此关注学校数量可能会更加公平，即使这会高估受影响儿童的比例。

> 在佛得角，规模较小的50%的小学入学人数占比为10%。

越来越多的证据表明，体罚不仅会侵犯儿童的权利，而且会影响教育成果（Maiti，2021）。156个国家的学校全面禁止体罚（End Corporal Punishment，2021a）。此外，莱索托和马绍尔群岛议会已明确声明，即使没有明确禁止，体罚也是非法的。

还有9个国家提供了某种程度的法律保护：在澳大利亚、印度和美国等联邦体系中，只有某些州（邦）禁止在学校中进行体罚，而包括萨摩亚在内的一些国家虽然允许“合理”体罚，在法律上却予以澄清——尽管传统上接受使用某种程度的暴力来管教儿童，但体罚从未被认为具有合理性（End Corporal Punishment，2021b）。

除了教师造成的伤害外，学生在学校还面临其他风险——许多学生还受到了同学的欺凌。指标4.a.2可监测在过去12个月中遭受过欺凌的学生的百分比。虽然没有完全标准化，但国际学业评估是目前关于欺凌数据的首选来源（UIS，2020），包括国际数学与科学趋势研究和国际学生评估项目的最新轮次（**图17.4**）。

国际数学与科学趋势研究会调查欺凌的各个方面，以计算总体频率指数。在参与调查的大多数国家中，至少有五分之一的学生报告称至少每月都会遭受欺凌。在高收入英语国家中，这一比例更高，为三分之一，在这些国家，受欺负的现象也更为普遍。在马来西亚和南非，超过一半的学生都遭受过欺凌。在大多数国家，男孩和女孩之间在受欺凌方面的差异很小，但在北非和西亚国家，报告每周或每月遭受欺凌的男孩比例更高。国际数学与科学趋势研究将从未和几乎从未（即低于每月一次）经历过欺凌的学生合并在了一起。因此，这些学生中的一些人在前一年也遭受过欺凌。联合国教科文组织统计研究所使用国际学生评估项目（其指数包括“每年几次”这一中间类别）的数据，估算出了符合指标4.a.2定义的值，

> “在马来西亚和南非，超过一半的学生都遭受过欺凌。”

图 17.3:

规模较小的学校只招收一小部分学生

2017—2020年部分国家按学校规模分列的小学入学人数累计占比

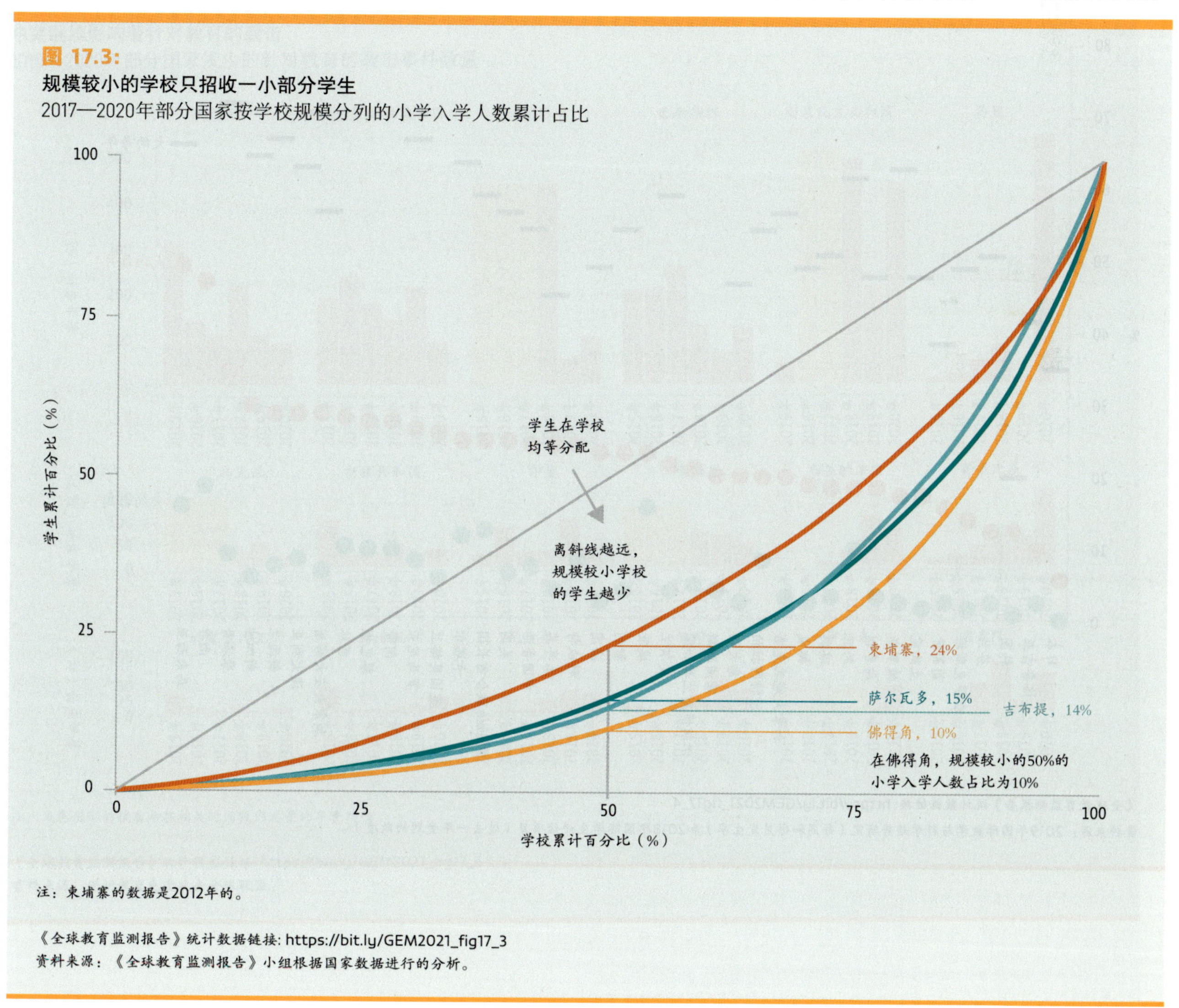

注：柬埔寨的数据是2012年的。

《全球教育监测报告》统计数据链接：https://bit.ly/GEM2021_fig17_3

资料来源：《全球教育监测报告》小组根据国家数据进行的分析。

21岁的穆罕默德是家里第一个上大学的人。通过阿尔伯特·爱因斯坦德国学术难民倡议（DAFI）奖学金，他得以在约旦扎尔卡大学学习阿拉伯语。

摄影：Mohammad Hawari/UNHCR

重要信息

总体奖学金援助在经历多年的停滞之后，于2015年至2019年期间增加了30%，主要面向低收入国家。然而，由于出国学生人数增加，因此来自低收入国家的普通学生现在获得的奖学金援助比2006年要少。

很大一部分奖学金援助没有指定受援国，因此很难监测分配是否公平。

由于认证要求、文凭得不到国际承认以及教师教育必须扎根于当地课程的观念，实习教师的流动性往往低于高等教育其他领域的学生。在24个经合组织国家中，9%的高等教育学生是国际学生，从学习教育学的3%到学习自然科学、数学和统计学的12%不等。

教师出国教学有很多好处，但来自较贫困国家的教师的机会要少得多。在越南，只有2.2%的初级中等教育教师在国外完成了部分培训或部分职业生涯，而在许多欧洲国家，这一比例超过一半。

奖学金援助仍然与贸易和历史殖民关系有关，但网络分析显示，近年来，受援国获得了越来越多捐助国的援助。

入境学生的流动性因新型冠状病毒肺炎疫情而下降。由于澳大利亚多达三分之一的学生是国际学生，这使其高等院校面临严重的财务危机。

第18章

具体目标4.b

奖学金

到2020年，在全球范围内大幅提高发达国家和其他发展中国家向剩余发展中国家，特别是最不发达国家、小岛屿发展中国家和非洲国家提供的高等教育入学奖学金数额，资助范围包括职业培训以及信息和通信技术、技术、工程和科学项目。

全球指标

4.b.1 官方发展援助用于奖学金的数量，按部门和学习类型统计可持续发展目标之具体目标4.b呼吁到2020年“大幅提高”提供给发展中国家的国际奖学金数量。在多年停滞之后，支持学生流动的援助总额（全球指标4.b.1）在2015年至2019年期间增长了30%，从34亿美元增至44亿美元。这一增长主要有两个原因：在欧盟相关机构和日本的推动下，援助国向未指定的受援国的双边流动增加，欧盟相关机构和日本从2017年开始在这一类别下报告其所有奖学金援助；估算的学生费用增加，主要与2015年流入德国的难民有关，他们有资格进入该国基本免费的高等教育系统学习（**图18.1**）。2018年，未指定受援国的奖学金援助突然增加，主要是由于土耳其作为捐助方被纳入经合组织贷方报告制度（CRS）数据库，尽管它不是发展援助委员会（DAC）的成员（**专栏18.1**）。

> 2015年到2019年，对低收入国家的奖学金援助总额翻了一番，超过了高等教育入学人数的增长。

相对而言，低收入国家从援助增加中受益更多。2015年到2019年，对低收入国家的奖学金援助总额翻了一番，超过了高等教育入学人数的增长。但如果把低收入和中等收入国家都考虑在内，则出国学生的数量远远超过了奖学金援助的增长。平均而言，在2019年每名国际学生获得的奖学金援助比2006年少（**图18.2**）。

迄今为止，私营部门在为最贫困国家提供奖学金机会方面发挥的作用相对较小。2020年《全

图 18.1：

奖学金和估算的学生费用在5年内增加了10亿美元

2010—2019年按援助类型和受援国分列的教育援助支出额

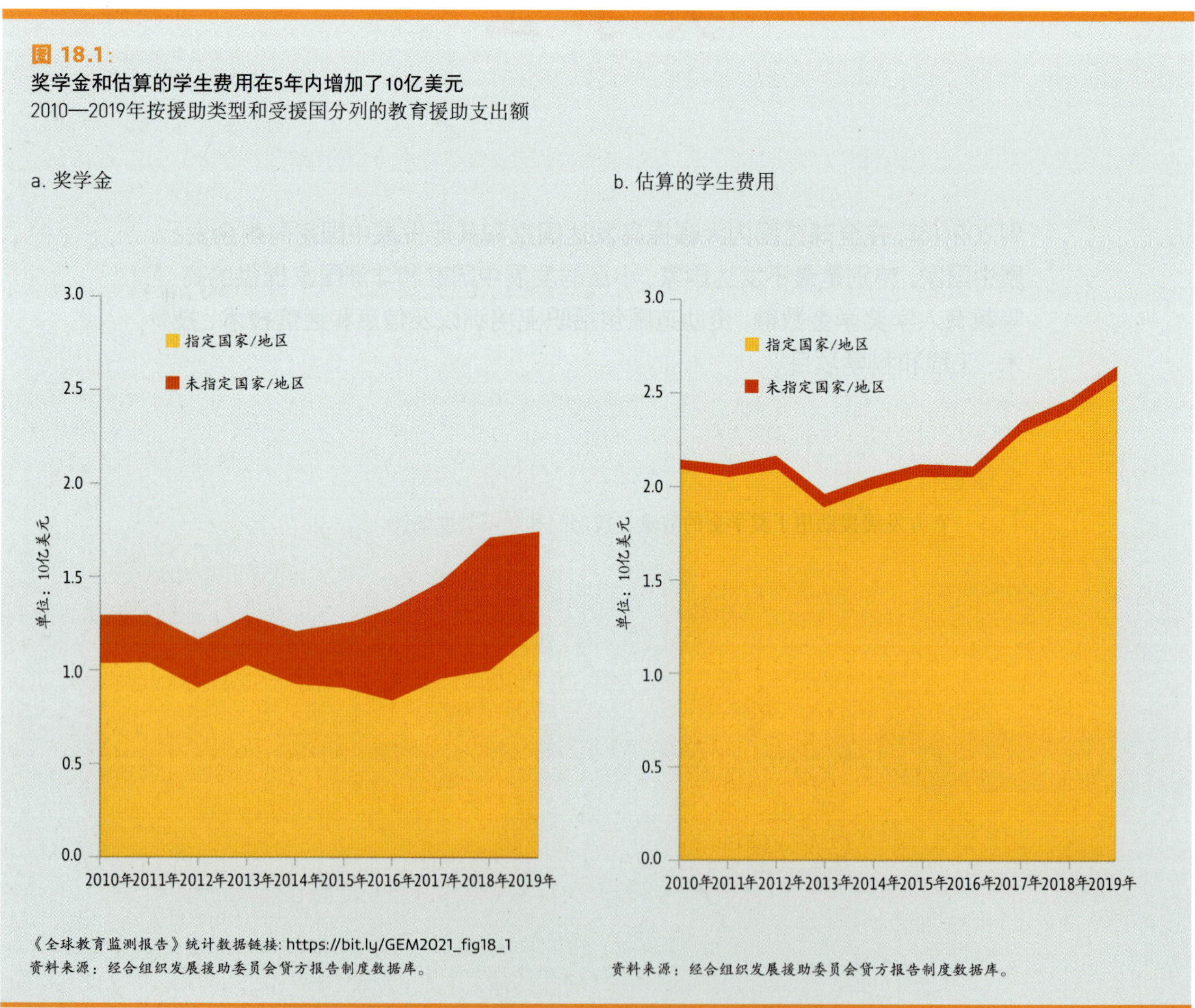

《全球教育监测报告》统计数据链接：https://bit.ly/GEM2021_fig18_1

资料来源：经合组织发展援助委员会贷方报告制度数据库。

资料来源：经合组织发展援助委员会贷方报告制度数据库。

图 18.2:

奖学金援助跟不上需求的增长

2006—2019年按国家收入组别分列的高等教育中出国留学学生的流动性、高等教育入学人数和获得奖学金援助的相对变化

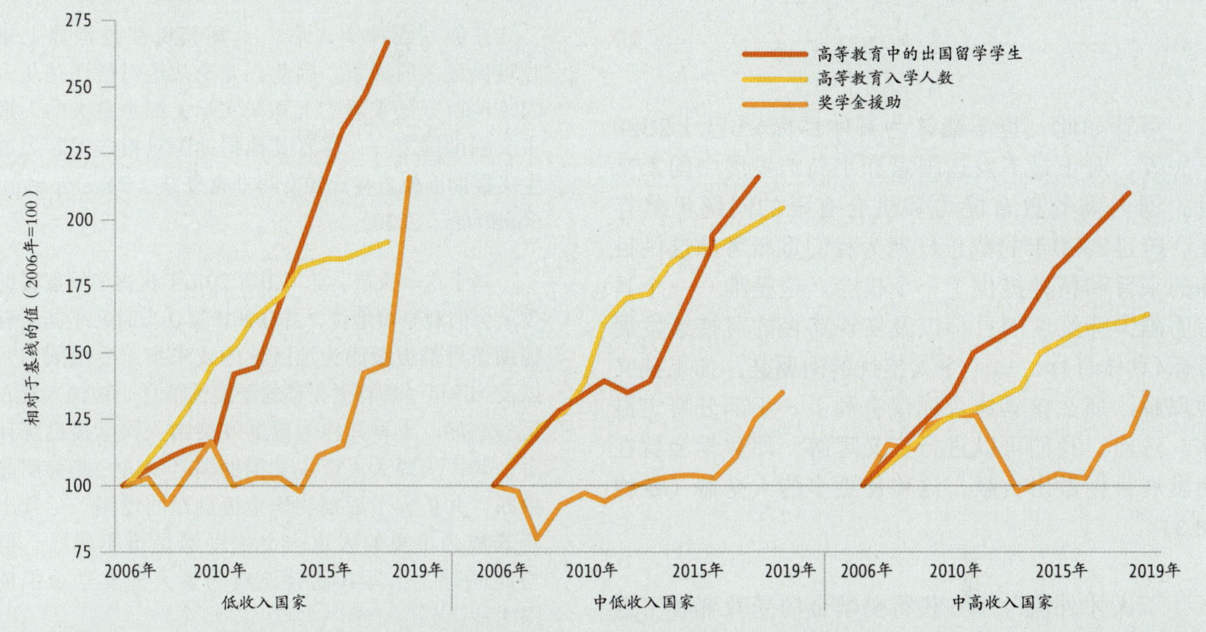

《全球教育监测报告》统计数据链接: https://bit.ly/GEM2021_fig18_2

资料来源：《全球教育监测报告》小组基于统计研究所和经合组织发展援助委员会贷方报告制度数据库所进行的分析。

球教育监测报告》对为撒哈拉以南非洲学生提供奖学金的200多个捐助方进行了调查，发现在排名前50的捐助方中，企业、基金会和私人捐助者提供的奖学金加在一起不到总额的七分之一（**图18.3**）。大部分奖学金来自万事达卡基金会和南非联合银行集团，这两家机构共提供了95%的企业奖学金。中国是最大的奖学金提供国，现在是非洲学生移民的第二大目的地。全球学生流动网络正慢慢变得分散（Mulvey，2021）（**焦点18.1**）。

由于有记录的、未指定受援国的奖学金援助所占比例不断增加，对流向单个国家和国家群体的奖学金金额进行监测的能力遭到了削弱。这也使得分析援助分配变得更加困难。几乎没有任何奖学金援助将性别作为其主要侧重点，而且没有指定受援国的奖学金援助更不会有性别优先权（**图18.4**）。

现有的不完整数据表明，大幅增加奖学金的目标尚未实现。具体目标4.b中列出的信息和通信技术、技术、工程和科学项目的学生流动性高于教育学项目的学生流动性（**专栏18.2**）。但是没有证据表明这些专业领域可优先获得奖学金。

图 18.3:

私营部门为撒哈拉以南非洲学生提供的奖学金不到总额的七分之一

2019年为撒哈拉以南非洲学生提供奖学金的排名前50的捐助方提供金额的占比，按类别分列

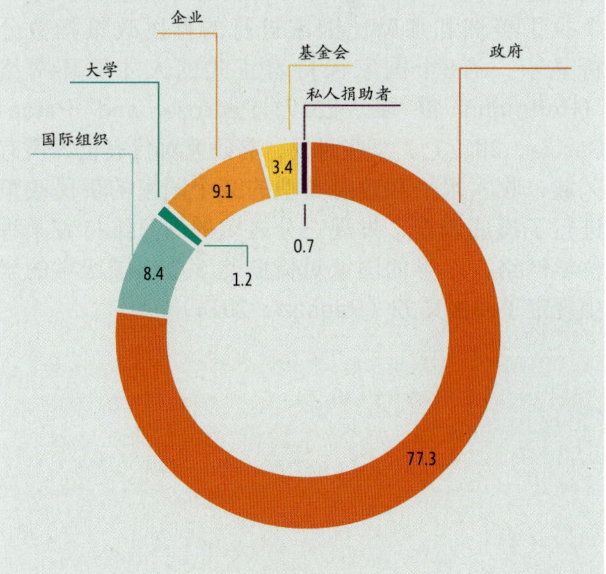

《全球教育监测报告》统计数据链接: https://bit.ly/GEM2021_fig18_3

资料来源：Education Sub Saharan Africa（2020）。

> 在22个拉丁美洲和加勒比国家中，有8个国家保持着正式的人才循环网络。

尽管如此，也不能认为具体目标4.b已于2020年失效。对于最不发达国家和小岛屿发展中国家来说，国内高等教育能力和机会有限的问题仍然存在。跨过2020年的截止日期为我们重新考虑这一目标的宗旨和精神提供了一个机会。这是唯一一个具有明确国际维度的目标以及实现路径的可持续发展目标4具体目标。一个令人担忧的问题是，如果狭义地理解，那么该具体目标仅有利于一小部分特定群体。然而，我们可以进行广义理解，即奖学金旨在为发展目标做出贡献，这将使更多的人受益（**专栏18.3**）。

“人才外流”——获得奖学金的受教育者不返回原籍国——这一概念正在被“人才循环”这个更复杂的概念所取代。最近的估计表明，回流移民在流向撒哈拉以南非洲和拉丁美洲的移民中占很大一部分。这些移民，尤其是年轻人，平均受教育程度高于正常水平（Chen et al.，2021）。

即使是在可预见的未来不会回国的高技能国民，如果得到适当的聘用，也是一种资产。对22个拉丁美洲和加勒比国家进行的移民政策指数分析显示，有8个国家保持着正式的人才循环网络（Hoffmann et al.，2017；Pedroza and Palop-García，2017）。早些时候，有研究对代表世界所有区域、收入水平和政府类型的35个国家的侨民政策进行了摸底调查，发现三分之二的国家维持着某种科学网络，一半的国家对借助奖学金出国留学的学生规定了回报义务（Ragazzi，2014）。

专栏18.1:

土耳其已成为最大的奖学金提供国之一

在叙利亚冲突之后，土耳其现在是世界上接收难民最多的国家。因此，无论从绝对值还是从占GDP的百分比来看，土耳其实际上都是最大的人道主义捐助国之一，尽管其他捐助国只报告国际人道主义援助而使直接比较变得非常复杂（Development Initiatives，2020）。

基于这一发展，土耳其于2016年获得了发展援助委员会的观察员地位，并在2018年（当时几乎其所有援助条目都被编码为地区性的或未指定受援国的）以及2019年（具有更完整的受援国信息）被纳入贷方报告制度。土耳其作为捐助方被纳入国际援助统计后，其作为最大人道主义捐助国之一这一趋势明显中断，并扩大了近期奖学金援助额的增幅。尽管土耳其成为主要的人道主义捐助国是迫不得已，但与此同时，土耳其已自愿成为最大的奖学金捐助国之一。

土耳其主要通过土耳其奖学金计划在2019年提供了1.7万份国际奖学金（Turkish Cooperation and Coordination Agency，2020）。这些奖学金面向本科生和研究生，涵盖学费、住宿费、一次性往返机票、健康保险和每月津贴（Turkey Ministry of Culture and Tourism，2021）。因此，如果不包括估算的学生费用，那么2018年土耳其就是贷方报告制度数据库（其中不包括中国）中最大的奖学金捐助国，捐助额为2.25亿美元，略高于欧盟。2019年，土耳其的捐助额为1.5亿美元，降至第五位，位于英国（1.38亿美元）和沙特阿拉伯（1.62亿美元）之间。

土耳其的奖学金覆盖了语言课程。通过在世界各地不断扩大的尤努斯·埃姆雷学院网络，土耳其为包括准学生在内的很多人扩大了机会，使其在进入土耳其之前就能学习土耳其语。作为一个更宏大战略的一部分，土耳其特别扩大了在非洲的网络（Anadolu Agency，2021），该战略旨在通过贸易、外交关系以及学术交流，迅速提升土耳其在非洲大陆的影响力（Mitchell，2021）。

图 18.4：

奖学金援助没有明显的性别侧重

2010—2019年按性别程度分列的奖学金援助

a. 指定受援国/地区

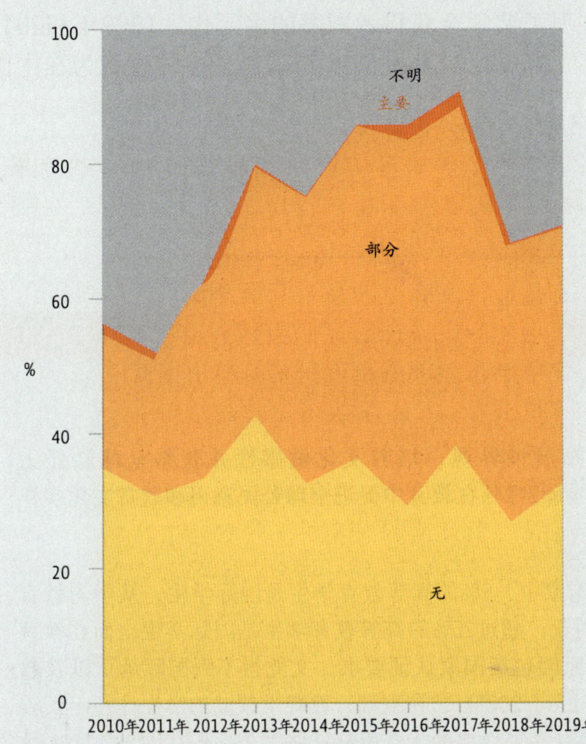

b. 未指定受援国/地区

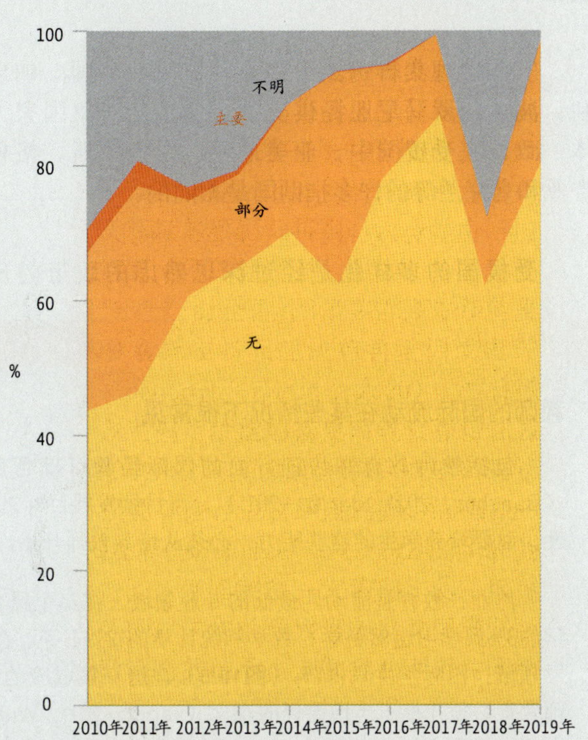

注：2017年经合组织发展援助委员会贷方报告制度数据库引入了性别标记。2017年之前的数据是对历史条目进行编码的一次性试点工作的结果。

《全球教育监测报告》统计数据链接 https://bit.ly/GEM2021_fig18_4

资料来源：经合组织发展援助委员会贷方报告制度数据库。

焦点18.1：奖学金援助的流向越来越不集中

奖学金援助流向代表了捐助国和受援国之间的联系网络。[1]网络分析是一个追踪行为体之间关系的研究领域，可以揭示奖学金援助流向的空间形态与国际学生流动、地理、贸易、文化和历史联系之间的关系（Shields and Menashy，2019）。

各行为体之间的连接数量越均匀，网络的集中程度就越低。从几个方面来看，奖学金援助网络在2010年代的集中程度有所降低，奖学金援助流向也变得更加分散，即在受援国之间的分配更加均匀。结合可持续发展目标的具体目标，这一趋势也可以解释为奖学金在文化外交中的作用日益增强，以及软实力的运用更加广泛（Campbell and Neff，2020）。尽管如此，有记录的奖学金援助流向仅占捐助国和受援国之间所有可能联系的10%左右。

可以确定三类捐助国。第一类捐助国报告称只向一两个国家提供奖学金援助，这也许反映了重要的双边关系。第二类捐助国会向十几个，最多20个国家提供援助，这可能是基于地区或历史联系。第三类捐助国会向20多个国家提供奖学金援助，反映出一种广泛甚至接近普遍的做法，这可能超出了重要的双边关系。与2015年相比，捐助国现在很可能会向更多的发展中国家提供奖学金，更重要的是，受援国不太可能仅依赖于一两个主要捐助国。

1　本节基于希尔兹（Shields，2021）的研究。

捐助国之间也存在网络，两个捐助国之间的联系强度取决于其共同受援国的数量。这与受援国及其共同捐助国数量之间的关系相似。捐助国和受援国网络都表明，援助流向总体上已变得不再那么集中。

有些地理集群仍然很明显。捷克共和国、匈牙利、波兰和罗马尼亚提供奖学金援助的对象国家大体一致。在受援国中，亚美尼亚、白俄罗斯、格鲁吉亚和乌克兰等的许多捐助国是相同的。

受援国的多样化是经过深思熟虑的政策的反映。中国向非洲提供奖学金始于1972年，中国当时为来自坦桑尼亚联合共和国和赞比亚的学生提供了200份奖学金（Dong and Chapman，2008）。此后，中国政府大幅增加了奖学金的数量——2018年发放了超过6.3万份国际高等教育奖学金（Jing，2020），同时实现了奖学金获得者国籍的多元化。1999年和2015年，几乎所有非洲国家都获得了中国政府为在中国

“2018年中国政府向非洲发放了超过6.3万份国际高等教育奖学金。”

专栏18.2:

教师的国际流动在某些情况下很常见

包括教师教育和培训方面的国际经验可以帮助教师拓展世界观、培养文化敏感性并获得全球胜任力（Baecher，2021；Jaritz，2011）。可持续发展目标之具体目标4.7呼吁在教育中促进全球公民意识和欣赏文化多样性，而要培养学生的这些能力，必须从培养教师开始。

然而，教育是流动性最低的专业领域。在24个经合组织国家中，9%的高等教育学生是国际学生，从学习教育学的3%到学习自然科学、数学和统计学的12%不等。在澳大利亚，超过25%的高等教育学生是国际学生，而在教育学领域，国际学生只占7%（**图18.5**）。这一领域流动性低的原因包括国家认证要求、文凭得不到国际承认以及教师教育必须扎根于当地课程的观念（Jaritz，2011；Witt and Liu，2021）。在欧洲，教育学领域的学生往往年龄较大，有工作。他们也很有可能已有孩子，并且是家中第一个接受高等教育的人，所有这些都是他们在国外入学人数不足的原因（Vögtle，2019）。

国际经验可以成为教师在职专业发展的一部分。教师交流项目的价值早已得到承认，并被纳入1966年由国际劳工组织和联合国教科文组织联合发布的《关于教师地位的建议书》的原则中。接触不同的教学方法和课程，并有机会分享专业知识，可以使来源国和目的地国的教师均有所受益（Caravatti et al.，2014）。

在参加教与学国际调查的半数以上国家和经济体中，因专业目的而出国的教师，无论是作为教师还是在接受师范教育期间，参与专业合作的频率更高，且自我效能水平也更高（OECD，2020b）。在一项由“教育国际”对1000多名有国外经历的教师进行的调查中，几乎所有教师都表示国外经历对他们的教学实践产生了积极影响，包括提高了应对有不同需求的学生的能力，并拓展了世界观、提高了文化方面的能力（Caravatti et al.，2014）。

然而，教师国外经历的普及程度仍然与国家收入水平密切相关（**图18.6**）。在越南，只有2%的初中教师曾因专业目的出过国，而在许多欧洲国家，这一比例超过一半。事实上，增加教师在欧洲的流动性是博洛尼亚进程的一个关键目标，伊拉斯谟计划可持续发展教育项目等提供了激励措施，为教师提供了出国学习和教学的机会（European Commission，2017；Iyevlyev，2018；OECD，2020b）。

低收入和中等收入国家内或之间制定了许多规模较小的交流项目。中国政府已与澳大利亚、加拿大、新西兰、英国和美国院校合作，派遣教师赴海外进行专业发展和语言培训（Vasilopoulos and Romero，2021）。美国政府资助的巴基斯坦教育工作者教学领导力学院为巴基斯坦教师提供了在美国参加培训项目的机会（Woodland，2021）。各国院校之间的伙伴关系也有助于促进交流项目的开展。博茨瓦纳的大学和美国大学之间的一项协议支持教师双向出国学习（Rose and Cooper-Duffy，2021）。高收入国家的院校也可以与国外的非政府组织合作，派遣实习教师与当地教师合作交流（Tripp et al.，2021）。

专栏18.2续：

图 18.5：

教育是流动性最低的专业领域

2018年按留学目的地国和专业领域分列的国际学生在所有高等教育学生中的占比情况

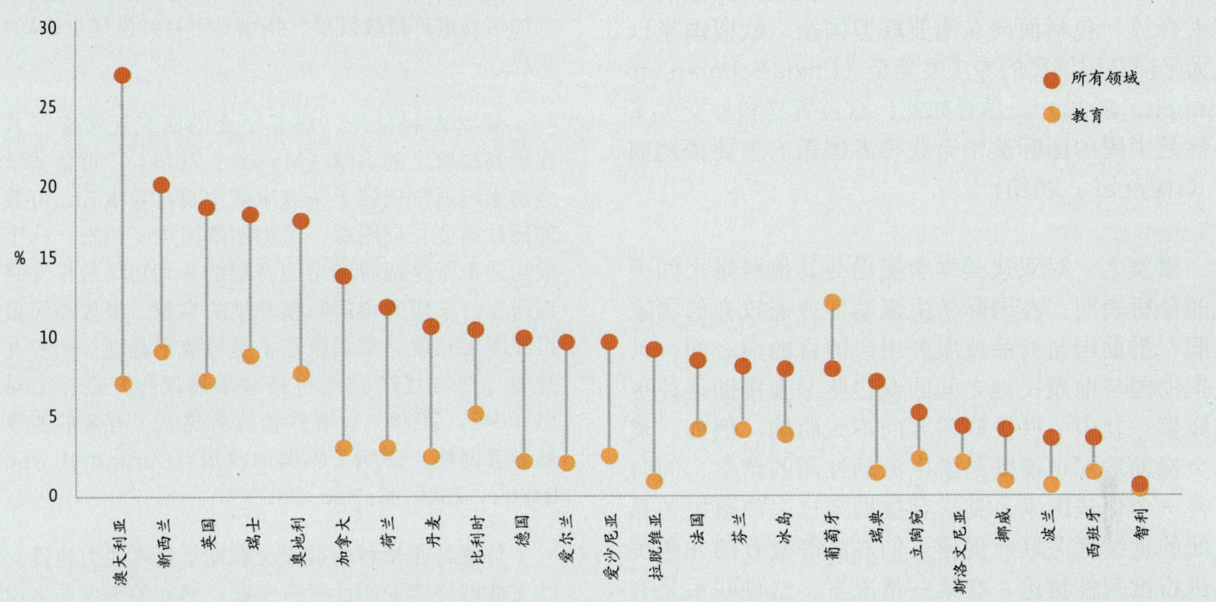

《全球教育监测报告》统计数据链接：https://bit.ly/GEM2021_fig18_5

资料来源：OECD（2020a）。

图 18.6：

高收入国家的教师出国的可能性要大得多

初级中等教育教师曾因专业目的出国的比例

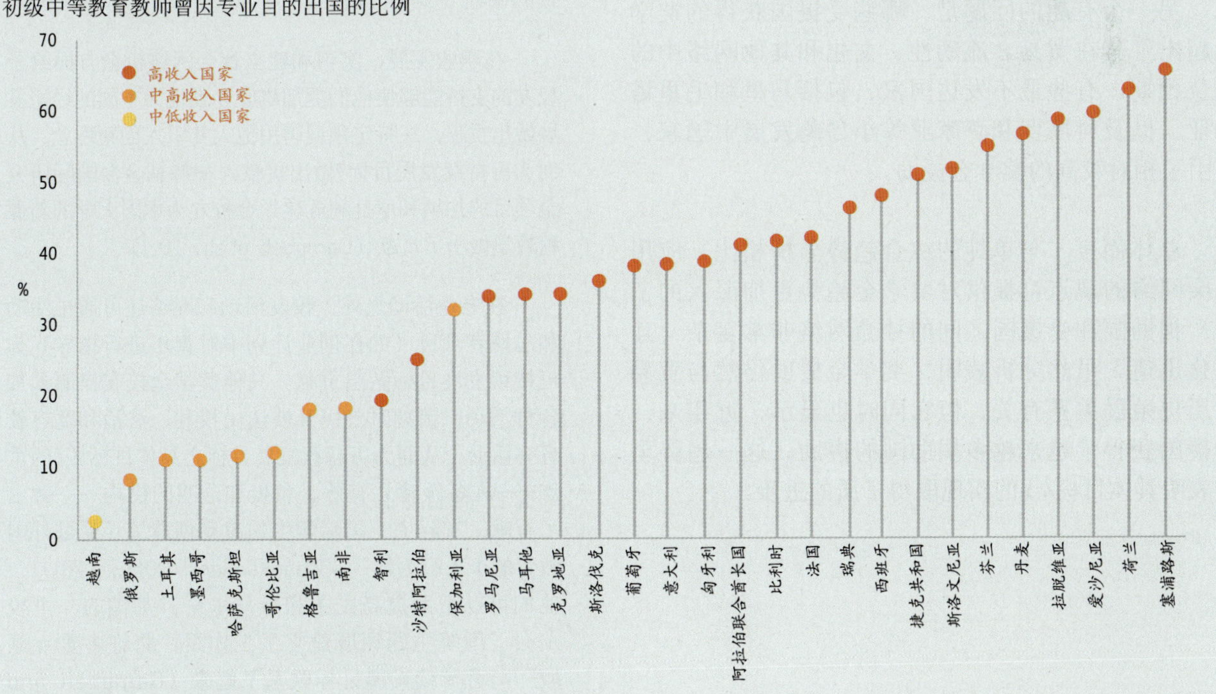

《全球教育监测报告》统计数据链接：https://bit.ly/GEM2021_fig18_6

资料来源：OECD（2018）。

接受高等教育的留学生提供的奖学金，其中14个国家各有1500多名学生获得了中国政府提供的奖学金（Ha et al.，2020）。

中国的奖学金项目向来自任一发展中国家的申请人开放，包括面向东南亚联盟国家、欧盟国家以及太平洋岛国国民的专项奖学金（China Scholarship Council，2020）。尽管如此，双边贸易和外交关系仍然是中国的国际奖学金获得者国籍的重要预测因素（Ha et al.，2020）。

事实上，对双边奖学金援助与其他网络之间关系的分析表明，在国际学生流动性普遍较高的国家之间、捐助国与商品或服务出口的目的国之间，以及捐助国与前殖民地之间的双边奖学金援助往往更加频繁。其中一些关联的方向不太明确。例如，奖学金援助增加可能既是学生流动性高的结果，同时也是一个促成因素。奖学金援助与过去的殖民关系之间的延续性关联应促使人们对高等教育的非殖民化进行批判性讨论。在某些情况下，这种联系是有意的，如英国提供的英联邦奖学金。相比之下，土耳其明确地将其空白的殖民历史视为拓展与非洲联系的一项资本（Ünveren，2021），其中也包括提供奖学金（**专栏18.1**）。

另一个有趣的问题是，哪些受援国获得的奖学金超出了其在贸易、流动性、文化和其他网络中的地位预期。有些最不发达国家，包括马里和毛里塔尼亚，以及科摩罗和萨摩亚等小岛屿发展中国家，吸引了相对较高的奖学金援助。

总体而言，与单纯的综合趋势分析相比，应用社会网络的观点可提供对奖学金趋势更加深入的了解。捐助国和受援国之间的社会网络非常复杂，且变化迅速。虽然分析表明，奖学金援助仍然与贸易和历史殖民关系有关，但它同时也显示，近年来，受援国获得了越来越多捐助国的援助。这一趋势至少表明具体目标4.b的实现取得了质的进步。

专栏18.3:

奖学金的受益者不应仅仅是学生

具体目标4.b是一种“实施途径”，而不是目的，重要的是要明白为低收入国家学生提供的国际奖学金如何促进可持续发展，特别是可持续发展目标4的实现。

除个人利益外，对奖学金的研究还考察了其在更高层次上的贡献（Mawer，2018）。评估奖学金的影响通常依赖于毕业生的主观自我报告。可靠的评估需要长期跟踪，这可能既困难又昂贵。一个成功的例子是福特基金会开展的为期10年的校友跟踪研究，该研究由国际教育学院实施，报告和简报可在网上获取。德国跟踪了参与奖学金项目的校友经验，并与《2030年可持续发展议程》进行了对比（GIZ，2020）。有些校友会建立了有效的变革倡导者网络，影响了本国的政策（Campbell and Baxter，2019；Martel，2017）。

许多特定学科的奖学金有助于技术能力建设，以支持可持续发展目标的实现，例如关于可再生能源的可持续发展目标7的实现。有些奖学金计划不仅限于技术学科，例如，扶轮基金会的和平研究硕士奖学金就符合可持续发展目标16的要求。《全球教育监测报告》对奖学金提供方进行的研究表明，许多申请人受到可持续发展目标的激励，并寻求与之一致的课程（Campbell et al.，2021）。

在职业发展、实习和建立社会网络机会方面给予校友的支持能够使他们更加雄心勃勃地为本国的经济发展做出贡献，在特定领域聘用他人并引入创新理念，从而为可持续发展目标9做出贡献。福特基金会国际研究金项目的加纳和尼日利亚奖学金校友为本国大学的新课程教学做出了贡献（Campbell et al.，2021）。

在专业活动之外，校友活动和网络还可通过活动和志愿者项目（如在创业计划中对青年进行指导）为可持续发展目标做出贡献。其他奖学金校友自愿参加各种活动，诸如对公民开展选民权利、法治和宽容教育等活动，从而为可持续发展目标之具体目标16.6的重点——在各级建立有效、负责和透明的机构——做出了贡献。实际上，国际学生的流动创造了“受过外国教育的个人行为体”（Chankseliani，2018，p.281），他们可以帮助提高民主和参与水平。加纳的一个校友会“围绕主题领域建立了工作组，将许多重点领域”与可持续发展目标联系了起来（Campbell and Lavallee，2020，p.416）。有些奖学金提供方会为其校友活动提供支持，例如为校友项目提供小额赠款（Campbell and Baxter，2019）。

新型冠状病毒肺炎疫情的影响

新型冠状病毒肺炎疫情限制和降低了国际学生的流动性和财务稳定性，影响了奖学金援助机会。研究生受到的影响尤其严重（Mercado，2020）。在美国，超过60%的国际学生在研究生阶段依赖国际基金（Di maria，2020），这也是其他留学目的地国面对的典型情况。入境和出境学生的流动性均受到了影响。在芬兰，有48%的国际学生回国，同时有53%的芬兰留学生返回了芬兰（Finnish National Agency for Education，2020）。

早期证据表明，美国在疫情中的高感染率影响了学生申请美国大学的奖学金，同时对针对中国人种族歧视的担忧也产生了一定影响（Peters et al.，2021）。其他受欢迎的以英语为母语的国际学生目的地，如澳大利亚、新西兰和英国，也出现了入境学生流动性下降的情况。澳大利亚多达三分之一的学生是国际学生，因此这使其高等院校面临严重的财务危机（Waters, 2021）。由于损失了来自自费国际学生的收入，为那些无力支付学费的贫困国家学生提供的院校奖学金资金随之减少。

中国很早就受到了新型冠状病毒肺炎疫情的影响，并采取了严格防控措施，包括停止国际旅行。这对具体目标4.b产生了重大影响。近年来，中国已成为第三大留学生接收国（Waters，2021）。对于非洲学生来说，决定在中国学习深刻反映了其奖学金的可获得性以及学费和生活费的相对可负担性（Lei et al.，2021）。

不仅许多学生不再能够接受奖学金，而且其他学生和毕业生在应该或期望回国时也被困在了留学目的地国。土耳其就发生了这种情况，该国最近采取了雄心勃勃且积极主动的政策、项目和措施来吸引国际学生（Peters et al.，2021），但缺乏配套服务网络和生态系统。

许多奖学金并不能涵盖所有费用，而且包括奖学金获得者在内的学生通常依靠兼职工作来赚取其学费和生活费。由于许多学生工作的酒吧、餐厅和图书馆均被关闭，因此其经济状况受到了很大打击，还有一些人则因为总体经济不景气而失去了兼职工作（Bilecen，2020）。

美国的有些大学，如俄克拉何马大学，设立了疫情奖学金，旨在为受新型冠状病毒肺炎疫情或相关限制影响的国际学生提供援助（University of Oklahoma，2020）。国际教育学院的紧急学生基金为那些在疫情期间因失业而难以支付食物、住所和医疗费用的国际学生提供了帮助（IIE，2020）。

有些奖学金机会不复存在，因为这些机会需要学生亲自前往学校所在国才能提供。例如，体育奖学金不仅为国内弱势群体，而且为国际弱势群体提供了接受高等教育的途径。肯尼亚学生报告说，体育奖学金被取消后，他们既无法在美国的大学学习，也无法在邻国乌干达的大学学习（Odhiambo，2020）。

尽管有疫情，但远程学习使那些拥有良好的计算机和互联网接入条件的发展中国家的国际学生也能够获得国外高等院校和学位课程的奖学金机会。然而，他们因此却无法从生活在国外的丰富文化中受益，并失去了通过签证项目在留学目的地国找到工作的机会（Yıldırım et al.，2021）。许多来自发展中国家的学生将留学目的地国较高的学费视为一种投资，认为该投资可以通过在该国找到一份工资水平相当的工作来收回。各留学目的地国在修订或保持此类签证项目的计划上有所不同（Bilecen，2020）。

随着大学重新开放校园，它们需要这样的签证项目和学生社会安全网。这些项目和安全网可以恢复大学对国际学生的吸引力，并使奖学金获得者能够支付得起费用。新型冠状病毒肺炎疫情可能最终导致有些课程和项目永久地转向在线学习，再加上学费降低（Waters，2021），从而使项目更易于参与。

即使真的发生了这样的变化，来自南亚和撒哈拉以南非洲国家的学生的流动性也需要很长的时间才能恢复（Marginson，2020），尤其是考虑到全球疫苗不平等的影响。国际旅行或大学入学可能需要接种疫苗，而这些国家的年轻人却可能在接种疫苗的队列中排在最后。

此外，歧视性做法也带来了障碍，例如英国拒绝接受在某些国家进行的疫苗接种，即使是英国自己资助的全球疫苗共享倡议——“新型冠状病毒肺炎疫苗实施计划”（COVAX）捐赠的疫苗也不被接受（Princewill，2021）。

对具体目标4.b的监测也受到了对学生流动性的限制的影响。首先，如果要正确理解疫情的影响，在基于时间的比较中，就必须仔细区分直接奖学金援助和估算的学生费用。2019年，在对高等教育学生的国际援助中，62%是发展中国家学生在免学费制度的捐助国（特别是法国和德国）接受高等教育的估算费用，而非奖学金。由于估算的学生费用只能在交付地点和交付时间产生，因此前往免学费目的地国的国际学生人数减少会自动减少这一部分援助，而奖学金可以在疫情期间继续发放，即使实际出行时间被推迟也没有影响。

其次，具体目标4.b呼吁增加奖学金的提供量，扩大“发达国家和其他发展中国家的……高等教育入学奖学金数额”。疫情可能会加速远程提供高等教育的趋势，增加捐助国院校在当地设立分校等现象。因此，越来越有必要理清虽留在本国但被发达国家院校招入的奖学金获得者的身份，无论其是远程学习还是本人到分校学习。

T. 埃吉拉拉西正在印度维利瓦卡姆镇的一所房屋内给一名学生上课。

摄影：UNICEF/Srishti Bhardwaj

重要信息

在撒哈拉以南非洲，达到国家标准的教师所占的比例最低。学生与受过培训的教师的比是全球平均水平的两倍。一项估计表明，到2030年，该地区将需要招聘1500万名教师来支持普及教育。

世界上大多数教师的资格情况仍然不明。

2018年教与学国际调查显示，在48个教育系统中，76%的初级中等学校教师在调查前的12个月内参加过课程或研讨会，72%阅读过专业文献。

教师教非所学在世界许多地方都很普遍。在至少40个教育系统中，超过10%的初中科学和数学教师没有接受过该学科的正规教育或培训。在格鲁吉亚和沙特阿拉伯，只有不到60%的科学和数学教师在正规教育中接受过相关学科的培训。

在高收入国家，教师的工资往往低于同等专业人员，但在有些低收入国家和中等收入国家，教师的工资相对更高。

2021年1月，美国近四分之一的教师因新型冠状病毒肺炎疫情的影响而希望离职，而在疫情之前，全国教师的平均离职率为16%。

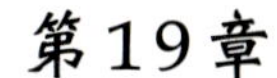

具体目标4.c

教师

到2030年，大幅提升合格教师供给，包括在发展中国家（特别是在最不发达国家和发展中岛国）开展国际合作的教师培训。

全球指标

4.c.1 按教育等级统计的符合最低资格要求的教师比例

主题指标

4.c.2 学生与受过培训的教师的比例，按教育等级统计

4.c.3 依据国家标准，合格教师的比例，按教育等级和机构类型统计

4.c.4 学生与合格教师的比例，按教育等级统计

4.c.5 教师平均工资与其他要求相当水平的资格的行业的比较

4.c.6 教师流失率，按教育等级统计

4.c.7 过去12个月接受过在职培训的教师百分比，按培训类型统计

在海地，7岁的梅丽莎正在“通过艺术治愈并教育（HEART）”的项目中画画，该项目旨在为飓风“马修”中的幸存儿童提供社会心理支持。

摄影：Ray-ginald Louissaint Jr/Save the Children

第20章

20

其他可持续发展目标中的教育——能源、基础设施和可持续消费

（可持续发展目标4之外与教育有关的全球指标）

全球指标

1.A.2 基本公共服务（教育、卫生、社会保障）支出占公共支出比重

5.6.2 用法律法规保障15岁及以上男女充分且平等获得性和生殖卫生保健、信息和教育的国家数量

8.6.1 未接受教育、就业或培训的青年（15—24岁）所占比例

4.7.1/12.8.1/13.3.1 将（i）全球公民意识教育和（ii）可持续发展教育纳入（a）国家教育政策、（b）课程大纲、（c）教师教育和（d）学生评估的程度

一项有关教育选择的研究发现，2001年至2015年，印度的旗舰道路建设项目修建了11.5万条道路，其中每用一条新铺设的道路接通一个村庄，就使初级中等教育入学人数在接下来的3年中增加7%，同时，孩子们留在学校的时间更长，在标准化考试中成绩更好（Adukia et al.，2020）。然而，另一项研究警告称，虽然进城道路的改善提高了低龄儿童的入学率，但进入城市市场更加便利也会刺激年长儿童提前离开学校，加入劳动力队伍（Aggarwal，2018）。

教育可为能源和可持续发展目标的实现提供支持

教育有可能帮助人们和社会在能源和可持续消费方面做出更好的选择，但是关于什么样的教育能最有效地实现这些结果，以及知识通过哪些途径能同时改变态度和行为，仍然存在许多问题。

对160项关于烹饪能源的研究的系统性综述发现，教育和收入对现代烹饪能源的使用有一定影响（ESMAP，2021）。尼泊尔的一项家庭调查发现，与不识字的家庭相比，识字的户主将柴火需求减少了约8%，这可能是因为他们知道烟尘污染的负面影响（Sharma，2018）。同样，在印度德里，即使控制了燃料价格和电力供应，受教育程度也是家庭改变燃料来源的一个驱动因素（Ahmad and Puppim de Oliveira，2015）。在印度喀拉拉邦和拉贾斯坦邦进行的一项大型调查发现，教育是清洁烹饪能源采用程度的一个预测因素，但不是态度变化的结果（Gould and Urpelainen，2020）。对埃塞俄比亚、肯尼亚和乌干达家庭选择使用家用太阳能的分析发现，受教育水平是促使其选择家用太阳能的关键因素之一（Rahut et al.，2018）。

对1990年至2015年经合组织国家数据的分析显示，教育提高了公民的环境意识，同时可以减少碳排放（Zafar et al.，2020）。在欧洲，对两波“欧洲晴雨表”调查进行分析后发现，教育提高了个人对进一步采取环保行为的必要性的认识（Meyer，2015）。对全美公用事业水平数据的分析发现，教育是绿色电力需求的一个关键因素（Conte and Jacobsen，2016）。在中国，家庭调查分析显示，家庭成员每多接受一年教育，环保支出意愿就会增加近30%（Jin and Li，2020）。

企业领导者的受教育程度和意识是可持续生产实践的关键驱动因素（Reisch et al.，2016）。对近100个国家的766名首席执行官进行的在线调查发现，他们认为教育是企业成功的最关键发展问题，同时也是培养下一代企业领导人技能、知识和思维以加速将可持续性融入核心业务的最关键问题（Lacy et al.，2012）。

对2008年至2017年的中国企业进行分析后发现，首席执行官学历较高的企业更倾向于进行环境创新，尤其是在环境压力较大的地区（Zhou et al.，2021）。在丹麦，研究者分析了首席执行官受教育程度对其私人生活和公司决策中环保导向所产生的影响后发现，受教育程度较高的首席执行官对气候变化更加关注，更有可能购买节能汽车，并帮助提高企业行动的可持续性（Amore et al.，2019）。在越南，对810家中小企业的分析发现，首席执行官的受教育程度与企业环境绩效呈正相关（Tran and Pham，2020）。一项对泰国污染密集型企业的分析发现，企业领导的受教育程度与环境信息披露程度呈正相关（Li et al.，2019）。

> “对经合组织国家数据的分析显示，教育提高了公民的环境意识，同时可以减少碳排放。”

宣传活动可以发挥重要作用

宣传活动是成人教育的一种形式，可以促使人们改变行为，从而促进可持续发展。例如，虽然政府可以提供可再生能源基础设施，但家庭可能会因缺乏意识和对转换费用的顾虑而不采用这种能源。在孟加拉国，归政府所有的基础设施发展有限公司于2017年发起了一项强化客户意识的活动，使微型太阳能电网的使用率提高了500%（IEA et al.，2020）。

近年来，肉类消费被认为是温室气体排放的一个关键因素（Rust et al.，2020）。少吃肉被认为是个人减少其对环境的影响的最有效方式（Poore and Nemecek，2018）。由于吃肉还与某些类型的身体不健康有关，因此很难将消费变化与特定动机联系起来。总体而言，受教育程度越高，对肉类的消费往往就越低。在比利时的弗兰芒语区，受过中等教育的人成为肉食者而非灵活素食者的可能性是受过高等教育的人的两倍（De Backer and Hudders，2015）。在德国，个人和家庭的平均受教育程度都与肉类消费的减少有关，这种影响在年轻家庭中更为明显（Einhorn，2020）。在智利，以环境原因为由决定不吃肉的人往往受教育程度更高（Giacoman et al.，2021）。

对公共信息的反应也可能与教育有关。对意大利的消费模式进行的一项调查显示，在发出一项公共健康警告之后，受过教育的家庭减少了其长期对红肉的消费（Carrieri and Principe，2020）。然而，一项对59种干预措施的系统性综述发现，平均而言，提供关于食用肉类会对健康或环境带来负面影响的信息并没有减少肉类消费，而强调动物福利的活动相比之下更加有效（Bianchi et al.，2018）。"慢食"是一个在160个国家开展活动的基层组织，反对生产过剩和食物浪费，该组织于2020年1月发起了"肉类变革"运动，以改变人们的肉食习惯、促进可持续农业的发展并减少肉类消费（Slow Food International，2020）。

减少浪费，特别是在食品、塑料和服装方面，是另一项当务之急。"节约粮食"是联合国粮农组织和德国杜塞尔多夫展览公司共同发起的一项倡议，旨在通过促进工业界、科研机构、政界人士和民间社会组织之间开展对话来减少粮食损失和浪费。该倡议的一个项目是开发一揽子教育方案，使教师能够教育年轻人珍视食物并减少食物浪费，该项目涉及阿尔巴尼亚、克罗地亚、匈牙利、土耳其和乌克兰的中小学生群体。另一个项目提高了东帝汶小规模企业家对在产品加工、包装和标签方面采用良好做法的认识，并进行了能力建设（FAO，2017）。

在服装业，非政府组织使人们意识到了服装价值链对环境和社会的负面影响。他们要求工业界找到解决过度消费的系统性方案，包括通过改进生产技术和开发新型材料，使其污染低于当前所用材料（Ellen MacArthur Foundation，2017）。2018年，7个联合国机构在肯尼亚内罗毕成立了联合国"可持续时尚联盟"，为可持续时尚与17项可持续发展目标之间的相互联系规划了举措和伙伴关系。与可持续发展目标4有关的举措包括由国际劳工组织和合作伙伴为改善工作条件、维护劳工权利和提高劳工竞争力而采取的举措（Meier，2021）。"全球时尚议程"提出的《2020年循环时尚系统承诺》旨在推行循环经济原则，占全球时尚市场约12.5%的94家公司已经签署该议程（Wu and Li，2019）。

教育机构需要增进对能源、交通和其他可持续性挑战的理解

人们已经进行了很多尝试来确定与可持续发展有关的课程挑战，并就与可持续消费和生产实践（包括能源、饮食和浪费）相关的具体课程干预提出了建议。由联合国"未来地球"计划建立的"可持续能源网络"是一个基于教学课程和跨学科教科书的框架，旨在通过可再生能源和替代能源系统等主题来支持高级中等教育和高等教育中的可持续能源教学（Nowotny et al.，2018）。有些国家课程纳入了能源教育，例如美国的国家能源教育发展项目，主题涉及能源、电力、运输、效率和节约（NEED，2021）。推广高效烹饪技术的教育方案还需要纳入可持续能源利用的各个方面。一项对纳米比亚农村200户家庭的分

析显示，这种干预措施会影响家庭与能源有关的态度和行为，包括对太阳能作为生物质能替代品的接受程度（Lindgren，2021a，2021b）。

“可持续消费研究与行动倡议”对58项关于可持续消费的教学计划进行研究后发现，大多数本科和研究生课程都是在欧洲国家开设的，通常是环境科学项目的一部分。许多课程都采取全系统的整体视角，并设有实现变革性社会改革的各种目标（Sahakian and Seyfang，2018）。

大学不仅对技术发展至关重要，而且对技术的同化和吸收也起着重要作用。著名大学和智库的研究及其传播，促进了向清洁能源快速过渡，带来了经济、健康和环境效益（Esposito，2021）。同时，全球高等院校也发挥着示范作用，引领着可再生能源和能源效率计划的实施。一项对13个拉丁美洲国家157所大学的分析发现，超过80%的大学采取了可持续发展计划，重点是校园运营（Leal Filho et al.，2021）。由31所学院和大学组成的“更好的建筑物联盟”通过共享最佳实践来推进节能（US Department of Energy，2021）。

教育机构需要贡献专业能力来应对可持续性挑战

实现公平获得可持续能源、基础设施和生产的转型，需要掌握新技能和具备专长的专业劳动力。例如，要实现《巴黎协定》提出的到2050年将全球变暖控制在1.5°C以内的目标，就需要不同领域的专业人士来实施前所未有的能源转型战略。各种复杂程度的必要技能可能有一部分能从现有行业中借鉴，但也需要新的技能发展政策。科学、技术、工程和数学专业人士需要与法律、物流和市场监管方面的专家合作。回炉培训将有助于重新部署建筑工人和技术人员，以制造、安装和维护太阳能热水器和风力涡轮机。在大展宏图的构想之下，可再生能源领域的工作岗位已从2012年的730万个增加到了2021年的1650万个，并需要在2030年达到3800万个，然后到2050年将岗位数量稳定保持在4300万个，届时能源行业将共有1.22亿个工作岗位。因此，到2050年，可再生能源岗位在能源行业就业岗位总数中的所占比例将达到35%，是2021年的两倍（IRENA，2021）。

评估显示，在可再生能源项目的开发、设计、融资、建设、运营和维护方面存在巨大的技能缺口（OECD，2020）。普通教育课程需要从小培养学生对可再生能源职业挑战的认识和兴趣，同时，技术、职业及高等教育课程也需要调整，以侧重于更高技能的发展，特别是在工程方面（WFEO，2018）。

一项对印度、肯尼亚和尼日利亚150家分散管理的可再生能源行业公司的评估显示，印度、肯尼亚、尼日利亚的相关非正式和正式工作岗位数量分别为21万个对9.5万个、1.5万个对1万个、9000个对4000个（Power for All et al.，2019）。与参与调查的公司进行的磋商显著说明，有必要大力改进管理、财务、法律和销售方面的培训，以提高当地填补这些职位并在正规劳动力市场中吸纳这些职位的程度（Power for All，2020）。

需要加快能力建设计划的设计和实施。贫困国家缺乏吸收清洁能源转型技术的能力，因此无法平等参与低碳能源技术价值链。一项对绿色工作技能的全球调查显示，技能缺口将导致项目延迟或取消、成本过高以及安装失误（Hafner and Tagliapietra，2020）。46个国家向2018年联合国可持续发展高级别政治论坛提交了包含能源行业分析的国别自愿陈述报告，对这些国家进行的调查发现，只有大约三分之一的国家概述了提升能力和发

“一项对13个拉丁美洲国家的157所大学的分析发现，超过80%的大学采取了可持续发展计划，重点是校园运营。”

> 可再生能源行业和教育机构之间往往需要加强协调，以制定有效的课程。

展教育以培养技能，以此支持能源行业转型的计划。多哥计划在2017—2018年建立太阳能学院来培训3000名技术人员（UNDESA，2018）。但是，对32个国家的国家自主贡献文件（这些文件是具有应对气候变化的公共政策和措施的非约束性计划）进行分析后发现，几乎75%的文件都包含培训或能力建设措施（ILO，2020）。

一些全球伙伴关系为能力建设项目提供资金，以帮助各国实现其可持续能源目标。能源部门管理援助项目是世界银行和19个其他实体之间建立的伙伴关系，为低收入国家和中等收入国家的能源转型活动提供支持，包括清洁烹饪、可再生能源、通电、加速脱碳和缩小性别差距。在图瓦卢，该项目支持了一项关于可变可再生能源和一体化的研究，并组织了讲习班，以发展国家公用事业的技术和组织能力（ESMAP，2020）。国际可再生能源机构在斯威士兰对国家专家进行了培训，以帮助制定《能源总体规划2034》和可持续能源未来路线图（KfW Development Bank et al.，2021）。

可再生能源行业和教育机构之间往往需要加强协调，以制定有效的课程，并为职业培训课程和学徒制提供支持（IRENA et al.，2018）。作为摩洛哥努奥一期（Nooro I）太阳能项目的一部分，瓦尔扎扎特大学开设了可再生能源课程来发展当地的研究能力，但在项目建设阶段，100名获得可再生能源学位的毕业生中没有一人找到专业对口的工作（Wuppertal Institute and Germanwatch，2015）。

即使是高收入国家也面临挑战。例如，加拿大是加入清洁能源教育和赋权倡议的国家之一，该倡议旨在促进能源部门的性别平等，增加妇女的受教育和就业机会。新加坡制定了一项职业培训方案，以培养当地劳动力的技术能力（UNDESA，2018）。在英国，已有人提议为中小型企业设立绿色学徒基金，以帮助填补建筑行业预期的绿色技能缺口（Watkins and Hochlaf，2021）。美国能源部通过“更好的建筑物劳动力加速器”以及教育和培训系统中经过改进的科学课程来促进劳动力发展（US Department of Energy，2021）。由美国顶尖大学组成的联盟——国家可持续交通中心正在制定战略，通过第一人称视角来推介交通行业的工作，使交通行业的职业和培训更具吸引力（McRae et al.，2019）。

结语

在争取到2030年实现可持续发展目标的竞赛中，可再生能源技术的改进取得了值得称赞的进展，向太阳能和风能的过渡获得了重大投资的支持。人们也越来越意识到可持续消费和生产的必要性。然而，在非市场导向的目标领域——例如，公平获得清洁烹饪技术、获得可再生能源方面的专门知识、为最不发达国家的能力建设提供财政援助、进行多样化和公平的劳动力发展——要想有所改善却是难事。

教育能够为实现可持续发展目标提供支持。教育机构需要增进学生对能源和其他可持续发展挑战的理解。强化公众的可持续发展意识可以促进更广泛的社会变革。需要以前所未有的速度发展专业能力，以支持绿色转型。

6岁的法图玛塔·杜尔和7岁的法图马·迪亚基特正在科特迪瓦曼恩的一所伊斯兰学校上课。

摄影：UNICEF/Miléquêm Diarassouba

第21章

财政监测

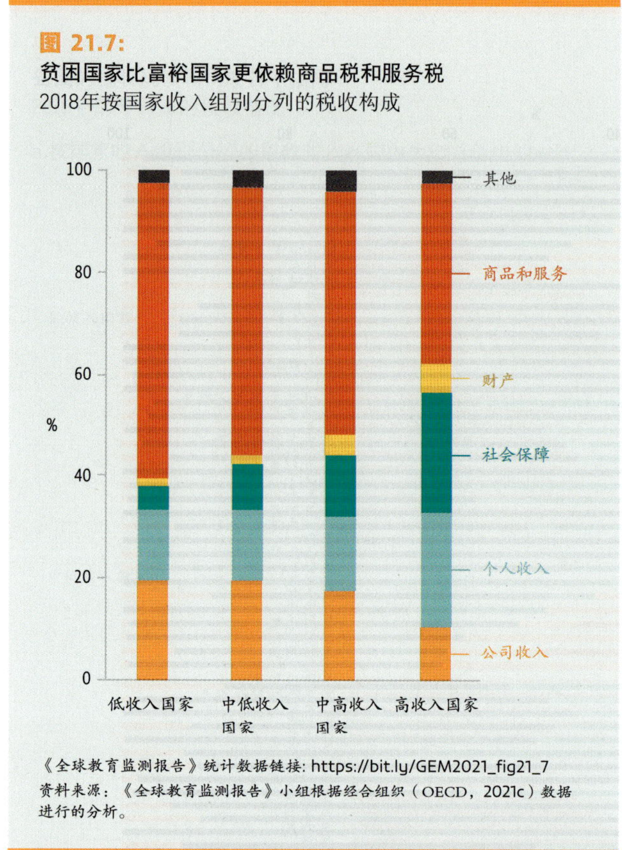

图 21.7:

贫困国家比富裕国家更依赖商品税和服务税

2018年按国家收入组别分列的税收构成

《全球教育监测报告》统计数据链接：https://bit.ly/GEM2021_fig21_7

资料来源：《全球教育监测报告》小组根据经合组织（OECD，2021c）数据进行的分析。

一项针对丹麦跨国公司的研究发现，转让定价使税收减少了3.2%（Cristea and Nguyen，2016）。

国际货币基金组织经济学家对从高税收国家向低税收国家转移的研究估计，这导致国家的公司所得税总收入减少了2.6%，占全球国内生产总值的0.07%。然而，该报告发现，这种影响在发展中国家可能更为显著，因为这些国家的避税做法非常复杂，而现有数据无法证明其影响（Beer et al.，2019）。最近一项对21万家公司数据的研究证实，报告零利润的倾向与将利润转移到低税率国家的动机相关，这在一定程度上解释了为什么许多发展中国家在迫切需要改善税基的情况下仍降低了公司所得税税率（Johannesen et al.，2020）。

一项使用2016年数据对79个国家进行的研究发现，在中低收入国家，利润转移造成的税收损失相当于国内生产总值的0.17%，而在洪都拉斯、印度和赞比亚等国家，这一损失约占国内生产总值的1%，在莫桑比克甚至高达国内生产总值的3.5%。萨尔瓦多和尼日利亚可能损失约四分之一的公司所得税收入，而委内瑞拉玻利瓦尔共和国的公司所得税收入损失则高达100%（Janský and Palanský，2019）。《2021年税收司法状况》报告估计，跨国企业滥用跨国公司税及富人在海外偷税漏税造成了约4830亿美元的损失，其中400亿美元流向了较贫困的国家（Global Alliance for Tax Justice et al.，2021）。作为参考，低收入国家和中低收入国家政府为教育拨款2500亿美元，并获得了90亿美元的援助。这些研究证实，不公平的做法司空见惯，因此迫切需要重组并改进国际税收制度，以改善信息披露度、信息共享度及透明度。

在研究结果和民间社会活动以及持续向数字全球化经济转型的压力的推动下，130个国家于2021年7月签署了一份关于国际税收改革“双支柱”解决方案的声明（OECD，2021b）。第一个支柱赋予政府对跨国企业征税的新权利，无论这些企业是否实际存在于某个国家，当超过一定界限后，利润的25%（估计为1250亿美元）将被重新分配给该企业客户所在的国家。第二个支柱为公司利润设定了最低15%的税率，以防止国家间进行恶性税收竞争，预计这将在全球产生约1500亿美元的新税收（OECD，2021d）。这些措施如何使低收入国家和中等收入国家受益还有待观察。教育活动人士需要与各国政府合作，以确保大部分新收入能够被用于教育。

焦点21.2：教育支出应注重公平

可持续发展目标主题指标4.5.3旨在反映各国重新分配公共资源以支持弱势群体的努力。虽然最初构想该指标是为了衡量针对弱势群体的基于公式的筹资机制，但其定义已扩大到包括所有向弱势群体重新分配教育资源的筹资机制。这需要对定量数据（例如，有多少学生获得了多少资助）和定性判断（例如，该机制试图实现什么目标以及如何实现）进行监测。该指标认识到，尽管在过去15年中教育中的不平等现象得到了密切监测，但对以公平为导向的政策和方案进行监测却很少得到强调。

在降低贫困、性别、族裔、残疾和偏远等因素对教育所产生的影响方面，各国采取的方法各不相同。《全球教育监测报告》小组在“以文件增强教育评价”网站上收集了来自78个低收入国家和中等收入国家的信息，这些国家涵盖了除欧洲和北美以外的所有可持续发展目标区域。该小组确定了四种机制来评估筹资政策和方案的公平性侧重，并定义了指标4.5.3：总体教育筹资机制，特别是从中央政府到地方政府的教育筹资机制；根据学校特点而划拨给学校的款项；向学生提供的教育资源，例如奖学金；以及针对学生及其家庭的社会政策和方案，例如社会转移。每种机制都有三个维度——全面性、覆盖面和数量，有助于体现国家在促进教育公平方面所做的努力。分析得出的结论是，在78个国家中，有17个国家（仅五分之一）通过筹资政策保持了很强的公平性侧重，这17个国家大部分是中高收入国家和拉丁美洲国家（UNESCO，2021）。

半数以上的低收入国家和中等收入国家的筹资机制没有充分考虑到有些地方政府比其他地方政府处于更加不利的地位。向学区或学校分配资金的一种常见机制是按人头拨款，即拨款与入学学生人数挂钩。缅甸自2009年以来一直采用一个公式，根据学生和教师人数以及过去3年的预算执行率，向各邦和地区划拨资源（UNICEF，2018）。政府负责制定操作准则并与当地教育官员和校长共享。2017—2018年，根据学校规模不同，资助金额从400美元到1.5万美元不等。但是，该公式没能照顾到偏远地区学校的更高需求，例如，覆盖高昂的交通费用。学校在使用赠款方面的自主权有限（World Bank，2018）。

塔吉克斯坦完善了教育管理信息系统，并于2010年推出了人均筹资系统。学校所获的资助包括与学校类别有关的固定部分（“最低标准”，其中考虑了经常性支出）以及按学校类别调整的与学生人数有关的可变部分。该公式还根据位置（考虑到学区预算）和可用的学校设施进行了进一步调整。赠款用于支付教师工资、维护费用和其他运营费用。尽管学校在预算执行方面拥有自主权，但除了学校所在地以外，该公式中没有包含任何促进公平的组成部分。使赠款与需求成比例，已促使分配在生师比方面更加公平。与此同时，该机制尚未完全解决与学区无法筹集足够资源有关的不平等问题，即使其受益于中央政府的拨款（GPE，2019；IsDB，2019）。

虽然捐助方在低收入国家和中等收入国家推出了各种类型的学校赠款，并侧重于学校改善或校本管理，但赠款尚未成为公共预算的一部分，也没有在项目结束后持续下去。例如，在柬埔寨，由捐助方资助的项目在2009—2012年（Marshall and Bunly，2017）和2013—2016年（UNESCO Bangkok，2017）提供了额外的赠款，但未能持续下去。在菲律宾，校本管理附加赠款也没能持续下去，此类赠款在部分学区试行，并考虑了学校所处位置（Philippines Department of Education，2015；World Bank，2020）。

奖学金往往根据学生的学习成绩发放，而这通常会加剧不平等。有些国家则将社会经济地位纳入考虑。据估计，在尼泊尔，家庭贡献了教育总支出的49%。鉴于公平是《学校部门发展方案》的五个基础之一，也有针对弱势群体（尤其是女孩和达利特人）的奖学金计划。但是，由于2016年获得奖学金的人数达到280万人，占中小学入学总人数的37%，因此每名学生每年获得的奖学金数额很少，在3.60美元到4.90美元之间（Nepal Department of Education，2016；Vertex Consult，2016）。

除教育预算外，其他公共支出也会影响教育公平。世界上许多国家都制定了针对贫困群体的有条件和无条件的现金转移方案，这往往受到了拉丁美洲国家经验的启发。在印度尼西亚，“家庭希望方案”从2008年开始向非常贫困的家庭提供季度现金转移。最初相当于收入的15%到20%，但其实际价值在6年内下降到了收入的7%。符合条件的家庭的人口特征包括有15岁以下的孩子或16至18岁没有完成9年教育的孩子。获得款项的条件包括学校就读率必须达到85%。

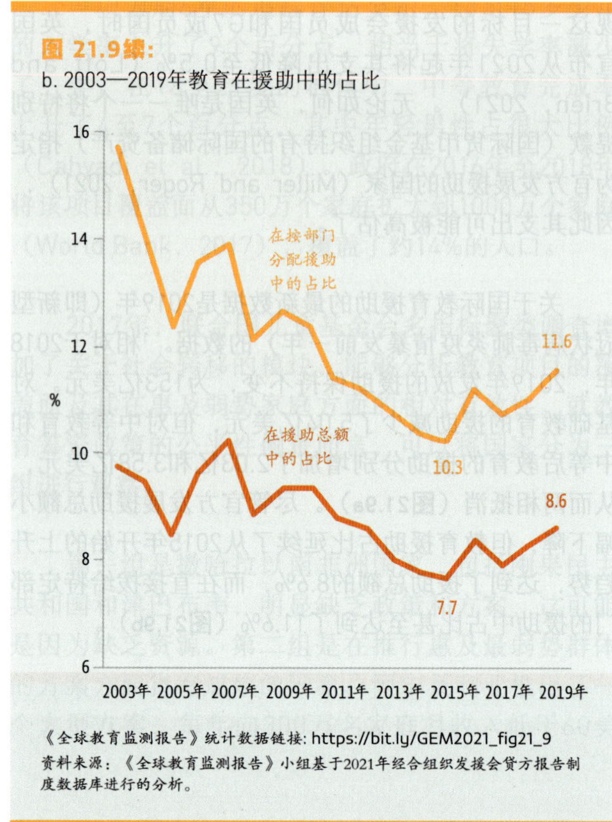

《全球教育监测报告》统计数据链接：https://bit.ly/GEM2021_fig21_9
资料来源：《全球教育监测报告》小组基于2021年经合组织发援会贷方报告制度数据库进行的分析。

对于小学适龄儿童，生均基础教育援助金额在低收入国家为14美元（占政府向每名儿童提供的48美元援助的29%，尽管如后文所述，只有一小部分援助是通过政府提供的），而在中低收入国家仅为8美元。对于中学适龄的年轻人，生均援助金额在低收入国家为7美元，在中低收入国家为3美元。

援助实效仍然是一个难以界定的概念

由于发放的援助很少，因此有效性的问题比以往任何时候都更加重要。而鉴于援助实效对不同群体有不同的意义，因而有可能会得出相互矛盾的结论。有四项定义构成了一个实用的框架，可以在此基础上在各类支持者之间建立共识（Janus et al.，2020）（**表21.1**）。

第一项定义在从事开发工作的专业机构和人士中很流行。该定义以2005年《援助实效问题巴黎宣言》中商定的援助实效原则为基础，并在2011年釜山援助实效问题高级别论坛上得到了调整，此次论坛建立了有效发展合作全球伙伴关系（GPEDC）并定义了相关指标（**表21.2**）。这些原则背后的假设是，如果捐助方和国家的行动反映出发展优先所有权，注重成果、透明度、共同责任以及发展伙伴关系，那么援助对发展的影响将会增加。这个包含12组指标的监测框架每3年实施一次（OECD and UNDP，2014，2016，2019）。虽然这些原则引起了发展伙伴的共鸣，但对援助实效的这种定义可能有些狭隘。考虑到发展过程的复杂性，遵守原则可能不是援助产生影响的必要条件，同时也不是充分条件。许多指标是主观的且存在争议，因此可能无法反映这些原则的实际遵守情况。

第二项定义流行于学术界。跨国或时间序列研究分析了援助对增长或贫困等方面的宏观影响。这类研究还探讨了援助产生的负面影响，特别是援助如何改变价格或激励措施，以及如何将经济活动转移到可能破坏国家经济长期增长潜力的领域。这种方法往往不仅仅关注援助，还着眼于资金流向一个国家所产生的所有相对影响。然而，仅仅将增长作为结果可能还不够，关于增长机制的信息也很重要。此外，很难将观察到的任何影响都归因于援助：数据质量往往不够高，很难对援助与宏观实效之间的关系进行建模，特别是因为实效的实现有相当强的滞后性，而且有若干因素同时在起作用。

表 21.1：
援助实效的定义

	活动	结果
宏观层面	1.原则 《巴黎宣言》 有效发展合作全球伙伴关系	2.宏观实效 跨国数据 地方数据
微观层面	4.组织 公共管理 成果与调整	3.干预 结果监测 实验评估

资料来源：Janus et al.（2020）。

表 21.2:

《巴黎宣言》和釜山论坛关于援助实效的监测指标之间的对应关系

《巴黎宣言》指标	釜山论坛指标
1. 各国制定了具有明确战略优先级的国家发展战略。	**所有权和成果** 1. 发展合作侧重于符合发展中国家优先事项的成果。 6. 援助是否在预算内会受到议会的审查。
2. 各国制定了可靠的国家信托制度或改革方案以实现这些目标。	
4. 符合国家发展战略的协调方案为能力发展提供支持。	
3. 捐助方根据国家优先事项调整其援助，并提供将援助列入国家预算所需的信息。	
6. 国家结构的存在是为了执行援助方案，而非作为捐助方建立的平行结构。	
5a. 捐助方优先使用受援国已经存在的信托制度。	9a. 质量。 9b. 利用发展中国家的公共财政管理和采购制度。 10. 援助不附带条件。
5b. 捐助方优先使用受援国已经存在的采购系统。	
8. 双边援助不与捐助方提供的服务挂钩。	
11. 各国制定了透明、可衡量的评估框架来衡量进展并评估结果。	**透明度和相互问责** 4. 透明度：关于发展合作的信息是公开的。 5. 发展合作更具可预测性。 5a. 年度可预测性 =合作提供者在预定的财政年度内发放的援助的比例。 5b. 中期可预测性 =国家一级制定的指示性、前瞻性支出计划所涵盖的援助比例。 7. 通过包容性审查加强相互问责。 **包容性发展伙伴关系** 2. 民间社会组织在一个可最大限度地参与并促进发展的环境中运作。 3. 私营部门对发展的参与和贡献。 8. 性别平等和妇女赋权。
7. 援助是按照商定的时间表发放的。	
12. 通过定期审查来评估执行援助承诺的进展情况。	
9. 援助是通过捐助方之间协调的统一方案提供的。	
10a. 捐助方与受援国一起进行实地考察。	
10b. 捐助方与受援国一起开展国家分析工作。	

资料来源：OECD and UNDP（2014）。

第三项定义在最近的学术研究中也很流行。此定义是“什么因素起作用”这一议题的基础，该议题侧重于个别干预和项目的有效性。这种方法的特点是采用严格的方法（尤其是随机对照试验）来评估项目影响，同时通过元分析和系统性综述来汇总结果。

这种方法受到广泛争论。其主要弱点是结果的普遍适用性不强。有人质疑，这些研究结果不考虑政治经济因素，在项目执行和评估的高度受控环境之外不能迁移应用。

第四项定义可能看起来是最狭隘的，但也是最容易被忽视的。该定义指向的是如何管理发展型组织及其程序对提高援助实效的影响。组织是否“言行一致”？换句话说，这些组织能否将从研究结果中学到的知识应用于其项目操作中？它们是否被渐进式思维和政治压力所左右？

该框架主要侧重于捐助方与受援国之间的关

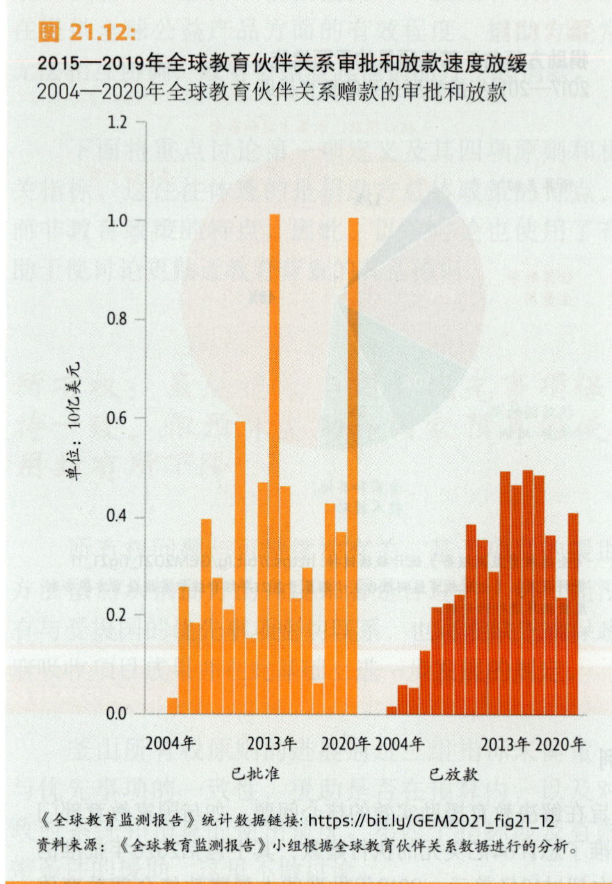

图 21.12:

2015—2019年全球教育伙伴关系审批和放款速度放缓

2004—2020年全球教育伙伴关系赠款的审批和放款

《全球教育监测报告》统计数据链接: https://bit.ly/GEM2021_fig21_12

资料来源：《全球教育监测报告》小组根据全球教育伙伴关系数据进行的分析。

如前所述，衡量捐助方将援助“列入预算”的准备程度的标准之一，就是捐助方是否愿意通过直接预算支助来分配资金。2002年至2019年，在所有捐助方中此类资助的占比下降了三分之二（从6.6%下降到了2.5%），在发援会捐助方中则下降了四分之三。2002年，欧盟通过直接预算支助提供了32%的援助，但2019年，这一比例仅为3%（**图21.13a**）。英国在2003年通过直接预算支助提供了19%的援助，并在2017年停止采用这种模式，而瑞典也在此前一年停止了这一模式（**图21.13b**）。然而，预算支助被认为具有项目支持所缺乏的优势，特别是提高了预算编制的问责强度和透明度，并产生了更高的杠杆效应（Caputo et al.，2011；Dijkstra，2018；Koch et al.，2017）。

在反映通过公共财政管理和采购系统提供援助的百分比的指标方面，只有53%的发展伙伴使用国家系统来进行预算执行、财务报告、审计和采购。多边开发银行最有可能使用这些系统（57%），其次是双边发援会捐助方（55%）、垂直基金（40%）以及联合国机构（12%）。相比于低收入国家，各机构在中低收入国家更为普遍地使用了这些系统（OECD and UNDP，2019）。教育援助方面的指标情况尚未可知。

结果侧重：精准援助仍然是一项挑战

有效的援助应该带来发展成果。虽然可以监测结果，但即使经过抽丝剥茧的研究，往往也很难将其与援助联系起来。即使已有关于个别干预措施效果的结论，根据现有证据评估多种干预措施的实效也具有挑战性。由于在意图层面界定和监测结果更为常见，因此得以最密切监测的结果之一就是援助的精准性。

人们常常认为，援助应侧重于最需要援助的国家，这不仅是为了实现公平，也是为了提高实效。可持续发展目标指标4.5.5侧重于流向低收入国家的教育援助比例。对精准性的分析往往停留在国家层面，但可以说，这类分析可能在地方、人口群体甚至个人层面都同样重要。关于教育援助应侧重于哪些领域或水平，几乎完全没有达成共识。究竟应该侧重于确保所有儿童都能实现获得基本读写和计算技能的权利，还是支持各国发展其各级教育系统，争论仍在继续。

援助实效议程关于实现援助资源公平分配方面的讨论相对较少。原则上，即使考虑到捐助方政策的差异，也不能证明分配中的差异具有合理性。在实践中，许多考虑因素都会导致对这一原则的偏离。此外，现有数据有时会妨碍对提供援助的平等性做出准确评估。

从地区的角度来看，由于大量的、仍在不断增加的援助额不与任何特定受援国挂钩，因此对援助精准性的评估受到了阻碍。不与特定国家挂钩的基础教育援助占比从2009年的11%增加到了2019年的21%，从6亿美元增加到13亿美元。这就更难解释撒哈拉以南非洲基础教育援助占比为什么会明显下降，从2009年的20亿美元下降到2014年的14亿美元。此后有所增加，于2019年达到17亿美元。

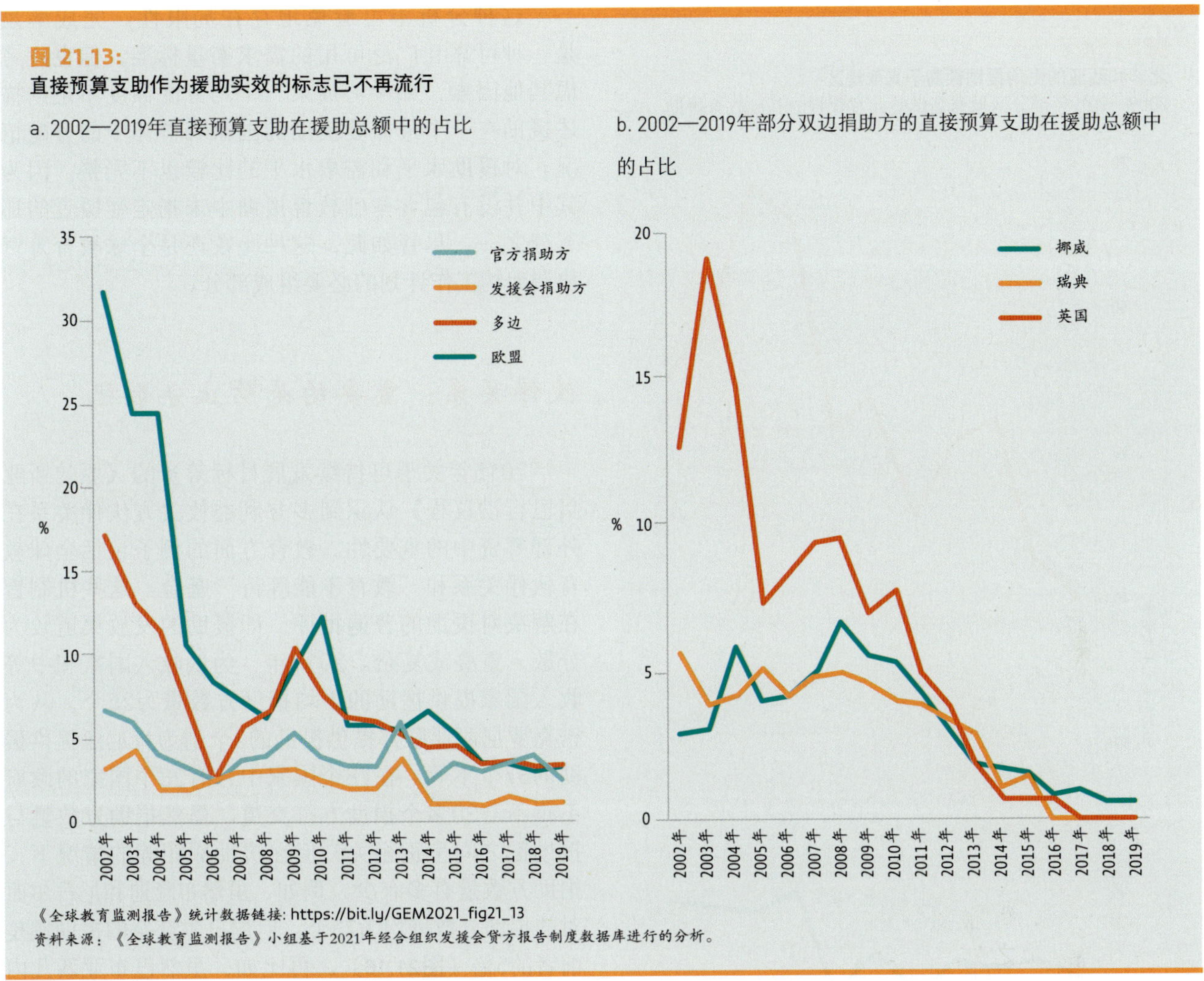

图 21.13:
直接预算支助作为援助实效的标志已不再流行

《全球教育监测报告》统计数据链接: https://bit.ly/GEM2021_fig21_13
资料来源:《全球教育监测报告》小组基于2021年经合组织发援会贷方报告制度数据库进行的分析。

对这个现象，有两种似乎合理的解释。在2009年至2019年，每年未指定受援国提供的援助平均为10亿美元。其中，全球教育伙伴关系平均每年发放约3.66亿美元援助，其中约79%（约2.9亿美元）用于撒哈拉以南非洲。因此，由全球教育伙伴关系发放的援助（经合组织发援会将其记录为“未指定受援国”）可能是提供给撒哈拉以南非洲的援助明显下降的部分原因。但这并不意味着对撒哈拉以南非洲的援助一直在增加。第二种解释是，由于伊拉克、阿拉伯叙利亚共和国和也门的冲突以及人们的流离失所，捐助方重新分配了资源，从而将对北非和西亚的援助翻了一番，从2009年的8亿美元增加到2018年的16亿美元。

除北非和西亚外，基础教育方面的人均援助额没有明显的地区差异。巴勒斯坦学校系统得到了联合国近东巴勒斯坦难民救济和工程处的独家援助，人均援助额很高——2017年每名儿童获得了近70美元的援助。即使将巴勒斯坦排除在计算之外，北非和西亚也是获得援助最多的地区：每名儿童19美元，约是撒哈拉以南非洲（11美元）或中亚和南亚（7美元）的两倍（**图21.14**）。

在各个区域或国家收入组别内部，每名儿童得到的援助额差异更大，特别是相对于需求而言。在撒哈拉以南非洲，利比里亚每名小学适龄儿童获得了80美元援助，几乎是该地区平均水平（9美元）的10倍，是该地区中位数（18美元）的5倍。几内亚比绍及圣多美和普林西比也获得了远高于平均水平的援助。总体而言，以平均初等教育完成率表示的需求与人均获得的援助额之间存在某种关系（**图21.15**）。尽管如此，仍然存在相当大的差异。虽然布隆迪和卢旺达的初等教育完成率相似，但卢旺达获得的人均援助额是前者的8倍（26美元对3美元）。相反，乍得和坦桑尼亚联合共和国获得的人均基础教育援助额相同，但后者的初等教育完成率要高得多。

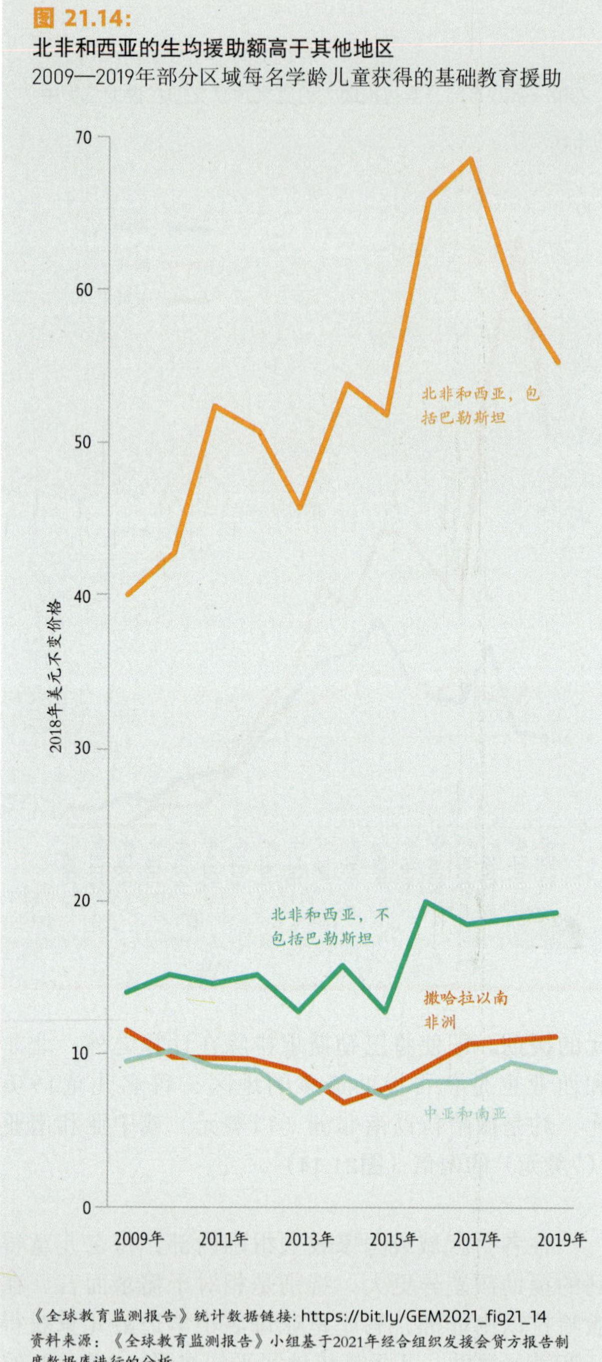

这种分析不可避免地存在局限性。完成率虽是一种可靠且广泛可用的需求衡量标准，但也应考虑其他因素，如学习成果。平均分配额度不足以描述援助在一个最需要援助的国家和群体中的分配情况。对援助水平和需求水平的比较也不完整，因为其中并没有包含基础教育援助中未指定受援者的那五分之一。尽管如此，这种比较还是全球教育筹资协调架构工作计划的必要组成部分。

伙伴关系：重要的是防止分散化

2015年关于可持续发展目标筹资的《亚的斯亚贝巴行动议程》认识到多方利益攸关方伙伴关系在外部筹资中的重要性。教育方面的例子包括全球教育伙伴关系和“教育不能等待”基金。这些机制旨在解决对援助的普遍批评，即援助的发放渠道较为分散、重叠或复杂。2019年，为低收入国家和中等收入国家提供援助的平均捐助方数量为25个，从为密克罗尼西亚联邦提供援助的2个到为肯尼亚提供援助的37个不等。在78个国家中，有23个国家的政府不得不与30多个捐助方打交道。虽然捐助方数量与援助额之间呈正相关，但在援助额相等的情况下，捐助方数量有多有少。例如，虽然布隆迪和尼日尔面对的捐助方数量均为23个，但尼日尔获得的援助额是前者的5倍（**图21.16**）。再比如，虽然巴布亚新几内亚和乌兹别克斯坦获得的援助额相同，约为5000万美元，但乌兹别克斯坦的捐助方数量是前者的两倍多。

除了在经合组织数据库中无法清楚识别的全球教育伙伴关系和联合国儿童基金会，基础教育的前五大捐助方——欧盟、德国、英国、美国和世界银行——所提供的援助占低收入国家所获基础教育援助额的60%。然而，在不同受援国，援助额比例差异很大，例如，在厄立特里亚其占比仅为9%，而该比例在刚果民主共和国达到了93%（**图21.17**）。2019年，全球教育伙伴关系向29个低收入国家中的13个国家提供了约1.5亿美元的援助，占当年低收入国家所获援助总额的16%。

图 21.15:

各国之间在平均每名学生获得的援助额方面存在巨大差异

2016年撒哈拉以南非洲每名儿童获得的基础教育援助额及初等教育完成率

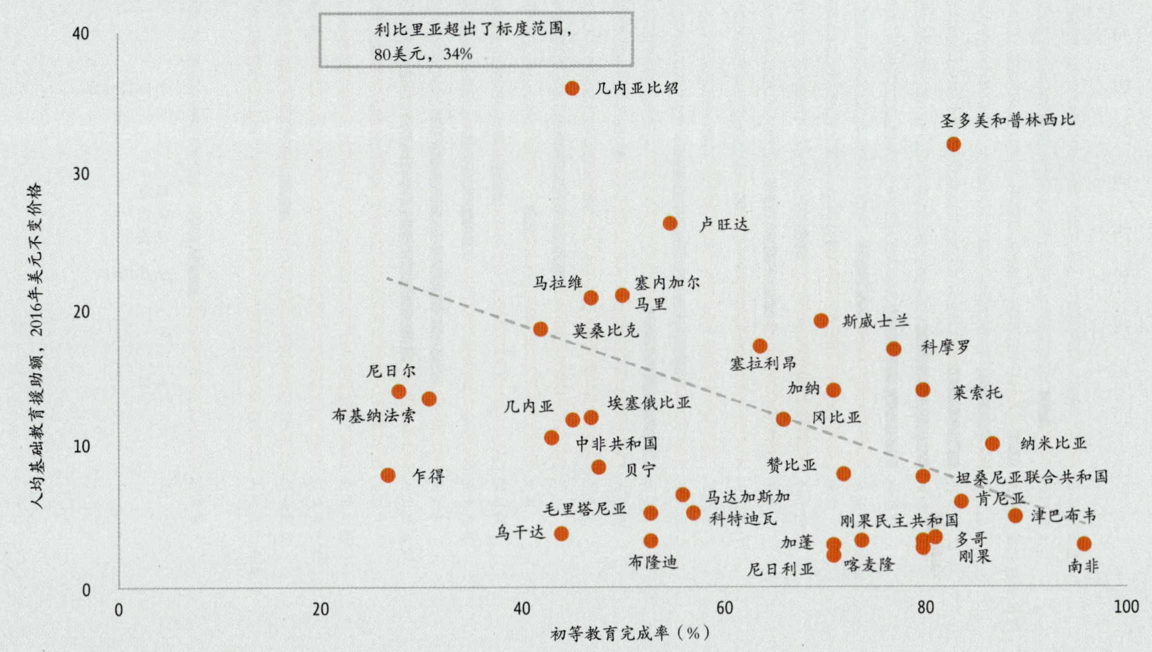

《全球教育监测报告》统计数据链接: https://bit.ly/GEM2021_fig21_15

资料来源：《全球教育监测报告》小组基于2021年经合组织发援会贷方报告制度数据库和世界教育不平等数据库进行的分析。

图 21.16:

平均而言，每个低收入国家有25个捐助方积极捐助

2019年低收入国家对接的捐助方数量及获得的教育援助额

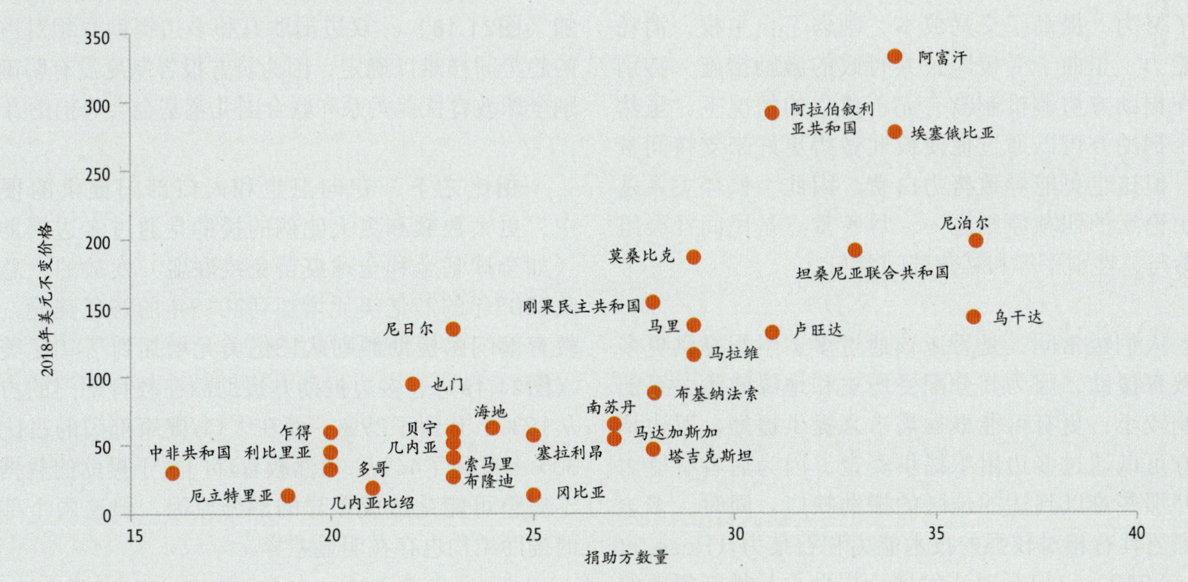

《全球教育监测报告》统计数据链接: https://bit.ly/GEM2021_fig21_16

资料来源：《全球教育监测报告》小组基于2021年经合组织发援会贷方报告制度数据库进行的分析。

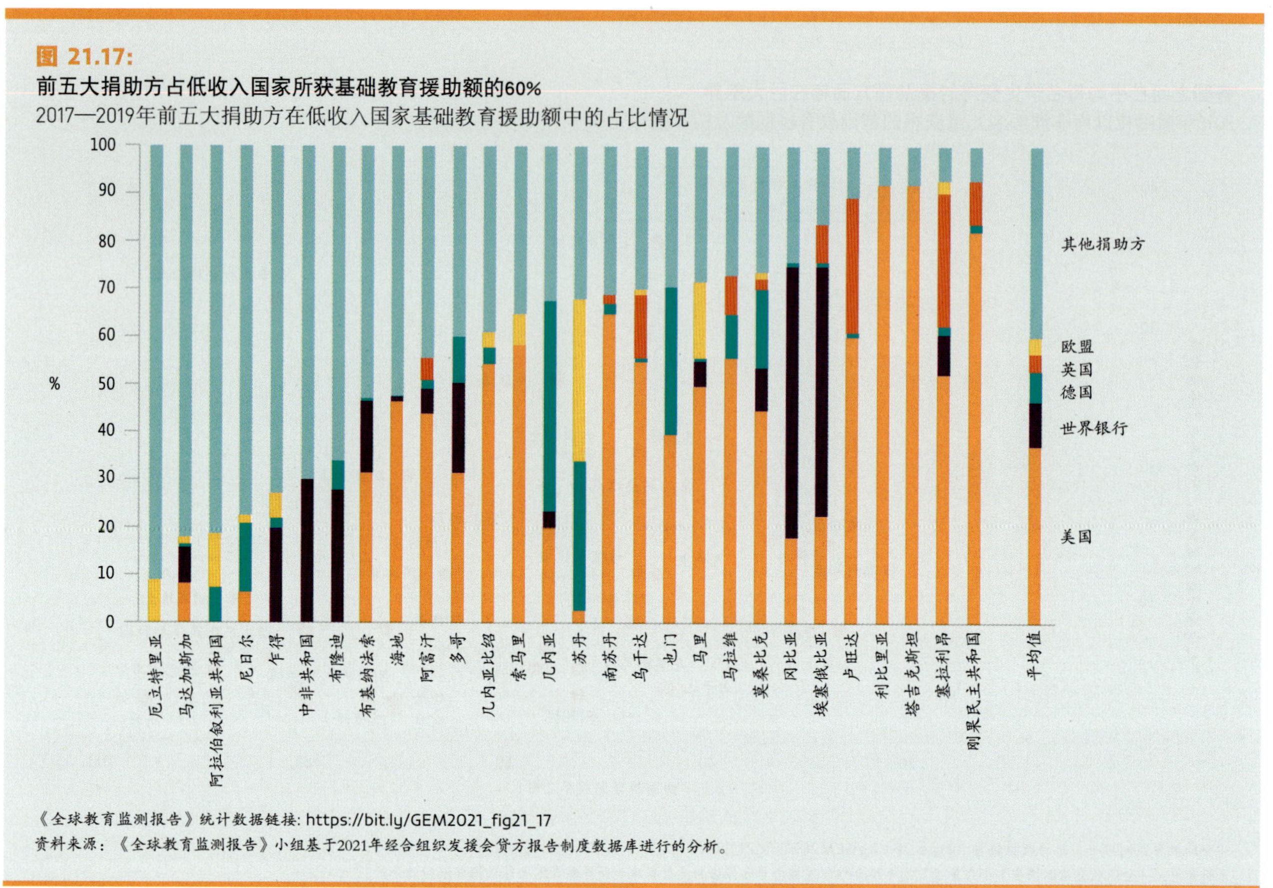

《全球教育监测报告》统计数据链接: https://bit.ly/GEM2021_fig21_17

资料来源:《全球教育监测报告》小组基于2021年经合组织发援会贷方报告制度数据库进行的分析。

鉴于许多捐助方不直接与政府合作，存在大量小规模援助的捐助方，以及报告要求和规划周期各不相同，相当大的负面影响可能会由此产生。这分散了努力，提高了交易成本，削弱了自主权，消耗了能力，歪曲了受援国公共行政的激励措施，特别是在捐助方协调机制没有完善建立的情况下。虽然多个捐助方可以通过促使彼此做得更好来支持问责制，但这也可能导致努力白费。因此，伙伴关系是釜山论坛的四项原则之一，尽管重点是民间社会组织参与、性别平等和私营部门参与。

人们经常问，是否应该通过多边组织提供更多的教育援助，因为其分配受历史和地缘政治关系的影响较小，更有可能根据需求来提供援助。双边捐助方可以通过多边组织提供资金，因为后者有能力填补那些难以到达的地区的援助缺口。同时，多边组织还具有相对较强的技术能力和召集力（Rose et al., 2013）。但是双边发援会捐助方是教育援助的主要来源，在2003年至2019年平均提供了基础教育和中等教育援助总额的61%。这一比例从2007年的约70%下降到2019年的57%，但这主要是因为非发援会双边捐助方（而非多边捐助方）提供的援助有所增加（**图21.18**）。双边捐助方和多边捐助方相对占比的趋势同样难以确定，因为贷方报告制度没有明确识别全球教育伙伴关系和联合国儿童基金会等捐助方。

相比之下，在向卫生和人口部门提供的援助中，更大数额和更大比例的援助是通过多边捐助方（如全球基金和全球疫苗免疫联盟）发放的，总额从2003年的22亿美元增加到2019年的99亿美元，而教育部门的援助额则从13亿美元增加到了40亿美元（**图21.19**）。多边捐助方援助额在教育部门的占比从19%上升到了29%，而在人口/健康部门的占比从30%上升到了44%。虽然教育部门关于援助的数据的不完整可能是造成差异的部分原因，但这两个部门的援助结构也存在明显差异。

图 21.18:

双边捐助方的占比仍然很高

2003—2019年按捐助方类型分列的教育援助分配情况

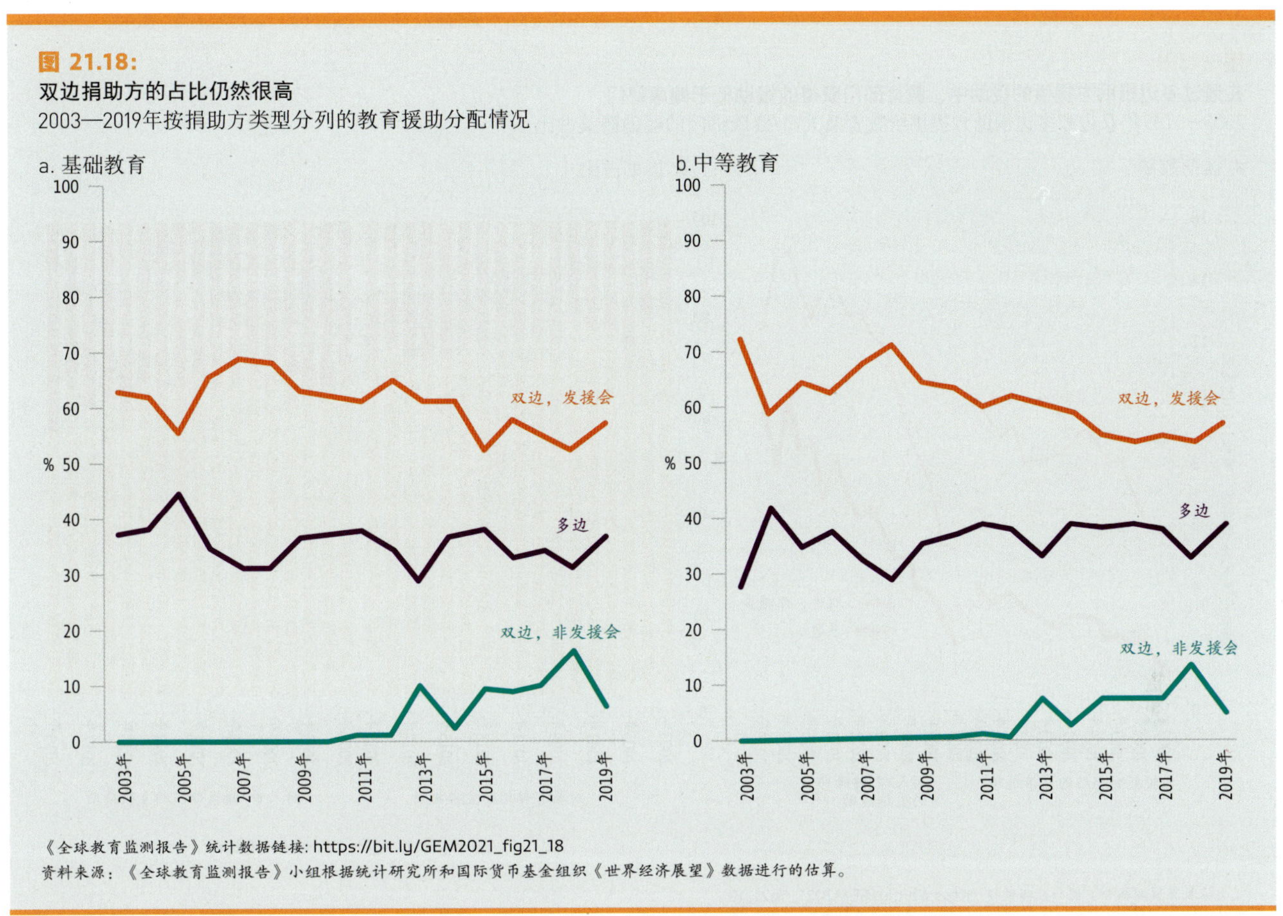

《全球教育监测报告》统计数据链接: https://bit.ly/GEM2021_fig21_18

资料来源：《全球教育监测报告》小组根据统计研究所和国际货币基金组织《世界经济展望》数据进行的估算。

透明度：援助报告仍有待改进

经合组织发援会贷方报告制度数据库清楚地识别出了教育部门三大多边捐助方之一——世界银行，但没有确切地识别另外两个捐助方，即全球教育伙伴关系和联合国儿童基金会。2019年其创建了一个代码，以将全球教育伙伴关系标识为捐助方，但是到2021年1月贷方报告制度发布时，这个问题尚未得到解决。联合国儿童基金会被登记为捐助方，而不是受援方，其许多项目并非由官方发展援助资助。这些问题阻碍了对模式和趋势的可靠分析。

了解全球教育伙伴关系资金流的唯一方法是查看渠道记录。在2017年至2019年的三年里，全球教育伙伴关系平均每年从双边捐助方为教育部门提供的援助中获得4.59亿美元，其中，初等教育获得了1.41亿美元。如果将全球教育伙伴关系登记为捐助方，那么它将是第二大捐助方，占低收入国家所获援助总额的16%。进一步的分析显示，双边捐助方2019年向全球教育伙伴关系发放了5.27亿美元，但全球教育伙伴关系报告的数据显示只发放了2.26亿美元。这种不一致凸显了从捐助方到全球教育伙伴关系（记录在贷方报告制度中）以及从全球教育伙伴关系到赠款代理机构（记录在全球教育伙伴关系数据中）的发放的时滞。

2017—2019年，据贷方报告制度报告，联合国儿童基金会每年支付8500万美元。然而，在联合国儿童基金会的年度报告中，2019年这一数字是12亿美元，占其总支出的21%。可能有三个因素造成了这一数据出入。首先，联合国儿童基金会收入的28%来自私人来源，因此不记为官方发展援助。其次，其总支出的41%，即4.85亿美元，与紧急情况有关，可能也没有被记为官方发展援助。最后，与其他主要多边捐助方一样，联合国儿童基金会没有向贷方报告制度报告专项资金和专题资金（Tortora and Steensen，2014；UNICEF，2021）。

结语

提高援助实效不再像15年前那样处于捐助方优

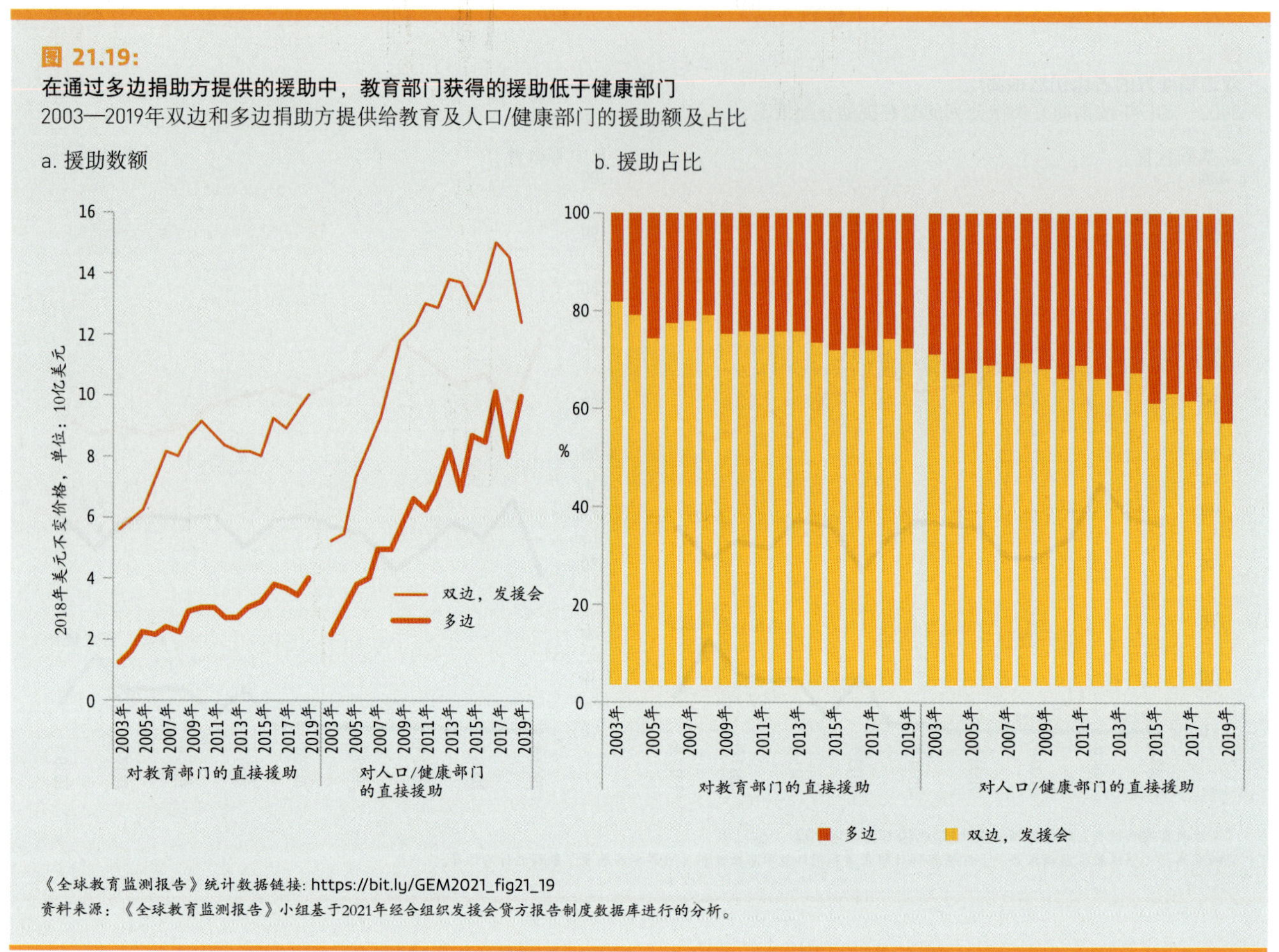

图 21.19:

在通过多边捐助方提供的援助中，教育部门获得的援助低于健康部门

2003—2019年双边和多边捐助方提供给教育及人口/健康部门的援助额及占比

《全球教育监测报告》统计数据链接：https://bit.ly/GEM2021_fig21_19

资料来源：《全球教育监测报告》小组基于2021年经合组织发援会贷方报告制度数据库进行的分析。

先事项的首位。许多动员国际社会并推进落实《巴黎宣言》的举措，如直接预算支助和全领域方法，已经不再流行，取得短期“成果”的压力越来越大，同时对风险管理的关注增加。在那个致力于援助实效的时期成立的全球教育伙伴关系，在遵守成果和风险管理关切方面面临着更大的压力。尽管2011年成立的有效发展合作全球伙伴关系继续每三年进行一次定期审查，但指标监测所隐藏的信息往往比其揭示的更多。值得考虑的是，援助实效中关于部门精准性的各方面问题，是否可以在有效发展合作全球伙伴关系框架内得到解决？

釜山论坛四项原则及其在教育中的应用，总体上需要改进。很难评估所有权方面的进展。虽然援助与教育部门的计划保持了高度一致，但可能只是名义上的，最好能在国家层面通过可靠且具有包容性的联合部门审查进程来取得这方面的进展。采用政府机制、通过政府系统提供的援助很少。对于教育系统的哪些部分或杠杆应该优先获得支持，资助者们意见不一。

虽然注重成果的釜山论坛原则涉及范围相当广泛，但人们认为这是正确的方向，因为援助对象通常是那些最需要援助的国家或国家内的地区和群体。然而，援助分配仍然存在相当大的差异，有些国家受到青睐，有些国家则被排除在援助之外。需要完善且更加及时的数据来加强对援助如何应对需求的问责。

伙伴关系要素需要得到加强。多边捐助方为教育部门提供的援助远低于提供给卫生部门的援助，虽然这是因为数据问题影响了透明度而低估了多边捐助方为教育部门提供的资助。需要制定这样一个明确的框架：以国家需求为基准（**第9章**），使多边捐助方负责资源分配（在此方面，它们有自己的理事机构）和提高工作协调性以达标。确保提供最基本的全球公共产品（即关于一组可持续发展目标4核心指标的高质量定期数据）是一个有价值的目标，它的缺位也是援助实效失败的一个突出例子。根据共同计划来解决数据收集方面的问题，将会取得立竿见影的效果，并将增强人们对协调机制能够实现的目标的信心。

不过，归根结底，最重要的问题是援助是否有意义，是否通过正确的方法将重点放在了正确的优先事项上。这些都是带有政治色彩的棘手问题，需要强有力的领导才能达成共识。

家庭支出

家庭花费了大量资金来支持子女的教育——相比于富裕国家，贫困国家更是如此。但是，要拼凑出证据来了解这些自付费用的支出并不容易。联合国教科文组织统计研究所要求各国提交关于家庭教育支出的估计数据，但在2012—2018年，只有68个国家（33%）提供了一项及以上的观察数据。其中，38个是高收入国家，在低收入国家和中等收入国家中，四分之三以上的国家没有数据。

信息来源是家庭收入和支出（或预算）调查。绝大多数国家都采用这种调查。这些调查是估计可比宏观经济指标（如通货膨胀和贫困）的基础，往往遵循共同的原则。但是数据集的可获取性和质量各不相同。需要借助大量资料来对其进行标准化，以便提取有关教育支出等问题的可比数据（**第4章**）。

为了填补这一空白，《全球教育监测报告》小组基于家庭预算调查报告开展工作，因为与数据集不同，家庭预算调查报告是公开的。在大多数情况下，这些调查报告包括一个家庭如何为各种目的分配开支的汇总表。几乎所有国家都会将教育在家庭消费支出中的占比单列出来。各国在提问方式上往往有很大的差异，而这可能会影响估算的结果。例如，有些国家向整个家庭提问，有些国家则收集有关个体成员的信息。调查所包含的题项、其分组方式以及回溯时期也有所不同。但是，对成千上万家庭的调查结果进行平均后，可以消去其中一些潜在的偏差和误差。

对2009年至2020年约100个低收入和中等收入国家的报告进行分析后发现，平均而言，家庭将其总支出的3.2%用于教育。在一些东南欧国家，包括波斯尼亚和黑塞哥维那、北马其顿和罗马尼亚，以及一些撒哈拉以南非洲国家，包括布隆迪、埃塞俄比亚和莱索托，这一比例不到1%，而在私立学校比例较高的国家，如海地和黎巴嫩，以及其他撒哈拉以南非洲国家，如卢旺达、乌干达和赞比亚，这一比例超过了6%。占比最大的国家是加纳，该国连续三轮的生活水平调查发现，其教育支出占比不仅在全世界最高，而且一直在增加，从2005—2006年的8.9%，到2012—2013年的10.6%，再到2016—2017年的13.1%（Ghana Statistical Service，2008，2016，2019）。

家庭教育支出占国内生产总值的比例可以通过将教育在家庭消费支出中的占比乘以家庭消费支出占国内生产总值的比例来进行估算。后者因国家而异，因为各国的经济、社会和政治条件差异很大。从全球来看，2020年家庭消费占国内生产总值的比例为59%，从阿曼、沙特阿拉伯和阿拉伯联合酋长国等石油生产国的不到40%，到海地、利比里亚和索马里等依赖汇款的贫困国家的接近甚至超过100%不等（World Bank，2021）。

这种对家庭教育支出占国内生产总值比例的间接估计可以用联合国教科文组织统计研究所和经合组织提供的直接估计加以补充，从而生成一个包含近150个国家的数据集。平均而言，家庭在教育上的支出占国内生产总值的1.9%，而政府的这一比例平均为4.5%，这意味着家庭教育支出占教育总支出的30%。按国家收入组别和所在区域分类统计，占比从高收入国家的16%到低收入和中等收入国家的39%不等，在中亚和南亚以及拉丁美洲和加勒比达到37%，在撒哈拉以南非洲达到39%，但在欧洲和北美仅为12%（**图21.20**）。

图 21.20:

家庭教育支出占全球教育总支出的30%

a. 2010年代按来源、区域和收入组别分列的教育支出在国内生产总值中的占比

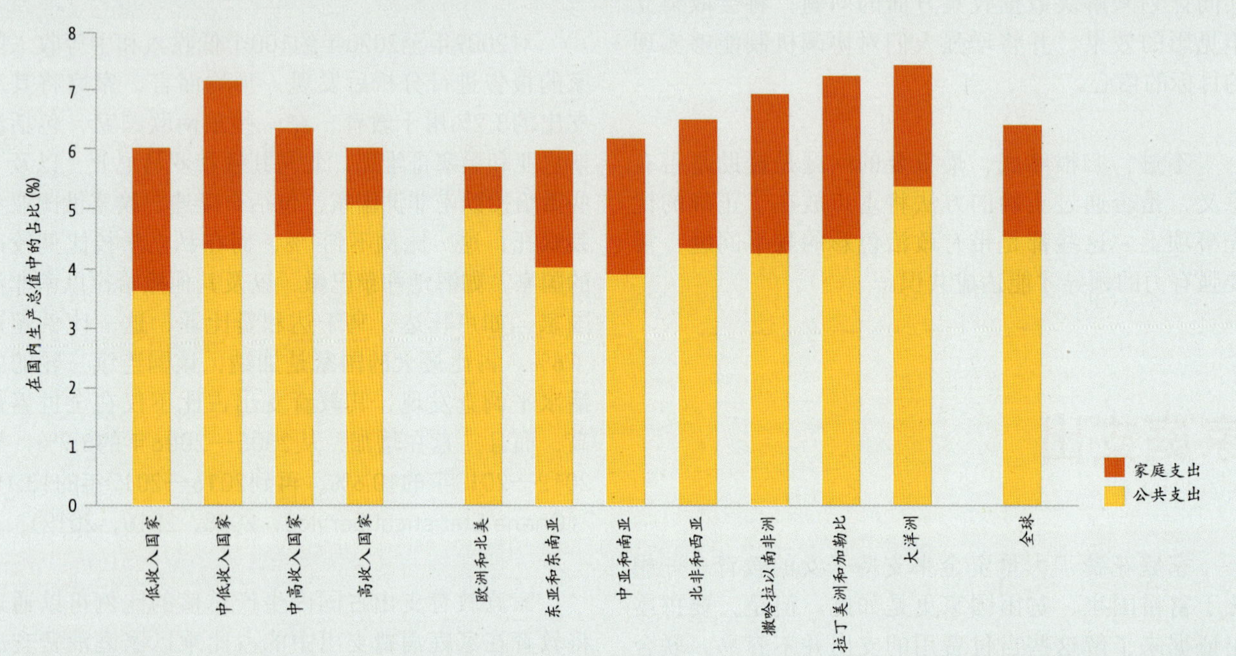

b. 2010年代按来源、区域和收入组别分列的教育支出占比

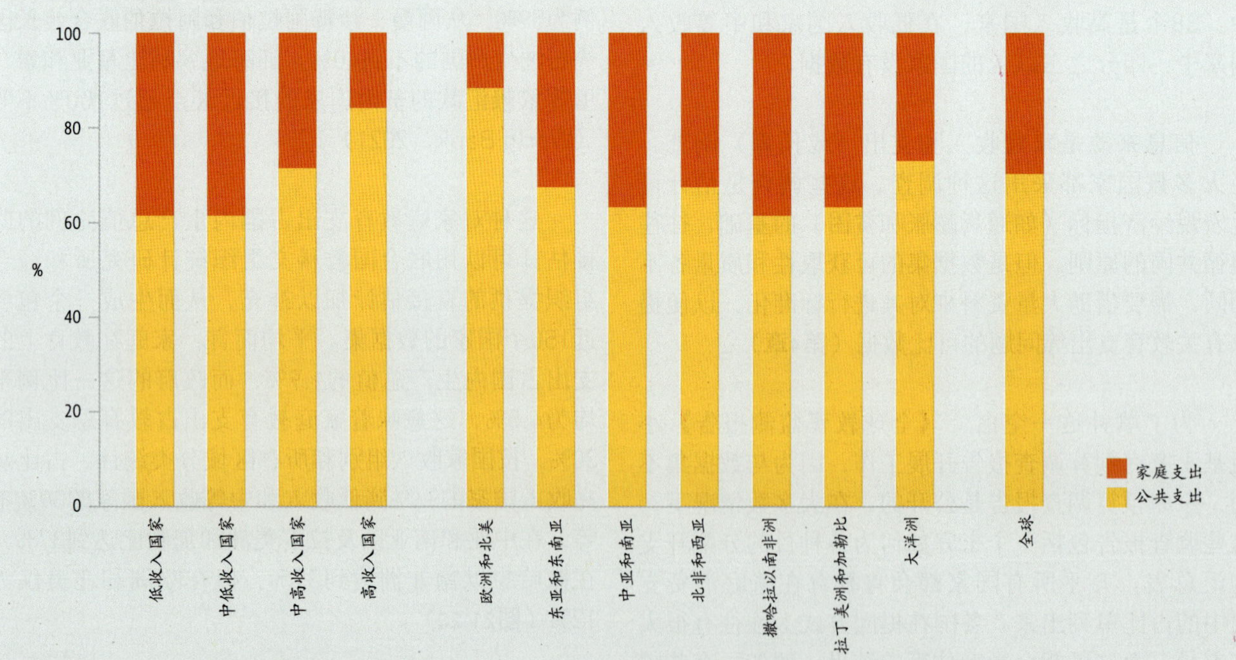

《全球教育监测报告》统计数据链接: https://bit.ly/GEM2021_fig21_20

资料来源：《全球教育监测报告》小组基于各国家庭预算调查报告及统计研究所和经合组织数据进行的分析。

家庭支出额差异很大，例如，在39%的低收入国家和26%的中低收入国家，以及6%的中高收入国家和2%的高收入国家，家庭教育支出占教育总支出的50%以上。此外，每个收入组别内部也有很大差异。例如，虽然低收入国家的平均家庭教育支出占教育总支出的5%，但该比例在埃塞俄比亚和莫桑比克不到10%，在乌干达则为59%，在利比里亚甚至高达73%。在中低收入国家中，这一比例在莱索托、圣多美和普林西比为5%，在孟加拉国和尼日利亚则分别为71%和72%。在中高收入国家，家庭教育支出平均占教育总支出的7%，但该比例在罗马尼亚和俄罗斯大约为9%，在约旦则为55%，在黎巴嫩甚至达到了74%（**图21.21**）。

图 21.21:

在每个收入组别中，不同国家和地区的家庭资助教育的程度各不相同

2010年代按来源和收入组别分列的教育支出占比

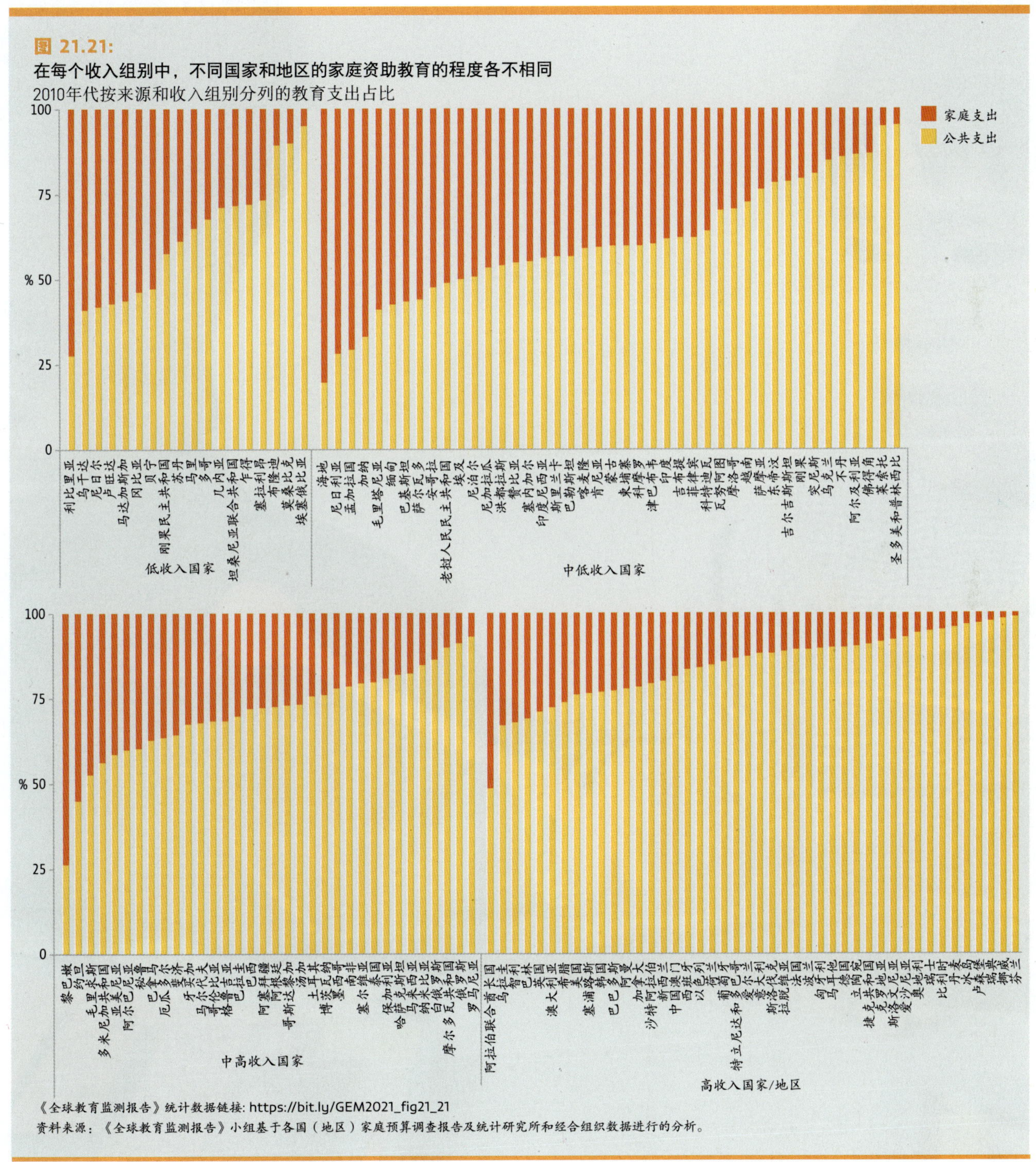

《全球教育监测报告》统计数据链接: https://bit.ly/GEM2021_fig21_21

资料来源：《全球教育监测报告》小组基于各国（地区）家庭预算调查报告及统计研究所和经合组织数据进行的分析。

在多民族玻利维亚国苏克雷的萨亚里·瓦尔米儿童早期发展中心，两个小孩子在玩玩具木琴。

摄影：UNICEF/Giacomo Pirozzi

统计表[1]

表1呈现了基本的人口和教育体系信息，以及国家和地区的教育财政情况。表2—表7按照可持续发展目标4的7个具体目标（4.1—4.7）及其3条实施途径（4.a—4.c）进行组织。这些表格主要关注可持续发展目标4监测框架的43个国际可比指标：12个全球指标，31个主题指标。此外，统计表中还包含一个额外的指标，即“为未来做好准备的儿童/青年比例，按性别统计”，它来自可持续发展目标之具体目标4.1的2个全球指标。联合国教科文组织统计研究所报告了除指标4.7.3以外全部指标的2021年数据。[2, 3] 这些表格还包括其他额外的指标，例如从初等教育向中等教育过渡、学生流动，这些指标并非可持续发展目标4监测框架的正式组成部分。

人口数据

统计表中有关人口的指标，包括入学率、失学儿童和青少年数量、青年和成人数量，使用了联合国人口司编制的2019年版人口估计数。由于各个国家和地区的人口估计数与联合国的人口估计数之间可能有出入，这些指标可能与个别国家、地区或其他组织所公布的数据有所不同。[6]在2019年版数据中，对于总人口不到9万人的国家和地区，联合国人口司未按单一年龄提供数据。对于这些国家、地区及一些特例，使用欧统局（人口统计）、太平洋共同体秘书处（统计和人口统计项目）或国家统计部门的人口估计数据。

统计方法注释

统计表中大多数数据是统计研究所提供的。统计表中所涉及的其他数据来源均在脚注中予以说明。下列统计表中提供的有关学生、教师和教育支出的最新数据均来自2021年2月发布的教育数据，即2019年结束的学年和财年的数据。[4]这些统计数据涵盖公立和私立的正规教育，按教育等级列出。统计表中列出了209个国家和地区的名单，它们都是联合国教科文组织成员或准成员。其中大多数国家和地区都是用统计研究所发布的标准调查问卷向该所报告数据的。其中，46个国家的教育数据是由统计研究所、经合组织和欧统局通过三方调查问卷共同收集的。[5]

《国际教育标准分类法》

向统计研究所报告的教育数据全都符合《国际教育标准分类法》2011年修订版的要求。有些国家和地区可能有本国的与《国际教育标准分类法》并不对应的教育等级定义。因此，某些国家或地区报告的教育统计数据与国际报告的数据之间存在差异，其原因在于这些国家或地区采用了自行定义的教育等级，而没有采用《国际教育标准分类法》，此外，还存在上面提到的人口问题。

1 访问《全球教育监测报告》网站https://en.unesco.org/gem-report/statistical-tables可获取统计表。

2 可持续发展目标4的11个全球指标由可持续发展指标跨机构专家组提出。联合国统计委员会于2017年3月召开的第48届大会采纳了这些指标。联合国经济及社会理事会于2017年6月采纳了这些指标。2020年综合审议后，2021年3月完成率（指标4.1.2）被加入指标列表。

3 这43个指标最早由技术顾问组针对2015年后教育指标提出，随后经过技术合作组织的认可与修改，技术合作组织的秘书处设在统计研究所，监测可持续发展目标4的进展情况。访问技术合作组织网站http://tcg.uis.unesco.org/可获取关于监测指标的方法论进展的信息。

4 就一学年横跨两个日历年的国家而言，这是指2018—2019学年；而就学年与日历年重合的国家而言，则是指2019学年。欧统局所涉及国家的教育财政最近参考年份是指2017年结束的学年。

5 此处提及的国家多数为欧洲国家，还包括欧洲以外的经合组织成员国以及其他一些名单不断变化的国家。

6 当国家和地区报告的入学人数与联合国人口数据显然不符时，统计研究所可能决定不计算或不公布其部分或全部教育等级的入学率。

估计数和缺失的数据

统计研究所编制的所有统计表所提供的数据中，既有观测数据也有估计数据。估计数据注有记号（i）。统计研究所鼓励各国或地区自行提供估计数据。如果某个国家或地区没有自行估计，统计研究所可能在有充分的辅助信息可用的情况下提出自己的估计数。当发现某个国家或地区提供的数据前后不一致时，表格内也许会出现空白。统计研究所尽一切努力与有关国家和地区磋商解决此类问题，但是保留忽略它认为有问题的数据的最终决定权。如果没有2019年结束的学年的信息，就用前几学年或后几学年的数据。这种情况均以脚注说明。

总体数据

区域数据和其他总体数据可能是合计数、符合某条件的国家占比、中位数或加权平均数，统计表中均有说明，具体取决于指标。加权平均数考虑了各个国家和地区相关人口的相对规模，或者在指标为比率的情况下，更普遍地考虑其分母的相对规模。总体数据的来源既有公开数据也有估计数据，对没有最近数据和可靠的公开数据的国家和地区使用估计数据。在统计表中，由于部分区域或国家[特定区域或国家群体中33%—60%的人口（或总体的分母数）]无可靠数据而不完全统计的总体数据注有记号（i）。凡特定区域或国家收入分组中所有数据可得国家的人口代表性不足95%的，则在《全球教育监测报告》计算的合计数上注有不完全统计的记号。

区域划分及国家收入分组

统计表中的区域划分采用联合国统计司的可持续发展目标区域分类法，略有调整。联合国统计司的分类包括所有地区，无论是独立国家还是更大实体的一部分。然而，统计表中列出的国家和地区仅包含所有联合国教科文组织成员和准成员，以及百慕大、特克斯和凯科斯群岛，和探索性因素分析统计表中包含的非成员国家。统计研究所未收集法罗群岛的数据，因此虽然该地区是联合国教科文组织的准成员，但它未被纳入《全球教育监测报告》。统计表中的国家收入分组采用世界银行的分组办法，每年7月1日更新。

统计表所用的符号

±n	参考年份差异（例如，-2表示用2017年数据代替2019年数据）
i	估计数或不完全统计数
-	零或可忽略不计
…	无相关数据或不存在的类别

指标注释（**表1.2**）、表格的脚注以及统计表后的术语表为解读数据和资料提供了更多帮助。

表 I.1: 可持续发展目标4监测框架指标

	指标
	具体目标 4.1
4.1.0	为未来做好准备的儿童/青年比例，按性别统计
4.1.1	儿童和青年人（a）在二年级或三年级、（b）在初等教育结束以及（c）在初级中等教育结束时至少达到最低的（ⅰ）阅读和（ⅱ）数学熟练水平的比例，按性别统计
4.1.2	完成率（初等教育、初级中等教育、高级中等教育）
4.1.3	最高年级的毛招生率（初等教育、初级中等教育）
4.1.4	失学率（初等教育、初级中等教育、高级中等教育）
4.1.5	超龄儿童百分比（初等教育、初级中等教育）
4.1.6	（a）在二年级或三年级、（b）在初等教育结束时以及（c）在初级中等教育结束时组织全国性的学习评估
4.1.7	（a）免费及（b）义务的初等教育和初级中等教育的年限
	具体目标 4.2
4.2.1	24—59月龄儿童中健康、学习和社会心理健康正常发展的儿童比例，按性别统计
4.2.2	参与有组织学习的儿童比例（正规初等教育入学年龄前一年），按性别统计
4.2.3	5岁以下儿童拥有积极的、激发潜能的家庭学习环境的百分比
4.2.4	幼儿教育毛入学率，包含（a）学前教育和（b）幼儿教育发展项目
4.2.5	法律框架所保障的（a）免费和（b）义务的学前教育年限
	具体目标 4.3
4.3.1	此前12个月中青年和成人参与正规和非正规教育与培训的比例，按性别统计
4.3.2	高等教育毛入学率，按性别统计
4.3.3	职业技术教育项目（15—24岁）参与率，按性别统计
	具体目标 4.4
4.4.1	具备信息和通信技术技能的青年和成人比例，按技能类别统计
4.4.2	达到数字化读写技能最低熟练水平的青年和成人比例
4.4.3	青年和成人受教育程度比例，按年龄组和教育等级统计
	具体目标 4.5
4.5.1	本表中所有教育指标（凡可划分群体的）均等指数（女/男，农村/城镇，最贫困五分之一/最富裕五分之一，以及其他数据可得的方面，如残疾程度、移民人口、受冲突影响）
4.5.2	初等教育学生中，第一语言或母语是教学语言的百分比
4.5.3	将教育资源重新分配给弱势人口的政策可基于具体的公式测算的程度
4.5.4	生均教育支出，按教育等级和资金来源统计
4.5.5	教育援助总额用于最不发达国家的百分比
	具体目标 4.6
4.6.1	特定年龄人口获得特定水平的（a）读写和（b）计算能力的百分比，按性别统计
4.6.2	青年和成人识字率
4.6.3	文盲青年和文盲成人参与扫盲项目的比例
	具体目标 4.7
4.7.1	（ⅰ）全球公民教育和（ⅱ）可持续发展教育作为主流被纳入（a）国家教育政策、（b）课程大纲、（c）教师教育和（d）学生评估的程度
4.7.2	提供基于生活技能的预防艾滋病教育和性教育的学校百分比
4.7.3	世界人权教育计划的框架在国家层面实施的程度（依据联合国大会决议59/113）
4.7.4	学生中表现出充分理解全球公民和可持续发展议题的人数百分比，按年龄组或教育等级统计
4.7.5	初级中学教育毕业年级学生熟练掌握环境科学和地理科学知识的百分比
4.7.6	国家教育政策和教育部门计划对国家教育系统中需要加强的广泛技能的认识程度
	具体目标 4.a
4.a.1	按服务类型统计的提供基本服务的学校比例
4.a.2	在过去12个月中遭受过欺凌的学生百分比
4.a.3	针对学生的袭击数量，包括个人和机构
	具体目标 4.b
4.b.1	官方发展援助用于奖学金的数量，按部门和学习类型统计
	具体目标 4.c
4.c.1	按教育等级统计的符合最低资格要求的教师比例
4.c.2	学生与受过培训的教师的比例，按教育等级统计
4.c.3	依据国家标准，合格教师的比例，按教育等级和机构类型统计
4.c.4	学生与合格教师的比例，按教育等级统计
4.c.5	教师平均工资与其他要求相当水平的资格的行业的比较
4.c.6	教师流失率，按教育等级统计
4.c.7	过去12个月接受过在职培训的教师百分比，按培训类型统计

注：全球指标以灰色底突出显示。
资料来源：统计研究所。

表I.2: 统计表中的指标注释

	指标注释
	表1
A	**义务教育年限，按教育等级分列** 儿童依法入学接受义务教育的年数。
B	**免费教育年限，按教育等级分列** 儿童依法入学接受免费教育的年数。
C	**初等教育正规入学年龄** 官方期望的学生接受初等教育的年龄。本指标以整年计算，不考虑除学年开始以外的截止日期。特定项目或等级的正规入学年龄往往但并非绝对是最普遍的入学年龄。
D	**各教育等级学制年限** 特定教育等级的年级数或修读年数。
E	**正规上学年龄人口，按教育等级分列** 特定教育等级对应的正规年龄组人口数，无论是否入学。
F	**入学总绝对人数，按教育等级分列** 特定教育项目、教育阶段或模块的正式注册人数，不考虑年龄。
G	**公共教育支出初始值占国内生产总值的百分比** 一般公共教育资金初始总值（含地方、区域和中央投入，现金与资产合计），包括转移支付（例如给学生的奖学金），但不包括获得的转移支付，即政府获得的教育类国际转移支付（国外捐助方给予的教育预算支助或其他计入公共预算的支助）。
H	**教育支出占公共支出总额的百分比** 一般公共教育支出（现金、资产和转移支付）总额（含地方、区域和中央投入），占所有部门（包括卫生、教育、社会服务等）一般公共支出总额的百分比。其中包含政府从获取的国际转移支付中支出的资金。
I	**生均公共教育支出初始值，按教育等级分列，按2017年购买力平价美元不变价格计，及其占人均国内生产总值的百分比** 平均每个学生获得的一般公共教育资金初始总值（含地方、区域和中央投入，现金与资产合计），包括转移支付（例如给学生的奖学金），但不包括获得的转移支付，即政府获得的教育类国际转移支付（国外捐助方给予的教育预算支助或其他计入公共预算的支助）。
J	**家庭教育支出初始值占国内生产总值的百分比** 家庭（学生及其家人）向教育机构缴纳的费用（例如，学费、考试费、注册费、家长-教师联合会或其他学校基金的赞助费，以及食宿和交通费），以及用于购买教育机构外物品和服务的费用（例如，购买校服、教科书、教学辅助资料或私人课程）。“初始资金”是指从家庭支出中减去政府给予家庭的转移支付，例如奖学金和其他教育资金援助。
	表2
A	**失学儿童总数及其占相应年龄组总人数的百分比** 处于正规上学年龄范围内，但未就读于小学或中学的儿童。
B	**教育完成率，按教育等级分列** 比特定教育等级最高年级正规年龄大3—5岁的儿童中升入该教育等级最高年级者所占百分比。例如，某一国家六年制初等教育的最高年级正规年龄为11岁，则该国初等教育完成率为14—16岁人口中升入六年级者所占百分比。
C	**超龄学生百分比，按教育等级分列** 各教育等级中比所在年级的正规年龄大2岁及以上的学生所占百分比。
D	**初等教育毛入学率** 初等教育入学总人数（不考虑年龄）占正规入学年龄组人口总数的百分比。该指标数据有可能大于100%，因为存在提早入学、延迟入学和（或）留级重修的情况。
E	**经调整的初等教育净入学率** 初等教育正规入学年龄组中在该教育等级及以上等级入学的人数占该年龄组人口总数的百分比。
F	**初等教育最高年级毛招生率** 初等教育最高年级新生总数（不考虑年龄）占该年级正规年龄组人口总数的百分比。
G	**初等教育向初级中等普通教育的有效升学率** 下一年的初级中等教育一年级新生人数占特定年份初等教育最高年级在读学生（排除下一年需留级重修的学生）总数的百分比。
H	**初级中等教育合计净入学率** 初级中等教育正规年龄组中在任一教育等级就读的学生数占相应的学龄人口总数的百分比。
I	**初级中等教育最高年级毛招生率** 初等中等教育最高年级新生总数（不考虑年龄）占该年级正规年龄组人口总数的百分比。
J	**高级中等教育合计净入学率** 高级中等教育正规年龄组中在任一教育等级就读的学生数占相应的学龄人口总数的百分比。
K	**低年级（二年级或三年级），或者初等教育、初级中等教育最高年级的全国代表性学习评估的管理** 该定义涵盖了任何全国代表性的、国家层面的或跨国的形成性低风险学习评估。
L	**至少达到阅读和数学最低熟练水平的学生百分比** 各类评估对阅读和数学最低熟练水平的定义不尽相同。对数据应做谨慎解释，因为不同评估之间不具有可比性。在拟参考年级未举办评估的情况下，采用高于或低于拟参考年级的学生学习成绩调查数据作为占位数据。

指标注释

表3

A	**36—59月龄儿童身体健康、学习和社会心理健康正常发展的百分比** 联合国儿基会的幼儿发展指数数据是通过联合国儿基会多指标聚类调查收集的。它是衡量发展潜力实现水平的指数，从以下四个方面评估36—59月龄儿童：（a）读写和计算；（b）身体发育；（c）社会情感发展；（d）学习（跟随简单教学的能力和自觉学习的能力）。总体上正常发展的儿童百分比是指在以上三个或四个方面正常发展的儿童所占百分比。
B	**5岁以下儿童中度和重度发育迟缓率** 特定年龄组儿童中，身高比国家健康统计中心和世界卫生组织发布的同龄儿童身高中位数低2个标准差以上的儿童占比。（资料来源：联合国儿基会、世界卫生组织和世界银行于2019年3月—8月联合发布的儿童营养不良状况估计。区域总体数据是参考年份的统计估计值，而不是国家表格中的各国观测值的加权平均数。）
C	**36—59月龄儿童拥有积极的、激发潜能的家庭学习环境的百分比** 36—59月龄儿童身边有成人在调查前三天通过开展以下活动中的四种及以上促进儿童学习和上学准备的百分比：（a）为孩子读书；（b）给孩子讲故事；（c）给孩子唱歌；（d）带孩子出门；（e）陪孩子玩；（f）花时间陪孩子为物品命名、数数或画画。（资料来源：联合国儿基会数据库。）
D	**5岁以下儿童在家拥有三本及以上童书的百分比** 0—59月龄儿童中拥有三本及以上书籍或图画书者所占百分比。（资料来源：联合国儿基会数据库。）
E	**学前教育阶段幼儿教育毛入学率** 学前教育入学总人数（不考虑年龄）占正规年龄组人口总数的百分比。该指标数据有可能大于100%，因为存在提早或延迟入学的情况。
F	**经调整的初等教育正规入学年龄前一年的净入学率** 初等教育正规入学年龄前一年的儿童进入学前教育或初等教育的人数占该年龄组人口总数的百分比。

表4

A	**成人教育与培训的参与率** 成人（25—64岁）调查前12个月内的正规或非正规教育与培训参与率。当缺少调查前12个月的数据时，根据其他参考时期进行估计，主要参考调查前4周的情况。
B	**青年接受职业技术教育的百分比** 青年（15—24岁）中接受《国际教育标准分类法》2—5级的职业技术教育者占该年龄组人口总数的百分比。
C	**职业技术教育学生占中等教育总入学人数的比例** 进入中等教育的职业教育项目的学生总数占该教育等级所有项目（含职业教育和普通教育）入学总人数的百分比。
D	**职业技术教育学生占中等后非高等教育总入学人数的比例** 中等后非高等教育中职业技术教育入学人数所占百分比。
E	**高等教育第一学位教育项目（《国际教育标准分类法》6级和7级）毛毕业率** 第一学位项目（《国际教育标准分类法》6级和7级）毕业人数占最常见的第一学位项目理论上毕业年龄人口总数的百分比。
F	**高等教育毛入学率** 高等教育入学总人数（不考虑年龄）占高于高级中等教育正规毕业年龄5岁年龄组人口总数的百分比。该指标数据有可能大于100%，因为存在提早或延迟入学，或者延长学业的情况。
G	**成人（15岁及以上）具有特定信息和通信技术技能的百分比** 在最近三个月从事过以下与计算机相关的活动的成人（15岁及以上），可视为具备此类技能：复制或移动文件或文件夹；使用复制和粘贴工具，在一个文档内复制或移动信息；在电子表格中使用基本的计算公式；使用专门的编程语言编写计算机程序。
H	**成人（25岁及以上）受教育程度达到特定教育等级及以上的百分比** 25岁及以上人口中最高受教育程度达到特定教育等级者占该年龄组人口总数的百分比。初等教育对应《国际教育标准分类法》1级及以上，初级中等教育对应《国际教育标准分类法》2级及以上，高级中等教育对应《国际教育标准分类法》3级及以上，中等后教育对应《国际教育标准分类法》4级及以上。
I	**特定年龄组人口至少达到功能性读写和计算技能的特定熟练水平的百分比** 该熟练水平大致相当于国际成年人能力评估项目量表的水平2。
J	**青年（15—24岁）及成人（15岁及以上）识字率**
K	**青年和成人文盲人数，以及女性所占百分比** 识字青年（15—24岁）/成人（15岁及以上）人数占该年龄组人口总数的百分比。识字率数据是2010—2016年的数据，包含来自人口普查或家庭调查的国家观测数据以及统计研究所估计数据。估计数据是根据最近的国家观测数据和全球特定年龄识字率预测（GALP）模型计算得出的。各国收集数据的方法论和对数据的界定范畴有所差异，应谨慎使用数据。

表5

	经调整的性别均等指数，按指标分列 性别均等指数（GPI）是特定指标上女性相对于男性的比值。如果女性值低于或等于男性值，经调整的性别均等指数（GPIA）=性别均等指数。如果女性值高于男性值，则经调整的性别均等指数=2-1/性别均等指数。经调整的性别均等指数以1为中轴对称分布，取值范围为0—2。经调整的性别均等指数等于1表示男女均等。（资料来源：统计研究所数据库；《全球教育监测报告》小组根据各国和国际家庭调查数据计算。）
A	**学校教育完成率的经调整的性别均等指数，按教育等级分列**
B	**特定教育等级结束时达到最低熟练水平的学生百分比的经调整的性别均等指数**
C	**青年和成人识字率的经调整的性别均等指数**
D	**成人（16岁及以上）至少达到功能性读写和计算能力特定熟练水平的百分比的经调整的性别均等指数**
E	**毛入学率的经调整的性别均等指数，按教育等级分列**
F	**学校教育完成率方面的经调整的地区（农村/城市）均等指数，及经调整的贫富（最贫困五分之一/最富裕五分之一）均等指数，按教育等级分列** 地区均等指数是特定指标上农村与城市的比值。贫富均等指数是特定指标上最贫困的20%人口与最富裕的20%人口的比值。
G	**达到技能最低熟练水平方面的经调整的贫富（最贫困五分之一/最富裕五分之一）均等指数**

指标注释

表6

A	**（ⅰ）全球公民意识教育和（ⅱ）可持续发展教育（包括气候变化教育）被纳入各级教育的（a）国家教育政策/纲领、（b）课程大纲、（c）教师在职培训和（d）学生评估的程度** 分为三个等级：低（没有体现或很少体现）、中（有些体现）、高（充分体现）（资料来源：UNESCO，2019）。
B	**提供生活技能基础上的预防艾滋病教育的学校百分比** 提供生活技能基础上的预防艾滋病教育的初中（占所有教育机构的）百分比。
C	**充分理解艾滋病病毒/艾滋病与性知识的学生和青年百分比** 至少知道两种预防感染的方法，或者至少能驳斥三个错误观念的青年（15—24岁）的百分比（资料来源：UNAIDS，2019）。
	充分理解全球公民意识和可持续发展相关议题的初等教育学生百分比 全球公民意识和可持续发展领域的认知和非认知成就，涉及与多元文化主义/跨文化主义，性别平等，和平、非暴力和人类安全，自由，社会正义，可持续发展相关的议题。
	科学素养达到水平2及以上的15岁学生百分比 科学素养的定义是：（a）科学知识及其在识别问题、获取新知识、解释科学现象、对科学相关的问题得出基于证据的结论中的应用；（b）理解科学作为人类知识和探索的一种形式，它的特征是什么；（c）意识到科学与技术如何塑造物质、知识和文化环境；（d）愿意投身于科学相关的议题，具备科学思想，成为有反思能力的公民。
D	**具备基本的饮水、基本的（男女分开的）卫生设施或卫生间，及基本的洗手设施的学校百分比** 具备基本的饮水是有指来自经改良水源的饮用水，且调查时学校能接到水。具备基本的卫生设施或卫生间是指学校有经改善的卫生设施，且调查时学校的卫生设施是男女分开的，并运转良好（可以使用、功能正常、有私密性）。具备基本的洗手设施是指调查时学校的洗手设施能出水且有香皂。
E	**接入以下设施的公立学校百分比：** ■ **电力** 规范且现成可用的能源（例如，接入电网/有电源，使用风力、水力、太阳能或燃料发电），足够保障学生和教师持续使用信息和通信技术设备，以支持授课或单独的教学和学习需求。 ■ **以教学为目的的互联网接入** 学生可以接入以改进教学和学习为目的的互联网，无论用何种设备联网均可。可以通过固定窄带、固定宽带或移动网络接入。 ■ **计算机** 能够使用计算机支持授课或单独的教学和学习需求，包括满足研究目的的信息需求、制作演示文档、进行实践演练与实验、共享信息和参与以教育为目的的线上论坛。台式电脑、笔记本电脑和平板电脑都在界定范畴内。
F	**具有适应残疾学生的基础设施和资料的公立小学百分比** 所有已完工的教学设施环境对所有使用者开放可得，包括多种类型的残疾人，使得每个人都可以使用和退出。可得性包含独立接近、进入、撤离和（或）使用建筑及其中的服务和设施（例如饮水和卫生设施）的便捷性，该建筑的所有潜在使用者都在活动期间具有安全和身心健康方面的保障。
G	**初级中等教育学生经历校园欺凌的百分比** 在最近12个月（或其他可得的数据参考时期）内经历过欺凌的初级中等教育学生所占百分比。欺凌的定义可能包括肢体、言语和人际关系方面的伤害。这一界定范畴反映了近期关于欺凌的研究进展，也是主要的国际学生评估所采用的定义。
H	**针对学生、教师或教育机构的袭击程度** 在特定时期内（例如，最近12个月，一个学年或一个自然年中）遭受直接针对学生、教师和其他人员，或针对教育类建筑物、资料及设施，包括针对交通设施的暴力袭击、恐吓，或故意使用武力的国家，按程度分类排序。该指标关注出于政治、军事、意识形态、宗教派别、种族或宗教原因的，来自武装力量或非国家武装团体的袭击。分为以下五种程度： 无事件报告：没有查找到针对教育的袭击报告。 零星：报告的袭击事件少于5例，或受伤的学生和教育人员少于5人。 受影响：报告的袭击事件有5—99例，或受伤的学生和教育人员有5—99人。 严重受影响：报告的袭击事件有100—199例，或受伤的学生和教育人员有100—199人。 极其严重受影响：报告的袭击事件有200例及以上，或受伤的学生和教育人员有200人及以上。
I	**国际留学生，入学人数中的入境人数和出境人数，出入境流动率** 特定国家的来自国外的学生人数占该国高等教育入学总人数的百分比。 特定国家的到国外留学的学生人数占该国高等教育入学总人数的百分比。
J	**官方发展援助中用于奖学金的金额** 官方发展援助（所有部门）中用于奖学金（所有教育等级）的总支出毛值。各个区域和国家收入分组的合计值与全球合计值不等是因为部分援助未按国家分配。
	输入学生成本 捐助方国家高等教育机构因接收来自发展中国家的学生而产生的成本毛值。

	指标注释
	表7
A	**课堂教师人数** 受聘于全职或兼职工作，具备指导和引导学生学习经验的正规能力的人数，不考虑其资格或授课机制（即面授或远程授课）。该定义排除了没有主动教学职责的教育人员（例如不用教学的校长）和偶尔在教育机构里工作或提供志愿服务的人员。
B	**生师比** 特定教育等级平均每位教师所教学生数，根据学生和教师人数计算。
C	**受过培训的教师百分比** 受过培训的教师的定义是，至少符合有组织或经认证的教师培训最低要求（职前或在职培训），在特定教育等级从教的教师。未收集欧统局国家的数据。
D	**符合国家标准的合格教师百分比** 合格教师的定义是，根据国家法律法规，特定教育等级中具有从事教学的最低必要学术资历的教师。
E	**教师流失率** 特定教育等级特定学年离开教师行业的人数占该教育等级该学年教师总数的百分比。
F	**教师薪酬与资质相当的工作者的薪酬的比值** 教师薪酬与同等级学历的其他行业的薪酬相比较。数据是全职教师的实际薪酬与具有高等教育学历（《国际教育分类标准》5—8级）的全时全年工作者的收入的比值。该指标的定义是公立学校教师薪酬（年平均薪酬，包含福利和补贴）与具有相同受教育程度工作者的薪酬的比值（加权平均数），以及与25—64岁受过高等教育的全时全年工作者的薪酬的比值。中等教育的该比值是《全球教育监测报告》小组计算的，根据初级中等教育和高级中等教育教师人数进行加权后求得平均值。
G	**教师在最近12个月内接受在职培训的百分比** 代表特定教育等级或年级教师的数据：在最近12个月（或数据可得期限）内接受过在职培训的教师比例。代表教师的学生的数据：其教师在最近12个月（或数据可得期限）内接受过在职培训的学生比例。当跨国评估对同一教育等级进行不止一次评估时，采用所有年级的平均值。

表 1（续）

国家或地区	A		B		C	D				E				F			
	教育体系																
	义务教育		免费教育			学制年限（年）				学龄人口（千人）				入学人数（千人）			
	学前教育1年	初等教育至初级中等教育9年	学前教育1年	初等教育至高级中等教育12年	初等教育正规入学年龄	学前教育	初等教育	初级中等教育	高级中等教育	学前教育	初等教育	中等教育	高等教育	学前教育	初等教育	中等教育	高等教育
可持续发展目标指标:	4.2.4	4.1.7	4.2.4	4.1.7													
参考年份:	2019																
撒哈拉以南非洲																	
安哥拉	-	6	-	6	6	2	6	3	3	2,184	5,862	4,723	2,713	784	5,621	2,034	253
贝宁	-	6	-	6	6	2	6	4	3	705	1,912	1,866	1,058	169	2,181	993	132
博茨瓦纳	-	-	...	...	6	3	7	3	2	164	363	234	203	33	345	...	51
布基纳法索	-	10	-	10	6	3	6	4	3	1,946	3,498	3,356	1,868	105	3,234	1,342	133
布隆迪	-	-	...	...	7	2	6	4	3	743	1,931	1,716	1,032	120	2,213	650	42
佛得角	-	10	-	8	6	3	6	3	3	32	63	60	49	23	64	53	12
喀麦隆	-	6	-	6	6	2	6	4	3	1,547	4,251	4,139	2,319	543	4,400	2,207	331
中非共和国	-	10	-	13	6	3	6	4	3	428	824	861	...	12	814	138	...
乍得	-	10	-	10	6	3	6	4	3	1,618	2,836	2,697	1,286	17	2,469	537	42
科摩罗	-	6	-	6	6	3	6	4	3	72	130	129	76	15	124	74	...
刚果	-	10	3	13	6	3	6	4	3	479	879	835	433	67	783	...	55
科特迪瓦	-	10	-	10	6	3	6	4	3	2,301	4,083	4,155	2,477	188	4,004	2,227	247
刚果民主共和国	-	6	-	6	6	3	6	2	4	8,779	15,166	12,105	7,037	474	16,807	4,619	465
吉布提	-	10	1	12	6	2	5	4	3	41	94	125	90	4	69	68	...
赤道几内亚	-	6	-	6	7	3	6	4	2	107	184	147	...	40	93	...	...
厄立特里亚	-	8	-	8	6	2	5	3	4	187	495	600	304	47	350	260	10
斯威士兰	-	7	-	7	6	3	7	3	2	84	205	138	121	...	237	108	...
埃塞俄比亚	-	8	-	8	7	3	6	4	2	9,373	17,101	15,695	...	2,513	16,198	5,029	...
加蓬	-	10	-	10	6	3	5	4	3	180	260	289	...	...	...	...	...
冈比亚	-	9	-	9	7	4	6	3	3	298	380	313	...	126	375	...	...
加纳	2	9	2	9	6	2	6	3	4	1,608	4,432	4,492	2,879	1,852	4,550	2,851	496
几内亚	-	6	-	6	7	3	6	4	3	1,148	2,091	2,117	1,128	...	1,777	...	...
几内亚比绍	-	9	...	...	6	3	6	3	3	175	314	262	...	...	...	...	...
肯尼亚	-	12	-	12	6	3	6	2	4	4,207	8,318	7,687	5,258	3,200	8,290	...	563
莱索托	-	7	-	7	6	3	7	3	2	144	305	216	212	54	368	136	22
利比里亚	-	6	-	6	6	3	6	3	3	422	784	692	...	510	635	227	...
马达加斯加	-	5	3	12	6	3	5	4	3	2,291	3,524	4,403	2,687	902	4,649	1,495	144
马拉维	-	8	-	8	6	3	6	4	2	1,699	3,236	2,856	...	1,361	4,593	990	...
马里	-	9	4	12	7	3	6	3	3	1,953	3,474	2,771	1,607	131	2,477	1,046	83
毛里塔尼亚	-	9	3	13	6	3	6	4	3	391	694	677	406	36	677	260	23
毛里求斯	-	11	-	13	5	2	6	3	4	26	84	122	96	25	86	122	39
莫桑比克	-	-	...	...	6	3	7	3	2	2,939	6,097	3,759	2,926	...	6,941	1,216	214
纳米比亚	-	7	-	7	7	2	7	3	2	131	416	249	246	43	491	...	59
尼日尔	-	-	...	...	7	3	6	4	3	2,488	4,174	3,699	1,902	178	2,667	787	80
尼日利亚	-	9	-	9	6	1	6	3	3	6,203	33,598	27,795	...	...	25,591	10,315	...
卢旺达	-	6	-	9	7	3	6	3	3	1,042	1,940	1,699	1,157	282	2,512	732	72
圣多美和普林西比	-	6	-	6	6	3	6	3	3	19	36	32	18	9	37	26	2
塞内加尔	-	11	-	11	6	3	6	4	3	1,516	2,723	2,567	1,486	252	2,172	1,150	195
塞舌尔	-	10	-	11	6	2	6	3	4	3	9	10	6	3	9	7	1
塞拉利昂	-	9	-	9	6	3	6	3	4	663	1,245	1,264	...	127	1,770	492	...
索马里	-	-	...	...	6	3	6	2	4	1,529	2,715	2,298	...	...	...	...	...
南非	-	9	-	12	7	4	7	2	3	4,684	7,921	4,996	4,948	824	7,568	4,879	1,178
南苏丹	-	8	-	8	6	3	6	2	4	981	1,790	1,548	...	111	1,274	164	...
多哥	-	10	-	5	6	3	6	4	3	697	1,294	1,289	723	208	1,634	728	101
乌干达	-	7	...	...	6	3	7	4	2	4,516	9,409	6,649	...	609	8,841	...	...
坦桑尼亚联合共和国	-	7	2	7	7	2	7	4	2	3,566	11,274	7,873	4,981	1,429	10,605	2,338	154
赞比亚	-	7	-	7	7	4	7	2	3	2,274	3,565	2,189	...	160	3,285	...	...
津巴布韦	-	7	...	...	6	2	7	2	4	901	2,949	2,063	1,355	...	...	...	136

财政											
G	H	I								J	
公共教育支出占国内生产总值的百分比（%）	教育支出占公共支出总额的百分比（%）	生均公共教育支出								家庭教育支出占国内生产总值的百分比（%）	国家或地区名称缩写
		2017年购买力平价美元				占人均国内生产总值的百分比（%）					
		学前教育	初等教育	中等教育	高等教育	学前教育	初等教育	中等教育	高等教育		
	1.a.2	4.5.4									
2019											
...	...	...	...	...	...	...	...	...	...	2.3	AGO
2.9$_{-1i}$	17.7$_{-1i}$	261$_{-4}$	201$_{-4}$	238$_{-4}$	1,603$_{-4}$	9$_{-4}$	7$_{-4}$	8$_{-4}$	53$_{-4}$	3.7	BEN
...	...	...	...	...	...	...	...	...	...	2.4	BWA
5.4$_{-1i}$	22.7$_{-1i}$	165$_{-3}$	279$_{-4}$	321$_{-3}$	6,083$_{-3}$	8$_{-3}$	14$_{-4}$	16$_{-3}$	298$_{-3}$		BFA
5.1$_{-1}$	18.8$_{-1}$	...	...	...	...	...	...	...	...	0.7	BDI
5.2$_{-2}$	16.4$_{-2}$	84$_{-2}$	1,135$_{-2}$	1,339$_{-2}$	2,610$_{-2}$	1$_{-2}$	17$_{-2}$	20$_{-2}$	38$_{-2}$	0.7	CPV
3.1$_{-1i}$	16.9$_{-1i}$	...	...	...	...	...	...	...	...	1.9	CMR
...	...	...	...	...	...	...	...	...	...		CAF
2.5$_{-2i}$	16.4$_{-2i}$	...	106$_{-1}$	218$_{-1}$	...	...	7$_{-1}$	14$_{-1}$	...	0.9	TCD
2.5$_{-4}$	13.4$_{-4}$	...	...	...	...	...	...	...	...	1.8	COM
3.5$_{-1i}$	15.6$_{-1i}$	...	...	...	...	...	...	...	...	1.1	COG
3.3$_{-1}$	18.3$_{-1}$	806$_{-1}$	508$_{-1}$	702$_{-1}$	5,491$_{-2}$	16$_{-1}$	10$_{-1}$	14$_{-1}$	111$_{-2}$	2.3	CIV
1.5$_{-2i}$	14.0$_{-2i}$	-$_{-4}$	...	...	...	-$_{-4}$	...	...	...	1.5	COD
3.6$_{-1i}$	14.0$_{-1i}$	...	...	...	...	...	25$_{-3}$	...	...	2.3	DJI
...	...	...	...	...	...	...	...	...	...		GNQ
...	...	...	...	...	...	...	...	...	...		ERI
...	...	...	...	...	...	...	...	...	...		SWZ
4.7$_{-4}$	27.1$_{-4}$	59$_{-4}$	130$_{-4}$	278$_{-4}$	...	4$_{-4}$	8$_{-4}$	17$_{-4}$	...	0.3	ETH
...	...	...	...	...	...	...	...	...	...		GAB
2.4$_{-1i}$	11.2$_{-1i}$	-$_{-4}$	178$_{-4}$	...	...	-$_{-4}$	8$_{-4}$	...	...	2.5	GMB
4.0$_{-1i}$	18.6$_{-1i}$	...	...	...	...	...	...	...	...	9.2	GHA
2.3$_{-1}$	14.9$_{-1}$	...	157$_{-3}$	...	...	...	7$_{-3}$	...	...	1.0	GIN
...	...	...	...	...	...	...	...	...	...		GNB
5.3$_{-1i}$	19.0$_{-1i}$	51$_{-4}$	406$_{-4}$	...	2,835$_{-4}$	1$_{-4}$	11$_{-4}$	...	76$_{-4}$	3.7	KEN
7.0$_{-1}$	14.1$_{-1}$	...	618$_{-1}$	896$_{-1}$	1,334$_{-1}$	...	22$_{-1}$	32$_{-1}$	48$_{-1}$	0.4	LSO
2.6$_{-1i}$	8.1$_{-1i}$	155$_{-3}$	229$_{-3}$	287$_{-4}$	...	10$_{-3}$	14$_{-3}$	18$_{-4}$	...	5.7	LBR
2.8$_{-1i}$	19.8$_{-1i}$	...	...	...	1$_{-3}$	...	...	...	-$_{-3}$	3.0	MDG
4.7$_{-1i}$	15.8$_{-1i}$	-$_{-3}$	84$_{-3}$	247$_{-3}$	...	-$_{-3}$	8$_{-3}$	24$_{-3}$	...		MWI
3.8$_{-2}$	16.5$_{-2}$	41$_{-2}$	281$_{-2}$	583$_{-2}$	3,610$_{-4}$	2$_{-2}$	12$_{-2}$	25$_{-2}$	165$_{-4}$	1.9	MLI
1.9	10.2	...	330	464	3,619	...	6	9	68	3.3	MRT
4.7	18.7	663	3,511	6,757	1,977$_{-2}$	3	16	30	10$_{-2}$	4.5	MUS
5.5$_{-1i}$	16.7$_{-1i}$	...	...	...	...	...	...	...	...	0.8	MOZ
...	...	...	...	...	...	...	...	...	...	1.8	NAM
3.5$_{-1i}$	16.8$_{-1i}$	403$_{-2}$	114$_{-2}$	139$_{-2}$	2,254$_{-2}$	34$_{-2}$	10$_{-2}$	12$_{-2}$	190$_{-2}$	3.6	NER
...	...	...	...	...	...	...	...	...	...	4.4	NGA
3.1$_{-1}$	10.8$_{-1}$	41$_{-1}$	83$_{-1}$	423$_{-1}$	1,904$_{-1}$	2$_{-1}$	4$_{-1}$	21$_{-1}$	96$_{-1}$	5.9	RWA
5.1$_{-1i}$	20.1$_{-1i}$	...	...	...	...	...	...	...	...	0.3	STP
4.8$_{-1}$	21.5$_{-1}$	460$_{-4}$	417$_{-4}$	624$_{-4}$	4,618$_{-1}$	15$_{-4}$	14$_{-4}$	21$_{-4}$	136$_{-1}$	4.0	SEN
4.4$_{-3}$	11.7$_{-3}$	3,277$_{-3}$	3,842$_{-3}$	4,140$_{-3}$	19,135$_{-3}$	12$_{-3}$	14$_{-3}$	15$_{-3}$	71$_{-3}$		SYC
7.7	35.5	-	232	240$_{-2}$	...	-	13	14$_{-2}$	...	2.6	SLE
...	...	...	...	...	...	...	...	...	...		SOM
6.5	19.6	818	2,352	2,897	7,027	6	19	23	56	1.6	ZAF
1.5$_{-3}$	0.9$_{-1i}$	...	...	...	...	0.4$_{-3}$	5$_{-3}$	12$_{-3}$	...		SSD
5.4$_{-1i}$	21.8$_{-1i}$	76$_{-4}$	243$_{-3}$	...	1,187$_{-2}$	5$_{-4}$	16$_{-3}$	...	76$_{-2}$	2.4	TGO
2.1$_{-1i}$	11.5$_{-1i}$	...	...	...	...	...	...	...	...	3.2	UGA
3.7$_{-1i}$	20.5$_{-1i}$	...	...	...	...	...	...	...	...	1.4	TZA
4.6$_{-1i}$	16.9$_{-1i}$	67$_{-3}$	460$_{-2}$	...	...	2$_{-3}$	13$_{-2}$	...	...	3.8	ZMB
5.9$_{-1i}$	19.0$_{-1i}$	...	...	...	...	...	...	...	...	3.6	ZWE

表 1（续）

国家或地区	教育体系 A 义务教育		B 免费教育		C	D 学制年限（年）				E 学龄人口（千人）				F 入学人数（千人）			
	学前教育1年	初等教育至初级中等教育9年	学前教育1年	初等教育至高级中等教育12年	初等教育正规入学年龄	学前教育	初等教育	初级中等教育	高级中等教育	学前教育	初等教育	中等教育	高等教育	学前教育	初等教育	中等教育	高等教育
可持续发展目标指标:	4.2.4	4.1.7	4.2.4	4.1.7													
参考年份:	2019																
大洋洲																	
澳大利亚	-	10	1	13	5	1	7	4	2	330	2,291	1,872	1,556	534	2,248	2,380	1,677
库克群岛	-	12	2	13	5	2	6	4	3	1	2	2	1	0.4	2	2	...
斐济	-	-	...	...	6	3	6	4	3	54	104	110	74	20	122	...	...
基里巴斯	-	9	-	9	6	3	6	3	4	9	17	16	...	...	17	...	...
马绍尔群岛	1	12	1	12	6	2	6	4	2	3	9	9	6	1	7	6	2
密克罗尼西亚联邦	-	8	-	8	6	3	6	2	4	7	14	14	...	2	14	...	...
瑙鲁	2	12	2	12	6	3	6	4	2	1	2	1	...	0.3	2	1	...
新西兰	-	10	2	13	5	2	6	4	3	122	378	439	323	115	388	490	268
纽埃	-	11	1	12	5	1	6	4	3	-	0.2	0.2	0.1	-	0.2	0.2	...
帕劳	-	12	-	12	6	3	6	2	4	1	1	1	...	...	...	...	...
巴布亚新几内亚	-	-	...	...	6	4	7	2	4	856	1,434	1,136	...	358	1,275	507	...
萨摩亚	-	8	-	8	5	2	6	2	5	10	29	30	17	4	34	26	2
所罗门群岛	-	-	...	...	6	3	6	3	4	59	103	100	...	55	107	...	...
托克劳	-	11	...	...	5	2	6	4	3	-	0.1	0.2	...	0.1	0.2	0.2	...
汤加	2	13	-	8	6	2	6	5	2	5	15	16	...	2	17	16	...
图瓦卢	-	9	...	...	6	3	6	4	3	1	2	2	...	1	2	1	...
瓦努阿图	-	-	...	...	6	2	6	4	3	16	46	46	...	14	46	21	...
拉丁美洲和加勒比																	
安圭拉	-	12	-	12	5	2	7	3	2	0.4	1	1	1	0.4	2	1	...
安提瓜和巴布达	-	11	-	11	5	2	7	3	2	3	10	7	8	2	10	8	...
阿根廷	2	12	3	12	6	3	6	3	3	2,250	4,412	4,278	3,483	1,731	4,776	4,582	3,190
阿鲁巴	2	11	2	11	6	2	6	2	3	2	7	7	8	...	...	...	1
巴哈马	-	12	2	12	5	2	6	3	3	10	34	39	33	4	30	27	...
巴巴多斯	-	11	2	11	5	2	6	3	2	6	19	18	19	5	20	19	...
伯利兹	-	8	2	8	5	2	6	4	2	16	46	47	39	7	50	41	10
多民族玻利维亚国	2	12	2	12	6	2	6	2	4	474	1,409	1,382	1,037	368	1,387	1,242	...
巴西	2	12	2	12	6	2	5	4	3	5,464$_{i}$	14,013$_{i}$	21,402$_{i}$	16,415$_{i}$	5,158	15,952	22,864	8,742
英属维尔京群岛	-	12	-	12	5	2	7	3	2	1	2	2	2	1	3	2	0.3
开曼群岛	1	11	2	12	5	2	6	3	3	1	5	5	4	1	4	3	...
智利	-	12	2	12	6	3	6	2	4	739	1,520	1,481	1,381	620	1,540	1,522	1,255
哥伦比亚	1	11	3	11	6	3	5	4	2	2,210	3,722	4,779	4,359	1,815	4,264	4,908	2,396
哥斯达黎加	2	11	2	11	6	2	6	3	2	143	428	356	385	137	497	504	222
古巴	-	9	3	12	6	3	6	3	3	377	736	754	715	371	751	772	296
库拉索	2	12	...	...	6	2	6	2	4	4	12	13	...	...	...	...	...
多米尼克	-	12	-	12	5	2	7	3	2	2	6	5	7	1	6	5	...
多米尼加共和国	3	12	3	12	6	3	6	2	4	578$_{i}$	1,157$_{i}$	1,149$_{i}$	929$_{i}$	332	1,300	941	557
厄瓜多尔	3	12	3	12	6	3	6	3	3	984	1,895	1,866	1,558	639	1,932	1,892	742
萨尔瓦多	3	9	3	12	7	3	6	3	3	342	689	698	649	230	663	522	191
格林纳达	-	12	2	12	5	2	7	3	2	4	13	8	9	4	13	9	9
危地马拉	3	9	3	12	7	3	6	3	2	1,209	2,334	1,947	1,683	590	2,366	1,195	367
圭亚那	-	6	-	6	6	3	6	3	2	45	86	73	82	...	...	...	...
海地	-	6	-	6	6	3	6	3	4	754	1,472	1,628	1,059	...	...	...	...
洪都拉斯	1	11	3	11	6	3	6	3	2	594	1,197	1,035	1,038	236	1,104	688	264
牙买加	-	6	-	6	6	3	6	3	2	142	...	233	263	109	233	203	75
墨西哥	2	12	2	12	6	3	6	3	3	6,719	13,408	13,462	10,986	4,900	14,061	14,161	4,562
蒙特塞拉特	-	12	-	12	5	2	7	3	2	0.1	0.4	0.3	0.2	0.1	0.4	0.3	...
尼加拉瓜	1	6	-	9	6	3	6	3	2	398	786	623	607	...	...	...	...
巴拿马	2	9	2	12	6	2	6	3	3	156	456	435	337	95	419	323	161
巴拉圭	1	12	3	12	6	3	6	3	3	414	818	799	676	181	727	611	...
秘鲁	3	11	3	11	6	3	6	3	2	1,589	3,175	2,602	2,557	1,680	3,715	2,826	1,896
圣基茨和尼维斯	-	12	-	12	5	2	7	3	2	1	5	4	4	1	5	4	4
圣卢西亚	-	10	-	10	5	2	7	3	2	4	15	12	15	3	16	11	2
圣文森特和格林纳丁斯	-	12	2	12	5	2	7	3	2	3	12	9	9	4	13	10	2
荷属圣马丁	2	11	2	11	6	3	6	2	3	2	3	2	3	...	...	...	0.2
苏里南	-	6	-$_{-4}$	6$_{-4}$	6	2	6	4	3	21	63	71	49	20	68	58	...
特立尼达和多巴哥	-	7	...	...	5	2	7	3	2	37	136	93	86	32	...	...	...
特克斯和凯科斯群岛	2	11	...	...	6	2	6	3	2	1	3	3	2	1	4	2	0.3
乌拉圭	2	12	2	12	6	3	6	3	3	143	282	286	257	136	297	356	162
委内瑞拉玻利瓦尔共和国	3	11	3	11	6	3	6	3	2	1,598	3,268	2,615	2,661	1,190	3,285	2,391	...

财政											
G	H	I								J	
		生均公共教育支出									
		2017年购买力平价美元				占人均国内生产总值的百分比（%）					
公共教育支出占国内生产总值的百分比（%）	教育支出占公共支出总额的百分比（%）	学前教育	初等教育	中等教育	高等教育	学前教育	初等教育	中等教育	高等教育	家庭教育支出占国内生产总值的百分比（%）	国家或地区名称缩写
	1.a.2	4.5.4									
2019											
5.1_{-2}	13.6_{-2}	$5,402_{-2}$	$9,521_{-2}$	$7,734_{-2}$	$8,981_{-2}$	11_{-2}	19_{-2}	15_{-2}	18_{-2}	2.0	AUS
4.4_{-3}	…	…	…	…	…	…	…	…	…		COK
…	…	…	…	…	…	…	…	…	…	2.8	FJI
…	…	…	…	…	…	…	…	…	…		KIR
…	14.7	…	…	…	…	…	…	…	…		MHL
12.4_{-4}	22.3_{-4}	…	…	…	…	…	…	…	…		FSM
…	…	…	…	…	…	…	…	…	…		NRU
6.3_{-2}	16.7_{-2}	$8,175_{-2}$	$8,130_{-2}$	$8,757_{-2}$	$10,472_{-2}$	20_{-2}	20_{-2}	21_{-2}	25_{-2}	1.5	NZL
…	…	…	…	…	$-_{-2}$	…	…	…	$-_{-2}$		NIU
…	…	…	…	…	…	…	…	…	…		PLW
1.9_{-1i}	9.2_{-1i}	…	…	…	…	…	…	…	…		PNG
4.2_{-3}	13.0_{-3}	106_{-3}	549_{-3}	797_{-3}	…	2_{-3}	9_{-3}	13_{-3}	…	1.4	WSM
…	…	…	…	…	…	…	…	…	…		SLB
…	…	…	…	…	…	…	…	…	…		TKL
…	…	…	…	…	…	…	…	…	…	2.3	TON
…	…	…	…	…	…	…	…	…	…		TUV
4.5_{-2}	12.2_{-2}	3_{-4}	409_{-4}	636_{-4}	…	0.1_{-4}	13_{-4}	20_{-4}	…	2.2	VUT
…	…	…	…	…	…	…	…	…	…		AIA
…	…	…	…	…	…	…	…	…	…		ATG
4.9_{-1}	12.5_{-1}	$3,296_{-1}$	$3,131_{-1}$	$4,066_{-1}$	$3,653_{-1}$	14_{-1}	13_{-1}	17_{-1}	16_{-1}	2.1	ARG
5.5_{-3}	21.4_{-3}	…	…	…	…	…	…	…	88_{-3}		ABW
…	…	…	…	…	…	…	…	…	…		BHS
3.2	10.8	…	3,532	3,157	…	…	23	20	…	1.5	BRB
7.6_{-1}	22.1_{-1}	$1,277_{-1}$	$1,245_{-1}$	$2,017_{-1}$	$1,998_{-1}$	18_{-1}	18_{-1}	28_{-1}	28_{-1}		BLZ
…	…	…	…	…	…	…	…	…	…	1.9	BOL
6.3_{-2}	16.5_{-2}	…	$3,025_{-2}$	$3,243_{-2}$	$5,480_{-2}$	…	20_{-2}	22_{-2}	37_{-2}	2.5	BRA
2.5_{-1}	…	…	…	…	…	0.1_{-4}	8_{-1}	16_{-1}	71_{-1}		VGB
…	…	…	…	…	…	…	…	…	…		CYM
5.4_{-2}	21.3_{-2}	$5,411_{-2}$	$4,450_{-2}$	$4,521_{-2}$	$4,928_{-2}$	22_{-2}	18_{-2}	19_{-2}	20_{-2}	2.6	CHL
4.5	14.1	1,117	2,906	2,906	2,360	7	19	19	15	2.1	COL
7.0	24.6	2,140	4,270	4,845	7,178	11	21	24	36	2.5	CRI
…	…	…	…	…	…	…	…	…	…		CUB
…	…	…	…	…	…	…	…	…	…		CUW
5.6	8.3	1,168	2,431	3,041	-	10	21	26	-		DMA
…	…	1,446	3,135	2,472	…	8	17	13	…	3.1	DOM
5.0_{-4}	12.6_{-4}	$3,695_{-1}$	$1,328_{-1}$	797_{-1}	$6,414_{-4}$	31_{-1}	11_{-1}	7_{-1}	53_{-4}	2.7	ECU
3.6_{-1}	14.3_{-1}	859_{-1}	$1,347_{-1}$	$1,254_{-1}$	978_{-1}	10_{-1}	15_{-1}	14_{-1}	11_{-1}	4.3	SLV
3.2_{-2}	14.0_{-2}	976_{-2}	$1,359_{-2}$	$1,810_{-2}$	864_{-2}	6_{-2}	8_{-2}	11_{-2}	5_{-2}		GRD
3.2	23.8	1,049	1,140	491	$1,475_{-4}$	12	13	6	18_{-4}		GTM
5.5_{-1i}	16.0_{-1i}	…	…	…	…	…	…	…	…		GUY
2.8_{-1}	14.6_{-1}	…	…	…	…	…	…	…	…	6.9	HTI
6.1_{-1}	23.2_{-1}	…	…	…	$2,214_{-4}$	…	…	…	41_{-4}	5.5	HND
5.2	17.3	524	2,206	2,780	$3,397_{-4}$	5	23	29	36_{-4}	2.6	JAM
4.5_{-2}	17.6_{-2}	…	$2,655_{-2}$	$2,682_{-2}$	$5,123_{-2}$	…	13_{-2}	13_{-2}	25_{-2}	1.2	MEX
8.8	…	…	…	…	…	32	14	30	…		MSR
4.4_{-2}	22.4_{-2}	…	…	…	…	…	…	…	…	3.6	NIC
…	…	…	…	…	…	…	…	…	…	1.7	PAN
3.4_{-3}	18.2_{-3}	$1,394_{-3}$	$1,440_{-3}$	$1,477_{-3}$	…	11_{-3}	12_{-3}	12_{-3}	…	1.2	PRY
3.8	17.8	1,543	1,446	1,945	$1,381_{-2}$	12	11	15	11_{-2}	2.6	PER
2.6_{-4}	8.6_{-4}	$3,340_{-4}$	$1,386_{-4}$	$4,626_{-3}$	$1,551_{-4}$	13_{-4}	5_{-4}	17_{-3}	6_{-4}		KNA
3.3	14.1	$-_{-1}$	1,995	3,185	$-_{-1}$	$-_{-1}$	13	21	$-_{-1}$		LCA
5.7_{-1}	19.0_{-1}	391_{-4}	$2,239_{-1}$	$2,576_{-1}$	…	3_{-4}	18_{-1}	20_{-1}	…		VCT
…	…	…	…	…	…	…	…	…	…		SXM
…	…	…	…	…	…	…	…	…	…		SUR
…	…	…	…	…	…	…	…	…	…	0.7	TTO
2.9_{-1}	11.9_{-1}	…	…	…	…	17_{-1}	6_{-1}	18_{-1}	88_{-4}		TCA
5.0_{-1}	15.2_{-1}	$3,255_{-1}$	$2,965_{-1}$	$3,549_{-1}$	$5,542_{-2}$	15_{-1}	13_{-1}	16_{-1}	25_{-2}	2.2	URY
…	…	…	…	…	…	18_{-4}	18_{-4}	15_{-4}	…		VEN

表 1（续）

国家或地区	A 义务教育		B 免费教育		C	D 学制年限（年）				E 学龄人口（千人）				F 入学人数（千人）			
	学前教育1年	初等教育至初级中等教育9年	学前教育1年	初等教育至高级中等教育12年	初等教育正规入学年龄	学前教育	初等教育	初级中等教育	高级中等教育	学前教育	初等教育	中等教育	高等教育	学前教育	初等教育	中等教育	高等教育
可持续发展目标指标:	4.2.4	4.1.7	4.2.4	4.1.7													
参考年份:	2019																
欧洲和北美																	
阿尔巴尼亚	-	11	3	12	6	3	5	4	3	104	162	257	233	79	167	256	139
安道尔	-	11	-	10	6	3	6	4	2	…	…	…	…	2	4	5	1
奥地利	1	12	1	12	6	3	4	4	4	258	336	690	496	257	339	687	430
白俄罗斯	-	9	-	11	6	3	4	5	2	364	456	657	445	349	428	649	389
比利时	-	12	3	12	6	3	6	2	4	393	806	775	653	450	821	1,179	516
百慕大	-	13	1	13	5	1	6	3	4	1	4	5	4	0.4	4	4	1
波斯尼亚和黑塞哥维那	-	9	-	9	6	3	5	4	4	90	…	…	221	23	157	240	89
保加利亚	2	9	4	12	7	4	4	4	4	258	291	537	330	221	263	490	236
加拿大	-	10	1	12	6	1	6	3	3	393	2,384	2,335	2,314	…	2,407	2,654	1,623
克罗地亚	-	8	-	8	7	4	4	4	4	157	169	323	244	115	162	332	165
捷克共和国	-	9	-	13	6	3	5	4	4	325	572	826	516	366	584	787	329
丹麦	-	10	-	10	6	3	7	3	3	173	452	405	383	178	468	531	311
爱沙尼亚	-	9	4	12	7	4	6	3	3	58	92	77	65	55	88	84	46
芬兰	1	9	1	12	7	4	6	3	3	237	373	356	326	208	369	546	295
法国	-	10	3	12	6	3	5	4	3	2,356[i]	4,166[i]	5,840[i]	3,872[i]	2,543	4,302	6,110	2,619
德国	-	13	-	13	6	3	4	6	3	2,306	2,982	7,082	4,447	2,359	2,987	6,949	3,128
希腊	1	9	2	12	6	2	6	3	3	177	619	641	537	152	643	668	767
匈牙利	3	10	3	12	7	4	4	4	4	353	374	778	563	311	374	809	283
冰岛	-	10	…	…	6	3	7	3	4	13	33	30	24	13	32	35	18
爱尔兰	-	10	…	…	5	2	8	3	2	128[i]	563[i]	323[i]	299[i]	123	564	492	231
意大利	-	12	-	8	6	3	5	3	5	1,527	2,768	4,594	2,949	1,491	2,871	4,630	1,896
拉脱维亚	2	9	6	12	7	4	6	3	3	85[i]	121[i]	109[i]	88[i]	77	122	117	82
列支敦士登	1	8	…	…	7	2	5	4	3	1	2	3	2[i]	1	2	3	1
立陶宛	-	10	-	12	7	4	4	6	2	118[i]	114[i]	209[i]	160[i]	103	117	233	118
卢森堡	2	10	3	13	6	3	6	3	4	20	38	47	38	18	38	49	7
马耳他	-	11	2	13	5	2	6	3	4	9	25	28	25	10	27	31	16
摩纳哥	-	11	3	12	6	3	5	4	3	…	…	…	…	1	2	3	1
黑山共和国	-	9	-	9	6	3	5	4	4	22	38	63	42	16	39	57	23
荷兰	1	12	2	12	6	3	6	3	3	528	1,093	1,195	1,021	475	1,175	1,632	890
北马其顿	-	13	-	13	6	3	5	4	4	70	114	189	139	29	110	156	60
挪威	-	10	-	10	6	3	7	3	3	184	446	383	348	180	447	449	289
波兰	1	9	4	12	7	4	6	3	3	1,493	2,383	2,117	2,176	1,361	2,277	2,392	1,493
葡萄牙	-	12	2	12	6	3	6	3	3	253	559	620	543	240	622	767	356
摩尔多瓦共和国	-	11	4	12	7	4	4	5	2	152[i]	156[i]	260[i]	208[i]	133	140	224	81
罗马尼亚	-	10	3	13	6	3	5	4	4	554	1,030	1,650	1,056	521	948	1,458	539
俄罗斯	-	11	4	11	7	4	4	5	2	7,632	7,059	10,490	6,827	6,387	6,928	10,242	5,775
圣马力诺	-	10	-	13	6	3	5	3	5	1	2	2	2	1	2	2	1
塞尔维亚	-	8	-	12	7	4	4	4	4	263[i]	265[i]	560[i]	368[i]	168	264	529	250
斯洛伐克	-	10	1	13	6	3	4	5	4	169	228	488	318	166	229	442	144
斯洛文尼亚	-	9	-	13	6	3	6	3	4	65	130	132	99	61	129	147	77
西班牙	-	10	3	10	6	3	6	3	3	1,259	2,909	2,782	2,252	1,296	3,043	3,371	2,052
瑞典	1	9	1	12	7	4	6	3	3	473	710	651	595	463	893	935	431
瑞士	2	9	2	9	7	2	6	3	4	174	497	591	500	174	515	609	307
乌克兰	-	11	-	11	6	3	4	5	2	…	…	…	…	1,094	1,725	2,445	1,602
英国	-	11	2	13	5	2	6	3	4	1,633	4,921	5,249	4,019	1,765	4,893	6,174	2,467
美国	-	12	1	12	6	3	6	3	3	12,016[i]	24,648[i]	25,053[i]	21,452[i]	8,669	24,958	24,871	18,942

财政											
G	H	I								J	
公共教育支出占国内生产总值的百分比（%）	教育支出占公共支出总额的百分比（%）	生均公共教育支出								家庭教育支出占国内生产总值的百分比（%）	国家或地区名称缩写
		2017年购买力平价美元				占人均国内生产总值的百分比（%）					
		学前教育	初等教育	中等教育	高等教育	学前教育	初等教育	中等教育	高等教育		
	1.a.2	4.5.4									
2019											
3.6$_{-2}$	12.4$_{-2}$	…	4,534$_{-2}$	1,058$_{-2}$	1,829$_{-2}$	…	34$_{-2}$	8$_{-2}$	14$_{-2}$	2.5	ALB
3.2	10.9	…	…	…	…	14	12	14	16		AND
5.4$_{-2}$	11.0$_{-2}$	10,028$_{-2}$	12,872$_{-2}$	15,101$_{-2}$	19,478$_{-2}$	18$_{-2}$	23$_{-2}$	27$_{-2}$	35$_{-2}$	0.3	AUT
4.8$_{-2}$	12.3$_{-2}$	6,016$_{-2}$	…	6,674$_{-2}$	3,354$_{-2}$	32$_{-2}$	…	36$_{-2}$	18$_{-2}$	0.9	BLR
6.4$_{-2}$	12.4$_{-2}$	8,866$_{-2}$	10,978$_{-2}$	…	16,480$_{-2}$	17$_{-2}$	21$_{-2}$	…	32$_{-2}$	0.3	BEL
1.5$_{-2}$	7.8$_{-2}$	…	…	…	…	17$_{-4}$	8$_{-4}$	12$_{-4}$	24$_{-2}$		BMU
…	…	…	…	…	3,284$_{-3}$	…	…	…	24$_{-3}$	0.5	BIH
4.1$_{-2}$	12.7$_{-2}$	6,459$_{-2}$	4,529$_{-2}$	4,711$_{-2}$	4,894$_{-2}$	30$_{-2}$	21$_{-2}$	22$_{-2}$	22$_{-2}$	0.9	BGR
…	…	…	8,380$_{-4}$	…	15,509$_{-2}$	…	18$_{-4}$	…	33$_{-2}$	1.4	CAN
3.9$_{-2}$	8.6$_{-2}$	5,152$_{-2}$	11,226$_{-2}$	…	5,689$_{-2}$	19$_{-2}$	41$_{-2}$	…	21$_{-2}$	0.4	HRV
3.9$_{-2}$	9.8$_{-2}$	6,033$_{-2}$	5,860$_{-2}$	9,255$_{-2}$	8,526$_{-2}$	15$_{-2}$	15$_{-2}$	23$_{-2}$	22$_{-2}$	0.4	CZE
7.8$_{-2}$	15.3$_{-2}$	15,033$_{-2}$	13,286$_{-2}$	12,852$_{-2}$	25,477$_{-2}$	27$_{-2}$	24$_{-2}$	23$_{-2}$	45$_{-2}$	0.3	DNK
5.0$_{-2}$	12.8$_{-2}$	…	6,653$_{-2}$	6,308$_{-3}$	11,838$_{-3}$	…	19$_{-2}$	19$_{-3}$	36$_{-3}$	0.4	EST
6.4$_{-2}$	11.9$_{-2}$	10,296$_{-2}$	9,820$_{-2}$	11,024$_{-2}$	15,029$_{-2}$	21$_{-2}$	20$_{-2}$	23$_{-2}$	31$_{-2}$	0.1	FIN
5.5$_{-2}$	9.7$_{-2}$	8,505$_{-2}$	8,171$_{-2}$	11,894$_{-2}$	14,196$_{-2}$	19$_{-2}$	18$_{-2}$	26$_{-2}$	31$_{-2}$	0.7	FRA
4.9$_{-2}$	11.0$_{-2}$	9,439$_{-2}$	9,469$_{-2}$	12,593$_{-2}$	17,933$_{-2}$	18$_{-2}$	18$_{-2}$	23$_{-2}$	33$_{-2}$	0.6	DEU
…	…	5,157$_{-2}$	5,745$_{-2}$	6,402$_{-2}$	2,576$_{-2}$	17$_{-2}$	19$_{-2}$	22$_{-2}$	9$_{-2}$	1.3	GRC
4.7$_{-2}$	9.9$_{-2}$	6,688$_{-2}$	5,154$_{-2}$	6,332$_{-2}$	8,269$_{-2}$	22$_{-2}$	17$_{-2}$	21$_{-2}$	28$_{-2}$	0.6	HUN
7.7$_{-2}$	17.8$_{-2}$	13,544$_{-2}$	13,560$_{-2}$	11,748$_{-2}$	15,063$_{-2}$	24$_{-2}$	24$_{-2}$	21$_{-2}$	26$_{-2}$	0.2	ISL
3.5$_{-2}$	13.4$_{-2}$	3,196$_{-4}$	8,223$_{-2}$	8,716$_{-2}$	16,415$_{-2}$	4$_{-4}$	10$_{-2}$	11$_{-2}$	21$_{-2}$	0.5	IRL
4.0$_{-2}$	8.3$_{-2}$	7,981$_{-2}$	8,728$_{-2}$	9,381$_{-4}$	10,384$_{-2}$	19$_{-2}$	21$_{-2}$	23$_{-4}$	24$_{-2}$	0.6	ITA
4.4$_{-2}$	12.0$_{-2}$	6,117$_{-2}$	6,270$_{-2}$	6,867$_{-2}$	4,314$_{-2}$	21$_{-2}$	22$_{-2}$	24$_{-2}$	15$_{-2}$	0.5	LVA
…	…	…	…	…	…	…	…	…	…		LIE
3.8$_{-2}$	11.8$_{-2}$	5,779$_{-2}$	6,194$_{-2}$	5,788$_{-2}$	5,382$_{-2}$	17$_{-2}$	18$_{-2}$	17$_{-2}$	16$_{-2}$	0.4	LTU
3.6$_{-2}$	8.5$_{-2}$	18,904$_{-2}$	19,023$_{-2}$	22,417$_{-2}$	45,567$_{-2}$	16$_{-2}$	16$_{-2}$	19$_{-2}$	39$_{-2}$	0.1	LUX
4.8$_{-2}$	13.4$_{-2}$	7,439$_{-2}$	7,183$_{-2}$	12,270$_{-2}$	17,038$_{-2}$	18$_{-2}$	17$_{-2}$	29$_{-2}$	41$_{-2}$	0.7	MLT
1.5$_{-2}$	5.0	…	…	…	…	2$_{-3}$	3$_{-3}$	5$_{-3}$	…		MCO
…	…	…	…	…	…	…	…	…	…	1.6	MNE
5.2$_{-2}$	12.4$_{-2}$	6,492$_{-2}$	9,410$_{-2}$	12,378$_{-2}$	17,897$_{-2}$	12$_{-2}$	17$_{-2}$	22$_{-2}$	32$_{-2}$	0.9	NLD
…	…	…	…	…	…	…	…	…	…	0.1	MKD
7.9$_{-2}$	15.9$_{-2}$	14,091$_{-2}$	14,851$_{-2}$	17,548$_{-2}$	26,184$_{-2}$	21$_{-2}$	22$_{-2}$	26$_{-2}$	39$_{-2}$	0.1	NOR
4.6$_{-2}$	11.1$_{-2}$	5,721$_{-2}$	7,055$_{-2}$	6,321$_{-2}$	8,062$_{-2}$	19$_{-2}$	23$_{-2}$	21$_{-2}$	27$_{-2}$	0.6	POL
5.0$_{-2}$	11.1$_{-2}$	5,489$_{-2}$	8,094$_{-2}$	9,902$_{-2}$	7,759$_{-2}$	16$_{-2}$	24$_{-2}$	30$_{-2}$	23$_{-2}$	0.8	PRT
6.1	19.5	3,852	3,423	3,223	4,177	29	26	24	31	0.7	MDA
3.1$_{-2}$	10.1$_{-2}$	3,284$_{-2}$	2,223$_{-2}$	4,555$_{-2}$	7,301$_{-2}$	12$_{-2}$	8$_{-2}$	16$_{-2}$	26$_{-2}$	0.2	ROU
4.7$_{-2}$	13.5$_{-2}$	…	…	…	5,510$_{-2}$	…	…	…	20$_{-2}$	0.5	RUS
3.6$_{-1}$	14.5$_{-1}$	15,595$_{-1}$	14,810$_{-1}$	14,180$_{-1}$	6,566$_{-1}$	26$_{-1}$	24$_{-1}$	23$_{-1}$	11$_{-1}$		SMR
3.6$_{-1}$	8.8$_{-1}$	457$_{-1}$	6,854$_{-4}$	5,720$_{-1}$	4,738$_{-1}$	3$_{-1}$	44$_{-4}$	33$_{-1}$	27$_{-1}$	1.0	SRB
3.9$_{-2}$	9.5$_{-2}$	5,373$_{-2}$	6,536$_{-2}$	6,485$_{-2}$	8,285$_{-2}$	17$_{-2}$	21$_{-2}$	21$_{-2}$	26$_{-2}$	0.5	SVK
4.8$_{-2}$	10.9$_{-2}$	6,654$_{-2}$	8,347$_{-2}$	8,516$_{-2}$	9,010$_{-2}$	18$_{-2}$	22$_{-2}$	23$_{-2}$	24$_{-2}$	0.4	SVN
4.2$_{-2}$	10.2$_{-2}$	6,264$_{-2}$	6,772$_{-2}$	7,588$_{-2}$	8,668$_{-2}$	16$_{-2}$	17$_{-2}$	19$_{-2}$	22$_{-2}$	0.8	ESP
7.6$_{-2}$	15.7$_{-2}$	14,030$_{-2}$	11,564$_{-2}$	12,499$_{-2}$	22,510$_{-2}$	26$_{-2}$	22$_{-2}$	23$_{-2}$	42$_{-2}$	0.2	SWE
5.1$_{-2}$	15.5$_{-2}$	13,693$_{-2}$	16,954$_{-2}$	16,808$_{-2}$	25,713$_{-2}$	20$_{-2}$	25$_{-2}$	25$_{-2}$	38$_{-2}$	0.3	CHE
5.4$_{-2}$	13.1$_{-2}$	4,412$_{-2}$	3,684$_{-2}$	3,678$_{-2}$	4,188$_{-2}$	36$_{-2}$	30$_{-2}$	30$_{-2}$	34$_{-2}$	1.0	UKR
5.4$_{-2}$	13.8$_{-2}$	3,754$_{-2}$	10,614$_{-2}$	9,436$_{-2}$	17,558$_{-2}$	8$_{-2}$	23$_{-2}$	21$_{-2}$	39$_{-2}$	2.1	GBR
…	…	7,179$_{-2}$	11,910$_{-2}$	13,386$_{-2}$	13,974$_{-2}$	12$_{-2}$	20$_{-2}$	23$_{-2}$	…	1.9	USA

表 2: 可持续发展目标4，具体目标4.1——初等教育和中等教育

到2030年，确保所有女童和男童完成免费、公平和优质的初等教育和中等教育，取得有意义和有效的学习成果。

	参与/完成																
	A						B			C		D	E	F	G	H	I	J
	失学儿童（百万人）			失学率（%）			完成率(%)			超龄率（%）		初等教育毛入学率（%）	经调整的初等教育净入学率(%)	初等教育最高年级毛招生率（%）	初等教育向初级中等普通教育的有效升学率(%)	初级中等教育合计净入学率（%）	初级中等教育最高年级毛招生率（%）	高级中等教育合计净入学率(%)
	初等教育	初级中等教育	高级中等教育	初等教育	初级中等教育	高级中等教育	初等教育	初级中等教育	高级中等教育	初等教育	初级中等教育							
可持续发展目标指标:				4.1.4			4.1.2			4.1.5				4.1.3			4.1.3	
参考年份:	2019											2019						
区域	合计			加权平均数								加权平均数						
世界	**58i**	**61i**	**137i**	**8i**	**15i**	**35i**	**84**	**72**	**51**	**9i**	**10i**	**93i**	**90i**	**86**	**85i**	**76i**	**65i**	**56**
撒哈拉以南非洲	31i	29i	38i	18i	36i	57i	64	41	28	23i	31-1i	85i	69i	64	64i	44i	43i	77
北非和西亚	5i	4i	8i	10i	13i	30i	87	68	39i	8i	11i	92	88i	78	87i	75i	70i	8
北非	3	1i	4i	9	11i	30i	89	70	35i	9i	15	92	93	79	89i	76	70i	33
西亚	3i	2i	4i	10i	14i	30i	83i	65i	43i	7i	8i	92	83i	78i	86i	74i	70i	-
中亚和南亚	13i	17i	65i	7i	15i	45i	87	79	52	6	6	...	91	91	85i	80	55i	79
中亚	-	0.1	0.4	1	2	16	100	98	89	0.2	0.4	97	104	98	98	99	84	60
南亚	13i	17i	65i	7i	15i	46i	86	78	52	6	7	...	91	91	85i	79	54i	89
东亚和东南亚	6i	9i	17i	3i	9i	20i	95	83	58	4i	9i	...	99i	88	91i	89i	80i	50
东亚	4i	4i	9i	3i	7i	15i	95	86	59	...	...	...	96i	90	93i	92i	85i	43
东南亚	3i	5i	9i	4i	12i	29i	94	80	57	3i	9i	96	104i	85	88i	85i	71i	55
大洋洲	0.1i	0.1i	0.4i	3i	5i	26i	60i	...	13i	16i	11i	97	93i	...	95i	80i	74i	94
拉丁美洲和加勒比	2i	2i	6i	3i	7i	21i	94	81	63	8i	14i	98	98i	87	93i	80i	79i	69
加勒比	0.1i	0.1i	0.2i	...	...	...	80	65	42	7i	12i	...	...	82	...	...	...	52
中美洲	1	1	3	4	13	31	94	80	56	4	7	96	97	85	87	83	69	100
南美	1i	1i	3i	2i	4i	16i	96	83	69	7	14	98i	99i	87	96i	88i	85i	83
欧洲和北美	1i	1i	2i	1i	2i	6i	100i	99i	94i	2i	3i	99i	99i	99i	98i	95i	94i	30
欧洲	1i	1i	2i	2i	2i	7i	...	...	...	1i	2i	99	98i	...	98i	95i	93i	30
北美	0.1i	0.1i	1i	1i	1i	4i	100	99	94	3i	4i	...	100i	99	99i	95i	96i	33
低收入国家	20i	19i	25i	19i	37i	60i	57	34	20	26i	27-1i	84i	65i	60	63i	40-1i	40i	81
中等收入国家	37i	42i	109i	7i	14i	35i	89	78	54	7i	10i	95i	92i	88	86i	79i	65i	63
中低收入国家	29i	31i	88i	9i	18i	45i	85	75	51	9i	10	93i	90	88	82i	74	55i	70
中高收入国家	8i	10i	22i	4i	8i	19i	95	84	60	4i	9i	97i	97i	89	92i	87i	81i	57
高收入国家	1i	1i	3i	2i	2i	7i	99i	...	...	2i	3i	99i	98i	...	98i	95i	93i	32

A 失学儿童总数及其占相应年龄组总人数的百分比。
B 教育完成率，按教育等级分列（资料来源：统计研究所和《全球教育监测报告》小组对家庭调查数据的分析）。
C 比所在年级的正规年龄大2岁及以上的学生所占的百分比，按教育等级分列。
D 初等教育毛入学率。
E 经调整的初等教育净入学率。
F 初等教育最高年级毛招生率。
G 初等教育向初级中等普通教育的有效升学率。
H 初级中等教育合计净入学率。
I 初级中等教育最高年级毛招生率。
J 高级中等教育合计净入学率。
K 低年级（二年级或三年级），或者初等教育、初级中等教育最高年级的全国代表性学习评估的管理。
L 至少达到阅读和数学最低熟练水平的学生百分比。

注：
资料来源：除非有注解，数据均来自统计研究所。除非有注解，数据均为2019年结束的学年的数据。
总体数据代表表中所列的所有数据可得国家和地区，可能包括对无最新数据国家和地区所做的估计。
(-) 零或可忽略不计
(...) 无相关数据或不存在的类别
(±n)参考年份差异（例如，-2表示用2017年数据代替2019年数据）
(i) 估计数或不完全统计数

学习											
K						L					
全国代表性学习评估的管理						达到最低熟练水平的百分比（%）					
低年级		初等教育结束时		初级中等教育结束时		低年级		初等教育结束时		初级中等教育结束时	
阅读	数学	阅读	数学	阅读	数学	阅读	数学	阅读	数学	阅读	数学
4.1.6						4.1.1					
2019											
占国家数的百分比（%）						加权平均数					
56	**55**	**79**	**82**	**79**	**83**	**…**	**…**	**…**	**…**	**…**	**…**
77	75	88	85	90	92	…	…	…	…	…	…
8	-	50	75	58	83	…	…	…	…	…	…
33	-	17	67	50	67	…	…	…	…	…	…
-	-	61	78	61	89	…	…	…	…	…	…
79	71	79	79	64	71	…	…	…	…	…	…
60	40	40	40	40	40	…	…	…	…	…	…
89	89	100	100	78	89	…	…	…	…	…	…
50	39	83	83	83	83	…	…	…	…	…	…
43	43	57	57	86	86	…	…	…	…	…	…
55	36	100	100	82	82	…	…	…	…	…	…
94	94	100	100	94	94	…	…	…	…	…	…
69	71	74	69	60	62	…	…	…	…	…	…
52	57	57	52	39	43	…	…	…	…	…	…
100	100	100	100	100	100	…	…	…	…	…	…
83	83	92	83	75	75	…	…	…	…	…	…
30	33	83	87	93	93	…	…	…	…	…	…
30	35	84	88	95	95	…	…	…	…	…	…
33	-	67	67	67	67	…	…	…	…	…	…
81	74	71	74	77	81	…	…	…	…	…	…
63	59	80	84	79	84	…	…	…	…	…	…
70	62	85	87	79	83	…	…	…	…	…	…
57	57	76	81	79	84	…	…	…	…	…	…
32	35	81	81	79	84	…	…	…	…	…	…

表 2（续）

	参与/完成																			
	A						B			C		D	E	F	G	H	I	J
	失学儿童（千人）			失学率（%）			完成率(%)			超龄率（%）		初等教育毛入学率(%)	经调整的初等教育净入学率(%)	初等教育最高年级毛招生率(%)	初等教育向初级中等普通教育的有效升学率(%)	初级中等教育合计净入学率(%)	初级中等教育最高年级毛招生率(%)	高级中等教育合计净入学率
	初等教育	初级中等教育	高级中等教育	初等教育	初级中等教育	高级中等教育	初等教育	初级中等教育	高级中等教育	初等教育	初级中等教育							
可持续发展目标指标:					4.1.4			4.1.2			4.1.5			4.1.3			4.1.3	
参考年份:				2019											2019			
北非和西亚																		
阿尔及利亚	16	…	…	0.4	…	…	97_{i}	65_{i}	41_{i}	5	22	100	101	67_{i}	…	83	…	无
亚美尼亚	15	19_{i}	11_{i}	9	10_{i}	11_{i}	100_{i}	98_{i}	65_{-3}	1	1	91	93	98_{i}	90_{i}	92	89_{i}	无
阿塞拜疆	56_{i}	1_{i}	1_{i}	8_{i}	0.2_{i}	0.3_{i}	99_{i}	96_{i}	90_{i}	2	3_{-2}	92_{i}	100_{i}	97_{i}	100_{i}	85_{-1i}	100_{i}	无
巴林	3	2	6	2	4	13	…	…	…	1	3	98	100	…	96	93	87	无
塞浦路斯	0.3_{-1i}	0.1_{-1i}	2_{-1i}	1_{-1i}	0.3_{-1i}	7_{-1i}	…	…	…	0.3_{-1}	2_{-1}	99_{-1i}	102_{-1i}	…	100_{-1i}	96_{-1i}	93_{-1i}	无
埃及	91	128	1,209	1	2	23	94_{i}	84_{i}	…	2_{-1}	3	99	105	89_{i}	98	88	77	有
格鲁吉亚	2	-	7	1	-	6	99_{i}	97_{i}	77_{-1}	1	1	99	93	98_{i}	100	114	94	无
伊拉克	…	…	…	…	…	…	76_{i}	47_{i}	31_{i}	…	…	…	…	62_{i}	…	…	…	无
以色列	3_{-1}	…	7_{-1}	0.3_{-1}	…	2_{-1}	…	…	…	0.4_{-1}	1_{-1}	100_{-1}	102_{-1}	…	…	108_{-1}	98_{-1}	无
约旦	262	257	187	19	30	46	99_{i}	94_{i}	57_{-1}	1	2	81	82	95_{i}	70	64	54	无
科威特	7_{-3}	11_{-4}	24_{-4}	3_{-3}	6_{-4}	18_{-4}	…	…	…	3	4	83	85	…	94_{-4}	92	82_{-4}	无
黎巴嫩	…	…	…	…	…	…	…	…	…	8	12	…	…	…	…	…	…	无
利比亚	…	…	…	…	…	…	…	…	…	…	…	…	…	…	…	…	…	无
摩洛哥	16	171	496	0.4	9	28	80_{i}	50_{i}	28_{i}	14	31	100	97	62_{i}	91	64	72	无
阿曼	8	6	9	3	2	10	…	…	…	0.3	4	97	101	…	98	106	90	无
巴勒斯坦	18	14	78	3	3	25	99_{i}	90_{i}	66_{i}	0.3	1	97	96	91_{i}	97	93	75	无
卡塔尔	3	3	…	2	5	…	…	…	…	1	4	98	95	…	95	95	…	无
沙特阿拉伯	59_{-3}	15	48	2_{-3}	1	4	…	…	…	6	8	98_{-3}	96	…	99	105	96	无
苏丹	$2,131_{-1}$	687_{-1}	$1,462_{-1}$	33_{-1}	34_{-1}	52_{-1}	76_{i}	60_{i}	33_{i}	26_{-1}	33_{-1}	67_{-1}	64_{-1}	78_{i}	66_{-1}	…	48_{-1}	无
阿拉伯叙利亚共和国	…	…	…	…	…	…	98_{i}	53_{i}	38_{i}	…	…	…	…	54_{i}	…	…	…	无
突尼斯	…	…	…	…	…	…	95_{i}	76_{i}	50_{i}	6_{-1}	16_{-1}	99_{-1}	95_{-2}	80_{i}	…	77_{-1}	…	有
土耳其	267_{-1}	334_{-1}	921_{-1}	5_{-1}	6_{-1}	17_{-1}	…	…	…	2_{-1}	2_{-1}	95_{-1}	89_{-1}	…	94_{-1}	87_{-1}	83_{-1}	无
阿拉伯联合酋长国	1	0.3	4	0.2	0.1	2	…	…	…	2_{-2}	5_{-2}	100	112	…	100	102	98	无
也门	650_{-3}	543_{-3}	$1,019_{-3}$	16_{-3}	28_{-3}	56_{-3}	76_{i}	61_{i}	43_{i}	9_{-3}	11_{-3}	84_{-3}	72_{-3}	81_{i}	72_{-3}	53_{-3}	44_{-3}	无
中亚和南亚																		
阿富汗	…	…	$1,481_{-1i}$	…	…	56_{-1i}	64_{i}	48_{i}	28_{i}	…	11_{-1}	…	86_{-1}	76_{i}	…	55_{-1}	44_{-1i}	有
孟加拉国	…	…	$4,817_{-1i}$	…	…	38_{-1i}	83	65	29	…	5	…	…	78	…	88_{-1}	62_{-1i}	有
不丹	3_{+1}	7_{-1i}	8_{-1i}	4_{+1}	12_{-1i}	28_{-1i}	87_{i}	60_{i}	34_{i}	14_{-2}	28_{+1}	96_{+1}	100_{-2}	69_{i}	88_{-1i}	85_{+1}	72_{-1i}	有
印度	…	…	…	…	…	…	93_{i}	86_{i}	59_{i}	5	7	…	92	92_{i}	…	83	…	有
伊朗伊斯兰共和国	17_{-2}	157_{-2}	854_{-2}	0.2_{-2}	5_{-2}	26_{-2}	96_{i}	88_{i}	69_{i}	3_{-2}	3_{-2}	100_{-2}	99_{-2}	92_{i}	95_{-2}	90_{-2}	74_{-2}	无
哈萨克斯坦	145_{+1}	0.3_{+1}	5_{-1}	10_{+1}	$-_{+1}$	1_{-1}	100_{i}	100_{i}	95_{i}	2_{+1}	2_{+1}	90_{+1}	102_{+1}	100_{i}	100_{+1}	104_{+1}	99_{-1}	无
吉尔吉斯斯坦	3	11	55	0.5	2	28	100_{i}	99_{i}	84_{i}	0.4	1	100	109	99_{i}	98	98	72	有
马尔代夫	1	1	…	2	9	…	100_{i}	96_{i}	25_{i}	0.1	11_{-2}	98	92	96_{i}	91	111	…	有
尼泊尔	103	47	490	4	3	19	80	72	28	36	43	96	120	90	97	99	81	有
巴基斯坦	…	…	…	…	…	…	58_{i}	52_{i}	27_{i}	…	…	…	73	90_{i}	…	49	…	有
斯里兰卡	9_{-1}	2_{-1}	211_{-1}	1_{-1}	0.1_{-1}	16_{-1}	…	…	…	1_{-1}	1_{-1}	99_{-1}	102_{-2}	…	100_{-1}	96_{-2}	84_{-1}	有
塔吉克斯坦	4_{-2}	…	…	1_{-2}	…	…	99_{i}	92_{i}	70_{i}	$-_{-2}$	$-_{-2}$	99_{-2}	95_{-2}	94_{i}	…	96_{-2}	…	有
土库曼斯坦	…	…	…	…	…	…	99	99	94_{i}	…	…	…	…	100	…	…	…	有
乌兹别克斯坦	15	32	220	1	1	14	100_{i}	99_{i}	91_{i}	-	0.1	99	106	99_{i}	99	95	86	无
东亚和东南亚																		
文莱达鲁萨兰国	0.2	0.4	6	1	3	18	…	…	…	1	3	99	100	…	97	107	82	有
柬埔寨	190	120_{-4i}	…	9	13_{-4i}	…	74_{i}	46_{i}	22_{i}	18	18	91	91	63_{i}	87_{-4i}	58	…	有
中国	…	…	…	…	…	…	95_{i}	86_{i}	58_{i}	…	…	…	…	90_{i}	…	…	…	有
朝鲜民主主义人民共和国	…	…	…	…	…	…	…	…	…	…	…	…	…	…	…	…	…	有
中国香港	8_{-1i}	1_{i}	1_{i}	2_{-1i}	1_{i}	1_{i}	…	…	…	2_{i}	6_{i}	97_{i}	107	…	99_{i}	106	99_{i}	无
印度尼西亚	$1,555_{-1}$	$2,299_{-1}$	$3,137_{-1}$	6_{-1}	16_{-1}	23_{-1}	97_{i}	87_{i}	59_{i}	0.3_{-1}	9_{-1}	94_{-1}	102_{-1}	90_{i}	84_{-1}	90_{-2}	77_{-1}	无
日本	…	…	…	…	…	…	…	…	…	$-_{-1}$	$-_{-1}$	…	…	…	…	…	…	无
老挝人民民主共和国	65	163	186	8	28	44	85_{i}	63_{i}	40_{i}	9	22	92	92	74_{i}	72	65	56	有
中国澳门	0.4	0.3	2	1	2	13	…	…	…	2	11	99	104	…	98	98	87	无
马来西亚	10_{-2i}	206_{-2}	605_{-2}	0.4_{-2i}	13_{-2}	37_{-2}	100_{i}	97_{i}	62_{i}	$-_{-2}$	-	100_{-2i}	99_{-2}	97_{i}	87_{-2}	85	63_{-2}	无
蒙古	2	15	27	1	8	21	99_{i}	94_{i}	80_{i}	1	1	99	107	95_{i}	92	95	79	有
缅甸	92_{-1}	848_{-1}	884_{-1}	2_{-1}	21_{-1}	43_{-1}	82_{i}	52_{i}	22_{i}	…	9_{-1}	98_{-1}	95_{-1}	63_{i}	79_{-1}	65_{-1}	57_{-1}	无
菲律宾	406	900	424_{-4}	3	11	21_{-4}	90_{i}	74_{i}	70_{i}	6	13	97	106	83_{i}	89	…	79_{-4}	有
韩国	25_{-1}	38_{-1}	61_{-1}	1_{-1}	3_{-1}	4_{-1}	…	…	…	0.2_{-1}	0.3_{-1}	99_{-1}	95_{-1}	…	97_{-1}	100_{-1}	96_{-1}	无
新加坡	0.5_{-1i}	0.4_{-1i}	$-_{-1i}$	0.2_{-1i}	1_{-1i}	0.1_{-1i}	…	…	…	0.3_{-1}	1_{-1}	100_{-1i}	100_{-1i}	…	99_{-1i}	100_{-1i}	100_{-1i}	无
泰国	…	…	603_{-4i}	…	…	21_{-4i}	99	87	66	2	2	…	94	89	…	81_{-1}	79_{-4i}	有
东帝汶	9	10	23	5	10	24	80_{-3}	66_{-3}	52_{-3}	22	32	95	105	82_{-3}	90	91	76	有
越南	…	…	…	…	…	…	98_{i}	87_{i}	56_{i}	1_{-3}	…	99	110_{-1}	89_{i}	…	98_{-1}	…	无

学习												
K						L						
全国代表性学习评估的管理						达到最低熟练水平的百分比（%）						
低年级		初等教育结束时		初级中等教育结束时		低年级		初等教育结束时		初级中等教育结束时		
阅读	数学	阅读	数学	阅读	数学	阅读	数学	阅读	数学	阅读	数学	国家或地区名称缩写
4.1.6						4.1.1						
2019												
无	无	无	有	有	有	…	…	…	…	21_{-4}	19_{-4}	DZA
无	无	无	有	有	有	…	…	…	64	…	50_{-4}	ARM
无	无	有	有	有	有	…	…	81_{-3}	72	…	…	AZE
无	无	有	有	无	有	…	…	69_{-3}	54	…	55	BHR
无	无	有	有	有	有	…	…	…	77	56_{-1}	63	CYP
有	无	无	有	无	有	…	…	…	27	…	21_{-4}	EGY
无	无	有	有	有	有	…	…	86_{-3}	56	36_{-1}	39_{-1}	GEO
无	无	无	无	无	无	…	…	…	…	…	…	IRQ
无	无	有	有	有	有	…	…	91_{-3}	…	69_{-1}	66_{-1}	ISR
无	无	无	无	有	有	…	…	…	…	59_{-1}	41_{-1}	JOR
无	无	有	有	无	有	…	…	…	21	…	21	KWT
无	无	无	有	有	有	…	…	…	27	32_{-1}	35_{-4}	LBN
无	无	无	无	无	无	…	…	…	…	…	…	LBY
无	无	有	有	有	有	…	…	36_{-3}	18	27_{-1}	12	MAR
无	无	有	有	无	有	…	…	59_{-3}	33	…	27	OMN
无	无	无	无	无	有	…	…	…	…	…	…	PSE
无	无	有	有	有	有	…	…	66_{-3}	40	49_{-1}	37	QAT
无	无	有	有	有	有	…	…	63_{-3}	23	48_{-1}	15	SAU
无	无	无	无	无	无	…	…	…	…	…	…	SDN
无	无	无	无	无	有	…	…	…	…	…	…	SYR
有	无	无	有	有	有	47_{-1}	…	…	…	28_{-4}	25_{-4}	TUN
无	无	有	有	有	有	…	…	…	70	74_{-1}	56	TUR
无	无	有	有	有	有	…	…	68_{-3}	53	57_{-1}	50	ARE
无	无	无	有	无	无	…	…	…	…	…	…	YEM
有	有	有	有	无	无	22_{-3}	24_{-3}	…	…	…	…	AFG
有	有	有	有	有	有	47_{-2}	34_{-2}	44_{-2}	32_{-2}	54_{-4}	57_{-4}	BGD
有	有	有	有	有	有	…	…	…	…	56_{-4}	…	BTN
有	有	有	有	有	有	47_{-2}	53_{-2}	46_{-2}	44_{-2}	38_{-2}	40_{-2}	IND
无	无	有	有	无	有	…	…	66_{-3}	39	…	37	IRN
无	无	有	有	有	有	…	…	98_{-3}	71	36_{-1}	51_{-1}	KAZ
有	有	有	有	有	有	39_{-1}	30_{-1}	40_{-2}	40_{-2}	48_{-2}	35_{-2}	KGZ
有	有	有	有	有	有	…	…	…	…	…	…	MDV
有	有	有	有	有	有	…	…	80_{-1}	68_{-1}	100_{-2}	98_{-2}	NPL
有	有	有	有	有	有	…	14_{-3}	52_{-3}	8	…	…	PAK
有	有	有	有	有	有	…	…	55_{-4}	73_{-4}	21_{-3}	51_{-3}	LKA
有	无	无	无	无	无	…	…	…	…	…	…	TJK
有	有	无	无	无	无	71	53	…	…	…	…	TKM
无	无	无	无	无	无	…	…	…	…	…	…	UZB
有	有	有	有	有	有	…	…	…	…	48_{-1}	52_{-1}	BRN
有	有	有	有	有	有	…	…	11	19	8_{-4}	10_{-4}	KHM
有	有	无	无	有	有	82_{-3}	85_{-4}	…	…	80_{-3}	79_{-4}	CHN
有	有	无	无	无	无	94_{-2}	83_{-2}	…	…	…	…	PRK
无	无	有	有	有	有	…	…	99_{-3}	96	87_{-1}	91_{-1}	HKG
无	无	有	有	有	有	…	…	…	18_{-4}	30_{-1}	28_{-1}	IDN
无	有	有	有	有	有	…	…	…	…	…	…	JPN
有	有	有	有	无	无	…	…	2	8	…	…	LAO
无	无	有	无	有	有	…	…	98_{-3}	…	89_{-1}	95_{-1}	MAC
无	无	有	有	有	有	…	…	58	64	54_{-1}	59_{-1}	MYS
有	无	有	有	有	有	44_{-1}	…	…	…	…	…	MNG
无	无	有	有	无	无	…	…	11	12	…	…	MMR
有	无	有	有	有	有	…	…	10	17	19_{-1}	…	PHL
无	无	无	有	有	有	…	…	…	95	85_{-1}	85_{-1}	KOR
无	无	有	有	有	有	…	…	97_{-3}	96	89_{-1}	92	SGP
有	无	有	有	有	有	…	…	…	…	40_{-1}	47_{-1}	THA
有	有	有	有	有	有	…	…	…	…	…	…	TLS
无	无	有	有	有	有	…	…	82	92	86_{-4}	81_{-4}	VNM

表 2（续）

	参与/完成																	
	A						B			C		D	E	F	G	H	I	J
	失学儿童（千人）			失学率（%）			完成率(%)			超龄率（%）		初等教育毛入学率（%）	经调整的初等教育净入学率(%)	初等教育最高年级毛招生率(%)	初等教育向初级中等普通教育的有效升学率(%)	初级中等教育合计净入学率（%）	初级中等教育最高年级毛招生率(%)	高级中等教育合计净入学率
	初等教育	初级中等教育	高级中等教育	初等教育	初级中等教育	高级中等教育	初等教育	初级中等教育	高级中等教育	初等教育	初级中等教育							
可持续发展目标指标:				4.1.4			4.1.2			4.1.5				4.1.3			4.1.3	
参考年份:	2019											2019						
大洋洲																		
澳大利亚	10$_{-1}$	29$_{-1}$	47$_{-1}$	0.4$_{-1}$	2$_{-1}$	8$_{-1}$	...	...	...	0.2$_{-1}$	2$_{-1}$	100$_{-1}$	...	...	98$_{-1}$	...	92$_{-1}$	有
库克群岛	-$_{-3}$	-$_{-3}$	0.2	1$_{-3}$	1$_{-3}$	29	...	...	...	0.1	1	99	120	...	99$_{-3}$	97	71	有
斐济	1$_{-3}$	...	...	1$_{-3}$	...	...	98$_{i}$	93$_{i}$	85$_{i}$	2	2	99	109	95$_{i}$	...	103$_{-3}$	...	有
基里巴斯	1$_{-2}$	...	...	4$_{-2}$	...	...	94	78	17	2$_{-2}$	10$_{-2}$	96$_{-2}$	101$_{-3}$	83	...	95$_{-3}$	...	有
马绍尔群岛	2	2	1	26	31	43	...	...	...	9	19	74	77	...	69	...	57	有
密克罗尼西亚联邦	1	...	...	10	...	...	...	...	...	11	14	90	88	...	...	79	...	有
瑙鲁	-$_{-3}$	0.1	-	3$_{-3}$	9	6	...	...	...	2	1	99	117	...	91	87	94	有
新西兰	1$_{-1}$	3$_{-1}$	4$_{-1}$	0.3$_{-1}$	1$_{-1}$	2$_{-1}$	...	...	...	0.2$_{-1}$	0.3$_{-1}$	100$_{-1}$	...	...	99$_{-1}$	...	98$_{-1}$	无
纽埃	...	...	...	...	...	...	...	...	...	-	-	94	112$_{-3}$	...	...	104$_{-4}$	...	有
帕劳	...	...	...	...	...	...	...	...	...	...	...	...	...	...	...	...	...	有
巴布亚新几内亚	86$_{-3}$	53$_{-3}$	320$_{-3}$	7$_{-3}$	14$_{-3}$	46$_{-3}$	56$_{i}$	50$_{-1}$	8$_{i}$	47$_{-3}$	50$_{-3}$	93$_{-3}$	77$_{-3}$	...	86$_{-3}$	62$_{-3}$	54$_{-3}$	有
萨摩亚	0.4$_{-1}$	...	2$_{-3}$	1$_{-1}$	...	10$_{-3}$	...	...	...	9	10	99	109	...	...	103	90$_{-3}$	有
所罗门群岛	7	...	...	7	...	...	...	...	...	75	75	93	86	...	...	70	...	有
托克劳	...	...	-	...	...	41	...	...	...	1	-	97	119	...	...	...	59	有
汤加	0.2$_{-4}$	1$_{-4}$	2$_{-4}$	1$_{-4}$	5$_{-4}$	38$_{-4}$	98	92	36	0.2$_{-4}$	2$_{-4}$	99$_{-4}$	...	94	95$_{-4}$	...	62$_{-4}$	有
图瓦卢	0.2	0.3	0.3	15	29	50	...	...	...	-	-	85	79$_{-1}$	...	71	61$_{-3}$	50	有
瓦努阿图	3$_{-4}$	1$_{-4}$	7$_{-4}$	8$_{-4}$	3$_{-4}$	44$_{-4}$	82$_{i}$	45$_{i}$	12$_{i}$	...	...	92$_{-4}$	...	55$_{i}$	97$_{-4}$	...	56$_{-4}$	有
拉丁美洲和加勒比																		
安圭拉	-	...	-	1	...	4	...	...	...	1	1	99	96	...	...	...	96	有
安提瓜和巴布达	0.1$_{-1}$	0.1$_{-1}$	0.4$_{-1}$	1$_{-1}$	1$_{-1}$	13$_{-1}$	...	...	...	2$_{-1}$	13$_{-1}$	99$_{-1}$	96$_{-1}$	...	99$_{-1}$	99$_{-1}$	87$_{-1}$	有
阿根廷	18$_{-1}$	2$_{-1}$	237$_{-1}$	0.4$_{-1}$	0.1$_{-1}$	11$_{-1}$	96$_{i}$	72$_{i}$	63$_{i}$	3$_{-1}$	13$_{-1}$	100$_{-1}$	99$_{-1}$	75$_{i}$	100$_{-1}$	91$_{-1}$	89$_{-1}$	有
阿鲁巴	...	...	...	...	...	...	...	...	...	...	...	...	...	...	...	...	...	无
巴哈马	...	...	...	...	...	...	...	...	...	6$_{-1}$	...	...	...	...	...	...	...	无
巴巴多斯	0.2	1	0.4	1	5	5	99$_{i}$	99$_{i}$	95$_{i}$	0.2	3	99	90	100$_{i}$	95	...	95	无
伯利兹	0.2	3	6	0.5	10	36	96$_{-3}$	61$_{-3}$	49$_{-3}$	8	15	100	103	63$_{-3}$	90	70	64	无
多民族玻利维亚国	75	62$_{-1}$	200	5	13$_{-1}$	22	98$_{i}$	92$_{i}$	67$_{i}$	3	8	95	92	93$_{i}$	93	86	78	有
巴西	72$_{-1i}$	296$_{-1i}$	1,440$_{-1i}$	1$_{-1i}$	2$_{-1i}$	15$_{-1i}$	95$_{-1}$	86$_{-1}$	67$_{-1}$	7$_{-1}$	16$_{-1}$	99$_{-1i}$	...	90$_{-1}$	98$_{-1i}$	...	85$_{-1i}$	有
英属维尔京群岛	-$_{-1}$	0.1$_{-4}$	0.2$_{-3}$	2$_{-1}$	5$_{-4}$	20$_{-3}$	...	...	...	5$_{-1}$	19$_{-1}$	98$_{-1}$	80$_{-1}$	...	88$_{-3}$	98$_{-3}$	80$_{-3}$	无
开曼群岛	1$_{-1}$	0.5$_{-1}$	1$_{-1}$	10$_{-1}$	20$_{-1}$	25$_{-1}$	...	...	...	0.2$_{-1}$	0.4$_{-1}$	90$_{-1}$	90$_{-1}$	...	80$_{-1}$	80$_{-1}$	75$_{-1}$	有
智利	19$_{-1}$	26$_{-1}$	46$_{-1}$	1$_{-1}$	5$_{-1}$	5$_{-1}$	96$_{-2}$	96$_{-2}$	86$_{-2}$	4$_{-1}$	8$_{-1}$	99$_{-1}$	96$_{-1}$	100$_{-2}$	95$_{-1}$	93$_{-1}$	95$_{-1}$	有
哥伦比亚	37	176	359$_{-1}$	1	6	21$_{-1}$	93$_{-1}$	77$_{-1}$	72$_{-1}$	13	21	99	107	82$_{-1}$	94	78	85	有
哥斯达黎加	1	4	9	0.1	2	6	99$_{-1}$	73$_{-1}$	58$_{-1}$	5	19	100	103	74$_{-1}$	98	74	94	有
古巴	6	38	70	1	10	18	100	95	65	0.4	1	99	87	95	90	89	82	有
库拉索	...	...	...	...	...	...	...	...	...	...	...	...	...	...	...	...	...	无
多米尼克	0.2	-	0.4	4	1	18	...	...	...	5$_{-3}$	14$_{-3}$	96	114$_{-3}$	...	99	91$_{-4}$	82	有
多米尼加共和国	46$_{i}$	33$_{i}$	127$_{i}$	4$_{i}$	6$_{i}$	22$_{i}$	91$_{i}$	85$_{i}$	55$_{i}$	12	20	96$_{i}$	93$_{i}$	93$_{i}$	94$_{i}$	84$_{i}$	78$_{i}$	有
厄瓜多尔	25$_{-1}$	41$_{-1}$	178$_{-1}$	1$_{-1}$	4$_{-1}$	19$_{-1}$	99$_{-1}$	91$_{-1}$	72$_{-1}$	3$_{-1}$	7$_{-1}$	99$_{-1}$	104$_{-1}$	93$_{-1}$	96$_{-1}$	97$_{-1}$	81$_{-1}$	有
萨尔瓦多	96$_{-1}$	60$_{-1}$	126$_{-1}$	14$_{-1}$	17$_{-1}$	34$_{-1}$	90$_{-1}$	75$_{-1}$	59$_{-1}$	13$_{-1}$	20$_{-1}$	86$_{-1}$	87$_{-1}$	84$_{-1}$	83$_{-1}$	77$_{-1}$	66$_{-1}$	有
格林纳达	0.1$_{-1}$	...	0.1$_{-2}$	1$_{-1}$	...	3$_{-2}$	...	...	...	2$_{-1}$	9$_{-1}$	99$_{-1}$	123$_{-1}$	...	...	107$_{-1}$	97$_{-2}$	无
危地马拉	249	386$_{-1}$	680$_{-1}$	11	33$_{-1}$	59$_{-1}$	82$_{i}$	53$_{i}$	37$_{i}$	15	25	89	79	65$_{i}$	67$_{-1}$	56	41$_{-1}$	有
圭亚那	...	...	...	...	...	...	99$_{i}$	90$_{i}$	64$_{i}$	...	...	...	...	91$_{i}$	...	...	...	有
海地	...	...	...	...	...	...	53$_{-2}$	30$_{i}$	13$_{i}$	...	...	...	...	...	...	...	...	无
洪都拉斯	151	234	233	13	38	56	85$_{i}$	55$_{i}$	46$_{i}$	9	16	87	79	65$_{i}$	62	44	44	有
牙买加	...	25	23	...	18	24	100$_{i}$	97$_{i}$	92$_{i}$	1	3	...	...	97$_{i}$	82	84	76	有
墨西哥	94$_{-1}$	527$_{-1}$	1,754$_{-1}$	1$_{-1}$	8$_{-1}$	26$_{-1}$	98$_{-1}$	89$_{-1}$	59$_{-1}$	1$_{-1}$	2$_{-1}$	99$_{-1}$	102$_{-1}$	90$_{-1}$	92$_{-1}$	91$_{-1}$	74$_{-1}$	有
蒙特塞拉特	-$_{-3}$	-	-	3$_{-3}$	7	16	...	...	...	-	0.5	92	97	...	93	110	84	有
尼加拉瓜	...	...	...	...	...	...	78$_{i}$	52$_{i}$	39$_{i}$	...	...	...	...	68$_{i}$	...	...	...	有
巴拿马	59$_{-2}$	26$_{-2}$	69$_{-4}$	13$_{-2}$	12$_{-2}$	33$_{-4}$	95$_{i}$	85$_{-1}$	63$_{i}$	8$_{-2}$	11$_{-2}$	87$_{-2}$	90$_{-2}$	...	88$_{-2}$	77$_{-2}$	56$_{-2}$	有
巴拉圭	...	...	130$_{-3}$	...	...	32$_{-3}$	94$_{-1}$	79$_{-1}$	64$_{-1}$	14$_{-3}$	14$_{-3}$	...	...	84$_{-1}$	...	...	68$_{-3}$	有
秘鲁	48$_{-1}$	28$_{-1}$	185$_{-1}$	1$_{-1}$	2$_{-1}$	18$_{-1}$	96$_{i}$	87$_{i}$	82$_{i}$	4	7	98	99	90$_{i}$	98$_{-1}$	102	92$_{i}$	有
圣基茨和尼维斯	0.1$_{-3}$	...	0.1$_{-3}$	1$_{-3}$	...	4$_{-3}$	...	...	...	1$_{-3}$	2$_{-3}$	99$_{-3}$	98$_{-3}$	...	...	111$_{-3}$	96$_{-3}$	有
圣卢西亚	0.3	1	1	2	10	21	100$_{i}$	98$_{i}$	90$_{i}$	1	2	98	100	98$_{i}$	90	92	79	有
圣文森特和格林纳丁斯	0.1$_{-2}$	0.1$_{-1}$	1$_{-1}$	0.5$_{-2}$	2$_{-1}$	15$_{-1}$	...	...	...	1$_{-1}$	14$_{-1}$	97$_{-1i}$	106$_{-1}$	...	98$_{-1}$	92$_{-1}$	85$_{-1}$	有
荷属圣马丁	...	...	...	...	...	...	...	...	...	...	...	...	...	...	...	...	...	无
苏里南	8	6$_{-4}$	11$_{-4}$	12	15$_{-4}$	38$_{-4}$	86$_{i}$	55$_{i}$	28$_{i}$	18	35	88	86	64$_{i}$	85$_{-4}$	47	62$_{-4}$	有
特立尼达和多巴哥	...	...	...	...	...	...	96$_{i}$	95$_{i}$	89$_{i}$	...	...	...	...	99$_{i}$	...	...	...	无
特克斯和凯科斯群岛	...	0.4$_{-1}$	0.4$_{-1}$	...	20$_{-1}$	32$_{-1}$	...	...	...	4$_{-1}$	3$_{-1}$	99$_{-1}$	129$_{-1}$	...	80$_{-1}$	106$_{-1}$	68$_{-1}$	无
乌拉圭	0.4$_{-1}$	0.4$_{-2}$	18$_{-2}$	0.1$_{-1}$	0.3$_{-2}$	12$_{-2}$	97$_{i}$	66$_{i}$	42$_{i}$	3$_{-1}$	14$_{-1}$	100$_{-1}$	103$_{-1}$	68$_{i}$	100$_{-2}$	...	88$_{-2}$	有
委内瑞拉玻利瓦尔共和国	325$_{-2}$	232$_{-2}$	249$_{-2}$	10$_{-2}$	14$_{-2}$	23$_{-2}$	...	...	...	8$_{-2}$	12$_{-2}$	90$_{-2}$	93$_{-2}$	...	86$_{-2}$	75$_{-2}$	77$_{-2}$	无

学习 K 全国代表性学习评估的管理 低年级 阅读	数学	初等教育结束时 阅读	数学	初级中等教育结束时 阅读	数学	L 达到最低熟练水平的百分比（%） 低年级 阅读	数学	初等教育结束时 阅读	数学	初级中等教育结束时 阅读	数学	国家或地区名称缩写
4.1.6						4.1.1						
2019												
有	有	有	有	有	有	94_{-3}	70	…	68	80_{-1}	78_{-1}	AUS
有	有	有	有	有	有	…	…	…	…	…	…	COK
有	有	有	有	有	有	…	…	…	…	…	…	FJI
有	有	有	有	有	有	29_{-1}	12_{-1}	…	…	…	…	KIR
有	有	有	有	有	有	…	…	…	…	…	…	MHL
有	有	有	有	有	有	…	…	…	…	…	…	FSM
有	有	有	有	有	有	…	…	…	…	…	…	NRU
无	无	有	有	有	有	…	…	90_{-3}	56	81_{-1}	78_{-1}	NZL
有	有	有	有	无	无	…	…	…	…	…	…	NIU
有	有	有	有	有	有	…	…	…	…	…	…	PLW
有	有	有	有	有	有	…	…	…	…	…	…	PNG
有	有	有	有	有	有	12	22	…	…	…	…	WSM
有	有	有	有	有	有	71_{-4}	76_{-4}	58_{-4}	90_{-4}	…	…	SLB
有	有	有	有	有	有	…	…	…	…	…	…	TKL
有	有	有	有	有	有	…	…	…	…	…	…	TON
有	有	有	有	有	有	…	…	…	…	…	…	TUV
有	有	有	有	有	有	…	…	…	…	…	…	VUT
有	有	有	有	有	有	…	…	…	…	…	…	AIA
有	有	有	有	有	有	…	…	…	…	…	…	ATG
有	有	有	有	有	有	…	…	…	…	48_{-1}	31_{-1}	ARG
无	无	无	无	无	无	…	…	…	…	…	…	ABW
无	无	无	无	无	无	…	…	…	…	…	…	BHS
无	无	有	有	无	无	…	…	…	…	…	…	BRB
无	无	有	无	无	无	…	…	…	…	…	…	BLZ
有	有	有	有	无	无	48_{-4}	38_{-4}	15_{-4}	8_{-4}	…	…	BOL
有	有	有	有	有	有	…	…	…	…	50_{-1}	32_{-1}	BRA
无	无	无	无	无	无	…	…	…	…	…	…	VGB
有	有	有	有	有	有	…	…	…	…	…	…	CYM
有	有	有	有	有	有	…	…	…	…	68_{-1}	33	CHL
有	有	有	有	有	有	…	…	…	…	50_{-1}	35_{-1}	COL
有	有	有	有	有	有	…	…	…	…	58_{-1}	40_{-1}	CRI
有	有	有	有	有	有	97	97	100	100	100	100	CUB
无	无	无	无	无	无	…	…	…	…	…	…	CUW
有	有	有	有	无	无	…	…	…	…	…	…	DMA
有	有	有	有	有	有	…	…	…	…	21_{-1}	9_{-1}	DOM
有	有	有	有	有	有	…	…	…	…	49_{-4}	29_{-4}	ECU
有	有	有	有	有	有	…	…	…	…	…	…	SLV
无	无	无	无	无	无	…	…	…	…	…	…	GRD
有	有	有	有	有	有	…	…	…	…	30_{-4}	11_{-4}	GTM
有	有	有	有	有	有	…	…	…	…	…	…	GUY
无	无	无	无	无	无	…	…	…	…	…	…	HTI
有	有	有	有	有	有	…	…	…	…	30_{-4}	15_{-4}	HND
有	有	有	有	有	有	85_{-2}	67_{-2}	…	…	…	…	JAM
有	有	有	有	有	有	…	…	…	…	55_{-1}	44_{-1}	MEX
有	有	有	有	有	有	…	…	…	…	…	…	MSR
有	有	有	有	有	有	…	…	…	…	…	…	NIC
有	有	有	有	有	有	…	…	…	…	36_{-1}	19_{-1}	PAN
有	有	有	有	有	有	…	…	…	…	32_{-4}	8_{-4}	PRY
有	有	有	有	有	有	…	…	…	…	…	…	PER
有	有	有	有	有	有	…	…	…	…	…	…	KNA
有	有	无	无	无	无	…	…	…	…	…	…	LCA
有	有	有	有	无	无	…	…	…	…	…	…	VCT
无	无	无	无	无	无	…	…	…	…	…	…	SXM
有	有	有	无	无	有	30_{-1}	12_{-1}	…	…	…	…	SUR
无	有	有	有	有	有	…	…	80_{-3}	…	58_{-4}	48_{-4}	TTO
无	无	无	无	无	无	…	…	…	…	…	…	TCA
有	有	有	有	有	有	…	…	…	…	58_{-1}	49_{-1}	URY
无	无	无	无	无	无	…	…	…	…	…	…	VEN

表 2（续）

	参与/完成																	
	A						B			C		D	E	F	G	H	I	J
	失学儿童（千人）			失学率（%）			完成率(%)			超龄率（%）								
	初等教育	初级中等教育	高级中等教育	初等教育	初级中等教育	高级中等教育	初等教育	初级中等教育	高级中等教育	初等教育	初级中等教育	初等教育毛入学率（%）	经调整的初等教育净入学率(%)	初等教育最高年级毛招生率（%）	初等教育向初级中等普通教育的有效升学率(%)	初级中等教育合计净入学率（%）	初级中等教育最高年级毛招生率(%)	高级中等教育合计净入学率
可持续发展目标指标：				4.1.4			4.1.2			4.1.5				4.1.3			4.1.3	
参考年份：	2019											2019						
欧洲和北美																		
阿尔巴尼亚	3	5	23	2	4	18	95_{-2}	94_{-2}	80_{-2}	2	3	98	103	99_{-2}	96	93	82	有
安道尔	...	...	...	...	...	...	...	...	...	2	5	...	...	...	...	...	...	无
奥地利	0.1_{-1}	1_{-1}	34_{-1}	$-_{-1}$	0.3_{-1}	10_{-1}	...	...	...	5_{-1}	8_{-1}	100_{-1}	100_{-1}	...	100_{-1}	97_{-1}	90_{-1}	无
白俄罗斯	6_{-1}	5_{-1}	2_{-1}	1_{-1}	1_{-1}	1_{-1}	100_{i}	99_{i}	89_{i}	1_{-1}	1_{-1}	99_{-1}	105_{-1}	99_{i}	99_{-1}	98_{-1}	99_{-1}	有
比利时	4_{-1}	2_{-1}	8_{-1}	1_{-1}	1_{-1}	1_{-1}	...	...	...	1_{-1}	5_{-1}	99_{-1}	...	...	99_{-1}	93_{-1}	99_{-1}	有
百慕大	...	...	...	...	...	...	...	...	...	$-_{-4}$	$-_{-4}$	...	92_{-4}	...	...	87_{-4}	...	无
波斯尼亚和黑塞哥维那	...	...	30	...	...	21	100_{i}	99_{i}	...	1	1	...	...	99_{i}	...	...	79	无
保加利亚	40_{-1}	34_{-1}	29_{-1}	13_{-1}	13_{-1}	12_{-1}	...	...	...	1_{-1}	5_{-1}	87_{-1}	87_{-1}	...	87_{-1}	...	88_{-1}	无
加拿大	5_{-1i}	1_{-4}	73_{-1}	0.2_{-1i}	0.1_{-4}	6_{-1}	...	...	...	...	...	100_{-1i}	...	...	100_{-4}	...	94_{-1}	无
克罗地亚	3_{-1}	1_{-1}	24_{-1}	2_{-1}	1_{-1}	14_{-1}	...	...	...	0.2_{-1}	0.4_{-1}	98_{-1}	95_{-1}	...	99_{-1}	99_{-1}	86_{-1}	无
捷克共和国	2_{-1}	5_{-1}	11_{-1}	0.4_{-1}	1_{-1}	3_{-1}	...	...	...	4_{-1}	5_{-1}	100_{-1}	99_{-1}	...	99_{-1}	94_{-1}	97_{-1}	无
丹麦	3_{-1}	1_{-1}	22_{-1}	1_{-1}	1_{-1}	10_{-1}	...	...	...	0.3_{-1}	1_{-1}	99_{-1}	101_{-1}	...	99_{-1}	99_{-1}	90_{-1}	有
爱沙尼亚	2_{-1}	0.5_{-1}	0.4_{-1}	2_{-1}	1_{-1}	1_{-1}	...	...	...	1_{-1}	4_{-1}	98_{-1}	97_{-1}	...	99_{-1}	102_{-1}	99_{-1}	有
芬兰	5_{-1}	0.1_{-1}	7_{-1}	1_{-1}	0.1_{-1}	4_{-1}	...	...	...	...	...	99_{-1}	100_{-1}	...	100_{-1}	99_{-1}	96_{-1}	无
法国	2_{-1i}	27_{-1i}	115_{-1i}	$-_{-1i}$	1_{-1i}	5_{-1i}	...	...	...	...	1_{-1}	100_{-1i}	...	...	99_{-1i}	100_{-1i}	95_{-1i}	有
德国	20_{-1}	215_{-1}	350_{-1}	1_{-1}	5_{-1}	14_{-1}	...	...	...	...	...	99_{-1}	101_{-1}	...	95_{-1}	...	86_{-1}	有
希腊	9_{-1}	13_{-1}	16_{-1}	1_{-1}	4_{-1}	5_{-1}	...	...	...	1_{-1}	4_{-1}	99_{-1}	98_{-1}	...	96_{-1}	94_{-1}	95_{-1}	无
匈牙利	17_{-1}	12_{-1}	47_{-1}	4_{-1}	3_{-1}	12_{-1}	...	...	...	1_{-1}	3_{-1}	96_{-1}	99_{-1}	...	97_{-1}	93_{-1}	88_{-1}	无
冰岛	$-_{-1}$	$-_{-1}$	2_{-1}	0.1_{-1}	0.2_{-1}	13_{-1}	...	...	...	$-_{-1}$	$-_{-1}$	100_{-1}	99_{-1}	...	100_{-1}	98_{-1}	87_{-1}	有
爱尔兰	$-_{-1i}$	1_{-1i}	2_{-1i}	$-_{-1i}$	1_{-1i}	1_{-1i}	...	...	...	$-_{-1}$	0.2_{-1}	100_{-1i}	97_{-1i}	...	99_{-1i}	99_{-1i}	99_{-1i}	有
意大利	89_{-1}	35_{-1}	155_{-1}	3_{-1}	2_{-1}	5_{-1}	...	...	...	0.4_{-1}	2_{-1}	97_{-1}	98_{-1}	...	98_{-1}	99_{-1}	95_{-1}	无
拉脱维亚	1_{-1i}	1_{-1i}	2_{-1i}	1_{-1i}	1_{-1i}	4_{-1i}	...	...	...	1_{-1}	3_{-1}	99_{-1i}	98_{-1i}	...	99_{-1i}	99_{-1i}	96_{-1i}	无
列支敦士登	$-_{-1i}$	0.1_{-1i}	0.2_{-1i}	0.1_{-1i}	4_{-1i}	16_{-1i}	...	...	...	0.1_{-2}	1_{-2}	100_{-1i}	107_{-1i}	...	96_{-1i}	102_{-1i}	84_{-1i}	有
立陶宛	0.2_{-1i}	0.2_{-1i}	2_{-1i}	0.2_{-1i}	0.2_{-1i}	3_{-1i}	...	...	...	0.3_{-1}	1_{-1}	100_{-1i}	104_{-1i}	...	100_{-1i}	99_{-1i}	97_{-1i}	有
卢森堡	0.4_{-1}	1_{-1}	5_{-1}	1_{-1}	4_{-1}	19_{-1}	...	...	...	2_{-1}	8_{-1}	99_{-1}	80_{-1}	...	96_{-1}	115_{-1}	81_{-1}	无
马耳他	0.1_{-2}	0.2	1	0.2_{-2}	2	8	...	...	...	0.5	0.5	100	108	...	98	104	92	无
摩纳哥	...	...	...	...	...	...	...	...	...	$-_{+1}$	0.2_{+1}	...	...	...	...	...	...	无
黑山共和国	-	2	3	-	8	11	97_{-1}	95_{-1}	86_{-1}	1	1	100	97	98_{-1}	92	90	89	无
荷兰	4_{-1}	15_{-1}	2_{-1}	0.4_{-1}	3_{-1}	0.3_{-1}	...	...	...	...	...	100_{-1}	...	...	97_{-1}	...	100_{-1}	无
北马其顿	1_{-1}	...	...	1_{-1}	...	...	98	94	83	1_{-1}	1_{-1}	99_{-1}	93_{-1}	96	...	86_{-1}	...	无
挪威	$-_{-1}$	1_{-1}	15_{-1}	$-_{-1}$	1_{-1}	8_{-1}	...	...	...	$-_{-1}$	$-_{-1}$	100_{-1}	99_{-1}	...	99_{-1}	98_{-1}	92_{-1}	有
波兰	51_{-1}	21_{-1}	40_{-1}	2_{-1}	2_{-1}	4_{-1}	...	...	...	...	...	98_{-1}	94_{-1}	...	98_{-1}	100_{-1}	96_{-1}	无
葡萄牙	2_{-1}	0.4_{-1}	3_{-1}	0.4_{-1}	0.1_{-1}	1_{-1}	...	...	...	5_{-1}	11_{-1}	100_{-1}	100_{-1}	...	100_{-1}	95_{-1}	99_{-1}	无
摩尔多瓦共和国	16_{i}	29_{i}	26_{i}	10_{i}	16_{i}	35_{i}	99_{i}	97_{i}	71_{i}	0.3	0.5	90_{i}	88_{i}	97_{i}	84_{i}	84_{i}	65_{i}	无
罗马尼亚	136_{-1}	74_{-1i}	162_{-1}	13_{-1}	9_{-1i}	20_{-1}	...	...	...	2_{-1}	4_{-1}	87_{-1}	85_{-1}	...	91_{-1i}	88_{-1}	80_{-1}	无
俄罗斯	11_{-1}	16_{-1i}	83_{-1i}	0.2_{-1}	0.2_{-1i}	3_{-1i}	...	...	...	...	...	100_{-1}	102_{-1}	...	100_{-1i}	103_{-1}	97_{-1i}	无
圣马力诺	0.1	-	1	5	1	54	...	...	...	-	1	95	114	...	99	102	46	无
塞尔维亚	5_{i}	6_{i}	35_{i}	2_{i}	2_{i}	12_{i}	100	98	83	1	1	98_{i}	99_{i}	99	98_{i}	97_{i}	88_{i}	无
斯洛伐克	10_{-1}	13_{-1}	23_{-1}	4_{-1}	5_{-1}	11_{-1}	...	...	...	...	...	96_{-1}	92_{-1}	...	95_{-1}	81_{-1}	89_{-1}	无
斯洛文尼亚	0.3_{-1}	1_{-1}	1_{-1}	0.2_{-1}	2_{-1}	2_{-1}	...	...	...	1_{-1}	1_{-1}	100_{-1}	97_{-1}	...	98_{-1}	95_{-1}	98_{-1}	无
西班牙	92_{-1}	5_{-1}	22_{-1}	3_{-1}	0.4_{-1}	2_{-1}	...	...	...	0.2_{-1}	7_{-1}	97_{-1}	99_{-1}	...	100_{-1}	98_{-1}	98_{-1}	无
瑞典	1_{-1}	0.5_{-4}	4_{-3}	0.1_{-1}	0.2_{-4}	1_{-3}	...	...	...	0.1_{-1}	0.3_{-1}	100_{-1}	104_{-1}	...	100_{-4}	109_{-1}	99_{-3}	无
瑞士	0.4_{-1}	2_{-1}	63_{-1}	0.1_{-1}	1_{-1}	18_{-1}	...	...	...	0.1_{-1}	1_{-1}	100_{-1}	96_{-1}	...	99_{-1}	95_{-1}	82_{-1}	无
乌克兰	...	...	...	...	...	...	100_{i}	99_{i}	95_{i}	1	1	...	...	100_{i}	...	...	...	无
英国	32_{-1}	3_{-1}	128_{-1}	1_{-1}	0.1_{-1}	4_{-1}	...	...	...	$-_{-1}$	$-_{-1}$	99_{-1}	101_{-1}	...	100_{-1}	101_{-1}	96_{-1}	有
美国	142_{-1i}	39_{-1i}	454_{-1i}	1_{-1i}	0.3_{-1i}	4_{-1i}	100_{-2}	99_{-2}	94_{-2}	4_{-1}	4_{-1}	99_{-1i}	100_{-1i}	99_{-2}	100_{-1i}	103_{-1i}	96_{-1i}	有

学习												
K 全国代表性学习评估的管理						L 达到最低熟练水平的百分比（%）						
低年级		初等教育结束时		初级中等教育结束时		低年级		初等教育结束时		初级中等教育结束时		
阅读	数学	阅读	数学	阅读	数学	阅读	数学	阅读	数学	阅读	数学	国家或地区名称缩写
4.1.6						4.1.1						
2019												
有	有	有	有	有	有	...	...	...	62	48_{-1}	58_{-1}	ALB
无	无	无	无	无	无	...	...	...	...	...	...	AND
无	无	有	有	有	有	...	...	98_{-3}	84	76_{-1}	79_{-1}	AUT
有	有	有	无	有	有	82	73	...	...	77_{-1}	71_{-1}	BLR
有	有	有	有	有	有	...	...	97_{-3}	80	79_{-1}	80_{-1}	BEL
无	无	无	无	无	无	...	...	...	...	...	...	BMU
无	无	无	有	有	有	...	...	...	40	46_{-1}	...	BIH
无	无	有	有	有	有	...	...	95_{-3}	71	53_{-1}	56_{-1}	BGR
无	无	有	有	有	有	...	...	96_{-3}	69	86_{-1}	84_{-1}	CAN
无	无	有	有	有	有	...	...	...	70	78_{-1}	69_{-1}	HRV
无	无	有	有	有	有	...	...	97_{-3}	78	79_{-1}	80_{-1}	CZE
有	有	有	有	有	有	97_{-3}	75	...	...	84_{-1}	85_{-1}	DNK
有	有	有	有	有	有	...	...	...	...	89_{-1}	90_{-1}	EST
无	无	有	有	有	有	...	...	98_{-3}	78	86_{-1}	85_{-1}	FIN
有	有	有	有	有	有	...	...	94_{-3}	57	79_{-1}	79_{-1}	FRA
有	有	有	有	有	有	...	...	95_{-3}	75	79_{-1}	79_{-1}	DEU
无	无	有	有	有	有	...	...	...	...	69_{-1}	64_{-1}	GRC
无	无	有	有	有	有	...	...	97_{-3}	74	75_{-1}	68	HUN
有	有	有	有	有	有	...	...	...	...	74_{-1}	79_{-1}	ISL
有	有	有	有	有	有	98_{-3}	84	...	...	88_{-1}	84_{-1}	IRL
无	无	有	有	有	有	...	...	98_{-3}	73	77_{-1}	62	ITA
无	无	有	有	有	有	...	...	99_{-3}	85	78_{-1}	83_{-1}	LVA
有	有	有	有	有	有	...	...	...	...	...	...	LIE
有	有	有	有	有	有	...	...	97_{-3}	81	76_{-1}	74_{-1}	LTU
无	有	有	有	有	有	...	...	...	...	71_{-1}	73_{-1}	LUX
无	无	有	有	有	有	...	...	73_{-3}	69	64_{-1}	62_{-4}	MLT
无	无	无	无	有	有	...	...	...	...	...	...	MCO
无	无	无	有	有	有	...	...	...	43	56_{-1}	54_{-1}	MNE
无	无	有	有	有	有	...	...	99_{-3}	84	76_{-1}	84_{-1}	NLD
无	有	有	有	有	有	...	...	...	52	45_{-1}	39_{-1}	MKD
有	有	有	有	有	有	99_{-3}	82	...	65	81_{-1}	81_{-1}	NOR
无	无	有	有	有	有	...	...	98_{-3}	73	85_{-1}	85_{-1}	POL
无	无	有	有	有	有	...	...	97_{-3}	74	80_{-1}	77_{-1}	PRT
无	无	有	有	有	有	...	...	...	...	57_{-1}	50_{-1}	MDA
无	无	有	有	有	有	...	...	...	...	59_{-1}	53_{-1}	ROU
无	无	有	有	有	有	...	...	99_{-3}	91	78_{-1}	78_{-1}	RUS
无	无	无	无	无	无	...	...	...	...	...	...	SMR
无	无	无	有	有	有	...	...	...	68	62_{-1}	60_{-1}	SRB
无	无	有	有	有	有	...	...	93_{-3}	71	69_{-1}	75_{-1}	SVK
无	无	有	有	有	有	...	...	96_{-3}	75_{-4}	82_{-1}	84_{-1}	SVN
无	无	有	有	有	有	...	...	97_{-3}	65	84_{-4}	75_{-1}	ESP
无	无	有	有	有	有	...	...	98_{-3}	74	82_{-1}	81_{-1}	SWE
无	无	无	无	有	有	...	...	...	...	76_{-1}	83_{-1}	CHE
无	无	有	有	有	有	...	...	...	...	74_{-1}	...	UKR
有	有	有	有	有	有	...	...	97_{-3}	83	83_{-1}	81_{-1}	GBR
有	无	有	有	有	有	...	...	96_{-3}	77	81_{-1}	73_{-1}	USA

表 3（续）

	A	B	C	D	E	F	
	5岁以下儿童正常发展(%)	5岁以下儿童发育迟缓(%)	激发潜能的家庭学习环境(%)	5岁以下儿童拥有三本及以上童书(%)	学前教育毛入学率（%）	经调整的初等教育正规入学年龄前一年的净入学率（%）	国家或地区名称缩写
可持续发展目标指标:	4.2.1		4.2.3		4.2.4	4.2.2	
参考年份:			2019				
大洋洲							
澳大利亚	…	2$_{+1}$	…	…	166$_{-1}$	86$_{-1}$	AUS
库克群岛	…	…	…	…	84	98	COK
斐济	…	8$_{+1}$	…	…	38	99	FJI
基里巴斯	…	15$_{+1}$	78	4	…	…	KIR
马绍尔群岛	79$_{-2}$	32$_{+1}$	72$_{-2}$	18$_{-2}$	44	69	MHL
密克罗尼西亚联邦	…	…	…	…	29	68	FSM
瑙鲁	…	15$_{+1}$	…	…	34	95	NRU
新西兰	…	…	…	…	94$_{-1}$	94$_{-1}$	NZL
纽埃	…	…	…	…	129	81	NIU
帕劳	…	…	…	…	…	…	PLW
巴布亚新几内亚	…	48$_{+1}$	…	…	43$_{-3}$	71$_{-3}$	PNG
萨摩亚	…	7$_{+1}$	87$_{+1}$	9$_{+1}$	40	35	WSM
所罗门群岛	…	29$_{+1}$	…	…	93	66	SLB
托克劳	…	…	…	…	151	90	TKL
汤加	…	3$_{+1}$	90	24	46$_{-4}$	…	TON
图瓦卢	…	10$_{+1}$	…	…	83	93	TUV
瓦努阿图	…	29$_{+1}$	…	…	90$_{-4}$	62$_{-4}$	VUT
拉丁美洲和加勒比							
安圭拉	…	…	…	…	96	93	AIA
安提瓜和巴布达	…	…	…	…	70$_{-1}$	91$_{-1}$	ATG
阿根廷	…	8$_{+1}$	…	…	77$_{-1}$	98$_{-1}$	ARG
阿鲁巴	…	…	…	…	…	…	ABW
巴哈马	…	…	…	…	…	…	BHS
巴巴多斯	…	7$_{+1}$	…	…	86	92	BRB
伯利兹	82$_{-4}$	13$_{+1}$	88$_{-4}$	44$_{-4}$	48	83	BLZ
多民族玻利维亚国	…	13$_{+1}$	…	…	77	92	BOL
巴西	…	6$_{+1}$	…	…	97$_{-1i}$	100$_{-1i}$	BRA
英属维尔京群岛	…	…	…	…	132$_{-2}$	95$_{-1}$	VGB
开曼群岛	…	…	…	…	89$_{-1}$	98$_{-1}$	CYM
智利	…	2$_{+1}$	…	…	82$_{-1}$	92$_{-1}$	CHL
哥伦比亚	…	12$_{+1}$	…	…	82	98	COL
哥斯达黎加	…	9$_{+1}$	77$_{-1}$	39$_{-1}$	96	96	CRI
古巴	…	7$_{+1}$	89	42	97	98	CUB
库拉索	…	…	…	…	…	…	CUW
多米尼克	…	…	…	…	86	86	DMA
多米尼加共和国	…	6$_{+1}$	…	…	57$_{i}$	93$_{i}$	DOM
厄瓜多尔	…	23$_{+1}$	…	…	66$_{-1}$	95$_{-1}$	ECU
萨尔瓦多	…	11$_{+1}$	…	…	67$_{-1}$	82$_{-1}$	SLV
格林纳达	…	…	…	…	100$_{-1}$	97$_{-1}$	GRD
危地马拉	…	43$_{+1}$	…	…	49	84	GTM
圭亚那	…	9$_{+1}$	91$_{+1}$	…	…	…	GUY
海地	65$_{-2}$	20$_{+1}$	54$_{-2}$	8$_{-2}$	…	…	HTI
洪都拉斯	…	20$_{+1}$	…	…	40	77	HND
牙买加	…	8$_{+1}$	…	…	76	93	JAM
墨西哥	80	12$_{+1}$	71	29	73$_{-1}$	99$_{-1}$	MEX
蒙特塞拉特	…	…	…	…	76	90	MSR
尼加拉瓜	…	14$_{+1}$	…	…	…	…	NIC
巴拿马	…	15$_{+1}$	…	…	62$_{-2}$	76$_{-2}$	PAN
巴拉圭	82$_{-3}$	5$_{+1}$	64$_{-3}$	23$_{-3}$	44$_{-3}$	69$_{-3}$	PRY
秘鲁	…	11$_{+1}$	…	…	106	100	PER
圣基茨和尼维斯	…	…	…	…	90$_{-3}$	89$_{-3}$	KNA
圣卢西亚	…	3$_{+1}$	…	…	72	98	LCA
圣文森特和格林纳丁斯	…	…	…	…	111$_{-1}$	95$_{-2}$	VCT
荷属圣马丁	…	…	…	…	…	…	SXM
苏里南	77$_{-1}$	8$_{+1}$	66$_{-1}$	26$_{-1}$	94	89	SUR
特立尼达和多巴哥	…	9$_{+1}$	…	…	85	…	TTO
特克斯和凯科斯群岛	…	…	…	…	109$_{-1}$	90$_{-1}$	TCA
乌拉圭	…	6$_{+1}$	…	…	95$_{-1}$	100$_{-1}$	URY
委内瑞拉玻利瓦尔共和国	…	11$_{+1}$	…	…	70$_{-2}$	86$_{-2}$	VEN

	A	B	C	D	E	F	
	5岁以下儿童正常发展(%)	5岁以下儿童发育迟缓(%)	激发潜能的家庭学习环境(%)	5岁以下儿童拥有三本及以上童书(%)	学前教育毛入学率（%）	经调整的初等教育正规入学年龄前一年的净入学率（%）	国家或地区名称缩写
可持续发展目标指标:	4.2.1		4.2.3		4.2.4	4.2.2	
参考年份:			2019				
欧洲和北美							
阿尔巴尼亚	…	10$_{+1}$	78$_{-1}$	…	76	97$_{-1}$	ALB
安道尔	…	…	…	…	…	…	AND
奥地利	…	…	…	…	103$_{-1}$	100$_{-1}$	AUT
白俄罗斯	87	4$_{+1}$	97	91	99$_{-1}$	98$_{-1}$	BLR
比利时	…	2$_{+1}$	…	…	114$_{-1}$	98$_{-1}$	BEL
百慕大	…	…	…	…	69$_{-4}$	…	BMU
波斯尼亚和黑塞哥维那	…	9$_{+1}$	…	…	25	28	BIH
保加利亚	…	6$_{+1}$	…	…	79$_{-1}$	81$_{-1}$	BGR
加拿大	…	…	…	…	…	…	CAN
克罗地亚	…	…	…	…	69$_{-1}$	95$_{-1}$	HRV
捷克共和国	…	2$_{+1}$	…	…	110$_{-1}$	90$_{-1}$	CZE
丹麦	…	…	…	…	100$_{-1}$	98$_{-1}$	DNK
爱沙尼亚	…	1$_{+1}$	…	…	93$_{-1}$	88$_{-1}$	EST
芬兰	…	…	…	…	85$_{-1}$	97$_{-1}$	FIN
法国	…	…	…	…	106$_{-1i}$	100$_{-1i}$	FRA
德国	…	2$_{+1}$	…	…	109$_{-1}$	99$_{-1}$	DEU
希腊	…	2$_{+1}$	…	…	78$_{-1}$	95$_{-1}$	GRC
匈牙利	…	…	…	…	86$_{-1}$	87$_{-1}$	HUN
冰岛	…	…	…	…	96$_{-1}$	97$_{-1}$	ISL
爱尔兰	…	…	…	…	93$_{-1i}$	99$_{-1i}$	IRL
意大利	…	…	…	…	93$_{-1}$	93$_{-1}$	ITA
拉脱维亚	…	…	…	…	95$_{-1i}$	98$_{-1i}$	LVA
列支敦士登	…	…	…	…	99$_{-1i}$	99$_{-1i}$	LIE
立陶宛	…	…	…	…	88$_{-1i}$	97$_{-1i}$	LTU
卢森堡	…	…	…	…	92$_{-1}$	99$_{-1}$	LUX
马耳他	…	…	…	…	111	97	MLT
摩纳哥	…	…	…	…	…	…	MCO
黑山共和国	90$_{-1}$	8$_{+1}$	90$_{-1}$	58$_{-1}$	74	77	MNE
荷兰	…	2$_{+1}$	…	…	89$_{-1}$	99$_{-1}$	NLD
北马其顿	…	4$_{+1}$	88	55	42$_{-1}$	49$_{-1}$	MKD
挪威	…	…	…	…	96$_{-1}$	97$_{-1}$	NOR
波兰	…	2$_{+1}$	…	…	88$_{-1}$	95$_{-1}$	POL
葡萄牙	…	3$_{+1}$	…	…	91$_{-1}$	94$_{-1}$	PRT
摩尔多瓦共和国	…	5$_{+1}$	…	…	88$_{i}$	95$_{i}$	MDA
罗马尼亚	…	10$_{+1}$	…	…	88$_{-1}$	82$_{-1}$	ROU
俄罗斯	…	…	…	…	86$_{-1}$	90$_{-1}$	RUS
圣马力诺	…	…	…	…	94	93	SMR
塞尔维亚	…	5$_{+1}$	95	78	64$_{i}$	91$_{i}$	SRB
斯洛伐克	…	…	…	…	97$_{-1}$	84$_{-1}$	SVK
斯洛文尼亚	…	…	…	…	92$_{-1}$	94$_{-1}$	SVN
西班牙	…	…	…	…	96$_{-1}$	95$_{-1}$	ESP
瑞典	…	…	…	…	97$_{-1}$	100$_{-1}$	SWE
瑞士	…	…	…	…	103$_{-1}$	100$_{-1}$	CHE
乌克兰	…	16$_{+1}$	…	…	…	…	UKR
英国	…	…	…	…	107$_{-1}$	100$_{-1}$	GBR
美国	…	3$_{+1}$	…	…	72$_{-1i}$	90$_{-1i}$	USA

表 4（续）

	A	B	C	D	E	F	G			H			
							15岁及以上成人具有特定信息和通信技术技能的百分比（%）			25岁及以上成人受教育程度达到特定教育等级及以上的百分比（%）			
	成人教育与培训参与率（%）	青年接受职业技术教育的百分比（%）	职业技术教育学生占中等教育入学人数的百分比（%）	中等后非高等教育中职业技术教育学生的百分比（%）	高等教育毛毕业率（%）	高等教育毛入学率（%）	在一个文档内复制或粘贴信息	在电子表格中使用基本的计算公式	编写计算机程序	初等教育	初级中等教育	高级中等教育	中等后教育
可持续发展目标指标：	4.3.1	4.3.3				4.3.2	4.4.1			4.4.3			
参考年份：	2019						2019						
北非和西亚													
阿尔及利亚	…	…	…	…	29_{-1i}	53	18_{-1}	9_{-1}	7_{-1}	…	…	…	…
亚美尼亚	…	8_{i}	8	…	44	51	…	…	…	99_{-2}	97_{-2}	90_{-2}	47_{-2}
阿塞拜疆	…	15_{i}	15	100	21_{-1i}	32_{i}	64_{-1}	21_{-1}	1_{-1}	98_{-2}	96_{-2}	89_{-2}	30_{-2}
巴林	…	4	7	100	29	56	58	36	18	87_{-1}	80_{-1}	65_{-1}	32_{-1}
塞浦路斯	48_{-3}	7_{-1i}	9_{-1}	…	25_{-1i}	81_{-1i}	45_{-4}	28	4	96_{-1}	82_{-1}	73_{-1}	39_{-1}
埃及	1_{-2}	12	22	…	18_{-3}	39_{-1}	58	16	9	…	73_{-2}	67_{-2}	13_{-2}
格鲁吉亚	2_{-2}	3	5	100	35	64	33	11	1	99_{-2}	98_{-2}	92_{-2}	59_{-2}
伊拉克	…	…	…	…	…	…	25_{-1}	7_{-1}	5_{-1}	…	…	…	…
以色列	53_{-4}	17_{-1}	20_{-1}	…	…	61_{-1}	…	…	…	96_{-4}	89_{-4}	81_{-4}	47_{-4}
约旦	…	1	3	…	…	33	…	…	…	…	…	…	…
科威特	…	$-_{-4}$	2_{-4}	…	…	55	60_{-2}	38	13	62_{-1}	56_{-1}	31_{-1}	19_{-1}
黎巴嫩	…	…	16	…	…	…	…	…	…	…	…	…	…
利比亚	…	…	…	…	…	…	…	…	…	…	…	…	…
摩洛哥	…	6	9	100	18	39	49	22	9	…	…	…	…
阿曼	…	1	0.4	…	22	40	90	28	6	84_{-4}	66_{-4}	50_{-4}	21_{-4}
巴勒斯坦	2_{-1}	3	1	100	33	43	15	8	3	95_{-1}	64_{-1}	43_{-1}	26_{-1}
卡塔尔	…	0.2	1	…	7	19	44	25	5	88_{-2}	68_{-2}	41_{-2}	24_{-2}
沙特阿拉伯	…	4	1	100	41	71	68	47	14	81_{-2}	69_{-2}	54_{-2}	31_{-2}
苏丹	…	…	2_{-1}	…	…	17_{-4}	4_{-3}	2_{-3}	2_{-3}	…	…	…	…
阿拉伯叙利亚共和国	…	…	…	…	…	43	…	…	…	…	…	…	…
突尼斯	…	…	9_{-3}	100_{-3}	25_{-3}	32	23	18	16	74_{-3}	45_{-3}	…	15_{-3}
土耳其	21_{-3}	25_{-1}	23_{-1}	…	34_{-1}	113_{-1}	…	19_{-2}	3	90_{-2}	61_{-2}	39_{-2}	19_{-2}
阿拉伯联合酋长国	…	1	2	100	15_{-2}	53	59_{-1}	34_{-1}	17	91_{-1}	83_{-1}	69_{-1}	55_{-1}
也门	…	$-_{-3}$	0.3_{-3}	…	…	…	…	…	…	…	…	…	…
中亚和南亚													
阿富汗	…	1_{-1}	1_{-1}	55_{-1}	10_{-1}	10_{-1}	…	…	…	…	…	…	…
孟加拉国	…	3	4	100	…	24	1	0.4	0.2	61	45	31	16
不丹	…	$-_{-1i}$	2_{-1i}	100_{+1}	…	16_{+1}	…	…	…	32_{-2}	28_{-2}	17_{-2}	11_{-2}
印度	…	…	1	100	28	29	…	8_{-1}	…	…	…	…	…
伊朗伊斯兰共和国	…	6_{-2}	13_{-2}	…	37_{-1}	63_{-1}	21_{-2}	7_{-2}	1_{-2}	…	70_{-3}	48_{-3}	23_{-3}
哈萨克斯坦	17_{-2}	19_{+1}	10_{+1}	100_{+1}	69_{+1}	71_{+1}	14	40	6	100_{-1}	99_{-1}	97_{-1}	79_{-1}
吉尔吉斯斯坦	…	6	8	100	29	42	…	…	…	…	…	…	…
马尔代夫	9_{-3}	…	6	…	…	31_{-2}	…	…	…	…	…	…	…
尼泊尔	…	$-_{-2}$	1	…	9_{-1}	13	…	…	…	…	…	…	…
巴基斯坦	…	…	3	100	…	9_{-1}	5	2	1	49_{-2}	36_{-2}	27_{-2}	9_{-2}
斯里兰卡	1_{-3}	4_{-1}	4_{-1}	100_{-1}	11	21	…	…	…	…	83_{-1}	63_{-1}	…
塔吉克斯坦	…	…	…	…	…	31_{-2}	…	…	…	…	95_{-2}	81_{-2}	23_{-2}
土库曼斯坦	…	2_{i}	…	100	…	14	…	…	…	…	…	…	…
乌兹别克斯坦	…	24_{-1}	34	…	…	13	22_{-1}	10_{-1}	…	100_{-1}	100_{-1}	96_{-1}	64_{-1}
东亚和东南亚													
文莱达鲁萨兰国	…	7	11	…	26	31	60	42	28	…	…	…	…
柬埔寨	…	…	…	…	…	15	29	9	1	23_{-4}	12_{-4}	9_{-4}	6_{-4}
中国	…	7_{i}	18	71	34	54	…	…	…	…	…	…	…
朝鲜民主主义人民共和国	…	$-_{-4}$	…	100_{-1}	21_{-1}	27_{-1}	…	…	…	…	…	…	…
中国香港	…	3_{i}	2	69	…	81	54	36	1	96_{-2}	79_{-2}	63_{-2}	29_{-2}
印度尼西亚	…	13_{-1}	20_{-1}	…	21_{-1}	36_{-1}	60_{-2}	25_{-2}	4_{-2}	78_{-1}	51_{-1}	35_{-1}	10_{-1}
日本	…	…	11_{-1}	…	…	…	7_{-1}	6_{-1}	0.5_{-1}	…	…	…	…
老挝人民民主共和国	1_{-2}	4	1	100	9	14	…	…	…	…	…	…	…
中国澳门	…	1	3	…	71	100	46	38	4	90_{-3}	73_{-3}	52_{-3}	26_{-3}
马来西亚	…	5	10	…	…	43	59	27	8	…	74_{-3}	58_{-3}	21_{-3}
蒙古	1_{-2}	6	10	100	51_{-1}	66_{-1}	15	12	3	…	…	…	…
缅甸	0.4_{-2}	0.3_{-1}	0.2_{-1}	100_{-2}	…	19_{-1}	…	…	…	…	…	…	…
菲律宾	…	$-_{-4}$	10	100_{-2}	…	35_{-2}	6	2	1	84_{-2}	59_{-2}	…	20_{-2}
韩国	…	14_{-1}	9_{-1}	…	52_{-2}	96_{-1}	82	46	6	96_{-4}	86_{-4}	76_{-4}	40_{-4}
新加坡	57_{-4}	24_{-1i}	…	72_{-1}	54_{-1i}	89_{-1i}	54	40	7	88_{-1}	81_{-1}	74_{-1}	56_{-1}
泰国	0.5_{-3}	6_{-4}	11	…	25_{-4i}	49_{-3}	21	16	1	67_{-1}	46_{-1}	33_{-1}	…
东帝汶	…	5	10	…	…	…	…	…	…	…	…	…	…
越南	0.2_{-4}	…	…	100_{-3}	22	29	…	…	…	…	…	…	…

I 达到以下技能最低熟练水平的百分比（%）		J 识字率(%)		K 文盲				国家或地区名称缩写
				女性（%）		总人数（千人）		
读写	计算	青年	成人	青年	成人	青年	成人	
4.6.1		4.6.2						
2019								
...	...	97_{-1i}	81_{-1i}	52_{-1i}	66_{-1i}	156_{-1i}	$5,484_{-1i}$	DZA
...	...	100_{-2}	100_{-2}	40_{-2}	67_{-2}	1_{-2}	6_{-2}	ARM
...	...	100_{-2}	100_{-2}	67_{-2}	68_{-2}	1_{-2}	16_{-2}	AZE
...	...	100_{-1}	97_{-1}	96_{-1}	67_{-1}	1_{-1}	32_{-1}	BHR
...	...	...	...	...	...	...	...	CYP
...	...	88_{-2}	71_{-2}	54_{-2}	59_{-2}	$1,976_{-2}$	$18,519_{-2}$	EGY
...	...	100_{-2}	99_{-2}	67_{-2}	59_{-2}	2_{-2}	21_{-2}	GEO
...	...	94_{-2}	86_{-2}	60_{-2}	69_{-2}	487_{-2}	$3,321_{-2}$	IRQ
72_{-4}	68_{-4}	...	...	...	...	...	...	ISR
...	...	99_{-1i}	98_{-1i}	38_{-1i}	61_{-1i}	13_{-1i}	116_{-1i}	JOR
...	...	99_{-1}	96_{-1}	25_{-1}	48_{-1}	4_{-1}	130_{-1}	KWT
...	...	100_{-1i}	95_{-1i}	33_{-1i}	68_{-1i}	3_{-1i}	250_{-1i}	LBN
...	...	...	...	...	...	...	...	LBY
...	...	98_{-1i}	74_{-1i}	56_{-1i}	69_{-1i}	134_{-1i}	$6,885_{-1i}$	MAR
...	...	99_{-1}	96_{-1}	29_{-1}	51_{-1}	9_{-1}	161_{-1}	OMN
...	...	99	97	52	77	7	80	PSE
...	...	95_{-2i}	93_{-2i}	17_{-2i}	17_{-2i}	21_{-2i}	154_{-2i}	QAT
...	...	99_{-2}	95_{-2}	50_{-2}	63_{-2}	34_{-2}	$1,157_{-2}$	SAU
...	...	73_{-1i}	61_{-1i}	49_{-1i}	57_{-1i}	$2,296_{-1i}$	$9,774_{-1i}$	SDN
...	...	...	...	...	...	...	...	SYR
...	...	...	...	...	...	...	...	TUN
53_{-4}	49_{-4}	100_{-2}	96_{-2}	81_{-2}	85_{-2}	33_{-2}	$2,380_{-2}$	TUR
...	...	99_{-4i}	93_{-4i}	62_{-4i}	19_{-4i}	6_{-4i}	539_{-4i}	ARE
...	...	...	...	...	...	...	...	YEM
...	...	65_{-1i}	43_{-1i}	61_{-1i}	60_{-1i}	$2,791_{-1i}$	$12,054_{-1i}$	AFG
...	...	95	75	37	55	1,581	30,005	BGD
...	...	93_{-2}	67_{-2}	49_{-2}	60_{-2}	10_{-2}	183_{-2}	BTN
...	...	92_{-1i}	74_{-1i}	56_{-1i}	64_{-1i}	$20,538_{-1i}$	$252,864_{-1i}$	IND
...	...	98_{-3}	86_{-3}	54_{-3}	66_{-3}	229_{-3}	$8,700_{-3}$	IRN
74_{-2}	73_{-2}	100_{-1i}	100_{-1i}	70_{-1i}	63_{-1i}	2_{-1i}	29_{-1i}	KAZ
...	...	100_{-1i}	100_{-1i}	37_{-1i}	62_{-1i}	3_{-1i}	18_{-1i}	KGZ
...	...	99_{-3}	98_{-3}	24_{-3}	29_{-3}	1_{-3}	9_{-3}	MDV
...	...	92_{-1i}	68_{-1i}	62_{-1i}	71_{-1i}	481_{-1i}	$6,275_{-1i}$	NPL
...	...	75_{-2}	59_{-2}	62_{-2}	64_{-2}	$10,534_{-2}$	$54,876_{-2}$	PAK
...	...	99_{-1}	92_{-1}	39_{-1}	59_{-1}	38_{-1}	$1,331_{-1}$	LKA
...	...	...	...	...	...	...	...	TJK
...	...	...	...	...	...	...	...	TKM
...	...	100_{-1}	100_{-1}	50_{-1}	100_{-1}	$-_{-1}$	2_{-1}	UZB
...	...	100_{-1i}	97_{-1i}	35_{-1i}	64_{-1i}	0.2_{-1i}	9_{-1i}	BRN
...	...	92_{-4}	81_{-4}	47_{-4}	67_{-4}	249_{-4}	$2,067_{-4}$	KHM
...	...	100_{-1i}	97_{-1i}	47_{-1i}	75_{-1i}	375_{-1i}	$37,038_{-1i}$	CHN
...	...	...	...	...	...	...	...	PRK
...	...	...	...	...	...	...	...	HKG
...	...	100_{-1}	96_{-1}	50_{-1}	69_{-1}	133_{-1}	$8,527_{-1}$	IDN
...	...	...	...	...	...	...	...	JPN
...	...	92_{-4}	85_{-4}	63_{-4}	67_{-4}	106_{-4}	687_{-4}	LAO
...	...	100_{-3}	97_{-3}	32_{-3}	75_{-3}	0.2_{-3}	19_{-3}	MAC
...	...	97_{-1}	95_{-1}	46_{-1}	61_{-1}	177_{-1}	$1,234_{-1}$	MYS
...	...	99_{-1i}	98_{-1i}	33_{-1i}	44_{-1i}	6_{-1i}	35_{-1i}	MNG
...	...	85_{-3i}	76_{-3i}	51_{-3i}	61_{-3i}	$1,468_{-3i}$	$9,360_{-3i}$	MMR
...	...	99_{-4}	98_{-4}	39_{-4}	49_{-4}	182_{-4}	$1,257_{-4}$	PHL
...	...	...	...	...	...	...	...	KOR
74_{-4}	72_{-4}	100_{-1}	97_{-1}	37_{-1}	76_{-1}	1_{-1}	128_{-1}	SGP
...	...	98_{-1}	94_{-1}	37_{-1}	63_{-1}	176_{-1}	$3,589_{-1}$	THA
...	...	84_{-1i}	68_{-1i}	46_{-1i}	56_{-1i}	45_{-1i}	252_{-1i}	TLS
...	...	98_{-1i}	95_{-1i}	50_{-1i}	65_{-1i}	224_{-1i}	$3,670_{-1i}$	VNM

表 4（续）

	A	B	C	D	E	F	G			H			
							15岁及以上成人具有特定信息和通信技术技能的百分比（%）			25岁及以上成人受教育程度达到特定教育等级及以上的百分比（%）			
	成人教育与培训参与率（%）	青年接受职业技术教育的百分比（%）	职业技术教育学生占中等教育入学人数的百分比（%）	中等后非高等教育中职业技术教育学生的百分比（%）	高等教育毛毕业率（%）	高等教育毛入学率（%）	在一个文档内复制或粘贴信息	在电子表格中使用基本的计算公式	编写计算机程序	初等教育	初级中等教育	高级中等教育	中等后教育
可持续发展目标指标:	4.3.1	4.3.3				4.3.2	4.4.1			4.4.3			
参考年份:	2019						2019						
大洋洲													
澳大利亚	…	13_{-1}	29_{-1}	100_{-1}	65_{-1}	108_{-1}	…	…	…	100_{-1}	93_{-1}	78_{-1}	48_{-1}
库克群岛	1_{-3}	-	…	…	…	…	…	…	…	…	…	…	…
斐济	1_{-3}	…	…	100_{-3}	…	…	…	…	…	…	87_{-2}	45_{-2}	…
基里巴斯	…	…	…	…	…	…	…	…	…	…	…	…	…
马绍尔群岛	…	1	2	49	3	26	…	…	…	…	…	…	…
密克罗尼西亚联邦	…	…	…	…	…	…	…	…	…	…	…	…	…
瑙鲁	…	1	…	100	…	…	…	…	…	…	…	…	…
新西兰	67_{-4}	10_{-1}	14_{-1}	84_{-1}	46_{-1}	83_{-1}	…	…	…	…	…	70_{-3}	46_{-3}
纽埃	…	$-_{-4}$	5	…	…	…	…	…	…	…	…	…	…
帕劳	…	…	…	…	…	…	…	…	…	…	…	…	…
巴布亚新几内亚	…	2_{-3}	9_{-3}	…	…	…	…	…	…	…	…	…	…
萨摩亚	…	$-_{-3}$	…	…	11	14	…	…	…	…	…	…	…
所罗门群岛	…	…	…	…	…	…	…	…	…	…	…	…	…
托克劳	…	-	…	…	…	…	…	…	…	…	…	…	…
汤加	…	2_{-4}	3_{-4}	81_{-4}	…	…	…	…	…	…	…	…	…
图瓦卢	…	3	9	…	…	…	…	…	…	…	…	…	…
瓦努阿图	…	1_{-4}	2_{-4}	74_{-4}	…	…	…	…	…	…	…	…	…
拉丁美洲和加勒比													
安圭拉	…	-	-	-	…	…	…	…	…	…	…	…	…
安提瓜和巴布达	…	2_{-1}	4_{-1}	…	…	…	…	…	…	…	…	…	…
阿根廷	6_{-2}	$-_{-1}$	…	…	8_{-1}	92_{-1}	…	…	…	93_{-1}	…	57_{-1}	20_{-1}
阿鲁巴	…	…	…	…	…	16_{-3}	…	…	…	…	…	…	…
巴哈马	…	…	…	…	…	…	…	…	…	…	…	…	…
巴巴多斯	…	-	…	53	…	…	…	…	…	…	…	…	…
伯利兹	…	3	9	…	7_{-4}	25	…	…	…	…	…	…	…
多民族玻利维亚国	5_{-2}	27	63	…	…	…	…	…	…	72_{-4}	59_{-4}	43_{-4}	24_{-4}
巴西	…	4_{-1i}	4_{-1}	100_{-1}	…	53_{-1i}	20_{-1}	12_{-1}	3_{-1}	80_{-1}	60_{-1}	47_{-1}	17_{-1}
英属维尔京群岛	…	1_{-3}	4_{-1}	…	…	16_{-1}	…	…	…	…	…	…	…
开曼群岛	…	$-_{-1}$	…	…	…	…	…	…	…	99_{-4}	95_{-4}	90_{-4}	55_{-4}
智利	47_{-4}	14_{-1}	12_{-1}	…	16_{-1}	91_{-1}	…	43_{-2}	12_{-2}	88_{-2}	80_{-2}	59_{-2}	22_{-2}
哥伦比亚	…	…	8	…	27	55	33	23	5	79_{-1}	54_{-1}	50_{-1}	21_{-1}
哥斯达黎加	…	9	25	…	…	58	…	25_{-1}	4_{-1}	82_{-1}	55_{-1}	40_{-1}	22_{-1}
古巴	…	13	27	100	17_{-1}	41_{-1}	22	22	6	…	…	…	…
库拉索	…	…	…	…	…	…	29_{-2}	21_{-2}	4_{-2}	…	…	…	…
多米尼克	…	-	-	$-_{-3}$	…	…	…	…	…	…	…	…	…
多米尼加共和国	6_{-2}	5_{i}	10	…	31_{-2i}	60_{-2i}	22_{-4}	11_{-4}	7_{-4}	71_{-3}	67_{-3}	49_{-3}	23_{-3}
厄瓜多尔	3_{-1}	11_{-1}	14_{-1}	…	36_{-1}	48_{-1}	27	20	5	83_{-2}	53_{-2}	44_{-2}	14_{-2}
萨尔瓦多	…	7_{-1}	18_{-1}	…	13_{-1}	29_{-1}	…	…	…	59_{-2}	43_{-2}	30_{-2}	8_{-2}
格林纳达	…	2_{-1}	…	100_{-1}	67_{-3}	105_{-1}	…	…	…	…	…	…	…
危地马拉	3_{-2}	9_{-1}	29	…	5_{-4}	22_{-4}	…	…	…	…	…	…	…
圭亚那	2_{-2}	…	…	90	…	…	…	…	…	…	…	…	…
海地	…	…	…	…	…	…	…	…	…	…	…	…	…
洪都拉斯	3_{-2}	9	34	…	11	25	…	…	…	60_{-1}	31_{-1}	23_{-1}	10_{-1}
牙买加	…	-	…	80	…	27_{-4}	15_{-2}	6_{-2}	1_{-4}	…	…	…	…
墨西哥	30_{-2}	13_{-1}	28_{-1}	…	27_{-2}	42_{-1}	…	26	7	83_{-1}	63_{-1}	36_{-1}	16_{-1}
蒙特塞拉特	…	…	…	…	…	…	…	…	…	…	…	…	…
尼加拉瓜	…	…	…	…	…	…	…	…	…	…	…	…	…
巴拿马	4_{-2}	7_{-2}	17_{-2}	…	25_{-3}	48_{-3}	…	…	…	…	…	…	…
巴拉圭	…	5_{-3}	16_{-3}	…	…	…	…	…	…	76_{-1}	50_{-1}	39_{-1}	15_{-1}
秘鲁	34_{-2}	1	2	…	…	71_{-2}	31	20	3	82_{-1}	64_{-1}	58_{-1}	22_{-1}
圣基茨和尼维斯	…	$-_{-3}$	…	100_{-3}	…	87_{-4}	…	…	…	…	…	…	…
圣卢西亚	…	1	2	34	…	15	…	…	…	…	…	…	…
圣文森特和格林纳丁斯	…	$-_{-2}$	$-_{-2}$	31_{-2}	…	24_{-4}	…	…	…	91_{-2}	…	42_{-2}	4_{-2}
荷属圣马丁	…	…	…	…	2_{-4}	6_{-4}	…	…	…	…	…	…	…
苏里南	…	18_{-4}	44_{-1}	…	…	…	…	…	…	…	…	…	…
特立尼达和多巴哥	…	…	…	…	…	…	…	…	…	…	…	…	…
特克斯和凯科斯群岛	…	$-_{-1}$	…	…	9_{-4}	11_{-4}	…	…	…	…	…	…	…
乌拉圭	6_{-1}	11_{-2}	24_{-1}	…	…	63_{-2}	…	…	…	91_{-1}	57_{-1}	30_{-1}	13_{-1}
委内瑞拉玻利瓦尔共和国	…	2_{-4}	5_{-2}	…	…	…	…	…	…	93_{-3}	74_{-3}	62_{-3}	35_{-3}

I 达到以下技能最低熟练水平的百分比(%)		J 识字率(%)		K 文盲				国家或地区名称缩写
				女性(%)		总人数(千人)		
读写	计算	青年	成人	青年	成人	青年	成人	
4.6.1		4.6.2						
2019								
...	...	...	...	...	...	...	...	AUS
...	...	...	...	...	...	...	...	COK
...	...	100$_{-2}$	99$_{-2}$	36$_{-2}$	49$_{-2}$	0.4$_{-2}$	6$_{-2}$	FJI
...	...	...	...	...	...	...	...	KIR
...	...	...	...	...	...	...	...	MHL
...	...	...	...	...	...	...	...	FSM
...	...	...	...	...	...	...	...	NRU
...	...	...	...	...	...	...	...	NZL
...	...	...	...	...	...	...	...	NIU
...	...	99$_{-4}$	97$_{-4}$	29$_{-4}$	50$_{-4}$	-$_{-4}$	0.5$_{-4}$	PLW
...	...	...	...	...	...	...	...	PNG
...	...	99$_{-1i}$	99$_{-1i}$	31$_{-1i}$	40$_{-1i}$	0.3$_{-1i}$	1$_{-1i}$	WSM
...	...	...	...	...	...	...	...	SLB
...	...	...	...	...	...	...	...	TKL
...	...	99$_{-1i}$	99$_{-1i}$	40$_{-1i}$	46$_{-1i}$	0.1$_{-1i}$	0.4$_{-1i}$	TON
...	...	...	...	...	...	...	...	TUV
...	...	96$_{-1i}$	88$_{-1i}$	45$_{-1i}$	53$_{-1i}$	2$_{-1i}$	22$_{-1i}$	VUT
...	...	...	...	...	...	...	...	AIA
...	...	...	99$_{-4}$	...	29$_{-4}$	...	1$_{-4}$	ATG
...	...	100$_{-1}$	99$_{-1}$	24$_{-1}$	49$_{-1}$	35$_{-1}$	333$_{-1}$	ARG
...	...	100$_{-1i}$	98$_{-1i}$	60$_{-1i}$	53$_{-1i}$	0.1$_{-1i}$	2$_{-1i}$	ABW
...	...	...	...	...	...	...	...	BHS
...	...	...	...	...	...	...	...	BRB
...	...	...	...	...	...	...	...	BLZ
...	...	99$_{-4}$	92$_{-4}$	49$_{-4}$	77$_{-4}$	13$_{-4}$	548$_{-4}$	BOL
...	...	99$_{-1}$	93$_{-1}$	35$_{-1}$	50$_{-1}$	270$_{-1}$	11,168$_{-1}$	BRA
...	...	...	...	...	...	...	...	VGB
...	...	...	...	...	...	...	...	CYM
46$_{-4}$	38$_{-4}$	99$_{-2}$	96$_{-2}$	49$_{-2}$	52$_{-2}$	28$_{-2}$	531$_{-2}$	CHL
...	...	99$_{-1}$	95$_{-1}$	40$_{-1}$	49$_{-1}$	100$_{-1}$	1,875$_{-1}$	COL
...	...	99$_{-1i}$	98$_{-1i}$	41$_{-1i}$	49$_{-1i}$	4$_{-1i}$	84$_{-1i}$	CRI
...	...	...	...	...	...	...	...	CUB
...	...	...	...	...	...	...	...	CUW
...	...	...	...	...	...	...	...	DMA
...	...	99$_{-3}$	94$_{-3}$	48$_{-3}$	50$_{-3}$	22$_{-3}$	462$_{-3}$	DOM
28$_{-2}$	23$_{-2}$	99$_{-2}$	93$_{-2}$	39$_{-2}$	56$_{-2}$	23$_{-2}$	851$_{-2}$	ECU
...	...	98$_{-1}$	89$_{-1}$	44$_{-1}$	63$_{-1}$	26$_{-1}$	515$_{-1}$	SLV
...	...	...	...	...	...	...	...	GRD
...	...	...	...	...	...	...	...	GTM
...	...	...	...	...	...	...	...	GUY
...	...	83$_{-3i}$	62$_{-3i}$	51$_{-3i}$	56$_{-3i}$	366$_{-3i}$	2,741$_{-3i}$	HTI
...	...	97$_{-1}$	87$_{-1}$	26$_{-1}$	50$_{-1}$	71$_{-1}$	838$_{-1}$	HND
...	...	...	...	...	...	...	...	JAM
49$_{-2}$	40$_{-2}$	99$_{-1}$	95$_{-1}$	44$_{-1}$	61$_{-1}$	151$_{-1}$	4,273$_{-1}$	MEX
...	...	...	...	...	...	...	...	MSR
...	...	92$_{-4i}$	83$_{-4i}$	37$_{-4i}$	51$_{-4i}$	102$_{-4i}$	744$_{-4i}$	NIC
...	...	99$_{-1}$	95$_{-1}$	61$_{-1}$	56$_{-1}$	6$_{-1}$	139$_{-1}$	PAN
...	...	98$_{-1}$	94$_{-1}$	32$_{-1}$	53$_{-1}$	23$_{-1}$	293$_{-1}$	PRY
29$_{-2}$	25$_{-2}$	99$_{-1}$	94$_{-1}$	54$_{-1}$	75$_{-1}$	52$_{-1}$	1,334$_{-1}$	PER
...	...	...	...	...	...	...	...	KNA
...	...	...	...	...	...	...	...	LCA
...	...	...	...	...	...	...	...	VCT
...	...	...	...	...	...	...	...	SXM
...	...	99$_{-1i}$	94$_{-1i}$	57$_{-1i}$	65$_{-1i}$	1$_{-1i}$	24$_{-1i}$	SUR
...	...	...	...	...	...	...	...	TTO
...	...	...	...	...	...	...	...	TCA
99$_{-3}$	...	99$_{-1}$	99$_{-1}$	37$_{-1}$	40$_{-1}$	6$_{-1}$	35$_{-1}$	URY
...	...	99$_{-3}$	97$_{-3}$	36$_{-3}$	49$_{-3}$	63$_{-3}$	615$_{-3}$	VEN

表 4（续）

	A	B	C	D	E	F	G			H			
	成人教育与培训参与率 (%)	青年接受职业技术教育的百分比 (%)	职业技术教育学生占中等教育入学人数的百分比 (%)	中等后非高等教育中职业技术教育学生的百分比(%)	高等教育毛毕业率(%)	高等教育毛入学率 (%)	15岁及以上成人具有特定信息和通信技术技能的百分比（%）			25岁及以上成人受教育程度达到特定教育等级及以上的百分比（%）			
							在一个文档内复制或粘贴信息	在电子表格中使用基本的计算公式	编写计算机程序	初等教育	初级中等教育	高级中等教育	中等后教育
可持续发展目标指标:	4.3.1	4.3.3				4.3.2	4.4.1			4.4.3			
参考年份:	2019						2019						
欧洲和北美													
阿尔巴尼亚	9_{-3}	5	8	…	43	60	13	7	2	…	…	…	…
安道尔	…	…	10	100	…	…	…	…	6_{-2}	97_{-3}	72_{-3}	47_{-3}	32_{-3}
奥地利	60_{-3}	28_{-1}	34_{-1}	100_{-1}	35_{-1}	87_{-1}	63_{-4}	46_{-4}	9	…	…	80_{-2}	31_{-2}
白俄罗斯	…	10_{-1}	13_{-1}	100_{-1}	…	87_{-1}	41	20	2	…	…	…	…
比利时	45_{-3}	25_{-1}	43_{-1}	93_{-1}	50_{-1}	79_{-1}	65_{-2}	45	4	96_{-2}	87_{-2}	69_{-2}	36_{-2}
百慕大	…	$-_{-3}$	…	…	$-_{-1}$	19_{-1}	…	…	…	…	…	87_{-3}	55_{-3}
波斯尼亚和黑塞哥维那	9_{-3}	22	38	…	31	40	22	8	2	88_{-1}	81_{-1}	64_{-1}	12_{-1}
保加利亚	25_{-3}	17_{-1}	33_{-1}	100_{-1}	48_{-1}	72_{-1}	…	…	1	…	95_{-2}	76_{-2}	25_{-2}
加拿大	…	…	5_{-1}	…	40_{-1}	70_{-1}	…	…	…	…	…	84_{-3}	60_{-3}
克罗地亚	32_{-3}	22_{-1}	38_{-1}	…	44_{-1}	68_{-1}	54	43	9	…	…	…	…
捷克共和国	46_{-3}	26_{-1}	35_{-1}	36_{-1}	43_{-1}	64_{-1}	56_{-4}	45	6	100_{-2}	100_{-2}	91_{-2}	21_{-2}
丹麦	50_{-3}	12_{-1}	21_{-1}	…	56_{-1}	81_{-1}	68_{-3}	54	14	…	94_{-1}	79_{-1}	37_{-1}
爱沙尼亚	44_{-3}	12_{-1}	23_{-1}	100_{-1}	45_{-1}	70_{-1}	55_{-3}	44_{-3}	7_{-2}	…	…	88_{-1}	40_{-1}
芬兰	54_{-3}	20_{-1}	48_{-1}	100_{-1}	58_{-1}	90_{-1}	69_{-3}	48	9	…	…	76_{-2}	36_{-2}
法国	51_{-3}	19_{-1i}	18_{-1}	55_{-1}	47_{-1i}	68_{-1i}	…	…	6	98_{-2}	84_{-2}	70_{-2}	30_{-2}
德国	52_{-3}	21_{-1}	19_{-1}	93_{-1}	41_{-1}	70_{-1}	57	35	5	100_{-1}	96_{-1}	83_{-1}	36_{-1}
希腊	17_{-3}	13_{-1}	15_{-1}	100_{-1}	45_{-1}	143_{-1}	52_{-2}	38	4	91_{-3}	65_{-3}	55_{-3}	27_{-3}
匈牙利	56_{-3}	18_{-1}	20_{-1}	100_{-1}	33_{-1}	50_{-1}	53_{-3}	37_{-3}	4	100_{-3}	97_{-3}	76_{-3}	29_{-3}
冰岛	…	9_{-1}	18_{-1}	99_{-1}	51_{-1}	73_{-1}	82_{-2}	71_{-2}	13_{-2}	…	…	…	…
爱尔兰	…	8_{-1i}	27_{-1}	100_{-1}	…	77_{-1i}	53_{-1}	36_{-1}	6_{-1}	…	86_{-2}	71_{-2}	43_{-2}
意大利	42_{-3}	21_{-1}	33_{-1}	100_{-3}	40_{-1}	64_{-1}	42_{-3}	31_{-3}	4_{-3}	95_{-4}	78_{-4}	49_{-4}	15_{-4}
拉脱维亚	48_{-3}	17_{-1i}	20_{-1}	100_{-1}	49_{-1i}	93_{-1i}	53_{-4}	32	3	…	100_{-4}	90_{-1}	44_{-1}
列支敦士登	…	23_{-1i}	34_{-1}	…	14_{-1i}	38_{-1i}	…	…	…	…	…	…	…
立陶宛	28_{-3}	9_{-1i}	9_{-1}	100_{-1}	62_{-1i}	74_{-1i}	45_{-3}	42	5	99_{-2}	96_{-2}	87_{-2}	55_{-2}
卢森堡	48_{-3}	22_{-1}	33_{-1}	100_{-1}	8_{-1}	19_{-1}	82_{-4}	69_{-2}	11_{-2}	…	…	69_{-4}	…
马耳他	36_{-3}	10	16	…	45_{-2}	65	50_{-4}	41	8	99_{-1}	82_{-1}	45_{-1}	30_{-1}
摩纳哥	…	…	11_{+1}	100_{+1}	…	…	…	…	…	…	…	…	…
黑山共和国	…	23	34	…	36	54	…	28	4	…	…	…	…
荷兰	64_{-3}	23_{-1}	37_{-1}	…	52_{-1}	87_{-1}	72	54	9	99_{-1}	90_{-1}	71_{-1}	33_{-1}
北马其顿	13_{-3}	…	28_{-1}	100_{-1}	27_{-1}	43_{-1}	32_{-3}	21_{-3}	3_{-3}	…	…	…	…
挪威	60_{-3}	17_{-1}	28_{-1}	100_{-1}	55_{-1}	83_{-1}	78	60	11	100_{-2}	99_{-2}	78_{-2}	40_{-2}
波兰	26_{-3}	20_{-1}	28_{-1}	100_{-1}	45_{-1}	69_{-1}	34_{-4}	28	4	99_{-3}	85_{-3}	85_{-3}	28_{-3}
葡萄牙	46_{-3}	16_{-1}	24_{-1}	100_{-1}	51_{-2}	66_{-1}	47_{-3}	37	8	92_{-1}	54_{-1}	37_{-1}	19_{-1}
摩尔多瓦共和国	…	10_{i}	13	100	34_{-1i}	39_{i}	…	…	…	99_{-1}	97_{-1}	75_{-1}	…
罗马尼亚	7_{-3}	…	28_{-1}	100_{-1}	38_{-3}	51_{-1}	22_{-2}	15	1	99_{-2}	91_{-2}	67_{-2}	18_{-2}
俄罗斯	…	18_{-1i}	14_{-1}	100_{-1}	58_{-1}	85_{-1}	27	24	1	…	…	…	…
圣马力诺	…	3	7	…	33_{-1}	51	…	…	…	97_{-1}	83_{-1}	54_{-1}	16_{-1}
塞尔维亚	20_{-3}	25_{i}	35	100	…	68_{i}	34_{-4}	24_{-2}	4	98_{-2}	90_{-2}	72_{-2}	23_{-2}
斯洛伐克	46_{-3}	23_{-1}	30_{-1}	100_{-1}	35_{-1}	45_{-1}	…	35	4	100_{-2}	99_{-2}	87_{-2}	23_{-2}
斯洛文尼亚	46_{-3}	35_{-1}	45_{-1}	…	48_{-1}	77_{-1}	…	42_{-3}	5	100_{-2}	98_{-2}	83_{-2}	28_{-2}
西班牙	43_{-3}	15_{-1}	19_{-1}	100_{-1}	43_{-1}	91_{-1}	52_{-4}	38	7	92_{-1}	78_{-1}	50_{-1}	31_{-1}
瑞典	64_{-3}	13_{-1}	21_{-1}	76_{-1}	40_{-1}	72_{-1}	64	46	11	100_{-2}	91_{-2}	76_{-2}	39_{-2}
瑞士	69_{-3}	23_{-1}	37_{-1}	77_{-1}	54_{-1}	61_{-1}	…	57	10	…	97_{-1}	86_{-1}	…
乌克兰	…	…	7	100	…	…	…	…	…	…	…	…	…
英国	52_{-3}	18_{-1}	32_{-1}	…	…	61_{-1}	65_{-2}	46	9	100_{-2}	100_{-2}	77_{-2}	44_{-2}
美国	59_{-2}	…	…	100_{-1}	…	88_{-1i}	…	…	…	99_{-1}	96_{-1}	90_{-1}	45_{-1}

I 达到以下技能最低熟练水平的百分比(%)		J 识字率(%)		K 文盲				国家或地区名称缩写
				女性(%)		总人数(千人)		
读写	计算	青年	成人	青年	成人	青年	成人	
4.6.1		4.6.2						
2019								
…	…	99$_{-1i}$	98$_{-1i}$	26$_{-1i}$	60$_{-1i}$	3$_{-1i}$	44$_{-1i}$	ALB
…	…	…	…	…	…	…	…	AND
…	…	…	…	…	…	…	…	AUT
…	…	100$_{-1i}$	100$_{-1i}$	42$_{-1i}$	61$_{-1i}$	1$_{-1i}$	19$_{-1i}$	BLR
…	…	…	…	…	…	…	…	BEL
…	…	…	…	…	…	…	…	BMU
…	…	…	…	…	…	…	…	BIH
…	…	…	…	…	…	…	…	BGR
…	…	…	…	…	…	…	…	CAN
…	…	…	…	…	…	…	…	HRV
…	…	100$_{-3}$	100$_{-3}$	36$_{-3}$	40$_{-3}$	2$_{-3}$	15$_{-3}$	CZE
…	…	…	…	…	…	…	…	DNK
…	…	…	…	…	…	…	…	EST
…	…	…	…	…	…	…	…	FIN
…	…	…	…	…	…	…	…	FRA
…	…	…	…	…	…	…	…	DEU
73$_{-4}$	71$_{-4}$	99$_{-1i}$	98$_{-1i}$	54$_{-1i}$	65$_{-1i}$	9$_{-1i}$	187$_{-1i}$	GRC
81$_{-2}$	82$_{-2}$	…	…	…	…	…	…	HUN
…	…	…	…	…	…	…	…	ISL
…	…	…	…	…	…	…	…	IRL
…	…	100$_{-1i}$	99$_{-1i}$	37$_{-1i}$	63$_{-1i}$	4$_{-1i}$	444$_{-1i}$	ITA
…	…	100$_{-1i}$	100$_{-1i}$	37$_{-1i}$	47$_{-1i}$	0.3$_{-1i}$	2$_{-1i}$	LVA
…	…	…	…	…	…	…	…	LIE
84$_{-4}$	82$_{-4}$	…	…	…	…	…	…	LTU
…	…	…	…	…	…	…	…	LUX
…	…	99$_{-1i}$	95$_{-1i}$	30$_{-1i}$	37$_{-1i}$	0.3$_{-1i}$	21$_{-1i}$	MLT
…	…	…	…	…	…	…	…	MCO
…	…	99$_{-1i}$	99$_{-1i}$	55$_{-1i}$	77$_{-1i}$	1$_{-1i}$	6$_{-1i}$	MNE
…	…	…	…	…	…	…	…	NLD
…	…	…	…	…	…	…	…	MKD
…	…	…	…	…	…	…	…	NOR
…	…	…	…	…	…	…	…	POL
…	…	100$_{-1i}$	96$_{-1i}$	44$_{-1i}$	68$_{-1i}$	4$_{-1i}$	343$_{-1i}$	PRT
…	…	…	…	…	…	…	…	MDA
…	…	99$_{-1i}$	99$_{-1i}$	47$_{-1i}$	63$_{-1i}$	12$_{-1i}$	190$_{-1i}$	ROU
…	…	100$_{-1i}$	100$_{-1i}$	41$_{-1i}$	54$_{-1i}$	42$_{-1i}$	323$_{-1i}$	RUS
…	…	100$_{-1}$	100$_{-1}$	32$_{-1}$	59$_{-1}$	-$_{-1}$	-$_{-1}$	SMR
…	…	100$_{-3}$	99$_{-3}$	48$_{-3}$	79$_{-3}$	3$_{-3}$	86$_{-3}$	SRB
…	…	…	…	…	…	…	…	SVK
75$_{-4}$	74$_{-4}$	…	…	…	…	…	…	SVN
…	…	100$_{-1}$	98$_{-1}$	44$_{-1}$	67$_{-1}$	13$_{-1}$	623$_{-1}$	ESP
…	…	…	…	…	…	…	…	SWE
…	…	…	…	…	…	…	…	CHE
…	…	…	…	…	…	…	…	UKR
…	…	…	…	…	…	…	…	GBR
81$_{-2}$	71$_{-2}$	…	…	…	…	…	…	USA

表 5: 可持续发展目标4，具体目标4.5——平等

到2030年，消除教育中的性别不均等，确保弱势人群（包括残疾人、土著民族和脆弱环境中的儿童）平等地接受各级教育和职业培训。

	性别															
	A			B				C		D		E			
	完成率的经调整的性别均等指数			以下技能达到最低熟练水平的经调整的性别均等指数				识字率的经调整的性别均等指数		成人技能达到最低熟练水平的经调整的性别均等指数		毛入学率的经调整的性别均等指数			
				初等教育结束时		初级中等教育结束时									
	初等教育	初级中等教育	高级中等教育	阅读	数学	阅读	数学	青年	成人	读写	计算	学前教育	初等教育	中等教育	高等教育
可持续发展目标指标:	4.5.1															
参考年份:	2019															
区域	中位数															
世界	**1.00i**	**1.01i**	**1.04i**	**...**	**...**	**1.15i**	**1.00i**	**0.98**	**0.92**	**...**	**...**	**0.99i**	**0.98i**	**0.99i**	**1.13i**
撒哈拉以南非洲	1.03i	0.89i	0.79i	...	...	...	...	0.93	0.81	...	...	0.99i	0.96i	0.88-1i	0.76i
北非和西亚	1.00i	1.02i	1.15i	1.17i	1.02i	1.32i	1.06	0.96	0.87	...	...	0.99i	0.96i	0.96i	1.04i
北非	1.02i	1.15i	1.30i	...	...	1.31i	1.10	0.99	0.84	...	...	0.99	0.98	1.00i	1.15i
西亚	1.00i	1.00i	1.12i	1.17i	1.02i	1.33i	1.04	0.94	0.90	...	...	0.99i	0.94i	0.93i	0.98i
中亚和南亚	1.00i	0.99i	0.91i	...	...	...	...	0.96	0.82	...	...	1.01	0.99	1.01	1.03
中亚	1.00	0.99	0.86	...	...	...	...	1.00	1.00	...	...	0.98	0.99	0.99	1.02
南亚	0.94i	0.95i	0.92i	1.04i	1.03i	...	...	0.96	0.81	...	...	1.01	0.99	1.01	1.04
东亚和东南亚	1.02i	1.07i	1.11i	1.21i	1.03i	1.23i	1.04i	1.00	0.97	...	...	0.99	1.00	1.02i	1.15i
东亚	...	...	1.12i	...	...	1.08i	1.01i	1.00	0.97	...	...	1.00	1.01	1.02	1.14
东南亚	1.03i	1.08i	1.10i	1.23i	1.06	1.27	1.07i	1.00	0.97	...	...	0.96i	0.98i	1.03i	1.19i
大洋洲	...	...	...	...	...	...	...	...	...	...	...	0.98i	0.97i	0.93i	1.27i
拉丁美洲和加勒比	1.02i	1.06i	1.07i	...	...	1.13i	0.81i	1.00	0.99	...	...	1.01i	0.98i	1.04i	1.23i
加勒比	...	...	...	...	...	...	...	...	...	...	...	1.03	0.99i	1.03	1.44i
中美洲	1.01	1.04	1.08	...	...	1.11	0.82	1.00	0.99	...	...	1.02	0.99	1.06	1.17
南美	1.02	1.05	1.06	...	...	1.12i	0.75i	1.00	1.00	...	...	1.01	0.98	1.03	1.14i
欧洲和北美	1.00	1.00	1.04	1.01i	0.99i	1.13	1.00	...	...	...	...	1.00i	1.00i	0.99i	1.22i
欧洲	1.00	1.00	1.05	1.01i	0.99i	1.13	1.00	1.00i	...	...	...	0.99i	1.00i	0.99i	1.19i
北美	1.00i	1.01i	1.01	1.01	0.97	1.09	0.99	...	...	1.02i	0.97i	1.01i	1.00i	0.99i	1.27i
低收入国家	0.99	0.89	0.76	...	...	...	...	0.92i	0.78i	...	...	1.00i	0.92i	0.83-1i	0.64-1i
中等收入国家	1.01i	1.02i	1.07i	...	...	1.22i	1.00i	0.98	0.92	...	...	0.99	0.99	1.01	1.13i
中低收入国家	1.03i	1.02i	0.98i	...	...	...	...	0.96	0.84	...	...	1.00	0.99	1.00	1.06
中高收入国家	1.01i	1.04i	1.08i	...	...	1.22i	1.00i	1.00	0.97	...	...	0.99i	0.99i	1.02i	1.16i
高收入国家	1.00i	1.00i	1.05i	1.02i	0.99i	1.13	1.00	1.00i	1.00i	...	...	1.00i	1.00i	0.99i	1.20i

A 学校教育完成率的经调整的性别均等指数，按教育等级分列。

B 特定教育等级结束时达到最低熟练水平的学生百分比的经调整的性别均等指数。

C 青年和成人识字率的经调整的性别均等指数。

D 成人（16岁及以上）至少达到功能性读写和计算能力特定熟练水平的百分比的经调整的性别均等指数。

E 毛入学率的经调整的性别均等指数，按教育等级分列。

F 学校教育完成率方面的经调整的地区（农村/城市）均等指数，及经调整的贫富（最贫困五分之一/最富裕五分之一）均等指数，按教育等级分列。

G 达到技能最低熟练水平方面的经调整的贫富（最贫困五分之一/最富裕五分之一）均等指数。

注：

资料来源：统计研究所和《全球教育监测报告》小组对家庭调查数据的分析。除非有注解，数据均为2019年结束的学年的数据。

总体数据代表表中所列的所有数据可得国家和地区，可能包括对无最新数据国家和地区所做的估计。

(-) 零或可忽略不计

(...) 无相关数据或不存在的类别

(±n) 参考年份差异（例如，-2表示用2017年数据代替2019年数据）

(i) 估计数或不完全统计数

地区/贫富															
F												G			
初等教育完成率的不均等				初级中等教育完成率的不均等				高级中等教育完成率的不均等				达到以下技能最低熟练水平的贫富不均等			
经调整的均等指数		最贫困人口的完成率（%）		经调整的均等指数		最贫困人口的完成率（%）		经调整的均等指数		最贫困人口的完成率（%）		初等教育结束时		初级中等教育结束时	
地区	贫富	男	女	地区	贫富	男	女	地区	贫富	男	女	阅读	数学	阅读	数学
4.5.1															
2019															
中位数															
0.97$_i$	**0.92$_i$**	**73$_i$**	**80$_i$**	**0.90$_i$**	**0.74$_i$**	**39$_i$**	**...**	**0.70$_i$**	**0.51$_i$**	**...**	**...**	**...**	**...**	**0.61$_i$**	**0.59$_i$**
0.65	0.35$_i$	31$_i$	32$_i$	0.40	0.15$_i$	11$_i$	7$_i$	0.27$_i$	0.07$_i$	3$_i$	1$_i$	...	...	...	...
1.00$_i$	0.96$_i$	...	...	0.97$_i$	0.82$_i$	...	...	0.84$_i$	0.69$_i$	...	...	0.80$_i$	0.65$_i$	0.47$_i$	0.52
0.98$_i$	0.92$_i$	...	...	0.83$_i$	0.57$_i$	...	...	0.69$_i$	0.37$_i$	...	...	...	...	0.34$_i$	0.40
1.00$_i$	0.99$_i$	...	...	0.98$_i$	0.93$_i$	...	...	0.86$_i$	0.71$_i$	...	...	0.80$_i$	0.66$_i$	0.48$_i$	0.53
0.99$_i$	0.92	89	89	0.95$_i$	0.74	69	74	0.65$_i$	0.29$_i$	21$_i$	22$_i$	...	...	...	...
1.00	1.00	99	100	1.00	0.98	97	97	0.92	0.81	81	85	...	...	...	...
0.97$_i$	0.79	72	79	0.92$_i$	0.57	47	53	0.49$_i$	0.24$_i$	16$_i$	8$_i$	...	...	...	...
0.96$_i$	0.86$_i$	71$_i$	89$_i$	0.89$_i$	0.61$_i$	40$_i$	68$_i$	0.68$_i$	0.49$_i$	31$_i$	32$_i$	...	...	0.45$_i$	0.51$_i$
...	...	...	...	...	...	...	...	0.80$_i$	0.75$_i$	...	...	...	...	0.89$_i$	0.89$_i$
0.94$_i$	0.75$_i$	69$_i$	77$_i$	0.76$_i$	0.46$_i$	36$_i$	51$_i$	0.58$_i$	0.29$_i$	24$_i$	26$_i$	...	...	0.41	0.47$_i$
...	...	...	...	...	...	...	...	...	...	...	...	...	...	...	...
0.97$_i$	0.95$_i$	89$_i$	93$_i$	0.88$_i$	0.75$_i$	65$_i$	68$_i$	0.70$_i$	0.47$_i$	38$_i$	37$_i$	...	...	0.43$_i$	0.26$_i$
...	...	...	...	...	...	...	...	...	...	...	...	...	...	...	...
0.93	0.88	86	88	0.80	0.65	56	57	0.63	0.36	25	30	...	...	0.35	0.20
0.99	0.96	93	94	0.90	0.79	68	80	0.74	0.62	49	52	...	...	0.44$_i$	0.27$_i$
1.00$_i$	1.00$_i$	...	...	1.00$_i$	0.97	...	...	0.97$_i$	0.88	...	...	0.93$_i$	0.78$_i$	0.70	0.68
1.00$_i$	1.00$_i$	...	...	1.00$_i$	0.97	...	...	0.98$_i$	0.85	...	...	0.93$_i$	0.79$_i$	0.70	0.68
...	1.00$_i$	...	...	...	0.99$_i$	...	...	0.95$_i$	0.93	...	...	0.92	0.70	0.81	0.71
0.63	0.35	29$_i$	32$_i$	0.38	0.13$_i$	10$_i$	9$_i$	0.27$_i$	0.07$_i$	2$_i$	1$_i$	...	...	...	...
0.97$_i$	0.92$_i$	84$_i$	92$_i$	0.89$_i$	0.68$_i$	55$_i$	62$_i$	0.68$_i$	0.39$_i$	21$_i$	31$_i$	...	...	0.44$_i$	0.40$_i$
0.89$_i$	0.73$_i$	62$_i$	65$_i$	0.61$_i$	0.33$_i$	23$_i$	24$_i$	0.45$_i$	0.20$_i$	13$_i$	9$_i$	...	...	...	...
0.99$_i$	0.96$_i$	94$_i$	95$_i$	0.93$_i$	0.82$_i$	75$_i$	80$_i$	0.80$_i$	0.56$_i$	41$_i$	48$_i$	...	...	0.46$_i$	0.45$_i$
1.00$_i$	1.00$_i$	...	...	1.00$_i$	0.98$_i$	...	...	0.95$_i$	0.90$_i$	...	...	0.92$_i$	0.76$_i$	0.72	0.68

表 5（续）

	性别														
	A			B				C		D		E			
	完成率的经调整的性别均等指数			以下技能达到最低熟练水平的经调整的性别均等指数				识字率的经调整的性别均等指数		成人技能达到最低熟练水平的经调整的性别均等指数		毛入学率的经调整的性别均等指数			
				初等教育结束时		初级中等教育结束时									
	初等教育	初级中等教育	高级中等教育	阅读	数学	阅读	数学	青年	成人	读写	计算	学前教育	初等教育	中等教育	高等教育
可持续发展目标指标:	4.5.1														
参考年份:	2019														
撒哈拉以南非洲															
安哥拉	0.89$_{-4}$	0.76$_{-4}$	0.65$_{-4}$	...	...	...	...	...	...	...	...	0.89$_{-3}$	0.87$_{-4}$	0.64$_{-3}$	0.83$_{-3}$
贝宁	0.87$_{-1}$	0.54$_{-1}$	0.45$_{-1}$	...	...	...	...	0.74$_{-1i}$	0.58$_{-1i}$	...	...	1.02	0.93	0.76$_{-3}$	0.47$_{-1}$
博茨瓦纳	...	...	...	...	...	...	...	...	...	...	...	1.03$_{-4}$	0.98$_{-4}$	...	1.32
布基纳法索	...	...	...	...	...	...	...	0.88$_{-1i}$	0.65$_{-1i}$	...	...	1.00	0.99	1.03	0.56
布隆迪	1.16$_{-2}$	0.80$_{-2}$	0.84$_{-2}$	...	...	...	...	0.94$_{-2}$	0.80$_{-2}$	...	...	1.04	1.01	1.13	0.61$_{-1}$
佛得角	...	...	...	...	...	...	...	1.01$_{-4}$	0.89$_{-4}$	...	...	1.01$_{-1}$	0.93$_{-1}$	1.09$_{-1}$	1.33$_{-1}$
喀麦隆	0.98$_{-1}$	0.83$_{-1}$	0.81$_{-1}$	...	...	...	...	0.94$_{-1i}$	0.87$_{-1i}$	...	...	1.02	0.90	0.86$_{-3}$	0.89$_{-1}$
中非共和国	...	...	...	...	...	...	...	0.60$_{-1i}$	0.52$_{-1i}$	...	...	1.04$_{-2}$	0.78$_{-3}$	0.67$_{-2}$	...
乍得	0.76	0.47	0.30	...	...	...	...	0.55$_{-3}$	0.45$_{-3}$	...	...	0.96	0.78	0.53	0.29$_{-4}$
科摩罗	...	...	...	...	...	...	...	1.00$_{-1i}$	0.82$_{-1i}$	...	...	1.03$_{-1}$	1.00$_{-1}$	1.06$_{-1}$	...
刚果	1.04$_{-4}$	0.79$_{-4}$	0.69$_{-4}$	...	...	...	...	0.92$_{-1i}$	0.87$_{-1i}$	...	...	1.08$_{-1}$	0.97$_{-1}$	...	0.67$_{-2}$
科特迪瓦	0.88$_{-3}$	0.62$_{-3}$	0.82$_{-3}$	...	...	...	...	0.83$_{-1i}$	0.75$_{-1i}$	...	...	1.03	0.94	0.79	0.75
刚果民主共和国	1.00$_{-1}$	0.95$_{-1}$	0.77$_{-1}$	...	...	...	...	0.88$_{-3}$	0.75$_{-3}$	...	...	1.05$_{-1}$	0.94$_{-1}$	0.64$_{-4}$	0.56$_{-3}$
吉布提	...	...	...	...	...	...	...	...	...	...	...	0.85$_{+1}$	0.96$_{+1}$	1.03$_{+1}$	...
赤道几内亚	...	...	...	...	...	...	...	...	...	...	...	1.02$_{-4}$	0.99$_{-4}$	...	...
厄立特里亚	...	...	...	...	...	...	...	0.99$_{-1i}$	0.82$_{-1i}$	...	...	0.99$_{-1}$	0.86$_{-1}$	0.91$_{-1}$	0.71$_{-3}$
斯威士兰	...	...	...	...	...	...	...	1.02$_{-1i}$	1.00$_{-1i}$	...	...	...	0.92$_{-1}$	0.99$_{-3}$	...
埃塞俄比亚	1.03$_{-3}$	1.12$_{-3}$	1.18$_{-3}$	...	...	...	...	0.98$_{-2i}$	0.75$_{-2i}$	...	...	0.95$_{-4}$	0.91$_{-4}$	0.96$_{-4}$	...
加蓬	...	...	...	...	...	...	...	1.04$_{-1i}$	0.97$_{-1i}$	...	...	...	...	...	...
冈比亚	1.12$_{-1}$	1.09$_{-1}$	0.88$_{-1}$	...	...	...	...	0.91$_{-4}$	0.67$_{-4}$	...	...	1.07	1.10	...	...
加纳	1.06$_{-1}$	1.11$_{-1}$	0.97$_{-1}$	...	...	...	...	0.99$_{-1i}$	0.89$_{-1i}$	...	...	1.02	1.01	1.00	0.85
几内亚	0.75$_{-1}$	0.61$_{-1}$	0.51$_{-1}$	...	...	...	...	0.62$_{-1}$	0.51$_{-1}$	...	...	...	0.82$_{-3}$	...	...
几内亚比绍	0.95	0.94	0.71	...	...	...	...	...	...	...	...	...	...	...	...
肯尼亚	...	...	...	1.12$_{-1}$	0.84$_{-1}$	...	...	1.01$_{-1i}$	0.92$_{-1i}$	...	...	0.97$_{-3}$	1.00$_{-3}$	...	0.74$_{-2}$
莱索托	1.25$_{-1}$	1.39$_{-1}$	1.28$_{-1}$	...	...	...	...	...	...	...	...	1.04$_{-3}$	0.95$_{-2}$	1.26$_{-2}$	1.35$_{-1}$
利比里亚	...	...	...	...	...	...	...	0.70$_{-2i}$	0.54$_{-2i}$	...	...	1.01$_{-2}$	0.99$_{-2}$	0.77$_{-4}$	...
马达加斯加	1.14$_{-1}$	1.01$_{-1}$	0.97$_{-1}$	...	...	...	...	0.99$_{-1i}$	0.94$_{-1i}$	...	...	1.10	1.02	1.04	0.95$_{-1}$
马拉维	...	...	...	...	...	...	...	1.01$_{-4i}$	0.79$_{-4i}$	...	...	1.01$_{-4}$	1.03	0.83	...
马里	0.81$_{-1}$	0.71$_{-1}$	0.60$_{-1}$	...	...	...	...	0.75$_{-1}$	0.56$_{-1}$	...	...	1.03$_{-1}$	0.90$_{-1}$	0.82$_{-1}$	0.42$_{-4}$
毛里塔尼亚	0.86$_{-4}$	0.73$_{-4}$	0.57$_{-4}$	...	...	...	...	0.80$_{-2i}$	0.68$_{-2i}$	...	...	1.21$_{-4}$	1.06	1.05	0.61
毛里求斯	...	...	...	...	...	...	...	1.01$_{-1i}$	0.96$_{-1i}$	...	...	1.00	1.03	1.02	1.29$_{-2}$
莫桑比克	0.96$_{-4}$	0.89$_{-4}$	0.82$_{-4}$	...	...	...	...	0.85$_{-2}$	0.69$_{-2}$	...	...	...	0.93	0.89$_{-2}$	0.81$_{-1}$
纳米比亚	1.05$_{-4}$	1.14$_{-4}$	1.13$_{-4}$	...	...	...	...	1.02$_{-1i}$	1.00$_{-1i}$	...	...	1.03$_{-1}$	0.97$_{-1}$	...	1.49$_{-1}$
尼日尔	...	...	...	...	...	...	...	0.70$_{-1i}$	0.61$_{-1i}$	...	...	1.06	0.88	0.75$_{-2}$	0.64
尼日利亚	1.00$_{-1}$	0.89$_{-1}$	0.76$_{-1}$	...	...	...	...	0.84$_{-1i}$	0.74$_{-1i}$	...	...	...	0.94$_{-3}$	0.90$_{-3}$	...
卢旺达	1.22$_{-4}$	1.16$_{-4}$	0.84$_{-4}$	...	...	...	...	1.05$_{-1}$	0.89$_{-1}$	...	...	1.04	0.98	1.12	0.84
圣多美和普林西比	1.09	0.98	1.05	...	...	...	...	1.00$_{-1i}$	0.93$_{-1i}$	...	...	1.09$_{-3}$	0.97$_{-2}$	1.13$_{-2}$	1.04$_{-4}$
塞内加尔	...	...	...	...	...	1.11$_{-4}$	0.86$_{-4}$	0.84$_{-2}$	0.61$_{-2}$	...	...	1.11	1.12	1.12	0.75
塞舌尔	...	...	...	...	...	...	...	1.01$_{-1i}$	1.01$_{-1i}$	...	...	1.02	1.05	1.06	1.55
塞拉利昂	1.03$_{-2}$	0.89$_{-2}$	0.60$_{-2}$	...	...	...	...	0.89$_{-1i}$	0.67$_{-1i}$	...	...	1.10	1.03	0.97$_{-2}$	...
索马里	0.81$_{-3}$	0.79$_{-3}$	0.54$_{-3}$	...	...	...	...	...	...	...	...	...	...	...	...
南非	1.03$_{-3}$	1.06$_{-3}$	1.13$_{-3}$	...	...	...	...	1.03$_{-2}$	0.99$_{-2}$	0.99$_{-2}$	0.99$_{-2}$	1.01$_{-1}$	0.96$_{-1}$	1.07$_{-1}$	1.32$_{-1}$
南苏丹	0.82$_{-2}$	1.14$_{-2}$	1.60$_{-2}$	...	...	...	...	0.98$_{-1i}$	0.72$_{-1i}$	...	...	0.95$_{-4}$	0.71$_{-4}$	0.54$_{-4}$	...
多哥	0.92$_{-2}$	0.71$_{-2}$	0.38$_{-2}$	...	...	...	...	0.87$_{-4}$	0.66$_{-4}$	...	...	1.03$_{+1}$	0.97$_{+1}$	0.73$_{-2}$	0.53
乌干达	1.07$_{-3}$	0.87$_{-3}$	0.79$_{-3}$	1.01$_{-4}$	0.85$_{-4}$	...	...	1.01$_{-1i}$	0.86$_{-1i}$	...	...	1.04$_{-2}$	1.03$_{-2}$	...	...
坦桑尼亚联合共和国	1.09$_{-2}$	1.11$_{-2}$	0.67$_{-2}$	...	...	...	...	0.97$_{-4}$	0.88$_{-4}$	...	...	1.00	1.02	1.07	0.66
赞比亚	1.03$_{-1}$	0.89$_{-1}$	0.82$_{-1}$	...	...	1.46$_{-4}$	1.26$_{-4}$	0.99$_{-1i}$	0.92$_{-1i}$	...	...	1.07$_{-3}$	1.02$_{-2}$	...	...
津巴布韦	1.06	1.02	0.71	...	...	...	...	...	...	...	...	...	...	...	0.84$_{-4}$

地区/贫富																国家或地区名称缩写
F												G				
初等教育完成率的不均等				初级中等教育完成率的不均等				高级中等教育完成率的不均等				达到以下技能最低熟练水平的贫富不均等				
经调整的均等指数		最贫困人口的完成率（%）		经调整的均等指数		最贫困人口的完成率（%）		经调整的均等指数		最贫困人口的完成率（%）		初等教育结束时		初级中等教育结束时		
地区	贫富	男	女	地区	贫富	男	女	地区	贫富	男	女	阅读	数学	阅读	数学	
4.5.1																
2019																
0.37_{-4}	0.21_{-4}	21_{-4}	17_{-4}	0.20_{-4}	0.06_{-4}	5_{-4}	3_{-4}	0.17_{-4}	0.04_{-4}	2_{-4}	1_{-4}	...	...	...	...	AGO
0.70_{-1}	0.28_{-1}	24_{-1}	18_{-1}	0.43_{-1}	0.08_{-1}	5_{-1}	3_{-1}	0.25_{-1}	0.02_{-1}	1_{-1}	0.2_{-1}	...	...	...	...	BEN
...	...	...	...	...	...	...	...	...	...	...	...	...	...	...	...	BWA
...	...	...	...	...	...	...	...	...	...	...	...	...	...	...	...	BFA
0.69_{-2}	0.45_{-2}	24_{-2}	32_{-2}	0.49_{-2}	0.20_{-2}	12_{-2}	...	0.23_{-2}	0.05_{-2}	...	...	...	...	...	...	BDI
...	...	...	...	...	...	...	...	...	...	...	...	...	...	...	...	CPV
0.66_{-1}	0.35_{-1}	36_{-1}	30_{-1}	0.41_{-1}	0.11_{-1}	13_{-1}	5_{-1}	0.21_{-1}	0.02_{-1}	3_{-1}	0.3_{-1}	...	...	...	...	CMR
...	...	...	...	...	...	...	...	...	...	...	...	...	...	...	...	CAF
0.42	0.19	...	...	0.25	0.08	...	...	0.15	0.04	...	...	...	...	...	...	TCD
...	...	...	...	...	...	...	...	...	...	...	...	...	...	...	...	COM
0.61_{-4}	0.43_{-4}	42_{-4}	40_{-4}	0.30_{-4}	0.08_{-4}	7_{-4}	6_{-4}	0.09_{-4}	0.01_{-4}	1_{-4}	0.2_{-4}	...	...	...	...	COG
0.56_{-3}	0.32_{-3}	30_{-3}	16_{-3}	0.27_{-3}	0.08_{-3}	8_{-3}	2_{-3}	0.13_{-3}	0.05_{-3}	4_{-3}	$-_{-3}$	...	...	...	...	CIV
0.79_{-1}	0.65_{-1}	44_{-1}	39_{-1}	0.66_{-1}	0.48_{-1}	31_{-1}	31_{-1}	0.38_{-1}	0.25_{-1}	10_{-1}	...	...	...	...	...	COD
...	...	...	...	...	...	...	...	...	...	...	...	...	...	...	...	DJI
...	...	...	...	...	...	...	...	...	...	...	...	...	...	...	...	GNQ
...	...	...	...	...	...	...	...	...	...	...	...	...	...	...	...	ERI
...	...	...	...	...	...	...	...	...	...	...	...	...	...	...	...	SWZ
0.50_{-3}	0.33_{-3}	28_{-3}	28_{-3}	0.19_{-3}	0.08_{-3}	3_{-3}	5_{-3}	0.13_{-3}	0.06_{-3}	1_{-3}	2_{-3}	...	...	...	...	ETH
...	...	...	...	...	...	...	...	...	...	...	...	...	...	...	...	GAB
0.63_{-1}	0.55_{-1}	42_{-1}	50_{-1}	0.40_{-1}	0.29_{-1}	18_{-1}	22_{-1}	0.27_{-1}	0.17_{-1}	...	...	...	...	...	...	GMB
0.82_{-1}	0.61_{-1}	51_{-1}	54_{-1}	0.60_{-1}	0.29_{-1}	21_{-1}	25_{-1}	0.46_{-1}	0.14_{-1}	10_{-1}	10_{-1}	...	...	...	...	GHA
0.40_{-1}	0.20_{-1}	23_{-1}	...	0.16_{-1}	...	...	...	...	...	...	$-_{-3}$	...	...	...	...	GIN
0.48	0.32	...	...	0.32	0.18	...	...	0.32	0.17	...	...	...	...	...	...	GNB
...	...	...	...	...	...	...	...	...	...	...	...	...	...	...	...	KEN
0.80_{-1}	0.60_{-1}	40_{-1}	79_{-1}	0.46_{-1}	0.16_{-1}	...	19_{-1}	0.41_{-1}	...	...	...	...	...	...	...	LSO
...	...	...	...	...	...	...	...	...	...	...	...	...	...	...	...	LBR
0.68_{-1}	0.20_{-1}	14_{-1}	21_{-1}	0.38_{-1}	0.04_{-1}	4_{-1}	...	0.34_{-1}	...	...	...	...	...	...	...	MDG
0.58_{-3}	0.35_{-3}	22_{-3}	29_{-3}	0.31_{-3}	0.11_{-3}	7_{-3}	5_{-3}	0.28_{-3}	0.07_{-3}	4_{-3}	2_{-3}	...	...	...	...	MWI
0.50_{-1}	0.32_{-1}	29_{-1}	21_{-1}	0.30_{-1}	0.14_{-1}	...	...	0.22_{-1}	...	...	0.2_{-4}	...	...	...	...	MLI
0.58_{-4}	0.32_{-4}	34_{-4}	21_{-4}	0.52_{-4}	0.26_{-4}	19_{-4}	24_{-4}	0.35_{-4}	0.13_{-4}	9_{-4}	5_{-4}	...	...	...	...	MRT
...	...	...	...	...	...	...	...	...	...	...	...	...	...	...	...	MUS
0.40_{-4}	0.08_{-4}	...	...	0.23_{-4}	0.03_{-4}	...	...	0.09_{-4}	$-_{-4}$	...	...	...	...	...	...	MOZ
0.92_{-4}	0.86_{-4}	...	...	0.82_{-4}	0.72_{-4}	...	...	0.64_{-4}	0.41_{-4}	...	...	...	...	...	...	NAM
...	...	...	...	...	...	...	...	...	...	...	...	...	...	...	...	NER
0.65_{-1}	0.28_{-1}	26_{-1}	27_{-1}	0.58_{-1}	0.19_{-1}	21_{-1}	14_{-1}	0.48_{-1}	0.13_{-1}	18_{-1}	6_{-1}	...	...	...	...	NGA
0.76_{-4}	0.48_{-4}	26_{-4}	38_{-4}	0.49_{-4}	0.24_{-4}	11_{-4}	12_{-4}	0.30_{-4}	0.08_{-4}	2_{-4}	4_{-4}	...	...	...	...	RWA
0.99	0.81	...	...	0.94	0.47	...	...	0.89	0.33	...	...	...	...	...	...	STP
0.54	0.35	26	27	0.29	0.12	11	3	0.23	0.07	3	$-_{-2}$	...	...	0.28_{-4}	0.36_{-4}	SEN
...	...	...	...	...	...	...	...	...	...	...	...	...	...	...	...	SYC
0.54_{-2}	0.37_{-2}	31_{-2}	34_{-2}	0.30_{-2}	0.11_{-2}	10_{-2}	7_{-2}	0.16_{-2}	0.03_{-2}	2_{-2}	1_{-2}	...	...	...	...	SLE
0.67_{-3}	...	...	...	0.59_{-3}	...	...	...	0.10_{-3}	...	...	...	...	...	...	...	SOM
0.96_{-3}	0.92_{-3}	88_{-3}	94_{-3}	0.91_{-3}	0.74_{-3}	70_{-3}	74_{-3}	0.61_{-3}	0.26_{-3}	18_{-3}	24_{-3}	...	...	...	...	ZAF
...	...	...	...	...	...	...	...	...	...	...	...	...	...	...	...	SSD
0.88_{-2}	0.71_{-2}	67_{-2}	55_{-2}	0.60_{-2}	0.33_{-2}	30_{-2}	...	0.29_{-2}	...	...	...	...	...	...	...	TGO
0.59_{-3}	0.26_{-3}	20_{-3}	17_{-3}	0.38_{-3}	0.12_{-3}	10_{-3}	4_{-3}	0.34_{-3}	0.07_{-3}	3_{-3}	3_{-3}	...	...	...	...	UGA
0.81_{-2}	0.64_{-4}	54_{-4}	67_{-4}	0.32_{-2}	0.12_{-4}	9_{-4}	5_{-4}	0.14_{-2}	0.01_{-4}	0.4_{-4}	$-_{-4}$	...	...	...	...	TZA
0.69_{-1}	0.42_{-1}	38_{-1}	40_{-1}	0.46_{-1}	0.17_{-1}	20_{-1}	12_{-1}	0.27_{-1}	...	...	...	...	...	0.04_{-4}	0.04_{-4}	ZMB
0.88	0.79	75	81	0.51	0.22	20	18	0.21	...	...	...	...	...	...	...	ZWE

表 5（续）

	性别															
	A			B				C		D		E			
	完成率的经调整的性别均等指数			以下技能达到最低熟练水平的经调整的性别均等指数				识字率的经调整的性别均等指数		成人技能达到最低熟练水平的经调整的性别均等指数		毛入学率的经调整的性别均等指数			
				初等教育结束时		初级中等教育结束时									
	初等教育	初级中等教育	高级中等教育	阅读	数学	阅读	数学	青年	成人	读写	计算	学前教育	初等教育	中等教育	高等教育
可持续发展目标指标:	4.5.1															
参考年份:	2019															
北非和西亚																
阿尔及利亚	1.02	1.20	1.38	...	...	1.46-4	1.16-4	1.00-1i	0.86-1i	...	...	...	0.96	...	1.40
亚美尼亚	1.00-1	0.98-1	1.08-1	...	1.04-4	...	1.07-4	1.00-2	1.00-2	...	...	1.04	1.01	1.05	1.25
阿塞拜疆	...	...	...	1.06-3	...	...	...	1.00-2	1.00-2	...	...	1.11i	1.03i	1.00i	1.14i
巴林	...	...	...	1.24-3	1.13-4	...	1.17-4	0.99-1	0.96-1	...	...	1.07	0.99	1.08	1.45
塞浦路斯	1.00-2	1.00-2	1.09-2	...	0.99-4	1.32-1	...	...	...	...	...	0.97-1i	0.99-1i	0.98-1i	1.08-1i
埃及	0.99-2	1.02-2	1.09-2	...	...	...	1.13-4	0.97-2	0.86-2	...	...	1.00	1.01	0.99	1.04-1
格鲁吉亚	1.00-1	1.00-1	1.08-1	1.07-3	1.02-4	1.37-1	1.04-1	1.00-2	1.00-2	...	...	...	1.01	1.01	1.12
伊拉克	0.94-1	1.01-1	1.15-1	...	...	...	...	0.97-2	0.88-2	...	...	...	...	...	...
以色列	1.00-1	1.00-1	...	1.05-3	...	1.22-1	1.09-1	...	...	1.01-4	0.92-4	0.99-1	1.01-1	1.02-1	1.30-1
约旦	1.01-1	1.02-1	1.24-1	...	...	1.35-1	1.01-1	1.00-1i	0.99-1i	...	...	0.99	0.98	1.02	1.15
科威特	...	...	...	...	1.03-4	...	0.84-4	1.01-1	0.98-1	...	...	1.06	1.13	1.06-4	1.51
黎巴嫩	...	...	...	...	...	1.22-1	0.95-4	1.00-1i	0.96-1i	...	...	...	...	...	...
利比亚	...	...	...	...	...	...	...	...	...	...	...	...	...	...	...
摩洛哥	...	...	...	...	1.01-4	1.31-1	1.07-4	0.99-1i	0.78-1i	...	...	0.89	0.97	0.93	1.03
阿曼	...	...	...	1.27-3	1.18-4	...	1.27-4	1.01-1	0.96-1	...	...	1.02	1.08	0.91	1.46
巴勒斯坦	1.00	1.15	1.22	...	...	...	...	1.00	0.97	...	...	0.99	1.00	1.09	1.39
卡塔尔	...	...	...	1.18-3	0.99-4	1.41-1	1.03-4	1.02-2i	1.02-2i	...	...	0.99	1.03	...	1.87
沙特阿拉伯	...	...	...	1.34-3	1.38-4	1.44-1	0.91-4	1.00-2	0.95-2	...	...	1.05	1.01	0.90	1.07
苏丹	...	...	...	...	...	...	...	1.01-1i	0.86-1i	...	...	1.00-1	0.93-1	1.02-1	1.02-4
阿拉伯叙利亚共和国	...	...	...	...	...	...	...	...	...	...	...	...	...	...	1.11
突尼斯	1.03-1	1.15-1	1.30-1	...	...	1.28-4	0.87-4	...	...	...	...	1.02-3	0.99-1	1.13-3	1.46
土耳其	...	...	...	...	0.98-4	1.14-1	1.05-4	1.00-2	0.95-2	0.84-4	0.68-4	0.96-1	0.99-1	0.98-1	0.90-1
阿拉伯联合酋长国	...	...	...	1.17-3	1.00-4	1.33-1	1.07-4	0.99-4i	1.03-4i	...	...	0.99	1.00	0.99	0.95
也门	...	...	...	...	...	...	...	...	...	...	...	0.90-3	0.87-3	0.73-3	...
中亚和南亚																
阿富汗	0.60-4	0.52-4	0.45-4	...	...	...	...	0.76-1i	0.54-1i	...	...	...	0.67-1	0.57-1	0.35-1
孟加拉国	1.14	1.16	0.87	...	...	0.98-4	0.84-4	1.02	0.93	...	...	1.04-1	1.07-1	1.14	0.72
不丹	...	...	...	...	...	...	...	1.00-2	0.76-2	...	...	1.00+1	1.02+1	1.11-1i	1.06+1
印度	...	...	...	1.04-2	1.00-2	...	...	0.97-1i	0.80-1i	...	...	1.04	1.02	1.02	1.10
伊朗伊斯兰共和国	...	...	...	1.25-3	1.04-4	...	1.01-4	1.00-3	0.89-3	...	...	1.03-3	1.05-2	0.96-2	0.88-1
哈萨克斯坦	1.00-4	1.00-4	1.02-4	1.01-3	1.02-4	1.31-1	1.00-1	1.00-1i	1.00-1i	1.03-2	1.01-2	0.98+1	1.00+1	1.00+1	1.17+1
吉尔吉斯斯坦	1.00-1	1.00-1	0.95-1	...	...	...	...	1.00-1i	1.00-1i	...	...	1.01	0.99	1.00	1.21
马尔代夫	1.02-2	1.09-2	1.29-2	...	...	...	...	1.01-3	1.01-3	...	...	1.06	1.03	0.93	1.72-2
尼泊尔	...	...	...	...	...	...	...	0.97-1i	0.76-1i	...	...	0.91	1.02	1.07	1.05
巴基斯坦	0.87-1	0.82-1	0.97-1	1.04-3	1.03-3	...	...	0.83-2	0.65-2	...	...	0.86	0.86	0.87	0.87-1
斯里兰卡	...	...	...	...	...	...	...	1.01-1	0.98-1	...	...	1.06-1	0.99-1	1.04-1	1.38
塔吉克斯坦	0.99-2	0.97-2	0.76-2	...	...	...	...	...	...	...	...	0.87-2	0.99-2	...	0.76-2
土库曼斯坦	1.00	0.98	0.74	...	...	...	...	...	...	...	...	...	0.98	0.98	0.82
乌兹别克斯坦	...	...	...	...	...	...	...	1.00-1	1.00-1	...	...	0.94	0.99	0.99	0.83
东亚和东南亚																
文莱达鲁萨兰国	...	...	...	...	...	1.23-1	1.07-1	1.00-1i	0.98-1i	...	...	1.01	1.01	1.03	1.36
柬埔寨	...	...	...	1.41	1.16	1.31-4	0.83-4	1.01-4	0.87-4	...	...	1.04	0.97	...	0.94
中国	1.03-3	1.08-3	1.15-3	...	...	...	...	1.00-1i	0.97-1i	...	...	1.00	1.01	...	1.18
朝鲜民主主义人民共和国	...	...	...	...	...	...	...	...	...	...	...	...	1.00-1	1.01-4	0.51-1
中国香港	...	...	...	1.01-3	1.00-4	1.10-1	1.03-1	...	...	...	...	1.04	1.05	0.98	1.10
印度尼西亚	1.02-2	1.06-2	0.99-2	...	1.03-4	1.31-1	1.13-1	1.00-1	0.97-1	...	...	0.90-1i	0.97-1	1.02-1	1.13-1
日本	...	...	...	...	...	...	...	...	...	...	...	...	...	...	...
老挝人民民主共和国	0.98-2	0.96-2	0.94-2	1.33	1.08	...	...	0.96-4	0.88-4	...	...	1.03	0.97	0.94	1.10
中国澳门	...	...	...	1.00-3	...	1.06-1	1.00-1	1.00-3	0.97-3	...	...	0.97	0.98	1.00	1.27
马来西亚	...	...	...	1.24	1.10	1.23-1	1.07-1	1.00-1	0.97-1	...	...	1.03	1.01-2	1.07	1.23
蒙古	1.01-1	1.03-1	1.12-1	...	...	...	...	1.01-1i	1.00-1i	...	...	0.99	0.98	1.01	1.29-1
缅甸	1.03-3	1.03-3	1.33-3	1.21	1.02	...	...	0.99-3i	0.90-3i	...	...	1.02-1	0.96-1	1.08-1	1.29-1
菲律宾	1.06-1	1.15-1	1.11-1	1.23	1.08	1.34-1	...	1.00-4	1.00-4	...	...	0.99	0.97	1.09	1.24-2
韩国	...	...	1.03-3	...	1.01-4	1.08-1	1.01-1	...	...	...	...	1.00-1	1.00-1	0.99-1	0.80-1
新加坡	...	...	...	1.02-3	1.01-4	1.07-1	1.03-4	1.00-1	0.97-1	0.96-4	0.93-4	...	1.00-1i	0.99-1i	1.13-1i
泰国	1.00	1.10	1.14	...	...	1.38-1	1.16-1	1.01-1	0.97-1	...	...	1.00	1.00	0.97	1.29-3
东帝汶	1.10-3	1.10-3	1.10-3	...	...	...	...	1.03-1i	0.89-1i	...	...	1.04	0.98	1.09	...
越南	...	...	...	1.05	1.00	1.11-4	1.04-4	1.00-1i	0.97-1i	...	...	1.02	1.02	...	1.20-3

地区/贫富																
F												G				国家或地区名称缩写
初等教育完成率的不均等				初级中等教育完成率的不均等				高级中等教育完成率的不均等				达到以下技能最低熟练水平的贫富不均等				
经调整的均等指数		最贫困人口的完成率（%）		经调整的均等指数		最贫困人口的完成率（%）		经调整的均等指数		最贫困人口的完成率（%）		初等教育结束时		初级中等教育结束时		
地区	贫富	男	女	地区	贫富	男	女	地区	贫富	男	女	阅读	数学	阅读	数学	
4.5.1																
2019																
0.98	0.92	…	…	0.83	0.57	…	…	0.69	0.37	…	…	…	…	0.61$_{-4}$	0.49$_{-4}$	DZA
1.00$_{-1}$	0.99$_{-1}$	99$_{-3}$	99$_{-3}$	0.98$_{-1}$	0.98$_{-1}$	85$_{-3}$	99$_{-3}$	0.84$_{-1}$	0.91$_{-1}$	45$_{-3}$	55$_{-3}$	…	0.94$_{-4}$	…	0.99$_{-4}$	ARM
…	…	…	…	…	…	…	…	…	…	…	…	0.90$_{-3}$	…	…	…	AZE
…	…	…	…	…	…	…	…	…	…	…	…	0.72$_{-3}$	0.66$_{-4}$	…	0.69$_{-4}$	BHR
1.00$_{-2}$	0.99$_{-2}$	…	…	1.01$_{-2}$	0.99$_{-2}$	…	…	0.92$_{-2}$	0.73$_{-2}$	…	…	…	0.79$_{-4}$	0.58$_{-1}$	…	CYP
0.99$_{-2}$	0.92$_{-2}$	…	…	0.92$_{-2}$	0.77$_{-2}$	…	…	0.87$_{-2}$	0.71$_{-2}$	…	…	…	…	…	0.66$_{-4}$	EGY
1.00$_{-1}$	1.00$_{-1}$	100$_{-1}$	100$_{-1}$	0.96$_{-1}$	0.93$_{-1}$	95$_{-1}$	91$_{-1}$	0.84$_{-1}$	0.69$_{-1}$	54$_{-1}$	52$_{-1}$	0.97$_{-3}$	0.65$_{-4}$	0.39$_{-1}$	0.40$_{-1}$	GEO
0.87$_{-1}$	0.58$_{-1}$	62$_{-1}$	45$_{-1}$	0.76$_{-1}$	0.32$_{-1}$	26$_{-1}$	19$_{-1}$	0.80$_{-1}$	0.24$_{-1}$	15$_{-1}$	11$_{-1}$	…	…	…	…	IRQ
1.00$_{-1}$	1.00$_{-1}$	…	…	1.00$_{-1}$	0.99$_{-1}$	…	…	…	…	…	…	0.77$_{-3}$	…	0.57$_{-1}$	0.53$_{-1}$	ISR
1.01$_{-1}$	0.92$_{-1}$	88$_{-1}$	93$_{-1}$	1.02$_{-1}$	0.66$_{-1}$	64$_{-1}$	66$_{-1}$	0.88$_{-1}$	0.31$_{-1}$	20$_{-1}$	31$_{-1}$	…	…	0.60$_{-1}$	0.52$_{-1}$	JOR
…	…	…	…	…	…	…	…	…	…	…	…	…	0.36$_{-4}$	…	0.44$_{-4}$	KWT
…	…	…	…	…	…	…	…	…	…	…	…	…	…	0.25$_{-1}$	0.52$_{-4}$	LBN
…	…	…	…	…	…	…	…	…	…	…	…	…	…	…	…	LBY
…	…	…	…	…	…	…	…	…	…	…	…	…	0.32$_{-4}$	0.33$_{-1}$	0.27$_{-4}$	MAR
…	…	…	…	…	…	…	…	…	…	…	…	0.79$_{-3}$	0.95$_{-4}$	…	0.70$_{-4}$	OMN
1.00	0.99	…	…	0.97	0.87	…	…	0.96	0.74	…	…	…	…	…	…	PSE
…	…	…	…	…	…	…	…	…	…	…	…	0.86$_{-3}$	0.85$_{-4}$	0.46$_{-1}$	0.76$_{-4}$	QAT
…	…	…	…	…	…	…	…	…	…	…	…	0.76$_{-3}$	0.38$_{-4}$	0.42$_{-1}$	0.24$_{-4}$	SAU
…	…	…	…	…	…	…	…	…	…	…	…	…	…	…	…	SDN
…	…	…	…	…	…	…	…	…	…	…	…	…	…	…	…	SYR
0.93$_{-1}$	0.89$_{-1}$	85$_{-1}$	92$_{-1}$	0.72$_{-1}$	0.55$_{-1}$	49$_{-1}$	56$_{-1}$	0.52$_{-1}$	0.30$_{-1}$	17$_{-1}$	32$_{-1}$	…	…	0.34$_{-4}$	0.31$_{-4}$	TUN
…	…	…	…	…	…	…	…	…	…	…	…	…	0.63$_{-4}$	0.71$_{-1}$	0.52$_{-4}$	TUR
…	…	…	…	…	…	…	…	…	…	…	…	0.80$_{-3}$	0.51$_{-4}$	0.48$_{-1}$	0.58$_{-4}$	ARE
…	…	…	…	…	…	…	…	…	…	…	…	…	…	…	…	YEM
0.68$_{-4}$	0.60$_{-4}$	56$_{-4}$	32$_{-4}$	0.56$_{-4}$	0.41$_{-4}$	36$_{-4}$	13$_{-4}$	0.46$_{-4}$	0.29$_{-4}$	21$_{-4}$	5$_{-4}$	…	…	…	…	AFG
0.99	0.77	62	79	0.95	0.52	38	49	0.78	0.24	16	8	…	…	…	…	BGD
…	…	…	…	…	…	…	…	…	…	…	…	…	…	…	…	BTN
0.97$_{-3}$	0.82$_{-3}$	81$_{-3}$	80$_{-3}$	0.92$_{-3}$	0.62$_{-3}$	62$_{-3}$	56$_{-3}$	0.65$_{-3}$	0.18$_{-3}$	18$_{-3}$	9$_{-3}$	…	…	…	…	IND
…	…	…	…	…	…	…	…	…	…	…	…	0.70$_{-3}$	0.59$_{-4}$	…	0.34$_{-4}$	IRN
1.00$_{-4}$	1.00$_{-4}$	100$_{-4}$	100$_{-4}$	1.00$_{-4}$	0.99$_{-4}$	100$_{-4}$	99$_{-4}$	0.96$_{-4}$	0.90$_{-4}$	88$_{-4}$	89$_{-4}$	1.00$_{-3}$	0.82$_{-4}$	0.56$_{-1}$	0.75$_{-1}$	KAZ
1.00$_{-1}$	1.01$_{-1}$	100$_{-1}$	100$_{-1}$	0.99$_{-1}$	0.97$_{-1}$	96$_{-1}$	97$_{-1}$	0.92$_{-1}$	0.81$_{-1}$	74$_{-1}$	81$_{-1}$	…	…	…	…	KGZ
0.98$_{-2}$	0.98$_{-2}$	96$_{-2}$	97$_{-2}$	0.93$_{-2}$	0.86$_{-2}$	75$_{-2}$	89$_{-2}$	0.49$_{-2}$	0.34$_{-2}$	16$_{-2}$	22$_{-2}$	…	…	…	…	MDV
…	0.86$_{-3}$	83$_{-3}$	81$_{-3}$	…	0.62$_{-3}$	56$_{-3}$	59$_{-3}$	…	…	…	…	…	…	…	…	NPL
0.68$_{-1}$	0.31$_{-1}$	39$_{-1}$	19$_{-1}$	0.59$_{-1}$	0.15$_{-1}$	22$_{-1}$	4$_{-1}$	0.44$_{-1}$	0.03$_{-1}$	3$_{-1}$	1$_{-1}$	0.72$_{-3}$	0.72$_{-3}$	…	…	PAK
…	…	…	…	…	…	…	…	…	…	…	…	…	…	…	…	LKA
1.00$_{-2}$	0.99$_{-2}$	99$_{-2}$	96$_{-2}$	0.98$_{-2}$	0.96$_{-2}$	95$_{-2}$	95$_{-2}$	0.93$_{-2}$	0.82$_{-2}$	77$_{-2}$	55$_{-2}$	…	…	…	…	TJK
1.00	1.00	98	99	1.04	1.08	98	97	0.30	0.17	86$_{-3}$	95$_{-3}$	…	…	…	…	TKM
…	…	…	…	…	…	…	…	…	…	…	…	…	…	…	…	UZB
…	…	…	…	…	…	…	…	…	…	…	…	…	…	0.40$_{-1}$	0.47$_{-1}$	BRN
…	…	…	…	…	…	…	…	…	…	…	…	…	…	0.22$_{-4}$	0.19$_{-4}$	KHM
0.95$_{-3}$	0.96$_{-3}$	…	…	0.88$_{-3}$	0.89$_{-3}$	…	…	0.80$_{-3}$	0.75$_{-3}$	…	…	…	…	…	…	CHN
…	…	…	…	…	…	…	…	…	…	…	…	…	…	…	…	PRK
…	…	…	…	…	…	…	…	…	…	…	…	1.00$_{-3}$	0.96$_{-4}$	0.89$_{-1}$	0.89$_{-1}$	HKG
0.97$_{-2}$	0.91$_{-2}$	87$_{-2}$	94$_{-2}$	0.89$_{-2}$	0.68$_{-2}$	64$_{-2}$	69$_{-2}$	0.68$_{-2}$	0.35$_{-2}$	31$_{-2}$	32$_{-2}$	…	0.44$_{-4}$	0.39$_{-1}$	0.37$_{-1}$	IDN
…	…	…	…	…	…	…	…	…	…	…	…	…	…	…	…	JPN
0.85$_{-2}$	0.64$_{-2}$	67$_{-2}$	58$_{-2}$	0.56$_{-2}$	0.19$_{-2}$	21$_{-2}$	12$_{-2}$	0.36$_{-2}$	0.07$_{-2}$	5$_{-2}$	4$_{-2}$	…	…	…	…	LAO
…	…	…	…	…	…	…	…	…	…	…	…	0.99$_{-3}$	…	0.96$_{-1}$	0.96$_{-1}$	MAC
…	…	…	…	…	…	…	…	…	…	…	…	…	…	0.45$_{-1}$	0.48$_{-1}$	MYS
0.99$_{-1}$	0.97$_{-1}$	95$_{-1}$	98$_{-1}$	0.89$_{-1}$	0.84$_{-1}$	79$_{-1}$	90$_{-1}$	0.68$_{-1}$	0.53$_{-1}$	44$_{-1}$	61$_{-1}$	…	…	…	…	MNG
0.91$_{-3}$	0.70$_{-3}$	64$_{-3}$	65$_{-3}$	0.47$_{-3}$	0.18$_{-3}$	18$_{-3}$	9$_{-3}$	0.31$_{-3}$	0.04$_{-3}$	1$_{-3}$	2$_{-3}$	…	…	…	…	MMR
0.98$_{-1}$	0.81$_{-1}$	71$_{-1}$	89$_{-1}$	0.92$_{-1}$	0.54$_{-1}$	40$_{-1}$	68$_{-1}$	0.89$_{-1}$	0.51$_{-1}$	42$_{-1}$	56$_{-1}$	…	…	0.11$_{-1}$	…	PHL
…	…	…	…	…	…	…	…	0.99$_{-3}$	0.93$_{-3}$	…	…	…	0.93$_{-4}$	0.82$_{-1}$	0.80$_{-1}$	KOR
…	…	…	…	…	…	…	…	…	…	…	…	0.92$_{-3}$	0.85$_{-4}$	0.83$_{-1}$	0.28$_{-4}$	SGP
0.99	1.00	96	99	0.95	0.73	63	74	0.82	0.49	33	49	…	…	0.41$_{-1}$	0.54$_{-1}$	THA
0.82$_{-3}$	0.62$_{-3}$	57$_{-3}$	63$_{-3}$	0.63$_{-3}$	0.37$_{-3}$	33$_{-3}$	35$_{-3}$	0.48$_{-3}$	0.23$_{-3}$	18$_{-3}$	20$_{-3}$	…	…	…	…	TLS
…	…	…	…	…	…	…	…	…	…	…	…	…	…	0.84$_{-4}$	0.78$_{-4}$	VNM

表 5（续）

	性别														
	A 完成率的经调整的性别均等指数			B 以下技能达到最低熟练水平的经调整的性别均等指数				C 识字率的经调整的性别均等指数		D 成人技能达到最低熟练水平的经调整的性别均等指数		E 毛入学率的经调整的性别均等指数			
				初等教育结束时		初级中等教育结束时									
	初等教育	初级中等教育	高级中等教育	阅读	数学	阅读	数学	青年	成人	读写	计算	学前教育	初等教育	中等教育	高等教育
可持续发展目标指标:	4.5.1														
参考年份:	2019														
大洋洲															
澳大利亚	...	...	...	...	0.97$_{-4}$	1.11$_{-1}$	0.99$_{-1}$	...	...	...	...	0.96$_{-1}$	1.00$_{-1}$	0.94$_{-1}$	1.26$_{-1}$
库克群岛	...	...	...	...	...	...	...	...	...	...	...	1.10	0.96	1.04	...
斐济	...	...	...	...	...	...	...	1.00$_{-2}$	1.00$_{-2}$	...	...	0.97	0.96	...	...
基里巴斯	1.04	1.22	1.38	...	...	...	...	...	...	...	...	...	1.07$_{-2}$	...	...
马绍尔群岛	...	...	...	...	...	...	...	...	...	...	...	1.01	0.96	1.07	1.11
密克罗尼西亚联邦	...	...	...	...	...	...	...	...	...	...	...	0.99	0.96	...	...
瑙鲁	...	...	...	...	...	...	...	...	...	...	...	1.03	0.99	1.03	...
新西兰	...	...	...	1.05$_{-3}$	0.99$_{-4}$	1.11$_{-1}$	0.99$_{-1}$	...	...	...	...	0.98$_{-1}$	1.01$_{-1}$	1.06$_{-1}$	1.32$_{-1}$
纽埃	...	...	...	...	...	...	...	...	...	...	...	0.64	1.13	1.00	...
帕劳	...	...	...	...	...	...	...	1.01$_{-4}$	1.00$_{-4}$	...	...	...	...	...	...
巴布亚新几内亚	1.02$_{-1}$	1.00$_{-1}$	0.89$_{-1}$	...	...	...	...	...	...	...	...	0.99$_{-3}$	0.91$_{-3}$	0.73$_{-3}$	...
萨摩亚	...	...	...	...	...	...	...	1.01$_{-1i}$	1.00$_{-1i}$	...	...	1.06	1.01	1.09$_{-3}$	1.46
所罗门群岛	...	...	...	...	...	...	...	...	...	...	...	1.02	0.99	...	...
托克劳	...	...	...	...	...	...	...	...	...	...	...	0.88	1.03	0.99	...
汤加	1.00	1.10	1.14	...	...	...	...	1.00$_{-1i}$	1.00$_{-1i}$	...	...	1.06$_{-4}$	0.99$_{-4}$	1.03$_{-4}$	...
图瓦卢	...	...	...	...	...	...	...	...	...	...	...	0.89	0.92	1.25	...
瓦努阿图	...	...	...	...	...	...	...	1.01$_{-1i}$	0.98$_{-1i}$	...	...	0.97$_{-4}$	0.97$_{-4}$	1.03$_{-4}$	...
拉丁美洲和加勒比															
安圭拉	...	...	...	...	...	...	...	...	...	...	...	1.08	0.99	0.97	...
安提瓜和巴布达	...	...	...	...	...	...	...	...	1.01$_{-4}$	...	...	1.10$_{-1}$	0.99$_{-1}$	0.96$_{-1}$	...
阿根廷	...	...	...	...	...	1.11$_{-1}$	0.78$_{-1}$	1.01$_{-1}$	1.00$_{-1}$	...	...	1.02$_{-1}$	1.00$_{-1}$	1.04$_{-1}$	1.40$_{-1}$
阿鲁巴	...	...	...	...	...	...	...	1.00$_{-1i}$	1.00$_{-1i}$	...	...	...	...	...	1.48$_{-3}$
巴哈马	...	...	...	...	...	...	...	...	...	...	...	...	...	...	...
巴巴多斯	...	...	...	...	...	...	...	...	...	...	...	0.99	0.96	1.04	...
伯利兹	1.01$_{-3}$	1.15$_{-3}$	1.06$_{-3}$	...	...	...	...	...	...	...	...	1.03	0.97	1.02	1.40
多民族玻利维亚国	1.02	1.02	1.02	1.13$_{-4}$	0.84$_{-4}$	...	...	1.00$_{-4}$	0.92$_{-4}$	...	...	1.02	0.99	0.98	...
巴西	1.03$_{-1}$	1.08$_{-1}$	1.15$_{-1}$	...	...	1.20$_{-1}$	0.88$_{-1}$	1.00$_{-1}$	1.00$_{-1}$	...	...	0.99$_{-1i}$	0.97$_{-1i}$	1.03$_{-1i}$	1.27$_{-1i}$
英属维尔京群岛	...	...	...	...	...	...	...	...	...	...	...	1.11$_{-2}$	1.00$_{-1}$	1.10$_{-3}$	1.44$_{-1}$
开曼群岛	...	...	...	...	...	...	...	...	...	...	...	0.98$_{-1}$	0.97$_{-1}$	1.01$_{-1}$	...
智利	1.02$_{-2}$	1.02$_{-2}$	1.06$_{-2}$	...	...	1.13$_{-1}$	0.74$_{-4}$	1.00$_{-2}$	1.00$_{-2}$	0.90$_{-4}$	0.70$_{-4}$	0.98$_{-1}$	0.97$_{-1}$	1.00$_{-1}$	1.14$_{-1}$
哥伦比亚	1.02$_{-1}$	1.06$_{-1}$	1.07$_{-1}$	...	...	1.07$_{-1}$	0.75$_{-1}$	1.00$_{-1}$	1.00$_{-1}$	...	...	1.02	0.97	1.05	1.14
哥斯达黎加	1.01$_{-1}$	1.05$_{-1}$	1.09$_{-1}$	...	...	1.11$_{-1}$	0.80$_{-1}$	1.00$_{-1i}$	1.00$_{-1i}$	...	...	1.00	1.01	1.07	1.18
古巴	1.00	1.02	1.09	...	...	...	...	...	...	...	...	0.99	0.97	1.01	1.37$_{-1}$
库拉索	...	...	...	...	...	...	...	...	...	...	...	...	...	...	...
多米尼克	...	...	...	...	...	...	...	...	...	...	...	1.06	0.97	1.02	...
多米尼加共和国	1.06$_{-1}$	1.11$_{-1}$	1.24$_{-1}$	...	...	1.37$_{-1}$	0.94$_{-1}$	1.00$_{-3}$	1.00$_{-3}$	...	...	1.02$_{i}$	0.95$_{i}$	1.08$_{i}$	1.44$_{-2i}$
厄瓜多尔	1.00$_{-1}$	1.01$_{-1}$	1.05$_{-1}$	...	...	1.09$_{-4}$	0.71$_{-4}$	1.00$_{-2}$	0.98$_{-2}$	0.96$_{-2}$	0.77$_{-2}$	1.05$_{-1}$	1.02$_{-1}$	1.03$_{-1}$	1.13$_{-1}$
萨尔瓦多	1.04$_{-1}$	1.00$_{-1}$	1.04$_{-1}$	...	...	...	...	1.00$_{-1}$	0.96$_{-1}$	...	...	1.02$_{-1}$	0.97$_{-1}$	0.99$_{-1}$	1.12$_{-1}$
格林纳达	...	...	...	...	...	...	...	...	...	...	...	1.03$_{-1}$	0.98$_{-1}$	1.03$_{-1}$	1.20$_{-1}$
危地马拉	0.95$_{-4}$	0.87$_{-4}$	0.91$_{-4}$	...	...	1.15$_{-4}$	0.84$_{-4}$	...	...	...	...	1.02	0.98	0.96	1.15$_{-4}$
圭亚那	1.02	1.04	1.04	...	...	...	...	...	...	...	...	...	...	...	...
海地	1.16$_{-2}$	1.17$_{-2}$	0.96$_{-2}$	...	...	...	...	0.99$_{-3i}$	0.89$_{-3i}$	...	...	...	...	...	...
洪都拉斯	1.07$_{-1}$	1.09$_{-1}$	1.24$_{-1}$	...	...	1.11$_{-4}$	0.66$_{-4}$	1.03$_{-1}$	1.00$_{-1}$	...	...	1.04	1.00	1.11	1.28
牙买加	...	...	...	...	...	...	...	...	...	...	...	1.04	...	1.02	1.43$_{-4}$
墨西哥	1.01$_{-1}$	1.03$_{-1}$	1.07$_{-1}$	...	...	1.11$_{-1}$	0.88$_{-1}$	1.00$_{-1}$	0.98$_{-1}$	0.99$_{-2}$	0.80$_{-2}$	1.03$_{-1}$	1.01$_{-1}$	1.08$_{-1}$	1.04$_{-1}$
蒙特塞拉特	...	...	...	...	...	...	...	...	...	...	...	1.15	1.12	1.08	...
尼加拉瓜	...	...	...	...	...	...	...	1.04$_{-4i}$	1.00$_{-4i}$	...	...	...	...	...	...
巴拿马	1.01$_{-1}$	1.07$_{-1}$	1.11$_{-1}$	...	...	1.16$_{-1}$	0.82$_{-1}$	1.00$_{-1}$	0.99$_{-1}$	...	...	1.02$_{-2}$	0.98$_{-2}$	1.05$_{-2}$	1.36$_{-3}$
巴拉圭	1.02	1.08	1.09	...	...	1.12$_{-4}$	0.56$_{-4}$	1.01$_{-1}$	0.99$_{-1}$	...	...	1.01$_{-3}$	...	...	...
秘鲁	1.00$_{-1}$	1.01$_{-1}$	1.01$_{-1}$	...	...	...	...	1.00$_{-1}$	0.94$_{-1}$	0.89$_{-2}$	0.74$_{-2}$	1.00	0.96	0.94	1.05$_{-2}$
圣基茨和尼维斯	...	...	...	...	...	...	...	...	...	...	...	0.80$_{-3}$	0.97$_{-3}$	1.03$_{-3}$	1.50$_{-4}$
圣卢西亚	...	...	...	...	...	...	...	...	...	...	...	1.02	1.02	0.97	1.53
圣文森特和格林纳丁斯	...	...	...	...	...	...	...	...	...	...	...	1.02$_{-1}$	0.99$_{-1}$	1.03$_{-1}$	1.40$_{-4}$
荷属圣马丁	...	...	...	...	...	...	...	...	...	...	...	...	...	...	1.70$_{-4}$
苏里南	1.11$_{-1}$	1.28$_{-1}$	1.29$_{-1}$	...	...	...	...	1.00$_{-1i}$	0.97$_{-1i}$	...	...	1.05	1.00	1.24$_{-4}$	...
特立尼达和多巴哥	...	...	...	1.11$_{-3}$	...	1.28$_{-4}$	1.16$_{-4}$	...	...	...	...	1.02	...	...	...
特克斯和凯科斯群岛	...	...	...	...	...	...	...	...	...	...	...	1.15$_{-1}$	1.00$_{-1}$	1.03$_{-1}$	...
乌拉圭	1.02$_{-1}$	1.13$_{-1}$	1.27$_{-1}$	...	...	1.17$_{-1}$	0.93$_{-1}$	1.01$_{-1}$	1.01$_{-1}$	...	...	1.00$_{-1}$	0.99$_{-1}$	1.10$_{-1}$	...
委内瑞拉玻利瓦尔共和国	...	...	...	...	...	...	...	1.01$_{-3}$	1.00$_{-3}$	...	...	1.01$_{-2}$	0.98$_{-2}$	1.07$_{-2}$	...

地区/贫富																
F												G				
初等教育完成率的不均等				初级中等教育完成率的不均等				高级中等教育完成率的不均等				达到以下技能最低熟练水平的贫富不均等				
经调整的均等指数		最贫困人口的完成率（%）		经调整的均等指数		最贫困人口的完成率（%）		经调整的均等指数		最贫困人口的完成率（%）		初等教育结束时		初级中等教育结束时		
地区	贫富	男	女	地区	贫富	男	女	地区	贫富	男	女	阅读	数学	阅读	数学	国家或地区名称缩写
4.5.1																
2019																
…	…	…	…	…	…	…	…	…	…	…	…	…	0.52_{-4}	0.76_{-1}	0.71_{-1}	AUS
…	…	…	…	…	…	…	…	…	…	…	…	…	…	…	…	COK
…	…	…	…	…	…	…	…	…	…	…	…	…	…	…	…	FJI
0.97	0.92	85	93	0.85	0.69	52	75	0.28	…	…	…	…	…	…	…	KIR
…	…	…	…	…	…	…	…	…	…	…	…	…	…	…	…	MHL
…	…	…	…	…	…	…	…	…	…	…	…	…	…	…	…	FSM
…	…	…	…	…	…	…	…	…	…	…	…	…	…	…	…	NRU
…	…	…	…	…	…	…	…	…	…	…	…	0.83_{-3}	0.41_{-4}	0.75_{-1}	0.70_{-1}	NZL
…	…	…	…	…	…	…	…	…	…	…	…	…	…	…	…	NIU
…	…	…	…	…	…	…	…	…	…	…	…	…	…	…	…	PLW
0.74_{-1}	0.45_{-1}	41_{-1}	36_{-1}	0.74_{-1}	0.33_{-1}	31_{-1}	20_{-1}	0.41_{-1}	…	…	…	…	…	…	…	PNG
…	…	…	…	…	…	…	…	…	…	…	…	…	…	…	…	WSM
…	…	…	…	…	…	…	…	…	…	…	…	…	…	…	…	SLB
…	…	…	…	…	…	…	…	…	…	…	…	…	…	…	…	TKL
1.00	1.00	97	97	0.95	0.74	88	86	0.99	0.71	5	23	…	…	…	…	TON
…	…	…	…	…	…	…	…	…	…	…	…	…	…	…	…	TUV
…	…	…	…	…	…	…	…	…	…	…	…	…	…	…	…	VUT
…	…	…	…	…	…	…	…	…	…	…	…	…	…	…	…	AIA
…	…	…	…	…	…	…	…	…	…	…	…	…	…	…	…	ATG
…	…	…	…	…	…	…	…	…	…	…	…	…	…	0.36_{-1}	0.20_{-1}	ARG
…	…	…	…	…	…	…	…	…	…	…	…	…	…	…	…	ABW
…	…	…	…	…	…	…	…	…	…	…	…	…	…	…	…	BHS
…	…	…	…	…	…	…	…	…	…	…	…	…	…	…	…	BRB
0.99_{-3}	0.92_{-3}	88_{-3}	94_{-3}	0.68_{-3}	0.38_{-3}	23_{-3}	44_{-3}	0.69_{-3}	0.25_{-3}	16_{-3}	21_{-3}	…	…	…	…	BLZ
1.03	0.96	95_{-1}	97_{-1}	1.10	0.90	87_{-1}	88_{-1}	1.40	0.67	59_{-1}	55_{-1}	…	…	…	…	BOL
0.96_{-1}	0.93_{-1}	89_{-1}	94_{-1}	0.87_{-1}	0.76_{-1}	68_{-1}	80_{-1}	0.68_{-1}	0.46_{-1}	38_{-1}	47_{-1}	…	…	0.45_{-1}	0.26_{-1}	BRA
…	…	…	…	…	…	…	…	…	…	…	…	…	…	…	…	VGB
…	…	…	…	…	…	…	…	…	…	…	…	…	…	…	…	CYM
0.99_{-2}	0.95_{-2}	93_{-2}	96_{-2}	0.99_{-2}	0.94_{-2}	91_{-2}	95_{-2}	0.91_{-2}	0.82_{-2}	75_{-2}	79_{-2}	…	…	0.63_{-1}	0.28_{-4}	CHL
0.95_{-1}	0.98_{-1}	84_{-1}	91_{-1}	0.79_{-1}	0.76_{-1}	55_{-1}	67_{-1}	0.64_{-1}	0.62_{-1}	49_{-1}	52_{-1}	…	…	0.44_{-1}	0.34_{-1}	COL
1.00_{-1}	0.96_{-1}	95_{-1}	95_{-1}	0.93_{-1}	0.63_{-1}	48_{-1}	55_{-1}	0.88_{-1}	0.38_{-1}	22_{-1}	29_{-1}	…	…	0.50_{-1}	0.37_{-1}	CRI
1.00	1.00	…	…	0.96	1.14	…	…	0.79	1.49	…	…	…	…	…	…	CUB
…	…	…	…	…	…	…	…	…	…	…	…	…	…	…	…	CUW
…	…	…	…	…	…	…	…	…	…	…	…	…	…	…	…	DMA
0.98_{-1}	0.94_{-1}	88_{-1}	96_{-1}	0.93_{-1}	0.90_{-1}	78_{-1}	86_{-1}	0.72_{-1}	0.56_{-1}	40_{-1}	47_{-1}	…	…	0.22_{-1}	0.12_{-1}	DOM
0.99_{-1}	0.99_{-1}	98_{-1}	98_{-1}	0.92_{-1}	0.86_{-1}	83_{-1}	85_{-1}	0.72_{-1}	0.62_{-1}	55_{-1}	57_{-1}	…	…	0.41_{-4}	0.27_{-4}	ECU
0.92_{-1}	0.86_{-1}	83_{-1}	85_{-1}	0.76_{-1}	0.67_{-1}	64_{-1}	58_{-1}	0.58_{-1}	0.35_{-1}	28_{-1}	32_{-1}	…	…	…	…	SLV
…	…	…	…	…	…	…	…	…	…	…	…	…	…	…	…	GRD
0.83_{-4}	0.58_{-4}	58_{-4}	54_{-4}	0.55_{-4}	0.17_{-4}	21_{-4}	10_{-4}	0.43_{-4}	0.06_{-4}	7_{-4}	3_{-4}	…	…	0.25_{-4}	0.10_{-4}	GTM
0.99	0.97	…	…	0.97	0.91	…	…	0.97	0.93	…	…	…	…	…	…	GUY
0.61_{-2}	0.26_{-2}	17_{-2}	24_{-2}	0.46_{-2}	0.12_{-2}	7_{-2}	9_{-2}	0.30_{-2}	0.02_{-2}	1_{-2}	1_{-2}	…	…	…	…	HTI
0.91_{-1}	0.76_{-1}	73_{-1}	76_{-1}	0.45_{-1}	0.32_{-1}	25_{-1}	29_{-1}	0.39_{-1}	0.20_{-1}	10_{-1}	16_{-1}	…	…	0.35_{-4}	0.20_{-4}	HND
…	…	…	…	…	…	…	…	…	…	…	…	…	…	…	…	JAM
0.99_{-1}	0.97_{-1}	94_{-1}	97_{-1}	0.90_{-1}	0.82_{-1}	78_{-1}	78_{-1}	0.67_{-1}	0.47_{-1}	38_{-1}	37_{-1}	…	…	0.47_{-1}	0.44_{-1}	MEX
…	…	…	…	…	…	…	…	…	…	…	…	…	…	…	…	MSR
…	…	…	…	…	…	…	…	…	…	…	…	…	…	…	…	NIC
0.94_{-1}	0.91_{-1}	89_{-1}	91_{-1}	0.83_{-1}	0.72_{-1}	66_{-1}	75_{-1}	0.70_{-1}	0.45_{-1}	39_{-1}	41_{-1}	…	…	0.27_{-1}	0.15_{-1}	PAN
0.97	0.92	86_{-1}	93_{-1}	0.82	0.74	67_{-1}	69_{-1}	0.65	0.48	41_{-1}	36_{-1}	…	…	0.34_{-4}	0.15_{-4}	PRY
0.97_{-1}	0.95_{-1}	95_{-1}	93_{-1}	0.89_{-1}	0.83_{-1}	82_{-1}	80_{-1}	0.82_{-1}	0.73_{-1}	71_{-1}	69_{-1}	…	…	…	…	PER
…	…	…	…	…	…	…	…	…	…	…	…	…	…	…	…	KNA
…	…	…	…	…	…	…	…	…	…	…	…	…	…	…	…	LCA
…	…	…	…	…	…	…	…	…	…	…	…	…	…	…	…	VCT
…	…	…	…	…	…	…	…	…	…	…	…	…	…	…	…	SXM
0.88_{-1}	0.69_{-1}	60_{-1}	77_{-1}	0.67_{-1}	0.30_{-1}	16_{-1}	32_{-1}	0.49_{-1}	…	…	…	…	…	…	…	SUR
…	…	…	…	…	…	…	…	…	…	…	…	0.82_{-3}	…	0.60_{-4}	0.51_{-4}	TTO
…	…	…	…	…	…	…	…	…	…	…	…	…	…	…	…	TCA
1.01_{-1}	0.98_{-1}	96_{-1}	97_{-1}	0.95_{-1}	0.53_{-1}	46_{-1}	58_{-1}	0.75_{-1}	0.18_{-1}	10_{-1}	17_{-1}	…	…	0.46_{-1}	0.39_{-1}	URY
…	…	…	…	…	…	…	…	…	…	…	…	…	…	…	…	VEN

表 5（续）

	性别															
	A			B				C		D		E			
	完成率的经调整的性别均等指数			以下技能达到最低熟练水平的经调整的性别均等指数				识字率的经调整的性别均等指数		成人技能达到最低熟练水平的经调整的性别均等指数		毛入学率的经调整的性别均等指数			
				初等教育结束时		初级中等教育结束时									
	初等教育	初级中等教育	高级中等教育	阅读	数学	阅读	数学	青年	成人	读写	计算	学前教育	初等教育	中等教育	高等教育
可持续发展目标指标:	4.5.1														
参考年份:	2019														
欧洲和北美															
阿尔巴尼亚	1.02$_{-2}$	1.01$_{-2}$	1.04$_{-2}$	...	...	1.35$_{-1}$	1.06$_{-1}$	1.01$_{-1i}$	0.99$_{-1i}$	...	...	1.00	1.03	1.01	1.36
安道尔	...	...	...	...	...	...	...	...	...	...	...	...	...	...	...
奥地利	1.01$_{-2}$	1.02$_{-2}$	0.98$_{-2}$	1.01$_{-3}$	...	1.13$_{-1}$	0.99$_{-1}$	...	...	...	...	0.99$_{-1}$	0.99$_{-1}$	0.96$_{-1}$	1.16$_{-1}$
白俄罗斯	1.00	...	...	...	...	1.13$_{-1}$	0.99$_{-1}$	1.00$_{-1i}$	1.00$_{-1i}$	...	...	0.96$_{-1}$	1.00$_{-1}$	0.99$_{-1}$	1.16$_{-1}$
比利时	1.04$_{-4}$	1.08$_{-4}$	1.05$_{-4}$	...	...	1.08$_{-1}$	0.97$_{-1}$	...	...	...	...	1.00$_{-1}$	1.00$_{-1}$	1.11$_{-1}$	1.24$_{-1}$
百慕大	...	...	...	...	...	...	...	...	...	...	...	0.85$_{-4}$	0.98$_{-4}$	1.11$_{-4}$	1.33$_{-1}$
波斯尼亚和黑塞哥维那	...	...	...	...	...	1.30$_{-1}$	...	...	...	...	...	0.97	...	...	1.33
保加利亚	...	...	...	1.02$_{-3}$	1.03$_{-4}$	1.27$_{-1}$	1.03$_{-1}$	...	...	...	...	0.99$_{-1}$	0.99$_{-1}$	0.97$_{-1}$	1.19$_{-1}$
加拿大	...	...	1.01$_{-2}$	1.01$_{-3}$	0.95$_{-4}$	1.09$_{-1}$	1.00$_{-1}$	...	...	...	...	...	1.00$_{-1}$	1.01$_{-1}$	1.25$_{-1}$
克罗地亚	1.00$_{-2}$	0.99$_{-2}$	1.00$_{-2}$	...	0.92$_{-4}$	1.16$_{-1}$	0.98$_{-1}$	...	...	...	...	0.99$_{-1}$	1.00$_{-1}$	1.05$_{-1}$	1.28$_{-1}$
捷克共和国	1.00$_{-2}$	1.01$_{-2}$	1.08$_{-2}$	1.02$_{-3}$	0.97$_{-4}$	1.13$_{-1}$	1.01$_{-1}$	1.00$_{-3}$	1.00$_{-3}$	...	...	0.97$_{-1}$	1.01$_{-1}$	1.00$_{-1}$	1.28$_{-1}$
丹麦	1.00$_{-2}$	1.00$_{-2}$	1.19$_{-2}$	...	...	1.11$_{-1}$	1.01$_{-1}$	...	...	...	...	0.98$_{-1}$	1.00$_{-1}$	1.00$_{-1}$	1.27$_{-1}$
爱沙尼亚	1.00$_{-2}$	1.03$_{-2}$	1.08$_{-2}$	...	...	1.07$_{-1}$	1.00$_{-1}$	...	...	...	...	0.99$_{-1}$	1.00$_{-1}$	1.03$_{-1}$	1.34$_{-1}$
芬兰	1.00$_{-2}$	1.00$_{-2}$	1.08$_{-2}$	1.01$_{-3}$	1.07$_{-4}$	1.13$_{-1}$	1.04$_{-1}$	...	...	...	...	0.99$_{-1}$	0.99$_{-1}$	1.09$_{-1}$	1.16$_{-1}$
法国	1.01$_{-2}$	1.02$_{-2}$	1.05$_{-2}$	1.02$_{-3}$	0.97$_{-4}$	1.11$_{-1}$	1.00$_{-1}$	...	...	...	...	1.00$_{-1i}$	0.99$_{-1i}$	1.00$_{-1i}$	1.20$_{-1i}$
德国	...	...	...	1.01$_{-3}$	0.98$_{-4}$	1.10$_{-1}$	1.00$_{-1}$	...	...	...	...	0.99$_{-1}$	1.01$_{-1}$	0.94$_{-1}$	1.03$_{-1}$
希腊	1.00$_{-2}$	1.01$_{-2}$	1.01$_{-2}$	...	...	1.22$_{-1}$	1.04$_{-1}$	1.00$_{-1i}$	0.99$_{-1i}$	1.05$_{-4}$	0.94$_{-4}$	1.01$_{-1}$	1.00$_{-1}$	0.95$_{-1}$	1.00$_{-1}$
匈牙利	0.99$_{-2}$	0.98$_{-2}$	1.04$_{-2}$	1.01$_{-3}$	0.99$_{-4}$	1.12$_{-1}$	0.95$_{-4}$	...	...	1.04$_{-2}$	1.01$_{-2}$	0.97$_{-1}$	0.99$_{-1}$	1.00$_{-1}$	1.18$_{-1}$
冰岛	1.00$_{-4}$	1.00$_{-4}$	1.32$_{-4}$	...	...	1.19$_{-1}$	1.07$_{-1}$	...	...	...	...	1.01$_{-1}$	1.00$_{-1}$	0.99$_{-1}$	1.46$_{-1}$
爱尔兰	1.00$_{-4}$	1.01$_{-4}$	1.04$_{-4}$	...	...	1.07$_{-1}$	1.00$_{-1}$	...	...	...	...	0.99$_{-1i}$	0.99$_{-1i}$	1.12$_{-1i}$	1.11$_{-1i}$
意大利	1.00$_{-2}$	1.00$_{-2}$	1.02$_{-2}$	1.02$_{-3}$	0.88$_{-4}$	1.11$_{-1}$	0.96$_{-4}$	1.00$_{-1i}$	1.00$_{-1i}$	...	...	0.98$_{-1}$	0.97$_{-1}$	0.99$_{-1}$	1.26$_{-1}$
拉脱维亚	1.00$_{-4}$	1.01$_{-4}$	1.11$_{-4}$	1.00$_{-3}$	...	1.16$_{-1}$	1.00$_{-1}$	1.00$_{-1i}$	1.00$_{-1i}$	...	...	0.99$_{-1i}$	1.00$_{-1i}$	0.99$_{-1i}$	1.33$_{-1i}$
列支敦士登	...	...	...	...	...	...	...	...	...	...	...	0.90$_{-1i}$	1.01$_{-1i}$	0.83$_{-1i}$	0.56$_{-1i}$
立陶宛	1.00$_{-2}$	0.99$_{-2}$	1.12$_{-2}$	1.01$_{-3}$	1.03$_{-4}$	1.18$_{-1}$	1.05$_{-1}$	...	...	1.02$_{-4}$	0.99$_{-4}$	0.99$_{-1i}$	1.00$_{-1i}$	0.96$_{-1i}$	1.27$_{-1i}$
卢森堡	...	0.97$_{-2}$	1.00$_{-2}$	...	...	1.13$_{-1}$	0.97$_{-1}$	...	...	...	...	0.98$_{-1}$	0.98$_{-1}$	1.02$_{-1}$	1.13$_{-1}$
马耳他	...	...	...	1.11$_{-3}$	...	1.26$_{-1}$	1.03$_{-4}$	1.01$_{-1i}$	1.03$_{-1i}$	...	...	0.99	1.01	1.00	1.29
摩纳哥	...	...	...	...	...	...	...	...	...	...	...	...	...	...	...
黑山共和国	1.04$_{-1}$	1.04$_{-1}$	1.08$_{-1}$	...	...	1.24$_{-1}$	0.94$_{-1}$	1.00$_{-1i}$	0.99$_{-1i}$	...	...	0.95	1.00	1.02	1.25
荷兰	1.00$_{-2}$	1.05$_{-2}$	1.03$_{-2}$	1.01$_{-3}$	0.97$_{-4}$	1.13$_{-1}$	1.02$_{-1}$	...	...	...	...	1.02$_{-1}$	1.00$_{-1}$	1.01$_{-1}$	1.12$_{-1}$
北马其顿	...	...	...	...	...	1.41$_{-1}$	1.09$_{-1}$	...	...	...	...	1.02$_{-1}$	1.00$_{-1}$	0.98$_{-1}$	1.24$_{-1}$
挪威	...	...	...	...	0.99$_{-4}$	1.16$_{-1}$	1.05$_{-1}$	...	...	...	...	1.00$_{-1}$	1.00$_{-1}$	0.96$_{-1}$	1.32$_{-1}$
波兰	1.00$_{-2}$	1.00$_{-2}$	1.02$_{-2}$	1.01$_{-3}$	1.02$_{-4}$	1.11$_{-1}$	1.02$_{-1}$	...	...	...	...	1.00$_{-1}$	0.99$_{-1}$	0.97$_{-1}$	1.34$_{-1}$
葡萄牙	1.01$_{-2}$	1.00$_{-2}$	1.10$_{-2}$	1.01$_{-3}$	0.97$_{-4}$	1.10$_{-1}$	1.00$_{-1}$	1.00$_{-1i}$	0.98$_{-1i}$	...	...	0.99$_{-1}$	0.97$_{-1}$	1.00$_{-1}$	1.12$_{-1}$
摩尔多瓦共和国	...	...	...	...	...	1.26$_{-1}$	1.02$_{-1}$	...	...	...	...	0.98$_{i}$	0.97$_{i}$	0.99$_{i}$	1.26$_{i}$
罗马尼亚	1.00$_{-2}$	1.00$_{-2}$	0.98$_{-2}$	...	...	1.22$_{-1}$	0.98$_{-1}$	1.00$_{-1i}$	0.99$_{-1i}$	...	...	1.00$_{-1}$	0.99$_{-1}$	1.00$_{-1}$	1.21$_{-1}$
俄罗斯	1.00$_{-1}$	1.00$_{-1}$	1.01$_{-1}$	1.01$_{-3}$	1.00$_{-4}$	1.12$_{-1}$	1.00$_{-1}$	1.00$_{-1i}$	1.00$_{-1i}$	...	...	0.98$_{-1}$	0.99$_{-1}$	0.97$_{-1}$	1.15$_{-1}$
圣马力诺	...	...	...	...	...	...	...	1.00$_{-1}$	1.00$_{-1}$	...	...	1.00	1.10	0.95	0.77
塞尔维亚	0.99	0.98	1.07	...	1.01$_{-4}$	1.22$_{-1}$	1.01$_{-1}$	1.00$_{-3}$	0.99$_{-3}$	...	...	1.00$_{i}$	1.00$_{i}$	1.01$_{i}$	1.28$_{i}$
斯洛伐克	1.00$_{-4}$	1.01$_{-4}$	0.98$_{-4}$	1.01$_{-3}$	...	1.18$_{-1}$	1.01$_{-1}$	...	...	...	...	0.98$_{-1}$	1.00$_{-1}$	1.01$_{-1}$	1.34$_{-1}$
斯洛文尼亚	1.00$_{-2}$	1.00$_{-2}$	1.03$_{-2}$	1.02$_{-3}$	1.00$_{-4}$	1.16$_{-1}$	1.01$_{-1}$	...	...	1.02$_{-4}$	0.98$_{-4}$	0.98$_{-1}$	1.00$_{-1}$	1.02$_{-1}$	1.31$_{-1}$
西班牙	0.94$_{-2}$	1.03$_{-2}$	1.05$_{-2}$	1.02$_{-3}$	0.93$_{-4}$	1.08$_{-4}$	1.00$_{-1}$	1.00$_{-1}$	0.99$_{-1}$	...	...	1.00$_{-1}$	1.01$_{-1}$	1.02$_{-1}$	1.17$_{-1}$
瑞典	1.00$_{-2}$	1.00$_{-2}$	1.06$_{-2}$	1.01$_{-3}$	1.00$_{-4}$	1.11$_{-1}$	1.02$_{-1}$	...	...	...	...	0.99$_{-1}$	1.02$_{-1}$	1.06$_{-1}$	1.37$_{-1}$
瑞士	1.00$_{-4}$	1.00$_{-4}$	0.96$_{-4}$	...	...	1.12$_{-1}$	0.99$_{-1}$	...	...	...	...	0.98$_{-1}$	0.99$_{-1}$	0.95$_{-1}$	1.03$_{-1}$
乌克兰	...	...	...	...	...	1.16$_{-1}$	...	...	...	...	...	...	...	...	...
英国	1.00$_{-4}$	1.00$_{-4}$	1.10$_{-4}$	...	...	1.07$_{-1}$	0.97$_{-1}$	...	...	...	...	1.00$_{-1}$	1.00$_{-1}$	1.03$_{-1}$	1.27$_{-1}$
美国	1.00	1.01	1.02	1.01$_{-3}$	0.98$_{-4}$	1.09$_{-1}$	0.98$_{-1}$	...	...	1.02$_{-2}$	0.97$_{-2}$	1.01$_{-1i}$	1.00$_{-1i}$	0.99$_{-1i}$	1.27$_{-1i}$

地区/贫富																国家或地区名称缩写
F												G				
初等教育完成率的不均等				初级中等教育完成率的不均等				高级中等教育完成率的不均等				达到以下技能最低熟练水平的贫富不均等				
经调整的均等指数		最贫困人口的完成率（%）		经调整的均等指数		最贫困人口的完成率（%）		经调整的均等指数		最贫困人口的完成率（%）		初等教育结束时		初级中等教育结束时		
地区	贫富	男	女	地区	贫富	男	女	地区	贫富	男	女	阅读	数学	阅读	数学	
4.5.1																
2019																
0.97_{-2}	0.94_{-2}	91_{-2}	96_{-2}	0.99_{-2}	0.88_{-2}	89_{-2}	86_{-2}	0.85_{-2}	0.62_{-2}	60_{-2}	60_{-2}	…	…	0.51_{-1}	0.75_{-1}	ALB
…	…	…	…	…	…	…	…	…	…	…	…	…	…	…	…	AND
1.00_{-2}	…	…	…	0.99_{-2}	0.85_{-2}	…	…	1.11_{-2}	0.75_{-2}	…	…	0.92_{-3}	…	0.70_{-1}	0.70_{-1}	AUT
1.00	1.00	…	…	…	…	…	…	…	…	…	…	…	…	0.61_{-1}	0.54_{-1}	BLR
…	…	…	…	0.94_{-4}	0.93_{-4}	…	…	0.94_{-4}	0.84_{-4}	…	…	…	…	0.68_{-1}	0.67_{-1}	BEL
…	…	…	…	…	…	…	…	…	…	…	…	…	…	…	…	BMU
…	…	…	…	…	…	…	…	…	…	…	…	…	…	0.50_{-1}	…	BIH
…	…	…	…	…	…	…	…	…	…	…	…	0.91_{-3}	0.70_{-4}	0.40_{-1}	0.45_{-1}	BGR
…	…	…	…	…	…	…	…	0.95_{-2}	0.94_{-2}	…	…	0.89_{-3}	0.70_{-4}	0.85_{-1}	0.81_{-1}	CAN
1.01_{-2}	1.00_{-2}	…	…	1.01_{-2}	1.00_{-2}	…	…	0.98_{-2}	0.90_{-2}	…	…	…	0.83_{-4}	0.80_{-1}	0.68_{-1}	HRV
1.01_{-2}	0.98_{-2}	…	…	1.01_{-2}	0.96_{-2}	…	…	1.00_{-2}	0.81_{-2}	…	…	0.86_{-3}	0.69_{-4}	0.68_{-1}	0.66_{-1}	CZE
1.00_{-2}	0.99_{-2}	…	…	1.01_{-2}	0.98_{-2}	…	…	0.86_{-2}	1.11_{-2}	…	…	…	…	0.78_{-1}	0.80_{-1}	DNK
1.00_{-2}	1.00_{-2}	…	…	0.98_{-2}	1.02_{-2}	…	…	0.97_{-2}	1.07_{-2}	…	…	…	…	0.90_{-1}	0.88_{-1}	EST
1.00_{-2}	1.00_{-2}	…	…	1.00_{-2}	1.00_{-2}	…	…	0.84_{-2}	1.03_{-2}	…	…	0.98_{-3}	1.03_{-4}	0.85_{-1}	0.80_{-1}	FIN
1.00_{-2}	0.98_{-2}	…	…	1.01_{-2}	0.96_{-2}	…	…	1.02_{-2}	0.80_{-2}	…	…	0.92_{-3}	0.52_{-4}	0.70_{-1}	0.64_{-1}	FRA
…	…	…	…	…	…	…	…	…	…	…	…	0.82_{-3}	0.68_{-4}	0.70_{-1}	0.68_{-1}	DEU
1.00_{-2}	1.00_{-2}	…	…	1.01_{-2}	0.97_{-2}	…	…	0.94_{-2}	0.96_{-2}	…	…	…	…	0.63_{-1}	0.57_{-1}	GRC
1.01_{-2}	1.00_{-2}	…	…	1.02_{-2}	0.99_{-2}	…	…	0.92_{-2}	0.95_{-2}	…	…	0.94_{-3}	0.60_{-4}	0.58_{-1}	0.53_{-4}	HUN
1.00_{-4}	1.00_{-4}	…	…	1.00_{-4}	1.00_{-4}	…	…	0.65_{-4}	0.86_{-4}	…	…	…	…	0.73_{-1}	0.76_{-1}	ISL
1.00_{-4}	1.00_{-4}	…	…	1.01_{-4}	1.00_{-4}	…	…	1.05_{-4}	0.94_{-4}	…	…	…	…	0.84_{-1}	0.78_{-1}	IRL
1.00_{-2}	1.00_{-2}	…	…	1.00_{-2}	1.00_{-2}	…	…	1.01_{-2}	0.76_{-2}	…	…	0.98_{-3}	0.76_{-4}	0.72_{-1}	0.64_{-4}	ITA
1.00_{-4}	1.00_{-4}	…	…	1.01_{-4}	0.99_{-4}	…	…	0.94_{-4}	0.59_{-4}	…	…	0.98_{-3}	…	0.78_{-1}	0.78_{-1}	LVA
…	…	…	…	…	…	…	…	…	…	…	…	…	…	…	…	LIE
0.98_{-2}	0.99_{-2}	…	…	0.96_{-2}	0.98_{-2}	…	…	0.83_{-2}	…	…	…	0.91_{-3}	0.79_{-4}	0.68_{-1}	0.65_{-1}	LTU
…	…	…	…	1.04_{-2}	0.90_{-2}	…	…	1.10_{-2}	0.75_{-2}	…	…	…	…	0.58_{-1}	0.59_{-1}	LUX
…	…	…	…	…	…	…	…	…	…	…	…	0.93_{-3}	…	0.64_{-1}	…	MLT
…	…	…	…	…	…	…	…	…	…	…	…	…	…	…	…	MCO
1.02_{-1}	0.89_{-1}	84_{-1}	94_{-1}	1.03_{-1}	0.78_{-1}	70_{-1}	86_{-1}	1.00_{-1}	0.54_{-1}	52_{-1}	58_{-1}	…	…	0.63_{-1}	0.60_{-1}	MNE
…	…	…	…	…	0.93_{-2}	…	…	…	1.02_{-2}	…	…	0.92_{-3}	0.94_{-4}	0.73_{-1}	0.78_{-1}	NLD
1.02	0.97	97	98	1.03	0.84	79	88	1.02	0.56	63	49	…	…	0.45_{-1}	0.39_{-1}	MKD
…	…	…	…	…	…	…	…	…	…	…	…	…	0.79_{-4}	0.81_{-1}	0.78_{-1}	NOR
1.00_{-2}	1.00_{-2}	…	…	0.98_{-2}	0.97_{-2}	…	…	0.97_{-2}	1.02_{-2}	…	…	0.96_{-3}	0.81_{-4}	0.81_{-1}	0.78_{-1}	POL
1.01_{-2}	1.00_{-2}	…	…	1.00_{-2}	0.86_{-2}	…	…	0.93_{-2}	0.79_{-2}	…	…	0.97_{-3}	0.85_{-4}	0.71_{-1}	0.65_{-1}	PRT
…	…	…	…	…	…	…	…	…	…	…	…	…	…	0.44_{-1}	0.38_{-1}	MDA
0.99_{-2}	0.98_{-2}	…	…	0.98_{-2}	0.96_{-2}	…	…	0.83_{-2}	0.63_{-2}	…	…	…	…	0.47_{-1}	0.40_{-1}	ROU
1.00_{-1}	…	…	…	1.00_{-1}	…	…	…	0.98_{-1}	1.00_{-1}	…	…	0.99_{-3}	0.96_{-4}	0.79_{-1}	0.76_{-1}	RUS
…	…	…	…	…	…	…	…	…	…	…	…	…	…	…	…	SMR
…	0.97	100	93	…	0.93	95	92	…	0.64	63	59	…	0.89_{-4}	0.62_{-1}	0.60_{-1}	SRB
1.00_{-4}	0.98_{-4}	…	…	1.00_{-4}	0.97_{-4}	…	…	1.02_{-4}	0.77_{-4}	…	…	0.59_{-3}	…	0.56_{-1}	0.57_{-1}	SVK
…	1.00_{-2}	…	…	…	1.00_{-2}	…	…	…	0.90_{-2}	…	…	0.99_{-3}	0.99_{-4}	0.79_{-1}	0.77_{-1}	SVN
…	…	…	…	0.97_{-2}	0.88_{-2}	…	…	0.83_{-2}	0.51_{-2}	…	…	0.96_{-3}	0.57_{-4}	0.77_{-4}	0.68_{-1}	ESP
1.00_{-2}	1.00_{-2}	…	…	1.00_{-2}	1.00_{-2}	…	…	1.04_{-2}	0.96_{-2}	…	…	0.93_{-3}	0.63_{-4}	0.77_{-1}	0.73_{-1}	SWE
1.00_{-4}	1.00_{-4}	…	…	1.01_{-4}	1.00_{-4}	…	…	1.11_{-4}	0.93_{-4}	…	…	…	…	0.68_{-1}	0.76_{-1}	CHE
…	…	…	…	…	…	…	…	…	…	…	…	…	…	0.63_{-1}	…	UKR
1.00_{-4}	1.00_{-4}	…	…	1.00_{-4}	1.00_{-4}	…	…	1.02_{-4}	0.90_{-4}	…	…	…	…	0.81_{-1}	0.76_{-1}	GBR
…	1.00	…	…	…	0.99	…	…	…	0.92	…	…	0.96_{-3}	0.71_{-4}	0.76_{-1}	0.62_{-1}	USA

表 6（续）

	A 全球公民意识教育和可持续发展教育主流化的程度				B	C 理解以下内容的学生和青年的百分比（%）		
	教育政策/纲领	课程大纲	教师在职培训	学生评估	提供生活技能基础上的预防艾滋病教育的学校百分比（%）	艾滋病病毒/艾滋病与性知识	全球公民意识	科学素养
可持续发展目标指标:	4.7.1				4.7.2	4.7.4		4.7.5
参考年份:	2017							
撒哈拉以南非洲								
安哥拉	...	...	...	...	...	32_{-4}	...	...
贝宁	...	...	...	...	...	...	...	...
博茨瓦纳	...	...	...	...	...	47_{-3}	19_{-4}	...
布基纳法索	...	...	...	...	21	...	...	...
布隆迪	高	低	低	高	100_{-2}	...	...	...
佛得角	...	...	...	...	100_{-2}	...	...	...
喀麦隆	中	高	中	高	...	39_{-1}	...	...
中非共和国	高	低	中	高	...	...	...	...
乍得	中	中	中	高	...	...	...	...
科摩罗	...	...	...	...	...	...	...	...
刚果	...	...	...	...	...	33_{-4}	...	...
科特迪瓦	中	高	中	高	...	27_{-4}	...	...
刚果民主共和国	中	中	低	高	$-_{-4}$	...	...	...
吉布提	...	...	...	...	...	...	...	...
赤道几内亚	...	...	...	...	...	...	...	...
厄立特里亚	...	...	...	...	...	...	...	...
斯威士兰	...	...	...	...	100_{-1}	...	...	...
埃塞俄比亚	中	高	中	高	...	31_{-3}	...	...
加蓬	...	...	...	...	...	...	...	...
冈比亚	...	...	...	...	...	...	...	...
加纳	...	...	...	...	...	...	...	...
几内亚	...	...	...	...	...	22_{-1}	...	...
几内亚比绍	...	...	...	...	...	...	...	...
肯尼亚	...	...	...	...	...	...	...	...
莱索托	...	...	...	...	...	...	...	...
利比里亚	...	...	...	...	...	...	...	...
马达加斯加	...	...	...	...	...	24_{-4}	...	...
马拉维	...	...	...	...	...	42_{-3}	...	...
马里	高	高	中	高	...	16_{-1}	...	...
毛里塔尼亚	...	...	...	...	...	58_{-3}	...	...
毛里求斯	高	低	中	低	...	...	...	...
莫桑比克	...	...	...	...	...	31_{-4}	...	...
纳米比亚	中	高	中	低	...	...	...	...
尼日尔	...	...	...	...	100	22_{-3}	...	...
尼日利亚	...	...	...	...	...	41_{-1}	...	...
卢旺达	...	...	...	...	100	64_{-4}	...	...
圣多美和普林西比	...	...	...	...	100_{-2}	...	...	...
塞内加尔	高	高	中	高	...	28_{-3}	...	...
塞舌尔	...	...	...	...	87	...	...	...
塞拉利昂	...	...	...	...	50	...	...	...
索马里	...	...	...	...	...	...	...	...
南非	...	...	...	...	...	46_{-3}	19	...
南苏丹	...	...	...	...	...	...	...	...
多哥	...	...	...	...	...	...	...	...
乌干达	...	...	...	...	...	46_{-3}	...	...
坦桑尼亚联合共和国	...	...	...	...	...	...	...	...
赞比亚	高	高	高	高	...	42_{-1}	...	...
津巴布韦	...	...	...	...	...	46_{-4}	...	...

D 具备基本的饮水、基本的（男女分开的）卫生设施或卫生间，及基本的洗手设施的学校百分比（%）			E 具有用于教学目的的信息和通信技术设施的公立学校百分比（%）			F	G	H	I 高等教育学生的国际流动				J 官方发展援助，按美元计(百万)		
									流动率（%）		人数（千人）				
基本的饮水	基本的卫生设施或卫生间	基本的洗手设施	电力	互联网	计算机	具有适应残疾学生的基础设施和资料的公立小学百分比（%）	欺凌程度	针对教育的袭击程度	入境	出境	入境	出境	奖学金	输入学生成本	国家或地区名称缩写
4.a.1							4.a.2	4.a.3					4.b.1		
2019									2019						
20_{-3}	...	...	22_{-3}	3_{-3}	7_{-3}	...	...	...	...	6_{-3}	...	13_{-1i}	3	2	AGO
40	...	...	28	...	...	...	49_{-3}	零星	5_{-1}	6_{-1i}	6_{-1}	8_{-1i}	2	11	BEN
...	...	...	...	...	...	...	95_{-4}	受影响	2	5_{-2}	1	3_{-1i}	1	0.1	BWA
59	60	29	21	0.2	6	38	...	极严重	2	5_{-1i}	3	6_{-1i}	2	7	BFA
39	35	20	9	-	-	-	...	受影响	5_{-1}	8_{-1i}	2_{-1}	4_{-1i}	1	2	BDI
99_{-1}	92_{-1}	78_{-1}	79_{-1}	16_{-1}	42_{-1}	...	...	...	1_{-1}	32_{-1i}	0.2_{-1}	4_{-1i}	2	7	CPV
34_{-2}	39_{-2}	...	31	...	...	...	...	严重	3_{-1}	8_{-1i}	9_{-1}	26_{-1i}	11	64	CMR
...	...	...	4_{-3}	...	...	...	...	受影响	...	...	...	2_{-1i}	2	2	CAF
15_{-1}	...	20	3	...	...	...	...	受影响	...	14_{-4}	...	6_{-1i}	1	4	TCD
...	...	...	41_{-2}	8_{-2}	31_{-2}	...	...	...	...	...	...	6_{-1i}	5	5	COM
...	...	...	24_{-1}	...	12_{-1}	...	...	...	...	18_{-2}	...	10_{-1i}	6	12	COG
42	...	31	46	...	...	...	...	受影响	2_{-2}	6_{-2}	7	14_{-1i}	5	23	CIV
$-_{-4}$	...	$-_{-4}$	9_{-4}	$-_{-4}$	$-_{-4}$	$-_{-4}$	...	极严重	0.4_{-3}	2_{-3}	2_{-3}	12_{-1i}	5	5	COD
91_{+1}	96_{+1}	91_{+1}	95_{-2}	...	...	...	...	...	...	...	...	2_{-1i}	1	3	DJI
...	...	...	...	...	...	...	...	...	...	...	...	1_{-1i}	0.5	0.2	GNQ
...	26_{-1}	3_{-1}	29_{-1}	...	...	...	...	零星	...	20_{-3}	...	2_{-1i}	2	1	ERI
79_{-2}	100_{-3}	...	100_{-1}	16_{-3}	15_{-3}	12_{-3}	...	...	...	...	$-_{-4}$	2_{-1i}	0.5	0.1	SWZ
...	...	...	...	...	...	...	...	严重	...	...	...	8_{-1i}	13	6	ETH
...	...	...	...	...	...	...	...	...	...	...	...	7_{-1i}	3	14	GAB
84_{-1}	84_{-1}	...	34	...	21	...	...	...	...	...	...	2_{-1i}	1	0.4	GMB
33_{-1}	91_{-2}	35_{-1}	25_{-1}	8_{-1}	3_{-1}	...	...	零星	1	4_{-1i}	7	16_{-1i}	10	13	GHA
25_{-3}	...	85_{-3}	14_{-3}	$-_{-3}$	$-_{-3}$	...	...	受影响	...	...	0.4_{-2}	9_{-1i}	4	15	GIN
...	...	...	...	...	...	...	...	...	...	...	...	3_{-1i}	1	8	GNB
...	...	...	83_{-3}	...	...	...	...	受影响	1_{-2}	3_{-2}	7	16_{-1i}	8	7	KEN
...	...	...	...	...	...	...	...	...	0.4_{-1}	14_{-1i}	0.1_{-1}	3_{-1i}	0.4	-	LSO
59_{-2}	28_{-3}	62_{-2}	10_{-2}	...	...	...	...	零星	...	...	...	1_{-1i}	1	0.1	LBR
...	...	...	8	0.1	1	...	...	零星	1_{-1}	3_{-1i}	2_{-1}	5_{-1i}	3	8	MDG
87_{-2}	72_{-3i}	28_{-2}	27	...	9	...	...	受影响	...	...	...	4_{-1i}	2	0.3	MWI
...	17_{-3i}	...	16_{-2}	...	...	...	...	极严重	1_{-4}	10_{-4}	1_{-4}	10_{-1i}	3	9	MLI
51	28	...	44	...	14_{-2}	...	...	受影响	1_{-2}	24_{-1i}	0.3	5_{-1i}	1	4	MRT
100	100	91	100	40	100	29	...	...	5_{-2}	22_{-2}	2_{-2}	8_{-1i}	2	6	MUS
...	48_{-3i}	15_{-3i}	...	...	...	...	45_{-4}	受影响	0.4_{-1}	1_{-1i}	1_{-1}	3_{-1i}	3	4	MOZ
...	...	...	73_{-1}	...	...	...	...	...	6_{-2}	9_{-2}	3_{-1}	5_{-1i}	1	1	NAM
14	20	17	7	1	2	$-_{-3}$	...	受影响	5	6_{-1i}	4	5_{-1i}	1	3	NER
...	...	...	...	...	...	...	...	极严重	...	...	...	76_{-1i}	9	26	NGA
52	71	67	61	35	83	23	...	零星	4	6_{-1i}	3	5_{-1i}	4	3	RWA
88_{-2}	72_{-2}	88_{-2}	87_{-2}	...	59_{-2}	...	...	...	...	28_{-4i}	...	1_{-1i}	1	1	STP
78	...	40	44	13	27	...	...	零星	8	8_{-1i}	15	14_{-1i}	6	39	SEN
100	100	100	100	100	100	7	47_{-4}	...	-	48_{-1i}	-	1_{-1i}	...	...	SYC
32	64	55	13	1	2	10	...	受影响	...	...	...	1_{-1i}	0.4	0.4	SLE
...	...	...	...	...	...	...	...	受影响	...	...	...	7_{-1i}	1	1	SOM
...	...	...	...	...	...	...	92_{-4}	受影响	4_{-1}	1_{-1i}	42_{-1}	9_{-1i}	8	3	ZAF
...	...	...	...	...	...	...	...	受影响	...	...	...	1_{-1i}	0.4	0.1	SSD
40_{+1}	64	19_{+1}	23_{+1}	0.5_{+1}	2_{+1}	2_{+1}	...	零星	...	7_{-1i}	...	7_{-1i}	2	10	TGO
...	...	41_{-2}	...	...	...	...	...	受影响	...	...	...	6_{-1i}	4	2	UGA
...	...	20_{-3i}	37	...	100	...	27	...	...	4_{-3}	...	7_{-1i}	5	2	TZA
82_{-2}	...	68_{-3}	36_{-2}	6_{-2}	85_{-2}	4_{-3}	...	零星	...	...	...	5_{-1i}	3	1	ZMB
...	...	...	...	...	...	...	...	受影响	0.5_{-4}	13_{-4}	1_{-4}	20_{-1i}	3	3	ZWE

表 6（续）

	A				B	C		
	全球公民意识教育和可持续发展教育主流化的程度				提供生活技能基础上的预防艾滋病教育的学校百分比（%）	理解以下内容的学生和青年的百分比（%）		
	教育政策/纲领	课程大纲	教师在职培训	学生评估		艾滋病病毒/艾滋病与性知识	全球公民意识	科学素养
可持续发展目标指标:	4.7.1				4.7.2	4.7.4		4.7.5
参考年份:	2017							
北非和西亚								
阿尔及利亚	…	…	…	…	$-_{-1}$	…	…	…
亚美尼亚	中	高	中	高	100	18_{-3}	…	…
阿塞拜疆	…	…	…	…	…	…	…	…
巴林	…	…	…	…	100	…	37	…
塞浦路斯	…	…	…	…	…	…	…	…
埃及	中	高	中	高	$-_{-3}$	5_{-4}	34	…
格鲁吉亚	高	高	中	高	…	…	…	…
伊拉克	中	低	中	高	…	…	…	…
以色列	…	…	…	…	…	…	30	…
约旦	…	…	…	…	…	…	38	…
科威特	高	高	高	高	100	…	30	…
黎巴嫩	…	…	…	…	…	…	…	…
利比亚	…	…	…	…	…	…	…	…
摩洛哥	中	高	中	高	…	…	…	…
阿曼	高	高	中	高	99	…	31	…
巴勒斯坦	…	…	…	…	3	…	…	…
卡塔尔	高	中	中	高	100	…	30	…
沙特阿拉伯	…	…	…	…	100	…	32	…
苏丹	…	…	…	…	…	…	…	…
阿拉伯叙利亚共和国	…	…	…	…	…	…	…	…
突尼斯	…	…	…	…	…	…	…	…
土耳其	高	高	中	高	…	…	43	…
阿拉伯联合酋长国	…	…	…	…	…	…	34	…
也门	…	…	…	…	…	…	…	…
中亚和南亚								
阿富汗	…	…	…	…	…	2_{-4}	…	…
孟加拉国	中	低	低	高	100_{-1}	…	…	…
不丹	…	…	…	…	…	23_{-3}	…	…
印度	…	…	…	…	…	26_{-3}	…	…
伊朗伊斯兰共和国	中	中	中	高	…	…	38	…
哈萨克斯坦	…	…	…	…	…	…	…	…
吉尔吉斯斯坦	…	…	…	…	100_{-2}	…	…	…
马尔代夫	高	高	中	高	100_{-2}	…	…	…
尼泊尔	…	…	…	…	…	…	…	…
巴基斯坦	中	高	高	高	…	…	…	…
斯里兰卡	…	…	…	…	100_{-1}	…	…	…
塔吉克斯坦	高	低	中	高	…	…	…	…
土库曼斯坦	…	…	…	…	…	…	…	…
乌兹别克斯坦	高	低	中	高	21	…	…	…
东亚和东南亚								
文莱达鲁萨兰国	…	…	…	…	…	…	…	…
柬埔寨	高	高	中	高	…	…	…	…
中国	…	…	…	…	81	…	…	…
朝鲜民主主义人民共和国	…	…	…	…	…	…	…	…
中国香港	…	…	…	…	96_{i}	…	16	56_{-3}
印度尼西亚	…	…	…	…	…	…	…	…
日本	高	高	高	高	…	…	14	…
老挝人民民主共和国	…	…	…	…	…	…	…	…
中国澳门	…	…	…	…	100	…	…	…
马来西亚	…	…	…	…	100	41_{-4}	16	…
蒙古	中	高	中	低	…	…	…	…
缅甸	高	低	低	高	85_{-1}	17_{-3}	…	…
菲律宾	…	…	…	…	100	…	…	…
韩国	中	中	中	高	…	…	14	69_{-3}
新加坡	中	高	中	高	89_{-1}	…	33	…
泰国	高	低	…	高	100	46_{-3}	13_{-4}	…
东帝汶	…	…	…	…	…	11_{-3}	…	…
越南	…	…	…	…	…	…	…	…

D 具备基本的饮水、基本的（男女分开的）卫生设施或卫生间，及基本的洗手设施的学校百分比（%）			E 具有用于教学目的的信息和通信技术设施的公立学校百分比（%）			F	G	H	I 高等教育学生的国际流动				J		
									流动率（%）		人数（千人）		官方发展援助，按美元计(百万)		
基本的饮水	基本的卫生设施或卫生间	基本的洗手设施	电力	互联网	计算机	具有适应残疾学生的基础设施和资料的公立小学百分比（%）	欺凌程度	针对教育的袭击程度	入境	出境	入境	出境	奖学金	输入学生成本	国家或地区名称缩写
4.a.1							4.a.2	4.a.3					4.b.1		
2019									2019						
...	...	...	...	...	...	...	...	受影响	1$_{-1}$	2$_{-1i}$	8	30$_{-1i}$	19	103	DZA
100	...	...	100	100	100	...	40$_{-3}$	零星	6	5$_{-1i}$	5	5$_{-1i}$	5	10	ARM
100	100	100	100	54	95	...	...	受影响	2	22$_{-1i}$	5	44$_{-1i}$	8	12	AZE
100	100	100	100	100	100	100	29$_{-3}$	...	14	13$_{-1i}$	7	6$_{-1i}$	...	...	BHR
...	...	...	...	...	...	...	...	...	24$_{-1}$	56$_{-1i}$	11$_{-1}$	26$_{-1i}$	...	...	CYP
...	100$_{-3}$	100$_{-3}$	100$_{-3}$	71	95	...	75$_{-4}$	零星	2$_{-3}$	1$_{-2}$	51$_{-3}$	39$_{-1i}$	13	52	EGY
100	100	100	100	100	100	...	42$_{-1}$	...	8	8$_{-1i}$	12	11$_{-1i}$	5	18	GEO
...	...	...	...	...	...	...	...	受影响	...	...	...	32$_{-1i}$	6	10	IRQ
100$_{-3}$	100$_{-3}$	100$_{-3}$	100$_{-3}$	85$_{-3i}$	85$_{-3i}$	...	24	...	...	4$_{-1i}$	...	16$_{-1i}$	...	...	ISR
36	36	36$_{-1}$	36	13	13	...	62$_{-1}$	...	14$_{-1}$	8$_{-1i}$	41	26$_{-1i}$	14	16	JOR
100	100	100	100	100	100	100	79$_{-4}$	...	...	21$_{-1i}$	...	25$_{-1i}$	...	...	KWT
60$_{-3i}$	92$_{-3i}$	100	100	91	67	...	18$_{-2}$	零星	10	8$_{-1i}$	23	18$_{-1i}$	4	28	LBN
...	...	...	...	...	...	...	...	受影响	...	...	...	10$_{-1i}$	1	7	LBY
76	91	81	96	83	76	20	71$_{-1}$	受影响	2	5$_{-1i}$	22	52$_{-1i}$	22	141	MAR
100	100	100	100	100	100	...	86$_{-4}$	...	3	14$_{-1i}$	3	16$_{-1i}$	...	...	OMN
99	100	100	100	91	94	59	...	严重	-	12$_{-1i}$	-	27$_{-1i}$	5	21	PSE
100	100	100	100	100	100	100	64$_{-1}$	...	35	27$_{-1i}$	12	9$_{-1i}$	...	...	QAT
100	100	100	100	100	100	100	54$_{-1}$	...	4	5$_{-1i}$	73	77$_{-1i}$	...	...	SAU
93$_{-3}$	73$_{-3}$	...	54$_{-3}$	...	...	...	...	受影响	...	2$_{-4}$	...	13$_{-1i}$	3	5	SDN
...	...	...	...	...	...	...	...	严重	...	7$_{-3}$	...	64$_{-1i}$	15	142	SYR
98$_{-1}$	100$_{-2}$	100$_{-1}$	100$_{-1}$	49$_{-1}$	96$_{-1}$	...	...	零星	2$_{-1}$	9$_{-1i}$	6$_{-1}$	24$_{-1i}$	13	84	TUN
...	...	...	...	...	...	...	45$_{-1}$	严重	2$_{-1}$	1$_{-1i}$	125$_{-1}$	48$_{-1i}$	17	87	TUR
100	100	100	100	100	100	100	59$_{-1}$	...	49$_{-3}$	6$_{-2}$	225	12$_{-1i}$	...	...	ARE
...	...	...	...	...	...	...	42	严重	...	...	...	26$_{-1i}$	2	15	YEM
60$_{-1}$	26$_{-1}$	5$_{-1}$	...	...	...	...	44	严重	...	8$_{-1i}$	...	30$_{-1i}$	6	8	AFG
79$_{-3}$	37$_{-3}$	29$_{-3}$	43$_{-3}$	4$_{-3}$	18$_{-3}$	...	24	受影响	...	2$_{-1i}$	...	50$_{-1i}$	8	26	BGD
80$_{+1}$	...	...	95$_{+1}$	61$_{+1}$	21$_{+1}$	...	30$_{-3}$	...	...	38$_{-1i}$	...	5$_{-1i}$	2	0.2	BTN
94	89	86	65	6	17	69	...	极严重	0.1	1$_{-1i}$	47	375$_{-1i}$	19	180	IND
...	...	...	...	...	...	...	77$_{-4}$	零星	1$_{-1}$	2$_{-1i}$	21$_{-1}$	56$_{-1i}$	12	93	IRN
...	...	...	100$_{+1}$	...	...	7$_{-1}$	49$_{-1}$	零星	3	13$_{-1i}$	41$_{+1}$	84$_{-1i}$	8	13	KAZ
...	...	100$_{-2}$	100$_{-2}$	41$_{-2}$	89$_{-2}$	...	...	零星	9	5$_{-1i}$	20	11$_{-1i}$	5	4	KGZ
100$_{-2}$	100$_{-2}$	100$_{-2}$	100	99	73	100$_{-2}$	30	...	...	20$_{-2}$	...	3$_{-1i}$	1	0.1	MDV
39$_{-3i}$	...	...	...	...	...	...	51$_{-4}$	零星	...	20$_{-1i}$	...	82$_{-1i}$	6	14	NPL
52$_{-3i}$	...	...	...	...	...	...	...	极严重	...	3$_{-1i}$	...	59$_{-1i}$	15	50	PAK
87$_{-1}$	90$_{-1}$	87$_{-1}$	100$_{-1}$	16$_{-1}$	51$_{-1}$	...	39$_{-3}$	零星	0.5	8$_{-1i}$	2	24$_{-1i}$	7	3	LKA
...	...	...	...	...	...	...	...	...	1$_{-2}$	7$_{-2}$	2$_{-2}$	20$_{-1i}$	2	2	TJK
100	100	100	100	28	99	...	...	零星	0.3	...	0.2	45$_{-1i}$	1	1	TKM
90$_{-1}$	85	85	100	87	97$_{-1}$	27	...	...	0.2$_{-1}$	12$_{-1i}$	1$_{-1}$	37$_{-1i}$	4	7	UZB
...	100	100	100	...	...	...	81$_{-1}$	...	3	25$_{-1i}$	0.4	3$_{-1i}$	...	...	BRN
...	48$_{-3i}$	49$_{-3i}$	...	...	...	...	...	...	...	3$_{-1i}$	...	6$_{-1i}$	13	3	KHM
100	99	98	99	98	98	...	...	受影响	0.4	2$_{-1}$	201	993$_{-1}$	23	376	CHN
...	...	...	...	...	...	...	...	零星	...	0.3$_{-1i}$	...	1$_{-1i}$	0.1	0.4	PRK
100	100	100	100	99$_{i}$	99$_{i}$	95$_{i}$	54$_{-1}$	...	14	12$_{-1i}$	43	36$_{-1i}$	...	...	HKG
58$_{-1}$	50$_{-1}$	69$_{-1}$	93$_{-1}$	...	40$_{-1}$	...	66$_{-1}$	零星	0.1$_{-1}$	1$_{-1i}$	8$_{-1}$	50$_{-1i}$	36	45	IDN
...	...	...	...	...	...	...	35$_{-1}$	...	5$_{-1}$	1$_{-1i}$	183$_{-1}$	32$_{-1i}$	...	...	JPN
...	...	...	50	...	...	...	13$_{-4}$	...	0.5	6$_{-1i}$	0.5	7$_{-1i}$	11	0.4	LAO
100	100	100	100	100	100	78	58$_{-1}$	...	52	8$_{-1i}$	18	3$_{-1i}$	...	...	MAC
92$_{-1}$	100$_{-1}$	92$_{-1}$	93	92	100$_{-2}$	40$_{-1}$	66$_{-1}$	...	7	5$_{-1i}$	82	62$_{-1i}$	5	14	MYS
...	...	...	...	71$_{-3}$	...	...	...	...	1$_{-1}$	8$_{-1i}$	2$_{-1}$	12$_{-1i}$	13	6	MNG
75$_{-1}$	64$_{-1}$	56$_{-1}$	27$_{-2}$	0.2$_{-1}$	1$_{-1}$	1$_{-1}$	50$_{-3}$	受影响	-$_{-1}$	1$_{-1i}$	0.5$_{-1}$	10$_{-1i}$	15	1	MMR
59	58	83	96	29	78	6	88$_{-1}$	受影响	...	0.5$_{-2}$	...	19$_{-1i}$	11	4	PHL
100$_{-3}$	100$_{-3}$	100$_{-3}$	100$_{-3}$	100$_{-3}$	100$_{-3}$	...	20$_{-1}$	...	3$_{-1}$	3$_{-1i}$	85$_{-1}$	102$_{-1i}$	...	...	KOR
100$_{-1}$	100$_{-1}$	100$_{-1}$	100$_{-1}$	100$_{-1}$	100$_{-1}$	93$_{-1}$	64$_{-1}$	...	...	...	52$_{-1}$	24$_{-1i}$	...	...	SGP
100	...	100	100	100	100	...	50$_{-1}$	受影响	1$_{-3}$	1$_{-3}$	32$_{-3}$	33$_{-1i}$	6	10	THA
68	...	68	84	...	...	...	31$_{-4}$	...	...	...	...	3$_{-1i}$	5	2	TLS
...	...	...	...	...	...	...	62$_{-1}$	...	0.4	4$_{-3}$	7	109$_{-1i}$	26	56	VNM

表 6（续）

	A				B	C		
	全球公民意识教育和可持续发展教育主流化的程度				提供生活技能基础上的预防艾滋病教育的学校百分比（%）	理解以下内容的学生和青年的百分比（%）		
	教育政策/纲领	课程大纲	教师在职培训	学生评估		艾滋病病毒/艾滋病与性知识	全球公民意识	科学素养
可持续发展目标指标:	4.7.1				4.7.2	4.7.4		4.7.5
参考年份:	2017							
大洋洲								
澳大利亚	...	高	...	高	...	...	23	...
库克群岛	高	中	...	高	100	...	...	...
斐济	...	...	...	...	...	...	...	...
基里巴斯	...	...	...	...	...	...	...	...
马绍尔群岛	...	...	...	...	...	...	...	...
密克罗尼西亚联邦	...	...	...	...	...	...	...	...
瑙鲁	...	...	...	...	20	...	...	...
新西兰	高	高	高	高	...	...	18	...
纽埃	...	...	...	...	100	...	...	...
帕劳	...	...	...	...	...	...	...	...
巴布亚新几内亚	...	...	...	...	...	25_{-2}	...	...
萨摩亚	...	...	...	...	100	...	...	...
所罗门群岛	...	...	...	...	...	...	...	...
托克劳	...	...	...	...	-	...	...	...
汤加	...	...	...	...	...	...	...	...
图瓦卢	中	高	中	低	9	...	...	...
瓦努阿图	...	...	...	...	...	...	...	...
拉丁美洲和加勒比								
安圭拉	...	...	...	...	100	...	...	...
安提瓜和巴布达	...	...	...	...	100_{-1}	86_{-3}	...	...
阿根廷	...	高	中	高	...	...	14_{-4}	...
阿鲁巴	...	...	...	...	...	...	...	...
巴哈马	...	...	...	...	...	...	...	...
巴巴多斯	...	...	...	...	...	...	...	...
伯利兹	...	...	...	...	...	43_{-3}	...	...
多民族玻利维亚国	高	高	高	高	...	...	...	...
巴西	...	...	...	...	...	...	...	...
英属维尔京群岛	...	...	...	...	...	...	...	...
开曼群岛	...	...	...	...	100_{-1}	...	...	...
智利	中	中	低	低	...	...	13	65_{-3}
哥伦比亚	高	低	低	高	...	30_{-4}	...	58_{-3}
哥斯达黎加	...	...	...	...	47	...	...	...
古巴	...	...	...	...	100	...	...	...
库拉索	...	...	...	...	...	...	...	...
多米尼克	...	...	...	...	100	...	...	...
多米尼加共和国	...	...	...	...	...	...	...	38_{-3}
厄瓜多尔	高	低	...	高	...	...	...	...
萨尔瓦多	中	低	中	低	...	...	...	...
格林纳达	...	...	...	...	92_{-1}	...	...	...
危地马拉	高	中	高	低	...	22_{-4}	...	...
圭亚那	...	...	...	...	...	...	...	...
海地	中	中	中	高	...	37_{-2}	...	...
洪都拉斯	中	高	中	高	...	...	...	...
牙买加	...	...	...	...	...	...	...	...
墨西哥	高	高	中	高	...	...	...	46_{-3}
蒙特塞拉特	...	...	...	...	100	...	...	...
尼加拉瓜	...	...	...	...	...	...	...	...
巴拿马	...	...	...	...	...	...	...	...
巴拉圭	...	...	...	...	...	...	...	...
秘鲁	高	高	中	高	...	75_{-3}	...	45_{-3}
圣基茨和尼维斯	中	高	中	...	...	...	...	...
圣卢西亚	...	...	...	...	88	...	...	...
圣文森特和格林纳丁斯	...	...	...	...	96_{-1}	...	...	...
荷属圣马丁	...	...	...	...	...	...	...	...
苏里南	...	...	...	...	...	...	...	...
特立尼达和多巴哥	中	高	低	低	...	...	...	...
特克斯和凯科斯群岛	...	...	...	...	...	...	...	...
乌拉圭	中	低	中	低	100_{-1}	...	...	...
委内瑞拉玻利瓦尔共和国	...	...	...	...	...	...	...	...

D			E			F	G	H	I				J		
具备基本的饮水、基本的（男女分开的）卫生设施或卫生间，及基本的洗手设施的学校百分比（%）			具有用于教学目的的信息和通信技术设施的公立学校百分比（%）			具有适应残疾学生的基础设施和资料的公立小学百分比（%）	欺凌程度	针对教育的袭击程度	高等教育学生的国际流动				官方发展援助，按美元计(百万)		国家或地区名称缩写
									流动率（%）		人数（千人）				
基本的饮水	基本的卫生设施或卫生间	基本的洗手设施	电力	互联网	计算机				入境	出境	入境	出境	奖学金	输入学生成本	
4.a.1							4.a.2	4.a.3					4.b.1		
2019									2019						
100$_{-3}$	100$_{-3}$	100$_{-3}$	100$_{-3}$	100$_{-3}$	100$_{-3}$	...	63$_{-1}$	...	27$_{-1}$	1$_{-1i}$	445$_{-1}$	13$_{-1i}$	...	...	AUS
100	22	100	100	100	100	100	31$_{-4}$	...	...	...	...	0.2$_{-1i}$	0.1	-	COK
...	...	...	98$_{-3}$	...	...	...	30$_{-3}$	...	...	...	...	1$_{-1i}$	4	0.1	FJI
...	...	...	...	...	...	...	...	...	...	...	...	1$_{-1i}$	3	-	KIR
68	65	63	74	30	93	21$_{-3}$	...	...	6	...	0.1	0.3$_{-1i}$	-	-	MHL
...	...	...	...	...	...	...	...	...	...	...	...	0.2$_{-1i}$	0.2	...	FSM
100	100	75	100	...	100	...	...	...	...	...	...	0.1$_{-1i}$	1	...	NRU
...	...	...	...	...	...	...	67$_{-1}$	...	20$_{-1}$	2$_{-1i}$	53$_{-1}$	5$_{-1i}$	...	...	NZL
100	100	100	100	100	100	100	...	...	...	...	...	-$_{-1i}$	0.4	...	NIU
...	...	...	...	...	...	...	...	...	...	...	...	0.1$_{-1i}$	0.1	-	PLW
...	...	...	...	...	...	...	...	...	...	...	...	1$_{-1i}$	10	0.1	PNG
100	100	100	100	33	15	15	...	...	4$_{-1}$	44$_{-1i}$	0.1	1$_{-1i}$	7	...	WSM
46	...	...	56	2	13	...	...	...	...	...	...	3$_{-1i}$	5	-	SLB
100	100	100	100	-	100	-	40	...	...	...	...	0.1$_{-1i}$	-	-	TKL
...	...	...	...	...	...	...	38$_{-2}$	...	...	...	...	1$_{-1i}$	3	-	TON
50	70	100	100	-	70	-	...	...	...	...	...	0.4$_{-1i}$	1	-	TUV
...	...	...	...	...	...	...	...	...	...	...	...	2$_{-1i}$	2	2	VUT
100	100	100	100	100	100	100	26$_{-3}$	...	...	...	...	0.1$_{-1i}$	...	...	AIA
100$_{-1}$	100$_{-1}$	100$_{-1}$	100$_{-1}$	90$_{-1}$	90$_{-1}$	5$_{-1}$	...	...	...	...	...	1$_{-1i}$	0.2	-	ATG
...	...	...	97$_{-1}$	43$_{-1}$	65$_{-1}$	...	62$_{-1}$	...	3$_{-2}$	0.3$_{-2}$	109$_{-1}$	9$_{-1i}$	4	9	ARG
...	...	...	...	...	...	...	...	...	28$_{-3}$	20$_{-3}$	0.3$_{-3}$	0.4$_{-1i}$	...	...	ABW
...	...	...	...	...	...	...	...	...	...	...	...	4$_{-1i}$	...	...	BHS
100	100	100	100	...	...	...	...	...	...	...	...	1$_{-1i}$	...	...	BRB
...	...	...	...	...	...	...	...	...	...	9$_{-1i}$	...	1$_{-1i}$	0.3	0.1	BLZ
...	...	...	...	...	...	...	...	...	...	...	...	20$_{-1i}$	1	3	BOL
...	...	95$_{-2}$	96$_{-2}$	62$_{-2}$	54$_{-2}$	28$_{-2}$	56$_{-1}$	...	0.2$_{-1}$	1$_{-1i}$	21$_{-1}$	67$_{-1i}$	18	48	BRA
100$_{-1}$	100$_{-1}$	91$_{-1}$	100$_{-1}$	100$_{-1}$	100$_{-1}$	26$_{-1}$	...	...	17$_{-3}$	103$_{-1i}$	0.1$_{-3}$	0.4$_{-1i}$	...	...	VGB
100$_{-1}$	100$_{-1}$	100$_{-1}$	100$_{-1}$	100$_{-1}$	100$_{-1}$	100$_{-1}$	...	...	...	...	...	1$_{-1i}$	...	...	CYM
...	...	...	...	...	...	...	54$_{-1}$	...	0.5$_{-1}$	1$_{-1i}$	6$_{-1}$	17$_{-1i}$	...	...	CHL
...	...	...	100	37	94	...	59$_{-1}$	严重	0.2$_{-1}$	2$_{-1i}$	5	47$_{-1i}$	8	37	COL
91	73	85	99	84	95	65	52$_{-1}$	...	...	2$_{-1i}$	...	3$_{-1i}$	1	3	CRI
100$_{-1}$	100$_{-1}$	100	100	16	100	...	...	...	...	1$_{-1i}$	...	2$_{-1i}$	2	2	CUB
...	...	...	...	...	...	...	...	...	...	...	...	0.2$_{-1i}$	...	...	CUW
100	100	100	100	100	100	100	...	...	...	...	...	1$_{-1i}$	1	0.2	DMA
...	90$_{-3i}$	...	...	23$_{-3}$	...	...	66$_{-1}$	...	2$_{-2}$	1$_{-2}$	10$_{-2}$	4$_{-1i}$	1	1	DOM
40$_{-1}$	83$_{-3i}$	83$_{-1}$	79$_{-1}$	39$_{-1}$	75$_{-1}$	...	...	...	1$_{-4}$	3$_{-4}$	6$_{-1}$	23$_{-1i}$	3	9	ECU
82$_{-2}$	...	...	98$_{-1}$	23$_{-1}$	61$_{-1}$	30$_{-1}$	...	...	1$_{-1}$	2$_{-1i}$	1$_{-1}$	5$_{-1i}$	1	2	SLV
100$_{-1}$	...	100$_{-1}$	100$_{-1}$	72$_{-1}$	72$_{-1}$	22$_{-1}$	...	...	85$_{-1}$	5$_{-1i}$	8$_{-1}$	0.5$_{-1i}$	-	-	GRD
...	76$_{-3i}$	...	...	9$_{-3}$	12$_{-3}$	...	23$_{-4}$	...	...	1$_{-4}$	...	4$_{-1i}$	1	2	GTM
...	...	...	...	...	...	...	...	...	...	...	...	2$_{-1i}$	1	0.1	GUY
...	...	...	...	...	...	...	...	零星	...	...	...	10$_{-1i}$	5	6	HTI
88	...	...	91	16$_{-3}$	16$_{-3}$	5$_{-3}$	...	...	1$_{-1}$	2$_{-1i}$	2	5$_{-1i}$	1	1	HND
90	95	100	100	79	85	12$_{-2}$	26$_{-2}$	...	...	6$_{-4}$	...	5$_{-1i}$	1	0.5	JAM
...	75$_{-3i}$	...	...	39$_{-3}$	...	...	51$_{-1}$	...	0.2$_{-1}$	1$_{-1i}$	7$_{-1}$	34$_{-1i}$	9	36	MEX
100	100	100	100	100	100	-	...	...	...	...	...	-$_{-1i}$	0.1	...	MSR
...	...	...	...	...	...	...	...	...	...	...	...	3$_{-1i}$	1	1	NIC
...	82$_{-3i}$	...	...	...	...	...	57$_{-1}$	...	...	2$_{-3}$	...	4$_{-1i}$	1	1	PAN
67$_{-3}$	...	62$_{-3}$	94$_{-3}$	5$_{-3}$	5$_{-3}$	...	17$_{-2}$	...	...	...	...	14$_{-1i}$	1	1	PRY
55$_{-1}$	...	...	89	50	76	33	52$_{-1}$	...	...	2$_{-2}$	...	34$_{-1i}$	4	13	PER
79$_{-3}$	...	79$_{-3}$	100$_{-3}$	...	...	...	...	...	...	13$_{-4i}$	...	1$_{-1i}$	...	...	KNA
99	99	99	99	99	99	98	...	...	18	46$_{-1i}$	0.4	1$_{-1i}$	1	0.1	LCA
100$_{-1}$	100$_{-1}$	100$_{-1}$	100$_{-1}$	100$_{-1}$	100$_{-1}$	100$_{-1}$	...	...	...	33$_{-4i}$	...	1$_{-1i}$	0.2	-	VCT
...	...	...	...	...	...	...	...	...	36$_{-4}$	49$_{-4i}$	0.1$_{-4}$	0.1$_{-1i}$	...	...	SXM
...	...	...	...	...	...	...	...	...	...	...	...	1$_{-1i}$	1	0.1	SUR
...	...	...	...	...	...	...	...	...	...	...	...	3$_{-1i}$	...	...	TTO
100$_{-1}$	100$_{-1}$	100$_{-1}$	100$_{-1}$	93$_{-1}$	97$_{-1}$	...	...	...	...	54$_{-4i}$	...	0.2$_{-1i}$	...	...	TCA
100$_{-1}$	83$_{-3i}$	...	100$_{-1}$	100$_{-1}$	100$_{-1}$	100$_{-1}$	55$_{-1}$	...	...	3$_{-2}$	...	5$_{-1i}$	...	...	URY
97$_{-3}$	90$_{-3}$	...	99$_{-3}$	...	...	...	...	零星	...	...	...	21$_{-1i}$	2	8	VEN

表 7: 可持续发展目标4，实施途径4.c——教师

到2030年，大幅提升合格教师供给，包括在发展中国家（特别是在最不发达国家和发展中岛国）开展国际合作的教师培训。

	学前教育					初等教育							中等教育						
	A	B	C	D	E	A	B	C	D	E	F	G	A	B	C	D	E	F	G
	课堂教师数(千人)	生师比	受过培训教师的百分比（%）	合格教师的百分比（%）	教师流失率(%)	课堂教师数(千人)	生师比	受过培训教师的百分比（%）	合格教师的百分比（%）	教师流失率(%)	教师相对薪酬水平	教师接受在职培训的百分比（%）	课堂教师数(千人)	生师比	受过培训教师的百分比（%）	合格教师的百分比（%）	教师流失率(%)	教师相对薪酬水平	教师接受在职培训的百分比（%）
可持续发展目标指标:			4.c.1	4.c.3	4.c.6			4.c.1	4.c.3	4.c.6	4.c.5	4.c.7			4.c.1	4.c.3	4.c.6	4.c.5	4.c.7
参考年份:	2019					2019							2019						
区域	合计	中位数				合计	中位数						合计	中位数					
世界	**11,579i**	**17i**	**89i**	**87i**	**...**	**32,646i**	**20**	**81i**	**92i**	**4-1i**	**...**	**...**	**36,526i**	**13i**	**78i**	**92i**	**...**	**...**	**...**
撒哈拉以南非洲	801-1i	26	45-2i	69-1i	...	4,577i	37	65i	78i	6i	...	...	2,785-1i	22i	51-3i	77-2i	...	...	...
北非和西亚	415i	16	84-2i	88i	...	2,827i	16	85i	93i	5i	...	89i	3,158i	11i	84i	97i	...	...	90i
北非	178i	25i	85i	92i	...	1,302	23	87i	98	5i	...	...	1,261i	17i	88i	98i	2i	...	83i
西亚	237i	16	83-2i	85i	...	1,525i	14	86-3i	90-2i	5i	...	90i	1,897i	11	100i	96-2i	...	...	91
中亚和南亚	2,380	13i	92i	92	...	6,434	26	75	92	1-1i	...	...	8,708	15	79	89	...	...	...
中亚	217i	11i	82i	86i	...	285	22	98	94	5-2i	...	...	829	10	97	100	...	...	...
南亚	2,164	14i	88i	93	...	6,149	28	74	92	1-1i	...	...	7,879	20	77	88	...	...	...
东亚和东南亚	4,007	17	97i	86	8i	10,703	18	98	95	5	1i	94i	10,367	13	95i	95	4i	...	98i
东亚	3,013	15	97i	91	8i	7,094	16	96i	96	5	...	93i	7,413	12	93i	94	4i	...	98i
东南亚	994i	17	93i	74i	6i	3,609	22	97i	92	5i	1i	...	2,955i	17	95i	96i	...	...	97i
大洋洲	62-2i	14i	100i	100i	...	202-2i	22	92i	96i	...	...	...	158i	15i	69i	92i	...	...	...
拉丁美洲和加勒比	1,124i	19i	76-4i	98i	...	3,083i	17	83i	99i	...	...	...	3,912i	13	84-1i	98i	...	...	...
加勒比	...	14i	74i	98i	...	169i	14	82	100	...	...	...	157i	10	72	98	...	...	...
中美洲	...	19	93i	100i	...	818	23	95i	98i	4i	1i	...	1,060	14	96i	99i	...	...	...
南美	...	19i	...	...	...	1,472i	19i	94i	97i	...	1i	...	2,022i	17i	90i	93i	...	...	89i
欧洲和北美	2,776i	12i	...	...	...	4,808i	13i	...	...	...	...	79i	7,311i	9i	...	...	...	...	95i
欧洲	2,171i	12i	...	...	...	2,882i	13i	...	...	...	...	78i	5,452i	9i	...	...	...	...	95i
北美	614-1i	...	100i	100i	...	1,896-1i	...	100i	100i	...	1i	91	1,842-1i	...	100i	99i	...	...	89
低收入国家	402-1i	27	53-2i	66-1i	5i	2,829i	39	75i	85i	6i	...	...	1,695-1i	27i	58-4i	86-3i	...	...	...
中等收入国家	8,978	17i	93i	86i	...	24,135	22	84i	91	4i	...	...	27,621	15i	83i	91i	...	...	...
中低收入国家	3,392	20i	82-4i	89i	...	10,668	27	75	88i	3-1i	...	...	11,936	17i	76	88	...	...	...
中高收入国家	5,586i	15i	90i	84i	...	13,467	17	96i	93	5i	...	...	15,685i	13	93i	93i	...	...	92i
高收入国家	2,191i	13i	...	...	...	5,682i	12i	99i	100i	...	...	88i	7,178i	10i	...	100i	...	...	95i

A 课堂教师人数。
B 生师比，根据人数计算。
C 至少符合有组织或经认证的教师培训最低要求（职前或在职培训），并在特定教育等级从教的教师百分比。
D 符合国家标准的合格教师百分比。
E 教师流失率。
F 教师薪酬与资质相当的工作者的薪酬的比值（资料来源：经合组织；中等教育的该比值是初级中等教育和高级中等教育数据的加权平均值）。
G （初等教育/初级中等教育）教师在最近12个月内接受在职培训的百分比。

注：
资料来源：除非有注解，数据均来自统计研究所。除非有注解，数据均为2019年结束的学年的数据。
总体数据代表表中所列的所有数据可得国家和地区，可能包括对无最新数据国家和地区所做的估计。
(-) 零或可忽略不计
(...) 无相关数据或不存在的类别
(±n) 参考年份差异（例如，-2表示用2017年数据代替2019年数据）
(i) 估计数或不完全统计数

表 7（续）

	学前教育					初等教育							中等教育							
	A	B	C	D	E	A	B	C	D	E	F	G	A	B	C	D	E	F	G	
	课堂教师数(千人)	生师比	受过培训教师的百分比（%）	合格教师的百分比（%）	教师流失率(%)	课堂教师数(千人)	生师比	受过培训教师的百分比（%）	合格教师的百分比（%）	教师流失率(%)	教师相对薪酬水平	教师接受在职培训的百分比（%）	课堂教师数(千人)	生师比	受过培训教师的百分比（%）	合格教师的百分比（%）	教师流失率(%)	教师相对薪酬水平	教师接受在职培训的百分比（%）	国家或地区名称缩写
可持续发展目标指标:			4.c.1	4.c.3	4.c.6			4.c.1	4.c.3	4.c.6	4.c.5	4.c.7			4.c.1	4.c.3	4.c.6	4.c.5	4.c.7	
参考年份:			2019						2019							2019				
撒哈拉以南非洲																				
安哥拉	12$_{-3}$	63$_{-3}$	…	72$_{-3}$	…	96$_{-3}$	…	…	63$_{-3}$	15$_{-3}$	…	…	76$_{-3}$	27$_{-3}$	51$_{-4}$	52$_{-3}$	…	…	…	AGO
贝宁	5	31	25$_{-1}$	100	25	53	41	71	100	6	…	…	90$_{-3}$	11$_{-3}$	18$_{-3}$	69$_{-3}$	…	…	…	BEN
博茨瓦纳	…	…	…	…	…	15$_{-4}$	24$_{-4}$	…	…	…	…	…	…	…	…	…	…	…	64$_{-4i}$	BWA
布基纳法索	5	21	43	71$_{-2}$	8	82	39	89	96	8	1$_{i}$	…	60	22	61	99	3	…	…	BFA
布隆迪	3	44	100$_{-1}$	90	5$_{-1}$	52	43	100	100	11$_{-3}$	…	…	26	25	100$_{-1}$	99	-$_{-3}$	…	…	BDI
佛得角	1$_{-1}$	16$_{-1}$	30$_{-1}$	30$_{-1}$	…	3$_{-1}$	21$_{-1}$	99$_{-1}$	94$_{-1}$	4$_{-1}$	…	…	3$_{-1}$	15$_{-1}$	96$_{-1}$	93$_{-1}$	13$_{-1}$	…	…	CPV
喀麦隆	28	20	67$_{-2}$	61$_{-2}$	…	97	46	81$_{-2}$	73$_{-2}$	9$_{-2}$	1$_{-1i}$	…	115$_{-3}$	19$_{-3}$	53$_{-4}$	54$_{-3i}$	…	…	…	CMR
中非共和国	0.3$_{-3}$	…	…	100$_{-3}$	…	10$_{-3}$	83$_{-3}$	…	100$_{-3}$	…	…	…	4$_{-2}$	32$_{-2}$	45$_{-3}$	…	…	…	…	CAF
乍得	1	26	24$_{-3}$	83	…	45	55	…	80	…	…	…	23	23	44$_{-3}$	51	…	…	…	TCD
科摩罗	1$_{-1}$	28$_{-1}$	56$_{-2}$	44$_{-2}$	…	4$_{-1}$	28$_{-1}$	…	…	…	…	…	9$_{-1}$	8$_{-1}$	…	…	…	…	…	COM
刚果	…	…	…	…	…	28$_{-1}$	28$_{-1}$	…	…	…	…	…	26$_{-1}$	…	…	…	…	…	…	COG
科特迪瓦	10	20	100	100	…	96	42	100	100	7	…	…	77	29	100	100	…	…	…	CIV
刚果民主共和国	18$_{-1}$	26$_{-1}$	13$_{-1}$	100$_{-1}$	…	544$_{-1}$	31$_{-1}$	92$_{-1}$	100$_{-1}$	…	…	…	378$_{-1}$	…	58$_{-1}$	100$_{-1}$	…	…	…	COD
吉布提	0.2$_{-1}$	…	…	100$_{-1}$	…	2$_{+1}$	30$_{+1}$	100$_{-1}$	100$_{-1}$	3$_{-2}$	…	…	2	…	100$_{-4}$	100	6$_{-1}$	…	…	DJI
赤道几内亚	2$_{-4}$	17$_{-4}$	89$_{-4}$	…	…	4$_{-4}$	23$_{-4}$	37$_{-4}$	61$_{-4}$	…	…	…	…	…	…	…	…	…	…	GNQ
厄立特里亚	2$_{-1}$	29$_{-1}$	42$_{-1}$	…	4$_{-2}$	9$_{-1}$	39$_{-1}$	84$_{-1}$	84$_{-1}$	…	…	…	7$_{-1}$	35$_{-1}$	…	84$_{-2}$	…	…	…	ERI
斯威士兰	…	…	…	…	…	9$_{-1}$	26$_{-1}$	88$_{-2}$	92$_{-1}$	…	1$_{-2i}$	…	7$_{-3}$	16$_{-3}$	73$_{-4}$	73$_{-3}$	…	…	…	SWZ
埃塞俄比亚	23$_{-2}$	…	…	100$_{-2}$	…	…	…	…	…	…	…	…	…	…	…	…	…	…	…	ETH
加蓬	…	…	…	…	…	…	…	…	…	…	…	…	…	…	…	…	…	…	…	GAB
冈比亚	3	36	69$_{-2}$	69$_{-2}$	19$_{-1}$	10	37	88	88	…	…	…	8	…	96	96	…	…	…	GMB
加纳	62	30	59	55$_{-1}$	…	169	27	62	60$_{-1}$	…	…	…	188	15	77$_{-1}$	77$_{-1}$	…	…	…	GHA
几内亚	…	…	…	…	…	38$_{-3}$	47$_{-3}$	75$_{-3}$	92$_{-3}$	22$_{-3}$	…	…	…	…	…	…	…	…	…	GIN
几内亚比绍	…	…	…	…	…	…	…	…	…	…	…	…	…	…	…	…	…	…	…	GNB
肯尼亚	111$_{-3}$	29$_{-3}$	…	…	…	267$_{-4i}$	…	…	…	…	…	…	199$_{-4i}$	…	…	…	…	…	…	KEN
莱索托	3$_{-3}$	18$_{-3}$	100$_{-4}$	100$_{-4}$	…	11$_{-2}$	33$_{-2}$	87$_{-3}$	83$_{-3}$	…	…	…	5$_{-2}$	25$_{-2}$	89$_{-3}$	91$_{-3}$	…	…	…	LSO
利比里亚	14$_{-2}$	37$_{-2}$	55$_{-2}$	55$_{-2}$	5$_{-2}$	28$_{-2}$	22$_{-2}$	70$_{-2}$	70$_{-2}$	6$_{-2}$	…	…	18$_{-2}$	…	62$_{-4}$	64$_{-4}$	…	…	…	LBR
马达加斯加	41	22	44	99	…	127	37	15	100	…	…	…	82	18	20$_{-1}$	85$_{-1}$	…	…	…	MDG
马拉维	32$_{-4}$	42$_{-4}$	…	100$_{-4}$	…	83	55	…	100$_{-1}$	…	…	…	15	68	…	58	…	…	…	MWI
马里	7$_{-1}$	20$_{-1}$	…	100$_{-1}$	…	65$_{-1}$	38$_{-1}$	…	…	…	…	…	58$_{-2}$	…	…	…	…	…	…	MLI
毛里塔尼亚	2$_{-4}$	19$_{-4}$	…	…	…	17	41	97	…	16	…	…	9	29	93	…	3	…	…	MRT
毛里求斯	2	12	100	100	1	6	15	100	100	4	1$_{i}$	…	10	12	48	100	14	…	…	MUS
莫桑比克	…	…	…	…	…	121	57	98	100	…	…	…	33$_{-2}$	37$_{-2}$	85$_{-4i}$	100$_{-3}$	…	…	…	MOZ
纳米比亚	2$_{-1}$	23$_{-1}$	…	76$_{-1}$	…	20$_{-1}$	25$_{-1}$	…	90$_{-1}$	…	…	…	11$_{-2}$	…	…	…	…	…	…	NAM
尼日尔	6	32	36$_{-1}$	94	2	67	40	62$_{-1}$	99	2	…	…	29$_{-1}$	…	…	100$_{-1}$	12$_{-2}$	…	…	NER
尼日利亚	…	…	…	…	…	…	…	…	…	…	…	…	…	…	…	…	…	…	…	NGA
卢旺达	7	41	50	89	10	44	57	95	99	3	…	…	30$_{-2}$	…	58$_{-2}$	80$_{-2}$	5$_{-2}$	…	…	RWA
圣多美和普林西比	1$_{-4}$	…	28$_{-4}$	…	…	1$_{-2}$	31$_{-2}$	27$_{-2}$	…	…	…	…	1$_{-3}$	…	36$_{-4}$	26$_{-4}$	…	…	…	STP
塞内加尔	12	22	38	100	…	65	34	75	100	-$_{-4}$	…	…	56$_{-4}$	…	72$_{-4i}$	76$_{-4}$	…	…	…	SEN
塞舌尔	0.2	18	86	88	6	1	15	84	89	9	…	…	1	10	89	95	7	…	…	SYC
塞拉利昂	6	23	52	52	32	48	37	64	64	17	…	…	22$_{-3}$	…	70$_{-4}$	37$_{-3}$	…	…	…	SLE
索马里	…	…	…	…	…	…	…	…	…	…	…	…	…	…	…	…	…	…	…	SOM
南非	…	…	…	…	…	249$_{-4}$	…	…	…	…	2$_{-1i}$	…	192$_{-3}$	…	100$_{-3}$	80$_{-4}$	…	…	91$_{-1}$	ZAF
南苏丹	3$_{-4}$	35$_{-4}$	…	87$_{-4}$	…	27$_{-4i}$	…	…	84$_{-4i}$	…	…	…	6$_{-4i}$	…	…	64$_{-4i}$	…	…	…	SSD
多哥	8$_{+1}$	27$_{+1}$	64$_{+1}$	39$_{+1}$	-$_{+1}$	42$_{+1}$	39$_{+1}$	76$_{+1}$	43$_{+1}$	-$_{+1}$	…	…	30$_{+1}$	…	…	…	…	…	…	TGO
乌干达	28$_{-2}$	22$_{-2}$	60$_{-2}$	40$_{-2}$	…	207$_{-2}$	43$_{-2}$	80$_{-2}$	…	…	…	…	…	…	…	…	…	…	…	UGA
坦桑尼亚联合共和国	12	116	50$_{-3}$	78	…	196	54	99$_{-3}$	98	0.3$_{-1i}$	…	…	106	22	…	91	…	…	…	TZA
赞比亚	…	…	…	…	…	78$_{-2}$	42$_{-2}$	99$_{-2}$	94$_{-2}$	…	…	…	…	…	…	…	…	…	…	ZMB
津巴布韦	…	…	…	…	…	…	…	…	…	…	…	…	…	…	…	…	…	…	…	ZWE

表 7（续）

	学前教育					初等教育							中等教育							
	A	B	C	D	E	A	B	C	D	E	F	G	A	B	C	D	E	F	G	
	课堂教师数(千人)	生师比	受过培训教师的百分比（%）	合格教师的百分比（%）	教师流失率(%)	课堂教师数(千人)	生师比	受过培训教师的百分比（%）	合格教师的百分比（%）	教师流失率(%)	教师相对薪酬水平	教师接受在职培训的百分比（%）	课堂教师数(千人)	生师比	受过培训教师的百分比（%）	合格教师的百分比（%）	教师流失率(%)	教师相对薪酬水平	教师接受在职培训的百分比（%）	国家或地区名称缩写
可持续发展目标指标:			4.c.1	4.c.3	4.c.6			4.c.1	4.c.3	4.c.6	4.c.5	4.c.7			4.c.1	4.c.3	4.c.6	4.c.5	4.c.7	
参考年份:	2019					2019							2019							
北非和西亚																				
阿尔及利亚	...	...	...	...	...	223	20	100-4	100	13-1	...	...	...	...	...	...	...	...	...	DZA
亚美尼亚	8	6	82-2	100	...	7	21	74	100	31	...	55-3i	25	10	75	100	...	...	63-3i	ARM
阿塞拜疆	11	18	94	97	...	41	16	100	100	...	...	...	123	8	...	100	...	...	...	AZE
巴林	2	14	100	100	5	9	12	100	100	9	...	91-4i	10	10	100	100	7	...	90-4i	BHR
塞浦路斯	2-1	15-1	...	...	...	5-1	12-1	...	...	...	...	92-4i	7-1	8-1	...	...	...	...	92-1	CYP
埃及	60	25	83	100	...	531	25	85	100	3	...	...	594	16	83	100	3	...	83-4i	EGY
格鲁吉亚	...	...	...	...	...	35	9	...	...	4	...	82-4i	39	7	...	...	...	...	94-1	GEO
伊拉克	...	...	...	...	...	...	...	...	...	...	...	...	...	...	...	...	...	...	...	IRQ
以色列	...	...	...	...	...	77-1	12-1	...	...	...	1	...	...	...	...	...	...	...	96-1	ISR
约旦	8	16	100	100	-	70	16	100	100	-	...	...	58	14	100	100	21	...	58-4i	JOR
科威特	9	8	75-4	74-4	...	33	8	79-4	77-4	...	...	85-4i	46	...	...	...	...	...	93-4i	KWT
黎巴嫩	15	15	...	92	...	41	13	...	93	...	...	...	50-3	...	...	...	...	...	79-4i	LBN
利比亚	...	...	...	...	...	...	...	...	...	...	...	...	...	...	...	...	...	...	...	LBY
摩洛哥	...	...	...	...	...	172	26	100	100	1	...	15-4i	155	19	100	100	0.1	...	84-1i	MAR
阿曼	4	20	100	100	...	28	10	100	100	...	...	89-4i	41	11	100	100	...	...	87-4i	OMN
巴勒斯坦	9	16	100	36	6-1	22	23	100	68	5-1	2i	...	48	16	100	53	5-2	...	...	PSE
卡塔尔	4	14	100	100	10-2	13	12	100	100	6	2i	91-4i	10	12	100	100	14	...	91-4i	QAT
沙特阿拉伯	23	17	100	100	...	231	15	100	100	...	...	85-4i	233	14	100	100	...	...	86-1	SAU
苏丹	38-1	29-1	...	...	...	...	...	...	...	...	...	...	...	...	...	...	...	...	...	SDN
阿拉伯叙利亚共和国	...	...	...	...	...	...	...	...	...	...	...	...	...	...	...	...	...	...	...	SYR
突尼斯	16-3	15-3	100-3	100-4	...	71-1	17-1	100-1	100-1	...	...	...	87-1	...	100-1	100-1	...	...	...	TUN
土耳其	84-1	18-1	...	...	...	297-1	17-1	...	...	...	...	95-1	688-1	16-1	...	...	...	...	93-1	TUR
阿拉伯联合酋长国	8	27	100	100	...	30	19	100	100	...	...	97-1	53	10	100	100	...	...	98-1	ARE
也门	1-3	26-3	...	54-3	...	145-3	27-3	...	59-3	...	...	...	...	...	...	...	...	...	...	YEM
中亚和南亚																				
阿富汗	...	...	...	...	...	134-1	49-1	...	79-1	...	...	...	92-1	33-1	...	79-1	...	...	...	AFG
孟加拉国	...	...	...	...	...	577-1i	...	50-2i	100-1i	5-3	...	...	407	39	61	100-1	1-2	...	...	BGD
不丹	1+1	8+1	100+1	100+1	...	3+1	32+1	100+1	100+1	2-2	...	...	7-1i	11-1i	100-1i	100-1i	...	...	...	BTN
印度	1,417	31	...	100	...	4,339	28	73	92	1-2	...	...	6,103	21	76	87	3-2	...	...	IND
伊朗伊斯兰共和国	...	...	...	...	...	286-2	29-2	100-2	100-2	...	...	97-4i	299-2	19-2	98-2	100-2	...	...	97-4i	IRN
哈萨克斯坦	...	...	...	...	...	90+1	17+1	100+1	100+1	7-2	...	94-4i	244+1	8+1	100+1	100+1	...	...	98-1	KAZ
吉尔吉斯斯坦	...	...	...	...	...	21	26	95-2	...	...	...	...	59	12	75-2	...	...	...	...	KGZ
马尔代夫	1	14	89-1	19	8-2	5	10	89	44	0.4-2	1i	...	4	5	94	75	...	...	...	MDV
尼泊尔	51	19	83	88	--2	201	20	97	97	--2	...	...	123	28	83	89	...	...	...	NPL
巴基斯坦	...	...	...	...	...	514	46	77	...	...	...	...	655-1i	...	...	...	...	...	...	PAK
斯里兰卡	35-1	13-1	87-1	87-1	...	78-1	22-1	83-1	83-1	1-2	1-1i	...	156-1	18-1	79-1	78-1	...	...	...	LKA
塔吉克斯坦	8-2	11-2	100-3	57-2	...	35-2	22-2	100-2	97-2	...	...	...	...	...	...	...	...	...	...	TJK
土库曼斯坦	...	...	...	...	...	22	26	99	100	...	...	...	76	9	99	100	...	...	...	TKM
乌兹别克斯坦	81	11	96	100	1-3	119	21	100	100	2-3	...	...	375	11	99	100	3-3	...	...	UZB
东亚和东南亚																				
文莱达鲁萨兰国	1	15	64	100	8	4	10	87	100	4	...	...	5	8	90	92	5	...	...	BRN
柬埔寨	8	33	98	98	...	52	42	100	100	...	...	...	...	...	...	...	...	...	...	KHM
中国	2,786	17	...	91	...	6,364	16	...	96	5	...	...	6,475	13	...	94	3	...	...	CHN
朝鲜民主主义人民共和国	...	...	...	...	...	74-1	20-1	...	100-1	...	...	...	124-1	...	...	100-1	...	...	...	PRK
中国香港	14	12	97	100	8	29	13	96	100	2	...	88-4i	31	11	96	100	4	...	99-1i	HKG
印度尼西亚	466-1i	13-1i	...	60-1i	...	1,772i	...	...	87i	...	...	51-4i	1,637-1	15-1	...	96-1	...	...	...	IDN
日本	102-1	28-1	...	...	...	423-1	15-1	...	...	...	...	93-1	637-1	11-1	...	...	...	...	89-1	JPN
老挝人民民主共和国	12	18	90	42-1i	1-2	36	21	97	90-1i	2-2	...	...	39	17	98i	81-2i	...	...	...	LAO
中国澳门	1	14	99	100	5	2	14	99	100	0.5-1	...	...	3	10	93	100	5	...	99-1i	MAC
马来西亚	62	16	97-1	100	14-1i	235	...	97	99	3	0.4-1i	...	229	11	93-1	95	1	...	99-1i	MYS
蒙古	8	33	96	92	17	11	30	89	94	1	0.3-1i	...	22	13	87	94	5	...	...	MNG
缅甸	10-1	15-1	81-1	100-1	...	218-1	24-1	95-1	91-1	12-1	1-1i	...	154-1	27-1	89-1	97-1	...	...	...	MMR
菲律宾	73	33	100	99	4	514	26	100	100	4	1-1i	...	451	25	100	100	2	...	...	PHL
韩国	99-1	13-1	...	...	...	166-1	16-1	...	...	...	1	99-1	230-1	13-1	...	...	...	...	98-1	KOR
新加坡	...	...	...	...	...	16-1	14-1	98-1	100-1	...	1-1i	96-4i	15-1	11-1	98-1	100-1	...	...	98-1	SGP
泰国	...	...	...	...	...	378	13	100	100	...	...	...	229	26	100	100	...	...	91-4i	THA
东帝汶	1	36	...	35	...	8	27	...	77	...	...	...	6	27	...	84	...	...	...	TLS
越南	262	17	100	...	...	391	22	100	...	3	...	96-1	...	...	...	...	...	...	97-1	VNM

表 7（续）

	学前教育					初等教育							中等教育							
	A	B	C	D	E	A	B	C	D	E	F	G	A	B	C	D	E	F	G	
	课堂教师数(千人)	生师比	受过培训教师的百分比(%)	合格教师的百分比(%)	教师流失率(%)	课堂教师数(千人)	生师比	受过培训教师的百分比(%)	合格教师的百分比(%)	教师流失率(%)	教师相对薪酬水平	教师接受在职培训的百分比(%)	课堂教师数(千人)	生师比	受过培训教师的百分比(%)	合格教师的百分比(%)	教师流失率(%)	教师相对薪酬水平	教师接受在职培训的百分比(%)	国家或地区名称缩写
可持续发展目标指标:			4.c.1	4.c.3	4.c.6			4.c.1	4.c.3	4.c.6	4.c.5	4.c.7			4.c.1	4.c.3	4.c.6	4.c.5	4.c.7	
参考年份:	2019					2019							2019							
大洋洲																				
澳大利亚	...	...	...	...	...	...	...	...	...	...	1	88$_{-4i}$	...	...	...	...	...	...	99$_{-1}$	AUS
库克群岛	-	19	100	100	...	0.1	17	100	100	...	...	...	0.1	15	100	100	...	...	...	COK
斐济	...	...	...	...	...	6	20	92	100	...	...	...	...	...	...	...	...	...	...	FJI
基里巴斯	...	...	...	...	...	1$_{-2}$	25$_{-2}$	73$_{-3}$	100$_{-2}$	...	...	...	...	...	...	...	...	...	...	KIR
马绍尔群岛	...	...	...	...	...	...	...	...	...	...	...	...	...	...	...	...	...	...	...	MHL
密克罗尼西亚联邦	0.1$_{-3}$	...	99$_{-3}$	78$_{-3}$	...	1	23	100$_{-3}$	91	...	...	...	...	...	...	...	...	...	...	FSM
瑙鲁	-	23	100$_{-3}$	92	...	0.1	27	100$_{-3}$	96	...	...	...	-	60	...	100	...	...	...	NRU
新西兰	15$_{-1}$	8$_{-1}$	...	...	...	26$_{-1}$	15$_{-1}$	...	...	...	1	87$_{-4i}$	36$_{-1}$	14$_{-1}$	...	...	...	...	98$_{-1}$	NZL
纽埃	-$_{-3}$	...	100$_{-3}$	100$_{-3}$	...	-$_{-3}$	...	92$_{-3}$	100$_{-3}$	...	...	...	-$_{-4}$	...	100$_{-4}$	100$_{-4}$	...	...	...	NIU
帕劳	...	...	...	...	...	...	...	...	...	...	...	...	...	...	...	...	...	...	...	PLW
巴布亚新几内亚	9$_{-3}$	42$_{-3}$	...	...	...	36$_{-3}$	36$_{-3}$	...	...	...	...	...	15$_{-3}$	34$_{-3}$	...	...	...	...	...	PNG
萨摩亚	0.4	10	100$_{-1}$	100$_{-3}$	...	...	...	...	...	...	...	...	...	...	...	...	...	...	...	WSM
所罗门群岛	2	29	...	26$_{-2}$	11	4	25	82	82	1	...	...	2$_{-4}$	...	76$_{-4}$	84$_{-4}$	...	...	...	SLB
托克劳	-	6	83	100	...	-	8	57	86	...	...	...	-	7	21	79	...	...	...	TKL
汤加	0.2$_{-4}$	11$_{-4}$	...	...	...	1$_{-4}$	22$_{-4}$	92$_{-4}$	92$_{-4}$	...	...	...	1$_{-4}$	15$_{-4}$	59$_{-4}$	80$_{-4}$	...	...	...	TON
图瓦卢	0.1	12	100	100	...	0.1	16	78	100	...	...	...	0.1	8	61	100	...	...	...	TUV
瓦努阿图	1$_{-4}$	16$_{-4}$	46$_{-4}$	52$_{-4}$	...	2$_{-4}$	27$_{-4}$	...	72$_{-4}$	...	...	...	1$_{-4}$	21$_{-4}$	...	79$_{-4}$	...	...	...	VUT
拉丁美洲和加勒比																				
安圭拉	-	32	...	...	...	0.2	10	...	...	...	...	...	0.1	9	...	...	...	...	...	AIA
安提瓜和巴布达	0.4$_{-4}$	...	65$_{-4}$	100$_{-4}$	...	1$_{-1}$	12$_{-1}$	53$_{-1}$	100$_{-1}$	...	...	...	1$_{-1}$	9$_{-1}$	48$_{-1}$	98$_{-1}$	...	...	...	ATG
阿根廷	...	...	...	...	...	...	...	...	...	...	...	...	...	...	...	...	...	...	...	ARG
阿鲁巴	...	...	...	...	...	...	...	...	...	...	...	...	...	...	...	...	...	...	...	ABW
巴哈马	0.2$_{-1}$	21$_{-1}$	82$_{-2}$	82$_{-2}$	...	2$_{-1}$	19$_{-1}$	90$_{-1}$	90$_{-1}$	...	...	...	2$_{-1}$	12$_{-1}$	83$_{-1}$	83$_{-1}$	...	...	...	BHS
巴巴多斯	0.3	15	72	100	...	1	14	75	100	...	1$_{i}$	...	1	18	52	100	...	...	...	BRB
伯利兹	0.4	17	52	48	...	3	19	73$_{-3}$	27$_{-3}$	...	1$_{i}$	...	2	17	66	33	...	...	...	BLZ
多民族玻利维亚国	11$_{-1}$	...	83$_{-1}$	...	5$_{-1}$	77$_{-1}$	...	90$_{-1}$	...	5$_{-1}$	1$_{-1i}$	...	67$_{-1}$	...	89$_{-1}$	...	3$_{-1}$	...	...	BOL
巴西	318$_{-1}$	16$_{-1}$	...	...	...	799$_{-1}$	20$_{-1}$	...	...	...	...	...	1,380$_{-1}$	17$_{-1}$	...	...	...	...	87$_{-1}$	BRA
英属维尔京群岛	0.1$_{-3}$	...	...	...	...	0.2$_{-1}$	10$_{-1}$	95$_{-1}$	100$_{-1}$	...	...	...	0.2$_{-1}$	7$_{-1}$	99$_{-1}$	100$_{-1}$	...	...	...	VGB
开曼群岛	...	...	...	...	...	0.3$_{-1}$	16$_{-1}$	100$_{-1}$	100$_{-1}$	...	...	...	0.3$_{-1}$	11$_{-1}$	100$_{-1}$	100$_{-1}$	...	...	...	CYM
智利	25$_{-1}$	25$_{-1}$	...	99$_{-2}$	...	88$_{-1}$	17$_{-1}$	...	99$_{-3}$	...	1	64$_{-4i}$	84$_{-1}$	18$_{-1}$	...	100$_{-2}$	...	...	87$_{-1}$	CHL
哥伦比亚	49	37	...	...	...	185	23	97	97	...	...	...	188	26	99	99	...	...	91$_{-1}$	COL
哥斯达黎加	12	12	90	97	1	43	12	95	98	2	1$_{i}$	...	38	13	97	99	10	...	...	CRI
古巴	...	...	...	...	...	81	9	100	74	1	...	...	80	10	100	74	3	...	...	CUB
库拉索	...	...	...	...	...	...	...	...	...	...	...	...	...	...	...	...	...	...	...	CUW
多米尼克	0.1	12	43	39$_{-3}$	...	1	12	63	100$_{-3}$	...	...	...	0.5	10	45	52$_{-3}$	...	...	...	DMA
多米尼加共和国	18	19	90$_{-1}$	90$_{-1}$	...	66	20	95$_{-1}$	95$_{-1}$	1	3$_{i}$	...	53	18	83$_{-4}$	83$_{-4}$	...	...	96$_{-1i}$	DOM
厄瓜多尔	33$_{-1}$	19$_{-1}$	...	89$_{-1}$	9$_{-1}$	80$_{-1}$	24$_{-1}$	...	89$_{-1}$	7$_{-1}$	1$_{-1i}$	...	92$_{-1}$	21$_{-1}$	...	93$_{-1}$	7$_{-1}$	...	...	ECU
萨尔瓦多	8$_{-1}$	28$_{-1}$	95$_{-1}$	100$_{-1}$	4$_{-1}$	25$_{-1}$	27$_{-1}$	95$_{-1}$	100$_{-1}$	9$_{-2}$	1$_{-1i}$	...	19$_{-1}$	28$_{-1}$	92$_{-1}$	100$_{-1}$	4$_{-1}$	...	...	SLV
格林纳达	0.3$_{-1}$	12$_{-1}$	38$_{-1}$	36$_{-3}$	3$_{-1}$	1$_{-1}$	16$_{-1}$	63$_{-1}$	100$_{-1}$	7$_{-1}$	...	...	1$_{-1}$	13$_{-1}$	46$_{-1}$	100$_{-1}$	7$_{-1}$	...	...	GRD
危地马拉	...	...	...	...	...	116	20	...	...	...	...	...	98	12	...	...	...	...	...	GTM
圭亚那	...	...	...	...	...	...	...	...	...	...	...	...	...	...	...	...	...	...	...	GUY
海地	...	...	...	...	...	...	...	...	...	...	...	...	...	...	...	...	...	...	...	HTI
洪都拉斯	12	19	...	...	...	44	25	...	...	4$_{-3}$	2$_{i}$	...	47	15	...	...	...	...	...	HND
牙买加	10	11	100	100	3$_{-1}$	11	21	100	100	13$_{-1}$	...	...	13	16	100	100	14$_{-1}$	...	...	JAM
墨西哥	238$_{-1}$	21$_{-1}$	85$_{-1}$	...	...	572$_{-1}$	25$_{-1}$	95$_{-1}$	...	...	1	...	834$_{-1}$	17$_{-1}$	96$_{-1}$	...	...	...	89$_{-1}$	MEX
蒙特塞拉特	-	6	69	100	-$_{-1}$	-	15	76	100	10$_{-1}$	...	...	-	9	46	100	-$_{-1}$	...	...	MSR
尼加拉瓜	...	...	...	...	...	...	...	...	...	...	...	...	...	...	...	...	...	...	...	NIC
巴拿马	6$_{-2}$	15$_{-2}$	100$_{-2}$	100$_{-3}$	...	19$_{-2}$	22$_{-2}$	99$_{-2}$	90$_{-2}$	...	...	...	24$_{-2}$	14$_{-2}$	...	84$_{-2}$	...	...	96$_{-1i}$	PAN
巴拉圭	...	...	...	...	...	...	...	...	...	...	...	...	...	...	...	...	...	...	...	PRY
秘鲁	89	19	...	...	...	213	17	...	...	...	...	...	209	14	91$_{-1}$	82$_{-1}$	...	...	96$_{-1i}$	PER
圣基茨和尼维斯	0.2$_{-4}$	...	...	100$_{-4}$	...	0.4$_{-3}$	14$_{-3}$	72$_{-3}$	99$_{-3}$	14$_{-4}$	...	...	1$_{-3}$	8$_{-3}$	62$_{-3}$	100$_{-3}$	5$_{-4}$	...	...	KNA
圣卢西亚	1$_{-3}$	...	...	...	...	1	15	88	100	...	...	...	1	11	72	98	...	...	...	LCA
圣文森特和格林纳丁斯	0.4$_{-1}$	8$_{-1}$	...	...	...	1$_{-1}$	14$_{-1}$	61$_{-1}$	27$_{-1}$	...	...	...	1$_{-1}$	14$_{-1}$	58$_{-4}$	54$_{-1}$	...	...	...	VCT
荷属圣马丁	...	...	...	...	...	...	...	...	...	...	...	...	...	...	...	...	...	...	...	SXM
苏里南	1	24	100$_{-1}$	98$_{-1}$	...	5	13	99$_{-1}$	98$_{-1}$	...	...	...	5$_{-4}$	...	71$_{-4}$	60$_{-4}$	...	...	...	SUR
特立尼达和多巴哥	2	13	76	76	...	...	...	...	...	...	...	...	...	...	...	...	...	...	...	TTO
特克斯和凯科斯群岛	-$_{-1}$	43$_{-1}$	...	...	...	0.2$_{-1}$	18$_{-1}$	43$_{-1}$	55$_{-1}$	...	...	...	0.2$_{-1}$	10$_{-1}$	98$_{-4}$	90$_{-1}$	...	...	...	TCA
乌拉圭	...	...	...	...	...	28$_{-1}$	11$_{-1}$	100$_{-1}$	100$_{-1}$	...	1$_{-1i}$	...	...	...	...	...	...	...	...	URY
委内瑞拉玻利瓦尔共和国	...	...	...	...	...	...	...	...	...	...	...	...	...	...	...	...	...	...	...	VEN

表 7（续）

	学前教育					初等教育							中等教育							
	A	B	C	D	E	A	B	C	D	E	F	G	A	B	C	D	E	F	G	
	课堂教师数(千人)	生师比	受过培训教师的百分比 (%)	合格教师的百分比 (%)	教师流失率(%)	课堂教师数(千人)	生师比	受过培训教师的百分比 (%)	合格教师的百分比 (%)	教师流失率(%)	教师相对薪酬水平	教师接受在职培训的百分比 (%)	课堂教师数(千人)	生师比	受过培训教师的百分比 (%)	合格教师的百分比 (%)	教师流失率(%)	教师相对薪酬水平	教师接受在职培训的百分比 (%)	国家或地区名称缩写
可持续发展目标指标:			4.c.1	4.c.3	4.c.6			4.c.1	4.c.3	4.c.6	4.c.5	4.c.7			4.c.1	4.c.3	4.c.6	4.c.5	4.c.7	
参考年份:	2019					2019							2019							
欧洲和北美																				
阿尔巴尼亚	5	16	86-1	68	0.4	10	17	90-1	88	3	1i	...	24	11	...	97-2	4	...	98-1i	ALB
安道尔	0.2	13	100	100	2	0.4	11	100	100	7	...	...	1	8	100	100	10	...	...	AND
奥地利	24	...	...	...	...	32	...	...	...	...	...	...	74	...	...	...	...	...	99-1	AUT
白俄罗斯	44-1	8-1	93-1	46-1	2-1	22-1	19-1	100-1	100-1	6-1	...	...	76-1	9-1	97-1	100-1	...	...	...	BLR
比利时	36-1	12-1	...	...	...	73-1	11-1	...	...	...	...	74-4i	132-1	9-1	...	...	...	...	94-1	BEL
百慕大	0.1-3	...	100-3	100-3	...	0.4-3	...	100-3	100-3	...	...	...	1-3	...	100-3	99-3	...	...	...	BMU
波斯尼亚和黑塞哥维那	2	14	...	...	...	9	17	...	...	...	...	...	27	9	...	...	...	...	...	BIH
保加利亚	18-1	12-1	...	...	...	19-1	14-1	...	...	...	...	59-4i	39-1	13-1	...	...	...	...	96-1	BGR
加拿大	...	...	...	...	...	...	...	...	...	...	...	88-4i	...	...	...	...	...	...	79-4i	CAN
克罗地亚	9-1	12-1	...	...	...	12-1	13-1	...	...	...	...	88-4i	52-1	6-1	...	...	...	...	98-1	HRV
捷克共和国	...	...	...	...	...	...	...	...	...	...	1	78-4i	...	...	...	...	...	...	97-1	CZE
丹麦	32-1	5-1	...	...	...	47-1	10-1	...	...	...	...	91-1	54-1	10-1	...	...	...	...	94-1	DNK
爱沙尼亚	...	...	...	...	...	8-1	11-1	...	...	...	...	...	9-1	10-1	...	...	...	...	98-1	EST
芬兰	20	...	...	...	...	27	...	...	...	...	1	42-4i	40	...	...	...	...	0.76	93-1	FIN
法国	117	...	...	...	...	247	...	...	...	...	1	96-1	458	...	...	...	...	0.73	83-1	FRA
德国	311-1	8-1	...	...	...	245-1	12-1	...	...	...	1	73-4i	587-1	12-1	...	...	...	...	97-1i	DEU
希腊	15-1	10-1	...	...	...	71-1	9-1	...	...	...	1	...	79-1	9-1	...	...	...	...	...	GRC
匈牙利	26-3	...	...	...	...	37-3	...	...	...	...	1	54-4i	81-3	...	...	...	...	...	95-1	HUN
冰岛	3-1	5-1	...	...	...	3-1	10-1	...	...	...	...	...	...	...	...	...	...	...	96-1	ISL
爱尔兰	...	...	...	...	...	...	...	...	...	...	...	79-4i	...	...	...	...	...	...	83-4i	IRL
意大利	131-1	11-1	...	...	...	253-1	11-1	...	...	...	...	62-4i	461-1	10-1	...	...	...	...	93-1	ITA
拉脱维亚	9	...	100-1	...	...	11	...	100-1	...	...	...	...	13	...	100-1	...	...	...	99-1	LVA
列支敦士登	0.1-1	8-1	...	...	...	0.3-1	8-1	...	...	...	...	...	0.3-1	9-1	...	...	...	...	...	LIE
立陶宛	11-1	9-1	...	...	...	9-1	14-1	...	...	...	...	84-4i	30-1	8-1	...	...	...	...	99-1	LTU
卢森堡	2-1	10-1	...	...	...	5-1	8-1	...	...	...	...	...	5-1	9-1	...	...	...	...	...	LUX
马耳他	1-2	...	...	...	...	2-2	...	...	...	...	...	...	4-2	...	...	...	...	...	91-1	MLT
摩纳哥	0.1+1	18+1	86+1	100+1	7-2	0.2+1	11+1	75+1	99+1	4+1	...	...	0.5+1	7+1	81+1	98+1	...	...	...	MCO
黑山共和国	...	...	...	...	...	...	...	...	...	...	...	...	...	...	...	...	...	...	...	MNE
荷兰	31	...	...	...	...	101	...	...	...	...	1	65-4i	115	...	...	...	...	0.95	98-1	NLD
北马其顿	...	...	...	...	...	7-1	15-1	...	...	...	...	...	19-1	8-1	...	...	...	...	...	MKD
挪威	16	...	...	...	...	51	...	...	...	...	1	52-4i	51	...	...	...	...	0.77	94-1	NOR
波兰	107	...	...	...	...	253	...	...	...	...	1	99-4i	258	...	...	...	...	0.61	...	POL
葡萄牙	15-1	16-1	...	...	...	51-1	12-1	...	...	...	...	71-4i	83-1	9-1	...	...	...	...	88-1	PRT
摩尔多瓦共和国	11	12	100	90	...	8	18	100	99	...	...	...	22	10	100	98	...	...	...	MDA
罗马尼亚	35-1	15-1	...	...	...	49-1	19-1	...	...	...	...	...	124-1	12-1	...	...	...	...	89-1	ROU
俄罗斯	...	...	...	...	...	322-1	22-1	99-1i	...	...	...	97-4i	...	...	...	...	...	...	98-1	RUS
圣马力诺	0.1	6	98	...	...	0.2	7	90	...	...	...	...	0.3	6	...	100	...	...	...	SMR
塞尔维亚	14	12	...	100	...	19	14	...	100	...	...	84-4i	67	8	...	100	...	...	...	SRB
斯洛伐克	14-1	12-1	...	...	...	15-1	16-1	...	...	...	...	57-4i	40-1	11-1	...	...	...	...	92-1	SVK
斯洛文尼亚	7-1	9-1	...	...	...	9-3	...	...	...	...	1	80-4i	15-3	...	...	...	...	...	98-1	SVN
西班牙	99	...	100-1	100-1	...	236	...	100-1	100-1	...	1	95-1	304	...	100-1	100-1	...	1.03	92-1	ESP
瑞典	83-1	6-1	...	...	...	70	...	...	...	...	1	96-1	75	...	...	...	...	0.79	95-1	SWE
瑞士	15-1	12-1	...	...	...	52-1	10-1	...	...	...	...	...	63-1	10-1	...	...	...	...	...	CHE
乌克兰	...	...	...	...	...	108	16	89	...	...	...	...	312	8	93-1	...	...	...	...	UKR
英国	28-1	63-1	...	...	...	279-1	18-1	...	...	...	...	...	369-1	17-1	...	...	...	...	100-1i	GBR
美国	613-2	...	...	...	...	1,769-2	...	...	...	...	1	93-4i	1,695-2	...	...	...	...	...	98-1	USA

13岁的利玛在巴勒斯坦的伯利恒上学。她的教育被频繁干扰，但是她仍未丧失建设更加美好未来的希望。

摄影: Jonathan Hyams/Save the Children

援助表

导言

以下四个表格中的官方发展援助（ODA）数据来自经合组织国际发展统计（IDS）数据库，该数据库记录了经合组织发展援助委员会（发援会）所有成员以及逐年增多的非发援会成员的捐助方每年提供的资料。在本报告中，官方发展援助的数据取自发援会数据库，而其他教育援助数据取自贷方报告制度（CRS），它是一个独立项目数据库。发援会和贷方报告制度的数据均被换算为2019年美元不变价格。这两个数据库均可通过以下网址查阅：www.oecd.org/dac/stats/idsonline.htm。

2019年，官方发展援助的界定方法发生了变化：

- 现金流方式，用于表2—表4，包括赠款和贷款，它(a)由官方部门提供；(b)以推动经济发展和增进福祉为主要目的；(c)采取财政优惠的方式提供（其中25%及以上为赠款）。
- 新的赠款等价方式，用于表1，仅统计赠款和官方发展援助优惠贷款中的赠款部分。

官方发展援助术语和概念表参见：www.oecd.org/dac/financing-sustainable-development/development-finance-data/dac-glossary.htm。

援助的受援国和捐助方

《发援会受援国清单》涵盖了所有按世界银行收入分类划定的低收入国家和中等收入国家。欲了解更多信息，请参见以下网址：www.oecd.org/development/financing-sustainable-development/development-finance-standards/historyofdaclistsofaidrecipientcountries.htm。

*双边捐助方*是直接向受援国提供发展援助的国家。其中大部分是发援会成员。双边捐助方还通过被记录为多边官方发展援助的捐款，为多边捐助方的融资工作做出相当大的贡献。

*多边捐助方*是有各国政府参加的国际机构，这些机构所开展的全部或主要活动都是有利于发展中国家和受援国的。此类机构包括多边开发银行（例如世界银行和各区域开发银行）、联合国机构，以及区域组织。

- “双边资金流”指双边捐助方通过与多边捐助方签署合约来实施项目。
- “多边资金流”指双边捐助方向机构提供的捐款与其余捐款汇集一处，并由多边捐助方自由支配以支付其自营项目及运营成本。

双边捐助方及多边捐助方名单请参见以下电子表单中的“捐助方”工作表：www.oecd.org/dac/financing-sustainable-development/development-finance-standards/DAC-CRS-CODES.xls。

表1：官方发展援助和人道主义援助

官方发展援助包含双边和多边发展援助，包括按照部门分配的和不按部门分配的（例如，一般预算支助、人道主义援助、债务减免）。官方发展援助支出按照以下分类报告：

- 官方发展援助总额
  - 按金额报告，单位为百万美元
  - 按占国内总收入（GNI）的比例报告
- 对多边捐助方的贡献（官方发展援助的一个子集）
  - 按金额报告，单位为百万美元
  - 按占官方发展援助总支出的比例报告

报告的人道主义援助是官方发展援助总额的一个子集，数据来源为经合组织贷方报告制度数据库，用现金流方式进行估计。

表2和表3：针对教育的发展援助，分别按照捐助方和受援国分列

直接教育援助：贷方报告制度数据库中报告直接分配给教育部门的教育援助。按照以下教育等级分列：

- 基础教育，包括初等教育、青年和成人的基本生活技能教育以及幼儿教育；
- 中等教育，包括普通中等教育和职业培训；
- 中等后教育，包括高等教育、高级技术和管理培训；
- “等级不详”的教育，指无法算作某个等级教育发展的活动，例如教育研究和教师培训，一般教育项目支助往往在该子类别中报告。

教育援助总额：直接教育援助加上一般预算支助的一部分（提供给各国政府，没有指定用于特定项目或部门的援助）。报告如下：

- **教育援助总额**：直接教育援助加上一般预算支助的20%。
- **基础教育援助总额**：直接基础教育援助加上“等级不详”的教育援助的50%，再加上一般预算支助的10%。
- **中等教育援助总额**：直接中等教育援助加上“等级不详”的教育援助的25%，再加上一般预算支助的5%。
- **中等后教育援助总额**：直接中等后教育援助加上“等级不详”的教育援助的25%，再加上一般预算支助的5%。

教育援助占官方发展援助总额的比例按照表1中的官方发展援助总额计算。

表4：针对教育的发展援助，按照捐助方及其最主要的三个受援国分列

该表格报告了双边和多边捐助方向其最主要的三个受援国提供的教育援助、基础教育援助金额及占比。

表1: 官方发展援助和人道主义援助

捐助方	官方发展援助****支出																人道主义援助			
	总额								对多边捐助方的贡献											
	2019年美元不变价格（百万）				占国内总收入的百分比（%）				2019年美元不变价格（百万）				占支出净值总额的百分比（%）				2019年美元不变价格（百万）			
年份:	2017	2018	2019	2020	2017	2018	2019	2020	2017	2018	2019	2020	2017	2018	2019	2020	2017	2018	2019	2020
澳大利亚	2903	3021	2888	2582	0.23	0.23	0.21	0.19	596	574	660	612	21	19	23	24	197	176	222	91
奥地利	1287	1129	1230	1237	0.30	0.26	0.28	0.31	...	660	783	736		59	64	57	60	26	38	55
比利时	2275	2229	2175	2235	0.45	0.44	0.42	0.48	924	946	1041	1245	41	43	49	57	171	183	154	215
加拿大	4411	4657	4725	5091	0.26	0.27	0.26	0.30	1196	1142	1495	1218	27	25	33	25	653	658	561	599
捷克共和国	330	301	309	293	0.15	0.13	0.13	0.13	243	202	213	223	74	67	69	76	8	17	16	16
丹麦	2468	2470	2554	2567	0.74	0.71	0.71	0.73	729	744	784	917	30	30	31	36	349	343	412	363
芬兰	1116	950	1131	1223	0.42	0.36	0.42	0.47	500	491	529	604	45	52	48	49	69	49	55	86
法国**	10857	11652	12211	13545	0.43	0.45	0.43	0.60	...	5240	4790	4804		43	38	34	82	104	156	121
德国	25181	24210	24198	27511	0.67	0.63	0.61	0.74	...	6021	5617	6237		24	23	22	2716	2565	2166	2877
希腊	312	276	368	235	0.16	0.13	0.18	0.13	228	239	225	230	73	87	61	98	13	6	4	
匈牙利	154	278	312	424	0.11	0.21	0.21	0.27	113	152	153	218	74	55	49	52	0	7	10	16
冰岛	64	68	61	66	0.28	0.28	0.25	0.29	13	12	10	12	21	18	16	18	4	6	5	2
爱尔兰	857	910	973	933	0.32	0.31	0.32	0.31	353	394	405	445	41	43	42	48	118	122	120	116
意大利	5926	4957	4373	4062	0.30	0.24	0.21	0.23	2911	2826	2975	2980	49	58	70	71	269	224	116	138
日本	15744	14429	15588	15777	0.23	0.20	0.22	0.26	3263	3471	3794	2987	30	39	36	25	778	600	495	391
科威特*	...	823	394	...		0.17	0.25		...	...	1	...		0	0		10			
卢森堡	446	464	472	428	1.00	0.98	1.03	1.02	126	127	110	139	28	27	23	32	57	60	60	55
荷兰	5238	5526	5292	5143	0.60	0.61	0.59	0.59	1492	1827	1867	1708	29	33	35	33	300	282	208	336
新西兰**	431	542	555	526	0.23	0.28	0.28	0.27	76	91	99	97	18	17	18	18	35	38	33	31
挪威	4117	3919	4298	4660	0.99	0.94	1.03	1.11	996	947	983	1154	24	24	23	25	537	473	526	525
波兰	722	743	777	785	0.13	0.13	0.14	0.14	470	506	553	584	67	69	73	76	47	35	19	19
葡萄牙	409	397	410	367	0.18	0.17	0.16	0.16	274	247	264	238	70	66	69	68	13	7	10	6
韩国	2079	2206	2463	2251	0.14	0.14	0.15	0.14	566	584	606	486	27	26	24	21	94	122	124	139
罗马尼亚*	...	244	254	298		0.11	0.10	0.13	...	186	190	228		76	75	77	6	8	9	5
俄罗斯*	...	1007	1227	...		0.06	0.07		...	374	535	...		37	44					
沙特阿拉伯*	1978	4361	1944	1454		0.61	0.26	0.20	328	28	33	44	17	1	3	3	64	779	717	546
斯洛伐克	124	134	116	135	0.13	0.13	0.11	0.14	87	103	94	99	70	77	81	73	1	0	2	1
斯洛文尼亚	79	81	88	86	0.16	0.16	0.17	0.17	53	53	57	58	67	65	65	67	2	2	2	2
西班牙	2607	2780	2944	2891	0.19	0.18	0.19	0.22	...	1810	1906	1919		73	70	72	62	60	69	101
瑞典	5287	5663	5205	6095	1.02	1.07	0.96	1.13	1649	2041	1736	2660	31	36	33	44	450	466	490	519
瑞士	3133	3049	3099	3371	0.47	0.44	0.42	0.50	805	753	739	828	26	25	24	23	336	319	329	556
土耳其*	...	8363	8667	8773		1.10	1.15	1.12	...	174	198	96		2	2	1	6207	7139	7574	8024
阿拉伯联合酋长国*	...	3790	2240	1651		0.99	0.61	0.45	...	74	112	23		2	4	1	394	1176	537	393
英国**	17727	18961	19377	17434	0.70	0.70	0.70	0.72	6008	6891	6303	5998	37	37	33	37	1876	1698	1965	1532
美国	36740	34762	33492	35071	0.18	0.16	0.15	0.16	4928	3922	4167	6083	14	11	13	18	7271	7214	8167	8735
欧盟机构	15283	15802	14937	18730					360	346	353	243	2	2	2	1	2114	1935	2132	2491
总计* **	**170715**	**186390**	**183077**	**189542**	**0.34**	**0.33**	**0.31**	**0.36**	**89053**	**90720**	**90246**	**96422**	**24**	**25**	**25**	**25**	**23263**	**24980**	**25381**	**26631**

资料来源：OECD-DAC（2021）。

*不属于发援会成员但被列入贷方报告制度数据库。
**包含向其海外领地提供的资金。
***包含以上未列出的双边和多边捐助方提供的官方发展援助。
****官方发展援助支出及其对多边捐助方的贡献根据新的赠款等价方式计算，不含人道主义援助。
占国内总收入的比例和占支出净值总额的比例根据以前的现金流方式计算。
（...）无相关数据。

表2: 捐助方针对教育的官方发展援助

捐助方	官方发展援助总额								直接官方发展援助								占比					
	教育		基础教育		中等教育		中等后教育		教育		基础教育		中等教育		中等后教育		教育援助占可按照部门分配的官方发展援助的比例		基础教育占提供给教育的官方发展援助总额的比例		中等教育占提供给教育的官方发展援助总额的比例	
	2019年美元不变价格（百万）								2019年美元不变价格（百万）								%					
年份：	2018	2019	2018	2019	2018	2019	2018	2019	2018	2019	2018	2019	2018	2019	2018	2019	2018	2019	2018	2019	2018	2019
澳大利亚	208	180	121	95	45	34	43	51	207	178	85	57	27	15	25	32	10	10	58	53	22	19
奥地利	154	160	3	5	18	19	133	135	154	160	2	3	17	18	132	134	49	49	2	3	12	12
比利时	109	115	20	23	36	35	53	57	109	115	15	15	33	31	50	52	15	16	19	20	33	31
加拿大	230	279	114	150	66	77	50	52	228	278	61	99	40	52	24	26	11	15	49	54	29	28
捷克共和国	8	8	1	1	1	1	6	7	8	8	0	1	1	0	6	6	21	20	13	13	12	8
丹麦	123	87	76	43	20	18	26	26	121	87	38	9	1	1	7	9	12	9	62	49	17	21
芬兰	45	52	28	33	7	10	10	9	45	52	19	21	3	4	6	3	15	14	62	63	16	20
法国**	1301	1416	155	215	180	257	966	945	1221	1318	104	121	154	210	940	897	20	20	12	15	14	18
德国	2473	2845	365	470	492	554	1617	1821	2422	2775	167	252	393	445	1518	1712	18	20	15	17	20	19
希腊	2	2	1	1	0	0	1	0	2	2	1	1	0	0	1	0	55	45	65	81	0	0
匈牙利	61	101	3	4	1	3	57	95	61	101	1	0	0	1	56	94	55	70	6	4	2	3
冰岛	0	5	0	3	0	1	0	1	0	5	0	1	0	0	0	0	1	15	60	63	20	20
爱尔兰	42	46	26	30	8	6	7	10	42	46	20	24	5	3	4	7	16	16	63	65	20	14
意大利	118	137	45	39	22	25	50	73	118	137	21	14	10	13	38	61	16	18	38	28	19	18
日本	656	782	191	243	116	128	350	411	588	722	72	109	56	61	290	344	6	6	29	31	18	16
科威特*	199	28	66	14	59	7	73	7	199	28	0	0	26	0	40	0	10	4	33	50	30	25
卢森堡	51	50	11	15	37	31	3	4	51	50	7	10	35	29	1	1	22	20	21	30	72	63
荷兰	178	99	114	19	17	8	47	72	178	99	111	17	15	7	46	71	7	4	64	19	9	8
新西兰**	74	72	16	15	4	5	54	52	69	69	12	11	2	3	52	51	23	21	22	21	5	7
挪威	347	347	265	271	37	34	46	42	344	343	232	242	21	20	30	28	16	14	76	78	11	10
波兰	90	134	2	2	1	1	87	131	90	134	2	1	0	0	87	131	42	65	3	2	1	0
葡萄牙	55	63	13	14	10	10	33	40	55	63	0	0	3	3	26	33	47	55	24	22	17	15
韩国	214	250	67	69	50	76	97	104	214	250	55	54	44	68	90	97	14	15	31	28	23	30
罗马尼亚*	46	52	2	0	4	4	40	48	46	52	0	0	3	4	39	48	96	97	4	0	9	7
俄罗斯*		16		8		4		4		6		3		2		1		11		50		27
沙特阿拉伯*	907	329	393	86	205	43	309	200	410	255	2	5	9	3	114	160	60	33	43	26	23	13
斯洛伐克	4	3	1	1	1	1	2	2	4	3	1	0	1	1	2	2	32	27	24	15	20	22
斯洛文尼亚	11	14	0	0	0	1	11	13	11	14	0	0	0	1	11	13	57	60	0	0	3	8
西班牙	59	58	23	21	17	18	20	19	59	58	9	9	10	12	13	13	12	11	38	36	28	31
瑞典	155	140	94	85	19	16	41	38	155	140	75	68	9	8	32	30	6	6	61	61	12	12
瑞士	133	138	49	55	58	57	26	27	131	137	31	34	50	47	17	16	10	10	37	40	44	41
土耳其*	371	433	16	61	9	33	345	339	366	429	4	2	3	4	339	309	38	53	4	14	2	8
阿拉伯联合酋长国*	479	230	233	105	115	53	131	72	81	78	5	4	2	2	17	21	53	26	49	46	24	23
英国**	911	1017	472	560	204	229	235	228	911	1017	318	423	128	160	158	159	10	11	52	55	22	22
美国	1665	1423	1393	1119	57	108	215	196	1637	1406	1345	1052	33	75	191	162	9	9	84	79	3	8
双边援助总额* **	**11491**	**11195**	**4382**	**3903**	**1917**	**1921**	**5192**	**5370**	**10347**	**10650**	**2818**	**2665**	**1135**	**1302**	**4410**	**4750**	**14**	**14**	**38**	**35**	**17**	**17**
非洲开发基金	116	97	9	19	44	38	63	40	116	75	0	0	39	28	58	30	6	5	8	20	38	39
亚洲开发银行	276	429	117	173	139	217	20	38	276	429	83	121	122	191	4	12	12	13	42	40	50	51
欧盟机构	1267	1107	610	441	294	323	362	342	1156	995	271	130	125	167	193	186	8	8	48	40	23	29
国际货币基金组织（优惠信托基金）	238	295	119	147	60	74	60	74	0	0	0	0	0	0	0	0						
联合国近东巴勒斯坦难民救济和工程处	450	433	450	433	0	0	0	0	450	433	450	433	0	0	0	0	80	80	100	100	0	0
联合国儿童基金会	85	81	53	52	17	15	15	14	85	81	23	24	1	2	0	0	10	18	63	64	20	19
世界银行（国际开发协会）	1281	1552	620	656	395	450	267	447	1281	1552	421	354	295	299	167	296	9	9	48	42	31	29
多边援助总额* **	**3769**	**4122**	**2018**	**1992**	**952**	**1150**	**799**	**979**	**3419**	**3694**	**1283**	**1099**	**585**	**704**	**432**	**532**	**8**	**9**	**54**	**48**	**25**	**28**
总计	**15260**	**15316**	**6400**	**5896**	**2869**	**3072**	**5991**	**6349**	**13766**	**14344**	**4102**	**3764**	**1720**	**2006**	**4842**	**5283**	**12**	**12**	**42**	**38**	**19**	**20**

资料来源：经合组织发展援助委员会，贷方报告制度数据库（OECD-DAC, CRS databases，2021）。

*不属于发援会成员但被列入贷方报告制度数据库。
**包含向其海外领地提供的资金。
***包含以上未列出的双边和多边捐助方提供的官方发展援助。
（-）零或可忽略不计。
（…）无相关数据。

表3：教育援助的接受方

国家或地区	官方发展援助总额								直接官方发展援助								占比					
	教育		基础教育		中等教育		中等后教育		教育		基础教育		中等教育		中等后教育		教育援助占可按照部门分配的官方发展援助的比例		基础教育占提供给教育的官方发展援助总额的比例		中等教育占提供给教育的官方发展援助总额的比例	
	2019年美元不变价格（百万）								2019年美元不变价格（百万）								%					
年份：	2018	2019	2018	2019	2018	2019	2018	2019	2018	2019	2018	2019	2018	2019	2018	2019	2018	2019	2018	2019	2018	2019
撒哈拉以南非洲	**3604**	**3651**	**1724**	**1639**	**860**	**904**	**1020**	**1108**	**3224**	**3306**	**1214**	**1085**	**605**	**627**	**764**	**831**	**9**	**9**	**48**	**45**	**24**	**25**
未按国家分配的金额	73	114	34	53	14	24	26	37	73	114	22	33	8	15	20	29	3	4	46	47	19	21
安哥拉	27	27	16	18	3	2	8	7	27	27	15	16	2	2	7	6	12	14	61	65	10	9
贝宁	71	59	26	22	22	14	24	22	58	57	16	16	17	11	19	19	14	10	36	38	31	24
博茨瓦纳	4	8	2	3	1	4	1	2	4	8	1	2	0	3	1	1	4	10	46	35	19	47
布基纳法索	105	100	49	48	30	25	27	27	87	84	32	28	21	15	18	18	11	10	46	48	28	25
布隆迪	17	24	5	11	6	4	6	9	17	24	2	7	5	2	5	7	5	5	27	46	37	17
佛得角	28	26	7	5	9	8	12	12	27	22	0	0	5	6	9	10	32	17	26	20	32	33
喀麦隆	152	162	40	43	19	22	94	97	99	125	10	11	4	7	79	81	20	15	26	26	12	14
中非共和国	25	34	11	19	5	6	9	9	6	26	1	10	1	1	4	5	8	9	43	56	22	16
乍得	76	80	37	39	19	20	20	21	27	55	8	16	4	8	5	10	22	25	48	49	25	25
科摩罗	17	16	3	3	2	1	12	13	17	16	2	2	2	1	12	13	20	22	18	15	12	5
刚果	31	38	10	10	3	6	18	23	31	28	9	3	2	2	18	20	23	30	32	25	8	15
科特迪瓦	106	94	40	24	25	20	41	50	84	82	24	9	17	13	33	42	13	8	38	26	24	22
刚果民主共和国	153	144	72	66	53	48	27	30	153	144	55	45	45	37	19	20	8	8	47	46	35	33
吉布提	22	29	10	13	4	6	8	10	16	18	6	7	2	3	6	7	15	14	45	45	17	21
赤道几内亚	2	16	1	8	0	4	1	4	2	2	1	1	0	0	1	1	19	169	52	50	8	23
厄立特里亚	5	26	0	9	2	8	2	9	5	10	0	0	2	4	2	5	6	35	11	33	38	32
斯威士兰	8	9	5	5	1	2	2	2	8	9	2	2	0	0	1	1	6	10	60	55	19	20
埃塞俄比亚	308	285	217	170	53	67	38	48	308	264	191	146	40	55	25	35	8	8	70	60	17	24
加蓬	38	40	10	10	7	7	21	22	21	23	1	0	2	2	16	17	74	54	26	26	18	19
冈比亚	28	20	11	9	4	4	13	8	21	15	4	3	0	1	9	5	15	12	41	42	13	18
加纳	129	108	53	36	40	35	36	37	91	97	28	20	28	27	24	29	13	11	41	33	31	33
几内亚	93	56	39	27	27	5	26	24	78	51	30	23	22	3	22	22	19	11	42	48	29	9
几内亚比绍	17	17	5	2	1	2	10	13	16	17	3	1	1	1	9	12	12	15	32	14	9	11
肯尼亚	141	111	62	39	39	32	39	40	141	111	47	32	32	29	32	36	5	3	44	35	28	29
莱索托	7	6	4	4	2	1	1	1	7	6	3	3	1	1	0	1	4	4	61	63	22	18
利比里亚	44	46	31	35	10	8	2	3	41	44	30	33	9	7	1	2	8	9	72	76	23	17
马达加斯加	63	59	28	27	15	14	20	18	51	50	18	19	10	10	15	13	10	10	45	46	24	24
马拉维	131	108	74	60	31	26	25	22	125	108	62	46	26	19	19	15	11	10	57	55	24	24
马里	157	195	94	109	30	40	33	46	123	127	68	61	17	16	20	22	14	15	60	56	19	20
毛里塔尼亚	48	35	7	10	8	17	33	9	39	35	1	7	5	15	30	7	12	8	15	28	17	47
毛里求斯	11	14	1	2	2	3	8	9	11	14	1	1	2	2	8	8	9	20	9	17	18	21
莫桑比克	199	195	122	114	48	52	28	29	198	180	94	80	34	35	13	11	11	13	62	59	24	27
纳米比亚	28	23	19	12	4	7	5	4	28	23	17	9	3	6	4	3	15	13	68	50	16	31
尼日尔	103	136	48	67	41	46	14	23	92	128	30	35	32	30	5	7	11	12	47	49	39	34
尼日利亚	227	239	96	108	72	58	59	73	227	239	64	81	56	45	43	59	9	9	42	45	32	24
卢旺达	109	132	50	48	27	53	31	31	104	125	42	39	23	48	27	27	10	12	46	36	25	40
圣多美和普林西比	6	7	2	3	1	2	2	3	6	7	1	1	0	1	2	2	12	14	39	43	19	21
塞内加尔	152	169	50	63	31	38	71	68	150	165	35	50	24	32	63	62	15	12	33	37	21	23
塞拉利昂	46	60	24	31	15	20	7	9	36	55	13	19	10	14	2	3	10	11	52	52	33	33
索马里	45	39	23	16	12	9	10	14	39	32	13	7	7	4	5	9	6	5	52	41	26	23
南非	61	74	24	32	10	13	27	28	61	74	15	18	5	6	23	21	5	7	39	44	16	18
南苏丹	58	56	50	41	3	5	5	10	58	56	45	35	1	2	2	7	11	8	86	74	5	9
多哥	44	34	12	8	12	8	20	18	27	31	2	5	7	6	15	17	17	9	28	24	27	23
乌干达	126	133	47	45	30	27	49	61	126	133	41	27	27	18	46	52	7	8	37	34	24	20
坦桑尼亚联合共和国	187	184	113	88	42	58	32	37	187	184	79	58	25	43	15	22	7	9	60	48	22	32
赞比亚	39	44	14	20	14	14	10	9	39	44	7	13	11	11	6	5	4	5	37	46	37	33
津巴布韦	40	19	23	5	11	6	6	7	40	19	21	3	10	5	5	6	6	3	58	28	27	33
北非和西亚	**3810**	**3237**	**1721**	**1363**	**666**	**486**	**1423**	**1389**	**2874**	**2855**	**866**	**911**	**239**	**260**	**996**	**1163**	**21**	**18**	**45**	**42**	**17**	**15**
未按国家分配的金额	42	44	33	19	4	13	5	13	42	44	32	7	3	7	5	7	5	5	79	42	9	29
阿尔及利亚	138	133	3	3	3	4	132	126	138	133	1	1	3	3	131	125	64	61	2	2	2	3

表3（续）

国家或地区	官方发展援助总额								直接官方发展援助								占比					
	教育		基础教育		中等教育		中等后教育		教育		基础教育		中等教育		中等后教育		教育援助占可按照部门分配的官方发展援助的比例		基础教育占提供给教育的官方发展援助总额的比例		中等教育占提供给教育的官方发展援助总额的比例	
	2019年美元不变价格（百万）								2019年美元不变价格（百万）								%					
年份：	2018	2019	2018	2019	2018	2019	2018	2019	2018	2019	2018	2019	2018	2019	2018	2019	2018	2019	2018	2019	2018	2019
亚美尼亚	24	103	5	45	1	20	18	38	24	30	4	5	0	0	18	18	10	47	20	43	4	20
阿塞拜疆	34	43	4	3	10	13	20	27	34	43	2	1	9	11	19	26	15	18	11	8	30	29
埃及	401	309	157	89	92	59	152	160	349	258	24	24	25	27	85	128	14	11	39	29	23	19
格鲁吉亚	77	71	20	18	17	13	40	39	77	64	4	4	9	6	32	32	11	12	26	26	22	18
伊拉克	117	80	55	39	25	11	37	30	55	63	16	24	6	3	18	23	14	7	47	49	21	13
约旦	380	402	288	282	25	40	67	80	371	349	257	230	10	13	51	54	18	20	76	70	7	10
黎巴嫩	275	283	168	196	42	30	65	58	275	283	132	185	24	24	47	52	31	37	61	69	15	11
利比亚	10	10	1	0	1	0	9	10	10	10	0	0	1	0	9	10	6	5	5	1	13	1
摩洛哥	316	314	46	60	68	69	201	185	304	303	18	44	54	61	187	177	21	20	15	19	22	22
巴勒斯坦	486	494	372	353	51	54	64	87	449	431	308	283	19	19	32	52	34	37	76	71	10	11
苏丹	44	110	17	43	10	26	17	41	36	36	9	1	6	5	13	20	13	23	39	39	22	24
阿拉伯叙利亚共和国	196	283	60	68	11	11	125	204	196	283	44	51	2	2	117	195	19	32	31	24	5	4
突尼斯	149	202	8	37	19	43	122	123	149	193	4	7	17	28	120	108	11	14	6	18	13	21
土耳其	328	240	96	61	90	57	142	123	328	240	3	32	44	42	96	108	13	14	29	25	27	24
也门	794	115	389	47	197	23	208	45	39	90	8	13	6	6	17	27	74	10	49	41	25	20
中亚和南亚	**2366**	**2534**	**974**	**941**	**464**	**542**	**927**	**1051**	**2327**	**2460**	**714**	**590**	**334**	**366**	**797**	**875**	**12**	**12**	**41**	**37**	**20**	**21**
未按国家分配的金额	*26*	*13*	*1*	*3*	*4*	*6*	*21*	*4*	*26*	*13*	*0*	*2*	*4*	*5*	*21*	*3*	*8*	*4*	*3*	*24*	*16*	*45*
阿富汗	285	353	150	180	45	82	90	91	260	312	112	112	26	48	70	56	9	10	53	51	16	23
孟加拉国	612	720	351	401	177	206	85	113	612	720	272	274	137	142	45	49	14	16	57	56	29	29
不丹	7	13	2	5	2	4	2	4	7	13	1	1	1	2	1	2	6	7	38	37	27	34
印度	408	446	103	45	52	36	254	365	396	413	59	13	30	21	232	350	8	8	25	10	13	8
伊朗伊斯兰共和国	93	112	1	1	1	1	90	110	93	112	0	0	1	1	90	109	69	69	1	1	1	1
哈萨克斯坦	73	51	3	2	2	2	68	47	73	51	0	0	1	1	67	46	64	54	4	4	3	3
吉尔吉斯斯坦	152	72	27	25	19	8	106	39	152	72	14	16	13	4	100	35	35	20	18	34	13	12
马尔代夫	4	3	1	1	0	0	2	2	4	3	0	0	0	0	2	2	3	3	26	23	12	6
尼泊尔	200	191	117	85	45	58	38	49	200	190	93	48	34	39	26	30	14	15	58	44	23	30
巴基斯坦	374	392	184	158	75	72	116	161	373	392	140	104	53	45	94	134	17	13	49	40	20	18
斯里兰卡	76	67	22	18	25	28	29	21	76	67	17	13	22	26	26	19	11	9	29	26	33	42
塔吉克斯坦	25	47	9	14	9	17	8	15	25	47	5	6	6	13	5	11	6	13	36	31	34	37
土库曼斯坦	6	10	1	0	3	5	3	5	6	10	0	0	3	5	3	4	27	37	10	5	45	50
乌兹别克斯坦	23	46	3	3	6	16	15	26	23	46	0	1	5	15	14	25	2	4	12	7	25	36
东亚和东南亚	**1618**	**1740**	**343**	**326**	**376**	**459**	**899**	**955**	**1618**	**1740**	**164**	**134**	**286**	**363**	**810**	**859**	**13**	**15**	**21**	**19**	**23**	**26**
未按国家分配的金额	*6*	*9*	*3*	*4*	*2*	*3*	*2*	*2*	*6*	*9*	*2*	*3*	*2*	*2*	*2*	*1*	*3*	*4*	*43*	*45*	*30*	*32*
柬埔寨	129	138	65	53	31	47	34	38	129	138	33	16	15	28	18	19	15	14	50	38	24	34
中国	653	633	52	17	184	182	418	434	653	633	4	4	160	176	394	427	45	48	8	3	28	29
朝鲜民主主义人民共和国	1	1	0	0	0	0	1	0	1	1	0	0	0	0	1	0	4	2	0	1	0	1
印度尼西亚	182	153	54	32	25	21	103	100	182	153	14	14	5	12	83	92	6	10	30	21	14	14
老挝人民民主共和国	102	109	58	41	30	47	13	21	102	109	49	26	25	40	9	14	16	17	57	37	29	43
马来西亚	35	35	3	3	1	1	31	30	35	35	1	1	0	1	30	29	48	34	8	9	3	4
蒙古	50	78	11	20	11	18	28	41	50	78	8	10	9	13	27	36	13	21	23	25	21	22
缅甸	70	158	25	50	23	64	22	44	70	158	14	19	17	48	16	29	5	9	36	32	33	40
菲律宾	122	59	29	22	6	11	87	26	122	59	22	15	3	7	83	22	11	4	24	38	5	18
泰国	36	43	8	8	3	5	24	29	36	43	5	5	2	3	22	27	9	11	23	19	9	12
东帝汶	34	44	17	25	7	7	11	12	34	44	6	13	1	1	5	6	18	21	49	56	19	17
越南	198	281	19	51	54	53	125	177	198	281	7	8	48	31	119	155	7	12	10	18	27	19
大洋洲	**231**	**253**	**93**	**95**	**56**	**73**	**82**	**85**	**197**	**232**	**50**	**49**	**35**	**50**	**61**	**62**	**11**	**12**	**40**	**38**	**24**	**29**
未按国家分配的金额	*29*	*27*	*3*	*5*	*11*	*36*	*17*	*25*	*35*	*83*	*2*	*10*	*10*	*30*	*15*	*19*	*9*	*9*	*11*	*19*	*34*	*7*
库克群岛	2	2	1	1	0	0	1	1	1	1	0	0	0	0	1	0	3	4	34	38	18	23
斐济	19	17	7	6	2	2	9	9	19	16	3	3	0	0	7	7	17	15	39	38	13	10
基里巴斯	11	10	8	6	0	1	3	3	10	9	7	6	0	0	3	2	14	17	70	65	5	6
马绍尔群岛	14	12	11	7	2	3	2	3	9	5	7	1	0	0	0	0	51	38	74	53	12	23
密克罗尼西亚联邦	11	12	6	6	2	2	3	3	3	2	1	1	0	0	0	0	25	28	55	55	21	22
瑙鲁	2	3	0	0	2	2	0	1	2	3	0	0	2	2	0	1	6	6	4	14	79	62
纽埃	4	4	1	2	1	1	2	2	1	2	0	0	0	0	1	1	15	14	38	39	19	20
帕劳	14	1	7	0	3	0	4	0	1	1	0	0	0	0	0	0	74	3	50	54	24	9
巴布亚新几内亚	46	47	15	22	17	12	14	13	46	47	8	14	13	8	11	9	6	7	33	46	36	26
萨摩亚	16	13	7	4	1	1	8	8	16	13	4	2	0	0	7	7	13	11	43	29	8	9
所罗门群岛	24	19	10	7	6	5	7	6	24	19	6	5	4	4	5	5	13	9	43	39	27	29
托克劳	6	3	4	2	1	1	1	1	1	2	1	1	0	0	0	0	24	11	60	55	20	28

表3（续）

国家或地区	官方发展援助总额								直接官方发展援助								占比					
	教育		基础教育		中等教育		中等后教育		教育		基础教育		中等教育		中等后教育		教育援助占可按照部门分配的官方发展援助的比例		基础教育占提供给教育的官方发展援助总额的比例		中等教育占提供给教育的官方发展援助总额的比例	
	2019年美元不变价格（百万）								2019年美元不变价格（百万）								%					
年份：	2018	2019	2018	2019	2018	2019	2018	2019	2018	2019	2018	2019	2018	2019	2018	2019	2018	2019	2018	2019	2018	2019
汤加	8	7	2	2	2	2	4	3	8	7	2	2	2	2	3	3	10	7	30	29	25	28
图瓦卢	4	4	2	1	0	1	1	2	3	3	2	1	0	0	1	2	16	14	56	37	6	13
瓦努阿图	20	21	7	8	4	5	8	8	20	21	6	4	4	2	7	6	18	19	38	39	22	22
拉丁美洲和加勒比	**831**	**873**	**342**	**305**	**143**	**188**	**345**	**380**	**820**	**813**	**252**	**191**	**98**	**132**	**300**	**323**	**9**	**11**	**41**	**35**	**17**	**22**
未按国家分配的金额	22	33	11	7	1	3	10	24	22	33	10	6	1	2	10	23	2	4	50	21	5	9
安提瓜和巴布达	0	0	0	0	0	0	0	0	0	0	0	0	0	0	0	0	4	2	1	14	62	7
阿根廷	31	67	7	25	5	13	18	28	31	30	2	2	2	2	15	17	16	66	25	38	17	20
伯利兹	2	2	1	1	0	0	1	1	2	2	0	0	0	0	0	0	6	10	43	41	17	24
多民族玻利维亚国	30	23	7	7	7	6	16	10	30	23	3	3	5	4	14	9	4	3	23	30	24	26
巴西	99	103	18	18	9	9	72	76	99	103	4	3	2	1	65	69	15	19	18	18	9	8
哥伦比亚	75	76	14	14	9	9	52	53	75	76	9	9	6	7	50	50	4	9	19	18	12	12
哥斯达黎加	14	13	6	6	3	2	6	5	14	13	4	4	2	1	5	5	12	19	40	45	18	13
古巴	9	11	1	1	0	2	8	8	9	11	1	0	0	1	7	7	5	8	14	14	4	14
多米尼克	4	7	2	3	1	2	1	2	3	1	0	0	0	0	0	1	34	32	44	43	22	24
多米尼加共和国	21	24	12	12	5	8	4	4	21	24	11	12	4	8	3	3	16	15	57	52	24	34
厄瓜多尔	33	53	13	15	4	8	16	30	33	44	11	6	3	4	14	26	8	11	40	28	13	16
萨尔瓦多	49	72	19	18	21	46	9	8	49	72	17	15	20	45	9	7	19	23	38	25	43	64
格林纳达	0	4	0	1	0	2	0	1	0	1	0	0	0	1	0	0	1	35	20	37	13	43
危地马拉	79	55	60	35	11	12	7	7	79	55	56	30	9	10	5	4	20	15	77	65	14	23
圭亚那	7	8	2	3	4	4	1	1	7	8	1	2	4	3	1	1	6	7	26	35	54	49
海地	93	59	58	34	16	10	18	15	84	58	45	29	10	7	12	12	12	10	63	58	18	17
洪都拉斯	43	53	34	34	5	15	4	4	43	53	32	32	4	14	3	3	6	10	80	65	11	28
牙买加	9	12	6	7	1	2	2	3	9	8	5	5	1	1	2	1	8	12	61	60	16	18
墨西哥	66	65	10	9	7	6	49	49	66	65	4	4	3	3	46	46	10	9	15	15	10	10
蒙特塞拉特	3	3	1	1	1	1	1	1	3	3	0	0	0	0	0	0	6	7	47	48	24	24
尼加拉瓜	47	35	26	18	16	10	6	6	47	35	21	13	13	8	3	4	13	8	55	52	33	30
巴拿马	4	4	2	2	0	0	2	2	4	4	2	2	0	0	2	2	8	6	51	42	5	5
巴拉圭	26	28	13	14	6	7	7	7	26	28	3	4	1	2	2	2	12	15	49	50	23	23
秘鲁	43	41	13	12	8	8	23	22	43	41	7	6	5	5	20	19	8	8	31	28	17	18
圣卢西亚	1	2	0	0	0	0	1	1	1	2	0	0	0	0	1	1	11	12	29	22	12	19
圣文森特和格林纳丁斯	1	1	1	0	0	0	0	0	1	1	1	0	0	0	0	0	7	2	62	51	10	12
苏里南	2	2	0	0	1	1	1	1	2	2	0	0	1	1	1	1	12	11	2	2	43	51
委内瑞拉玻利瓦尔共和国	16	17	4	5	2	2	10	10	16	17	2	3	1	1	9	10	42	32	26	28	12	12
欧洲和北美	**606**	**749**	**126**	**115**	**72**	**85**	**408**	**549**	**526**	**683**	**52**	**33**	**35**	**45**	**371**	**508**	**12**	**15**	**21**	**15**	**12**	**11**
未按国家分配的金额	97	193	36	30	7	16	54	147	97	193	29	8	4	5	51	137	9	18	37	15	8	8
阿尔巴尼亚	45	54	4	4	10	8	31	41	45	54	4	4	9	8	30	41	10	18	10	8	21	15
白俄罗斯	41	46	2	2	4	2	35	42	41	46	0	0	3	1	34	41	37	23	4	4	10	5
波斯尼亚和黑塞哥维那	49	73	6	17	5	11	38	46	49	50	2	2	3	3	36	38	11	14	12	23	10	15
黑山共和国	5	6	0	0	1	0	4	5	5	6	0	0	0	0	4	5	3	4	9	6	10	7
北马其顿	21	24	6	5	3	3	13	16	21	24	4	3	2	2	12	15	9	12	26	22	15	12
摩尔多瓦共和国	57	71	7	7	7	15	42	49	55	68	3	3	5	14	40	47	18	20	13	9	13	21
塞尔维亚	140	99	50	30	31	19	59	50	62	59	1	2	6	4	34	36	14	14	36	31	22	19
乌克兰	152	184	15	19	4	12	133	152	152	184	10	10	2	7	130	148	15	16	10	11	3	6
未按地区分配的金额	2194	2279	1077	1112	231	335	886	833	2179	2255	790	770	88	164	743	662	9	9	49	49	11	15
低收入国家	3387	2945	1736	1387	762	665	889	893	2375	2583	1006	896	397	420	525	648	13	12	46	44	23	22
中低收入国家	5975	6192	2355	2214	1233	1380	2387	2599	5703	5921	1577	1379	843	962	1998	2181	15	14	38	36	21	24
中高收入国家	3362	3380	1095	1037	591	584	1677	1758	3185	3067	627	647	357	389	1443	1563	18	23	32	30	16	19
高收入国家	32	23	10	5	7	5	14	12	18	23	3	3	4	4	10	11	20	7	23	28	38	21
未按收入分配的金额	2504	2776	1203	1253	276	437	1024	1087	2485	2749	888	839	119	230	867	880	8	11	43	37	19	25
总计	**15260**	**15316**	**6400**	**5896**	**2869**	**3072**	**5991**	**6349**	**13766**	**14344**	**4102**	**3764**	**1720**	**2006**	**4842**	**5283**	**12**	**12**	**42**	**38**	**19**	**20**

资料来源：经合组织发展援助委员会，贷方报告制度数据库（OECD-DAC, CRS databases, 2021）。
根据世界银行的界定对国家和地区按照收入水平分组，但各组仅包括表中列出的国家和地区。
依据世界银行2020年7月修订的收入分组名单。
所有数据均表示支出总额。
可按照部门分配的官方发展援助不含预算支助。

表 4: 教育援助的捐助方及其最主要的三个受援国

捐助方		教育			基础教育		
		受援国	2019年美元不变价格（百万）	受援比例（%）	受援国	2019年美元不变价格（百万）	受援比例（%）
双边捐助方	澳大利亚	巴布亚新几内亚	24.3	13	未指定区域	13.0	17
		未指定区域	19.2	10	黎巴嫩	10.3	14
		缅甸	14.8	8	印度尼西亚	7.9	10
	奥地利	土耳其	20.9	13	墨西哥	1.1	56
		波斯尼亚和黑塞哥维那	20.3	13	摩尔多瓦共和国	0.2	11
		塞尔维亚	11.6	7	阿尔巴尼亚	0.1	5
	比利时	未指定区域	23.6	21	未指定区域	7.4	47
		刚果民主共和国	14.8	13	越南	1.4	9
		乌干达	11.8	11	南非	1.2	8
	加拿大	未指定区域	25.8	11	未指定区域	10.7	14
		约旦	22.4	9	塞内加尔	7.5	10
		塞内加尔	20.1	8	阿富汗	6.8	9
	捷克共和国	埃塞俄比亚	0.9	10	乌克兰	0.1	38
		乌克兰	0.8	9	阿拉伯叙利亚共和国	0.1	37
		柬埔寨	0.5	6	埃塞俄比亚	0.0	11
	丹麦	未指定区域	70.3	73	阿富汗	12.9	48
		阿富汗	13.0	13	缅甸	6.7	25
		缅甸	6.7	7	未指定区域	3.3	12
	芬兰	莫桑比克	10.0	21	莫桑比克	8.5	42
		埃塞俄比亚	5.7	12	巴勒斯坦	2.5	12
		未指定区域	5.1	11	埃塞俄比亚	1.5	7
	法国	摩洛哥	173.3	14	黎巴嫩	10.0	10
		阿尔及利亚	120.7	10	未指定区域	9.6	9
		中国	93.2	7	尼日尔	8.4	8
	德国	中国	428.9	18	约旦	37.2	20
		印度	164.0	7	黎巴嫩	19.7	10
		未指定区域	149.1	6	莫桑比克	15.5	8
	希腊	阿尔巴尼亚	0.3	18	阿尔巴尼亚	0.3	22
		乌克兰	0.3	16	乌克兰	0.3	20
		埃及	0.3	15	埃及	0.2	15
	匈牙利	约旦	6.5	10	伊拉克	0.3	63
		阿拉伯叙利亚共和国	4.2	7	乌克兰	0.1	11
		中国	3.7	6	未指定区域	0.0	10
	冰岛	乌干达	1.1	56	马拉维	0.6	85
		马拉维	0.6	31	阿富汗	0.1	9
		肯尼亚	0.1	7	南非	0.0	4
	爱尔兰	未指定区域	12.3	29	未指定区域	8.6	45
		莫桑比克	7.7	18	莫桑比克	2.3	12
		乌干达	4.7	11	乌干达	1.9	10
	意大利	未指定区域	21.9	18	埃塞俄比亚	2.4	12
		莫桑比克	7.0	6	约旦	2.3	11
		印度	7.0	6	黎巴嫩	1.7	8
	日本	未指定区域	156.4	25	几内亚	5.6	7
		印度尼西亚	38.3	6	巴布亚新几内亚	5.0	6
		埃及	37.5	6	缅甸	4.3	5
	科威特*	中国	31.8	36			
		黎巴嫩	19.8	22			
		毛里塔尼亚	8.6	10			
	卢森堡	尼日尔	8.8	18	尼日尔	3.6	40
		塞内加尔	6.5	14	阿拉伯叙利亚共和国	1.0	11
		佛得角	5.4	11	北非和西亚，未指定国家	0.9	10
	荷兰	未指定区域	81.7	66	未指定区域	22.8	49
		黎巴嫩	12.4	10	黎巴嫩	9.0	19
		埃塞俄比亚	5.6	5	阿拉伯叙利亚共和国	2.7	6
	新西兰**	所罗门群岛	6.9	10	所罗门群岛	3.4	31
		大洋洲，未指定国家	6.8	10	东帝汶	3.0	27
		萨摩亚	6.4	9	大洋洲，未指定国家	2.0	18
	挪威	未指定区域	176.5	50	未指定区域	147.2	62
		马拉维	18.9	5	马拉维	12.5	5
		埃塞俄比亚	16.1	5	南苏丹	10.8	5
	波兰	乌克兰	57.7	56	乌克兰	1.0	66
		白俄罗斯	22.2	22	格鲁吉亚	0.1	8
		印度	3.4	3	坦桑尼亚联合共和国	0.1	6

表4（续）

捐助方		教育			基础教育		
		受援国	2019年美元不变价格（百万）	受援比例（%）	受援国	2019年美元不变价格（百万）	受援比例（%）
双边捐助方	葡萄牙	东帝汶	12.5	22	几内亚比绍	0.0	73
		莫桑比克	11.6	21	莫桑比克	0.0	25
		佛得角	10.0	18	佛得角	0.0	1
	韩国	未指定区域	34.6	15	未指定区域	5.9	11
		越南	13.7	6	菲律宾	2.6	5
		缅甸	10.8	5	约旦	2.5	5
	罗马尼亚*	摩尔多瓦共和国	34.5	79	未指定区域	0.0	100
		塞尔维亚	2.1	5			
		乌克兰	1.3	3			
	沙特阿拉伯	埃及	88.9	32	也门	2.0	92
		也门	36.5	13	马来西亚	0.2	8
		菲律宾	24.5	9	黎巴嫩	0.0	0
	斯洛伐克	塞尔维亚	1.0	25	黎巴嫩	0.2	33
		肯尼亚	0.9	24	肯尼亚	0.1	18
		乌克兰	0.4	9	伊拉克	0.1	15
	斯洛文尼亚	波斯尼亚和黑塞哥维那	4.0	34	冈比亚	0.0	100
		北马其顿	3.8	32			
		塞尔维亚	2.7	22			
	西班牙	摩洛哥	6.5	12	海地	1.4	16
		未指定区域	4.5	8	萨尔瓦多	0.7	8
		多民族玻利维亚国	3.0	5	刚果民主共和国	0.6	7
	瑞典	未指定区域	46.4	35	未指定区域	39.6	64
		坦桑尼亚联合共和国	22.9	17	阿富汗	14.3	23
		阿富汗	22.7	17	阿拉伯叙利亚共和国	2.4	4
	瑞士	未指定区域	26.8	20	未指定区域	4.8	15
		撒哈拉以南非洲，未指定国家	7.3	6	尼日尔	4.0	12
		尼日尔	6.5	5	马里	3.8	11
	土耳其	未指定区域	84.9	32	波斯尼亚和黑塞哥维那	0.4	18
		欧洲和北美，未指定国家	41.1	16	摩尔多瓦共和国	0.4	18
		吉尔吉斯斯坦	36.8	14	阿尔巴尼亚	0.2	11
	阿拉伯联合酋长国*	约旦	21.2	25	坦桑尼亚联合共和国	0.6	10
		未指定区域	11.6	14	科摩罗	0.5	10
		巴勒斯坦	7.9	9	未指定区域	0.4	7
	英国**	未指定区域	343.7	36	未指定区域	162.4	43
		巴基斯坦	155.9	16	巴基斯坦	73.5	20
		孟加拉国	46.0	5	黎巴嫩	19.9	5
	美国	未指定区域	208.6	13	未指定区域	190.1	15
		阿富汗	99.4	6	约旦	74.8	6
		约旦	89.2	6	巴基斯坦	52.2	4
多边捐助方	非洲开发基金	乌干达	21.7	21	贝宁		
		未指定区域	15.5	15	纳米比亚		
		加纳	14.8	14	赤道几内亚		
	亚洲开发银行	孟加拉国	150.3	46	孟加拉国	60.3	83
		尼泊尔	47.8	15	尼泊尔	11.9	16
		越南	43.8	13	马绍尔群岛	0.3	0
	欧盟机构	未指定区域	354.5	32	未指定区域	90.1	39
		土耳其	86.7	8	孟加拉国	21.5	9
		欧洲和北美，未指定国家	47.2	4	尼泊尔	14.1	6
	联合国近东巴勒斯坦难民救济和工程处	巴勒斯坦	289.5	62	巴勒斯坦	289.5	62
		约旦	102.9	22	约旦	102.9	22
		黎巴嫩	48.3	10	黎巴嫩	48.3	10
	联合国儿童基金会	刚果民主共和国	6.4	8	印度	2.6	9
		印度	6.1	7	阿富汗	1.2	4
		埃塞俄比亚	4.5	5	尼日尔	1.2	4
	世界银行（国际开发协会）	孟加拉国	324.8	24	孟加拉国	122.7	30
		印度	175.9	13	埃塞俄比亚	83.6	20
		埃塞俄比亚	109.4	8	印度	70.5	17

资料来源：经合组织发展援助委员会，贷方报告制度数据库（OECD-DAC, CRS database，2021）。

术语

普及率（attainment rate）。按最高教育等级分列的特定年龄组人口数，以占该年龄组总人口的百分比表示（见“完成率”）。

特定年龄的入学率（age-specific enrolment ratio）。特定年龄或年龄组的入学率，无论学生在何教育等级，以占同龄人口或同年龄组人口的百分比表示。例如，全球指标4.2.2，有组织学习的参与率（初等教育正规入学年龄前一年）。

完成率（completion rate）。比某一教育等级最高年级的正规年龄高出3—5岁的儿童中，曾经进入该教育等级最高年级者所占的百分比。例如，某国六年制初等教育中，进入最高年级的正规年龄为11岁，那么其初等教育完成率为14—16岁人口中曾读过六年级者所占的百分比。

受冲突影响的国家（conflict-affected country）。在特定年份，任何在最近10年中因战斗死亡人数达到1 000人（包括平民和军人），和（或）在过去3年中的任何一年因战斗死亡200人以上的国家，根据乌普萨拉冲突数据项目中的战斗死亡数据集统计。

不变价格（constant price）。特定物品价格，经调整后消除了特定基线年份以来整体价格变动（通货膨胀）的总体影响。

幼儿保育和教育（early childhood care and education）。各种服务和项目，支助儿童从出生到上小学期间的生存、成长、发展和学习——包括健康、营养和卫生，以及认知、社交、情感和体质发展。

幼儿发展指数（Early Childhood Development Index）。评估36—59月龄儿童四个方面的发展潜能是否得到充分发掘：读写/计算、身体、社会情感、认知发展。通过联合国儿童基金会多指标聚类调查收集信息。在三个及以上维度充分发展的儿童，被认为总体发育正常。该指数正在被修订。

《国际教育标准分类法》定义的教育等级[education levels according to the International Standard Classification of Education（ISCED）]。《国际教育标准分类法》是作为一种工具用于收集、汇编和表述国内和国际上可比较教育指标及统计数据的分类系统。该系统从1976年开始实行，1997年和2011年业经修订。

- 学前教育（pre-primary education，《国际教育标准分类法》0级）。有组织的教育项目初始阶段，主要目的是将3岁以上的幼儿融入类似于学校的环境，并在学校与家庭之间架起一座桥梁。完成这些教育之后，儿童继续接受《国际教育标准分类法》1级教育（即初等教育）。

- 初等教育（primary education，《国际教育标准分类法》1级）。这一层级的教育项目旨在使学生在读、写、算等方面获得扎实的基础教育，同时对历史、地理、科学、美术和音乐有初步理解。

- 中等教育（secondary education，《国际教育标准分类法》2级和3级）。初级中等教育（《国际教育标准分类法》2级）通常被设计为对初等基础教育项目的延续，但是比较注重以学科为中心的教学实践，要求每个学科由较为专业的教师来执教。该等级教育的结束往往与义务教育的结束相吻合。高级中等教育（《国际教育标准分类法》3级）在教学组织上往往更加注重学科脉络，一般对教师的学科专业资格认证有更加严格的要求。

- 中等后非高等教育（post-secondary non-tertiary education，《国际教育标准分类法》4级）。在中等教育的基础上，提供为进入劳动力市场做准备，或准备进入高等教育的教育经历。

- 高等教育（tertiary education，《国际教育标准分类法》5—8级）。在中等教育的基础上，提供专门教育领域的学习活动。旨在进行高度复杂和专业化的学习。其中包括：

  - 5级。短期高等教育，通常为具备专业知识、技能和能力者设计。实践中面向专业雇员和即将进入劳动力市场的学生。

- 6级。学士学位教育，通常为具备中等程度的学术和（或）专业知识、技能和能力者设计，引导他们获得第一个学位或同等资历。

- 7级。硕士学位或同等资历教育，通常为具备高级的学术和（或）专业知识、技能和能力者设计，引导他们获得第二个学位或同等资历。

- 8级。博士学位或同等资历教育，主要引导学生获得高级研究资格。

可持续发展教育（Education for Sustainable Development）。一种教育类型，旨在使学习者能够建设性地、创造性地应对当前和未来的全球挑战，创造更加可持续、更加稳健的社会。

全球公民教育（Global Citizenship Education）。一种教育类型，旨在使学习者有权利成为面对和解决全球挑战的积极角色，成为更加和平、宽容、包容和安全的世界的积极贡献者。

国内生产总值（gross domestic product，GDP）。一个国家在一年内生产的所有最终产品和提供服务的价值。

毛入学率（gross enrolment ratio）。某一特定教育等级的注册学生总数在对应于该教育等级的正规年龄组人口中所占的百分比，而不管注册学生年龄大小。由于入学早晚和（或）留级的缘故，毛入学率有可能超过100%。

毛招生率（gross intake rate）。初等教育特定年级的新生总数，不论新生年龄大小，占小学该年级正规适龄人口的百分比。

国内总收入（gross national income）。一个国家在一年内生产的所有最终产品和提供服务的价值（国内生产总值）加上常住居民来自国外的收入，并减去非常住居民的收入后的价值。

信息和通信技术技能（information and communication technology skills）。在最近三个月从事过以下与计算机相关的活动者，可视为具备此类技能：复制或移动文件或文件夹；使用复制和粘贴工具，在一个文档内复制或移动信息；发送带附件的电子邮件；在电子表格中使用计算公式；连接和安装新设备；查找、下载、安装和配置软件；使用演示文档软件，创建电子演示文档；在计算机和其他设备之间传输文件；使用专门的编程语言编写计算机程序。

读写素养（literacy）。根据联合国教科文组织1958年的定义，该术语指一个人能读、写和理解与其日常生活有关的简短文章。此后，素养的概念已演化为包括多种技能范畴，每一范畴都以不同程度掌握技能为基础，分别用于不同目的。

识字率（literacy rate）。特定年龄组人口中具有读写素养者占该年龄组人口总数的百分比。

- **成人：**15岁及以上。

- **青年：**15至24岁。

最低熟练水平（minimum proficiency level）。通过学习评估测量数学和阅读基础知识的基准。在国际社会或各国之间形成确定的共同标准之前，本报告采用开展跨国学习评估的专门机构所公布的最低熟练水平定义。

净就读率（net attendance rate）。特定教育等级正规年龄组的学生接受该等级教育的人数占该年龄组总人口的百分比。

净入学率（net enrolment rate）。特定教育等级正规年龄组的入学人数占该年龄组总人口的百分比。这一指标包含两个变量：

- 经调整的净入学率。特定教育等级正规年龄组人口中，在该等级及更高等级入学人数占该年龄组总人口的百分比。

- 总净入学率。特定教育等级正规年龄组人口中的入学人数占该年龄组总人口的百分比。

新生人数（new entrants）。特定教育等级初次入学的学生人数，亦即一年级入学人数减去留级人数之差。

失学率（never been to school rate）。比初等教育正规入学年龄高出3—5岁的儿童中，从未上过学的人所占的百分比。例如，某国正规入学年龄是6岁，则本指标根据9—11岁的儿童统计。

失学人数（out-of-school number）。没有入学者，按下述人口分列：

- 属于正规初等教育年龄段的儿童。
- 属于正规初级中等教育年龄段的少年。
- 属于正规高级中等教育年龄段的青年。

失学率（out-of-school rate）。属于特定教育等级正规年龄组但未入学者占该年龄组总人口的百分比。

年级超龄率（over-age for grade rate）。特定教育等级（初等教育、初级中等教育、高级中等教育）的学生比其所在年级正规年龄大2岁及以上者所占百分比。

均等指数（parity index）。计量某个教育指数的值或两个群体的不平等比率。一般来讲，计量弱势群体的数值，参照指针是优势群体的数值。指数值为0.97—1.03表示均等，低于0.97表示不均等且对优势群体有利，高于1.03表示不均等且对弱势群体有利。按下述方法划分群体：

- 性别。特定指标上女性与男性的比值。
- 地区。特定指标上农村与城镇的比值。
- 财富/收入。特定指标上最贫困20%人口与最富裕20%人口的比值。

私立教育机构（private institutions）。并非由政府机关运营的机构，受非政府组织、宗教机构、特殊利益团体、基金会或工商企业等私营机构控制和管理，可以是营利或非营利性质的。

公共教育支出（public expenditure on education）。地方、地区和国家各级政府用于公立和私立两种教育机构的财政支出总额现值。

生师比（pupil/teacher ratio）。某个特定教育等级的每位教师平均所教学生人数。

购买力平价（purchasing power parity）。一种计算国家间价差的汇率，借以对实际产出和收入进行国际比较。

合格教师（qualified teacher）。特定国家的特定教育等级中具有最低的必要学术资历的教师。

教师流失率（teacher attrition rate）。特定学年特定教育等级中离开本行业的教师数，以占该学年该教育等级教师数的百分比表示。

职业技术教育与培训（technical and vocational education and training）。主要为培养学生直接进入某种特定职业或行业（或者某一类职业或行业）而设计的教育项目。

受过培训的教师（trained teacher）。根据相关国家政策法规，至少符合有组织教师培训最低要求（职前或在职培训），在特定教育等级从教的教师。

升学率（transition rate）。特定年份某一教育等级一年级新生占前一年前一教育等级最高年级就读学生总人数的百分比，后一年份留级的学生不计入。

缩略语

ADB	亚洲开发银行
AIDS	获得性免疫缺陷综合征（艾滋病）
ALE	成人学习与教育
ALS	替代性学习体系（菲律宾）
ANEP	国家公共教育部（乌拉圭）
ASEAN	东南亚国家联盟
ASER	年度教育状况报告（印度）
BNCC	国家共同课程基础（巴西）
CARICOM	加勒比共同体
CCE	气候变化教育
CEO	首席执行官
CERES	经济与社会事务研究中心（乌拉圭）
CLC	社区学习中心
COVID-19	新型冠状病毒肺炎
CPF	可比较的面板数据文件
CRS	贷方报告制度（经合组织）
CSO	民间社会组织
DAC	发展援助委员会（发援会，经合组织）
DAFI	阿尔伯特·爱因斯坦德国学术难民倡议
DET	多邻国英语测试
DFID	国际发展部（英国，2020年9月2日前）
DHS	人口和健康调查
EBEP	民族基础教育提供方（缅甸）
ECCE	幼儿保育和教育
ECDI	幼儿发展指数
EFA	全民教育
EOF	教育结果基金
ESC	教育缔约服务（菲律宾）
EU	欧洲联盟（欧盟）
Eurostat	欧盟统计局
FAO	联合国粮食及农业组织（联合国粮农组织）
FCI	设施条件指数（加拿大）
GBC-Education	全球教育商业联盟
GCE	全球教育运动
GCPEA	保护教育免受攻击全球联盟
GDP	国内生产总值
GEM Report	全球教育监测报告
GEO	全球教育观测
GER	毛入学率

GNI	国内总收入
GPE	全球教育伙伴关系
GPEDC	有效发展合作全球伙伴关系
GPI	性别均等指数
GSHS	全球学校学生健康调查
HBSC	学龄儿童健康行为（调查）
HEPA	高效空气微粒（过滤器）
HIV	人体免疫缺陷病毒（艾滋病病毒）
IAEG	跨机构专家组（可持续发展指标）
IBE	国际教育局（教科文组织）
ICCS	国际公民素养调查
ICETEX	哥伦比亚教育和海外技术研究所
ICF	国际功能、残疾和健康分类（世界卫生组织）
ICH	非物质文化遗产（教科文组织）
ICILS	国际计算机和信息素养研究
ICT	信息和通信技术
IEA	国际教育成就评价组织
IFC	国际金融公司（世界银行）
ILO	国际劳工局/组织（劳工局/组织）
IMF	国际货币基金组织（基金组织）
ISCED	《国际教育标准分类法》
ISSP	国际社会调查项目
ITU	国际电信联盟
LLECE	拉丁美洲教育质量评估实验室
LTTE	泰米尔伊拉姆猛虎解放组织（斯里兰卡）
MDG	千年发展目标
MECCE	监测和评价气候宣传与教育
MICS	多指标聚类调查
MILO	学习结果影响监测（非洲）
NCERT	国家教育研究与培训委员会（印度）
NER	净入学率
NGO	非政府组织
ODA	官方发展援助
OECD	经济合作与发展组织（经合组织）
OHCHR	联合国人权事务高级专员办事处
PAL	为了学习的人民行动
PASEC	非洲国家教育部长会议系统分析项目
PCR	聚合酶链式反应（检测）
PEER	以文件增强教育评价
PFI	私营机构融资倡议
PIAAC	国际成年人能力评价项目（经合组织）
PIRLS	国际阅读素养进展研究

PISA	国际学生评估项目（经合组织）
PLANALFA	国家扫盲计划（哥斯达黎加）
PNAD	全国住户抽样调查（巴西）
PPP	购买力平价
PRONATEC	国家促进技术教育与就业方案（巴西）
PSL	利比里亚伙伴学校
RTE Act	受教育权法案（印度；儿童享有免费义务教育的权利）
SCOPE	监测教育进展
SDG	可持续发展目标
SEA-PLM	东南亚主要学习指标
SEED	可持续教育与企业发展（尼日利亚）
SERAT	性别教育评价工具（教科文组织）
SHS VP	高中教育券项目（菲律宾）
SPLM	苏丹人民解放运动
STEP	就业与生产技能项目（世界银行）
TALIS	教与学国际调查（经合组织）
TCG	技术合作组织
TIMSS	国际数学与科学趋势研究
TOEFL	托福英语能力测试
TVET	职业技术教育与培训
UIL	教科文组织终身学习研究所
UIS	教科文组织统计研究所（统计研究所）
UK	大不列颠及北爱尔兰联合王国（英国）
UN	联合国
UNAIDS	联合国艾滋病病毒/艾滋病联合规划署（艾滋病署）
UNCRC	联合国儿童权利公约
UNDP	联合国开发计划署（开发署）
UNESCO	联合国教育、科学及文化组织（教科文组织）
UNHCR	联合国难民事务高级专员办事处
UNICEF	联合国儿童基金会（儿基会）
UNPD	联合国人口司
UNSD	联合国统计司
UOE	统计研究所/经合组织/欧统局
US	美利坚合众国（美国）
USAID	美国国际开发署
VIEW	世界教育指标可视化
WASH	饮水、盥洗和卫生
WHO	世界卫生组织（世卫组织，联合国）
WIDE	世界教育不平等数据库

参考文献

主题部分

第1章

Adamson, F., Aubry, S., de Koning, M. and Dorsi, D. (eds). 2021. *Realizing the Abidjan Principles on the Right to Education: Human Rights, Public Education, and the Role of Private Actors in Education*. Cheltenham, UK, Edward Elgar. (NORRAG Series on International Education and Development.)

Banerji, R. and Chavan, M. 2016. Improving literacy and math instruction at scale in India's primary schools: the case of Pratham's Read India program. *Journal of Educational Change*, Vol. 17, No. 4, pp. 453–75.

Baum, D., Lewis, L., Lusk-Stover, O. and Patrinos, H. 2014. *What Matters Most for Engaging the Private Sector in Education: A Framework Paper*. Washington, DC, World Bank. (SABER Working Paper 8.)

Busemeyer, M. R. 2012. Inequality and the political economy of education: an analysis of individual preferences in OECD countries. *Journal of European Social Policy*, Vol. 22, No. 3, pp. 219–40.

Busemeyer, M. R., Garritzmann, J. L. and Neimanns, E. 2020. *A Loud but Noisy Signal? Public Opinion and Education Reform in Western Europe*. Cambridge, UK, Cambridge University Press.

CHIP Training and Consulting. 2020. *Report of Profiles of Slums/Underserved Areas of 8 Largest Cities of Pakistan*. Islamabad, UNICEF and Gavi.

Chu, J. and Channa, A. 2019. *Evaluation of the 'PEAS-DES Inspect & Improve' Project: Baseline Report*. Slough, UK, National Foundation for Educational Research.

Edlund, J. and Lindh, A. 2021. *Popular Support for Public Education in Global Perspective* Paris, UNESCO. (Background Paper for *Global Education Monitoring Report 2021/2*.)

Emmerson, B. 2020. *Expert Report on the Right to Education and the Abidjan Principles*. London, Global Schools Forum.

Escola Nova 21. 2020. *Escola Nova 21*. Barcelona, Spain, Escola Nova 21. www.escolanova21.cat/escola-nova-21-en. (Accessed 17 August 2021.)

Fuller, B. F. and Elmore, R. 1996. *Who Chooses? Who Loses? Culture, Institutions and the Unequal Effects of School Choice*. New York, Teachers College Press.

Gonzalez, I. 2014. Private schools gain popularity in Cuba. *Al Jazeera*, 4 January. www.aljazeera.com/features/2014/1/4/private-schools-gain-popularity-in-cuba. (Accessed 17 August 2021.)

Green, A. 2013. *Education and State Formation: Europe, East Asia and the USA*. London, Palgrave Macmillan.

Hui, M. D. 2019. Tenfold increase in private education cost over last decade in North Korea. *Daily NK*. www.dailynk.com/english/tenfold-increase-in-private-education-cost-over-last-decade-in-north-korea. (Accessed 17 August 2021.)

IBE. 2006. *Thinkers on Education*. Geneva, Switzerland, UNESCO International Bureau of Education. www.ibe.unesco.org/en/document/thinkers-education. (Accessed 17 August 2021.)

Le Grand, J. 2003. *Motivation, Agency, and Public Policy: Of Knights and Knaves, Pawns and Queens*. Oxford, UK, Oxford University Press.

McCall, L. 2016. Political and Policy Responses to Problems of Inequality and Opportunity: Past, Present, and Future. Kirsch, I. and Braun, H. (eds), *The Dynamics of Opportunity in America: Evidence and Perspectives*. Cham, Switzerland, Springer.

OECD. 2019. *PISA 2018 Results (Volume II): Where All Students Can Succeed*. Paris, Organisation for Economic Co-operation and Development.

OHCHR. 1999. *General Comment No. 13: The Right to Education*. New York, United Nations Committee on Economic, Social and Cultural Rights.

Singh, K. 2015. *Report of the Special Rapporteur on the Right to Education: Protecting the Right to Education against Commercialization*. New York, Human Rights Council, United Nations General Assembly. (A/HRC/29/30.)

Skelton, A., Nolan, A., Mowbray, J., Kothari, J., Sepúlveda, M., Smirnova, M., Zinigrad, R., Fredman, S. and Epal Ratjen, S. 2019. *The Abidjan Principles: Guiding Principles on the Human Rights Obligations of States to Provide Public Education and to Regulate Private Involvement in Education*. Abidjan, Côte d'Ivoire.

Srivastava, P. 2020. *Framing Non-state Engagement in Education*. Paris, UNESCO. (Think piece for *Global Education Monitoring Report 2021/2*.)

Stanfield, J. 2021. *Parental Choice and the Right to Education: Revisiting Article 26 of the Universal Declaration of Human Rights*. Paris, UNESCO. (Background paper for *Global Education Monitoring Report 2021/2*.)

Street Child. 2021. *Construction, Curriculum and Instruction: Critical Non-State Services Supporting Children in Conflict and Crisis Contexts*. Paris, UNESCO. (Background paper for *Global Education Monitoring Report 2021/2*.)
Swift, A. 2003. *How Not to Be a Hypocrite: School Choice for the Morally Perplexed Parent*. London, Routledge.
UNESCO. 2015. *Incheon Declaration and Framework for Action for the Implementation of Sustainable Development Goal 4*. Paris, UNESCO.
United Nations. 1948. *Universal Declaration of Human Rights*. New York, United Nations.
___. 1966. *International Covenant on Economic, Social and Cultural Rights*. New York, United Nations.
USAID, Results for Development and Education in Crisis and Conflict Network. 2018. *Affordable Non-State Schools in El Salvador*. Washington, DC, US Agency for International Development.
Winthrop, R. 2018. *Leapfrogging Inequality: Remaking Education to Help Young People Thrive*. Washington, DC, Brookings Institution.

第2章

Abayasekara, A. 2018. *Shadow Education in Sri Lanka*. Colombo, Institute of Policy Studies.
Abdulkadiroğlu, A., Pathak, P. A., Schellenberg, J. and Walters, C. R. 2020. Do parents value school effectiveness? *American Economic Review*, Vol. 110, No. 5, pp. 1502–39.
Acholla, D. A. 2021. *Low-fee Private Schooling: A Framework to Define the Scope of these Non-state Actors in Education*. Paris, UNESCO. (Background paper for *Global Education Monitoring Report 2021/2*.)
Afghanistan Ministry of Education. 2016. *National Education Strategic Plan 2017–2021*. Kabul, Ministry of Education.
Alcott, B. and Rose, P. 2015. Schools and learning in rural India and Pakistan: Who goes where, and how much are they learning? *Prospects*, Vol. 45, No. 3, pp. 345–63.
Anderson, M. L., Gallagher, J. and Ritchie, E. R. 2018. School meal quality and academic performance. *Journal of Public Economics*, Vol. 168, pp. 81–93.
Andrews, J. 2016. *School Performance and Leadership: School Performance in Multi-academy Trusts and Local Authorities – 2015*. London, Education Policy Institute.
Ansari, A. 2021. Collaboration or competition? Evaluating the impact of public private partnerships (PPPs) on public school enrolment. *International Journal of Educational Research*, Vol. 107.
Asadullah, M. N. 2018. Madrasah for girls and private school for boys? The determinants of school type choice in rural and urban Indonesia. *International Journal of Educational Development*, Vol. 62, pp. 96–111.
ASER. 2019. *Annual Status of Education Report (Rural) 2018*. New Delhi, ASER Centre.
Austin, M. J. 2020. Charter school competition. Berends, M., Primus, A. and Springer, M. G. (eds), *Handbook of Research on School Choice*. New York, Routledge, pp. 146–159.
Azam, M., Kingdon, G. and Wu, K. B. 2016. Impact of private secondary schooling on cognitive skills: evidence from India. *Education Economics*, Vol. 24, No. 5, pp. 465–80.
Bahous, R., Bacha, N. N. and Nabhani, M. 2011. Multilingual educational trends and practices in Lebanon: a case study. *International Review of Education*, Vol. 57, No. 5, pp. 737–49.
Bakshi, P. 2020. *Unpacking Inclusion in Education: Lessons from Afghanistan for Achieving SDG 4*. Paris, UNESCO. (Background paper for *Global Education Monitoring Report 2020*.)
Bamattre, R. 2019. Bordering state and society: community schools in Zambia. Clothey, R. and Heidemann, K. (eds), *Another Way: Decentralization, Democratization and the Global Politics of Community-Based Schooling*. Leiden, Netherlands, Brill, pp. 97–114. (Pittsburgh Studies in Comparative and International Education.)
Bangladesh Directorate of Primary Education. 2019. *Bangladesh Primary Education Annual Sector Performance Report 2019*. Dhaka, Directorate of Primary Education.
Barakat, S., Hardman, F., Rohwerder, B. and Rzeszut, K. 2014. *The Evidence for the Sustainable Scale-up of Low-cost Private Schools in South West Asia*. London, Evidence for Policy and Practice Information and Co-ordinating Centre, Social Science Research Unit, Institute of Education, University of London.
Bates, A., Choi, T.-H. and Kim, Y. 2019. Outsourcing education services in South Korea, England and Hong Kong: a discursive institutionalist analysis. *Compare: A Journal of Comparative and International Education*, Vol. 51, No. 2, pp. 259–77.
Baum, D. R. and Riley, I. 2019. The relative effectiveness of private and public schools: evidence from Kenya. *School Effectiveness and School Improvement*, Vol. 30, No. 2, pp. 104–30.
Berry, J. and Mukherjee, P. 2019. *Pricing Private Education in Urban India: Demand, Use and Impact*. New Delhi, J-PAL South Asia.

Bhorkar, S. and Bray, M. 2018. The expansion and roles of private tutoring in India: from supplementation to supplantation. *International Journal of Educational Development*, Vol. 62, pp. 148–56.

Böhlmark, A. and Lindahl, M. 2015. Independent schools and long-run educational outcomes: evidence from Sweden's large-scale voucher reform. *Economica*, Vol. 82, No. 327, pp. 508–51.

Borghans, L., Golsteyn, B. H. and Zölitz, U. 2015. Parental preferences for primary school characteristics. *The BE Journal of Economic Analysis & Policy*, Vol. 15, No. 1, pp. 85–117.

Borkowski, A., Sunny, B. and Zapata, J. 2021. *Non-state Education in South Asia: Understanding the Effect of Non-State Actors Engagement on the Quality, Equity, and Safety of Education Service Delivery*. Florence, Italy, UNICEF Office of Research – Innocenti.

Bose, S., Ghosh, P. and Sardana, A. 2020. *Exit at the Bottom of the Pyramid: Empirical Explorations in the Context of Elementary Schooling in Delhi*. New Delhi, National Institute of Public Finance and Policy. (NIPFP Working Paper 306.)

Botta Somparé, E. and Wotem Somparé, A. 2018. La condition enseignante en Guinée: des stratégies de survie dans le champ scolaire et universitaire guinéen [Teacher conditions in Guinea: survival strategies in Guinean schools and universities]. *Cahiers de la recherche sur l'éducation et les savoirs*, No. 17, pp. 21–45.

Brandt, K. 2018. *Private Beats Public: A Flexible Value-added Model with Tanzanian School Switchers*. Helsinki, United Nations University World Institute for Development Economics Research (WIDER Working Paper 2018/081.)

Bray, M. 2017. Schooling and its supplements: changing global patterns and implications for comparative education. *Comparative Education Review*, Vol. 61, No. 3, pp. 469–91.

___. 2021. *Shadow Education in Africa: Private Supplementary Tutoring and its Policy Implications*. Paris, UNESCO. (Background paper for *Global Education Monitoring Report 2021/2*.)

Bray, M., Kobakhidze, M. N. and Kwo, O. 2020. *Shadow Education in Myanmar: Private Supplementary Tutoring and Its Policy Implications*. Hong Kong, China, University of Hong Kong. (Comparative Education Research Centre Monograph in Comparative and International Education and Development 13.)

Broussard, M. 2014. Why poor schools can't win at standardized testing. *The Atlantic*. www.theatlantic.com/education/archive/2014/07/why-poor-schools-cant-win-at-standardized-testing/374287. (Accessed 8 June 2021.)

BSIC. 2018. *A New Class Representative: Kroton to Acquire Somos for $1.8bn*. Milan, Italy, Bocconi Students Investment Club. https://bsic.it/new-class-representative-kroton-acquire-somos-1-8bn. (Accessed 8 June 2021.)

Buchbinder, N. 2020. *Edtech in Latin America: Have we Been Successful in Expanding ICT Availability and Use Through Schools?* Paris, UNESCO. (Global Education Monitoring Report Fellowship Paper.)

Bunnell, T., Donnelly, M. and Lauder, H. 2020. The clustering in 'global universities' of graduates from 'Elite Traditional International Schools': a surprising phenomenon? *Globalisation, Societies and Education*, Vol. 19, No. 5, pp. 558–67.

Burkholder, K. 2020. Education for street-connected children in Kenya: marginalization, challenges, and recommendations. Watzlawik, M. and Burkholder, A. (eds), *Educating Adolescents Around the Globe: Becoming Who You Are in a World Full of Expectations*. Cham, Switzerland, Springer, pp. 97–115.

Cambridge Education. 2021. *Can Private Schools Improve Equitable Access to Schooling for Vulnerable Families? Perceptions and Attitudes from Parents in Kinshasa and Lagos*. Paris, UNESCO. (Background paper for *Global Education Monitoring Report 2021/2*.)

Campaign for Popular Education. 2005. *Education Watch Report 2003/4: Quality with Equity – The Primary Education Agenda*. Dhaka, Campaign for Popular Education.

Canada Government. 2018. *Building a National Textbook and Book Industry*. Ottawa, Government of Canada. www.international.gc.ca/world-monde/stories-histoires/2019/mali-book-livre.aspx?lang=eng (Accessed 17 August 2021.)

Central Bank of Sri Lanka. 2020. *Annual Report (Volume 1): Economic and Social Infrastructure*. Colombo, Central Bank of Sri Lanka.

Chakrani, B. 2017. Between profit and identity: analyzing the effect of language of instruction in predicting overt language attitudes in Morocco. *Applied Linguistics*, Vol. 38, No. 2, pp. 215–33.

Cherng, S. and Barch, F. 2021. *Teachers' Working Conditions and Job Satisfaction Differences in State and Nonstate Schools: An Analysis of TALIS 2018 Data*. Paris, UNESCO. (Background paper for *Global Education Monitoring Report 2021/2*.)

Chesters, J. 2018. The marketisation of education in Australia: does investment in private schooling improve post-school outcomes? *Australian Journal of Social Issues*, Vol. 53, No. 2, pp. 139–57.

Chilangwa, B. 2019. *Four Key Approaches to Scaling Community Schools in Zambia*. Washington, DC, Brookings Institution. www.brookings.edu/blog/education-plus-development/2019/08/08/four-key-approaches-to-scaling-community-schools-in-zambia. (Accessed 12 August 2021.)

Chingos, M. M., Kuehn, D., Monarrez, T., Wolf, P. J., Witte, J. F. and Kisida, B. 2019. *The Effects of Means-Tested Private School Choice Programs on College Enrollment and Graduation*. Washington, DC, Urban Institute.

Choi, Y. 2018. The heterogeneous effects of shadow education on SAT scores. *Development and Society*, Vol. 47, No. 3, pp. 451–76.

Chudgar, A., Chandra, M. and Razzaque, A. 2014. Alternative forms of teacher hiring in developing countries and its implications: a review of literature. *Teaching and Teacher Education*, Vol. 37, pp. 150–61.

Clark Tuttle, C., Gill, B., Gleason, P., Knechtel, V., Nichols-Barrer, I. and Resch, A. 2013. *KIPP Middle Schools: Impacts on Achievement and Other Outcomes*. Washington, DC, Mathematica Policy Research.

Cohn, R. M. 2020. *Effects of Public-school Choice on Private Schools: Evidence from Open Enrollment Reform*. Waterloo, Ontario, Canadian Labour Economics Forum. (Conference Volume CLEF Working Paper 23.)

Cole, R. 2017. Estimating the impact of private tutoring on academic performance: primary students in Sri Lanka. *Education Economics*, Vol. 25, No. 2, pp. 142–57.

Competition Policy International. 2018. *Brazil: CADE clears purchase of Somos by Kroton*. Boston, Mass., Competition Policy International. www.competitionpolicyinternational.com/brazil-cade-approves-without-restriction-the-purchase-of-somos-by-kroton. (Accessed 8 June 2021.)

Cordes, S. A. 2018. In pursuit of the common good: the spillover effects of charter schools on public school students in New York City. *Education Finance and Policy*, Vol. 13, No. 4, pp. 484–512.

Cortina, R. 2017. *Indigenous Education Policy, Equity, and Intercultural Understanding in Latin America*. New York, Palgrave Macmillan.

Costa, K. 2021. *Projeto que permite educação domiciliar é aprovado na CCJ da Câmara [Draft law that allows homeschooling is approved by the Chamber's Constitution and Justice Commission]*. Brasília, Radioagência Nacional. https://agenciabrasil.ebc.com.br/radioagencia-nacional/educacao/audio/2021-06/projeto-que-permite-educacao-domiciliar-e-aprovado-na-ccj-da-camara. (Accessed 17 August 2021.)

Côte d'Ivoire Ministry of National Education. 2020. *Liste des Manuels Agrees et Recommandes: Annee Scolaire 2020–2021 [List of Approved and Recommended Textbooks: School Year 2020–2021]*. Abidjan, Department of Pedagogy and Continuing Education, Ministry of National Education, Technical Education and Professional Training.

Crawfurd, L. 2017. School management and public–private partnerships in Uganda. *Journal of African Economies*, Vol. 26, No. 5, pp. 539–60.

___. 2018. *Contracting Out Schools at Scale: Evidence from Pakistan*. Oxford, UK, Research on Improving Systems of Education. (RISE Working Paper 18/022.)

Crawfurd, L., Patel, D. and Sandefur, J. 2021. Heterogeneous effects of low-cost private schools: experimental evidence from Delhi. Washington, DC, Centre for Global Development. (Unpublished.)

d'Aiglepierre, R. and Bauer, A. 2018. The choice of Arab-Islamic education in sub-Saharan Africa: findings from a comparative study. *International Journal of Educational Development*, Vol. 62, pp. 47–61.

Daun, H. 2018. Islamic education around the world: commonalities and varieties. Daun, H. and Arjmand, R. (eds), *Handbook of Islamic Education*. Cham, Switzerland, Springer, pp. 529–53.

Davis, M. and Heller, B. 2019. No excuses charter schools and college enrollment: new evidence from a high school network in Chicago. *Education Finance and Policy*, Vol. 14, No. 3, pp. 414–40.

Day Ashley, L., Mcloughlin, C., Aslam, M., Engel, J., Wales, J., Rawal, S., Batley, R., Kingdon, G., Nicolai, S. and Rose, P. 2014. *The Role and Impact of Private Schools in Developing Countries: A Rigorous Review of the Evidence*. London, Department for International Development. (Education Rigorous Literature Review.)

de Andrade Silverio, G. and Araújo de Sousa, A. 2014. Organic foods from family farms in the National School Food Program: perspectives of social actors from Santa Catarina, Brazil. *Revista de Nutrição*, Vol. 27, No. 3, pp. 289–300.

de Lesseux, W. 2018. *Sénégal: les éditeurs locaux à la peine sur le marché des manuels scolaires [Senegal: local publishers struggling in the textbook market]*. Paris, Radio France Internationale. www.rfi.fr/fr/emission/20181003-senegal-editeurs-locaux-peine-marche-manuels-scolaires. (Accessed 17 August 2021.)

De Talancé, M. 2020. Private and public education: do parents care about school quality? *Annals of Economics and Statistics*, No. 137, pp. 117–44.

Delprato, M. and Chudgar, A. 2018. Factors associated with private-public school performance: analysis of TALIS-PISA link data. *International Journal of Educational Development*, Vol. 61, pp. 155–72.

Dixon, P., Egalite, A. J., Humble, S. and Wolf, P. J. 2019. Experimental results from a four-year targeted education voucher program in the slums of Delhi, India. *World Development*, Vol. 124, art. 104644.

Dixon, P. and Humble, S. 2017. How school choice is framed by parental preferences and family characteristics: a study of Western Area, Sierra Leone. *Journal of School Choice*, Vol. 11, No. 1, pp. 95–110.

Doherty, C. and Dooley, K. 2018. Responsibilising parents: the nudge towards shadow tutoring. *British Journal of Sociology of Education*, Vol. 39, No. 4, pp. 551–66.

Dunning, C. 2013. *Is local spending better? The controversy over USAID procurement reform*. Washington, DC, Center for American Progress. www.americanprogress.org/article/is-local-spending-better. (Accessed 17 August 2021.)

Edmonds, R. and Macloeo, S. 2021. *COVID-19 and Street-Connected Children: Impacts, Responses and Opportunities*. London, Consortium for Street Children.

Edwards Jr, D. B. and Termes, A. 2019. 'Concession Schools' in Bogotá: the limits of economic efficiency of charter programs. *Revista Colombiana de Educación*, No. 76, pp. 91–116.

Egalite, A. J. and Wolf, P. J. 2016. A review of the empirical research on private school choice. *Peabody Journal of Education*, Vol. 91, No. 4, pp. 441-54.

Eggleston, C. and Field, J. 2021. *Census Bureau's Household Pulse Survey Shows Significant Increase in Homeschooling Rates in Fall 2020*. Washington, DC, US Census Bureau. www.census.gov/library/stories/2021/03/homeschooling-on-the-rise-during-covid-19-pandemic.html. (Accessed 17 August 2021.)

Eigbiremolen, G. O. 2020. Estimating private school premium for primary school children in Ethiopia: evidence from individual-level panel data. *Progress in Development Studies*, Vol. 20, No. 1, pp. 26–44.

Eigbiremolen, G. O., Ogbuabor, J. E. and Nwambe, C. S. 2020. Estimating private school effects for school children in Peru: evidence from individual-level panel data. *Journal of International Development*, Vol. 32, No. 2, pp. 131–49.

Elacqua, G., Schneider, M. and Buckley, J. 2006. School choice in Chile: Is it class or the classroom? *Journal of Policy Analysis and Management*, Vol. 25, No. 3, pp. 577–601.

Ellison, S. and Aloe, A. M. 2019. Strategic thinkers and positioned choices: parental decision making in urban school choice. *Educational Policy*, Vol. 33, No. 7, pp. 1135–70.

Epple, D., Romano, R. E. and Urquiola, M. 2017. School vouchers: a survey of the economics literature. *Journal of Economic Literature*, Vol. 55, No. 2, pp. 441–92.

Espindola, J. 2019. Low-fee private schools in developing nations: some cautionary remarks. *Global Justice: Theory Practice Rhetoric*, Vol. 12, No. 1, pp. 55–77.

Evans, D. K., Yuan, F. and Filmer, D. 2020. *Are Teachers in Africa Poorly Paid? Evidence from 15 Countries*. Washington, DC, World Bank. (Policy Research Working Paper 9358.)

Feldhoff, T. 2017. Child poverty in a rich country: measuring and influencing policies in contemporary Japan. *Education About Asia*, Vol. 22, No. 3, pp. 20–26.

Ferrare, J. J. 2020. Charter school outcomes. Berends, M., Primus, A. and Springer, M. G. (eds), *Handbook of Research on School Choice*. New York, Routledge, pp. 160–73.

FICCI and Nielsen India. 2016. *K–12 Book Publishing Market Report 2016*. New Delhi, Federation of Indian Chambers of Commerce and Industry/Nielsen India Private Limited.

Figlio, D. and Karbownik, K. 2016. *Evaluation of Ohio's EdChoice Scholarship Program: Selection, Competition, and Performance Effects*. Columbus, Ohio, Thomas B. Fordham Institute.

Fitz, J. A. and Nikolaidis, A. 2020. A democratic critique of scripted curriculum. *Journal of Curriculum Studies*, Vol. 52, No. 2, pp. 195–213.

Fleming, D. J., Lavertu, S. and Crawford, W. 2018. High school options and post-secondary student success: the Catholic school advantage. *Journal of Catholic Education*, Vol. 21, No. 2, pp. 1–25.

Frontlist. 2019. *Private Publishers Are Concerned about the Educational Textbook Market*. New Delhi, Frontlist. www.frontlist.in/private-publishers-are-concerned-about-the-educational-textbook-market. (Accessed 4 June 2021.)

Gaddis, J. E. 2020. The big business of school meals. *Kappan*, Vol. 102, No. 2.

Gary, N. 2018. *Par-delà les frontières, "la francophonie est une aubaine pour l'édition" [Beyond borders, «the Francophone community is a boon for publishing»]*. Paris, ActuaLitté. https://actualitte.com/article/20633/interviews/par-dela-les-frontieres-la-francophonie-est-une-aubaine-pour-l-edition. (Accessed 17 August 2021.)

GCE. 2016. *Private Profit, Public Loss: Why the Push for Low-fee Private Schools Is Throwing Quality Education Off Track*. Johannesburg, Global Campaign for Education.

Gemignani, R., Shojo, M. and Wodon, Q. 2014. What drives the choice of faith-inspired schools by households? Qualitative evidence from two African countries. *The Review of Faith and International Affairs*, Vol. 12, No. 2, pp. 66–76.

Gerrard, J. and Barron, R. 2020. Cleaning public education: the privatisation of school maintenance work. *Journal of Educational Administration and History*, Vol. 52, No. 1, pp. 9–21.

Green, F., Anders, J., Henderson, M. and Henseke, G. 2020. Private benefits? External benefits? Outcomes of private schooling in 21st century Britain. *Journal of Social Policy*, Vol. 49, No. 4, pp. 724–43.

Guill, K., Lüdtke, O. and Köller, O. 2020. Assessing the instructional quality of private tutoring and its effects on student outcomes: analyses from the German National Educational Panel Study. *British Journal of Educational Psychology*, Vol. 90, No. 2, pp. 282–300.

Hachette Livre. 2019. *Publishers 2019*. Vanves, France, Lagardère.

Hajar, A. 2018. Exploring year 6 pupils' perceptions of private tutoring: evidence from three mainstream schools in England. *Oxford Review of Education*, Vol. 44, No. 4, pp. 514–31.

Hamid, A. F. A. 2017. Islamic education in Malaysia. Daun, H. and Arjmand, R. (eds), *Handbook of Islamic Education*. Cham, Switzerland, Springer, pp. 745–61.

Hammad, W. and Shah, S. 2018. Dissonance between the 'international' and the conservative 'national': challenges facing school leaders in international schools in Saudi Arabia. *Educational Administration Quarterly*, Vol. 54, No. 5, pp. 747–80.

Hares, S. and Crawfurd, L. 2021. *The Role and Impact of Private Schools, School Chains and PPPs in Low and Middle Income Countries*. Paris, UNESCO. (Background paper for *Global Education Monitoring Report 2021/2*.)

Härmä, J. 2021. *Low-fee Private Schooling and Poverty in Developing Countries*. London, Bloomsbury.

Harris, A. B. and Brunjes, B. M. 2021. Developing capacity and reducing risk? An analysis of federal international contracting. *International Public Management Journal*.

Hernández, M. 2019. White middle-class families and sociocultural diversity in schools: a literature review. *Urban Review*, Vol. 51, No. 2, pp. 270–300.

Hofflinger, A., Gelber, D. and Cañas, S. T. 2020. School choice and parents' preferences for school attributes in Chile. *Economics of Education Review*, Vol. 74, art. 101946.

Hofflinger, A. and von Hippel, P. T. 2020. Does achievement rise fastest with school choice, school resources, or family resources? Chile from 2002 to 2013. *Sociology of Education*, Vol. 93, No. 2, pp. 132–52.

Hogan, A., Thompson, G., Sellar, S. and Lingard, B. 2018. Teachers' and school leaders' perceptions of commercialisation in Australian public schools. *Australian Educational Researcher*, Vol. 45, No. 2, pp. 141–60.

Hohman, J. and Slasinski, C. 2019. *Michigan School Privatization Survey 2018*. Midland, Mich., Mackinac Center for Public Policy.

Holmström, C. 2020. *Friskolor i aktiebolagsform [Independent schools in the form of limited companies]*. Stockholm, Economifakta. www.ekonomifakta.se/Fakta/Valfarden-i-privat-regi/Skolan-i-privat-regi/friskolor-i-aktiebolagsform. (Accessed 21 July 2021.)

Hsieh, C.-T. and Urquiola, M. 2006. The effects of generalized school choice on achievement and stratification: evidence from Chile's voucher program. *Journal of Public Economics*, Vol. 90, No. 8–9, pp. 1477–503.

Hsu, K. J. and Schuller, M. 2020. Humanitarian aid and local power structures: lessons from Haiti's 'shadow disaster'. *Disasters*, Vol. 44, No. 4, pp. 641–65.

Humanity and Inclusion. 2021. *Sahel: working toward inclusive education for girls with disabilities*. Silver Spring, Md., Humanity and Inclusion. www.hi-us.org/news_africa_sahel_region_inclusive_education_girls_disabilities. (Accessed 12 August 2021.)

IEA. 2021. *Public and Private Secondary School: International Variation in Social Composition, Resources and Student Literacy from Two International Comparative Studies*. Paris, UNESCO. (Background paper for *Global Education Monitoring Report 2021/2*.)

ISC. 2021. *ISC Census and Annual Report 2021*. London, Independent Schools Council.

ISC Research. 2021. *Data on international schools*. Faringdon, UK, ISC Research. https://iscresearch.com/data. (Accessed 17 August 2021.)

ISSEK. 2018. *10 facts about Russian teachers*. Moscow, Institute for Statistical Studies and Economics of Knowledge, Higher School of Economics University. https://issek.hse.ru/en/news/225245595.html. (Accessed 17 August 2021.)

Jabbar, H. 2018. Recruiting 'talent': school choice and teacher hiring in New Orleans. *Educational Administration Quarterly*, Vol. 54, No. 1, pp. 115–51.

Jabbar, H. and Lenhoff, S. W. 2020. Parent decision-making and school choice. Berends, M., Primus, A. and Springer, M. G. (eds), *Handbook of Research on School Choice*. New York, Routledge, pp. 351–64.

Jabbar, H. and Li, D. 2016. Multiple choice: how public school leaders in New Orleans's saturated market view private school competitors. *Education Policy Analysis Archives*, Vol. 24, art. 94.

Jackson, C. K. 2012. School competition and teacher labor markets: evidence from charter school entry in North Carolina. *Journal of Public Economics*, Vol. 96, No. 5–6, pp. 431–48.

Jackson, G. M. 2017. Common themes in Australian and New Zealand home education research. Gaither, M. (ed.), *The Wiley Handbook of Home Education*, Chichester, UK, John Wiley & Sons, pp. 326–61.

Jayachandran, S. 2014. Incentives to teach badly: after-school tutoring in developing countries. *Journal of Development Economics*, Vol. 108, pp. 190–205.

Johnson, D. and Hsieh, P. J. 2019. *A longitudinal study of learning, progression and personal growth in Sierra Leone*. Oxford, UK, University of Oxford.

Joshi, P. 2014a. Continuing to exercise choice after selecting a school: insights into parent decision-making in local education markets in Nepal. *International Journal of Educational Development*, Vol. 37, pp. 57–67.

___. 2014b. Parent decision-making when selecting schools: the case of Nepal. *Prospects*, Vol. 44, No. 3, pp. 411–28.

___. 2016. Experiencing and responding to private competition: the importance of subjectivity and intermediate outcomes. *Comparative Education Review*, Vol. 60, No. 3, pp. 571–600.

___. 2020. Do private schools improve public school quality or increase stratification? *International Journal of Educational Development*, Vol. 77, art. 102219.

Kamal, K. 2018. *Education System Profiles: Education in the United Arab Emirates*. New York, World Education Services.

Kaplan, V. 2004. History teaching in post-Soviet Russia: coping with antithetical traditions. Eklof, B., Holmes, L. E. and Kaplan, V. (eds), *Educational Reform in Post-Soviet Russia*. London, Routledge, pp. 263–87.

Kim, S. and Hong, S. 2018. The effects of school contexts and student characteristics on cognitive and affective achievement in South Korea. *Asia Pacific Education Review*, Vol. 19, No. 4, pp. 557–72.

Kim, Y. C. and Jung, J.-H. 2019. *Shadow Education as Worldwide Curriculum Studies*. Cham, Switzerland, Springer.

Kippels, S. and Ridge, N. 2019. *International and Other Migrant Schools in Gulf Cooperation Council Countries*. Paris, UNESCO. (Background paper for Global Education Monitoring Report on Migration, Displacement and Education in the Arab States 2019.)

Klemm, K. and Hollenbach-Biele, N. 2016. *Nachhilfeunterricht in Deutschland: Ausmaß – Wirkung – Kosten [Tutoring in Germany: Extent – Impact – Costs]*. Gütersloh, Germany, Bertelsmann Stiftung.

Kornhall, P. and Bender, G. 2019. *School Segregation in Sweden: Evidence from the Local Level*. Vilnius, PPMI Group. (NESET Ad Hoc Report 1/2019.)

Krafft, C., Elbadawy, A. and Sieverding, M. 2019. Constrained school choice in Egypt. *International Journal of Educational Development*, Vol. 71, art. 102104.

Kumar, D. and Choudhury, P. K. 2020. Determinants of private school choice in India: all about the family backgrounds? *Journal of School Choice*, Vol. 15, No. 4, pp. 576–602.

Kumar, S. M. 2018. Comparing private and government schools in India: the devil is in the maths. *Applied Economics Letters*, Vol. 25, No. 6, pp. 409–14.

Kunzman, R. and Gaither, M. 2020. Homeschooling: an updated comprehensive survey of the research. *Other Education*, Vol. 9, No. 1, pp. 253–336.

L.E.K. Consulting. 2020. *Private Schools for Public Goods: Exploring the Potential of Privately-run Schools to Benefit Societies*. Boston, Mass., L.E.K. Consulting.

Lange, M.-F., Lauwerier, T. and Locatelli, R. 2021. *The Impact of Privatization on Teachers in Francophone sub-Saharan African Countries*. Paris, UNESCO. (Background paper for *Global Education Monitoring Report 2021/2*.)

Languille, S. 2016. The scramble for textbooks in Tanzania. *African Affairs*, Vol. 115, No. 458, pp. 73–96.

LaRocque, N. 2008. *Public–Private Partnerships in Basic Education: An International Review*. Reading, UK, CfBT Education Trust.

Lauwerier, T. and Akkari, A. 2019. Les enseignants d'Afrique de l'Ouest francophone face à des approches curriculaires pensées pour des contextes exogènes: le cas de l'approche par compétences au Burkina Faso et au Sénégal [Teachers in francophone West Africa faced with curricular approaches meant for exogenous contexts: the case of the competency-based approach in Burkina Faso and Senegal]. *Formation et profession*, Vol. 27, No. 1, pp. 5–19.

Lavado, P., Cueto, S., Yamada, G. and Wensjoe, M. 2019. The effect of a charter school in Peru (Fe y Alegría) on school achievement: exploiting a school lottery selection as a natural experiment. *Studies in Economics and Econometrics*, Vol. 43, No. 3, pp. 95–110.

Lewin, K. 2007. *The Limits to Growth of Non-government Private Schooling in sub-Saharan Africa*. Brighton, UK, Consortium for Research on Educational Access, Transitions and Equity. (CREATE Research Monograph 5.)

Rogez, O. 2020. *La lente émergence du livre scolaire africain [The slow emergence of the African textbook]*. Paris, Radio France Internationale. www.rfi.fr/fr/podcasts/20200904-la-lente-émergence-livre-scolaire-africain. (Accessed 17 August 2021.)

Rohde, L. A., Campani, F., Oliveira, J. R. G., Rohde, C. W., Rocha, T. and Ramal, A. 2019. Parental reasons for school choice in elementary school: a systematic review. *Journal of School Choice*, Vol. 13, No. 3, pp. 287–304.

Rolleston, C. and Moore, R. 2018. *Young Lives School Survey, 2016–17: Value-added Analysis in India*. Oxford, UK, University of Oxford.

Romero, M., Sandefur, J. and Sandholtz, W. A. 2020. Outsourcing education: experimental evidence from Liberia. *American Economic Review*, Vol. 110, No. 2, pp. 364–400.

Rose, P. M. 2007. *Supporting Non-state Providers in Basic Education Service Delivery*. Brighton, UK, Consortium for Research on Educational Access, Transitions and Equity. (CREATE Research Monograph 4.)

S. Chand and Company Ltd. 2021. *S. Chand Business Segments*. New Delhi, S. Chand and Company Ltd. https://schandgroup.com/segments. (Accessed 8 June 2021.)

Sabarwal, S., Sununtnasuk, C. and Ramachandran, D. 2020. *Low-Cost Private Schools in Tanzania: A Descriptive Analysis*. Washington, DC, World Bank. (Policy Research Working Paper 9360.)

Sakellariou, C. 2017. Private or public school advantage? Evidence from 40 countries using PISA 2012-Mathematics. *Applied Economics*, Vol. 49, No. 29, pp. 2875–92.

Santos, H. and Elacqua, G. 2016. Socioeconomic school segregation in Chile: parental choice and a theoretical counterfactual analysis. *CEPAL Review*, No. 119, pp. 123–37.

Scheunpflug, A. and Wenz, M. 2021. *Faith Based Non-State Actors in Selected African Countries: A Comparative Analysis of Catholic and Protestant Schooling in the Democratic Republic of Congo, Rwanda, Tanzania, Madagascar and Cameroon*. Paris, UNESCO. (Background paper for *Global Education Monitoring Report 2021/2*.)

Sellar, S. and Hogan, A. 2019. *Pearson 2025: Transforming Teaching and Privatising Education Data*. Brussels, Education International.

Sieverding, M., Krafft, C. and Elbadawy, A. 2019. An exploration of the drivers of private tutoring in Egypt. *Comparative Education Review*, Vol. 63, No. 4, pp. 562–90.

Singh, R. 2021. *Teachers' Working Conditions in State and Non-state Schools*. Paris, UNESCO. (Background paper for *Global Education Monitoring Report 2021/2*.)

Sivasubramaniam, M. 2021. *Philanthropic and Faith-based Non-state actors in the Low-fee Private School Sector in the Global South: Blurring the Lines of Philanthropy and Enterprise*. Paris, UNESCO. (Background paper for *Global Education Monitoring Report 2021/2*.)

Smart, A. and Jagannathan, S. 2018. *Textbook Policies in Asia: Development, Publishing, Printing, Distribution, and Future Implications*. Manila, Asian Development Bank.

Smith, E. and Nelson, J. 2015. Using the Opinions and Lifestyle Survey to examine the prevalence and characteristics of families who home educate in the UK. *Educational Studies*, Vol. 41, No. 3, pp. 312–25.

Sperka, L. 2020. (Re)defining outsourcing in education. *Discourse: Studies in the Cultural Politics of Education*, Vol. 41, No. 2, pp. 268–80.

Srivastava, P. 2007. *Neither Voice nor Loyalty: School Choice and the Low-Fee Private Sector in India*. New York, National Center for the Study of Privatization in Education. (Occasional Paper 134.)

___. 2020. *Framing non-state engagement in education*. Paris, UNESCO. (Think piece for *Global Education Monitoring Report 2021/2*.)

Šťastný, V., Chvál, M. and Walterová, E. 2021. An ordinary moonlighting activity? Determinants of the provision of private tutoring by Czech schoolteachers. *International Journal of Educational Development*, Vol. 81, No. 2, art. 102351.

Stern, J. M. B. and Heyneman, S. P. 2013. Low-fee private schooling: the case of Kenya. Srivastava, P. (ed.), *Low Fee Private Schooling: Aggravating Equity or Mediating Disadvantage*. Oxford, UK, Symposium Books, pp. 105–28. (Oxford Series in Comparative Education.)

Street Child. 2021. *Construction, Curriculum and Instruction: Critical Non-state Services Supporting Children in Conflict and Crisis Contexts*. Paris, UNESCO. (Background paper for *Global Education Monitoring Report 2021/2*.)

Sullivan, A., Parsons, S., Green, F., Wiggins, R. D., Ploubidis, G. and Huynh, T. 2018. Educational attainment in the short and long term: Was there an advantage to attending faith, private, and selective schools for pupils in the 1980s? *Oxford Review of Education*, Vol. 44, No. 6, pp. 806–22.

Sun, L., Shafiq, M. N., McClure, M. and Guo, S. 2020. Are there educational and psychological benefits from private supplementary tutoring in Mainland China? Evidence from the China Education Panel Survey, 2013–15. *International Journal of Educational Development*, Vol. 72, art. 102144.

Sutton Trust. 2019. *Private Tuition Polling 2019*. London, Sutton Trust. www.suttontrust.com/our-research/private-tuition-polling-2019. (Accessed 17 August 2021.)

Termes, A., Edwards Jr, D. B. and Verger, A. 2020. The development and dynamics of public–private partnerships in the Philippines' education: a counterintuitive case of school choice, competition, and privatization. *Educational Policy*, Vol. 34, No. 1, pp. 91–117.

Thierry, R. 2020. *Quand l'édition africaine s'émancipe [When African publishing is emanicpated]*. Paris, Institut national de l'audiovisuel. https://larevuedesmedias.ina.fr/quand-ledition-africaine-semancipe. (Accessed 17 August 2021.)

Timberlake, M. T., Thomas, A. B. and Barrett, B. 2017. The allure of simplicity: scripted curricula and equity. *Teaching and Teacher Education*, Vol. 67, pp. 46–52.

Ting, S.-H. and Lee, D. P.-Y. 2019. Determinants of primary school choice in Malaysia: school proximity and ethnicity-related reasons. *Journal of School Choice*, Vol. 13, No. 2, pp. 228–54.

Tooley, J. 2013. *School Choice in Lagos State*. Newcastle, UK, Newcastle University.

Tooley, J. and Longfield, D. 2016. Affordability of private schools: exploration of a conundrum and towards a definition of 'low-cost'. *Oxford Review of Education*, Vol. 42, No. 4, pp. 444–59.

Trinh, K. 2019. *New Textbooks for Grade 1 Students Approved*. Hanoi, Viet Nam News. https://vietnamnews.vn/society/548893/new-textbooks-for-grade-1-students-approved.html. (Accessed 17 August 2021.)

US Department of Education. 2019. *Homeschooling in the United States: Results from the 2012 and 2016 Parent and Family Involvement Survey (PFI-NHES: 2012 and 2016)*. Washington, DC, National Center for Education Statistics.

Ugbodaga, K. 2018. 11,895 private schools in Lagos are illegal – LASG. *P.M. News*, 25 May. www.pmnewsnigeria.com/2018/05/25/11895-private-schools-in-lagos-are-illegal-lasg. (Accessed 17 August 2021.)

UNESCO. 2013. Module 5: Development of Textbooks and Other Teaching and Learning Materials. IBE (ed.), *Training Tools for Curriculum Development: A Resource Pack*. Geneva, Switzerland, International Bureau of Education.

___. 2017. *Global Education Monitoring Report 2017/8: Accountability In Education – Meeting Our Commitments*. Paris, UNESCO.

___. 2019. *Global Education Monitoring Report 2019: Migration, Displacement and Education – Building Bridges, Not Walls*. Paris, UNESCO.

UNICEF and WHO. 2018. *Drinking Water, Sanitation and Hygiene in Schools: Global Baseline Report 2018*. New York/Geneva, Switzerland, UNICEF/World Health Organization.

Urquiola, M. 2016. Competition among schools: traditional public and private schools. Hanushek, E. A., Machin, S. and Woessmann, L. (eds), *Handbook of the Economics of Education*, Vol. 5. Amsterdam, Elsevier, pp. 209–38.

USAID. 2019. *Non-governmental organizations (NGOs)*. Washington, DC, US Agency for International Development. www.usaid.gov/partnership-opportunities/ngo. (Accessed 12 August 2021.)

van der Berg, S., van Wyk, C., Burger, R., Kotzé, J., Piek, M. and Rich, K. 2017. *The Performance of Low Fee Independent Schools in South Africa: What Can Available Data Tell?* Stellenbosch, South Africa, University of Stellenbosch. (Economic Working Paper 01/17.)

VCIOM. 2019. *ЕГЭ как способ поступить в вуз: удобства и сложности [Unified State Exam as a way to enter university: advantages and difficulties]*. Moscow, All-Russian Public Opinion Research Center. https://wciom.ru/analytical-reviews/analiticheskii-obzor/ege-kak-sposob-postupit-v-vuz-udobstva-i-slozhnosti. (Accessed 17 August 2021.)

Verger, A., Fontdevila, C. and Zancajo, A. 2018. Constructing low-fee private schools as an educational model for the Global South: from local origins to transnational dynamics. Verger, A., Novelli, M. and Altinyelken, H. K. (eds), *Global Education Policy and International Development: New Agendas, Issues and Policies*, 2nd ed. London, Bloomsbury, pp. 255–76.

Vinayashree, J. 2017. Delayed supply, poor print quality of NCERT books anger parents. *The Times of India*, 26 July. https://timesofindia.indiatimes.com/city/chennai/delayed-supply-poor-print-quality-of-ncert-books-anger-parents/articleshow/59762779.cms. (Accessed 17 August 2021.)

von Stumm, S. and Plomin, R. 2021. Does private education make nicer people? The influence of school type on social–emotional development. *British Journal of Psychology*, Vol. 112, No. 2, pp. 373–88.

Vrangbæk, K., Petersen, O. H. and Hjelmar, U. 2015. Is contracting out good or bad for employees? A review of international experience. *Review of Public Personnel Administration*, Vol. 35, No. 1, pp. 3–23.

Walford, G. 2011. Low-fee private schools in England and in less economically developed countries: what can be learnt from a comparison? *Compare*, Vol. 41, No. 3, pp. 401–13.

Wamalwa, F. M. and Burns, J. 2018. Private schools and student learning achievements in Kenya. *Economics of Education Review*, Vol. 66, pp. 114–24.

Wells, A. S., Keener, A., Cabral, L. and Cordova-Cobo, D. 2019. The more things change, the more they stay the same: the resegregation of public schools via charter school reform. *Peabody Journal of Education*, Vol. 94, No. 5, pp. 471–92.

Williamson, B. and Hogan, A. 2020. *Commercialisation and Privatisation in/of Education in the Context of COVID-19*. Brussels, Education International.

Wischenbart, R. 2019. Global 50: the world ranking of the publishing industry 2019. *Publishers Weekly*, 5 September.

Wodon, Q. 2019. More schools, larger schools, or both? Patterns of enrollment growth in K12 Catholic schools globally. *Journal of Catholic Education*, Vol. 22, No. 1, p. 27.

___. 2020a. Are new secondary schools built where they are needed most in Uganda? Comparing Catholic with public and other private schools. *The Review of Faith and International Affairs*, Vol. 18, No. 2, pp. 44–60.

___. 2020b. *Global Catholic Education Report 2020: Achievements and Challenges at a Time of Crisis*. Rome, International Office of Catholic Education.

___. 2020c. How well do Catholic and other faith-based schools serve the poor? A study with special reference to Africa – Part II: Learning. *International Studies in Catholic Education*, Vol. 12, No. 1, pp. 3–20.

___. 2021. *Global Catholic Education Report 2021: Education Poverty, Learning Pluralism, and the Right to Education*. Washington, DC, Global Catholic Education, International Office of Catholic Education, International Federation of Catholic Universities, World Organization of Former Students of Catholic Education and World Union of Catholic Teachers.

Woldetsadik, G. and Raysarkar, C. 2017. *Textbook Provision for All in Ethiopia: Lessons Learned from the General Education Quality Improvement Project (GEQIP) 1*. Washington, DC, World Bank.

World Bank. 2008. *Textbooks and School Library Provision in Secondary Education in Sub-Saharan Africa*. Washington, DC, World Bank. (Africa Human Development Series Working Paper 126.)

Zancajo, A. 2019. Education markets and schools' mechanisms of exclusion: the case of Chile. *Education Policy Analysis Archives*, Vol. 27, art. 130.

Zhang, W. 2020. *Regulating Private Supplementary Tutoring: Actors, Dynamics, and Lessons from International Experiences*. Paris, UNESCO. (Global Education Monitoring Report Fellowship Paper.)

Zhang, W. and Bray, M. 2018. Equalising schooling, unequalising private supplementary tutoring: access and tracking through shadow education in China. *Oxford Review of Education*, Vol. 44, No. 2, pp. 221–38.

Zheng, X., Wang, C., Shen, Z. and Fang, X. 2020. Associations of private tutoring with Chinese students' academic achievement, emotional well-being, and parent-child relationship. *Children and Youth Services Review*, Vol. 112, art. 104934.

Zook, C. 2017. *Infographic: Textbook Costs Skyrocketed 812% in 35 Years*. Lancaster, Pa., Applied Education Systems. www.aeseducation.com/blog/infographic-the-skyrocketing-cost-of-textbooks-for-schools-students. (Accessed 9 June 2021.)

Zuilkowski, S., Piper, B. and Ong'ele, S. A. 2020. Are low-cost private schools worth the investment? Evidence on literacy and mathematics gains in Nairobi primary schools. *Teachers' College Record*, Vol. 122, No. 1.

第3章

Abdous, K. 2020. *Privatisation of Education in Morocco: A Multi-speed Education System and a Polarised Society – Summary*. Brussels, Education International. (Education International Research.)

Abdulkadiroğlu, A., Angrist, J. D., Hull, P. D. and Pathak, P. A. 2016. Charters without lotteries: testing takeovers in New Orleans and Boston. *American Economic Review*, Vol. 106, No. 7, pp. 1878–920.

Afridi, M. 2018. *Equity and Quality in an Education Public–Private Partnership: A Study of the World Bank-supported PPP in Punjab, Pakistan*. Nairobi, Oxfam. (Oxfam Research Reports.)

Agence Bujumbura News. 2017. Fermeture des écoles avec moins de 20% de réussites aux évaluations nationales [Schools with less than 20% pass rate in national examinations closed]. Agence Bujumbura News, 7 April. https://bujumburanewsblog.wordpress.com/2017/04/07/fermeture-des-ecoles-avec-moins-de-20-de-reussites-aux-evaluations-nationales. (Accessed 17 August 2021.)

Ahimbisibwe, P. 2018. Govt to stop funding to 800 private USE schools. *Daily Monitor*, 17 January. www.monitor.co.ug/uganda/news/national/govt-to-stop-funding-to-800-private-use-schools-1736078. (Accessed 17 August 2021.)

Al Qasimi Foundation for Policy Research. 2021. *Non-State Education in Arab States*. Paris, Al Qasimi Foundation for Policy Research. (Background paper for *Global Education Monitoring Report 2021/2*.)

Altai Consulting. 2018. *Study on Understanding the role of Non-State Education Providers in Somalia: Final Report*. Paris, Altai Consulting.

Ambast, S. and Gaur, A. 2017. Legal developments. Sarin, A., Dongre, A. and Wad, S. (eds), *State of the Nation: RTE Section 12 (1) (C) 2017*. Ahmedabad/New Delhi, Indian Institute of Management Ahmedabad/Centre for Policy Research/Central Square Foundation, pp. 64–68.

Ambast, S., Gaur, A. and Sangai, A. 2017. *Regulation of Private Schools in India*. New Delhi, Vidhi Centre for Legal Policy.
Andrabi, T., Das, J., Khwaja, A. I., Vishwanath, T. and Zajonc, T. 2007. *Learning and Educational Achievements in Punjab Schools (LEAPS): Insights to Inform the Education Policy Debate*. Washington, DC, World Bank.
Ansari, A. H. 2020. Cream skimming? Evaluating the access to Punjab's public–private partnership programs in education. *International Journal of Educational Development*, Vol. 72, art. 102126.
Arab News. 2013. Islamic studies to be taught in all expat schools, orders ministry. *Arab News*, 8 May. www.arabnews.com/news/450843. (Accessed 17 August 2021.)
Australian Tutoring Association. 2021. *Member code of conduct*. Dundas, NSW, Australian Tutoring Association. https://ata.edu.au/about-us/member-code-of-conduct.
Baker, J. 2019. Seven years after Gonski, why is school funding still inequitable? *Sydney Morning Herald*, 17 May. www.smh.com.au/education/seven-years-after-gonski-why-is-school-funding-still-inequitable-20190516-p51034.html. (Accessed 17 August 2021.)
Balarin, M. 2015. *Low-fee Private Schools in Peru*. Geneva, Switzerland, NORRAG. www.norrag.org/low-fee-private-schools-in-peru. (Accessed 17 August 2021.)
Balsera, M. R. 2017. *Tax, Privatisation and the Right to Education: Influencing Education Financing and Tax Policy to Transform Children's Lives*. Johannesburg, South Africa, ActionAid.
Bangladesh Ministry of Education. 2010. *National Education Policy 2010*. Dhaka, Ministry of Education.
Barman, P. D. 2020. Stop private tuition, or else leave jobs, Tripura govt warns school teachers. *Hindustan Times*, 7 June.
Barrera-Osorio, F. and Raju, D. 2015. Evaluating the impact of public student subsidies on low-cost private schools in Pakistan. *The Journal of Development Studies*, Vol. 51, No. 7, pp. 808–25.
Barrett, N. and Harris, D. 2015. *Significant Changes in the New Orleans Teacher Workforce*. New Orleans, La., Education Research Alliance for New Orleans. (Policy Brief.)
Baum, D. R., Cooper, R. and Lusk-Stover, O. 2018. Regulating market entry of low-cost private schools in Sub-Saharan Africa: Towards a theory of private education regulation. *International Journal of Educational Development*, Vol. 60, pp. 100–12.
Bertoni, M., Gibbons, S. and Silva, O. 2020. School choice during a period of radical school reform: evidence from academy conversion in England. *Economic Policy*, Vol. 35, No. 104, pp. 739–95.
Béteille, T., Tognatta, N., Riboud, M., Nomura, S. and Ghorpade, Y. 2020. *Ready to Learn: Before School, In School, and Beyond School in South Asia*. Washington, DC, World Bank. (South Asia Development Forum.)
Binci, M., Rasulova, S., Iversen, V., Outhred, R., Lipcan, A., Bahri, S., Uppal, V., Nnodu, I. and MacAuslan, I. 2016. *Developing Effective Private Education Nigeria (DEPEN): Baseline Report*. Abuja, Education Data, Research and Evaluation in Nigeria (EDOREN).
Bishop Accountability. 2021. *Bishop Accountability*. Waltham, Mass. www.bishop-accountability.org. (Accessed 17 August 2021.)
Black, S. E. and Machin, S. 2011. Housing valuations of school performance. *Handbook of the Economics of Education*, Vol. 3. Amsterdam, Elsevier, pp. 485–519.
Bloomberg News. 2021. China bans for-profit school tutoring in sweeping overhaul. *Bloomberg News*, 24 July.
Braithwaite, J., Coglianese, C. and Levi-Faur, D. 2007. Can regulation and governance make a difference? *Regulation & Governance*, Vol. 1, No. 1, pp. 1–7.
Brandt, C. and De Herdt, T. 2020. Reshaping the reach of the state: the politics of a teacher payment reform in the DR Congo. *Journal of Modern African Studies*, Vol. 58, No.1, pp. 23–43.
Bray, M. and Kwo, O. 2014. *Regulating Private Tutoring for Public Good: Policy Options for Supplementary Education in Asia*. Hong Kong/Bangkok, Comparative Education Research Centre, University of Hong Kong/UNESCO Regional Bureau for Education in Asia and the Pacific. (CERC Monograph Series in Comparative and International Education and Development No. 10.)
British Education Suppliers Association. 2021. *Key UK education statistics*. London, British Education Suppliers Association. www.besa.org.uk/key-uk-education-statistics. (Accessed 17 August 2021.)
Buchanan, N. K. and Fox, R. A. 2008. Every school a school of choice: school choice in Ireland as viewed through American eyes. *Irish Educational Studies*, Vol. 27, No. 3, pp. 267–79.
Buerger, C. and Harris, D. N. 2020. The impact of government contracting out on spending: the case of public education in New Orleans. *The American Review of Public Administration*, Vol. 51, No. 2, pp. 139–54.
Burgess, S., Greaves, E. and Vignoles, A. 2020. *School Places: A Fair Choice? School Choice, Inequality and Options for Reform of School Admissions in England*. London, Sutton Trust.
Cambridge Education. 2021. *Religious Networks in the DRC: Help or Hindrance to Education?* . Paris, UNESCO. (Background paper for *Global Education Monitoring Report 2021/2*.)

Cameron, E. 2019. The sweeping incrementalism of Partnership Schools for Liberia. *Journal of Education Policy*, Vol. 35, No. 6, pp. 856–70.

CapPlus. 2017. *Banking on Education: Low-Cost Private Schools' Demand for Finance*. Skokie, Ill., CapitalPlusExchange.

Carrasco, A., Gutierrez, G. and Flores, C. 2017. Failed regulations and school composition: selective admission practices in Chilean primary schools. *Journal of Education Policy*, Vol. 32, No. 5, pp. 642–72.

Center for Popular Democracy and Coalition for Community Schools. 2015. *System Failure: Louisiana's Broken Charter School Law – Underinvestment in Oversight Leaves Louisiana's Charter Schools Vulnerable to Financial Fraud and Academic Failures*. New Orleans, La., Center for Popular Democracy and Coalition for Community Schools.

Central Square Foundation. 2020. *State of the Sector Report on Private Schools in India*. New Delhi, Central Square Foundation/Omidyar Network India.

Centre for Civil Society. 2019. *Anatomy of K-12 Governance in India: Evidence from States on Regulation of Private Schools*. New Delhi, Centre for Civil Society.

Che, C. 2021. After online tutoring, why is China cracking down on private schools? *SupChina*, 9 September. https://supchina.com/2021/09/09/after-online-tutoring-why-is-china-cracking-down-on-private-schools. (Accessed 1 November 2021.)

Cheruiyot, K. 2019. Government orders closure of unregistered schools countrywide. *The Star*, 29 September.

Civil Network OPORA. 2016. *Опитування: Як ставляться до зовнішнього незалежного оцінювання його учасники? [Survey: What Do the EIT Participants Think about the EIT?]*. Kyiv, Civil Network OPORA.

Clarke, M. 2021. China's Crackdown on Private Tutoring: How Will This Affect the TEFL Industry? *Vital Consular Blog*. Batley, UK, Vital Consular. https://blog.vitalconsular.com/china-private-tutoring-ban-trialled-affect-the-tefl-industry. (Accessed 17 August 2021.)

CMEPT. 2014. *Rapport alternatif au groupe de pré-session du Comité des Droits Economiques Sociaux et Culturels de l'Organisation des Nations Unies à l'occasion de sa considération d'une liste de questions au Maroc lors de la 55e session du comité [Alternative Report to the Pre-sessional Group of the United Nations Committee on Economic, Social and Cultural Rights on the Occasion of its Consideration of a List of Questions in Morocco during the 55th Session of the Committee]*. Rabat, Coalition Marocaine pour l'Education Pour Tous.

Coco, J., Stovall, A. and Marcell Williams, L. 2020. *Returning to School in the Wake of Disaster: Post-Katrina Lessons for the COVID Era*. New York, Center for Learner Equity. www.centerforlearnerequity.org/news/returning-to-school-in-the-wake-of-disaster-post-katrina-lessons-for-the-covid-era. (Accessed 17 August 2021.)

Cohodes, S. R. and Parham, K. S. 2021. *Charter Schools' Effectiveness, Mechanisms, and Competitive Influence*. Cambridge, Mass., National Bureau of Economic Research. (NBER Working Paper 28477.)

CONFEMEN. 2010. *Rapport PASEC Union des Comores 2008/2009: Diagnostic et Préconisations pour une Scolarisation Universelle de Qualité [2008/2009 PASEC Report on the Union of the Comoros: Diagnosis and Recommendations for Quality Universal Schooling]*. Moroni, Ministère de l'Éducation Nationale et de la Recherche.

Council of Europe. 2018. *12 Principles of Good Governance*. Strasbourg, Council of Europe. www.coe.int/en/web/good-governance/12-principles. (Accessed 17 August 2021.)

Crawfurd, L. and Hares, S. 2021. *The Role and Impact of Private Schools, School Chains and PPPs in Low and Middle Income Countries*. Paris, UNESCO. (Background paper for *Global Education Monitoring Report 2021/2*.)

Crawfurd, L. and Pugatch, T. 2020. *Teacher Labor Markets in Developing Countries*. Bonn, Germany, Institute of Labor Economics. (IZA Discussion Paper 12985.)

Cunningham, J. 2014. *Accountability in Private School Choice Programs*. Washington, DC, National Conference of State Legislatures.

D'Agostino, T. J., Dowd, R. and Mugo, J. 2019. Faith-Based Education in Changing Social, Economic, and Political Contexts: Perspectives from Catholic Educators in Kenya. *The Review of Faith & International Affairs*, Vol. 17, No. 4, pp. 76–88.

Day Ashley, L., Skinner, R., Meyer, A. and Perry, T. 2020. *Private Education and Disadvantaged Children in India: A Literature Review of Three Models of Private School Provision*. Birmingham, UK, Save the Children.

Deccan Chronicle. 2014. Karnataka Minister wants to shut 1,400 schools. *Deccan Chronicle*, 30 October. www.deccanchronicle.com/141030/nation-current-affairs/article/karnataka-minister-wants-shut-1400-schools. (Accessed 17 August 2021.)

Department for Education. 2021. *School Admissions Code: Mandatory Requirements and Statutory Guidance for Admission Authorities, Governing Bodies, Local Authorities, Schools Adjudicators and Admission Appeals Panels*. London, Department for Education.

Deshotels, M. 2015. New Orleans RSD compared to traditional schools. *Lousiana Educator*, 21 May. https://louisianaeducator.blogspot.com/2015/05/new-orleans-rsd-compared-to-traditional.html. (Accessed 17 August 2021.)

Dolton, P., Marcenaro, O., De Vries, R. and She, P.-W. 2018. *Global Teacher Status Index 2018*. London, Varkey Foundation.

Dongre, A., Sarin, A. and Singhal, K. 2019. *Understanding School Choices under RTE's 25% Mandate*. London/Oxford, Ideas for India. www.ideasforindia.in/topics/human-development/understanding-school-choices-under-rte-s-25-mandate1.html. (Accessed 17 August 2021.)

Doyle, D. M., Muldoon, M. and Murphy, C. 2020. Education in Ireland: accessible without discrimination for all? *International Journal of Human Rights*, Vol. 24, No. 10, pp. 1701–20.

Education International. 2017. *Privatisation and Its Impact on Teachers' Conditions of Employment*. Brussels, Education International.

Edwards Jr, D. B. and Termes, A. 2018. Los colegios en concesión de Bogotá: los límites de la eficiencia económica de los programas chárter [Concession schools in Bogotá: the limits of charter programmes' economic efficiency]. *Revista Colombiana de Educación*, Vol. 1, No. 76, pp. 91–116.

Elacqua, G. 2012. The impact of school choice and public policy on segregation: evidence from Chile. *International Journal of Educational Development*, Vol. 32, No. 3, pp. 444–53.

Elacqua, G., Iribarren, M. L. and Santos, H. 2018. *Private Schooling in Latin America: Trends and Public Policies*. Washington, DC, Education Division, Social Sector, Inter-American Development Bank. (IDB Working Paper IDB-TN-01555.)

Elacqua, G., Jaimovich, A. and Román, A. 2019. *The Effects of Accountability on the Allocation of School Resources: Regression Discontinuity Evidence from Chile*. Washington, DC, Inter-American Development Bank. (IDB Working Paper IDB-WP-1074.)

Eyles, A. and Machin, S. 2019. The introduction of academy schools to England's education. *Journal of the European Economic Association*, Vol. 17, No. 4, pp. 1107–46.

Eyles, A., Machin, S. and McNally, S. 2017. Unexpected school reform: academisation of primary schools in England. *Journal of Public Economics*, Vol. 155, pp. 108–21.

Eyles, A., Machin, S. and Silva, O. 2018. Academies 2: the new batch – the changing nature of academy schools in England. *Fiscal Studies*, Vol. 39, No. 1, pp. 121–58.

Falabella, A. 2020. The ethics of competition: accountability policy enactment in Chilean schools' everyday life. *Journal of Education Policy*, Vol. 35, No. 1, pp. 23–45.

France 24. 2021. China's tutoring groups fined millions as scrutiny grows. *France 24*, 1 June.

Gaddis, J. E. 2020. The big business of school meals. *Kappan*, Vol. 102, No. 2.

Gannon, K. 2017. Islamic schools in Pakistan plagued by sex abuse of children. *Associated Press*, 22 November. https://apnews.com/article/pakistan-middle-east-international-news-asia-pacific-islam-ddd9660f63ae44339 66684823f79d3e9. (Accessed 17 August 2021.)

Goss, P., Sonnemann, J., Griffiths, K. and Chivers, C. 2016. *Circuit Breaker: A New Compact on School Funding*. Melbourne, Grattan Institute.

Gumus-Dawes, B., Luce, T. and Orfield, M. 2013. The state of public schools in post-Katrina New Orleans: the challenge of creating equal opportunity. Orfield, G. and Frankenberg, E. (eds), *Educational Delusions? Why Choice Can Deepen Inequality and How to Make Schools Fair*. Berkeley, Calif., University of California Press, pp. 159–85.

Han, C., Raymond, M. E., Woodworth, J. L., Negassi, Y., Richardson, W. P. and Snow, W. 2020. *Lights Off: Practice and Impact of Closing Low-Performing Schools 2017, Volume I*. Stanford, Calif., Center for Research on Education Outcomes, Stanford University.

Hanif, S., Ali, M. H. and Shaheen, F. 2021. Religious extremism, religiosity and sympathy toward the Taliban among students across madrassas and worldly education schools in Pakistan. *Terrorism and Political Violence*, Vol. 33, No. 3, pp. 489–504.

Härmä, J. 2019. Ensuring quality education? Low-fee private schools and government regulation in three sub-Saharan African capitals. *International Journal of Educational Development*, Vol. 66, pp. 139–46.

Härmä, J. and Adefisayo, F. 2013. Scaling up: challenges facing low-fee private schools in the slums of Lagos, Nigeria. Srivastava, P. (ed.), *Low-fee Private Schooling: Aggravating Equity or Mitigating Disadvantage?* Oxford, Symposium Books, pp. 129–52. (Oxford Studies in Comparative Education.)

Hassan, S. 2021. *Religious Maltreatment, Educational Neglect and Politics*. New York, Freedom of Mind Resource Center. https://freedomofmind.com/religious-maltreatment-educational-neglect-politics. (Accessed 17 August 2021.)

Hernández, M. 2019. *Is There No Excuse? The Effects of the New Orleans School Reforms on School Discipline*. New Orleans, La., Education Research Alliance for New Orleans.

Honduras Ministry of Education. 2020. Programa Hondureño de Educación Comunitaria–PROHECO [Honduras Community Education Program–PROHECO]. Comayagüela, Ministry of Education. www.transparencia.se.gob.hn/estructura/atribuciones-por-unidad-administrativa/nivel-central/h-programa-hondureño-de-educación-comunitaria-proheco. (Accessed 17 August 2021.)
Hossain, N., Subrahmanian, R. and Kabeer, N. 2002. *The Politics of Educational Expansion in Bangladesh*. Brighton, UK, Institute of Development Studies. (IDS Working Paper 167.)
Human Rights Watch. 2019. *Senegal: Failure to End Abuses in Quranic Schools*. New York, Human Rights Watch.
IICSA. 2019. *Inquiry Publishes Report into Ealing Abbey and St Benedict's School*. London, Independent Inquiry into Child Sexual Abuse. (Accessed 17 August 2021.)
India Comptroller and Auditor General. 2017. *Report of the Comptroller and Auditor General of India on Implementation of Right of Children to Free and Compulsory Education Act, 2009*. New Delhi, Comptroller and Auditor General. (Report No. 23 of 2017.)
Indus Action. 2018. *The Bright Spots: Status of Social Inclusion through RTE Section 12(1)(c) 2018*. New Delhi, Indus Action.
___. 2019. *The Bright Spots: Status of Social Inclusion through RTE Section 12(1)(c) 2019*. New Delhi, Indus Action.
International Task Force on Teachers for Education 2030. 2020. *A Review of the Use of Contract Teachers in sub-Saharan Africa*. Paris, UNESCO.
IPSOS Mori and the Key. 2018. *State of Education Survey Report*. London, IPSOS Mori/The Key.
Ireland Department of Education and Skills. 2020. *Establishing a New School*. Dublin, Department of Education and Skills. www.education.ie/en/Schools-Colleges/Information/Establishing-a-New-School. (Accessed 17 August 2021.)
Ireland Government. 2018. *Education (Admission to Schools) Act 2018*. Dublin, Office of the Attorney General. www.irishstatutebook.ie/eli/2018/act/14/section/11/enacted/en/html. (Accessed 17 August 2021.)
ISER. 2016. *A Threat or Opportunity? Public–Private Partnerships in Education in Uganda*. Kampala, Initiative for Social and Economic Rights.
___. 2017. *Policy Framework and Practice in Implementation of PPPs for Uganda's Universal Secondary Education Programme*. Kampala, Initiative for Social and Economic Rights. (Policy Advocacy Brief 6.)
Iyer, G. and Counihan, C. 2018. When a right goes wrong: the unintended consequences of India's Right to Education Act. *Economic Affairs*, Vol. 38, No. 3, pp. 367–79.
Jackson, E. 2016. *Non-State Actors in Basic Education: Indonesia Case Study*. Canberra, Department of Foreign Affairs and Trade. (Education Analytics Service.)
Jha, J. 2019. Right to free and compulsory education in Nepal: a study with special reference to India's Right of Children to Free and Compulsory Education Act, 2009. *Dehradun Law Review*, Vol. 11, No. 1, pp. 41–57.
Jones, P., Isaacson, J. and Morgan-McDermott, G. 2021. *A New Regulatory Landscape for International Schools in China*. London, Farrer. www.farrer.co.uk/news-and-insights/a-new-regulatory-landscape-for-international-schools-in-china. (Accessed 1 November 2021.)
Joshi, R. 2020. Can social integration in schools be mandated: evidence from the Right to Education Act in India. *International Journal of Educational Development*, Vol. 77, art. 102228.
Kahlenberg, R. D. 2020. *Why Taxpayers Should Not Be Forced to Support Private Religious Education*. New York, The Century Foundation. https://tcf.org/content/commentary/taxpayers-not-forced-support-private-religious-education. (Accessed 17 August 2021.)
Kenny, D. 2020. The virtues of unprincipled constitutional compromises: Church and State in the Irish Constitution. *European Constitutional Law Review*, Vol. 16, No. 3, pp. 417–39.
Kingdon, G. and Muzammil, M. 2018. *Per Pupil Expenditure in the Government Schools of Uttar Pradesh, and the Rate of Reimbursement to Private Schools under the Right To Education Act: An Update*. Delhi, Centre for Civil Society.
Ladd, H. F. and Fiske, E. B. 2016. *England Confronts the Limits of School Autonomy*. New York, National Center for the Study of Privatization in Education, Teachers' College, Columbia University. (NCSPE Working Paper 232.)
Lange, M.-F., Lauwerier, T. and Locatelli, R. 2021. *The Impact of Privatization on Teachers in Francophone Sub-Saharan African Countries*. (Background paper for *Global Education Monitoring Report 2021/2*.)
LaRocque, N. and Sipahimalani-Rao, V. 2019. *School Education in Pakistan: A Sector Assessment*. Manila, Asian Development Bank.
Levin, H. M. and Belfield, C. 2015. Guiding the development and use of cost-effectiveness analysis in education. *Journal of Research on Educational Effectiveness*, Vol. 8, No. 3, pp. 400–18.
Lowrie, B. 2017. *Islamic Faith School's Gender Segregation Ruled Unlawful*. London, EachOther. https://eachother.org.uk/islamic-faith-schools-gender-segregation-ruled-unlawful. (Accessed 17 August 2021.)
Maphanga, C. 2020. 2 illegal schools shut down in Joburg, staff questioned by police. *News24*, 8 October.

Marchetta, F. and Dilly, T. 2019. *Supporting Education in Africa: Opportunities and Challenges for an Impact Investor.* Monaco, Fondation pour les études et recherches sur le développement international/Investisseurs et Partenaires. (Feasibility study.)

Maussen, M. and Bader, V. 2015. Non-governmental religious schools in Europe: institutional opportunities, associational freedoms, and contemporary challenges. *Comparative Education,* Vol. 51, No. 1, pp. 1–21.

Mehendale, A., Mukhopadhyay, R. and Namala, A. 2015. Right to education and inclusion in private unaided schools: an exploratory study in Bengaluru and Delhi. *Economic and Political Weekly,* Vol. 50, No. 7, pp. 43–51.

Mizala, A. and Schneider, B. 2019. Promoting quality education in Chile: the politics of reforming teacher careers. *Journal of Education Policy,* Vol. 35, No. 4, pp. 529–55.

Mkutu, K. and Opondo, V. 2021. The complexity of radicalization and recruitment in Kwale, Kenya. *Terrorism and Political Violence,* Vol. 33, No. 1, pp. 26–48.

Morris, R. 2014. The admissions criteria of secondary free schools. *Oxford Review of Education,* Vol. 40, No. 3, pp. 389–409.

Muralidharan, K. and Sundararaman, V. 2015. The aggregate effect of school choice: evidence from a two-stage experiment in India. *Quarterly Journal of Economics,* Vol. 130, No. 3, pp. 1011–66.

NAO. 2021. *School Funding in England.* London, National Audit Office. (Report by the Comptroller and Auditor General.)

National Governance Association. 2020. *Governing in a Multi Academy Trust.* Birmingham, UK, National Governance Association.

National Secular Society. 2018. *Unsafe Sex Education: The Risk of Letting Religious Schools Teach Within the Tenets of their Faith.* London, National Secular Society.

___. 2019. *Government Warns Independent Faith Schools over Sex Segregation.* London, National Secular Society. www.secularism.org.uk/news/2019/06/government-warns-independent-faith-schools-over-gender-segregation. (Accessed 17 August 2021.)

Netherlands Government. 2021. *Public-authority and Private Schools.* The Hague, Government of the Netherlands. www.government.nl/topics/freedom-of-education/public-authority-and-private-schools. (Accessed 17 August 2021.)

New York Times. 2021. My son's yeshiva is breaking the law. *The New York Times,* 7 April. www.nytimes.com/video/opinion/100000007670190/yeshiva-schools-education.html. (Accessed 2 November 2021.)

O'Shea, C., Palcic, D. and Reeves, E. 2019. Comparing PPP with traditional procurement: the case of schools procurement in Ireland. *Annals of Public and Cooperative Economics,* Vol. 90, No. 2, pp. 245–67.

O'Donoghue, J., Crawfurd, L., Makaaru, J., Otieno, P. and Perakis, R. 2018. *A Review of Uganda's Universal Secondary Education Public Private Partnership Programme.* London, Education Partnerships Group.

OECD. 2017. *OECD Reviews of Integrity in Education: Ukraine 2017.* Paris, Organisation for Economic Co-operation and Development.

___. 2019. *PISA 2018 Results (Volume I): What Students Know and Can Do.* Paris, Organisation for Economic Co-operation and Development.

Olneck-Brown, B. 2020. *Interactive Guide to School Choice Laws.* Washington, DC, National Conference of State Legislatures. www.ncsl.org/research/education/interactive-guide-to-school-choice.aspx. (Accessed 17 August 2021.)

Omoeva, C. and Gale, C. 2016. Universal, but not free: household schooling costs and equity effects of Uganda's Universal Secondary Education policy. *International Journal of Educational Development,* Vol. 50, No. C, pp. 41–50.

Ouédraogo, H. 2018. Enseignement privé au Burkina: plusieurs écoles et établissements privés jugés «non conformes» par le MENA [Private education in Burkina: several private schools and establishments judged 'non-compliant' by the MENA]. *Les Echos du Faso,* 7 September.

Philippines Commission on Audit. 2019. *Government Assistance to Students and Teachers in Private Education (GASTPE).* Quezon City, Philippines, Commission on Audit. (Performance Audit Report 2018-02.)

Phillips, K. 2018. A culture of clerical immunity in Myanmar is putting children at risk of abuse. *Time,* 6 December.

Pratap, K. V. and Chakrabarti, R. 2017. *Public-Private Partnerships in Infrastructure.* Cham, Switzerland, Springer.

Premium Times. 2021. Osun shuts 600 illegal schools. *Premium Times,* 9 June.

ProPublica. 2021. Credibly accused priests. *ProPublica.* www.propublica.org/datastore/dataset/credibly-accused-priests. (Accessed 17 August 2021.)

Punjab Education Foundation. 2021. *New School Program.* Lahore, Punjab Education Foundation. www.pef.edu.pk/nsp/index.aspx. (Accessed 17 August 2021.)

Puozaa, C. Y. 2016. Outsourcing and the pupil transportation industry in Minnesota: an economic evaluation. PhD dissertation, Department of Economics, University of Mississipi. (Unpublished.)

Qadri, H. M.-u.-D. 2018. Foreign, political and financial influences on religious extremism: a study of madrassas in Punjab, Pakistan. *Counter Terrorist Trends and Analyses*, Vol. 10, No. 4, pp. 5–11.

RFI. 2017. *French Catholic school closed in abuse inquiry*. Paris, Radio France Internationale. www.rfi.fr/en/france/20170603-french-catholic-school-closed-abuse-inquiry. (Accessed 17 August 2021.)

___. 2019. *Sénégal: la question des écoles coraniques reste très sensible [Senegal: the issue of Koranic schools remains very sensitive]*. Paris, Radio France Internationale. www.rfi.fr/fr/afrique/20191212-senegal-daaras-ecoles-coraniques-eleves-enchaines-coran-religion-islam. (Accessed 17 August 2021.)

Roberts, N. and Danechi, S. 2021. *School Places in England: Admissions and Appeals*. London, House of Commons. (Briefing Paper 07147.)

Romero, M., Sandefur, J. and Sandholtz, W. 2020. Outsourcing education: experimental evidence from Liberia. *American Economic Review*, Vol. 110, No. 2, pp. 364–400.

Rossignoli, S. 2021. *The Dual Face of Non-State Schools in Peru, Tanzania, and the Philippines: A Case-Study Analysis*. Paris, UNESCO. (Background paper for *Global Education Monitoring Report 2021/2*.)

Saguin, K. I. 2019. Designing effective governance of education. *Policy Design and Practice*, Vol. 2, No. 2, pp. 182–97.

Sanders, R. 2018. A failure on all fronts: what we really need to know about school unification. *The New Orleans Tribune*.

Santos, H. and Elacqua, G. 2016. Socioeconomic school segregation in Chile: parental choice and a theoretical counterfactual analysis. *CEPAL Review*, No. 119, pp. 123–38.

Sarasvati, N. 2020. How reservation in private schools isn't working for poor children. *India Spend*, 29 October.

Scheunpflug, A. and Wenz, M. 2021. *Faith Based Non-state Actors in Selected African Countries: A Comparative Analysis of Catholic and Protestant Schooling in the Democratic Republic of Congo, Rwanda, Tanzania, Madagascar and Cameroon*. Paris, UNESCO. (Background paper for *Global Education Monitoring Report 2021/2*.)

Senghor, C. 2020. Au Sénégal, des maîtres coraniques s'insurgent contre la violence dans les « daaras » [In Senegal, Koranic teachers rise up against violence in 'daaras']. *La Croix Africa*, 10 February.

Sharma, K. 2021. Only 16 states/UTs teach underprivileged kids for free in pvt schools, child rights body finds. *ThePrint*. https://theprint.podbean.com/e/theprintpod-only-16-statesuts-teach-underprivileged-kids-for-free-in-pvt-schools-child-rights-body-finds. (Accessed 12 November 2021.) (Podcast.)

Sherratt, F., Sherratt, S. and Ivory, C. 2020. Challenging complacency in construction management research: the case of PPPs. *Construction Management and Economics*, Vol. 38, No. 2, pp. 1–15.

Shewbridge, C., Fuster, M. and Rouw, R. 2019. *Constructive Accountability, Transparency and Trust between Government and Highly Autonomous Schools in Flanders: Background and Lessons from the Flemish Strategic Education Governance Learning Seminar*. Paris, Organisation for Co-operation and Development. (OECD Education Working Paper.)

Shrinivasa, M. 2020. Karnataka: private unaided schools must pay teachers, staff. *The Times of India*, 13 September.

Sindh Government. 2002. *Sindh Private Educational Institutions (Regulation and Control) Ordinance, 2001*. Karachi, Government of Sindh.

Singh, B. B. 2019. Private schools in Jajarkot defy scholarship provision. *Kathmandu Post*, 6 November.

Somparé, E. B. and Somparé, A. W. 2018. La condition enseignante en Guinée : des stratégies de survie dans le champ scolaire et universitaire guinéen [The condition of teachers in Guinea: survival strategies in Guinean schools and universities]. *Cahiers de la Recherche sur L'Education et les Savoirs*, Vol. 17.

Sood, A. and Prakash, K. 2020. 38 private schools in Punjab get notice for seeking fee. *The Tribune*, 8 April.

Street Child. 2021. *Construction, Curriculum and Instruction: Critical Non-State Services Supporting Children in Conflict and Crisis Contexts*. Paris, UNESCO. (Background paper for *Global Education Monitoring Report 2021/2*.)

Terrier, C., Pathak, P. A. and Ren, K. 2021. From immediate acceptance to deferred acceptance: effects on school admissions and achievement in England. London, Centre for Economic Performance. (Discussion Paper 1815)

Tezel Mccarthy, A. 2017. Non-state actors and education as a humanitarian response: role of faith-based organizations in education for Syrian refugees in Turkey. *Journal of International Humanitarian Action*, Vol. 2, No. 1.

The Learning Landscape. 2015. *New Orleans, Louisiana: Alternative Governance Arrangements*. Sudbury, Mass., Bellwether Education Partners. https://thelearninglandscape.org/new-orleans-louisiana-alternative-governance-arrangements. (Accessed 17 August 2021.)

Think Mauritius. 2019. *Rethinking the Education System in Mauritius*. Ebene, Mauritius, Think Mauritius.

Thompson, O. 2011. The estimated cost impact of privatizing student transportation in Minnesota school districts. *Public Choice*, Vol. 146, No. 3–4, pp. 319–39.

Titeca, K. and de Herdt, T. 2011. Real governance beyond the 'failed state': negotiating education in the Democratic Republic of the Congo. *African Affairs*, Vol. 110, No. 439, pp. 213–31.

Titheradge, N. 2018. Abuse concerns over unregistered schools. *BBC News*. www.bbc.com/news/uk-43126598. (Accessed 17 August 2021.)

Treviño, E., Mintrop, R., Villalobos, C. and Órdenes, M. 2018. *What Might Happen if School Vouchers and Privatization of Schools Were to Become Universal in the U.S.: Learning from a National Test Case – Chile*. Boston, Mass., NEPC. (Policy brief.)

Trucano, M. 2014. Paying teacher salaries with mobile phones. *World Bank Blogs*, 21 February.

Tutors' Association. 2021. *About the Tutors' Association*. Marlow, UK, The Tutors' Association. https://thetutorsassociation.org.uk/about.

UNESCO. 2008. *EFA Global Monitoring Report 2009: Overcoming Inequality – Why Governance Matters*. Paris, UNESCO.

___. 2019. *Global Education Monitoring Report 2019: Migration, Displacement and Education – Building Bridges, not Walls*. Paris, UNESCO.

UNICEF. 2016. *Violence against Children in Education Settings in South Asia*. Kathmandu, UNICEF Regional Office for South Asia.

___. 2020. *Integrating Faith for Social and Behaviour Change into Pagoda Structures for a Systems Approach to Capacity Development*. Phnom Penh, UNICEF Cambodia. (Change for Children: Global Initiative on Social and Behaviour Change.)

United Arab Emirates Cabinet. 2008. قرار مجلس الوزراء رقم 92 صادر بتاريخ 6/7/8002م. بشأن اللائحة التنظيمية للتعليم الخاص *[Cabinet Resolution No. 29 Issued on 6/7/2008 AD Concerning the Regulation of Private Education]*. Abu Dhabi, Government of the United Arab Emirates.

USAID, Results for Development and Education in Crisis and Conflict Network. 2018. *Affordable Non-State Schools in El Salvador*. Washington, DC, USAID.

Verger, A., Moschetti, M. C. and Fontdevila, C. 2021. How and why policy design matters: understanding the diverging effects of public–private partnerships in education. Adamson, F., Aubry, S., Koning, M. d. and Dorsi, D. (eds), *Realizing the Abidjan Principles on the Right to Education: Human Rights, Public Education, and the Role of Private Actors in Education*. Cheltenham, UK, Edward Elgar.

Wad, S., Dongre, A. and Sarin, A. 2017. Lottery logic in the four states. Sarin, A., Dongre, A. and Wad, S. (eds), *State of the Nation: RTE Section 12 (1) (C) 2017*. Ahmedabad/New Delhi, Indian Institute of Management Ahmedabad/Centre for Policy Research/Central Square Foundation, pp. 57–63.

West, A. and Wolfe, D. 2018. *Academies, the School System in England and a Vision for the Future*. London, London School of Economics and Political Science. (Clare Market Paper 23.)

Wodon, Q. 2020a. *Global Catholic Education Report 2020*. Rome, International Office of Catholic Education.

___. 2020b. *Global Catholic Education Report 2020: Achievements and Challenges at a Time of Crisis*. Rome, International Office of Catholic Education.

___. 2021a. *Faith-based Schools, Education Pluralism, and the Right to Education: Three Papers from the Global Catholic Education Project*. Paris, UNESCO. (Background paper for *Global Education Monitoring Report 2021/2*.)

___. 2021b. *Potential Impact of the COVID-19 Crisis on Catholic Schools and Universities: A Preliminary Assessment*. Paris, UNESCO. (Background paper for *Global Education Monitoring Report 2021/2*.)

Wokadala, J. and Barungi, M. 2015. Benefit incidence analysis of government spending on public–private partnership schooling under Universal Secondary Education policy in Uganda. *Africa Education Review*, Vol. 12, No. 3, pp. 381–97.

World Bank. 2016. *SABER EPS Mauritania Country Report*. Washington, DC, World Bank.

___. 2020. *Philippines Basic Education Public Expenditure Review*. Washington, DC, World Bank.

Zafar, S. A. 2020. Learning in safety. *The News*, 15 July. www.thenews.com.pk/print/686878-learning-in-safety. (Accessed 17 August 2021.)

Zakharia, Z. 2016. Bilingual Education in the Middle East and North Africa. Garcia, O., Lin, A. and May, S. (eds), *Bilingual and Multilingual Education*. Cham, Switzerland, Springer, pp. 281–93.

Zancajo, A., Fontdevila, C., Verger, A. and Bonal, X. 2021. *Regulating Public–Private Partnerships, Governing Non-state Schools: An Equity Perspective*. Paris, UNESCO. (Background paper for *Global Education Monitoring Report 2021/2*.)

Zhang, W. 2020. *Non-State Actors in Education: The Nature, Dynamics and Policy Implications of Private Supplementary Tutoring*. Paris, UNESCO. (Global Education Monitoring Report Fellowship Paper.)

Zhu, J. and Yang, Y. 2021. China planning new crackdown on private tutoring sector. *Euronews*, 12 May.

Zimbabwe Ministry of Primary and Secondary Education. 2021. *Primary and Secondary Education Statistics Report 2020*. Harare, Ministry of Primary and Secondary Education.

第4章

Acerenza, S. and Gandelman, N. 2019. Household education spending in Latin America and the Caribbean: Evidence from income and expenditure surveys. *Education Finance and Policy*, Vol. 14, No. 1, pp. 61–87.

Acholla, D. A. 2021. *Low-fee Private Schooling: A Framework to Define the Scope of these Non-state Actors in Education*. Paris, UNESCO. (Background paper for *Global Education Monitoring Report 2021/2*.)

Ahmed, Z. S. and Shahzad, R. 2021. The role of peace education in countering violent extremism in Pakistan: an assessment of non-governmental efforts. *Conflict, Security and Development*, Vol. 21, No. 3, pp. 199–222.

Alvarez, H., Elacqua, G., Mendez, C., Munevar, I. and Vasquez, D. 2021. *Colegios Privados en Tiempos de COVID-19 [Private Schools in the Time of COVID-19]*. Washington, DC, Inter-American Development Bank. (Hablemos de Politica Educativa: America Latina y el Caribe 8.)

Asadullah, M. N. 2018. Madrasah for girls and private school for boys? The determinants of school type choice in rural and urban Indonesia. *International Journal of Educational Development*, Vol. 62, pp. 96–111.

Aslam, M., Rawal, S. and Saeed, S. 2017. *Public–Private Partnerships in Education in Developing Countries: A Rigorous Review of the Evidence*. London, Ark Education Partnerships Group.

Attridge, S. and Engen, L. 2019. *Blended Finance in the Poorest Countries: The Need for a Better Approach*. London, Overseas Development Institute.

Azam, M. 2016. Private tutoring: evidence from India. *Review of Development Economics*, Vol. 20, No. 4, pp. 739–61.

Azzam, Z. 2017. Dubai's private school fees framework: a critical discussion. *Journal of Research in International Education*, Vol. 16, No. 2, pp. 115–30.

Bangladesh Ministry of Education. 2018. *Pocket Book on Bangladesh Education Statistics 2017*. Dhaka, Bangladesh Bureau of Educational Information and Statistics, Ministry of Education.

Berlanga, C., Morduchowicz, A., Scasso, M. and Vera, A. 2020. *Reabrir las Escuelas en América Latina y el Caribe: Claves, Desafíos y Dilemas para Planificar el Retorno Seguro a las Clases Presenciales [Reopening Schools in Latin America and the Caribbean: Keys, Challenges and Dilemmas for Planning a Safe Return to In-Person Classes]*. Washington, DC, Inter-American Development Bank. (Technical Note 2075.)

Braniff, L. 2016. *Digital Finance and Innovations in Financing for Education*. Washington, DC, Consultative Group to Assist the Poor. (CGAP Working Paper.)

Bray, M., Kobakhidze, M. N. and Kwo, O. 2020. *Shadow Education in Myanmar: Private Supplementary Tutoring and Its Policy Implications*. Hong Kong, Comparative Education Research Centre, University of Hong Kong. (CERC Monograph in Comparative and International Education and Development 13.)

Brown, C., Sargrad, S. and Benner, M. 2017. *Hidden Money: The Outsized Role of Parent Contributions in School Finance*. Washington, DC, Center for American Progress.

Campbell, S., DiGiuseppe, M. and Murdie, A. 2019. International development NGOs and bureaucratic capacity: facilitator or destroyer? *Political Research Quarterly*, Vol. 72, No. 1, pp. 3–18.

Carvalho, S. and Hares, S. 2020. *The Economic Shock of COVID-19 May Hit Private School and Contract Teachers Hardest*. Washington, DC, Center for Global Development. www.cgdev.org/blog/how-are-international-donors-responding-education-needs-during-covid-pandemic. (Accessed 24 November 2020.)

CDC Group. 2019. *Framework: Maximising the Impact of Education Investments*. London, CDC Group.

Centre for Civil Society. 2021. *Ease of Operations for Budget Private Schools in India*. Paris, UNESCO. (Background paper for *Global Education Monitoring Report on Non-state Actors in South Asia 2022*.)

Chadha, N. and Nandwani, B. 2020. Examining the role of corporate social responsibility funding in Indian education. Avelar, M. and Patil, L. (eds), *New Philanthropy and the Disruption of Global Education*. Geneva, Switzerland, NORRAG, pp. 102–05.

Choi, E. J. and Hwang, J. 2020. Transition of son preference: evidence from South Korea. *Demography*, Vol. 57, pp. 627–52.

Col, B. and Patel, S. 2019. Going to haven? Corporate social responsibility and tax avoidance. *Journal of Business Ethics*, Vol. 154, No. 4, pp. 1033–50.

Coughlan, S. 2017. Schools 'depending on parents' direct debits'. *BBC News*, 15 April. www.bbc.com/news/education-39601310. (Accessed 12 February 2021.)

Damgaard, J., Elkjaer, T. and Johannesen, N. 2019. *What Is Real and What Is Not in the Global FDI Network?* Washington, DC, International Monetary Fund. (IMF Working Paper 19/274.)

Datta, S. and Kingdon, G. G. 2019. *Gender Bias in Intra-Household Allocation of Education in India: Has It Fallen over Time?* Bonn, Institute of Labor Economics. (IZA Discussion Paper 12671.)

Demirgüç-Kunt, A., Klapper, L., Singer, D. and Van Oudheusden, P. 2014. *Global Findex Database 2014: Measuring Financial Inclusion around the World*. Washington, DC, World Bank.

Dey, C. and Gibbon, J. 2018. New development: private finance over public good? Questioning the value of impact bonds. *Public Money and Management*, Vol. 38, No. 5, pp. 375–78.

DFID. 2018. *DFID Education Policy: Get Children Learning*. London, Department for International Development.

Dore, B. 2013. Private, aided schools to get development funds after 8 years. *Hindustan Times*, 26 January. www.hindustantimes.com/mumbai/private-aided-schools-to-get-development-funds-after-8-yrs/story-ym2P8MWXSPDrxAIjCF8ToJ.html. (Accessed 12 February 2021.)

Dupuy, K., Palik, J. and Østby, G. 2020. *Walking the Talk? Financing for Education in Emergencies: 2015–2018*. Oslo, Policy Research Institute Oslo/Save the Children.

EACHRights. 2018. *Kenya Compliance Advisor Ombudsman Complaint*. Nairobi, The East African Centre for Human Rights.

Ecorys. 2019a. *Independent Evaluation of the UK Department for International Development's Development Impact Bonds (DIBs) Pilot Programme: Full Report*. Birmingham, UK, Ecorys.

___. 2019b. *Quality Education India Development Impact Bond: A Case Study Produced as Part of the Independent Evaluation of the Department for International Development's Development Impact Bond Pilot Programme*. Birmingham, UK, Ecorys.

Education Partnerships Group. 2019. *Analysis of the Ivorian Government's Tuition Fee Subsidy Scheme*. London, Education Partnerships Group.

Edwards, S. 2019. *World's Largest Education DIB Reports First-year Results*. Washington, DC, Devex.

Elffers, L. and Jansen, D. 2019. *De opkomst van schaduwonderwijs in Nederland: wat weten we en welke vragen liggen nog open? [The Rise of Shadow Education in the Netherlands: What Do We Know and Which Questions Are Still Open?]*. Amsterdam, University of Amsterdam.

Enterprise. 2019. Where things stand with the PPP schools program. *Enterprise*, 2 December. https://enterprise.press/stories/2019/12/02/where-things-stand-with-the-ppp-schools-program-7509. (Accessed August 6 2021.)

European Parliament. 2018. *Resolution of 13 November 2018 on EU Development Assistance in the Field of Education*. Strasbourg, France, European Parliament. (2018/2081(INI).)

Feigenberg, B., Yan, R. and Rivkin, S. 2019. Illusory gains from Chile's targeted school voucher experiment. *Economic Journal*, Vol. 129, No. 623, pp. 2805–32.

Giacomin, V., Jones, G. and Salvaj, E. 2019. *Why Does Business Invest in Education in Emerging Markets? Why Does it Matter?* Cambridge, Mass., Harvard Business School. (HBS Working Paper 20-039.)

Giordono, L. and Pugatch, T. 2015. *Informal Fee Elimination and Student Performance: Evidence from The Gambia*. Bonn, Germany, Institute for the Study of Labor. (IZA Discussion Paper 9560.)

Giridharadas, A. 2019. *Winners Take All: The Elite Charade of Changing the World*. New York, Vintage.

Global Chinese Philanthropy Initiative. 2017. *Chinese and Chinese American Philanthropy*. Los Angeles, Calif., Global Chinese Philantrhropy Initiative.

GPE. 2019. *Private Sector Engagement Strategy: June 2019*. Washington, DC, Global Partnership for Education. (BOD/2019/06 DOC 08.)

Gustafsson-Wright, E., Boggild-Jones, I., Segell, D. and Durland, J. 2017. *Impact Bonds in Developing Countries: Early Learnings from the Field*. Washington, DC, Brookings Institution.

Gustafsson-Wright, E., Gardiner, S. and Putcha, V. 2015. *The Potential and Limitations of Impact Bonds: Lessons from the First Five Years of Experience Worldwide*. Washington, DC, Brookings Institution.

Haiti Ministry of National Education and Professional Training. 2018. *Plan Décennal d'Éducation et de Formation 2017–2027 [10-Year Education and Training Plan 2017–2027]*. Port-au-Prince, Ministry of National Education and Professional Training.

Hares, S. and Crawfurd, L. 2021. *The Role and Impact of Private Schools, School Chains and PPPs in Low and Middle Income Countries*. Paris, UNESCO. (Background paper for *Global Education Monitoring Report 2021/2*.)

Härmä, J. 2020. *Low-Fee Private Schooling and Poverty in Developing Countries*. London, Bloomsbury.

Härmä, J. and Siddhu, G. 2017. *Parental Fee Default: Extent, Determinants and Implications*. Lagos, Nigeria, DEEPEN.

Hedges, S., Winton, S., Rowe, E. and Lubienski, C. 2020. Private actors and public goods: a comparative case study of funding and public governance in K–12 education in 3 global cities. *Journal of Educational Administration and History*, Vol. 52, No. 1, pp. 103–19.

IDB. 2011. *IDB Donates $50 Million for Education in Haiti*. Washington, DC, Inter-American Development Bank. www.iadb.org/en/news/idb-donates-50-million-education-haiti. (Accessed 17 August 2021.)

IFC. 2020. *IFC Freeze on Investment in K-12 Private, Fee-charging Education*. Washington, DC, International Finance Corporation. www.ifc.org/wps/wcm/connect/Industry_EXT_Content/IFC_External_Corporate_Site/Education. (Accessed 17 August 2021.)

IMF. 2021. *Policy Responses to COVID-19: Policy Tracker*. Washington, DC, International Monetary Fund. www.imf.org/en/Topics/imf-and-covid19/Policy-Responses-to-COVID-19. (Accessed 20 May 2021.)

India Ministry of Education. 2021. *UDISE+ Publications and Statistics*. New Delhi, Department of School Education and Literacy, Ministry of Education. https://udiseplus.gov.in/#/Publication (Accessed 10 January 2021.)

Institute for Health Metrics and Evaluation. 2021. *Generating Estimates of Household Spending on Education*. Paris, UNESCO. (Background paper for *Global Education Monitoring Report 2021/2*.)

Irwin, T. C., Mazraani, S. and Saxena, S. 2018. *How to Control the Fiscal Costs of Public–Private Partnerships*. Washington, DC, International Monetary Fund. (How To Note 18/04.)

Iversen, E. and Begue, A. 2017. *The Effects of Privatisation on Girls' Access to Free, Quality Public Education in Malawi, Mozambique, Liberia, Tanzania and Nepal*. Johannesburg, South Africa, ActionAid.

JICA. 2015. *JICA Position Paper in Education Cooperation*. Tokyo, Japan International Cooperation Agency.

___. 2016. *JICA's Position Paper on SDGs: Goal 4*. Tokyo, Japan International Cooperation Agency.

Johnson, P. D. and Saich, T. 2018. *Values and Vision: Perspectives on Philanthropy in 21st Century China*. Cambridge, Mass., Ash Centre, Harvard Kennedy School.

Joshi, R. 2018. *Public Financing for Low-cost Private Schools*. Jakarta, Center for Indonesian Policy Studies.

Kasozi-Mulindwa, S. and Okware, B. 2019. Corporation tax on private primary and secondary schools: implications on access and quality education. *American Journal of Economics*, Vol. 9, No. 3, pp. 133–39.

Kenny, C., Kalow, J., Leo, B. and Ramachandran, V. 2018. *Comparing Five Bilateral Development Finance Institutions and the IFC*. Washington, DC, Center for Global Development.

Khan, A., Wales, J., Nicolai, S. and Caron, C. 2020. *Strengthening Coordinated Education Planning and Response in Crises: Democratic Republic of the Congo Case Study*. London, Overseas Development Institute.

Khan, Z. 2020. How tax evasion by the ultra-rich is everyone's problem. *Data Wrapper*, 9 January. https://blog.datawrapper.de/weekly-rich-people-tax-charities-donations. (Accessed 27 May 2021.)

Kippels, S. and Ridge, N. 2019. *International and Other Migrant Schools in Gulf Cooperation Council Countries*. Paris, UNESCO. (Background paper for *Global Education Monitoring Report on Inclusion and Education in Arab States 2019*.)

Koutou, N. G. C. and Goi Bi, Z. T. 2019. *Etude sur la privatisation de l'école en Côte d'Ivoire [Study on school pivatization in Côte d'Ivoire]*. Brussels, Education International.

Le Nestour, A., Carvalho, S. and Minardi, A. L. 2020. *Unequal Burdens: The Impact of Shocks on Household Education Spending*. Washington, DC, Center for Global Development. www.cgdev.org/blog/unequal-burdens-impact-shocks-household-education-spending. (Accessed 12 February 2021.)

Leigland, J. 2018. Public–private partnerships in developing countries: the emerging evidence-based critique. *World Bank Research Observer*, Vol. 33, No. 1, pp. 103–34.

Liao, X. and Huang, X. 2018. Who is more likely to participate in private tutoring and does it work? Evidence from PISA (2015). *East China Normal University Review of Education*, Vol. 1, No. 3, pp. 69–95.

Lindsjö, K. 2018. The financial burden of a fee free primary education on rural livelihoods: a case study from rural Iringa Region, Tanzania. *Development Studies Research*, Vol. 5, No. 1, pp. 26–36.

Mattern, M. and Garcia, A. 2021. *In Uganda, Solar Home Systems Help Students Stay in School*. Washington, DC, Consultative Group to Assist the Poor. www.cgap.org/blog/uganda-solar-home-systems-help-students-stay-school. (Accessed 25 May 2021.)

Mbole, F. and Kimathi, D. 2019. *What Solutions Would Make a Difference in Education Finance?* Nairobi, FSD Kenya. https://fsdkenya.org/blog/what-solutions-would-make-difference-in-education-finance. (Accessed 17 August 2021.)

McCluskey, R. 2015. *Is Responsible Tax Behaviour the Next Frontier of CSR?* Brighton, UK, International Centre for Tax and Development, Institute of Development Studies. www.ictd.ac/blog/is-responsible-tax-behaviour-the-next-frontier-of-csr. (Accessed 17 August 2021.)

Mehendale, A. and Singh, A. 2020. *India Education Outcomes Fund: A Case Study*. Geneva, Switzerland, NORRAG. (Working Paper 12.)

Meiring, G. and Krugel, L. 2018. *The Responsible Taxpayer through a New Lens of Transparency: Working towards a Common Purpose*. London, PricewaterhouseCoopers.

Menashy, F. and Zakharia, Z. 2020. Private engagement in refugee education and the promise of digital humanitarianism. *Oxford Review of Education*, Vol. 46, No. 3, pp. 313–30.

___. 2021. *Private Engagement in Education in Emergencies: Rights and Regulations*. New York, Inter-agency Network for Education in Emergencies.

Mizala, A. and Schneider, B. 2020. Promoting quality education in Chile: the politics of reforming teacher careers. *Journal of Education Policy*, Vol. 35, No. 4, pp. 529–55.

Moschetti, M. C. and Verger, A. 2020. Opting for private education: public subsidy programs and school choice in disadvantaged contexts. *Educational Policy*, Vol. 34, No. 1, pp. 65–90.
Murnane, R. J., Waldman, M. R., Willett, J. B., Bos, M. S. and Vegas, E. 2017. *The Consequences of Educational Voucher Reform in Chile*. Cambridge, Mass., National Bureau of Economic Research. (NBER Working Paper 23550.)
Narodowski, M. and Moschetti, M. 2015. The growth of private education in Argentina: evidence and explanations. *Compare*, Vol. 45, No. 1, pp. 47–69.
Neilson, C. 2013. Targeted vouchers, competition among schools, and the academic achievement of poor students. New Haven, Conn., Yale University. (Unpublished.)
Niazi, M. and Doorly, A. 2020. *Estimating the Impact of COVID-19 on the Non-State Education Sector in Low- and Middle-Income Countries: A Rapid Review*. London, Global Schools Forum.
Nicolai, S., Diwakar, V., Khan, A., Mansour-Ille, D. and Anderson, A. 2020. *Strengthening Coordinated Education Planning and Response in Crisis Contexts: Synthesis Report*. London, Overseas Development Institute.
Nusche, D., Miron, G., Santiago, P. and Teese, R. 2015. *Flemish Community of Belgium*. Paris, Organisation for Economic Co-operation and Development. (OECD Reviews of School Resources.)
OECD. 2016. *Netherlands 2016: Foundations for the Future*. Paris, Organisation for Economic Co-operation and Development. (OECD Reviews of National Policies for Education.)
___. 2017. *The Funding of School Education: Connecting Resources and Learning*. Paris, Organisation for Economic Co-operation and Development. (OECD Reviews of School Resources.)
___. 2018a. *Education at a Glance 2018*. Paris, Organisation for Economic Co-operation and Development.
___. 2018b. *Private Philanthropy for Development*. Paris, OECD Development Centre.
___. 2018c. *Responsive School Systems: Connecting Facilities, Sectors and Programmes for Student Success*. Paris, Organisation for Economic Co-operation and Development. (OECD Reviews of School Resources.)
___. 2019a. *India's Private Giving: Unpacking Domestic Philanthropy and Corporate Social Responsibility*. Paris, Organisation for Economic Co-operation and Development.
___. 2019b. *Philanthropy and Education: Quality Education For All – Lessons and Future Priorities*. Paris, OECD Development Centre.
___. 2019c. *PISA 2018 Results (Volume I): What Students Know and Can Do*. Paris, Organisation for Economic Co-operation and Development. (Table B3.6.2: Financial Incentives and Disincentives for School Choice.)
___. 2020a. *How Much Is Spent per Student on Educational Institutions?* Paris, Organisation for Economic Co-operation and Development. (Education at a Glance 2020.)
___. 2020b. *PISA 2018 Results (Volume V): Effective Policies, Successful Schools*. Paris, Organisation for Economic Co-operation and Development.
___. 2021. *Private Philanthropy for Development*. Paris, Organisation for Economic Co-operation and Development.
Olsen, A. S. and Prado, J. 2020. *COVID-19 y la transición de la educación privada a la pública en Ecuador [COVID-19 and the transition from private to public education in Ecuador]*. Washington, DC, Inter-American Development Bank. https://blogs.iadb.org/educacion/es/covid-19-y-la-transicion-de-la-educacion-privada-a-la-publica-en-ecuador. (Accessed 17 August 2021.)
Opportunity EduFinance. 2020. *Impacts of COVID-19 on the Affordable Non-State School Sector: Understanding the Challenges Schools, Teachers and Parents Face as a Result of the COVID-19 Pandemic*. London, Opportunity EduFinance.
Pallegedara, A. and Kumara, A. S. 2020. Spending privately for education despite having a free public education policy: evidence from Sri Lankan household surveys. *International Journal of Social Economics*, Vol. 47, No. 5.
Pallegedara, A. and Mottaleb, K. A. 2018. Patterns and determinants of private tutoring: the case of Bangladesh households. *International Journal of Educational Development*, Vol. 59, pp. 43-50.
Patil, L. and Brakman Reiser, D. 2021. *Emerging Roles and Risks of Philanthropy in Global Education*. Paris, UNESCO. (Background paper for *Global Education Monitoring Report 2021/2*.)
Patrinos, H. A., Barrera-Osorio, F. and Guáqueta, J. 2009. *The Role and Impact of Public–Private Partnerships in Education*. Washington, DC, World Bank.
Philippines Department of Education. 2021. *PPP for School Infrstructure Project (PSIP) Phase 1: DepEd's First PPP Project*. Quezon City, Department of Education/Public–Private Partnership Center of the Philippines. (PPP Learning Series.)
Quality Education India Development Impact Bond. 2020. *Top Marks for India's Largest Development Impact Bond*. London, British Asian Trust. https://qualityeducationindiadib.com/year-2-results. (Accessed 17 August 2021.)

Baker, M. 2013. Industrial actions in schools: strikes and student achievement. *Canadian Journal of Economics/Revue canadienne d'économique*, Vol. 46, No. 3, pp. 1014–36.
Bakir, A., Blodgett, J. G. and Salazar, R. J. 2017. Corporate sponsorships in schools: altruism and ethical judgments. *Journal of Promotion Management*, Vol. 23, No. 1, pp. 80–99.
Ball, S. J. 2017. *Exploring educational privatization*, FreshEd. https://freshedpodcast.com/stephenball/ (Accessed 17 August 2021.)
Baum, D., Lewis, L., Lusk-Stover, O. and Patrinos, H. 2014. *What Matters Most for Engaging the Private Sector in Education: A Framework Paper*. Washington, DC, World Bank. (SABER Working Paper Series.)
Bogliaccini, J. A. and Rodríguez, F. 2015. Education system institutions and educational inequalities in Uruguay. *CEPAL Review*, Vol. 116, pp. 85–100.
Bordoli, E., Martinis, P., Moschetti, M., Conde, S. and Alfonzo, M. 2017a. *Educational Privatisation: A Latent Phenomenon in Uruguay*. Brussels, Education International. (Unite for Quality Education.)
___. 2017b. *Privatización educativa en Uruguay: políticas, actores y posiciones [Education privatizatión in Uruguay: policies, actors and positions]*. Brussels, Education International. (Investigaciones Internacional de la Educación.)
Brazil Ministry of Education and Culture. 2016. *MEC justifica ação contra lei que impede opinião em Alagoas [Ministry of Education justifies action against law impeding opinion in Alagoas]*. Brasília, Ministry of Education and Culture. http://portal.mec.gov.br/component/tags/tag/escola-livre. (Accessed 30 September 2021.)
Brehm, W. and Silova, I. 2019. Five generations of NGOs in education: from humanitarianism to global capitalism. Davies, T. (ed.), *Routledge Handbook of NGOs and International Relations*. New York/Abingdon, UK, Routledge, pp. 283–96.
Brion, C. 2020. Low-fee private schools: case studies from Ghana. *International Journal of Education Policy and Leadership*, Vol. 16, No. 3.
Busemeyer, M. R. and Thelen, K. 2020. Institutional sources of business power. *World Politics*, Vol. 72, No. 3, pp. 448–80.
Cabalin, C. 2015. Mediatizing higher education policies: discourses about quality education in the media. *Critical Studies in Education*, Vol. 56, No. 2, pp. 224–40.
Cancion, N. 2018. Bandeira de Bolsonaro, veto a abordagem de gênero sofre derrotas em série na Justiça [Supported by Bolsonaro, vetoes to gender discussions suffer a series of defeats in the judicial system]. *Folha de S. Paulo*, 12 November. www1.folha.uol.com.br/educacao/2018/11/bandeira-de-bolsonaro-veto-a-abordagem-de-genero-sofre-derrotas-em-serie-na-justica.shtml. (Accessed 30 September 2021.)
Cappelli, P. 2020. STF julga inconstitucional lei de Alagoas inspirada no movimento Escola Sem Partido [Supreme Court judges unconstitutional the law inspired by the movement School Without Parties in Alagoas]. *O Globo*, 22 August. https://oglobo.globo.com/brasil/stf-julga-inconstitucional-lei-de-alagoas-inspirada-no-movimento-escola-sem-partido-24601475. (Accessed 30 September 2021.)
Carrns, A. 2021. Pandemic helps stir interest in teaching financial literacy. *The New York Times*, 2 April. www.nytimes.com/2021/04/02/your-money/financial-literacy-courses.html. (Accessed 17 August 2021.)
Central Square Foundation. 2020. *State of the Sector Report on Private Schools in India*. New Delhi, Central Square Foundation/Omidyar Network India.
Ciriaco, M. 2019. Cuando los libros escolares mienten [When textbooks lie]. *La República*, 16 July. https://larepublica.pe/sociedad/2019/07/16/cuando-los-libros-escolares-mienten. (Accessed 17 August 2021.)
Coleman, V. 2021. *Digital Divide in UK Education during COVID-19 Pandemic: Literature Review*. Cambridge, UK, Cambridge Assessment.
Congressional Black Caucus. 2017. *The Congressional Black Caucus Engagement Packet on the Nomination of Betsy DeVos for Secretary of Education*. Washington, DC, Congressional Black Caucus.
Connell, R. 2013. The neoliberal cascade and education: an essay on the market agenda and its consequences. *Critical Studies in Education*, Vol. 54, No. 2, pp. 99–112.
Coons, J. A. 2018. Funding its own organizational learning: the impact of National Education Association grants in supporting and sustaining affiliate change efforts. PhD dissertation, University of Washington, Seattle, Wash. (Unpublished.)
Costin, C. and Pontual, T. 2020. Curriculum reform in Brazil to develop skills for the twenty-first century. Reimers, F. M. (ed.), *Audacious Education Purposes: How Governments Transform the Goals of Education Systems*. Cham, Switzerland, Springer, pp. 47–64.
Cowen, J. M. and Strunk, K. O. 2015. The impact of teachers' unions on educational outcomes: what we know and what we need to learn. *Economics of Education Review*, Vol. 48, pp. 208–23.
Crawford-Garrett, K. and Thomas, M. A. 2018. Teacher education and the global impact of Teach for All. Noblit, G. W. (ed.), *Oxford Research Encyclopedia of Education*. Oxford, UK, Oxford University Press.

Croso, C. and Magalhães, G. M. 2016. Privatização da educação na América Latina e no Caribe: tendências e riscos para os sistemas públicos de ensino [Privatization of education in Latin America and the Caribbean: trends and risks for public education systems]. *Educação and Sociedade*, Vol. 37, No. 134, pp. 17–33.

Curtiss Wyss, M. and Perlman Robinson, J. 2021. *Improving Children's Reading and Math at Large Scale in Côte d'Ivoire: The Story of Scaling PEC*. Washington, DC, Brookings Institution.

DeBray-Pelot, E. and McGuinn, P. 2009. The new politics of education: analyzing the federal education policy landscape in the post-NCLB era. *Educational Policy*, Vol. 23, No. 1, pp. 15–42.

DeCoster, B. 2019. *#SABERexposed 'Engaging the private sector'*. Brussels, Education International. www.ei-ie.org/en/woe_homepage/woe_detail/16527/saberexposed-"engaging-the-private-sector"-by-brendan-decoster. (Accessed 17 August 2021.)

Dickinson, G. M. and Dolmage, W. R. 1996. Education, religion, and the courts in Ontario. *Canadian Journal of Education/Revue canadienne de l'éducation*, Vol. 21, No. 4, pp. 363–83.

Donnelly, M. 2021. *No More Blue Notes for Panama Homeschoolers*. Purcellville, Va., Home School Legal Defense Association. https://hslda.org/post/no-more-blue-notes-for-panama-homeschoolers. (Accessed 22 September 2021.)

Educapital. 2020. *Covid19: The New Mover and Shaker of the Edtech Market*. Paris, EduCapital.

Education International. 2021a. *La Política Educativa en Costa Rica: Gobernar Mediante Alianzas Público-Privadas [Education Polícy in Costa Rica: Governing through Public–Private Alliances]*. San José, Education International Latin America.

___. 2021b. *La Política Educativa en República Dominicana: Participación Privada a la Vista y Paciencia del Estado [Education Policy in the Dominican Republic: Private Participation Supervised and Tolerated by the State]*. San José, Education International Latin America.

___. 2021c. *La Política Educativa en Uruguay: Experimentos y Alianzas Empresariales Para Lucrar [Education Polícy in Uruguay: Experiments and Business Alliances for Profit]*. San José, Education International Latin America.

Edwards Jr, D. B., Rappeport, A., Sperduti, V. and Caravaca, A. 2021. *The Influence of the World Bank on Policy Formation, Policy Implementation, and Private Education: A Systematic Review of the Literature*. Paris, UNESCO. (Background paper for *Global Education Monitoring Report 2021/2*.)

EPG. 2021. *Our Story*. London, Education Partnerships Group. https://epg.org.uk/our-story. (Accessed 17 August 2021.)

Equal Education. 2018. *Equal Education's Submission on the Western Cape Provincial School Education Amendment Bill, 2018*. Khayelitsha, South Africa, Equal Education.

Escola Sem Partido. 2021. *Anteprojetos [Draft projects]*. Brasília, Escola Sem Partido. http://escolasempartido.org/anteprojeto. (Accessed 30 September 2021.)

European Commission, EACEA and Eurydice. 2018. *Teaching Careers in Europe: Access, Progression and Support*. Brussels, European Commission/EACEA/Eurydice.

Fagundez, I. 2018. Mesmo sem lei, Escola sem Partido se espalha pelo país e já afeta rotina nas salas de aula [Even without laws, Nonpartisan School spreads across the country and affects classroom routines]. *BBC News Brasil*, 5 November. www.bbc.com/portuguese/brasil-46006167. (Accessed 30 September 2021.)

Fang, J., Yang, G. and Wan, X. 2020. 'Pro-tobacco propaganda': a case study of tobacco industry-sponsored elementary schools in China. *Tobacco Control*, Vol. 29, No. 4, pp. 447–51.

FAO. 2013. *FAO Strategy for Partnerships with the Private Sector*. Rome, Food and Agriculture Organization of the United Nations.

Fernandes, L. I. and Ferreira, C. A. 2021. O Movimento Escola Sem Partido: ascensão e discurso [The Nonpartisan School movement: rise and discourse]. *Humanidades em Diálogo*, Vol. 10, pp. 194–209.

García Mathewson, T. and Butrymowicz, S. 2020. Ed tech companies promise results, but their claims are often based on shoddy research. *The Hechinger Report*, 20 May. https://hechingerreport.org/ed-tech-companies-promise-results-but-their-claims-are-often-based-on-shoddy-research. (Accessed 17 August 2021.)

GHEX. 2020. *Global Home Education Exchange*. Global Home Education Exchange. https://ghex.world. (Accessed 21 September 2021.)

Global Business Coalition for Education. 2019. *Engaging the Investment Community in Education: The Case for Education Bonds to Raise New Resources for Sustainable Development Goal 4*. New York/Washington, Global Business Coalition for Education/The Education Commission.

___. 2021. *The Global Funds Initiative*. New York, Global Business Coalition for Education. https://gbc-education.org/what-we-do/global-funds. (Accessed 17 August 2021.)

Global Schools Forum. 2021. *About Us*. London, Global Schools Forum. www.globalschoolsforum.org/page/AboutUs. (Accessed 17 August 2021.)

GPE. 2019. *GPE Private Sector Engagement Strategy Paper (2019-2022): Engaging the Private Sector to Support the Delivery of GPE 2020*. Washington, DC, Global Partnership for Education.

Grau, E. S. C. and Olmedo, A. 2012. Neoliberalismo creación de 'sentido común': crisis educativa y medios de comunicación en Chile [Neoliberal creation of 'common sense': educational crisis and the media in Chile]. *Revista de Curriculum y Formación del Profesorado*, Vol. 16, No. 3, pp. 145–68.

GSG. 2021. *Tying Funding to Results*. London, Global Steering Group for Impact Investment.

GSG and The Education Commission. 2019. *The Education Outcomes Fund for Africa and the Middle East: A Game-changing Way to Drive Results in Education*. London/Washington, Global Steering Group for Impact Investment/The Education Commission.

Han, E. S. 2020. The myth of unions' overprotection of bad teachers: evidence from the district–teacher matched data on teacher turnover. *Industrial Relations*, Vol. 59, No. 2, pp. 316–52.

Hill, P. T. and Jochim, A. E. 2009. Political perspectives on school choice. Berends, M., Primus, A. and Springer, M. G. (eds), *Handbook of Research on School Choice*, 1st ed. New York and London, Routledge, pp. 3–18.

Hochschulwatch. 2021. *Hochschulwatch*. Berlin, Transparency International. http://netaction.github.io/hochschulwatch. (Accessed 17 August 2021.)

Hogan, A., Thompson, G., Sellar, S. and Lingard, B. 2018. Teachers' and school leaders' perceptions of commercialisation in Australian public schools. *Australian Educational Researcher*, Vol. 45, No. 2, pp. 141–60.

HolonIQ. 2019. *Global Education in 10 Charts*. New York, HolonIQ.

HSLDA. 2021. *Making Homeschooling Possible – Together*. Purcellville, Va., Home School Legal Defense Association.

Huffington Post. 2020. Scuole paritarie, una questione di tutti [Schools with parity, an issue for all]. *Huffington Post Italia*, 18 May. www.huffingtonpost.it/entry/scuole-paritarie-una-questione-di-tutti_it_5ec23988c5b691d3e0907698. (Accessed 17 August 2021.)

Human Rights and Youth Rights Commission. 2020. *Commentaires sur le Projet de loi n° 12, Loi visant à préciser la portée du droit à la gratuité scolaire et à permettre l'encadrement de certaines contributions financières pouvant être exigées [Comments on Bill 12, An Act to Clarify the Scope of the Right to Free Education and to Allow the Regulation of Certain Financial Contributions that May Be Required]*. Montréal, Qué., Commission des droits de la personne et des droits de la jeunesse.

Istat. 2019. *Education and Training: Schools*. Rome, National Statistics Institute. http://dati.istat.it/Index.aspx?lang=en&SubSessionId=cd4ad893-b46a-4e8c-82ff-3fd8b602ed17. (Accessed 20 September 2021.)

India Ministry of Human Resource Development. 2020. *National Education Policy 2020*. New Delhi, Ministry of Human Resource Development.

Italy Parliament. 2021. *Legge 23 luglio 2021, N. 106. Conversione in legge, con modificazione, del decreto-legge 25 maggio 2021, n. 73 recante misure urgenti connesse all'emergenza da COVID-19, per le imprese, il lavoro, i giovani, la salute e i servizi territoriali [Law 23 July 2021, No. 106. Conversion into Law, with amendments, of Decree 25 May 2021, No. 73 concerning urgent measures linked to the COVID-19 emergency, for enterprises, labour market, youth, health and territorial services]*. Rome, Italian Parliament.

Jaume, D. and Willén, A. 2019. The long-run effects of teacher strikes: evidence from Argentina. *Journal of Labor Economics*, Vol. 37, No. 4, pp. 1097–139.

___. 2021. The effect of teacher strikes on parents. *Journal of Development Economics*, Vol. 152.

Junemann, C. and Ball, S. J. 2013. ARK and the revolution of state education in England. *Education Inquiry*, Vol. 4, No. 3, art. 22611.

Junemann, C. and Olmedo, A. 2020. New policy intercessors: philanthropy and public private partnerships. Gideon, J. and Unterhalter, E. (eds), *Critical Reflections on Public Private Partnerships*. Abingdon, UK, Routledge, pp. 115–133.

Junqueira, D. 2016. Aprovada em Alagoas, 'escola sem partido' terá de superar batalha jurídica para ser implementada [Approved in Alagoas, 'nonpartisan school' will have to win legal battles to be implemented]. R7, 15 August. https://noticias.r7.com/educacao/aprovada-em-alagoas-escola-sem-partido-tera-de-superar-batalha-juridica-para-ser-implementada-15082016#/foto/1. (Accessed 30 September 2021.)

Kasman, M., Heuberger, B. and Hammond, R. 2018. *A Review of Large-Scale Youth Financial Literacy Education Policies and Programs*. Washington, DC, Brookings Institution.

Keidanren. 2020. *Society 5.0* に向けて求められる初等中等教育改革 第二次提言―ダイバーシティ&インクルージョン を重視した初等中等教育の実現― *[Second Proposal for Reform of Elementary and Secondary Education Required for Society 5.0: Realization of Elementary and Secondary Education with an Emphasis on Diversity and Inclusion]*. Tokyo, Keidanren.

___. 2021. *About Keidanren*. Tokyo, Keidanren. www.keidanren.or.jp/en/profile/pro001.html. (Accessed 30 September 2021.)

Kirst, M. W. 2007. Politics of charter schools: competing national advocacy coalitions meet local politics. *Peabody Journal of Education*, Vol. 82, No. 2–3, pp. 184–203.

KPMG. 2020. *Q1'20 Venture Pulse Report: Global trends – A Global Overview of Key Findings Uncovered from the Q4'19 Venture Pulse Report*. London, KPMG Private Enterprise. https://home.kpmg/xx/en/home/campaigns/2020/04/q1-venture-pulse-report-global.html. (Accessed 17 August 2021.)

Lakasas, A. 2021. Εκπαιδευτικοί: Γυρίζουν την πλάτη στους συνδικαλιστές [Teachers: They turn their backs on the trade unionists]. *I Kathimerini*, 27 October. www.kathimerini.gr/society/561558448/ekpaideytikoi-gyrizoyn-tin-plati-stoys-syndikalistes-metexetastea-i-fason-axiologisi. (Accessed 1 November 2021.)

Lara, K. E. 2021. ¿En qué consiste la educación en casa y qué impacto tendrá su regulación en Panamá? [What is homeschooling and what impact will its regulation have in Panama?]. *Panamá América*, 11 August. www.panamaamerica.com.pa/sociedad/en-que-consiste-la-educacion-en-casa-y-que-impacto-tendra-su-regulacion-en-panama-1192268. (Accessed 17 August 2021.)

Legistorm. 2020. *Congressional Caucus on Education Innovation and Opportunity*. Washington, DC, Legistorm. www.legistorm.com/organization/summary/123129/Congressional_Caucus_on_Education_Innovation_and_Opportunity.html. (Accessed 17 August 2021.)

LendED. 2021. *Access to Quality Home Learning Resources*. London, British Educational Suppliers Association. www.lended.org.uk. (Accessed 17 August 2021.)

Leponiemi, L., Ruoho, N. and Tuominen, S. 2020. *Development of an Innovation-friendly Education System*. Helsinki, HundrED. (HundrED Research Report 14.)

Linkiesta. 2021. Maggioranza e opposizione: sugli aiuti alle scuole paritarie i parlamentari sono tutti d'accordo [Majority and opposition: all parliamentarians agree to support schools with parity]. *Linkiesta*, 16 June. www.linkiesta.it/2020/06/scuole-paritarie-private-decreto-rilancio-discussione-camera. (Accessed 17 August 2021.)

Lubienski, C. 2019. Advocacy networks and market models for education. Parreira do Amaral, M., Steiner-Khamsi, G. and Thompson, C. (eds), *Researching the Global Education Industry: Commodification, the Market and Business Involvement*. Cham, Switzerland, Palgrave Macmillan, pp. 69–86.

Lubienski, C., Scott, J. T., Rogers, J. and Welner, K. G. 2012. *Missing the Target? The Parent Trigger as a Strategy for Parental Engagement and School Reform*. Boulder, Colo., National Education Policy Center. (NEPC Policy Memo.)

MacLellan, D. 2012. Faith-based schooling and the politics of education: a case study of Ontario, Canada. *Politics and Religion Journal*, Vol. 6, No. 1, pp. 37–60.

Marianno, B. D. 2018. Down but not out: the National Education Association in federal politics. *Educational Policy*, Vol. 32, No. 2, pp. 234–54.

Mármol Queraltó, J. 2021. *A Critical Analysis of Investors' Logic in Business Discourse*. Lancaster, UK, Lancaster University. (Universities and Unicorns Project.)

Marrero, A. 2014. How public is Uruguay's public education? *Global Dialogue*, Vol. 4, No. 1.

Martinis, P. 2020. *The Onslaught of Privatisation on Uruguayan Education*. Brussels, Education International. www.ei-ie.org/en/woe_homepage/woe_detail/16819/the-onslaught-of-privatisation-on-uruguayan-education-by-pablo-martinis. (Accessed 17 August 2021.)

Mayo-Wilson, E., Grant, S. and Supplee, L. H. 2021. Clearinghouse standards of evidence on the transparency, openness, and reproducibility of intervention evaluations. *Prevention Science*.

McShane, M. 2020. A window into homeschooling advocacy: the HSLDA. *Forbes*, 1 May. www.forbes.com/sites/mikemcshane/2020/05/01/a-window-into-homeschooling-advocacy-the-hslda. (Accessed 17 August 2021.)

MEXT. 2020. *The Image of the Transformation of Learning Brought by '1 Device for 1 Student with a High-speed Network'*. Tokyo, Ministry of Education, Culture, Sport, Science and Technology.

Michigan Campaign Finance Network. 2006. *DeVos Dollars and 'Education Choice'*. Lansing, Mich., Michigan Campaign Finance Network. https://mcfn.org/node/14/devos-dollars-and-education-choice. (Accessed 17 August 2021.)

Moschetti, M., Martínez Pons, M., Bordoli, E. and Martinis, P. 2019. The increasing role of non-state actors in education policy-making: evidence from Uruguay. *Journal of Education Policy*, Vol. 35, No. 3, pp. 367-93.

Moschetti, M. C. and Verger, A. 2020. Opting for private education: public subsidy programs and school choice in disadvantaged contexts. *Educational Policy*, Vol. 34, No. 1, pp. 65–90.

Mouvement l'école ensemble. 2019. *L'injuste système d'éducation québécois : L'équité du système d'éducation québécois comparée à celle des autres systèmes d'éducation provinciaux en vertu de données inédites de l'enquête PISA [Quebec's Unfair Education System: The Equity of Quebec's Education System Compared to Other Provincial Education Systems Using Unpublished PISA Data]*. Gatineau, Qué., Mouvement l'école ensemble.

___. 2021. *Mythes [Myths]*. Gatineau, Qué., Mouvement l'école ensemble. www.ecoleensemble.com/mythes. (Accessed 28 September 2021.)

Muñoz, F. 2020. *Género y educación en Perú [Gender and education in Peru]*. Paris, UNESCO. (Background paper for *Global Education Monitoring Report on Inclusion and Education in Latin America and the Caribbean 2020*.)

Narodowski, M., Gottau, V. and Moschetti, M. 2016. Quasi-state monopoly of the education system and socio-economic segregation in Argentina. *Policy Futures in Education*, Vol. 14, No. 6, pp. 687–700.

Nathan, A. 2019. Why are Karnataka's schoolchildren unhappy with the mid-day meal? *The Hindu*, 31 May. www.thehindu.com/news/national/karnataka/why-are-karnatakas-schoolchildren-unhappy-with-the-mid-day-meal/article27378176.ece. (Accessed 17 August 2021.)

National Assembly of Québec. 2020. *Bill 12 (2019, Chapter 9): An Act to Clarify the Scope of the Right to Free Education and to Allow the Regulation of Certain Financial Contributions that May be Required*. Montreal, Que., Québec Official Publisher.

National Foundation for Educational Research. 2020. *Final Evaluation of the Civil Society Education Fund, 2016–2019 (CSEF III)*. Slough, UK, National Foundation for Educational Research.

___. 2021. *Analysis of International Civil Society Organisations' Engagements around Non-State Actors in Education*. Paris, UNESCO. (Background paper for *Global Education Monitoring Report 2021/2*.)

OECD. 2017. *Education Policy in Greece: A Preliminary Assessment*. Paris, Organisation for Economic Co-operation and Development.

___. 2018. *Private Philantropy for Development*. Paris, Organisation for Economic Co-operation and Development.

___. 2021. *Education Policy Outlook: Brazil – With a Focus on National and Subnational Policies*. Paris, Organisation for Economic Co-Operation and Development.

Olmedo, A. 2013. From England with love... ARK, heterarchies and global 'philanthropic governance'. *Journal of Education Policy*, Vol. 29, No. 5, pp. 575–97.

PAL Network. 2020. *2020 Annual Report*. Nairobi, People's Action for Learning Network.

Pane, J. 2018. *Strategies for Implementing Personalized Learning While Evidence and Resources Are Underdeveloped*. Arlington, Va., RAND Corporation.

Papakonstantinou, P. and Kolympari, T. 2019. A bone of contention: teacher evaluation system in Greece. *International Journal of Management in Education*, Vol. 13, No. 1, pp. 40–58.

Parliamentary Monitoring Group. 2018. *Western Cape Provincial School Education Amendment Bill: Public Hearing*. Cape Town, South Africa, Parliamentary Monitoring Group.

Patil, L. and Brakman Reiser, D. 2021. *Emerging Roles and Risks of Philanthropy in Global Education*. Paris, UNESCO. (Background paper for *Global Education Monitoring Report 2021/2*.)

Pearce, C. 2017. *Public Good over Private Profit: A Toolkit for Civil Society to Resist the Privatisation of Education*. Johannesburg, South Africa, Global Campaign for Education.

Peepul India. 2020. *Transforming Lives through Education: Annual Report 2019–2020*. New Delhi, Peepul India.

Polanin, J., Caverly, S., Pollard, E., Bzura, R., Davis, E., Goldston, C., Gnedko-Berry, N., Lindsay, J., Nolan, E. and Song, M. 2021. *A Reintroduction to the What Works Clearinghouse*. Washington, DC, National Center for Education Evaluation, Institute of Education Sciences.

Québec Government. 2020. *Effectif scolaire de la formation générale des jeunes, selon diverses variables, années scolaires 2005–2006 à 2020–2021 [Enrolment in general youth education, by various variables, school years 2005–2006 to 2020–2021]*. Montréal, Qué., Government of Québec.

Québec Ministry of Education. 2021a. *Écoles Privées [Private Schools]*. Montréal, Qué., Government of Quebec. http://www.education.gouv.qc.ca/parents-et-tuteurs/ecoles-privees. (Accessed 28 September 2021.)

___. 2021b. *Établissements d›enseignement privés agréés aux fins de subventions: règles budgétaires pour l›année scolaire 2021–2022. Éducation préscolaire et enseignement primaire et secondaire [Private Educational Institutions Approved for Subsidies: Budgetary Rules for the 2021–2022 School Year. Pre-School, Primary and Secondary Education]*. Montréal, Qué., Government of Québec.

Ready, D. 2018. *The Future of Brazil's 'Common Core'*. Philadelphia, Pa., Consortium for Policy Research in Education Knowledge Hub. https://cprehub.org/blogs/future-brazil%E2%80%99s-%E2%80%9Ccommon-core%E2%80%9D. (Accessed 17 August 2021.)

Reckhow, S. and Tompkins-Stange, M. 2018. Financing the education policy discourse: philanthropic funders as entrepreneurs in policy networks. *Interest Groups and Advocacy*, Vol. 7, No. 3, pp. 258–88.

Reeve, E., Thow, A. M., Bell, C., Engelhardt, K., Gamolo-Naliponguit, E. C., Go, J. J. and Sacks, G. 2018. Implementation lessons for school food policies and marketing restrictions in the Philippines: a qualitative policy analysis. *Globalization and Health*, Vol. 14, No. 8, pp. 1–14.

Reeves, T. C. and Lin, L. 2020. The research we have is not the research we need. *Educational Technology Research and Development*, Vol. 68, No. 4, pp. 1991–2001.
Robertson, S. L. and Verger, A. 2012. Governing education through public private partnerships. Robertson, S. L., Mundy, K., Verger, A. and Menashy, F. (eds), *Public Private Partnerships in Education: New Actors and Modes of Governance in a Globalizing World*. Cheltenham, UK, Edward Elgar, pp. 21–42.
Savedoff, W. D. 2019. *What Is 'Country Ownership'? A Formal Exploration of the Aid Relationship*. Washington, DC, Center for Global Development. (Working Paper 519.)
Sawchuk, S. 2016. Outside the classroom, TFA leaves increasingly complex political trail. *Education Week*, 15 January. www.edweek.org/teaching-learning/outside-the-classroom-tfa-leaves-increasingly-complex-political-trail/2016/01. (Accessed 17 August 2021.)
Sayed, Y. and Soudien, C. 2021. Managing a progressive educational agenda in post-apartheid South Africa: the case of education public-private partnerships. Zajda, J. (ed.), *Third International Handbook of Globalisation, Education and Policy Research*. Cham, Switzerland, Springer, pp. 117–38.
Schoenfeld, A. H. 2006. What doesn't work: the challenge and failure of the What Works Clearinghouse to conduct meaningful reviews of studies of mathematics curricula. *Educational Researcher*, Vol. 35, No. 2, pp. 13–21.
Schultz, A. 2018. How educators, philanthropists, and investors are revolutionizing education. *Barron's*, 22 September. www.barrons.com/articles/how-educators-philanthropists-and-investors-are-revolutionizing-education-1537639200. (Accessed 1 August 2021.)
Sivasubramaniam, M. 2021. *Philanthropic and Faith-based Non-state Actors in the Low-fee Private School Sector in the Global South: Blurring the Lines of Philanthropy and Enterprise*. Paris, UNESCO. (Background paper for *Global Education Monitoring Report 2021/2*.)
Skelton, A., Nolan, A., Mowbray, J., Kothari, J., Sepúlveda, M., Smirnova, M., Zinigrad, R., Fredman, S. and Epal Ratjen, S. 2019. *The Abidjan Principles: Guiding Principles on the Human Rights Obligations of States to Provide Public Education and to Regulate Private Involvement in Education*. Abidjan, Côte d'Ivoire.
Slavin, R. E. 2008. What works? Issues in synthesizing educational program evaluations. *Educational Researcher*, Vol. 37, No. 1, pp. 5–14.
Srinivasaraju, S. 2020. The allegations against Akshaya Patra, and why a probe is needed. *The Wire*, 20 November. https://thewire.in/government/akshaya-patra-trustees-resignation-explainer. (Accessed 17 August 2021.)
Srivastava, P. 2020. *Framing Non-state Engagement in Education*. Paris, UNESCO. (Think piece for *Global Education Monitoring Report 2021/2*.)
Strauss, V. 2013. Global education market reaches $4.4 trillion – and is growing. *Washington Post*, 9 February. www.washingtonpost.com/news/answer-sheet/wp/2013/02/09/global-education-market-reaches-4-4-trillion-and-is-growing. (Accessed 17 August 2021.)
Takayama, K. 2013. Untangling the global-distant-local knot: the politics of national academic achievement testing in Japan. *Journal of Education Policy*, Vol. 28, No. 5, pp. 657–75.
Tarlau, R. and Moeller, K. 2019. 'Philanthropizing' consent: how a private foundation pushed through national learning standards in Brazil. *Journal of Education Policy*, Vol. 35, No. 3, pp. 337–66.
Teach for All. 2021. *Teach for All Overview*. New York, Teach for All.
Technavio Research. 2020. Global K-12 testing and assessment market 2020-2024: increasing use of analytics to boost growth. *Business Wire*, 5 March. www.businesswire.com/news/home/20200305005463/en/Global-K-12-Testing-Assessment-Market-2020-2024-Increasing. (Accessed 17 August 2021.)
Thapliyal, N. 2018. Resisting educational privatisation on screen: a critical analysis of two activist documentaries from India and the USA. *Postcolonial Directions in Education*, Vol. 7, No. 2, pp. 148–73.
UNESCO. 2018. *Walk before You Run: The Challenges of Results-based Payments in Aid to Education*. Paris, UNESCO. (Global Education Monitoring Report Policy Paper 33.)
UNICEF. 2020. *Funding Compendium 2020*. New York, UNICEF.
United Nations. 2015. *Guidelines on a Principle-Based Approach to the Cooperation Between the United Nations and the Business Sector*. New York, United Nations.
Uruguay Government. 2020. *Ley 19889 [Law 19889]*. Montevideo, Government of Uruguay. www.impo.com.uy/bases/leyes/19889-2020. (Accessed 17 August 2021.)
Uruguay Ministry of Education and Culture. 2008. *Ley 18437 [Law 18437]*. Montevideo, Ministry of Education and Culture.
Vergari, S. 2007. The politics of charter schools. *Educational Policy*, Vol. 21, No. 1, pp. 15–39.

Verger, A., Fontdevila, C., Rogan, R. and Gurney, T. 2019. Manufacturing an illusory consensus? A bibliometric analysis of the international debate on education privatisation. *International Journal of Educational Development*, Vol. 64, pp. 81–95.

Verger, A., Fontdevila, C. and Zancajo, A. 2016. *The Privatization of Education: A Political Economy of Global Education Reform*. New York, Teachers' College Press. (International Perspectives on Education Reforms.)

Vigneault, S. 2020. The UN to hold Quebec accountable for its segregated school system. *Our Schools/Our Selves*, Vol. Summer–Fall, pp. 30–31.

Vivas, J. 2020. Snack company continues support programs to feed public schools. *Manila Bulletin*, 20 July. https://mb.com.ph/2020/07/20/snack-company-continues-support-programs-to-feed-public-schools. (Accessed 17 August 2021.)

Wang, Y. 2020. Understanding Congressional coalitions: a discourse network analysis of Congressional hearings for the Every Student Succeeds Act. *Education Policy Analysis Archives*, Vol. 28, No. 1.

Western Cape Education Department. 2020. *Annual Report 2019/2020: Department of Education*. Cape Town, South Africa, Western Cape Education Department.

WHO. 2016. *Framework of Engagement with Non-State Actors*. Geneva, Switzerland, World Health Organization.

___. 2018a. *Guide for Staff on Engagement with Non-State Actors*. Geneva, Switzerland, World Health Organization.

___. 2018b. *Handbook for Non-State Actors on Engagement with WHO*. Geneva, Switzerland, World Health Organization.

Wills, G. 2014. *The Effects of Teacher Strike Activity on Student Learning in South African Primary Schools*. Cape Town, Economic Research Southern Africa. (ERSA Working Paper 402.)

Wilton Park. 2017. *No Child Left Behind: What Is the Complementary Role of Non-state Actors in the Delivery of Quality Basic Education in Low Resource Environments?* London, Foreign, Commonwealth and Development Office. (WP1577.)

第6章

Abumiya, M. I. 2015. *New Trends in Preschool Education and Childcare in Japan: Transition to a 'Comprehensive Support System for Children and Child-rearing'*. Tokyo, National Institute for Educational Policy Research.

Admas, F. 2019. Quality of early childhood education in private and government preschools of Addis Ababa, Ethiopia. *International Journal of Early Childhood*, Vol. 51, No. 2, pp. 163–76.

Alfers, L. 2016. *'Our Children Do Not Get the Attention They Deserve': A Synthesis of Research Findings on Women Informal Workers and Child Care from Six Membership-based Organizations*. Washington, DC, Women in Informal Employment: Globalizing and Organizing. (WIEGO Child Care Initiative.)

Aljabreen, H. 2020. Montessori, Waldorf, and Reggio Emilia: a comparative analysis of alternative models of early childhood education. *International Journal of Early Childhood*, Vol. 52, pp. 337–53.

Anderson, K., Raikes, A., Kosaraju, S. and Solano, A. 2017. *National Early Childhood Care and Education Quality Monitoring Systems*. Washington, DC, Center for Universal Education, Brookings Institution.

Aran, M. A., Munoz Boudet, A. M. and Aktakke, N. 2016. Can regulations make it more difficult to serve the poor? The case of childcare services in Istanbul, Turkey. *Journal of Human Development and Capabilities*, Vol. 17, No. 4, pp. 558–82.

Araujo, M. C., López-Boo, F. and Puyana, J. M. 2013. *Overview of Early Childhood Development Services in Latin America and the Caribbean*. Washington, DC, Inter-American Development Bank.

Arup and Bernard van Leer Foundation. 2020. *Proximity of Care: A New Approach to Designing for Early Childhood in Vulnerable Urban Contexts*. London/The Hague, Arup/Bernard van Leer Foundation.

Bahamas Ministry of Finance. 2019. *Government embarks on preschool to university free education strategy*. Nassau, Ministry of Finance. www.bahamasbudget.gov.bs/2020/news-centre/latest-news/2019/06/19/government-embarks-preschool-university-free-education-strategy. (Accessed 17 July 2021.)

Bahrain Government. 1998. *Private Educational and Training Institutions Law*. Manama, Ministry of Education.

Bastos, P. and Straume, O. R. 2013. *Preschool Education in Brazil: Does Public Supply Crowd out Private Enrollment?* Washington, DC, Inter-American Development Bank. (Working Paper 463.)

Baum, D. 2021. *Non-State Actors in Early Childhood Education: Implications for Education Equity and Quality*. Paris, UNESCO. (Global Education Monitoring Report Fellowship Paper.)

Baum, D. R., Cooper, R. and Lusk-Stover, O. 2018. Regulating market entry of low-cost private schools in sub-Saharan Africa: towards a theory of private education regulation. *International Journal of Educational Development*, Vol. 60, pp. 100–12.

Bidwell, K. and Watine, L. 2014. *Exploring Early Education Programs in Peri-urban Settings in Africa: Nairobi, Kenya – Study Summary*. New Haven, Conn., Innovations for Poverty Action.

Blome, A. 2018. Von Kinder, Küche, Kirche zu Kinder, Karriere, KiTa? Geschlechterrollen, Familienpolitik und Religion im Wandel der Zeit [From children, kitchen, church to children, career, daycare? Gender roles, family politics and religion through the ages]. *Sozialer Fortschritt*, Vol. 67, No. 3, pp. 453–75.

Bold, C. 2006. *A Matter of Belonging: How Faith-based Organisations Can Strengthen Families and Communities to Support Orphans and Vulnerable Children*. London, Christian Aid.

Bouchard, I., Cheung, L. and Pacheco, G. 2021. Evaluating the impact of 20 hours free early childhood education on mothers' labour force participation and earnings. *New Zealand Economic Papers*, Vol. 55, No. 2, pp. 188–202.

Brett, R. 2018. *Roma and Traveller Children with a Parent in Prison: A Follow-Up Report with Case Studies and Recommendations*. Montrouge, France, Children of Prisoners Europe.

BRIDGE, Ilifa Labantwana, National ECD Alliance, Nelson Mandela Foundation, Smartstart and South African Congress for Early Childhood Development. 2020. *The Plight of the ECD Workforce: An Urgent Call for Relief in the Wake of COVID-19*. Johannesburg, South Africa, BRIDGE.

Britto, P. R., Engle, P. L. and Super, C. 2013. *Handbook of Early Childhood Development Research and Its Impact on Global Policy*. New York, Oxford University Press.

Britto, P. R., Lye, S. J., Proulx, K., Yousafzai, A. K., Matthews, S. G., Vaivada, T., Perez-Escamilla, R., Rao, N., Ip, P., Fernald, L. C. H., MacMillan, H., Hanson, M., Wachs, T. D., Yao, H., Yoshikawa, H., Cerezo, A., Leckman, J. F. and Bhutta, Z. A. 2017. Nurturing care: promoting early childhood development. *The Lancet*, Vol. 389, No. 10064, pp. 91–102.

Burroughs, B. 2017. YouTube kids: the app economy and mobile parenting. *Social Media + Society*, Vol. 3, No. 2.

Caddy, E. 2017. *There Are at Least 2700 Informal Child Daycares in Nairobi: Tiny Totos is Working to Help Them Upgrade Their Services*. London, TheirWorld. https://theirworld.org/voices/tiny-totos-kenya-helping-informal-daycares-in-nairobi-upgrade-services. (Accessed 17 August 2021.)

Cárdenas, M. and Cadena, A. M. 2020. *How to Prioritize Early Childhood? A Note on the Recent Experience in Colombia*. Washington, DC, Center for Global Development. (Policy Paper 174.)

Center on the Developing Child. 2021. *What Is Early Childhood Development? A Guide to the Science*. Cambridge, Mass., Harvard University. https://developingchild.harvard.edu/guide/what-is-early-childhood-development-a-guide-to-the-science. (Accessed 17 August 2021.)

Cheruiyot, J. K. 2019. An assessment of the challenges of children in prison with their mothers: a case of Langata Women Maximum Prison. *Interdisciplinary Journal on the African Child*, Vol. 1, No. 1.

Chile Government. 2021. *¿Qué es Chile Crece Contigo? [What is Chilee Crece Contigo?]*. Santiago, Ministry of Social Development. www.crececontigo.gob.cl/acerca-de-chcc/que-es. (Accessed 17 July 2021.)

Chile Undersecretary of Early Childhood Education. 2019. *Informe de Caracterizacion de la Educacion Parvularia: Oficial 2019 [Early Childhood Education Characterization Report: Official 2019]*. Santiago, Undersecretary of Early Childhood Education.

CLADE and OMEP. 2020. *El Derecho a la Educación y al Cuidado en la Primera Infancia: Perspectivas desde América Latina y el Caribe [The Right to Education and Care in Early Childhood: Perspectives from Latin America and the Caribbean]*. São Paulo, Brazil, Latin American Campaign for the Right to Education/World Organization for Early Childhood Education.

Clark, H., Coll-Seck, A. M., Banerjee, A., Peterson, S. and others. 2020. A future for the world's children? A WHO–UNICEF–Lancet Commission. *The Lancet*, Vol. 395, No. 10224, pp. 605–58.

Datla, A. 2018. *Cuna Más: Peru's Home Visiting Program Evolves into a Comprehensive Early Childhood Development Strategy*. Cambridge, Mass., Harvard Kennedy School.

___. 2021. *Crianca Feliz: Brazil's Ambitious Early Childhood Program*. Cambridge, Mass., Harvard Kennedy School.

Deloitte. 2018. *A New Era of Education: China Education Development Report 2018*. Beijing, Deloitte China.

Denmark Ministry of Children and Education. 2020. *The Strengthened Pedagogical Curriculum: Framework and Content*. Copenhagen, Ministry of Children and Education.

Department of Education. 2019. *Survey of Childcare and Early Years Providers: Main Summary – England*. London, Department of Education.

Devercelli, A. E. and Beaton-Day, F. 2020. *Better Jobs and Brighter Futures: Investing in Childcare to Build Human Capital*. Washington, DC, World Bank.

Diker, G. 2001. *Organización y Perspectivas de la Educación Inicial en Iberoamérica: Principales Tendencias [Organization and Perspectives of Initial Education in Ibero-America: Main Trends]*. Madrid, Organization of Ibero-American States.

Dwyer, J. G. 2014. Jailing black babies. *Utah Law Review*, No. 3, pp. 465–541.

Dýrfjörð, K. and Magnúsdóttir, B. R. 2016. Privatization of early childhood education in Iceland. *Research in Comparative and International Education*, Vol. 11, No. 1, pp. 80–97.

ECDA. 2020. *About Us*. Singapore, Early Childhood Development Agency. www.ecda.gov.sg/pages/aboutus.aspx. (Accessed 17 August 2021.)
Education Counts. 2021. *ECE Finances*. Wellington, Ministry of Education. www.educationcounts.govt.nz/statistics/finances. (Accessed 1 November 2021.)
Education International. 2020. *Canada: The Federation of Childcare Workers of Quebec Calls an Indefinite General Strike*. Brussels, Education International. www.ei-ie.org/en/item/23505:canada-the-federation-of-childcare-workers-of-quebec-calls-an-indefinite-general-strike. (Accessed 17 August 2021.)
___. 2021. *Over 300 ECE Educators Graduate in Tanzania*. Brussels, Education International. www.ei-ie.org/en/item/23676:over-300-ece-educators-graduate-in-tanzania. (Accessed 17 August 2021.)
Edwards, D. B., Okitsu, T. and Mwanza, P. 2019. Low-fee private schools, the state, and globalization: a market analysis within the political sociology of education and development. *Education Policy Analysis Archives*, Vol. 27, No. 133.
Eswatini Government. 2018. *National Education and Training Sector Policy*. Mbabane, Ministry of Education and Training.
Ethiopia Federal Ministry of Education. 2020. *Education Statistics Annual Abstract September 2019–March 2020*. Addis Ababa, Federal Ministry of Education.
European Commission/EACEA/Eurydice. 2019. *Key Data on Early Childhood Education and Care in Europe: 2019 Edition*. Brussels, European Commission. (Eurydice Report.)
___. 2021a. *Belgium: French Community – Educational Guidelines for Children ≥ 2.5 Years*. Brussels, European Commission. https://eacea.ec.europa.eu/national-policies/eurydice/belgique-communaute-fran%C3%A7aise/educational-guidelines-children-%E2%89%A5-25-years_pt-pt. (Accessed 17 August 2021.)
___. 2021b. *France: Early Childhood Education and Care*. Brussels, European Commission. https://eacea.ec.europa.eu/national-policies/eurydice/france/early-childhood-education-and-care_en. (Accessed 17 August 2021.)
___. 2021c. *France: Home-based Provision*. Brussels, European Commission. https://eacea.ec.europa.eu/national-policies/eurydice/france/home-based-provision_en. (Accessed 17 August 2021.)
European Public Service Union. 2017. *Unions Discuss Quality Employment in Childcare Services*. Brussels, European Public Service Union. www.epsu.org/article/unions-discuss-quality-employment-childcare-services. (Accessed 17 July 2021.)
Eurostat. 2021. *Living Conditions in Europe: Childcare Arrangements*. Luxembourg, Eurostat. https://ec.europa.eu/eurostat/statistics-explained/index.php?title=Living_conditions_in_Europe_-_childcare_arrangements#Childcare_and_education_arrangements. (Accessed 17 August 2021.)
Evans, D. K. and Kosec, K. 2012. *Early Child Education: Making Programs Work for Brazil's Most Important Generation*. Washington, DC, World Bank.
Expertisecentrum Kinderopvang. 2021. *Expertisecentrum kinderopvang: Van, voor en mét de sector [Childcare Expertise Centre: From, for and with the sector]*. Utrecht, Netherlands, Expertisecentrum Kinderopvang. https://expertisecentrumkinderopvang.nl. (Accessed 17 August 2021.)
Fédération Française des Entreprises de Crèches. 2021. *Qui sommes-nous [Who are we]*. Boulogne-Billancourt, France, French Federation of Nursery Enterprises. (Accessed 17 August 2021.)
Finland Government. 2018. *Varhaiskasvatuslaki [Early Childhood Education and Care Act]*. Helsinki, Ministry of Justice. www.finlex.fi/fi/laki/ajantasa/2018/20180540. (Accessed 17 August 2021.)
FLACSO. 2020. *Informe Final: Evaluación REDCUDI [Final Report: Evaluation of the National Child Care and Development Network]*. San José, Social Development and Family Allowances Fund/National Care Network/Latin American Faculty of Social Sciences.
Gallagher, A. 2017. Growing pains? Change in the New Zealand childcare market 2006–2016. *New Zealand Geographer*, No. 73, pp. 15–24.
Ghana Ministry of Finance. 2019. *Medium Term Expenditure Framework (MTEF) for 2019-2022: Ministry of Education – Programme Based Budget Estimates for 2019*. Accra, Ministry of Finance.
Goshin, L. S., Byrne, M. W. and Blanchard-Lewis, B. 2014. Preschool outcomes of children who lived as infants in a prison nursery. *Prison Journal*, Vol. 94, No. 2, pp. 139–58.
Gould, E. and Blair, H. 2020. *Who's Paying Now? The Explicit and Implicit Costs of the Current Earlycare and Education System*. Washington, DC, Economic Policy Institute.
Gromada, A., Richardson, D. and Rees, G. 2020. *Childcare in a Global Crisis: The Impact of COVID-19 on Work and Family Life*. Florence, Italy, UNICEF Office of Research – Innocenti. (Research Brief 18.)
Gupta, S. 2020. *Do Preschools Add 'Value'? Evidence on Achievement Gaps from Rural India*. Brighton, UK, University of Sussex Business School. (Working Paper 20-2020.)

Halter, E. 2018. Parental prisoners: the incarcerated mother's constitutional right to parent. *Journal of Criminal Law and Criminology*, Vol. 108, No. 3, pp. 539–68.

Haskins, A. R. 2014. Unintended consequences: effects of paternal incarceration on child school readiness and later special education placement. *Sociological Science*, Vol. 1, pp. 141–58.

Hayden, J. and Wai, S. 2013. Community-based approaches to early childhood development: a matter of degree. Brito, P. R., Engle, P. L. and Super, C. M. (eds), *Handbook of Early Childhood Development Research and Its Impact on Global Policy*. New York, Oxford University Press.

Herrera, C., Vives, A., Carvallo, C. and Molina, H. 2016. Protección integral de la infancia a través del subsistema 'Chile Crece Contigo': análisis de una política para romper el ciclo intergeneracional de la pobreza y la inequidad [Comprehensive protection of children through the 'Chile Grows With You' subsystem: analysis of a policy to break the intergenerational cycle of poverty and inequity]. González Contró, M., Mercer, R. and Minujïn., A. (eds), *Lo Esencial no Puede Ser Invisible a los Ojos: Pobreza e Infancia en América Latina [The Essential Cannot Be Invisible to the Eyes: Poverty and Childhood in Latin America]*. Mexico City, Universidad Nacional Autónoma de México.

Home Grown. 2020. *Home-based Child Care Fact Sheet*. https://homegrownchildcare.org/wp-content/uploads/2020/12/HomeGrown_Child-Care-Fact-Sheet_final.pdf. (Accessed 17 August 2021.)

Hughes, R., Kitsao-Wekulo, P., Muendo, R., Bhopal, S., Kimani-Murage, E., Hill, Z. and Kirkwood, B. 2021. Who actually cares for children in slums? Why we need to think, and do, more about paid childcare in urbanizing sub-Saharan Africa. *Philosophical Transactions of the Royal Society B*, Vol. 376, No. 1827.

IFC. 2019. *Tackling Childcare: A Guide for Employer-Supported Childcare*. Washington, DC, International Finance Corporation.

___. 2020. *Tackling Childcare: Employer-Supported Childcare in Cambodia*. Washington, DC, International Finance Corporation.

IFC, Australian Aid and UNICEF. 2018. *Tackling Childcare: The Business Case for Employer-supported Childcare in Sri Lanka*. Washington, DC, International Finance Corporation.

IFC and Bright Horizons. 2019. *The Benefits and Challenges of a Workplace Creche: Employer-supported Childcare in India*. Washington, DC, International Finance Corporation and Bright Horizons Family Solutions.

ILO. 2018. *Women and Men in the Informal Economy: A Statistical Picture*. Geneva, Switzerland, International Labour Organization.

ILO and IFC. 2018. *Towards Gender Equality: Lessons from Factory Compliance Assessments*. Geneva, Switzerland/Washington, DC, International Labour Organization/International Finance Corporation. (Better Factories Cambodia.)

ILO and WIEGO. 2019. *Extending Childcare Services to Workers in the Informal Economy: Policy Lessons from Country Experiences*. Geneva, Switzerland/Washington, DC, International Labour Organization/Women in Informal Employment: Globalizing and Organizing.

India Ministry of Human Resource Development. 2020. *National Education Policy 2020*. New Delhi, Ministry of Human Resource Development.

INEP. 2020. *Matrículas na educação infantil crescem 12,6% nos últimos cinco anos [Enrolment in kindergarten grow 12.6% in the last five years]*. Brasilia, National Institute for Educational Studies and Research Anísio Teixeira. http://portal.inep.gov.br/artigo/-/asset_publisher/B4AQV9zFY7Bv/content/id/6836830. (Accessed 17 August 2021.)

Ionescu, M., Trikic, Z. and Pinto, L. M. 2019. *Towards Integrated Early Childhood Systems: Building the Foundations – Toolkit*. Leiden, Netherlands, International Step by Step Association.

Jamil, B. R. and Saeed, S. 2018. *In Punjab, Variations in Entry into Pre-primary Education Can Lead to Lower Learning Outcomes*. Washington, DC, Global Partnership for Education. www.globalpartnership.org/blog/punjab-variations-entry-pre-primary-education-can-lead-lower-learning-outcomes. (Accessed 17 July 2021.)

Japan Government. 2014. *Cabinet Office: Outline of Duties*. Tokyo, Cabinet Office.

Joo, Y. S., Magnuson, K., Duncan, G. J., Schindler, H. S., Yoshikawa, H. and Ziol-Guest, K. M. 2020. What works in early childhood education programs?: A meta-analysis of preschool enhancement programs. *Early Education and Development*, Vol. 31, No. 1, pp. 1–26.

Jordan Ministry of Education and UNICEF. 2020. *Out-of-School Children Initiative: Country Report on Out-of-School Children*. Amman, Ministry of Education/UNICEF.

Josephson, K., Guerrero, G. and Coddington, C. 2017. *Supporting the Early Childhood Workforce at Scale: The Cuna Más Home Visiting Program in Peru*. Washington, DC, Results for Development.

Kaisahang Buhay Foundation. 2021. *KBF Services*. Quezon City, Philippines, Kaisahang Buhay Foundation. www.kbf.ph/services. (Accessed 17 August 2021.)

Kamerman, S. B. 2006. *A Global History of Early Childhood Education and Care*. Paris, UNESCO. (Background paper for *EFA Global Monitoring Report 2007*.)

Kaneko, M., Lombardi, J. and Weisz, A. 2020. *Support Programs for Home-based Child Care: A Global Study*. London/San Francisco, Calif., Spring Impact/Echidna Giving.

Karch, A. 2013. *Early Start: Preschool Politics in the United States*. Ann Arbor, Mich., University of Michigan Press.

Kim, J., Hailu, B., Rose, P., Rossiter, J., Teferra, T. and Woldehanna, T. 2022. Persistent inequalities in early years' access and learning: evidence from a large-scale expansion of pre-primary education in Ethiopia. *Early Childhood Research Quarterly*, Vol. 58, pp. 103–14.

King, K. M., Crouch, L., Wils, A. and Baum, D. R. 2020. How well are we measuring access to early childhood education? Wiseman, A. W. (ed.), *Annual Review of Comparative and International Education 2019*, Vol. 39. Bingley, UK, Emerald Publishing, pp. 171–89. (International Perspectives on Education and Society.)

Knijn, T. and Lewis, J. 2017. ECEC: Childcare markets in the Netherlands and England. Unger, B., van der Linde, D. and Getzner, M. (eds), *Public or Private Goods?* Cheltenham, UK, Edward Elgar.

Kumpulainen, K. 2018. *Respecting Children and Families: A Case Study of the Finnish Early Childhood Education and Care System*. New York, Teachers College. (The Early Advantage: International Case Studies of Early Childhood Education and Care System.)

LaingBuisson. 2020. *Childcare UK Market Report*. London, LaingBuisson/Cainreagle/Office for National Statistics.

Lancet, The. 2016. Advancing early childhood development: from science to scale. *The Lancet*, Vol. 389, No. 10064. (The 2016 *Lancet* Early Childhood Development Series.)

Li, H., Yang, W. and Chen, J. J. 2016. From 'Cinderella' to 'Beloved Princess': the evolution of early childhood education policy in China. *International Journal of Child Care and Education Policy*, Vol. 10, No. 1.

Lieber, C. 2020. No, my toddler doesn't need to learn to code. *The New York Times*, 21 July. www.nytimes.com/2020/07/21/parenting/stem-toys-kids.html. (Accessed 17 August 2021.)

Liu, C. and Hwang, G.-J. 2021. Roles and research trends of touchscreen mobile devices in early childhood education: review of journal publications from 2010 to 2019 based on the technology-enhanced learning model. *Interactive Learning Environments*.

Loizillon, A. and Leclercq, F. 2016. *New Horizons: A Review of Early Childhood Care and Education in Asia and the Pacific*. Bangkok, UNESCO Regional Bureau for Education in Asia and the Pacific.

Malik, R., Hamm, K., Schochet, L., Novoa, C., Workman, S. and Jessen-Howard, S. 2018. *America's Child Care Deserts in 2018*. Washington, DC, Center for American Progress.

Martin, E. 2017. Hidden consequences: the impact of incarceration on dependent children. *National Institute of Justice Journal*, No. 278.

Marzonetto, G. and Rodríguez, C. 2017. La coordinación institucional de políticas de cuidado infantil en la Argentina: desafío necesario para el abordaje de las desigualdades [Institutional coordination of childcare policies in Argentina: a necessary challenge to address inequalities]. *Cuadernos de Economía Crítica*, Vol. 4, No. 7, pp. 43–69.

Miller, L., Cameron, C., Dalli, C. and Barbour, N. 2017. *The SAGE Handbook of Early Childhood Policy*. London, SAGE.

Morgan, P. L., Wang, Y. and Woods, A. D. 2021. Risk and protective factors for frequent electronic device use of online technologies. *Child Development*, Vol. 92, No. 2, pp. 704–14.

Murray, J., Farrington, D. P. and Sekol, I. 2012. Children's antisocial behavior, mental health, drug use, and educational performance after parental incarceration: a systematic review and meta-analysis. *Psychological Bulletin*, Vol. 138, No. 2, pp. 175–210.

NAEYC. 2021. *Strategic Direction*. Washington, DC, National Association for the Education of Young Children.

National Day Nurseries Association. 2019. *About the National Day Nurseries Association (NDNA)*. Huddersfield, UK, National Day Nurseries Association. www.ndna.org.uk/NDNA/All_About_Us/About_Us.aspx. (Accessed 17 August 2021.)

Neuman, M. J. and Devercelli, A. E. 2013. *What Matters Most for Early Childhood Development: A Framework Paper*. Washington, DC, World Bank. (SABER Working Paper 5.)

Neuwelt-Kearns, C. and Ritchie, J. 2020. *Investing in Children? Privatisation and Early Childhood Education in Aotearoa New Zealand*. Auckland, New Zealand, Child Poverty Action Group.

New Zealand Ministry of Education. 2020. *ECE Funding Handbook*. Wellington, Ministry of Education. www.education.govt.nz/early-childhood/funding-and-data/funding-handbooks/ece-funding-handbook/the-ece-funding-subsidy. (Accessed 17 July 2021.)

Norway Ministry of Education and Research. 2014. *OECD: Thematic Review of Early Childhood Education and Care Policy in Norway – Background Report*. Oslo, Ministry of Education and Research.

Novoa, C. 2020. *How Child Care Disruptions Hurt Parents of Color Most*. Washington, DC, Center for American Progress. www.americanprogress.org/issues/early-childhood/news/2020/06/29/486977/child-care-disruptions-hurt-parents-color. (Accessed 17 August 2021.)

OECD. 2016. *Education in Colombia*. Paris, Organisation for Economic Co-operation and Development. (Reviews of National Policies for Education.)

___. 2018. *Engaging Young Children: Lessons from Research about Quality in Early Childhood Education and Care*. Paris, Organisation for Economic Co-operation and Development. (Starting Strong.)

___. 2019a. *Education at a Glance 2019*. Paris, Organisation for Economic Co-operation and Development.

___. 2019b. *PF3.3: Informal Childcare Arrangements*. Paris, Organisation for Economic Co-operation and Development.

___. 2019c. *Providing Quality Early Childhood Education and Care: Results from the Starting Strong Survey 2018*. Paris, Organisation for Economic Co-operation and Development.

___. 2020. *Is Childcare Affordable?* Paris, Organisation for Economic Co-operation and Development. (Policy Brief on Employment, Labout and Social Affairs.)

Padinha, T. A. and Goia, M. R. 2021. Private bilingual schools and teacher qualifications. *Cadernos de Pesquisa*, Vol. 51.

Paschall, K. 2019. *Nearly 30 Percent of Infants and Toddlers Attend Home-based Child Care as Their Primary Arrangement*. Bethesda, Md., Child Trends. www.childtrends.org/blog/nearly-30-percent-of-infants-and-toddlers-attend-home-based-child-care-as-their-primary-arrangement. (Accessed 17 August 2021.)

Penn, H. 2019. *Putting Childcare at the Heart of the Social Market Economy*. Brussels, Wilfried Martens Centre for European Studies. (Policy Brief.)

Pesando, L. M., Wolf, S., Behrman, J. R. and Tsinigo, E. 2020. Are private kindergartens really better? Examining preschool choices, parental resources, and children's school readiness in Ghana. *Comparative Education Review*, Vol. 64, No. 1, pp. 107–36.

Philippines Congress. 2012. *Republic Act No. 10157: An Act Institutionalizing the Kindergarten Education into the Basic Edication System and Appropriating Fund Therefor*. Manila, Congress of the Philippines.

___. 2013. *Republic Act No. 10410: An Act Recognizing the Age from Zero (0) to Eight (8) Years as the First Crucial Stage of Educational Development and Strengthening the Early Childhood Care and Development System, Appropriating Funds Therefor and for Other Purposes*. Manila, Congress of the Philippines.

Philippines ECCD Council. 2015. *Guidelines on the Registration and Granting of Permit and Recognition to Public and Private Child Development Centers/Learning Centers Offering Early Childhood Programs for 0 to 4 Years Old Filipino Children*. Pasig City, Philippines, Early Childhood Care and Development Council.

___. 2019. *Revised Philippine ECCD Checklist: Technical and Administration Manual*. Pasig City, Philippines, Early Childhood Care and Development Council.

Poehlmann-Tynan, J. and Turney, K. 2021. A developmental perspective on children with incarcerated parents. *Child Development Perspectives*, Vol. 15, No. 1, pp. 3–11.

Ponguta, L. A., Aggio, C., Moore, K., Hartwig, E., Jang, B., Markovic, J., Hasanova, L., Bosworth, J. and Grover, D. 2019. Exploratory analysis of decentralized governance and its implications for the equity of early childhood education services in four countries of Europe and Central Asia. *Early Years*, Vol. 39, No. 3, pp. 326–42.

Rao, N., Cohrssen, C., Chan, S. and Richards, B. 2020. *An Evaluation of the Early Childhood Care and Development Programme Bhutan*. Thimphu, UNICEF/Bhutan Ministry of Education.

Rao, N. and Lau, G. L. C. 2018. Responsive policymaking and implementation: enhancing ECEC system quality and equity in Hong Kong. Kagan, S. L. (ed.), *Early Childhood Systems that Lead by Example: A Comparative Focus on International Early Childhood Education*. New York, Teachers College Press/National Center on Education and the Economy.

Rauf, D. S. 2020. Early education startup closes on $50 million fundraising round. EDWeek Market Brief, 12 October. https://marketbrief.edweek.org/marketplace-k-12/early-education-startup-closes-50-million-fundraising-round. (Accessed 17 August 2021.)

Rede Nacional Primeira Infância. 2018. *Quem somos [Who are we]*. Brasília, Rede Nacional Primeira Infância. http://primeirainfancia.org.br/quem-somos. (Accessed 17 August 2021.)

Reid Chassiakos, Y., Radesky, J., Christakis, D., Moreno, M. A. and Cross, C. 2016. Children and adolescents and digital media. *Pediatrics*, Vol. 138, No. 5.

Rideout, V. and Robb, M. B. 2020. *The Common Sense Census: Media Use by Kids Age Zero to Eight*. San Francisco, Calif., Common Sense Media.

Ruutiainen, V., Alasuutari, M. and Karila, K. 2021. Selectivity of clientele in Finnish private early childhood education and care. *Nordic Journal of Studies in Educational Policy*, Vol. 7, No. 2, pp. 91–105.

Samoa Ministry of Education, Sports and Culture. 2019. *Education Statistical Digest*. Apia, Ministry of Education, Sports and Culture.

___. 2020. *Education Sector COVID-19 Response Plan: Implementing the COVID Basic Education Response Programme*. Apia, Ministry of Education, Sports and Culture.

Saudi Arabia Government. 2021. *Qurrah*. Riyadh, Human Resources Development Fund. https://qurrah.sa. (Accessed 17 August 2021.)

Schulte, B. and Durana, A. 2016. *The New America Care Report*. Washington, DC, New America.

Schweinhart, L. J. 2016. Use of early childhood longitudinal studies by policy makers. *International Journal of Child Care and Education Policy*, Vol. 10.

SEAMEO INNOTECH. 2020. *Quality Assurance in Early Childhood Care and Development (ECCD) in Southeast Asia*. Quezon City, Philippines, Regional Center for Educational Innovation and Technology, Southeast Asian Ministers of Education Organization.

Seychelles Government. 2011. *The Seychelles Framework for Early Childhood Care and Education: Winning for Children – A Shared Commitment*. Victoria, Department of Education.

Shdaimah, C., Palley, E. and Miller, A. 2018. Voices of child care providers: an exploratory study on the impact of policy changes. *International Journal of Child Care and Education Policy*, Vol. 12.

Simon, A., Owen, C., Hollingworth, K. and Rutter, J. 2015. *Provision and Use of Preschool Childcare in Britain: Summary of Research Findings*. London, UCL Institute of Education.

Sitati, E. M., Ndirangu, M., Kennedy, B. and Rapongo, G. S. 2016. Implementation of early childhood development education service standard guidelines on physical facilities in public and private early childhood education centres: Kakamega County, Kenya. *Early Child Development and Care*, Vol. 186, No. 11, pp. 1765–78.

Slot, P. 2018. *Structural Characteristics and Process Quality in Early Childhood Education and Care: A Literature Review*. Paris, Organisation for Economic Co-operation and Development. (Education Working Paper 176.)

Smith, P. S. and Gampell, L. 2011. *Children of Imprisoned Parents*. Copenhagen, Danish Institute for Human Rights.

South Africa Department of Social Development. 2020. *Social Development Sets up Workstreams to Conduct Risk Assessment and State of Readiness for the Early Childhood Development (ECD) Centres*. Pretoria, Department of Social Development. www.dsd.gov.za/index.php/latest-news/21-latest-news/183-social-development-sets-up-workstreams-to-conduct-risk-assessment-and-state-of-readiness-for-the-early-childhood-development-ecd-centres. (Accessed 17 August 2021.)

Stack, N. 2013. Making a case for early intervention: the role of developmental neuroscience. Wasserman, L. H. and Zambo, D. (eds), *Early Childhood and Neuroscience: Links to Development and Learning, Educating the Young Child*, Vol. 7. Dordrecht, Netherlands, Springer, pp. 157–70.

Statistics South Africa. 2019. *General Household Survey 2018*. Pretoria, Statistics South Africa. (Statistical Release P0318.)

Stella, C., Sequeira, V. C. and Rosa, T. L. 2016. Mothers and babies in a Brazilian prison: a study exploring the impact of prison conditions. *Forensic Research & Criminology International Journal*, Vol. 2, No. 3, pp. 104–10.

Step by Step. 2019. *Strengthening the Role of Civil Society in Assuring Equity and Excellence in Early Childhood*. Skopje, Foundation for Educational and Cultural Initiatives Step by Step. www.stepbystep.org.mk/en/proekt-zajaknuvanje-na-ulogata. (Accessed 17 July 2021.)

Strehmel, P. 2019. Measures of personnel development in different types of German early childhood education (ECE) enterprises. Strehmel, P., Heikka, J., Hujala, E., Rodd, J. and Waniganayake, M. (eds), *Leadership in Early Education in Times of Change: Research from Five Continents*. Opladen, Germany, Verlag Barbara Budrich. (International Leadership Research Forum Early Education Research monograph 3.)

Sultana, R. 2009. *Jordan's Early Childhood Development Initiative: Making Jordan Fit for Children*. Amman, UNICEF Middle East and North Africa Regional Office. (Learning Series 2.)

Suzuki, W. 2019. Japan's free childcare program no panacea for daycare waitlists. *Nippon.com*, 11 June. www.nippon.com/en/in-depth/d00489/japan's-free-childcare-program-no-panacea-for-daycare-waitlists.html. (Accessed 17 August 2021.)

Tan, C. T. 2017. Enhancing the quality of kindergarten education in Singapore: policies and strategies in the 21st century. *International Journal of Child Care and Education Policy*, Vol. 11, No. 7, pp. 1–22.

The Knesset. 2019. *Education Committee Calls for Speedy Transfer of Authority to Supervise Child Daycare Centers from the Labor Ministry to the Education Ministry*. Jerusalem, The Knesset. https://m.knesset.gov.il/en/News/PressReleases/Pages/press16719h.aspx. (Accessed 17 August 2021.)

Trinidad and Tobago Ministry of Education. 2021. *Early Childhood Care and Education (ECCE) Division*. Port of Spain, Ministry of Education. www.moe.gov.tt/e-c-c-e. (Accessed 17 August 2021.)

Tshomo, P. 2017. *Early Childhood Care and Development in Bhutan: A Case for Investment*. Thimphu, Ministry of Education/UNICEF.

Uganda Ministry of Education and Sports. 2017. *Education Abstract 2017*. Kampala, Ministry of Education and Sports.

UN Women. 2019. *Investing in Early Childhood Education and Care in Kyrgyz Republic: An Assessment of Care Deficits, Costs and Impact on Employment, Gender Equality and Fiscal Returns*. New York, UN Women.

UNESCO. 2016a. *Asia-Pacific Regional Report: Financing for Early Childhood Care and Education (ECCE)*. Bangkok, UNESCO Regional Bureau for Education in Asia and the Pacific.

___. 2016b. *Global Education Monitoring Report 2016: Education for People and Planet – Creating Sustainable Futures for All*. Paris, UNESCO.

___. 2019. *Regional Guidelines on Innovative Financing Mechanisms and Partnerships for Early Childhood Care and Education (ECCE)*. Bangkok UNESCO Regional Bureau for Education in Asia and the Pacific/SEAMEO Regional Center for Early Childhood Care Education and Parenting.

___. 2020. *The Impact of COVID-19 on ECCE Sector: Lesson Learned and Promising Practices from the Asia-Pacific*. Bangkok, UNESCO Regional Bureau for Education in Asia and the Pacific.

___. 2021. *Right to Pre-primary Education: A Global Study*. Paris, UNESCO.

UNICEF. 2017. *2017 Status Report on Early Childhood Care and Education in Pacific Island Countries*. Suva, UNICEF/Pacific Regional Council for Early Childhood Care and Education.

___. 2019. *A World Ready to Learn: Prioritizing Quality Early Childhood Education*. New York, UNICEF.

UNICEF, ILO and WIEGO. 2021. *Family-friendly Policies for Workers in the Informal Economy: Protecting and Ensuring Social Protection and Care Systems for All Children and Families in the Context of COVID-19 and Beyond*. New York/Geneva, Switzerland, UNICEF/International Labour Organization/Women in Informal Employment: Globalizing and Organizing.

United Arab Emirates Ministry of Education. 2018. *Institutions Compliance Inspection Manual for Early Childhood Education*. Abu Dhabi, Ministry of Education.

Vaala, S. E. and LaPierre, M. A. 2014. Marketing genius: the impact of educational claims and cues on parents' reactions to infant/toddler DVDs. *Journal of Consumer Affairs*, Vol. 48, No. 2, pp. 323–50.

Vaknin, D. 2020. *Early Childhood Education and Care in Israel Compared to the OECD: Enrollment Rates, Employment Rates of Mothers, Quality Indices, and Future Achievement*. Jerusalem, Taub Center for Social Policy Studies in Israel. (Early Childhood Research Paper 3.)

Vargas-Barón, E. 2015. *Policies on Early Childhood Care and Education: Their Evolution and Some Impacts*. Paris, UNESCO. (Background paper for *EFA Global Monitoring Report 2015*.)

Wallonia-Brussels Federation. 2020. *Référentiel des Compétences Initiales; Tronc Commun [Reference of Initial Competences: Common Core]*. Brussels, Fédération Wallonie-Bruxelles.

Warnasuriya, R., Sosale, S. and Dey, S. 2020. *Integrating Early Childhood Care and Education in Sri Lanka: From Global Evidence to National Action*. Washington, DC, World Bank.

Warner, J. 2015. Infants in orange: an international model-based approach to prison nurseries. *Hastings Women's Law Journal*, Vol. 26, No. 1, pp. 65–91.

Wills, G. and Kika-Mistry, J. 2021. *Early Childhood Development in South Africa during the COVID-19 Pandemic: Evidence from NIDS-CRAM Waves 2-5*. Cape Town, University of Cape Town. (National Income Dynamics Study – Coronavirus Rapid Mobile Survey Wave 5: 14.)

Wolf, S., Raza, M., Kim, S., Aber, J. L., Behrman, J. and Seidman, E. 2018. Measuring and predicting process quality in Ghanaian pre-primary classrooms using the Teacher Instructional Practices and Processes System (TIPPS). *Early Childhood Research Quarterly*, Vol. 45, pp. 18–30.

Wolfe, J., Kandra, J., Engdahl, L. and Shierholz, H. 2020. *Domestic Workers Chartbook: A Comprehensive Look at the Demographics, Wages, Benefits, and Poverty Rates of the Professionals Who Care for Our Family Members and Clean Our Homes*. Washington, DC, Economic Policy Institute.

Wong, J. M. S. and Rao, N. 2015. The evolution of early childhood education policy in Hong Kong. *International Journal of Child Care and Education Policy*, Vol. 9, No. 1.

World Bank. 2012. *Vanuatu Early Childhood Deveopment*. Washington, DC, World Bank. (SABER Country Report.)

___. 2017. *Pre-Primary Education in Mongolia: Access, Quality of Service Delivery, and Child Development Outcomes*. Washington, DC, World Bank.

___. 2019a. *Implementation Completion and Results Report for the Jamaica Early Childhood Development Project*. Washington, DC, World Bank.

___. 2019b. *Why Childcare?* Washington, DC, Women, Business and the Law, World Bank and Gender Secretariat, International Finance Corporation. (Women, Business and the Law Brief.)

___. 2020. *The Promise of Education in Indonesia*. Jakarta, World Bank.

___. 2021. *Eswatini Education Sector Analysis*. Washington, DC, World Bank.

Yoshikawa, H., Wuermli, A. J., Raikes, A., Kim, S. and Kabay, S. B. 2018. Toward high-quality early childhood development programs and policies at national scale: directions for research in global contexts. *Social Policy Report*, Vol. 31, No. 1.

Zahar, Z. and Khondker, K. 2017. From small to scale: the expansion of pre-primary in Bangladesh. *Early Childhood Matters*, pp. 61–65.

Zeanah, C. H., Humphreys, K. L., Fox, N. A. and Nelson, C. A. 2017. Alternatives for abandoned children: insights from the Bucharest Early Intervention Project. *Current Opinion in Psychology*, Vol. 15, pp. 182–88.

Zonji, S. 2018. A network for early childhood development. *Annals of the New York Academy of Sciences*, Vol. 1419, No. 1, pp. 20–22.

第7章

Ahmad, A. B. and Shah, M. 2016. The rise of private higher education in Kurdistan. Shah, M. and Nair, C. S. (eds), *A Global Perspective on Private Higher Education*. Cambridge, Mass., Chandos, pp. 219–28.

Ahmed, J. U. 2015. Massification to marketization of higher education: private university education in Bangladesh. *Higher Education for the Future*, Vol. 3, No. 1, pp. 76–92.

Almeida de Carvalho, C. H. 2013. A mercantilização da educação superior brasileira e as estratégias de mercado das instituições lucrativas [The commodification of Brazilian higher education and the market strategies of profitable institutions]. *Revista Brasileira de Educação*, Vol. 18, pp. 761–76.

Altbach, P. 2015. AHELO: the myth of measurement and comparability. *International Higher Education*, No. 82, pp. 2–3.

Altbach, P., de Wit, H. and Woldegiyorgis, A. A. 2021. *Public vs. Private Participation in Higher Education: Realities and Debates*. Paris, UNESCO. (Background paper for *Global Education Monitoring Report 2021/2*.)

Amde, W. K., Sanders, D., Chilundo, B., Rugigana, E., Haile Mariam, D. and Lehmann, U. 2018. Exploring multiple job holding practices of academics in public health training institutions from three sub-Saharan Africa countries: drivers, impact, and regulation. *Global Health Action*, Vol. 11, No. 1.

Amini-Philip, C. 2019. Moonlighting activities and lecturers' wellbeing in Nigerian universities. *Advances in Social Sciences Research Journal*, Vol. 6, No. 7, pp. 339–46.

Arke, R. 2020. *For-profit Education*. Washington, DC, Center for Responsive Politics. www.opensecrets.org/industries/background.php?cycle=2020&ind=H5300. (Accessed 17 July 2021.)

Asian Development Bank. 2012. *Private Higher Education Across Asia: Expanding Access, Searching for Quality*. Manila, Asian Development Bank. (Higher Education in Dynamic Asia.)

Assomull, A., Abdo, M. and Pelley, R. 2015. *Driving Grades, Driving Growth: How Private Capital in Education Is Increasing Access, Inspiring Innovation and Improving Outcomes*. Doha, World Innovation Summit for Education.

Australia DFAT. 2016. *TPP Outcomes: Education Services*. Canberra, Department of Foreign Affairs and Trade.

Bahceli, Y. 2020. *Facing Pandemic Squeeze, Universities Hit Bond Markets for Cheap Cash*. Reuters, 11 August. www.reuters.com/article/us-health-coronavirus-university-bonds-idUSKCN25721A. (Accessed 17 July 2021.)

Bangladesh University Grants Commission. 2018. *Strategic Plan for Higher Education in Bangladesh: 2018–2030*. Dhaka, University Grants Commission.

Benavides, M. and Hagg Watanabe, F. 2020. *Complexité et inégalités de l'offre universitaire privée au Pérou : Regard sur la diversité sociodémographique des étudiants et des conditions d'insertion professionnelle des diplômés d'universités privées [Complexity and Inequalities of the Private University Offer in Peru: A Look at the Socio-demographic Diversity of Students and the Professional Integration Conditions of Private University Graduates]*. Paris, Agence française de développement. (Papier de recherche 163.)

Bennett, B. 2002. The new style boards of governors: are they working? *Higher Education Quarterly*, Vol. 56, No. 3, pp. 287–302.

Bernasconi, A. 2013. El motivo del lucro en la educación superior [The profit motive in higher education]. *International Higher Education*, No. 71, pp. 9–11.

BRAC. 2021. *Bangladesh Country Report*. Paris, UNESCO. (Background paper for *Global Education Monitoring Report on Non-state Actors in South Asia 2022*.)

Brazil Ministry of Education and Culture. 2021. *Perguntas frequentes [Frequently asked questions]*. Brasília, Ministry of Education and Culture. http://portal.mec.gov.br/cotas/perguntas-frequentes.html. (Accessed 17 July 2021.)

Buckner, E. 2011. The role of higher education in the Arab state and society: historical legacies and recent reform patterns. *Journal of Comparative & International Higher Education*, Vol. 3, pp. 21–26.

___. 2018. The growth of private higher education in North Africa: a comparative analysis of Morocco and Tunisia. *Studies in Higher Education*, Vol. 43, No. 7, pp. 1295–306.

___. 2021. *The Non-State Tertiary Sector and Inequalities in Tertiary Attendance and Completion*. Paris, UNESCO. (Global Education Monitoring Report Fellowship Paper.)

Campbell, A. 2021. *Examining Non-state Actors' Contributions to International Higher Education Scholarships*. Paris, UNESCO. (Background paper for *Global Education Monitoring Report 2021/2*.)

Carpenter, J. 2017. Christian universities grow in Africa. *International Higher Education*, No. 88, pp. 25–26.

Casanova, A. M., Kandri, S.-E., Khan, M. A. and Valenzuela, C. 2015. *UNIMINUTO: Bringing Entrepreneurship, Innovation and Jobs to Marginalized Communities in Colombia through Tertiary Education*. Washington, DC, International Finance Corporation.

Caulier, S. 2020. Recherche publique et entreprises privées : les liens se resserrent [Public research and private companies: the links are growing closer]. *Le Monde*, 26 February. www.lemonde.fr/emploi/article/2020/02/26/recherche-publique-et-entreprises-privees-les-liens-se-resserrent_6030860_1698637.html. (Accessed 12 August 2021.)

CAUT. 2018. *CAUT Report on Board of Governors Structures at Thirty-One Canadian Universities*. Ottawa, Canadian Association of University Teachers.

CHANCEN. 2020. *CHANCEN schreiben [CHANCEN letter]*. Berlin, CHANCEN.

___. 2021. *Income Share Agreements*. Berlin, CHANCEN. https://chancen-eg.de/en/income-share-agreements. (Accessed 17 July 2021.)

Chapman, B. 2016. Income contingent loans in higher education financing. *IZA World of Labor*, No. 227.

Chattopadhyay, S. 2019. State–market dynamics in higher education financing. Varghese, N. V. and Panigrahi, J. (eds), *India Higher Education Report 2018: Financing of Higher Education*. New Delhi, SAGE/National Institute of Educational Planning and Administration, pp. 25–46.

Chau, Q., Dang, B. L. and Nguyen, X. A. 2020. Patterns of ownership and management in Vietnam's private higher education: an exploratory study. *Higher Education Policy*.

Chiaverini, T. 2018. Planos para a educação devem enfraquecer professores e beneficiar Guedes [Education plans will weaken teachers and benefit Guedes]. *Exame*, 16 December. https://exame.com/brasil/plano-para-a-educacao-deve-enfraquecer-professor-e-beneficiar-guedes. (Accessed 17 July 2021.)

Clark, P. 2016. *Reforming Higher Education in Albania*. Cheltenham, UK, Higher Education Statistics Agency. www.hesa.ac.uk/blog/11-10-2016/reforming-higher-education-albania. (Accessed 17 July 2021.)

Club of Mozambique. 2018. *Mozambique: Government Pledges Crackdown on 'Turbo Teachers'*. Maputo, Club of Mozambique. https://clubofmozambique.com/news/mozambique-government-pledges-crackdown-on-turbo-teachers-watch. (Accessed 16 August 2021.)

Corbucci, P. R., Kubota, L. C. and Barbosa Meira, A. P. 2016. *Reconfiguração Estrutural da Educação Superior Privada no Brasil: Nova Fase da Mercantilização do Ensino [Structural Reconfiguration of Private Higher Education in Brazil: A New Phase in the Commodification of Education]*. Brasília, Instituto de Pesquisa Econômica Aplicada. (Texto para Discussão 2256.)

Cunha, J. 2018. Conglomerados do ensino superior avançam sobre a educação básica [Higher education conglomerates advance on basic education]. *Folha de S.Paulo*, 17 June. www1.folha.uol.com.br/mercado/2018/06/conglomerados-do-ensino-superior-avancam-sobre-a-educacao-basica.shtml. (Accessed 12 August 2021.)

Davies, H. 2018. *Comprehensive Economic and Trade Agreement with Canada: CETA – How Far Has It Come and Where Is It Headed?* Geneva, Switzerland/Brussels, European University Association.

de Mello, J. M. P. and Duarte, I. F. 2020. The effect of the availabilty of student credit on tuitions: testing the Bennett hypothesis using evidence from a large-scale student loan program in Brazil. *Economía*, Vol. 20, No. 2, pp. 179–222.

de Wet, P. 2019. You can now go to jail for faking a degree on your CV – or claiming a qualification you don't have on LinkedIn or Twitter. *Business Insider South Africa*, 21 August. www.businessinsider.co.za/national-qualifications-framework-amendment-act-offences-for-fraud-2019-8. (Accessed 17 July 2021.)

Debter, L. 2017. The world's biggest for-profit college company, Laureate Education, raises $490 million in public debut. *Forbes*, 1 February. www.forbes.com/sites/laurengensler/2017/02/01/laureate-education-initial-public-offering. (Accessed 17 July 2021.)

Dia, H. and Goudiaby, J. A. 2020. *Le paradoxe de l'enseignement supérieur privé au Sénégal : réduire les inégalités tout en les maintenant [The Paradox of Private Higher Education in Senegal: Reducing Inequalities while Maintaining Them]*. Paris, Agence française de développement. (Papier de recherche 154.)

Dilas, D. B., Mackie, C., Huang, Y. and Trines, S. 2019. *Education in Indonesia*. New York, World Education News and Reviews. https://wenr.wes.org/2019/03/education-in-indonesia-2. (Accessed 16 August 2021.)

Doan, D., Kang, J. and Zhu, Y. 2020. *Financing Higher Education in Vietnam: Student Loan Reform*. London, Centre for Global Higher Education. (Working Paper 51.)

Dobbins, M. and Knill, C. 2009. Higher education policies in Central and Eastern Europe: convergence toward a common model? *Governance*, Vol. 22, No. 3, pp. 397–430.

Douglas-Gabriel, D. 2018. Former executives of defunct for-profit college firm ITT settle fraud charges with SEC. *Washington Post*, 9 July. www.washingtonpost.com/news/grade-point/wp/2018/07/09/itts-top-executives-settle-fraud-charges-with-sec. (Accessed 17 August 2021.)

Durham, E. R. and Sampaio, H. 2000. O setor privado de ensino superior na América Latina [The higher education private sector in Latin America]. *Cadernos de Pesquisa*, No. 110, pp. 7–37.

Eaton, C., Howell, S. and Yannelis, C. 2018. When investor incentives and consumer interests diverge: private equity in higher education. *Review of Financial Studies*, Vol. 33, No. 9, pp. 4024–60.

Educación 2020. 2018. *Estos son 7 aspectos que debes saber sobre el lucro en la educación superior [These are 7 things you should know about profit in higher education]*. Santiago, Educación 2020.

El-Galil, T. 2021. *Libya Closes 20 Private Universities and Colleges*. London, Al-Fanar Media. www.al-fanarmedia.org/2021/08/libya-closes-20-private-universities-and-colleges. (Accessed 30 August 2021.)

Elder, S. and Kring, S. 2016. *Young and Female: A Double Strike? Gender Analysis of School-to-work Transition Surveys in 32 Developing Countries*. Geneva, Switzerland, International Labour Organization. (Work4Youth Publication 32.)

Erebara, G. 2014. Albania closes suspected 'diploma factories'. *Balkan Insight*, 7 August. https://balkaninsight.com/2014/08/07/albania-axes-suspected-diploma-mills. (Accessed 17 July 2021.)

ESSA. 2019. *Transforming Education Together: Impact Report 2016–2019*. London, Education Sub Saharan Africa.

Ferreyra, M. M., Avitabile, C., Álvarez, J. B., Haimovich Paz, F. and Urzúa, S. 2017. *At a Crossroads: Higher Education in Latin America and the Caribbean*. Washington, DC, World Bank. (Directions in Development: Human Development.)

FIUC. 2021. *Strategic Plan 2019–2021: A Global Voice for Common Future*. Paris, Fédération Internationale des Universités Catholiques.

Fried, J., Glass, A. and Baumgartl, B. 2007. Shades of privateness: non-public higher education in Europe. Wells, P. J., Sadlak, J. and Vlăsceanu, L. (eds), *The Rising Role and Relevance of Private Higher Education in Europe*. Bucharest, UNESCO European Centre for Higher Education, pp. 585–664.

Gérard, E. 2020. *L'expansion de l'enseignement supérieur privé et le creusement des inégalités sociales: Analyses à partir de l'Argentine, de l'Inde, du Mexique, du Pérou, de la République Démocratique du Congo, du Sénégal, du Vietnam [The Expansion of Private Higher Education and Growing Social Inequalities: Analyses from Argentina, India, Mexico, Peru, the Democratic Republic of the Congo, Senegal, Vietnam]*. Paris, Agence française de développement. (Papier de recherche 156.)

Gérard, E., Grediaga, R. and Lopez, M. 2020. *Universités privées au Mexique : entre reproduction, production et réduction des inégalités [Private universities in Mexico: between reproduction, production and reduction of inequalities]*. Paris, Agence française de développement. (Papier de recherche 155.)

Gilbert, T. and Hrdlicka, C. 2017. A hedge fund that has a university. *Wall Street Journal*, 13 November. www.wsj.com/articles/a-hedge-fund-that-has-a-university-1510615228. (Accessed 16 August 2021.)

Goldin, C. and Cellini, S. R. 2014. Does federal student aid raise tuition? New evidence on for-profit colleges. *American Economic Journal: Economic Policy*, Vol. 6, No. 4, pp. 174–206.

Green, E. L. 2018. DeVos ends Obama-era safeguards aimed at abuses by for-profit colleges. *The New York Times*, 10 August. www.nytimes.com/2018/08/10/us/politics/betsy-devos-for-profit-colleges.html. (Accessed 16 August 2021.)

Guasco Peixoto, M. 2018. O parentesco desastroso para a educação [The disastrous kinship for education]. *Carta Capital*, 12 November. www.cartacapital.com.br/opiniao/o-parentesco-desastroso-para-a-educacao. (Accessed 12 August 2021.)

Halperin, D. 2016. *Friends in High Places: Who Endorses America's Troubled For-Profit Colleges?* Washington, DC, Republic Report. www.republicreport.org/2016/friends-in-high-places-who-endorses-americas-troubled-for-profit-colleges. (Accessed 16 August 2021.)

Henaff, N., Thai, H. T. T. and Bich, L. 2020. *Enseignement supérieur au Vietnam : privatisaiton, démocratisation et inégalités [Higher education in Vietnam: privatization, democratization and inequalities]*. Paris, Agence française de développement. (Papier de recherche 158.)

Henry, O., Panirahi, J. and Sabharwal, N. S. 2020. *Enseignement supérieur et inégalités sociales en Inde [Higher education and social inequalities in India]*. Paris, Agence française de développement. (Papier de recherche 194.)

Howard, C. 2020. *Higher-education Bonds in a COVID-19 World*. Westlake, Tex., Charles Schwab. www.schwab.com/resource-center/insights/content/higher-education-bonds-covid-19-world. (Accessed 9 February 2021.)

Hurtado, M. E. 2020. Laureate International pulls out of its five universities. *University World News*, 25 September. www.universityworldnews.com/post.php?story=20200925114344469. (Accessed 16 August 2021.)

ICETEX. 2020. *Fondos en administración: comunidades indígenas [Administered funds: indigenous communities]*. Bogotá, ICETEX. https://portal.icetex.gov.co/Portal/Home/HomeEstudiante/fondos-en-administracion-Listado/fondo-comunidades-indigenas. (Accessed 17 July 2021.)

IFC. 2018. *Private Education in Emerging Markets: An Investor's Perspective*. Washington, DC, International Finance Corporation. (IFC Education Newsletter.)

India University Grants Commission. 2021. *UGC schemes for differently-abled student*. New Delhi, University Grants Commission. www.ugc.ac.in/subpage/scheme_differently_abled.aspx. (Accessed 9 February 2021.)

INEP. 2020. *Microdados do Censo da Educação Superior [Microdata of the Higher Education Census]*. Brasília, Instituto Nacional de Estudos e Pesquisas Educacionais Anísio Teixeira. www.gov.br/inep/pt-br/acesso-a-informacao/dados-abertos/microdados/censo-da-educacao-superior. (Accessed 1 November 2020.)

Ireland Higher Education Authority. 2021. *Fund for Students with Disabilities*. Dublin, Higher Education Authority. https://hea.ie/funding-governance-performance/funding/student-finance/fund-for-students-with-disabilities. (Accessed 10 February 2021.)

Irene, B. and Hussain, T. 2020. The accessibility and affordability of education in Sub-Saharan Africa: the debate on low-cost and private higher education institutions. Adeyemo, K. S. (ed.), *The Education Systems of Africa*. Cham, Switzerland, Springer, pp. 859–85.

Jablecka, J. 2007. Poland. Wells, P. J., Sadlak, J. and Vlăsceanu, L. (eds), *The Rising Role and Relevance of Private Higher Education in Europe*. Bucharest, UNESCO European Centre for Higher Education, pp. 257–303.

Jakiel, L. B. 2016. The gainful employment rule and for-profit higher education in the United States. Shah, M. and Nair, C. S. (eds), *A Global Perspective on Private Higher Education*. Cambridge, Mass., Chandos, pp. 299–312.

Jamjoom, Y. 2016. Private higher education and graduate employability in Saudi Arabia. Shah, M. and Nair, C. S. (eds), *A Global Perspective on Private Higher Education*. Cambridge, Mass., Chandos, pp. 189–204.

Jie, G. 2018. Xiamen University Malaysia: A Chinese branch campus. *International Higher Education*, No. 95, pp. 9–11.

Johnstone, D. B. 2004. The economics and politics of cost sharing in higher education: comparative perspectives. *Economics of Education Review*, Vol. 23, No. 4, pp. 403–10.

Júnior, A. 2015. *Professores universitários moçambicanos contra regime de exclusividade [Mozambican university professors against exclusivity]*. Washington, DC, VOA Português. www.voaportugues.com/a/professores-universitarios-mocambicanos-contra-regime-de-exclusividade/3055143.html. (Accessed 12 August 2021.)

Kajsiu, B. 2015. Higher education in Albania: the never ending challenge. *International Higher Education*, No. 82, pp. 15–16.

Kalla, M. 2021. *A Strategic Approach to Employability: Universities that Make it Happen*. Washington, DC, International Finance Corporation. https://vimeo.com/showcase/7832892/video/525100694. (Accessed 17 March 2021.)

Kaplan, A. E. 2021. *Voluntary Support of Education*. Washington, DC, Council for Advancement and Support of Education.

Katsomitros, A. 2018. The emerging university bonds market. *World Finance*, 20 April. www.worldfinance.com/markets/the-emerging-university-bonds-market. (Accessed 16 August 2021.)

Kean, T. and Soe, H. K. 2018. New rules for private schools. *Frontier Myanmar*, 16 July. www.frontiermyanmar.net/en/new-rules-for-private-schools. (Accessed 31 August 2021.)

Kelchen, R. 2020. *How Much Do Private Colleges Rely on Auxiliary Revenue Sources?* Knoxville, Tenn., Kelchen on Education. https://robertkelchen.com/2020/06/01/how-much-do-private-colleges-rely-on-auxiliary-revenue-sources. (Accessed 16 August 2021.)

Khan, A. A. 2017. University leaders demand action on fake universities. *University World News*, 27 January. www.universityworldnews.com/post.php?story=20170126173524178. (Accessed 16 August 2021.)

Knight, P. 2006. So, are universities public or private? *The Guardian*, 20 June. www.theguardian.com/education/2006/jun/20/highereducation.comment. (Accessed 12 August 2021.)

Knobel, M. and Verhine, R. 2017. Brazil's for-profit higher education dilemma. *International Higher Education*, No. 89, pp. 23–24.

Korka, M. and Nicolescu, L. 2007. Romania. Wells, P. J., Sadlak, J. and Vlăsceanu, L. (eds), *The Rising Role and Relevance of Private Higher Education in Europe*. Bucharest, UNESCO European Centre for Higher Education, pp. 345–98.

Kreighbaum, A. 2019. DeVos issues final repeal of gainful employment. *Inside Higher Ed*, 2 July. www.insidehighered.com/quicktakes/2019/07/02/devos-issues-final-repeal-gainful-employment. (Accessed 12 August 2021.)

Kuzmin, A. 2018. *'One Language Fits All' for Higher Education in Latvia: A Reason for UN Concern*. Prague, International Centre for Ethnic and Linguistic Diversity Studies. www.icelds.org/2018/11/26/one-language-fits-all-for-higher-education-in-latvia-a-reason-for-un-concern. (Accessed 16 August 2021.)

Kwiek, M. 2016. From growth to decline? Demand-absorbing private higher education when demand is over. Shah, M. and Nair, C. S. (eds), *A Global Perspective on Private Higher Education*. Cambridge, Mass., Chandos, pp. 53–79.

Kwiek, M. 2018. Private higher education in developed countries. Teixeira, P. N. and Shin, J. C. (eds), *Encyclopedia of International Higher Education Systems and Institutions*. Dordrecht, Netherlands, Springer.

Laureate. 2021. *First Quarter 2021 Earnings Presentation*. Baltimore, Md., Laureate.

Leray de Lima, K. A. 2018. A Atuação de Grandes Grupos Educacionais no Ensino Superior Privado: Realidades e Repercussões [The Role of Large Educational Groups in Private Higher Education: Realities and Repercussions]. M. Ed. thesis, Pontifícia Universidade Católica de São Paulo, Brazil. (Unpublished.)

Levy, D. 1986. *Higher Education and the State in Latin America: Private Challenges to Public Dominance*. Chicago, Ill., University of Chicago Press.

___. 2006. The unanticipated explosion: private higher education's global surge. *Comparative Education Review*, Vol. 50, No. 2, pp. 217–40.

___. 2007. A recent echo: African private higher education in an international perspective. *Journal of Higher Education in Africa/Revue de l'enseignement supérieur en Afrique*, Vol. 5, No. 2–3, pp. 197–220.

___. 2013. The decline of private higher education. *Higher Education Policy*, Vol. 26, No. 1, pp. 25–42.

___. 2015a. For-profit versus nonprofit private higher education. *International Higher Education*, No. 54, pp. 12–13.

___. 2015b. Squeezing the nonprofit sector. *International Higher Education*, No. 71, pp. 10–12.

Levy, D., Bernasconi, A., Buckner, E., Casta, A., Chau, Q., Gupta, A., Kinser, K., Mizikaci, F., Navarro, E., Salto, D., Silas, J. C., Tamrat, W., Teixeira, P., Wang, Y., Yonezawa, A. and Zilka, G. 2020. *How COVID-19 Puts Private Higher Education at Especially High Risk – and Not: Early Observations plus Propositions for Ongoing Global Exploration*. Albany, N.Y., Program for Research on Private Higher Education. (Working Paper 22.)

Levy, D. and Tamrat, W. 2021. *Viewing the Stunning Growth of Nonstate Higher Education: Ethiopia and East Africa*. (Background paper for *Global Education Monitoring Report 2021/2*.)

Liu, X. and Zhang, L. 2013. Flexibility at the core: what determines employment of part-time faculty in academia. *Relations Industrielles/Industrial Relations*, Vol. 68, No. 2, pp. 312–39.

Lundh, A., Lexchin, J., Mintzes, B., Schroll, J. B. and Bero, L. 2018. Industry sponsorship and research outcome: systematic review with meta-analysis. *Intensive Care Medicine*, Vol. 44, No. 10, pp. 1603–12.

Ma, X. Y. and Abbott, M. 2016. The issue of contractible quality, quality assurance, and information asymmetries in higher education. Shah, M. and Nair, C. S. (eds), *A Global Perspective on Private Higher Education*. Cambridge, Mass., Chandos, pp. 1–11.

Makoni, M. 2015. Academics barred from moonlighting to boost earnings. *University World News*, 4 December. www.universityworldnews.com/post.php?story=20151203112529221 (Accessed 9 February 2021.)

Marinoni, G., van't Land, H. and Jensen, T. 2020. *The Impact of COVID-19 on Higher Education Around the World: IAU Global Survey Report*. Paris, International Association of Universities.

Martello, A. 2017. Cade reprova compra da Estácio pela Kroton Educacional [The Administrative Council for Economic Defense rejects the purchase of Estácio by Kroton Educacional]. *G1 Globo*, 28 June. https://g1.globo.com/economia/negocios/noticia/cade-reprova-compra-da-estacio-pela-kroton-educacional.ghtml. (Accessed 12 August 2021.)

Mathot, T. 2019. *And It's Signed! New Partnership with the Ghanaian Government*. Vancouver, BC, Brighter Investment. www.brighterinvestment.com/blog/new-partnership-with-the-ghanaian-government. (Accessed 16 August 2021.)

MEXT. 2014. *Selection for the FY 2014: Top Global University Project*. Tokyo, Ministry of Education, Culture, Sports, Science and Technology.

Mohanty, B. K. 2020. On government table: education for profit and repatriation. *The Telegraph*, 23 February. www.telegraphindia.com/india/on-government-table-education-for-profit-and-repatriation/cid/1748008. (Accessed 16 August 2021.)
Mok, K. H. 2021. Managing neo-liberalism with Chinese characteristics: the rise of education markets and higher education governance in China. *International Journal of Educational Development*, Vol. 84, art. 102401.
Moura, M. 2019. *Universidades públicas realizam mais de 95% da ciência no Brasil*. São Paulo, Brazil, Universidade Federal de São Paulo. www.unifesp.br/noticias-anteriores/item/3799-universidades-publicas-realizam-mais-de-95-da-ciencia-no-brasil. (Accessed August 31 2021.)
Mulokozi, C. 2015. Teachers' moonlighting and its impact on their job performance in Dar Es Salaam region secondary schools. M. Ed. thesis, Open University of Tanzania. (Unpublished.)
Mungiu-Pippidi, A. and Dusu, A. E. 2011. Civil society and control of corruption: assessing governance of Romanian public universities. *International Journal of Educational Development*, Vol. 31, No. 5, pp. 532–46.
Muzammil, M. 2019. Growth and expansion of private higher education. Varghese, N. V. and Panigrahi, J. (eds), *India Higher Education Report 2018: Financing of Higher Education*. New Delhi, SAGE/National Institute of Educational Planning and Administration, pp. 339–62.
NACUBO. 2019. *Private Colleges Now Use Nearly Half of Tuition Revenue for Financial Aid*. Washington, DC, National Association of College and University Business Officers. www.nacubo.org/Press-Releases/2019/Private-Colleges-Now-Use-Nearly-Half-of-Tuition-Revenue-For-Financial-Aid. (Accessed 16 August 2021.)
NCES. 2019. *Undergraduate Enrollment*. Washington, DC, National Center for Education Statistics. https://nces.ed.gov/programs/coe/indicator_cha.asp#info. (Accessed 16 August 2021.)
Nganga, G. 2019. Universities face ongoing struggle as fees hike rejected. *University World News*, 25 May. www.universityworldnews.com/post.php?story=20190522082856329. (Accessed 12 August 2021.)
Nicolescu, L. 2007. Institutional efforts for legislative recognition and market acceptance: Romanian private higher education. Slantcheva, S. and Levy, D. (eds), *Private Higher Education in Post-Communist Europe: In Search of Legitimacy*. New York, Palgrave Macmillan, pp. 201–22.
O Sul. 2019. O ministério da educação estuda como flexibilizar o ensino superior privado [The Ministry of Education is seeking how to make private higher education more flexible]. *O Sul*, 5 October. www.osul.com.br/o-ministerio-da-educacao-estuda-como-flexibilizar-o-ensino-superior-privado. (Accessed 17 July 2021.)
OECD. 2019. *Philanthropy and Education: Quality Education For All – Lessons and Future Priorities*. Paris, Organisation for Economic Co-operation and Development. (Network of Foundations Working for Development.)
___. 2020. Educational expenditure by source and destination. Paris, Organisation for Economic Co-operation and Development. https://stats.oecd.org. (Accessed 12 November 2020.)
Oliveira, C. 2015. *Convênios com fundações privadas desvirtuam função social das universidades [Agreements with private foundations distort the social role of universities]*. São Paulo, Brazil, Agência Universitária de Notícias, São Paulo University. www.usp.br/aun/antigo/exibir.php?id=6846. (Accessed 12 August 2021.)
Onsongo, J. 2007. The growth of private universities in Kenya: implications for gender equity in higher education. *Journal of Higher Education in Africa/Revue de l'enseignement supérieur en Afrique*, Vol. 5, No. 2–3, pp. 111–33.
Owens, T. L. 2017. Higher education in the sustainable development goals framework. *European Journal of Education*, Vol. 52, No. 4, pp. 414–20.
Pachuashvili, M. 2009. The Politics of Higher Education: Governmental Policy Choices and Private Higher Education in Post-Communist Countries. Ph.D. thesis, Central European University, Budapest. (Unpublished.)
___. 2011. Governmental policies and their impact on private higher education development in post-communist countries: Hungary, Latvia, Lithuania and Georgia, 1990–2005. *Journal of Comparative Policy Analysis: Research and Practice*, Vol. 13, No. 4, pp. 397–410.
Pennsylvania Attorney General. 2019. *Attorney General Shapiro Annunces For-profit College Company Will Provide $493 Million in Debt Relief for over 179,000 Students Nationwide*. Harrisburg, Pa., Office of Attorney General. (Accessed 30 August 2021.)
Pereira, C. A., Araujo, J. F. F. E. and de Lourdes Machado-Taylor, M. 2018. The Brazilian higher education evaluation model: 'SINAES' sui generis? *International Journal of Educational Development*, Vol. 61, pp. 5–15.
Pompeu, C., Augusto, L. and Frazao, H. 2016. Lista de maiores financiadores expõe laços econômicos e políticos [List of top funders exposes economic and political ties]. *Estadão*, 26 September. https://politica.estadao.com.br/noticias/geral,lista-de-maiores-financiadores-expoe-lacos-economicos-e-politicos,10000078203. (Accessed 12 August 2021.)
Provini, O. 2019. Negotiating the marketization of higher education in East Africa: a comparative analysis of Tanzania

and Kenya. *Higher Education*, Vol. 77, No. 2, pp. 323–42.
Quang, C.-D. 2017. A gloomy outlook for private higher education. *University World News*, 19 May. www.universityworldnews.com/post.php?story=20170515200538925. (Accessed 16 August 2021.)
Ravi, S., Gupta, N. and Nagaraj, P. 2019. *Reviving Higher Education in India*. New Delhi, Brookings India. (Research paper 112019-01.)
Raxhimi, A. 2019. Mass student protests bring down Albania's science minister. *Nature*, 16 January. www.nature.com/articles/d41586-019-00144-7. (Accessed 12 August 2021.)
Romania Insider. 2017. Romanian universities investigated for fraudulently granting diplomas to foreigners. *Romania Insider*, 26 July. www.romania-insider.com/romania-fraudulent-university-graduations. (Accessed 16 August 2021.)
___. 2019. Corruption scandal hits biggest private university in Romania, pro-rector arrested for bribery. *Romania Insider*, 19 December. www.romania-insider.com/spiru-haret-university-romania-corruption. (Accessed 16 August 2021.)
Sakyi, E. and Agomor, K. 2020. Moonlighting in Ghana's higher education institutions: exploring lecturers' experiences at the Ghana Institute of Management and Public Administration (GIMPA). *Journal of Applied Research in Higher Education*, Vol. 13, No. 1, pp. 180–94.
Salmi, J. 2017. *The Tertiary Education Imperative: Knowledge, Skills and Values for Development*. Rotterdam, Netherlands, Sense. (Global Perspectives on Higher Education 38.)
___. 2020. *Higher Education and Inclusion*. Paris, UNESCO. (Background paper for *Global Education Monitoring Report 2020*.)
Salmi, J., Hâj, C. M. and Alexe, D. 2015. Equity from an institutional perspective in the Romanian higher education system. Curaj, A., Deca, L., Egron-Polak, E. and Salmi, J. (eds), *Higher Education Reforms in Romania: Between the Bologna Process and National Challenges*. Cham, Switzerland, Springer, pp. 63–86.
Salmi, J. and Sursock, A. 2018. *Access and Completion for Underserved Students: International Perspectives*. Boston, Mass., Boston College Center for International Higher Education (CIHE Perspectives 9.)
Salmon, J. 2020. Financing higher education through equity, not debt: the case for income share agreements. *Journal of School Choice*, Vol. 14, No. 3, pp. 371–94.
Salto, D. J. 2018. To profit or not to profit: the private higher education sector in Brazil. *Higher Education*, Vol. 75, No. 5, pp. 809–25.
Samuels, R. 2013. *Why Public Higher Education Should Be Free: How to Decrease Cost and Increase Quality at American Universities*. New Brunswick, NJ, Rutgers University Press.
SEDLAC. 2018. *Socio-Economic Database for Latin America and the Caribbean*. La Plata, Argentina/Washington, DC, Center of Distributive, Labor and Social Studies/World Bank https://datacatalog.worldbank.org/dataset/socio-economic-database-latin-america-and-caribbean. (Accessed 17 July 2021.)
Seeber, M. 2016. Non-university higher education. Teixeira, P. N. and Shin, J. C. (eds), *Encyclopedia of International Higher Education Systems and Institutions*. Dordrecht, Netherlands, Springer.
Sirois, G., Morales-Perlaza, A. and Dembélé, M. 2021. *La privatisation de la formation initiale des enseignants : cartographie et études de cas du phénomène en Afrique subsaharienne, Amérique latine et Asie du Sud [The Privatization of Initial Teacher Training: Mapping and Case Studies of the Phenomenon in sub-Saharan Africa, Latin America and South Asia]*. (Background paper for *Global Education Monitoring Report 2021/2*.)
Slantcheva, S. and Levy, D. 2007. Introduction: private higher education in post-Communist Europe – in search of legitimacy. Slantcheva, S. and Levy, D. (eds), *Private Higher Education in Post-Communist Europe: In Search of Legitimacy*. New York, Palgrave Macmillan.
Tamrat, W. 2017. Private higher education in Africa: old realities and emerging trends. *International Journal of African Higher Education*, Vol. 4, No. 2, pp. 17–40.
___. 2018. Family-owned private higher education institutions in Africa. *International Higher Education*, No. 95, pp. 23–24.
___. 2021. COVID-19 has dealt a blow to Ethiopia's private higher education institutions. *The Conversation*, 11 February. https://theconversation.com/covid-19-has-dealt-a-blow-to-ethiopias-private-higher-education-institutions-153398. (Accessed 16 August 2021.)
Tamrat, W. and Levy, D. 2017. Unusual in growth and composition: Ethiopian private higher education. *International Higher Education*, No. 90, pp. 19–21.
Tamrat, W. and Teferra, D. 2019. Private higher education in Ethiopia: risks, stakes and stocks. *Studies in Higher Education*, Vol. 45, pp. 677–91.
Tanhueco-Tumapon, T. 2020. Quality assurance in higher education. *The Manila Times*, 5 March. www.manilatimes.net/2020/03/05/campus-press/quality-assurance-in-higher-education-2/700186. (Accessed 16 August 2021.)
Tarlea, S. 2017. Higher education governance in Central and Eastern Europe: a perspective on Hungary and Poland.

European Educational Research Journal, Vol. 16, No. 5, pp. 670–83.
Task Force on Higher Education and Society. 2000. *Higher Education in Developing Countries: Peril and Promise*. Washington, DC, World Bank.
Taylor, A. 2016. Universities are becoming billion-dollar hedge funds with schools attached. *The Nation*, 8 March. www.thenation.com/article/archive/universities-are-becoming-billion-dollar-hedge-funds-with-schools-attached. (Accessed 16 August 2021.)
Teixeira, P. N., Biscaia, R., Rocha, V. and Cardoso, M. F. 2016. What role for private higher education in Europe? Reflecting about current patterns and future prospects. Shah, M. and Nair, C. S. (eds), *A Global Perspective on Private Higher Education*, Cambridge, Mass., Chandos, pp. 13–28.
The Princeton Review. 2021. *ABA-Accredited Law School*. Framingham, Mass., The Princeton Review. www.princetonreview.com/law-school-advice/law-school-accreditation. (Accessed 16 August 2021.)
Tho, V. 2021. Former university principal in Hanoi prosecuted for issuing over 400 fake degrees. *Tuoi Tre News*, 31 July. https://tuoitrenews.vn/news/society/20210731/former-university-principal-in-hanoi-prosecuted-for-issuing-over-400-fake-degrees/62351.html. (Accessed 31 August 2021.)
TimesLIVE. 2018. Fake colleges on the rise and destroying SA education. *TimesLIVE*, 9 January. www.timeslive.co.za/sebenza-live/features/2018-01-09-fake-colleges-on-the-rise-amp-destroying-sa-education. (Accessed 17 July 2021.)
Todos Pela Educação. 2019. *Formação inicial de professores [Initial teacher training]*. São Paulo, Brazil, Todos Pela Educação.
Tomusk, V. 2003. The war of institutions, episode I: the rise, and the rise of private higher education in Eastern Europe. *Higher Education Policy*, Vol. 16, No. 2, pp. 213–38.
Unangst, L. 2017. Germany's innovative strategies to enroll refugees. *Inside Higher Ed*, 18 January. www.insidehighered.com/blogs/world-view/germanys-innovative-strategies-enroll-refugees. (Accessed 16 August 2021.)
UNESCO. 2017. *Six Ways to Ensure Higher Education Leaves No One Behind*. Paris, UNESCO. (Global Education Monitoring Report Policy Paper 30.)
UNIMINUTO. 2020. *Informe de gestión UNIMINUTO 2020-1 [UNIMINUTO Management Report 2020/1]*. Bogotá, Corporación Universitaria Minuto de Dios.
US Department of Education. 2018. *Law Enforcement Actions against Predatory Colleges*. Washington, DC, Department of Education. https://sites.ed.gov/naciqi/files/2018/05/NACIQI-Enclosure-1-law-enforcement.pdf. (Accessed 30 August 2021.)
US Department of Justice. 2015. *For-profit College Kaplan to Refund Federal Financial Aid under Settlement with United States*. Washington, DC, Department of Justice. www.justice.gov/usao-wdtx/pr/profit-college-kaplan-refund-federal-financial-aid-under-settlement-united-states. (Accessed 30 August 2021.)
US Federal Trade Commission. 2016. *DeVry University Agrees to $100 Million Settlement with FTC*. Washington, DC, Federal Trade Commission. www.ftc.gov/news-events/press-releases/2016/12/devry-university-agrees-100-million-settlement-ftc. (Accessed 30 August 2021.)
___. 2019. *FTC Obtains Record $191 Million Settlement from University of Phoenix to Resolve FTC Charges It Used Deceptive Advertising to Attract Prospective Students*. Washington, DC, Federal Trade Commission. www.ftc.gov/news-events/press-releases/2019/12/ftc-obtains-record-191-million-settlement-university-phoenix. (Accessed 30 August 2021.)
UWN. 2009. Romania: Diplomas of private university illegal. *University World News*, 19 July. www.universityworldnews.com/post.php?story=20090717083926472. (Accessed 17 July 2021.)
Van Damme, D. 2015. Global higher education in need of more and better learning metrics: why OECD's AHELO project might help to fill the gap. *European Journal of Higher Education*, Vol. 5, No. 4, pp. 425–36.
Varghese, N. V. 2016. *Governance Reforms in Higher Education: A Study of Selected Countries in Africa*. Paris, UNESCO International Institute for Educational Planning. (IIEP Research Paper.)
Varghese, N. V. and Panigrahi, J. (eds). 2019. *India Higher Education Report 2018: Financing of Higher Education*. New Delhi, SAGE/National Institute of Educational Planning and Administration.
Vîiu, G.-A. and Miroiu, A. 2015. The quest for quality in higher education: is there any place left for equity and access? Curaj, A., Deca, L., Egron-Polak, E. and Salmi, J. (eds), *Higher Education Reforms in Romania: Between the Bologna Process and National Challenges*. New York, Springer, pp. 173–89.
Wangenge-Ouma, G. 2018. Financing Higher Education in Africa: An Overview. Teixeira, P. N. and Shin, J. C. (eds), *Encyclopedia of International Higher Education Systems and Institutions*. Dordrecht, Netherlands, Springer.
Web of Science Group. 2019. *Research in Brazil: Funding Excellence*. Philadelphia, Pa., Clarivate Analytics.
Welch, A. 2021. *Private Higher Education in East and Southeast Asia: Growth, Challenges, Implications*. Paris, UNESCO. (Background paper for *Global Education Monitoring Report 2021/2*.)

Wesangula, D. 2015. Kenya's shuttling lecturers: university shortages are taking a toll. *The Guardian*, 29 July. www.theguardian.com/global-development-professionals-network/2015/jul/29/kenyas-shuttling-lecturers-university-shortages-are-taking-toll. (Accessed 16 August 2021.)

World Bank. 2017. *Higher Education in Côte d'Ivoire*. Washington, DC, World Bank. (Policy Brief.)

___. 2019a. *Bangladesh Tertiary Education Sector Review: Skills and Innovation for Growth*. Washington, DC, World Bank.

___. 2019b. *World Bank scales-up its support for regional higher education centers for excellence in Africa*. Washington, DC, World Bank. www.worldbank.org/en/news/press-release/2019/04/03/world-bank-scales-up-its-support-for-regional-higher-education-centers-for-excellence-in-africa. (Accessed 16 August 2021.)

Zha, Q. 2006. The resurgence and growth of private higher education in China. *Higher Education Perspectives*, pp. 54–68.

___. 2011. China's move to mass higher education in a comparative perspective. *Compare*, Vol. 41, No. 6, pp. 751–68.

Ziderman, A. 2017. Experience with student loans, higher education. Shin, J. C. and Teixeira, P. (eds), *Encyclopedia of International Higher Education Systems and Institutions*. Dordrecht, Netherlands, Springer.

Zuniga, T., Chibai, J. and Kalla, M. 2021. *A Strategic Approach to Employability: Universities that Make It Happen*. Washington, DC, International Finance Corporation. https://vimeo.com/showcase/7832892. (Accessed 17 March 2021.)

第8章

Aarkrog, V. and Wahlgren, B. 2015. Assessment of prior learning in adult vocational education and training. *International Journal for Research in Vocational Education and Training*, Vol. 2, No. 1, pp. 41–58.

Adams, S. 2019. *Game of tongues: how Duolingo built a $700 million business with its addictive language-learning app*. Forbes, 16 July. www.forbes.com/sites/susanadams/2019/07/16/game-of-tongues-how-duolingo-built-a-700-million-business-with-its-addictive-language-learning-app (Accessed 17 August 2021.)

AFDB. 2020. *African Economic Outlook 2020: Developing Africa's Workforce for the Future*. Abidjan, African Development Bank.

Afeti, G. 2018. Revitalising technical and vocational education and training in Africa: issues outstanding. *Journal of Vocational, Adult and Continuing Education and Training*, Vol. 1, No. 1, pp. xi–xviii.

Aitchison, J. 2017. *CONFINTEA VI Mid-Term Review 2017: The Status of Adult Learning and Education in Sub-Saharan Africa*. Hamburg, Germany, UNESCO Institute for Lifelong Learning.

Andersson, P. and Muhrman, K. 2019. *Marketization of Vocational Adult Education in Sweden*. Paper for Crossing Boundaries in VET, Valencia, Spain, 2–3 May.

Arias, O., Evans, D. K. and Santos, I. 2019. *The Skills Balancing Act in Sub-Saharan Africa: Investing in Skills for Productivity, Inclusivity, and Adaptability*. Washington, DC, World Bank. (Africa Development Forum.)

Arribas, M. G. and Papadakis, N. 2019. *Governance Arrangements for Vocational Education and Training in ETF Partner Countries: Analytical Overview 2012–17*. Turin, Italy, European Training Foundation.

Australia Department of Employment, Skills, Small and Family Business. 2017. *Review of the VET Student Loans Course List and Loan Caps Methodology*. Canberra, Department of Employment, Skills, Small and Family Business.

Australian National Audit Office. 2016. *Administration of the VET FEE-HELP Scheme*. Canberra, Australian National Audit Office. www.anao.gov.au/work/performance-audit/administration-vet-fee-help-scheme. (Accessed 17 August 2021.)

Bangladesh Technical Education Board. 2012. *National Skills Quality Assurance System: Manual 3 – Registration of Training Organizations and Accreditation of Learning and Assessment Programs*. Dhaka, Bangladesh Technical Education Board/European Union/International Labour Organization.

Bateman, A. and Coles, M. 2013. *Qualifications Frameworks and Quality Assurance of Education and Training*. Washington, DC, World Bank.

Bateman, A. and Liang, X. 2016. *National Qualification Framework and Competency Standards: Skills Promotion and Job Creation in East Asia and Pacific*. Washington, DC, World Bank. (Korea-World Bank Partnership Facility.)

Beare, K. 2019. *How Many People Learn English?* New York, ThoughtCo. www.thoughtco.com/how-many-people-learn-english-globally-1210367. (Accessed 22 July 2021.)

Béteille, T., Tognatta, N., Riboud, M., Nomura, S. and Ghorpade, Y. 2020. *Ready to Learn: Before School, in School, and Beyond School in South Asia*. Washington, DC, World Bank. (South Asia Development Forum.)

Bhutani Vij, A. 2020. The neoliberal agenda of workplace learning in NGOs: contestation, narratives and resistance. *Studies in Continuing Education*, Vol. 43, No. 2, pp. 208–22.

British Council. 2019. *Annual Report and Accounts 2018-19*. London, British Council.

Brunello, G. and Wruuck, P. 2020. *Employer Provided Training in Europe: Determinants and Obstacles*. Bonn, Germany, Institute of Labor Economics. (IZA Discussion Paper 12981.)

Busemeyer, M. R. and Trampusch, C. 2012. *The Political Economy of Collective Skill Formation*. Oxford, UK, Oxford University Press.

Cedefop. 2020. *European Skills Index: Country Pillars – Czechia*. Thessaloniki, Greece, European Centre for the Development of Vocational Training. www.cedefop.europa.eu/en/publications-and-resources/data-visualisations/european-skills-index/country/czechia. (Accessed 22 July 2021.)

Cedefop, European Commission and ICF. 2019. *European Inventory on Validation of Non-Formal and Informal Learning 2018: Final Synthesis Report*. Luxembourg, European Centre for the Development of Vocational Training/European Commission/ICF.

Cell-Ed. 2020. *Essentials Skills on the Go*. Palo Alto, Calif., Cell-Ed. www.cell-ed.com. (Accessed 22 July 2021.)

Chankseliani, M. and Anuar, A. M. 2019. Cross-country comparison of engagement in apprenticeships: a conceptual analysis of incentives for individuals and firms. *International Journal for Research in Vocational Education and Training*, Vol. 6, No. 3, pp. 261–83.

Chankseliani, M., Keep, E. and Wilde, S. 2017. *People and Policy: A Comparative Study of Apprenticeship across Eight National Contexts*. Doha, World Innovation Summit for Education. (RR.9.2017.)

Chinen, M., de Hoop, T., Alcázar, L., Balarin, M. and Sennet, J. 2017. Vocational and business training to improve women's labour market outcomes in low- and middle-income countries: a systematic review. *Campbell Systematic Reviews*, Vol. 16.

Chłoń-Domińczak, A., Holzer-Żelażewska, D. and Maliszewska, A. 2019. *Vocational Education and Training in Europe: Poland*. Thessaloniki, Greece, European Centre for the Development of Vocational Training. (ReferNet VET in Europe.)

Cronquist, K. and Fiszbein, A. 2017. *English Language Learning in Latin America*. Washigton, DC, Inter-American Dialogue.

CVTS. 2005, 2015. Enterprises providing training by type of training and size class: % of all enterprises. Luxembourg, Eurostat. https://appsso.eurostat.ec.europa.eu/nui/show.do?dataset=trng_cvt_01s&lang=en. (Accessed 22 July 2021.)

___. 2015. Cost of CVT courses by type and size class: % of total labour cost of all enterprises. Luxembourg, Eurostat. https://appsso.eurostat.ec.europa.eu/nui/show.do?dataset=trng_cvt_01s&lang=en. (Accessed 22 July 2021.)

Dunbar, M. 2013. *Engaging the Private Sector in Skills Development*. Oxford, UK, Health and Education Advice and Resource Team.

EAEA. 2014. *RENEWAL: State of the Art Report on the Implementation of the European Agenda for Adult Learning*. Brussels, European Association for the Education of Adults.

EIBIS. 2018. *Average Share of Investment in Different Asset Types: 2018*. Luxembourg, European Investment Bank. https://data.eib.org/eibis/graph;jsessionid=8C088B76DA8A8204ACED9D4F01D18267. (Accessed 17 August 2021.)

El Salvador Ministry of Education. 2015. *Ejes Estratégicos del Plan Nacional de Educación en Función de la Nación: Gestión 2014–2019 [Strategic Axes of the National Education Plan for the Nation: 2014–2019]*. San Salvador, Ministry of Education.

Elder, S. and Kring, S. 2016. *Young and Female: A Double Strike? Gender Analysis of School-to-Work Transition Surveys in 32 Developing Countries*. Geneva, Switzerland, International Labour Organization. (Work4Youth 32.)

ETF. 2013. *Good Multilevel Governance for Vocational Education and Training*. Turin, Italy, European Training Foundation.

___. 2020a. *Public–Private Partnerships for Skills Development: A Governance Perspective – Volume I*. Turin, Italy, European Training Foundation.

___. 2020b. *Public–Private Partnerships for Skills Development: A Governance Perspective – Volume II, Case-studies*. Turin, Italy, European Training Foundation.

Eurostat. 2021. *Distribution of Non-formal Education and Training Activities by Provider*. Luxembourg, Eurostat. https://ec.europa.eu/eurostat/databrowser/view/trng_aes_170/default/table?lang=en. (Accessed 17 August 2021.)

Fejes, A. and Holmqvist, D. 2019. Procurement as a market in adult education. Dahlstedt, M. and Fejes, A. (eds), *Neoliberalism and Market Forces in Education: Lessons from Sweden*. London, Routledge, pp. 156–69. (Routledge Research in Education Policy and Politics.)

Fejes, A., Runesdotter, C. and Wärvik, G.-B. 2016. Marketisation of adult education: principals as business leaders, standardised teachers and responsibilised students. *International Journal of Lifelong Education*, Vol. 35, No. 6, pp. 664–81.

Fernandez-Stark, K. and Bamber, P. 2018. Skills development for economic and social upgrading: the case of Asian developing countries in the global value chains. Sakamoto, A. and Sung, J. (eds), *Skills and the Future of Work: Strategies for Inclusive Growth in Asia and the Pacific*. Bangkok, ILO Regional Office for Asia and the Pacific, pp. 62–99.

Fitzpayne, A. and Pollack, E. 2018. *Lifelong Learning and Training Accounts: Helping Workers Adapt and Succeed in a Changing Economy*. Washington, DC, Aspen Institute. (Issue Brief.)
Flake, R., Kumar, P., Brings, C., Simelane, T. and Ta, M. 2017. *The Role of the Private Sector in Vocational and Educational Training: Developments and Success Factors in Selected Countries*. Bonn, Germany, Deutsche Gesellschaft für Internationale Zusammenarbeit. (Economic Policy Forum Working Paper.)
Fondation des Alliances Françaises. 2020. *Rapport d'Activité 2019 [2019 Activity Report]*. Paris, Fondation des Alliances Françaises.
Foubert, T. and Folisi, F. 2019. *Policy Dialogue in Vocational Education: What Role for Civil Society Organisations? A Pilot Survey in the Southern and Eastern Mediterranean*. Turin, Italy, European Training Foundation.
Germany Federal Office for Migration and Refugees. 2015. *Konzept für einen bundesweiten Jugendintegrationskurs [Concept for a Nationwide Youth Integration Course]*. Nürnberg, Germany, Bundesamt für Migration und Flüchtlinge.
Glick, P. J., Huang, C. and Mejia, N. 2015. *The Private Sector and Youth Skills and Employment Programs in Low and Middle-Income Countries*. Washington, DC, World Bank.
Hanemann, U. 2015. *The Evolution and Impact of Literacy Campaigns and Programmes 2000–2014*. Hamburg, Germany, UNESCO Institute for Lifelong Learning.
___. 2021. *Non-State Actors in Non-Formal Youth and Adult Education*. Paris, UNESCO. (Background paper for *Global Education Monitoring Report 2021/2*.)
Haolader, F. A., Foysol, K. M. and Clement, C. K. 2017. Technical and vocational education and training (TVET) in Bangladesh: systems, curricula, and transition pathways. Pilz, M. (ed.), *Vocational Education and Training in Times of Economic Crisis*. Cham, Switzerland, Springer, pp. 201–27.
Hawley-Woodall, J. 2019. *European Inventory on Validation of Non-Formal and Informal Learning 2018: Thematic Report – Bridging the Gap: Validation Creating Routes and Links between Sectors*. Luxembourg, European Centre for the Development of Vocational Training/European Training Foundation/European Commission/ICF.
Hawley-Woodall, J., Duell, N., Scott, D., Finlay-Walker, L., Arora, L. and Carta, E. 2015. *Skills Governance in the EU Member States: Synthesis Report for the EEPO*. Brussels, European Commission.
ILO. 2019a. *Intermediary Organizations in Apprenticeship Systems*. Geneva, Switzerland, International Labour Organization.
___. 2019b. *Quality Apprenticeships: Addressing Skills Mismatch and Youth Unemployment*. Geneva, Switzerland, International Labour Organization.
___. 2019c. *Sector Skills Councils*. Jakarta, International Labour Organization.
___. 2020a. *Employer Organizations in the Governance of TVET and Skills Systems*. Geneva, Switzerland, International Labour Organization.
___. 2020b. *Global Employment Trends for Youth 2020: Technology and the Future of Jobs*. Geneva, Switzerland, International Labour Organization.
___. 2020c. *What Is Skills Mismatch and Why Should We Care?* Geneva, Switzerland, International Labour Organization. www.ilo.org/skills/Whatsnew/WCMS_740388/lang--en/index.htm. (Accessed 16 April 2021.)
Imdorf, C. 2017. Understanding discrimination in hiring apprentices: how training companies use ethnicity to avoid organisational trouble. *Journal of Vocational Education and Training*, Vol. 69, No. 3, pp. 405–23.
Jeon, S. 2019. *Unlocking the Potential of Migrants: Cross-country Analysis*. Paris, Organisation for Economic Co-operation and Development. (OECD Reviews of Vocational Education and Training.)
Kaňáková, M., Czesaná , V. and Šímová, Z. 2019. *Vocational Education and Training in Europe: Czech Republic*. Thessaloniki, Greece, European Centre for the Development of Vocational Training. (Cedefop ReferNet VET in Europe.)
Katz, B. and Elliott, D. 2020. *CareerWise: Case Study of a Youth Apprenticeship Intermediary*. Washington, DC, Urban Institute.
Konings, J. and Vanormelingen, S. 2015. The impact of training on productivity and wages: firm-level evidence. *Review of Economics and Statistics*, Vol. 97, No. 2, pp. 485–97.
Krishnan, A. and Gelb, S. 2018. *Skills Development Funds: Lessons from Asia*. London, Overseas Development Institute. (Supporting Economic Transformation Briefing Paper.)
Kuczera, M. and Field, S. 2018. *Apprenticeship in England, United Kingdom*. Paris, Organisation for Economic Co-operation and Development. (OECD Reviews of Vocational Education and Training.)
Loewen, S., Crowther, D., Isbell, D. R., Minhye Kim, K., Maloney, J., Miller, Z. F. and Rawal, H. 2019. Mobile-assisted language learning: a Duolingo case study. *ReCALL*, Vol. 31, No. 3, pp. 293–311.

Lukyanova, L. and Veramejchyk, G. 2017. Transformation of adult education institutions in Eastern Europe: experiences of Belarus, Ukraine and Moldova. Avramovska, M., Hirsch, E. and Schmidt-Behlau, B. (eds), *Adult Education Centres as a Key to Development: Challenges and Success Factors*. Bonn, Germany, DVV International, pp. 66–86. (International Perspectives in Adult Education.)

Mehrotra, S. 2017. Technical and vocational education in Asia: what can South Asia learn from East/South East Asia? *Indian Journal of Labour Economics*, Vol. 59, pp. 529–52.

___. 2018. From the informal to the formal economy: skills initiatives in India. Sakamoto, A. and Sung, J. (eds), *Skills and the Future of Work: Strategies for Inclusive Growth in Asia and the Pacific*. Bangkok, ILO Regional Office for Asia and the Pacific.

Musset, P., Field, S., Mann, A. and Bergseng, B. 2019. *Vocational Education and Training in Estonia*. Paris, Organisation for Economic Co-operation and Development. (OECD Reviews of Vocational Education and Training.)

Nambiar, D. 2021. *The Functioning and Regulation of Public–Private Partnerships in Skills Development: The Case of India's National Skills Development Corporation*. Paris, UNESCO. (Background paper for *Global Education Monitoring Report on Non-state Actors in South Asia Education 2022*.)

NCVER. 2019. *Employers' Use and Views of the VET System*. Adelaide, Australia, National Centre for Vocational Education Research. www.ncver.edu.au/research-and-statistics/collections/employers-use-and-views-of-the-vet-system. (Accessed 17 August 2021.)

Nedelkoska, L. and Quintini, G. 2018. *Automation, Skills Use and Training*. Paris, Organisation for Economic Co-operation and Development. (OECD Social, Employment and Migration Working Paper 202.)

Needham, S. 2019. TVET policy in South Africa: caught between neo-liberalism and privatisation? *Journal of Vocational, Adult and Continuing Education and Training*, Vol. 2, No. 2, pp. 62–101.

Nesterova, Y. and Capsada-Munsech, Q. 2021. *National and Subnational Approaches to Regulating Private Technical and Vocational Education and Training: Comparative Insights from Asia and Africa*. Paris, UNESCO. (Background Paper for *Global Education Monitoring Report 2021/2*.)

Nguyen, T. Q., Nguyen, A. T., Tran, A. L., Le, H. T., Le, H. H. T. and Vu, L. P. 2020. Do workers benefit from on-the-job training? New evidence from matched employer-employee data. *Finance Research Letters*, Vol. 40.

NILE and UIL. 2016. *Synthesis Report on the State of Community: Learning Centres in Six Asian Countries*. Hamburg, Germany, National Institute for Lifelong Education/UNESCO Institute of Lifelong Learning.

OECD. 2017. *Better Use of Skills in the Workplace: Why It Matters for Productivity and Local Jobs*. Paris, Organisation for Economic Co-operation and Development.

___. 2018. Share of students enrolled by institution. Paris, Organisation for Economic Co-operation and Development. https://stats.oecd.org/Index.aspx?DataSetCode=EAG_ENRL_SHARE_INST. (Accessed 17 August 2021.)

___. 2019a. *Individual Learning Accounts: Panacea or Pandora's Box?* Paris, Organisation for Economic Co-operation and Development.

___. 2019b. *OECD Skills Strategy Flanders: Assessment and Recommendations*. Paris, Organisation for Economic Co-operation and Development.

___. 2019c. *OECD Skills Strategy Poland: Assessment and Recommendations*. Paris, Organisation for Economic Co-operation and Development.

___. 2020a. *Education at a Glance 2020: OECD Indicators*. Paris, Organisation for Economic Co-operation and Development.

___. 2020b. *Effective Adult Learning Policies: Challenges and Solutions for Latin American Countries*. Paris, Organisation for Economic Co-operation and Development.

___. 2021. Adult education and learning: barriers to participation. Paris, Organisation for Economic Co-operation and Development. https://stats.oecd.org/index.aspx?queryid=79325. (Accessed 17 August 2021.)

Palmer, R. 2017. *Financing TVET in the East Asia and Pacific Region: Current Status, Challenges and Opportunities*. Washington, DC, World Bank.

___. 2020. *A Review of Skills Levy Systems in Countries of the Southern African Development Community*. Geneva, Switzerland, International Labour Organization.

Pilz, M., Uma, G. and Venkatram, R. 2015. Skills development in the informal sector in India: the case of street food vendors. *International Review of Education*, Vol. 61, pp. 191–209.

Polish Agency for Enterprise Development. 2021. *Sektorowe Rady ds. Kompetencji: Buduj Kompetencje w Swojej Branży! [Sectoral Skills Councils: Build competences in your Industry!]*. Warsaw, Polish Agency for Enterprise Development. www.parp.gov.pl/component/site/site/sektorowe-rady-ds-kompetencji - rady. (Accessed 22 July 2021.)

Robinson-Pant, A., Binesse, H., Maleki, M. N., Millora, C. and Wang, Q. 2021. *Adult Literacy and Learning for Social Change: Innovation, Influence and the Role of Non-State Actors. Case Studies from Afghanistan, China, the Philippines and Senegal*. Paris, UNESCO. (Background paper for *Global Education Monitoring Report 2021/2*.)

Robinson, C. 2019. Literacy in my language? Principles, practices, prospects. Hogan-Brun, G. and O'Rourke, B. (eds), *Palgrave Handbook of Minority Languages and Communities*. London, Palgrave Macmillan, pp. 405–29.

Robinson, C. and Vũ, T. A. T. 2019. Literacy, languages and development in Africa: a policy perspective. *International Review of Education*, Vol. 65, No. 3, pp. 443–70.

Rogers, A. 2019. Second-generation non-formal education and the sustainable development goals: operationalising the SDGs through community learning centres. *International Journal of Lifelong Education*, Vol. 38, No. 5, pp. 515–26.

Rossel, C. and CEAAL. 2017. *CONFINTEA VI Mid-Term Review 2017: The Status of Adult Learning and Education in Latin America and the Caribbean*. Hamburg, Germany, UNESCO Institute for Lifelong Learning.

Sanchez Puerta, M. L., Valerio, A., Hoftijzer, M., Rizvi, A. and Avato, J. 2016. *Employer Survey Snapshot 2016: Highlights from Six Low and Middle-Income Countries*. Washington, DC, World Bank. (STEP Skills Measurement.)

Santori, D., Ball, S. J. and Junemann, C. 2016. Financial markets and investment in education. Verger, A., Lubienski, C. and Steiner-Khamsi, G. (eds), *The Global Education Industry*. London, Routledge, pp. 193–210.

Singapore Ministry of Manpower. 2019. *Labour Force in Singapore 2019*. Singapore, Manpower Research and Statistics Department, Ministry of Manpower.

SkillsFuture Singapore. 2020a. *Skills Development Levy (SDL) System*. Singapore, SkillsFuture Singapore. https://sdl.ssg.gov.sg. (Accessed 17 August 2021.)

___. 2020b. *SkillsFuture Credit*. Singapore, SkillsFuture Singapore. www.skillsfuture.sg/credit. (Accessed 22 July 2021.)

SkillsFuture Singapore and Workforce Singapore. 2020. *500,000 Individuals and 14,000 Enterprises Benefitted from SkillsFuture Programmes in 2019*. Singapore, SkillsFuture Singapore/Workforce Singapore. www.ssg-wsg.gov.sg/news-and-announcements/500-000-individuals-and-14-000-enterprises-benefitted-from-skill.html (Accessed 17 August 2021.)

Streck, D. R. and Zanini Moretti, C. 2018. Latin America: adult and popular education in dialogue. Milana, M., Webb, S., Holford, J., Waller, R. and Jarvis, P. (eds), *The Palgrave International Handbook on Adult and Lifelong Education and Learning*. London, Springer, pp. 443–60.

Stromquist, N. P. and Lozano, G. 2018. Popular universities: their hidden functions and contributions. Milana, M., Webb, S., Holford, J., Waller, R. and Jarvis, P. (eds), *The Palgrave International Handbook on Adult and Lifelong Education and Learning*. London, Springer, pp. 779–96.

Tenazas, N. M., Yamauchi, F., Tiongco, M. M. and Igarashi, T. 2016. *Alternative Learning System Study: Alternative and Inclusive Learning in the Philippines*. Washington, DC, World Bank.

The Asia Foundation. 2020. *Go Digital ASEAN*. New York, The Asia Foundation. https://asiafoundation.org/emerging-issues/go-digital-asean. (Accessed 17 August 2021.)

Triyono, M. B. and Moses, K. M. 2019. Technical and vocational education and training and training in Indonesia. Bai, B. and Paryono (eds), *Vocational Education and Training in ASEAN Member States: Current Status and Future Development*. Singapore, Springer, pp. 45–79. (Perspectives on Rethinking and Reforming Education.)

Uganda Business and Technical Examinations Board. 2019. *Conduct of Examinations and Assessment Regulations*. Kampala, Uganda Business and Technical Examinations Board.

Uganda Ministry of Education and Sports. 2011. *Skilling Uganda: BTVET Strategic Plan 2011–2020*. Kampala, Ministry of Education and Sports.

___. 2019. *Technical Vocational Education and Training Policy*. Kampala, Ministry of Education and Sports.

UIL. 2018. *Cell-Ed: Innovative Education through Cell Phones – United States of America*. Hamburg, Germany, UNESCO Institute for Lifelong Learning. https://uil.unesco.org/case-study/effective-practices-database-litbase-0/cell-ed-innovative-education-through-cell-phones. (Accessed 17 August 2021.)

___. 2019a. *Fourth Global Report on Adult Learning and Education: Leave No One Behind – Participation, Equity and Inclusion*. Hamburg, Germany, UNESCO Institute for Lifelong Learning.

___. 2019b. *Tata Consultancy Services' Adult Literacy Programme: Computer-based Functional Literacy, India*. Hamburg, Germany, UNESCO Institute for Lifelong Learning. https://uil.unesco.org/case-study/effective-practices-database-litbase-0/tata-consultancy-services-adult-literacy-programme. (Accessed 17 August 2021.)

___. 2020. *Trends in Adult Learning and Education in the Arab States*. Hamburg, Germany, UNESCO Institute for Lifelong Learning.

UIL, Cedefop and ETF. 2015. *Global Inventory of Regional and National Qualifications Frameworks: Volume II*. Hamburg, Germany, European Centre for Development of Vocational Training/European Training Foundation/UNESCO Institute for Lifelong Learning.

___. 2019. *Global Inventory of Regional and National Qualifications Frameworks 2019: Volume I*. Hamburg, Germany, European Centre for Development of Vocational Training/European Training Foundation/UNESCO Institute for Lifelong Learning.

UNESCO. 2016a. *Recommendation Concerning Technical and Vocational Education and Training*. Paris, UNESCO.

___. 2016b. *Recommendation on Adult Learning and Education 2015*. Paris, UNESCO.

___. 2017a. *Global Education Monitoring Report 2017/8: Accountability in Education – Meeting Our Commitments*. Paris, UNESCO.

___. 2017b. *Reading the Past, Writing the Future: Fifty Years of Promoting Literacy*. Paris, UNESCO.

___. 2018. *Funding Skills Development: The Private Sector Contribution*. Paris, UNESCO.

___. 2019. *Beyond Commitments: How Countries Implement SDG 4*. Paris, UNESCO.

UNESCO-UNEVOC, BIBB and SFIVET. 2019. *Bridging Innovation and Learning in TVET Thematic Workshop: New Qualifications and Competencies in TVET*. Bonn, UNESCO-UNEVOC International Centre for Technical and Vocational Education and Training/German Federal Institute for Vocational Education and Training/Swiss Federal Institute for Vocational Education and Training.

UNESCO and ILO. 2018. *Taking a Whole of Government Approach to Skills Development*. Paris/Geneva, Switzerland, UNESCO/International Labour Organization.

UNESCO and Mongolia Ministry of Labor and Social Protection. 2019. *TVET Policy Review: Mongolia*. Ulaanbaatar, UNESCO.

Viet Nam News. 2018. VinFast opens technical training centre. *Viet Nam News*, 8 February. https://vietnamnews.vn/economy/422706/vinfast-opens-technical-training-centre.html. (Accessed 17 August 2021.)

___. 2020. VinFast works with local colleges to train auto engineers. *Viet Nam News*, 29 May. http://bizhub.vn/corporate-news/vinfast-works-with-local-colleges-to-train-auto-engineers_315931.html. (Accessed 17 August 2021.)

VSO Tanzania. 2014. *Pathway to Vocational Employment in the Emerging Tanzanian Gas Sector*. Dar Es Salaam, VSO Tanzania.

Walker, J. and Sarkodie, G. 2019. Adult education as corporate social responsibility in Canadian mining companies: performing the good citizen for greater self-regulation. *Compare*, Vol. 49, No. 2, pp. 298–317.

White, I., De Silva, N. and Rittie, T. 2018. *Unaccredited Training: Why Employers Use It and Does It Meet Their Needs?* Adelaide, Australia, National Centre for Vocational Education Research.

World Bank. 2018a. *Improving Youth Employability through Informal Apprenticeship*. Washington, DC, World Bank.

___. 2018b. *A Second Chance to Develop the Human Capital of Out-of-School Youth and Adults: The Philippines Alternative Learning System*. Washington, DC, World Bank. (Philippines Education Note 1.)

___. 2019a. Firms offering formal training. Washigton, DC, World Bank. https://databank.worldbank.org/reports.aspx?source=2&series=IC.FRM.TRNG.ZS. (Accessed 17 August 2021.)

___. 2019b. *World Development Report 2019: The Changing Nature of Work*. Washington, DC, World Bank.

Zarestky, J. and Ray, S. M. 2019. Adult education programmes of NGOs operating in non-Western contexts: a review of empirical literature. *International Journal of Lifelong Education*, Vol. 38, No. 6, pp. 657–72.

Ziderman, A. 2016. *Funding Mechanisms for Financing Vocational Training: An Analytical Framework*. Bonn, Germany, Institute of Labor Economics. (IZA Policy Paper 110.)

监测部分

第9章

Abreh, M. K., Agbevanu, W. K., Alhassan, A. J., Ansah, F., Bosu, R. S., Crawfurd, L., Mills, C. A., Minardi, A. L. and Nyame, G. 2021. *What Happened to Dropout Rates after COVID-19 School Closures in Ghana?* Washington, DC, Center for Global Development. www.cgdev.org/blog/what-happened-dropout-rates-after-covid-19-school-closures-ghana. (Accessed 17 August 2021.)

Agness, D., Dupas, P., Fafchamps, M., Getahun, T. and Lestant, E. 2021. *Households' Attitudes towards School Reopening during COVID-19 in Ethiopia*. London, International Growth Centre. (COVID-19-20109-ETH-1.)

Akmal, M., Fry, L., Ghatak, N., Hares, S., Jha, J., Minardi, A. L. and Nyamweya, N. 2020. *Who Is Going Back to School? A Four-country Rapid Survey in Ethiopia, India, Nigeria, and Pakistan*. Washington, DC, Center for Global Development. www.cgdev.org/blog/who-going-back-school-four-country-rapid-survey-ethiopia-india-nigeria-and-pakistan. (Accessed 17 August 2021.)

Asanov, I., Flores, F., McKenzie, D., Mensmann, M. and Schulte, M. 2021. Remote-learning, time-use, and mental health of Ecuadorian high-school students during the COVID-19 quarantine. *World Development*, Vol. 138, art. 105225.

Aurino, E., Wolf, S., Behrman, J. R., Aber, J. L., Tsinigo, E., Suntheimer, N. and Jordan, J. 2021. *The Experience of Educators during the COVID-19 Pandemic: Surveys from during and after School Closures*. Accra, Innovation for Poverty Action Ghana. (IPA Ghana Preliminary Results Brief.)

Discenza, A. R. and Walsh, K. 2021. *Global Review of Impacts of the COVID-19 Pandemic on Labour Force Surveys and Dissemination of Labour Market Statistics*. Geneva, Switzerland, International Labour Organization.

Gourlay, S., Kilic, T., Martuscelli, A., Wollburg, P. and Zezza, A. 2021. High-frequency phone surveys on COVID-19: good practices, open questions. *Food Policy*, Vol. 105, art. 102153.

Grewenig, E., Lergetporer, P., Werner, K., Woessmann, L. and Zierow, L. 2021. COVID-19 and educational inequality: how school closures affect low-and high-achieving students. *European Economic Review*, Vol. 140, art. 103920.

ICF. 2020. *COVID-19 Update: Some DHS Surveys Return to the Field; Others Postponed until 2021*. Rockville, Md., DHS Program Office, ICF. https://dhsprogram.com/Who-We-Are/News-Room/COVID-19-Update-Some-DHS-surveys-return-to-the-field-others-postponed-until-2021.cfm. (Accessed 17 August 2021.)

Ikeda, M. and Yamaguchi, S. 2021. Online learning during school closure due to COVID-19. *Japanese Economic Review*, Vol. 72, pp. 471–507.

Mangiavacchi, L., Piccoli, L. and Pieroni, L. 2021. Fathers matter: intrahousehold responsibilities and children's wellbeing during the COVID-19 lockdown in Italy. *Economics and Human Biology*, Vol. 42, art. 101016.

Mbaye, S., Le Nestour, A., Moscoviz, L. and Chery, J. 2021. *What Happened to Senegalese Students after the COVID-19 School Closure?* Washington, DC, Center for Global Development. www.cgdev.org/blog/what-happened-senegalese-students-after-covid-19-school-closure. (Accessed 17 August 2021.)

Mongolia National Statistics Office and UNICEF. 2021. *Mongolia 2020–2021 Wave 3: February 15–March 1, 2021*. Ulaanbaatar, National Statistics Office of Mongolia/UNICEF. (MICS Plus.)

Sharp, C., Nelson, J., Lucas, M., Julius, J., McCrone, T. and Sims, D. 2020. *Schools' Responses to COVID-19: The Challenges Facing Schools and Pupils in September 2020*. Slough, UK, National Foundation for Educational Research.

UIS. 2020a. *7th Annual Meeting of the Technical Cooperation Group on the Indicators for SDG4-Education 2030 (TCG)*. Montreal, Que., Technical Cooperation Group, UNESCO Institute for Statistics. http://tcg.uis.unesco.org/seventh-meeting-of-the-tcg. (Accessed 15 October 2021.)

___. 2020b. *8th Meeting of the TCG*. Montreal, Que.,Technical Cooperation Group, UNESCO Institute for Statistics. http://tcg.uis.unesco.org/tcg8. (Accessed 11 November 2021.)

___. 2020c. *Survey of COVID-19 Impact on National Education Planning Units*. Montreal, Que., UNESCO Institute for Statistics. (Information Paper 66.)

___. 2021a. *Continental Overview: Bridging CESA and SDG 4 in Africa*. Montreal, Que., UNESCO Institute for Statistics.

___. 2021b. *COVID-19 Impact*. Montreal, Que., Global Education Observatory, UNESCO Institute for Statistics. https://geo.uis.unesco.org/covid-19/covid-19-impacts. (Accessed 11 November 2021.)

___. 2021c. *SDG Benchmarks*. Montreal, Que., Global Education Observatory, UNESCO Institute for Statistics. https://geo.uis.unesco.org/sdg-benchmarks. (Accessed 11 November 2021.)

___. 2021d. *Setting Benchmarks to Achieve SDG 4 Targets*. Montreal, Que.,Technical Cooperation Group, UNESCO Institute for Statistics. http://tcg.uis.unesco.org/benchmarks. (Accessed 15 October 2021.)

___. 2021e. *UIS Data Release Features New SDG 4 Indicators and Disaggregated Dimensions*. Montreal, Que., UNESCO Institute for Statistics. http://uis.unesco.org/en/news/uis-data-release-features-new-sdg-4-indicators-and-disaggregated-dimensions. (Accessed 11 November 2021.)

UNESCO. 2015. *Incheon Declaration and Framework for Action for the Implementation of Sustainable Development Goal 4*. Paris, UNESCO.

___. 2017. *Strengthening Peer Learning of Education Policies for SDG 4: the Role of Regional Organizations*. Paris, UNESCO.

___. 2020. *Extraordinary Session of the Global Education Meeting: Education post-COVID-19 – 2020 Global Education Meeting Declaration*. Paris, UNESCO.

UNESCO and UNICEF. 2021. *Situation Analysis on the Effects of and Responses to COVID-19 on the Education Sector in Asia*. Bangkok, UNESCO/UNICEF. https://bangkok.unesco.org/content/situation-analysis-effects-and-responses-covid-19-education-sector-asia-0. (Accessed 15 October 2021.)

UNESCO, UNICEF and World Bank. 2020. *What Have We Learnt? Overview of Findings from a Survey of Ministries of Education on National Responses to COVID-19*. Paris/New York/Washington, DC, UNESCO/UNICEF/World Bank.

UNESCO, UNICEF, World Bank and OECD. 2021. *What's Next? Lessons on Education Recovery: Findings from a Survey of Ministries of Education amid the COVID-19 Pandemic*. Paris/Montreal, Que.,/New York/Florence/Washington, DC, UNESCO, UNESCO Institute for Statistics/UNICEF/UNICEF Office of Research – Innocenti/World Bank/OECD.

UNFCCC. 2021a. *Nationally Determined Contributions (NDCs)*. Bonn, Germany, United Nations Framework Convention on Climate Change. https://unfccc.int/process-and-meetings/the-paris-agreement/nationally-determined-contributions-ndcs/nationally-determined-contributions-ndcs. (Accessed 15 October 2021.)

___. 2021b. *Nationally Determined Contributions under the Paris Agreement: Synthesis Report by the Secretariat*. Bonn, Germany, United Nations Framework Convention on Climate Change.

UNICEF. 2021. *MICS Plus*. New York, UNICEF. https://mics.unicef.org/mics-plus/mics-plus-results. (Accessed 17 August 2021.)

UNICEF and ITU. 2020. *How Many Children and Young People Have Internet Access at Home? Estimating Digital Connectivity during the COVID-19 Pandemic*. New York/Geneva, Switzerland, UNICEF/International Telecommunication Union.

United Nations. 2014. *The Road to Dignity by 2030: Ending Poverty, Transforming All Lives and Protecting the Planet – Synthesis Report of the Secretary-General on the post-2015 Agenda*. New York, United Nations.

UNSD. 2021. *SDG Indicators: Metadata Repository – Target 4.1*. New York, United Nations Statistical Division. https://unstats.un.org/sdgs/metadata?Text=&Goal=&Target=4.1 (Accessed 17 August 2021.)

World Bank. 2020. *Monitoring COVID-19 Impacts on Households in Lao PDR: Results Snapshot from a Rapid Monitoring Phone Survey of Households*. Washington, DC, World Bank. (Report 1.)

___. 2021. *LSMS-supported High-frequency Phone Surveys on COVID-19*. Washington, DC, World Bank. www.worldbank.org/en/programs/lsms/brief/lsms-launches-high-frequency-phone-surveys-on-covid-19. (Accessed 17 August 2021.)

第10章

Abadía Alvarado, L. K., Soler, S. C. G. and González, J. C. 2021. Gone with the pandemic: effects of COVID-19 on academic performance in Colombia. *Universitas Económica*, Vol. 21, No. 4.

ACER and UIS. 2021. *Study Design: COVID-19 – Monitoring Impacts on Learning Outcomes*. Melbourne, Australia/Montreal, Que., Australian Council of Educational Research/UNESCO Institute for Statistics.

Akos, P., Rose, R. A. and Orthner, D. 2015. Sociodemographic moderators of middle school transition effects on academic achievement. *Journal of Early Adolescence*, Vol. 35, No. 2, pp. 170–98.

Alkema, L., Chou, D., Hogan, D., Zhang, S., Moller, A.-B., Gemmill, A., Fat, D. M., Boerma, T., Temmerman, M. and Mathers, C. 2016. Global, regional, and national levels and trends in maternal mortality between 1990 and 2015, with scenario-based projections to 2030: a systematic analysis by the UN Maternal Mortality Estimation Inter-Agency Group. *The Lancet*, Vol. 387, No. 10017, pp. 462–74.

Angrist, N., de Barros, A., Bhula, R., Chakera, S., Cummiskey, C., DeStefano, J., Floretta, J., Kaffenberger, M., Piper, B. and Stern, J. 2021. Building back better to avert a learning catastrophe: estimating learning loss from COVID-19 school shutdowns in Africa and facilitating short-term and long-term learning recovery. *International Journal of Educational Development*, Vol. 84, art. 102397.

Ardington, C., Wills, G. and Kotze, J. 2021. COVID-19 learning losses: early grade reading in South Africa. *International Journal of Educational Development*, Vol. 86, art. 102480.

Asakawa, S. and Ohtake, F. 2021. *Impact of Temporary School Closure due to COVID-19 on the Academic Achievement of Elementary School Students*. Osaka, Japan, Graduate School of Economics, Osaka University. (Discussion Paper in Economics and Business 21-14.)

ASER. 2021. *Karnataka Rural: Analysis Based on Data from Households – 24 out of 30 Districts*. New Delhi, Annual Status of Education Report.

Asian Development Bank. 2021. *Learning and Earning Losses from COVID-19 School Closures in Developing Asia: Special Topic of the Asian Development Outlook 2021*. Manila, Asian Development Bank.

Bau, N., Das, J. and Chang, A. Y. 2021. New evidence on learning trajectories in a low-income setting. *International Journal of Educational Development*, Vol. 84, art. 102430.

Bonke, J. and Esping-Andersen, G. 2011. Family investments in children: productivities, preferences, and parental child care. *European Sociological Review*, Vol. 27, No. 1, pp. 43–55.

British Council. 2021. *Investigación y análisis acerca del cierre de las escuelas en América: 2020 [Research and analysis on school closures in America: 2020]*. Buenos Aires, British Council Argentina/Varkey Foundation.

Brown, P. H. 2006. Parental education and investment in children's human capital in rural China. *Economic Development and Cultural Change*, Vol. 54, No. 4, pp. 759–89.

Buchanan, T., McFarlane, A. and Das, A. 2018. Educational attainment and the gender gap in childcare in Canada: a decomposition analysis. *Margin: The Journal of Applied Economic Research*, Vol. 12, No. 4, pp. 458–76.

Buchmann, M. and Steinhoff, A. 2017. Social inequality, life course transitions, and adolescent development: introduction to the special issue. *Journal of Youth and Adolescence*, Vol. 46, pp. 2083–90.

Carlana, M. and Ferrara, E. L. 2021. *Apart but Connected: Online Tutoring and Student Outcomes during the COVID-19 Pandemic*. Bonn, Germany, Institute of Labor Economics. (IZA Discussion Paper 14094.)

CGD. 2021. *The Pathway to Progress on SDG 4: A Symposium – A Collection of Essays*. Washington, DC, Center for Global Development.

Cha, S.-E. and Song, Y.-J. 2017. Time or money: the relationship between educational attainment, income contribution, and time with children among Korean fathers. *Social Indicators Research*, Vol. 134, No. 1, pp. 195–218.

Chen, J. 2020. Self-abandonment or seeking an alternative way out: understanding Chinese rural migrant children's resistance to schooling. *British Journal of Sociology of Education*, Vol. 41, No. 2, pp. 1–16.

Crawfurd, L., Hares, S. and Minardi, A. L. 2021. *New Data on Learning Loss in Pakistan*. Washington, DC, Center For Global Development. www.cgdev.org/blog/new-data-learning-loss-pakistan. (Accessed 17 August 2021.)

Dahir, A. L. 2020. Kenya's unusual solution to the school problem: cancel the year and start over. *The New York Times*, 5 August. www.nytimes.com/2020/08/05/world/africa/Kenya-cancels-school-year-coronavirus.html. (Accessed 17 August 2021.)

Daily Star. 2021. Four urgent steps to put students on track for successful learning. 25 September. www.thedailystar.net/views/opinion/news/four-urgent-steps-put-students-track-successful-learning-2183326. (Accessed 1 October 2021.)

Dang, H.-A., Oseni, G., Zezza, A. and Abanokova, K. 2021. *Impact of COVID-19 on Learning: Evidence from Six Sub-Saharan African Countries*. Washington, DC, World Bank.

Dharamshi, A., Barakat, B., Alkema, L. and Antoninis, M. 2021. Adjusted Bayesian completion rates (ABC) estimation. *SocArXiv*, 21 January.

Dotti Sani, G. M. and Treas, J. 2016. Educational gradients in parents' child-care time across countries, 1965–2012. *Journal of Marriage and Family*, Vol. 78, No. 4, pp. 1083–96.

Dube, R. 2020. Bolivia decision to cancel school because of COVID-19 upsets parents. *The Wall Street Journal*, 4 August. www.wsj.com/articles/bolivia-decision-to-cancel-school-because-of-covid-19-upsets-parents-11596577822. (Accessed 17 August 2021.)

Eccles, J. S. and Wigfield, A. 2002. Motivational beliefs, values, and goals. *Annual Review of Psychology*, Vol. 53, No. 1, pp. 109–32.

Eulich, W. 2020. Bolivia cancels school year. Parents ask: What now? *The Christian Science Monitor*, 17 September. www.csmonitor.com/World/Americas/2020/0917/Bolivia-cancels-school-year.-Parents-ask-What-now. (Accessed 17 Augut 2021.)

France Ministry of National Education. 2021a. *800 000 élèves évalués en début de sixième en 2020 : des performances en hausse, mais toujours contrastées selon les caractéristiques des élèves et des établissements [800,000 students assessed at the start of grade 6 in 2020: performance on the rise, but still affected by student and school characteristics]*. Paris, Ministry of National Education, Youth and Sport. www.education.gouv.fr/800-000-eleves-evalues-en-debut-de-sixieme-en-2020-des-performances-en-hausse-mais-toujours-309160. (Accessed 17 August 2021.)

___. 2021b. *Évaluations repères 2020 de début de CP et de CE1 : baisse des performances par rapport à 2019, notamment en français en CE1, et hausse des écarts selon les secteurs de scolarisation [2020 benchmark assessments at the start of grades 1 and 2: lower performance compared to 2019, especially in French in grade 2, and increase in the gaps by sector]*. Paris, Ministry of National Education, Youth and Sport. (Accessed 17 August 2021.)

Friedlander, E. W. 2020. The home literacy environment in rural Rwanda and its relationship to early grade reading. *Scientific Studies of Reading*, Vol. 24, No. 2, pp. 123–40.

Gölz, N. and Wohlkinger, F. 2019. Determinants of students' idealistic and realistic educational aspirations in elementary school. *Zeitschrift für Erziehungswissenschaft*, Vol. 22, No. 6, pp. 1397–431.

Gonida, E. N. and Cortina, K. S. 2014. Parental involvement in homework: relations with parent and student achievement-related motivational beliefs and achievement. *British Journal of Educational Psychology*, Vol. 84, No. 3, pp. 376–96.

Gore, J., Fray, L., Miller, A., Harris, J. and Taggart, W. 2021. The impact of COVID-19 on student learning in New South Wales primary schools: an empirical study. *Australian Educational Researcher*, Vol. 48, No. 4, pp. 605–37.

Guryan, J., Hurst, E. and Kearney, M. 2008. Parental education and parental time with children. *Journal of Economic Perspectives*, Vol. 22, No. 3, pp. 23–46.

Gustafsson, M. and Nuga, C. 2020. *How Is the COVID-19 Pandemic Affecting Educational Quality in South Africa? Evidence to Date and Future Risks*. Stellenbosch, Cape Town and Johannesburg, South Africa, National Income Dynamics Study – Coronavirus Rapid Mobile Survey. (Insight Brief.)

Hammerstein, S., König, C., Dreisörner, T. and Frey, A. 2021. Effects of COVID-19-related school closures on student achievement: a systematic review. *Frontiers in Psychology*, Vol. 12, art. 746289.

Hayashi, R., Sudarshana, H. D., Jayasundara, A., Garcia, M., Balasuriya, A. and Hirokawa, T. 2021. *COVID-19 Impact on Technical and Vocational Education and Training in Sri Lanka*. Manila, Asian Development Bank. (ADB Brief 168.)

Helbling, L. A., Tomasik, M. J. and Moser, U. 2019. Long-term trajectories of academic performance in the context of social disparities: longitudinal findings from Switzerland. *Journal of Educational Psychology*, Vol. 111, No. 7, p. 1284–99.

House of Commons. 2021. *COVID-19: Support for Children's Education*. London, House of Commons. https://publications.parliament.uk/pa/cm5802/cmselect/cmpubacc/240/24002.htm. (Accessed 17 August 2021.)

Human Rights Watch. 2021. *Africa: Rights Progress for Pregnant Students*. New York, Human Rights Watch. www.hrw.org/news/2021/09/29/africa-rights-progress-pregnant-students. (Accessed 11 October 2021.)

IADB. 2020. *Hablemos de Política Educativa América Latina y el Caribe: Educación más allá del COVID-19 [Let's Talk about Educational Policy in Latin America and the Caribbean: Education beyond COVID-19]*. Washington, DC, Inter-American Development Bank.

IEA and UNESCO. 2020. *Measuring Global Education Goals: How TIMSS Helps*. Amsterdam/Paris, International Association for the Evaluation of Educational Achievement/UNESCO.

INVALSI. 2021. *Rilevazioni Nazionali Degli Apprendimenti 2020–21 [National Learning Surveys 2020–21]*. Rome, Istituto nazionale per la valutazione del sistema educativo di istruzione e di formazione.

Kaffenberger, M. 2019. *A Typology of Learning Profiles: Tools for Analysing the Dynamics of Learning*. Oxford, UK, Research on Improving Systems of Education. (Insights.)

___. 2021. Modelling the long-run learning impact of the Covid-19 learning shock: actions to (more than) mitigate loss. *International Journal of Educational Development*, Vol. 81, art. 102326.

Kalita, B. 2020. Odisha to reduce school syllabus in view of COVID-19. *NDTV*, 7 August. www.ndtv.com/education/odisha-reduce-school-syllabus-in-view-of-covid-19. (Accessed 17 August 2021.)

Kao, G. and Tienda, M. 1998. Educational aspirations of minority youth. *American Journal of Education*, Vol. 106, No. 3, pp. 349–84.

Kim, J., Rose, P., Tiruneh, D. T., Sabates, R. and Woldehanna, T. 2021. *Learning Inequalities Widen following COVID-19 School Closures in Ethiopia*. Oxford, UK, Research on Improving Systems of Education. https://riseprogramme.org/blog/learning-inequalities-widen-COVID-19-Ethiopia. (Accessed 17 August 2021.)

Lam, S. f., Jimerson, S., Shin, H., Cefai, C., Veiga, F. H., Hatzichristou, C., Polychroni, F., Kikas, E., Wong, B. P. and Stanculescu, E. 2016. Cultural universality and specificity of student engagement in school: the results of an international study from 12 countries. *British Journal of Educational Psychology*, Vol. 86, No. 1, pp. 137–53.

Leh Wi Lan. 2021. *Sierra Leone Back to School Study 2020: Status of Pupil Learning Outcomes in Junior and Senior Secondary Schools of Sierra Leone Post-school Closure*. Cambridge/Oxford, UK, Mott Macdonald/Oxford Policy Management.

Lichand, G., Dória, C. A., Neto, O. L. and Cossi, J. 2021. *The Impacts of Remote Learning in Secondary Education: Evidence from Brazil during the Pandemic*. Washington, DC, Inter-American Development Bank.

Malawi Government. 2013. *Malawi Education Act*. Lilongwe, Government of Malawi.

Meeter, M. 2021. Primary school mathematics during Covid-19: no evidence of learning gaps in adaptive practicing results. *Trends in Neuroscience and Education*, Vol. 25, art. 100163.

Mukhopadhyay, A. and Sahoo, S. 2016. Does access to secondary education affect primary schooling? Evidence from India. *Economics of Education Review*, Vol. 54, pp. 124–42.

Mullis, I. V. S., Martin, M. O., Foy, P., Kelly, D. L. and Fishbein, B. 2020. *TIMSS 2019 International Results in Mathematics and Science*. Chestnut Hill, Mass./Amsterdam, TIMSS & PIRLS International Study Center, Lynch School of Education and Human Development, Boston College/International Association for the Evaluation of Educational Achievement.

Nigeria National Bureau of Statistics. 2019. *Living Standards Survey 2018–2019*. Abuja, National Bureau of Statistics. https://microdata.worldbank.org/index.php/catalog/3827. (Accessed 17 August 2021.)

Nugroho, D., Pasquini, C., Reuge, N. and Amaro, D. 2020. *COVID-19: How Are Countries Preparing to Mitigate the Learning Loss as Schools Reopen? Trends and Emerging Good Practices to Support the Most Vulnerable Children*. Florence, Italy, UNICEF Office of Research – Innocenti. (Innocenti Research Brief 2020-20.)

Oduor, A. and Gikandi, B. 2020. Learners will not repeat classes, State declares. *The Saturday Standard*, 6 November. www.standardmedia.co.ke/education/article/2001392858/learners-will-not-repeat-classes-state-declares. (Accessed 17 August 2021.)

Ortiz-Ospina, E., Giattino, C. and Roser, M. 2020. *Time Use*. Oxford, UK, Our World in Data. https://ourworldindata.org/time-use. (Accessed 18 June 2021.)

PASEC. 2015. *PASEC2014 : Performances des Systèmes Éducatifs en Afrique Subsaharienne Francophone – Compétences et Facteurs de Réussite au Primaire [PASEC2014: Education System Performance in Francophone Africa – Competencies and Learning Factors in Primary Education]*. Dakar, Conférence des Ministres de l'Éducation des États et Gouvernements de la Francophonie.

___. 2020. *PASEC2019 : Qualité des Systèmes Éducatifs en Afrique Subsaharienne Francophone – Performances et Environnement de l'Enseignement-Apprentissage au Primaire [PASEC2019: Education System Quality in Francophone Africa – Performance and Teaching-Learning Environment in Primary Education]*. Dakar, Conférence des Ministres de l'Éducation des États et Gouvernements de la Francophonie.

Patall, E. A., Cooper, H. and Robinson, J. C. 2008. Parent involvement in homework: a research synthesis. *Review of Educational Research*, Vol. 78, No. 4, pp. 1039–101.

Philippines Department of Education. 2021. *DepEd Issues Guidelines on Conduct of Remedial and Advancement Classes during Summer 2021*. Manila, Department of Education. www.deped.gov.ph/2021/07/16/deped-issues-guidelines-on-conduct-of-remedial-and-advancement-classes-during-summer-2021. (Accessed 17 August 2021.)

Radhakrishnan, K., Angrist, N., Bergman, P., Cullen, C., Matsheng, M., Ramakrishnan, A., Sabarwal, S. and Sharma, U. 2021. *Learning in the Time of COVID-19: Insights from Nepal*. Washington, DC, World Bank.

Rahman, T. and Ahmed, R. 2021. *Combatting the Impact of COVID-19 School Closures in Bangladesh*. Washington, DC, World Bank. https://blogs.worldbank.org/endpovertyinsouthasia/combatting-impact-covid-19-school-closures-bangladesh. (Accessed 17 August 2021.)

Robinson, K. and Harris, A. L. 2014. *The Broken Compass: Parental Involvement with Children's Education*. Cambridge, Mass., Harvard University Press.

Sengeh, D. 2021. *The Power of Radio in Sierra Leone: Ensuring No Child Is Left Behind*. Paris, UNESCO. https://gemreportunesco.wpcomstaging.com/2021/07/16/the-power-of-radio-in-sierra-leone-ensuring-no-child-is-left-behind. (Accessed 17 August 2021.)

Silverstein, J. 2021. *Measuring, Visualising, and Simulating Solutions to the Learning Crisis: New Evidence from Learning Profiles in 18 Countries*. Oxford, UK, Research on Improving Systems of Education. (Insights.)

Somsanith, P. and Noonan, R. 2020. Preschool and primary education. Noonan, R. (ed.), *Education in the Lao People's Democratic Republic: On Track for the Twenty-First Century*. Singapore, Springer, pp. 63–86.

Spitzer, M. and Musslick, S. 2021. Academic performance of K-12 students in an online-learning environment for mathematics increased during the shutdown of schools in wake of the COVID-19 pandemic. *PLoS ONE*, Vol. 16, No. 8, art. 0255629.

Statistics South Africa. 2018. *General Household Survey 2018*. Pretoria, Statistics South Africa. (Statistical Release P0318.)

Tomasik, M. J., Helbling, L. A. and Moser, U. 2021. Educational gains of in-person vs. distance learning in primary and secondary schools: a natural experiment during the COVID-19 pandemic school closures in Switzerland. *International Journal of Psychology*, Vol. 56, No. 4, pp. 566–76.

Uganda Bureau of Statistics. 2019. *Uganda National Panel Survey 2018/19: Household Questionnaire*. Kampala, Uganda Bureau of Statistics.

UIS. 2018. *Final Report of the Results of the Consensus Building Meeting on Proficiency Levels*. Montreal, Que., UNESCO Institute for Statistics.

___. 2020. *Rosetta Stone project*. Montreal, Que., UNESCO Institute for Statistics. http://tcg.uis.unesco.org/rosetta-stone. (Accessed 17 August 2021.)

UIS, UNICEF and World Bank. 2021. *Learning Data Compact: UNESCO, UNICEF, and the World Bank Unite to End the Learning Data Crisis*. Montreal, Que., UNESCO Institute for Statistics.

UIS and USAID. 2020a. *Global Proficiency Framework for Mathematics Grades 1 to 9*. Montreal, Que.,/Washington, DC, UNESCO Institute for Statistics/US Agency for International Development.

___. 2020b. *Global Proficiency Framework for Reading Grades 1 to 9*. Montreal, Que.,/Washington, DC, UNESCO Institute for Statistics/US Agency for International Development.
___. 2020c. *Policy Linking for Measuring Global Learning Outcomes: Toolkit Linking Assesments to the Global Proficiency Framework*. Montreal, Que.,/Washington, DC, UNESCO Institute for Statistics/US Agency for International Development.
UNESCO. 2019. *HerAtlas: Monitoring the Right to Education for Girls and Women*. Paris, UNESCO. https://en.unesco.org/education/girls-women-rights. (Accessed 17 August 2021.)
___. 2020. *Global Education Monitoring Report 2020: Inclusion and Education – All Means All*. Paris, UNESCO.
UNESCO and UNICEF. 2021a. *China Case Study: Situation Analysis on the Effects of and Responses to COVID-19 on the Education Sector in Asia*. Bangkok/Kathmandu, UNESCO Asia and Pacific Regional Bureau for Education/UNICEF East Asia and Pacific Regional Office and Regional Office for South Asia.
___. 2021b. *India Case Study: Situation Analysis on the Effects of and Responses to COVID-19 on the Education Sector in Asia*. Bangkok/Kathmandu, UNESCO Asia and Pacific Regional Bureau for Education/UNICEF East Asia and Pacific Regional Office and Regional Office for South Asia.
___. 2021c. *Indonesia Case Study: Situation Analysis on the Effects of and Responses to COVID-19 on the Education Sector in Asia*. Bangkok/Kathmandu, UNESCO Asia and Pacific Regional Bureau for Education/UNICEF East Asia and Pacific Regional Office and Regional Office for South Asia.
___. 2021d. *Situation Analysis on the Effects of and Responses to COVID-19 on the Education Sector in Southeast Asia: Sub-regional Report*. Bangkok/Kathmandu, UNESCO Asia and Pacific Regional Bureau for Education/UNICEF East Asia and Pacific Regional Office and Regional Office for South Asia.
UNESCO, UNICEF and World Bank. 2021a. *COVID-19 Learning Losses: Rebuilding Quality Learning for All in the Middle East and North Africa*. Paris/Amman/Washington, DC, UNESCO/UNICEF Regional Office in the Middle East and North Africa/World Bank.
___. 2021b. *The State of the Global Education Crisis: A Path to Recovery*. Paris/New York/Washington, DC, UNESCO/UNICEF/World Bank.
UNESCO, UNICEF, World Bank and OECD. 2021c. *What's Next? Lessons on Education Recovery: Findings from a Survey of Ministries of Education amid the COVID-19 Pandemic*. Paris/Montreal, Que.,/New York/Florence/Washington, DC, UNESCO, UNESCO Institute for Statistics/UNICEF/UNICEF Office of Research – Innocenti/World Bank/OECD.
USAID. 2021. *Policy Linking for Measuring Global Learning Outcomes*. Washington, DC, US Agency for International Development. www.edu-links.org/resources/policy-linking-measuring-global-learning-outcomes. (Accessed 11 October 2021.)
van de Werfhorst, H. G. 2021. Inequality in learning is a major concern after school closures. *Proceedings of the National Academy of Sciences*, Vol. 118, No. 20, art. 2105243118.
Varkey Foundation. 2018. *Global Parents' Survey*. London, Varkey Foundation.
Whizz Education. 2021. *Measuring the Impact of COVID-19 on Learning in Rural Kenya*. London, Whizz Education.
World Bank. 2021a. *Accelerating Learning Recovery*. Washington, DC, World Bank. (Brief.)
___. 2021b. *Adapting the Curriculum*. Washington, DC, World Bank. (World Bank Brief/Note.)
You, D., Hug, L., Ejdemyr, S., Idele, P., Hogan, D., Mathers, C., Gerland, P., New, J. R. and Alkema, L. 2015. Global, regional, and national levels and trends in under-5 mortality between 1990 and 2015, with scenario-based projections to 2030: a systematic analysis by the UN Inter-agency Group for Child Mortality Estimation. *The Lancet*, Vol. 386, No. 10010, pp. 2275–86.
Zierer, K. 2021. Effects of pandemic-related school closures on pupils' performance and learning in selected countries: a rapid review. *Education Sciences*, Vol. 11, No. 6, art. 252.

第11章

Atiles, J. T., Almodóvar, M., Vargas, A. C., Dias, M. J. A. and León, I. M. Z. 2021. International responses to COVID-19: challenges faced by early childhood professionals. *European Early Childhood Education Research Journal*, Vol. 29, No. 1, pp. 66–78.
Attanasio, O., Paes de Barros, R., Carneiro, P., Evans, D., Lima, L., Olinto, P. and Schady, N. 2017. *Impact of Free Availability of Public Childcare on Labour Supply and Child Development in Brazil*. New Delhi, International Initiative for Impact Evaluation. (Impact Evaluation Report 58.)

Brossard, M., Cardoso, M., Kamei, A., Mishra, S., Mizunoya, S. and Reuge, N. 2020. *Parental Engagement in Children's Learning*. Florence, Italy, UNICEF Office of Research – Innocenti. (Innoccenti Research Brief 2020-09.)

Cabrera-Hernandez, F. and Padilla-Romo, M. 2020. Hidden violence: how COVID-19 school closures reduced the reporting of child maltreatment. *Latin American Economic Review*, Vol. 29.

Dong, C., Cao, S. and Lia, H. 2020. Young children's online learning during COVID-19 pandemic: Chinese parents' beliefs and attitudes. *Children and Youth Services Review*, Vol. 118, art. 105440.

European Commission. 2011. *Communication from the Commission: Early Childhood Education and Care: Providing All Our Children with the Best Start for the World of Tomorrow*. Brussels, Eurpean Commission.

___. 2014. *Proposal for Key Principles of a Quality Framework for Early Childhood Education and Care: Report of the Working Group on Early Childhood Education and Care Under the Auspices of the European Commission*. Brussels, European Commission.

___. 2020. *Inclusion for All: Commission Presents Action Plan on Integration and Inclusion 2021–2027*. Brussels, European Commission. https://ec.europa.eu/commission/presscorner/detail/en/ip_20_2178. (Accessed 17 August 2021.)

___. 2021a. *Commission Staff Working Document Accompanying the Document Proposal for a Council Recommendation Establishing a European Child Guarantee*. Brussels, European Commission.

___. 2021b. *Toolkit for Inclusive Early Childhood Education and Care: Providing High Quality Education and Care to All Young Children*. Brussels, European Commission.

European Council. 2018. *Council Recommendation of 22 May 2018 on Promoting Common Values, Inclusive Education, and the European Dimension of Teaching*. Brussels, Council of the European Union.

___. 2019. *Council Recommendation of 22 May 2019 on High-Quality Early Childhood Education and Care Systems*. Brussels, Council of the European Union.

Eurostat. 2021. Pupils from age 4 to the starting age of compulsory education at primary level, by sex - as % of the population of the corresponding age group. Luxembourg, Eurostat. https://ec.europa.eu/eurostat/databrowser/view/educ_uoe_enra10/default/table?lang=en. (Accessed 17 August 2021.)

Fletcher, K. L. and Reese, E. 2005. Picture book reading with young children: a conceptual framework. *Developmental Review*, Vol. 25, No. 1, pp. 39–64.

Galevski, M., Adona, V. J. A., Barbosa, B. B., Ben Yahmed, Z., Currimjee, A., Ibrahim, R., Song, C., Tazi, S. and Yacoub, R. 2021. *COVID-19 and the Early Years: A Cross-Country Overview of Impact and Response in Early Childhood Development*. Washington, DC, World Bank.

Ghana Ministry of Women and Children's Affairs. 2004. *Early Childhood Care and Development Policy*. Accra, Ministry of Women and Children's Affairs.

Hanno, E. C., Hayhurst, E. W., Fritz, L., Gardner, M., Turco, R. G., Jones, S. M., Lesaux, N. K., Hofer, K., Checkoway, A. and Goodson, B. 2021. *Persevering through the Pandemic: Key Learnings about Children from Parents and Early Educators*. Cambridge, Mass., Saul Zaentz Early Education Initiative, Harvard Graduate School of Education.

Howard-Jones, A. R., Bowen, A. C., Danchin, M., Koirala, A., Sharma, K., Yeoh, D. K., Burgner, D. P., Crawford, N. W., Goeman, E., Gray, P. E., Hsu, P., Kuek, S., McMullan, B. J., Tosif, S., Wurzel, D. and Britton, P. N. 2021. COVID-19 in children: epidemiology, prevention and indirect impacts. *Journal of Paediatrics and Child Health*.

IBGE. 2018. *Educação 2017: PNAD Contínua [Education 2017: Continuous PNAD]*. Rio de Janeiro, Brazil, Instituto Brasileiro de Geografia e Estatística.

IEA and UNESCO. 2020. *Measuring Global Education Goals: How TIMSS Helps*. Amsterdam/Paris, International Association for the Evaluation of Educational Achievement/UNESCO.

Laire, C. 2016. *Early Childhood Development in Cuba: Sharing the Experience of a Scaled-up Integrated System that Promotes the Best Start in Life for Every Child*. Havana, UNICEF.

Luxembourg National Youth Service. 2020. *Quality beyond Regulations in Early Childhood Education and Care (ECEC): Country Background Report of Luxembourg*. Luxembourg, Service National de la Jeunesse.

McCoy, D. C., Cuartas, J., Behrman, J., Cappa, C., Heymann, J., Bóo, F. L., Lu, C., Raikes, A., Richter, L., Stein, A. and Fink, G. 2021. Global estimates of the implications of COVID-19-related preprimary school closures for children's instructional access, development, learning, and economic wellbeing. *Child Development*, Vol. 92, No. 5, pp. 883–99.

McKenna, M., Soto-Boykin, X., Cheng, K., Haynes, E., Osorio, A. and Altshuler, J. 2021. Initial development of a national survey on remote learning in early childhood during COVID-19: establishing content validity and reporting successes and barriers. *Early Childhood Education Journal*.

Mozambique Ministry of Education and Human Development. 2020. *Plano Estratégico da Educação 2020–2029 [Education Strategic Plan 2020–2029]*. Maputo, Ministry of Education and Human Development.

Nugroho, D., Jeon, Y., Kamei, A. and Boo, F. L. 2021. *It's Not Too Late to Act on Early Learning: Understanding and Recovering from the Impact of Pre-primary Education Closures During COVID-19*. Florence, UNICEF Office of Research – Innocenti. (Innocenti Research Brief 2021-03.)

OECD. 2017. *Starting Strong 2017: Key OECD Indicators on Early Childhood Education and Care*. Paris, Organisation for Economic Co-operation and Development.

___. 2018. *How Does Access to Early Childhood Services Affect the Participation of Women in the Labour Market?* Paris, Organisation for Economic Co-operation and Development.

___. 2019. *Education at a Glance 2019: OECD Indicators*. Paris, Organisation for Economic Co-operation and Development.

___. 2020a. *Education at a Glance 2020: OECD Indicators*. Paris, Organisation for Economic Co-operation and Development.

___. 2020b. *Is Childcare Affordable?* Paris, Organisation for Economic Co-operation and Development. (Policy Brief on Employment, Labour and Social Affairs.)

Oktavianingsih, E. and Arifiyanti, N. 2021. School readiness for early childhood in face-to-face learning in pandemic Covid-19. *Indonesian Journal of Educational Assessment*, Vol. 4, No. 1, pp. 30–37.

Pascal, C. and Bertram, T. 2021. What do young children have to say? Recognising their voices, wisdom, agency and need for companionship during the COVID pandemic. *European Early Childhood Education Research Journal*, Vol. 29, No. 1, pp. 1–5.

Rao, N., Umayahara, M., Yang, Y. and N., R. 2021. Ensuring access, equity and quality in early childhood education in Bangladesh, China, India and Myanmar: challenges for nations in a populous economic corridor. *International Journal of Educational Development*, Vol. 82, art. 102380.

Szente, J. 2020. Live virtual sessions with toddlers and preschoolers amid COVID-19: implications for early childhood teacher education. *Journal of Technology and Teacher Education*, Vol. 28, No. 2, pp. 373–80.

UNESCO. 2021a. *The Impact of COVID-19 on Early Childhood Education in the Asia-Pacific and Sub-Saharan Africa: Insights from the Results of Rapid Regional Personnel Survey*. Bangkok/Dakar, UNESCO.

___. 2021b. *Right to Pre-primary Education: A Global Study*. Paris, UNESCO.

UNESCO, UNICEF and World Bank. 2020. *What Have We Learnt? Overview of Findings from a Survey of Ministries of Education on National Responses to COVID-19*. Paris/New York/Washington, DC, UNESCO/UNICEF/World Bank.

UNESCO, UNICEF, World Bank and OECD. 2021. *What's Next? Lessons on Education Recovery: Findings from a Survey of Ministries of Education amid the COVID-19 Pandemic*. Paris/Montreal, Que.,/New York/Florence/Washington, DC, UNESCO, UNESCO Institute for Statistics/UNICEF/UNICEF Office of Research – Innocenti/World Bank/OECD.

United Nations. 2006. *Convention on the Rights of the Child: General Comment No. 7*. Geneva, Switzerland, United Nations.

Varmuza, P., Perlman, M. and White, L. A. 2019. Understanding early childhood education and care utilization in Canada: implications for demand and oversight. *International Journal of Child Care and Education Policy*, Vol. 13, art. 7.

Walker, I. 2019. *Inside Brazil's Hidden Daycare Economy*. London, BBC. www.bbc.com/worklife/article/20190306-inside-brazils-secret-daycare-economy. (Accessed 17 August 2021.)

Winter, P. 2010. *Engaging Families in the Early Childhood Development Story: Neuroscience and Early Childhood Development – Summary of Selected Literature and Key Messages for Parenting*. Canberra, Ministerial Council for Education, Early Childhood Development and Youth Affairs.

World Bank and UNICEF. 2020. *Costing Study on Early Childhood Education and Development (ECED) in Nepal: A Case for Investment in ECED*. Washington, DC/Kathmandu, World Bank/UNICEF.

Yoshikawa, H., Wuermli, A. J., Britto, P. R., Dreyer, B., Leckman, J. F., Lye, S. J., Ponguta, L. A., Richter, L. M. and Stein, A. 2020. Effects of the global coronavirus disease-2019 pandemic on early childhood development: short- and long-term risks and mitigating program and policy actions. *The Journal of Pediatrics*, Vol. 223, pp. 188–93.

第12章

Aivazova, N. 2013. *Role of Apprenticeships in Combating Youth Unemployment in Europe and the United States*. Washington, DC, Peterson Institute for International Economics. (Policy Brief 13-20.)

Ali Asadullah, M. 2019. Quadratic indirect effect of national TVET expenditure on economic growth through social inclusion indicators. *SAGE Open*, Vol. 9, No. 1, pp. 1–13.

Alvarado Calderón, G. and Mora Hernández, R. 2020. Educación técnica secundaria pública en Costa Rica: 1950–2014 [Public technical secondary educacion in Costa Rica: 1950–2014]. *Revista Actualidades Investigativas en Educación*, Vol. 20, No. 2.

Ambrose, B. W., Cordell, L. and Ma, S. 2015. *The Impact of Student Loan Debt on Small Business Formation*. Philadelphia, Pa., Federal Reserve Bank of Philadelphia. (Research Department Working Paper 15-26).

Arribas, M. G. and Papadakis, N. 2019. *Governance Arrangements for Vocational Education and Training in ETF Partner Countries: Analytical Overview 2012–17*. Turin, Italy, European Training Foundation.

Barr, A. and Turner, S. E. 2013. Expanding enrollments and contracting state budgets: the effect of the Great Recession on higher education. *Annals of the American Academy of Political and Social Science*, Vol. 650, No. 1, pp. 168–93.

Batthyány, K., Bruno, F. and Perrotta, V. 2021. *International Review of Study/Training Leave Policies*. Paris, UNESCO. (Background paper for *Global Education Monitoring Report 2021/2*.)

Beirute Brealey, T. 2018. *Principales Cambios en la Oferta de Educación Técnica Presentados en el Periodo 2006–2018 y su Pertinencia para Jóvenes en Zonas de Alta Vulnerabilidad [Main Changes in Technical Education Provision in the Period 2006–2018 and Their Relevance for Youth in Areas of High Vulnerability]*. San José, Consejo Nacional de Rectores. (Informe Estado de la Educación.)

Black, S. E., Denning, J. T., Dettling, L. J., Goodman, S. and Turner, L. J. 2020. *Taking it to the Limit: Effects of Increased Student Loan Availability on Attainment, Earnings, and Financial Well-Being*. Cambridge, Mass., National Bureau of Economic Research. (Working Paper 27658.)

Boatman, A., Evans, B. J. and Soliz, A. 2017. Understanding loan aversion in education: evidence from high school seniors, community college students, and adults. *AERA Open*, Vol. 3, No. 1.

Bonomelli, F. 2021. *Engagement in Apprenticeships: A Cross-national Analysis of School-to-Work Transition Surveys*. Paris, UNESCO. (Background paper for *Global Education Monitoring Report 2021/2*.)

Brazil Ministry of Economy. 2017. *Diagnóstico FIES [Diagnostic of the Higher Education Student Financing Fund]*. Brasília, Ministry of Economy.

Britton, J., van der Erve, L. and Higgins, T. 2019. Income contingent student loan design: lessons from around the world. *Economics of Education Review*, Vol. 71, pp. 65–82.

Brossard, V. 2020. *Les populations en situation de précarité au temps de la COVID [People living precariously in COVID-19 times]*. Montreal, Que., Institut de coopération pour l'éducation des adultes. https://icea.qc.ca/fr/actualites/les-populations-en-situation-de-pr%C3%A9carit%C3%A9-au-temps-de-la-covid. (Accessed 17 August 2021.)

Burundi Ministry of Education and AFD. 2018. *Programme d'appui a la mise oeuvre du plan transitoire de l'education du Burundi « Twige Neza » [Support program for the Implementation of Burundi's 'Twige Neza' Transitional Education plan]*. Gitega/Paris, Ministry of Education, Technical and Professional Training/Agence Française de Développement.

Callender, C. 2008. The impact of term-time employment on higher education students' academic attainment and achievement. *Journal of Education Policy*, Vol. 23, No. 4, pp. 359–77.

Camacho-Calvo, S., García-Fallas, J., Kemper, J. M., Maldonado-Mariscal, K. and Vargas-Porras, A. 2019. *Country Case Study on Technical Vocational Education and Training (TVET) in Costa Rica*. Zurich, Switzerland, KOF Swiss Economic Institute. (LELAM-TVET4Income Working Paper 8.)

Cardozo, S. 2008. *Políticas Educativas, Logrosy Desafíos del Sector en Uruguay 1990–2008 [Education Sector Policies, Achievements and Challenges in Uruguay 1990–2008]*. Montevideo, Comité de Coordinación Estratégica de Infancia y Adolescencia. (Cuadernos del ENIA.)

Carroll, J. 2020. It's time to reimagine adult literacy in a post-COVID-19 world. *Mail & Guardian*, 8 September. https://mg.co.za/education/2020-09-08-its-time-to-reimagine-adult-literacy-in-a-post-covid-19-world. (Accessed 17 August 2021.)

Cedefop. 2012. *Training Leave Policies and Practice in Europe*. Luxembourg, European Centre for the Development of Vocational Training. (Research Paper 28.)

Cerdan-Infantes, P. 2018. *Additional Financing for Access and Quality in Higher Education Project: Combined Project Information Documents/Integrated Safeguards Datasheet*. Washington, DC, World Bank.

Chaker, A. 2017. Community learning centres in Morocco: an unprecedented experience. Avramovska, M., Hirsch, E. and Schmidt-Behlau, B. (eds), *Adult Education Centres as a Key to Development: Challenges and Success Factors*. Bonn, Germany, DVV International, pp. 19–28. (International Perspectives in Adult Education.)

Chapman, B. 2016. Income contingent loans in higher education financing. *IZA World of Labor*, No. 227.

Chapman, B. and Dearden, L. 2018. The international transformation in student loan systems. *University World News*, 11 April. www.universityworldnews.com/post.php?story=20180411082843685. (Accessed 17 August 2021.)

Chapman, B. and Lounkaew, K. 2015. An analysis of Stafford loan repayment burdens. *Economics of Education Review*, Vol. 45, pp. 89–102.

Commonwealth of Learning. 2020. *Strategies for Blended TVET in Response to COVID-19*. Burnaby, BC, Commonwealth of Learning.

CPF. 2021. *Comparative Panel File: Harmonizing Comparative Lifecourse Data*. The Hague, Netherlands/Cologne, Germany, Netherlands Interdisciplinary Demographic Institute/University of Cologne. https://www.cpfdata.com/ (Accessed 17 August 2021.)

D'Amato, P. 2021. Interactive: Explore who gains most from canceling student debt. *The Hechinger Report*, 23 February. https://hechingerreport.org/interactive-explore-who-gains-most-from-cancelling-student-debt. (Accessed 30 August 2021.)

Darolia, R. 2014. Working (and studying) day and night: heterogeneous effects of working on the academic performance of full-time and part-time students. *Economics of Education Review*, Vol. 38, pp. 38–50.

Dearden, L. and Nascimento, P. M. 2019. Modelling alternative student loan schemes for Brazil. *Economics of Education Review*, Vol. 71, pp. 83–94.

Dolado, J. 2015. *No Country for Young People? Youth Labour Market Problems in Europe*. London, Centre for Economic Policy Research Press. (VoxEU.org eBook.)

Düchs, G. and Ingold, G.-L. 2016. Gut geparkt ist noch nicht studiert: Statistiken zum Physikstudium an den Universitäten in Deutschland 2016 [Well parked, you haven't studied yet: statistics on physics studies at universities in Germany in 2016]. *Physik Journal*, Vol. 15, No. 8/9, pp. 28–33.

Elliott, W. and Nam, I. 2013. Is student debt jeopardizing the short-term financial health of U.S. households? *Federal Reserve Bank of St. Louis Review*, Vol. 95, No. 5, pp. 405–24.

ETF. 2020. *Armenia: Education, Training and Employment Developments 2020*. Turin, Italy, European Training Foundation. (Country Fiche.)

Eurofound. 2020. *Addressing Household Over-indebtedness*. Luxembourg, European Foundation for the Improvement of Living and Working Conditions.

Eurostat. 2021a. Enterprises providing training by type of training and size class. Luxembourg, Eurostat. https://ec.europa.eu/eurostat/databrowser/view/TRNG_CVT_01S/bookmark/table?lang=en&bookmarkId=61c7c617-8f8e-4961-8c51-e234183efdc5. (Accessed 17 August 2021.)

___. 2021b. Participation rate in education and training by labour status. Luxembourg, Eurostat. https://ec.europa.eu/eurostat/databrowser/view/TRNG_AES_103/bookmark/table?lang=en&bookmarkId=ea8df588-79ce-4ad0-9fbe-716548d6945f. (Accessed 17 August 2021.)

Farnell, T., Skledar Matijević, A. and Šćukanec Schmidt, N. 2021. *The Impact of COVID-19 on Higher Education: A Review of Emerging Evidence – An Analytical Report*. Brussels, European Commission. (NESET Report.)

Federal Reserve. 2020. *Student Loans Owned and Securitized*. St. Louis, Mo., Federal Reserve Economic Data. https://fred.stlouisfed.org/series/SLOAS. (Accessed 16 September 2021.)

Field, S. and Guez, A. 2018. *Pathways of Progression: Linking Technical and Vocational Education and Training with Post-secondary Education*. Paris, UNESCO.

Filizola, P. 2019. Fies 2019: esvaziado após reformulação, financiamento atrai menos alunos e reduz opções para mais pobres [Fies 2019: emptied after reformulation, funding attracts fewer students and reduces options for the poorest]. *BBC News Brasil*, 6 February. www.bbc.com/portuguese/brasil-46968457. (Accessed 3 September 2021.)

Fletcher, C., Webster, J. and Di, W. 2020. *PLUS Borrowing in Texas: Repayment Expectations, Experience, and Hindsight by Minority-Serving Institution Status*. San Antonio, Tex., Trellis Company.

FNDE. 2020. Pedido de Informação [Information request]. Brasília, Fundo Nacional de Desenvolvimento da Educação. (Unpublished.)

Furuta, K. 2021. Parental perceptions of university cost, fear of debt, and choice of high school in Japan. *British Journal of Sociology of Education*, Vol. 42, No. 5–6, pp. 667–85.

Gartenschlaeger, U. 2017. Introduction: Community learning centres as spaces for lifelong learning in the 21st Century. Avramovska, M., Hirsch, E. and Schmidt-Behlau, B. (eds), *Adult Education Centres as a Key to Development: Challenges and Success Factors*. Bonn, Germany, DVV International, pp. 8–18. (International Perspectives in Adult Education.)

Govinda, R. 2017. *CONFINTEA VI Mid-Term Review 2017: The Status of Adult Learning and Education in Asia and the Pacific*. Hamburg, Germany, UNESCO Institute for Lifelong Learning.

Guzmán, J. 2011. *Educación Técnica y Formación Profesional en Costa Rica: Avances y Desafíos [Technical Education and Professional Training in Costa Rica; Progress and Challenges]*. San José, Consejo Nacional de Rectores. (Informe Estado de la Educación.)

Hayashi, R., Sudarshana, H. D., Jayasundara, A., Garcia, M., Balasuriya, A. and Hirokawa, T. 2021. *COVID-19 Impact on Technical and Vocational Education and Training in Sri Lanka*. Manila, Asian Development Bank. (ADB Brief 168.)

Henehan, K. 2020. *Can Training Help Workers Change Their Stripes? Retraining and Career Change in the UK*. London, Resolution Foundation.

Hoftijzer, M., Levin, V., Santos, I. and Weber, M. 2020. *TVET Systems' Response to COVID-19: Challenges and Opportunities* Washington, DC, World Bank.

Pham, H.-H. and Ho, T.-T.-H. 2020. Toward a 'new normal' with e-learning in Vietnamese higher education during the post COVID-19 pandemic. *Higher Education Research and Development*, Vol. 39, No. 7, pp. 1327–31.

Pham Le, A. T. 2018. The contributions of community learning centres (CLCs) to personal and community development in Myanmar. *International Review of Education*, Vol. 64, pp. 607–31.

Pinheiro, L. 2021. Enem 2021 tem 4 milhões de inscritos, menor número desde 2007 [ENEM 2021 has 4 million applicants, the lowest number since 2007]. *G1 Globo*, 15 July. https://g1.globo.com/educacao/enem/2021/noticia/2021/07/15/enem-2021-tem-4-milhoes-de-inscritos.ghtml. (Accessed 17 August 2021.)

Portela, M. J. O. and Gebremedhin, A. 2020. *Prospective Evaluation of GPE's Country-level Support to Education: Country Level Evaluation – Ethiopia*. Montreal, Que., Washington, DC/Hove, UK, Universalia/Results for Development/Itad.

Pulkkinen, L. 2021. 'Millions upon millions' in employer-funded education benefits go unused. *The Hechinger Report*, 21 June. https://hechingerreport.org/millions-upon-millions-in-employer-funded-education-benefits-go-unused. (Accessed 17 August 2021.)

Rambla, X., Castioni, R. and Sepúlveda, L. 2020. The making of TVET systems in middle-income countries: insights on Brazil and Chile. *Journal of Education and Work*, Vol. 33, No. 1, pp. 67–80.

Rogers, A. 2019. Second-generation non-formal education and the sustainable development goals: operationalising the SDGs through community learning centres. *International Journal of Lifelong Education*, Vol. 38, No. 5, pp. 515–26.

Rutledge, M. S., Sanzenbacherand, G. T. and Vitagliano, F. M. 2018. *Do Young Adults with Student Debt Save Less for Retirement?* Boston, Mass., Center for Retirement Research at Boston College. (Issue Brief 18-13.)

Sabzalieva, E. 2020. *Responding to Major Institutional Change: The Fall of the Soviet Union and Higher Education in Central Asia*. PhD thesis, Toronto, Ont., Ontario Institute for Studies in Education. (Unpublished.)

Sadro, F., Marsh, L., Klenk, H., Egglestone, C. and Friel, S. 2021. *Understanding the Difference You Make: An Evaluation Toolkit for Adult Learning and Career Change Programmes*. London, Learning and Work Institute. https://learningandwork.org.uk/resources/research-and-reports/understanding-the-difference-you-make-an-evaluation-toolkit-for-adult-learning-and-career-change-programmes. (Accessed 17 August 2021.)

Salmi, J. 2020. *COVID's Lessons for Global Higher Education: Coping with the Present while Building a More Equitable Future*. Indianapolis, Ind., Lumina Foundation.

Samara, M. 2021. Towards e-learning in TVET: setting and developing an e-competence framework (E-CF) for TVET teachers in Palestine. *TVET@Asia*, No. 16.

Scheepers, J. and Gebhardt, J. 2021. Teaching practices and early leaving from vocational education and training: an empirical approach and intervention project. Nägele, C., Kersh, N. and Stalder, B. E. (eds.), *Trends in Vocational Education and Training Research, Vol. IV: Proceedings of the European Conference on Educational Research*. Bremen, Germany European Research Network of Vocational Education and Training.

Setiawan, A. and Hamdani, A. 2021. Current development of vocational professional teacher education in Indonesia. *TVET@Asia*, No. 16.

Singal, A., Bansal, A., Chaudhary, P., Singh, H. and Patra, A. 2021. Anatomy education of medical and dental students during COVID-19 pandemic: a reality check. *Surgical and Radiologic Anatomy*, Vol. 43, No. 4, pp. 515–21.

Singh, J., Matthees, B. and Odetunde, A. 2021. Leaning online education during COVID-19 pandemic–attitudes and perceptions of non-traditional adult learners. *Quality Assurance in Education*, Vol. 29, No. 4, pp. 408-21.

Skills for Health. 2020. Skills for Health and NHS professionals supporting the urgent training needs of front-line staff. *Further Education News*, 9 April. www.fenews.co.uk/press-releases/45307-skills-for-health-and-nhs-professionals-supporting-the-urgent-training-needs-of-front-line-staff. (Accessed 17 August 2021.)

Sun, L., Tang, Y. and Zuo, W. 2020. Coronavirus pushes education online. *Nature Materials*, Vol. 19, No. 6, pp. 687–87.

Triyono, M. B. and Moses, K. M. 2019. Technical and vocational education and training and training in Indonesia. Bai, B. and Paryono (eds), *Vocational Education and Training in ASEAN Member States: Current Status and Future Development*. Singapore, Springer, pp. 45–79. (Perspectives on Rethinking and Reforming Education.)

Turek, K., Kalmijn, M. and Leopold, T. 2021. The Comparative Panel File: harmonized household panel surveys from seven countries. *European Sociological Review*, Vol. 37, No. 3, pp. 505–23.

UIL. 2010. *Belem Framework for Action: Harnessing the Power and Potential of Adult Learning and Education for a Viable Future*. Hamburg, Germany, UNESCO Institute for Lifelong Learning.

___. 2020a. *UNESCO Learning Cities' Responses to COVID-19: Outcomes of Webinar on 9 April - Latin America and the Caribbean*. Hamburg, UNESCO Institute for Lifelong Learning. https://uil.unesco.org/unesco-learning-cities-responses-covid-19-outcomes-webinar-9-april-latin-america-and-caribbean. (Accessed 17 August 2021.)

___. 2020b. *Adult Learning and Education and COVID-19*. Hamburg, Germany, UNESCO Institute for Lifelong Learning. (UNESCO COVID-19 Education Response: Education Sector Issue Note 2.6.)

UNESCO. 2015. *Incheon Declaration and Framework for Action for the Implementation of Sustainable Development Goal 4*. Paris, UNESCO.

___. 2016. *Community-Based Lifelong Learning and Adult Education: Role of Community Learning Centres as Facilitators of Lifelong Learning*. Paris/Bangkok, UNESCO.

___. 2020. *How Cities Are Utilizing the Power of Non-formal and Informal Learning to Respond to the COVID-19 Crisis*. Paris, UNESCO. (UNESCO COVID-19 Education Response: Issue Note 6.2.)

___. 2021. *COVID-19: Reopening and Reimagining Universities: Survey on Higher Education through the UNESCO National Commissions*. Paris, UNESCO.

UNESCO-UNEVOC and National Council for the Federal Network of Vocational Institutions. 2018. *TVET Country Profile: Brazil*. Bonn, Germany, UNESCO-UNEVOC International Centre for Technical and Vocational Education and Training.

Woldegiorgis, E. T. 2008. Cost Sharing in Ethiopia: An Analysis of Challenges and Prospects. Thesis for European master in higher education, Universidade de Aveiro. (Unpublished.)

Woodhall, M. 2007. *Funding Higher Education: The Contribution of Economic Thinking to Debate and Policy Development*. Washington, DC, World Bank. (Education Working Paper 8.)

World Bank. 2014. *Republic of Burundi: Skills Development for Growth*. Washington, DC, World Bank.

Wright, E. and Mulvey, B. 2021. Internships and the graduate labour market: how upper-middle-class students 'get ahead'. *British Journal of Sociology of Education*, Vol. 42, No. 3, pp. 339–56.

Yizengaw, T. 2007. Implementation of cost sharing in the Ethiopian higher education landscape: critical assessment and the way forward. *Higher Education Quarterly*, Vol. 61, No. 2, pp. 171–96.

Ziderman, A. 2017. Experience with student loans, higher education. Shin, J. C. and Teixeira, P. (eds), *Encyclopedia of International Higher Education Systems and Institutions*. Dordrecht, Netherlands, Springer.

第13章

Azubuike, O. B. 2021. *Education, digital skills acquisition and learning during COVID-19 in Nigeria*. Johannesburg, South Africa, Africa Portal. www.africaportal.org/features/education-digital-skills-acquisition-and-learning-during-covid-19-nigeria. (Accessed 22 October 2021.)

Binda, T. L. 2020. *New Voices in Africa: COVID-19 as a Catalyst for Digital Transformation*. Paris, Institut Montaigne. www.institutmontaigne.org/en/blog/new-voices-africa-covid-19-catalyst-digital-transformation. (Accessed 22 October 2021.)

BusinessTech. 2020. These are the skills government wants South African schools to cover. BusinessTech, 23 September. https://businesstech.co.za/news/technology/435649/these-are-the-skills-government-wants-south-african-schools-to-cover. (Accessed 25 October 2021.)

Calderon, G., Cunha, J. M. and Giorgi, G. D. 2018. Business literacy and development: evidence from a randomized controlled trial in rural Mexico. *Economic Development and Cultural Change*, Vol. 68, No. 2, pp. 507–40.

Corneille, E. 2020. *Mastercard and USAID Partner under the W-GDP to Launch Project Kirana*. London, IBS Intelligence. https://ibsintelligence.com/ibsi-news/mastercard-and-usaid-partner-under-the-w-gdp-to-launch-project-kirana. (Accessed 25 October 2021.)

DeJaeghere, J., Morris, E. and Bamattre, R. 2020. Moving beyond employment and earnings: reframing how youth livelihoods and wellbeing are evaluated in East Africa. *Journal of Youth Studies*, Vol. 23, No. 5, pp. 667–85.

Doroba, H., Mbanugo, T. and Edosio, U. 2020. *The Relevance of Digital Skills in the COVID-19 Era*. Abidjan, African Development Bank. www.afdb.org/fr/news-and-events/relevance-digital-skills-covid-19-era-36244. (Accessed 22 October 2021.)

European Commission. 2021. *Digital Education Action Plan (2021-2027): Resetting Education and Training for the Digital Age*. Brussels, European Commission. https://ec.europa.eu/education/education-in-the-eu/digital-education-action-plan_en. (Accessed 25 October 2021.)

Fraillon, J., Ainley, J., Schulz, W., Friedman, T. and Duckworth, D. 2019. *Preparing for Life in a Digital World: IEA International Computer and Information Literacy Study 2018 International Report*. Amsterdam, International Association for the Evaluation of Educational Achievement.

Fundación Chile. 2020. *1,200 New Openings for Cost-free Courses Are Made Available to Satisfy the High Demand for Workers in the Digital Area*. Santiago, Fundación Chile. https://fch.cl/en/news/1200-new-openings-for-cost-free-courses-are-made-available-to-satisfy-the-high-demand-for-workers-in-the-digital-area. (Accessed 22 October 2021.)

Howland, K. and Good, J. 2015. Learning to communicate computationally with Flip: a bi-modal programming language for game creation. *Computers and Education*, Vol. 80, pp. 224–40.
ILO. 2020. *Digital Skills and the Future of Work: Challenges and Opportunities in a Post COVID-19 Environment*. Geneva, Switzerland, International Labour Organization.
Jackman, J. A., Gentile, D. A., Cho, N.-J. and Park, Y. 2021. Addressing the digital skills gap for future education. *Nature Human Behaviour*, Vol. 5, No. 5, pp. 542–45.
James, J. 2021. Confronting the scarcity of digital skills among the poor in developing countries. *Development Policy Review*, Vol. 39, No. 2, pp. 324–39.
Law, N., Woo, D., de la Torre, J. and Wong, G. 2018. *A Global Framework of Reference on Digital Literacy Skills for Indicator 4.4.2*. Montreal, Que., UNESCO Institute for Statistics. (Information Paper 51.)
Lee, N., Beeler Stücklin, S., Lopez Rodriguez, P., El Alaoui Faris, M. and Mukaka, I. 2020. Financial education for HIV-vulnerable youth, orphans, and vulnerable children: a systematic review of outcome evidence. *Campbell Systematic Reviews*, Vol. 16, No. 1, art. 1071.
Martínez-Alcalá, C. I., Rosales-Lagarde, A., Pérez-Pérez, Y. M., Lopez-Noguerola, J. S., Bautista-Díaz, M. L. and Agis-Juarez, R. A. 2021. The effects of COVID-19 on the digital literacy of the elderly: norms for digital inclusion. *Frontiers in Education*, Vol. 6, art. 716025.
Monteiro, L. 2021. *Ecobank Group Partners with Microsoft to Digitally Upskill Africa's SMEs*. London, IBS Intelligence. https://ibsintelligence.com/ibsi-news/ecobank-group-partners-with-microsoft-to-digitally-upskill-africas-smes. (Accessed 25 October 2021.)
Mouza, C., Yang, H., Pan, Y.-C., Ozden, S. Y. and Pollock, L. 2017. Resetting educational technology coursework for pre-service teachers: a computational thinking approach to the development of technological pedagogical content knowledge (TPACK). *Australasian Journal of Educational Technology*, Vol. 33, No. 3, pp. 61–76.
OECD. 2020. *PISA 2018 Results (Volume IV): Are Students Smart About Money?* Paris, Organisation for Economic Co-operation and Development.
Reyes, A., Roseth, B. and Vera-Crossio, D. 2021. *Technology, Identification, and Access to Social Programs: Experimental Evidence from Panama*. Washington, DC, Inter-American Development Bank. (IDB Working Paper 1261.)
Román-González, M., Pérez-González, J.-C. and Jiménez-Fernández, C. 2017. Which cognitive abilities underlie computational thinking? Criterion validity of the Computational Thinking Test. *Computers in Human Behavior*, Vol. 72, pp. 678–91.
Seifert, A. 2020. The digital exclusion of older adults during the COVID-19 pandemic. *Journal of Gerontological Social Work*, Vol. 63, No. 6–7, pp. 674–76.
Seow, P., Looi, C.-K., How, M.-L., Wadhwa, B. and Wu, L.-K. 2019. Educational policy and implementation of computational thinking and programming: case study of Singapore. Kong, S.-C. and Abelson, H. (eds), *Computational Thinking Education*. Singapore, Springer, pp. 345–61.
Smith, B. 2021. Building a more inclusive skills-based economy: the next steps for our global skills initiative. *Official Microsoft Blog*, 20 March. https://blogs.microsoft.com/blog/2021/03/30/building-a-more-inclusive-skills-based-economy-the-next-steps-for-our-global-skills-initiative. (Accessed 22 October 2021.)
Voogt, J., Fisser, P., Good, J., Mishra, P. and Yadav, A. 2015. Computational thinking in compulsory education: towards an agenda for research and practice. *Education and Information Technologies*, Vol. 20, No. 4, pp. 715–28.
World Economic Forum. 2020. *The Future of Jobs Report 2020*. Geneva, Switzerland, World Economic Forum.
Yadav, A., Mayfield, C., Zhou, N., Hambrusch, S. and Korb, J. 2014. Computational thinking in elementary and secondary teacher education. *ACM Transactions on Computing Education*, Vol. 14, No. 1, art. 5.

第14章

Adamson, L. 2020. Language of instruction: a question of disconnected capabilities. *Comparative Education*, Vol. 57, No. 2, pp. 187–205.
Aide et Action Southeast Asia. 2021. *India: COVID-19 Subjecting Children of Seasonal Migrants to Child Labour*. Phnom Penh, Aide et Action. https://seac.aide-et-action.org/india-covid-19-subjecting-children-of-seasonal-migrants-to-child-labour. (Accessed 17 August 2021.)
Amiri, R. and Jackson, A. 2021. *Taliban Attitudes and Policies towards Education*. London, Centre for the Study of Armed Groups, Overseas Development Institute. (Working Paper 601.)
Arjona, A. 2015. Civilian resistance to rebel governance. Arjona, A., Kafsir, N. and Mampilly, Z. (eds), *Rebel Governance*

in Civil War. Cambridge, UK, Cambridge University Press, pp. 180–202.
Australian Humanitarian Partnership. 2021. *Delivering COVID-safe Education to Rohingya Camps in Bangladesh*. Cox's Bazar, Bangladesh, Australian Humanitarian Partnership.
Bannink-Mbazzi, F., Nalugya, R., Kawesa, E., Nimusiima, C., King, R., Hove, G. v. and Seeley, J. 2021. The impact of COVID-19 measures on children with disabilities and their families in Uganda. *Disability and Society*.
Bhattacharya, L. and Chandrasekhar, S. 2020. *India's Search for Link Language and Progress towards Bilingualism*. Mumbai, India, Indira Gandhi Institute of Development Research. (Working Paper 2020-015.)
Bol, T. 2020. Inequality in homeschooling during the Corona crisis in the Netherlands: first results from the LISS Panel. *SocArXiv*.
Branch, A. and Mampilly, Z. C. 2005. Winning the war, but losing the peace? The dilemma of SPLM/A civil administration and the tasks ahead. *Journal of Modern African Studies*, Vol. 43, No. 1, pp. 1–20.
Carter, E., Sabates, R., Rose, P. and Akyeampong, K. 2020. Sustaining literacy from mother tongue instruction in complementary education into official language of instruction in government schools in Ghana. *International Journal of Educational Development*, Vol. 76, art. 102195.
Deng, L. B. 2003. *Education in Southern Sudan: War, Status and Challenges of Achieving Education for All Goals*. Paris, UNESCO. (Background paper for *Education for All Global Monitoring Report 2003/4*.)
Eurostat. 2014. Child specific material deprivation rate by age (children aged 1 to 15). Luxembourg, Eurostat. https://ec.europa.eu/eurostat/databrowser/view/ilc_chmd01/default/table?lang=en. (Accessed 17 August 2021.)
Feroz, E. and Lakanwal, A. R. 2020. In rural Afghanistan, some Taliban gingerly welcome girls schools. *Foreign Policy*, 4 May. https://foreignpolicy.com/2020/05/04/afghanistan-taliban-girls-schools. (Accessed 17 August 2021.)
Ford, K. 2021. *Supporting Vulnerable Adolescent Girls to Continue Their Education Should Be Prioritised in Recovery Plans for Covid-19*. Paris, UNESCO. https://gemreportunesco.wpcomstaging.com/2021/06/18/supporting-vulnerable-adolescent-girls-to-continue-their-education-should-be-prioritised-in-recovery-plans-for-covid-19. (Accessed 17 August 2021.)
Giustozzi, A. and Franco, C. 2011. *The Battle for the Schools: The Taleban and State Education*. Berlin, Afghanistan Analysts Network. (Thematic Report 08/2011.)
___. 2013. *The Ongoing Battle for the Schools: Uprisings, Negotiations and Taleban Tactics*. Berlin, Afghanistan Analysts Network. (Briefing Paper 02/2013.)
Guio, A.-C., Gordon, D., Marlier, E., Najera, H. and Pomati, M. 2018. Towards an EU measure of child deprivation. *Child Indicators Research*, Vol. 11, No. 3, pp. 835–60.
Halloran, C., Jack, R., Okun, J. C. and Oster, E. 2021. *Pandemic Schooling Mode and Student Test Scores: Evidence from US States*. Cambridge, Mass., National Bureau of Economic Research. (Working Paper 29497.)
Hannum, E., Liu, R. and Alvarado-Urbina, A. 2017. Evolving approaches to the study of childhood poverty and education. *Comparative Education*, Vol. 53, No. 1, pp. 81–114.
Hattori, H., Cardoso, M. and Ledoux, B. 2017. *Collecting Data on Foundational Learning Skills and Parental Involvement in Education*. New York, UNICEF. (MICS Methodological Paper 5.)
Hiraal Institute. 2018. *The Fighters Factory: Inside Al-Shabab's Education System*. Mogadishu, Hiraal Institute.
Huang, R. and Sullivan, P. L. 2020. Arms for education? External support and rebel social services. *Journal of Peace Research*, Vol. 58, No. 4, pp. 794–808.
Human Rights Watch. 2021. *'Years Don't Wait for Them': Increased Inequalities in Children's Right to Education Due to the Covid-19 Pandemic*. New York, Human Rights Watch. www.hrw.org/report/2021/05/17/years-dont-wait-them/increased-inequalities-childrens-right-education-due-covid. (Accessed 17 August 2021.)
Inter-Agency Coordination Lebanon, UNICEF, UNHCR and WFP. 2021. *Vulnerability Assessment of Syrian Refugees in Lebanon: VASyR 2021 Preliminary Findings*. Beirut, Inter-Agency Coordination Lebanon/UNICEF/United Nations High Commissioner for Refugees/World Food Programme.
Jackson, A. 2018. *Life under the Taliban Shadow Government*. London, Overseas Development Institute.
Jackson, A. and Amiri, R. 2019. *Insurgent Bureaucracy: How the Taliban Makes Policy*. Washington, DC, US Institute of Peace. (Peaceworks 153.)
Kasfir, N. 2005. Guerrillas and civilian participation: the National Resistance Army in Uganda, 1981–86. *Journal of Modern African Studies*, Vol. 43, No. 2, pp. 271–96.
Keister, L. 2018. *Income and Wealth Are not Highly Correlated: Here Is Why and What It Means*. Washington, DC, American Sociological Association. www.wipsociology.org/2018/10/29/income-and-wealth-are-not-highly-correlated-here-is-why-and-what-it-means. (Accessed 3 March 2021.)
Kiribati Government. 2016. *Kiribati Development Plan 2016–19*. Tarawa, Government of Kiribati.

Mampilly, Z. C. 2011. *Rebel Rulers: Insurgent Governance and Civilian Life during War*. Ithaca, NY, Cornell University Press.

___. 2021. *Counting School Children Under Rebel Control: Four Case Studies*. Paris, UNESCO. (Background paper for *Global Education Monitoring Report 2021/2*.)

Myanmar Ministry of Education. 2020. *Myanmar COVID-19 National Response and Recovery Plan for the Education Sector*. Naypyidaw, Myanmar, Ministry of Education.

NRC. 2005. *Profile of Internal Displacement: Sri Lanka*. Geneva, Switzerland, Global IDP Project, Norwegian Refugee Council.

Okasheh, H. 2020. *Reversing Gains: Brief on the Impact of COVID-19 on Education in Syria*. London, Save the Children.

Orsander, M. and Mendoza, P. 2020. *The Hidden Imapct of COVID-19 on Children and Families with Disabilities*. London, Save the Children.

Outhwaite, L. A., Gulliford, A. and Pitchford, N. J. 2020. Language counts when learning mathematics with interactive apps. *British Journal of Educational Technology*, Vol. 51, No. 6, pp. 2326–39.

Palmer, A. 2020. Rebel schools: the strategic timing of education provision in Afghanistan. New York, Wilf Family Department of Politics, New York University. (Unpublished.)

Pier, L., Christian, M., Tymeson, H. and Meyer, R. H. 2021. *COVID-19 Impacts on Student Learning: Evidence from Interim Assessments in California*. Stanford, Calif., Policy Analysis for California Education.

Schaeffer, K. 2021. *What We Know about Online Learning and the Homework Gap amid the Pandemic*. Washington, DC, Pew Research Center. www.pewresearch.org/fact-tank/2021/10/01/what-we-know-about-online-learning-and-the-homework-gap-amid-the-pandemic. (Accessed 1 November 2021.)

Selvik, K. 2021. Education activism in the Syrian civil war: resisting by persisting. *Comparative Education Review*, Vol. 65, No. 3.

SIL International. 2021. *Ethnologue: Languages of the World*. Dallas, Tex., SIL International. www.ethnologue.com. (Accessed 26 April 2021.)

Suffian, M. 2021. Closure of seasonal hostels forces migrant children to work as daily wage laborers, education takes backstage. *India Today*, 26 July. www.indiatoday.in/education-today/news/story/closure-of-seasonal-hostels-migrant-children-work-as-daily-wage-laborers-1832875-2021-07-26. (Accessed 17 August 2021.)

Sutton, H. 2020. COVID-19 disproportionately impacts students with disabilities across all sectors. *Disability Compliance for Higher Education*, Vol. 26, No. 6, p. 9.

Townsend, R., Chmielewska, B., Barratt, I., Kalafat, E., van der Meulen, J., Gurol-Urganci, I., O'Brien, P., Morris, E., Draycott, T., Thangaratinam, S., Le Doare, K., Ladhani, S., von Dadelszen, P., Magee, L. A. and Khalil, A. 2021. Global changes in maternity care provision during the COVID-19 pandemic: a systematic review and meta-analysis. *EClinicalMedicine*, Vol. 37, art. 100947.

UIS. 2018. *SDG Indicator 4.5.2: Recommended Approaches for Measurement*. Montreal, Que., Technical Cooperation Group for SDG 4 Indicators, UNESCO Institute for Statistics. (TCG5/REF/5.)

UNESCO. 2021. *When Schools Shut: Gendered Impacts of COVID-19 School Closures*. Paris, UNESCO.

UNESCO, UNICEF, World Bank and OECD. 2021. *What's Next? Lessons on Education Recovery: Findings from a Survey of Ministries of Education amid the COVID-19 Pandemic*. Paris/Montreal, Que.,/New York/Florence/Washington, DC, UNESCO, UNESCO Institute for Statistics/UNICEF/UNICEF Office of Research – Innocenti/World Bank/OECD.

UNICEF. 2020a. *Community-based Education Will Reach up to 140,000 Hardest to Reach Children and Those Living in Conflict Zones*. Kabul, UNICEF. www.unicef.org/afghanistan/press-releases/community-based-education-will-reach-140000-hardest-reach-children-and-those-living. (Accessed 17 August 2021.)

___. 2020b. *COVID-19: Are Children Able to Continue Learning During School Closures? A Global Analysis of the Potential Reach of Remote Learning Policies*. New York, UNICEF.

___. 2021. *Ensuring Equal Access to Education in Future Crises: Findings of the New Remote Learning Readiness Index*. New York, UNICEF.

Viero, A., Barbara, G., Montisci, M., Kustermann, K. and Cattaneo, C. 2021. Violence against women in the Covid-19 pandemic: a review of the literature and a call for shared strategies to tackle health and social emergencies. *Forensic Science International*, Vol. 319, art. 110650.

Wekundah, M. and Trudell, B. 2021. *Measuring Thematic Indicator 4.5.2: Challenges and Alternatives*. Paris, UNESCO. (Background paper for *Global Education Monitoring Report 2021/2*.)

World Bank. 2021. *Loud and Clear: Effective Language of Instruction Policies for Learning*. Washington, DC, World Bank.

World Bank and IEI. 2021. *Pivoting to Inclusion: Leveraging Lessons from the COVID-19 Crisis for Learners with Disabilities*. Washington, DC, World Bank/Inclusive Education Initiative.

第15章

A'Hearn, B., Baten, J. and Crayen, D. 2009. Quantifying quantitative literacy: age heaping and the history of human capital. *Journal of Economic History*, Vol. 69, No. 3, pp. 783–808.

Ancker, J. 2020. The COVID-19 pandemic and the power of numbers. *Numeracy*, Vol. 13, No. 2, art. 2.

Apena, T. T. 2021. Sustainability of adult education programmes in Nigeria: a post pandemic threat to national development. *KIU Journal of Education*, Vol. 16, No. 1, pp. 133–40.

Ayyappan, A. 2020. *Ageing Nepal: Basic Literacy Classes for Older Persons*. Hamburg, UNESCO Institute for Lifelong Learning. https://uil.unesco.org/case-study/effective-practices-database-litbase-0/ageing-nepal-basic-literacy-classes-older-persons. (Accessed 17 August 2021.)

Barakat, B. 2016. Improving adult literacy without improving the literacy of adults? A cross-national cohort analysis. *World Development*, Vol. 87, pp. 242–57.

Baten, J. 2021. *Indirect Survey Estimates of Basic Numeracy among Disadvantaged Groups in sub-Saharan Africa*. Paris, UNESCO. (Background paper for *Global Education Monitoring Report 2021/2*.)

Baten, J. and Alexopoulou, K. 2021. Elite violence and elite numeracy in Africa from 1400 CE to 1900 CE. *European Review of Economic History*, art. heab013.

Baten, J. and Hippe, R. 2018. Geography, land inequality and regional numeracy in Europe in historical perspective. *Journal of Economic Growth*, Vol. 23, No. 1, pp. 79–109.

Baten, J. and Juif, D. 2014. A story of large landowners and math skills: inequality and human capital formation in long-run development, 1820–2000. *Journal of Comparative Economics*, Vol. 42, No. 2, pp. 375–401.

Brazil Ministry of Education. 2021. *Resolução No 1, de 28 de Maio de 2021 [Resolution Number 1, of May 28, 2021]*. Brasília, Diário Oficial da União.

Chamberlin, S. 2019. *Education as an Individual and Social Support Strategy for Managing HIV Care Adherence in Malawi*. Paper for 2019 Comparative and International Education Society Annual Conference, San Francisco, Calif., 14–18 April.

Crayen, D. and Baten, J. 2010. Global trends in numeracy 1820–1949 and its implications for long-term growth. *Explorations in Economic History*, Vol. 47, No. 1, pp. 82–99.

Das, A., Wadhwa, S., Bansal, T. and Retnakaran, D. 2021. Literacy and response to COVID-19. *Economic and Political Weekly*, Vol. 56, No. 34.

Desjardins, R. 2020. Micro and macro drivers affecting adult literacy proficiency profiles across countries. *International Review of Education*, Vol. 66, No. 2, pp. 289–340.

Dickerson, A., McIntosh, S. and Valente, C. 2015. Do the maths: an analysis of the gender gap in mathematics in Africa. *Economics of Education Review*, Vol. 46, pp. 1–22.

Grotlüschen, A., Buddeberg, K., Dutz, G., Heilmann, L. and Stammer, C. 2020a. Low literacy in Germany: results from the second German literacy survey. *European Journal for Research on the Education and Learning of Adults*, Vol. 11, No. 1, pp. 127–43.

Grotlüschen, A., Desjardins, R. and Liu, H. 2020b. Literacy and numeracy: global and comparative perspectives. *International Review of Education*, Vol. 66, No. 2, pp. 127–37.

Hanushek, E. A. and Woessmann, L. 2012. Do better schools lead to more growth? Cognitive skills, economic outcomes, and causation. *Journal of Economic Growth*, Vol. 17, No. 4, pp. 267–321.

INEP. 2021. *Censo da Educação Básica 2020: Resumo Técnico [Basic Education Census 2020: Technical Summary]*. Brasília, Instituto Nacional de Estudos e Pesquisas Educacionais Anísio Teixeira.

Juif, D.-T. and Baten, J. 2013. On the human capital of Inca Indios before and after the Spanish Conquest: was there a 'pre-colonial legacy'? *Explorations in Economic History*, Vol. 50, No. 2, pp. 227–41.

Kalman, J. and Carvajal, E. 2020. *Adult Literacy Programs in the Context of COVID-19: A Regional Snapshot from Latin America and the Caribbean*. Santiago, UNESCO.

Krenzke, T., Mohadjer, L., Li, J., Erciulescu, A., Fay, R., Ren, W., van de Kerckhove, W., Li, L., Rao, J. N. K., Xie, H. and Provasnik, S. 2020. *Program for the International Assessment of Adult Competencies (PIAAC): State and County Estimation Methodology Report*. Washington, DC, Institute of Education Sciences, National Center for Education Statistics, US Department of Education.

Lang, S. 2021. Key factors influencing the maintenance of adult learners' literacy skills levels: a follow-up study of three participant cohorts of the literacy programme in Cambodia. *International Review of Education*, Vol. 67, No. 5, pp. 611–36.

Lilenstein, A. 2018. *Integrating Indicators of Education Quantity and Quality in Six Francophone African Countries*. Stellenbosch, South Africa, Department of Economics, University of Stellenbosch. (Working Paper 09/2018.)

Staton, B. and Hughes, L. 2020. Schools in England could drop some non-core subjects next year. Financial Times, 29 June. www.ft.com/content/f3e98ae9-badb-4ad5-ae3b-0dab037bfd28. (Accessed 11 October 2021.)

Turhan, Z., Dilcen, H. Y. and Dolu, İ. 2021. The mediating role of health literacy on the relationship between health care system distrust and vaccine hesitancy during COVID-19 pandemic. *Current Psychology*.

US Department of Health and Human Services. 2021. *HHS Announces Awardees of $250 Million to Fight COVID-19 and Improve Health Literacy among Racial and Ethnic Minority and Vulnerable Communities*. Washington, DC, Office of Minority Health, Department of Health and Human Services. www.hhs.gov/about/news/2021/06/28/hhs-announces-awardees-of-250-million-to-fight-covid-19-and-improve-health-literacy.html. (Accessed 11 October 2021.)

UIS. 2020. *UNESCO-UNICEF-World Bank Survey on National Education. Responses to COVID-19 School Closures: 1st Iteration*. Montreal, Que., UNESCO Institute for Statistics. http://covid19.uis.unesco.org/joint-covid-r1. (Accessed 11 October 2021.)

UNESCO. 2015a. *Global Citizenship Education: Topics and Learning Objectives*. Paris, UNESCO.

___. 2015b. *Not Just Hot Air: Putting Climate Change Education into Practice*. Paris, UNESCO.

___. 2018. *International Technical Guidance on Sexuality Education: An Evidence-informed Approach*. Paris/Geneva, Switzerland/New York, UNESCO/UNAIDS/UNFPA/UNICEF/UN Women/WHO.

___. 2020. *Global Citizenship Education and Education for Sustainable Development in Latin America and the Caribbean: 2030 Education Agenda Components in the Curricula of the Countries Participating in Regional Comparative and Explanatory Study (ERCE 2019)*. Paris/Santiago, UNESCO/OREALC/UNESCO Santiago.

___. 2021a. *2003 Convention Periodic Reporting: Online Form Adapted to the Overall Results Framework*. Paris, UNESCO. https://ich.unesco.org/en/perioding-reporting-ich-10-2020-01081?edit_form=764#1. (Accessed 17 August 2021.)

___. 2021b. *The Journey towards Comprehensive Sexuality Education: Global Status Report – Highlights*. Paris, UNESCO.

___. 2021c. *Learn for Our Planet: A Global Review of How Environmental Issues Are Integrated in Education*. Paris, UNESCO.

UNESCO and UNFCCC. 2016. *Action for Climate Empowerment: Guidelines for Accelerating Solutions through Education, Training and Public Awareness*. Paris/Bonn, Germany, UNESCO/UN Framework Convention on Climate Change Secretariat.

United Nations. 2020. *COVID-19: UN Counters Pandemic-related Hate and Xenophobia*. New York, United Nations. www.un.org/fr/node/71022. (Accessed 28 October 2021.)

World Economic Forum. 2020. *Toward a More Sustainable World: A Global Study of Public Opinion*. Cologny, Switzerland, SAP + Qualtrics. www.weforum.org/about/a-global-study-of-public-opinion-davos-2020. (Accessed 22 June 2021.)

Zelenika, I., Moreau, T., Lane, O. and Zhao, J. 2018. Sustainability education in a botanical garden promotes environmental knowledge, attitudes and willingness to act. *Environmental Education Research*, Vol. 24, No. 11, pp. 1581–96.

第17章

Agasisti, T., Avvisati, F., Borgonovi, F. and Longobardi, S. 2021. What school factors are associated with the success of socio-economically disadvantaged students? An empirical investigation using PISA data. *Social Indicators Research*, Vol. 157, No.2, pp. 749–81.

AMF. 2018. *Enquête 2018: Les temps périscolaires après les réformes successives [2018 Survey: extracurricular schedule after successive reforms]*. Paris, Association des Maires de France et des Présidents d'Intercommunalité.

ANGOP. 2021. *Aulas no ensino primário podem retomar a 10 de fevereiro [Primary school classes can resume on February 10]*. Agência Angola Press, 11 January. www.angop.ao/noticias/educacao/aulas-no-ensino-primario-retorna-em-fevereiro. (Accessed 23 April 2021.)

Asanati, K., Voden, L. and Majeed, A. 2021. Healthier schools during the COVID-19 pandemic: ventilation, testing and vaccination. *Journal of the Royal Society of Medicine*, Vol. 114, No. 4, pp. 160–63.

Ashong-Katai, L. N. D. 2013. Abolition of the double shift system of schooling in Ghana: policy and its implementation in public basic schools. MPhil thesis in Comparative and International Education, University of Oslo. (Unpublished.)

Barrett, P., Treves, A., Shmis, T. and Ambasz, D. 2019. *The Impact of School Infrastructure on Learning: A Synthesis of the Evidence*. Washington, DC, World Bank.

Barshay, J. 2021. Could more time in school help students after the pandemic? The Hechinger Report, 24 May. https://hechingerreport.org/proof-points-could-more-time-in-school-help-students-after-the-pandemic. (Accessed 27 March 2021.)

BBC. 2019. *Bhutan profile: Media*. London, BBC. www.bbc.com/news/world-south-asia-12484025. (Accessed 23 April 2021.)

Brahmanandam, T. T. and Bosu Babu, T. 2016. Educational status among the scheduled tribes: issues and challenges. *NEHU Journal*, Vol. XIV, No. 2, pp. 69–85.

Burke, K. J. and Segall, A. 2011. Christianity and its legacy in education. *Journal of Curriculum Studies*, Vol. 43, No. 5, pp. 631–58.

Burns, M., Santally, M. I., Halkhoree, R., Sungkur, K. R., Juggurnath, B. and Rajabalee, Y. B. 2019. *Information and Communication Technologies in Secondary Education in Sub-Saharan Africa: Policies, Practices, Trends, and Recommendations*. Toronto, Ont., Mastercard Foundation. (Background paper for *Secondary Education in Africa: Preparing Youth for the Future of Work*.)

Carrell, S. E., Maghakian, T. and West, J. E. 2011. A's from Zzzz's? The causal effect of school start time on the academic achievement of adolescents. *American Economic Journal: Economic Policy*, Vol. 3, No. 3, pp. 62–81.

CDC and WHO. 2017. *GSHS Questionnaire*. Atlanta, Ga./Geneva, Switzerland, Centres for Disease Control and Prevention/World Health Organization. www.who.int/teams/noncommunicable-diseases/surveillance/systems-tools/global-school-based-student-health-survey/questionnaire. (Accessed 17 August 2021.)

Chan, N. Y., Zhang, J., Yu, M. W. M., Lam, S. P., Li, S. X., Kong, A. P. S., Li, A. M. and Wing, Y. K. 2017. Impact of a modest delay in school start time in Hong Kong school adolescents. *Sleep Medicine*, Vol. 30, pp. 164–70.

Côte d'Ivoire Government. 2017. *Plan Sectoriel Education/Formation 2016–2025 [Education/Training Sector Plan 2016–2025]*. Abidjan, Ministry of Education, Technical Education and Professional Training/Ministry of Higher Education/Scientific Research Task Force.

Dhital, R. P., Ito, T., Kaneko, S., Komatsu, S. and Yoshida, Y. 2021. Household access to water and education for girls: the case of villages in hilly and mountainous areas of Nepal. *Oxford Development Studies*.

Duchini, E. and Effenterre, C. V. 2017. *La réforme des rhythmes scolaires: un révelateur des inégalités présentes sur le marché du travail? [The Reform of School Calendars: A Revelation of the Inequalities Present on the Labor Market?]*. Paris, Institut des Politiques Publiques. (Les notes de l'IPP 26.)

End Corporal Punishment. 2021a. *Legality of Corporal Punishment Worldwide*. New York, Global Partnership to End Violence Against Children. https://endcorporalpunishment.org/global-progress/global-table-of-legality. (Accessed 17 August 2021.)

___. 2021b. *Reports on Every State and Territory*. New York, Global Partnership to End Violence Against Children. https://endcorporalpunishment.org/reports-on-every-state-and-territory. (Accessed 17 August 2021.)

European Commission/EACEA/Eurydice. 2019. *The Organisation of School Time in Europe: Primary and General Secondary Education – 2019/20*. Luxembourg, European Commission/EACEA/Eurydice. (Eurydice Facts and Figures.)

___. 2020. *The Organisation of School Time in Europe: Primary and General Secondary Education – 2020/21*. Luxembourg, European Commission/EACEA/Eurydice. (Eurydice Facts and Figures.)

Filardo, M. 2016. *State of Our Schools: America's K–12 Facilities*. Washington, DC, 21st Century School Fund.

Finnie, R. K. C., Peng, Y., Hahn, R. A., Johnson, R. L., Fielding, J. E., Truman, B. I., Muntaner, C., Fullilove, M. T., Zhang, X. and the Community Preventive Services Task Force. 2019. Examining the effectiveness of year-round school calendars on improving educational attainment outcomes within the context of advancement of health equity: a community guide systematic review. *Journal of Public Health Management and Practice*, Vol. 25, No. 6, pp. 590–94.

Fischel, W. A. 2006. 'Will I see you in September?' An economic explanation for the standard school calendar. *Journal of Urban Economics*, Vol. 59, No. 2, pp. 236–51.

Fricchione, M. J., Seo, J. Y. and Arwady, M. A. 2021. Data-driven reopening of urban public education through Chicago's tracking of COVID-19 school transmission. *Journal of Public Health Management and Practice*, Vol. 27, No. 3, pp. 229–32.

GCPEA. 2021. *Safe Schools Declaration Endorsements*. New York, Global Coalition to Protect Education from Attack. https://ssd.protectingeducation.org/endorsement. (Accessed 13 October 2021.)

Gomes, C. A. T. and Duarte, M. R. T. 2017. School infrastructure and socioeconomic status in Brazil. *Sociology and Anthropology*, Vol. 5, No. 7, pp. 522–32.

Haapala, E. A., Väistö, J., Lintu, N., Westgate, K., Ekelund, U., Poikkeus, A.-M., Brage, S. and Lakka, T. A. 2017. Physical activity and sedentary time in relation to academic achievement in children. *Journal of Science and Medicine in Sport*, Vol. 20, No. 6, pp. 583–89.

Harris, J. 2018. Our schools are broke – so why aren't we talking about it? *The Guardian*, 1 June. www.theguardian.com/commentisfree/2018/jun/01/schools-broke-class-sizes-teachers-brexit. (Accessed 17 August 2021.)

Hazell, W. 2021. Education catch-up: longer school day, more tutoring and better teaching 'three pillars' of recovery plan. *iNews*, 10 May. https://inews.co.uk/news/education/education-catch-up-longer-school-day-tutoring-better-teaching-recovery-plan-994579. (Accessed 5 March 2021.)

Huaman, E. S. 2020. Small indigenous schools: indigenous resurgence and education in the Americas. *Anthropology and Education Quarterly*, Vol. 51, No. 3, pp. 262–81.

Huang, Z., Huang, J., Gu, Q., Du, P., Liang, H. and Dong, Q. 2020. Optimal temperature zone for the dispersal of COVID-19. *Science of the Total Environment*, Vol. 736, art. 139487.

Inchley, J., Currie, D., Cosma, A. and Samdal, O. 2018. *Health Behaviour in School-aged Children (HBSC) Study Protocol: Background, Methodology and Mandatory Items for the 2017/18 Survey*. St Andrews, UK, Child and Adolescent Health Research Unit.

Ito, S. and Shonchoy, A. S. 2020. *Seasonality, Academic Calendar and School Drop-outs in Developing Countries*. Miami, Fla., Florida International University. (Department of Economics Working Paper 2013.)

Joint Monitoring Programme. 2020. *Progress on Drinking Water, Sanitation and Hygiene in Schools: Special Focus on COVID-19*. New York, WHO/UNICEF Joint Monitoring Programme for Water Supply, Sanitation and Hygiene.

Kadari-Ovadia, S. 2020. Israeli Treasury favors moving to a five-day school week. Haaretz, 6 February. www.haaretz.com/israel-news/.premium-israeli-treasury-favors-moving-to-a-five-day-school-week-1.8500729. (Accessed 27 April 2021.)

Kapit, A., Marston, J. and Tsolakis, M. 2021. *Toolkit for Collecting and Analyzing Data on Attacks on Education*. New York, Global Coalition to Protect Education from Attack.

Kelley, P., Lockley, S. W., Foster, R. G. and Kelley, J. 2015. Synchronizing education to adolescent biology: 'Let teens sleep, start school later'. *Learning, Media and Technology*, Vol. 40, No. 2, pp. 210–26.

Kelley, P., Lockley, S. W., Kelley, J. and Evans, M. D. R. 2017. Is 8:30 a.m. still too early to start school? A 10:00 a.m. school start time improves health and performance of students aged 13–16. *Frontiers in Human Neuroscience*, Vol. 11, art. 588.

Kenya Ministry of Education. 2018. *2019 Term Dates for Schools and Colleges*. Nairobi, Ministry of Education.

Kirby, M., Maggi, S. and D'Angiulli, A. 2011. School start times and the sleep-wake cycle of adolescents: a review and critical evaluation of available evidence. *Educational Researcher*, Vol. 40, No. 2, pp. 56–61.

Klein, R. 2021. While learning online, many students received a surprising pandemic respite from cyberbullying. *The Hechinger Report*, 30 September. https://hechingerreport.org/while-learning-online-many-students-received-a-surprising-pandemic-respite-from-cyberbullying. (Accessed 13 October 2021.)

Lavy, V. 2015. Do differences in schools' instruction time explain international achievement gaps? Evidence from developed and developing countries. *The Economic Journal*, Vol. 125, No. 588, pp. F397–F424.

Maiti, A. 2021. Effect of corporal punishment on young children's educational outcomes. *Education Economics*, Vol. 29, No. 4, pp. 411–23.

McMurrer, J. 2007. *Choices, Changes, and Challenges: Curriculum and Instruction in the NCLB Era*. Washington, DC, Center on Education Policy.

Melker, S. and Weber, S. 2014. Agrarian roots? Think again. Debunking the myth of summer vacation's origins. Public Broadcasting Service, 7 September. www.pbs.org/newshour/education/debunking-myth-summer-vacation. (Accessed 28 April 2021.)

Nakale, A. 2020. Double session school system returns. New Era, 7 June https://neweralive.na/posts/double-session-school-system-returns. (Accessed 28 April 2021.)

OECD. 2018. *TALIS 2018 data*. Paris, Organisation for Economic Co-operation and Development. www.oecd.org/education/talis/talis-2018-data.htm. (Accessed 19 July 2021.)

___. 2019. *Education at a Glance 2019: OECD Indicators*. Paris, Organisation for Economic Co-operation and Development.

___. 2021. *The State of School Education: One Year into the COVID Pandemic*. Paris, Organisation for Economic Co-operation and Development.

Ontario Ministry of Education. 2019. *School Facility Condition Index*. Toronto, Ont., Ministry of Education. www.edu.gov.on.ca/eng/parents/fci.html. (Accessed 17 August 2021.)

Parente, C. d. M. D. 2020. Multiple-shift schooling: international context and the Brazilian case. *Revista Tempos e Espaços em Educação*, Vol. 13, No. 32, pp. 1–20.

Park, S., Choi, Y., Song, D. and Kim, E. K. 2021. Natural ventilation strategy and related issues to prevent coronavirus disease 2019 (COVID-19) airborne transmission in a school building. *Science of the Total Environment*, Vol. 789, art. 147764.

Peek, L. 2018. America's deathtrap schools. *The New York Times*, 7 April. www.nytimes.com/2018/04/07/opinion/sunday/americas-deathtrap-schools.html. (Accessed 17 August 2021.)

Pulkkinen, L. 2021. America's schools are crumbling. Fixing them could save lives (and the planet). *The Hechinger Report*, 28 June. https://hechingerreport.org/americas-schools-are-crumbling-fixing-them-could-save-lives-and-the-planet. (Accessed 17 August 2021.)

Rasmeni, M. 2017. No more platoon schools: Namport commits more funding for classrooms. *Namibia Economist*, 10 August. https://economist.com.na/27191/education/no-more-platoon-schools-namport-commits-more-funding-for-classrooms. (Accessed 28 April 2021.)

Razzaque, M. A. 2020. *Graduation of Bhutan from the Group of Least Developed Countries: Potential Implications and Policy Imperatives*. Bangkok, UN Economic and Social Commission for Asia and the Pacific. (Macroeconomic Policy and Financing for Development Division Working Paper 20/04.)

Roberts, L. W. 2009. Measuring school facility conditions: an illustration of the importance of purpose. *Journal of Educational Administration*, Vol. 47, No. 3, pp. 368–80.

Rwanda Ministry of Education. 2016. *ICT in Education Policy*. Kigali, Ministry of Education.

Sachgau, O. 2016. $15 billion needed to fix Ontario schools. *Toronto Star*, 26 August. www.thestar.com/news/gta/2016/08/26/15-billion-needed-to-fix-ontario-schools.html. (Accessed 17 August 2021.)

Sedgwick, J. 2018. 25-year-old textbooks and holes in the ceiling: inside America's public schools. *The New York Times*, 16 April. www.nytimes.com/2018/04/16/reader-center/us-public-schools-conditions.html. (Accessed 17 August 2021.)

Shure, N. 2019. School hours and maternal labor supply. *Kyklos*, Vol. 72, No. 1, pp. 118–51.

Stadt Wien. 2021. *Wien etabliert 'Alles gurgelt!' an Schulen [Vienna implements 'Everyone gargles!' at school]*. Vienna, Municipal Government. www.wien.gv.at/presse/2021/08/27/wien-etabliert-alles-gurgelt-an-schulen. (Accessed 12 October 2021.)

Sujatha, K. 2002. Education among scheduled tribes. Govinda, R. (ed.), *India Education Report: A Profile of Basic Education*. New Delhi, Oxford University Press.

Uganda Ministry of Education and Sports. 2018. *Schools' and Other Institutions' Calendar 2019*. Kampala, Ministry of Education and Sports.

UIS. 2020. *SDG Indicator 4.A.2 (School Bullying): Methodological Note*. Montreal, Que., UNESCO Institute for Statistics. (Technical Cooperation Group WG/GAML/10.)

UNESCO. 2019. *Qualidade da Infraestrutura das Escolas Públicos do Ensino Fundamental no Brasil: Indicadores com Dados Públicos e Tendências de 2013, 2015 e 2017 [Infrastructure Quality of Public Elementary Schools in Brazil: Indicators with Public Data and Trends for 2013, 2015 and 2017]*. Brasília, UNESCO.

___. 2021. *COVID-19 Response: Health, Safety and Resurgence Protocols – Ensuring Safe School Reopening, Operation and Resurgence Planning*. Paris, UNESCO.

UNESCO, UNICEF and World Bank. 2020. *What Have We Learnt? Overview of Findings from a Survey of Ministries of Education on National Responses to COVID-19*. Paris/New York/Washington, DC, UNESCO/UNICEF/World Bank.

UNESCO, UNICEF, World Bank and OECD. 2021. *What's Next? Lessons on Education Recovery: Findings from a Survey of Ministries of Education amid the COVID-19 Pandemic*. Paris/Montreal, Que.,/New York/Florence/Washington, DC, UNESCO, UNESCO Institute for Statistics/UNICEF/UNICEF Office of Research – Innocenti/World Bank/OECD.

US Government Accountability Office. 2020. *K–12 Education: School Districts Frequently Identified Multiple Building Systems Needing Updates or Replacement*. Washington, DC, Government Accountability Office. (GAO-20-494.)

von Hippel, P. T. 2020. *What Does Research Say about Staggered School Calendars?* Los Angeles, Calif., Center on Education Policy, Equity and Governance. (The Answer Lab.)

von Hippel, P. T. and Hamrock, C. 2019. Do test score gaps grow before, during, or between the school years? Measurement artifacts and what we can know in spite of them. *Sociological Science*, Vol. 6, pp. 43–80.

Wickman, F. 2011. School's out forever. *Slate*, 2 September. https://slate.com/news-and-politics/2011/09/if-you-go-to-school-on-the-equator-when-does-your-summer-vacation-end.html. (Accessed 28 April 2021.)

Woessmann, L. 2016. The importance of school systems: evidence from international differences in student achievement. *Journal of Economic Perspectives*, Vol. 30, No. 3, pp. 3–32.

Yeşil Dağlı, Ü. 2019. Effect of increased instructional time on student achievement. *Educational Review*, Vol. 71, No. 4, pp. 501–17.
Zavacky, F. and Michael, S. L. 2017. Keeping recess in schools. *Journal of Physical Education, Recreation and Dance*, Vol. 88, No. 5, pp. 46–53.

第18章

Anadolu Agency. 2021. Rwandan students to learn Turkish with Yunus Emre Institute. *Daily Sabah*, 20 April. www.dailysabah.com/turkey/education/rwandan-students-to-learn-turkish-with-yunus-emre-institute. (Accessed 17 August 2021.)
Baecher, L. (ed.). 2021. *Study Abroad for Pre- and In-Service Teachers: Transformative Learning on a Global Scale*. New York, Routledge.
Bilecen, B. 2020. Commentary: COVID-19 pandemic and higher education – international mobility and students' social protection. *International Migration*, Vol. 58, No. 4, pp. 263–66.
Campbell, A. C. and Baxter, A. R. 2019. Exploring the attributes and practices of alumni associations that advance social change. *International Journal of Educational Development*, Vol. 66, pp. 164–72.
Campbell, A. C., Kelly-Weber, E. and Lavallee, C. 2021. University teaching and citizenship education as sustainable development in Ghana and Nigeria: insight from international scholarship program alumni. *Higher Education*, Vol. 81, No. 1, pp. 129–44.
Campbell, A. C. and Lavallee, C. A. 2020. A community of practice for social justice: examining the case of an international scholarship alumni association in Ghana. *Journal of Studies in International Education*, Vol. 24, No. 4, pp. 409–23.
Campbell, A. C. and Neff, E. 2020. A systematic review of international higher education scholarships for students from the Global South. *Review of Educational Research*, Vol. 90, No. 6, pp. 824–61.
Caravatti, M.-L., Lederer, S. M., Lupico, A. and Van Meter, N. 2014. *Getting Teacher Migration and Mobility Right*. Brussels, Education International.
Chankseliani, M. 2018. The politics of student mobility: links between outbound student flows and the democratic development of post-Soviet Eurasia. *International Journal of Educational Development*, Vol. 62, pp. 281–88.
Chen, C., Bernard, A., Rylee, R. and Abel, G. 2021. Brain circulation: the educational profile of return migrants. *Population Research and Policy Review*.
China Scholarship Council. 2020. *Introduction to Chinese Government Scholarships*. Beijing, Study in China. www.campuschina.org/content/details3_74776.html. (Accessed 5 March 2021.)
Development Initiatives. 2020. *Global Humanitarian Assistance Report 2020*. Bristol, UK, Development Initiatives.
Di Maria, D. L. 2020. US colleges report a 43% decline in new international student enrollment, and not just because of the pandemic. *The Conversation*, 19 November. https://theconversation.com/us-colleges-report-a-43-decline-in-new-international-student-enrollment-and-not-just-because-of-the-pandemic-149885. (Accessed 17 August 2021.)
Dong, L. and Chapman, D. W. 2008. The Chinese Government Scholarship Program: an effective form of foreign assistance? *International Review of Education*, Vol. 54, No. 2, pp. 155–73.
European Commission. 2017. *Erasmus+: School education staff mobility – The benefits*. Brussels, European Commission. https://ec.europa.eu/programmes/erasmus-plus/news/school-education-staff-mobility-benefits_en. (Accessed 7 July 2021.)
Finnish National Agency for Education. 2020. *Impact of COVID-19 on Higher Education Student Mobility in Finland*. Helsinki, Finnish National Agency for Education. www.oph.fi/en/news/2020/impact-covid-19-higher-education-student-mobility-finland. (Accessed 17 August 2021.)
GIZ. 2020. *Alumniportal Deutschland*. Bonn, Deutsche Gesellschaft für Internationale Zusammenarbeit. www.giz.de/en/worldwide/30728.html. (Accessed 17 August 2021.)
Ha, W., Lu, K. and Wo, B. 2020. Do Chinese government foreign student scholarships target natural resources in Africa? *Higher Education Policy*, Vol. 33, No. 3, pp. 479–509.
Hoffmann, B., Pedroza, L. and Palop-García, P. 2017. *Emigrant Policies Index (EMIX) Dataset*. Hamburg, German Institute of Global and Area Studies. https://data.gesis.org/sharing/#!Detail/10.7802/1499. (Accessed 17 August 2021.)
IIE. 2020. *Assisting International Students in the COVID-19 Crisis*. New York, Institute of International Education. www.iie.org/en/Donate/Where-to-give/IIE-Emergency-Student-Fund/IIE-COVID-19-Response. (Accessed 17 August 2021.)

Iyevlyev, O. 2018. Professional pedagogical mobility of educators in the European context. *Comparative Professional Pedagogy*, Vol. 8, No. 3, pp. 57–63.

Jaritz, G. 2011. Developing a culture of (inter)national mobility in initial teacher training: expectations, limitations and ways forward. Goetz, T., Jaritz, G. and Oser, F. (eds), *Pains and Gains of International Mobility in Teacher Education*. Rotterdam, SensePublishers, pp. 7–24.

Jing, C. 2020. BRICS students education in China from 2010 to 2018: development, problems and recommendations. *Conjuntura Austral*, Vol. 11, No. 53, pp. 67–91.

Lei, J., Xiao, L. and Li, B. 2021. African students' motivations for studying in China's higher education. *Asia Pacific Education Review*, Vol. 22, No. 2, pp. 319–32.

Marginson, S. 2020. Global HE as we know it has forever changed. *Times Higher Education*, 26 March. www.timeshighereducation.com/blog/global-he-we-know-it-has-forever-changed. (Accessed 17 August 2021.)

Martel, M. 2017. Tracing the spark that lights a flame: a review of methodologies to measure the outcomes of international scholarships. Dassin, J. R., Marsh, R. R. and Mawer, M. (eds), *International Scholarships in Higher Education: Pathways to Social Change*. Cham, Switzerland, Springer, pp. 281–304.

Mawer, M. 2018. Magnitudes of impact: a three-level review of evidence from scholarship evaluation. Dassin, J. R., Marsh, R. R. and Mawer, M. (eds), *International Scholarships in Higher Education: Pathways to Social Change*. Cham, Switzerland, Springer, pp. 257–80.

Mercado, S. 2020. International student mobility and the impact of the pandemic. AACSB Insights for Everyone, 11 June. https://www.aacsb.edu/insights/articles/2020/06/covid-19-and-the-future-of-international-student-mobility. (Accessed 17 August 2021.)

Mitchell, C. 2021. Erdogan's ambition drives Turkey's Africa surge. African Business, 17 March. https://african.business/2021/03/trade-investment/erdogans-ambition-drives-turkeys-africa-surge. (Accessed 17 August 2021.)

Mulvey, B. 2021. 'Decentring' international student mobility: the case of African student migrants in China. *Population, Space and Place*, Vol. 27, No. 3, art. 2393.

Odhiambo, W. 2020. Sport scholarship students suffer under Covid-19 lockdown. *University World News*, 11 June. www.universityworldnews.com/post.php?story=20200609072143783. (Accessed 17 August 2021.)

OECD. 2018. *TALIS 2018 data*. Paris, Organisation for Economic Co-operation and Development. www.oecd.org/education/talis/talis-2018-data.htm. (Accessed 19 July 2021.)

___. 2020a. Share of international, foreign and all students enrolled by field of education. Paris, Organisation for Economic Co-operation and Development. https://stats.oecd.org/index.aspx/Images/Index.aspx?DataSetCode=EAG_ENRL_MOBILES_FIELDS. (Accessed 17 August 2021.)

___. 2020b. *TALIS 2018 Results (Volume II): Teachers and School Leaders as Valued Professionals*. Paris, Organisation for Economic Co-operation and Development.

Pedroza, L. and Palop-García, P. 2017. Diaspora policies in comparison: an application of the Emigrant Policies Index (EMIX) for the Latin American and Caribbean region. *Political Geography*, Vol. 60, pp. 165–78.

Peters, M. A., Hollings, S., Zhanga, M., Quainoo, E. A., Wang, H., Huang, Y., Zhou, S., Laimeche, A., Omary Chunga, J., Ren, Z., Ogunniran, M. O., Khomera, S. W., Zheng, W., Xu, R., Mou, C. and Green, B. 2021. The changing map of international student mobility. *Access: Contemporary Issues in Education*, Vol. 41, No. 1, pp. 7–28.

Princewill, N. 2021. Anger over UK quarantine rules for fully vaccinated travelers from India and many African countries. CNN, 2 October. https://edition.cnn.com/travel/article/covishield-vaccine-countries-travel-cmd-intl/index.html. (Accessed 13 October 2021.)

Ragazzi, F. 2014. A comparative analysis of diaspora policies. *Political Geography*, Vol. 41, pp. 74–89.

Rose, A. J. and Cooper-Duffy, K. 2021. Implementation of an interprofessional study abroad experience in Botswana for special educators and speech-language pathologists. Baecher, L. (ed.), *Study Abroad for Pre- and In-Service Teachers: Transformative Learning on a Global Scale*. New York, Routledge, pp. 146–65.

Shields, R. 2021. *Social Network Analysis Perspectives on Bilateral Scholarship Aid Flows*. Paris, UNESCO. (Background paper for *Global Education Monitoring Report 2021/2*.)

Shields, R. and Menashy, F. 2019. The network of bilateral aid to education 2005–2015. *International Journal of Educational Development*, Vol. 64, pp. 74–80.

Tripp, L. O., Love, A., Barry, N., Thomas, C. M. and Russell, J. 2021. A qualitative analysis of teacher candidates' study abroad experiences in Malawi. Baecher, L. (ed.), *Study Abroad for Pre- and In-Service Teachers : Transformative Learning on a Global Scale*. New York, Routledge, pp. 129–45.

Turkey Ministry of Culture and Tourism. 2021. *Türkiye Burslari [Turkish Bursaries]*. Ankara, Ministry of Culture and Tourism. https://turkiyeburslari.gov.tr. (Accessed 17 August 2021.)

Turkish Cooperation and Coordination Agency. 2020. *Turkish Development Assistance Report 2019*. Ankara, Turkish Cooperation and Coordination Agency.

University of Oklahoma. 2020. *International Student Pandemic Scholarship*. Norman, Okla., University of Oklahoma. www.ou.edu/cis/scholarships/international-students/international-student-pandemic-scholarship. (Accessed 17 August 2021.)

Ünveren, B. 2021. Turkey seeks to strengthen Africa relations with 'benevolence'. *Deutsche Welle*, 4 February. www.dw.com/en/turkey-seeks-to-strengthen-africa-relations-with-benevolence/a-56452857. (Accessed 17 August 2021.)

Vasilopoulos, G. and Romero, G. 2021. Post-method design for an English language teacher-training study abroad program: from western China to Canada. Baecher, L. (ed.), *Study Abroad for Pre- and In-Service Teachers : Transformative Learning on a Global Scale*. New York, Routledge, pp. 81–96.

Vögtle, E. M. 2019. *What Deters Students of Education and Teacher Training from Enrolment Abroad?* Warsaw, Eurostudent. (Intelligence Brief 2.)

Waters, J. 2021. *COVID-19 and International Student Mobility: Some Reflections*. London, London School of Economics. https://blogs.lse.ac.uk/seac/2021/01/05/covid-19-and-international-student-mobility-some-reflections. (Accessed 17 August 2021.)

Witt, A. and Liu, W. 2021. Transforming teacher preparation for global readiness: scaling up education abroad. Baecher, L. (ed.), *Study Abroad for Pre- and In-Service Teachers : Transformative Learning on a Global Scale*. New York, Routledge, pp. 31–43.

Woodland, R. H. 2021. Design principles for international teacher study abroad programs: the case of the Instructional Leadership Institute for Pakistani Educators (ILIPE). Baecher, L. (ed.), *Study Abroad for Pre- and In-Service Teachers : Transformative Learning on a Global Scale*. New York, Routledge, pp. 71–80.

Yıldırım, S., Bostancı, S. H., Yıldırım, D. Ç. and Erdoğan, F. 2021. Rethinking mobility of international university students during COVID-19 pandemic. *Higher Education Evaluation and Development*, Vol. 15, No. 2, pp. 98–113.

第19章

ADEA, AU/CIEFFA and APHRC. 2021. *School Reopening in Africa during the COVID-19 Pandemic*. Abidjan, Association for the Development of Education in Africa/African Union International Centre for Girls' and Women's Education in Africa/African Population and Health Research Center.

Bastian, K. and Crittenden Fuller, S. 2021. *Four Key Lessons on Teacher and Principal Attrition during the Pandemic*. Raleigh, NC, EducationNC. www.ednc.org/perspective-four-key-lessons-on-teacher-and-principal-attrition-during-the-pandemic. (Accessed 17 August 2021.)

Blackley, S., Wilson, S., Sheffield, R., Murcia, K., Brown, P., Tang, K.-S., Cooper, M. and Williams, J. 2021. How have COVID-19-related changes to tuition modes impacted face-to-face initial teacher education students? *Issues in Educational Research*, Vol. 31, No. 2, pp. 421–39.

Bobba, M., Ederer, T., Leon-Ciliotta, G., Neilson, C. A. and Nieddu, M. 2021. *Teacher Compensation and Structural Inequality: Evidence from Centralized Teacher School Choice in Peru*. Bonn, Germany, Institute of Labor Economics. (IZA Discussion Paper 14581.)

Campanini, M. 2019. *The Out-of-field Teaching Phenomenon*. Sydney, Independent Education Union of Australia. http://publications.ieu.asn.au/2019-september-ie/articles4/teaching-phenomenon. (Accessed 17 August 2021.)

Carver-Thomas, D., Leung, M. and Burns, D. 2021. *California Teachers and COVID-19: How the Pandemic is Impacting the Teacher Workforce*. Palo Alto, Calif., Learning Policy Institute.

Cheung, E. 2021. Coronavirus: Hong Kong looks at making unvaccinated teachers undergo regular COVID-19 testing. *South China Morning Post*, 3 July. www.scmp.com/news/hong-kong/health-environment/article/3139711/coronavirus-hong-kong-looks-making-unvaccinated. (Accessed 15 October 2021.)

Clotfelter, C. T., Ladd, H. F. and Vigdor, J. L. 2010. Teacher credentials and student achievement in high school: a cross-subject analysis with student fixed effects. *Journal of Human Resources*, Vol. 45, No. 3, pp. 655–81.

Darling-Hammond, L. and Hyler, M. E. 2020. Preparing educators for the time of COVID… and beyond. *European Journal of Teacher Education*, Vol. 43, No. 4, pp. 457–65.

De Neve, D. and Devos, G. 2017. How do professional learning communities aid and hamper professional learning of beginning teachers related to differentiated instruction? *Teachers and Teaching*, Vol. 23, No. 3, pp. 262–83.

du Plessis, A. E., Gillies, R. M. and Carroll, A. 2014. Out-of-field teaching and professional development: a transnational investigation across Australia and South Africa. *International Journal of Educational Research*, Vol. 66, pp. 90–102.

Dzehtsiarou, K. 2021. Compulsory vaccination: what does human rights law say? *The Conversation*, 14 September. https://theconversation.com/compulsory-vaccination-what-does-human-rights-law-say-167735. (Accessed 15 October 2021.)

European Commission/EACEA/Eurydice. 2019. *Teachers' and School Heads' Salaries and Allowances in Europe: 2017/18.* Brussels, European Commission/EACEA/Eurydice. (Eurydice Facts and Figures.)

Evans, D. K., Yuan, F. and Filmer, D. 2021. *Teacher Pay in Africa: Evidence from 15 Countries*. Washington, DC, Center for Global Development. (CGD Working Paper 538.)

Funani, Y. 2021. Eastern Cape recruiting teachers ahead of reopening of schools. SABC News, 3 February. www.sabcnews.com/sabcnews/eastern-cape-recruiting-teachers-ahead-of-reopening-of-schools. (Accessed 17 August 2021.)

Goldberg, E. 2021. As pandemic upends teaching, fewer students want to pursue it. *The New York Times*, 27 March. www.nytimes.com/2021/03/27/us/covid-school-teaching.html. (Accessed 14 October 2021.)

Goos, M., Hannigan, A., O'Donoghue, J. and Ní Ríordáin, M. 2019. *Building Teacher Knowledge for Quality Mathematics Education in Ireland*. Limerick, Ireland, University of Limerick.

Handebo, S., Wolde, M., Shitu, K. and Kassie, A. 2021. Determinant of intention to receive COVID-19 vaccine among school teachers in Gondar city, northwest Ethiopia. *PLoS ONE*, Vol. 16, No. 6.

IEA. 2019. *Trends in International Mathematics and Science Study*. Amsterdam, International Association for the Evaluation of Educational Achievement.

INEP. 2019. *Microdados do Censo da Educação Superior [Microdata of the Higher Education Census]*. Brasilia, Instituto Nacional de Estudos e Pesquisas Educacionais Anísio Teixeira. www.gov.br/inep/pt-br/acesso-a-informacao/dados-abertos/microdados/censo-da-educacao-superior. (Accessed 17 August 2021.)

Karamperidou, D., Brossard, M., Peirolo, S. and Richardson, D. 2020. *Time to Teach: Teacher Attendance and Time on Task in Eastern and Southern Africa*. Florence, Italy, UNICEF Office of Research – Innocenti.

Kenny, J., Hobbs, L. and Whannell, R. 2020. Designing professional development for teachers teaching out-of-field. *Professional Development in Education*, Vol. 46, No. 3, pp. 500–15.

König, J., Jäger-Biela, D. J. and Glutsch, N. 2020. Adapting to online teaching during COVID-19 school closure: teacher education and teacher competence effects among early career teachers in Germany. *European Journal of Teacher Education*, Vol. 43, No. 4, pp. 608–22.

Maxwell, L. A. 2021. We feel your grief: remembering the 1,000 plus educators who've died of COVID-19. *Education Week*, 3 September. www.edweek.org/teaching-learning/we-feel-your-grief-remembering-the-1-000-plus-educators-whove-died-of-covid-19/2021/09. (Accessed 14 October 2021.)

Mwesigwa, A. 2021. 'I'll never go back': Uganda's schools at risk as teachers find new work during COVID. The Guardian, 30 September. www.theguardian.com/global-development/2021/sep/30/ill-never-go-back-ugandas-schools-at-risk-as-teachers-find-new-work-during-covid. (Accessed 14 October 2021.)

Napier, J. B., Luft, J. A. and Singh, H. 2020. In the classrooms of newly hired secondary science teachers: the consequences of teaching in-field or out-of-field. *Journal of Science Teacher Education*, Vol. 31, No. 7, pp. 802–20.

Ndaba, B. 2021. Angie Motshekga: 1 650 teachers have died of COVID-19 between March 2020 and February 2021. IOL, 24 July. www.iol.co.za/news/politics/angie-motshekga-1-650-teachers-have-died-of-covid-19-between-march-2020-and-february-2021-ff1beb76-4827-44be-bb08-90c9f03fb6ea. (Accessed 14 October 2021.)

New South Wales Government. 2021. *Vaccination Requirements for School Sites*. Sydney, Australia, Government of New South Wales. https://education.nsw.gov.au/covid-19/advice-for-families/vaccination-requirements-for-school-sites. (Accessed 15 October 2021.)

New Zealand Government. 2021. *Education Sector Vaccinations*. Wellington, Government of New Zealand. https://covid19.govt.nz/covid-19-vaccines/vaccinations-and-work/mandatory-vaccinations-for-workers/education-sector-vaccinations. (Accessed 15 October 2021.)

OECD. 2018. *TALIS 2018 Data*. Paris, Organisation for Economic Co-operation and Development. www.oecd.org/education/talis/talis-2018-data.htm. (Accessed 19 July 2021.)

Owen, S. 2014. Teacher professional learning communities: going beyond contrived collegiality toward challenging debate and collegial learning and professional growth. *Australian Journal of Adult Learning*, Vol. 54, No. 2, pp. 54–77.

Popova, A., Evans, D. K., Breeding, M. E. and Arancibia, V. 2018. *Teacher Professional Development around the World: The Gap between Evidence and Practice*. Washington, DC, World Bank. (Policy Research Working Paper 8572.)

Porsch, R. and Whannell, R. 2019. Out-of-field teaching affecting students and learning: what is known and unknown. Hobbs, L. and Törner, G. (eds), *Examining the Phenomenon of 'Teaching Out-of-field': International Perspectives on Teaching as a Non-specialist*. Singapore, Springer, pp. 175–91.

Pota, V., Hennessy, S., Koomar, S., Kreimeia, A., Zubairi, A., Aerts, C. and Gault, C. 2021. *Turning to Technology: A Global Survey of Teachers' Responses to the Covid-19 Pandemic*. London, T4 Education/EdTech Hub.

Price, A., Vale, C., Porsch, R., Rahayu, E., Faulkner, F., Ríordáin, M. N., Crisan, C. and Luft, J. A. 2019. Teaching out-of-field internationally. Hobbs, L. and Törner, G. (eds), *Examining the Phenomenon of 'Teaching Out-of-field': International Perspectives on Teaching as a Non-specialist*. Singapore, Springer, pp. 53–83.

Prince, G. and O'Connor, M. 2018. *Crunching the Numbers of Out-of-field Teaching*. Melbourne, Australia, Australian Mathematical Sciences Institute. (AMSI Occasional Paper 1.)

Racey, C. S., Donken, R., Porter, I., Albert, A., Bettinger, J. A., Mark, J., Bonifacio, L., Dawar, M., Gagel, M. and Kling, R. 2021. Intentions of public school teachers in British Columbia, Canada to receive a COVID-19 vaccine. *Vaccine: X*, Vol. 8.

Ramot, R. and Donitsa-Schmidt, S. 2021. COVID-19: education policy, autonomy and alternative teacher education in Israel. *Perspectives in Education*, Vol. 39, No. 1.

Rashid, O. 2021. 1,621 teachers died of COVID-19 during U.P. Panchayat polls, says Union. *The Hindu*, 17 May. www.thehindu.com/news/national/other-states/many-teachers-died-of-covid-19-during-up-panchayat-polls-says-union/article34575965.ece. (Accessed 14 October 2021.)

Reid, N. and Cranston, J. 2021. Provinces should act fast to avert a teacher shortage now and after COVID-19. *The Conversation*, 15 March. https://theconversation.com/provinces-should-act-fast-to-avert-a-teacher-shortage-now-and-after-covid-19-154930. (Accessed 14 October 2021.)

Salifu, M. and Todd, R. 2020. *Ghana's Teacher Education System and Responding to COVID-19*. Accra, Transforming Teacher Education and Learning. http://resourceshub.ncte.edu.gh/news-view/ghanas-teacher-education-system-and-responding-to-covid-19. (Accessed 17 August 2021.)

Sepulveda-Escobar, P. and Morrison, A. 2020. Online teaching placement during the COVID-19 pandemic in Chile: challenges and opportunities. *European Journal of Teacher Education*, Vol. 43, No. 4, pp. 587–607.

Sharplin, E. D. 2014. Reconceptualising out-of-field teaching: experiences of rural teachers in Western Australia. *Educational Research*, Vol. 56, No. 1, pp. 97–110.

Sheppard, K., Padwa, L., Kelly, A. M. and Krakehl, R. 2020. Out-of-field teaching in chemistry and physics: an empirical census study. *Journal of Science Teacher Education*, Vol. 31, No. 7, pp. 746–67.

Steiner, E. D. and Woo, A. 2021. *Job-related Stress Threatens the Teacher Supply: Key Findings from the 2021 State of the US Teacher Survey*. Santa Monica, Calif., RAND Corporation.

Tatto, M. T. 2020. *Evaluating Global Progress on Improving Teacher Quality: ISCED-T and Other Possible Metrics*. Paris, International Task Force on Teachers for Education 2030. https://teachertaskforce.org/blog/evaluating-global-progress-improving-teacher-quality-isced-t-and-other-possible-metrics. (Accessed 17 August 2021.)

The Guardian. 2017. Secret Teacher: too many of us teach subjects we're not qualified for. 18 May. www.theguardian.com/teacher-network/2017/sep/16/the-secret-teacher-too-many-us-teaching-subjects-not-qualified. (Accessed 17 August 2021.)

UIS. 2020. *Current Status and Next Steps for SDG Indicators 4.c.1 to 4.c.4*. Montreal, Que., UNESCO Institute for Statistics. (Working Group on Teachers, Technical Cooperation Group WG/T/4.)

___. 2021. *International Standard Classification of Teacher Training Programmes* Montreal, Que., UNESCO Institute for Statistics.

UNESCO. 2021. *Closing the Gap: Ensuring There Are Enough Qualified and Supported Teachers*. Paris, International Task Force on Teachers for Education 2030.

UNESCO, UNICEF, World Bank and OECD. 2021. *What's Next? Lessons on Education Recovery: Findings from a Survey of Ministries of Education amid the COVID-19 Pandemic*. Paris/Montreal, Que.,/New York/Florence/Washington, DC, UNESCO, UNESCO Institute for Statistics/UNICEF/UNICEF Office of Research – Innocenti/World Bank/OECD.

Valeeva, R. and Kalimullin, A. 2021. Adapting or changing: the COVID-19 pandemic and teacher education in Russia. *Education Sciences*, Vol. 11, No. 8.

Van Overschelde, J. and Piatt, A. 2020. U.S. Every Student Succeeds Act: negative impacts on teaching out-of-field. *Research in Educational Policy and Management*, Vol. 2, No. 1, pp. 1–22.

Weldon, P. 2016. *Out-of-field Teaching in Australian Secondary Schools*. Camberwell, Australia, Australian Council for Educational Research. (Policy Insights 6.)

White House. 2021. *White House Report: Vaccination Requirements Are Helping Vaccinate More People, Protect Americans from COVID-19, and Strengthen the Economy*. Washington, DC, The White House.

White, I. and McSharry, M. 2021. Preservice teachers' experiences of pandemic related school closures: anti-structure, liminality and communitas. *Irish Educational Studies*, Vol. 40, No. 2, pp. 319–27.

Worth, J. 2021. *What Impact Did COVID-19 Have on Teacher Retention?* Slough, UK, National Foundation for Educational Research. www.nfer.ac.uk/news-events/nfer-blogs/what-impact-did-covid-19-have-on-teacher-retention. (Accessed 14 October 2021.)

Xinhua. 2021. Uganda to recruit over 3,000 teachers ahead of reopening of schools. 17 February. www.xinhuanet.com/english/2021-02/17/c_139748424.htm. (Accessed 17 August 2021.)

Zamarro, G., Camp, A., Fuchsman, D. and McGee, J. 2021. *Understanding How COVID-19 Has Changed Teachers' Chances of Remaining in the Classroom*. Fayetteville, Ark., College of Education and Health Professions, University of Arkansas. (EDRE Research Brief 2021-01.)

第20章

Adukia, A., Asher, S. and Novosad, P. 2020. Educational investment responses to economic opportunity: evidence from Indian road construction. *American Economic Journal: Applied Economics*, Vol. 12, No. 1, pp. 348–76.

Aggarwal, S. 2018. Do rural roads create pathways out of poverty? Evidence from India. *Journal of Development Economics*, Vol. 133, pp. 375–95.

Ahmad, S. and Puppim de Oliveira, J. A. 2015. Fuel switching in slum and non-slum households in urban India. *Journal of Cleaner Production*, Vol. 94, pp. 130–36.

Amore, M. D., Bennedsen, M., Larsen, B. and Rosenbaum, P. 2019. CEO education and corporate environmental footprint. *Journal of Environmental Economics and Management*, Vol. 94, pp. 254–73.

Badasyan, N. and Silva, S. 2018. The impact of internet access at home and/or school on students' academic performance in urban areas in Brazil. *International Journal of Education Economics and Development*, Vol. 9, No. 2, pp. 149–71.

Bessone, P., Dahis, R. and Ho, L. 2021. *The Impact of 3G Mobile Internet on Educational Outcomes in Brazil*. Cambridge, Mass., Massachussets Institute of Technology.

Bianchi, F., Dorsel, C., Garnett, E., Aveyard, P. and Jebb, S. A. 2018. Interventions targeting conscious determinants of human behaviour to reduce the demand for meat: a systematic review with qualitative comparative analysis. *International Journal of Behavioral Nutrition and Physical Activity*, Vol. 15, No. 1, pp. 1–25.

Bloomfield, E. 2014. *Gender and Livelihoods Impacts of Clean Cookstoves in South Asia*. Washington, DC, Global Alliance for Clean Cookstoves.

Carrieri, V. and Principe, F. 2020. *WHO and for How Long? An Empirical Analysis of the Consumers' Response to Red Meat Warning*. Bonn, Germany, Institute of Labor Economics. (IZA Discussion Paper 13882.)

Conte, M. N. and Jacobsen, G. D. 2016. Explaining demand for green electricity using data from all US utilities. *Energy Economics*, Vol. 60, pp. 122–30.

De Backer, C. J. S. and Hudders, L. 2015. Meat morals: relationship between meat consumption consumer attitudes towards human and animal welfare and moral behavior. *Meat Science*, Vol. 99, pp. 68–74.

Einhorn, L. 2020. *Food, Classed? Social Inequality and Diet: Understanding Stratified Meat Consumption Patterns in Germany*. Cologne, Germany, International Max Planck Research School on the Social and Political Constitution of the Economy. (Studies on the Social and Political Constitution of the Economy.)

Ellen MacArthur Foundation. 2017. *A New Textiles Economy: Redesigning Fashion's Future*. Cowes, UK, Ellen MacArthur Foundation. (Circular Fibres Initiative.)

ESMAP. 2020. *Supporting Tuvalu's Move towards 100% Renewable Energy*. Washington, DC, World Bank. (Energy Sector Management Assistance Program Impact 21.)

___. 2021. *What Drives the Transition to Modern Energy Cooking Services? A Systematic Review of the Evidence*. Washington, DC, World Bank. (Energy Sector Management Assistance Program Technical Report 015/21.)

Esposito, D. 2021. *Studies Converge on Benefits of a Rapid Clean Energy Transition*. San Francisco, Calif., Energy Innovation Policy and Technology.

FAO. 2017. *Global Initiative on Food Loss and Waste*. Rome, Food and Agriculture Organization of the United Nations.

Giacoman, C., Arancibia, P. A. and Alfaro, J. 2021. Choosing to stop consuming meat for environmental reasons: exploring the influence of gender and social status variables in Chile. *British Food Journal*, Vol. 123, No. 9.

Gould, C. F. and Urpelainen, J. 2020. The role of education and attitudes in cooking fuel choice: evidence from two states in India. *Energy for Sustainable Development*, Vol. 54, pp. 36–50.

Hafner, M. and Tagliapietra, S. (eds). 2020. *The Geopolitics of the Global Energy Transition*. Cham, Switzerland, Springer. (Lecture Notes in Energy 73.)

Hampton, K., Fernandez, L., Robertson, C. and Bauer, J. M. 2020. *Repercussions of Poor Broadband Connectivity for Students in Rural and Small Town Michigan*. Paper for 48th Research Conference on Communication, Information and Internet Policy, 25–26 September.

Hincapie-Velez, G. D., Montoya-Gomez, I. and Bustamante, J. J. 2017. The rural roads impact on education performance in Antioquia (Colombia): an ordered probit model. *Ecos de Economía*, Vol. 21, No. 44, pp. 72–85.

IEA, IRENA, UNSD, World Bank and WHO. 2020. *Tracking SDG 7: The Energy Progress Report 2020*. Paris/Abu Dhabi/New York/Washington, DC/Geneva, Switzerland, International Energy Agency/International Renewable Energy Agency/UN Statistical Division/World Bank/World Health Organization.

___. 2021. *Tracking SDG 7: The Energy Progress Report 2021*. Paris/Abu Dhabi/New York/Washington, DC,/Geneva, Switzerland, International Energy Agency/International Renewable Energy Agency/UN Statistical Division/World Bank/World Health Organization.

Iimi, A., Lancelot, E., Manelici, I. and Ogita, S. 2015. *Social and Economic Impacts of Rural Road Improvements in the State of Tocantins, Brazil*. Washington, DC, World Bank. (Policy Research Working Paper 7249.)

ILO. 2020. *Skills for a Greener Future: A Global View*. Geneva, Switzerland, International Labour Organization.

IRENA. 2021. *World Energy Transitions Outlook: 1.5°C Pathway*. Abu Dhabi, International Renewable Energy Agency.

IRENA, European Commission and ILO. 2018. *Accelerating SDG 7 Achievement: Interlinkages between Energy and Jobs*. Abu Dhabi/Brussels/Geneva, Switzerland, International Renewable Energy Agency/European Commission/International Labour Organization. (Policy Brief 13.)

Jin, T. Y and Li, M, . 2020. Does education increase pro-environmental willingness to pay? Evidence from Chinese household survey. *Journal of Cleaner Production*, Vol. 275, art. 122713.

Jimenez, R. 2017. *Development Effects of Rural Electrification*. Washington, DC, Inter-American Development Bank. (Policy Brief 261.)

KfW Development Bank, GIZ and IRENA. 2021. *The Renewable Energy Transition in Africa: Powering Access, Resilience and Prosperity*. Frankfurt/Eschborn, Germany/Abu Dhabi, KfW Development Bank/GIZ/International Renewable Energy Agency.

Khanani, R. S., Adugbila, E. J., Martinez, J. A. and Pfeffer, K. 2021. The impact of road infrastructure development projects on local communities in peri-urban areas: the case of Kisumu, Kenya and Accra, Ghana. *International Journal of Community Well-Being*, Vol. 4, No. 1, pp. 33–53.

Lacy, P., Haines, A. and Hayward, R. 2012. Developing strategies and leaders to succeed in a new era of sustainability: findings and insights from the United Nations Global Compact-Accenture CEO Study. *Journal of Management Development*, Vol. 31, No. 4, pp. 346–57.

Leal Filho, W., Amaro, N., Avila, L. V., Brandli, L., Damke, L. I., Vasconcelos, C. P., Hernandez-Diaz, P. M., Frankenberger, F., Fritzen, B. and Velazquez, L. 2021. Mapping sustainability initiatives in higher education institutions in Latin America. *Journal of Cleaner Production*, Vol. 315.

Li, D., Lin, A. and Zhang, L. 2019. Relationship between chief executive officer characteristics and corporate environmental information disclosure in Thailand. *Frontiers of Engineering Management*, Vol. 6, No. 4, pp. 564–74.

Lindgren, S. 2021a. Cookstove implementation and education for sustainable development: a review of the field and proposed research agenda. *Renewable and Sustainable Energy Reviews*, Vol. 146.

___. 2021b. Sustainability education for Namibian youth to advance efficient cookstoves and energy development. *Consilience: The Journal of Sustainable Development*, Vol. 24.

Litzow, E. L., Pattanayak, S. K. and Thinley, T. 2019. Returns to rural electrification: evidence from Bhutan. *World Development*, Vol. 121, pp. 75–96.

McRae, G., McFadden, M. and Ullman, H. 2019. *'I See Myself in that Career': Exploring Methods to Attract the Next Generation Transportation Workforce*. Davis, Calif., National Center for Sustainable Transportation.

Meier, L. 2021. *Synthesis Report on United Nations System-wide Initiatives Related to Fashion*, UN Alliance for Sustainable Fashion.

Meyer, A. 2015. Does education increase pro-environmental behavior? Evidence from Europe. *Ecological Economics*, Vol. 116, pp. 108–21.

Nano, E. 2021. *Electrifying Nigeria: the Household-Level Impact of Access to Electricity on Consumption, Education and Employment*. Geneva, Switzerland, Graduate Institute of International and Development Studies.

NEED. 2021. *NEED Curriculum*. Manassas, Va., National Energy Education Development Project. www.need.org/about-need/our-curriculum. (Accessed 17 August 2021.)

Nowotny, J., Dodson, J., Fiechter, S., Gür, T. M., Kennedy, B., Macyk, W., Bak, T., Sigmund, W., Yamawaki, M. and Rahman, K. A. 2018. Towards global sustainability: education on environmentally clean energy technologies. *Renewable and Sustainable Energy Reviews*, Vol. 81, pp. 2541–51.

OECD. 2020. *Making the Green Recovery Work for Jobs, Income and Growth*. Paris, Organisation for Economic Co-operation and Development.

Oum, S. 2019. Energy poverty in the Lao PDR and its impacts on education and health. *Energy Policy*, Vol. 132, pp. 247–53.

Peters, J. and Sievert, M. 2016. Impacts of rural electrification revisited: the African context. *Journal of Development Effectiveness*, Vol. 8, No. 3, pp. 327–45.

Poore, J. and Nemecek, T. 2018. Reducing food's environmental impacts through producers and consumers. *Science*, Vol. 360, No. 6392, pp. 987–92.

Power for All. 2020. *Policy Brief: Action Agenda to Build the Workforce and Skills Needed for Universal Energy Access*. San Francisco, Calif., Power for All.

Power for All, Schneider Electric Foundation and Rockefeller Foundation. 2019. *Powering Jobs Census 2019: The Energy Access Workforce*. San Francisco, Calif., Power for All.

Rahut, D. B., Mottaleb, K. A., Ali, A. and Aryal, J. 2018. The use and determinants of solar energy by sub-Saharan African households. *International Journal of Sustainable Energy*, Vol. 37, No. 8, pp. 718–35.

Reisch, L. A., Cohen, M. J., Thøgersen, J. B., Tukker, A. and Krause, K. 2016. *Sustainable Consumption: Research Challenges*. Stockholm, Swedish Foundation for Strategic Environmental Research.

Rust, N. A., Ridding, L., Ward, C., Clark, B., Kehoe, L., Dora, M., Whittingham, M. J., McGowan, P., Chaudhary, A. and Reynolds, C. J. 2020. How to transition to reduced-meat diets that benefit people and the planet. *Science of the Total Environment*, Vol. 718.

Sahakian, M. and Seyfang, G. 2018. A sustainable consumption teaching review: from building competencies to transformative learning. *Journal of Cleaner Production*, Vol. 198, pp. 231–41.

Sharma, B. P. 2018. Household fuel transition and determinants of firewood demand in Nepal. *Economic Journal of Development Issues*, Vol. 25, No. 1-2, pp. 83–95.

Slow Food International. 2020. *Meat the Change: Eat Less Meat, but of Better Quality*. Bra, Italy, Slow Food International. https://meatthechange.slowfood.com/en. (Accessed 14 August 2021.)

Tran, N. and Pham, B. 2020. The influence of CEO characteristics on corporate environmental performance of SMEs: evidence from Vietnamese SMEs. *Management Science Letters*, Vol. 10, No. 8, pp. 1671–82.

US Department of Energy. 2021. *Partnering for the Future: Leadership, Innovation and Proven Solutions – Progress Report 2021*. Washington, DC, US Department of Energy. (Better Buildings Initiative.)

UNDESA. 2018. *Analysis of the Voluntary National Reviews Relating to Sustainable Development Goal 7: Ensuring Access to Affordable, Reliable, Sustainable and Modern Energy for All*. New York, UN Department of Economic and Social Affairs.

Watkins, O. and Hochlaf, D. 2021. *Skills for a Green Recovery: A Call to Action for the UK Construction Sector*. London, Institute for Public Policy Research.

WFEO. 2018. *WFEO Engineering 2030: A Plan to Advance the Achievement of the UN Sustainable Development Goals through Engineering*. Paris, World Federation of Engineering Organizations/UNESCO. (Progress Report 1.)

Wu, J. X. and Li, L. 2019. Sustainability initiatives in the fashion industry. Beltramo, R., Romani, A. and Cantore, P. (eds), *Fashion Industry: An Itinerary between Feelings and Technology*. London, IntechOpen, pp. 3–20.

Wuppertal Institute and Germanwatch. 2015. *Social CSP: Energy and Development – Exploring the Local Livelihood Dimension of the Noor$_0$ I CSP Project in Southern Morocco*. Wuppertal/Bonn, Germany, Wuppertal Institute for Climate, Environment and Energy/Germanwatch. (Final report to the Federal Ministry for Economic Cooperation and Development.)

Zafar, M. W., Shahbaz, M., Sinha, A., Sengupta, T. and Qin, Q. 2020. How renewable energy consumption contribute to environmental quality? The role of education in OECD countries. *Journal of Cleaner Production*, Vol. 268, art. 122149.

Zhou, M., Chen, F. and Chen, Z. 2021. Can CEO education promote environmental innovation: Evidence from Chinese enterprises. *Journal of Cleaner Production*, Vol. 297, art. 126725.

第21章

Akmal, M., Ali, A., Hares, S. and Sandefur, J. 2021. *Is the Global Partnership for Education Redundant?* Washington, DC, Center for Global Development. www.cgdev.org/publication/global-partnership-education-redundant. (Accessed 17 August 2021.)

Algeria Ministry of National Education. 2015. *Le financement de l'education [Education financing]*. Algiers, Ministry of National Education. www.education.gov.dz/fr/systeme-educatif-algerien/le-financement-de-leducation. (Accessed 17 August 2021.)

Archer, D. 2016. *Domestic Tax and Education*. New York, International Commission on Financing Global Education Opportunity. (Background paper for *The Learning Generation: Investing in Education for a Changing World*.)

ATI. 2015. *Financing for Development Conference: The Addis Tax Initiative – Declaration*. Bonn, Germany, Addis Tax Initiative.

___. 2021. *Addis Tax Initiative: Tax Systems that Work for People and Advance the SDGs*. Bonn, Germany, Addis Tax Initiative. www.addistaxinitiative.net. (Accessed 17 August 2021.)

Beer, S., de Mooij, R. and Liu, L. 2019. International corporate tax avoidance: a review of the channels, magnitudes, and blind spots. *Journal of Economic Surveys*, Vol. 34, No. 1.

Buettner, T. and Wamser, G. 2013. Internal debt and multinational profit shifting: empirical evidence from firm-level panel data. *National Tax Journal*, Vol. 66, No. 1, pp. 63–96.

Cahyadi, N., Hanna, R., Olken, B. A., Prima, R. A., Satriawan, E. and Syamsulhakim, E. 2018. *Cumulative Impacts of Conditional Cash Transfer Programs: Experimental Evidence from Indonesia*. Cambridge, Mass., National Bureau of Economic Research. (NBER Working Paper 24670.)

Caputo, E., de Kemp, A. and Lawson, A. 2011. *Assessing the Impacts of Budget Support: Case Studies in Mali, Tunisia and Zambia*. Paris, Organisation for Economic Co-operation and Development. (Evaluation Insights 2.)

Cristea, A. D. and Nguyen, D. X. 2016. Transfer pricing by multinational firms: new evidence from foreign firm ownerships. *American Economic Journal: Economic Policy*, Vol. 8, No. 3.

Dijkstra, G. 2018. *Budget Support, Poverty and Corruption: A Review of the Evidence*. Stockholm, Expertgruppen för biståndsanalys. (Rapport 2018:04.)

Ghana Statistical Service. 2008. *Ghana Living Standards Survey Report of the Fifth Round (GLSS 5)*. Accra, Ghana Statistical Service.

___. 2016. *Ghana Living Standards Survey Round 6 (GLSS6): Main Report*. Accra, Ghana Statistical Service.

___. 2019. *Ghana Living Standards Survey (GLSS) 7: Main Report*. Accra, Ghana Statistical Service.

Global Alliance for Tax Justice, Public Services International and Tax Justice Network. 2021. *The State of Tax Justice 2021*. London and Ferney-Voltaire, France, Global Alliance for Tax Justice/Public Services International/Tax Justice Network.

GPE. 2019. *Tajikistan Education Sector Analysis*. Washington, D.C., Global Partnership for Education.

___. 2021. *Results Report 2021: Final Results Report on GPE's 2016-2020 Strategy*. Washington, DC, Global Partnership for Education.

INFF. 2021. *About INFFs*. New York, Integrated National Financing Frameworks. https://inff.org/about#origins-of-the-inff. (Accessed 17 August 2021.)

IsDB. 2019. *Project Appraisal Document: The IsDB/GPE Project for Support to Implementation of the National Education Development Strategy of the Republic of Tajikistan*. Jeddah, Islamic Development Bank.

Janský, P. and Palanský, M. 2019. Estimating the scale of proft shifting and tax revenue losses related to foreign direct investment. *International Tax and Public Finance*, Vol. 26, pp. 1048–103.

Janus, H., Marschall, P. and Öhler, H. 2020. *Bridging the Gaps: An Integrated Approach to Assessing Aid Effectiveness*. Bonn, Germany, German Development Institute. (DIE Briefing Paper 12/2020.)

Johannesen, N. and Pirttilä, J. 2016. *Capital Flight and Development: An Overview of Concepts, Methods, and Data Sources*. Helsinki, United Nations University, World Institute for Development Economics Research.

Johannesen, N., Tørsløv, T. and Wier, L. 2020. Are less developed countries more exposed to multinational tax avoidance? Method and evidence from micro-data. *World Bank Economic Review*, Vol. 34, No. 3, pp. 790–809.

Kleinbard, E. D. 2011. Stateless income. *Florida Tax Review*, Vol. 11, No. 9, pp. 699–774.

Koch, S., Leiderer, S., Faust, J. and Molenaers, N. 2017. The rise and demise of European budget support: political economy of collective European Union donor action. *Development Policy Review*, Vol. 35, No. 4, pp. 455–73.

Lewin, K. M. 2020. Taxing matters: fiscal reform, public goods and aid. *NORRAG Special Issue*, Vol. 5, pp. 14–17.

Li, X., Gu, J., Leistner, S. and Cabral, L. 2018. Perspectives on the Global Partnership for Effective Development Cooperation. *IDS Bulletin*, Vol. 49, No. 3.

Loft, P. and Brien, P. 2021. *Reducing the UK's Aid Spend in 2021*. London, House of Commons. (Commons Library Research Briefing.)

Marshall, J. H. and Bunly, S. 2017. School grants and school performance in rural Cambodia. *Journal of Development Effectiveness*, Vol. 9, No. 3, pp. 1–24.

Miller, M. and Roger, L. 2021. *The UK, Special Drawing Rights and Fiscal Gimmickry*. London, Overseas Development Institute. https://odi.org/en/insights/the-uk-special-drawing-rights-and-fiscal-gimmickry. (Accessed 2 September 2021.)

MOPAN. 2017. *Global Fund to Fight AIDS, Tuberculosis and Malaria (The Global Fund): Institutional Assessment Report*. Paris, Multilateral Organisation Performance Assessment Network. (MOPAN 2015–2016 Assessments.)

Nepal Department of Education. 2016. *Status Report: 2015/016*. Bhaktapur, Nepal, Ministry of Education.

OECD. 2021a. *The 0.7% ODA/GNI Target: A History*. Paris, Organisation for Economic Co-operation and Development. www.oecd.org/development/stats/the07odagnitarget-ahistory.htm. (Accessed 20 September 2021.)

___. 2021b. *130 Countries and Jurisdictions Join Bold New Framework for International Tax Reform*. Paris, Organisation for Economic Co-operation and Development. www.oecd.org/newsroom/130-countries-and-jurisdictions-join-bold-new-framework-for-international-tax-reform.htm. (Accessed 17 August 2021.)

___. 2021c. *Global Revenue Statistics Database*. Paris, Organisation for Economic Co-operation and Development. https://stats.oecd.org/Index.aspx?DataSetCode=RS_GBL. (Accessed 17 August 2021.)

___. 2021d. *Two-Pillar Solution to Address the Tax Challenges Arising from the Digitalisation of the Economy*. Paris, Organisation for Economic Co-operation and Development. (OECD/G20 Base Erosion and Profit Shifting Project.)

OECD and UNDP. 2014. *Making Development Co-Operation More Effective: 2014 Progress Report*. Paris/New York, Organisation for Economic Co-operation and Development/United Nations Development Programme.

___. 2016. *Making Development Co-operation More Effective: 2016 Progress Report*. Paris/New York, Organisation for Economic Co-operation and Development/United Nations Development Programme.

___. 2019. *Making Development Co-operation More Effective: 2019 Progress Report*. Paris/New York, Organisation for Economic Co-operation and Development/United Nations Development Programme.

Philippines Department of Education. 2015. *School-Based Management Grant*. Pasig, Philippines, Department of Education. www.deped.gov.ph/2015/10/28/school-based-management-grant. (Accessed 17 August 2021.)

Rose, P., Steer, L., Smith, K. and Zubairi, A. 2013. *Financing for Global Education: Opportunities for Multilateral Action*. Paris/Washington, DC, UNESCO/Centre for Universal Education, Brookings Institution.

Tortora, P. and Steensen, S. 2014. *Bilateral Providers' and Multilatearal Organisations' Practices on Earmarked Funding*. Paris, Organisation for Economic Co-operation and Development.

UIS. 2021. *Monitoring GEM Commitments Using the Joint Survey of National Education Responses to COVID-19*. Montreal, Que., UNESCO Institute for Statistics.

UNCTAD. 2015. *World Investment Report 2015: Reforming International Investment Governance*. Geneva, Switzerland, UN Conference on Trade and Development.

UNESCO. 2020. *Act Now: Reduce the Impact of COVID-19 on the Cost of Achieving SDG 4*. Paris, UNESCO. (Global Education Monitoring Report Policy Paper 42.)

___. 2021. *How Committed? Unlocking Financing for Equity in Education*. Paris, UNESCO. (Global Education Monitoring Report Policy Paper 44.)

UNESCO Bangkok. 2017. *Ensuring Adequate, Efficient and Equitable Finance in Schools in the Asia-Pacific Region*. Bangkok, UNESCO.

UNICEF. 2018. *Myanmar 2018 Education Budget Brief*. New York, UNICEF.

___. 2021. *Global Annual Results Report 2020: Goal Area 2*. New York, UNICEF.

United Nations. 2015. *Addis Ababa Action Agenda of the Third International Conference on Financing for Development: Annex*. New York, United Nations. https://sustainabledevelopment.un.org/frameworks/addisababaactionagenda. (Accessed 17 August 2021.)

UNU-WIDER. 2021. *UNU-WIDER Government Revenue Dataset*. Helsinki, United Nations University, World Institute for Development Economics Research. www.wider.unu.edu/database/data-and-resources-grd. (Accessed 1 October 2021.)

Vertex Consult. 2016. *A Study on the Effectiveness of the Scholarship Provided at School Level and Identification of Measures for its Improvement*. Sanothimi, Nepal, Department of Education.

World Bank. 2017. *Program Appraisal Document on a Proposed Loan in the Amount of US$200 million to the Republic of Indonesia for a Social Assistance Reform Program*. Washington, DC, World Bank.

___. 2018. *Myanmar: Additional Financing for the Decentralizing Funding to Schools Project*. Washington, DC, World Bank.

___. 2020. *Philippines Basic Education Public Expenditure Review*. Washington, DC, World Bank.

___. 2021. Households and NPISHs final consumption expenditure (% of GDP). Washington, DC, World Bank. https://data.worldbank.org/indicator/NE.CON.PRVT.ZS. (Accessed 1 October 2021.)

World Bank and UNESCO. 2021. *Education Finance Watch 2021*. Washington, DC/Paris, World Bank/UNESCO.

出 版 人 郑豪杰
责任编辑 赵琼英　翁绮睿
版式设计 郝晓红
责任校对 张晓雯
责任印制 叶小峰

图书在版编目（CIP）数据

全球教育监测报告. 2021/2：教育领域的非国家行为体：谁能主动选择？谁将错失机会？/ 联合国教科文组织编. —北京：教育科学出版社，2023.1

书名原文：Global Education Monitoring Report 2021/2：Non-state Actors in Education：Who Chooses? Who Loses?

ISBN 978-7-5191-3429-7

Ⅰ. ①全…　Ⅱ. ①联…　Ⅲ. ①教育评估–研究报告–世界–2021　Ⅳ. ①G51

中国国家版本馆CIP数据核字（2023）第008203号
审图号　GS京（2022）1418号

全球教育监测报告2021/2：教育领域的非国家行为体：谁能主动选择？谁将错失机会？
QUANQIU JIAOYU JIANCE BAOGAO 2021/2：JIAOYU LINGYU DE FEIGUOJIA XINGWEITI：SHEI NENG ZHUDONG XUANZE? SHEI JIANG CUOSHI JIHUI?

出版发行	教育科学出版社		
社　址	北京·朝阳区安慧北里安园甲9号	邮　编	100101
总编室电话	010–64981290	编辑部电话	010–64981280
出版部电话	010–64989487	市场部电话	010–64989009
传　真	010–64891796	网　址	http://www.esph.com.cn

经　销	各地新华书店		
制　作	北京京久科创文化有限公司		
印　刷	保定市中画美凯印刷有限公司		
开　本	889毫米×1194毫米　1/16	版　次	2023年1月第1版
印　张	36.5	印　次	2023年1月第1次印刷
字　数	1168千	定　价	155.00元

图书出现印装质量问题，本社负责调换。